河南统计年鉴 2013

HENAN STATISTICAL YEARBOOK

河南统计年鉴 2013

HENAN STATISTICAL YEARBOOK

河南省统计局
国家统计局河南调查总队 编

Compiled by Henan Statistics Bureau
Henan General Team of Investigation under the NBS

总第30期 NO.30

中国统计出版社
China Statistics Press

2013 河南统计年鉴

图书在版编目（CIP）数据

河南统计年鉴. 2013 : 汉英对照 / 河南省统计局，
国家统计局河南调查总队编. -- 北京 : 中国统计出版社
，2013.8
ISBN 978-7-5037-6912-2

Ⅰ. ①河… Ⅱ. ①河… ②国… Ⅲ. ①统计资料－河南省－2013－年鉴－汉、英 Ⅳ. ①C832.61-54

中国版本图书馆CIP数据核字（2013）第184001号

河南统计年鉴-2013

作　　者/ 河南省统计局　国家统计局河南调查总队
责任编辑/ 佘竞雄　刘金成
责任校对/ 朱　涛
装帧设计/ 梁裕宇
出版发行/ 中国统计出版社
地　　址/ 北京市丰台区西三环南路甲6号　邮政编码/100073
电　　话/ 邮购（010）63376909　书店（010）68783171
网　　址/ http://csp.stats.gov.cn
印　　刷/ 河南豫统印刷有限公司
经　　销/ 新华书店
开　　本/ 890mm×1240mm　1/16
字　　数/ 1600千字
印　　张/ 64
版　　别/ 2013年8月第1版
版　　次/ 2013年8月第1次印刷
定　　价/ 320.00元

本书附同版本CD-ROM一张，光盘内容以书面文字为准。
如有印装差错，由本社发行部调换。

《河南统计年鉴－2013》

编委会和编辑部工作人员名单

Editorial Board and Staff

编辑说明

一、《河南统计年鉴—2013》是一部全面反映河南省经济和社会发展情况的资料性年刊。本书收录了全省和各市(县)2012年以及重要历史年份的经济和社会各方面大量的统计数据，并收录了全国及各省市区2012年的主要统计数据。

二、全书内容分为30个部分，即，1、行政区划和自然资源；2、综合；3、国民经济核算；4、人口；5、从业人员和职工工资；6、固定资产投资；7、对外贸易和旅游；8、能源；9、财政；10、物价；11、人民生活；12、城市概况；13、农业；14、工业；15、建筑业；16、交通运输、仓储、邮政业；17、信息传输、软件和信息技术服务业；18、批发和零售业、住宿和餐饮业；19、金融业；20、房地产业；21、租赁和商务服务业；22、科技；23、水利、环境和公共设施管理业；24、居民服务、修理和其他服务业；25、教育；26、卫生和社会工作；27、文化、体育和娱乐业；28、公共管理、社会保障和社会组织；29、各县（市）主要统计指标；30、全国及各省市区主要统计指标。各篇前有简要说明，篇末附有《主要统计指标解释》。

三、本年鉴的资料来源，大部分来自年度统计报表，一部分来自抽样调查。

四、资料中所使用的度量衡单位均采用国际统一标准计量单位。

五、本年鉴部分数据合计数或相对数由于单位取舍不同而产生的计算误差均未作机械调整。

六、本年鉴各表中，有关对全表的注解均在该表上方，对表中部分指标的注解则在该表下方。凡带续表的资料，对部分指标的注解一律在最后一张续表的下方。

七、本年鉴表中的符号使用说明："空格"表示该项统计指标数据不详或无该项数据；"#"表示其中的主要项。

Preface

I. Henan Statistical Yearbook 2013, is an annual statistical publication, which comprehensively reflects the economy and society development of Henan. It widely covers data for 2012 and key statistical data in some historically important years of Henan, at data for 2012 year at the national level and the local levels of province ,autonomous region and municipality directly under the Central Government.

II. The yearbook contains the following thirty parts, 1.Divisions of Administrative Areas and Natural Resources; 2.General Survey; 3.National Accounts; 4.Population; 5.Employment and Wages; 6.Investment in Fixed Assets, 7.Foreign Trade and Tourists; 8.Energy; 9.Government Finance; 10.Price Indices; 11.People's Livelihood; 12.General Survey of Cities; 13.Agriculture; 14.Industry; 15.Construction; 16.Transport, Storage and Post; 17.Information Transmission, software and Information technology services; 18.Wholesale and Retail Sale trades, Hotels and Catering Services; 19.Financial Intermediation; 20.Real Estate; 21.Leasing and Business Services; 22.Scientific and Technical; 23.Management of Water Conservancy, Environment and Public Facilities; 24.Services to Households, Repairing and Other Services; 25.Education; 26.Sanitation and Social Work; 27.Culture, Sports and Entertainment; 28.Public management, social welfare and social organization;29.Main Indicators of County and City; 30.Main Indicators of the Whole Nation and 31 Provinces (Municipality, Autonomous Regions). there is brief description at the beginning of each chapter, and Explanatory Notes on Main Statistical Indicators are at the end of each chapter.

III. The major data sources of this publication are obtained from annual statistical reports, and some from sample surveys.

IV. The units of measurement used in this yearbook are internationally standard measurement units.

V. Statistical discrepancies due to rounding are not adjusted in this yearbook.

VI. The notes concerning the whole table are placed at the upper part of the table, while the notes concerning individual indicators are placed at the lower part. If the table occupied more than one page, the footnotes of the individual indicators are placed at the end of the last page.

VII. Notations used in this yearbook: "(Blank)" indicates that the data are unknown or are not available; "#"Indicates a major breakdown of the total.

目录索引

目　　录

CONTENTS

三、国民经济核算
National Accounts

四、人口
Population

六、固定资产投资
Investment in Fixed Assets

七、对外经济贸易和旅游
Foreign Trade, Economic Cooperation and Tourists

九、财政
Government Finance

十、物价
Price Indices

十一、人民生活
People's Livelihood

十二、城市概况
General Survey of Cities

十三、农业
Agriculture

十七、信息传输、软件和信息技术服务业
Information Transfer, Software and Information Technology Services

十九、金融业
Financial Intermediation

二十、房地产业
Real Estate

二十三、水利、环境和公共设施管理业

Management of Water Conservancy, Environment and Public Facilities

二十四、居民服务、维修和其他服务业
Resident Services, Repairing and Other Services

二十五、教育
Education

二十六、卫生和社会工作
Sanitation and Social Work

二十七、文化、体育和娱乐业

Culture, Sports and Entertainment

二十八、公共管理、社会保障和社会组织
Public Management, Social Security and Social Organization

二十九、各县（市、区）主要统计指标
Main Indicators by County (City, District)

三十、全国及各省、市、区主要统计指标
Main Indicators of the whole Nation and 31 Provinces (Municipality, Autonomous, Regions)

行政区划和自然资源

Divisions of Administrative Areas and Natural Resources

● 资料整理：史新旺　孔令惠

简要说明

一、主要内容

本篇包括行政区划资料，自然状况和自然资源资料。

二、资料来源

行政区划资料，是截止上年末经国务院批准的行政区划变更情况，由河南省民政厅提供。自然状况包括土地、山脉、河流等数据资料，根据有关历史资料整理。其中，气象资料由河南省气象局提供；矿产资源数据由河南省国土资源厅提供。本篇资料由河南省统计局社会与科技统计处和固定资产投资处编辑整理。

Brief Introduction

I. Main Contents

This chapter consists of three parts: divisions of administrative areas, Natural Conditions and Natural Resources.

II. Sources of Data

Data on divisions of administrative areas in Henan are prepared and provided by the Henan Province Bureau of Civil Affairs on the basis of the changes in the divisions of administrative areas as approved by the State Council at the end of the previous year. Data on natural conditions cover land area, mountain ranges, rivers, ocean and meteorological phenomena. Data on natural conditions are compiled by the Department of Comprehensive Statistics using relevant historical data. Data on meteorological phenomena and mineral are provided respectively by Henan Provincial Bureau of Meteorological and Henan Provincial Bureau of Land and Resources. Data in this chapter are sort out by Department of social and scientific and technological, and investment in fixed assets of Henan provincial bureau of statistics.

1-1 全省行政区划(2012年底)

Administrative Division of Henan Province (End of 2012)

单位：个 (unit)

市 City	市 City	省辖市 Cities Under the Jurisdi-cation of Province	县级市 Cities at County Level	县 County	市辖区 Districts Under the Juris-dication of City	镇 Town-ships	乡 Town-ships	街道办事处 Urban Subdi-strict Offices	居民委员会 Neighbo-urhood Commi-ttees	村民委员会 Village Commi-ttees
全　省 Total	**38**	**17**	**21**	**88**	**50**	**1014**	**827**	**558**	**4105**	**47140**
郑州市 Zhengzhou	6	1	5	1	6	74	16	83	678	2280
开封市 Kaifeng	1	1		5	5	35	55	25	137	2381
洛阳市 Luoyang	2	1	1	8	6	92	39	53	379	2800
平顶山市 Pingdingshan	3	1	2	4	4	46	44	48	201	2586
安阳市 Anyang	2	1	1	4	4	51	41	43	216	3266
鹤壁市 Hebi	1	1		2	3	14	5	23	158	823
新乡市 Xinxiang	3	1	2	6	4	63	58	30	224	3533
焦作市 Jiaozuo	3	1	2	4	4	34	22	50	141	1848
濮阳市 Puyang	1	1		5	1	26	49	11	73	2940
许昌市 Xuchang	3	1	2	3	1	49	29	20	276	2140
漯河市 Luohe	1	1		2	3	32	16	3	69	1240
三门峡市 Sanmenxia	3	1	2	3	1	29	33	12	126	1342
南阳市 Nanyang	2	1	1	10	2	128	76	36	367	4506
商丘市 Shangqiu	2	1	1	6	2	82	92	18	191	4620
信阳市 Xinyang	1	1		8	2	74	97	34	328	2943
周口市 Zhoukou	2	1	1	8	1	91	78	32	197	4797
驻马店市 Zhumadian	1	1		9	1	83	77	32	250	2639
济源市 Jiyuan	1		1			11		5	94	456

注：济源市为省直辖县级行政单位。

a) Jiyuan is the county level administrative unit crowned by provincial.

1-2 各市、县(市、区)名称(2012年底)
Name of Administrative Area (End of 2012)

市 Cities	县(市、区)数(个) Counties (unit)	市辖县 Counties Under the Jurisdiction of Cities	市辖区 Districts Under the Jurisdiction of Cities	县级市 Cities at County Level
郑州市 Zhengzhou	12	中牟 Zhongmou	中原区、二七区、管城回族区、金水区、上街区、惠济区 Zhongyuan,Erqi,Guancheng Huizu,Jinshui,Shangjie,Huiji	巩义市 Gongyi 荥阳市 Xingyang 新郑市 Xinzheng 登封市 Dengfeng 新密市 Xinmi
开封市 Kaifeng	10	杞县、通许、尉氏、开封、兰考 Qixian,Tongxu,Weishi,Kaifeng,Lankao	龙亭区、顺河回族区、鼓楼区、禹王台区、金明区 Longting,Shunhe Huizu,Gulou,Yuwangtai,Jinming	
洛阳市 Luoyang	15	孟津、新安、栾川、嵩县、汝阳、宜阳、洛宁、伊川 Mengjin,Xin'an,Luanchuan,Songxian,Ruyang,Yiyang,Luoning,Yichuan	老城区、西工区、瀍河回族区、涧西区、吉利区、洛龙区 Laocheng,Xigong,Chanhe Huizu,Jianxi,Jili,Luolong	偃师市 Yanshi
平顶山市 Pingdingshan	10	宝丰、叶县、鲁山、郏县 Baofeng,Yexian,Lushan,Jiaxian	新华区、卫东区、湛河区、石龙区 Xinhua,Weidong,Zhanhe,Shilong	汝州市 Ruzhou 舞钢市 Wugang
安阳市 Anyang	9	安阳、汤阴、滑县、内黄 Anyang,Tangyin,Huaxian,Neihuang	文峰区、北关区、殷都区、龙安区 Wenfeng,Beiguan,Yindu,Longan	林州市 Linzhou
鹤壁市 Hebi	5	浚县、淇县 Xunxian,Qixian	鹤山区、山城区、淇滨区 Heshan,Shancheng,Qibin	
新乡市 Xinxiang	12	新乡、获嘉、原阳、延津、封丘、长垣 Xinxiang,Huojia,Yuanyang,Yanjin,Fengqiu,Changyuan	红旗区、卫滨区、凤泉区、牧野区 Hongqi,WeiBin,Fengquan,Muye	卫辉市Weihui 辉县市Huixian
焦作市 Jiaozuo	10	修武、博爱、武陟、温县 Xiuwu,Boai,Wuzhi,Wenxian	解放区、中站区、马村区、山阳区 Jiefang,Zhongzhan,Macun,Shanyang	沁阳市Qinyang 孟州市Mengzhou
濮阳市 Puyang	6	清丰、南乐、范县、台前、濮阳 Qingfeng,Nanle,Fanxian,Taiqian,Puyang	华龙区 Hualong	
许昌市 Xuchang	6	许昌、鄢陵、襄城 Xuchang,Yanling,Xiangcheng	魏都区 Weidu	禹州市Yuzhou 长葛市Changge
漯河市 Luohe	5	舞阳、临颍 Wuyang,Linying	源汇区、郾城区、召陵区 Yuanhui，Yancheng, Zhaoling	
三门峡市 Sanmenxia	6	渑池、陕县、卢氏 Mianchi,Shanxian,Lushi	湖滨区 Hubin	义马市Yima 灵宝市Lingbao
南阳市 Nanyang	13	南召、方城、西峡、镇平、内乡、淅川、社旗、唐河、新野、桐柏 Nanzhao,Fangcheng,Xixia,Zhenping,Neixiang Xichuan,Sheqi,Tanghe,Xinye,Tongbai	卧龙区、宛城区 Wolong,Wancheng	邓州市 Dengzhou
商丘市 Shangqiu	9	虞城、民权、宁陵、睢县、夏邑、柘城 Yucheng,Minquan,Ningling,Suixian,Xiayi,Zhecheng	梁园区、睢阳区 LiangYuan,Suiyang	永城市 Yongcheng
信阳市 Xinyang	10	息县、淮滨、潢川、光山、固始、商城、罗山、新县 Xixian,Huaibin,Huangchuan,Guangshan,Gushi,Shangcheng,Luoshan,Xinxian	浉河区、平桥区 Shihe,Pingqiao	
周口市 Zhoukou	10	扶沟、西华、商水、太康、鹿邑、郸城、淮阳、沈丘 Fugou,Xihua,Shangshui,Taikang,Luyi,Dancheng,Huaiyang,Shenqiu	川汇区 Chuanhui	项城市 XiangCheng
驻马店市 Zhumadian	10	确山、泌阳、遂平、西平、上蔡、汝南、平舆、新蔡、正阳 Queshan,Biyang,Suiping,Xiping,Shangcai Runan,Pingyu,Xincai,Zhengyang	驿城区 Yicheng	
济源市 Jiyuan	1			济源市 Jiyuan

1-3 自然资源
Natural Resources

项 目	Item	2005	2010	2011	2012
地理位置	**Geographical Position**				
东经	East Longitude	110°21′ ~116°391′	110°21′ ~116°391′	110°21′ ~116°391′	110°21′ ~116°391′
北纬	North Latitude	31°23′ ~36°23′	31°23′ ~36°23′	31°23′ ~36°23′	31°23′ ~36°23′
土地	**Land**				
土地面积(万平方公里)	Land Area(10 000sq.km)	16.70	16.70	16.70	16.70
#山区	Mountain Area	4.44	4.44	4.44	4.44
丘陵	Hills	2.96	2.96	2.96	2.96
平原	Plain	9.30	9.30	9.30	9.30
在山区、丘陵面积中	In Mountains and Hills				
太行山脉	Taihang Mountains	0.83	0.83	0.83	0.83
伏牛山脉	Funiu Mountains	4.97	4.97	4.97	4.97
桐柏山脉	Tongbai Mountains	0.21	0.21	0.21	0.21
大别山脉	Dabie Mountains	1.39	1.39	1.39	1.39
按四大水系分	By Major River System				
淮河流域	Huaihe River	8.83	8.83	8.83	8.83
黄河流域	Yellow River	3.62	3.62	3.62	3.62
海河流域	Hai River	1.53	1.53	1.53	1.53
长江流域	Yangtse River	2.72	2.72	2.72	2.72
气候	**Climate**				
平均气温(摄氏度)	Average Temperature(℃)	12.2~16.0	12.4~16.1	12.0~15.6	12.2~16.0
年降水总量(毫米)	Total precipitation(mm)	451~1525	432~1632	507~995	257~1021
日照时数(小时)	Sunshine Hours(Hours)	1607~2274	1328~2350	1375~2272	1260~2438
矿产资源(保有储量)	**Mineral Resources (Ensured Reserves)**				
煤炭(亿吨)	Coal(100 million tons)	260.00	279.74	251.43	266.02
铁矿(矿石,亿吨)	Iron Ore(100 million tons)	10.60	16.35	15.18	17.85
铝矿(铝土矿矿石,亿吨)	Aluminium(100 million tons)	4.59	7.84	7.00	7.15
钼矿(钼,万吨)	Molybdenum(10 000 tons)	374.60	365.05	454.69	462.92
金矿(金,吨)	Gold mine(ton)	353.58	379.15	455.75	524.34

主要统计指标解释

行政区划 指国家对行政区域的划分。根据有关法规规定，我国的行政区域划分如下：(1)全国分为省、自治区、直辖市；(2)省、自治区分为自治州、县、自治县、市；(3)自治州分为县、自治县、市；(4) 自治区、自治州、自治县都是民族自治的地方；县、自治县分为乡、民族乡、镇；(5)直辖市和较大的市分为区、县；(6)国家在必要时设立的特别行政区。

降水量 指从天空降落到地面的液态或固态(经融化后)水，未经蒸发、渗透、流失而在地面上积聚的深度。取自水利部门水资源公报。降水量在计量单位上又包括亿立方米和毫米，亿立方米反映降水总量的概念，毫米反映平均降水的多少。

Explanatory Notes on Main Statistical Indicators

Divisions of Administrative Areas refers to the division of administrative areas by the State. The relative laws stipulate that 1) the whole country is divided into provinces, autonomous regions and municipalities directly under the Central Government; 2) provinces and autonomous regions are further divided into autonomous prefectures, counties, autonomous counties and cities; 3) autonomous prefectures are further divided into counties, autonomous counties and cities; 4) counties and autonomous counties are further divided into townships, ethnic townships and towns; 5) municipalities directly under the Central Government and large cities are divided into districts and counties, 6) the State shall, when necessary, establish special administrative regions.

Volume of Precipitation refers to the deepness of liquid state or solid state (thawed) water falling from the sky to the ground that has not been evaporated, infiltrated or run off. The Data comes from the communique of water conservancy administration. There are two measure units of this Index, one is 100 million cu.m, and the other is millimeter. 100 million cu.m means Total Volume of Precipitation, and millimeter means average deepness of Precipitation.

综合
General Survey

⊙ 资料整理：朱　涛　乔旭明

简要说明

一、主要内容

本篇包括国民经济综合资料，基本单位资料。

二、资料来源

国民经济综合资料是通过对各篇章主要统计指标及其速度、结构和效益等加工计算的，由河南省统计局综合处编辑整理。

基本单位资料主要包括所有法人单位和产业活动单位数，根据名录库中各部门的单位审批登记资料和经常性统计调查中查到的新增、变动和消亡单位情况进行汇总。本部分资料由河南省统计局普查中心编辑整理。

Brief Introduction

I. Main Contents

This chapter consists of following parts: summary data on the national economy and social development, Institutional unit.

II. Sources of Data

The summary data on the national economy and social development reflect the overall situation by presenting further processed statistics including growth, structure, ratio, and efficiency data derived from other chapters.

Data on institutional unit include legal and establishment units, which are calculated on directory library and increase, change and reduce unit in regular surreys. Data in this part are prepared by Census Center of Henan provincial Bureau of statistics.

2-1 河南省主要统计指标居全国位次
The Main Indicator Seating Arrangement of Henan in Nation

指 标	Indicator	2000	2005	2009	2010	2011	2012
生产总值	Gross Domestic Product	5	5	5	5	5	5
生产总值增速	Growth of Gross Domestic Product	14	5	22	21	24	20
固定资产投资	Total Investment in Fixed Assets	11	6	4	4	4	4
#房地产开发	Real Estate	18	15	9	10	9	10
居民消费价格指数	General Consumer Price Index	26	9	19	13	12	22
公共财政预算收入	Financial Revenue of the Local Government	9	8	9	9	10	10
公共财政预算支出	Financial Expenditures of the Local Government	7	7	6	5	5	5
规模以上工业增加值增速	Growth Rate of Industrial Enterprises above Designated Size	17	4	14	14	10	14
社会消费品零售总额	Total Retail Sales of Consumer Goods	5	5	5	5	5	5
进出口总额	Total Exports and Imports	18	16	17	16	14	12
进口	Imports	21	18	16	19	16	11
出口	Exports	14	13	18	17	15	12
农民人均纯收入	Per Capita Net Income of Rural Residents	18	19	17	17	16	16
城镇居民人均可支配收入	Per Capita Annual Disposable Income of Urban Households	30	20	16	17	20	20
在岗职工平均工资	Average Wage of Staff and Workers	30	30	23	26	26	30

注：2010年以前固定资产投资为城镇口径。(下表同)
a)Data on investment in fixed assets before 2010 is urban investment.(the same as following table)

2-2 河南省主要统计指标占全国比重
The Main Indicator Poroportion of Henan in Nation

单位：% (%)

指 标	Indicator	1952	1978	1990	2000	2010	2011	2012
生产总值	Gross Domestic Product	5.3	4.5	5.0	5.1	5.3	5.7	5.7
第一产业	Primary Industry	6.6	6.3	6.4	7.8	8.0	7.4	7.2
第二产业	Secondary Industry	5.8	4.0	4.3	5.0	6.0	7.0	7.1
第三产业	Tertiary Industry	2.8	3.3	4.7	4.1	3.7	3.9	4.0
人均生产总值	Per Capita GDP		60.9	66.4	69.4	81.5	81.7	81.9
全社会固定资产投资总额	Total Investment in Fixed Assets		2.7(1980年)	4.6	4.5	6.0	5.7	5.7
#固定资产投资	Investment in Fixed Assets		3.1(1980年)	3.8	3.6	5.8	5.6	5.6
公共财政预算收入	Financial Revenue of the Local Government	2.5	3.5	4.3	3.8	3.4	3.3	3.3
公共财政预算支出	Financial Expenditures of the Local Government	1.0	4.7	4.3	4.3	4.6	4.6	4.7
粮食产量	Output of Grain	6.3	6.9	7.4	8.9	9.9	9.7	9.6
社会消费品零售总额	Total Retail Sales of Consumer Goods	3.9	4.6	3.8	4.8	5.1	5.1	5.2
进出口总额	Total Exports and Imports	0.1(1957年)	0.6	0.9	0.5	0.6	0.9	1.3
#出口额	Exports	0.3(1957年)	1.0	1.4	0.6	0.7	1.0	1.5
城镇居民人均可支配收入	Per Capita Annual Disposable Income of Urban Households		91.7	76.3	75.9	83.4	83.4	83.2
农民人均纯收入	Per Capita Net Income of Rural Residents		78.4	76.8	88.1	93.3	94.7	95.0

2–3 国民经济和社会发展总量和速度指标

指 标	Item	1978	2000	2005	2010
人口与就业	**Population and Employment**				
人口(万人)	**Population (10 000 persons)**				
年底总人口	Population (year-end)	7067	9488	9768	10437
#城镇人口	Urban	963	2201	2994	4052
常住人口	Residents popolation			9380	9405
就业(万人)	**Employment (10 000 persons)**				
年底从业人员	Employment(year-end)	2807	5572	5662	6042
#在岗职工	Staff and Workers	420	718	681	723
城镇登记失业人数	Registered Unemployed in Urban Areas	15.74	21.40	33.02	38.20
宏观经济	**Macroeconomy**				
国民核算	**National Accounting**				
生产总值(亿元)	Gross Domestic Product (100 million yuan)	162.92	5052.99	10587.42	23092.36
第一产业	Primary Industry	64.86	1161.58	1892.01	3258.09
第二产业	Secondary Industry	69.45	2294.15	5514.14	13226.38
#工业	Industry	59.20	2000.04	4896.01	11950.88
第三产业	Tertiary Industry	28.61	1597.26	3181.27	6607.89
人均生产总值(元)	Per Capita GDP (yuan)	232	5450	11346	24446
固定资产投资(亿元)	**Investment in Fixed Assets (100 million yuan)**				
全社会固定资产投资总额	Total Investment in Fixed Assets		1475.72	4378.69	16585.85
#固定资产投资	Investment in Fixed Assets		1176.76	3928.49	15799.21
#工业投资	Industry		446.77	1938.66	8223.57
#房地产开发投资	Real Estate Development		77.87	388.52	2114.08
对外贸易	**Foreign Trade**				
进出口总额(万美元)	Total Exports and Imports (USD 10 000)	11843	227486	773604	1779157
进口额	Imports	1612	78148	263511	725710
出口额	Exports	10231	149338	510093	1053447
利用外资(万美元)	**Utilization of Foreign Capital (USD 10 000)**				
实际利用外商直接投资	Actually Utilized Direct Foreign Investments		53999	122960	624670
能源(万吨标准煤)	**Energy (10 000 tons of SCE)**				
能源生产总量	Total Energy Production	4434	6591	14522	18672
能源消费总量	Total Energy Consumption	3353	7919	14625	21438
财政(亿元)	**Public Finance (100 million yuan)**				
公共财政预算收入	Public Financial Revenue of the Local Government	33.73	246.47	537.65	1381.32
公共财政预算支出	Public Financial Expenditures of the Local Government	27.67	445.53	1116.04	3416.14
物价总指数(以上年为100)	**Price Indices (preceding year=100)**				
居民消费价格总指数	General Consumer Price Index	100.1	99.2	102.1	103.5
商品零售价格总指数	General Retail Price Index	100.1	98.5	101.7	103.7
农业生产资料价格总指数	Means of Agricultural Production Price Index	97.9	99.6	107.9	103.1
人民生活	**People's Livelihood**				
城镇居民人均可支配收入(元)	Per Capita Annual Disposable Income of Urban Households (yuan)	291.00	4766.26	8667.97	15930.26
城镇居民人均消费性支出(元)	Per Capita Annual Living Expenditure of Urban Residents (yuan)	274.00	3830.71	6038.02	10838.49
农民人均纯收入(元)	Per Capita Net Income of Rural Residents (yuan)	104.71	1985.82	2870.58	5523.73
农民人均生活消费支出(元)	Per Capita Living Expenditure of Rural Households (yuan)	81.70	1315.83	1891.57	3682.21
在岗职工平均工资(元)	Average Wage of Staff and Workers (yuan)	590	6930	14282	30303

Principal Aggregate Indicators on National Economic and Social Development and Growth Rates

2011	2012	2012年为以下各年% 2012 as % of the Following years					年均增长速度(%) Average Annual Growth Rate		
		1978	2000	2005	2010	2011	1979-2012	2001-2012	2006-2012
10489	10543	149.2	111.1	107.9	101.0	100.5	1.2	0.9	1.1
4255	4473	464.5	203.2	149.4	110.4	105.1	4.6	6.1	5.9
9388	9406			100.3	100.0	100.2			0.0
6198	6288	224.0	112.8	111.0	104.1	101.4	2.4	1.0	1.5
809	850	202.3	118.3	124.8	117.5	105.0	2.1	1.4	3.2
38.40	38.27	243.1	178.8	115.9	100.2	99.7	2.6	5.0	2.1
26931.03	29599.31	3721.5	387.9	226.1	123.3	110.1	11.2	12.0	12.4
3512.24	3769.54	668.0	180.5	138.5	108.3	104.5	5.7	5.0	4.8
15427.08	16672.20	7256.5	508.4	259.3	126.2	111.4	13.4	14.5	14.6
13949.32	15017.56	7885.4	533.8	268.1	127.2	111.5	13.7	15.0	15.1
7991.72	9157.57	6568.9	366.5	220.5	124.9	110.2	13.1	11.4	12.0
28661	31499	2728.1	382.4	224.3	123.9	110.1	10.2	11.8	12.2
17770.51	21449.99		1706.8	575.2	151.9	120.7		24.4	28.3
16935.88	20558.61		2069.4	608.7	154.1	121.4		26.2	29.7
9110.52	11024.18		2983.8	733.3	162.1	121.0		30.4	31.8
2626.54	3035.29		3897.7	781.2	143.6	115.6		34.9	37.8
3264212	5175027	43696.9	2274.9	669.0	290.9	158.5	19.6	29.7	31.2
1340172	2207239	136925.5	2824.4	837.6	304.1	164.7	23.7	32.1	35.5
1924040	2967788	29007.8	1987.3	581.8	281.7	154.2	18.1	28.3	28.6
1008209	1211777		2244.1	985.5	194.0	120.2		29.6	38.7
18298	12666	285.7	192.2	87.2	67.8	69.2	3.1	5.6	-1.9
23061	23647	705.3	298.6	161.7	110.3	102.5	5.9	9.5	7.1
1721.76	2040.33	6049.0	827.8	379.5	147.7	118.5	12.8	19.3	21.0
4248.82	5006.40	18093.2	1123.7	448.6	146.6	117.8	16.5	22.3	23.9
105.6	102.5								
105.7	102.3								
111.1	105.4								
18194.80	20442.62	1140.1	296.2	188.1	118.7	109.5	7.4	9.5	9.4
12336.47	13732.96	5012.0	358.5	227.4	126.7	111.3	12.2	11.2	12.5
6604.03	7524.94	1725.6	258.5	202.6	125.4	111.3	8.7	8.2	10.6
4319.95	5032.14	6159.3	382.4	266.0	136.7	116.5	12.9	11.8	15.0
34203	37958	1278.3	411.2	215.1	118.9	111.0	7.8	12.5	11.6

2-3 续表 1

指 标	Item	1978	2000	2005	2010
城市概况	**General Survey of Cities**				
供水总量(万立方米)	Volume of Tap Water Supply (10 000 cu.m)		191706	183436	179122
排水管道长度(公里)	Length of Sewer Pipelines (km)		6070	10201	14733
城市煤气、天然气家庭用量(万立方米)	Volume of Coal Gas and Natural Gas Supply in Urban Areas (10 000 cu.m)		30100	31384	63663
公共汽(电)车总数(标台)	Total Number of Public Buses and Trolley Buses (unit)		12514	12514	18912
道路长度(公里)	Length of Paved Roads (km)		4920	7090	9413
公园绿地面积(公顷)	Areas of Green Land (hectare)		6286	12644	18361
产 业	**Industry**				
农林牧渔业	**Farming Forestry, Animal Husbandry and Fishery**				
主要农产品产量	Output of Major Farm Products				
粮食(万吨)	Grain (10 000 tons)	2097.40	4101.50	4582.00	5437.10
棉花(万吨)	Cotton (10 000 tons)	22.42	70.38	67.70	44.72
油料(万吨)	Oil-bearing Crops (10 000 tons)	24.16	392.55	449.60	540.72
烟叶(万吨)	Tobacco (10 000 tons)	29.95	27.60	28.84	28.75
水果(万吨)	Fruits (10 000 tons)	47.11	364.73	555.69	795.99
年底大牲畜存栏头数(万头)	Large Animals (year-end) (10 000 heads)	515.03	1445.73	1508.80	1044.80
年底生猪存栏头数(万头)	Hogs (year-end) (10 000 heads)	1724.90	3787.69	4439.00	4547.00
年底羊存栏只数(万只)	Sheep and goats (year-end) (10 000 heads)	989.70	2961.40	3988.00	1895.40
肉类(万吨)	Meat (10 000 tons)	45.64	517.00	689.00	638.40
工业	**Industry**				
规模以上工业增加值(亿元)	value-added of Industrial Above Designated Size (100 million yuan)		1154.39	3200.23	9901.52
主要工业产品产量	Output of Major Industrial Products				
机制纸及纸板(万吨)	Machine-Made Paper and Paperboards (10 000 tons)	17.13	290.06	562.18	975.64
原煤(万吨)	Coal (10 000 tons)	5845	7578	18761	21349
原油(万吨)	Crude Oil (10 000 tons)	167.44	562.18	507.16	497.90
发电量(亿千瓦小时)	Electricity (100 million kwh)	130.68	694.93	1414.68	2283.84
生铁(万吨)	Pig Iron (10 000 tons)	109.72	508.88	973.00	2073.92
粗钢(万吨)	Steel (10 000 tons)	54.22	404.84	1226.62	2327.35
成品钢材(万吨)	Steel Products (10 000 tons)	30.94	405.62	1337.40	3196.42
农用化肥(折纯量)(万吨)	Chemical Fertilizer (10 000 tons)	51.92	258.56	396.64	439.25
水泥(万吨)	Cement (10 000 tons)	352.85	3723.00	6210.70	11479.73
平板玻璃(万重量箱)	Plate Glass (10 000 weight cases)	184.20	2425.41	3894.92	2414.41
主营业务收入(亿元)	Sales Revenue (100 million yuan)		3297.78	10114.21	36163.12
利润总额(亿元)	Total Profits (100 million yuan)		139.97	643.39	3302.22
建筑业	**Construction**				
施工房屋面积(万平方米)	Floor Space of Buildings Under Construction (10 000 sq.m)		5308.29	10813.15	28677.13
竣工房屋面积(万平方米)	Floor Space of Buildings Completed (10 000 sq.m)		2629.33	4787.12	13156.03
交通运输、仓储、邮政业	**Transport, Storage and Post**				
客运量(万人)	Passengers (10 000 persons)	11177	83912	98099	167804
#铁路	Railways	4319	4727	5842	8399
公路	Highways	6781	79017	91920	158630
货运量(万吨)	Freight (10 000 tons)	18206	60678	78827	202470
#铁路	Railways	6722	10172	14806	14224
公路	Highways	11321	50133	62684	183291
邮电业务总量(亿元)	Business Volume of Post and Telecommunications Service (100 million yuan)	0.71	130.06	556.50	486.11
批发和零售业、住宿和餐饮业	**Wholesale and Retail Trades、Accommodation and Catering Trade**				
社会消费品零售总额(亿元)	Total Retail Sales of Consumer Goods (100 million yuan)	71.79	1869.80	3380.88	8004.15

continued

2011	2012	2012年为以下各年% 2012 as % of the Following years					年均增长速度(%) Average Annual Growth Rate		
		1978	2000	2005	2010	2011	1979-2012	2001-2012	2006-2012
184588	188538		98.3	102.8	105.3	102.1		-0.1	0.4
15836	17292		284.9	169.5	117.4	109.2		9.1	7.8
69958	76325		253.6	243.2	119.9	109.1		8.1	13:5
20860	21852		174.6	174.6	115.5	104.8		4.8	8.3
9859	10798		219.5	152.3	114.7	109.5		6.8	6.2
19207	21202		337.3	167.7	115.5	110.4		10.7	7.7
5542.50	5638.60	268.8	137.5	123.1	103.7	101.7	3.0	2.7	3.0
38.24	25.69	114.6	36.5	37.9	57.4	67.2	0.4	-8.1	-12.9
532.36	569.51	2357.3	145.1	126.7	105.3	107.0	9.7	3.1	3.4
29.25	30.68	102.4	111.1	106.4	106.7	104.9	0.1	0.9	0.9
833.58	870.43	1847.7	238.7	156.6	109.4	104.4	9.0	7.5	6.6
988.60	942.34	183.0	65.2	62.5	90.2	95.3	1.8	-3.5	-6.5
4569.00	4587.28	265.9	121.1	103.3	100.9	100.4	2.9	1.6	0.5
1865.00	1827.70	184.7	61.7	45.8	96.4	98.0	1.8	-3.9	-10.5
641.65	677.35	1484.1	131.0	98.3	106.1	105.6	8.3	2.3	-0.2
11882.55	12654.83		786.3	343.2	137.1	114.6		18.8	19.3
1181.95	905.77	5287.6	312.3	161.1	92.8	76.6	12.4	10.0	7.1
20935	18058	308.9	238.3	96.2	84.6	86.3	3.4	7.5	-0.5
485.50	476.56	284.6	84.8	94.0	95.7	98.2	3.1	-1.4	-0.9
2571.88	2626.90	2010.2	378.0	185.7	115.0	102.1	9.2	11.7	9.2
2151.01	2116.00	1928.5	415.8	217.5	102.0	98.4	9.1	12.6	11.7
2370.65	2215.78	4086.6	547.3	180.6	95.2	93.5	11.5	15.2	8.8
3551.19	3481.38	11252.0	858.3	260.3	108.9	98.0	14.9	19.6	14.6
474.03	435.47	838.7	168.4	109.8	99.1	91.9	6.5	4.4	1.3
13666.02	14805.09	4195.9	397.7	238.4	129.0	108.3	11.6	12.2	13.2
2153.48	1216.10	660.2	50.1	31.2	50.4	56.5	5.7	-5.6	-15.3
47647.21	52276.38		1585.2	516.9	144.6	109.7		25.9	26.4
4131.59	4016.39		2869.4	624.3	121.6	97.2		32.3	29.9
33282.01	38328.73		722.1	354.5	133.7	115.2		17.9	19.8
15146.83	16397.59		623.6	342.5	124.6	108.3		16.5	19.2
193882	208094	1993.9	264.8	226.5	124.0	107.3	9.2	8.5	12.4
8952	9628	186.2	170.1	137.6	114.6	107.6	1.8	4.5	4.7
184213	197785	3128.3	268.5	230.8	124.7	107.4	10.7	8.6	12.7
240965	272240	1265.1	379.0	291.7	134.5	113.0	7.7	11.7	16.5
14312	12779	215.5	142.4	97.9	89.8	89.3	2.3	3.0	-0.3
220122	251772	1852.1	418.2	334.5	137.4	114.4	9.0	12.7	18.8
581.36	661.36	235488.4	1576.3	368.4	136.1	113.8	25.7	25.8	20.5
9453.65	10915.62	15235.9	585.0	323.5	136.7	115.7	15.9	15.9	18.3

2-3 续表 2

指 标	Item	1978	2000	2005	2010
金融业(亿元)	**Finance (100 million yuan)**				
金融机构年底存款余额	Deposits of National Banking System	45.71	4753.41	10003.96	23148.83
金融机构年底贷款余额	Loans of National Banking System	99.99	4356.94	7434.53	15871.32
城乡居民储蓄存款年底余额	Balance of Savings Deposit of Rural and Urban Residents (year-end)	9.81	3182.08	6488.55	12883.70
租赁和商务服务业	**Leasing and Business Services**				
接待旅游者人数(万人次)	Number of foreign tourists (10 000 person-times)		32.50	60.05	146.84
旅游外汇收入(万美元)	Foreign Exchange Earnings from Tourism (USD 10 000)		12390	21604	49877
科学研究、技术服务和地质勘查业	**Scientific Research, Technical Services and Geologic Prospecting**				
研究与试验发展(R&D)经费内部支出(亿元)	Intramural Expenditures on R&D (100 million yuan)		24.80	55.61	211.38
技术市场成交额(亿元)	Volume of Transaction in Technical Markets (100 million yuan)		21.16	26.37	27.69
三种专利授权量(项)	Three Types of Patent Application Granted (item)		2766	3748	16539
水利、环境和公共设施管理业	**Management of Water Conservancy, Environment and Public Facilities**				
水资源总量(亿立方米)	Total Amount of Water Resources (100 million cu.m)		669.95	558.56	534.89
环境污染治理投资总额(亿元)	Total Investment in Treatment of Environment Pollution (100 million yuan)		8.06	82.34	132.25
教育	**Education**				
专任教师数(万人)	Number of Full-time Teachers (10 000 persons)				
高等学校	Institutions of Higher Education	0.54	2.02	4.63	7.75
普通中学	Regular Secondary School	29.34	30.86	37.30	38.10
小学	Primary Schools	42.88	45.93	47.55	49.04
在校学生数(万人)	Students Enrollment (10 000 persons)				
高等学校	Institutions of Higher Education	2.73	26.24	85.19	145.67
普通中学	Regular Secondary School	521.62	638.14	758.22	661.56
小学	Primary Schools	1140.26	1130.63	986.84	1070.53
卫生、社会保障和社会福利业	**Health, Social Security and Social Welfare**				
卫生机构床位数(万张)	Number of Beds in Health Institutions (10 000 units)	10.20	19.86	21.40	32.76
#医院、卫生院	Hospitals	9.73	18.34	20.23	30.44
卫生技术人员数(万人)	Number of Medical Technical Personnel (10 000 persons)	11.44	26.84	28.92	37.28
#医生	Doctors	4.38	11.11	11.11	15.48
文化、体育和娱乐业	**Culture, Sports and Entertainment**				
总印数	Total Printed Copies				
图书(万册)	Number of Books Published (10 000 copies)		35077	27260	20150
期刊(万册)	Number of Magazines Issued (10 000 copies)		10721	9323	8524
报纸(万份)	Number of Newspapers Issue (10 000 copies)		129104	197896	214158

注：1.本表价值量指标除邮电业务总量2001年以来为2000年不变价，1990-2000年按1990年不变价格计算，以前年度按1980年不变价格计算，其他价值量指标均按当年价格计算。(下同)。生产总值、工业增加值、邮电业务总量、城乡居民收入、在岗职工平均工资发展(增长)速度均按可比价格计算。
2.1994年始财政收入为分税制后新口径数据(下同),发展(增长)速度按可比口径计算。
3.在岗职工、工资1997年及以前年度为职工口径(下同)。
4.进出口总额1992年及以后年度为海关数，其他为有关部门数(下同)。

continued

2011	2012	2012年为以下各年% 2012 as % of the Following years					年均增长速度(%) Average Annual Growth Rate		
		1978	2000	2005	2010	2011	1979-2012	2001-2012	2006-2012
26646.15	31970.43	69946.2	672.58	319.6	138.1	120.0	21.2	17.2	18.1
17506.24	20301.72	20302.9	466.0	273.1	127.9	116.0	16.9	13.7	15.4
14648.43	17528.08	178675.6	550.8	270.1	136.0	119.7	24.6	15.3	15.3
168.29	190.77		587.0	317.7	129.9	113.4		15.9	18.0
54902	61141		493.5	283.0	122.6	111.4		14.2	16.0
264.49	310.78		1253.0	558.9	147.0	117.5		23.5	27.9
38.76	40.21		190.0	152.5	145.2	103.7		5.5	6.2
19259	26833		970.1	715.9	162.2	139.3		20.8	32.5
327.94	265.50		39.6	47.5	49.6	81.0		-7.4	-10.1
146.97	178.21		2212.4	216.4	134.8	121.3		29.4	11.7
8.20	8.60	1592.6	425.7	185.7	111.0	104.9	8.5	12.8	9.2
38.65	38.97	132.8	126.3	104.5	102.3	100.8	0.8	2.0	0.6
49.58	49.69	115.9	108.2	104.5	101.3	100.2	0.4	0.7	0.6
150.01	155.90	5710.6	594.1	183.0	107.0	103.9	12.6	16.0	9.0
657.48	646.42	123.9	101.3	85.3	97.7	98.3	0.6	0.1	-2.3
1092.90	1079.20	94.6	95.5	109.4	100.8	98.7	-0.2	-0.4	1.3
34.92	39.39	386.2	198.3	184.1	120.2	112.8	4.1	5.9	9.1
32.49	36.57	375.8	199.4	180.8	120.1	112.6	4.0	5.9	8.8
39.52	42.88	374.8	159.8	148.3	115.0	108.5	4.0	4.0	5.8
15.58	16.77	382.9	150.9	150.9	108.3	107.6	4.0	3.5	6.1
21157	22919		60.3	77.6	105.0	108.3		-3.5	-2.4
9148	9566		85.3	98.1	107.3	104.6		-0.9	0.4
218462	215265		169.2	110.4	102.0	98.5		4.4	1.2

a) Figures in value terms in this table are Calculated at current prices, except that on the business transaction of post and telecommunications service since 2001 is calculated at 2000 constant prices.1990~2000 is calculated at 1990 constant prices.Figures on postal and telecommunication services before 1990 were calculated at 1980 constant prices,and those since 1991 were calculated at constant prices.The indices and growth rates of the follow indicators are calculated at GDP, value added of industry, Business volume of post and telecommunications, per capita income of urban and rural residents,comparable prices: wages of Fully Employed Staff and workers(the same as following tables)

b) Total financial revenue since tax reform began to be implemented in 1994(the same as following tables).The indices in this table are calculated at comparable prices.

c) Before 1997,Data of Number and Wage of Fully Employed Staff and workers Refer to Total Employed persons(the same as following tables).

d) Since 1992,the data of imports and exports in foreign trade begin to be obtained from custom statistics(the same as following tables).

2-4 国民经济和社会发展结构指标

Structural Indicators on National Economic and Social Development

单位：%　　(%)

指　标	Item	2000	2005	2010	2011	2012
人口	**Population**					
城乡结构	Urban and Rural Structure					
市镇	Urban	23.2	30.7	38.8	40.6	42.4
乡村	Rural	76.8	69.3	61.2	59.4	57.6
性别结构	Sexual Structure					
男	Male	51.6	51.6	51.8	51.6	51.8
女	Female	48.4	48.4	48.2	48.4	48.2
就业	**Employment**					
从业人员产业结构	Industrial Structure					
第一产业	Primary Industry	64.0	55.4	44.9	43.1	41.8
第二产业	Secondary Industry	17.5	22.1	29.0	29.9	30.5
第三产业	Tertiary Industry	18.5	22.5	26.1	27.0	27.7
国民核算	**National Accounting**					
生产总值产业结构	Industrial Structure					
第一产业	Primary Industry	23.0	17.9	14.1	13.0	12.7
第二产业	Secondary Industry	45.4	52.1	57.3	57.3	56.3
工　业	Industry	39.6	46.2	51.8	51.8	50.7
建筑业	Construction	5.8	5.8	5.5	5.5	5.6
第三产业	Tertiary Industry	31.6	30.0	28.6	29.7	31.0
全社会固定资产投资	**Investment**					
全社会固定资产投资产业结构	Structure of Investment in Fixed Assets					
第一产业	Primary Industry		3.8	4.7	4.1	3.9
第二产业	Secondary Industry		45.0	48.3	51.4	51.5
#工　业	Industry		44.4	48.2	51.3	51.4
第三产业	Tertiary Industry		51.2	47.0	44.6	44.7
实际利用外商直接投资	**Actually Used Direct Investment by forign Enterprises**					
#独资经营	Foreign Investment Enterprises	8.3	39.3	58.7	58.9	63.2
合资经营	Joint Ventures Enterprises	50.5	44.5	30.6	32.0	30.4
合作经营	Cooperative Operation Enterprises	11.6	8.3	9.4	8.4	6.3
能源	**Energy Sources**					
能源生产总量结构	Structure of Energy Sources Products					
原煤	Coal	83.7	91.3	92.7	92.3	89.6
原油	Base oil	12.2	5.0	3.8	3.8	4.8
天然气	Gas	2.8	1.8	0.5	0.4	0.5
水电	Water and Electricity	1.4	1.9	3.0	3.6	5.1
财政	**Government Finance**					
公共财政预算收入结构	Structure of Government Revenue					
#各项税收	Taxes	79.1	68.0	73.6	73.4	72.0
公共财政预算支出结构	Structure of Government Expenditures					
#农林水事务	Supporting Agricultural Production and Agricultural Operating Expenses	7.7	7.4	11.7	11.3	11.0
教科文卫	Culture Education Science and Health Care	24.3	24.2	28.7	31.4	33.3
#科学技术	Science	1.5	1.2	1.3	1.3	1.4
生活	**People's Livelihood**					
城镇居民消费结构	Consumption Structure of Urban Residents					
食品类	Food	36.2	34.2	33.0	34.1	33.6
衣着类	Clothing	12.0	13.4	13.3	13.8	13.7
日用品及其他	Articles for Daily Use and Others	37.5	41.6	43.7	43.2	44.0
居住	Residence	14.3	10.8	10.0	8.8	8.7
农村居民消费结构	Consumption Structure of Rural Residents					
食品类	Food	49.7	45.4	37.2	36.1	33.8
衣着类	Clothing	6.6	7.0	7.1	8.4	8.4
日用品及其他	Articles for Daily Use and Others	28.0	30.8	34.9	35.9	36.7
居住	Residence	15.7	16.8	20.8	19.6	21.1

2-4 续表 continued

单位：% (%)

指 标	Item	2000	2005	2010	2011	2012
农业	**Agriculture**					
农林牧渔业增加值结构	Structure of Value-added					
农 业	Farming	64.7	56.5	63.9	60.0	61.4
林 业	Forestry	3.6	2.7	2.1	2.2	2.3
牧 业	Animal Husbandy	30.5	37.0	30.5	34.3	32.7
渔 业	Fishery	1.2	1.3	1.5	1.4	1.5
农林牧渔服务业	Service activities for Farming, forestry, Animal Husbandy and Fishery		2.5	2.0	2.1	2.0
工业	**Industry**					
增加值轻重工结构	Structure of Value-added of the Industry					
轻工业	Light Industry	37.5	34.9	31.0	30.6	31.6
重工业	Heavy Industry	62.5	65.1	69.0	69.4	68.4
运输业	**Transportation**					
货运量运输方式结构	Structure of Freight Traffic					
#铁 路	Railways	16.8	18.8	7.0	4.6	4.6
公 路	Highways	82.6	79.5	90.5	95.0	95.0
水 运	Waterways	0.6	1.7	2.4	0.1	0.1
客运量运输方式结构	Structure of Freight Ton -Kilometers					
#铁 路	Railways	5.6	6.0	5.0	5.9	4.7
公 路	Highways	94.2	93.7	94.5	91.4	92.5
水 运	Waterways	0.1	0.1	0.2	2.7	2.8
批发零售贸易、住宿和餐饮业	**Wholesale and Retail Trades、Accommodation and Catering Trade**					
社会消费品零售总额结构	Composition of Retail Sales of Consumer Goods					
批发零售和贸易业	Wholesale and Retail Trade	84.9	84.0	84.9	84.8	84.9
住宿和餐饮业	Accommodation and Catering Trade	11.7	13.9	13.8	13.8	13.9
其它	Others	3.4	2.1	1.3	1.4	1.2
国际旅游	**International Tourism**					
国际旅游人数结构	Structure of Tourists					
外国人	Foreigners	56.0	57.8	65.4	62.0	62.2
港澳台同胞	Compatriots form Hong Kong,Macao and Taiwan	44.0	42.2	34.6	38.0	37.8
环境	**Environment**					
污染治理资金使用结构	Uses of Funds in Pollution Treatment					
#治理废水	Waste Water Treatment	43.1	49.2	35.4	23.8	20.5
治理废气	Waste Gas Treatment	49.8	34.2	60.4	68.7	52.6
治理固体废物	Solid Wastes Treatment	5.0	11.7	0.7	2.5	2.7
治理噪声	Noise Abatement	0.2	0.2	0.4	0.3	0.3
教育	**Education**					
专任教师结构	Full-time Teachers by Type					
普通高等学校	Regular Institutions of Higher Education	2.5	5.1	7.9	8.2	8.6
中等专业学校	Specialized Secondary Schools	2.1	1.2	3.3	3.2	3.1
普通中学	Regular Secondary Schools	38.3	41.2	38.8	38.8	38.8
小学	Primary Schools	57.1	52.5	50.0	49.8	49.5
在校学生结构	Structure of Student Enrollment					
普通高等学校	Regular Institutions of Higher Education	1.4	4.5	7.4	7.6	8.0
中等专业学校	Specialized Secondary Schools	1.8	2.6	4.1	3.8	3.7
普通中学	Regular Secondary Schools	34.9	40.4	33.8	33.3	33.1
小学	Primary Schools	61.8	52.5	54.7	55.3	55.2

2-5 主要社会经济指标人均水平

Major Per Capita Indicators of Society and Economy

本表价值量指标均按当年价格计算。
The data in value terms in the table are calculated at current prices.

指 标	Item	2000	2005	2010	2011	2012
人口密度（人/平方公里）	**Population Density (person/sq.km)**	**568**	**585**	**566**	**563**	**563**
生产总值(元)	**Gross Domestic Product (yuan)**	**5450**	**11346**	**24446**	**28661**	**31499**
全社会固定资产投资额(元)	**Total Investment in Fixed Assets (yuan)**	**1564**	**4494**	**17559**	**18912**	**22826**
人民生活(元)	**People's Livelihood (yuan)**					
在岗职工平均工资	Average Wage of Staff and Workers	6930	14282	30303	34203	37958
城镇居民人均可支配收入	Per Capita Annual Disposable Income of Urban Households	4766	8668	15930	18195	20443
城镇居民人均消费性支出	Per Capita Annual Living Expenditure of Urban Residents	3831	6038	10838	12336	13733
农民人均纯收入	Per Capita Net Income of Rural Residents	1986	2871	5524	6604	7525
农民人均生活消费支出	Per Capita Living Expenditure of Rural Households	1316	1892	3682	4320	5032
居民储蓄额	Balance of Savings Deposit of Rural and Urban Residents	3354	6643	13639	15603	18635
农林牧渔业	**Farming,Forestry, Farming of Animals and Fishing**					
农林牧渔业增加值(元)	Value-added of Farming Forestry, Animal Husbandry and Fishery (yuan)	1229	1942	3449	3738	4011
主要农产品产量(千克)	Output of Major Farm Products (kg)					
粮食	Grain	435	470	576	590	600
#小麦	Wheat	237	265	326	332	338
棉花	Cotton	7	7	5	4	3
油料	Oil- bearing Crops	42	46	57	57	61
猪、牛、羊肉	Pork, Beef and Mutton	48	61	55	55	57
牛奶	Milk	2	11	31	33	34
禽蛋	Poultry Eggs	29	39	41	42	43
工业	**Industry**					
规模以上工业增加值(元)	value-added of Enterprises Above Designated Size (yuan)	1223	3285	10482	12646	13467
主要工业产品产量	Output of Major Industrial Products					
原煤(千克)	Coal (kg)	803	1926	2260	2228	1922
原油(千克)	Crude Oil (kg)	60	52	53	52	51
发电量(千瓦小时)	Electricity (kwh)	736	1452	2418	2737	2796
粗钢(千克)	Steel (kg)	43	126	246	252	236
成品钢材(千克)	Steel Products (kg)	43	137	338	378	370
水泥(千克)	Cement (kg)	394	637	1215	1454	1576
社会消费品零售总额(元)	**Total Retail Sales of Consumer Goods (yuan)**	1981	3470	8474	10061	11616
财政	**Finance**					
公共财政预算收入(元)	Financial Revenue of the Local Government(yuan)	261	552	1462	1832	2171
公共财政预算支出(元)	Financial Expenditures of the Local Government (yuan)	472	1145	3616	4522	5328
教育	**Education**					
每万人拥有大学生(含研究生)(人)	Number of Doctors per 10 000 Persons (Include Postgraduates) (person)	28	89	149	171	201
卫生	**Health Care**					
每千人拥有医院、卫生院床位(张)	Number of Hospital Beds per 1 000 Persons (unit)	1.93	2.07	3.24	3.46	3.89
每千人拥有医生(人)	Number of Doctors per 1 000 Persons (person)	1.17	1.14	1.65	1.66	1.78

2-6 国民经济和社会发展比例和效益指标

Indicators on Proportions and Efficiency in National Economic and Social Development

本表价值量指标均按当年价格计算。
The data in value terms in the table are calculated at current prices.

指 标	Item	2000	2005	2010	2011	2012
人口	**Population**					
出生率(‰)	Birth Rate (‰)	13.07	11.55	11.52	11.56	11.87
死亡率(‰)	Death Rate (‰)	5.93	6.30	6.57	6.62	6.71
自然增长率(‰)	Natural Growth Rate (‰)	7.14	5.25	4.95	4.94	5.16
城镇化率(%)	Standard of Urbanization (%)	23.2	30.7	38.8	40.6	42.4
就业	**Employment**					
城镇每一就业者负担人口(人)	Number of Dependents per Urban Employee (person)	1.94	1.94	1.95	1.94	1.90
城镇登记失业率(%)	Unemployment Rate in Urban Areas (%)	2.6	3.5	3.4	3.4	3.1
国民核算	**National Accounting**					
经济增长贡献率(%)	Contribution Rate to GDP (%)					
第一产业	Primary Industry	10.2	9.8	4.5	4.3	5.7
第二产业	Secondary Industry	62.6	62.2	68.5	63.6	65.1
第三产业	Tertiary Industry	27.2	28.0	27.0	32.1	29.1
全社会劳动生产率(元/人.年)	Overall Labor Productivity (yuan/person.year)	9377	18824	38517	44005	47414
第一产业	Primary Industry	3382	5926	11898	13051	14229
第二产业	Secondary Industry	24282	46086	77173	85575	88404
第三产业	Tertiary Industry	15827	25738	42822	49151	53630
固定资产投资	**Investment in Fixed Assets**					
全社会固定资产投资率(%)	Proportion of Investment in fixed Assets to GDP (%)	29.2	41.4	71.1	66.0	72.5
全社会房屋建筑面积竣工率(%)	Rate of Total Floor Space of Buildings Completed in Construction (%)	77.6	67.4	44.3	38.8	34.1
对外经济贸易和国际旅游	**Foreign Trade and International Tourism**					
进出口总额相当于生产总值比例(%)	Proportion of Total Imports & Exports to GDP (%)	3.7	5.9	5.2	7.7	11.0
每一来豫游客支出(美元)	Expenditure per International Tourist in Henan (USD)	381	360	340	326	321
利用外资	**Utilization of Foreign Capital**					
实际利用外商直接投资额相当于签订利用外资额比例(%)	Proportion of Foreign Capital Actually Used to Total Amount of Foreign Capital for Utilization by Signed Contracts or Agreements (%)	77.2	52.3	108.0	131.3	103.3
能源	**Energy**					
能源生产弹性系数	Elasticity Ratio of Energy Production		0.78	0.78		
能源消费弹性系数	Elasticity Ratio of Energy Consumption	0.77	0.84	0.68	0.64	0.22
单位GDP能耗(吨标准煤/万元)	Energy Consumption per 10 000 yuan GDP (ton of SCE/10 000yuan)		1.380	0.928	0.895	0.831
单位GDP电耗(千瓦时/万元)	Electricity Consumption per 10 000 yuan GDP (kwh/10 000yuan)		1277.70	1019.35	1032.27	966.00
单位工业增加值能耗(吨标准煤/万元)	Energy Consumption per 10 000 yuan Add-value Industry (ton of SCE/10 000yuan)		4.020	1.593	1.450	1.236

2-6 续表 continued

指 标	Item	2000	2005	2010	2011	2012
财政	**Finance**					
地方公共财政收入相当于生产总值比例(%)	Proportion of Government Revenue to GDP (%)	4.9	5.1	6.0	6.4	6.9
家庭	**Family**					
少儿抚养系数(%)	Dependency Ratio of Children		28.8	29.7	30.1	30.2
老年抚养系数(%)	Dependency Ratio of the Aged		11.4	11.8	12.3	12.6
生活	**Family**					
城乡居民收入比例 (农民人均纯收入为1)	Proportion of Growth Rate of Annual Income of Urban Residents to the Growth Rate of Annual Net Income of Rural Residents (Per Capita Net Income of Rural Residents=1)	2.4	3.0	2.9	2.8	2.7
恩格尔系数(%)	Angle modulus					
城镇居民	Urban Household	36.2	34.2	33.0	34.1	33.6
农村居民	Rural Household	49.7	45.4	37.2	36.1	33.8
农业	**Agriculture**					
每公顷播种面积农产量(千克)	Output of Farm Crops per Hectare of Sown Area (kg)					
粮食	Grain	4542	5006	5582	5621	5647
棉花	Cotton	903	866	957	964	1001
油料	Oil-bearing Crops	2630	2800	3457	3372	3619
工业	**Industry**					
规模以上工业企业效益(%)	Main Economic Beneficial Indicators of Enterprises Above Designed Size (%)					
成本费用利润率	Ratio of Profits to Industrial Cost	4.5	6.9	10.2	9.5	8.3
资产负债率	AssetsLiability Ratio	66.4	61.6	55.2	53.9	51.4
总资产贡献率	Ratio of Total Assets to Industrial Output Value	8.6	15.7	22.4	22.7	18.9
产品销售率	Proportion of Products Sold	98.0	98.4	98.7	98.6	98.3
全员劳动生产率(元/人)	Overall Labor Productivity (yuan/person)	33643	88950	206596	217295	216674
建筑业	**Construction**					
技术装备率(元/人)	Value of Machinery per Laborer (yuan/person)	5302	8531	10173	11530	11766
金融保险	**Finance**					
金融机构存款相当于生产总值比例 (%)	Bank Deposits as Percentage of GDP (%)	94.1	94.5	100.2	98.9	108.0
金融机构贷款相当于生产总值比例 (%)	Bank Loans as Percentage of GDP (%)	86.2	70.2	68.7	65.0	68.6
教育	**Education**					
小学适龄人口入学率(%)	Rate of School-age Children Enrollment (%)	99.8	99.7	99.9	99.9	99.9
小学毕业生升学率(%)	Rate of Graduates of Primary Schools Entering Junior Secondary Schools (%)	95.4	98.8	96.1	96.4	92.8
初中毕业生升学率(%)	Rate of Graduates of Junior Secondary Schools Entering Senior Secondary Schools (%)	41.4	60.2	79.5	79.5	78.2
学校教师负担系数(人)	Student-teacher Ratio(in percentage) (person)					
大学生	Undergraduate	13.2	17.5	17.6	21.8	19.3
普通中等专业学校	Specialized Secondary Schools	20.1	43.7	42.8	42.1	29.3
普通中学	Regular Secondary Schools	20.7	20.3	17.4	16.3	15.9
小学生	Primary School Students	24.6	20.8	21.8	22.8	21.7

2-7 按三次产业分的基本单位数及构成

Institutional Units and Composition By Industry

年 份 Year	单位数(个) Number of Enteprised (unit)	第一产业 Primary Industry 绝对数 Value	第一产业 构成(%) Composition(%)	第二产业 Secondary Industry 绝对数 Value	第二产业 构成(%) Composition(%)	第三产业 Tertiary Industry 绝对数 Value	第三产业 构成(%) Composition(%)
法人单位 Institutional Units							
1997	217803	4101	1.9	85488	39.2	128214	58.9
1998	232775	5032	2.2	97576	41.9	130167	55.9
1999	223741	4904	2.2	90576	40.5	128261	57.3
2000	225806	5035	2.2	90865	40.3	129906	57.5
2001	267883	4782	1.8	88965	33.2	174136	65.0
2002	266230	4604	1.7	87495	32.9	174131	65.4
2003	272024	10803	4.0	89839	33.0	171382	63.0
2004	277950	8660	3.1	91370	32.9	177920	64.0
2005	286207	8334	2.9	97446	34.1	180427	63.0
2006	305722	8600	2.8	106732	34.9	190390	62.3
2007	322828	9570	3.0	114560	35.5	198698	61.5
2008	362427	11406	3.1	123219	34.0	227802	62.9
2009	379992	13022	3.4	128949	33.9	238021	62.6
2010	400767	14317	3.6	136646	34.1	249804	62.3
2011	412772	15179	3.7	139539	33.8	258054	62.5
2012	426534	15923	3.7	142556	33.4	268055	62.9
产业活动单位 Establishments Units							
1997	336064	4936	1.5	93405	27.8	237723	70.7
1998	347599	5801	1.7	104649	30.1	237149	68.2
1999	334889	5641	1.7	96979	29.0	232269	69.3
2000	336330	5755	1.7	97001	28.8	233574	69.5
2001	374810	5386	1.5	94602	25.2	274822	73.3
2002	371791	5159	1.4	92909	25.0	273723	73.6
2003	374699	13518	3.6	94607	25.3	266574	71.1
2004	383093	10811	2.8	96284	25.1	275998	72.1
2005	387463	9924	2.6	101636	26.2	275903	71.2
2006	403819	10054	2.5	110784	27.4	282981	70.1
2007	421567	10957	2.6	118568	28.1	292042	69.3
2008	453789	12071	2.7	126048	27.8	315670	69.6
2009	471512	13655	2.9	131829	28.0	326028	69.1
2010	492300	14941	3.1	139509	28.3	337850	68.6
2011	503248	15806	3.1	142386	28.3	345056	68.6
2012	517217	16540	3.2	145425	28.1	355252	68.7

2-8 历年分行业法人单位数
Number of Institutional Unit by City

单位：个 (unit)

年份 Year	合 计 Total	农林牧渔业 Farming, Forestry, Animal Husbandry and Fishery	采矿业 Mining	制造业 Manufacturing	电力、燃气及水的生产和供应业 Production and Supply of Electricity,Gas and Water	建筑业 Construction	交通运输仓储及邮政业 Traffic, transport, storage and post	信息传输计算机服务和软件业 Information transfer, computer services and software	批发和零售业 Wholesale and retail trade	住宿和餐饮业 Accommodation and Restaurants
2003	272024	10803	5893	77783	794	5369	2471	1486	26052	4666
2004	277950	8660	6853	77694	938	5885	2462	1699	27384	4402
2005	286207	8334	7482	82822	946	6196	2430	1704	28669	4546
2006	305722	8600	7800	90965	1025	6942	2652	2156	33862	5181
2007	322828	9570	7893	97862	1090	7715	2882	2497	37450	5882
2008	362427	11406	7454	105315	1367	9083	4885	4631	47472	8809
2009	379992	13022	7774	109908	1450	9817	5300	4892	52698	9092
2010	400767	14317	7955	115652	1556	11483	5787	5267	58780	8240
2011	412772	15179	7951	117629	1605	12354	6112	5564	63176	8411
2012	426534	15923	7882	119770	1629	13275	6319	6451	67778	8688

年份 Year	金融业 Finance	房地产业 Real estate	租赁和商务服务业 Tenancy and business services	科学研究、技术服务和地质勘查业 Scientific research, technical service and geologic perambulation	水利、环境和公共设施管理业 Management of water conservancy, environment and public establishment	居民服务和其他服务业 Resident services and other services	教育 Education	卫生、社会保障和社会福利业 Sanitation, social security and social welfare	文化、体育和娱乐业 Culture, sports and entertainment	公共管理和社会组织 Public management and social organization
2003	3248	2455	4952	4366	2193	1370	14180	25428	3445	75070
2004	1907	3467	5759	4038	1913	1813	16623	29686	2542	74225
2005	1679	3610	6468	4189	1942	1920	16705	29715	2599	74251
2006	1755	4210	7820	4341	1915	2298	16917	29660	2685	74938
2007	1796	5111	8620	4527	1979	2556	17127	30031	2814	75426
2008	1076	6765	9821	5266	2206	3700	22536	26057	3492	81086
2009	1368	7464	11318	5577	2323	4173	22751	26114	3607	81344
2010	1695	9328	13304	6221	2418	4448	22900	26174	3751	81491
2011	1983	10550	15093	6574	2510	4568	22940	25221	3876	81476
2012	2034	11420	16400	7053	2604	4814	23074	25239	4608	81573

2-9 各市按三次产业和机构类型分法人单位数(2012年)

Number of Institutional Unit by orgniztion type and City (2012)

单位：个 (unit)

市(县) City(County)	合计 Total	第一产业 Primary Industry	第二产业 Secondary Industry	第三产业 Tertiary Industry	企业法人 Business Entity	事业法人 Institution Entity	机关法人 Government Entity	社会团体 Social Organization	其他 Others
全省 Total	**426534**	**15923**	**142556**	**268055**	**284152**	**40987**	**11828**	**5577**	**83990**
省辖市 City									
郑州市 Zhengzhou	67994	1026	16208	50760	55087	3607	942	627	7731
开封市 Kaifeng	21894	665	8102	13127	15933	1331	614	270	3746
洛阳市 Luoyang	35814	1062	10999	23753	22025	5424	978	504	6883
平顶山市 Pingdingshan	21417	1173	6070	14174	14211	1610	818	380	4398
安阳市 Anyang	22497	505	7780	14212	14596	2260	613	210	4818
鹤壁市 Hebi	7045	421	1846	4778	3748	760	356	220	1961
新乡市 Xinxiang	25509	861	10264	14384	17180	2286	855	344	4844
焦作市 Jiaozuo	17100	538	6644	9918	11121	1596	583	381	3419
濮阳市 Puyang	17570	468	5428	11674	8421	1868	450	225	6606
许昌市 Xuchang	28500	807	12219	15474	20771	1585	411	247	5486
漯河市 Luohe	8138	242	2821	5075	5013	950	336	132	1707
三门峡市 Sanmenxia	14918	623	3945	10350	10680	1564	441	351	1882
南阳市 Nanyang	41622	2607	14292	24723	24972	5929	1029	599	9093
商丘市 Shangqiu	21084	458	8588	12038	12405	1926	818	223	5712
信阳市 Xinyang	21525	1477	6595	13453	12144	3106	867	387	5021
周口市 Zhoukou	21598	537	8923	12138	13214	1744	838	120	5682
驻马店市 Zhumadian	28595	2421	10704	15470	20555	3011	803	348	3878
济源市 Jiyuan	3714	32	1128	2554	2076	430	76	9	1123
省直管县 Province Administrating County									
巩义市 Gongyi	4284	45	2334	1905	3027	351	85	40	781
兰考县 Lankao	3776	146	1646	1984	2951	99	75	10	641
汝州市 Ruzhou	2624	206	907	1511	1753	201	93	43	534
滑县 Huaxian	3624	44	1434	2146	1930	489	73	41	1091
长垣县 Changyuan	2758	144	1187	1427	1888	115	78	25	652
邓州市 Dengzhou	4955	737	1601	2617	2750	837	84	29	1255
永城市 Yongcheng	2565	18	1028	1519	1331	185	82	29	938
固始县 Gushi	3267	215	732	2320	1656	542	83	44	942
鹿邑县 Luyi	1919	33	958	928	1161	109	71	7	571
新蔡县 Xincai	3819	183	1308	2328	2819	373	86	114	427

2-10　各市分行业法人单位数(2012年)

单位：个

市(县) City(County)	合　计 Total	农林牧渔业 Farming, Forestry, Animal Husbandry and Fishery	采矿业 Mining	制造业 Manufacturing	电力、燃气及水的生产和供应业 Production and Supply of Electricity,Gas and Water	建筑业 Construction	交通运输仓储及邮政业 Traffic, transport, storage and post	信息传输计算机服务和软件业 Information transfer, computer services and software
全　省 Total	**426534**	**15923**	**7882**	**119770**	**1629**	**13275**	**6319**	**6451**
省辖市 City								
郑州市 Zhengzhou	67994	1026	615	11927	126	3540	994	2164
开封市 Kaifeng	21894	665	3	7345	56	698	569	508
洛阳市 Luoyang	35814	1062	1215	8663	164	957	420	725
平顶山市 Pingdingshan	21417	1173	1178	4301	77	514	248	442
安阳市 Anyang	22497	505	514	5839	88	1339	287	200
鹤壁市 Hebi	7045	421	111	1555	38	142	107	83
新乡市 Xinxiang	25509	861	158	9171	79	856	320	183
焦作市 Jiaozuo	17100	538	197	6043	68	336	291	174
濮阳市 Puyang	17570	468	9	5001	34	384	154	232
许昌市 Xuchang	28500	807	308	11207	77	627	400	317
漯河市 Luohe	8138	242	19	2624	29	149	207	18
三门峡市 Sanmenxia	14918	623	986	2341	145	473	356	235
南阳市 Nanyang	41622	2607	1120	12221	194	757	341	379
商丘市 Shangqiu	21084	458	9	8148	91	340	402	58
信阳市 Xinyang	21525	1477	699	4989	164	743	266	117
周口市 Zhoukou	21598	537	1	8360	81	481	399	264
驻马店市 Zhumadian	28595	2421	647	9148	100	809	521	319
济源市 Jiyuan	3714	32	93	887	18	130	37	33
省直管县 Province Administrating County								
巩义市 Gongyi	4284	45	76	2199	23	36	45	68
兰考县 Lankao	3776	146	3	1537	10	96	72	63
汝州市 Ruzhou	2624	206	274	607	5	21	28	51
滑县 Huaxian	3624	44	1	1319	3	111	18	21
长垣县 Changyuan	2758	144		995	9	183	25	23
邓州市 Dengzhou	4955	737	28	1502	46	25	13	72
永城市 Yongcheng	2565	18	7	975	10	36	56	1
固始县 Gushi	3267	215	52	610	31	39	64	5
鹿邑县 Luyi	1919	33		918	8	32	13	
新蔡县 Xincai	3819	183		1220	17	71	66	47

Number of Institutional Unit by Sector and City (2012)

(unit)

批发和零售业 Wholesale and retail trade	住宿和餐饮业 Accommodation and Restaurants	金融业 Finance	房地产业 Real estate	租赁和商务服务业 Tenancy and business services	科学研究、技术服务和地质勘查业 Scientific research, technical service and geologic perambulation	水利、环境和公共设施管理业 Management of water conservancy, environment and public establishment	居民服务和其他服务业 Resident services and other services	教育 Education	卫生、社会保障和社会福利业 Sanitation, social security and social welfare	文化、体育和娱乐业 Culture, sports and entertainment	公共管理和社会组织 Public management and social organization
67778	**8688**	**2034**	**11420**	**16400**	**7053**	**2604**	**4814**	**23074**	**25239**	**4608**	**81573**
19700	1136	431	3430	7582	2045	355	891	2571	3019	753	5689
3352	825	80	546	808	378	105	279	793	486	438	3960
5370	537	207	1022	1215	723	307	299	2620	3588	447	6273
3933	746	126	611	619	271	156	329	1036	785	385	4487
3460	356	70	457	606	219	126	345	1636	1467	172	4811
728	118	72	187	169	102	40	58	403	877	76	1758
3684	397	99	627	598	244	182	267	1303	828	139	5513
2325	194	78	390	495	294	111	146	722	953	167	3578
1451	248	52	202	255	229	71	141	1101	3152	146	4240
4374	646	127	609	677	227	128	440	1445	2018	299	3767
1084	174	54	194	180	72	49	110	535	165	74	2159
3311	323	107	361	915	444	199	302	505	433	212	2647
4344	1188	101	660	800	499	294	342	3161	4029	385	8200
1882	230	131	409	253	99	49	118	1248	418	122	6619
2218	552	88	552	349	718	198	128	1149	1083	219	5816
1830	333	72	419	265	104	63	217	1238	433	152	6349
4211	658	113	631	514	321	141	369	1393	942	346	4991
521	27	26	113	100	64	30	33	215	563	76	716
407	65	7	60	67	34	28	16	165	364	42	537
619	127	12	59	102	63	15	69	61	70	88	564
414	52	3	28	41	30	14	19	129	59	28	615
285	23	2	45	28	19	5	36	410	53	9	1192
353	42	10	69	44	23	10	12	55	26	7	728
256	33	3	31	29	25	30	19	571	574	45	916
158	15	7	51	14	13	5	3	114	55	11	1016
418	67	18	100	94	76	20	31	197	144	46	1040
109	18	1	18	8	5	7	3	68	30	8	640
801	100	8	39	47	18	14	59	194	93	54	788

2-11 各市按登记注册类型分企业法人单位数(2012年)

单位：个

市(县) City(County)	企业单位数 Number of Enterprises	内资企业 Domestic Funded Enterprises	#国有企业 State-owned Enterprises	#集体企业 Collective-owned Enterprises	#股份合作企业 Cooperative Enterprises
全 省 Total	**284152**	**282618**	**6454**	**7739**	**1764**
省 辖 市 City					
郑 州 市 Zhengzhou	55087	54524	884	773	353
开 封 市 Kaifeng	15933	15857	339	547	114
洛 阳 市 Luoyang	22025	21880	761	776	143
平 顶 山 市 Pingdingshan	14211	14167	335	433	86
安 阳 市 Anyang	14596	14545	225	529	91
鹤 壁 市 Hebi	3748	3715	84	213	62
新 乡 市 Xinxiang	17180	17047	371	652	140
焦 作 市 Jiaozuo	11121	11054	253	264	64
濮 阳 市 Puyang	8421	8386	214	205	80
许 昌 市 Xuchang	20771	20715	165	185	55
漯 河 市 Luohe	5013	4979	130	134	16
三 门 峡 市 Sanmenxia	10680	10643	259	565	86
南 阳 市 Nanyang	24972	24884	624	666	175
商 丘 市 Shangqiu	12405	12371	383	334	75
信 阳 市 Xinyang	12144	12112	611	791	71
周 口 市 Zhoukou	13214	13176	392	271	41
驻 马 店 市 Zhumadian	20555	20501	373	352	104
济 源 市 Jiyuan	2076	2062	51	49	8
省 直 管 县 Province Administrating County					
巩 义 市 Gongyi	3027	3013	39	99	22
兰 考 县 Lankao	2951	2944	27	22	4
汝 州 市 Ruzhou	1753	1749	36	49	3
滑 县 Huaxian	1930	1927	18	58	9
长 垣 县 Changyuan	1888	1880	21	28	17
邓 州 市 Dengzhou	2750	2745	69	57	5
永 城 市 Yongcheng	1331	1329	34	36	4
固 始 县 Gushi	1656	1651	36	82	12
鹿 邑 县 Luyi	1161	1161	22	26	1
新 蔡 县 Xincai	2819	2818	27	24	28

Number of Business Entities by City and Status of Registration (2012)

(unit)

#联营 Joint Ownership	#有限责任公司 Limited Liability Corporations	#股份有限公司 Share-holding Corporations Ltd.	#私营 Private	#其他内资 Others	港、澳、台商投资企业 Enterprises with Funds from Hong Kong, Macao and Taiwan	外商投资企业 Enterprises with Foreign Investment
463	**46961**	**7038**	**198601**	**13598**	**681**	**853**
44	15242	1132	34591	1505	240	323
37	1973	382	11690	775	33	43
44	4388	482	14528	758	67	78
24	2053	304	10075	857	24	20
20	2934	416	9634	696	22	29
8	1047	165	1819	317	15	18
29	2513	685	11664	993	51	82
24	2404	319	6895	831	28	39
15	1108	173	5987	604	16	19
17	2429	384	16239	1241	24	32
7	995	119	3235	343	16	18
14	1244	269	7665	541	14	23
59	2573	473	18738	1576	47	41
17	1147	278	9726	411	13	21
65	1259	312	8373	630	16	16
16	1009	600	10446	401	21	17
22	1872	477	16369	932	30	24
1	771	68	927	187	4	10
7	389	52	2316	89	5	9
5	125	23	2642	96	3	4
4	114	9	1458	76	4	
4	195	37	1410	196	1	2
3	575	81	994	161	3	5
	68	8	2476	62	2	3
1	110	14	1050	80	1	1
25	231	30	1224	11	2	3
1	157	15	897	42		
3	72	104	2332	228	1	

2−12 “三上”法人单位数(2012年底)

Number of Institutional Unit of industry,construction, wholesale and retail trades, hotels and catering enterprises above designated size (end of 2012)

单位：个 (unit)

市(县) City(County)	合计 Total	工业 Industry	建筑业 Construction	批发和零售业 Wholesale and retail trade	住宿和餐饮业 Accommodation and Restaurants	房地产业 Real estate	重点服务业 Key Services
全 省 Total	**41322**	**19237**	**5936**	**6368**	**2368**	**5316**	**2097**
省 辖 市 City							
郑 州 市 Zhengzhou	7410	2315	1673	1280	362	1125	655
开 封 市 Kaifeng	1908	909	245	279	162	224	89
洛 阳 市 Luoyang	3737	1682	489	596	188	574	208
平 顶 山 市 Pingdingshan	1731	596	259	299	184	276	117
安 阳 市 Anyang	1693	765	250	235	75	279	89
鹤 壁 市 Hebi	913	523	83	121	47	108	31
新 乡 市 Xinxiang	2173	1042	350	323	98	306	54
焦 作 市 Jiaozuo	1990	1155	218	258	65	199	95
濮 阳 市 Puyang	1458	795	274	192	37	124	36
许 昌 市 Xuchang	2223	1279	130	317	115	293	89
漯 河 市 Luohe	1056	562	101	167	72	99	55
三 门 峡 市 Sanmenxia	1243	609	171	219	72	135	37
南 阳 市 Nanyang	2921	1251	442	519	234	380	95
商 丘 市 Shangqiu	1449	753	171	187	59	224	55
信 阳 市 Xinyang	1755	880	240	224	132	224	55
周 口 市 Zhoukou	2022	1043	235	253	160	237	94
驻 马 店 市 Zhumadian	2329	1269	240	374	145	224	77
济 源 市 Jiyuan	484	214	90	65	16	76	23
省 直 管 县 Province Administrating County							
巩 义 市 Gongyi	556	426	19	46	20	30	15
兰 考 县 Lankao	418	241	13	83	22	16	43
汝 州 市 Ruzhou	220	112	8	74	6	19	1
滑 县 Huaxian	230	110	39	42	5	25	9
长 垣 县 Changyuan	298	112	101	32	21	24	8
邓 州 市 Dengzhou	240	129	20	51	9	22	9
永 城 市 Yongcheng	221	102	31	22	8	34	24
固 始 县 Gushi	287	157	22	45	30	18	15
鹿 邑 县 Luyi	100	54	12	13	12	8	1
新 蔡 县 Xincai	257	152	10	52	12	13	18

2-13　产业集聚区法人单位数(2012年)
Number of Institutional Unit in Industry gathering Area (2012)

单位：个　　　　(unit)

名　称	合计 Total	工业 Industry	建筑业 Construction	房地产业 Real estate	批发和零售业 Wholesale and retail trade	批发业 Wholesale	零售业 retail trade	住宿和餐饮业 Accommodation and Restaurants	住宿业 Accommodation	餐饮业 Restaurants	重点服务业 Key Services
合计	**10074**	**6866**	**799**	**873**	**1094**	**451**	**643**	**232**	**103**	**129**	**210**
郑州马寨产业集聚区	85	74	1	1	7	2	5	2	2		
郑州市金岱工业园区	24	3			20	17	3				1
郑州上街装备产业集聚区	43	41	2								
郑州国际物流中心园区	59	54	3								2
郑州市白沙产业集聚区	52	46	2	3	1	1					
郑州市官渡产业集聚区	29	29									
巩义市产业集聚区	68	68									
巩义市豫联产业集聚区	48	43			4	1	3	1		1	
荥阳市产业集聚区	35	25		4	5	4	1				1
新密市产业集聚区	36	33			3	3					
新郑新港工业园区	49	42	1		4	2	2	2		2	
登封市产业集聚区	28	22			6	1	5				
郑州经济技术产业集聚区	316	82	96	45	55	36	19	5	5		33
郑州高新技术产业集聚区	280	122	82	43	19	16	3	1	1		13
郑州航空港区	74	47	3	10	6	3	3	5	3	2	3
开封边村产业集聚区	24	19	2		2	1	1	1	1		
开封市精细化工产业集聚区	21	14		1	5		5	1		1	
开封汴西产业集聚区	260	71	63	52	31	6	25	35	10	25	8
杞县产业集聚区	70	52		1	10	2	8	3		3	4
通许县产业集聚区	66	55	2	2	7	2	5				
尉氏县产业集聚区	113	75	6	3	17	2	15	8	2	6	4
开封黄龙产业集聚区	75	52	7	8	3	2	1	3		3	2
兰考县产业集聚区	72	53		4	10	3	7	2	1	1	3
洛阳工业产业集聚区（含洛阳工业园区）	68	56	3	1	3	1	2				5
洛阳市先进制造业集聚区	42	27	3	3	4	3	1				5
洛阳市石化产业集聚区	44	13	18	2	5	5					6
洛阳经济技术产业集聚区（含洛阳经济开发区）	75	7	10	38	17	12	5	2	2		1
洛阳市洛龙科技园区	41	33	5	1	2	2					
孟津县产业集聚区	31	25	1		5	4	1				
洛阳市洛新产业集聚区	134	110	7	9	6	4	2	1	1		1
新安县产业集聚区	34	33	1								
栾川县产业集聚区	16	6	3	2	1		1	2	2		2
嵩县产业集聚区	4	4									
汝阳县产业集聚区	16	15			1	1					
宜阳县产业集聚区	64	59		3	2	1	1				
洛宁县产业集聚区	22	16		5				1		1	
伊川县产业集聚区	16	16									
洛阳市伊洛产业集聚区	70	65		4	1		1				
偃师市产业集聚区	74	72			2		2				
洛阳高新技术产业集聚区（含洛阳国家高新技术产业开发区）	151	78	18	39	6	4	2	3	1	2	7
平顶山平新产业集聚区	3	2									1
平顶山高新技术产业集聚区（含平顶山高新技术产业园区）	80	19	10	2	42	7	35				7
平顶山市石龙产业集聚区	16	16									
宝丰县产业集聚区	27	18	2		3	2	1	4	4		
平顶山化工产业集聚区	1	1									

2-13 续表 1 continued

单位：个 (unit)

名 称	合计 Total	工业 Industry	建筑业 Construction	房地产业 Real estate	批发和零售业 Wholesale and retail trade	批发业 Wholesale	零售业 retail trade	住宿和餐饮业 Accommodation and Restaurants	住宿业 Accommodation	餐饮业 Restaurants	重点服务业 Key Services
叶县产业集聚区	26	18	2	2				3	2	1	1
鲁山县产业集聚区	22	19			3	1	2				
郏县产业集聚区	29	18	3	5	2	2		1	1		
舞钢市产业集聚区	25	20	2	1	2	2					
汝州市产业集聚区	18	17			1	1					
安阳高新技术产业集聚区（含安阳高新技术产业园区）	87	40	12	19	14	8	6	2	2		
安阳市产业集聚区	34	18	3	4	9	8	1				
安阳市纺织产业集聚区	9	8			1	1					
安阳市新东产业集聚区	27	9	7	9	2		2				
安阳县产业集聚区	19	16			2		2				1
汤阴县产业集聚区	54	41	2	11							
滑县产业集聚区	41	22	5	5	7	1	6	1		1	1
内黄县产业集聚区	63	37	10	7	7	5	2	2	2		
林州市产业集聚区	85	81			3	2	1				1
鹤壁市宝山循环经济产业集聚区	21	19		1	1		1				
鹤壁市金山产业集聚区	98	85	5		7	1	6	1	1		
黎阳产业集聚区(鹤壁市浚县)	53	44		6	2	1	1				1
鹤壁市鹤淇产业集聚区	52	39		7	5	3	2				1
新乡市新东产业集聚区	39	17	1	4	15	11	4	1	1		1
新乡电源产业集聚区	27	25	1		1	1					
新乡经济技术集聚区（含新乡经济开发区）	109	65	13	13	13	3	10	5	3	2	
获嘉县产业集聚区	67	38	15	2	9	2	7	2		2	1
新乡市桥北产业集聚区	15	11	1		3	2	1				
原阳县产业集聚区	59	46		11				1		1	1
延津县产业集聚区	38	36			1	1		1		1	
封丘县产业集聚区	41	25	4	4	8	2	6				
长垣县产业集聚区（含长垣起重工业园区）	136	68	38	13	8	2	6	9		9	
卫辉市产业集聚区	25	22			3	1	2				
辉县市产业集聚区	43	37	2	2	1	1		1	1		
新乡高新技术产业集聚区（含新乡高新技术开发区）	196	53	45	47	35	8	27	13	7	6	3
新乡工业产业集聚区（含新乡工业园区）	56	55	1								
焦作工业产业集聚区	36	36									
焦作经济技术产业集聚区（含焦作经济开发区）	87	41	4	8	28	7	21	1	1		5
焦作循环经济产业集聚区	12	10			1	1					1
修武县产业集聚区	40	40									
博爱县产业集聚区	38	38									
武陟县产业集聚区	100	82	3	2	5		5	2	1	1	6
温县产业集聚区	52	51			1		1				
沁阳市沁北产业集聚区	100	88	6	1	4	2	2				1
孟州市产业集聚区	69	62	3	1	2	2		1		1	
濮阳市濮东产业集聚区	57	38	3		16	1	15				
清丰县产业集聚区	38	35			3	1	2				
南乐县产业集聚区	31	30			1	1					
范县产业集聚区	88	79		4	5	5					

2–13 续表 2 continued

单位：个 (unit)

名　称	合计 Total	工业 Industry	建筑业 Construction	房地产业 Real estate	批发和零售业 Wholesale and retail trade	批发业 Wholesale	零售业 retail trade	住宿和餐饮业 Accommodation and Restaurants	住宿业 Accommodation	餐饮业 Restaurants	重点服务业 Key Services
台前县产业集聚区	32	32									
濮阳市产业集聚区（含濮阳工业园区）	7	7									
濮阳县产业集聚区	23	17		4	2		2				
濮阳经济技术产业集聚区（含濮阳经济开发区）	73	42	3	16	6	1	5				6
许昌魏都产业集聚区	76	50	6	6	13	1	12				1
许昌尚集产业集聚区	69	59	1	3	5	1	4	1		1	
中原电气谷核心区	8	8									
鄢陵县产业集聚区	63	55	3	2	2	1	1				1
襄城县产业集聚区	43	32		1	3	1	2	7	4	3	
禹州市产业集聚区	160	127		9	16	5	11	5	3	2	3
长葛市产业集聚区	75	53	1	2	15	14	1	1	1		3
许昌经济技术产业集聚区（含许昌经济开发区）	91	57	4	18	10	2	8	1	1		1
漯河市沙澧产业集聚区	97	49	3	10	28	3	25				7
漯河淞江产业集聚区	51	31	6	1	8	4	4	5		5	
漯河市东城产业集聚区	31	28			1	1					2
舞阳县产业集聚区	30	30									
临颍县产业集聚区	46	33	4	5	3		3	1		1	
漯河经济技术产业集聚区（含漯河经济开发区）	79	56	5	7	8	7	1	1	1		2
渑池县产业集聚区	49	42	1		6	4	2				
陕县产业集聚区	10	8			2	1	1				
卢氏县产业集聚区	8	8									
义马市煤化工产业集聚区	44	33	1	2	8	3	5				
灵宝市产业集聚区	25	21			4		4				
三门峡经济技术产业集聚区（含三门峡经济开发区）	62	14	16	16	11		11	1	1		4
三门峡产业集聚区	43	29	4	1	8	8					1
南阳市新能源产业集聚区	108	52	18	14	17	6	11	6	2	4	1
南阳高新技术产业集聚区（含南阳高新技术产业园区）	229	75	30	26	74	19	55	12	8	4	12
南阳光电产业集聚区	70	35	4		31	27	4				
南召县产业集聚区	25	23			1	1		1	1		
方城县产业集聚区	53	28	5	9	6	3	3	5		5	
西峡县产业集聚区	70	61	3		3	1	2	3	1	2	
镇平县产业集聚区	65	54	1	4	2	1	1	2	1	1	2
内乡县产业集聚区	47	34	1	3	2	1	1	4	1	3	3
淅川县产业集聚区	46	43						3		3	
社旗县产业集聚区	60	40	7	6	2	1	1	3		3	2
唐河县产业集聚区	86	71	4	5	5	4	1	1		1	
新野县产业集聚区	71	70			1	1					
桐柏县产业集聚区	45	29	5	3	6	2	4	2	2		
邓州市产业集聚区	42	33	4	2	1	1		1		1	1
商丘经济技术产业集聚区（含商丘经济开发区）	85	45	13	17	7	4	3	3		3	
豫东综合物流集聚区	9	6		1	1		1				1
商丘市梁园产业集聚区	96	43	3	15	34	3	31				1
商丘市睢阳产业集聚区	53	40		6	6	5	1				1

2-13 续表 3 continued

单位：个 (unit)

名 称	合计 Total	工业 Industry	建筑业 Construction	房地产业 Real estate	批发和零售业 Wholesale and retail trade	批发业 Wholesale	零售业 retail trade	住宿和餐饮业 Accommodation and Restaurants	住宿业 Accommodation	餐饮业 Restaurants	重点服务业 Key Services
民权县产业集聚区	71	48	7	9	2		2	2	1	1	3
睢县产业集聚区	49	41		8							
宁陵县产业集聚区	37	29	2	6							
柘城县产业集聚区	81	46	5	19	8	6	2	2	1	1	1
虞城县产业集聚区	75	59	3	4	8	5	3	1	1		
夏邑县产业集聚区	60	51		8	1	1					
永城市产业集聚区	35	23	2	1	9	2	7				
信阳金牛物流产业集聚区	57	28	4	15	8	1	7				2
信阳市产业集聚区	78	30	13	11	21	4	17	3	1	2	
信阳市平桥产业集聚区	39	30	2	1	6	1	5				
信阳市上天梯产业集聚区	20	19		1							
信阳明港产业集聚区	17	15	1	1							
罗山县产业集聚区	38	36		2							
光山县官渡河产业集聚区	34	21	2	3	6	2	4				2
新县产业集聚区	16	11			4	1	3	1		1	
商城县产业集聚区	26	22	1		3	2	1				
固始县史河湾产业集聚区	29	23			3		3	2	1	1	1
固始县产业集聚区	38	30		3	3		3	2	1	1	
潢川经济技术产业集聚区（含潢川经济开发区）	22	15	2	3	1		1				1
潢川县产业集聚区	19	17		2							
淮滨县产业集聚区	63	39	7	10	3		3	2	2		2
息县产业集聚区	40	25	5	5	5	3	2				
周口市川汇产业集聚区	32	12	2		16	1	15	1		1	1
扶沟县产业集聚区	55	52	2		1		1				
西华县产业集聚区	23	21			2	2					
商水县产业集聚区	49	38	1	3	5	4	1	1		1	1
沈丘县产业集聚区	79	69	1	6	2	1	1				1
郸城县产业集聚区	38	33			5	3	2				
淮阳县产业集聚区	65	64						1	1		
太康县产业集聚区	27	25	1		1	1					
鹿邑县产业集聚区	43	38	2		3	3					
项城市产业集聚区	40	36		2	2	1	1				
周口经济技术产业集聚区（含周口经济开发区）	47	20		15	9	4	5				3
驻马店装备产业集聚区	59	23	8	6	22	8	14				
驻马店市产业集聚区	42	40	1		1		1				
西平县产业集聚区	56	41	2	6	6	4	2	1	1		
上蔡县产业集聚区	72	60	4	2	4	1	3	2	2		
平舆县产业集聚区	115	108		2	2	2		3	1	2	
正阳县产业集聚区	34	21	4	6	1		1	2	1	1	
确山县产业集聚区	64	55	1	3	1		1	4	3	1	
泌阳县产业集聚区	53	44		6	1		1	1		1	1
汝南县产业集聚区	58	55			2	1	1	1	1		
遂平县产业集聚区	81	63	3	4	8	5	3	1		1	2
新蔡县产业集聚区	40	27	8	5							
驻马店经济技术产业集聚区（含驻马店经济开发区）											
济源市高新技术产业集聚区	29	19	3	6				1	1		
济源市玉川产业集聚区	27	24			3	3					
济源市虎岭产业集聚区	29	25	2		2	2					

主要统计指标解释

可比价格 指计算各种总量指标所采用的扣除了价格变动因素的价格，可进行不同时期总量指标的对比。按可比价格计算总量指标有两种方法：一种是直接用产品产量乘某一年的不变价格计算；另一种是用价格指数进行缩减。

不变价格 指以同类产品某年的平均价格作为固定价格，用于计算各年的产品价值。按不变价格计算的产品价值消除了价格变动因素，不同时期对比可以反映生产的发展速度。新中国成立后，随着工农业产品价格水平的变化，国家统计局先后五次制定了全国统一的工业产品不变价格和农业产品不变价格。从 1952 年到 1957 年使用 1952 年工（农）业产品不变价格，从 1957 年到 1970 年使用 1957 年不变价格，从 1971 年到 1980 年使用 1970 年不变价格，从 1981 年到 1990 年使用 1980 年不变价格，从 1991 年开始使用 1990 年不变价格。

平均增长速度 我国计算平均增长速度有两种方法：一种是习惯上经常使用的“水平法”，又称几何平均法，是以间隔期最后一年的水平同基期水平对比来计算平均每年增长（或下降）速度；另一种是“累计法”，又称代数平均法或方程法，是以间隔期内各年水平的总和同基期水平对比来计算平均每年增长（或下降）速度。在一般正常情况下，两种方法计算的平均每年增长速度比较接近；但在经济发展不平衡、出现大起大落时，两种方法计算的结果差别较大。本《年鉴》内所列的平均增长速度，除固定资产投资用“累计法”计算外，其余均用“水平法”计算。从某年到某年平均增长速度的年份，均不包括基期年在内。如建国四十三年的平均增长速度是以 1949 年为基期计算的，则写为 1950-1992 年平均增长速度，其余类推。

国民经济行业分类 自 2003 年定期报表开始使用新的《国民经济行业分类》(GB/T4754-2002)。该分类是由国家统计局组织修订，经国家质量监督检验检疫总局批准，于 2002 年 5 月 10 日发布实施。这次修订是在 1994 年分类标准的基础上，参照联合国《全部经济活动的国际标准产业分类》（ISIC/Rev.3）进行的。修订后的《国民经济行业分类》（GB/T4754-2002）共有门类 20 个，大类 95 个，中类 396 个，小类 913 个。新增门类 4 个，大类增加 3 个，中类增加 28 个，小类增加 67 个。

企业（单位）登记注册类型 是以在工商行政管理机关登记注册的各类企业为划分对象，以工商行政管理部门对企业登记注册的类型为依据，将企业登记注册类型分为内资企业、港澳台商投资企业和外商投资企业三大类。内资企业包括国有企业、集体企业、股份合作企业、联营企业、有限责任公司、股份有限公司、私营公司和其他企业；港澳台商投资企业和外商投资企业分别包括合资经营企业、合作经营企业、独资经营企业和股份有限公司。对不在工商行政管理部门进行登记注册的行政机关、事业单位和社会团体，主要按其经费来源和管理方式进行划分。

国有企业 指企业全部资产归国家所有，并按《中华人民共和国企业法人登记管理条例》规定登记注册的非公司制的经济组织。不包括有限责任公司中的国有独资公司。

集体企业 指企业资产归集体所有，并按《中华人民共和国企业法人登记管理条例》规定登记注册的经济组织。

股份合作企业 指以合作制为基础，由企业职工共同出资入股，吸收一定比例的社会资产投资组建，实行自主经营，自负盈亏，共同劳动，民主管理，按劳分配与按股分红相结合的一种集体经济组织。

联营企业 指两个及两个以上相同或不同所有制性质的企业法人或事业单位法人，按自愿、平等、互利的原则，共同投资组成的经济组织。联营企业包括国有联营企业、集体联营企业、国有与集体联营企业和其他联营企业。

有限责任公司 指根据《中华人民共和国公司登记管理条例》规定登记注册，由两个以上、五十个以下的股东共同出资，每个股东以其所认缴的出资额对公司承担有限责任，公司以其全部资产对其债务承担责任的经济组织。有限责任公司包括国有独资公司以及其他有限责任公司。

股份有限公司 指根据《中华人民共和国公司登记管理条例》规定登记注册，其全部注册资本由等额股份构成并通过发行股票筹集资本，股东以其认购的股份对公司承担有限责任，公司以其全部资产对其债务承担责任的经济组织。

私营企业 指由自然人投资设立或由自然人控股，以雇佣劳动为基础的营利性经济组织。包括按照《公司法》、《合伙企业法》、《私营企业暂行条例》规定登记注册的私营有限责任公司、私营股份有限公司、私营合伙企业和私营独资企业。

其他内资企业 指上述企业之外的其他内资经济组织。

与港澳台商合资经营企业 指港澳台地区投资者与内地企业依照《中华人民共和国中外合资经营企业法》及有关法律的规定，按合同规定的比例投资设立、分享利润和分担风险的企业。

与港澳台商合作经营企业 指港澳台地区投资者与内地企业依照《中华人民共和国中外合作经营企业法》及有关法律的规定，依照合作合同的约定进行投资或提供条件设立、分配利润和分担风险的企业。

港澳台商独资经营企业 指依照《中华人民共和国外资企业法》及有关法律的规定，在内地由港澳台地区投资者全额投资设立的企业。

港澳台商投资股份有限公司 指根据国家有关规定，经外经贸部依法批准设立，其中港、澳、台商的股本占公司注册资本的比例达25%以上的股份有限公司。凡其中港、澳、台商的股本占公司注册资本的比例小于25%的，属于内资企业中的股份有限公司。

中外合资经营企业 指外国企业或外国人与中国内地企业依照《中华人民共和国中外合资经营企业法》及有关法律的规定，按合同规定的比例投资设立、分享利润和分担风险的企业。

中外合作经营企业 指外国企业或外国人与中国内地企业依照《中华人民共和国中外合作经营企业法》及有关法律的规定，依照合作合同的约定进行投资或提供条件设立、分配利润和分担风险的企业。

外资企业 指依照《中华人民共和国外资企业法》及有关法律的规定，在中国内地由外国投资者全额投资设立的企业。

外商投资股份有限公司 指根据国家有关规定，经外经贸部依法批准设立，其中外资的股本占公司注册资本的比例达25%以上的股份有限公司。凡其中外资股本占公司注册资本的比例小于25%的，属于内资企业中的股份有限公司。

行政机关、事业单位和社会团体 参照企业登记注册类型，主要按其经费来源和管理方式划分。具体规定如下：

⑴行政机关：包括国家机关和政党机关，原则上均列为“国有”。但有特殊规定的，如供销社等，则列为“集体”。

⑵事业单位：包括经国家机构编制部门和有关业务主管部门批准成立的各类事业单位，不包括实行企业化管理的事业单位。事业单位的划分办法如下：

①由国家财政预算拨款或列入财政预算外资金管理以及经费主要来源于国有主管部门或国有上级单位的事业单位，列为“国有”。

②经费主要来源于集体单位的事业单位，列为“集体”。

③公民个人（或个人合伙）开办的事业单位，列为“私营”。

④上述以外的其他事业单位，如果其经费来源不明确，按管理方式进行归类。

⑶社会团体：包括经民政部门批准成立以及未纳入社会团体管理条例范围的工会、妇联等各类社会团体。社会团体的划分办法如下：

①未纳入民政部社会团体管理条例范围的工会、妇联、共青团、青联、工商联、科协、侨联等社会团体，国家拨款设立的基金会或基金管理组织以及经费主要来源于国有业务主管部门或国有上级单位的社会团体，列为“国有”。

②经费主要来源于集体单位的社会团体，列为“集体”。

③公民个人（或个人合伙）开办的社会团体，划为“私营”。

④上述以外的其他社会团体，如果其经费来源不明确，改按管理方式进行归类。

法人单位 指具备：

⑴依法成立、有自己的名称、组织机构和场所、能够独立承担民事责任；

⑵独立拥有和使用（或授权使用）资产、承担负债、有权与其它单位签订合同；

⑶会计上独立核算、能够编制资产负债表。法人单位包括企业法人、事业单位法人、机关法人、会团体法人和其他法人。

产业活动单位 是法人单位的附属单位。产业活动单位应具备下列条件：

⑴在一个场所从事一种或主要从事一种社会经济活动；

⑵相对独立组织生产经营和业务活动；

⑶能够掌握收入和支出等业务核算资料。

Explanatory Notes on Main Statistical Indicators

Comparable Prices refer to prices that are used to remove the factors of price change in calculating economic aggregates, so as to facilitate comparison of aggregates over time. Two methods are used for calculating economic aggregates at comparable prices:

One is Multiplying the output of products by their constant prices of certain year, and other is Deflation of data at current prices by relevant price index.

Constant Price refers to the average price of a given product in certain year, which is used for comparison of over output value time. As the output value at constant prices removes the factor of price changes, it reflects the trend of production development over time. Since 1949,with the changes in general price level, the State Statistical Bureau has issued nationally unified constant prices five times: the 1952 constant prices for 1949-1957;the 1957 constant prices for 1957-1971; the 1970 constant prices for 1971-1981; the 1980 constant prices for 1981-1990;and the 1990 constant prices have been used since 1991.

Average Annual Growth Rate Two methods for calculating average annual growth rate are applied in China, one is often called "level approach" or the method of calculating geometric average, which is derived by comparing the level of the last year of the interval with that of the beginning year; the other is called" cumulative approach" or algebraic average or equation method, which is derived by the summation of the actual figure of each year in the interval divided by the figure in the base year.

Usually the results calculated by the two methods are fairly close, but they differed sharply when uneven economic development occurred with striking fluctuations in growth.

The average annual growth rates listed in this statistical yearbook are calculated by" level approach" except for the growth rate of investment in fixed assets. The base years are not listed when the years are listed for average annual growth rates. For instance, the average annual growth rate of 43 years since 1949 is listed as average annual growth rate of 1950-1992 without listing the base year 1949.And the analogy of this is also the same for the rest of the years.

Industrial Classification of the National Economy The new Industrial Classification of the National Economy (GB/T 4754-2002) is introduced starting from the compilation of 2003 annual statistics. The revision, based on the 1994 classification, was organized by the National Bureau of Statistics taking into consideration of the International Standards of the Industrial Classification of All Economic Activities (ISIC/Rev.3) of the United Nations. The new Classification was promulgated by the National Administration of Quality Supervision, Inspection and Quarantine on May 10, 2002. The revised version of the Industrial Classification of the National Economy (GB/T 4754-2002) is composed of 20 major divisions, 95 divisions, 396 major groups and 913 groups, of which 4 major divisions, 3 divisions, 28 major groups and 67 groups are new respectively.

Registration Status of Enterprises Enterprises are classified into 3 categories, namely domestic-funded enterprises, enterprises with investment from Hong Kong, Macau and Taiwan, and enterprises with foreign investment, in the light of the registration status of an enterprise in industrial and commercial administration agencies. Domestic-funded enterprises include state-owned enterprises, collective-owned enterprises, cooperative enterprises, joint ownership enterprises, limited liability corporations, share-holding corporations Ltd., private enterprises and other enterprises. Included in the enterprises with investment from Hong Kong, Macau and Taiwan and enterprises with foreign investment are joint-venture enterprises, cooperative enterprises, sole investment enterprises and share-holding corporations Ltd. For government agencies, institutions and social organizations which are not requested to be registered in industrial and commercial administration agencies, they are classified mainly by their sources of funds and way of management.

State-owned Enterprises refer to non-corporation economic units where the entire assets are owned by the state and which have registered in accordance with the Regulation of the People's Republic of China on the Management of Registration of Corporate

Enterprises. Excluded from this category are sole state-funded corporations in the limited liability corporations.

Collective-owned Enterprises refer to economic units where the assets are owned collectively and which have registered in accordance with the Regulation of the People's Republic of China on the Management of Registration of Corporate Enterprises.

Cooperative Enterprises refer to a form of collective economic units (enterprises) where capitals come mainly from employees as their shares, with certain proportion of capital from the outside, where production is organized on the basis of independent operation, independent accounting for profits and losses, joint work, democratic management, and a distribution system that integrates remuneration according to work with dividend according to capital share.

Joint Ownership Enterprises refer to economic units established by two or more corporate enterprises or corporate institutions of the same or different ownership, through joint investment on the basis of equality, voluntary participation and mutual benefits. They include state joint ownership enterprises, collective joint ownership enterprises, joint state-collective enterprises, and other joint ownership enterprises.

Limited Liability Corporations refer to economic units established with investment from 2-50 investors and registered in accordance with the Regulation of the People's Republic of China on the Management of Registration of Corporations, each investor bearing limited liability to the corporation depending on its share of investment, and the corporation bearing liability to its debt to the maximum of its total assets. Limited liability corporations include exclusive state-funded limited liability corporations and other limited liability corporations.

Share-holding Corporations Ltd. refer to economic units registered in accordance with the Regulation of the People's Republic of China on the Management of Registration of Corporations, with total registered capitals divided into equal shares and raised through issuing stocks. Each investor bears limited liability to the corporation depending on the holding of shares, and the corporation bears liability to its debt to the maximum of its total assets.

Private Enterprises refer to profit-making economic units invested and established by natural persons, or controlled by natural persons using employed labor. Included in this category are private limited liability corporations, private share-holding corporations Ltd, private partnership enterprises and private-funded enterprises registered in accordance with the Corporation Law, Partnership Enterprises Law and Interim Regulations on Private Enterprises.

Other Domestic-funded Enterprises refer to domestic-funded economic units other than those mentioned above.

Joint-venture Enterprises with Funds from Hong Kong, Macau and Taiwan refer to enterprises jointly established by investors from Hong Kong, Macau and Taiwan with enterprises in the mainland of China in accordance with the Law of the People's Republic of China on Sino-foreign Joint Venture Enterprises and other relevant laws, where the share of investment, profits and risks is stipulated in the contract.

Cooperative Enterprises with Funds from Hong Kong Macao and Taiwan, established by investors from Hong Kong, Macao and Taiwan with enterprises in the mainland of China in accordance with the Law of the People's Republic of China on Sino-foreign Cooperative Enterprises and other relevant laws, where the investment or provision of facilities, and the share of profits and risks is stipulated in the cooperative contract.

Enterprises with Sole (exclusive) Investment from Hong Kong, Macao and Taiwan refer to enterprises established in the mainland of China with exclusive investment from investors from Hong Kong, Macao and Taiwan in accordance with the Law of the People's Republic of China on Foreign-Funded Enterprises and other relevant laws.

Share-holding Corporations Ltd. with Investment from Hong Kong, Macao and Taiwan refer to share-holding corporations Ltd. established with the approval from the Ministry of Foreign Trade and Economic Relations in line with relevant state regulations, where the share of investment from Hong Kong, Macau or Taiwan businessmen exceeds 25% of the total registered capital of the corporation. In case the share of investment from Hong Kong, Macao or Taiwan is less than 25% of the total registered capital, the enterprise is to be classified as domestic-funded share-holding corporation Ltd.

Joint-venture Enterprises with Foreign Investment refer to enterprises jointly established by foreign enterprises or foreigners with enterprises in the mainland of China in accordance with the Law of the People's Republic of China on Sino-foreign Joint Venture Enterprises and other relevant laws, where the share of investment, profits and risks is stipulated in the contract.

Cooperation Enterprises with Foreign Investment refer to enterprises jointly established by foreign enterprises or foreigners with enterprises in the mainland of China in accordance with the Law of the People's Republic of China on Sino-foreign Cooperative Enterprises and other relevant laws, where the investment or provision of facilities, and the share of profits and risks is stipulated in the cooperative contract.

Enterprises with Sole (exclusive) Foreign Investment refer to enterprises established in the mainland of China with exclusive investment from foreign investors in accordance with the Law of the People's Republic of China on Foreign-Funded Enterprises and other relevant laws.

Share-holding Corporations Ltd. with Foreign Investment refer to share-holding corporations Ltd. Established with the approval from the Ministry of Foreign Trade and Economic Relations in line with relevant state regulations, where the share of investment from foreign investors exceeds 25% of the total registered capital of the corporation. In case the share of foreign investment is less than 25% of the total registered capital, the enterprise is to be classified as domestic-funded share-holding corporation Ltd.

Government Agencies, Institutions and Social Organizations are classified into following categories by source of funds and way of management taking reference of the registration status of enterprises:

(1) Government agencies: include state and party agencies, classified in principle as “state-owned”. There are exceptions, such as supply and marketing cooperatives, which are classified, as “collective”.

(2) Institutions: include institutions of various types established with the approval by organization and staffing departments of the government, but exclude institutions where enterprise management system is introduced. Institutions are further classified as follows:

(a) Institutions whose main budget is listed in the government budget appropriations or extra-budget funds, or allocated from the budget of their competent government agencies. Such institutions are classified as “state-owned”.

(b) Institutions whose budget mainly comes from collective units. Such institutions are classified as “collective”.

(c) Institutions other than those mentioned above whose source of budget is not clear. Such institutions are classified by way of management.

(3) Social organizations: include social organizations established with the approval from the Ministry of Civil Affairs, and organizations that are not covered by social organization management regulations such as trade unions, women’s federations etc. Social organizations are further classified as follows:

(a) Social organizations that are not covered by social organization management regulations of the Ministry of Civil Affairs such as trade unions, women's federations, communist youth leagues, youth associations, industrial and commerce associations, scientists associations, overseas Chinese associations, etc., foundations and fund management organizations established with funds from the state, and social organizations whose funds mainly come from the budget of their competent government agencies. Such institutions are classified as "state-owned".

(b) Social organizations whose budget mainly comes from collective units. Such institutions are classified as "collective".

(c) Social organizations established by individual or a group of citizens, which are classified as "private".

(d) Social organizations other than those mentioned above whose source of budget is not clear. Such organizations are classified by way of management.

Artificial person Refer to unit that have following conditions:

(1) legally Established, have own name, organization ,location and can undertake a civil case responsibility independently by law.

(2) independently Own and use(or authorizable usage) a property, undertake liabilities and can make a bargain with other units.

(3) can independently account and workout balance sheet. artificial person unit includes business artificial person, artificial person, organization artificial person, meeting group artificial person and other.

Establishments unit Refer to the subsidiary unit of artificial person unit. it should have following conditions:

(1) Be engaged in only one kind of social economic activities in exclusive condition.

(2) Opposite independently organize management and business activity

(3) predominate data of businesses, such as income and expenditure...etc.

国民经济核算
National Accounts

● 资料整理：苏凤霞

简要说明

一、主要内容

本篇包括生产总值资料、资产负债表、资金流量表和投入产出表。

二、资料来源

生产总值资料是根据不同产业部门、不同支出构成的特点和资料来源情况而采用不同方法计算的。本年鉴公布的地区生产总值以及与之有关的指标数据，如果遇到普查，在能够获得更详细的基础资料的情况下，地区生产总值历史数据还会发生变动。2008年，根据第二次经济普查资料，按照《依据普查资料对2008年地区GDP初步核算数修订方法》的要求，重新修订了经济普查年度（2008年）地区生产总值数据。本年鉴中的数据是修订以后的数据。本年鉴所列分省辖市数据来自各省辖市统计局的国民经济核算资料。由于采取分级核算，各省辖市数据相加不等于全省数据。由河南省统计局国民经济核算处编辑整理。

资产负债表采用国际上通用的矩阵结构。主栏为资产和负债项目，包括三个部分：非金融资产项目、金融资产与负债项目和资产负债差额项目。宾栏为机构部门和经济总体，并下设使用项和来源项，其中使用项目记录资产，来源项目记录负债和资产负债差额。由河南省统计局国民经济核算处编制。

资金流量表表式与国际上通用的表式相似，是机构部门与交易项目的矩阵表式。主栏为交易项目，主要反映分配方式和融资工具；宾栏按机构部门分类。机构部门分类是根据机构单位具有的基本特征所进行的部门分类。资金流量表把参与资金活动的主体分为非金融企业、金融机构、政府、住户、国内省外和国外六个部门。每一部门下设资金来源与资金运用两栏。现行的资金流量表分为两大部分，一部分为实物交易，另一部分为金融交易。由河南省统计局国民经济核算处编制。

投入产出表也称部门联系平衡表或产业关联表，是根据国民经济各部门生产中的投入来源和使用去向纵横交叉组成的一张棋盘式平衡表。它可以用来揭示部门间经济技术的相互依存、相互制约的数量关系。由河南省统计局国民经济核算处编制。

Brief Introduction

I. Main Contents

Statistics on national accounts include mainly three parts: gross domestic product, balance sheet, Flow of Funds Table and Input-output table

II. Sources of Data

Data on GDP are computed by the Department of National Accounts of the Henan provincial Bureau of Statistics based on different approaches in the light of the different features of various sectors, various expenditure structures and different data sources. Data on GDP and related indicators of the most recent year published in the Yearbook are not final, Where a census has been conducted, historical data of GDP of the previous years may also undergo change. For example , in 2008, the 2008GDP is adjusted on the basis of the Second Economic Census and GDP annual economic survey of accounting programs, and take advantage of the trend deviation method. Municipal data of Statistics on national accounts are computed by Municipal bureau of statistics. Regional data in this Yearbook are prepared from the national accounts data provided by the statistical bureaus of the 18 cities. The sum of the regional data is not equal to the provincial total due to the decentralized accounting approach.

Similar to internationally accepted format, the Balance Sheet of Henan constitutes a matrix. Items of transactions are expressed as assets and liabilities, including three parts: non-financial assets, financial assets and liabilities, the difference between assets and liabilities. Institutional sectors are column headings and macroeconomic, grouped by utilization and source, utilization record the item of project assets , and source record the item of liabilities and difference between assets and liabilities. Balance Sheet of Henan province is compiled by the Department of National Accounts of the Henan provincial Bureau of Statistics.

Similar to internationally accepted format, the Flow of Funds table of China constitutes a matrix of institutional sectors by transaction items. Items of transactions are expressed as row headings representing forms of distribution and methods of financing. Institutional sectors are shown as column headings, grouped by the characteristics of the transactors. There are 6 groups of institutional sectors in the flow of funds table, namely, non-financial corporations, financial institutions, general governments, households, other provinces and the rest of the world. Under each sector there are 2 headings: sources of funds and uses of funds. The current flow of funds table is composed of two parts: the first part, comprising the physical (real) transactions, is compiled by the Department of National Accounts of the National Bureau of Statistics; and the second part, comprising financial transactions, is compiled by the Department of National Accounts of the Henan provincial Bureau of Statistics.

The Input-output table may be viewed as a table showing sector relationships and balances or one showing sector output relationships. Reflecting the sources of the input into, and the utilization of the output from, the production by various industries of the national economy, the input-output table takes the form of a chess-board shaped matrix format , and is used to reveal, in quantitative terms, the interrelated and mutually dependent economic and technological relationships among industries. The input-output table of China is compiled by the Department of National Accounts of the Henan provincial Bureau of Statistics.

3-1 历年生产总值

Gross Domestic Product over the Years

本表按当年价格计算。

Data in this table are calculated at current prices.

单位：亿元 (100 million yuan)

年 份 Year	生产总值 Gross Domestic Product	第一产业 Primary Industry	第二产业 Secondary Industry	工 业 Industry	建筑业 Construction	第三产业 Tertiary Industry	人均生产总值(元) Per Capita GDP (yuan)
1952	36.09	22.46	8.23	4.77	3.46	5.40	83
1957	52.55	24.27	18.08	6.87	11.21	10.20	110
1962	43.02	17.00	14.05	8.54	5.51	11.97	88
1965	62.96	29.58	19.10	16.27	2.83	14.28	122
1970	97.19	44.49	36.06	30.04	6.02	16.64	164
1975	127.77	55.71	50.34	41.54	8.80	21.72	191
1978	162.92	64.86	69.45	59.20	10.25	28.61	232
1979	190.09	77.30	80.52	68.64	11.88	32.27	267
1980	229.16	93.23	94.44	80.51	13.93	41.49	317
1981	249.69	106.04	95.79	82.61	13.18	47.86	340
1982	263.30	108.18	102.76	88.62	14.14	52.36	353
1983	327.95	143.49	116.36	100.35	16.01	68.10	433
1984	370.04	155.28	136.29	116.66	19.63	78.47	482
1985	451.74	173.43	170.07	144.39	25.68	108.24	580
1986	502.91	179.02	202.15	174.47	27.68	121.74	635
1987	609.60	220.22	230.25	195.75	34.50	159.13	756
1988	749.09	240.72	299.83	258.38	41.45	208.54	910
1989	850.71	289.95	317.13	281.71	35.42	243.63	1012
1990	934.65	325.77	331.85	288.58	43.27	277.03	1091
1991	1045.73	334.61	388.09	336.26	51.83	323.03	1201
1992	1279.75	353.92	545.21	481.11	64.10	380.62	1452
1993	1660.18	410.45	764.20	678.36	85.84	485.53	1865
1994	2216.83	546.68	1058.89	948.78	110.11	611.26	2467
1995	2988.37	762.99	1394.98	1256.52	138.46	830.40	3297
1996	3634.69	937.64	1677.62	1496.72	180.90	1019.43	3978
1997	4041.09	1008.55	1861.28	1641.08	220.20	1171.26	4389
1998	4308.24	1071.39	1937.83	1692.35	245.48	1299.02	4643
1999	4517.94	1123.14	1981.07	1729.29	251.78	1413.73	4832
2000	5052.99	1161.58	2294.15	2000.04	294.11	1597.26	5450
2001	5533.01	1234.34	2510.45	2182.78	327.67	1788.22	5959
2002	6035.48	1288.36	2768.75	2412.18	356.57	1978.37	6487
2003	6867.70	1198.70	3310.14	2876.93	433.21	2358.86	7376
2004	8553.79	1649.29	4182.10	3644.40	537.70	2722.40	9201
2005	10587.42	1892.01	5514.14	4896.01	618.13	3181.27	11346
2006	12362.79	1916.74	6724.61	6031.21	693.40	3721.44	13172
2007	15012.46	2217.66	8282.83	7508.33	774.50	4511.97	16012
2008	18018.53	2658.78	10259.99	9328.15	931.84	5099.76	19181
2009	19480.46	2769.05	11010.50	9900.27	1110.23	5700.91	20597
2010	23092.36	3258.09	13226.38	11950.88	1275.50	6607.89	24446
2011	26931.03	3512.24	15427.08	13949.32	1477.76	7991.72	28661
2012	29599.31	3769.54	16672.20	15017.56	1654.64	9157.57	31499

注：1. 2000年以来人均GDP按常住人口计算。
2. 2005年以后第一产业含农林牧渔服务业。

a)Data of Per capita GDP since 2000 are calculated at resident population.

b)Add-value of Primary Industry since 2005 inculde Service for Farming Forestry Animal Husbandry and Fishery.

3-2 历年生产总值指数(上年=100)

Indices of Gross Domestic Product over the Years (preceding year=100)

本表按可比价格计算。
The indices in this table are calculated at comparable prices.

(上年=100) (preceding year=100)

年 份 Year	生产总值 Gross Domestic Product	第一产业 Primary Industry	第二产业 Secondary Industry	工 业 Industry	建筑业 Construction	第三产业 Tertiary Industry	人均生产总值 Per Capita GDP
1952	106.1	101.1	138.3	158.1	112.0	129.2	105.0
1957	109.2	105.9	119.0	96.3	152.0	116.0	107.1
1962	100.5	118.4	70.8	76.4	55.9	100.2	99.2
1965	124.5	129.4	128.7	130.8	120.5	104.5	122.1
1970	117.3	106.0	145.8	147.1	140.7	109.7	113.8
1975	106.3	102.9	111.9	112.7	108.5	106.1	104.4
1978	111.3	110.6	112.1	116.4	92.6	111.3	109.5
1979	108.7	101.7	112.6	113.5	107.6	119.7	106.9
1980	115.4	109.2	117.2	116.6	121.3	126.9	113.7
1981	107.8	111.7	101.3	102.2	95.9	113.7	106.3
1982	104.3	100.5	106.1	105.7	108.6	109.0	102.7
1983	123.8	130.2	113.5	113.9	111.2	131.3	121.9
1984	110.1	105.5	115.0	115.0	115.1	110.7	108.5
1985	113.5	100.8	117.0	116.8	117.7	131.9	111.9
1986	104.6	92.1	114.0	115.7	103.2	108.6	103.0
1987	115.0	116.9	108.6	106.9	120.2	123.5	112.9
1988	109.8	97.4	120.1	121.8	109.6	109.4	107.6
1989	107.0	109.2	103.5	105.5	90.1	110.3	104.8
1990	104.5	105.4	102.3	100.1	119.4	106.8	102.5
1991	106.9	97.4	113.3	113.8	109.3	110.4	105.2
1992	113.7	101.5	125.4	126.5	117.1	111.1	112.3
1993	115.8	110.4	122.1	123.1	113.5	111.6	114.6
1994	113.8	101.3	121.6	122.5	113.7	113.1	112.8
1995	114.8	111.9	117.2	117.7	112.2	113.1	113.8
1996	113.9	111.3	116.0	115.3	123.2	112.4	113.0
1997	110.4	107.6	110.9	110.0	120.0	111.8	109.6
1998	108.8	107.0	109.2	108.7	113.5	109.4	107.9
1999	108.1	107.2	107.8	108.0	106.3	109.3	107.3
2000	109.5	104.5	111.8	111.6	113.1	109.2	108.5
2001	109.0	105.5	109.9	109.6	111.6	110.3	108.9
2002	109.5	104.5	111.6	111.7	110.6	109.9	109.2
2003	110.7	97.5	117.0	117.1	116.7	110.1	110.6
2004	113.7	112.8	116.2	117.0	111.0	110.4	113.9
2005	114.2	107.5	117.6	118.7	109.4	112.8	113.8
2006	114.4	107.3	117.7	118.7	110.5	112.9	113.7
2007	114.6	103.8	118.1	119.6	105.1	114.1	114.7
2008	112.1	105.5	114.6	115.3	107.3	110.7	111.9
2009	110.9	104.2	112.4	111.6	121.3	111.1	110.2
2010	112.5	104.5	114.8	115.4	109.5	111.4	112.6
2011	111.9	103.7	113.2	114.1	105.2	113.4	112.5
2012	110.1	104.5	111.4	111.5	110.4	110.2	110.1

3-3 历年生产总值指数(1952=100)

Indices of Gross Domestic Product over the Years (1952=100)

本表按可比价格计算。

The indices in this table are calculated at comparable prices.

(1952=100) (1952=100)

年份 Year	生产总值 Gross Domestic Product	第一产业 Primary Industry	第二产业 Secondary Industry	工业 Industry	建筑业 Construction	第三产业 Tertiary Industry	人均生产总值 Per Capita GDP
1952	100.0	100.0	100.0	100.0	100.0	100.0	100.0
1957	133.0	115.6	210.3	154.5	315.8	199.7	121.0
1962	82.1	58.6	156.7	188.2	97.5	209.6	73.5
1965	135.3	102.1	285.1	354.1	155.1	258.7	114.2
1970	200.4	132.4	619.8	769.9	338.1	308.0	147.1
1975	251.8	159.5	805.4	1012.7	417.4	417.6	163.6
1978	306.4	174.3	1102.8	1440.6	472.6	537.5	190.1
1979	333.0	177.3	1241.7	1635.0	508.5	643.4	203.2
1980	384.3	193.6	1455.3	1906.4	616.8	816.5	231.0
1981	414.3	216.2	1474.2	1948.4	591.5	928.3	245.6
1982	432.1	217.3	1564.1	2059.4	642.4	1011.9	252.2
1983	534.9	283.0	1775.3	2345.7	714.3	1328.6	307.4
1984	589.0	298.5	2041.6	2697.6	822.2	1470.7	333.6
1985	668.5	300.9	2388.6	3150.8	967.7	1939.9	373.3
1986	699.2	277.1	2723.1	3645.4	998.7	2106.8	384.5
1987	804.1	324.0	2957.2	3897.0	1200.5	2601.8	434.1
1988	882.9	315.5	3551.6	4746.5	1315.7	2846.4	467.0
1989	944.7	344.5	3675.9	5007.6	1185.4	3139.6	489.4
1990	987.2	363.1	3760.4	5012.6	1415.4	3353.1	501.6
1991	1055.3	353.7	4260.5	5704.3	1547.0	3701.8	527.7
1992	1199.9	359.0	5342.7	7215.9	1811.5	4112.7	592.6
1993	1389.5	396.3	6523.4	8882.8	2056.1	4589.8	679.1
1994	1581.3	401.5	7932.5	10881.4	2337.8	5191.1	766.0
1995	1815.3	449.3	9296.9	12807.4	2623.0	5871.1	871.7
1996	2067.6	500.1	10784.4	14766.9	3231.5	6599.1	985.0
1997	2282.6	538.1	11959.9	16243.6	3877.8	7377.8	1079.6
1998	2483.5	575.8	13060.2	17656.8	4401.3	8071.3	1164.9
1999	2684.7	617.3	14078.9	19069.3	4678.6	8821.9	1249.9
2000	2939.7	645.1	15740.2	21281.3	5291.5	9633.5	1356.1
2001	3204.3	680.6	17298.5	23324.3	5905.3	10625.8	1476.8
2002	3508.7	711.2	19305.1	26053.2	6531.3	11677.8	1612.7
2003	3884.1	693.4	22587.0	30508.3	7622.0	12857.3	1783.6
2004	4416.2	782.2	26246.1	35694.7	8460.4	14194.5	2031.5
2005	5043.3	840.9	30865.4	42369.6	9255.7	16011.4	2311.8
2006	5769.5	902.3	36328.6	50292.7	10227.5	18076.9	2628.5
2007	6611.8	936.6	42904.1	60150.1	10749.1	20625.7	3014.9
2008	7412.3	988.1	49154.6	69362.9	11536.9	22830.6	3373.7
2009	8221.6	1029.1	55254.2	77375.4	13997.5	25371.8	3716.7
2010	9249.3	1075.4	63431.8	89291.2	15327.2	28264.2	4187.1
2011	10352.2	1114.7	71832.9	101881.1	16128.5	32040.5	4710.4
2012	11402.6	1164.4	80024.4	113597.5	17809.6	35307.6	5186.2

3-4 历年生产总值分产业构成

Composition of Gross Domestic Product over the Years

本表按当年价格计算。
Data in this table are calculated at current prices.

单位：% (%)

年 份 Year	生产总值 Gross Domestic Product	第一产业 Primary Industry	第二产业 Secondary Industry	工 业 Industry	建筑业 Construction	第三产业 Tertiary Industry
1952	100.0	62.2	22.8	13.2	9.6	15.0
1957	100.0	46.2	34.4	13.1	21.3	19.4
1962	100.0	39.5	32.7	19.9	12.8	27.8
1965	100.0	47.0	30.3	25.8	4.5	22.7
1970	100.0	45.8	37.1	30.9	6.2	17.1
1975	100.0	43.6	39.4	32.5	6.9	17.0
1978	100.0	39.8	42.6	36.3	6.3	17.6
1979	100.0	40.7	42.3	36.1	6.2	17.0
1980	100.0	40.7	41.2	35.1	6.1	18.1
1981	100.0	42.5	38.3	33.1	5.2	19.2
1982	100.0	41.1	39.0	33.6	5.4	19.9
1983	100.0	43.7	35.5	30.6	4.9	20.8
1984	100.0	42.0	36.8	31.5	5.3	21.2
1985	100.0	38.4	37.6	31.9	5.7	24.0
1986	100.0	35.6	40.2	34.7	5.5	24.2
1987	100.0	36.1	37.8	32.1	5.7	26.1
1988	100.0	32.1	40.0	34.5	5.5	27.9
1989	100.0	34.1	37.3	33.1	4.2	28.6
1990	100.0	34.9	35.5	30.9	4.6	29.6
1991	100.0	32.0	37.1	32.1	5.0	30.9
1992	100.0	27.7	42.6	37.6	5.0	29.7
1993	100.0	24.7	46.0	40.8	5.2	29.3
1994	100.0	24.6	47.8	42.8	5.0	27.6
1995	100.0	25.5	46.7	42.1	4.6	27.8
1996	100.0	25.8	46.2	41.2	5.0	28.0
1997	100.0	24.9	46.1	40.6	5.5	29.0
1998	100.0	24.9	45.0	39.3	5.7	30.1
1999	100.0	24.9	43.8	38.3	5.5	31.3
2000	100.0	23.0	45.4	39.6	5.8	31.6
2001	100.0	22.3	45.4	39.5	5.9	32.3
2002	100.0	21.3	45.9	40.0	5.9	32.8
2003	100.0	17.5	48.2	41.9	6.3	34.3
2004	100.0	19.3	48.9	42.6	6.3	31.8
2005	100.0	17.9	52.1	46.3	5.8	30.0
2006	100.0	15.5	54.4	48.8	5.6	30.1
2007	100.0	14.8	55.2	50.0	5.2	30.0
2008	100.0	14.8	56.9	51.8	5.2	28.3
2009	100.0	14.2	56.5	50.8	5.7	29.3
2010	100.0	14.1	57.3	51.8	5.5	28.6
2011	100.0	13.0	57.3	51.8	5.5	29.7
2012	100.0	12.7	56.3	50.7	5.6	31.0

3-5 三次产业贡献率

Share of the Three Industries to the Increase of GDP

本表按可比价格计算。
Data in this table are calculated at constant prices.

单位：% (%)

年份 Year	生产总值 Gross Domestic Product	第一产业 Primary Industry	第二产业 Secondary Industry	#工业 Industry	第三产业 Tertiary Industry
1981	100.0	61.5	6.9	10.2	31.6
1982	100.0	4.9	55.3	44.4	39.8
1983	100.0	51.7	22.4	19.7	26.0
1984	100.0	23.5	54.1	46.5	22.4
1985	100.0	2.6	47.6	40.6	49.9
1986	100.0	-62.4	117.2	113.4	45.2
1987	100.0	36.0	24.2	17.0	39.8
1988	100.0	-8.8	82.4	76.9	26.4
1989	100.0	37.8	22.0	30.0	40.2
1990	100.0	35.5	21.8	1.2	42.7
1991	100.0	-13.0	69.8	64.0	43.2
1992	100.0	3.4	72.2	66.7	24.3
1993	100.0	18.4	60.1	56.2	21.6
1994	100.0	2.5	70.7	66.2	26.9
1995	100.0	19.0	56.1	52.4	24.9
1996	100.0	18.7	56.7	49.4	24.6
1997	100.0	16.4	52.7	43.7	30.8
1998	100.0	17.5	52.8	45.0	29.7
1999	100.0	19.1	48.8	44.7	32.0
2000	100.0	10.2	62.6	55.4	27.2
2001	100.0	14.0	49.7	42.2	36.3
2002	100.0	10.6	55.8	49.2	33.6
2003	100.0	-5.0	74.6	65.2	30.4
2004	100.0	17.5	58.4	53.3	24.1
2005	100.0	9.8	62.2	58.1	28.0
2006	100.0	9.0	64.1	59.8	26.9
2007	100.0	4.1	67.0	65.0	28.9
2008	100.0	6.5	68.5	65.3	25.0
2009	100.0	5.1	64.8	55.1	30.0
2010	100.0	4.5	68.5	64.3	27.0
2011	100.0	4.3	63.6	61.2	32.1
2012	100.0	5.8	65.1	59.8	29.1

注：产业贡献率指各产业增加值增量与GDP增量之比。
a) Share of the three industries refers to the proportion of the increment of every industrial value added to the increment of GDP.

3-6 三次产业对生产总值增长的拉动
Contribution of the Three Industries to GDP Growth

本表按可比价格计算。
Data in this table are calculated at current prices.
单位：百分点 (percent)

年 份 Year	生产总值 Gross Domestic Product	第一产业 Primary Industry	第二产业 Secondary Industry	#工 业 Industry	第三产业 Tertiary Industry
1981	7.8	4.8	0.5	0.8	2.5
1982	4.3	0.2	2.4	1.9	1.7
1983	23.8	12.3	5.3	4.7	6.2
1984	10.1	2.4	5.5	4.7	2.3
1985	13.5	0.3	6.4	5.5	6.7
1986	4.6	-2.9	5.4	5.2	2.1
1987	15.0	5.4	3.6	2.5	6.0
1988	9.8	-0.9	8.1	7.5	2.6
1989	7.0	2.6	1.5	2.1	2.8
1990	4.5	1.6	1.0	0.1	1.9
1991	6.9	-0.9	4.8	4.4	3.0
1992	13.7	0.5	9.9	9.1	3.3
1993	15.8	2.9	9.5	8.9	3.4
1994	13.8	0.3	9.7	9.1	3.7
1995	14.8	2.8	8.3	7.8	3.7
1996	13.9	2.6	7.9	6.9	3.4
1997	10.4	1.7	5.5	4.5	3.2
1998	8.8	1.5	4.7	4.0	2.6
1999	8.1	1.6	4.0	3.6	2.6
2000	9.5	1.0	5.9	5.3	2.6
2001	9.0	1.3	4.5	3.8	3.3
2002	9.5	1.0	5.3	4.7	3.2
2003	10.7	-0.5	8.0	7.0	3.2
2004	13.7	2.4	8.0	7.3	3.3
2005	14.2	1.4	8.8	8.3	4.0
2006	14.4	1.3	9.2	8.6	3.9
2007	14.6	0.6	9.8	9.5	4.2
2008	12.1	0.8	8.3	7.9	3.0
2009	10.9	0.6	7.1	6.0	3.3
2010	12.5	0.6	8.6	8.1	3.4
2011	11.9	0.5	7.6	7.3	3.8
2012	10.1	0.6	6.6	6.1	2.9

注：产业拉动指GDP增长速度与各产业贡献率之乘积。
a) Contribution of the three industies to GDP growth refers to the growth rate of GDP multiplying the industrial shares.

3-7 历年全员劳动生产率
Over all Labor Productivity by Year

单位：元/人.年 (yuan/person.year)

年 份 Year	全员劳动生产率 Over all Labor Productivity	第一产业 Primary Industry	第二产业 Secondary Industry	第三产业 Tertiary Industry
1979	669	334	2748	1385
1980	790	393	3180	1788
1981	837	437	3120	1892
1982	851	433	3288	1870
1983	1019	560	3548	2092
1984	1115	600	3802	2115
1985	1316	674	3784	2646
1986	1413	696	3706	2761
1987	1652	852	3889	3102
1988	1946	918	4703	3538
1989	2165	1080	4812	4150
1990	2328	1174	4990	4831
1991	2519	1163	5707	5438
1992	2994	1205	7717	6046
1993	3803	1400	9977	7274
1994	5011	1893	12666	8726
1995	6673	2687	15560	11184
1996	7947	3327	17503	12791
1997	8545	3520	18622	13556
1998	8774	3659	19643	13049
1999	8854	3593	21136	13604
2000	9377	3382	24282	15827
2001	9980	3506	25432	17256
2002	10935	3748	27208	18597
2003	12422	3562	31205	21383
2004	15381	5015	37583	23466
2005	18824	5926	46086	25738
2006	21725	6194	51688	28737
2007	26127	7429	58371	33621
2008	31045	9220	67258	36555
2009	33063	9868	67995	38869
2010	38517	11898	77173	42822
2011	44005	13051	85575	49151
2012	47414	14229	88404	53630

3–8 分行业增加值及指数

Value-added and Index by Sector

本表增加值按当年价格计算，指数按可比价格计算。

Value-added in this table are calculated at current prices. The indices in this table are calculated at comparable prices.

单位：亿元 (100 million yuan)

行业	Sector	2011 增加值 Value-added	2011 指数(上年=100) Index (preceding year=100)	2012 增加值 Value-added	2012 指数(上年=100) Index (preceding year=100)
生产总值	**Gross Domestic Product**	**26931.03**	**111.9**	**29599.31**	**110.1**
第一产业	Value-added of the Primary Industry	3512.24	103.7	3769.54	104.5
农业	Farming	2108.83	104.2	2315.80	104.3
林业	Forestry	76.50	107.0	84.93	104.9
牧业	Animal Husbandry	1205.96	102.0	1233.46	104.6
渔业	Fishery	49.10	106.9	58.30	105.7
农林牧渔服务业	Service for Farming、Forestry、Animal Husbandry and Fishery	71.85	105.3	77.05	105.9
第二产业	Value-added of the Secondary Industry	15427.08	113.2	16672.20	111.4
工业	Industry	13949.32	114.1	15017.56	111.5
采矿业	Mining	2278.07	120.2	1955.59	92.8
制造业	Manufacturing	11116.14	113.2	12476.62	115.1
电力、燃气及水的生产和供应业	Production and distribution of electricity, gas and water	555.11	110.1	585.35	106.1
建筑业	Construction	1477.76	105.2	1654.64	110.4
第三产业	Value-added of the Tertiary Industry	7991.72	113.4	9157.57	110.2
交通运输、仓储和邮政业	Traffic,transport, storage and post	961.50	107.7	1151.91	106.1
信息传输、计算机服务和软件业	Information transfer, computer services and software	325.90	121.2	347.89	106.4
批发和零售业	Wholesale and retail trade	1586.09	116.1	1877.82	115.7
住宿和餐饮业	Accommodation and Restaurants	797.99	116.6	898.36	106.4
金融业	Finance	868.20	116.8	1013.60	114.7
房地产业	Real estate	987.00	109.9	1040.70	101.9
租赁和商务服务业	Tenancy and business services	265.04	130.3	312.05	113.8
科学研究、技术服务和地质勘查业	Scientific research, technical service and geologic perambulation	166.04	106.0	197.59	116.1
水利、环境和公共设施管理业	Management of water conservancy, environment and public establishment	63.65	98.7	83.95	123.0
居民服务和其他服务业	Resident services and other services	220.66	131.5	268.86	116.0
教育	Education	739.02	124.1	814.45	107.5
卫生、社会保障和社会福利业	Sanitation, social security and social welfare	263.97	108.6	320.01	118.9
文化、体育和娱乐业	Culture, sports and entertainment	74.33	111.1	100.91	129.3
公共管理和社会组织	Public management and social organization	672.33	96.2	729.47	105.7

3-9 历年第三产业增加值及指数

Value-added and Index of the Tertiary Industry by Sector

本表增加值按当年价格计算，指数按可比价格计算。
Value-added in this table are calculated at current prices. The indices in this table are calculated at comparable prices.

行业	Sector	2005	2007	2010	2011	2012
第三产业增加值(亿元)	**Value-added of the Tertiary Industry(100 million yuan)**	**3181.27**	**4511.97**	**6607.89**	**7991.72**	**9157.57**
交通运输、仓储和邮政业	Traffic,transport, storage and post	625.87	866.73	873.30	961.50	1151.91
信息传输、计算机服务和软件业	Information transfer, computer services and software	143.40	205.73	263.23	325.90	347.89
批发和零售业	Wholesale and retail trade	616.25	765.76	1293.50	1586.09	1877.82
住宿和餐饮业	Accommodation and Restaurants	302.23	493.40	605.23	797.99	898.36
金融业	Finance	181.74	302.31	697.68	868.20	1013.60
房地产业	Real estate	298.19	447.44	773.23	987.00	1040.70
租赁和商务服务业	Tenancy and business services	88.90	107.53	195.97	265.04	312.05
科学研究、技术服务和地质勘查业	Scientific research, technical service and geologic perambulation	74.96	93.87	148.32	166.04	197.59
水利、环境和公共设施管理业	Management of water conservancy, environment and public establishment	32.14	43.05	61.06	63.65	83.95
居民服务和其他服务业	Resident services and other services	128.22	180.94	161.63	220.66	268.86
教育	Education	229.58	367.66	565.59	739.02	814.45
卫生、社会保障和社会福利业	Sanitation, social security and social welfare	134.99	174.43	242.64	263.97	320.01
文化、体育和娱乐业	Culture, sports and entertainment	33.19	49.05	64.47	74.33	100.91
公共管理和社会组织	Public management and social organization	291.61	414.07	662.04	672.33	729.47
第三产业增加值指数(%)	**Index of the Tertiary Industry(%)**	**112.8**	**114.1**	**111.4**	**113.4**	**110.2**
交通运输、仓储和邮政业	Traffic,transport, storage and post	109.2	112.0	105.3	107.7	106.1
信息传输、计算机服务和软件业	Information transfer, computer services and software	117.2	113.4	105.7	121.2	106.4
批发和零售业	Wholesale and retail trade	111.3	107.5	117.9	116.1	115.7
住宿和餐饮业	Accommodation and Restaurants	112.8	114.4	110.9	116.6	106.4
金融业	Finance	104.5	123.9	133.7	116.8	114.7
房地产业	Real estate	110.0	116.5	110.9	109.9	101.9
租赁和商务服务业	Tenancy and business services	121.1	112.2	117.7	130.3	113.8
科学研究、技术服务和地质勘查业	Scientific research, technical service and geologic perambulation	117.9	112.2	121.7	106.0	116.1
水利、环境和公共设施管理业	Management of water conservancy, environment and public establishment	131.6	122.2	100.2	98.7	123.0
居民服务和其他服务业	Resident services and other services	109.2	104.1	105.1	131.5	116.0
教育	Education	118.5	128.7	111.5	124.1	107.5
卫生、社会保障和社会福利业	Sanitation, social security and social welfare	117.6	115.5	106.3	108.6	118.9
文化、体育和娱乐业	Culture, sports and entertainment	119.9	126.1	106.4	111.1	129.3
公共管理和社会组织	Public management and social organization	119.0	115.0	98.2	96.2	105.7

3-10　各市生产总值(2012年)

Gross Domestic Product by City (2012)

本表按当年价格计算。
Data in this table are calculated at current prices.

市(县)	City(County)	生产总值(亿元) Gross Domestic Product (100 million yuan)	第一产业 Primary Industry	第二产业 Secondary Industry	工业 Industry	建筑业 Construction	第三产业 Tertiary Industry	人均生产总值(元) Per Capita GDP (yuan)
省辖市	**City**							
郑州市	Zhengzhou	5549.79	142.40	3132.92	2802.47	330.45	2274.46	62054
开封市	Kaifeng	1207.05	257.66	533.26	487.10	46.16	416.13	25922
洛阳市	Luoyang	2981.12	223.76	1788.09	1583.20	204.89	969.28	45316
平顶山市	Pingdingshan	1495.80	145.85	910.74	845.53	65.21	439.21	30380
安阳市	Anyang	1566.90	187.32	900.84	805.67	95.17	478.73	30624
鹤壁市	Hebi	545.78	58.13	384.59	356.47	28.12	103.07	34456
新乡市	Xinxiang	1619.77	200.34	925.66	812.40	113.25	493.78	28598
焦作市	Jiaozuo	1551.35	122.42	1046.49	984.42	62.07	382.44	44029
濮阳市	Puyang	989.70	137.76	644.53	593.16	51.37	207.41	27654
许昌市	Xuchang	1716.19	177.82	1150.13	1076.57	73.57	388.24	39947
漯河市	Luohe	797.12	98.01	545.94	515.18	30.76	153.18	31211
三门峡市	Sanmenxia	1127.32	90.57	766.41	714.50	51.91	270.34	50406
南阳市	Nanyang	2340.73	423.62	1220.99	1082.50	138.49	696.11	23086
商丘市	Shangqiu	1397.28	323.22	653.20	570.47	82.73	420.85	19029
信阳市	Xinyang	1397.32	377.64	558.34	449.86	108.48	461.34	22347
周口市	Zhoukou	1574.72	417.56	749.41	664.44	84.97	407.75	17734
驻马店市	Zhumadian	1373.55	365.91	588.21	519.09	69.13	419.43	19592
济源市	Jiyuan	430.86	19.55	325.84	307.93	17.92	85.47	62358
省直管县	**Province Administrating County**							
巩义市	Gongyi	527.80	10.15	373.69	356.07	17.63	143.96	65024
兰考县	Lankao	168.98	32.14	79.95	76.14	3.81	56.90	25235
汝州市	Ruzhou	320.43	35.06	184.64	173.95	10.70	100.73	34396
滑县	Huaxian	163.83	59.05	65.54	58.09	7.44	39.24	13981
长垣县	Changyuan	193.81	28.43	103.96	87.00	16.96	61.42	24986
邓州市	Dengzhou	283.46	84.77	125.40	114.34	11.06	73.29	19517
永城市	Yongcheng	364.44	54.69	224.20	206.17	18.03	85.55	29653
固始县	Gushi	212.95	73.44	71.55	57.91	13.63	67.97	20457
鹿邑县	Luyi	191.41	46.58	93.55	85.08	8.47	51.28	21429
新蔡县	Xincai	129.54	45.24	48.38	41.93	6.46	35.91	15460

注：人均生产总值按常住人口计算。
a) Per Capita GDP are calculated at residents population.

3-11 各市生产总值指数(2012年)

Indices of Gross Domestic Product by City (2012)

本表按可比价格计算。

The indices in this table are calculated at comparable prices.

(上年=100) (preceding year=100)

市(县) City(County)	生产总值 Gross Domestic Product	第一产业 Primary Industry	第二产业 Secondary Industry	工业 Industry	建筑业 Construction	第三产业 Tertiary Industry	人均生产总值 Per Capita GDP
省辖市 City							
郑州市 Zhengzhou	112.2	104.0	114.2	115.2	105.8	110.0	109.9
开封市 Kaifeng	111.1	104.5	114.3	114.1	115.8	111.0	111.4
洛阳市 Luoyang	110.0	104.6	111.2	111.0	112.9	108.8	109.7
平顶山市 Pingdingshan	106.8	104.2	106.0	105.6	113.2	109.7	106.5
安阳市 Anyang	107.4	104.3	108.3	108.6	104.9	106.6	108.3
鹤壁市 Hebi	110.9	104.2	112.1	111.4	123.6	109.7	110.3
新乡市 Xinxiang	111.4	104.5	113.5	113.8	111.5	109.9	111.8
焦作市 Jiaozuo	111.2	104.5	112.1	112.4	106.5	110.4	111.6
濮阳市 Puyang	112.1	104.6	114.5	114.9	110.0	108.8	112.1
许昌市 Xuchang	112.2	103.5	113.7	113.7	114.0	111.4	112.4
漯河市 Luohe	112.1	104.4	114.2	114.1	114.9	108.6	111.9
三门峡市 Sanmenxia	112.0	105.0	113.6	113.4	117.0	109.5	112.1
南阳市 Nanyang	110.1	104.5	112.6	112.6	112.3	109.2	110.8
商丘市 Shangqiu	110.8	104.7	113.9	114.7	107.1	111.1	111.0
信阳市 Xinyang	110.5	104.7	113.5	114.3	109.5	110.9	107.9
周口市 Zhoukou	110.6	104.5	115.1	115.4	112.0	109.1	111.4
驻马店市 Zhumadian	110.4	104.6	114.7	114.5	115.7	109.0	112.7
济源市 Jiyuan	111.5	105.0	112.7	112.8	111.5	108.0	109.4
省直管县 Province Administrating County							
巩义市 Gongyi	110.9	104.1	111.8	111.9	110.2	108.3	110.6
兰考县 Lankao	111.2	104.6	114.4	113.9	126.1	110.7	111.9
汝州市 Ruzhou	110.1	104.5	110.0	109.9	111.3	112.4	109.8
滑县 Huaxian	109.5	104.5	112.7	112.6	113.9	111.9	115.2
长垣县 Changyuan	112.5	104.5	115.4	116.2	111.0	111.0	116.6
邓州市 Dengzhou	110.2	104.5	113.0	112.7	116.9	111.2	110.9
永城市 Yongcheng	110.3	104.7	110.7	110.5	113.1	113.6	111.0
固始县 Gushi	109.1	104.5	111.0	111.9	106.7	112.2	107.1
鹿邑县 Luyi	111.0	104.4	115.9	116.0	114.4	107.2	112.1
新蔡县 Xincai	109.1	104.5	111.5	110.9	116.1	110.1	110.2

3-12 各市第三产业增加值(2012年)

本表按当年价格计算。
Data in this table are calculated at current prices.
单位：亿元

市(县) City(County)	合计 Total	交通运输仓储及邮政业 Traffic, transport, storage and post	信息传输计算机服务和软件业 Information transfer, computer services and software	批发和零售业 Wholesale and retail trade	住宿和餐饮业 Accommodation and Restaurants	金融业 Finance	房地产业 Real estate
省辖市 City							
郑州市 Zhengzhou	2274.46	321.75	90.62	412.20	182.01	379.93	251.75
开封市 Kaifeng	416.13	54.72	21.14	65.41	37.14	12.21	36.96
洛阳市 Luoyang	969.28	122.15	33.49	208.01	74.76	96.30	81.12
平顶山市 Pingdingshan	439.21	55.23	14.54	102.17	44.56	49.96	39.00
安阳市 Anyang	478.73	56.17	21.58	112.17	50.72	31.91	48.54
鹤壁市 Hebi	103.07	9.29	5.13	24.06	10.36	9.32	10.26
新乡市 Xinxiang	493.78	74.65	20.35	105.19	35.33	46.37	73.88
焦作市 Jiaozuo	382.44	52.30	10.78	110.06	43.79	26.85	34.61
濮阳市 Puyang	207.41	17.64	10.00	41.13	21.57	9.74	27.90
许昌市 Xuchang	388.24	45.09	19.45	96.26	48.75	34.62	42.88
漯河市 Luohe	153.18	15.46	5.69	38.33	23.51	5.03	15.21
三门峡市 Sanmenxia	270.34	78.01	7.90	57.18	16.29	11.71	11.81
南阳市 Nanyang	696.11	107.01	27.41	135.03	82.88	46.57	65.03
商丘市 Shangqiu	420.85	55.22	20.84	74.42	46.09	21.09	52.63
信阳市 Xinyang	461.34	65.37	31.80	66.40	57.72	33.27	54.29
周口市 Zhoukou	407.75	37.49	23.77	83.17	48.19	23.65	62.90
驻马店市 Zhumadian	419.43	55.81	18.84	86.98	34.33	23.54	45.80
济源市 Jiyuan	85.47	13.74	2.85	21.16	8.96	3.10	8.36
省直管县 Province Administrating County							
巩义市 Gongyi	143.96	54.83	2.81	20.69	15.99	9.47	17.77
兰考县 Lankao	56.90	9.24	2.71	7.32	4.77	1.25	4.70
汝州市 Ruzhou	100.73	16.50	2.86	22.81	9.79	8.78	6.57
滑县 Huaxian	39.24	2.56	1.13	8.93	4.63	3.04	4.08
长垣县 Changyuan	61.42	12.97	0.12	14.44	7.37	2.47	9.01
邓州市 Dengzhou	73.29	11.14	2.30	12.31	9.89	3.25	8.39
永城市 Yongcheng	85.55	10.34	7.24	9.18	11.44	6.73	14.37
固始县 Gushi	67.97	3.55	5.26	11.78	6.61	3.91	9.68
鹿邑县 Luyi	51.28	7.58	2.47	8.32	10.06	0.47	7.22
新蔡县 Xincai	35.91	3.97	2.20	8.15	2.26	0.94	2.90

Value-added of the Tertiary Industry by City (2012)

(100 million yuan)

租赁和商务服务业 Tenancy and business services	科学研究、技术服务和地质勘查业 Scientific research, technical service and geologic perambulation	水利、环境和公共设施管理业 Management of water conservancy, environment and public establishment	居民服务和其他服务业 Resident services and other services	教育 Education	卫生、社会保障和社会福利业 Sanitation, social security and social welfare	文化、体育和娱乐业 Culture, sports and entertainment	公共管理和社会组织 Public management and social organization
70.46	68.69	12.40	74.87	145.21	76.24	54.74	133.60
15.81	3.91	12.41	10.52	47.52	27.83	9.08	61.47
33.00	87.94	11.09	20.63	73.76	30.63	11.09	85.32
12.44	3.91	4.09	13.52	30.62	16.87	7.12	45.18
24.12	3.74	5.36	13.64	34.32	24.65	3.62	48.19
1.02	0.46	0.91	1.79	11.20	3.69	0.58	15.00
6.90	5.58	6.28	11.40	35.23	15.90	3.82	52.88
7.54	3.96	5.77	18.23	25.33	10.42	3.19	29.61
8.83	1.81	3.08	3.96	21.49	9.77	1.55	28.94
5.48	3.11	2.12	14.39	32.76	10.84	3.25	29.24
1.09	0.78	1.61	11.23	12.07	4.87	1.63	16.68
7.93	2.69	3.52	9.74	22.79	9.00	1.75	30.02
11.33	7.41	7.79	18.04	65.61	44.54	3.50	73.97
7.23	0.81	1.76	10.37	48.80	20.44	2.54	58.62
7.88	3.38	8.72	11.60	45.72	18.61	4.01	52.56
4.41	1.09	2.08	9.59	45.34	15.59	1.42	49.06
7.10	2.62	2.96	13.87	41.88	18.11	3.59	64.00
8.20	0.56	0.70	1.41	5.26	2.53	0.97	7.67
1.19	0.68	0.43	2.25	6.32	6.07	0.51	4.94
2.21	0.88	0.95	2.43	6.05	2.82	1.14	10.42
4.05	0.95	0.74	3.90	7.82	5.54	0.79	9.66
1.83	0.30	0.09	1.37	3.12	2.48	0.24	5.43
0.54	0.11	0.30	3.91	3.84	1.36	0.60	4.39
0.83	0.40	0.51	2.28	6.83	7.25	0.27	7.64
0.95	0.14	0.51	3.26	9.28	3.14	0.08	8.89
1.40	0.36	0.72	3.20	6.02	4.94	0.25	10.28
0.25	0.07	0.19	0.49	4.86	3.15	0.08	6.08
0.58	0.11	0.04	0.69	4.13	2.65	0.52	6.79

3-13 各市第三产业增加值指数(2012年)

本表按可比价格计算。
The indices in this table are calculated at comparable prices.
(上年=100)

市(县) City(County)	合计 Total	交通运输仓储及邮政业 Traffic, transport, storage and post	信息传输计算机服务和软件业 Information transfer, computer services and software	批发和零售业 Wholesale and retail trade	住宿和餐饮业 Accommodation and Restaurants	金融业 Finance	房地产业 Real estate
省辖市 City							
郑州市 Zhengzhou	110.0	105.6	95.4	118.1	109.8	113.4	106.0
开封市 Kaifeng	111.0	105.9	111.4	111.0	108.3	118.3	103.4
洛阳市 Luoyang	108.8	102.9	107.7	113.7	101.1	138.2	102.9
平顶山市 Pingdingshan	109.7	102.5	105.0	113.9	97.8	143.0	110.6
安阳市 Anyang	106.6	108.0	109.5	104.4	106.3	120.3	98.1
鹤壁市 Hebi	109.7	108.6	110.0	111.6	111.4	123.8	105.9
新乡市 Xinxiang	109.9	106.6	115.6	109.7	111.1	123.0	104.9
焦作市 Jiaozuo	110.4	103.5	108.0	113.6	105.0	119.7	107.7
濮阳市 Puyang	108.8	106.7	113.9	112.4	109.0	116.4	106.6
许昌市 Xuchang	111.4	108.4	111.6	112.9	108.0	125.0	112.1
漯河市 Luohe	108.6	106.1	108.6	111.2	108.2	100.5	98.4
三门峡市 Sanmenxia	109.5	106.0	107.1	117.2	102.8	120.0	112.3
南阳市 Nanyang	109.2	107.0	108.3	112.1	103.2	123.1	104.1
商丘市 Shangqiu	111.1	105.5	111.2	113.4	109.2	118.5	107.6
信阳市 Xinyang	110.9	107.8	113.3	113.4	109.5	120.7	100.1
周口市 Zhoukou	109.1	107.0	110.8	109.5	109.3	112.1	105.4
驻马店市 Zhumadian	109.0	106.3	110.5	110.4	107.3	115.3	100.1
济源市 Jiyuan	108.0	105.4	105.9	107.3	108.8	118.2	105.1
省直管县 Province Administrating County							
巩义市 Gongyi	108.3	105.2	113.2	111.3	109.5	112.2	105.5
兰考县 Lankao	110.7	104.6	140.1	111.9	108.8	120.0	107.3
汝州市 Ruzhou	112.4	110.7	108.6	119.3	113.4	130.9	105.9
滑县 Huaxian	111.9	107.7	119.6	110.4	106.7	123.8	106.7
长垣县 Changyuan	111.0	100.1	107.7	112.8	109.7	123.9	116.8
邓州市 Dengzhou	111.2	108.2	112.2	121.5	105.8	132.0	104.2
永城市 Yongcheng	113.6	108.1	122.1	112.3	110.5	141.4	108.9
固始县 Gushi	112.2	108.8	111.2	113.2	109.6	135.5	104.7
鹿邑县 Luyi	107.2	107.5	113.5	104.8	104.2	115.0	104.2
新蔡县 Xincai	110.1	107.5	121.9	110.8	106.8	118.7	102.6

Indices of Value-added of the Tertiary Industry by City (2012)

(preceding year=100)

租赁和商务服务业 Tenancy and business services	科学研究、技术服务和地质勘查业 Scientific research, technical service and geologic perambulation	水利、环境和公共设施管理业 Management of water conservancy, environment and public establishment	居民服务和其他服务业 Resident services and other services	教育 Education	卫生、社会保障和社会福利业 Sanitation, social security and social welfare	文化、体育和娱乐业 Culture, sports and enterta-inment	公共管理和社会组织 Public manage-ment and social organi-zation
100.1	92.3	87.5	111.7	122.8	104.6	122.9	114.9
113.0	116.5	117.9	111.0	119.7	110.4	114.7	112.2
102.1	100.1	102.1	116.6	112.1	108.8	114.6	100.0
94.7	105.6	98.2	99.9	108.7	119.6	125.2	101.6
111.5	106.9	111.1	110.7	107.8	113.8	113.2	101.5
113.4	109.6	108.7	122.4	109.9	118.5	135.8	98.6
107.6	122.3	109.1	112.6	106.8	107.7	129.2	109.0
122.0	99.0	113.1	109.8	108.9	115.5	122.4	113.0
111.3	105.1	110.9	105.8	111.8	107.6	106.9	101.0
119.4	110.2	105.7	114.5	104.3	106.2	112.0	110.3
110.5	113.0	112.8	109.6	113.0	113.1	111.5	112.0
104.7	108.8	115.5	113.5	107.3	112.7	105.5	105.4
128.3	110.5	110.0	112.7	106.3	113.8	108.0	107.6
110.0	114.3	115.9	114.0	113.9	114.5	114.1	111.5
114.3	113.4	113.4	114.4	113.4	113.3	114.2	113.6
119.1	110.5	117.4	109.5	110.2	106.9	108.7	111.2
110.2	110.5	110.3	110.2	110.0	109.8	111.4	113.0
110.3	109.9	109.9	110.0	109.9	112.4	111.3	107.9
124.7	110.4	109.6	118.1	113.8	112.6	121.8	105.4
109.0	108.9	108.9	109.0	108.9	109.6	110.3	113.1
112.3	105.9	106.2	112.9	106.1	107.0	113.7	101.3
122.2	107.9	107.9	122.9	107.9	107.9	123.4	116.1
101.5	111.1	102.1	121.6	122.9	100.5	146.5	107.3
127.8	107.3	101.3	117.2	107.1	109.9	107.9	110.8
118.7	111.9	112.0	118.7	111.8	111.7	118.7	112.7
116.6	99.5	106.1	114.9	106.5	106.1	106.3	121.1
111.5	108.4	106.4	109.0	114.9	118.2	119.0	103.4
120.1	99.0	99.3	97.6	96.6	120.0	120.2	114.0

3-14 非公有制经济增加值(2012年)
Value-added of Non-Public-Owned (2012)

行业	Sector	增加值(亿元) Value-added of Non-Public-Owned (100 million yuan)	指数(%) Index of Value-added of Non-Public-Owned (%)	占GDP比重(%) Value-added of Non-Public-Owned as percentage of GDP (%)
总计	**Total**	**18270.76**	**111.1**	**61.7**
第一产业	Value-added of the Primary Industry	1268.92	105.1	33.7
第二产业	Value-added of the Secondary Industry	12431.06	112.0	74.6
工业	Industry	11085.97	112.2	73.8
建筑业	Construction	1345.09	110.8	81.3
第三产业	Value-added of the Tertiary Industry	4570.77	110.3	49.9
交通运输、仓储和邮电业	Traffic,transport, storage and post	673.27	106.3	58.4
批发和零售业	Wholesale and retail trade	1109.86	117.3	59.1
住宿和餐饮业	Accommodation and Restaurants	822.32	108.4	91.5
金融业	Finance	246.84	117.0	24.4
房地产业	Real estate	929.88	102.5	89.4
其他服务业	Others	788.60	114.3	24.8

3-15 各市非公有制经济增加值
Value-added of Non-Public-Owned by city

本表按当年价格计算。
Data in this table are calculated at current prices.

市 City	2011 增加值(亿元) Value-added of Non-Public-Owned (100 million yuan)	2011 占GDP比重(%) Value-added of Non-Public-Owned as percentage of GDP (%)	2012 增加值(亿元) Value-added of Non-Public-Owned (100 million yuan)	2012 占GDP比重(%) Value-added of Non-Public-Owned as percentage of GDP (%)
全省 Total	**16458.20**	**61.1**	**18270.76**	**61.7**
省辖市 City				
郑州市 Zhengzhou	3043.77	61.1	3409.42	61.4
开封市 Kaifeng	662.64	61.8	749.24	62.1
洛阳市 Luoyang	1367.09	50.6	1581.10	53.0
平顶山市 Pingdingshan	805.29	54.2	751.65	50.3
安阳市 Anyang	886.14	59.6	936.26	59.8
鹤壁市 Hebi	319.99	63.9	350.67	64.3
新乡市 Xinxiang	994.93	66.8	1083.63	66.9
焦作市 Jiaozuo	885.90	61.4	956.98	61.7
濮阳市 Puyang	539.65	60.1	610.17	61.7
许昌市 Xuchang	1116.19	70.0	1184.78	69.0
漯河市 Luohe	475.60	62.0	518.12	65.0
三门峡市 Sanmenxia	528.79	51.3	572.81	50.8
南阳市 Nanyang	1243.28	56.5	1326.42	56.7
商丘市 Shangqiu	782.99	59.9	841.16	60.2
信阳市 Xinyang	693.62	55.2	777.73	55.7
周口市 Zhoukou	867.65	61.6	970.86	61.7
驻马店市 Zhumadian	748.74	60.2	831.45	60.5
济源市 Jiyuan	253.50	67.9	296.87	68.9

3-16　历年支出法生产总值

Gross Domestic Product by Expenditure Approach over the Years

本表按当年价格计算。

Data in this table are calculated at current prices.

单位：亿元　　　　(100 million yuan)

年 份 Year	支出法生产总值 Gross Domestic Product by Expenditure Approach	最终消费支出 Final Consumption	居民消费支出 Household Consumption	农村居民 Rural Households	城镇居民 Urban Households	政府消费支出 Government Consumption	资本形成总额 Gross Capital Formation	固定资本形成总额 Fixed Capital Formation	存货增加 Changes in Inventories	货物和服务净流出 Net Export of Good and Services
1952	36.09	29.50	27.93	24.61	3.32	1.57	6.63	4.90	1.73	-0.04
1957	52.55	36.87	33.94	27.82	6.12	2.93	16.49	11.17	5.32	-0.81
1962	43.02	40.12	36.46	25.28	11.18	3.66	3.41	8.24	-4.83	-0.51
1965	62.96	42.36	38.13	25.93	12.20	4.23	14.91	12.21	2.70	5.69
1970	97.19	56.98	52.56	38.24	14.32	4.42	39.21	26.05	13.16	1.00
1975	127.77	80.08	68.60	49.67	18.93	11.48	46.34	35.85	10.49	1.35
1978	162.92	107.07	94.34	70.45	23.89	12.73	52.49	40.66	11.83	3.36
1980	229.16	151.48	135.23	104.36	30.87	16.25	69.20	57.70	11.50	8.48
1985	451.74	275.95	231.11	166.16	64.95	44.84	173.43	138.19	35.24	2.36
1990	934.65	527.43	447.97	309.33	138.64	79.46	364.81	225.73	139.08	42.41
1991	1045.73	572.63	479.04	325.30	153.74	93.59	421.32	279.06	142.26	51.78
1992	1279.75	641.79	531.59	357.89	173.70	110.20	571.96	346.67	225.29	66.00
1993	1660.18	878.69	672.23	451.86	220.37	206.46	682.64	485.98	196.66	98.85
1994	2216.83	1196.17	927.84	593.55	334.29	268.33	879.39	670.84	208.55	141.27
1995	2988.37	1590.89	1251.49	814.10	437.39	339.40	1235.62	877.41	358.21	161.86
1996	3634.69	1936.99	1537.04	1001.52	535.52	399.95	1485.58	1079.31	406.27	212.12
1997	4041.09	2146.53	1694.84	1072.61	622.23	451.69	1677.86	1254.89	422.97	216.70
1998	4308.24	2217.62	1717.39	1051.61	665.78	500.23	1845.87	1413.55	432.32	244.75
1999	4517.94	2347.13	1781.18	1029.81	751.37	565.95	1924.38	1469.87	454.51	246.43
2000	5052.99	2745.80	2090.01	1189.26	900.75	655.79	2104.00	1641.43	462.57	203.19
2001	5533.01	3086.15	2266.65	1273.91	992.74	819.50	2257.24	1790.76	466.48	189.62
2002	6035.48	3386.68	2446.93	1341.23	1105.70	939.75	2474.19	2018.58	455.61	174.61
2003	6867.70	3891.70	2870.19	1245.07	1625.12	1021.51	2786.46	2431.76	354.70	189.54
2004	8553.79	4568.52	3370.21	1441.79	1928.42	1198.31	3745.50	3217.10	528.40	239.77
2005	10587.42	5353.67	3817.86	1554.22	2263.64	1535.81	5019.81	4506.75	513.06	213.94
2006	12362.79	6102.27	4251.50	1641.85	2609.65	1850.77	6322.82	6001.50	321.32	-62.30
2007	15012.46	6831.27	4820.00	1768.68	3051.32	2011.27	8366.37	8043.35	323.02	-185.18
2008	18018.53	7759.33	5521.46	1953.80	3567.66	2237.87	10713.52	10301.66	411.86	-454.32
2009	19480.46	8742.69	6248.92	2106.90	4142.02	2493.77	13304.05	12996.08	307.97	-2566.28
2010	23092.36	10209.83	7402.60	2372.73	5029.87	2807.23	15977.40	15704.09	273.31	-3094.87
2011	26931.03	11783.07	8617.90	2792.80	5825.10	3165.17	19166.59	18819.16	347.43	-4018.63
2012	29599.31	13338.44	9754.41	3081.82	6672.59	3584.03	22060.00	21667.75	392.25	-5799.13

3-17 历年最终消费支出指数

Indices of Final Consumption over the Years

本表按可比价格计算。
The indices in this table are calculated at comparable prices.

年份 Year	以1952年为100 (1952=100)					以上年为100 (preceding year=100)				
	最终消费支出 Final Consumption	居民消费支出 Household Consumption	农村居民 Rural Households Consumption	城镇居民 Urban Households Consumption	政府消费支出 Government Consumption	最终消费支出 Final Consumption	居民消费支出 Household Consumption	农村居民 Rural Households Consumption	城镇居民 Urban Households Consumption	政府消费支出 Government Consumption
1952	100.0	100.0	100.0	100.0	100.0					
1957	124.9	121.3	113.1	184.2	186.3	100.0	99.9	96.6	120.0	100.3
1962	123.1	117.7	93.9	301.9	220.1	100.6	102.6	103.2	101.1	84.6
1965	133.5	126.8	95.7	368.1	255.1	105.7	105.7	105.9	105.1	106.3
1970	186.6	181.3	146.3	451.5	277.7	109.5	110.1	111.6	106.4	102.7
1975	267.3	240.9	195.0	597.8	734.4	105.9	103.3	102.9	104.3	124.8
1978	356.3	330.7	276.2	750.8	812.6	118.3	118.7	118.3	119.9	115.7
1980	480.5	451.7	392.6	908.9	984.2	113.7	114.2	116.4	107.5	109.4
1985	800.0	706.8	587.0	1640.3	2436.3	118.8	117.8	115.2	125.7	124.1
1990	1001.2	869.5	697.5	2226.8	3312.6	104.6	103.8	102.9	106.7	108.0
1991	1061.3	912.1	729.6	2351.5	3723.4	106.0	104.9	104.6	105.6	112.4
1992	1146.2	974.1	763.2	2593.7	4285.6	108.0	106.8	104.6	110.3	115.1
1993	1405.2	1165.0	905.2	3141.0	5939.8	122.6	119.6	118.6	121.1	138.6
1994	1583.7	1262.9	974.9	3439.4	7852.4	112.7	108.4	107.7	109.5	132.2
1995	1761.1	1401.8	1089.0	3783.3	8794.7	111.2	111.0	111.7	110.0	112.0
1996	1993.6	1600.9	1287.2	4097.3	9621.4	113.2	114.2	118.2	108.3	109.4
1997	2167.0	1721.0	1347.7	4593.1	10891.4	108.7	107.5	104.7	112.1	113.2
1998	2290.5	1791.6	1385.4	4873.3	12133.0	105.7	104.1	102.8	106.1	111.4
1999	2476.0	1900.9	1417.3	5443.5	13953.0	108.1	106.1	102.3	111.7	115.0
2000	2840.0	2176.5	1618.6	6249.1	16073.9	114.7	114.5	114.2	114.8	115.2
2001	3172.3	2346.3	1736.8	6780.3	19947.7	111.7	107.8	107.3	108.5	124.1
2002	3508.6	2562.2	1815.0	7743.1	22840.1	110.6	109.2	104.5	114.2	114.5
2003	3971.7	2941.4	1864.0	9787.3	24918.5	113.2	114.8	102.7	126.4	109.1
2004	4337.1	3215.0	1983.3	10922.6	27161.2	109.2	109.3	106.4	111.6	109.0
2005	4749.1	3478.6	2040.8	12244.2	30746.5	109.5	108.2	102.9	112.1	113.2
2006	5418.7	3930.8	2232.6	14129.8	35911.9	114.1	113.0	109.4	115.4	116.8
2007	5841.4	4284.6	2328.6	15811.2	37779.3	107.8	109.0	104.3	111.9	105.2
2008	6168.5	4563.1	2326.3	17439.8	39177.2	105.6	106.5	99.9	110.3	103.7
2009	6995.1	5197.3	2505.4	20422.0	44035.1	113.4	113.9	107.7	117.1	112.4
2010	7904.4	5925.0	2703.3	23873.3	48614.8	113.0	114.0	107.9	116.9	110.4
2011	8773.9	6600.4	3014.2	26571.0	53476.3	111.0	111.4	111.5	111.3	110.0
2012	9782.9	7286.9	3249.3	29653.3	61123.4	111.5	110.4	107.8	111.6	114.3

3-18 历年资本形成指数

Indices of Final Consumption over the Years

本表按可比价格计算。

The indices in this table are calculated at comparable prices.

年份 Year	以1952年为100 (1952=100)			以上年为100 (preceding year=100)		
	资本形成总额 Gross Capital Formation	固定资本形成总额 Fixed Capital Formation	存货增加 Changes in Inventories	资本形成总额 Gross Capital Formation	固定资本形成总额 Fixed Capital Formation	存货增加 Changes in Inventories
1952	100.0	100.0	100.0			
1957	240.0	223.7	293.7	133.8	110.5	277.5
1962	54.9	152.4		67.1	83.0	
1965	242.0	270.0	150.7	125.2	124.4	130.0
1970	646.0	591.3	818.1	173.7	168.6	186.8
1975	730.0	753.1	648.8	108.3	107.8	110.3
1978	842.0	880.7	709.9	103.9	111.6	81.4
1980	1038.6	1132.3	728.5	113.9	123.5	81.9
1985	2099.3	2125.4	1993.0	118.7	120.4	113.1
1990	3265.5	2803.1	5398.1	101.2	100.2	103.0
1991	3628.0	3161.9	5840.7	111.1	112.8	108.2
1992	4415.3	3737.4	7481.9	121.7	118.2	128.1
1993	4702.3	4309.2	6845.9	106.5	115.3	91.5
1994	5304.2	5158.1	6722.7	112.8	119.7	98.2
1995	6471.1	6117.5	8793.3	122.0	118.6	130.8
1996	7512.9	7224.8	9804.5	116.1	118.1	111.5
1997	8437.0	8315.7	10333.9	112.3	115.1	105.4
1998	9474.8	9496.5	11088.3	112.3	114.2	107.3
1999	10166.5	10085.3	12263.7	107.3	106.2	110.6
2000	10949.3	11043.4	12570.3	107.7	109.5	102.5
2001	11715.8	11982.1	12771.4	107.0	108.5	101.6
2002	12946.0	13539.8	12809.7	110.5	113.0	100.3
2003	14305.3	15990.5	9786.6	110.5	118.1	76.4
2004	17195.0	19044.7	12546.4	120.2	119.1	128.2
2005	21081.1	24796.2	9221.6	122.6	130.2	73.5
2006	25402.7	31540.8	5680.5	120.5	127.2	61.6
2007	31321.5	39426.0	5186.3	123.3	125.0	91.3
2008	37648.5	47508.3	5922.8	120.2	120.5	114.2
2009	48378.3	61855.8	4939.6	128.5	130.2	83.4
2010	55586.7	71567.2	4080.1	114.9	115.7	82.6
2011	63424.4	81658.2	4851.2	114.1	114.1	118.9
2012	72684.3	93417.0	5962.2	114.6	114.4	122.9

3-19 历年支出法生产总值构成

Structure of Gross Domestic Product by Expenditure Approach over the Years

本表按当年价格计算。
Data in this table are calculated at current prices.

年 份 Year	比重（支出法生产总值=100） Proportion (Gross Domestic Product by Expenditure Approach=100)			比重（最终消费支出=100） Proportion (Final Consumption Expenditure=100)	
	最终消费支出 Final Consumption	资本形成总额 Gross Capital Formation	货物和服务净流出 Net Export of Good and Services	居民消费支出 Household Consumption	政府消费支出 Government Consumption
1952	81.7	18.4	-0.1	94.7	5.3
1957	70.1	31.4	-1.5	92.1	7.9
1962	93.3	7.9	-1.2	90.9	9.1
1965	67.3	23.7	9.0	90.0	10.0
1970	58.6	40.4	1.0	92.2	7.8
1975	62.7	36.3	1.0	85.7	14.3
1978	65.7	32.2	2.1	88.1	11.9
1980	66.1	30.2	3.7	89.3	10.7
1985	61.1	38.4	0.5	83.8	16.2
1990	56.4	39.0	4.6	84.9	15.1
1991	54.7	40.3	5.0	83.7	16.3
1992	50.1	44.7	5.2	82.8	17.2
1993	52.9	41.1	6.0	76.5	23.5
1994	53.9	39.7	6.4	77.6	22.4
1995	53.2	41.4	5.4	78.7	21.3
1996	53.3	40.9	5.8	79.4	20.6
1997	53.1	41.5	5.4	79.0	21.0
1998	51.5	42.8	5.7	77.4	22.6
1999	52.0	42.6	5.4	75.9	24.1
2000	54.4	41.6	4.0	76.1	23.9
2001	55.8	40.8	3.4	73.4	26.6
2002	56.1	41.0	2.9	72.3	27.7
2003	56.7	40.6	2.7	73.8	26.2
2004	53.4	43.8	2.8	73.8	26.2
2005	50.6	47.4	2.0	71.3	28.7
2006	49.4	51.1	-0.5	69.7	30.3
2007	45.5	55.7	-1.2	70.6	29.4
2008	43.1	59.5	-2.5	71.2	28.8
2009	44.9	68.3	-13.2	71.5	28.5
2010	44.2	69.2	-13.4	72.5	27.5
2011	43.8	71.2	-14.9	73.1	26.9
2012	45.1	74.5	-19.6	73.1	26.9

3—20 支出法生产总值

Gross Domestic Product by Expenditure Approach and Structure

本表按当年价格计算。
Data in this table are calculated at current prices.
单位：亿元 (100 million yuan)

项目	Item	2011	2012
支出法生产总值	**Gross Domestic Product by Expenditure Approach**	**26931.03**	**29599.31**
最终消费支出	**Final Consumption**	**11783.07**	**13338.44**
居民消费支出	Household Consumption	8617.90	9754.41
农村居民	Rural Households	2792.80	3081.82
食品类支出	Food	883.78	935.24
衣着类支出	Clothing	205.58	233.08
居住类支出	Residence	205.69	245.93
家庭设备、用品及服务类支出	Household Facilities,Articles and Service	215.93	198.74
医疗保健类支出	Medical treatment and medical Service	345.26	384.11
交通和通信类支出	Transport, Post and Communication Services	260.33	288.59
文化教育娱乐及服务类支出	Recreation,education and Cultural services	157.63	188.96
银行中介服务支出	Dummy Consumption for finance agency service	134.96	185.68
保险服务消费支出	Insurance	45.95	49.58
自有住房服务虚拟支出	Dummy Consumption for owned housing service	271.61	291.56
其他商品和服务类支出	Miscellaneous and Services	66.08	80.35
城镇居民	Urban Households	5825.10	6672.59
食品类支出	Food	1571.5	1797.49
衣着类支出	Clothing	636.75	735.77
居住类支出	Residence	415.52	464.56
家庭设备、用品及服务类支出	Household Facilities,Articles and Service	379.57	446.86
医疗保健类支出	Medical treatment and medical Service	584.31	697.51
交通和通信类支出	Transport, Post and Communication Services	587.02	675.05
文化教育娱乐及服务类支出	Recreation,education and Cultural services	512.53	595.07
银行中介服务支出	Dummy Consumption for finance agency service	414.95	479.15
保险服务消费支出	Insurance	87.22	94.11
自有住房服务虚拟支出	Dummy Consumption for owned housing service	387.73	400.07
实物收入消费支出	Dummy Consumption for practicality	67.17	67.65
其他商品和服务类支出	Miscellaneous and Services	180.83	219.30
政府消费支出	Government Consumption	3165.17	3584.03
资本形成总额	**Gross Capital Formation**	**19166.59**	**22060.00**
固定资本形成总额	Fixed Capital Formation	18819.16	21667.75
存货增加	Changes in Inventories	347.43	392.25
第一产业	Primary Industry	33.96	36.46
第二产业	Secondary Industry	231.18	270.06
第三产业	Tertiary Industry	82.29	85.73
货物和服务净流出	**Net Export of Good and Services**	**-4018.63**	**-5799.13**

3-21 各市支出法生产总值(2012年)
Gross Domestic Product by Expenditure Approach by City (2012)

本表按当年价格计算。
Data in this table are calculated at current prices.
单位：亿元 (100 million yuan)

市(县) City(County)	支出法生产总值 Gross Domestic Product by Expenditure Approach	最终消费支出 Final Consumption	居民消费支出 Household Consumption	农村居民 Rural Households	城镇居民 Urban Households	政府消费支出 Government Consumption	资本形成总额 Gross Capital Formation	货物和服务净流出 Net Export of Good and Services
省辖市 City								
郑州市 Zhengzhou	5549.79	2612.79	1714.46	432.93	1281.53	898.33	2926.11	10.89
开封市 Kaifeng	1207.05	670.29	495.18	163.41	331.76	175.11	691.79	-155.03
洛阳市 Luoyang	2981.12	1241.33	756.17	203.65	552.52	485.16	1784.61	-44.81
平顶山市 Pingdingshan	1495.80	693.93	484.28	119.90	364.38	209.65	1052.65	-250.78
安阳市 Anyang	1566.90	697.08	488.46	237.54	250.93	208.62	1145.00	-275.18
鹤壁市 Hebi	545.78	228.28	164.90	49.57	115.32	63.38	388.59	-71.08
新乡市 Xinxiang	1619.77	733.85	579.32	198.42	380.90	154.52	1195.09	-309.16
焦作市 Jiaozuo	1551.35	668.65	494.38	181.31	313.06	174.27	1202.45	-319.75
濮阳市 Puyang	989.70	408.13	291.24	101.74	189.50	116.89	721.63	-140.05
许昌市 Xuchang	1716.19	664.39	483.50	171.53	311.97	180.89	1129.59	-77.79
漯河市 Luohe	797.12	406.89	257.06	138.67	118.39	149.83	380.07	10.16
三门峡市 Sanmenxia	1127.32	288.74	197.73	66.69	131.04	91.00	988.16	-149.58
南阳市 Nanyang	2340.73	1306.66	965.02	359.45	605.57	341.64	2311.94	-1277.88
商丘市 Shangqiu	1397.28	588.02	445.33	122.37	322.96	142.69	931.01	-121.75
信阳市 Xinyang	1397.32	785.98	526.38	197.35	329.02	259.61	1396.89	-785.55
周口市 Zhoukou	1574.72	859.70	655.74	289.87	365.87	203.96	1063.06	-348.04
驻马店市 Zhumadian	1373.55	934.21	664.16	309.69	354.47	270.04	984.42	-545.08
济源市 Jiyuan	430.86	121.62	96.43	28.04	68.38	25.19	277.63	31.62
省直管县 Province Administrating County								
巩义市 Gongyi	527.80	146.48	93.59	36.42	57.17	52.89	371.80	9.53
兰考县 Lankao	168.98	78.76	60.35	40.20	20.15	18.41	78.58	11.64
汝州市 Ruzhou	320.43	129.69	90.35	41.44	48.91	39.34	177.72	13.03
滑县 Huaxian	163.83	83.60	67.03	37.05	29.98	16.57	79.87	0.37
长垣县 Changyuan	193.81	77.21	55.90	34.63	21.27	21.31	148.98	-32.38
邓州市 Dengzhou	283.46	144.48	123.59	53.34	70.26	20.88	157.54	-18.55
永城市 Yongcheng	364.44	153.96	122.57	45.81	76.76	31.40	172.62	37.86
固始县 Gushi	212.95	128.53	92.23	65.13	27.10	36.30	110.64	-26.21
鹿邑县 Luyi	191.41	107.35	73.13	54.62	18.51	34.22	129.33	-45.26
新蔡县 Xincai	129.54	85.33	73.98	65.30	8.69	11.35	38.87	5.34

3-22 各市支出法生产总值指数(2012年)

Indices of Gross Domestic Product by Expenditure Approach by City (2012)

本表按可比价格计算。

The indices in this table are calculated at comparable prices.

(上年=100) (preceding year=100)

市(县) City(County)	支出法生产总值 Gross Domestic Product by Expenditure Approach	最终消费支出 Final Consumption	居民消费支出 Household Consumption	农村居民 Rural Households	城镇居民 Urban Households	政府消费支出 Government Consumption	资本形成总额 Gross Capital Formation
省辖市 City							
郑州市 Zhengzhou	112.2	111.9	111.8	112.7	111.6	112.1	113.1
开封市 Kaifeng	111.1	112.1	112.4	106.0	115.9	111.3	112.5
洛阳市 Luoyang	110.0	112.3	110.1	104.7	112.3	115.8	111.7
平顶山市 Pingdingshan	106.8	110.0	107.2	107.0	107.2	116.8	123.9
安阳市 Anyang	107.4	107.5	112.1	114.0	110.3	97.6	119.5
鹤壁市 Hebi	110.9	111.3	111.9	123.1	107.9	109.9	110.0
新乡市 Xinxiang	111.4	113.1	113.2	112.2	113.7	112.8	112.4
焦作市 Jiaozuo	111.2	112.7	113.3	114.7	112.5	110.9	114.7
濮阳市 Puyang	112.1	121.1	125.5	115.4	131.7	110.6	109.8
许昌市 Xuchang	112.2	114.9	111.6	111.7	111.6	124.3	110.5
漯河市 Luohe	112.1	112.0	111.9	111.7	112.2	112.1	112.2
三门峡市 Sanmenxia	112.0	112.0	113.5	111.3	114.7	108.8	120.5
南阳市 Nanyang	110.1	116.2	113.8	109.9	116.2	123.4	104.6
商丘市 Shangqiu	110.8	122.6	125.1	125.9	124.8	114.8	104.7
信阳市 Xinyang	110.5	121.3	120.4	119.8	120.8	123.2	129.9
周口市 Zhoukou	110.6	111.2	110.8	113.1	109.1	112.5	115.6
驻马店市 Zhumadian	110.4	109.6	109.9	110.3	109.6	108.7	109.3
济源市 Jiyuan	111.5	113.0	112.3	114.9	111.1	115.1	111.8
省直管县 Province Administrating County							
巩义市 Gongyi	110.9	116.1	118.2	109.2	124.7	112.6	110.7
兰考县 Lankao	111.2	106.9	107.5	108.0	106.7	104.7	112.1
汝州市 Ruzhou	110.1	105.9	104.2	103.4	104.9	110.0	113.1
滑县 Huaxian	109.5	109.1	107.8	108.9	106.5	114.7	108.1
长垣县 Changyuan	112.5	110.1	111.8	112.5	110.8	105.8	101.2
邓州市 Dengzhou	110.2	117.2	120.3	116.3	123.4	101.5	114.8
永城市 Yongcheng	110.3	115.4	116.9	105.8	124.7	110.1	112.8
固始县 Gushi	109.1	109.2	105.9	106.0	105.3	118.0	110.0
鹿邑县 Luyi	111.0	117.0	113.7	113.9	113.0	125.0	118.5
新蔡县 Xincai	109.1	109.7	109.7	109.4	112.0	109.5	107.9

3-23 历年居民消费水平及指数

Per Capita Consumption and Indices by Years

本表绝对数按当年价格计算，指数按可比价格计算。
Value items in this table are calculated at current prices, while tempos are calculated at comparable prices.

年份 Year	居民消费水平(元) Annual Per Capita Consumption (yuan)			城乡消费水平对比(农民=1) Urban/Rural Consumption Rural (Rural Residents=1)	居民消费水平指数 Indices of Annual Per Capita Consumption					
					以上年为100 (preceding year=100)			以1952年为100 (1952=100)		
	全体居民 Rural & Urban Residents	农村居民 Rural Residents	城镇居民 Urban Residents		全体居民 Rural & Urban Residents	农村居民 Rural Residents	城镇居民 Urban Residents	全体居民 Rural & Urban Residents	农村居民 Rural Residents	城镇居民 Urban Residents
1952	64	60	132	2.2				100.0	100.0	100.0
1957	71	62	186	3.0	97.9	94.2	125.1	110.3	104.1	141.3
1962	75	56	287	5.1	101.3	99.9	122.1	105.2	85.9	194.8
1965	74	55	291	5.3	103.6	104.0	100.1	106.7	82.4	220.6
1970	88	70	326	4.7	106.8	108.2	103.2	132.7	108.7	258.5
1975	102	80	362	4.5	101.5	101.0	103.1	156.4	128.9	287.4
1978	135	109	428	3.9	116.9	116.7	116.3	205.4	175.1	337.9
1980	187	159	471	3.0	112.5	115.5	98.6	271.8	244.4	347.9
1985	297	240	750	3.1	116.2	114.5	116.4	395.0	347.1	475.7
1990	523	413	1273	3.1	101.8	101.3	111.7	441.5	381.5	513.9
1991	550	429	1362	3.2	103.2	103.3	101.8	455.6	394.1	523.1
1992	603	469	1478	3.2	105.1	103.8	106.0	478.9	409.0	554.5
1993	755	590	1769	3.0	118.4	118.3	114.2	567.0	483.8	633.2
1994	1032	776	2493	3.2	107.4	107.8	101.7	609.0	521.6	644.0
1995	1381	1067	3045	2.9	110.1	111.9	102.7	670.5	583.7	661.4
1996	1682	1313	3548	2.7	113.3	118.2	103.0	759.7	689.9	681.2
1997	1841	1404	3963	2.8	106.7	104.5	107.7	810.6	720.9	733.7
1998	1851	1373	4106	3.0	103.3	102.5	102.7	837.3	738.9	753.5
1999	1905	1339	4521	3.4	105.3	101.9	109.0	881.7	753.0	821.3
2000	2215	1551	5090	3.3	113.5	113.6	111.8	1000.7	855.4	918.2
2001	2381	1647	5562	3.4	106.9	106.1	108.0	1069.8	907.6	991.7
2002	2553	1734	5986	3.5	108.6	105.1	109.9	1161.8	953.9	1089.9
2003	3083	1819	6585	3.6	108.6	104.7	109.3	1261.7	998.7	1191.2
2004	3625	2156	7394	3.4	109.5	108.8	105.6	1381.5	1086.6	1257.9
2005	4092	2372	8145	3.4	107.7	105.1	105.2	1487.9	1142.0	1323.3
2006	4530	2556	8810	3.4	112.3	111.6	108.3	1670.9	1274.5	1433.2
2007	5141	2833	9743	3.4	109.1	107.3	105.8	1823.0	1367.5	1516.3
2008	5877	3208	10797	3.4	114.3	113.2	110.8	2083.7	1548.0	1680.1
2009	6607	3528	11884	3.4	112.4	110.0	110.1	2342.0	1702.8	1849.8
2010	7837	4061	13958	3.4	114.1	110.3	113.1	2672.2	1878.2	2092.1
2011	9171	4929	15616	3.2	112.0	114.9	107.6	2992.9	2158.1	2251.1
2012	10380	5608	17104	3.0	110.4	111.1	106.8	3304.2	2397.6	2404.1

3–24 各市居民消费水平及指数(2012年)

Per Capita Consumption and Indices by City (2012)

本表绝对数按当年价格计算，指数按可比价格计算。
Value items in this table are calculated at current prices, while tempos are calculated at comparable prices.

市(县) City(County)	居民消费水平(元) Annual Per Capita Consumption (yuan)			指数(以上年为100) Indices (preceding year=100)		
	全体居民 Rural & Urban Residents	农村居民 Rural Residents	城镇居民 Urban Residents	全体居民 Rural & Urban Residents	农村居民 Rural Residents	城镇居民 Urban Residents
全省 Total	**10380**	**5608**	**17104**	**110.4**	**111.1**	**106.8**
省辖市 City						
郑州市 Zhengzhou	19168	14053	21856	109.5	114.0	107.3
开封市 Kaifeng	10634	5820	17947	112.7	109.7	110.5
洛阳市 Luoyang	11495	5825	17924	114.6	114.3	110.3
平顶山市 Pingdingshan	9836	4353	16799	106.9	108.5	104.7
安阳市 Anyang	9547	7930	11831	112.8	116.7	108.4
鹤壁市 Hebi	10411	6344	14371	111.4	121.4	108.3
新乡市 Xinxiang	10228	6233	15357	113.6	116.2	109.4
焦作市 Jiaozuo	14031	10443	17517	113.7	119.6	108.6
濮阳市 Puyang	8095	4364	14966	124.9	119.8	120.7
许昌市 Xuchang	11254	6983	16954	111.7	115.4	106.7
漯河市 Luohe	10065	12964	7976	111.7	106.6	115.5
三门峡市 Sanmenxia	8842	5605	12521	113.6	114.8	110.6
南阳市 Nanyang	9518	5525	16669	114.5	113.9	110.7
商丘市 Shangqiu	6082	2515	13151	125.8	132.0	114.6
信阳市 Xinyang	8227	4991	13466	114.9	117.9	109.4
周口市 Zhoukou	7385	4834	12693	111.6	117.1	103.6
驻马店市 Zhumadian	9474	6637	15120	112.2	117.3	102.5
济源市 Jiyuan	13955	8709	18532	110.1	121.2	101.7
省直管县 Province Administrating County						
巩义市 Gongyi	11530	8490	14937	117.8	113.2	118.7
兰考县 Lankao	9013	8579	10024	108.2	111.0	102.0
汝州市 Ruzhou	9698	6974	14495	104.0	108.2	95.6
滑县 Huaxian	5720	4136	10865	113.4	112.5	118.8
长垣县 Changyuan	7098	6526	8281	114.2	114.6	113.6
邓州市 Dengzhou	8511	5313	15675	121.0	119.9	117.2
永城市 Yongcheng	9973	5884	17039	118.2	108.0	124.0
固始县 Gushi	8701	9098	7874	102.1	105.4	94.8
鹿邑县 Luyi	7984	6776	16829	113.4	113.6	113.0
新蔡县 Xincai	6604	6469	7830	108.5	108.2	110.9

3-25 历年收入法生产总值构成项目
Structure of Gross Domestic Product

本表按当年价格计算。
Data in this table are calculated at current prices.
单位：亿元 (100 million yuan)

年 份 Year	生产总值 Gross Domestic Product	劳动者报酬 Compensation of Laborers	生产税净额 Net Taxes on Production	固定资产折旧 Depreciation of Fixed Assets	营业盈余 Operating Surplus
1978	162.92	91.39	24.03	16.23	31.27
1980	229.16	134.18	28.57	22.77	43.64
1985	451.74	266.09	60.91	53.62	71.12
1990	934.65	576.24	107.04	119.13	132.24
1991	1045.73	627.13	140.99	141.93	135.68
1992	1279.75	727.03	186.24	184.36	182.12
1993	1660.18	891.85	221.30	233.82	313.21
1994	2216.83	1353.68	251.78	297.03	314.34
1995	2988.37	1822.82	344.76	333.82	486.97
1996	3634.69	2136.19	430.47	465.52	602.51
1997	4041.09	2264.52	477.78	530.06	768.73
1998	4308.24	2273.50	425.50	563.32	1045.92
1999	4517.94	2319.04	509.06	577.36	1112.48
2000	5052.99	2498.84	582.76	654.29	1317.10
2001	5533.01	2703.99	628.58	726.80	1473.64
2002	6035.48	2828.60	709.58	791.59	1705.71
2003	6867.70	2995.93	836.00	892.88	2142.89
2004	8553.79	3830.53	1036.6	954.67	2731.99
2005	10587.42	4691.11	1270.84	1220.15	3405.32
2006	12362.79	5100.69	1497.77	1335.52	4428.81
2007	15012.46	6167.59	2026.05	1579.84	5238.98
2008	18018.53	8463.30	2309.77	2016.91	5228.54
2009	19480.46	9566.24	3262.67	2119.55	4532.00
2010	23092.36	11503.22	3071.13	2867.95	5650.06
2011	26931.03	13439.43	3358.46	3179.39	6953.75
2012	29599.31	14834.54	4633.77	3348.38	6782.62

3-26 各市收入法生产总值构成项目(2012年)

Structure of Gross Domestic Product by City (2012)

本表按当年价格计算。
Data in value terms in this table are calculated at current prices.

单位：亿元 (100 million yuan)

市(县)	City(County)	生产总值 Gross Domestic Product	劳动者报酬 Compensation of Laborers	生产税净额 Net Taxes on Production	固定资产折旧 Depreciation of Fixed Assets	营业盈余 Operating Surplus
全省	**Total**	**29599.31**	**14834.54**	**4633.77**	**3348.38**	**6782.62**
省辖市	**City**					
郑州市	Zhengzhou	5549.79	2091.54	998.23	657.20	1802.82
开封市	Kaifeng	1207.05	717.44	97.09	111.55	280.97
洛阳市	Luoyang	2981.12	1408.83	436.07	349.55	786.63
平顶山市	Pingdingshan	1495.80	829.16	196.31	204.81	265.52
安阳市	Anyang	1566.90	712.89	224.08	173.71	456.21
鹤壁市	Hebi	545.78	200.45	96.08	44.26	205.00
新乡市	Xinxiang	1619.77	688.13	179.33	331.37	420.94
焦作市	Jiaozuo	1551.35	718.37	214.70	157.67	460.61
濮阳市	Puyang	989.70	406.02	155.01	178.36	250.32
许昌市	Xuchang	1716.19	761.17	259.97	127.01	568.04
漯河市	Luohe	797.12	206.18	99.19	141.47	350.29
三门峡市	Sanmenxia	1127.32	484.29	151.84	153.86	337.33
南阳市	Nanyang	2340.73	1145.94	285.47	277.47	631.85
商丘市	Shangqiu	1397.28	716.02	190.24	183.12	307.90
信阳市	Xinyang	1397.32	645.54	152.26	164.74	434.77
周口市	Zhoukou	1574.72	774.11	211.81	193.21	395.59
驻马店市	Zhumadian	1373.55	499.64	89.25	161.18	623.47
济源市	Jiyuan	430.86	156.96	76.28	102.38	95.25
省直管县	**Province Administrating County**					
巩义市	Gongyi	527.80	148.53	165.77	48.01	165.49
兰考县	Lankao	168.98	87.57	6.34	16.19	58.88
汝州市	Ruzhou	320.43	145.84	19.40	36.94	118.25
滑县	Huaxian	163.83	93.66	6.51	22.24	41.41
长垣县	Changyuan	193.81	75.31	25.45	27.89	65.17
邓州市	Dengzhou	283.46	163.15	33.47	25.86	60.98
永城市	Yongcheng	364.44	158.78	47.92	42.54	115.20
固始县	Gushi	212.95	106.33	20.56	27.79	58.27
鹿邑县	Luyi	191.41	62.70	18.82	25.82	84.07
新蔡县	Xincai	129.54	82.15	7.48	14.33	25.58

3-27 资金流量表(实物交易，2011年)

单位：亿元

交易项目	Transaction	非金融企业部门 Non-financial Enterprises 使用 Utilization	非金融企业部门 来源 Source	金融机构部门 Financial Institutions 使用 Utilization	金融机构部门 来源 Source
净出口	**Net Exports**				
增加值	**Value Added**		**16693.74**		**813.66**
劳动者报酬	**Compensation of Laborers**	**7324.29**		**203.43**	
工资及工资性收入	Wages and Related Income	6826.65		177.71	
单位社会保险付款	Employer's Contribution of Social Securities	497.63		25.71	
生产税净额	**Taxes on Production, Net**	**2554.91**	**-29.12**	**108.88**	
生产税	Taxes on Production	2554.91		108.88	
生产补贴	Subsidies to Production		29.12		
财产性收入	**Income from Properties**	**1188.55**	**618.55**	**1962.73**	**1971.62**
利息	Interest	1154.95	604.80	1961.06	1961.06
红利	Dividend	33.60	13.75	1.67	10.56
土地租金	Rent on Land Use				
其他	Others				
初次分配总收入	**Total Income from Primary Distribution**		**6215.42**		**510.24**
经常转移	**Current Transfer**	**377.49**	**52.56**	**100.00**	**137.87**
收入税	Taxes on Income	165.75		19.46	
社会保险缴款	Payment to Social Security				
社会保险福利	Welfare of social Security				
社会补助	Allowances	1.52			
其他	Others	210.23	52.56	80.54	137.87
可支配总收入	**Total Disposable Income**		**5890.49**		**548.11**
最终消费	**Final Consumption Expenditure**				
居民消费	Household Consumption				
政府消费	Government Consumption				
总储蓄	**Savings**		**5890.49**		**548.11**
资本转移	**Capital Transfer**		**445.22**		
投资性补助	Investment Allowances		445.22		
其他	Other				
资本形成总额	**Gross Capital Formation**	**13901.80**		**15.05**	
固定资本形成总额	Gross Fixed Capital Formation	13648.42		15.05	
存货增加	Changes in Inventories	253.38			
其他非金融资产获得减处置	**Minus Items from OtherNon-financial Capital**				
净金融投资	**Net Financial Investment**	**-7566.10**		**533.06**	

Flow of Funds Table (Physical Transaction, 2011)

(100 million yuan)

政府部门 Governments		住户部门 Households		省内合计 Regional Sum		国内省外 Domestic & Outside province		国 外 Rest of the World		总 计 Total	
使 用 Utilization	来 源 Source	使 用 Utilization	来 源 Source	使 用 Utilization	来 源 Source	使 用 Utilization	来 源 Source	使 用 Utilization	来 源 Source	使 用 Utilization	来 源 Source
							3641.57		**377.06**		**4018.63**
	1734.59		**7689.04**		**26931.03**						**26931.03**
750.64		**5161.07**	**13439.43**	**13439.43**	**13439.43**					**13439.43**	**13439.43**
575.20		5161.07	12740.64	12740.64						12740.64	
175.45			698.79	698.79						698.79	
-15.79	**3398.85**	**710.46**	**-11.27**	**3358.46**	**3358.46**					**3398.85**	**3398.85**
24.60	3398.85	710.46		3398.85	3398.85					3398.85	3398.85
40.39			11.27	40.39	40.39					40.39	40.39
148.77	**185.67**	**483.20**	**1041.72**	**3783.24**	**3817.57**	**45.68**	**11.36**			**3828.93**	**3828.93**
148.77	183.01	483.20	999.11	3747.97	3747.97					3747.97	3747.97
	2.66		42.62	35.27	69.60	45.68	11.36			80.95	80.95
	4435.50		**15804.20**		**26965.36**		**-34.33**				**26965.36**
1667.91	**1358.55**	**913.54**	**1509.97**	**3058.95**	**3058.95**					**3058.95**	**3058.95**
	233.59	48.38		233.59	233.59					233.59	233.59
187.44	965.91	778.47		965.91	965.91					965.91	965.91
691.02			691.02	691.02	691.02					691.02	691.02
789.45			790.97	790.97	790.97					790.97	790.97
	159.05	86.69	27.98	377.46	377.46					377.46	377.46
	4126.14		**16400.62**		**26965.36**		**-34.33**				**26965.36**
3165.17		**8617.90**		**11783.07**						**11783.07**	
		8617.90		8617.90						8617.90	
3165.17				3165.17						3165.17	
	960.97		**7782.72**		**15182.29**		**3607.24**		**377.06**		**19166.59**
445.22				**445.22**	**445.22**					**445.22**	**445.22**
445.22				445.22	445.22					445.22	445.22
1722.91		**3526.83**		**19166.60**						**19166.60**	
1720.71		3434.97		18819.16						18819.16	
2.20		91.86		347.44						347.44	
-1207.16		**4255.90**		**-3984.31**		**3607.24**		**377.06**		**0.00**	

3-28 资 产 负 债 表(2011年)

单位：亿元

项　目	Item	非金融企业部门 Non-financial Enterprises 使用 Utilization	来源 Source	#国有单位 State-owned Units 使用 Utilization	来源 Source
非金融资产	**Non-Financial Capital**	**33152.43**		**11620.84**	
固定资产	Fixed Assets	23584.83		8271.87	
#在建工程	Under Construction Project	2967.79		1662.55	
存货	Inventories	8257.23		2275.15	
#产成品和商品库存	Products and Inventory	3262.54		829.76	
其他非金融资产	Other Non-Financial Capital	1310.37		1073.82	
#无形资产	Intangible Assets	1054.76		846.74	
金融资产与负债	**Financial Capital and Debt**	**21521.29**	**33905.13**	**8478.18**	**12505.04**
国内金融资产与负债	Domestic Financial Capital and Debt	21462.39	33265.61	8458.51	12367.49
通货	Currency in Circulation	4585.11		1937.83	
存款	Savings Deposits	9282.69		2721.57	
贷款	Loans		12535.81		3169.29
股票及其他股权	Stocks and Other Stock Rights	2400.34	8807.75	1492.22	3522.20
证券(不含股票)	Securities (Not Including Stocks)	81.45	560.98	24.44	260.03
保险准备金	Reserves for Insurance Business	241.48		56.15	
其他	Others	4871.32	11361.07	2226.30	5415.97
国外金融资产与负债	Foreign Financial Capital and Debt	58.90	639.52	19.67	137.55
直接投资	Direct Investment	58.90	639.52	19.67	137.55
证券投资	Securities				
其他投资	Other Investment				
资产负债差额	**Surplus of Capital Debt**		**20768.59**		**7593.98**
资产、负债与差额总计	**Total of assets、Debts and Net-worth**	**54673.72**	**54673.72**	**20099.02**	**20099.02**

Balance Sheet (2011)

(100 million yuan)

金融机构部门 Financial Institutions		#国有单位 State-owned Units		政府部门 Governments		住户部门 Households	
使　用 Utilization	来　源 Source	使　用 Utilization	来　源 Source	使　用 Utilization	来　源 Source	使　用 Utilization	来　源 Source
931.02		**326.73**		**3396.99**		**17051.09**	
494.24		233.18		3013.75		15851.74	
47.99		16.84		399.61			
				100.95		1041.73	
						904.02	
436.78		93.55		282.29		157.62	
139.46		32.64					
24762.21	**28453.37**	**7451.66**	**13465.47**	**3208.13**	**1661.47**	**18929.43**	**4511.46**
24762.21	28453.16	7451.66	13465.47	3208.13	1661.47	18929.43	4511.46
380.71		179.02		7.97		997.65	
	26093.40		12642.25	2028.02		14782.69	
17649.25		7005.99			642.88		4470.56
355.45	483.35	15.41	73.15	59.97		2520.82	
1140.69	6.90	3.18	0.93	1.51	64.90	121.92	
	696.19		328.33			454.71	
5236.11	1173.32	248.06	420.81	1110.66	953.69	51.64	40.90
	0.21						
	0.21						
	-2760.14		**-5687.08**		**4943.65**		**31469.06**
25693.23	**25693.23**	**7778.39**	**7778.39**	**6605.12**	**6605.12**	**35980.52**	**35980.52**

3-28 续表

单位：亿元

项　目	Item	省内部门 Regional Sectors		#国有单位 State-owned Units	
		使用 Utilization	来源 Source	使用 Utilization	来源 Source
非金融资产	**Non-Financial Capital**	**54531.53**		**15344.56**	
固定资产	Fixed Assets	42944.56		11518.80	
#在建工程	Under Construction Project	3415.39		2079.00	
存货	Inventories	9399.91		2376.10	
#产成品和商品库存	Products and Inventory	4166.56		829.76	
其他非金融资产	Other Non-Financial Capital	2187.06		1449.66	
#无形资产	Intangible Assets	1194.22		879.38	
金融资产与负债	**Financial Capital and Debt**	**68421.06**	**68531.43**	**19137.97**	**27631.98**
国内金融资产与负债	Domestic Financial Capital and Debt	68362.16	67891.70	19118.30	27494.43
通货	Currency in Circulation	5971.44		2124.82	
存款	Savings Deposits	26093.40	26093.40	4749.59	12642.25
贷款	Loans	17649.25	17649.25	7005.99	3812.17
股票及其他股权	Stocks and Other Stock Rights	5336.58	9291.10	1567.60	3595.35
证券(不含股票)	Securities (Not Including Stocks)	1345.57	632.78	29.13	325.86
保险准备金	Reserves for Insurance Business	696.19	696.19	56.15	328.33
其他	Others	11269.73	13528.98	3585.02	6790.47
国外金融资产与负债	Foreign Financial Capital and Debt	58.90	639.73	19.67	137.55
直接投资	Direct Investment	58.90	639.73	19.67	137.55
证券投资	Securities				
其他投资	Other Investment				
资产负债差额	**Surplus of Capital Debt**		**54421.16**		**6850.55**
资产、负债与差额总计	**Total of assets、Debts and Net-worth**	**122952.59**	**122952.59**	**34482.53**	**34482.53**

continued

(100 million yuan)

国内省外 Domestic & Outside province		国外部门 Rest of the World		总计 Total	
使用 Utilization	来源 Source	使用 Utilization	来源 Source	使用 Utilization	来源 Source
				54531.53	
				42944.56	
				3415.39	
				9399.91	
				4166.56	
				2187.06	
				1194.22	
3261.84	**7029.87**	**639.73**	**58.90**	**72322.63**	**75620.20**
3261.84	7029.87			71624.00	74921.57
	5971.44			5971.44	5971.44
				26093.40	26093.40
				17649.25	17649.25
3261.84				8598.42	9291.10
	843.85			1345.57	1476.63
				696.19	696.19
	214.58			11269.73	13743.56
		639.73	58.90	698.63	698.63
		639.73	58.90	698.63	698.63
	-3768.03		**580.83**		**51233.96**
3261.84	**3261.84**	**639.73**	**639.73**	**126854.16**	**126854.16**

主要统计指标解释

国内生产总值（GDP） 指按市场价格计算的一个国家(或地区)所有常住单位在一定时期内生产活动的最终成果。国内生产总值有三种表现形态，即价值形态、收入形态和产品形态。从价值形态看，它是所有常住单位在一定时期内生产的全部货物和服务价值超过同期投入的全部非固定资产货物和服务价值的差额，即所有常住单位的增加值之和；从收入形态看，它是所有常住单位在一定时期内创造并分配给常住单位和非常住单位的初次收入之和；从产品形态看，它是所有常住单位在一定时期内最终使用的货物和服务价值减去货物和服务进口价值。在实际核算中，国内生产总值有三种计算方法，即生产法、收入法和支出法。三种方法分别从不同的方面反映国内生产总值及其构成。

三次产业 三产业的划分是世界上较为常用的产业结构分类，但各国的划分不尽一致。我国的三次产业划分是：

第一产业是指农业、林业、畜牧业、渔业和农林牧渔服务业。

第二产业是指采矿业，制造业，电力、煤气及水的生产和供应业，建筑业。

第三产业是指除第一、二产业以外的其他行业。

支出法生产总值 是从最终使用的角度反映一个国家(或地区)一定时期内生产活动最终成果的一种方法，包括最终消费支出、资本形成总额及货物和服务净出口三部分。计算公式为：

支出法生产总值=最终消费支出+资本形成总额+货物和服务净出口

最终消费支出 指常住单位为满足物质、文化和精神生活的需要，从本国经济领土和国外购买的货物和服务的支出。它不包括非常住单位在本国经济领土内的消费支出。最终消费支出分为居民消费支出和政府消费支出。

居民消费支出 指常住住户在一定时期内对于货物和服务的全部最终消费支出。居民消费支出除了直接以货币形式购买的货物和服务的消费支出外，还包括以其他方式获得的货物和服务的消费支出，即所谓的虚拟消费支出。居民虚拟消费支出包括如下几种类型：单位以实物报酬及实物转移的形式提供给劳动者的货物和服务；住户生产并由本住户消费了的货物和服务，其中的服务仅指住户的自有住房服务；金融机构提供的金融媒介服务；保险公司提供的保险服务。

政府消费支出 指政府部门为全社会提供的公共服务的消费支出和免费或以较低的价格向居民住户提供的货物和服务的净支出，前者等于政府服务的产出价值减去政府单位所获得的经营收入的价值，后者等于政府部门免费或以较低价格向居民住户提供的货物和服务的市场价值减去向住户收取的价值。

资本形成总额 指常住单位在一定时期内获得减去处置的固定资产和存货的净额，包括固定资本形成总额和存货增加两部分。

固定资本形成总额 指常住单位在一定时期内获得的固定资产减处置的固定资产的价值总额。固定资产是通过生产活动生产出来的，且其使用年限在一年以上、单位价值在规定标准以上的资产，不包括自然资产。可分为有形固定资本形成总额和无形固定资本形成总额。有形固定资本形成总额包括一定时期内完成的建筑工程、安装工程和设备工器具购置(减处置)价值，以及土地改良、新增役、种、奶、毛、娱乐用牲畜和新增经济林木价值。无形固定资本形成总额包括矿藏的勘探、计算机软件等获得减处置。

存货增加 指常住单位在一定时期内存货实物量变动的市场价值，即期末价值减期初价值的差额，再扣除当期由于价格变动而产生的持有收益。存货增加可以是正值，也可以是负值，正值表示存货上升，负值表示存货下降。存货包括生产单位购进的原材料、燃料和储备物资等存货，以及生产单位生产的产成品、在制品和半成品等存货。

货物和服务净出口 指货物和服务出口减货物和服务进口的差额。出口包括常住单位向非常住单位出售或无偿转让的各种货物和服务的价值；进口包括常住单位从非常住单位购买或无偿得到的各种货物和服务的价值。由于服务活动的提供与使用同时发生，一般把常住单位从非常住单位得到的服务作为进口，非常住单位从常住单位得到的服务作为出口。货物的出口和进口都按离岸价格计算。

劳动者报酬 指劳动者因从事生产活动所获得的全部报酬。包括劳动者获得的各种形式的工资、奖金和津贴，既包括货币形式的，也包括实物形式的，还包括劳动者所享受的公费医疗和医药卫生费、上下班交通补贴、单位支付的社会保险费、住房公积金等。对于个体经济来说，其所有者所获得的劳动报酬和经营利润不易区分，这两部分统一作为劳动者报酬处理。

生产税净额 指生产税减生产补贴后的余额。生产税指政府对生产单位从事生产、销售和经营活动以及因从事生产活动使用某些生产要素(如固定资产、土地、劳动力)所征收的各种税、附加费和规费。生产补贴与生产税相反，指政府对生产单位的单方面转移支出，因此视为负生产税，包括政策亏损补贴、价格补贴等。

固定资产折旧 指一定时期内为弥补固定资产损耗按照规定的固定资产折旧率提取的固定资产折旧，或按国民经济核算统一规定的折旧率虚拟计算的固定资产折旧。它反映了固定资产在当期生产中的转移价值。各类企业和企业化管理的事业单位的固定资产折旧是指实际计提的折旧费；不计提折旧的政府机关、非企业化管理的事业单位和居民住房的固定资产折旧是按照统一规定的折旧率和固定资产原值计算的虚拟折旧。原则上，固定资产折旧应按固定资产当期的重置价值计算，但是目前我国尚不具备对全社会固定资产进行重估价的基础，所以暂时只能采用上述办法。

营业盈余 指常住单位创造的增加值扣除劳动者报酬、生产税净额和固定资产折旧后的余额。它相当于企业的营业利润加上生产补贴，但要扣除从利润中开支的工资和福利等。

机构单位 指有权拥有资产和承担负债，能够独立地从事经济活动并与其他实体进行交易的经济实体。

机构部门 将相同性质的机构单位归并在一起，就形成机构部门。资金流量核算将常住机构单位划分为以下四个机构部门：非金融企业部门、金融机构部门、政府部门、住户部门。与常住单位发生经济往来关系的非常住单位组成国外部门，在资金流量核算中也视同机构部门。

非金融企业与非金融企业部门 非金融企业指主要从事市场货物生产和提供非金融市场服务的常住企业，它主要包括从事上述活动的各类法人企业。所有非金融企业归并在一起，就形成非金融企业部门。

金融机构与金融机构部门 金融机构指主要从事金融媒介以及与金融媒介密切相关的辅助金融活动的常住单位，它主要包括中央银行、商业银行和政策性银行、非银行信贷机构和保险公司。所有金融机构归并在一起，就形成金融机构部门。

政府单位与政府部门 政府单位指在我国境内通过政治程序建立的、在一特定区域内对其他机构单位拥有立法、司法和行政权的法律实体及其附属单位。政府单位的主要职能是利用征税和其他方式获得的资金向社会和公众提供公共服务。通过转移支付，对社会收入和财产进行再分配。它主要包括各种行政单位和非营利性事业单位。所有政府单位归并在一起，就形成政府部门。

住户与住户部门 住户指共享同一生活设施、部分或全部收入和财产集中使用、共同消费住房、食品和其他消费品与消费服务的常住个人或个人群体。所有住户归并在一起，就形成住户部门。

非常住单位与国外部门 所有不具有常住性的机构单位都是非常住单位。将所有与我国常住单位发生交易的非常住单位归并在一起，就形成国外部门。

初次分配总收入 初次分配是生产活动形成的净成果在参与生产活动的生产要素的所有者及政府之间的分配。生产活动的净成果是增加值。生产要素包括劳动力、土地、资本。劳动力所有者因提供劳动而获得劳动报酬；土地所有者因出租土地而获得地租；资本的所有者因资本的形态不同而获得不同形式的收入：借贷资本所有者获得利息收入；股权所有者获得红利或未分配利润；政府因直接或间接介入生产过程而获得生产税或支付补贴。初次分配的结果形成各个机构部门的初次分配总收入。各部门的初次分配总收入之和就等于国民总收入，亦即国民生产总值。

经常转移 转移是一个机构单位向另一个机构单位提供货物、服务或资产，而同时并没有从后一机构单位获得任何货物、服务或资产作为回报的一种交易。经常转移包括扣除资本转移外的所有转移。其形式有收入税、社会保险付款、社会补助和其他经常转移。

可支配总收入 在初次分配总收入的基础上，通过经常转移的形式对初次分配总收入进行再次分配。再分配的结果形成各个机构部门的可支配总收入。各部门的可支配总收入之和称为国民可支配总收入。

总储蓄 指可支配总收入用于最终消费后的余额。各部门的总储蓄之和称为国民总储蓄。

资本转移 指一个部门无偿地向另一个部门支付用于非金融投资的资金，是一种不从对方获取任何对应物作为回报的交易。资本转移具有不同于经常转移的两个特征，一是转移的目的是用于投资，而不是用于消费；二是资本转移其实物形式往往涉及除存货和现金以外资产所有权的转移；其现金形式往往涉及除存货以外的资产的处置。资本转移包括投资性补助和其他资本转移。

净金融投资 它反映机构部门或经济总体资金富余或短缺的状况。从实物交易角度看，它是指总储蓄加资本转移收入减资本转移支出减非金融投资后的差额。从金融交易角度看，它是金融资产的增加额减金融负债的增加额之后的差额。

通货 指以现金形式存在于市场流通中的货币，包括本币和外币。

存款 指金融机构接受客户存入的货币款项，存款人可随时或按约定时间支取款项的信用业务。包括活期存款、定期存款、住户储蓄存款、财政存款、外汇存款和其他存款等。

贷款 指金融机构将其所吸收的资金，按一定的利率贷放给客户并约期归还的信用业务。包括短期贷款、中长期贷款、财政贷款、外汇贷款和其他贷款。

证券 包括债券和股票。由债券购买者承购的或因销售产品而拥有的，可在金融市场上交易并代表一定债权的书面证明。包括政府债券、金融债券、企业债券、商业票据、支付固定收入但不提供法人企业残余价值分享权的优先股等。股票购买者及直接投资者对其投资企业净资产所拥有的权益。股票是股份公司签发的证明股东投资并按其所持股份享有权益和承担义务的权益性证券。其他股权是机构单位以直接投资的方式用除股票、债权性证券以外的土地、房屋及建筑物、机器设备、存货、资源资产等实物资产，商标、专利权、土地使用权、特许使用权、商誉等无形资产及货币资金直接向其他单位进行的投资。通常以股权证、出资证明书、参与证或类似的单据为凭证。

保险准备金 指对人寿保险准备金和养恤基金的净权益、保险费预付款和未结索赔准备金。

结算资金 指金融机构用于结算目的汇兑在途的资金。

金融机构往来 指各金融机构之间的资金往来，包括同业存放款和同业拆借款。

准备金 指各金融机构在中央银行的存款及缴存中央银行的法定准备金。

中央银行贷款 指中央银行向各金融机构的贷款。

经常项目 包括货物、服务、收益及经常性转移。

货物进出口 指通过我国海关进出口的货物。货物的进出口值都按离岸价格估价。离岸价格可视为进口商在出口商边境领取货物时支付的购买者价格。当进口商领取该货物时，该货物已装载到进口商自己的运载工具或其他运载工具，出口商已为该货物支付了出口税或获得了出口退税。

服务进出口 指常住单位与非常住单位之间相互提供的服务。包括运输服务、旅游服务、通讯服务、建筑服务、保险服务、金融服务、计算机和信息服务、咨询服务、广告、宣传服务、电影音像服务、专有权力使用费和特许费、其他商务服务、政府服务。

收益 指常住单位与非常住单位之间因相互提供生产要素而产生的收入，包括劳动者报酬和投资收益。其中投资收益包括直接投资、证券投资和其他投资的收益和支出，以及直接投资收益的再投资。

资本项目 包括移民转移、债务减免等资本性转移。

金融项目 包括直接投资、证券投资和其它投资。

直接投资 指外国、港澳台地区在我国和我国在外国、港澳台地区以独资、合资、合作及合作勘探开发方式进行的投资。

证券投资 指我国对外国、港澳台地区发行的股票、债券等有价证券和我国购买外国、港澳台地区发行的股票、债券等有价证券。

其它投资 指除直接投资和证券投资以外的所有对外金融资产与负债交易项目。包括外国提供给我国和我国提供给外国的贸易信贷、贷款、货币和存款以及其他资产。

储备资产增减额 指我国在黄金储备、外汇储备、在国际货币基金组织的储备头寸、特别提款权、使用基金信贷等方面本年末与上年末余额之间的差额。负号表示储备资产增加，正号表示储备资产减少。

Explanatory Notes on Main Statistical Indicators

Gross Domestic Product (GDP) refers to the final products at market prices produced by all resident units in a country (or a region) during a certain period of time. Gross domestic product is expressed in three different perspectives, namely value, income, and products respectively. GDP in its value perspective refers to the total value of all goods and services produced by all resident units during a certain period of time, minus the total value of input of goods and services of the nature of non-fixed assets; in other words, it is the sum of the value-added of all resident units. GDP from the perspective of income includes the primary income created by all resident units and distributed to resident and non-resident units. GDP from the perspective of products refers to the value of all goods and services for final consumption by all resident units minus the net exports of goods and services during a given period of time. In the practice of national accounting, gross domestic product is calculated from three approaches, namely production approach, income approach and expenditure approach, which reflect gross domestic product and its composition from different angles.

Three Industries Classification of economic activities into three strata of industry is a common practice in the world, although the grouping varies to some extent form country to country. In China economic activities are categorized into the following three strata of industry:

Primary industry refers to agriculture, forestry, animal husbandry and fishery and services in support of these industries.

Secondary industry refers to mining and quarrying, manufacturing, production and supply of electricity, water and gas, and construction.

Tertiary industry refers to all other economic activities not included in the primary or secondary industries.

GDP by Expenditure Approach refers to the method of measuring the final results of production activities of a country (region) during a given period from the perspective of final uses. It includes final consumption expenditure, gross capital formation and net export of goods and services. The formula for computation is

GDP by expenditure approach = final consumption expenditure + gross capital formation + net export of goods and services

Final Consumption Expenditure refers to the total expenditure of resident units for purchases of goods and services from both the domestic economic territory and abroad to meet the needs of material, cultural and spiritual life. It does not include the expenditure of non-resident units on consumption in the economic territory of the country. The final consumption expenditure is broken down into household consumption expenditure and government consumption expenditure.

Household Consumption Expenditure refers to the total expenditure of resident households on the final consumption of goods and services. In addition to the consumption of goods and services bought by the households directly with money, the household consumption expenditure also includes expenditure on goods and services obtained by the households in other ways, i.e. the so-called imputed consumption expenditure, which includes the following: (a) the goods and services provided to households by employers in the form of payment in kind and transfer in kind; (b) goods and services produced and consumed by the households themselves, in which the services refer only to the owner-occupied housing; (c) financial intermediate services provided by financial institutions; (d) insurance services provided by insurance companies.

Government Consumption Expenditure refers to the consumption expenditure spent for the provision of public services provided by the government to the whole country and the net expenditure on the goods and services provided by the government to households free of charge or at reduced prices. The former equals to the output value of the government services minus the value of operating income obtained by the government departments. The latter equals to the market value of the goods and services provided by the government free of charge or at reduced prices to the households minus the value received by the government from the households.

Gross Capital Formation refers to the fixed assets acquired less disposals and the net value of inventory, thus including gross fixed capital formation and changes in inventories.

Gross Fixed Capital Formation refers to the value of acquisitions less those disposals of fixed assets during a given period. Fixed assets are the assets produced through production activities with unit value above a specified amount and which could be used for over one year. Natural assets are not included. Gross fixed capital formation can be categorized into total tangible fixed capital formation and total intangible fixed capital formation. Total tangible fixed capital formation includes the value of the construction projects and installation projects completed and the equipment, apparatus and instruments purchased (less those disposed) as well as the value of land improved, the value of draught animals, breeding stock and animals for milk, for wool and for recreational purposes and the newly increased forest with economic value. Total intangible fixed capital formation includes the prospecting of minerals and the acquisition of computer software minus the disposal of them.

Changes in Inventories refers to the market value of the change in the physical volume of inventory of resident units during a given period, i.e. the difference between the values at the beginning and at the end of the period minus the gains due to the change in prices. The changes in inventories can have a positive or a negative value. A positive value indicates an increase in inventory while a negative value indicates a decrease in inventory. The inventory includes raw materials, fuels and reserve materials purchased by the production units as well as the inventory of finished products, semi-finished products and work-in-progress.

Net Export of Goods and Services refers to the exports of goods and services subtracting the imports of goods and services. Exports include the value of various goods and services sold or gratuitously transferred by resident units to non-resident units. Imports include the value of various goods and services purchased or gratuitously acquired resident units from non-resident units. Because the provision of services and the use of them happen simultaneously, the acquisition of services by resident units from abroad is usually treated as import while the acquisition of services by non-resident units in this country is usually treated as export. The exports and imports of goods are calculated at FOB.

Laborers Remuneration refers to the total payment of various forms to labourers for the productive activities they are engaged in. It includes wages, bonuses and allowances, which the labourers earn in cash and in kind. It also includes the free medical services provided to the labourers and the medicine expenses, transport subsidies and social insurance, and housing fund paid by the employers. As regards the individual economy, since labourers remuneration is not easily distinguishable from the operating profit, both parts are treated as labourer remuneration.

Net Taxes on Production refers to taxes on production less subsidies on production. The taxes on production refers to the various taxes, extra charges and fees levied on the production units on their production, sale and business activities as well as on the use of some factors of production, such as fixed assets, land and labour in the production activities they are engaged in. In contrast to taxes on production, subsidies on production refer to the unilateral government transfer to the production units and are therefore regarded as negative taxes on production. They include subsidies on the loss due to implementation of government policies, price subsidies, etc.

Depreciation of Fixed Assets refers to the depreciation of fixed assets in a given period, drawn in accordance with the stipulated depreciation rate for the purpose of compensating the wear-and-tear loss of the fixed assets or the depreciation of fixed assets imputed in accordance with the stipulated unified depreciation rate in the national economic accounting system. It reflects the value of transfer of the fixed assets in the production of the current period. The depreciation of fixed assets in various enterprises and institutions managed as enterprises refers to the depreciation expenses actually drawn. In government agencies and institutions not managed as enterprises which do not draw the depreciation expenses, as well as for the houses of residents, the depreciation of fixed assets is the imputed depreciation, which is calculated in accordance with the stipulated unified depreciation rate. In principle, the depreciation of fixed assets should be calculated on the basis of the re-purchased value of the fixed assets. However, currently the conditions in China do not facilitate the revaluation of all the fixed assets. Therefore, only the above-mentioned methods can be adopted at present.

Operating Surplus refers to the balance of the value added created by the resident units after deducting the labourers remuneration, net taxes on production and the depreciation of fixed assets. It is equivalent to the business profit of the enterprises plus subsidies to production, but the wages and welfare expenses paid from the profits should be deducted.

Institutional Units refer to economic entities that are in a position to own assets and incur liabilities; to engage independently in economic activities; and to conduct transactions with other entities.

Institutional Sectors refer to groups of institutional units that are homogenous in nature and have been grouped together. The following 4 institutional sectors are identified in the flow of funds accounts: non-financial corporations, financial institutions, general government and households. and also treated as an institutional sector is the rest of the world, which is composed of non-resident units that have economic relations with resident units.

Non-Financial Corporations and the Sector of Non-Financial Corporations refer to resident corporations that are engaged in the production of goods and the provision of non financial services in the market, mainly covering corporate enterprises of various types engaged in the above-mentioned activities. All non-financial corporations make up the sector of non-financial corporations.

Financial Institutions and the Sector of Financial Institutions refer to resident institutions that are engaged in the financial intermediary services or auxiliary financial activities that are closely related with financial intermediary services, mainly covering the Central Bank, commercial banks, policy banks, non-banking credit institutions and insurance companies. All financial institutions together make up the sector of financial institutions.

General Government and the Sector of General Governments refer to legal entities and their auxiliary units within the territory of China that are established through the political process and are empowered with legislative, administrative or judicial rights over other institutional within specific regions. The main function of general government is to acquire funds through taxation or other means in order to provide public services to society and households, and to conduct redistribution of income and properties of society through transfer payment. General government cover mainly administrative and non-profit institutional units of various types. All general government together make up the sector of general governments.

Households and the Sector of Households refer to resident individuals or groups of resident individuals who share common living facilities, pool together entire or part of their income and properties for their common disposal, and share their housing, food and other consumer goods and services. All households together make up the sector of households.

Non-resident Units and the Rest of the World Non-resident units refer to units that are of a non-resident nature. All non-resident units that have transactions with resident units together make up the rest of the world.

Total Income from Primary Distribution refers to the distribution of net results from production activities among the owners of factors of production and the governments. The net results from production activities is the value-added. Factors of production include labour force, land and capital. Owners of labour force gain remuneration by providing labour. Owners of land receive rents from leasing of land. Owners of capitals get income of various forms depending on the type of capital: owners of loan capital receive income from interests. Share holders receive dividends or non-distributed profits. Government either obtains production tax or pays subsidies in participating directly or indirectly in the production processes. Results of primary distribution generate the total income from primary distribution of each sector, and the sum of the total income of primary distribution of all sectors make up the Gross National Income, or the Gross National Product.

Current Transfers to the transaction in the form of provision of goods, services or assets by an institutional unit to another institutional unit without receiving any goods, services or assets in return from the recipient. Current transfers refer to all kinds of transfers other than capital transfers. They include income tax, payment to social securities, social allowances and other current transfers.

Total Disposable Income Total income from primary distribution is re-distributed through current transfer, resulting in the total disposable income of various institutional sectors. The sum of total disposable income of all institutional sectors makes up the total national disposable income.

Total Savings refer to total disposable income subtracting final consumption. Total savings of all sectors make up the total national savings.

Capital Transfer refers to the free payment from one sector to another sector of non-financial investment capital, and is a transaction that seeks no return from the recipient. Capital transfer differs from current transfer in 2 aspects: 1) The purpose of the capital transfer is investment rather than consumption. 2) Capital transfer features the transfer of the ownership of assets other than inventory and cash, and capital transfer in its monetary form involves the disposal of assets other than inventory. Capital transfer includes investment subsidies and other capital transfers.

Net Financial Investment reflects the surplus or shortage of capitals of institutional sectors or of the economy in general. It refers to total savings plus the income from capital transfer minus payment for capital transfer and the non-financial investment from the point of view of physical transaction. In terms of monetary transaction, it is the difference between the increase in financial assets minus the increase of the financial liabilities.

Currency refers to currency that is in circulation in the market, including local and foreign currencies.

Deposits refer to credit transactions by which financial institutions accept deposits from clients who could withdraw their deposit at any time or by an agreed time frame. They include demand deposit, time deposit, savings deposit, fiscal deposit, foreign exchange deposit and other deposits.

Loans refer to credit transactions by which financial institutions lend their capital to clients at certain level of interest rates, which the latter will repay by an agreed time frame. They include short-term loan, medium- and long-term loan, fiscal loan, foreign exchange loan and other loans.

Securities Include Shares and bond. refer to written certificates representing creditors' rights as purchased by bond holders or as acquired by selling products, which can be transacted at the financial markets. They include government bonds, financial bonds, corporation bonds, commercial drafts, preferential stocks that provide fixed income without the right to share the residual value of corporations, and so on. the rights of stockholders and direct investors on the net assets of corporations they have invested in. Shares refer to negotiable securities on creditor's rights, issued by share companies certifying the investment by stockholders and their rights and duties in accordance with the amount of stocks that they hold. Other holding rights refer to the direct investment by institutional units in other units with currency capital or with assets, in forms other than shares and negotiable securities on creditor's rights, including such tangible assets such as land, buildings, machines and equipment, inventory, resources, etc., and such intangible assets as trade marks, patents, monopolies, rights on land use, licenses, commercial reputation, etc.. Documents of proof of holding rights usually include certificates on creditor's right, certificates on investment or on participation, etc.

Insurance Reserve Funds consists of net equity of households in life insurance reserves and in pension funds reserves, prepayments of insurance premiums, and reserves for outstanding claims.

Settlement Fund refers to fund in float of financial institutions for settlement.

Inter- financial Institutions Accounts refer to flow of capital between financial institutions, consisting of nostro accounts, inter-bank lending.

Required and Excessive Reserves refer to financial institutions' deposits with the People's Bank of China.

Central Bank Lending refer to lending to financial institutions by the People's Bank of China

Current Account includes goods, services, income and current transfers.

Import and Export of Goods refer to imported or exported goods through Chinese customs. Both import and export of goods are valued at free on board (f.o.b.) prices. Free on board prices can be regarded as the purchaser's prices paid by importers when claiming goods at the border of the exporters. When the importer claim the imported goods, the goods have been loaded in importer's carriers or other carriers, and the exporter has paid export duty or received export redeem.

Import and Export of Services refer to services provided between resident and non-resident units, including services on transportation, tourism, communications, construction, insurance, finance, computer and information, consultancy, advertising and publicity, as well as film, audio and video services, royalty for patents, trademarks and other special rights, other commercial services, and government services.

Income refers income from provision of factors of production between resident and non-resident units, including compensation of labour and earnings from investment. Earnings from investment include earnings from and expenses on direct investment, security investment and other investment, as well as reinvestment of earnings from direct investment.

Capital Account includes capital transfers such as immigration transfer, reduction or exemption of debts, etc.

Financial Account includes direct investment, security investment and other investments.

Direct Investment refers to investment by foreign investors or investors from Hong Kong, Macao and Taiwan in China, or by Chinese investors in foreign countries or in Hong Kong, Macao and Taiwan, in forms of exclusive investment, joint investment, contracted operation and cooperative development.

Security Investment refers to the issue of stocks and securities by China in foreign countries or in Hong Kong, Macao and Taiwan, and the purchase by Chinese units of stocks and securities issued in foreign countries or in Hong Kong, Macao and Taiwan.

Other Investment refers to all external transactions on financial assets and liabilities other than direct investment and security investment, including trade credits, loans, currency, deposits and other assets, provided by foreign countries to China and by China to foreign countries.

Reserve Assets, Net Increase refers to the difference between the end of the reference year and the end of the previous year, in gold reserve, foreign exchange reserve, special drawing rights in the International Monetary Fund, and the use of the Fund's credits. An increase in reserve assets is expressed in a negative figure and a decrease in the reserve assets is expressed in a positive figure.

人口
Population

资料整理：孟凡玲

简要说明

一、主要内容

本篇包括历年人口及自然变动资料，城镇化资料、人口结构主要分类资料，历次人口普查主要指标。

二、资料来源

1971-1981年、1983-1989年、2000年和2010年总人口数是根据1982年、1990年、2000年和2010年人口普查数据调整推算的；1990-1999、2001-2009年数据是人口变动抽样调查调整数；市镇、乡村人口1953、1964、1982、1990、1995、2000、2005、2010年数据是根据当年人口普查（或抽样调查）数据调整推算的，普查年度之间年份是根据两次普查间平均每年增幅调整的；2004年后非普查年份是根据当年人口与城镇化抽样调查推算的。由河南省统计局人口与就业处编辑整理。

三、统计调查方法

在逢“0”的年份进行全国人口普查；在逢“5”的年份进行全国1%人口抽样调查；其余年份进行全国人口变动情况抽样调查。人口抽样调查是以全国为总体，各省为次总体，采用分层、多阶段、整群概率比例抽样方法抽取样本。

Brief Introduction

I. Main Contents

This chapter include the size of Henan population and natural change, urban proportion, classification of the population structure, data of All previous National Population Census.

II. Sources of Data

Figures for 1971-1981, 1983-1989, 2000,2010 have been adjusted on the basis of the 1982, 1990, 2000,2010 National Population Census. Figures for 1990-1999, 2001-2009 are estimated from the National Sample Survey on Population Changes. Figures of Urban and rural population in 1953,1964,1982,1990,1995,2000,2005,2010 are adjusted on the basis of the current year National Population Census or National Sample Survey, Figures for the years between National Population Census are adjusted on the basis of the growth rate of two National Population Census. Data in 2004,2006-2009 were calculated on the basis of the Spot Check of population and Urbanization. Tables in this part are compiled by the Department of Population and Employment Statistics of the Henan provincial Bureau of Statistics.

III. Sampling Methodology

The national population census is conducted in the year ending with 0; the national 1 percent population sample survey is conducted in the year ending with 5; sample surveys on population changes are conducted in the rest of the years which cover about 1 per thousand of the total population of the country. The sample survey on population change takes the whole nation as the population and each province, autonomous region or municipality as sub-populations, and the stratified multi-stage systematic PPS cluster sampling scheme is used.

4-1 历年总人口(年底数)

Total Population over the Years (Year-end)

单位：万人 (10 000 persons)

年 份 Year	总人口数 Total Population	按性别分 By Sex 男 Male	女 Female	性别比 (女=100) Sex Ratio (Female=100)	按城乡分 By Residence 城镇 Urban	乡村 Rural	城镇化率 (%) Urban Proportion (%)	人口密度 (人/平方公里) Population Density (person/sq.km)	常住人口 Residents popolation
1957	4840	2469	2371	104.1	449	4391	9.3	290	
1962	4940	2485	2455	101.2	518	4422	10.5	296	
1965	5240	2648	2592	102.1	585	4655	11.2	314	
1970	6026	3055	2971	102.8	730	5296	12.1	361	
1975	6758	3436	3322	103.4	883	5875	13.1	405	
1978	7067	3599	3468	103.8	963	6104	13.6	423	
1979	7189	3662	3527	103.8	994	6195	13.8	431	
1980	7285	3710	3575	103.8	1021	6264	14.0	436	
1981	7397	3768	3629	103.8	1050	6347	14.2	443	
1982	7519	3835	3684	104.1	1084	6435	14.4	450	
1983	7632	3902	3730	104.6	1111	6521	14.6	457	
1984	7737	3960	3777	104.9	1137	6600	14.7	463	
1985	7847	4022	3825	105.2	1164	6683	14.8	470	
1986	7985	4097	3888	105.4	1196	6789	15.0	478	
1987	8148	4184	3964	105.5	1232	6916	15.1	488	
1988	8317	4272	4045	105.6	1269	7048	15.3	498	
1989	8491	4366	4125	105.9	1308	7183	15.4	508	
1990	8649	4440	4209	105.5	1342	7307	15.5	518	
1991	8763	4501	4262	105.6	1389	7374	15.9	525	
1992	8861	4554	4307	105.7	1434	7427	16.2	531	
1993	8946	4602	4344	105.9	1477	7469	16.5	536	
1994	9027	4643	4384	105.9	1520	7507	16.8	541	
1995	9100	4651	4449	104.5	1564	7536	17.2	545	
1996	9172	4715	4457	105.8	1687	7485	18.4	549	
1997	9243	4751	4492	105.8	1811	7432	19.6	553	
1998	9315	4787	4528	105.7	1937	7378	20.8	558	
1999	9387	4825	4562	105.8	2064	7323	22.0	562	
2000	9488	4895	4593	106.6	2201	7287	23.2	568	
2001	9555	4915	4640	105.9	2334	7221	24.4	572	
2002	9613	4946	4667	105.9	2480	7133	25.8	576	
2003	9667	4980	4687	106.3	2630	7037	27.2	579	
2004	9717	5000	4717	106.0	2809	6908	28.9	582	
2005	9768	5045	4723	106.8	2994	6774	30.7	585	9380
2006	9820	5074	4746	106.9	3189	6631	32.5	588	9392
2007	9869	5100	4769	106.9	3389	6480	34.3	591	9360
2008	9918	5125	4793	106.9	3573	6345	36.0	594	9429
2009	9967	5150	4817	106.9	3758	6209	37.7	597	9487
2010	10437	5407	5030	107.5	4052	6385	38.8	625	9405
2011	10489	5417	5072	106.8	4255	6234	40.6	628	9388
2012	10543	5456	5087	107.2	4473	6070	42.4	631	9406

注：2010年以来总人口数为根据2010年人口普查登记的户籍人口推算数据，历史数据未进行调整。(下同)

a) Data of the total population since 2010 is calculated basis on the Registered population of the 2010 National Population Census, historical data have not been adjusted. (the same as following table).

4-2 历年人口自然变动情况

Natural Changes of Population over the Years

单位：万人 (10 000 persons)

年 份 Year	年平均人口数 Average Person Per Year	出生人口数 Number of Birth	出生率 (‰) Birth Rate (‰)	死亡人口数 Number of Death	死亡率 (‰) Death Rate (‰)	自然增加人口数 Number of Natural Growth	自然增长率 (‰) Natural Growth Rate (‰)
1957	4787	161	33.7	56	11.8	105	21.9
1962	4872	183	37.5	39	8.0	144	29.5
1965	5170	187	36.1	44	8.5	143	27.7
1970	5943	211	35.5	45	7.6	166	27.9
1975	6703	158	23.7	51	7.7	107	16.0
1978	7012	154	21.9	44	6.3	110	15.6
1979	7128	153	21.5	45	6.4	108	15.2
1980	7237	145	20.0	46	6.3	99	13.7
1981	7341	151	20.6	48	6.6	103	14.1
1982	7458	153	20.6	46	6.2	107	14.4
1983	7576	154	20.4	48	6.3	106	14.1
1984	7685	145	18.9	48	6.3	97	12.6
1985	7792	157	20.1	48	6.1	109	14.0
1986	7916	187	23.7	51	6.4	136	17.2
1987	8067	212	26.2	51	6.3	161	19.9
1988	8233	214	26.0	48	5.8	166	20.1
1989	8404	223	26.5	48	5.8	175	20.8
1990	8570	214	24.9	56	6.5	158	18.4
1991	8706	172	19.8	58	6.6	114	13.2
1992	8812	159	18.1	61	7.0	98	11.1
1993	8904	141	15.9	56	6.4	85	9.5
1994	8987	138	15.4	57	6.3	81	9.0
1995	9064	130	14.4	57	6.3	73	8.1
1996	9136	130	14.3	58	6.4	72	7.8
1997	9208	129	14.0	58	6.3	71	7.7
1998	9279	131	14.2	59	6.4	72	7.8
1999	9351	132	14.1	60	6.4	72	7.7
2000	9438	123	13.1	56	5.9	67	7.1
2001	9522	126	13.2	59	6.3	67	6.9
2002	9584	119	12.4	61	6.4	58	6.0
2003	9640	116	12.1	62	6.5	54	5.6
2004	9692	113	11.7	63	6.5	50	5.2
2005	9743	112	11.6	61	6.3	51	5.3
2006	9794	113	11.6	61	6.3	52	5.3
2007	9845	111	11.3	62	6.3	49	4.9
2008	9893	113	11.4	64	6.5	49	5.0
2009	9943	113	11.5	64	6.5	49	5.0
2010	10202	117	11.5	67	6.6	50	5.0
2011	10463	121	11.6	69	6.6	52	4.9
2012	10516	125	11.9	71	6.7	54	5.2

4-3 各市户数、人口数(2012年底)

Number of Households and Population by City (End of 2012)

分市数据是根据全省2012年人口与城镇化抽样调查数据推算及公安年报数据。

Data by city were computative on the basis of the 2012 National Sample Surveys Population and annual reports of the Bureau of Public Security.

市(县)	City(County)	总户数(万户) Total Number of Households (10 000 households)	总人口数(万人) Total Population (10 000 persons)	常住人口(万人) Residents popolation (10 000 persons)	按性别分 By Sex 男 Male	女 Female	按城乡分 By Residence 城镇 Urban	乡村 Rural	年平均人口数(万人) Average popolation (10 000 persons)	城镇化水平(%) Urban Proportion (%)	年平均常住人口(万人) Average Residents (10 000 persons)
全 省	**Total**	**3110**	**10543**	**9406**	**4886**	**4520**	**3991**	**5415**	**10516**	**42.4**	**9397**
省辖市	**City**										
郑州市	Zhengzhou	207	741	903	456	447	599	304	738	66.3	894
开封市	Kaifeng	156	509	465	235	230	185	281	508	39.7	466
洛阳市	Luoyang	209	689	659	332	327	316	343	687	47.9	658
平顶山市	Pingdingshan	154	535	493	253	240	222	271	533	45.0	492
安阳市	Anyang	167	574	508	245	263	216	293	573	42.4	512
鹤壁市	Hebi	48	160	159	82	77	82	77	160	51.6	158
新乡市	Xinxiang	171	597	567	283	284	253	314	595	44.7	566
焦作市	Jiaozuo	99	366	352	175	177	179	173	365	50.7	352
濮阳市	Puyang	110	386	360	181	178	127	233	385	35.2	358
许昌市	Xuchang	144	483	430	221	209	184	246	481	42.8	430
漯河市	Luohe	77	274	256	131	125	110	146	274	42.8	255
三门峡市	Sanmenxia	71	226	223	113	110	106	117	226	47.6	224
南阳市	Nanyang	364	1166	1015	525	490	374	641	1165	36.8	1014
商丘市	Shangqiu	262	895	732	367	365	245	487	893	33.5	734
信阳市	Xinyang	273	855	640	325	314	244	395	853	38.2	625
周口市	Zhoukou	337	1126	881	433	448	295	586	1123	33.4	888
驻马店市	Zhumadian	239	892	694	349	345	232	462	889	33.4	701
济源市	Jiyuan	20	68	70	36	35	38	33	68	53.4	69
省直管县	**Province Administrating County**										
巩义市	Gongyi	22	81	81	41	40	39	42	81	48.0	81
兰考县	Lankao	26	83	67	33	34	20	47	83	30.0	67
汝州市	Ruzhou	30	106	93	47	46	34	59	106	36.2	93
滑县	Huaxian	40	135	114	55	59	25	89	134	22.0	117
长垣县	Changyuan	26	85	75	34	41	27	48	85	36.2	78
邓州市	Dengzhou	49	175	145	76	69	46	99	174	31.8	145
永城市	Yongcheng	41	152	123	62	61	46	76	152	37.7	123
固始县	Gushi	54	173	106	54	52	34	72	172	32.5	104
鹿邑县	Luyi	37	120	89	43	46	29	60	119	32.8	89
新蔡县	Xincai	28	111	83	42	41	21	62	111	25.5	84

4-4 各市人口出生率、死亡率、自然增长率(2012年底)

Birth Rate, Death Rate, and Natural Growth by City (End of 2012)

市(县)	City(County)	出生人口(万人) Birth (10000 person)	出生率(‰) Birth Rate (‰)	死亡人口(万人) Death (10000 person)	死亡率(‰) Death Rate (‰)	自然增长人口(万人) Natural Growth (10000 person)	自然增长率(‰) Natural Growth Rate (‰)
全省	**Total**	**125.00**	**11.87**	**71.00**	**6.71**	**54.00**	**5.16**
省辖市	**City**						
郑州市	Zhengzhou	7.21	9.77	3.19	4.32	4.02	5.45
开封市	Kaifeng	5.58	11.00	3.04	5.99	2.54	5.01
洛阳市	Luoyang	7.22	10.51	3.65	5.32	3.56	5.19
平顶山市	Pingdingshan	6.17	11.57	3.33	6.25	2.84	5.32
安阳市	Anyang	5.83	10.19	3.36	5.87	2.47	4.32
鹤壁市	Hebi	1.76	11.03	0.85	5.34	0.91	5.69
新乡市	Xinxiang	6.28	10.55	3.15	5.30	3.13	5.25
焦作市	Jiaozuo	3.66	10.04	1.92	5.27	1.74	4.77
濮阳市	Puyang	4.43	11.51	2.32	6.02	2.11	5.49
许昌市	Xuchang	5.01	10.41	2.77	5.76	2.24	4.65
漯河市	Luohe	2.78	10.17	1.40	5.10	1.39	5.07
三门峡市	Sanmenxia	2.06	9.10	1.12	4.94	0.94	4.16
南阳市	Nanyang	12.44	10.68	7.36	6.32	5.08	4.36
商丘市	Shangqiu	9.29	10.41	4.84	5.42	4.45	4.99
信阳市	Xinyang	9.22	10.81	4.90	5.74	4.33	5.07
周口市	Zhoukou	11.68	10.40	6.63	5.90	5.05	4.50
驻马店市	Zhumadian	9.91	11.14	5.59	6.28	4.32	4.86
济源市	Jiyuan	0.79	11.60	0.41	5.95	0.39	5.65
省直管县	**Province Administrating County**						
巩义市	Gongyi	0.76	9.31	0.43	5.32	0.32	3.99
兰考县	Lankao	0.96	11.54	0.53	6.34	0.43	5.20
汝州市	Ruzhou	1.27	12.02	0.71	6.70	0.56	5.33
滑县	Huaxian	1.40	10.43	0.77	5.77	0.63	4.66
长垣县	Changyuan	0.89	10.53	0.46	5.42	0.43	5.11
邓州市	Dengzhou	2.03	11.63	1.29	7.40	0.74	4.23
永城市	Yongcheng	1.65	10.89	0.84	5.52	0.82	5.37
固始县	Gushi	1.92	11.13	1.10	6.41	0.81	4.71
鹿邑县	Luyi	1.28	10.76	0.74	6.16	0.55	4.60
新蔡县	Xincai	1.31	11.78	0.84	7.56	0.47	4.22

4-5 河南省人口预期寿命
Population life expectancy of Henan

单位：岁 (age)

年龄 Age	1990			2000			2010		
	合计 Total	男 Male	女 Female	合计 Total	男 Male	女 Female	合计 Total	男 Male	女 Female
	70.0	68.1	72.0	72.8	71.0	74.7	74.6	71.8	77.6
1	70.5	68.4	72.8	73.5	71.2	75.9	74.3	71.6	77.4
5	67.1	64.9	69.4	69.7	67.4	72.2	70.5	67.7	73.5
10	62.3	60.1	64.6	64.9	62.6	67.3	65.5	62.8	68.6
15	57.4	55.3	59.7	60.0	57.7	62.4	60.6	57.9	63.6
20	52.7	50.6	54.9	55.2	52.9	57.5	55.7	53.0	58.7
25	48.0	45.9	50.2	50.4	48.2	52.7	50.9	48.3	53.8
30	43.3	41.2	45.5	45.7	43.5	47.9	46.1	43.5	48.9
35	38.6	36.5	40.8	40.9	38.8	43.1	41.3	38.8	44.0
40	33.9	31.9	36.1	36.2	34.2	38.3	36.6	34.2	39.2
45	29.3	27.3	31.4	31.6	29.7	33.6	32.0	29.7	34.4
50	24.9	23.0	26.9	27.1	25.2	29.0	27.5	25.4	29.8
55	20.7	18.9	22.6	22.8	21.0	24.6	23.2	21.3	25.4
60	16.8	15.2	18.4	18.7	17.0	20.3	19.1	17.3	21.1
65	13.4	11.9	14.7	15.0	13.4	16.4	15.4	13.7	17.1
70	10.3	9.1	11.3	11.7	10.3	12.8	12.0	10.6	13.5
75	7.8	6.8	8.5	9.1	7.9	9.9	9.4	8.1	10.6
80	5.5	4.8	6.0	6.9	5.9	7.4	7.2	6.0	8.1
85	3.6	3.2	3.8	5.4	4.6	5.7	5.8	4.8	6.5
90	1.5	1.4	1.6	3.9	3.6	4.0	4.8	3.9	5.3
95	1.3	1.1	1.3	2.8	3.0	2.8			
100	1.1	1.0	1.2	0.5	0.5	0.5			

注：本表数据是根据普查数据计算。

a) Data in this table are calculated basis on National Population Census.

4-6　各市常住人口年龄结构(2012年底)

Composition of Population by Age and City (End of 2012)

全省数据是根据2012年人口变动抽样调查汇总数据推算的，分市数据是根据2012年人口与城镇化抽样调查数据推算(下表同)。

Data of total in this table are estimated from the National Sample Survey of 1‰ population in 2012.Data by City are estimated from the Provincial Sample Survey of Population and Urbanization in 2012(the next table is the same).

市 City	常住人口数 (万人) Total Population (10 000 persons)				占总人口比重 (%) % to Total Population		
		0-14岁 Age 0-14	15-64岁 Age 15-64	65岁及以上 Age 65+	0-14岁 Age 0-14	15-64岁 Age 15-64	65岁及以上 Age 65+
全省 Total	**9406**	**1989**	**6587**	**830**	**21.2**	**70.0**	**8.8**
省辖市 City							
郑州市 Zhengzhou	903	163	664	76	18.0	73.5	8.5
开封市 Kaifeng	465	98	324	43	21.1	69.7	9.2
洛阳市 Luoyang	659	129	472	58	19.6	71.6	8.9
平顶山市 Pingdingshan	493	101	344	48	20.4	69.8	9.7
安阳市 Anyang	508	112	349	46	22.1	68.7	9.1
鹤壁市 Hebi	159	34	114	11	21.4	71.8	6.8
新乡市 Xinxiang	567	118	400	49	20.7	70.6	8.7
焦作市 Jiaozuo	352	64	259	29	18.1	73.6	8.3
濮阳市 Puyang	360	77	253	30	21.4	70.3	8.3
许昌市 Xuchang	430	86	302	42	20.1	70.2	9.7
漯河市 Luohe	256	45	185	26	17.6	72.3	10.2
三门峡市 Sanmenxia	223	35	168	20	15.5	75.3	9.2
南阳市 Nanyang	1015	223	697	95	22.0	68.7	9.3
商丘市 Shangqiu	732	143	516	73	19.5	70.5	10.0
信阳市 Xinyang	640	135	442	63	21.1	69.0	9.9
周口市 Zhoukou	881	190	606	85	21.5	68.8	9.6
驻马店市 Zhumadian	694	153	467	74	22.1	67.3	10.6
济源市 Jiyuan	70	12	53	5	17.7	75.0	7.3
省直管县 Province Administrating County							
巩义市 Gongyi	81	12	62	7	14.9	75.7	9.4
兰考县 Lankao	67	16	44	6	24.5	66.4	9.2
汝州市 Ruzhou	93	22	63	7	24.0	68.0	8.0
滑县 Huaxian	114	27	74	12	24.0	65.1	10.9
长垣县 Changyuan	75	19	48	8	25.2	63.6	11.2
邓州市 Dengzhou	145	34	98	13	23.7	67.5	8.8
永城市 Yongcheng	123	26	82	14	21.6	67.3	11.1
固始县 Gushi	106	26	68	12	24.1	64.4	11.5
鹿邑县 Luyi	89	20	60	9	22.1	67.4	10.5
新蔡县 Xincai	83	19	55	9	22.6	66.2	11.2

4-7 各市常住人口抚养系数(2012年底)

Dependency Ratio of Population by City (End of 2012)

单位：% (%)

市 City	少年儿童系数 Ratio of Children	老年系数 Ratio of the aged	老少比 Ratio of the aged to Children	少年儿童抚养系数 Children Dependency Ratio	老年抚养系数 The Aged Dependency	抚养系数 Dependency Ratio
全　　省 Total	**21.2**	**8.8**	**41.5**	**30.2**	**12.6**	**42.8**
省　辖　市 City						
郑　州　市 Zhengzhou	18.0	8.5	46.9	24.5	11.5	36.0
开　封　市 Kaifeng	21.1	9.2	43.8	30.2	13.2	43.4
洛　阳　市 Luoyang	19.6	8.9	45.3	27.3	12.4	39.7
平　顶　山　市 Pingdingshan	20.4	9.7	47.6	29.3	13.9	43.2
安　阳　市 Anyang	22.1	9.1	41.3	32.2	13.3	45.5
鹤　壁　市 Hebi	21.4	6.8	31.9	29.8	9.5	39.4
新　乡　市 Xinxiang	20.7	8.7	42.0	29.4	12.3	41.7
焦　作　市 Jiaozuo	18.1	8.3	46.0	24.6	11.3	35.9
濮　阳　市 Puyang	21.4	8.3	38.7	30.4	11.8	42.2
许　昌　市 Xuchang	20.1	9.7	48.2	28.7	13.8	42.5
漯　河　市 Luohe	17.6	10.2	57.9	24.3	14.1	38.4
三　门　峡　市 Sanmenxia	15.5	9.2	59.2	20.6	12.2	32.8
南　阳　市 Nanyang	22.0	9.3	42.3	32.1	13.6	45.6
商　丘　市 Shangqiu	19.5	10.0	51.0	27.7	14.1	41.8
信　阳　市 Xinyang	21.1	9.9	46.9	30.5	14.3	44.8
周　口　市 Zhoukou	21.5	9.6	44.8	31.3	14.0	45.3
驻　马　店　市 Zhumadian	22.1	10.6	48.0	32.8	15.7	48.5
济　源　市 Jiyuan	17.7	7.3	41.6	23.5	9.8	33.3
省　直　管　县 Province Administrating County						
巩　义　市 Gongyi	14.9	9.4	63.1	19.7	12.4	32.1
兰　考　县 Lankao	24.5	9.2	37.4	36.8	13.8	50.6
汝　州　市 Ruzhou	24.0	8.0	33.2	35.4	11.7	47.1
滑　县 Huaxian	24.0	10.9	45.2	36.9	16.7	53.6
长　垣　县 Changyuan	25.2	11.2	44.3	39.6	17.6	57.2
邓　州　市 Dengzhou	23.7	8.8	37.4	35.1	13.1	48.2
永　城　市 Yongcheng	21.6	11.1	51.6	32.0	16.5	48.6
固　始　县 Gushi	24.1	11.5	47.6	37.5	17.8	55.3
鹿　邑　县 Luyi	22.1	10.5	47.7	32.7	15.6	48.3
新　蔡　县 Xincai	22.6	11.2	49.3	34.2	16.9	51.1

4-8 分年龄、性别的人口结构(2012年)

Population Construction by Age and Sex (2012)

本表数据为2012年人口变动抽样调查机器汇总样本数据。抽样比为0.5‰。(4-9，4-10表同)
Data in this table are the sumed data obtained from Sample Survey on Population in 2012.The Sampling fraction is 0.5‰. (4-9,4-10 are the same)

年龄	Age	占常住人口比重 (%) percentage to Population(%)	男 Male	女 Female	性别比 (女=100) Sex Ratio (Female=100)
合 计	**Total**	**100.0**	**51.9**	**48.1**	**108.1**
0-4岁	0-4 Age	6.2	3.6	2.6	139.0
5-9岁	5-9 Age	7.2	4.2	3.1	136.4
10-14岁	10-14 Age	6.9	3.9	3.0	131.0
15-19岁	15-19 Age	7.9	5.5	2.5	222.9
20-24岁	20-24 Age	8.2	4.2	4.0	103.1
25-29岁	25-29 Age	6.7	3.1	3.6	84.4
30-34岁	30-34 Age	6.1	2.9	3.2	92.1
35-39岁	35-39 Age	6.6	3.3	3.4	96.8
40-44岁	40-44 Age	8.9	4.4	4.5	96.4
45-49岁	45-49 Age	8.8	4.2	4.6	91.8
50-54岁	50-54 Age	5.0	2.4	2.6	93.2
55-59岁	55-59 Age	6.4	3.1	3.3	91.8
60-64岁	60-64 Age	5.6	2.8	2.8	99.3
65-69岁	65-69 Age	3.7	1.9	1.8	103.5
70-74岁	70-74 Age	2.5	1.2	1.3	96.3
75-79岁	75-79 Age	1.8	0.9	0.9	102.3
80-84岁	80-84 Age	1.2	0.5	0.7	68.4
85-89岁	85-89 Age	0.3	0.1	0.2	56.8
90-94岁	90-94 Age	0.1	0.0	0.1	30.8
95岁及以上	Above 95 Age	0.0	0.0	0.0	16.7

4-9 6岁及6岁以上分年龄、性别、受教育程度的人口结构(2012年)

Population Construction of 6 and over by Age,Sex and Educational Attainment (2012)

单位：% (%)

年龄	Age	6岁及6岁以上人口 6 and over	男 Male	女 Female	未上过学 No-Schooling	男 Male	女 Female	小学 Primary School	男 Male	女 Female	初中 Junion Secondary School	男 Male	女 Female
合 计	**Total**	**100.0**	**100.0**	**100.0**	**5.9**	**3.6**	**8.3**	**25.6**	**24.2**	**27.2**	**46.9**	**46.8**	**47.1**
6-9岁	6-9 Age	100.0	100.0	100.0	4.8	4.6	5.1	94.2	94.3	93.9	0.8	0.8	0.9
10-14岁	10-14 Age	100.0	100.0	100.0	2.4	2.2	2.6	55.3	56.0	54.4	40.6	40.0	41.3
15-19岁	15-19 Age	100.0	100.0	100.0	0.6	0.4	1.0	2.9	2.7	3.6	37.2	30.3	52.7
20-24岁	20-24 Age	100.0	100.0	100.0	0.5	0.3	0.7	2.7	2.3	3.1	60.8	59.4	62.2
25-29岁	25-29 Age	100.0	100.0	100.0	0.4	0.3	0.4	3.8	3.2	4.3	62.5	61.8	63.1
30-34岁	30-34 Age	100.0	100.0	100.0	0.6	0.8	0.4	5.5	4.7	6.2	62.3	60.1	64.3
35-39岁	35-39 Age	100.0	100.0	100.0	0.6	0.8	0.5	8.3	6.7	9.9	62.6	61.7	63.6
40-44岁	40-44 Age	100.0	100.0	100.0	1.0	1.1	0.9	11.2	8.1	14.3	67.0	66.7	67.3
45-49岁	45-49 Age	100.0	100.0	100.0	1.7	0.5	2.8	15.7	9.8	21.2	64.4	66.8	62.2
50-54岁	50-54 Age	100.0	100.0	100.0	3.1	1.4	4.8	22.8	15.5	29.6	53.2	57.7	49.0
55-59岁	55-59 Age	100.0	100.0	100.0	7.4	3.5	10.9	37.5	29.9	44.4	44.2	51.7	37.4
60-64岁	60-64 Age	100.0	100.0	100.0	13.4	7.6	19.1	46.9	41.4	52.4	32.7	40.9	24.6
65岁及以上	Above 65 Age	100.0	100.0	100.0	33.3	20.8	44.9	45.2	48.8	41.8	16.0	22.5	9.9

年龄	Age	高中 Senior Secondary School	男 Male	女 Female	大学专科 College	男 Male	女 Female	大学本科 University	男 Male	女 Female	研究生 Graduate	男 Male	女 Female
合 计	**Total**	**15.4**	**19.1**	**11.4**	**4.0**	**4.1**	**3.9**	**2.1**	**2.1**	**2.0**	**0.1**	**0.1**	**0.1**
6-9岁	6-9 Age	0.2	0.3	0.1									
10-14岁	10-14 Age	1.6	1.7	1.5	0.1	0.2	0.1	0.1		0.2			
15-19岁	15-19 Age	56.8	64.8	38.9	1.9	1.4	3.0	0.6	0.5	0.8			
20-24岁	20-24 Age	24.0	27.1	20.9	9.2	8.1	10.4	2.6	2.7	2.6	0.1	0.1	0.1
25-29岁	25-29 Age	16.0	17.7	14.6	9.7	9.9	9.4	7.3	6.7	7.8	0.4	0.4	0.4
30-34岁	30-34 Age	18.8	20.3	17.5	7.1	7.9	6.4	5.2	5.8	4.6	0.5	0.5	0.5
35-39岁	35-39 Age	17.1	19.2	15.1	7.3	7.9	6.8	3.6	3.5	3.6	0.4	0.2	0.5
40-44岁	40-44 Age	13.6	15.9	11.4	4.6	5.1	4.1	2.4	3.0	1.8	0.2	0.1	0.2
45-49岁	45-49 Age	13.0	15.8	10.4	3.3	4.5	2.2	1.7	2.4	1.1	0.2	0.3	0.1
50-54岁	50-54 Age	17.0	20.8	13.3	2.7	2.7	2.8	1.1	1.7	0.5	0.0	0.1	
55-59岁	55-59 Age	7.7	10.6	4.9	2.6	3.2	2.0	0.8	1.1	0.5			
60-64岁	60-64 Age	5.1	7.4	2.8	1.4	1.9	0.9	0.5	0.7	0.2			
65岁及以上	Above 65 Age	3.1	4.4	1.8	1.5	2.1	1.0	1.0	1.3	0.6			

4-10 15岁及以上分年龄、性别、婚姻状况的人口结构(2012年)
Population Construction of 15 and over by Age, Sex and Marital Status (2012)

单位：% (%)

年龄	Age	15岁及15岁以上人口 15 and over	男 Male	女 Female	未婚 Never married	男 Male	女 Female	初婚有配偶 First Married	男 Male	女 Female
合 计	**Total**	**100.0**	**100.0**	**100.0**	**20.7**	**25.9**	**15.3**	**71.4**	**67.7**	**75.2**
15-19岁	15-19 Age	100.0	100.0	100.0	98.6	98.8	98.2	1.1	1.0	1.5
20-24岁	20-24 Age	100.0	100.0	100.0	69.9	74.9	64.8	29.6	24.4	34.9
25-29岁	25-29 Age	100.0	100.0	100.0	25.2	28.7	22.3	73.5	69.7	76.7
30-34岁	30-34 Age	100.0	100.0	100.0	7.0	9.4	4.8	90.1	87.7	92.3
35-39岁	35-39 Age	100.0	100.0	100.0	2.4	3.8	1.0	93.4	91.1	95.7
40-44岁	40-44 Age	100.0	100.0	100.0	2.1	3.9	0.4	93.2	91.0	95.3
45-49岁	45-49 Age	100.0	100.0	100.0	1.1	2.0	0.2	93.7	92.4	94.8
50-54岁	50-54 Age	100.0	100.0	100.0	1.4	2.6	0.4	92.8	91.9	93.6
55-59岁	55-59 Age	100.0	100.0	100.0	1.8	3.7	0.1	89.8	89.2	90.2
60-64岁	60-64 Age	100.0	100.0	100.0	1.8	3.6	0.1	84.5	85.6	83.4
65岁及以上	Above 65 Age	100.0	100.0	100.0	1.4	2.9		65.3	72.7	58.3

年龄	Age	再婚有配偶 Re-married	男 Male	女 Female	离婚 Divorced	男 Male	女 Female	丧偶 Widowed	男 Male	女 Female
合 计	**Total**	**1.2**	**1.1**	**1.2**	**1.1**	**1.4**	**0.8**	**5.6**	**3.9**	**7.4**
15-19岁	15-19 Age	0.0	0.0		0.2	0.1	0.3	0.1	0.1	
20-24岁	20-24 Age	0.1	0.2	0.1	0.4	0.6	0.2	0.0		0.1
25-29岁	25-29 Age	0.2	0.2	0.3	0.8	1.4	0.4	0.2	0.1	0.3
30-34岁	30-34 Age	0.8	0.6	0.9	1.9	2.0	1.7	0.3	0.2	0.4
35-39岁	35-39 Age	1.5	1.6	1.4	2.4	3.3	1.6	0.3	0.2	0.4
40-44岁	40-44 Age	1.9	1.7	2.0	1.7	2.3	1.2	1.1	1.1	1.1
45-49岁	45-49 Age	1.9	1.8	2.0	1.5	2.0	1.0	1.8	1.7	2.0
50-54岁	50-54 Age	1.8	1.7	1.8	1.3	1.4	1.1	2.7	2.3	3.2
55-59岁	55-59 Age	1.6	1.3	1.8	0.9	1.2	0.6	6.0	4.6	7.3
60-64岁	60-64 Age	2.0	2.4	1.7	1.0	1.2	0.8	10.6	7.1	14.0
65岁及以上	Above 65 Age	1.2	1.4	1.1	0.7	0.9	0.5	31.4	22.0	40.0

4-11 育龄妇女分年龄、孩次的生育状况(2012年)

Age-specific Fertility Rate of Childbearing Women by Age of Mother and Birth Order (2012)

本表是2012年人口变动情况抽样调查样本数据，抽样比为0.5‰。
Data in this table are botained from the 2012 Sample Survey on Population Changes.The sampling fraction is 0.5‰.

年　龄	平均育龄妇女人数（人）Average Number of Childbearing Women(person)	出生人数（人）Births (person)	一孩 1st Birth	二孩 2ed Birth	三孩及以上 3rd Birth and Above	生育率(‰) Fertility Rate (‰)	一孩 1st Birth	二孩 2ed Birth	三孩及以上 3rd Birth and Above
总计 Total	**11240**	**393**	**217**	**157**	**19**	**34.96**	**19.31**	**13.97**	**1.69**
15-19	**1065**	**5**	**5**			**4.69**	**4.69**		
15	222								
16	214								
17	217	1	1			4.61	4.61		
18	206	2	2			9.71	9.71		
19	206	2	2			9.71	9.71		
20-24	**1845**	**136**	**100**	**35**	**1**	**73.71**	**54.20**	**18.97**	**0.54**
20	267	3	1	2		11.24	3.75	7.49	
21	350	19	15	4		54.29	42.86	11.43	
22	444	39	30	9		87.84	67.57	20.27	
23	376	38	25	12	1	101.06	66.49	31.91	2.66
24	408	37	29	8		90.69	71.08	19.61	
25-29	**1515**	**136**	**79**	**55**	**2**	**89.77**	**52.15**	**36.30**	**1.32**
25	362	34	22	12		93.92	60.77	33.15	
26	301	42	28	14		139.53	93.02	46.51	
27	278	20	9	10	1	71.94	32.37	35.97	3.60
28	264	17	8	9		64.39	30.30	34.09	
29	310	23	12	10	1	74.19	38.71	32.26	3.23
30-34	**1363**	**73**	**25**	**40**	**8**	**53.56**	**18.34**	**29.35**	**5.87**
30	271	22	11	10	1	81.18	40.59	36.90	3.69
31	275	15	5	9	1	54.55	18.18	32.73	3.64
32	286	16	5	7	4	55.94	17.48	24.48	13.99
33	272	13	2	10	1	47.79	7.35	36.76	3.68
34	259	7	2	4	1	27.03	7.72	15.44	3.86
35-39	**1513**	**22**	**4**	**14**	**4**	**14.54**	**2.64**	**9.25**	**2.64**
35	243	3	1	2		12.35	4.12	8.23	
36	284	8	1	6	1	28.17	3.52	21.13	3.52
37	305	3		2	1	9.84		6.56	3.28
38	330	7	2	3	2	21.21	6.06	9.09	6.06
39	351	1		1		2.85		2.85	
40-44	**1965**	**15**	**2**	**10**	**3**	**7.63**	**1.02**	**5.09**	**1.53**
40	401	3	1	2		7.48	2.49	4.99	
41	388	5	1	4		12.89	2.58	10.31	
42	411	2		1	1	4.87		2.43	2.43
43	394	5		3	2	12.69		7.61	5.08
44	371								
45-49	**1974**	**5**	**1**	**3**	**1**	**2.53**	**0.51**	**1.52**	**0.51**
45	372								
46	413	2		2		4.84		4.84	
47	358	2	1		1	5.59	2.79		2.79
48	430								
49	401	1		1		2.49		2.49	

4-12 六次人口普查主要指标
Main Indicators on National Population Censuses in 1953,1964,1982,1990, 2000and 2010

单位：万人 (10 000 persons)

项 目	Item	1953	1964	1982	1990	2000	2010
全省总人口	**Total Population**	**4378.50**	**5032.60**	**7442.30**	**8553.40**	**9255.80**	**9402.99**
按性别分的人口	**Population By Sex**						
男 性	Male	2231.50	2549.10	3795.00	4380.30	4775.30	4749.30
女 性	Female	2147.00	2483.50	3647.30	4173.10	4480.50	4653.70
按年龄分的人口	**Population By Age**						
0岁-6岁	Age 0-6	913.90	920.30	1026.60	1268.50	765.10	981.30
7岁-12岁	Age 7-12	510.90	846.40	1165.10	943.10	1211.20	759.90
育龄妇女(15-49岁)	Women at Childbearing Age (Age 15-49)	1017.00	1108.70	1780.60	2278.60	2495.70	2623.20
劳动年龄人口	Population within Working Age						
(男16-59 女16-54)	(Male Age 16-59 and Female Age 16-54)	2289.70	2482.00	3927.40	4985.00	5600.90	5818.90
男60岁女55岁以上人口	Males Aged 60 and Females Aged 55 and Over	457.70	448.50	738.70	898.50	1105.00	1482.50
按民族分的人口	**Population By Nationality**						
汉 族	Han Nationality	4337.90	4980.90	7362.30	8452.50	9143.30	9290.80
各少数民族	Minority Nationality	40.60	51.70	80.00	100.90	112.50	112.20
按城乡分的人口	**Population By Residence**						
城镇总人口	Urban Population	310.60	551.70	1172.50	1302.90	2144.70	3622.00
乡村总人口	Rural Population	4067.90	4480.90	6269.80	7250.50	7111.10	5781.00
按文化程度分的人口	**Population By Educational Level**						
#大学和相当于大学	University		9.30	24.50	72.60	247.50	601.60
高中	Senior Secondary School		44.00	470.10	606.10	928.40	1242.30
初中	Junior Secondary School		208.50	1427.00	2269.80	3646.00	3992.50
小学	Primary School		1229.60	2321.80	2971.90	3072.60	2266.90
文盲和半文盲(12周岁以上)	Illiterate and Semi-literate(Age 12 and Over)		2146.80	2015.00	1395.80	543.20	399.20

注：1.第五次人口普查数据为快速汇总数据，其中文盲和半文盲人口是指15岁及以上。
2.第五次人口普查总人口指根据《第五次人口普查办法》规定的常住人口。
3.第六次人口普查数据为常住人口，其中文盲和半文盲人口是指15岁及以上。

a) Data of the fifth Population Census were fast collected results, Illiterate and Semi-literate were age 15 and over.
b) Total Population of the fifth Population Census refers to Population of resident according with 《Way of the fifth National Population Census》.
c) Data of the sixth Population Census is residents popolation, Illiterate and Semi-literate were age 15 and over.

4-13 各市户数、人口数和性别比
Number of Households, Population and Sex Ratio by City

市	City	户数(万户)10 000 Households			人口数(万人)Population(10 000 persons)				平均家庭户规模(人/户)
		合计 Total	家庭户 Family household	集体户 Non-Family household	合计 Total	男 Male	女 Female	性别比 Sex Ratio	Household size (people/household)
全省	**Total**	**2640.50**	**2592.87**	**47.62**	**9402.99**	**4749.31**	**4653.69**	**102.05**	**3.47**
郑州市	Zhengzhou	260.66	243.67	17.00	862.71	442.23	420.48	105.17	3.15
开封市	Kaifeng	125.88	124.10	1.78	467.65	237.08	230.57	102.82	3.64
洛阳市	Luoyang	184.35	180.63	3.72	654.99	330.66	324.34	101.95	3.48
平顶山市	Pingdingshan	135.30	133.60	1.70	490.47	252.31	238.16	105.95	3.53
安阳市	Anyang	150.36	148.65	1.71	517.32	250.29	267.03	93.73	3.39
鹤壁市	Hebi	40.49	40.12	0.37	156.92	80.43	76.49	105.14	3.84
新乡市	Xinxiang	145.16	143.52	1.64	570.82	287.35	283.47	101.37	3.85
焦作市	Jiaozuo	88.59	87.33	1.26	354.01	179.63	174.38	103.01	3.89
濮阳市	Puyang	95.87	95.22	0.64	359.87	179.63	180.25	99.66	3.70
许昌市	Xuchang	117.55	115.60	1.94	430.75	220.66	210.09	105.04	3.52
漯河市	Luohe	67.45	66.21	1.24	254.43	129.97	124.46	104.43	3.63
三门峡市	Sanmenxia	64.35	62.96	1.39	223.40	114.84	108.56	105.79	3.34
南阳市	Nanyang	279.73	274.80	4.93	1026.37	528.07	498.29	105.98	3.57
商丘市	Shangqiu	221.79	219.88	1.91	736.30	368.39	367.91	100.13	3.28
信阳市	Xinyang	184.14	182.59	1.54	610.91	306.62	304.29	100.77	3.25
周口市	Zhoukou	252.99	250.55	2.44	895.38	442.57	452.81	97.74	3.48
驻马店市	Zhumadian	207.62	205.69	1.93	723.12	364.14	358.99	101.43	3.36
济源市	Jiyuan	18.24	17.75	0.48	67.58	34.44	33.14	103.92	3.61

注：本表数据为2010年第六次人口普查汇总数据。(14~21表同)

a) Data in this table was calculated from The Sixth National Population Census.(the same as 14~21)

4–14 各市家庭户规模

单位：户

市 City	家庭户户数 Family Households	一人户 One person		二人户 Two persons		三人户 Three Persons		四人户 Four Persons	
		户数 Households	比重(%) Proportion (%)	户数 Households	比重(%) Proportion (%)	户数 Households	比重(%) Proportion (%)	户数 Households	比重(%) Proportion (%)
全 省 Total	**25928729**	**2643470**	**10.2**	**4971716**	**19.2**	**6092683**	**23.5**	**6142375**	**23.7**
郑 州 市 Zhengzhou	2436665	403807	16.6	481911	19.8	638210	26.2	476043	19.5
开 封 市 Kaifeng	1241002	113260	9.1	222506	17.9	267820	21.6	305253	24.6
洛 阳 市 Luoyang	1806277	175196	9.7	334455	18.5	448974	24.9	422174	23.4
平顶山市 Pingdingshan	1336013	127879	9.6	226292	16.9	337363	25.3	322861	24.2
安 阳 市 Anyang	1486536	153548	10.3	292723	19.7	377668	25.4	354843	23.9
鹤 壁 市 Hebi	401216	25201	6.3	55914	13.9	89179	22.2	109287	27.2
新 乡 市 Xinxiang	1435177	96772	6.7	211057	14.7	302480	21.1	375533	26.2
焦 作 市 Jiaozuo	873312	49165	5.6	119253	13.7	201895	23.1	223624	25.6
濮 阳 市 Puyang	952240	72405	7.6	166344	17.5	212521	22.3	238277	25.0
许 昌 市 Xuchang	1156026	102402	8.9	214262	18.5	274439	23.7	282453	24.4
漯 河 市 Luohe	662051	53795	8.1	106554	16.1	159704	24.1	162595	24.6
三门峡市 Sanmenxia	629601	63899	10.2	115563	18.4	181154	28.8	149023	23.7
南 阳 市 Nanyang	2747972	266131	9.7	485285	17.7	625293	22.8	671864	24.5
商 丘 市 Shangqiu	2198804	243157	11.1	533076	24.2	479505	21.8	522727	23.8
信 阳 市 Xinyang	1825919	227959	12.5	428367	23.5	419905	23.0	394919	21.6
周 口 市 Zhoukou	2505505	231873	9.3	520147	20.8	541359	21.6	615787	24.6
驻马店市 Zhumadian	2056880	225029	10.9	429958	20.9	489066	23.8	468280	22.8
济 源 市 Jiyuan	177533	11992	6.8	28049	15.8	46148	26.0	46832	26.4

Family Household by scale and City

(household)

五人户 Five Persons		六人户 Six Persons		七人户 Seven Persons		八人户 Eight Persons		九人户 Nine Persons		十人及以上户 Ten Persons and Over	
户数 Households	比重 (%) Proportion (%)	户数 Households	比重 (%) Proportion (%)	户数 Households	比重 (%) Proportion (%)	户数 Households	比重 (%) Proportion (%)	户数 Households	比重 (%) Proportion (%)	户数 Households	比重 (%) Proportion (%)
3437022	**13.3**	**1712777**	**6.6**	**584531**	**2.3**	**196633**	**0.8**	**80190**	**0.3**	**67332**	**0.3**
244837	10.1	126738	5.2	41442	1.7	14192	0.6	5550	0.2	3935	0.2
178176	14.4	93340	7.5	34975	2.8	12225	1.0	5546	0.5	7901	0.6
244869	13.6	115855	6.4	42593	2.4	13212	0.7	5111	0.3	3838	0.2
180398	13.5	89982	6.7	32384	2.4	10897	0.8	4509	0.3	3448	0.3
174836	11.8	89734	6.0	27151	1.8	8863	0.6	3515	0.2	3655	0.3
62667	15.6	38922	9.7	13447	3.4	4077	1.0	1476	0.4	1046	0.3
228385	15.9	142629	9.9	50582	3.5	16089	1.1	6313	0.4	5337	0.4
141120	16.2	91108	10.4	30021	3.4	9942	1.1	4262	0.5	2922	0.3
136448	14.3	75381	7.9	30573	3.2	11123	1.2	5085	0.5	4083	0.4
160337	13.9	87713	7.6	23993	2.1	6561	0.6	2366	0.2	1500	0.1
106689	16.1	50078	7.6	14743	2.2	4608	0.7	1958	0.3	1327	0.2
73281	11.6	32713	5.2	9308	1.5	2848	0.5	1147	0.2	665	0.1
394785	14.4	188069	6.8	66969	2.4	26443	1.0	12171	0.4	10962	0.4
257486	11.7	100707	4.6	37613	1.7	13913	0.6	5739	0.3	4881	0.2
208273	11.4	95366	5.2	31833	1.7	11120	0.6	4535	0.3	3642	0.2
348074	13.9	160347	6.4	57458	2.3	18430	0.7	6755	0.3	5275	0.2
269329	13.1	121124	5.9	36132	1.8	11304	0.6	3877	0.2	2781	0.1
27032	15.2	12971	7.3	3314	1.9	786	0.4	275	0.2	134	0.1

4-15 各市家庭户类别

单位：户

地 区	家庭户户数 Family Households	一代户 One Generation 户数 Households	一代户 One Generation 比重(%) Proportion (%)	二代户 Two Generation 户数 Households	二代户 Two Generation 比重(%) Proportion (%)
全 省 Total	**25928729**	**6523188**	**25.2**	**13551628**	**52.3**
郑 州 市 Zhengzhou	2436665	807827	33.2	1183904	48.6
开 封 市 Kaifeng	1241002	287880	23.2	655332	52.8
洛 阳 市 Luoyang	1806277	430720	23.9	995818	55.1
平 顶 山 市 Pingdingshan	1336013	298591	22.4	727705	54.5
安 阳 市 Anyang	1486536	352951	23.7	787060	53.0
鹤 壁 市 Hebi	401216	69020	17.2	220940	55.1
新 乡 市 Xinxiang	1435177	254025	17.7	749104	52.2
焦 作 市 Jiaozuo	873312	139619	16.0	454059	52.0
濮 阳 市 Puyang	952240	205468	21.6	512471	53.8
许 昌 市 Xuchang	1156026	273436	23.7	585931	50.7
漯 河 市 Luohe	662051	136243	20.6	341721	51.6
三 门 峡 市 Sanmenxia	629601	148145	23.5	355038	56.4
南 阳 市 Nanyang	2747972	625773	22.8	1428065	52.0
商 丘 市 Shangqiu	2198804	687771	31.3	1196526	54.4
信 阳 市 Xinyang	1825919	571740	31.3	902043	49.4
周 口 市 Zhoukou	2505505	649692	25.9	1321855	52.8
驻 马 店 市 Zhumadian	2056880	550812	26.8	1035496	50.3
济 源 市 Jiyuan	177533	33475	18.9	98560	55.5

Family Household by Category and City

(household)

三代户 Three Generation		四代户 Four Generation		五代及以上户 Five Generation and over	
户数 Households	比重 (%) Proportion (%)	户数 Households	比重 (%) Proportion (%)	户数 Households	比重 (%) Proportion (%)
5609674	**21.6**	**243967**	**0.9**	**272**	
428713	17.6	16198	0.7	23	
283442	22.8	14331	1.2	17	
368251	20.4	11481	0.6	7	
299041	22.4	10669	0.8	7	
332221	22.4	14278	1.0	26	
106172	26.5	5075	1.3	9	
411640	28.7	20379	1.4	29	
267561	30.6	12066	1.4	7	
222442	23.4	11841	1.2	18	
282343	24.4	14306	1.2	10	
175825	26.6	8253	1.3	9	
122411	19.4	4006	0.6	1	
666671	24.3	27439	1.0	24	
301366	13.7	13122	0.6	19	
340142	18.6	11985	0.7	9	
509578	20.3	24369	1.0	11	
448080	21.8	22450	1.1	42	
43775	24.7	1719	1.0	4	

4-16 各市分性别的农业户口、非农业户口人口

Agricultural and Non-agricultural registered permanent residence by Sexy and City

单位：万人 (10 000 persons)

市 City	合计 Total	男 Male	女 Female	农业户口 Agricultural registered permanent residence 合计 Total	男 Male	女 Female
全　省 Total	**9316.27**	**4706.77**	**4609.50**	**7466.43**	**3748.34**	**3718.09**
郑州市 Zhengzhou	857.19	439.36	417.83	569.20	293.95	275.25
开封市 Kaifeng	465.87	236.25	229.62	386.32	195.80	190.52
洛阳市 Luoyang	648.13	327.14	320.99	483.11	241.55	241.56
平顶山市 Pingdingshan	484.15	249.27	234.87	373.04	190.27	182.77
安阳市 Anyang	505.12	244.12	261.00	398.54	188.93	209.61
鹤壁市 Hebi	153.90	78.91	75.00	105.40	53.66	51.75
新乡市 Xinxiang	566.17	285.08	281.09	468.55	234.70	233.85
焦作市 Jiaozuo	350.12	177.72	172.39	255.66	127.84	127.82
濮阳市 Puyang	356.40	177.98	178.42	298.90	148.04	150.86
许昌市 Xuchang	427.82	219.24	208.58	320.81	163.87	156.94
漯河市 Luohe	253.72	129.65	124.07	197.28	99.99	97.29
三门峡市 Sanmenxia	221.42	113.77	107.65	157.19	80.07	77.12
南阳市 Nanyang	1016.49	523.41	493.08	872.73	447.78	424.95
商丘市 Shangqiu	731.67	366.07	365.60	627.35	311.79	315.56
信阳市 Xinyang	603.08	302.88	300.20	498.17	249.26	248.91
周口市 Zhoukou	888.91	439.46	449.45	794.75	390.57	404.18
驻马店市 Zhumadian	719.04	362.27	356.77	612.89	306.77	306.13
济源市 Jiyuan	67.07	34.19	32.89	46.54	23.51	23.03

市 City	非农业户口人口 Non-agricultural registered permanent residence 合计 Total	男 Male	女 Female	非农业户口人口占总人口比重(%) Non-agricultural registeredproportion of the total population(%) 合计 Total	男 Male	女 Female
全　省 Total	**1849.84**	**958.43**	**891.41**	**19.9**	**20.4**	**19.3**
郑州市 Zhengzhou	287.99	145.41	142.58	33.6	33.1	34.1
开封市 Kaifeng	79.55	40.45	39.10	17.1	17.1	17.0
洛阳市 Luoyang	165.02	85.60	79.43	25.5	26.2	24.7
平顶山市 Pingdingshan	111.11	59.00	52.11	23.0	23.7	22.2
安阳市 Anyang	106.58	55.19	51.39	21.1	22.6	19.7
鹤壁市 Hebi	48.50	25.25	23.25	31.5	32.0	31.0
新乡市 Xinxiang	97.62	50.38	47.24	17.2	17.7	16.8
焦作市 Jiaozuo	94.46	49.88	44.58	27.0	28.1	25.9
濮阳市 Puyang	57.50	29.94	27.55	16.1	16.8	15.4
许昌市 Xuchang	107.01	55.37	51.64	25.0	25.3	24.8
漯河市 Luohe	56.44	29.66	26.78	22.3	22.9	21.6
三门峡市 Sanmenxia	64.23	33.71	30.52	29.0	29.6	28.4
南阳市 Nanyang	143.77	75.63	68.13	14.1	14.5	13.8
商丘市 Shangqiu	104.32	54.27	50.05	14.3	14.8	13.7
信阳市 Xinyang	104.91	53.61	51.30	17.4	17.7	17.1
周口市 Zhoukou	94.16	48.90	45.26	10.6	11.1	10.1
驻马店市 Zhumadian	106.15	55.50	50.65	14.8	15.3	14.2
济源市 Jiyuan	20.53	10.67	9.86	30.6	31.2	30.0

4-17 各市分性别、民族的人口

Population By Nationality ,Sexy and City

单位：万人 (10 000 person)

市 City	合计 Total	男 Male	女 Female	汉族 The Han Nationality	男 Male	女 Female	各少数民族 National Minority	男 Male	女 Female
全省 Total	**9402.99**	**4749.31**	**4653.69**	**9290.84**	**4692.43**	**4598.41**	**112.16**	**56.88**	**55.28**
郑州市 Zhengzhou	862.71	442.23	420.48	848.17	435.10	413.07	14.54	7.13	7.41
开封市 Kaifeng	467.65	237.08	230.57	460.29	233.47	226.82	7.36	3.61	3.75
洛阳市 Luoyang	654.99	330.66	324.34	648.34	327.29	321.05	6.65	3.36	3.29
平顶山市 Pingdingshan	490.47	252.31	238.16	483.72	248.88	234.84	6.75	3.43	3.31
安阳市 Anyang	517.32	250.29	267.03	516.75	250.04	266.71	0.57	0.25	0.32
鹤壁市 Hebi	156.92	80.43	76.49	156.76	80.36	76.41	0.16	0.07	0.09
新乡市 Xinxiang	570.82	287.35	283.47	566.05	284.96	281.09	4.77	2.39	2.38
焦作市 Jiaozuo	354.01	179.63	174.38	346.81	176.01	170.80	7.20	3.62	3.58
濮阳市 Puyang	359.87	179.63	180.25	359.11	179.26	179.84	0.77	0.36	0.40
许昌市 Xuchang	430.75	220.66	210.09	424.85	217.69	207.16	5.90	2.97	2.93
漯河市 Luohe	254.43	129.97	124.46	251.93	128.73	123.20	2.50	1.24	1.26
三门峡市 Sanmenxia	223.40	114.84	108.56	222.35	114.31	108.04	1.06	0.53	0.52
南阳市 Nanyang	1026.37	528.07	498.29	1006.29	517.05	489.25	20.07	11.03	9.05
商丘市 Shangqiu	736.30	368.39	367.91	724.48	362.48	362.00	11.82	5.91	5.91
信阳市 Xinyang	610.91	306.62	304.29	608.19	305.31	302.88	2.72	1.32	1.40
周口市 Zhoukou	895.38	442.57	452.81	882.49	436.14	446.34	12.89	6.42	6.47
驻马店市 Zhumadian	723.12	364.14	358.99	717.55	361.36	356.19	5.57	2.78	2.79
济源市 Jiyuan	67.58	34.44	33.14	66.72	34.00	32.72	0.86	0.43	0.42

4-18 各市人口年龄构成和抚养比

Proportion and Dependency Ratio of Population by City

单位：万人 (10 000 person)

市 City	合 计 Total				占总人口比重(%) proportion (%)				抚养比 (%) Dependency Ratio(%)		
	Total	0-14岁 0-14	15-59岁 15-19	60岁及以上 Over 60		0-14岁 0-14	15-59岁 15-19	60岁及以上 Over 60		少儿抚养比 Children Dependency	老年抚养比 The Aged Dependency
全 省 Total	**9402.99**	**1974.73**	**6231.44**	**1196.82**	**100.0**	**21.0**	**66.3**	**12.7**	**50.9**	**31.7**	**19.2**
郑 州 市 Zhengzhou	862.71	138.01	632.63	92.07	100.0	16.0	73.3	10.7	36.4	21.8	14.6
开 封 市 Kaifeng	467.65	99.97	308.65	59.03	100.0	21.4	66.0	12.6	51.5	32.4	19.1
洛 阳 市 Luoyang	654.99	131.31	443.46	80.22	100.0	20.1	67.7	12.3	47.7	29.6	18.1
平 顶 山 市 Pingdingshan	490.47	99.25	327.52	63.70	100.0	20.2	66.8	13.0	49.8	30.3	19.5
安 阳 市 Anyang	517.32	113.07	341.10	63.15	100.0	21.9	65.9	12.2	51.7	33.2	18.5
鹤 壁 市 Hebi	156.92	35.30	104.89	16.73	100.0	22.5	66.8	10.7	49.6	33.7	16.0
新 乡 市 Xinxiang	570.82	119.80	381.80	69.22	100.0	21.0	66.9	12.1	49.5	31.4	18.1
焦 作 市 Jiaozuo	354.01	66.77	246.63	40.61	100.0	18.9	69.7	11.5	43.5	27.1	16.5
濮 阳 市 Puyang	359.87	79.97	236.02	43.88	100.0	22.2	65.6	12.2	52.5	33.9	18.6
许 昌 市 Xuchang	430.75	84.88	287.33	58.53	100.0	19.7	66.7	13.6	49.9	29.5	20.4
漯 河 市 Luohe	254.43	45.51	173.18	35.74	100.0	17.9	68.1	14.1	46.9	26.3	20.6
三 门 峡 市 Sanmenxia	223.40	34.89	160.72	27.80	100.0	15.6	71.9	12.4	39.0	21.7	17.3
南 阳 市 Nanyang	1026.37	234.92	659.69	131.75	100.0	22.9	64.3	12.8	55.6	35.6	20.0
商 丘 市 Shangqiu	736.30	157.14	482.18	96.98	100.0	21.3	65.5	13.2	52.7	32.6	20.1
信 阳 市 Xinyang	610.91	143.64	378.23	89.04	100.0	23.5	61.9	14.6	61.5	38.0	23.5
周 口 市 Zhoukou	895.38	213.48	563.14	118.76	100.0	23.8	62.9	13.3	59.0	37.9	21.1
驻 马 店 市 Zhumadian	723.12	165.20	455.92	102.01	100.0	22.9	63.1	14.1	58.6	36.2	22.4
济 源 市 Jiyuan	67.58	11.62	48.34	7.61	100.0	17.2	71.5	11.3	39.8	24.1	15.7

4-19 各市分性别、受教育程度的6岁及以上人口

Population over 6 By Sexy, Educational Level and City

单位：万人 （10 000 person）

市 City	6岁及以上人口 Over 6 years old			未上过学 Illiterate			小学 Primary School			初中 Junior Secondary School		
	合计 Total	男 Male	女 Female	小计 Total	男 Male	女 Female	小计 Total	男 Male	女 Female	小计 Total	男 Male	女 Female
全省 Total	**8556.36**	**4277.74**	**4278.62**	**452.96**	**130.68**	**322.28**	**2266.92**	**1065.29**	**1201.63**	**3992.53**	**2076.75**	**1915.78**
郑州市 Zhengzhou	799.72	408.17	391.55	21.87	5.93	15.94	140.94	66.69	74.26	306.64	163.16	143.48
开封市 Kaifeng	423.29	212.19	211.10	28.63	7.93	20.70	110.57	52.56	58.01	197.54	105.45	92.09
洛阳市 Luoyang	604.16	303.79	300.37	20.57	5.46	15.11	144.78	66.25	78.53	287.04	149.75	137.29
平顶山市 Pingdingshan	440.16	224.55	215.61	22.00	6.84	15.17	106.67	51.33	55.34	220.88	115.62	105.26
安阳市 Anyang	463.67	219.93	243.74	19.02	4.72	14.31	128.31	56.57	71.74	230.70	113.22	117.48
鹤壁市 Hebi	143.09	72.70	70.39	6.21	1.65	4.56	37.75	17.93	19.82	68.92	36.57	32.34
新乡市 Xinxiang	516.67	256.78	259.89	19.41	5.27	14.15	121.57	57.33	64.24	249.92	127.37	122.55
焦作市 Jiaozuo	329.46	166.31	163.15	8.76	2.13	6.63	66.02	31.06	34.96	163.55	84.29	79.27
濮阳市 Puyang	324.11	159.45	164.65	22.32	5.96	16.36	95.60	43.41	52.19	147.59	78.48	69.11
许昌市 Xuchang	391.55	198.79	192.76	17.03	4.65	12.38	92.19	44.23	47.96	201.55	104.98	96.57
漯河市 Luohe	234.56	119.03	115.53	11.75	3.46	8.29	49.41	24.47	24.94	117.84	61.03	56.81
三门峡市 Sanmenxia	209.86	107.75	102.11	4.33	1.34	3.00	47.53	21.01	26.52	99.91	53.07	46.84
南阳市 Nanyang	913.15	464.56	448.58	47.26	17.51	29.75	267.95	131.18	136.77	438.67	226.49	212.18
商丘市 Shangqiu	675.13	333.62	341.52	57.75	16.15	41.60	199.57	93.26	106.31	318.73	168.52	150.21
信阳市 Xinyang	553.14	273.84	279.30	42.58	12.91	29.67	191.18	91.21	99.97	222.63	114.77	107.86
周口市 Zhoukou	816.05	398.43	417.62	65.43	16.90	48.52	257.19	118.12	139.07	378.54	199.37	179.17
驻马店市 Zhumadian	655.82	325.96	329.87	36.75	11.54	25.21	198.30	93.60	104.70	315.36	161.06	154.30
济源市 Jiyuan	62.76	31.88	30.88	1.29	0.35	0.94	11.39	5.10	6.29	26.50	13.53	12.97

市 City	高中 Senior Secondary			大学专科 College			大学本科 University			研究生 Graduate		
	小计 Total	男 Male	女 Female	小计 Total	男 Male	女 Female	小计 Total	男 Male	女 Female	小计 Total	男 Male	女 Female
全省 Total	**1242.35**	**687.12**	**555.24**	**403.45**	**210.90**	**192.56**	**185.88**	**100.19**	**85.68**	**12.27**	**6.81**	**5.47**
郑州市 Zhengzhou	166.83	88.43	78.40	101.62	50.64	50.99	56.47	30.41	26.06	5.35	2.91	2.44
开封市 Kaifeng	58.23	31.49	26.74	18.94	9.80	9.14	8.63	4.57	4.06	0.74	0.38	0.36
洛阳市 Luoyang	100.44	54.60	45.84	33.17	17.52	15.65	16.99	9.52	7.47	1.16	0.70	0.47
平顶山市 Pingdingshan	60.57	34.32	26.25	20.90	11.27	9.62	8.75	4.93	3.82	0.40	0.24	0.16
安阳市 Anyang	59.51	32.03	27.49	16.56	8.64	7.92	9.20	4.56	4.64	0.35	0.20	0.16
鹤壁市 Hebi	21.29	11.78	9.51	6.77	3.56	3.21	2.05	1.16	0.90	0.09	0.06	0.04
新乡市 Xinxiang	89.40	48.61	40.79	22.58	11.76	10.82	12.91	6.00	6.91	0.86	0.43	0.43
焦作市 Jiaozuo	64.19	34.34	29.85	18.45	9.42	9.03	7.99	4.78	3.21	0.49	0.30	0.20
濮阳市 Puyang	39.42	21.28	18.14	12.98	6.81	6.16	5.94	3.36	2.57	0.26	0.15	0.11
许昌市 Xuchang	58.63	33.26	25.37	15.81	8.26	7.55	6.08	3.26	2.82	0.27	0.16	0.11
漯河市 Luohe	39.66	21.76	17.89	12.30	6.30	6.01	3.41	1.90	1.51	0.19	0.11	0.08
三门峡市 Sanmenxia	42.98	24.03	18.95	11.39	6.21	5.18	3.57	2.01	1.56	0.14	0.08	0.06
南阳市 Nanyang	111.58	63.35	48.22	33.73	18.35	15.38	13.35	7.35	6.00	0.61	0.34	0.26
商丘市 Shangqiu	73.38	41.51	31.87	18.70	10.44	8.26	6.72	3.57	3.15	0.29	0.17	0.13
信阳市 Xinyang	68.99	40.32	28.67	18.25	9.63	8.61	9.23	4.82	4.41	0.29	0.18	0.12
周口市 Zhoukou	89.19	50.31	38.88	18.47	9.93	8.54	6.86	3.60	3.25	0.38	0.20	0.18
驻马店市 Zhumadian	81.09	46.37	34.72	17.72	9.62	8.10	6.29	3.59	2.70	0.32	0.18	0.14
济源市 Jiyuan	16.97	9.32	7.65	5.10	2.74	2.36	1.45	0.81	0.64	0.06	0.03	0.03

4-20 各市分性别的15岁及以上文盲人口

Illiterate Population Over 15 By City

单位：万人 (10 000 person)

地 区	15岁及以上人口 Over 15 years old			文盲人口 Illiterate			文盲人口占15岁及以上人口比重(%) Proportion(%)		
	合计 Total	男 Male	女 Female	合计 Total	男 Male	女 Female	合计 Total	男 Male	女 Female
全 省 Total	**7428.26**	**3647.21**	**3781.06**	**399.15**	**108.00**	**291.15**	**5.4**	**3.0**	**7.7**
郑 州 市 Zhengzhou	724.70	367.21	357.49	18.24	4.39	13.85	2.5	1.2	3.9
开 封 市 Kaifeng	367.68	180.46	187.22	25.92	6.80	19.13	7.1	3.8	10.2
洛 阳 市 Luoyang	523.68	261.05	262.63	17.18	4.10	13.08	3.3	1.6	5.0
平 顶 山 市 Pingdingshan	391.22	197.44	193.78	19.38	5.71	13.67	5.0	2.9	7.1
安 阳 市 Anyang	404.25	187.00	217.25	15.63	3.38	12.25	3.9	1.8	5.6
鹤 壁 市 Hebi	121.62	60.57	61.05	5.35	1.27	4.08	4.4	2.1	6.7
新 乡 市 Xinxiang	451.02	220.21	230.81	16.46	4.04	12.42	3.7	1.8	5.4
焦 作 市 Jiaozuo	287.24	142.88	144.36	7.22	1.47	5.74	2.5	1.0	4.0
濮 阳 市 Puyang	279.91	134.80	145.11	20.34	5.11	15.23	7.3	3.8	10.5
许 昌 市 Xuchang	345.86	172.53	173.34	15.13	3.89	11.24	4.4	2.3	6.5
漯 河 市 Luohe	208.92	104.28	104.64	9.81	2.66	7.15	4.7	2.6	6.8
三 门 峡 市 Sanmenxia	188.52	96.56	91.96	3.30	0.90	2.41	1.8	0.9	2.6
南 阳 市 Nanyang	791.44	397.19	394.25	40.35	14.32	26.03	5.1	3.6	6.6
商 丘 市 Shangqiu	579.16	278.70	300.46	53.60	14.42	39.18	9.3	5.2	13.0
信 阳 市 Xinyang	467.27	225.50	241.77	38.81	11.32	27.50	8.3	5.0	11.4
周 口 市 Zhoukou	681.90	321.93	359.96	59.11	14.38	44.73	8.7	4.5	12.4
驻 马 店 市 Zhumadian	557.92	270.70	287.22	32.40	9.66	22.75	5.8	3.6	7.9
济 源 市 Jiyuan	55.95	28.17	27.78	0.92	0.20	0.72	1.6	0.7	2.6

4-21 各市家庭户的住房间数和面积

Number of Rooms and Per Capita Net Living Space of Urban and Rural Households by city

市 City	家庭户户数(万户) Family Households (10 000 Households)	家庭户人数(万人) Population of Family Households (10 000Persons)	平均每户住房间数(间/户) Rooms Per Family Households (Rooms/Households)	人均住房建筑面积(平方米/人) Per Capita Floor Space of Houses (sq.m)	人均住房间数(间/人) Per Capita Room of Houses (unit/person)
全省 Total	**2592.87**	**9002.81**	**4.2**	**32.5**	**1.2**
郑州市 Zhengzhou	243.67	766.78	3.8	36.2	1.2
开封市 Kaifeng	124.10	451.68	5.1	28.9	1.4
洛阳市 Luoyang	180.63	629.06	4.0	34.0	1.1
平顶山市 Pingdingshan	133.60	471.78	3.8	28.8	1.1
安阳市 Anyang	148.65	504.54	4.7	36.9	1.4
鹤壁市 Hebi	40.12	153.97	4.4	32.4	1.2
新乡市 Xinxiang	143.52	552.38	4.5	34.0	1.2
焦作市 Jiaozuo	87.33	339.92	4.3	34.5	1.1
濮阳市 Puyang	95.22	352.33	4.2	27.3	1.1
许昌市 Xuchang	115.60	407.03	4.1	34.6	1.2
漯河市 Luohe	66.21	240.32	3.8	33.4	1.1
三门峡市 Sanmenxia	62.96	210.28	3.5	29.3	1.1
南阳市 Nanyang	274.80	981.14	4.3	31.8	1.2
商丘市 Shangqiu	219.88	720.99	4.5	31.6	1.4
信阳市 Xinyang	182.59	592.93	3.4	33.4	1.0
周口市 Zhoukou	250.55	872.92	4.6	30.2	1.3
驻马店市 Zhumadian	205.69	690.76	3.9	32.0	1.2
济源市 Jiyuan	17.75	64.02	3.8	42.1	1.1

主要统计指标解释

人口数 指一定时点、一定地区范围内的有生命的个人的总和。

年度统计的年末人口数指每年 12 月 31 日 24 时的人口数。

常住人口 指实际经常居住在某地区一定时间（指半年以上）的人口。按人口普查和抽样调查规定，主要包括：1、在本地居住，户口也在本地的人口；2、户口在外地，但在本地居住半年以上者，或离开户口地半年以上而调查时在本地居住的人口；3、调查时居住在本地，但在任何地方都没有登记常住户口，如手持户口迁移证、出生证、退伍证、劳改劳教释放证等尚未办理常住户口的人，即所谓“口袋户口”的人。

出生率(又称粗出生率) 指在一定时期内(通常为一年)平均每千人所出生的人数的比率，一般用千分率表示。计算公式为：

出生率＝年出生人数／年平均人数×1000‰

式中：出生人数指活产婴儿，即胎儿脱离母体时(不管怀孕月数)，有过呼吸或其他生命现象。年平均人数指年初、年底人口数的平均数，也可用年中人口数代替。

死亡率(又称粗死亡率) 指在一定时期内(通常为一年)一定地区的死亡人数与同期平均人数(或期中人数)之比，一般用千分率表示。计算公式为：

死亡率＝年死亡人数／年平均人数×1000‰

人口自然增长率 指在一定时期内(通常为一年)人口自然增加数(出生人数减死亡人数)与该时期内平均人数(或期中人数)之比，一般用千分率表示。计算公式为：

人口自然增长率＝（本年出生人数－本年死亡人数）／年平均人数×1000‰＝人口出生率－人口死亡率

性别比 总人口中男性人数与女性人数之比。通常用每 100 个女性人口相应有多少男性人口表示。其计算公式为：

性别比＝男性人口数/女性人口数×100%

总负担系数 指被抚养人口（0-14岁和65岁或60岁以上人口）与15-64岁或15-59岁人口的比例。计算公式为:

总负担系数=被抚养人口/15-64岁或15-59岁人口×100

负担老年系数 指老年人口（65岁或60岁以上人口）与15-64岁或15-59岁人口的比例。计算公式为:

负担老年系数=老年人口/15-64岁或15-59岁人口×100

负担少年系数 指少年儿童与 15-64 岁或 15-59 岁人口的比例。计算公式为:

负担少年系数=少年儿童人口/15-64 岁或 15-59 岁人口×100

Explanatory Notes on Main Statistical Indicators

Total Population refers to the total number of people alive at a certain point of time within a given area.

The annual statistics on total population is taken at midnight, the 3lst of December.

Resident Population refers to the population actual living in a certain area for six months or more. According to the census and sample surveys, it includes the following main items : 1, Population live in this area, with the local resident registered; 2, Population with the resident registered of other area, live this area over half a year or Less than half a year but Leaving the area where they resident registered over half a year; 3, Population live in the local area, but have no resident registered, only have Migration Certificate 、Birth certificate 、Legionnaires card 、Release card from Re-education through labor or haven not yet requisition the resident registered ,so-called "pocket-registered "population.

Birth Rate (or Crude Birth Rate) refers to the ratio of the number of births to the average population during a certain period of time (usually a year), which is often expressed in‰. The following formula is used:

Birth Rate=Number of Births/Average Number of Population×1000‰

Number of births refers to live births i.e. the births when babies had showed any vital phenomena regardless of the length of pregnancy.

Annual Average Number of Population is the average of the number of population at the beginning of the year and that at the end of the year. Sometimes it is substituted for with the mid year population.

Death Rate (or Crude Death Rate) refers to the ratio of the number of deaths to the average population (or mid year population) during a certain period of time (usually a year), which is often expressed in‰. The following formula is used:

Death Rate umber of Deaths=Number of Deaths/Annual Average Number of Population×1000‰

Natural Growth Rate of Population refers to the ratio of natural increase in population (number of births minus number of deaths) in a certain period of time (usually a year) to the average population (or mid year population) of the same period, which is often expressed in‰. The following formulas are applied:

Natural Growth of Population=(Number of Births－Number of Deaths)/Average Number of Population×1000‰

Natural Growth Rate of Population=Birth Rate－Death Rate

Sex Ratio Refers to the Proportion of Male to Female Among the Total Population Which is often described as the proportion of 100 females to males. the following formula is used:

Sex Ratio=Number of Males/Number of Females×100%

Total Dependency Ratio refers to the ratio of number of dependents to the total population aged 15-64, the number of dependents being population aged 0-14 and population aged 65 and over. The total dependency ratio is calculated as follows:

Total Dependency Ratio = Number of Dependents/Population Aged 15-64×100%

The Aged Dependency Ratio refers to the ratio of the number of the aged population to the total population aged 15-64, the aged being population aged 65 and over. The aged dependency ratio is calculated as follows:

The Aged Dependency Ratio = Number of the Aged Population/ Population Aged 15-64×100%

The Juvenile and Children Dependency Ratio refers to the ratio of the number of the juvenile and children to the total population aged 15-64, the juvenile and children being population aged 0-14. The juvenile and children dependency ratio is calculated as follows:

The Juvenile and Children Dependency Ratio = Number of Juvenile and Children/ Population Aged 15-64 or 15-59×100%

从业人员与职工工资
Employment and Wages

● 资料整理：裴　斐

简要说明

一、主要内容

本篇资料反映从业人员就业情况、城镇登记失业情况，工资总额、平均工资及指数变化情况等。

二、统计范围

《劳动统计报表制度》的调查范围为法人单位（不包括乡镇企业和个体工商户）；《乡村社会经济调查方案》的调查范围为乡镇以下农村地区；《培训就业统计报表制度》的填报范围为就业服务和职业介绍机构；私营企业及个体工商业统计范围为全社会。1998年及以后城镇单位就业人员、工资总额、平均工资等指标中不再包括离开本单位仍保留劳动关系职工及其生活费。

三、资料来源

就业基本情况及分组、工资总额和平均工资等资料，由河南省统计局人口处根据《劳动统计报表制度》、《乡村社会经济调查方案》编辑整理。城镇私营企业及个体工商业就业人员，由河南省工商行政管理局提供。城镇登记失业人数，由河南省人力资源和社会保障厅提供。

四、调查方法

劳动统计报表采用全面调查方法，由各级统计部门逐级上报。培训、就业统计及私营企业和个体工商业统计利用行政登记资料加工整理。

Brief Introduction

I. Main Contents

Data in this chapter include employment situation, the registered urban unemployment situation, total wages, average wages and index change situation, etc.

II. Scope of Statistics

Statistics Scope of "Labor statistics system" is investigation units (not including township enterprises and individual); Statistics Scope of "the rural social and economic survey plan" refers rural areas; Statistics Scope of "the training employment statistics system" refers employment services provided and job-introduction agencies; Statistics Scope of private enterprises and individual industrial refers the whole society. Data on employment personnel, total wages, average wage of town unit no-include leaving this unit but still keep working relationship worker and the cost of living since 1998.

III. Sources of Data

Date on employment, Earnings and wages of staff and workers is used in the labor statistics, are compiled by the Department of population and employment of the Henan provincial Bureau of Statistics. Data on the number of employed persons in private enterprises and self-employed individuals are provided by the Henan provincial Bureau of Industry and Commerce. Data on the employment services and the exchanges of labor force and on the number of registered unemployed persons in urban areas are collected provided by the Henan provincial Bureau of Human Resources and Social Security.

IV. Sampling Methodology

Labor statistics using comprehensive investigation method, statistical departments at various levels shall report to higher level. Training, employment statistics, private enterprises, individual industrial and commercial statistics using administrative registration data.

5-1 历年分城乡的从业人员数

Number of Employed Persons at the Year-end by Residence Over the years

单位：万人 (10 000 persons)

年份 Year	合计 Total	城镇 Urban Area	#国有经济 Stateowned Units	#集体经济 Collective-owned Units	#有限责任公司 Limited Liability Corporations Units	#港澳台投资经济 Economic Units Funded by Entrepreneurs from Hong Kong, Macao and Taiwan	#外商投资经济 Foreign Funded Economic Units	#私营经济 Urban Private Economic Units	#城镇个体 Urban Self-Employed Individuals	乡村 Rural Area
1978	2807	423	346	74						2384
1979	2873	444	363	78						2429
1980	2929	469	379	83						2460
1981	3039	508	407	90						2531
1982	3146	516	407	95						2630
1983	3289	542	425	99						2747
1984	3346	574	419	129						2772
1985	3520	627	454	139						2893
1986	3598	649	469	149						2949
1987	3782	686	488	156						3096
1988	3916	704	508	161						3212
1989	3943	717	512	168						3226
1990	4086	727	521	171						3359
1991	4216	774	544	177						3442
1992	4332	811	571	172						3521
1993	4400	865	599	162						3535
1994	4448	890	604	158						3558
1995	4509	931	617	162						3578
1996	4638	981	640	161						3657
1997	4820	1002	603	177						3818
1998	5000	933	485	149				26	135	4067
1999	5205	894	475	146	66	9	6	27	124	4311
2000	5572	860	464	143	69	10	6	28	97	4712
2001	5517	829	448	134	69	8	5	28	82	4688
2002	5522	831	417	123	99	8	5	35	86	4691
2003	5536	841	399	117	121	8	6	41	98	4695
2004	5587	869	409	96	121	8	7	57	117	4718
2005	5662	910	405	91	132	7	8	73	137	4752
2006	5719	942	402	86	147	8	10	88	143	4777
2007	5773	958	397	83	154	10	11	89	151	4815
2008	5835	976	391	68	160	10	10	106	156	4859
2009	5949	1067	381	49	192	10	11	161	172	4882
2010	6042	1127	389	50	192	11	12	177	198	4915
2011	6198	1287	400	52	238	28	16	196	252	4911
2012	6288	1383	409	51	287	19	17	208	294	4905

5-2 按城乡分的从业人员数(2012年底)

单位：万人

项　目	Item	合 计 Total
从业人员总计	**Total Number of Employed persons**	**6287.50**
按国民经济行业分	**Grouped by Sector**	
农、林、牧、渔业	Farming, Forestry,animal Husbandry and Fishery	2628.01
采矿业	Mining	64.48
制造业	Manufacturing	1155.66
电力、燃气及水的生产和供应业	Production and distribution of electricity,gas and water	23.20
建筑业	Construction	675.97
批发和零售业	Wholesale and retail trade	565.80
交通运输、仓储和邮政业	Traffic,transport, storage and post	222.77
住宿和餐饮业	Accommodation and Restaurants	186.60
信息传输、软件和信息技术服务业	Information transfer, software and Information technology services	35.73
金融业	Finance	24.75
房地产业	Real estate	24.43
租赁和商务服务业	Tenancy and business services	33.06
科学研究和技术服务业	Scientific research and technical service	18.65
水利、环境和公共设施管理业	Management of water conservancy,environment and public establishment	13.90
居民服务、修理和其他服务业	Resident services,Repairing and other services	330.46
教育	Education	119.17
卫生和社会工作	Sanitation and social work	46.66
文化、体育和娱乐业	Culture, sports and entertainment	9.79
公共管理、社会保障和社会组织	Public management,social security and social organization	108.40
按三次产业分	**By Type of Industry**	
第一产业	Primary Industry	2628.01
第二产业	Secondary Industry	1919.31
第三产业	Teriary Industry	1740.18

Number of Employed Persons at the Year-end in Urban and Rural Areas (End of 2012)

(10 000 persons)

城　镇 Urban Area	国有经济 State-owned Units	集体经济 Collective-owned Units	其他经济 Collective-owned Units	私营经济 Urban Private Economic Units	城镇个体 Urban Self-Employed Individuals	乡 村 Rural Area
1382.50	**409.25**	**50.85**	**421.08**	**207.79**	**293.53**	**4905.00**
16.83	3.57	0.99	1.26	6.62	4.39	2611.18
64.48	20.59	0.97	41.44	1.25	0.23	
293.76	15.33	9.80	193.12	57.29	18.21	861.91
23.20	14.72	0.26	7.52	0.65	0.05	
140.30	18.19	13.39	93.99	13.82	0.91	535.67
300.16	12.84	7.23	22.52	68.79	188.78	265.63
38.65	21.38	2.87	6.64	4.47	3.29	184.12
54.89	3.29	0.88	5.93	3.70	41.10	131.71
11.28	3.32	0.11	2.90	4.30	0.65	24.45
24.75	6.51	3.28	13.54	1.42	0.00	
24.43	1.21	0.37	11.53	11.28	0.05	
33.06	4.73	1.24	5.31	19.91	1.86	
18.65	10.26	0.41	2.45	4.56	0.98	
13.90	11.70	0.25	1.19	0.71	0.05	
40.13	0.64	0.14	0.82	7.46	31.08	290.33
119.17	105.84	6.48	6.59	0.16	0.11	
46.66	41.80	1.69	2.63	0.37	0.17	
9.79	6.39	0.17	0.55	1.04	1.63	
108.40	106.95	0.31	1.14			
16.83	3.57	0.99	1.26	6.62	4.39	2611.18
521.74	68.83	24.42	336.08	73.01	19.39	1397.58
843.94	336.85	25.44	83.74	128.16	269.75	896.24

5-3 各市分城乡的从业人员数(2012年底)

单位：万人

市(县) City(County)	合计 Total	城镇 Urban Area	#国有经济 State-owned Units	集体经济 Collective-owned Units	股份合作经济 Cooperative Units	联营经济 Joint Ownership Units
全　　省 Total	**6287.50**	**1382.50**	**409.25**	**50.85**	**8.89**	**2.06**
省　辖　市 City						
郑　州　市 Zhengzhou	509.09	271.80	55.03	4.29	1.55	0.39
开　封　市 Kaifeng	309.32	61.84	16.31	3.80	1.24	0.20
洛　阳　市 Luoyang	429.62	118.67	34.44	3.63	0.20	0.04
平 顶 山 市 Pingdingshan	316.05	69.94	19.75	3.09	0.31	0.05
安　阳　市 Anyang	349.75	75.93	15.29	2.97	0.68	0.10
鹤　壁　市 Hebi	90.40	27.88	5.61	0.44	0.17	0.03
新　乡　市 Xinxiang	323.34	70.09	22.64	4.03	0.41	0.05
焦　作　市 Jiaozuo	234.58	86.75	13.85	1.49	0.13	0.06
濮　阳　市 Puyang	240.95	50.55	18.74	0.84	0.48	0.06
许　昌　市 Xuchang	315.77	107.73	15.45	0.97	0.23	0.00
漯　河　市 Luohe	163.42	34.15	9.80	2.13	0.03	
三 门 峡 市 Sanmenxia	136.38	40.43	12.96	1.06	0.03	0.45
南　阳　市 Nanyang	691.39	136.08	41.29	5.26	1.19	0.15
商　丘　市 Shangqiu	512.93	74.99	27.24	3.60	0.44	0.25
信　阳　市 Xinyang	491.18	81.11	31.17	5.76	0.68	0.00
周　口　市 Zhoukou	686.62	100.75	29.33	3.64	0.23	0.08
驻 马 店 市 Zhumadian	579.38	93.05	25.40	2.43	0.84	0.15
济　源　市 Jiyuan	45.30	18.74	3.07	0.19	0.06	
省 直 管 县 Province Administrating County						
巩　义　市 Gongyi	43.57	10.51	1.82	0.78	0.10	0.03
兰　考　县 Lankao	51.03	6.15	1.69	0.05	0.02	0.01
汝　州　市 Ruzhou	60.80	8.92	3.74	0.46		0.01
滑　　县 Huaxian	77.79	9.72	2.44	0.82		
长　垣　县 Changyuan	47.79	7.04	1.69	0.43		
邓　州　市 Dengzhou	98.09	10.73	4.89	0.79	0.10	
永　城　市 Yongcheng	99.67	19.74	3.67	0.29	0.07	
固　始　县 Gushi	99.43	12.82	4.66	0.69	0.11	
鹿　邑　县 Luyi	72.66	5.44	2.74	0.40		
新　蔡　县 Xincai	69.34	4.20	1.99	0.21	0.04	0.01

Number of Employed Persons at the Year-end by Residence and City (End of 2012)

(10 000 persons)

有限责任公司 Limited Liability Corporations Units	股份有限公司 Share Holding Corporations Units	港澳台投资经济 Economic Units Funded by Entrepreneurs from Hong Kong, Macao and Taiwan	外商投资经济 Foreign Funded Economic Units	私营经济 Urban Private Economic Units	城镇个体 Urban Self-Employed Individuals	乡 村 Rural Area
286.77	**68.14**	**19.32**	**16.76**	**207.79**	**293.53**	**4905.00**
70.42	10.54	5.20	4.65	63.46	52.70	237.29
12.39	3.70	0.46	0.34	10.02	10.82	247.48
17.19	3.69	0.28	0.67	26.89	30.68	310.95
22.30	3.18	0.61	1.01	8.20	9.89	246.11
28.79	1.69	0.33	0.52	8.86	16.00	273.82
10.82	1.30	0.37	0.27	5.39	3.25	62.52
9.37	5.85	0.24	2.25	8.56	15.51	253.25
15.33	5.44	1.01	1.53	26.32	20.67	147.83
8.74	3.03	0.35	0.30	11.16	23.19	190.40
9.16	4.53	0.73	1.14	28.67	46.01	208.04
7.46	1.25	3.68	0.66	2.01	6.90	129.27
9.51	0.71	0.28	0.38	5.94	8.30	95.95
23.81	7.06	1.44	0.91	16.01	36.62	555.31
9.83	3.04	0.69	0.24	9.94	19.25	437.94
6.04	1.77	0.03	0.13	5.12	29.97	410.07
6.71	6.28	0.70	0.16	20.42	32.81	585.87
13.04	4.57	0.41	1.13	16.46	27.58	486.34
5.85	0.53	2.51	0.47	2.33	3.44	26.56
1.59	0.84	0.31	0.72	1.57	2.53	33.07
0.83	0.00	0.00		2.02	1.35	44.89
0.68	0.53	0.05		1.71	1.54	51.88
1.46	0.35			1.84	2.73	68.07
1.10	0.06			1.89	1.81	40.75
0.92	0.26	0.01	0.05	0.88	2.67	87.36
5.19	0.30			3.31	6.91	79.93
0.87	0.02			3.21	3.26	86.61
	0.36			0.25	1.68	67.22
0.28	0.06	0.00	0.00	0.36	1.12	65.14

5-4 历年分三次产业的从业人员数

Number of Employed Persons at the Year-end by Three Industries

年 份 Year	从业人员(万人) Number of Employed Persons (10 000 persons)	第一产业 Primary Industry	第二产业 Secondary Industry	第三产业 Tretiary Industry	从业人员构成(以从业人员为100) Composition in Percentage (Total=100) 第一产业 Primary Industry	第二产业 Secondary Industry	第三产业 Tretiary Industry
1952	1683	1511	74	98	89.8	4.4	5.8
1957	1829	1577	111	141	86.2	6.1	7.7
1962	2021	1698	82	241	84.0	4.1	11.9
1965	2172	1796	91	285	82.7	4.2	13.1
1970	2481	2037	150	294	82.1	6.0	11.9
1975	2689	2279	230	180	84.8	8.6	6.7
1978	2807	2262	296	249	80.6	10.5	8.9
1979	2873	2366	290	217	82.4	10.1	7.6
1980	2929	2378	304	247	81.2	10.4	8.4
1981	3039	2470	310	259	81.3	10.2	8.5
1982	3146	2530	315	301	80.4	10.0	9.6
1983	3289	2598	341	350	79.0	10.4	10.6
1984	3346	2578	376	392	77.0	11.2	11.7
1985	3520	2571	523	426	73.0	14.9	12.1
1986	3598	2574	568	456	71.5	15.8	12.7
1987	3782	2596	616	570	68.6	16.3	15.1
1988	3916	2648	659	609	67.6	16.8	15.6
1989	3943	2719	659	565	69.0	16.7	14.3
1990	4086	2833	671	582	69.3	16.4	14.2
1991	4216	2921	689	606	69.3	16.3	14.4
1992	4332	2955	724	653	68.2	16.7	15.1
1993	4400	2910	808	682	66.1	18.4	15.5
1994	4448	2865	864	719	64.4	19.4	16.2
1995	4509	2814	929	766	62.4	20.6	17.0
1996	4638	2822	988	828	60.8	21.3	17.9
1997	4820	2909	1011	900	60.4	21.0	18.7
1998	5000	2947	962	1091	58.9	19.2	21.8
1999	5205	3305	913	987	63.5	17.5	19.0
2000	5572	3564	977	1031	64.0	17.5	18.5
2001	5517	3478	997	1042	63.0	18.1	18.9
2002	5522	3398	1038	1086	61.5	18.8	19.7
2003	5536	3332	1084	1120	60.2	19.6	20.2
2004	5587	3246	1142	1200	58.1	20.4	21.5
2005	5662	3139	1251	1272	55.4	22.1	22.5
2006	5719	3050	1351	1318	53.3	23.6	23.0
2007	5773	2920	1487	1366	50.6	25.8	23.7
2008	5835	2847	1564	1424	48.8	26.8	24.4
2009	5949	2765	1675	1509	46.5	28.2	25.4
2010	6042	2712	1753	1577	44.9	29.0	26.1
2011	6198	2670	1853	1675	43.1	29.9	27.0
2012	6288	2628	1919	1740	41.8	30.5	27.7

5-5 各市分三次产业的从业人员数(2012年底)

Number of Employed Persons at the Year-end by Three Industries and city (End of 2012)

市(县)	City(County)	从业人员(万人) Number of Employed Persons (10 000 persons)	第一产业 Primary Industry	第二产业 Secondary Industry	第三产业 Tretiary Industry	从业人员构成(以从业人员为100) Composition in Percentage (Total=100) 第一产业 Primary Industry	第二产业 Secondary Industry	第三产业 Tretiary Industry
全省	**Total**	**6287.50**	**2628.01**	**1919.31**	**1740.18**	**41.8**	**30.5**	**27.7**
省辖市	**City**							
郑州市	Zhengzhou	509.09	99.71	193.84	215.55	19.6	38.1	42.3
开封市	Kaifeng	309.32	142.11	91.85	75.36	45.9	29.7	24.4
洛阳市	Luoyang	429.62	153.01	136.22	140.39	35.6	31.7	32.7
平顶山市	Pingdingshan	316.05	144.26	91.68	80.10	45.6	29.0	25.3
安阳市	Anyang	349.75	138.44	122.75	88.56	39.6	35.1	25.3
鹤壁市	Hebi	90.40	30.08	33.46	26.86	33.3	37.0	29.7
新乡市	Xinxiang	323.34	123.63	115.89	83.82	38.2	35.8	25.9
焦作市	Jiaozuo	234.58	78.17	87.14	69.27	33.3	37.1	29.5
濮阳市	Puyang	240.95	109.96	75.71	55.29	45.6	31.4	22.9
许昌市	Xuchang	315.77	104.16	106.79	104.82	33.0	33.8	33.2
漯河市	Luohe	163.42	69.64	56.13	37.65	42.6	34.3	23.0
三门峡市	Sanmenxia	136.38	62.23	32.60	41.54	45.6	23.9	30.5
南阳市	Nanyang	691.39	333.12	184.30	173.97	48.2	26.7	25.2
商丘市	Shangqiu	512.93	224.49	159.69	128.76	43.8	31.1	25.1
信阳市	Xinyang	491.18	213.64	118.47	159.07	43.5	24.1	32.4
周口市	Zhoukou	686.62	319.71	196.58	170.33	46.6	28.6	24.8
驻马店市	Zhumadian	579.38	274.80	158.81	145.77	47.4	27.4	25.2
济源市	Jiyuan	45.30	13.99	18.86	12.46	30.9	41.6	27.5
省直管县	**Province Administrating County**							
巩义市	Gongyi	43.57	8.69	22.43	12.46	19.9	51.5	28.6
兰考县	Lankao	51.03	20.22	7.72	23.09	39.6	15.1	45.2
汝州市	Ruzhou	60.80	26.56	19.44	14.80	43.7	32.0	24.4
滑县	Huaxian	77.79	39.45	20.40	17.94	50.7	26.2	23.1
长垣县	Changyuan	47.79	21.47	16.70	9.62	44.9	35.0	20.1
邓州市	Dengzhou	98.09	50.73	25.93	21.43	51.7	26.4	21.8
永城市	Yongcheng	99.67	30.48	47.02	22.18	30.6	47.2	22.2
固始县	Gushi	99.43	40.79	26.88	31.76	41.0	27.0	31.9
鹿邑县	Luyi	72.66	28.87	25.83	17.96	39.7	35.6	24.7
新蔡县	Xincai	69.34	34.63	18.21	16.50	49.9	26.3	23.8

5-6 历年分行业从业人员数

单位：万人

年 份 Year	合 计 Total	农林牧渔业 Farming, Forestry, Animal Husbandry and Fishery	采矿业 Mining	制造业 Manufacturing	电力、燃气及水的生产和供应业 Production and Supply of Electricity,Gas and Water	建筑业 Construction	批发和零售业 Wholesale and retail trade	交通运输仓储及邮政业 Traffic, transport, storage and post	住宿和餐饮业 Accommodation and Restaurants	信息传输、软件和信息技术服务业 Information transfer, software and Information technology services
2003	5535.67	3331.86	49.44	614.84	23.14	396.13	318.00	166.37	44.47	6.63
2004	5587.44	3245.66	49.27	652.80	22.90	417.15	315.33	180.37	106.05	17.98
2005	5662.44	3138.83	49.96	732.53	22.66	446.55	343.71	187.29	123.50	17.14
2006	5718.70	3050.00	50.20	800.40	22.20	477.80	362.30	188.90	129.10	20.70
2007	5772.72	2920.29	51.33	884.14	21.61	529.90	378.70	198.65	139.50	24.25
2008	5835.45	2847.31	51.27	933.43	20.99	558.23	406.10	204.46	147.07	25.63
2009	5948.78	2764.86	55.49	1006.00	21.23	592.00	443.94	207.70	157.12	31.34
2010	6041.56	2711.72	54.43	1053.52	21.66	623.76	481.71	213.14	165.97	34.25
2011	6197.85	2670.45	65.17	1109.32	22.01	656.00	535.44	217.80	176.52	35.74
2012	6287.50	2628.01	64.48	1155.66	23.20	675.97	565.80	222.77	186.60	35.73

Number of Employed Persons by Sector Over the years

(10 000 persons)

金融业 Finance	房地产业 Real estate	租赁和商务服务业 Tenancy and business services	科学研究和技术服务业 Scientific research, and technical service	水利、环境和公共设施管理业 Management of water conservancy, environment and public establishment	居民服务、修理和其他服务业 Resident services Repairing and other services	教育 Education	卫生和社会工作 Sanitation, and social work	文化、体育和娱乐业 Culture, sports and entertainment	公共管理、社会保障和社会组织 Public management social security and social organization
21.11	4.56	8.34	10.73	10.37	294.74	103.84	31.80	7.00	92.30
21.19	6.04	11.21	11.09	10.45	278.48	104.75	33.27	7.70	95.75
20.92	7.68	13.98	11.09	10.58	291.37	107.22	33.43	6.92	97.08
20.70	8.80	15.30	11.40	11.30	301.90	109.60	34.40	8.20	95.50
22.32	9.82	16.29	11.56	11.70	300.75	111.60	35.51	8.22	96.58
21.58	10.87	20.08	13.07	11.78	310.18	109.81	36.50	8.28	98.81
22.48	15.06	26.85	13.88	11.98	314.83	112.58	39.21	8.43	103.80
23.47	17.18	29.04	14.92	12.82	314.08	114.27	41.27	8.62	105.72
25.15	21.98	32.15	16.30	13.53	323.86	117.59	43.75	8.99	106.11
24.75	24.43	33.06	18.65	13.90	330.46	119.17	46.66	9.79	108.40

5-7 各市分行业从业人员数(2012年底)

单位：万人

市(县) City(County)	合 计 Total	农林牧渔业 Farming, Forestry, Animal Husbandry and Fishery	采矿业 Mining	制造业 Manufacturing	电力、燃气及水的生产和供应业 Production and Supply of Electricity,Gas and Water	建筑业 Construction	批发和零售业 Wholesale and retail trade	交通运输仓储及邮政业 Traffic, transport, storage and post	住宿和餐饮业 Accommodation and Restaurants	信息传输、软件和信息技术服务业 Information transfer, software and Information technology services
全 省 Total	**6287.50**	**2628.01**	**64.48**	**1155.66**	**23.20**	**675.97**	**565.80**	**222.77**	**186.60**	**35.73**
省 辖 市 City										
郑 州 市 Zhengzhou	509.09	99.71	7.66	130.49	3.72	51.97	80.68	19.68	20.66	5.16
开 封 市 Kaifeng	309.32	142.11		60.05	0.84	30.96	22.45	10.11	7.53	1.44
洛 阳 市 Luoyang	429.62	153.01	2.09	88.18	3.93	42.02	17.60	4.01	47.33	14.47
平 顶 山 市 Pingdingshan	316.05	144.26	14.92	53.52	1.06	22.18	14.22	11.27	16.74	2.63
安 阳 市 Anyang	349.75	138.44	1.11	53.14	0.86	67.64	31.60	11.66	10.16	3.17
鹤 壁 市 Hebi	90.40	30.08	5.23	16.97	0.36	10.91	7.14	3.78	2.81	0.10
新 乡 市 Xinxiang	323.34	123.63	0.67	66.95	1.19	47.09	24.59	10.48	9.69	1.64
焦 作 市 Jiaozuo	234.58	78.17	5.26	65.49	1.30	15.09	27.16	8.76	6.50	1.56
濮 阳 市 Puyang	240.95	109.96	7.33	39.09	0.75	28.54	14.93	7.42	7.02	0.21
许 昌 市 Xuchang	315.77	104.16	4.08	81.75	0.73	20.22	44.62	10.52	12.68	1.96
漯 河 市 Luohe	163.42	69.64	0.00	37.73	0.34	18.06	11.54	5.34	3.56	0.86
三 门 峡 市 Sanmenxia	136.38	62.23	18.54	4.42	1.00	8.65	12.46	5.42	5.30	1.01
南 阳 市 Nanyang	691.39	333.12	4.06	123.99	1.86	54.39	37.43	19.12	45.51	7.10
商 丘 市 Shangqiu	512.93	224.49	4.32	95.77	0.90	58.69	46.94	15.32	11.45	2.99
信 阳 市 Xinyang	491.18	213.64	0.62	63.12	1.46	53.26	28.67	16.54	27.69	11.24
周 口 市 Zhoukou	686.62	319.71	0.00	116.15	1.07	79.36	49.06	3.56	33.35	13.37
驻 马 店 市 Zhumadian	579.38	274.80	0.76	91.37	1.58	65.10	32.63	15.81	33.36	6.02
济 源 市 Jiyuan	45.30	13.99	0.83	14.20	0.30	3.53	3.79	1.65	1.43	0.15
省 直 管 县 Province Administrating County										
巩 义 市 Gongyi	43.57	8.69	1.25	18.32	0.13	2.74	3.72	2.20	1.71	0.22
兰 考 县 Lankao	51.03	20.22		1.97	0.09	5.67	2.93	1.99	1.01	0.13
汝 州 市 Ruzhou	60.80	26.56	1.77	13.62	0.08	3.97	4.35	2.39	1.34	0.30
滑 县 Huaxian	77.79	39.45		9.39	0.09	10.92	6.28	2.37	2.64	1.10
长 垣 县 Changyuan	47.79	21.47		7.76	0.06	8.89	3.34	0.76	1.29	0.21
邓 州 市 Dengzhou	98.09	50.73	0.00	18.82	0.17	6.94	6.39	2.49	4.89	0.80
永 城 市 Yongcheng	99.67	30.48	4.32	30.13	0.14	12.43	8.63	2.36	3.47	0.40
固 始 县 Gushi	99.43	40.79	0.06	17.52	0.27	9.04	13.41	7.50	5.88	0.59
鹿 邑 县 Luyi	72.66	28.87		16.69	0.09	9.06	5.73	3.57	0.21	0.09
新 蔡 县 Xincai	69.34	34.63		11.39	0.12	6.70	3.03	0.53	3.93	2.04

Number of Employed Persons at Year-end by Sector and City (End of 2012)

(10 000 persons)

金融业 Finance	房地产业 Real estate	租赁和商务服务业 Tenancy and business services	科学研究和技术服务业 Scientific research, and technical service	水利、环境和公共设施管理业 Management of water conservancy, environment and public establishment	居民服务、修理和其他服务业 Resident services Repairing and other services	教育 Education	卫生和社会工作 Sanitation, and social work	文化、体育和娱乐业 Culture, sports and entertainment	公共管理、社会保障和社会组织 Public management social security and social organization
24.75	**24.43**	**33.06**	**18.65**	**13.90**	**330.46**	**119.17**	**46.66**	**9.79**	**108.40**
4.73	6.92	12.19	6.64	2.37	21.92	13.62	6.87	2.79	11.32
0.65	1.98	1.55	0.66	0.78	12.88	6.11	2.64	0.56	6.02
2.27	1.53	3.22	3.05	0.81	26.28	7.32	3.42	0.61	8.46
1.64	0.97	1.50	0.56	0.85	15.48	5.35	2.19	0.44	6.28
1.11	1.05	1.21	0.31	0.66	14.38	5.30	2.46	0.40	5.10
0.47	0.59	0.67	0.26	0.43	6.09	1.73	0.70	0.18	1.92
1.12	0.84	1.06	0.87	0.54	15.63	7.06	3.07	0.40	6.83
1.80	0.89	1.68	0.45	0.65	8.15	4.21	1.97	0.39	5.09
0.61	0.54	1.99	0.14	0.29	12.10	4.50	1.22	0.21	4.11
0.80	2.81	1.29	0.62	0.67	16.07	4.85	2.00	0.67	5.27
0.59	0.44	0.69	0.17	0.38	6.27	3.17	1.30	0.25	3.07
1.16	0.28	0.44	0.21	0.26	7.22	3.27	1.05	0.25	3.21
2.01	1.28	2.55	1.68	1.67	27.98	13.03	4.45	0.89	9.29
1.18	0.95	0.66	0.53	1.05	24.76	9.92	3.81	0.31	8.90
1.37	1.15	1.00	1.21	0.85	45.76	9.95	5.49	0.73	7.41
1.98	1.92	0.81	0.36	0.66	40.48	10.67	3.16	0.49	10.48
1.26	1.85	0.59	0.69	0.79	32.07	9.21	3.73	0.68	7.08
0.14	0.15	0.11	0.11	0.23	2.48	0.80	0.38	0.09	0.95
0.11	0.07	0.08	0.05	0.11	2.21	0.89	0.33	0.09	0.66
0.01	0.13	0.16	0.07	0.06	14.93	0.23	0.56	0.02	0.86
0.14	0.13	0.39	0.06	0.07	3.49	0.92	0.45	0.07	0.71
0.17	0.04	0.12	0.02	0.00	2.84	1.11	0.36	0.08	0.79
0.08	0.21	0.20	0.04	0.03	1.53	0.87	0.37	0.04	0.64
0.06	0.16	0.10	0.18	0.21	3.26	1.60	0.50	0.05	0.73
0.11	0.08	0.02	0.08	0.25	3.51	1.44	0.52	0.06	1.26
0.14	0.07	0.15	0.22	0.25	0.42	1.74	0.46	0.09	0.84
0.07	0.00	0.01	0.03	0.11	5.48	1.51	0.37	0.03	0.76
0.07	0.06	0.03	0.05	0.06	4.93	0.96	0.29	0.05	0.47

5-8 历年分行业城镇单位从业人员数

单位：万人

年 份 Year	合 计 Total	农林牧渔业 Farming, Forestry, Animal Husbandry and Fishery	采矿业 Mining	制造业 Manufacturing	电力、燃气及水的生产和供应业 Production and Supply of Electricity,Gas and Water	建筑业 Construction	批发和零售业 Wholesale and retail trade	交通运输仓储及邮政业 Traffic, transport, storage and post	住宿和餐饮业 Accommodation and Restaurants	信息传输、软件和信息技术服务业 Information transfer, software and Information technology services
2003	701.70	9.63	48.72	159.91	23.14	61.70	58.92	32.94	9.79	5.32
2004	695.89	9.06	48.62	152.07	21.97	64.22	53.24	33.34	9.49	5.12
2005	700.59	9.54	49.24	155.24	21.69	64.79	48.18	32.91	11.00	4.84
2006	711.25	8.80	49.29	159.06	21.93	71.26	46.04	31.51	10.65	5.06
2007	719.18	8.68	50.41	157.11	21.15	77.79	43.11	30.96	10.04	4.58
2008	714.41	7.95	50.33	153.62	20.42	80.64	41.03	29.42	9.07	3.99
2009	734.73	6.97	53.32	154.78	20.67	87.32	38.88	28.78	9.53	5.20
2010	751.68	7.12	52.65	158.82	21.09	93.66	38.19	29.15	9.95	4.87
2011	839.09	7.25	63.67	193.82	21.46	116.06	42.73	30.24	10.53	5.87
2012	881.18	5.83	63.00	218.25	22.50	125.58	42.59	30.89	10.10	6.34

Number of Employed Persons in Urban Units by Sector over the years

(10 000 persons)

金融业 Finance	房地产业 Real estate	租赁和商务服务业 Tenancy and business services	科学研究和技术服务业 Scientific research, and technical service	水利、环境和公共设施管理业 Management of water conservancy, environment and public establishment	居民服务、修理和其他服务业 Resident services Repairing and other services	教育 Education	卫生和社会工作 Sanitation, and social work	文化、体育和娱乐业 Culture, sports and entertainment	公共管理、社会保障和社会组织 Public management social security and social organization
21.11	4.56	8.34	10.73	10.37	1.56	103.84	31.80	7.00	92.30
21.19	4.59	9.30	11.09	10.45	1.72	104.75	32.97	6.94	95.75
20.92	5.45	10.27	11.09	10.58	1.48	107.22	33.09	5.98	97.08
20.72	5.93	10.36	11.41	11.33	1.71	109.60	34.11	7.03	95.45
22.32	6.94	10.43	11.56	11.70	1.80	111.60	35.24	7.17	96.58
21.49	6.91	12.39	11.95	11.61	1.66	109.78	36.17	7.17	98.81
22.02	8.57	12.05	11.08	11.54	1.77	112.51	38.85	7.10	103.80
22.60	8.97	11.29	11.49	12.22	1.94	114.11	40.85	7.00	105.72
23.81	11.64	11.14	12.25	12.89	1.92	117.40	43.21	7.09	106.11
23.32	13.10	11.29	13.12	13.13	1.60	118.90	46.12	7.12	108.40

5-9 各市分行业城镇单位从业人员数(2012年底)

单位：万人

市(县) City(County)	合计 Total	农林牧渔业 Farming, Forestry, Animal Husbandry and Fishery	采矿业 Mining	制造业 Manufacturing	电力、燃气及水的生产和供应业 Production and Supply of Electricity,Gas and Water	建筑业 Construction	批发和零售业 Wholesale and retail trade	交通运输仓储及邮政业 Traffic, transport, storage and post	住宿和餐饮业 Accommodation and Restaurants	信息传输、软件和信息技术服务业 Information transfer, software and Information technology services
省辖市 City										
郑州市 Zhengzhou	155.65	0.22	7.25	53.15	3.57	25.48	6.95	4.04	3.31	1.18
开封市 Kaifeng	41.00	0.42		12.49	0.82	3.75	2.60	0.98	0.57	0.40
洛阳市 Luoyang	61.10	0.17	1.76	16.27	3.81	7.11	2.76	1.60	0.75	0.42
平顶山市 Pingdingshan	51.84	0.09	14.77	10.77	1.05	3.52	1.91	1.32	0.42	0.24
安阳市 Anyang	51.07	0.11	1.11	9.60	0.84	18.69	2.65	0.88	0.58	0.34
鹤壁市 Hebi	19.24	0.11	5.21	4.74	0.35	2.31	0.51	0.22	0.14	0.06
新乡市 Xinxiang	46.02	0.56	0.67	13.78	1.15	6.30	1.42	1.00	0.38	0.25
焦作市 Jiaozuo	39.76	0.49	5.14	12.19	1.22	3.90	1.36	0.65	0.36	0.24
濮阳市 Puyang	33.10	0.05	7.33	3.92	0.74	6.72	0.74	0.45	0.20	0.16
许昌市 Xuchang	33.06	0.09	3.14	9.34	0.63	3.31	1.13	0.54	0.34	0.11
漯河市 Luohe	25.25	0.07	0.00	11.79	0.33	2.57	0.54	0.30	0.09	0.09
三门峡市 Sanmenxia	26.19	0.11	6.98	3.49	0.79	2.59	2.28	0.55	0.30	0.16
南阳市 Nanyang	83.46	1.10	3.83	21.44	1.76	12.32	5.54	2.03	0.80	0.70
商丘市 Shangqiu	45.80	0.40	4.32	4.79	0.88	5.99	2.04	1.09	0.22	0.43
信阳市 Xinyang	46.02	0.71	0.54	6.13	1.40	6.44	3.27	1.66	0.59	0.43
周口市 Zhoukou	47.52	0.47		7.80	1.01	5.58	3.03	0.79	0.18	0.78
驻马店市 Zhumadian	49.01	0.53	0.28	9.07	1.56	7.67	3.16	1.22	0.55	0.29
济源市 Jiyuan	12.97	0.03	0.65	7.34	0.29	1.24	0.41	0.13	0.06	0.04
省直管县 Province Administrating County										
巩义市 Gongyi	6.41	0.00	1.22	2.16	0.12	0.15	0.20	0.19	0.07	0.04
兰考县 Lankao	2.78	0.03		0.72	0.06	0.01	0.12	0.02		
汝州市 Ruzhou	5.67	0.02	1.72	0.86	0.08	0.19	0.24	0.14	0.01	0.01
滑县 Huaxian	5.15	0.02		0.11	0.09	1.59	0.49	0.13	0.12	0.04
长垣县 Changyuan	3.34	0.32		0.04	0.05	0.59	0.13	0.05	0.04	
邓州市 Dengzhou	7.17	0.11		1.38	0.16	0.82	1.01	0.17	0.08	0.04
永城市 Yongcheng	9.52	0.01	4.32	0.20	0.12	1.11	0.15	0.06	0.04	0.02
固始县 Gushi	6.35	0.07		0.52	0.27	0.78	0.58	0.20	0.07	0.05
鹿邑县 Luyi	3.51	0.10		0.36	0.08	0.22	0.09	0.04	0.01	
新蔡县 Xincai	2.72	0.04		0.31	0.12	0.08	0.14	0.02	0.02	0.03

Number of Employed Persons in Urban Units at Year-end by Sector and City (End of 2012)

(10 000 persons)

金融业 Finance	房地产业 Real estate	租赁和商务服务业 Tenancy and business services	科学研究和技术服务业 Scientific research, and technical service	水利、环境和公共设施管理业 Management of water conservancy, environment and public establishment	居民服务、修理和其他服务业 Resident services Repairing and other services	教育 Education	卫生和社会工作 Sanitation, and social work	文化、体育和娱乐业 Culture, sports and entertainment	公共管理、社会保障和社会组织 Public management social security and social organization
4.40	3.54	2.32	3.98	2.10	0.43	13.57	6.62	2.22	11.32
0.62	1.35	0.51	0.45	0.75	0.14	6.10	2.64	0.41	6.02
2.20	0.57	1.02	2.35	0.76	0.03	7.29	3.38	0.42	8.46
1.52	0.44	0.63	0.37	0.84	0.05	5.35	2.17	0.34	6.05
1.09	0.43	0.58	0.27	0.66	0.12	5.30	2.42	0.31	5.10
0.33	0.22	0.12	0.11	0.38	0.01	1.73	0.68	0.10	1.89
1.08	0.49	0.37	0.75	0.52	0.08	7.04	3.05	0.31	6.83
1.71	0.14	0.27	0.22	0.62	0.06	4.20	1.95	0.24	4.81
0.61	0.24	1.89	0.12	0.29	0.04	4.26	1.10	0.15	4.11
0.68	0.57	0.15	0.34	0.61	0.03	4.83	1.98	0.23	5.02
0.58	0.23	0.48	0.09	0.37	0.01	3.17	1.30	0.18	3.07
1.03	0.14	0.30	0.19	0.25	0.03	2.75	1.04	0.20	3.04
1.92	0.71	1.38	1.42	1.50	0.22	12.96	4.42	0.59	8.81
1.09	0.26	0.08	0.33	1.01	0.07	9.90	3.79	0.22	8.90
1.23	0.80	0.54	1.09	0.84	0.06	9.93	2.69	0.42	7.24
1.91	1.23	0.07	0.23	0.62	0.03	10.64	3.13	0.28	9.75
1.20	1.60	0.38	0.64	0.79	0.18	9.06	3.38	0.44	7.03
0.14	0.13	0.04	0.09	0.22	0.01	0.78	0.37	0.06	0.94
0.11	0.03	0.03	0.03	0.11	0.00	0.89	0.33	0.05	0.66
0.01		0.06	0.05	0.06	0.01	0.22	0.56	0.00	0.86
0.13	0.00	0.03	0.04	0.06	0.00	0.91	0.45	0.05	0.71
0.17	0.01	0.03	0.01	0.00	0.01	1.11	0.36	0.06	0.79
0.07	0.06	0.01	0.03	0.03	0.00	0.87	0.37	0.03	0.64
0.06	0.09	0.03	0.16	0.20	0.01	1.60	0.48	0.05	0.72
0.10	0.03		0.03	0.24	0.01	1.27	0.51	0.04	1.26
0.14	0.06	0.07	0.22	0.23	0.01	1.70	0.45	0.09	0.84
0.07	0.00		0.03	0.11		1.36	0.27	0.03	0.75
0.06	0.03	0.01	0.03	0.06	0.01	0.96	0.29	0.03	0.47

5-10 历年城镇单位从业人员数

Number of Employed Persons in Urban Units at Year-end

单位：万人 (10 000 persons)

年 份 Year	合 计 Total	在岗职工 Staff and Workers	其他从业人员 Others	国有单位 State-owned Units	城镇集体单位 Urban Collective-owned Units	其他单位 Other Units	第一产业 Primary Industry	第二产业 Secondary Industry	第三产业 Tretiary Industry
1978	420			346	74				
1979	441			363	78				
1980	462			379	83				
1981	497			407	90				
1982	502			407	95				
1983	524			425	99				
1984	548			419	129				
1985	593			454	139				
1986	618			469	149				
1987	645			488	156	1			
1988	670			508	161	1			
1989	681			512	168	1			
1990	693			521	171	1			
1991	722			544	177	1			
1992	746			571	172	3			
1993	771			599	162	10			
1994	788			604	158	26			
1995	815			617	162	36			
1996	842			640	161	41			
1997	841			603	177	61			
1998	772	748	24	495	162	115	5	361	406
1999	742	723	19	475	146	121	5	335	402
2000	734	718	16	464	143	127	5	321	408
2001	719	704	15	457	138	124	5	308	406
2002	710	694	16	427	127	156	5	278	428
2003	702	683	19	399	117	187	10	293	399
2004	696	677	19	409	96	191	9	287	400
2005	701	681	20	405	91	205	10	291	400
2006	711	692	19	402	86	224	9	302	401
2007	719	699	20	397	83	240	9	306	404
2008	714	692	22	391	68	255	8	305	401
2009	735	708	27	381	49	305	8	316	412
2010	752	723	28	389	50	312	7	326	418
2011	839	809	30	400	52	387	30	395	414
2012	881	850	32	409	51	421	6	429	446

5-11 各市城镇单位从业人员数(2012年底)

Number of Employed Persons in Urban Units by City (End of 2012)

单位：万人 (10 000 persons)

市(县)	City(County)	合计 Total	在岗职工 Staff and Workers	#劳务派遣 Labor Dispatching	其他从业人员 Others	国有单位 State-owned Units	城镇集体单位 Urban Collective-owned Units	其他单位 Other Units	第一产业 Primary Industry	第二产业 Secondary Industry	第三产业 Tretiary Industry
全　省	**Total**	**881.18**	**849.62**	**32.04**	**31.56**	**409.25**	**50.85**	**421.08**	**5.83**	**429.33**	**446.02**
省辖市	**City**										
郑州市	Zhengzhou	155.65	152.23	7.26	3.41	55.03	4.29	96.32	0.22	89.45	65.98
开封市	Kaifeng	41.00	40.13	0.32	0.87	16.31	3.80	20.88	0.42	17.07	23.52
洛阳市	Luoyang	61.10	57.28	4.93	3.82	34.44	3.63	23.02	0.17	28.94	31.98
平顶山市	Pingdingshan	51.84	50.36	3.26	1.48	19.75	3.09	29.01	0.09	30.11	21.65
安阳市	Anyang	51.07	47.37	0.89	3.70	15.29	2.97	32.80	0.11	30.24	20.72
鹤壁市	Hebi	19.24	18.75	0.78	0.49	5.61	0.44	13.19	0.11	12.62	6.51
新乡市	Xinxiang	46.02	44.07	0.75	1.95	22.64	4.03	19.35	0.56	21.89	23.57
焦作市	Jiaozuo	39.76	37.79	3.71	1.97	13.85	1.49	24.42	0.49	22.45	16.82
濮阳市	Puyang	33.10	31.74	2.60	1.36	18.74	0.84	13.52	0.05	18.70	14.35
许昌市	Xuchang	33.06	32.68	0.90	0.38	15.45	0.97	16.65	0.09	16.41	16.56
漯河市	Luohe	25.25	24.86	0.59	0.39	9.80	2.13	13.33	0.07	14.69	10.50
三门峡市	Sanmenxia	26.19	25.37	0.27	0.83	12.96	1.06	12.18	0.11	13.85	12.23
南阳市	Nanyang	83.46	79.19	2.40	4.27	41.29	5.26	36.91	1.10	39.35	43.00
商丘市	Shangqiu	45.80	44.05	2.02	1.75	27.24	3.60	14.95	0.40	15.97	29.43
信阳市	Xinyang	46.02	45.12	0.34	0.89	31.17	5.76	9.09	0.71	14.52	30.79
周口市	Zhoukou	47.52	46.60	0.22	0.92	29.33	3.64	14.55	0.47	14.39	32.66
驻马店市	Zhumadian	49.01	47.15	0.22	1.86	25.40	2.43	21.18	0.53	18.57	29.92
济源市	Jiyuan	12.97	12.33	0.45	0.64	3.07	0.19	9.71	0.03	9.52	3.42
省直管县	**Province Administrating County**										
巩义市	Gongyi	6.41	6.29	0.11	0.12	1.82	0.78	3.82	0.00	3.66	2.74
兰考县	Lankao	2.78	2.72	0.01	0.06	1.69	0.05	1.04	0.03	0.78	1.96
汝州市	Ruzhou	5.67	5.49	0.83	0.18	3.74	0.46	1.46	0.02	2.84	2.81
滑县	Huaxian	5.15	4.94	0.01	0.21	2.44	0.82	1.89	0.02	1.78	3.35
长垣县	Changyuan	3.34	3.32	0.02	0.02	1.69	0.43	1.22	0.32	0.68	2.34
邓州市	Dengzhou	7.17	6.29	0.06	0.89	4.89	0.79	1.49	0.11	2.37	4.70
永城市	Yongcheng	9.52	9.15	1.10	0.37	3.67	0.29	5.56	0.01	5.75	3.76
固始县	Gushi	6.35	6.27	0.01	0.08	4.66	0.69	1.00	0.07	1.57	4.71
鹿邑县	Luyi	3.51	3.50	0.00	0.00	2.74	0.40	0.36	0.10	0.66	2.75
新蔡县	Xincai	2.72	2.68	0.01	0.03	1.99	0.21	0.52	0.04	0.51	2.17

5-12 各种分组的城镇单位从业人员数(2012年底)

Number of Employed Persons in Urban Units by Groups (End of 2012)

单位：万人 (10 000 persons)

类别	Type	合计 Total	在岗职工 Staff and Workers	#劳务派遣 Labor Dispatching	其他从业人员 Others	国有单位 State-owned Units	城镇集体单位 Urban Collective-owned Units	其他单位 Other Units
总计	**Total**	**881.18**	**849.62**	**32.04**	**31.56**	**409.25**	**50.85**	**421.08**
按企业、事业、机关分	**Grouped by Enterprises, Institutions and Agencies**							
企业	Enterprises	568.15	544.81	29.74	23.34	123.69	41.23	403.23
事业	Institutions	218.39	212.10	1.64	6.29	203.47	9.01	5.92
机关	Agencies & Organizations	84.42	82.82	0.60	1.60	79.89	0.10	4.43
按国民经济行业分	**Grouped by Sector**							
农、林、牧、渔业	**Farming, Forestry,animal Husbandry and Fishery**	**5.83**	**5.71**	**0.01**	**0.12**	**3.57**	**0.99**	**1.26**
农业	Farming	2.18	2.10	0.00	0.08	1.47	0.22	0.49
林业	Forestry	1.09	1.08	0.00	0.01	0.88	0.14	0.07
畜牧业	Animal Husbandry	0.65	0.65	0.00	0.00	0.16	0.12	0.37
渔业	Fishery	0.05	0.05	0.00	0.00	0.02	0.00	0.03
农、林、牧、渔服务业	Service activities for Farming, forestry, animal Husbandry and fishery	1.85	1.83	0.00	0.02	1.05	0.51	0.29
采矿业	**Mining**	**63.00**	**62.31**	**9.77**	**0.70**	**20.59**	**0.97**	**41.44**
制造业	**Manufacturing**	**218.25**	**216.35**	**5.67**	**1.91**	**15.33**	**9.80**	**193.12**
电力、燃气及水的生产和供应业	**Production and distribution of electricity, gas and water**	**22.50**	**21.97**	**0.32**	**0.53**	**14.72**	**0.26**	**7.52**
建筑业	**Construction**	**125.58**	**111.32**	**7.51**	**14.26**	**18.19**	**13.39**	**93.99**
房屋建筑业	Building Construction	80.83	70.39	4.75	10.44	4.51	10.15	66.18
土木工程建筑业	Civil engineering construction	26.98	24.15	2.18	2.83	11.31	1.95	13.72
建筑安装业	Architectural installation	11.11	10.42	0.36	0.69	2.01	1.15	7.94
建筑装饰和其他建筑业	Architectural decoration and Others	6.66	6.35	0.22	0.31	0.37	0.14	6.15
批发和零售业	**Wholesale and retail trade**	**42.59**	**41.59**	**0.90**	**1.01**	**12.84**	**7.23**	**22.52**
批发业	Wholesale	18.12	17.71	0.54	0.41	8.02	2.64	7.46
零售业	Retail trade	24.47	23.88	0.36	0.60	4.82	4.59	15.06
交通运输、仓储和邮政业	**Traffic,transport, storage and post**	**30.89**	**29.72**	**1.12**	**1.17**	**21.38**	**2.87**	**6.64**
铁路运输业	Transport via railway	11.65	11.09	0.04	0.56	10.26	1.26	0.13
道路运输业	Transport via road	13.58	13.21	0.27	0.37	7.63	1.08	4.87
水上运输业	Water transport	0.21	0.18	0.00	0.03	0.04	0.12	0.06

5-12 续表 1 continued

单位：万人 (10 000 persons)

类别	Type	合计 total	在岗职工 Staff and Workers	#劳务派遣 Labor Dispatching	其他从业人员 Others	国有单位 State-owned Units	城镇集体单位 Urban Collective-owned Units	其他单位 Other Units
航空运输业	Air transport	0.72	0.72	0.34		0.03		0.69
管道运输业	Transport via pipeline	0.05	0.04	0.00	0.00	0.04		0.01
装卸搬运和运输代理业	Loading, unloading, portage and Transportation agency	1.04	1.00	0.02	0.04	0.25	0.36	0.43
仓储业	Storage	2.07	2.02	0.07	0.05	1.64	0.04	0.39
邮政业	Post	1.57	1.45	0.38	0.12	1.50	0.00	0.07
住宿和餐饮业	**Accommodation and Restaurants**	**10.10**	**9.92**	**0.28**	**0.18**	**3.29**	**0.88**	**5.93**
住宿业	Accommodation	6.97	6.84	0.19	0.13	2.50	0.70	3.77
餐饮业	Restaurants	3.13	3.08	0.09	0.05	0.78	0.19	2.16
信息传输、软件和信息技术服务业	**Information transfer,software and Information technology services**	**6.34**	**6.14**	**1.68**	**0.19**	**3.32**	**0.11**	**2.90**
电信、广播电视和卫星传输服务	Telecom,Radio,television and Satellite transmission service	5.87	5.68	1.66	0.19	3.24	0.10	2.53
互联网和相关服务	Internet and related services	0.19	0.19	0.02	0.00	0.05	0.01	0.13
软件和信息技术服务业	Software and information services	0.28	0.28	0.00	0.00	0.03	0.01	0.24
金融业	**Finance**	**23.32**	**20.11**	**0.87**	**3.22**	**6.51**	**3.28**	**13.54**
货币金融服务	Monetary and financial services	15.40	15.17	0.57	0.23	4.73	3.25	7.43
资本市场服务	Capital market services	0.20	0.20	0.00	0.00	0.09		0.11
保险业	Insurance	7.62	4.64	0.30	2.98	1.64	0.03	5.95
其他金融业	Other financial activities	0.10	0.10	0.00	0.00	0.06	0.00	0.04
房地产业	**Real estate**	**13.10**	**12.83**	**0.78**	**0.27**	**1.21**	**0.37**	**11.53**
#房地产开发经营	Real estate development and operation	9.08	8.87	0.05	0.20	0.58	0.11	8.39
物业管理	Real estate management	2.36	2.32	0.67	0.03	0.14	0.19	2.02
房地产中介服务	Intermediate service of real estate	0.46	0.46		0.00	0.13	0.02	0.31
租赁和商务服务业	**Tenancy and business services**	**11.29**	**11.02**	**0.49**	**0.27**	**4.73**	**1.24**	**5.31**
租赁业	Tenancy	0.56	0.52	0.03	0.04	0.40	0.00	0.15
商务服务业	Business service	10.73	10.50	0.46	0.23	4.33	1.24	5.16
科学研究和技术服务业	**Scientific research and technical service**	**13.12**	**12.78**	**0.51**	**0.34**	**10.26**	**0.41**	**2.45**
研究和试验发展	Research and experimental development	2.58	2.50	0.22	0.08	2.42	0.02	0.14
专业技术服务业	Professional technique services	8.45	8.22	0.29	0.23	6.14	0.27	2.03
科技推广和应用服务业	Science and technology popularization and application services	2.09	2.05	0.01	0.03	1.70	0.11	0.28

5-12 续表 2 continued

单位:万人 (10 000 persons)

类别	Type	合计 total	在岗职工 Staff and Workers	#劳务派遣 Labor Dispatching	其他从业人员 Others	国有单位 State-owned Units	城镇集体单位 Urban Collective-owned Units	其他单位 Other Units
水利、环境和公共设施管理业	**Management of water conservancy, environment and public establishment**	**13.13**	**11.85**	**0.15**	**1.28**	**11.70**	**0.25**	**1.19**
水利管理业	Management of water conservancy	4.00	3.90	0.00	0.10	3.77	0.03	0.20
生态保护和环境治理业	Ecological protection and Environmental management	0.59	0.59	0.01	0.00	0.51	0.01	0.07
公共设施管理业	Management of public establishment	8.54	7.36	0.13	1.17	7.42	0.21	0.91
居民服务、修理和其他服务业	**Resident services,Repairing and other services**	**1.60**	**1.57**	**0.03**	**0.02**	**0.64**	**0.14**	**0.82**
居民服务业	Resident services	0.82	0.80	0.01	0.02	0.44	0.04	0.34
机动车、电子产品和日用产品修理业	Motor vehicle repair industry, electronic products and daily products	0.29	0.29	0.02	0.00	0.05	0.03	0.21
其他服务业	Other services	0.49	0.48	0.00	0.00	0.16	0.06	0.27
教育	**Education**	**118.90**	**117.09**	**0.34**	**1.81**	**105.84**	**6.48**	**6.59**
#初等教育	Primary education	39.94	39.55	0.08	0.39	35.31	3.50	1.13
中等教育	Secondary education	61.86	60.91	0.14	0.96	56.62	2.57	2.67
高等教育	Higher education	9.36	9.03	0.05	0.33	8.42	0.00	0.94
卫生和社会工作	**Sanitation and social security**	**46.12**	**44.57**	**0.72**	**1.55**	**41.80**	**1.69**	**2.63**
卫生	Sanitation	45.16	43.62	0.71	1.54	41.07	1.67	2.42
社会工作	Social security	0.96	0.95	0.00	0.02	0.73	0.02	0.21
文化、体育和娱乐业	**Culture, sports and entertainment**	**7.12**	**6.86**	**0.08**	**0.26**	**6.39**	**0.17**	**0.55**
新闻和出版业	Journalism and publishing activities	1.54	1.42	0.01	0.12	1.49	0.01	0.05
广播、电视、电影和影视录音制作业	Broadcasting,movies,television and aud Video recordings	2.38	2.34	0.02	0.04	2.20	0.10	0.08
文化艺术业	Culture and art	2.50	2.41	0.04	0.09	2.30	0.05	0.15
体育	Sports activities	0.30	0.29	0.01	0.01	0.24	0.01	0.06
娱乐业	Entertainment	0.40	0.40	0.00	0.00	0.17	0.00	0.23
公共管理、社会保障和社会组织	**Public management,social welfare and social organization**	**108.40**	**105.92**	**0.81**	**2.48**	**106.95**	**0.05**	**0.50**
#中国共产党机关	Chinese Communist Party organs	3.19	3.11	0.02	0.08	3.19		
国家机构	Organ of state	101.63	99.28	0.77	2.35	101.63		
人民政协、民主党派	People's Political Consultative Conference and democratic parties	0.59	0.59	0.01	0.01	0.59		
社会保障	Social welfare	0.78	0.77	0.00	0.01	0.78		
群众团体、社会团体和其他成员组织	Mass communities, social communities and other organizations	2.20	2.16	0.01	0.04	1.65	0.05	0.50

5-13 各种分组的城镇女性从业人员数(年底数)

Number of Female Employed Persons at the Year-end by Groups (Year-end)

单位：万人 (10 000 persons)

项 目	Item	2011	2012
合计	**Total**	**291.64**	**317.28**
按国民经济行业分	**Grouped by Sector**		
农、林、牧、渔业	Farming, Forestry, Animal Husbandry and Fishery	2.60	2.15
采矿业	Mining	12.19	12.55
制造业	Manufacturing	70.72	91.98
电力、燃气及水的生产和供应业	Production and distribution of electricity,gas and water	6.28	6.59
建筑业	Construction	14.10	14.99
批发和零售业	Wholesale and retail trade	18.67	18.63
交通运输、仓储和邮政业	Traffic,transport, storage and post	9.11	9.01
住宿和餐饮业	Accommodation and Restaurants	5.90	5.67
信息传输、软件和信息技术服务业	Information transfer, software and Information technology services	2.51	2.88
金融业	Finance	11.80	11.44
房地产业	Real estate	3.92	4.08
租赁和商务服务业	Tenancy and business services	3.51	3.79
科学研究和技术服务业	Scientific research and technical service	3.93	3.97
水利、环境和公共设施管理业	Management of water conservancy, environment and public establishment	5.01	4.97
居民服务、修理和其他服务业	Resident services,Repairing and other services	0.83	0.60
教育	Education	59.45	60.17
卫生和社会工作	Sanitation, social security	24.78	26.78
文化、体育和娱乐业	Culture, sports and entertainment	2.89	2.77
公共管理、社会保障和社会组织	Public management,social welfare and social organization	33.46	34.26
按三次产业分	**by Type of Industry**		
第一产业	Primary Industry	2.60	2.15
第二产业	Secondary Industry	103.28	126.12
第三产业	Teriary industry	185.76	189.01
按注册类型分	**by Registration Status**		
#国有单位	State-owned Units	154.82	159.08
城镇集体单位	Urban Collective Owned Units	18.55	17.76
股份合作单位	Share Holding Units	3.46	3.41
联营单位	Joint Owned Units	0.54	0.59
有限责任公司	Limited Liability Corporations	63.23	87.98
股份有限公司	Share-holding Corporations Ltd.	23.28	24.56
港澳台商投资单位	Units Funded by Entrepreneurs from Hong Kong, Macao & Taiwan	10.64	10.02
外商投资单位	Foreign Funded Units	5.81	6.08

5-14 各市城镇登记失业人数及失业率

Number of Unemployed and Unemployment Rate in Urban Area by City

市(县)	City(County)	年底登记失业人数（万人） Number of Unemployed End of the year (10 0000 person)								登记失业率（%） Registered Rate of Unemployment (%)							
		2005	2006	2007	2008	2009	2010	2011	2012	2005	2006	2007	2008	2009	2010	2011	2012
全省	**Total**	**33.02**	**35.40**	**33.07**	**36.51**	**38.50**	**38.20**	**38.40**	**38.27**	**3.5**	**3.5**	**3.4**	**3.4**	**3.5**	**3.4**	**3.4**	**3.1**
省辖市	**City**																
郑州市	Zhengzhou	4.64	5.63	4.81	4.94	3.92	2.95	2.23	5.03	3.5	3.5	3.4	3.4	2.1	2.8	2.0	2.0
开封市	Kaifeng	2.15	1.05	2.35	2.52	2.41	2.54	2.49	2.37	3.0	3.5	3.0	3.1	3.9	3.9	3.9	3.7
洛阳市	Luoyang	2.53	3.11	3.57	3.09	2.72	2.80	3.23	3.98	3.9	3.8	3.8	4.0	3.2	3.3	3.5	3.8
平顶山市	Pingdingshan	1.93	2.08	1.52	2.12	2.11	2.01	2.20	2.03	3.6	3.8	3.5	3.0	3.4	3.2	3.3	3.0
安阳市	Anyang	1.96	1.68	1.51	2.12	2.15	2.09	2.27	2.64	3.3	3.4	3.5	3.2	3.7	3.3	3.4	3.9
鹤壁市	Hebi	0.47	0.47	0.60	0.57	0.65	0.70	0.88	0.54	4.0	3.9	3.5	3.8	3.1	3.7	3.9	2.0
新乡市	Xinxiang	2.07	2.09	2.10	2.10	2.18	2.45	2.53	2.42	2.9	3.0	3.7	3.4	3.6	3.9	3.9	3.8
焦作市	Jiaozuo	1.36	2.59	1.90	2.17	2.04	2.17	2.41	2.25	3.3	3.3	3.3	3.3	3.8	3.9	4.0	4.0
濮阳市	Puyang	1.28	1.59	0.91	0.97	0.88	0.94	1.39	1.37	3.8	3.7	3.8	3.9	2.2	2.6	2.7	3.0
许昌市	Xuchang	0.95	0.93	0.87	0.94	0.98	0.99	0.46	1.11	4.1	3.9	2.5	3.0	3.3	3.3	3.2	3.0
漯河市	Luohe	0.60	0.50	0.44	0.49	0.77	0.62	0.53	0.79	3.1	3.1	3.0	3.0	3.6	2.5	2.7	2.6
三门峡市	Sanmenxia	1.07	1.12	1.01	0.90	1.02	0.90	0.84	0.77	3.1	2.4	2.1	2.3	3.6	3.3	3.2	2.9
南阳市	Nanyang	3.31	3.44	3.68	4.54	3.91	3.70	3.73	3.83	3.8	3.8	3.3	3.1	3.4	3.3	3.3	3.4
商丘市	Shangqiu	2.42	2.47	2.00	2.37	2.54	2.52	2.66	2.42	3.4	3.2	3.1	3.7	3.7	3.6	3.7	3.4
信阳市	Xinyang	1.75	1.76	1.46	1.44	1.60	1.19	0.92	0.82	3.8	3.8	3.4	3.7	3.1	2.9	2.3	2.9
周口市	Zhoukou	2.64	3.01	2.63	3.16	3.75	3.17	3.02	3.59	3.4	3.3	3.0	2.9	3.9	4.0	4.0	4.0
驻马店市	Zhumadian	1.56	1.56	1.29	1.55	1.58	1.50	1.58	1.60	3.7	3.9	3.4	4.0	3.6	3.4	3.7	3.4
济源市	Jiyuan	0.33	0.30	0.42	0.51	0.61	0.69	0.82	0.67	3.3	3.8	3.0	3.6	3.2	3.3	3.5	2.8
省直管县	**Province Administrating County**																
巩义市	Gongyi	0.19	0.22	0.30	0.40	0.41	0.47	0.53	0.44	0.8	0.6	1.5	2.3	2.0	2.0	2.0	1.0
兰考县	Lankao	0.48	0.07	0.11	0.19	0.10	0.10	0.10	0.04	4.4	1.9	2.3	2.9	3.5	3.2	2.4	1.1
汝州市	Ruzhou	0.16	0.19	0.19	0.17	0.19	0.21	0.17	0.16	3.4	3.6	3.3	3.2	3.1	3.8	3.3	3.5
滑县	Huaxian	0.19	0.18	0.14	0.10	0.09	0.13	0.16	0.18	3.9	3.8	3.7	3.5	3.4	3.7	3.8	4.0
长垣县	Changyuan	0.14	0.13	0.12	0.13	0.20	0.23	0.23	0.22	4.2	3.9	3.6	3.9	3.8	3.8	3.7	3.6
邓州市	Dengzhou	0.18	0.11	0.13	0.16	0.14	0.14	0.19	0.34	3.4	3.4	2.0	2.5	2.0	2.4	2.7	3.7
永城市	Yongcheng	0.14	0.15	0.13	0.21	0.26	0.27	0.26	0.27	3.9	4.0	4.7	4.2	4.0	4.0	4.1	4.0
固始县	Gushi	0.16	0.17	0.11	0.17	0.17	0.17	0.18	0.17	3.2	3.2	3.3	3.2	3.1	3.2	3.2	3.0
鹿邑县	Luyi	0.21	0.24	0.20	0.18	0.14	0.15	0.13	0.13	4.1	4.0	4.3	4.0	3.9	3.8	3.7	3.7
新蔡县	Xincai	0.15	0.14	0.10	0.18	0.09	0.08	0.20	0.21	3.1	3.0	2.8	3.1	2.8	2.8	3.0	3.1

5-15 历年城镇单位从业人员平均工资
Average Earnings of Employed Persons in Urban Areas by Years

单位：元 (yuan)

年份 Year	合计 Total	国有单位 State-owned Units	城镇集体单位 Urban Collective-owned Units	股份合作单位 Cooperative Units	联营单位 Joint Ownership Units	有限责任公司 Limited Liability Corporations Units	股份有限公司 Share Holding Corporations Units	港、澳、台商投资单位 Economic Units Funded by Entrepreneurs from Hong Kong,Macao and Taiwan Units	外商投资单位 Foreign Funded Economic Units	其他 Others
1998	5641	6103	4050	4026	5270	6201	5342	6009	8503	2213
1999	6136	6562	4524	5201	3897	6637	5895	6997	7502	4017
2000	6877	7408	4840	5640	5084	6910	7515	9267	7997	5521
2001	7868	8518	5669	5685	5661	7811	8077	9596	9070	5512
2002	9714	9791	6607	7208	6370	9148	10003	10482	9992	7507
2003	10639	11280	7828	9285	8482	10789	11862	12091	13363	8718
2004	11970	12562	8582	9586	9211	12150	13629	14278	14045	9864
2005	14119	14740	10248	11722	10386	14796	14986	14937	15437	10886
2006	16791	17702	12377	13075	12247	17051	17034	17710	17452	14811
2007	20639	22044	15674	17581	13370	19728	21771	20133	21371	17488
2008	24438	26222	16873	21493	17581	24012	24740	23315	25237	18435
2009	26906	28503	18006	26731	20665	25701	29628	25153	27120	22135
2010	29819	31470	20385	29928	25245	28775	32377	27257	29620	25087
2011	33634	35386	24220	32982	32881	33136	34884	31948	32674	28909
2012	37338	39344	27682	36536	33885	36386	38581	36814	36053	31329

5-16 各种分组的城镇单位从业人员工资总额(2012年)
Total Wages of Employed Persons in Urban Units by Groups (2012)

单位：万元 (10 000 yuan)

类别	Type	工资总额 Average Wage	在岗职工 Staff and Workers	#劳务派遣 Labor Dispatching	其他从业人员 Others	国有单位 State-owned Units	集体单位 Collectiveowned Units	其他单位 Others
总　计	**Total**	**32099847**	**31462483**	**1107817**	**637365**	**15976672**	**1372929**	**14750247**
按企业、事业、机关分	**Grouped by Enterprises, Institutions and Agencies**							
企　业	Enterprises	20832204	20350789	1063546	481415	5602177	1064374	14165654
事　业	Institutions	8045451	7924175	32618	121276	7528028	291760	225663
机　关	Agencies & Organizations	2879918	2854748	10671	25170	2763884	2573	113460
按国民经济行业分	**Grouped by Sector**							
农、林、牧、渔业	**Farming, Forestry,animal Husbandry and Fishery**	**139022**	**137514**	**107**	**1507**	**85639**	**18814**	**34568**
农业	Farming	48120	47146	51	974	29082	4374	14664
林业	Forestry	28517	28315	9	203	24404	2465	1648
畜牧业	Animal Husbandry	14251	14230	4	21	3459	1521	9272
渔业	Fishery	1151	1140	3	11	332	64	755
农、林、牧、渔服务业	Service activities for Farming, forestry, animal Husbandry and fishery	46983	46684	39	299	28363	10391	8229
采矿业	**Mining**	**3486636**	**3477069**	**457225**	**9566**	**1193197**	**25225**	**2268214**
制造业	**Manufacturing**	**6931178**	**6890666**	**166106**	**40512**	**574655**	**264726**	**6091796**
电力、燃气及水的生产和供应业	**Production and distribution of electricity, gas and water**	**1001609**	**988193**	**10812**	**13416**	**659359**	**7548**	**334702**
建筑业	**Construction**	**3844858**	**3538184**	**231299**	**306674**	**684713**	**328772**	**2831373**
房屋建筑业	Building Construction	2335513	2105620	132254	229893	140369	244960	1950184
土木工程建筑业	Civil engineering construction	914052	861126	83718	52926	440703	49544	423805
建筑安装业	Architectural installation	377376	361385	8802	15991	86006	29824	261546
建筑装饰和其他建筑业	Architectural decoration and Others	217917	210053	6525	7864	17635	4444	195838
批发和零售业	**Wholesale and retail trade**	**1318609**	**1300291**	**26476**	**18318**	**498159**	**155502**	**664948**
批发业	Wholesale	652697	642891	6806	9806	353849	59000	239848
零售业	Retail trade	665912	657400	9669	8512	144310	96502	425100
交通运输、仓储和邮政业	**Traffic,transport, storage and post**	**1327611**	**1311148**	**30705**	**16462**	**1050149**	**55412**	**222049**
铁路运输业	Transport via railway	734615	727584	892	7031	708877	20386	5352
道路运输业	Transport via road	387764	382299	6609	5466	237946	23477	126342
水上运输业	Water transport	9455	8821	34	634	1054	2743	5659

5-16 续表 1 continued

单位：万元 (10 000 yuan)

类别	Type	工资总额 Average Wage	在岗职工 Staff and Workers	#劳务派遣 Labor Dispatching	其他从业人员 Others	国有单位 State-owned Units	集体单位 Collectiveowned Units	其他单位 Others
航空运输业	Air transport	58310	58310	13427		1673		56638
管道运输业	Transport via pipeline	964	932	5	33	813		152
装卸搬运和运输代理业	Loading, unloading, portage and Transportation agency	28623	28283	525	340	8098	7716	12809
仓储业	Storage	62517	61787	2094	730	48419	1048	13051
邮政业	Post	45362	43133	7119	2229	43272	43	2048
住宿和餐饮业	**Accommodation and Catering Trade**	**276997**	**273603**	**6499**	**3394**	**98524**	**21813**	**156659**
住宿业	Accommodation	181790	179598	4300	2192	64881	17119	99790
餐饮业	Catering Trade	95207	94005	2199	1202	33643	4694	56869
信息传输、软件和信息技术服务业	**Information transfer,software and Information technology services**	**280711**	**274855**	**65438**	**5856**	**134134**	**3024**	**143553**
电信、广播电视和卫星传输服务	Telecom,Radio,television and Satellite transmission service	260607	254812	64828	5795	131310	2507	126789
互联网和相关服务	Internet and related services	6614	6581	569	32	1796	292	4525
软件和信息技术服务业	Software and information services	13491	13462	41	30	1027	225	12239
金融业	**Finance**	**1327285**	**1262014**	**32052**	**65271**	**353299**	**142309**	**831677**
货币金融服务	Monetary and financial services	1023786	1015759	25535	8028	284003	141244	598539
资本市场服务	Capital market services	20963	20906	29	57	14208		6755
保险业	Insurance	279051	221901	6340	57150	53292	997	224762
其他金融业	Other financial activities	3485	3449	147	35	1796	68	1621
房地产业	**Real estate**	**479698**	**471927**	**13421**	**7771**	**44743**	**10679**	**424276**
#房地产开发经营	Real estate development and operation	363300	356869	1195	6432	20727	3068	339506
物业管理	Real estate management	59131	58621	10557	511	4725	5765	48642
房地产中介服务	Intermediate service of real estate	14121	14057		63	3878	535	9708
租赁和商务服务业	**Tenancy and business services**	**349365**	**343957**	**10244**	**5408**	**147345**	**27928**	**174092**
租赁业	Tenancy	27138	25348	992	1790	21327	133	5678
商务服务业	Business service	322227	318609	9252	3618	126018	27795	168414
科学研究和技术服务业	**Scientific research and technical service**	**597820**	**588771**	**15587**	**9049**	**470372**	**13280**	**114168**
研究和试验发展	Research and experimental development	129293	127287	4218	2006	123233	832	5228
专业技术服务业	Professional technique services	394432	387803	11261	6629	286254	8758	99420
科技推广和应用服务业	Science and technology popularization and application services	74095	73681	108	414	60885	3691	9520

5-16 续表 2　continued

单位：万元　(10 000 yuan)

类　别	Type	工资总额 Average Wage	在岗职工 Staff and Workers	#劳务派遣 Labor Dispatching	其他从业人员 Others	国有单位 State-owned Units	集体单位 Collectiveowned Units	其他单位 Others
水利、环境和公共设施管理业	**Management of water conservancy, environmentand public establishment**	**394115**	**378305**	**2089**	**15809**	**345367**	**6598**	**42150**
水利管理业	Management of water conservancy	136141	134399	62	1741	128640	903	6598
生态保护和环境治理业	Ecological protection and Environmental management	19516	19482	363	33	16170	166	3180
公共设施管理业	Management of public establishment	238458	224424	1664	14035	200557	5530	32372
居民服务、修理和其他服务业	**Resident services,Repairing and other services**	**46010**	**45226**	**984**	**784**	**18012**	**3593**	**24405**
居民服务业	Resident services	23837	23286	122	551	12414	1011	10413
机动车、电子产品和日用产品修理业	Motor vehicle repair industry, electronic products and daily products	9755	9716	853	39	1328	939	7489
其他服务业	Other services	12418	12224	9	194	4271	1644	6503
教育	**Education**	**4657038**	**4614219**	**8066**	**42819**	**4190634**	**219759**	**246645**
#初等教育	Primary education	1492260	1484869	1820	7391	1327070	122565	42624
中等教育	Secondary education	2416345	2394827	3473	21518	2227512	85202	103631
高等教育	Higher education	456444	444676	1054	11767	419524	8	36912
卫生和社会工作	**Sanitation and social security**	**1757881**	**1725348**	**16154**	**32533**	**1604722**	**55022**	**98137**
卫生	Sanitation	1723786	1691455	16126	32331	1577262	54661	91862
社会工作	Social security	34095	33893	28	202	27459	361	6275
文化、体育和娱乐业	**Culture, sports and entertainment**	**256634**	**251546**	**2003**	**5088**	**236113**	**4154**	**16367**
新闻和出版业	Journalism and publishing activities	72428	69583	298	2845	70357	142	1929
广播、电视、电影和影视录音制作业	Broadcasting,movies,television and aud Video recordings	84810	84263	822	548	79454	2812	2544
文化艺术业	Culture and art	77001	75450	707	1551	71885	811	4306
体育	Sports activities	10736	10610	141	126	8749	295	1692
娱乐业	Entertainment	11659	11640	36	19	5669	93	5897
公共管理、社会保障和社会组织	**Public management,social welfare and social organization**	**3626774**	**3589648**	**12552**	**37126**	**3587535**	**8769**	**30469**
#中国共产党机关	Chinese Communist Party organs	118316	116666	272	1650	118115	152	49
国家机构	Organ of state	3378552	3344074	12067	34478	3355839	7021	15692
人民政协、民主党派	People's Political Consultative Conference and democratic parties	23704	23573	118	131	23603		101
社会保障	Social welfare	26455	26350	12	105	26288	111	56
群众团体、社会团体和其他成员组织	Mass communities, social communities and other organizations	79581	78819	84	763	63690	1484	14407
按三次产业分	**Grouped by Industry**							
第一产业	Primary Industry	139022	137514	107	1507	85639	18814	34568
第二产业	Secondary Industry	15264281	14894112	865443	370168	3111924	626271	11526085
第三产业	Teriary industry	16696545	16430857	242268	265689	12779108	727843	3189594

5-17 各种分组的城镇单位从业人员平均工资(2012年)

Average Wage of Employed Persons in Urban Units by Groups (2012)

单位：元 (yuan)

类别	Type	平均工资 Average Wage	在岗职工 Staff and Workers	#劳务派遣 Labor Dispatching	其他从业人员 Others	国有单位 State-owned Units	集体单位 Collectiveowned Units	其他单位 Others
总 计	**Average**	**37338**	**37958**	**35022**	**20677**	**39344**	**27682**	**36508**
按企业、事业、机关分	**Grouped by Enterprises, Institutions and Agencies**							
企 业	Enterprises	37880	38583	36129	21387	45466	26531	36639
事 业	Institutions	37229	37789	20886	18921	37382	32834	38640
机 关	Agencies & Organizations	34439	34806	18257	15685	34855	27028	26812
按国民经济行业分	**Grouped by Sector**							
农、林、牧、渔业	**Farming, Forestry,animal Husbandry and Fishery**	**24226**	**24457**	**18702**	**13006**	**24128**	**20269**	**27415**
农业	Farming	22185	22521	21083	12880	19888	20839	29517
林业	Forestry	26312	26465	13429	14590	27993	17705	22643
畜牧业	Animal Husbandry	22105	22110	21500	18818	22170	12940	24978
渔业	Fishery	22875	22928	16500	18500	21974	19875	23600
农、林、牧、渔服务业	Service activities for Farming, forestry, animal Husbandry and fishery	26237	26435	17727	12109	27163	22668	28562
采矿业	**Mining**	**55425**	**55899**	**45501**	**13588**	**57664**	**26249**	**54992**
制造业	**Manufacturing**	**33803**	**33936**	**28647**	**20248**	**37760**	**22620**	**33807**
电力、燃气及水的生产和供应业	**Production and distribution of electricity, gas and water**	**44667**	**45252**	**35380**	**22878**	**44917**	**29041**	**44718**
建筑业	**Construction**	**31682**	**32746**	**33500**	**23045**	**38206**	**26002**	**31185**
房屋建筑业	Building Construction	30402	31389	32329	23599	33388	26001	30859
土木工程建筑业	Civil engineering construction	33912	35308	38007	20635	38870	25867	30933
建筑安装业	Architectural installation	34201	34850	24022	24072	43072	25526	33238
建筑装饰和其他建筑业	Architectural decoration and Others	33278	33816	26700	23364	46045	31949	32498
批发和零售业	**Wholesale and retail trade**	**31177**	**31485**	**28853**	**18407**	**39029**	**21650**	**29755**
批发业	Wholesale	36033	36347	29122	23003	44114	22435	32139
零售业	Retail trade	27540	27843	28398	14963	30428	21196	28560
交通运输、仓储和邮政业	**Traffic,transport, storage and post**	**43478**	**44421**	**28877**	**16152**	**49514**	**19780**	**34032**
铁路运输业	Transport via railway	63686	65539	19824	16223	69528	16871	40794
道路运输业	Transport via road	28908	29275	27675	15405	31567	21868	26310
水上运输业	Water transport	44410	47759	19706	22475	27947	23952	93224

5-17 续表 1　continued

单位：元 (yuan)

类别	Type	平均工资 Average Wage	在岗职工 Staff and Workers	#劳务派遣 Labor Dispatching	其他从业人员 Others	国有单位 State-owned Units	集体单位 Collective-owned Units	其他单位 Others
航空运输业	Air transport	85637	85637	43174		48199		87648
管道运输业	Transport via pipeline	20829	20753	25000	23286	20425		23308
装卸搬运和运输代理业	Loading, unloading, portage and Transportation agency	27556	28204	24194	9471	32146	21434	30011
仓储业	Storage	30345	30774	28447	13931	29696	23710	33854
邮政业	Post	29307	30064	19174	19709	29216	47444	31119
住宿和餐饮业	**Accommodation and Catering Trade**	**27252**	**27404**	**23136**	**18865**	**29802**	**24598**	**26235**
住宿业	Accommodation	26013	26164	22280	17647	26081	24414	26264
餐饮业	Catering Trade	29980	30130	25014	21583	41114	25293	26185
信息传输、软件和信息技术服务业	**Information transfer,software and Information technology services**	**44518**	**45120**	**39492**	**27378**	**40617**	**25914**	**49734**
电信、广播电视和卫星传输服务	Telecom,Radio,television and Satellite transmission service	44608	45248	39590	27488	40724	25022	50361
互联网和相关服务	Internet and related services	35253	35289	32335	29182	38055	28115	34807
软件和信息技术服务业	Software and information services	48934	49183	21421	14750	33357	36820	51252
金融业	**Finance**	**57364**	**63376**	**37360**	**20240**	**54279**	**43582**	**62233**
货币金融服务	Monetary and financial services	67178	67707	44510	33772	60389	43726	81915
资本市场服务	Capital market services	105874	106337	22538	40857	167544		59676
保险业	Insurance	36725	48091	22618	19152	31986	30301	38100
其他金融业	Other financial activities	34196	34424	56577	20765	32597	30773	36341
房地产业	**Real estate**	**36852**	**37211**	**17310**	**23217**	**37401**	**29192**	**37039**
#房地产开发经营	Real estate development and operation	40266	40698	22634	25351	35884	28226	40727
物业管理	Real estate management	25493	25607	15496	16851	34716	30944	24356
房地产中介服务	Intermediate service of real estate	30531	30692		14089	30658	23443	30995
租赁和商务服务业	**Tenancy and business services**	**30992**	**31270**	**20748**	**19810**	**31208**	**22636**	**32739**
租赁业	Tenancy	49119	49325	32950	46378	53371	28978	38287
商务服务业	Business service	30058	30385	19956	15434	29159	22612	32580
科学研究和技术服务业	**Scientific research and technical service**	**45988**	**46603**	**32453**	**24751**	**46232**	**32637**	**47210**
研究和试验发展	Research and experimental development	50725	51596	22689	24495	51651	34791	37585
专业技术服务业	Professional technique services	47064	47691	39021	26611	46931	31858	49552
科技推广和应用服务业	Science and technology popularization and application services	35798	36203	18621	11968	36050	34142	34896

5−17　续表 2　　continued

单位：元　　(yuan)

类　别	Type	平均工资 Average Wage	在岗职工 Staff and Workers	#劳务派遣 Labor Dispatching	其他从业人员 Others	国有单位 State-owned Units	集体单位 Collectiveowned Units	其他单位 Others
水利、环境和公共设施管理业	**Management of water conservancy, environment and public establishment**	**29856**	**32018**	**14857**	**11413**	**29365**	**27722**	**35084**
水利管理业	Management of water conservancy	34248	34692	16784	17241	34320	34861	32827
生态保护和环境治理业	Ecological protection and Environmental management	33782	33894	30250	11517	32328	21776	45489
公共设施管理业	Management of public establishment	27575	30466	13321	10953	26696	27039	34790
居民服务、修理和其他服务业	**Resident services,Repairing and other services**	**29170**	**29041**	**35923**	**39190**	**28246**	**27098**	**30241**
居民服务业	Resident services	29410	29291	20350	35542	28531	23833	31270
机动车、电子产品和日用产品修理业	Motor vehicle repair industry, electronic products and daily products	33661	33606	40823	56143	27830	29338	35643
其他服务业	Other services	26033	25833	18000	50947	27572	28246	24642
教育	**Education**	**39582**	**39843**	**22342**	**23221**	**39994**	**34398**	**38035**
#初等教育	Primary education	37717	37920	21587	18159	37941	35268	38338
中等教育	Secondary education	39483	39780	24070	21564	39759	33610	39250
高等教育	Higher education	49433	49864	18996	37274	50340	37500	41036
卫生和社会工作	**Sanitation and social Work**	**38814**	**39414**	**24424**	**21484**	**39118**	**32993**	**37754**
卫生	Sanitation	38884	39491	24481	21555	39141	33132	38510
社会工作	Social Work	35601	35930	10370	14049	37833	20151	29323
文化、体育和娱乐业	**Culture, sports and entertainment**	**35925**	**36550**	**23818**	**19472**	**36678**	**23862**	**30758**
新闻和出版业	Journalism and publishing activities	44853	46164	35440	26463	45002	25891	42024
广播、电视、电影和影视录音制作业	Broadcasting,movies,television and audiovisual activities	35917	36342	34246	12824	36410	26989	33961
文化艺术业	Culture and art	31015	31648	16587	15717	31435	16285	29470
体育	Sports activities	35292	36188	19845	11409	36822	26845	30423
娱乐业	Entertainment	30633	30697	18000	13500	33864	25944	28134
公共管理、社会保障和社会组织	**Public management,social welfare and social organization**	**33696**	**34137**	**16327**	**14972**	**33784**	**29159**	**29169**
#中国共产党机关	Chinese Communist Party organs	37186	37621	16190	20471	37217		
国家机构	Organ of state	33490	33938	16346	14684	33554		
人民政协、民主党派	People's Political Consultative Conference and democratic parties	40047	40269	16800	20077	40114		
社会保障	Social welfare	34048	34247	10083	13842	34087		
群众团体、社会团体和其他成员组织	Mass communities, social communities and other organizations	36367	36638	14946	20611	38753	29159	29169
按三次产业分	**Grouped by Industry**							
第一产业	Primary Industry	24426	24457	18702	13006	24128	20269	27415
第二产业	Secondary Industry	37073	37693	37535	22301	45417	26649	36051
第三产业	Teriary industry	37756	38380	28272	18829	38259	28920	38408

5−18 各市城镇单位从业人员工资总额(2012年)

单位：万元

市(县) City(County)	工资总额 total Wages	在岗职工 Staff and Workers	#劳务派遣 Labor Dispatching	其他从业人员 Others	#国有单位 State-owned Units	#集体单位 Urban Collective-owned Units	#股份合作经济 Cooperative Units
全　省 Total	**32099847**	**31462483**	**1107817**	**637365**	**15976672**	**1372929**	**323442**
省辖市 City							
郑州市 Zhengzhou	5942276	5859212	230482	83065	2549690	118543	55925
开封市 Kaifeng	1281809	1259926	7746	21883	556923	113268	37082
洛阳市 Luoyang	2253131	2181797	147963	71334	1343527	112526	7924
平顶山市 Pingdingshan	2072595	2046062	150542	26534	699147	99649	16764
安阳市 Anyang	1648871	1572269	24394	76602	534550	84823	29011
鹤壁市 Hebi	639759	629886	27687	9873	171154	11239	4014
新乡市 Xinxiang	1347012	1312534	27841	34478	738193	96844	12662
焦作市 Jiaozuo	1343398	1307351	149417	36047	453286	39283	5088
濮阳市 Puyang	1157080	1132726	98352	24354	774594	18871	10876
许昌市 Xuchang	1100782	1092923	27523	7859	527538	35880	13071
漯河市 Luohe	767029	758494	14509	8535	312310	55405	600
三门峡市 Sanmenxia	1005762	989895	8093	15867	458968	34064	708
南阳市 Nanyang	2472584	2385608	82819	86976	1422484	124296	31787
商丘市 Shangqiu	1374035	1341381	72529	32653	765000	84888	14300
信阳市 Xinyang	1395227	1375754	8006	19473	986237	163995	20534
周口市 Zhoukou	1512007	1492789	286	19218	988581	95546	9374
驻马店市 Zhumadian	1400459	1358588	5558	41871	759630	58927	25138
济源市 Jiyuan	359637	347126	14502	12511	108045	5485	2082
省直管县 Province Administrating County							
巩义市 Gongyi	206092	204372	3447	1720	67077	24918	7197
兰考县 Lankao	87177	85551	162	1626	53194	1552	770
汝州市 Ruzhou	222011	218970	34728	3041	159000	12078	
滑县 Huaxian	121359	117808	130	3551	64835	21527	
长垣县 Changyuan	99558	99261	439	298	48708	12896	
邓州市 Dengzhou	183720	169651	1373	14070	131261	18279	1947
永城市 Yongcheng	399833	394057	47079	5776	120035	7665	2059
固始县 Gushi	193955	191706	167	2249	148049	19656	2992
鹿邑县 Luyi	124849	124813	1	37	111317	6980	
新蔡县 Xincai	72940	72119	108	821	50911	5848	1272

Total Wages Bill of Employed Persons in Urban Units by City (2012)

(10 000 yuan)

#联营经济 Joint Ownership Units	#有限责任公司 Limited Liability Corporations Units	#股份有限公司 Share Holding Corporations Units	#港澳台投资 Economic Units Funded by Entrepreneurs from Hong Kong, Macao and Taiwan	#外商投资 Foreign Funded Economic Units	第一产业 Primary Industry	第二产业 Secondary Industry	第三产业 Teriary industry
68654	**9955666**	**2576782**	**636272**	**598459**	**139022**	**15264281**	**16696545**
18095	2113716	608001	204643	167210	5971	2999143	2937163
4090	361522	98940	14597	12461	12465	491103	778250
892	558003	170112	7837	27960	4549	1081019	1167562
1605	1007560	137606	22458	40912	1719	1318914	751962
2428	895131	57584	10348	18117	2683	956916	689272
329	404678	27527	9616	4778	1511	446783	191466
1203	233456	164514	7134	59196	12579	572708	761725
1997	576742	171898	26238	47184	10227	815598	517573
2618	229464	92431	8738	8053	912	746679	409489
53	286581	159669	21832	31308	2039	573735	525008
	193423	40505	139746	18282	1301	437033	328696
12810	429127	27989	7456	15234	2988	577951	424823
2916	578950	183542	34626	28405	17481	1055589	1399514
7440	392852	76467	12720	6085	8074	535020	830941
101	158337	51454	806	3161	16853	400720	977654
2208	192698	187250	20928	3903	8102	370255	1133650
3441	342171	128464	14325	39933	10559	483159	906741
	178976	11976	26652	17279	841	250194	108603
380	42849	23625	10676	22845	133	113196	92762
119	25535	40	30		1021	24400	61756
158	16984	25718	1764		378	108790	112843
	27545	6067			387	34200	86772
	34295	1864			8756	21964	68838
	21700	5309	193	1254	2544	54999	126177
	258050	12023			166	279722	119944
	23228	373			1523	42930	149502
		6552			915	11598	112336
156	9142	2217	118	62	1149	15037	56754

5−19 各市城镇单位从业人员平均工资(2012年)

单位：元

市(县)	City(County)	平均工资 Average Wages	在岗职工 Staff and Workers	#劳务派遣 Labor Dispatching	其他从业人员 Others	#国有单位 State-owned Units	#集体单位 Urban Collective-owned Units	#股份合作单位 Cooperative Units
全省	**Total**	**37338**	**37958**	**35022**	**20677**	**39344**	**27682**	**36536**
省辖市	**City**							
郑州市	Zhengzhou	41086	41480	31550	24595	46645	28379	36626
开封市	Kaifeng	31398	31551	20970	24568	34248	29887	30204
洛阳市	Luoyang	37074	38322	31893	18576	39259	30732	38502
平顶山市	Pingdingshan	40179	40896	45264	17088	35602	32422	54339
安阳市	Anyang	33002	33925	28033	21178	35054	28332	39513
鹤壁市	Hebi	33440	33978	32600	16636	30715	25624	24655
新乡市	Xinxiang	30111	30409	37735	21925	32958	27424	33478
焦作市	Jiaozuo	34684	35508	42751	18835	33696	30738	38197
濮阳市	Puyang	35122	35760	37363	19194	41524	23008	22407
许昌市	Xuchang	33672	33805	30738	21758	34379	37123	57809
漯河市	Luohe	30829	30948	23770	22967	32301	26157	23708
三门峡市	Sanmenxia	38690	39387	30724	18393	36346	34184	25181
南阳市	Nanyang	30112	30583	34906	21163	34884	24005	27403
商丘市	Shangqiu	30674	31162	35971	18673	28252	24938	32492
信阳市	Xinyang	30482	30682	25025	20880	31817	28563	29995
周口市	Zhoukou	31846	32104	35160	19592	33658	26008	40474
驻马店市	Zhumadian	28968	29219	26228	22663	30244	24814	29980
济源市	Jiyuan	32090	32524	35370	23411	35137	29193	37439
省直管县	**Province Administrating County**							
巩义市	Gongyi	32907	33266	26476	14413	37065	32662	61148
兰考县	Lankao	31526	31586	29527	28672	31549	33090	37198
汝州市	Ruzhou	39211	39920	40269	17199	42430	27062	
滑县	Huaxian	23630	23920	14130	16846	26601	26217	
长垣县	Changyuan	29821	29907	20138	15262	28824	30407	
邓州市	Dengzhou	27015	28377	26599	17112	28522	24243	24161
永城市	Yongcheng	42205	43285	43407	15614	32373	26876	28093
固始县	Gushi	30908	30946	25677	27969	32114	28834	26740
鹿邑县	Luyi	35994	36002	8000	20389	40582	18191	
新蔡县	Xincai	27625	27634	18586	26833	26175	28294	31015

Average Wage of Employed Persons in Urban Units by City (2012)

(yuan)

#联营单位 Joint Ownership Units	#有限责任公司 Limited Liability Corporations Units	#股份有限公司 Share Holding Corporations Units	#港澳台投资 Economic Units Funded by Entrepreneurs from Hong Kong, Macao and Taiwan	#外商投资 Foreign Funded Economic Units	第一产业 Primary Industry	第二产业 Secondary Industry	第三产业 Teriary industry
33885	**36386**	**38581**	**36814**	**36053**	**24226**	**37073**	**37756**
47245	34894	58987	40579	37764	27785	37947	44923
20305	29405	26732	31486	36267	30182	28871	33257
20275	32581	46580	27789	42255	26251	37798	36486
35109	45498	43134	36683	40229	20741	43943	34996
25293	32361	34223	30808	34613	23433	32770	33384
12836	37455	21860	26210	17669	13928	35613	29559
23222	25931	28746	30909	26094	22776	27301	32825
36183	38484	31882	26207	30918	23569	37178	31635
42156	26354	30652	24368	27005	19998	39982	28789
23087	32198	35162	29538	28003	23170	35428	31995
	26450	33969	38358	27032	19556	30195	31789
27994	44173	39096	25969	36878	26657	41347	35685
19134	24717	27318	24327	30387	16012	27340	32999
34315	40660	26694	28399	26103	20321	35112	28496
21870	26463	29196	23095	25090	23784	27793	31902
25673	28894	30274	29200	23784	17286	25974	34610
24302	26691	28731	35353	35239	20216	26564	30599
	30740	28921	29895	37248	31728	32185	31875
15192	27779	31754	36425	30934	30977	32002	34086
11762	30857	36000	29700		32006	31418	31561
13261	25270	47086	32918		23755	37559	41040
	19108	17033			18259	19312	25951
	31166	30458			27262	32144	29494
	23656	22754	19535	24106	23317	24151	28584
	50451	41132			12326	48965	32007
	27132	24071			21971	27741	32092
		19163			9408	18625	40870
22638	35419	42234	28071	21379	30714	32436	26528

5-20 各市按行业分城镇单位从业人员工资总额(2012年)

单位：万元

市(县) City(County)	合计 Total	农林牧渔业 Farming, Forestry, Animal Husbandry and Fishery	采矿业 Mining	制造业 Manufacturing	电力、燃气及水的生产和供应业 Production and Supply of Electricity,Gas and Water	建筑业 Construction	批发和零售业 Wholesale and retail trade	交通运输仓储及邮政业 Traffic, transport, storage and post	住宿和餐饮业 Accommodation and Restaurants
省辖市 City									
郑州市 Zhengzhou	5942276	5971	354991	1634729	173448	835975	237873	181803	89409
开封市 Kaifeng	1281809	12456		357732	32813	100559	75598	30311	15936
洛阳市 Luoyang	2253131	4549	74899	602940	165027	238154	94204	42385	16126
平顶山市 Pingdingshan	2072595	1719	802938	374182	47932	93863	60667	29773	9173
安阳市 Anyang	1648871	2683	60207	352978	35425	508306	69962	26113	14132
鹤壁市 Hebi	639759	1511	269861	105645	14212	57064	10426	3802	2555
新乡市 Xinxiang	1347012	12579	36323	338305	43118	154962	29766	23370	8871
焦作市 Jiaozuo	1343398	10227	306682	346798	56452	105666	31832	18784	6690
濮阳市 Puyang	1157080	912	441880	88057	33297	183446	14618	8530	4069
许昌市 Xuchang	1100782	2039	125775	323253	26859	97848	37360	11635	9256
漯河市 Luohe	767029	1301	120	353253	15209	68450	15404	7535	1927
三门峡市 Sanmenxia	1005762	2988	335293	99762	41303	101593	67588	14450	7133
南阳市 Nanyang	2472584	17481	189407	532288	53814	280079	137282	37958	15089
商丘市 Shangqiu	1374035	8074	227062	109904	32838	165217	54422	25000	4546
信阳市 Xinyang	1395227	16853	11792	164641	46966	177321	78886	40223	14138
周口市 Zhoukou	1512007	8102		170168	28643	171445	93818	20177	3727
驻马店市 Zhumadian	1400459	10559	8352	240167	46345	188295	83016	30493	12967
济源市 Jiyuan	359637	841	19587	180707	22307	27594	9858	2173	1404
省直管县 Province Administrating County									
巩义市 Gongyi	206092	133	38155	64662	5410	4970	4415	4179	1293
兰考县 Lankao	87177	1021		21218	3012	169	4372	730	
汝州市 Ruzhou	222011	378	79219	21871	4197	3503	5961	3847	210
滑县 Huaxian	121359	387		1907	2130	30162	7713	2325	2098
长垣县 Changyuan	99558	8756		1252	1530	19182	2971	1237	1044
邓州市 Dengzhou	183720	2544		30773	5014	19212	19755	1896	1465
永城市 Yongcheng	399833	166	227062	4863	5723	42074	6381	1590	1076
固始县 Gushi	193955	1523		11852	8101	22977	13335	4649	1506
鹿邑县 Luyi	124849	915		6552	2359	2687	1816	725	143
新蔡县 Xincai	72940	1149		9777	2686	2575	3831	716	589

Total Wages of Employed Persons in Urban Units by City and Sector (2012)

(10 000 yuan)

信息传输、软件和信息技术服务业 Information transfer, software and Information technology services	金融业 Finance	房地产业 Real estate	租赁和商务服务业 Tenancy and business services	科学研究和技术服务业 Scientific research, and technical service	水利、环境和公共设施管理业 Management of water conservancy, environment and public establishment	居民服务、修理和其他服务业 Resident services Repairing and other services	教育 Education	卫生和社会工作 Sanitation, and social work	文化、体育和娱乐业 Culture, sports and entertainment	公共管理、社会保障和社会组织 Public management social security and social organization
77275	390843	134232	84904	193969	75363	13104	603048	261745	102040	491555
13128	19688	41179	16824	14955	25508	4489	223661	108576	12474	175924
18536	124576	20209	21637	135953	18127	606	277636	118609	12044	266916
8099	87601	11900	14194	12165	20854	1294	221221	78384	9341	187297
11004	55288	11539	14496	10262	20623	3449	184530	90865	9806	167205
2571	15543	5038	1795	2917	6376	289	58039	22157	2915	57042
8318	50000	21035	7473	24917	13690	1909	256514	98517	9041	208303
8503	57201	4457	4705	6290	16607	1377	142386	53043	5760	159939
4914	26590	7024	57939	3846	6054	848	124017	35622	2920	112499
5399	40106	15565	3597	10629	14706	839	153291	65521	6510	150596
2208	30710	7064	11079	2779	9874	283	99367	43033	5111	92324
5953	50513	3369	6700	7033	8565	775	109509	36206	6260	100770
17871	73514	19672	33028	53282	50932	4922	507885	182390	14215	251474
20798	38549	6652	1230	7076	18030	1500	312277	114507	4684	221668
13668	51933	27267	13693	35051	23853	1553	343635	94621	11944	227191
32615	90007.9	41119	1856	7941	13514	737	408172	121312	9313	289341
11660	49048	54561	10349	17101	19642	4249	293741	110474	11192	198250
1053	7166	3742	988	2715	4120	169	31732	11534	1858	30089
1249	9997	532	791	905	2299	80	31967	11227	1278	22552
	167		1878	1461	1815	825	7185	20623	69	22632
246	8459	84	1242	1791	2326	47	43182	18958	1907	24586
670	4719	236	460	366	78	259	33986	11567	1066	21231
	2959	1913	187	1027	845	55	26612	10784	845	18360
848	3530	3122	803	5610	4748	261	47487	14814	1032	20806
519	4008	865		519	2976	296	45593	21149	775	34198
1556	5375	2095	1895	6659	6720	384	60382	16128	2672	26148
	2135	262		1393	1716		68663	12992	393	22099
939	2248	1290	189	873	1434	207	24525	6904	821	12189

5-21 各市分行业城镇单位从业人员平均工资(2012年)

单位：元

市(县) City(County)	合计 Total	农林牧渔业 Farming, Forestry, Animal Husbandry and Fishery	采矿业 Mining	制造业 Manufacturing	电力、燃气及水的生产和供应业 Production and Supply of Electricity,Gas and Water	建筑业 Construction	批发和零售业 Wholesale and retail trade	交通运输仓储及邮政业 Traffic, transport, storage and post	住宿和餐饮业 Accommodation and Restaurants
省辖市 City									
郑州市 Zhengzhou	41086	27785	49623	37774	48867	33366	34197	46244	26441
开封市 Kaifeng	31398	30182		28728	39273	27013	29354	31465	28052
洛阳市 Luoyang	37074	26251	42576	36883	43427	35581	34233	25871	21407
平顶山市 Pingdingshan	40179	20741	54383	34783	45666	27266	32172	22911	21716
安阳市 Anyang	33002	23433	53465	36131	42815	29082	26283	29724	24497
鹤壁市 Hebi	33440	13928	52188	22538	40502	24426	20027	17321	17917
新乡市 Xinxiang	30111	22776	60720	25078	37455	27007	21694	24080	24230
焦作市 Jiaozuo	34684	23569	57170	29017	46860	30922	23917	28956	18967
濮阳市 Puyang	35122	19998	59820	22835	46608	27306	20047	19329	20246
许昌市 Xuchang	33672	23170	40590	34769	42558	30893	33458	22962	27687
漯河市 Luohe	30829	19556	29268	30310	46512	27512	28738	25007	20745
三门峡市 Sanmenxia	38690	26657	48632	29260	52203	35239	31602	27450	24974
南阳市 Nanyang	30112	16012	49008	25277	30889	23448	24952	18773	19215
商丘市 Shangqiu	30674	20321	53377	25492	37529	28499	27211	23042	20378
信阳市 Xinyang	30482	23784	21740	27030	33725	27742	24112	24484	24279
周口市 Zhoukou	31846	17286		21766	28139	31639	30247	25742	20512
驻马店市 Zhumadian	28968	20216	30897	26985	29709	25246	26585	25276	23858
济源市 Jiyuan	32090	31728	30594	31519	77053	24844	23975	16750	22433
省直管县 Province Administrating County									
巩义市 Gongyi	32907	30977	32706	31588	43520	24949	22571	21992	18132
兰考县 Lankao	31526	32006		29885	49140	31868	37242	32726	
汝州市 Ruzhou	39211	23755	44440	25837	54157	18447	25881	29009	15932
滑县 Huaxian	23630	18259		18011	24592	19109	15622	17121	16947
长垣县 Changyuan	29821	27262		29810	28654	32627	23359	26199	25340
邓州市 Dengzhou	27015	23317		23098	31917	24384	19789	11142	19612
永城市 Yongcheng	42205	12326	53377	24561	46716	36962	45707	27609	25028
固始县 Gushi	30908	21971		23502	29609	29855	23369	23816	23898
鹿邑县 Luyi	35994	9408		19163	30551	13198	20848	16949	13009
新蔡县 Xincai	27625	30714		34208	24802	37045	27701	31942	28578

Average Wage of Employed Persons in Urban Units by Sector and City (2012)

(yuan)

信息传输、软件和信息技术服务业 Information transfer, software and Information technology services	金融业 Finance	房地产业 Real estate	租赁和商务服务业 Tenancy and business services	科学研究和技术服务业 Scientific research, and technical service	水利、环境和公共设施管理业 Management of water conservancy, environment and public establishment	居民服务、修理和其他服务业 Resident services Repairing and other services	教育 Education	卫生和社会工作 Sanitation, and social work	文化、体育和娱乐业 Culture, sports and entertainment	公共管理、社会保障和社会组织 Public management social security and social organization
66234	90756	38526	36463	49483	36059	31318	44764	40850	44616	43761
31872	32127	30834	33554	33561	34303	33080	36812	41271	30507	29359
44654	57485	35818	20986	58321	20238	20743	38187	35747	28959	31704
33972	56817	27256	22612	33430	24662	25169	41601	36774	28151	31252
32886	51202	27087	25037	38479	31355	29961	34918	37878	31633	32936
39621	47606	23315	15006	25362	16930	22411	33814	33095	28273	30435
34232	46681	43524	20253	33905	26186	23630	37096	32900	29478	30741
36431	33657	31017	17544	29683	26532	22650	36132	28857	25089	33484
30658	43935	29802	30680	30993	21093	19767	29435	33060	20233	27619
48115	59179	27680	24221	31700	24155	28358	31773	33837	28691	30183
23866	53661	31806	24079	31944	27081	22798	32145	33570	28955	30278
38504	49796	25139	23001	37589	34538	32145	40380	35766	31985	33807
25574	38690	28139	23838	37757	34721	22371	40149	42048	24077	28765
48435	36251	26108	15934	21449	17753	22425	31669	30657	21468	25189
31852	42474	34255	25352	32293	28498	26783	34769	35317	28385	31569
41432	46160	33177	26940	33635	21962	25842	38403	38894	33380	29718
40180	41203	33248	27342	26956	25070	24086	32824	33161	25500	28537
28091	53162	29395	25079	31279	19084	11880	40501	31241	33545	32023
29885	92309	18530	25095	29868	20959	22829	36480	34735	25976	34067
	31472		32666	32241	32404	55356	32305	36886	27680	26502
24327	63503	28828	42979	40693	37452	36154	47500	43873	39320	35058
18264	27854	24789	16963	28795	24313	18775	30671	32520	17734	26736
	40374	32475	23671	30020	24198	23042	30501	29504	27598	28769
21910	62923	35079	23471	34759	25121	21065	33738	33915	22627	29706
27311	38501	33011		17119	12255	28219	35886	41461	20711	27221
30690	38336	35205	27871	30105	30067	26274	35873	36088	29079	31503
	30988	72778		44785	16200		50666	49007	13548	29509
29994	37848	50395	21523	25529	22691	22011	26054	24166	24003	26212

5-22 历年职工工资及指数

Wages and Related Indices of Staff and Workers over the Years

年份 Year	工资总额(亿元) Total Wages (100 million yuan)	国有单位 State-owned Units	城镇集体单位 Urban Collectiveowned Units	其他单位 Other Units	平均工资(元) Average Wage (yuan)	国有单位 State-owned Units	城镇集体单位 Urban Collectiveowned Units	其他单位 Other Units	平均工资指数(以上年为100) Index of Average Wage (Preceding year=100): 全部职工 Total Staff and Workers	国有单位 State-owned Units	城镇集体单位 Urban Collectiveowned Units	其他单位 Other Units
1952	1.43	1.43			347	347						
1957	5.90	5.90			546	546						
1962	8.33	8.33			538	538				130.4		
1965	10.89	9.07	1.82		503	599		369	86.2	102.6		
1970	12.87	11.18	1.69		547	573		424	98.9	98.7	102.9	
1975	18.12	15.37	2.75		561	581		488	100.5	98.4	104.7	
1978	24.30	20.65	3.64		590	609		496	104.8	105.4	99.8	
1979	27.63	23.60	4.03		644	668		533	108.8	109.4	107.1	
1980	32.93	28.14	4.79		730	759		597	106.9	107.2	105.7	
1981	35.43	30.33	5.09		742	772		604	99.3	99.3	98.8	
1982	37.40	31.82	5.59		754	789		604	99.8	100.4	98.2	
1983	39.19	33.36	5.82		767	805		606	98.9	99.2	97.5	
1984	46.24	37.76	8.47	0.01	866	921	686	809	110.5	111.9	110.8	
1985	57.85	47.06	10.76	0.02	1015	1080	804	1014	110.1	110.1	110.0	117.7
1986	69.57	56.97	12.57	0.03	1159	1245	882	1079	106.9	107.9	102.7	99.6
1987	78.98	64.34	14.58	0.06	1258	1347	974	1559	100.7	100.4	102.4	134.0
1988	95.90	78.66	17.18	0.07	1470	1582	1110	1520	96.2	96.7	93.8	80.2
1989	108.70	89.48	19.12	0.09	1628	1767	1191	1724	96.4	97.2	93.4	98.7
1990	123.86	102.52	21.19	0.15	1825	1997	1288	2128	111.5	112.5	107.6	122.8
1991	138.18	113.58	24.33	0.27	1964	2132	1433	2477	102.4	101.6	105.9	110.8
1992	165.51	138.38	26.51	0.62	2269	2473	1583	2544	107.3	107.7	102.6	95.4
1993	200.82	168.89	28.90	3.03	2646	2860	1821	3097	105.4	104.6	104.0	110.1
1994	275.18	229.87	35.66	9.66	3545	3851	2295	4038	105.2	105.7	98.9	102.3
1995	347.70	284.17	47.79	15.75	4344	4677	3007	4644	104.8	103.9	112.1	98.4
1996	407.43	332.03	54.77	20.63	4924	5265	3485	5197	103.5	102.8	105.8	102.2
1997	434.08	336.34	66.05	31.69	5225	5643	3797	5209	103.6	104.7	106.4	97.9
1998	431.01	299.76	63.36	67.88	5781	6204	4258	5976	119.9	120.4	117.5	117.2
1999	445.61	307.17	62.31	76.13	6194	6594	4639	6384	110.9	110.0	112.8	110.6
2000	495.66	338.39	66.44	90.84	6930	7453	4913	7212	112.9	114.1	106.9	114.0
2001	553.40	381.92	75.73	95.75	7916	8573	5726	7889	113.4	114.2	115.7	108.6
2002	622.42	400.42	80.84	141.15	9174	9864	6664	9335	116.1	115.3	116.6	118.5
2003	720.52	436.31	88.51	195.69	10749	11397	7894	11160	115.2	113.6	116.5	117.5
2004	801.95	497.47	79.62	224.86	12114	12701	8686	12588	106.9	105.7	104.4	107.0
2005	949.97	575.63	90.29	284.05	14282	14877	10383	14852	115.5	114.7	117.1	115.6
2006	1152.05	690.58	103.21	358.26	16981	17886	12483	17088	117.5	118.8	118.8	113.7
2007	1431.35	849.87	125.01	456.48	20935	22345	15850	20333	117.0	118.5	120.5	112.9
2008	1702.22	1008.08	111.75	582.39	24816	26536	17118	24189	110.8	111.0	100.9	111.2
2009	1918.14	1066.34	85.52	766.28	27357	28914	18352	26817	110.9	109.6	107.9	111.5
2010	2171.69	1200.07	98.62	873.00	30303	31924	20769	29770	107.1	106.8	109.5	107.4
2011	2721.42	1390.91	119.85	1210.66	34203	35894	24397	33719	107.1	106.6	111.3	107.5
2012	3146.25	1575.98	134.27	1436.00	37958	39948	28103	37145	111.0	111.3	115.2	110.2

注：1.本表平均工资指数按实际工资计算，即扣除了职工生活费用价格变动因素。
2.1998年及以后年度工资总额为在岗职工口径，与以前年度不尽可比。
a)Indices of average wage in this table were calculated on practical wage ,change factor of employee maintenance price was taken out.
b)Total wages funds since 1998 were totalized by all employed staff and workers ,and can't compared with former years.

5-23 城镇私营单位从业人员工资
Wage of Engaged Persons in Private Enterprises

项　　目	Item	工资总额(万元) total Wages (100 million yuan)		平均工资(元) Average Wage (yuan)	
		2011	2012	2011	2012
从业人员总计	**Total Number of Employed persons**	**7953131**	**9337891**	**18749**	**21255**
按国民经济行业分	**Grouped by Sector**				
农、林、牧、渔业	Farming, Forestry,animal Husbandry and Fishery	81054	94491	14364	17071
采矿业	Mining	351461	383262	21144	22361
制造业	Manufacturing	4381735	5187717	18188	20844
电力、燃气及水的生产和供应业	Production and distribution of electricity,gas and water	30612	32397	16119	21024
建筑业	Construction	1337366	1650487	21607	24054
批发和零售业	Wholesale and retail trade	616899	672605	17087	19339
交通运输、仓储和邮政业	Traffic,transport, storage and post	150506	195682	19600	19581
住宿和餐饮业	Accommodation and Restaurants	265915	252393	16807	19352
信息传输、软件和信息技术服务业	Information transfer,software and Information technology services	52614	52615	18550	19111
金融业	Finance	11072	17116	16894	21652
房地产业	Real estate	143566	165265	20679	22621
租赁和商务服务业	Tenancy and business services	152933	168444	19364	21498
科学研究、技术服务业	Scientific research and technical service	100152	120592	24949	26399
水利、环境和公共设施管理业	Management of water conservancy, environment and public establishment	17884	20668	17755	20480
居民服务、修理和其他服务业	Resident services,Repairing and other services	56372	77553	16217	18705
教育	Education	113069	127257	18859	21028
卫生和社会工作	Sanitation and social Work	58075	72750	20492	24293
文化、体育和娱乐业	Culture, sports and entertainment	28676	45249	16542	19982
公共管理、社会保证和社会组织	Mass communities, social communities and other organizations	3168	1347	15545	15341

5-24 各市城镇私营单位从业人员工资

Wage of Engaged Persons in Private Enterprises by City

市 City	工资总额(万元) total Wages (100 million yuan)		平均工资(元) Average Wage (yuan)	
	2011	2012	2011	2012
郑　州　市 Zhengzhou	1756930	2065534	22326	24686
开　封　市 Kaifeng	408191	435362	19153	21609
洛　阳　市 Luoyang	815549	1023829	20583	23271
平 顶 山 市 Pingdingshan	201382	273828	19374	21514
安　阳　市 Anyang	788333	852388	18477	20324
鹤　壁　市 Hebi	57639	80903	16635	18662
新　乡　市 Xinxiang	530866	638577	18852	21116
焦　作　市 Jiaozuo	448076	535718	16736	19511
濮　阳　市 Puyang	148709	205567	16222	18807
许　昌　市 Xuchang	562229	646179	20224	22378
漯　河　市 Luohe	153692	205599	16244	19022
三 门 峡 市 Sanmenxia	173326	238471	17296	21909
南　阳　市 Nanyang	796111	791664	15880	18115
商　丘　市 Shangqiu	238528	291274	15265	18338
信　阳　市 Xinyang	212834	246855	18750	20649
周　口　市 Zhoukou	292227	328895	16912	19033
驻 马 店 市 Zhumadian	322769	419057	16192	18847
济　源　市 Jiyuan	45741	58192	19733	25678

5-25 各市按行业分城镇私营单位从业人员平均工资(2012年)

Average Wage of Employed Persons in Urban Private Units by Sector and City (2012)

单位：元 (yuan)

市 City	平均工资 Average Wage	农林牧渔业 Farming, Forestry, Animal Husbandry and Fishery	采矿业 Mining	制造业 Manufacturing	电力、燃气及水的生产和供应业 Production and Supply of Electricity,Gas and Water	建筑业 Construction	批发和零售业 Wholesale and retail trade	交通运输仓储及邮政业 Traffic, transport, storage and post	住宿和餐饮业 Accommodation and Restaurants	信息传输、软件和信息技术服务业 Information transfer, software and Information technology
郑州市 Zhengzhou	24686	18953	23311	23431	22861	28355	22198	22549	23425	22030
开封市 Kaifeng	21609	19036		21274	21130	24724	20929	20548	19834	21140
洛阳市 Luoyang	23271	19124	21983	24592	19072	26957	20684	21411	18098	14702
平顶山市 Pingdingshan	21514	16429	25542	20846	40146	22206	19996	34472	18299	18250
安阳市 Anyang	20324	15841	23637	18881	19361	21530	17145	21648	19170	16467
鹤壁市 Hebi	18662	20411	18550	19120	16664	14123	16733	20945	19210	15590
新乡市 Xinxiang	21116	16910	18289	21273	20629	21571	20179	24087	19600	20164
焦作市 Jiaozuo	19511		17921	19848	23777	22416	14527	18484	16458	11749
濮阳市 Puyang	18807			18965	1100	22750	13306	21703	11972	2044
许昌市 Xuchang	22378	17157	31017	23009	19678	25148	16806	21304	18350	18783
漯河市 Luohe	19022		17957	18928	18411	22490	17228	17529	19263	17769
三门峡市 Sanmenxia	21909	15100	24670	23957	21293	22540	15418	20059	16833	14987
南阳市 Nanyang	18115	15345	18383	18338	17016	22146	16158	15736	20825	18811
商丘市 Shangqiu	18338	13590		18038	15520	22189	17114	16885	16648	15706
信阳市 Xinyang	20649	17402	19106	19815	21119	23068	18945	18518	20383	20214
周口市 Zhoukou	19033			18204	23484	22049	19439	22699	16568	16054
驻马店市 Zhumadian	18847	18031	19913	19129	19863	19909	15924	20313	16426	17707
济源市 Jiyuan	25678		27388	26222	25688	20286	25678	24809	21199	24000

市 city	金融业 Finance	房地产业 Real estate	租赁和商务服务业 Tenancy and business services	科学研究和技术服务业 Scientific research, and technical service	水利、环境和公共设施管理业 Management of water conservancy, environment and public establishment	居民服务、修理和其他服务业 Resident services Repairing and other services	教育 Education	卫生和社会工作 Sanitation, and social work	文化、体育和娱乐业 Culture, sports and entertainment	公共管理、社会保障和社会组织 Public management social security and social organization
郑州市 Zhengzhou	24211	24448	24295	28790	27127	21806	20266	31540	25936	12051
开封市 Kaifeng	21053	22335	20065	20548	26460	21980	22309	22202	21213	25200
洛阳市 Luoyang	13483	22713	16826	24801	16675	16261	22684	20642	13749	12967
平顶山市 Pingdingshan	22512	25768	25233	18579	23643	18825	24421	29857	20620	
安阳市 Anyang	18895	21718	21784	18909	22642	17375	18954	16240	19029	
鹤壁市 Hebi	16363	19757	18567	15538	22327	16938	19552	14880	15378	14900
新乡市 Xinxiang	24155	23255	20161	20035	21370	15612	21486	20895	18283	18476
焦作市 Jiaozuo	13912	16500	13110	14736	16300	14352	17780	15638	14896	13841
濮阳市 Puyang	1100	22235	9080	1100	1100	15990	19718	15366	17563	
许昌市 Xuchang	23966	20256	17808	15853	18628	20743	19856	24909	19911	
漯河市 Luohe	17758	21411	20155	17451	17766	20156	20333	24361	17761	17760
三门峡市 Sanmenxia	14987	15063	15102	14987	16602	15061	14987	16035	15648	
南阳市 Nanyang	21139	18143	16221	16935	17080	15925	18149	17888	15022	
商丘市 Shangqiu	17114	16648	12974	17104	15667	14699	18343	17618	14685	14676
信阳市 Xinyang	29776	22098	20676	19568	21487	22219	23399	23984	23958	22235
周口市 Zhoukou		19175	19977	16171		21972	23284	24156		
驻马店市 Zhumadian	22374	24694	21242	19398	18796	18087	21734	20270	20279	
济源市 Jiyuan		34024	25680	26402	25679	19569	25675	20833	25667	

主要统计指标解释

从业人员 指在16周岁及以上，从事一定社会劳动并取得劳动报酬或经营收入的人员。这一指标反映了一定时期内全部劳动力资源的实际利用情况，是研究我国基本国情国力的重要指标。

单位从业人员 指在各级国家机关、政党机关、社会团体及企业、事业单位中工作，取得工资或其他形式的劳动报酬的全部人员。包括在岗职工、再就业的离退休人员、民办教师以及在各单位中工作的外方人员和港澳台方人员、兼职人员、借用的外单位人员和第二职业者。不包括离开本单位仍保留劳动关系的职工。各单位的就业人员反映了各单位实际参加生产或工作的全部劳动力。

城镇私营和个体从业人员 城镇私营就业人员指在工商管理部门注册登记，其经营地址设在县城关镇(含县城关镇)以上的私营企业就业人员，包括私营企业投资者和雇工。城镇个体就业人员指在工商管理部门注册登记，并持有城镇户口或在城镇长期居住，经批准从事个体工商经营的就业人员，包括个体经营者和在个体工商户劳动的家庭帮工和雇工。

城镇登记失业人员 指有非农业户口，在一定的劳动年龄内(16周岁至退休年龄)，有劳动能力，无业而要求就业，并在当地就业服务机构进行求职登记的人员。

城镇登记失业率 城镇登记失业人员与城镇单位就业人员(扣除使用的农村劳动力、聘用的离退休人员、港澳台及外方人员)、城镇单位中的不在岗职工、城镇私营业主、个体户主、城镇私营企业和个体就业人员、城镇登记失业人员之和的比。计算公式为：

城镇登记失业率=城镇登记失业人数/（城镇单位就业人员-使用的农村劳动力-聘用的离退休人员-聘用的港澳台及外方人员+不在岗职工+城镇私营业主+城镇个体户主+城镇私营企业及个体就业人员+城镇登记失业人数）×100%

国有单位：指资产归国家所有的经济组织。包括按《中华人民共和国企业法人登记管理条例》规定登记注册的非公司制经济组织、以及中央、地方各级国家机关、事业单位和社会团体。

集体单位：指生产资料归集体所有，并按《中华人民共和国企业法人登记管理条例》规定登记注册的经济组织。

其他单位：包括股份合作单位、联营单位、有限责任公司、股份有限公司、港澳台商投资单位以及外商投资单位等其他登记注册类型单位。

职工 指在国有、城镇集体、联营、股份制、外商和港、澳、台投资、其他单位及其附属机构工作，并由其支付工资的各类人员。不包括下列人员：(1)乡镇企业就业人员；(2)私营企业就业人员；(3)城镇个体劳动者；(4)离休、退休、退职人员；(5)再就业的离、退休人员；(6)民办教师；(7)在城镇单位中工作的外方及港、澳、台人员；(8)其他按有关规定不列入职工统计范围的人员。(1998年及以后的数据均为在岗职工数据，其他相关指标如职工工资总额，职工平均工资等指标也从1998年按此口径进行了相应调整)。

在岗职工 指在本单位工作且与本单位签订劳动合同，并由单位支付各项工资和社会保险、住房公积金的人员，以及上述人员中由于学习、病伤、产假等原因暂未工作仍由单位支付工资的人员。在岗职工还包括：应订立劳动合同而未订立劳动合同人员（如使用的农村户籍人员）；处于试用期人员；编制外招用的人员；派往外单位工作，但工资仍由本单位发放的人员（如挂职锻炼、外派工作等情况）；劳务派遣人员。

工资总额 指各单位在一定时期内直接支付给本单位全部职工的劳动报酬总额。工资总额的计算原则应以直接支付给职工的全部劳动报酬为根据。各单位支付给职工的劳动报酬以及其他根据有关规定支付的工资，不论是计入成本的还是不计入成本的，不论是按国家规定列入计征奖金税项目的，还是未列入计征奖金税项目的，不论是以货币形式支付的还是以实物形式支付的，均包括在工资总额内。

平均工资 指企业、事业、机关单位的职工在一定时期内平均每人所得的货币工资额。它表明一定时期职工工资收入的高低程度，是反映职工工资水平的主要指标。计算公式为：

平均工资=报告期实际支付的全部职工工资总额/报告期全部职工平均人数

平均工资指数　指报告期职工平均工资与基期职工平均工资的比率，是反映不同时期职工货币工资水平变动情况的相对数。计算公式为:

平均工资指数=报告期职工平均工资/基期职工平均工资×100%

平均实际工资指数　职工平均实际工资指扣除物价变动因素后的职工平均工资。职工平均实际工资指数是反映实际工资变动情况的相对数，表明职工实际工资水平提高或降低的程度。计算公式为:

平均实际工资指数=报告期职工平均工资指数/报告期城镇居民消费价格指数×100%

Explanatory Notes on Main Statistical Indicators

Employed Persons refer to the persons aged 16 and over who are engaged in social working and receive remuneration payment or earn business income. This indicator reflects the actual utilization of total labour force during a certain period of time and is often used for the research on China economic situation and national power.

Persons Employed in Various Units refer to all the persons working in government agencies of various levels, political and party organizations, social organizations, enterprises and institutions, and receiving wages or other forms of payment. They include fully-employed staff and workers, re-employed retirees, teachers in schools run by the local people, foreigners and Chinese compatriots from Hong Kong, Macao, and Taiwan working in various units, part-time employees, employees of other units working temporarily at current posts, and employees holding the second job, but exclude staff and workers who have left their working units while keeping their labour contract (employment relation) unchanged. This indicator reflects the total number of laborers actually engaged in production or other operations in various units.

Persons Employed in Private Enterprises and Self-Employed Individuals in Urban Areas Persons employed in private enterprises refer to the persons employed in the private enterprises which have been registered at the departments of industrial and commercial administration and are situated at a county town (i.e. a town where the county government is located) for business operation or at urban areas with the level higher than a county town. The self-employed individuals in urban areas refer to persons who hold the certificates of residence in urban areas or have resided in the urban areas for a long time and have been registered at the departments of industrial and commercial administration and approved to be engaged in individual industrial or commercial business, including self-employed persons as well as helpers and hired labourers who work in the individual households engaged in industrial or commercial business.

Registered Urban Unemployed Persons refer to the persons with non-agricultural household registration at certain working ages (16-50 years for male and 16-45 years for females), who are capable of work, unemployed and willing to work, and have been registered at the local employment service agencies to apply for a job.

Registered Urban Unemployment Rate refers to the ratio of the number of the registered unemployed persons to the sum of the number of persons employed in various units (minus the rural labour force, retirees, and Hong Kong, Macao, Taiwan or foreign employees they employ) laid-off workers in urban units, owners and employees in urban private enterprises, urban self-employed individuals and the registered urban unemployed persons. The formula is as follows:

Registered urban unemployment rate = number of registered urban unemployed persons÷(number of persons employed in urban units - rural labour force employed retirees employed - Hong Kong, Macao, Taiwan or foreign employees employ + laid-off workers + owners and employees in urban private enterprises + self-employed individuals in urban areas + registered urban unemployed persons) × 100%.

State-owned Units refer to economic units whose assets are owned by the state, including non-corporation units registered according to Regulation of the People's Republic of China on the Registration of Enterprises and Corporations, state organs, institutions and social organizations at the central-level and local levels.

Collective-owned Units refer to economic units registered according to Regulation of the People's Republic of China on the Registration of Enterprises and Corporations where the means of production are collectively owned.

Units of Other Types of Ownership refer to units registered with other types of ownership, including cooperative units, joint ownership units, limited liability corporations, share holding corporations, units funded by entrepreneurs from Hong Kong, Macao, and Taiwan, and foreign- funded units.

Staff and Workers refer to persons working in, and receive payment from units of state ownership, collective ownership, joint ownership, share-holding ownership, foreign ownership, and ownership by entrepreneurs from Hong Kong, Macao, and Taiwan, and other types of ownership and their affiliated units. They do not include 1) persons employed in township enterprises, 2) persons employed in private enterprises, 3) urban self-employed persons, 4) retirees, 5) re-employed retirees, 6) teachers in the schools run by the local people, 7) foreigners and persons from Hong Kong, Macao and Taiwan who work in urban units, and 8) other persons not to be included by relevant regulations. (Data of 1998 and afterward refer to fully employed staff and workers. Other related statistics such as total wage bill and average wage are adjusted since 1998 accordingly).

Fully Employed Staff and Workers refer to persons who work in , Sign labor contract with their working units, and receive wages, Social insurance and housing fund from their working units. as well as persons who have their work posts, but are temporarily absent from work for reasons of study or on sick, injury or maternal leave and still receive wages from their working units. And still include: should conclude labor contract and haven't sign labor contract persons (such as the rural household persons). Probation persons. Unplanned persons. Sent to other units, but still receive wages from their working units (such as or exercise, assignment work, etc); Labor dispatching persons.

Total Wages Bill refers to the total remuneration payment to staff and workers in various units during a certain period of time. The calculation of total wages is based on the total remuneration payment to the staff and workers. Therefore, all the wages and salaries and other payments to staff and workers are included in the total wages regardless of their sources, category, and forms (in kind or cash). (Total wages of staff and workers in this yearbook include only total wages of fully employed staff and workers, excluding the living allowances distributed to those who have left their working units while keeping their labour contract/employment relation unchanged).

Average Wage refers to the average wage in money terms per person during a certain period of time for staff and workers in enterprises, institutions, and government agencies, which reflects the general level of wage income during a certain period of time and is calculated as follows:

Average Wage = Total Wages of Staff and Workers at Reference Time /Average Number of Staff and Workers at Reference Time.

Average Wage Indices refers to the ratio of average wage of staff and workers in the report period to that in the base period, which reflects the change of wage of staff and workers at the different period. It is calculated as follows:

Average Wage Indices = Average Wage of Staff and Workers at Reference Time / Average Wage of Staff and Workers at Base Period × 100%

Average Real Wage Indices average real wage of staff and workers refers to the average wage of staff and workers after removing the effects of the price changes and average real wage indices of staff and workers refers to the change of real wage, which reflects the relative increasing or decreasing level of real wage of staff and workers, which is calculated as follows:

Average Real Wage Indices = Average Wage Indices of Staff and Workers at the Reference Time / Urban Consumer Price Indices at Reference Time × 100%

固定资产投资
Investment in Fixed Assets

● 资料整理：邱　倩　刘凤玲

简要说明

一、主要内容

本篇包括固定资产投资的规模、结构和比例关系、资金来源、投资效果及大型项目等资料。

二、统计范围

固定资产投资统计范围包括：城乡计划总投资500万元及500万元以上建设项目投资，房地产开发投资及农户投资。

三、统计口径的变化

自1997年起，除房地产开发投资、农村非农户投资、个人投资及城镇和工矿区私人建房投资外，固定资产投资的统计起点由5万元提高到50万元。自2006年起，非农户固定资产投资统计改为按项目统计，调查方法由抽样调查改为全面统计报表，起点提高到50万元。城镇和工矿区私人建房投资改为按项目统计，起点为50万元。自2011年起，固定资产投资的统计起点由50万元提高到500万元,取消“城镇固定资产投资”指标。

四、资料来源

农村居民投资数据来源于农村住户抽样调查，全省农村住户固定资产投资数据由国家统计局河南调查总队提供；市级数据由河南省地方经济社会调查队编辑整理。除此以外的固定资产投资统计资料均为全面统计报表，由河南省统计局固定资产投资统计处编辑整理。

Brief Introduction

I. Main Contents

Statistics in this chapter including the size, growth, structure, ratio, financing and results of the investment, major projects.

II. Scope of Statistics

Statistics on the investment in fixed assets cover investments in capital construction projects investment over 5 million yuan , investments in real estate development and farm household investment.

III. Changes in Statistical Scope

Since 1997, the cut-off point of projects covered by statistics of investment in fixed assets are raised from an investment of 50,000 yuan to 500,000 yuan, except investment in real estate development, farm household investment, non-farm household investment and private investment in housing construction in urban areas and industrial and mining areas. Since 2006, statistics on investments in fixed assets of rural non-farm households are changed to project-based, the sample survey method changed from Sampling survey to comprehensive statistics, investments in private investment in housing construction in urban areas and industrial and mining areas The cut-off point has been raised to 500,000 yuan.Since 2011, the cut-off point of projects covered by statistics of investment in fixed assets are raised from an investment of 500,000 yuan to 5 million yuan, Index of investment in fixed assets in unban areas was canceled.

IV. Sources of Data

Data on individual investments in fixed assets in rural areas are collected through sample surveys, Provincial data are provided by the Henan provincial Investigation Team of the NBS, and municipal data are provided by Henan provincial Survey organization of social and economy, Other data on investment in fixed assets are collected by the system of reporting form with complete enumeration, which are provided by the Department of investment in fixed assets of the Henan provincial Bureau of Statistics.

6-1 全社会固定资产投资总额

Total Investment in Fixed Assets

年份 Year	全社会固定资产投资总额(亿元) Total Investment in Fixed Assets (100 million yuan)	固定资产投资 Investment	#工业投资 Industry Investment	#房地产开发投资 Real Estate Development	#基础设施投资 Infrastructure	农户投资 Farm Households	#民间投资 civilian Investment	#基础设施投资 Infrastructure
"六五"时期 the"Sixth five-year Plan"Period	376.05				56.05		166.66	56.05
#1985	126.95	82.64			18.72	44.32	62.38	18.72
"七五"时期 the"Seventh five-year Plan"Period	903.21	593.42			126.11	309.79	434.88	126.11
#1989	187.68	124.53			24.20	63.15	88.06	24.20
1990	206.12	139.33	87.77	3.43	29.42	66.79	97.89	29.42
"八五"时期 the"Eighth five-year Plan"Period	2458.78	2094.71	971.45	150.30	588.20	364.07	916.91	588.20
1991	256.46	175.38	115.46	4.07	38.12	81.08	112.18	38.12
1992	318.83	250.07	133.83	8.78	55.03	68.76	129.68	55.03
1993	450.43	395.22	181.93	25.27	107.55	55.21	155.58	107.55
1994	628.03	560.32	238.54	49.61	163.30	67.71	215.51	163.30
1995	805.03	713.72	301.69	62.56	224.20	91.31	303.96	224.20
"九五"时期 the"Ninth five-year Plan"Period	6220.92	5158.50	1714.86	312.98	1931.27	932.99	2901.17	1931.27
1996	1003.61	881.61	357.97	54.84	290.86	122.00	427.83	290.86
1997	1165.19	979.48	365.52	51.75	328.42	152.00	539.44	328.42
1998	1252.22	1047.41	337.88	58.10	382.03	193.10	595.69	382.03
1999	1324.18	1073.24	404.71	70.41	420.74	210.94	639.42	420.74
2000	1475.72	1176.76	446.77	77.87	509.22	254.95	698.79	509.22
"十五"时期 the"Tenth five-year Plan"Period	13237.05	11452.53	5064.11	1074.09	4423.33	1692.31	6883.37	4483.13
2001	1627.99	1305.87	480.15	102.84	581.51	276.13	781.97	581.51
2002	1820.45	1483.81	524.86	138.36	628.57	295.42	911.76	628.57
2003	2310.54	1983.75	833.27	185.56	828.88	321.79	1228.28	828.88
2004	3099.38	2750.61	1287.17	258.82	1052.59	348.77	1526.42	1075.62
2005	4378.69	3928.49	1938.66	388.52	1331.78	450.20	2434.94	1368.55
"十一五"时期 the"eleventh five-year Plan"Period	54699.00	51362.87	27349.52	6293.61	11198.79	3336.13	40417.09	11421.08
2006	5907.74	5399.54	2704.35	581.95	1633.77	508.20	3600.76	1733.94
2007	8010.11	7418.57	4081.42	837.11	1694.92	591.54	5573.14	1725.19
2008	10490.65	9821.02	5385.76	1206.71	1972.73	669.63	7659.96	2008.46
2009	13704.65	12924.53	6954.42	1553.76	2687.75	780.12	10561.40	2715.39
2010	16585.85	15799.21	8223.57	2114.08	3209.62	786.64	13021.83	3238.10
2010(新口径 New caliber)	14124.69	13338.05	6800.63	2114.08	2626.73	786.64	11109.84	2655.21
2011	17770.51	16935.88	9110.52	2626.54	3080.58	834.63	14151.06	3109.07
2012	21449.99	20558.61	11024.18	3035.29	3430.57	891.38	17513.16	3461.02

注：1.1997-2003年全社会投资总额中含规模为5-50万元地方项目投资，其他指标均不包括(下同)。
2.2005年及以前年度全社会、固定资产投资及各种分组中包括城镇工矿区私人建房投资(下同)。

a)Data of Investment in fixed assets in 1997~2003 contained local projects from 50000 to 500000 Yuan,other indicators didn't contained these projects (the same as in following tables)

b)Fixed Assets Investment in the Whole Country and Fixed Assets Investment, as well as investment by Group in and before 2005 included the Housing Investment by Individuals in Urban Areas and in Industrial and Mining Areas.(the same as the following tables)

6-2 各种分组的全社会固定资产投资

Total Investment in Fixed Assets by Group

项　　目	Item	2007	2008	2009	2010	2010 (新口径) New Caliber	2011	2012
投资总额(亿元)	**Total Investment (100 million yuan)**	**8010.11**	**10490.65**	**13704.65**	**16585.85**	**14124.69**	**17770.51**	**21449.99**
按登记注册类型分	**By Registration status**							
国有经济	State-Owned Units	1715.78	2127.02	2586.90	2857.41	2390.83	2829.97	3177.10
集体经济	Collective-Owned Units	510.04	697.12	1039.78	1241.10	1006.82	1044.34	1133.53
城乡个人	Individuals	660.82	775.93	930.26	987.26	940.55	959.53	1021.83
#农村	Rural	591.54	669.63	780.12	786.64	786.64	834.63	891.38
联营经济	Joint-Ownership Economic Units	24.13	34.31	25.34	28.06	23.82	52.51	32.30
股份制经济	Share Holding Economic Units	2408.84	2960.10	3857.26	4915.90	4267.91	6212.65	7381.51
港澳台投资经济	Economic Units Funded by Entrepreneurs from Hong Kong, Macao and Taiwan	169.95	174.69	142.42	239.92	207.72	230.74	228.54
外商投资经济	Foreign Funded Economic Units	140.55	164.28	149.04	164.32	145.87	185.92	208.96
私营经济	Privately Owned Enterprises	2002.80	3008.37	4109.97	5027.54	4228.95	4748.55	5963.83
其他经济	Others	377.20	548.82	863.68	1124.34	912.21	1506.31	2302.39
按隶属关系分	**Grouped by Administrative Relationship**							
中央	Central Investment	234.13	361.94	376.77	314.59	286.04	254.68	256.29
地方	Local Investment	7775.98	10128.71	13327.88	16271.27	13838.65	17515.83	21193.70
按构成分	**Grouped by Use of Funds**							
建筑安装工程	Construction and Installation	5358.62	6762.40	8966.75	10235.49	8790.41	11161.90	13036.40
设备、工具、器具购置	Purchase of Equipment and Instruments	1971.81	2791.21	3534.60	4412.60	3647.26	4522.66	5808.30
其他费用	Others	679.68	937.04	1203.29	1937.76	1687.02	2085.96	2605.29
资金来源(亿元)	**Source of Funds (100 million yuan)**							
国家预算内资金	State Budgetary Appropriation	133.39	223.26	392.68	363.55	303.21	353.71	412.02
国内贷款	Domestic Loans	789.98	850.93	921.57	1574.30	1376.95	2100.74	2494.87
债券	Bond	1.50		4.65				
利用外资	Foreign Investment	77.95	95.33	50.92	45.98	38.98	100.68	78.08
自筹资金	Fundraising	6374.13	8567.31	10004.24	13251.89	11192.79	13990.31	16790.36
其他资金	Others	633.16	753.81	2330.58	1350.14	3681.56	4115.97	5129.70
房屋建筑面积(万平方米)	**Floor Space of Buildings (10 000 sq.m)**							
施工面积	Floor Space Under Construction	40350	47725	59869	68230	67803	72560	81028
#住宅	Residential Buildings	25778	29758	35072	38555	38503	41376	42960
竣工面积	Floor Space Completed	24368	26202	30758	30198	29614	28120	27641
#住宅	Residential Buildings	16243	17003	19410	20277	20123	19810	18074

6–3 分产业全社会固定资产投资

Total Investment in Fixed Assets by Sector

单位：亿元 (100 million yuan)

产 业	Branch	2007	2008	2009	2010	2010 (新口径) New Caliber	2011	2012
总 计	**Total**	**8010.11**	**10490.65**	**13704.65**	**16585.85**	**14124.69**	**17770.51**	**21449.99**
第一产业	**Primary Industry**	**286.01**	**538.14**	**761.57**	**824.14**	**670.50**	**720.89**	**825.88**
农、林、牧、渔业	Farming, Forestry,Animal Husbandry and Fishery	286.01	538.14	761.57	824.14	670.50	720.89	825.88
第二产业	**Secondary Industry**	**4115.69**	**5421.83**	**6980.42**	**8242.72**	**6817.26**	**9127.57**	**11042.51**
工业	Industry	4087.73	5392.16	6958.99	8228.06	6805.12	9113.16	11029.73
建筑业	Construction	27.97	29.68	21.42	14.66	12.14	14.43	12.79
第三产业	**Tertiary Industry**	**3608.42**	**4530.67**	**5962.67**	**7518.99**	**6636.92**	**7922.04**	**9581.61**
批发和零售业	Wholesale and retail trade	235.83	280.21	370.24	465.91	375.05	410.14	526.71
交通运输、仓储和邮政业	Traffic,transport, storage and post	508.38	485.48	583.89	791.54	665.31	812.54	927.25
住宿和餐饮业	Accommodation and Restaurants	77.90	114.09	166.30	213.43	171.02	175.18	217.18
信息传输、软件和信息技术服务业	Information transfer, software and Information technology services	59.01	55.58	76.06	58.93	45.46	31.91	46.78
金融业	Finance	7.23	8.09	12.73	15.14	11.80	16.57	14.84
房地产业	Real estate	1802.21	2424.29	2987.51	3775.15	3590.45	4456.33	5363.65
租赁和商务服务业	Tenancy and business services	24.08	22.46	30.96	56.07	45.07	56.39	84.67
科学研究和技术服务业	Scientific research and technical service	19.06	23.85	41.15	52.73	43.34	41.26	75.54
水利、环境和公共管理业	Management of water conservancy, environment and public establishment	456.66	612.26	934.28	1303.73	1060.62	1283.85	1497.21
居民服务、修理和其他服务业	Resident services,Repairing and other services	38.08	52.34	66.02	72.19	59.57	68.72	123.14
教育	Education	149.50	162.55	235.48	265.09	209.68	230.38	278.09
卫生和社会工作	Sanitation, social security	62.23	83.73	129.67	137.76	110.05	152.73	160.04
文化、体育和娱乐业	Culture, sports and entertainment	69.59	90.68	149.69	165.63	133.72	110.44	182.32
公共管理、社会保障和社会组织	Public management,social welfare and social organization	98.66	115.06	178.68	145.70	115.77	75.61	84.20

6-4 各市按城乡及三次产业分的全社会固定资产投资(2012年)

Total Investment in Fixed Assets by Rural and Urban Area and by Industry (2012)

单位：亿元 (100 million yuan)

市(县) City(County)	合计 Total	固定资产投资 Investment in Fixed Assets	农户投资 Rural Area	第一产业 Primary Industry	第二产业 Secondary Industry	#工业 Industry	第三产业 Tertiary Industry
全省 Total	**21449.99**	**20558.61**	**891.38**	**825.88**	**11042.51**	**11029.73**	**9581.60**
省辖市 City							
郑州市 Zhengzhou	3669.75	3561.22	108.53	87.04	1374.75	1370.21	2207.96
开封市 Kaifeng	775.19	738.21	36.98	14.55	442.11	442.10	318.53
洛阳市 Luoyang	2158.71	2109.05	49.66	141.71	979.39	967.50	1037.61
平顶山市 Pingdingshan	1034.80	1004.99	29.81	45.67	585.62	585.62	403.53
安阳市 Anyang	1120.29	1080.53	39.76	49.98	579.63	579.46	490.67
鹤壁市 Hebi	427.00	415.67	11.33	17.80	202.45	202.45	206.75
新乡市 Xinxiang	1320.01	1271.72	48.29	50.50	703.33	703.33	566.19
焦作市 Jiaozuo	1154.21	1120.21	34.00	32.61	784.49	780.38	337.12
濮阳市 Puyang	761.89	738.96	22.93	45.92	439.20	439.19	276.77
许昌市 Xuchang	1155.69	1111.47	44.22	40.44	723.50	705.27	391.76
漯河市 Luohe	550.69	526.79	23.90	8.27	373.66	373.66	168.77
三门峡市 Sanmenxia	937.73	925.54	12.19	62.38	524.32	523.58	351.03
南阳市 Nanyang	1819.13	1721.11	98.02	86.91	1132.15	1132.15	600.05
商丘市 Shangqiu	1068.85	1005.51	63.34	21.31	643.70	643.66	403.84
信阳市 Xinyang	1274.50	1197.52	76.98	63.07	435.07	433.96	776.36
周口市 Zhoukou	1040.30	931.22	109.08	64.00	546.82	546.01	429.48
驻马店市 Zhumadian	895.94	817.58	78.36	53.63	437.00	436.21	405.32
济源市 Jiyuan	286.80	281.29	5.51	9.98	191.07	190.47	85.75
省直管县 Province Administrating County							
巩义市 Gongyi	316.19	304.74	11.45	5.71	206.19	206.19	104.29
兰考县 Lankao	88.38	80.57	7.81	3.19	67.47	67.47	17.72
汝州市 Ruzhou	165.52	161.21	4.31	12.03	112.46	112.46	41.03
滑县 Huaxian	91.30	85.41	5.89	4.01	46.95	46.95	40.33
长垣县 Changyuan	169.23	162.72	6.51	15.06	77.61	77.61	76.56
邓州市 Dengzhou	182.67	169.77	12.90	21.49	88.14	88.14	73.03
永城市 Yongcheng	172.56	168.89	3.67	1.62	81.17	81.17	89.78
固始县 Gushi	162.11	149.80	12.31	10.37	52.45	52.45	99.31
鹿邑县 Luyi	102.89	87.39	15.50	5.44	49.97	49.97	47.47
新蔡县 Xincai	77.89	68.47	9.42	4.72	31.67	31.67	41.51

6-5 各市按构成分的全社会固定资产投资及房屋面积(2012年)

Total Investment in Fixed Assets and Floor Space of Buildings by Composition in Cities (2012)

市(县) City(County)	固定资产投资总额(亿元) Total Investment in Fixed Assets(100 million yuan)					房屋面积(万平方米) Floor Space of Buildings (10 000 sq.m)			
	合计 Total	建筑工程 Construction	安装工程 Installation	设备、工具、器具购置 Purchase of Equipment and Instruments	其他费用 Others	施工面积 Floor Space Under Construction	#住宅 Residential Buildings	竣工面积 Floor Space Completed	#住宅 Residential Buildings
全 省 Total	**21449.99**	**12733.13**	**303.28**	**5808.30**	**2605.29**	**81028**	**42960**	**27641**	**18074**
省 辖 市 City									
郑州市 Zhengzhou	3669.75	2020.39	32.90	691.28	925.18	14244	6997	3422	2109
开封市 Kaifeng	775.19	433.53	24.99	224.86	91.81	2939	1221	861	531
洛阳市 Luoyang	2158.71	1379.65	57.55	497.81	223.71	7144	3965	1376	884
平顶山市 Pingdingshan	1034.80	556.89	13.60	336.47	127.85	5015	2108	1120	638
安阳市 Anyang	1120.29	573.97	11.69	444.25	90.38	3742	2107	1039	760
鹤壁市 Hebi	427.00	322.72	1.05	75.38	27.85	1539	683	374	195
新乡市 Xinxiang	1320.01	864.44	12.25	359.58	83.75	4356	2628	1434	1208
焦作市 Jiaozuo	1154.21	475.30	20.00	585.98	72.92	2921	1334	821	503
濮阳市 Puyang	761.89	243.87	17.04	323.53	177.46	2391	806	816	314
许昌市 Xuchang	1155.69	655.03	20.85	394.32	85.50	4078	1874	1183	817
漯河市 Luohe	550.69	320.04	1.10	203.28	26.26	1615	586	480	303
三门峡市 Sanmenxia	937.73	631.88	25.71	193.64	86.50	1573	939	426	323
南阳市 Nanyang	1819.13	1186.85	29.89	500.31	102.08	4707	2603	1714	1458
商丘市 Shangqiu	1068.85	573.61	6.94	358.11	130.19	3807	2217	1513	1117
信阳市 Xinyang	1274.50	794.02	7.03	225.08	248.36	6633	4255	3025	2248
周口市 Zhoukou	1040.30	768.51	8.28	213.46	50.05	4340	3000	3032	2494
驻马店市 Zhumadian	895.94	636.54	4.19	187.43	67.78	4248	2097	1343	766
济源市 Jiyuan	286.80	150.83	9.62	108.16	18.19	1932	503	1165	133
省直管县 Province Administrating County									
巩义市 Gongyi	316.19	145.31	11.51	142.70	16.67	567	277	260	167
兰考县 Lankao	88.38	65.36	0.17	20.63	2.21	154	76	57	38
汝州市 Ruzhou	165.52	77.66	4.23	74.32	9.32	558	262	172	113
滑县 Huaxian	91.30	65.17	0.17	22.69	3.27	496	184	161	109
长垣县 Changyuan	169.23	122.32	0.05	46.63	0.23	651	274	150	147
邓州市 Dengzhou	182.67	100.55	3.08	71.20	7.83	260	241	189	185
永城市 Yongcheng	172.56	136.73	2.53	29.61	3.70	312	280	113	108
固始县 Gushi	162.11	99.59		36.16	26.37	654	443	541	381
鹿邑县 Luyi	102.89	81.80		15.96	5.12	229	215	195	170
新蔡县 Xincai	77.89	61.12	0.65	13.45	2.68	566	439	168	114

6-6 各市分行业全社会固定资产投资(2012年)

单位：亿元

市(县) City(County)	合计 Total	农林牧渔业 Farming, Forestry, Animal Husbandry and Fishery	工业 Industry	建筑业 Construction	批发和零售业 Wholesale and retail trade	交通运输仓储及邮政业 Traffic, transport, storage and post	住宿和餐饮业 Accommodation and Restaurants	信息传输、软件和信息技术服务业 Information transfer, software and Information technology services
全　　省 Total	**21449.99**	**825.88**	**11029.72**	**12.79**	**526.70**	**927.25**	**217.18**	**46.78**
省　辖　市 City								
郑　州　市 Zhengzhou	3669.75	87.04	1370.21	4.55	67.61	219.59	36.96	18.73
开　封　市 Kaifeng	775.19	14.55	442.10	0.01	26.76	32.67	7.86	0.65
洛　阳　市 Luoyang	2158.71	141.71	967.50	11.89	44.74	116.86	32.77	11.72
平 顶 山 市 Pingdingshan	1034.80	45.67	585.62		28.53	22.05	13.84	0.09
安　阳　市 Anyang	1120.29	49.98	579.46	0.17	14.39	58.00	12.72	1.75
鹤　壁　市 Hebi	427.00	17.80	202.45		9.00	18.61	0.27	0.05
新　乡　市 Xinxiang	1320.01	50.50	703.33		12.66	17.68	6.18	4.39
焦　作　市 Jiaozuo	1154.21	32.61	780.38	4.11	34.67	44.47	21.37	1.14
濮　阳　市 Puyang	761.89	45.92	439.19	0.01	23.38	33.73	6.78	1.01
许　昌　市 Xuchang	1155.69	40.44	705.27	18.23	24.49	24.56	5.29	2.29
漯　河　市 Luohe	550.69	8.27	373.66		21.73	16.57	11.49	0.91
三 门 峡 市 Sanmenxia	937.73	62.38	523.58	0.74	28.63	96.21	9.32	1.73
南　阳　市 Nanyang	1819.13	86.91	1132.14		90.05	75.21	27.03	1.84
商　丘　市 Shangqiu	1068.85	21.31	643.66		20.77	33.49	2.18	0.37
信　阳　市 Xinyang	1274.50	63.07	433.96	1.11	27.34	73.59	13.86	0.85
周　口　市 Zhoukou	1040.30	64.00	546.01	0.81	21.91	39.17	5.47	0.27
驻 马 店 市 Zhumadian	895.94	53.63	436.21	0.79	27.25	19.00	6.18	
济　源　市 Jiyuan	286.80	9.98	190.47	0.60	6.84	4.47	0.79	0.34
省 直 管 县 Province Administrating County								
巩　义　市 Gongyi	316.19	5.71	206.19		1.07	21.48		
兰　考　县 Lankao	88.38	3.19	67.47		0.92	2.52	0.24	
汝　州　市 Ruzhou	165.52	12.03	112.46		3.12	6.36	4.32	
滑　　　县 Huaxian	91.30	4.01	46.95		0.69	0.72	0.05	
长　垣　县 Changyuan	169.23	15.06	77.61		1.11	0.09	0.82	
邓　州　市 Dengzhou	182.67	21.49	88.14		10.40	10.43		
永　城　市 Yongcheng	172.56	1.62	81.17		6.07	13.14	0.35	
固　始　县 Gushi	162.11	10.37	52.45		1.52	14.47	0.26	
鹿　邑　县 Luyi	102.89	5.44	49.97		2.39	10.02		
新　蔡　县 Xincai	77.89	4.72	31.67		1.87	2.47		

Investment in Fixed Assets in the Urban Area by Sector and City (2012)

(100 million yuan)

金融业 Finance	房地产业 Real estate	租赁和商务服务业 Tenancy and business services	科学研究和技术服务业 Scientific research, and technical service	水利、环境和公共设施管理业 Management of water conservancy, environment and public establishment	居民服务、修理和其他服务业 Resident services Repairing and other services	教育 Education	卫生和社会工作 Sanitation, and social work	文化、体育和娱乐业 Culture, sports and entertainment	公共管理、社会保障和社会组织 Public management social security and social organization
14.84	**5363.65**	**84.67**	**75.54**	**1497.21**	**123.14**	**278.09**	**160.04**	**182.32**	**84.20**
7.61	1323.53	23.19	24.21	301.16	5.81	85.25	39.51	40.03	14.76
	171.30	0.40	5.24	40.22	3.60	14.17	7.00	1.59	7.05
1.39	482.77	11.01	14.42	182.79	53.52	31.14	19.50	26.92	8.05
0.03	237.72	4.39	1.08	54.46	2.72	8.24	11.41	11.70	7.24
1.45	230.36	7.70	2.73	94.90	6.02	28.75	7.15	20.69	4.06
	110.75	4.05	5.60	46.85	1.40	6.21	2.39	1.00	0.59
	342.30	5.65	4.53	150.33	1.12	12.68	4.41	3.62	0.63
1.38	142.93	2.47	1.05	34.85	11.11	11.20	10.28	15.82	4.39
0.25	130.40	1.61	1.31	56.36	1.78	9.29	5.15	1.63	4.10
0.61	251.56	0.29	1.07	41.46	8.75	7.90	8.15	11.41	3.93
	82.67	0.12		27.53	2.38	0.82	3.45	0.56	0.53
	119.75	4.61	0.25	66.40	1.47	5.62	3.40	9.06	4.58
0.18	208.06	2.60	4.19	143.42	5.71	11.52	12.17	15.94	2.15
	267.93	5.40	4.45	54.61	1.27	5.25	3.55	3.30	1.20
1.28	479.74	2.55	1.01	122.45	0.75	20.49	11.13	12.66	8.67
0.38	297.25	0.16	1.78	34.97	0.75	10.40	7.30	5.89	3.79
	285.37	10.76	2.61	31.64	2.21	7.27	3.73	1.41	7.79
0.29	52.15	0.88		16.21	0.30	2.34	0.45		0.71
1.46	64.07		1.98	5.85	1.26	4.82	0.75	0.20	1.36
	12.45		0.05	0.54		0.51	0.22	0.26	
	15.44	0.45		7.45	0.08	0.45	1.85	1.11	0.41
	24.07		0.19	13.62	0.13	0.82	0.03		
	54.00	1.70	0.70	13.64		1.92		2.58	
	30.66			18.18	0.08	1.72	1.57		
	55.80	1.58	0.75	8.53	0.26	0.60	1.39	1.02	0.29
	64.50			12.67		4.00	0.09	1.64	0.16
	25.03			5.08		2.40	1.84		0.71
	30.96			2.07	0.11	1.80	1.57	0.11	0.55

6-7 固定资产投资
Investment in Fixed Assets

项　目	Item	2007	2008	2009	2010	2010 (新口径 New Caliber)	2011	2012
投资总额(亿元)	**Total Investment (100 million yuan)**	**7418.57**	**9821.02**	**12924.53**	**15799.21**	**13338.05**	**16935.88**	**20558.61**
按控股情况分	by Shore-holding							
国有控股	State-holding	2156.94	2501.86	2927.66	3232.83	2721.10	3264.78	3594.37
集体控股	Collective-holding	747.45	928.46	1352.30	1657.26	1371.79	1416.32	1466.92
港澳台商控股	Hong Kong, Macao and Taiwan-holding	4234.15	154.03	122.60	203.86	177.92	203.24	192.94
外商控股	Foreign-holding	161.92	127.55	92.99	127.34	115.83	151.43	149.13
私人及其他控股	Private and others-holding	118.11	6109.11	8428.98	10577.92	8951.40	11900.11	15155.26
按隶属关系分	Grouped by Administrative Relationship							
中央	Central Investment	234.13	361.94	376.77	314.59	286.04	254.68	256.29
地方	Local Investment	7184.44	9459.08	12547.76	15484.63	13052.01	16681.20	20302.32
按构成分	Grouped by Use of Funds							
建筑安装工程	Construction and Installation	4847.37	6213.74	8279.65	9542.36	8097.28	10418.25	12242.18
设备、工器具购置	Purchase of Equipment and Instruments	1903.48	2685.16	3455.46	4332.55	3567.21	4438.31	5718.27
其他费用	Others	667.72	922.11	1189.42	1924.31	1673.56	2079.33	2598.16
按建设性质分	Grouped by Type of Construction							
#新建	New Construction	4550.99	6034.31	7718.71	9788.66	8061.23	10893.91	13731.39
扩建	Expansion	1248.38	1594.65	2247.23	2433.80	1978.27	2070.08	2185.20
改建和技术改造	Reconstruction	601.69	728.26	1108.48	1179.63	956.16	1107.52	1306.37
资金来源(亿元)	**Source of Funds (100 million yuan)**	**7792.79**	**9487.74**	**13232.40**	**16156.60**	**13704.12**	**17254.35**	**20818.69**
国家预算资金	State Budgetary Appropriation	133.39	223.26	392.68	363.55	303.21	353.71	412.02
国内贷款	Domestic Loans	783.67	847.14	1118.37	1570.75	1373.40	2093.30	2490.13
债券	Bond	1.50		4.65				
利用外资	Foreign Investment	77.95	95.33	53.67	45.98	38.98	100.68	78.08
自筹资金	Fundraising	5803.76	7918.42	10211.22	12474.66	10419.57	13166.16	15910.74
其他资金	Others	992.51	403.59	1451.81	1701.66	1568.95	1540.50	1927.70
新增固定资产(亿元)	**Newly Increased Fixed Assets (100 million yuan)**	**5843.32**	**7379.87**	**9500.32**	**10599.13**	**8842.09**	**11001.17**	**13036.64**
房屋建筑面积(万平方米)	**Floor Space of Buildings (10 000 sq.m)**							
施工面积	Floor Space Under Construction	26899	33857	43285	51477	51050	56480	65885
#住宅	Residential Buildings	13145	16810	19300	22710	22658	25800	29089
竣工面积	Floor Space Completed	11833	13417	16009	15121	14537	14291	14703
#住宅	Residential Buildings	4667	5197	5591	6075	5921	7117	6812

6-8 分行业固定资产投资

Investment in Fixed Assets by Sector

单位：亿元 (100 million yuan)

产 业	Branch	2007	2008	2009	2010	2010 (新口径 New Caliber)	2011	2012
总 计	**Total**	**7419**	**9821**	**12925**	**15799**	**13338**	**16936**	**20559**
第一产业	**Primary Industry**	**228**	**457**	**675**	**739**	**585**	**641**	**747**
农、林、牧、渔业	Farming, Forestry, Animal Husbandry and Fishery	228	457	675	739	585	641	747
第二产业	**Secondary Industry**	**4100**	**5404**	**6973**	**8236**	**6810**	**9122**	**11032**
工业	Industry	4081	5386	6954	8224	6801	9111	11024
轻工业	Light Industry	1144	1481	1990	2620	2153	2945	3887
重工业	Heavy Industry	2937	3905	4965	5603	4647	6165	7137
#能源工业	Energy Industry	698	871	974	813	708	824	785
建筑业	Construction	18	18	19	12	10	12	7
第三产业	**Tertiary Industry**	**3091**	**3960**	**5277**	**6825**	**5942**	**7172**	**8780**
批发和零售业	Wholesale and retail trade	233	279	367	462	372	407	524
交通运输、仓储和邮政业	Traffic,transport, storage and post	480	450	557	763	637	784	897
住宿和餐饮业	Accommodation and Restaurants	78	114	166	213	171	175	217
信息传输、软件和信息技术服务业	Information transfer, software and Information technology services	59	56	76	59	45	32	47
金融业	Finance	7	8	13	15	12	17	15
房地产业	Real estate	1334	1912	2353	3134	2949	3759	4619
租赁和商务服务业	Tenancy and business services	24	22	31	56	45	56	85
科学研究和技术服务业	Scientific research and technical service	19	24	41	53	43	41	76
水利、环境和公共管理业	Management of water conservancy, environment and public establishment	457	612	934	1304	1061	1284	1497
居民服务、修理和其他服务业	Resident services,Repairing and other services	21	31	46	51	38	48	101
教育	Education	149	163	235	265	210	230	278
卫生和社会工作	Sanitation, social security	62	84	130	138	110	153	160
文化、体育和娱乐业	Culture, sports and entertainment	69	91	150	166	134	110	182
公共管理、社会保障和社会组织	Public management,social welfare and social organization	99	115	179	146	116	76	84

6-9 分行业固定资产投资资金来源(2012年)
Sources of Funds of Investment in Fixed Assets by Sector (2012)

单位：亿元 (100 million yuan)

指 标	Item	资金来源 Sources of Funds	国家预算内资金 State Budget	国内贷款 Domestic Loans	利用外资 Foreign Investment	自筹资金 Self-raising Funds	其他资金 Others
总 计	**Total**	**20818.69**	**412.02**	**2490.13**	**78.08**	**15910.74**	**1927.70**
农、林、牧、渔业	**Farming, Forestry,animal Husbandry and Fishery**	**747.84**	**26.59**	**53.85**	**4.98**	**627.18**	**35.23**
农业	Farming	270.81	3.59	15.20	4.38	229.50	18.15
林业	Forestry	36.33	1.61	1.84		30.11	2.77
畜牧业	Animal Husbandry	303.14	0.75	27.24	0.60	266.10	8.45
渔业	Fishery	14.06		0.55		13.38	0.12
农、林、牧、渔服务业	Service activities for Farming, forestry, animal Husbandry and fishery	123.50	20.64	9.02		88.09	5.75
工业	**Industry**	**10961.31**	**39.43**	**1551.44**	**67.31**	**9038.26**	**264.88**
采矿业	Mining	690.31	0.64	83.39		573.28	33.00
煤炭开采和洗选业	Mining and Washing of Coal	246.61	0.64	34.69		202.57	8.70
石油和天然气开采业	Extraction of Petroleum and Natural Gas	59.72		6.76		52.97	
黑色金属矿采选业	Mining of Ferrous Metal Ores	25.92		3.20		22.24	0.48
有色金属矿采选业	Mining of Non-ferrous Metal Ores	234.22		31.48		192.94	9.81
非金属矿采选业	Mining and Processing of Nonmetal Ores	119.39		7.28		98.11	14.00
开采辅助活动	Mining Auxiliary	2.21				2.21	
其他采矿业	Mining of Other Ores n.e.c	2.23				2.23	
制造业	Manufacturing	9724.13	5.16	1393.14	64.90	8050.71	210.21
农副食品加工业	Processing of Food from Agricultural Products	662.74	0.40	93.26	7.72	535.76	25.60
食品制造业	Manufacture of Foods	396.47	0.26	51.53	2.31	334.83	7.54
酒、饮料和精制茶制造业	Manufacture of Wine, drinks and refined tea	213.66		31.69	6.24	173.16	2.58
烟草制造业	Manufacture of Tobacco	16.46		0.07		16.39	
纺织业	Manufacture of Textile	471.14	0.21	73.86		386.18	10.89
纺织服装、服饰业	Manufacture of Textile Wearing,Apparel	288.16		34.08	1.20	241.62	11.27
皮革、毛皮、羽毛及其制品和制鞋业	Manufacture of Leather, Fur, Feather and Its Products,Shoemaking	231.54	0.49	37.08	8.99	179.34	5.64
木材加工及木、竹、藤、棕、草制品业	Processing of Timbers, Manufacture of Wood, Bamboo, Rattan, Palm, and Straw Products	133.23	0.06	15.87	0.08	114.09	3.13
家具制造业	Manufacture of Furniture	155.08	0.02	17.06		134.56	3.44
造纸及纸制品业	Manufacture of Paper and Paper Products	174.64		24.80	0.08	146.99	2.77
印刷和记录媒介复制业	Printing,Reproduction of Recording Media	72.03	0.01	12.64	0.06	57.65	1.67
文教、工美、体育和娱乐用品制造业	Manufacture of Cultural and educational supplies, industrial, sporting and entertainment	77.43		11.68		63.16	2.59
石油加工、炼焦及核燃料加工业	Processing of Petroleum ,Coking, Processing of Nucleus Fuel	76.67	0.20	12.91		61.88	1.68
化学原料及化学制品制造业	Manufacture of Chemical Raw Material and Chemical Products	725.84	1.64	116.57	0.36	599.05	8.23
医药制造业	Manufacture of Medicines	306.71		42.98		256.54	7.18
化学纤维制造业	Manufacture of Chemical Fiber	27.60		4.57		21.56	1.48
橡胶和塑料制品业	Manufacture of Rubber and Plastic	252.58		28.22	0.41	216.77	7.18
非金属矿物制品业	Manufacture of Non-metallic Mineral Products	1196.81	0.42	114.88	0.65	1055.83	25.02
黑色金属冶炼和压延加工业	Manufacture and Processing of Ferrous Metals	282.25		43.99		231.21	7.05
有色金属冶炼及压延加工业	Manufacture and Processing of Non-ferrous Metals	389.45	0.23	53.86	1.10	329.40	4.87
金属制品业	Manufacture of Metal Products	393.57	0.35	54.51	0.01	331.18	7.51
通用设备制造业	Manufacture of General Purpose Machinery	605.28		78.08	1.48	513.48	12.24
专业设备制造业	Manufacture of Special Purpose Machinery	662.87	0.67	94.23		555.55	12.42
汽车制造业	Manufacture of Automobile	520.62	0.10	102.27	1.46	402.63	14.17
铁路、船舶、航空航天和其他运输设备制造业	Manufacture of Railway, shipbuilding, aerospace, and other transportation equipment	130.28	0.11	11.19	0.17	112.23	6.58
电气机械及器材制造业	Manufacture of Electrical Machinery and Equipment	712.68		121.51		584.84	6.34
计算机、通信和其他电子设备制造业	Manufacture of Computer Communication Equipment, and Other Electronic Equipment	373.77		84.67	32.58	247.45	9.06

6-9 续表 continued

单位：亿元 (100 million yuan)

指标	Item	资金来源 Sources of Funds	国家预算内资金 State Budget	国内贷款 Domestic Loans	利用外资 Foreign Investment	自筹资金 Self-raising Funds	其他资金 Others
仪器仪表制造业	Manufacture of Measuring Instrument	64.15		8.51		54.99	0.65
其他制造业	Manufacture of others	55.83		4.67		50.12	1.04
废弃资源综合利用业	Comprehensive utilization of waste materials	42.43		10.44		31.59	0.40
金属制品、机械和设备修理业	Repairing of Metal products, machinery and equipment	12.13		1.47		10.66	
电力、燃气及水的生产和供应业	Production and Distribution of Electricity, Gas and Water	546.88	33.62	74.91	2.40	414.27	21.68
电力、热力生产和供应业	Production and Supply of Electric Power and Heat Power	307.86	16.44	58.27	2.31	225.98	4.87
燃气生产和供应业	Production and Distribution of Gas	87.23	1.41	6.93	0.10	75.79	3.00
水的生产和供应业	Production and Distribution of Water	151.78	15.77	9.71		112.50	13.81
建筑业	**Construction**	**7.46**		**1.40**		**5.97**	**0.09**
#房屋建筑业	Building Construction	1.52		0.55		0.88	0.09
批发和零售业	**Wholesale and retail trade**	**521.20**	**5.11**	**53.86**	**0.81**	**438.49**	**22.94**
#批发业	Wholesale	230.06	0.28	31.33		186.77	11.68
交通运输、仓储和邮政业	**Traffic,transport, storage and post**	**875.65**	**76.41**	**155.44**		**593.63**	**50.17**
#铁路运输	Transport via railway	48.41	9.62	9.17		29.05	0.56
道路运输业	Transport via road	538.13	64.94	105.55		329.40	38.24
仓储业	Storage	213.80	1.08	31.80		170.96	9.95
邮政业	Post	6.85	0.43	0.58		5.33	0.52
住宿和餐饮业	**Accommodation and Catering Trade**	**217.32**		**19.43**	**0.87**	**183.64**	**13.38**
#住宿业	Accommodation	158.27		16.08	0.87	129.73	11.59
信息传输、软件和信息技术服务业	**Information transfer,software and Information technology services**	**46.43**	**0.64**	**7.09**	**0.72**	**37.97**	**0.01**
#电信、广播电视和卫星传输服务业	Telecom,Radio,television and Satellite transmission service	18.01	0.64	1.11	0.72	15.54	0.01
互联网和相关服务	Internet and related services	5.35		1.30		4.05	
金融业	**Finance**	**13.23**	**0.10**	**0.16**		**12.44**	**0.53**
#货币金融服务	Monetary and financial services	10.52	0.10	0.16		9.72	0.53
保险业	Insurance	1.86				1.86	
房地产业	**Real estate**	**5017.15**	**32.32**	**457.91**	**1.13**	**3196.82**	**1328.97**
租赁和商务服务业	**Tenancy and business services**	**84.31**	**0.85**	**9.14**	**0.33**	**73.08**	**0.91**
#商务服务业	Business service	82.03	0.85	8.68	0.33	71.26	0.91
科学研究和技术服务业	**Scientific research and technical service**	**73.95**	**3.52**	**9.92**		**57.54**	**2.97**
#研究和试验发展	Research and experimental development	37.24	1.36	5.55		28.65	1.69
专业技术服务业	Professional technique services	14.46	0.88	1.07		11.48	1.04
水利、环境和公共设施管理业	**Management of water conservancy, environment and public establishment**	**1465.39**	**153.45**	**119.67**	**0.44**	**1031.35**	**160.48**
水利管理业	Management of water conservancy	130.71	22.59	17.60		83.68	6.85
生态保护和环境治理业	Ecological protection and Environmental management	34.34	2.68	3.75		25.60	2.30
公共设施管理业	Management of public establishment	1300.35	128.18	98.32	0.44	922.07	151.33
居民服务、修理和其他服务业	**Resident services,Repairing and other services**	**100.70**	**0.92**	**7.59**		**89.70**	**2.49**
#居民服务业	Resident services	69.63	0.53	2.48		65.21	1.41
教育	**Education**	**265.27**	**36.41**	**16.24**	**1.50**	**193.32**	**17.80**
卫生和社会工作	**Sanitation and social Work**	**156.02**	**10.41**	**11.12**		**124.99**	**9.51**
#卫生	Sanitation	129.23	9.90	7.59		104.95	6.78
文化、体育和娱乐业	**Culture, sports and entertainment**	**180.86**	**12.74**	**13.26**		**147.00**	**7.86**
#广播、电视、电影和影视录音制作业	Broadcasting,movies,television and audiovisual activities	9.66	0.08	0.20		9.39	
文化艺术业	Culture and art	74.48	1.42	3.10		64.92	5.04
公共管理、社会保障和社会组织	**Public management,social welfare and social organization**	**84.60**	**13.12**	**2.61**		**59.37**	**9.49**
国家机构	Organ of state	62.63	12.50	2.08		41.87	6.18
社会保障	Social welfare	4.88	0.19	0.31		2.95	1.43

6-10 按行业和注册类型分固定资产投资(2012年)

单位：亿元

指标	Item	投资额 Total Investment	中央 Central Investment	地方 Local Investment
总计	**Total**	**20558.61**	**256.29**	**20302.32**
农、林、牧、渔业	**Farming, Forestry,animal Husbandry and Fishery**	**746.73**	**5.69**	**741.04**
农业	Farming	269.96	2.09	267.87
林业	Forestry	36.54	0.21	36.34
畜牧业	Animal Husbandry	302.65	0.12	302.53
渔业	Fishery	14.04		14.04
农、林、牧、渔服务业	Service activities for Farming, forestry, animal Husbandry and fishery	123.54	3.27	120.26
工业	**Industry**	**11024.18**	**164.63**	**10859.55**
采矿业	Mining	690.83	74.02	616.81
煤炭开采和洗选业	Mining and Washing of Coal	247.61	1.99	245.62
石油和天然气开采业	Extraction of Petroleum and Natural Gas	59.54	54.65	4.88
黑色金属矿采选业	Mining of Ferrous Metal Ores	25.63		25.63
有色金属矿采选业	Mining of Non-ferrous Metal Ores	234.27	17.38	216.90
非金属矿采选业	Mining and Processing of Nonmetal Ores	119.35		119.35
开采辅助活动	Mining Auxiliary	2.21		2.21
其他采矿业	Mining of Other Ores n.e.c	2.22		2.22
制造业	Manufacturing	9778.21	60.38	9717.83
农副食品加工业	Processing of Food from Agricultural Products	664.58	0.45	664.13
食品制造业	Manufacture of Foods	396.90		396.90
酒、饮料和精制茶制造业	Manufacture of Wine, drinks and refined tea	211.41		211.41
烟草制造业	Manufacture of Tobacco	15.89	2.50	13.39
纺织业	Manufacture of Textile	467.10	0.05	467.05
纺织服装、服饰业	Manufacture of Textile Wearing,Apparel	287.15		287.15
皮革、毛皮、羽毛及其制品和制鞋业	Manufacture of Leather, Fur, Feather and Its Products,Shoemaking	230.28		230.28
木材加工及木、竹、藤、棕、草制品业	Processing of Timbers, Manufacture of Wood, Bamboo, Rattan, Palm, and Straw Products	132.91		132.91
家具制造业	Manufacture of Furniture	154.66		154.66
造纸及纸制品业	Manufacture of Paper and Paper Products	173.06		173.06
印刷和记录媒介复制业	Printing,Reproduction of Recording Media	71.75		71.75
文教、工美、体育和娱乐用品制造业	Manufacture of Cultural and educational supplies, industrial, sporting and entertainment	77.43		77.43
石油加工、炼焦及核燃料加工业	Processing of Petroleum ,Coking, Processing of Nucleus Fuel	77.80	1.54	76.25
化学原料及化学制品制造业	Manufacture of Chemical Raw Material and Chemical Products	719.54	4.88	714.66
医药制造业	Manufacture of Medicines	307.83		307.83
化学纤维制造业	Manufacture of Chemical Fiber	28.07		28.07
橡胶和塑料制品业	Manufacture of Rubber and Plastic	254.77	4.59	250.18
非金属矿物制品业	Manufacture of Non-metallic Mineral Products	1201.02	0.65	1200.37
黑色金属冶炼和压延加工业	Manufacture and Processing of Ferrous Metals	280.60	2.60	278.00
有色金属冶炼及压延加工业	Manufacture and Processing of Non-ferrous Metals	403.63	1.58	402.05
金属制品业	Manufacture of Metal Products	394.15	0.83	393.32
通用设备制造业	Manufacture of General Purpose Machinery	609.79	1.95	607.84
专业设备制造业	Manufacture of Special Purpose Machinery	667.01	17.59	649.42
汽车制造业	Manufacture of Automobile	523.63	2.14	521.49
铁路、船舶、航空航天和其他运输设备制造业	Manufacture of Railway, shipbuilding, aerospace, and other transportation equipment	129.72	2.04	127.67
电气机械及器材制造业	Manufacture of Electrical Machinery and Equipment	725.68	8.05	717.64
计算机、通信和其他电子设备制造业	Manufacture of Computer Communication Equipment, and Other Electronic Equipment	396.92	1.35	395.58

Investment in Fixed Assets by Registration Status and Sector (2012)

(100 million yuan)

内 资 Domestic Invest-ment	港澳台商投资 Units with Funds from Hong Kong, Macao and Taiwan	外商投资 Foreign Funded Units	国有控股 State holds the majority of shares	集体控股 Collective holds the majority of shares	私人控股 Private holds the majority of shares	港澳台控股 Hong Kong, Macao and Taiwan holds the majority of shares	外商控股 Foreign holds the majority of shares	其他控股 others
20121.11	**228.54**	**208.96**	**3594.37**	**1466.92**	**13068.54**	**192.94**	**149.13**	**2086.72**
727.41	**5.12**	**14.20**	**115.00**	**82.77**	**464.79**	**2.49**	**5.26**	**76.41**
257.00	2.36	10.61	28.22	39.82	162.36	0.49	3.71	35.37
35.89	0.65		12.88	7.85	10.47			5.35
297.62	2.11	2.93	4.81	13.11	258.54	2.00	1.56	22.63
13.59		0.45	1.02		11.09			1.93
123.32		0.22	68.07	22.00	22.34			11.12
10771.91	**136.08**	**116.19**	**1008.24**	**429.15**	**8456.85**	**116.95**	**73.58**	**939.40**
685.18	5.15	0.50	218.33	73.44	341.39			57.67
244.37	2.74	0.50	70.44	52.23	101.98			22.96
59.54			59.15					0.38
25.63			0.27	4.58	19.50			1.28
233.46	0.81		85.72	13.10	114.51			20.94
117.75	1.59		2.26	3.52	102.79			10.78
2.21			0.50		1.71			
2.22					0.89			1.33
9547.57	115.85	114.79	488.06	307.04	7958.97	102.54	72.73	848.88
652.56	1.03	10.99	19.00	15.64	568.34	1.67	8.39	51.54
392.34	0.16	4.40	9.75	3.82	358.36		2.34	22.63
202.93	0.98	7.50	6.49	3.83	175.34		8.00	17.75
15.89			14.96	0.53	0.34			0.06
463.90	2.54	0.66	26.15	7.33	409.18			24.44
281.66	5.49			13.91	258.47	1.24		13.52
216.79	5.56	7.94	0.74	3.80	213.27	5.56	3.70	3.22
132.91			0.19	10.98	107.49			14.26
154.66				13.21	134.70			6.75
173.06			1.78	4.56	154.39			12.33
68.74	3.01		0.39	0.16	65.79	3.01		2.40
77.43			0.25	0.40	69.24			7.54
70.43	3.43	3.94	3.52	7.55	55.04			11.68
700.53	6.77	12.24	123.58	21.01	502.37	0.96	11.09	60.54
306.90		0.94	7.89	12.68	260.92	0.29	1.27	24.79
28.07			2.67	0.04	23.57			1.79
252.90	1.87		10.38	7.43	216.75	1.10		19.11
1196.15	3.97	0.90	15.45	32.79	1050.36	3.85	0.37	98.19
280.20		0.40	18.69	9.03	225.59		0.40	26.89
382.88	0.89	19.86	51.57	26.58	266.76	0.89	19.86	37.98
393.20	0.23	0.72	3.68	2.53	350.99		0.06	36.89
593.90	4.91	10.98	32.93	9.95	517.37	4.91	1.25	43.38
664.56		2.45	44.79	23.65	532.71		0.17	65.69
508.05	2.45	13.12	37.05	22.85	384.51	2.08	3.70	73.44
125.40		4.32	7.87	0.85	108.78		4.32	7.90
720.94		4.74	11.75	40.76	577.37	2.33	2.40	91.07
317.42	72.52	6.98	6.80	8.71	242.29	74.62	4.50	60.00

6-10 续表

单位：亿元

指标	Item	投资额 Total Investment	中央 Central Investment	地方 Local Investment
仪器仪表制造业	Manufacture of Measuring Instrument	64.25	0.44	63.81
其他制造业	Manufacture of others	56.03	2.24	53.79
废弃资源综合利用业	Comprehensive utilization of waste materials	42.54	4.92	37.62
金属制品、机械和设备修理业	Repairing of Metal products, machinery and equipment	12.11		12.11
电力、燃气及水的生产和供应业	Production and Distribution of Electricity, Gas and Water	555.14	30.23	524.91
电力、热力生产和供应业	Production and Supply of Electric Power and Heat Power	310.45	26.80	283.66
燃气生产和供应业	Production and Distribution of Gas	90.20		90.20
水的生产和供应业	Production and Distribution of Water	154.48	3.43	151.05
建筑业	**Construction**	**7.46**	**0.42**	**7.04**
#房屋建筑业	Building Construction	1.52		1.52
批发和零售业	**Wholesale and retail trade**	**523.50**	**1.49**	**522.01**
#批发业	Wholesale	230.54	1.27	229.27
交通运输、仓储和邮政业	**Traffic,transport, storage and post**	**896.80**	**18.61**	**878.18**
#铁路运输	Transport via railway	53.92	11.70	42.22
道路运输业	Transport via road	548.67	5.93	542.74
仓储业	Storage	217.06	0.94	216.12
邮政业	Post	6.97		6.97
住宿和餐饮业	**Accommodation and Catering Trade**	**216.94**		**216.94**
#住宿业	Accommodation	158.72		158.72
信息传输、软件和信息技术服务业	**Information transfer,software and Information technology services**	**46.78**	**3.15**	**43.63**
#电信、广播电视和卫星传输服务业	Telecom,Radio,television and Satellite transmission service	18.29	3.15	15.14
互联网和相关服务	Internet and related services	5.35		5.35
金融业	**Finance**	**14.84**	**2.01**	**12.83**
#货币金融服务	Monetary and financial services	10.97	0.54	10.43
保险业	Insurance	2.41	0.26	2.14
房地产业	**Real estate**	**4618.63**	**28.78**	**4589.85**
租赁和商务服务业	**Tenancy and business services**	**84.67**	**1.05**	**83.62**
#商务服务业	Business service	82.39	1.05	81.34
科学研究和技术服务业	**Scientific research and technical service**	**75.54**	**5.54**	**70.00**
#研究和试验发展	Research and experimental development	37.91	4.84	33.07
专业技术服务业	Professional technique services	14.56	0.06	14.50
水利、环境和公共设施管理业	**Management of water conservancy, environment and public establishment**	**1497.21**	**16.27**	**1480.93**
水利管理业	Management of water conservancy	132.98	2.14	130.84
生态保护和环境治理业	Ecological protection and Environmental management	34.57	0.12	34.45
公共设施管理业	Management of public establishment	1329.65	14.01	1315.65
居民服务、修理和其他服务业	**Resident services,Repairing and other services**	**100.70**	**0.20**	**100.51**
#居民服务业	Resident services	69.98	0.20	69.79
教育	**Education**	**278.09**	**4.31**	**273.78**
卫生和社会工作	**Sanitation and social Work**	**160.04**	**0.92**	**159.12**
#卫生	Sanitation	132.35	0.92	131.43
文化、体育和娱乐业	**Culture, sports and entertainment**	**182.32**	**2.46**	**179.87**
#广播、电视、电影和影视录音制作业	Broadcasting,movies,television and audiovisual activities	9.67		9.67
文化艺术业	Culture and art	77.16		77.16
公共管理、社会保障和社会组织	**Public management,social welfare and social organization**	**84.20**	**0.77**	**83.43**
国家机构	Organ of state	61.77	0.77	61.00
社会保障	Social welfare	4.90		4.90

continued

(100 million yuan)

内　资 Domestic Invest-ment	港澳台商投资 Units with Funds from Hong Kong, Macao and Taiwan	外商投资 Foreign Funded Units	国有控股 State holds the majority of shares	集体控股 Collective holds the majority of shares	私人控股 Private holds the majority of shares	港澳台控股 Hong Kong, Macao and Taiwan holds the majority of shares	外商控股 Foreign holds the majority of shares	其他控股 others
64.21	0.04		1.84	0.62	55.53	0.04		6.21
56.03			9.01	0.65	42.12			4.25
42.54			18.61	1.19	20.20			2.54
10.40		1.71	0.27		10.84		0.91	0.10
539.15	15.08	0.90	301.85	48.68	156.49	14.41	0.85	32.85
295.86	14.60		196.71	26.26	63.10	14.05		10.34
88.81	0.49	0.90	22.35	5.81	49.85	0.37	0.85	10.98
154.48			82.80	16.61	43.55			11.53
7.46			**2.57**		**4.88**			
1.52					1.52			
514.73	**6.42**	**2.35**	**37.89**	**59.35**	**346.12**	**5.89**	**0.79**	**73.47**
230.06	0.48		22.30	22.14	152.14			33.97
890.44	**5.66**	**0.69**	**497.33**	**86.38**	**241.31**	**5.14**		**66.64**
53.92			45.79		7.64			0.49
548.03	0.52	0.11	418.93	61.69	34.19			33.86
211.75	4.73	0.58	23.95	13.46	148.90	4.73		26.02
6.97			3.64	0.73	1.89			0.72
213.82	**0.07**	**3.05**	**26.82**	**13.90**	**151.00**			**25.21**
157.62	0.07	1.04	24.62	10.14	104.61			19.36
44.63	**1.22**	**0.94**	**13.09**	**2.64**	**23.59**	**1.22**	**0.67**	**5.59**
16.13	1.22	0.94	12.58	2.22	1.60	1.22	0.67	
5.35			0.25	0.42	4.68			
14.84			**6.95**	**4.12**	**2.04**			**1.73**
10.97			5.49	3.51	1.59			0.39
2.41			0.26	0.61	0.19			1.35
4486.69	**65.42**	**66.53**	**564.12**	**525.15**	**2793.93**	**55.08**	**67.27**	**613.08**
84.12	**0.55**		**12.53**	**11.65**	**54.74**	**0.55**		**5.20**
81.84	0.55		12.53	11.65	52.78	0.55		4.88
75.54			**24.31**	**6.15**	**36.04**			**9.03**
37.91			16.30	1.29	13.60			6.71
14.56			5.72	0.59	7.27			0.98
1489.29	**5.83**	**2.09**	**898.80**	**162.31**	**246.40**	**4.10**	**0.65**	**184.95**
132.14	0.07	0.77	95.76	17.96	11.41			7.85
34.57			12.50	3.04	15.39			3.64
1322.57	5.76	1.32	790.54	141.31	219.60	4.10	0.65	173.46
100.28		**0.42**	**20.83**	**19.71**	**37.08**			**23.08**
69.56		0.42	15.23	17.01	17.72			20.02
274.36	**1.71**	**2.02**	**172.03**	**21.27**	**57.00**	**1.53**	**0.51**	**25.75**
159.48	**0.47**	**0.08**	**95.85**	**16.35**	**34.21**			**13.63**
131.88	0.47		92.09	14.08	19.48			6.70
181.92		**0.40**	**40.22**	**17.20**	**109.49**		**0.40**	**15.02**
9.67			1.71	2.41	4.75			0.79
76.83		0.33	15.20	8.08	45.74		0.33	7.82
84.20			**57.76**	**8.83**	**9.05**			**8.56**
61.77			50.46	3.11	1.64			6.57
4.90			0.25	4.64				

6-11 各市按三次产业分的固定资产投资和建设总规模(2012年)

单位：亿元

市(县)	City(County)	投资总额 Total Investment	第一产业 Primary Industry	第二产业 Secondary Industry
全省	**Total**	**20558.61**	**746.73**	**11031.64**
省辖市	**City**			
郑州市	Zhengzhou	3561.22	74.91	1360.91
开封市	Kaifeng	738.21	11.11	442.11
洛阳市	Luoyang	2109.05	137.36	969.95
平顶山市	Pingdingshan	1004.99	42.40	585.50
安阳市	Anyang	1080.53	42.04	575.16
鹤壁市	Hebi	415.67	14.35	202.45
新乡市	Xinxiang	1271.72	46.67	703.33
焦作市	Jiaozuo	1120.21	27.37	779.81
濮阳市	Puyang	738.96	39.42	439.20
许昌市	Xuchang	1111.47	38.19	696.97
漯河市	Luohe	526.79	3.85	373.66
三门峡市	Sanmenxia	925.54	59.67	523.58
南阳市	Nanyang	1721.11	70.34	1130.95
商丘市	Shangqiu	1005.51	9.86	641.97
信阳市	Xinyang	1197.52	44.58	433.96
周口市	Zhoukou	931.22	44.52	545.45
驻马店市	Zhumadian	817.58	30.57	436.21
济源市	Jiyuan	281.29	9.53	190.47
省直管县	**Province Administrating County**			
巩义市	Gongyi	304.74	5.56	205.08
兰考县	Lankao	80.57	0.17	67.47
汝州市	Ruzhou	161.21	11.97	112.34
滑县	Huaxian	85.41	2.99	46.95
长垣县	Changyuan	162.72	14.55	77.61
邓州市	Dengzhou	169.77	18.71	88.14
永城市	Yongcheng	168.89	1.03	80.94
固始县	Gushi	149.80	7.45	52.45
鹿邑县	Luyi	87.39	4.05	49.97
新蔡县	Xincai	68.47	3.98	31.67

Investment in Fixed Assets by Type of Industry and Total Investment in Construction by City (2012)

(100 million yuan)

#工业 Industry	第三产业 Tertiary Industry	建设总规模 Investment in Construction	在建总规模 Investment in Projects under Construction	在建净规模 Net Investment in Projects under Construction
11024.18	**8780.25**	**56379.36**	**40328.08**	**22910.27**
1356.37	2125.40	12408.35	9655.41	5297.06
442.10	284.99	2242.33	1668.54	998.06
967.23	1001.74	5348.04	3779.28	2084.20
585.50	377.10	2808.22	2127.54	1245.24
575.16	463.33	2724.24	1820.03	989.89
202.45	198.87	1205.27	809.15	500.75
703.33	521.73	3534.96	2361.79	1362.74
779.63	313.04	2710.52	1884.99	1112.65
439.19	260.34	2142.16	1578.75	1076.82
696.97	376.31	2532.49	1629.23	842.20
373.66	149.28	1357.79	901.64	543.10
523.58	342.29	1978.47	1254.96	586.73
1130.95	519.82	4465.42	3164.20	1813.25
641.97	353.68	2849.24	2261.73	1283.10
433.96	718.98	2667.23	1671.87	940.89
545.45	341.25	2196.47	1408.91	768.69
436.21	350.81	2465.04	1810.63	1158.01
190.47	81.29	743.14	539.43	306.89
205.08	94.10	786.33	476.12	313.66
67.47	12.93	225.13	172.46	77.93
112.34	36.90	357.57	270.60	121.49
46.95	35.46	209.87	177.80	70.96
77.61	70.56	337.96	176.44	89.25
88.14	62.91	359.81	219.08	115.94
80.94	86.92	529.99	521.45	253.75
52.45	89.91	224.75	85.94	35.36
49.97	33.36	213.68	137.46	91.24
31.67	32.83	214.32	163.03	105.48

6-12 分行业固定资产投资和在建总规模(2012年)

单位：亿元

行业	Item	建设总规模 Investment in Construction	在建总规模 Investment in Projects under Construction
总计	**Total**	**56379.36**	**40328.08**
农、林、牧、渔业	**Farming, Forestry,animal Husbandry and Fishery**	**1555.64**	**939.75**
农业	Farming	595.68	379.95
林业	Forestry	57.89	25.03
畜牧业	Animal Husbandry	627.39	376.16
渔业	Fishery	53.88	44.43
农、林、牧、渔服务业	Service activities for Farming, forestry, animal Husbandry and fishery	220.80	114.16
工业	**Industry**	**24930.93**	**15708.22**
采矿业	Mining	1401.51	748.95
煤炭开采和洗选业	Mining and Washing of Coal	619.31	381.46
石油和天然气开采业	Extraction of Petroleum and Natural Gas	93.92	60.74
黑色金属矿采选业	Mining of Ferrous Metal Ores	65.58	37.76
有色金属矿采选业	Mining of Non-ferrous Metal Ores	401.46	173.19
非金属矿采选业	Mining and Processing of Nonmetal Ores	213.14	90.65
开采辅助活动	Mining Auxiliary	4.90	4.12
其他采矿业	Mining of Other Ores n.e.c	3.19	1.03
制造业	Manufacturing	22024.61	14007.02
农副食品加工业	Processing of Food from Agricultural Products	1368.02	808.05
食品制造业	Manufacture of Foods	831.23	501.82
酒、饮料和精制茶制造业	Manufacture of Wine, drinks and refined tea	461.67	249.65
烟草制造业	Manufacture of Tobacco	49.11	44.57
纺织业	Manufacture of Textile	951.04	600.23
纺织服装、服饰业	Manufacture of Textile Wearing,Apparel	598.02	361.63
皮革、毛皮、羽毛及其制品和制鞋业	Manufacture of Leather, Fur, Feather and Its Products,Shoemaking	576.82	370.89
木材加工及木、竹、藤、棕、草制品业	Processing of Timbers, Manufacture of Wood, Bamboo, Rattan, Palm, and Straw Products	271.51	150.02
家具制造业	Manufacture of Furniture	326.95	197.70
造纸及纸制品业	Manufacture of Paper and Paper Products	383.02	216.62
印刷和记录媒介复制业	Printing,Reproduction of Recording Media	125.77	65.35
文教、工美、体育和娱乐用品制造业	Manufacture of Cultural and educational supplies, industrial, sporting and entertainment	125.27	60.32
石油加工、炼焦及核燃料加工业	Processing of Petroleum ,Coking, Processing of Nucleus Fuel	199.86	127.27
化学原料及化学制品制造业	Manufacture of Chemical Raw Material and Chemical Products	1836.67	1228.72
医药制造业	Manufacture of Medicines	735.42	480.66
化学纤维制造业	Manufacture of Chemical Fiber	66.62	17.66
橡胶和塑料制品业	Manufacture of Rubber and Plastic	529.91	317.83
非金属矿物制品业	Manufacture of Non-metallic Mineral Products	2595.15	1586.28
黑色金属冶炼和压延加工业	Manufacture and Processing of Ferrous Metals	592.48	332.68
有色金属冶炼及压延加工业	Manufacture and Processing of Non-ferrous Metals	1230.41	975.19
金属制品业	Manufacture of Metal Products	731.73	428.49
通用设备制造业	Manufacture of General Purpose Machinery	1215.48	729.82
专业设备制造业	Manufacture of Special Purpose Machinery	1384.66	866.33
汽车制造业	Manufacture of Automobile	1260.68	823.93
铁路、船舶、航空航天和其他运输设备制造业	Manufacture of Railway, shipbuilding, aerospace, and other transportation equipment	323.48	217.27
电气机械及器材制造业	Manufacture of Electrical Machinery and Equipment	1640.70	1062.27
计算机、通信和其他电子设备制造业	Manufacture of Computer Communication Equipment, and Other Electronic Equipment	1124.91	847.85

Investment in Fixed Assets by Sector and Total Investment in Construction (2012)

(100 million yuan)

在建净规模 Net Investment in Projects under Construction	投资总额 Total Investment	按构成分 建筑工程 Construction	By Use of Funde 安装工程 Installation	设备购置 Purchase of Equipment	其他费用 Others	按建设性质分 #新 建 New Construction	By Type of Construction #扩 建 Expansion	#改建和技术改造 Reconstruction and Technical Alteration
22910.27	**20558.61**	**11939.80**	**302.39**	**5718.27**	**2598.16**	**13731.39**	**2185.20**	**1306.37**
612.12	**746.73**	**436.72**	**9.92**	**170.83**	**129.26**	**625.64**	**87.39**	**31.73**
250.78	269.96	150.56	3.67	60.40	55.32	240.42	26.85	2.69
15.23	36.54	23.23	0.07	4.38	8.86	28.97	5.64	1.31
242.43	302.65	174.15	4.81	78.40	45.29	255.34	41.89	5.10
36.74	14.04	6.94	0.21	2.92	3.96	11.41	2.43	0.20
66.94	123.54	81.83	1.15	24.73	15.83	89.49	10.58	22.43
8606.07	**11024.18**	**4982.10**	**235.77**	**4840.38**	**965.93**	**8447.18**	**1641.82**	**770.19**
362.74	690.83	315.55	22.17	270.12	82.98	377.46	104.34	207.11
175.15	247.61	87.56	8.51	116.41	35.13	84.90	36.48	125.52
29.26	59.54	29.44		27.63	2.47	30.71	0.38	28.44
22.88	25.63	11.03	0.23	11.47	2.91	17.16	5.92	2.55
82.89	234.27	136.81	11.20	54.56	31.70	147.25	48.45	37.37
49.02	119.35	48.03	1.93	58.79	10.60	93.80	12.32	13.23
2.57	2.21	1.87	0.01	0.17	0.16	1.85	0.36	
0.97	2.22	0.82	0.29	1.10	0.01	1.79	0.44	
7742.52	9778.21	4417.26	198.15	4334.77	828.03	7694.47	1402.75	521.55
441.09	664.58	305.89	9.71	291.15	57.84	534.86	96.38	28.38
267.39	396.90	195.26	4.97	168.07	28.60	309.63	61.39	16.76
146.16	211.41	114.67	2.43	78.17	16.14	152.30	33.00	10.20
22.28	15.89	10.47	0.02	4.54	0.87	0.61	0.84	14.00
290.86	467.10	224.93	5.92	197.35	38.91	335.25	92.84	30.60
189.32	287.15	129.92	4.46	122.15	30.62	253.89	22.77	7.53
242.22	230.28	106.88	3.63	100.87	18.90	197.63	19.08	5.32
79.96	132.91	60.51	2.95	52.73	16.73	113.27	11.10	8.42
132.63	154.66	75.17	5.38	52.90	21.21	123.76	28.58	2.05
124.07	173.06	65.35	2.30	92.21	13.20	99.69	44.85	24.54
29.19	71.75	35.23	1.14	30.52	4.85	61.96	3.69	3.22
26.63	77.43	40.55	0.92	30.08	5.88	61.99	12.25	2.07
43.30	77.80	30.66	2.61	40.76	3.78	37.07	35.98	4.75
640.44	719.54	270.04	17.10	372.78	59.62	554.79	110.91	41.33
277.15	307.83	154.84	4.62	123.11	25.26	247.25	49.95	5.91
11.59	28.07	8.22	0.83	16.48	2.54	23.39	4.41	0.27
166.49	254.77	109.33	4.77	121.55	19.12	196.75	46.78	6.07
898.54	1201.02	526.68	27.34	530.65	116.36	881.06	211.73	98.83
186.26	280.60	86.38	5.81	170.63	17.78	205.43	33.34	38.39
498.91	403.63	128.16	21.87	224.82	28.77	306.44	66.56	29.69
209.98	394.15	189.34	7.50	167.06	30.25	335.03	38.64	14.42
381.80	609.79	282.50	10.85	270.79	45.65	499.90	72.15	26.91
482.62	667.01	309.16	11.41	287.15	59.29	533.61	82.93	22.16
494.29	523.63	246.99	15.98	221.30	39.35	397.13	105.13	18.78
135.24	129.72	65.75	1.70	55.67	6.59	110.47	10.74	6.76
581.22	725.68	325.77	13.44	312.80	73.67	622.76	67.16	26.56
496.20	396.92	233.65	4.87	131.53	26.87	368.52	18.49	3.90

6-12 续表

单位：亿元

行业	Item	建设总规模 Investment in Construction	在建总规模 Investment in Projects under Construction
仪器仪表制造业	Manufacture of Measuring Instrument	212.21	157.59
其他制造业	Manufacture of others	176.37	127.89
废弃资源综合利用业	Comprehensive utilization of waste materials	75.12	42.87
金属制品、机械和设备修理业	Repairing of Metal products, machinery and equipment	24.30	9.59
电力、燃气及水的生产和供应业	Production and Distribution of Electricity, Gas and Water	1504.81	952.24
电力、热力生产和供应业	Production and Supply of Electric Power and Heat Power	999.18	677.12
燃气生产和供应业	Production and Distribution of Gas	236.89	148.48
水的生产和供应业	Production and Distribution of Water	268.74	126.64
建筑业	**Construction**	**10.07**	**-1.37**
#房屋建筑业	Building Construction	2.38	-0.15
批发和零售业	**Wholesale and retail trade**	**1364.23**	**967.27**
#批发业	Wholesale	707.14	541.44
交通运输、仓储和邮政业	**Traffic,transport, storage and post**	**3008.08**	**2295.29**
#铁路运输	Transport via railway	282.73	246.74
道路运输业	Transport via road	1705.60	1250.06
仓储业	Storage	790.78	613.44
邮政业	Post	13.42	9.64
住宿和餐饮业	**Accommodation and Catering Trade**	**543.98**	**368.29**
#住宿业	Accommodation	418.95	297.52
信息传输、软件和信息技术服务业	**Information transfer,software and Information technology services**	**184.40**	**146.16**
#电信、广播电视和卫星传输服务业	Telecom,Radio,television and Satellite transmission service	70.88	50.93
互联网和相关服务	Internet and related services	5.87	
金融业	**Finance**	**48.58**	**37.72**
#货币金融服务	Monetary and financial services	25.61	16.92
保险业	Insurance	16.00	14.30
房地产业	**Real estate**	**18362.16**	**15426.03**
租赁和商务服务业	**Tenancy and business services**	**458.47**	**406.00**
#商务服务业	Business service	455.13	404.00
科学研究和技术服务业	**Scientific research and technical service**	**250.97**	**214.27**
#研究和试验发展	Research and experimental development	149.00	128.85
专业技术服务业	Professional technique services	35.10	23.28
水利、环境和公共设施管理业	**Management of water conservancy, environment and public establishment**	**3564.30**	**2311.39**
水利管理业	Management of water conservancy	269.14	163.71
生态保护和环境治理业	Ecological protection and Environmental management	65.54	20.00
公共设施管理业	Management of public establishment	3229.61	2127.68
居民服务、修理和其他服务业	**Resident services,Repairing and other services**	**232.08**	**176.95**
#居民服务业	Resident services	152.47	125.42
教育	**Education**	**691.62**	**446.20**
卫生和社会工作	**Sanitation and social Work**	**384.91**	**259.07**
#卫生	Sanitation	330.66	221.44
文化、体育和娱乐业	**Culture, sports and entertainment**	**618.59**	**516.06**
#广播、电视、电影和影视录音制作业	Broadcasting,movies,television and audiovisual activities	18.13	5.00
文化艺术业	Culture and art	233.55	192.24
公共管理、社会保障和社会组织	**Public management,social welfare and social organization**	**170.37**	**110.79**
国家机构	Organ of state	122.95	72.31
社会保障	Social welfare	9.53	9.53

continued

(100 million yuan)

在建净规模 Net Investment in Projects under Construction	投资总额 Total Investment	按构成分 By Use of Funde 建筑工程 Construction	安装工程 Installation	设备购置 Purchase of Equipment	其他费用 Others	按建设性质分 By Type of Construction #新 建 New Construction	#扩 建 Expansion	#改建和技术改造 Reconstruction and Technical Alteration
124.41	64.25	27.71	0.63	28.50	7.41	56.23	7.13	0.89
104.63	56.03	28.98	1.49	19.86	5.70	43.03	5.85	7.14
9.79	42.54	24.25	0.87	11.73	5.69	22.62	5.11	14.79
7.85	12.11	4.04	0.63	6.86	0.58	8.13	2.99	0.91
500.80	555.14	249.28	15.44	235.49	54.92	375.26	134.73	41.53
324.81	310.45	126.61	9.40	147.44	27.01	188.61	91.96	28.28
110.00	90.20	42.02	1.49	37.58	9.12	68.94	18.07	1.77
65.99	154.48	80.65	4.56	50.48	18.80	117.71	24.70	11.48
-1.80	**7.46**	**0.75**	**0.01**	**2.80**	**3.90**	**4.74**		
-0.15	1.52	0.27		0.21	1.04	1.37		
662.51	**523.50**	**342.42**	**7.04**	**98.58**	**75.45**	**462.52**	**26.25**	**33.55**
381.12	230.54	139.91	3.75	47.78	39.11	207.67	10.69	11.32
1190.40	**896.80**	**621.48**	**7.20**	**122.35**	**145.76**	**685.35**	**113.64**	**95.28**
81.75	53.92	41.64	0.15	3.13	9.00	49.02		4.88
569.45	548.67	399.78	3.43	59.35	86.11	373.06	87.63	86.60
440.06	217.06	126.70	2.92	42.38	45.05	191.49	22.21	2.87
3.97	6.97	5.31	0.10	0.92	0.66	6.14	0.01	0.82
228.61	**216.94**	**150.94**	**2.37**	**34.28**	**29.34**	**186.64**	**12.34**	**17.37**
177.51	158.72	110.52	1.74	23.20	23.26	138.18	9.80	10.41
109.23	**46.78**	**23.60**	**0.97**	**12.42**	**9.79**	**42.87**	**0.86**	**2.73**
36.06	18.29	10.90	0.56	4.69	2.14	15.51	0.36	2.10
	5.35	2.37	0.19	2.60	0.18	4.87		0.48
25.01	**14.84**	**10.95**	**0.13**	**2.07**	**1.69**	**12.72**	**0.59**	**1.26**
7.69	10.97	8.26	0.13	1.46	1.12	9.90	0.06	0.94
13.52	2.41	1.42		0.47	0.52	1.38	0.51	0.33
8708.28	**4618.63**	**3595.55**	**21.52**	**168.05**	**833.51**	**1310.43**	**63.14**	**135.82**
353.02	**84.67**	**64.42**	**0.57**	**7.44**	**12.24**	**81.52**	**2.19**	**0.96**
351.93	82.39	63.65	0.56	6.66	11.52	79.24	2.19	0.96
139.30	**75.54**	**50.26**	**0.42**	**9.06**	**15.79**	**67.73**	**4.38**	**2.05**
84.95	37.91	23.98	0.21	4.02	9.70	32.48	3.58	0.93
13.40	14.56	9.51	0.08	3.92	1.05	12.97	0.64	0.50
1453.17	**1497.21**	**1092.62**	**11.02**	**144.81**	**248.76**	**1148.25**	**146.00**	**187.95**
64.83	132.98	100.88	1.16	11.94	19.01	92.87	10.99	28.84
13.56	34.57	15.23	0.95	14.23	4.16	24.50	2.97	7.02
1374.78	1329.65	976.51	8.91	118.65	225.59	1030.88	132.04	152.09
104.59	**100.70**	**75.70**	**1.65**	**15.92**	**7.43**	**82.68**	**8.25**	**5.98**
76.25	69.98	56.17	1.42	7.09	5.29	60.48	4.22	5.08
209.22	**278.09**	**198.74**	**1.37**	**33.10**	**44.88**	**229.93**	**34.20**	**8.80**
118.69	**160.04**	**111.75**	**1.06**	**26.78**	**20.44**	**115.87**	**17.23**	**5.75**
101.82	132.35	94.06	0.99	23.24	14.06	92.77	15.94	5.30
330.39	**182.32**	**120.71**	**0.80**	**24.14**	**36.67**	**152.02**	**23.95**	**4.95**
2.96	9.67	6.84	0.09	1.62	1.11	7.88	1.15	0.63
126.13	77.16	61.06	0.15	6.20	9.75	62.10	12.63	1.61
61.47	**84.20**	**61.06**	**0.57**	**5.26**	**17.31**	**75.30**	**2.98**	**2.02**
44.63	61.77	45.54	0.54	4.81	10.89	54.68	1.93	2.00
1.63	4.90	3.99			0.91	4.90		

6-13 各市分行业固定资产投资(2012年)

单位：亿元

市(县) City(County)	合 计 Total	农林牧渔业 Farming, Forestry, Animal Husbandry and Fishery	工业 Industry	建筑业 Construction	批发和零售业 Wholesale and retail trade	交通运输仓储及邮政业 Traffic, transport, storage and post	住宿和餐饮业 Accommodation and Restaurants	信息传输、软件和信息技术服务业 Information transfer, software and Information technology services
全 省 Total	**20558.61**	**746.73**	**11024.18**	**7.46**	**523.50**	**896.80**	**216.94**	**46.78**
省 辖 市 City								
郑 州 市 Zhengzhou	3561.22	74.91	1356.37	4.55	66.92	211.64	35.62	17.73
开 封 市 Kaifeng	738.21	11.11	442.10	0.01	25.77	24.95	7.68	0.65
洛 阳 市 Luoyang	2109.05	137.36	967.23	2.72	44.12	115.92	32.74	11.72
平 顶 山 市 Pingdingshan	1004.99	42.40	585.50		28.53	20.58	13.69	0.09
安 阳 市 Anyang	1080.53	42.04	575.16		13.47	56.83	12.47	1.75
鹤 壁 市 Hebi	415.67	14.35	202.45		9.00	15.95	0.27	0.05
新 乡 市 Xinxiang	1271.72	46.67	703.33		12.36	14.75	5.93	4.39
焦 作 市 Jiaozuo	1120.21	27.37	779.63	0.18	34.26	42.68	21.37	1.14
濮 阳 市 Puyang	738.96	39.42	439.19	0.01	23.38	31.56	6.19	1.01
许 昌 市 Xuchang	1111.47	38.19	696.97		23.60	24.56	5.29	2.22
漯 河 市 Luohe	526.79	3.85	373.66		21.46	15.86	11.49	0.91
三 门 峡 市 Sanmenxia	925.54	59.67	523.58		28.61	94.30	9.12	1.73
南 阳 市 Nanyang	1721.11	70.34	1130.95		90.05	71.78	27.03	1.84
商 丘 市 Shangqiu	1005.51	9.86	641.97		20.77	29.56	2.00	0.37
信 阳 市 Xinyang	1197.52	44.58	433.96		26.28	70.85	13.63	0.85
周 口 市 Zhoukou	931.22	44.52	545.45		20.90	32.54	5.47	
驻 马 店 市 Zhumadian	817.58	30.57	436.21		27.25	19.00	6.18	
济 源 市 Jiyuan	281.29	9.53	190.47		6.75	3.47	0.79	0.34
省 直 管 县 Province Administrating County								
巩 义 市 Gongyi	304.74	5.56	205.08		1.07	21.48		
兰 考 县 Lankao	80.57	0.17	67.47		0.10	0.47	0.06	
汝 州 市 Ruzhou	161.21	11.97	112.34		3.12	6.30	4.32	
滑 县 Huaxian	85.41	2.99	46.95		0.60	0.10		
长 垣 县 Changyuan	162.72	14.55	77.61		1.11		0.82	
邓 州 市 Dengzhou	169.77	18.71	88.14		10.40	10.43		
永 城 市 Yongcheng	168.89	1.03	80.94		6.07	12.81	0.17	
固 始 县 Gushi	149.80	7.45	52.45		1.52	14.47	0.26	
鹿 邑 县 Luyi	87.39	4.05	49.97		2.39	10.02		
新 蔡 县 Xincai	68.47	3.98	31.67		1.87	2.47		

Investment in Fixed Assets by Sector and City (2012)

(100 million yuan)

金融业 Finance	房地产业 Real estate	租赁和商务服务业 Tenancy and business services	科学研究和技术服务业 Scientific research, and technical service	水利、环境和公共设施管理业 Management of water conservancy, environment and public establishment	居民服务、修理和其他服务业 Resident services Repairing and other services	教育 Education	卫生和社会工作 Sanitation, and social work	文化、体育和娱乐业 Culture, sports and entertainment	公共管理、社会保障和社会组织 Public management social security and social organization
14.84	**4618.63**	**84.67**	**75.54**	**1497.21**	**100.70**	**278.09**	**160.04**	**182.32**	**84.20**
7.61	1252.20	23.19	24.21	301.16	5.81	85.09	39.46	39.99	14.76
	146.66	0.40	5.24	40.22	3.60	14.17	7.00	1.59	7.05
1.39	449.57	11.01	14.42	182.79	52.52	31.14	19.44	26.92	8.05
0.03	212.92	4.39	1.08	54.46	2.72	8.24	11.41	11.70	7.24
1.45	210.30	7.70	2.73	94.71	1.27	28.75	7.15	20.69	4.06
	105.53	4.05	5.60	46.85	1.40	6.21	2.39	1.00	0.59
	301.58	5.65	4.53	150.33	0.86	12.68	4.41	3.62	0.63
1.38	122.26	2.47	1.05	34.49	11.11	11.20	10.28	14.96	4.39
0.25	119.77	1.61	1.31	53.51	1.70	9.18	5.15	1.63	4.10
0.61	237.23	0.13	1.07	41.46	8.75	7.90	8.15	11.41	3.93
	66.19	0.12		27.53	0.35	0.82	3.45	0.56	0.53
	113.14	4.61	0.25	66.40	1.47	5.62	3.40	9.06	4.58
0.18	131.26	2.60	4.19	143.42	5.71	11.52	12.17	15.94	2.15
	222.45	5.40	4.45	54.61	0.76	5.25	3.55	3.30	1.20
1.28	429.06	0.42	1.01	122.45	0.21	20.49	11.13	12.66	8.67
0.38	217.76	0.16	1.78	34.97	0.08	10.24	7.30	5.89	3.79
	230.95	10.76	2.61	31.64	2.21	7.27	3.73	1.41	7.79
0.29	49.78			16.21	0.17	2.34	0.45		0.71
1.46	53.88		1.98	5.85	1.26	4.82	0.75	0.20	1.36
	10.70		0.05	0.54		0.51	0.22	0.26	
	11.36	0.45		7.45	0.08	0.45	1.85	1.11	0.41
	20.10		0.19	13.62		0.82	0.03		
	48.09	1.70	0.70	13.64		1.92		2.58	
	20.54			18.18	0.08	1.72	1.57		
	53.45	1.58	0.75	8.53	0.26	0.60	1.39	1.02	0.29
	55.10			12.67		4.00	0.09	1.64	0.16
	10.92			5.08		2.40	1.84		0.71
	22.28			2.07	0.11	1.80	1.57	0.11	0.55

6-14 各市按建设性质和构成性质分的固定资产投资(2012年)

Investment in Fixed Assets by Type of Construction, Composition of Funds and City (2012)

单位：亿元 (100 million yuan)

市(县) City(County)	投资总额 Total Investment	按建设性质分 by Type of Construction			按构成性质分 by Composition of Funds			
		#新建 New Construction	#扩建 Expansion	#改建和技术改造 Reconstruction	建筑工程 Construction	安装工程 Installation	设备购置 Purchase of Equipment	其他费用 Others
全 省 Total	**20558.61**	**13731.39**	**2185.20**	**1306.37**	**11939.80**	**302.39**	**5718.27**	**2598.16**
省 辖 市 City								
郑 州 市 Zhengzhou	3561.22	1639.16	457.37	316.65	1946.76	32.90	666.51	915.05
开 封 市 Kaifeng	738.21	481.74	112.38	28.44	406.53	24.99	215.13	91.56
洛 阳 市 Luoyang	2109.05	1441.07	193.18	164.64	1336.15	57.55	493.62	221.74
平 顶 山 市 Pingdingshan	1004.99	709.80	80.43	66.69	531.92	13.60	331.81	127.67
安 阳 市 Anyang	1080.53	616.88	226.96	88.14	553.80	11.02	427.92	87.79
鹤 壁 市 Hebi	415.67	338.38	16.93	14.71	317.39	1.05	69.44	27.79
新 乡 市 Xinxiang	1271.72	908.03	135.67	44.37	823.72	12.25	352.58	83.17
焦 作 市 Jiaozuo	1120.21	855.67	115.97	73.59	450.35	20.00	578.57	71.29
濮 阳 市 Puyang	738.96	544.79	86.98	33.51	230.40	16.93	319.42	172.22
许 昌 市 Xuchang	1111.47	776.01	101.86	105.41	622.60	20.85	388.17	79.85
漯 河 市 Luohe	526.79	398.12	63.03	13.89	303.56	1.10	199.14	22.98
三 门 峡 市 Sanmenxia	925.54	640.53	148.90	62.71	622.84	25.71	190.49	86.50
南 阳 市 Nanyang	1721.11	1375.62	136.44	99.79	1107.69	29.89	481.92	101.61
商 丘 市 Shangqiu	1005.51	778.12	71.73	12.87	528.13	6.94	342.14	128.30
信 阳 市 Xinyang	1197.52	895.18	73.56	31.23	741.90	7.03	201.69	246.90
周 口 市 Zhoukou	931.22	562.03	90.76	98.74	688.64	6.78	187.48	48.32
驻 马 店 市 Zhumadian	817.58	601.08	30.21	13.75	580.70	4.19	165.35	67.34
济 源 市 Jiyuan	281.29	169.19	42.85	37.25	146.71	9.61	106.88	18.09
省 直 管 县 Province Administrating County								
巩 义 市 Gongyi	304.74	144.50	96.10	26.21	135.12	11.51	141.59	16.52
兰 考 县 Lankao	80.57	75.96	0.21		61.25	0.17	16.94	2.21
汝 州 市 Ruzhou	161.21	117.31	22.32	13.66	73.58	4.23	74.09	9.32
滑 县 Huaxian	85.41	75.33	1.07	0.17	61.15	0.17	20.82	3.27
长 垣 县 Changyuan	162.72	150.75			116.41	0.05	46.03	0.23
邓 州 市 Dengzhou	169.77	143.20	7.30	6.93	90.43	3.08	68.64	7.61
永 城 市 Yongcheng	168.89	133.63	12.69	0.82	134.38	2.53	29.18	2.80
固 始 县 Gushi	149.80	123.20	5.63	3.88	90.19		33.24	26.37
鹿 邑 县 Luyi	87.39	65.43	6.51	12.84	67.69		14.57	5.12
新 蔡 县 Xincai	68.47	56.66	0.05	0.17	52.44	0.65	12.72	2.67

6-15 各市能源工业投资

Investment Energy Industry in Urban Area by City

单位：亿元 (100 million yuan)

年份 Year 市(县) City(County)	合计 Total	煤炭开采及洗选业 Mining and Washing of Coal	石油和天然气开采业 Extraction of Petroleum and Natural Gas	石油加工、炼焦和核燃料加工业 Processing of Petroleum ,Coking, Processing of Nucleus Fuel	电力、热力及燃气的生产和供应业 Production and Supply of Electric Power、Heat Power and Gas
2005	523.11	122.62	55.83	21.10	323.56
2006	606.29	162.67	55.40	26.95	361.27
2007	697.43	234.03	68.40	39.03	355.97
2008	869.09	302.55	72.75	46.83	446.96
2009	971.24	335.29	73.21	59.36	503.37
2010	812.32	256.15	71.23	76.08	408.87
2010(新口径 New Caliber)	707.83	225.48	71.23	65.97	345.16
2011	824.27	295.80	56.90	96.29	375.28
2012	785.22	247.61	59.16	77.80	400.65
省辖市 City					
郑州市 Zhengzhou	170.56	107.24	4.50	2.21	56.61
开封市 Kaifeng	11.73			5.13	6.60
洛阳市 Luoyang	62.83	11.46		9.69	41.69
平顶山市 Pingdingshan	57.19	25.52		10.16	21.51
安阳市 Anyang	56.30	18.98		9.97	27.34
鹤壁市 Hebi	9.50	6.39			3.10
新乡市 Xinxiang	35.88	10.70		1.90	23.28
焦作市 Jiaozuo	45.87	12.73		1.06	32.08
濮阳市 Puyang	53.80		31.38	8.70	13.73
许昌市 Xuchang	22.98	16.19		3.47	3.32
漯河市 Luohe	15.58			0.45	15.13
三门峡市 Sanmenxia	81.68	27.64		9.11	44.93
南阳市 Nanyang	46.40		23.28		23.13
商丘市 Shangqiu	16.38	2.04		2.02	12.32
信阳市 Xinyang	15.14				15.14
周口市 Zhoukou	19.70			0.30	19.40
驻马店市 Zhumadian	25.83	3.35		5.05	17.43
济源市 Jiyuan	37.86	5.36		8.57	23.92
省直管县 Province Administrating County					
巩义市 Gongyi	9.90	9.68			0.22
兰考县 Lankao					
汝州市 Ruzhou	24.99	17.53		6.91	0.55
滑县 Huaxian	0.01				0.01
长垣县 Changyuan	1.70				1.70
邓州市 Dengzhou	8.27				8.27
永城市 Yongcheng	9.70	2.04		0.77	6.89
固始县 Gushi	1.26				1.26
鹿邑县 Luyi	1.39				1.39
新蔡县 Xincai	0.06				0.06

6-16 分行业固定资产投资项目个数及新增固定资产(2012年)
Number of Projects of Investment in Fixed Assets and Newly Increased Fixed Assets by Sector (2012)

行业	Item	在建规模(亿元) Investment in Projects under Construction (100 million yuan)	#新开工规模 Started in This Year	施工项目(个) Number of Projects under Con-struction (unit)	#新开工 Started in This Year	全部投产项目(个) Number of Projects Completed and Put into Use (unit)	新增固定资产(亿元) Newly Increased Fixed Assets (100 million yuan)
总计	**Total**	**42713**	**22390**	**27886**	**17278**	**16776**	**11434**
农、林、牧、渔业	**Farming, Forestry,animal Husbandry and Fishery**	**1556**	**1007**	**2348**	**1647**	**1468**	**530**
农业	Farming	596	378	765	542	479	184
林业	Forestry	58	40	113	86	83	29
畜牧业	Animal Husbandry	627	388	1016	703	615	215
渔业	Fishery	54	47	35	26	21	8
农、林、牧、渔服务业	Service activities for Farming, forestry, animal Husbandry and fishery	221	154	419	290	270	93
工业	Industry	24931	12695	14593	8719	8919	7321
采矿业	Mining	1402	590	900	468	638	561
煤炭开采和洗选业	Mining and Washing of Coal	619	210	340	130	220	204
石油和天然气开采业	Extraction of Petroleum and Natural Gas	94	82	16	14	8	29
黑色金属矿采选业	Mining of Ferrous Metal Ores	66	13	54	31	41	22
有色金属矿采选业	Mining of Non-ferrous Metal Ores	401	177	218	118	180	207
非金属矿采选业	Mining and Processing of Nonmetal Ores	213	100	259	163	181	96
开采辅助活动	Mining Auxiliary	5	4	5	4	2	1
其他采矿业	Mining of Other Ores n.e.c	3	3	8	8	6	2
制造业	Manufacturing	22025	11372	12859	7690	7742	6370
农副食品加工业	Processing of Food from Agricultural Products	1368	796	1016	626	568	439
食品制造业	Manufacture of Foods	831	460	593	388	344	238
酒、饮料和精制茶制造业	Manufacture of Wine, drinks and refined tea	462	218	302	185	199	177
烟草制造业	Manufacture of Tobacco	49	1	10	4	5	4
纺织业	Manufacture of Textile	951	483	524	280	313	293
纺织服装、服饰业	Manufacture of Textile Wearing,Apparel	598	261	435	236	262	199
皮革、毛皮、羽毛及其制品和制鞋业	Manufacture of Leather, Fur, Feather and Its Products,Shoemaking	577	325	360	205	206	145
木材加工及木、竹、藤、棕、草制品业	Processing of Timbers, Manufacture of Wood, Bamboo, Rattan, Palm, and Straw Products	272	157	327	176	206	97
家具制造业	Manufacture of Furniture	327	224	351	233	229	113
造纸及纸制品业	Manufacture of Paper and Paper Products	383	203	225	134	139	120
印刷和记录媒介复制业	Printing,Reproduction of Recording Media	126	84	94	64	54	41
文教、工美、体育和娱乐用品制造业	Manufacture of Cultural and educational supplies, industrial, sporting and entertainment	125	79	144	89	96	53
石油加工、炼焦及核燃料加工业	Processing of Petroleum ,Coking, Processing of Nucleus Fuel	200	71	70	39	41	56
化学原料及化学制品制造业	Manufacture of Chemical Raw Material and Chemical Products	1837	817	757	421	433	464
医药制造业	Manufacture of Medicines	735	382	320	192	184	182
化学纤维制造业	Manufacture of Chemical Fiber	67	24	33	15	29	28
橡胶和塑料制品业	Manufacture of Rubber and Plastic	530	291	499	299	286	179
非金属矿物制品业	Manufacture of Non-metallic Mineral Products	2595	1352	2182	1325	1420	826
黑色金属冶炼和压延加工业	Manufacture and Processing of Ferrous Metals	592	250	307	159	219	221
有色金属冶炼及压延加工业	Manufacture and Processing of Non-ferrous Metals	1230	634	311	179	180	215
金属制品业	Manufacture of Metal Products	732	377	572	353	338	249
通用设备制造业	Manufacture of General Purpose Machinery	1215	690	825	524	498	377
专业设备制造业	Manufacture of Special Purpose Machinery	1385	783	907	594	542	420
汽车制造业	Manufacture of Automobile	1261	625	464	268	252	335
铁路、船舶、航空航天和其他运输设备制造业	Manufacture of Railway, shipbuilding, aerospace, and other transportation equipment	323	174	134	84	74	72
电气机械及器材制造业	Manufacture of Electrical Machinery and Equipment	1641	771	625	344	338	456
计算机、通信和其他电子设备制造业	Manufacture of Computer Communication Equipment, and Other Electronic Equipment	1125	579	234	138	129	251

6-16 续表　continued

行业	Item	在建规模(亿元) Investment in Projects under Construction (100 million yuan)	#新开工规模 Started in This Year	施工项目(个) Number of Projects under Con-struction (unit)	#新开工 Started in This Year	全部投产项目(个) Number of Projects Completed and Put into Use (unit)	新增固定资产(亿元) Newly Increased Fixed Assets (100 million yuan)
仪器仪表制造业	Manufacture of Measuring Instrument	212	102	74	45	43	38
其他制造业	Manufacture of others	176	121	81	42	56	41
废弃资源综合利用业	Comprehensive utilization of waste materials	75	24	60	32	45	30
金属制品、机械和设备修理业	Repairing of Metal products, machinery and equipment	24	13	23	17	14	14
电力、燃气及水的生产和供应业	Production and Distribution of Electricity, Gas and Water	1505	733	834	561	539	390
电力、热力生产和供应业	Production and Supply of Electric Power and Heat Power	999	398	325	215	208	209
燃气生产和供应业	Production and Distribution of Gas	237	167	160	112	103	61
水的生产和供应业	Production and Distribution of Water	269	168	349	234	228	120
建筑业	**Construction**	**10**	**2**	**13**	**5**	**10**	**8**
#房屋建筑业	Building Construction	2	0	4	1	4	2
批发和零售业	**Wholesale and retail trade**	**1364**	**807**	**1100**	**667**	**689**	**316**
#批发业	Wholesale	707	430	409	227	252	133
交通运输、仓储和邮政业	**Traffic,transport, storage and post**	**3008**	**997**	**1322**	**845**	**785**	**531**
#铁路运输	Transport via railway	283	18	27	7	12	33
道路运输业	Transport via road	1706	412	836	584	525	347
仓储业	Storage	791	458	356	195	201	116
邮政业	Post	13	6	25	18	12	3
住宿和餐饮业	**Accommodation and Catering Trade**	**544**	**265**	**518**	**323**	**311**	**146**
#住宿业	Accommodation	419	178	325	207	169	102
信息传输、软件和信息技术服务业	**Information transfer,software and Information technology services**	**184**	**117**	**72**	**38**	**46**	**31**
#电信、广播电视和卫星传输服务业	Telecom,Radio,television and Satellite transmission service	71	46	45	23	30	13
互联网和相关服务	Internet and related services	6	5	4	3	4	6
金融业	**Finance**	**49**	**23**	**39**	**23**	**29**	**10**
#货币金融服务	Monetary and financial services	26	5	27	15	21	8
保险业	Insurance	16	16	9	7	7	2
房地产业	**Real estate**	**4696**	**3071**	**2945**	**1803**	**1451**	**935**
租赁和商务服务业	**Tenancy and business services**	**458**	**388**	**112**	**84**	**52**	**50**
#商务服务业	Business service	455	385	103	76	48	49
科学研究和技术服务业	**Scientific research and technical service**	**251**	**152**	**114**	**72**	**55**	**25**
#研究和试验发展	Research and experimental development	149	73	44	24	22	15
专业技术服务业	Professional technique services	35	21	42	30	23	8
水利、环境和公共设施管理业	**Management of water conservancy, environment and public establishment**	**3564**	**1915**	**2767**	**1799**	**1825**	**1044**
水利管理业	Management of water conservancy	269	129	351	246	246	93
生态保护和环境治理业	Ecological protection and Environmental management	66	41	72	58	56	35
公共设施管理业	Management of public establishment	3230	1744	2344	1495	1523	916
居民服务、修理和其他服务业	**Resident services,Repairing and other services**	**232**	**163**	**226**	**170**	**125**	**49**
#居民服务业	Resident services	152	138	171	137	93	25
教育	**Education**	**692**	**291**	**802**	**521**	**506**	**210**
卫生和社会工作	**Sanitation and social Work**	**385**	**153**	**356**	**205**	**201**	**88**
#卫生	Sanitation	331	125	284	157	162	77
文化、体育和娱乐业	**Culture, sports and entertainment**	**619**	**235**	**317**	**194**	**174**	**91**
#广播、电视、电影和影视录音制作业	Broadcasting,movies,television and audiovisual activities	18	6	17	13	11	8
文化艺术业	Culture and art	234	130	145	90	80	40
公共管理、社会保障和社会组织	**Public management,social welfare and social organization**	**170**	**111**	**242**	**163**	**130**	**50**
国家机构	Organ of state	123	84	200	129	114	45
社会保障	Social welfare	10	1	4	3		

6-17 各市固定资产投资项目个数和在建规模

Number of Projects of Investment in Fixed Assets and Investment in Projects under Construction

年份 Year 市(县) City(County)	施工项目(个) Number of Projects under Construction (unit)	#新开工 Started in This Year	全部建成投产项目(个) Number of Projects Completed and Put into Use (unit)	全部建成投产率(%) Rate of Construction Projects Completed and Put into Use (%)	在建规模(亿元) Investment in Projects under Construction (100 million yuan)	#新开工 Started in This Year
2005	21983	18254	15889	72.3	7695.80	3497.32
2006	26522	22685	20467	77.2	9475.15	4210.22
2007	37501	32426	28660	76.4	12112.77	6555.77
2008	44123	37575	35032	79.4	14725.49	8687.27
2009	52790	46133	41654	78.9	20204.60	13922.86
2010	48651	38652	35323	72.6	27675.97	17545.39
2010(新口径 New Caliber)	43075	33549	29973	69.6	22986.67	14481.25
2011	32091	19612	20466	63.8	32945.44	17807.55
2012	27886	17278	16776	60.2	42713.41	22390.48
省辖市 City						
郑州市 Zhengzhou	3730	1909	2400	64.3	7285.09	2902.10
开封市 Kaifeng	829	459	475	57.3	1799.83	1014.48
洛阳市 Luoyang	3399	2405	2544	74.8	3957.14	2274.86
平顶山市 Pingdingshan	1450	1003	713	49.2	2211.56	1272.33
安阳市 Anyang	1029	714	673	65.4	1995.68	1028.48
鹤壁市 Hebi	516	315	273	52.9	1039.33	498.52
新乡市 Xinxiang	1441	872	932	64.7	2560.69	1329.75
焦作市 Jiaozuo	2351	1682	1371	58.3	2407.90	1536.07
濮阳市 Puyang	1800	1300	867	48.2	1909.52	1306.04
许昌市 Xuchang	1425	927	825	57.9	2066.66	1156.17
漯河市 Luohe	501	301	305	60.9	1182.93	629.93
三门峡市 Sanmenxia	798	569	537	67.3	1734.61	860.05
南阳市 Nanyang	2333	1111	1332	57.1	3926.17	1752.14
商丘市 Shangqiu	1297	667	512	39.5	2287.25	1233.49
信阳市 Xinyang	1938	1229	1290	66.6	2143.09	1063.92
周口市 Zhoukou	1222	814	748	61.2	1654.70	1084.95
驻马店市 Zhumadian	1503	763	763	50.8	1945.50	1082.28
济源市 Jiyuan	324	238	216	66.7	605.76	364.90
省直管县 Province Administrating County						
巩义市 Gongyi	444	320	320	72.1	685.62	377.31
兰考县 Lankao	145	39	92	63.4	211.93	94.72
汝州市 Ruzhou	204	146	119	58.3	332.86	149.03
滑县 Huaxian	101	65	35	34.7	179.04	66.68
长垣县 Changyuan	226	167	170	75.2	307.84	183.47
邓州市 Dengzhou	329	176	191	58.1	336.47	186.79
永城市 Yongcheng	286	130	1	0.3	434.40	205.93
固始县 Gushi	323	268	285	88.2	192.85	118.34
鹿邑县 Luyi	137	105	81	59.1	202.78	147.83
新蔡县 Xincai	319	152	120	37.6	190.50	132.91

6-18 各市亿元及以上固定资产投资项目投资情况(2012年)

Investment of Projects above 100 Million yuan by City (2012)

市(县) City(County)	施工项目(个) Number of Projects under Construction (unit)	#新开工 Started in This Year	计划总投资(亿元) Total investment Planed (100 million yuan)	#新开工 Started in This Year	本年完成投资(亿元) Real investment completed in this year (100 million yuan)
全省 Total	**8304**	**4780**	**34194.31**	**17349.95**	**12094.57**
省辖市 City					
郑州市 Zhengzhou	1063	505	6009.50	2292.10	1658.51
开封市 Kaifeng	322	191	1556.61	891.88	501.20
洛阳市 Luoyang	674	404	2954.12	1574.70	1038.07
平顶山市 Pingdingshan	483	300	1795.85	990.48	662.09
安阳市 Anyang	395	222	1711.32	826.47	746.32
鹤壁市 Hebi	260	132	914.83	423.57	293.25
新乡市 Xinxiang	573	319	2179.08	1102.96	859.22
焦作市 Jiaozuo	402	267	1611.20	977.77	556.98
濮阳市 Puyang	411	266	1407.03	967.82	403.26
许昌市 Xuchang	386	240	1568.57	850.96	706.53
漯河市 Luohe	242	150	1006.22	545.23	374.60
三门峡市 Sanmenxia	314	184	1526.16	706.15	697.71
南阳市 Nanyang	864	464	3216.68	1444.36	1196.66
商丘市 Shangqiu	541	315	1904.26	1062.16	654.64
信阳市 Xinyang	451	240	1516.40	651.46	578.22
周口市 Zhoukou	424	274	1325.14	881.33	568.93
驻马店市 Zhumadian	383	235	1468.00	859.88	403.94
济源市 Jiyuan	116	72	523.32	300.67	194.46
省直管县 Province Administrating County					
巩义市 Gongyi	106	48	536.35	266.62	154.17
兰考县 Lankao	36	19	164.09	85.48	63.75
汝州市 Ruzhou	73	39	280.84	111.16	118.20
滑县 Huaxian	33	12	160.48	53.27	72.79
长垣县 Changyuan	82	43	235.26	124.86	94.52
邓州市 Dengzhou	72	43	217.89	127.03	91.03
永城市 Yongcheng	66	40	327.90	163.98	98.09
固始县 Gushi	29	18	87.53	28.52	41.72
鹿邑县 Luyi	59	44	166.42	120.46	62.40
新蔡县 Xincai	29	24	115.32	99.07	22.76

6-19 历年施工、竣工房屋建筑面积及竣工价值

Floor Space and Value of Urban Buildings under Construction and Completed by City

年份 Year	施工房屋建筑面积（万平方米）Floor Space Under Construction (10 000 sq.m)	#住宅 Residential Buildings	竣工房屋建筑面积（万平方米）Floor Space Completed (10 000 sq.m)	#住宅 Residential Buildings	竣工房屋价值（亿元）Value of Buildings Completed (100 million yuan)	#住宅 Residential Buildings
2005	15413.62	7576.97	7550.16	3715.38		
2006	18750.06	8750.92	8095.71	3147.69		
2007	26899.30	13145.07	11832.65	4667.34	1166.97	450.02
2008	33856.85	16809.66	13416.52	5197.16	1400.69	563.17
2009	43284.53	19299.84	16008.93	5590.59	1659.51	638.20
2010	51476.60	22709.88	15121.38	6075.41	1889.14	790.29
2010(新口径 New Caliber)	51049.72	22657.97	14537.36	5920.74	1815.36	768.71
2011	56480.43	25799.52	14290.72	7116.73	1996.32	979.06
2012	65885.02	29089.23	14702.60	6811.91	2051.92	1057.28

6-20 各市施工、竣工房屋建筑面积及竣工价值(2012年)

Floor Space and Value of Urban Buildings under Construction and Completed by City (2012)

市(县)	City(County)	施工房屋建筑面积(万平方米) Floor Space Under Construction (10 000 sq.m)	#住宅 Residential Buildings	竣工房屋建筑面积(万平方米) Floor Space Completed (10 000 sq.m)	#住宅 Residential Buildings	竣工房屋价值(亿元) Value of Buildings Completed (100 million yuan)	#住宅 Residential Buildings
全　　省	**Total**	**65885.02**	**29089.23**	**14702.60**	**6811.91**	**2051.92**	**1057.28**
省 辖 市	**City**						
郑　州　市	Zhengzhou	12950.02	5955.93	2186.67	1113.36	366.25	218.93
开　封　市	Kaifeng	2592.71	883.70	515.38	194.20	80.58	30.71
洛　阳　市	Luoyang	6573.67	3417.34	1039.56	553.86	187.60	89.34
平 顶 山 市	Pingdingshan	4432.19	1541.23	628.70	173.61	109.16	20.86
安　阳　市	Anyang	3301.40	1695.44	608.12	352.45	99.67	62.04
鹤　壁　市	Hebi	1439.76	587.54	275.03	99.30	41.64	17.17
新　乡　市	Xinxiang	3620.14	1891.99	697.86	472.31	106.02	71.48
焦　作　市	Jiaozuo	2465.73	889.61	454.59	139.00	76.86	23.83
濮　阳　市	Puyang	2223.65	644.94	652.94	153.96	58.79	28.73
许　昌　市	Xuchang	3385.78	1186.38	491.34	129.00	98.46	25.32
漯　河　市	Luohe	1366.63	352.76	263.50	99.69	63.50	18.46
三 门 峡 市	Sanmenxia	1331.99	752.85	184.66	137.44	37.49	28.88
南　阳　市	Nanyang	3431.27	1346.70	495.26	248.31	68.33	35.45
商　丘　市	Shangqiu	3086.84	1508.07	792.95	408.25	120.57	74.58
信　阳　市	Xinyang	5930.44	3588.44	2381.82	1630.42	275.07	190.30
周　口　市	Zhoukou	2230.99	891.15	951.83	413.62	107.42	47.99
驻 马 店 市	Zhumadian	3739.59	1592.16	1006.91	439.77	125.61	64.75
济　源　市	Jiyuan	1782.21	363.00	1075.48	53.39	28.91	8.45
省 直 管 县	**Province Administrating County**						
巩　义　市	Gongyi	436.73	170.12	183.99	99.95	28.15	15.92
兰　考　县	Lankao	123.11	45.00	26.37	7.26	4.50	0.72
汝　州　市	Ruzhou	388.34	91.83	76.58	25.94	7.50	1.83
滑　　　县	Huaxian	392.94	81.07	58.49	6.05	3.38	1.27
长　垣　县	Changyuan	570.54	193.99	69.95	66.74	11.30	10.81
邓　州　市	Dengzhou	103.38	84.01	31.98	27.65	3.59	3.16
永　城　市	Yongcheng	275.43	242.71	76.23	71.48	18.65	17.52
固　始　县	Gushi	481.94	271.38	368.81	208.74	45.69	27.73
鹿　邑　县	Luyi	77.64	63.77	43.77	19.29	4.38	2.10
新　蔡　县	Xincai	345.37	218.20	93.73	39.63	10.28	5.76

6-21 大型项目投资情况(2012年)

Urban Investment of Major Projects (2012)

单位：万元 (10 000 yuan)

单位名称 Unit Names	计划总投资 Total investment Planed	累计完成投资 Accumnlative Investment Actually Completed	本年完成投资 Real investment completed in this year	本年新增固定资产 Newly Increased Fixed Assets This Year
周口大用农牧有限公司(河南大用集团西华县肉鸡养殖小区)	300000	80479	80479	
中平能化集团(夏店煤矿)	211563	188210	67910	
河南华安煤业有限公司(煤矿项目)	150000	108600	108600	
新乡焦煤陈召二矿有限公司(技改项目)	91889	91889	91889	91889
国电河南电力有限公司三门峡分公司(三门峡煤炭物流中心)	95000	64500	64500	
河南油田勘探局(油田新油区开发项目)	85529	69448	69448	
河南中原油田分公司(油气勘探工程)	66651	66651	66651	65582
河南中原油田分公司(原油新区开发工程)	78125	78125	78125	77253
灵宝市金源矿业有限责任公司(年产1万吨压延铜箔项目)	149900	83970	68250	
中国铝业股份有限公司中州分公司(选矿拜耳法系统工程)	299242	206427	173777	
河南文峪金矿(1329深部探建工程)	82000	98350	98350	82350
灵宝市双鑫矿业有限责任公司(地质探矿增储项目)	87830	94230	94230	94230
河南金渠黄金股份有限公司金渠金矿(中深部探矿项目)	83000	99500	99500	99500
三门峡召威黄金有限公司(613深部探矿工程)	82000	66000	66000	
灵宝市兴灵矿产采选有限责任公司(621深部探建工程)	85000	61000	61000	
中国黄金集团中原矿业有限公司(万吨选场建设及采矿工程)	250000	255000	88615	255000
汝州市福瑞硅石有限公司(硅石场建设)	240000	151251	109641	
河南三源粮油食品责任公司(建年产20万吨(二期)花生油项目)	137134	137134	137134	137134
漯河市双汇万中禽业加工有限公司(5000万只鸡屠宰项目)	200000	164000	88035	
濮阳大用实业有限公司(年屠宰、加工5000万只肉鸡产业化生产线项目)	200000	72740	72740	
杞县丰泽源食品有限公司(食品加工项目)	120000	120000	105761	105761
扶沟县万里有限公司(农产品交易物流园区及农产品加工项目)	70000	69360	69360	12000
河南众邦农业科技有限公司(年加工10万吨精淀粉建设项目)	63800	63800	63800	54965
淅川县济京水源农产品有限公司(年产20万吨L-乳酸(红薯)生产线项目)	180700	175700	96700	
新县康隆投资发展有限公司(九龙岭分区食品工业园项目)	100000	62221	62221	
河南宏亚投资有限公司(年产78.4万吨旅游食品项目)	114500	64000	64000	
桐柏县淮河源酒业有限公司(建年产5万吨白酒扩建工程)	60000	60000	60000	60000
河南新奥啤酒有限公司(奥克啤酒50万吨迁建项目)	85000	209000	104000	114000
百威英博啤酒投资(中国)有限公司(200万百升啤酒生产线及厂区建设项目)	270000	270000	160000	270000
漯河可口可乐饮料有限公司(可乐二期生产项目)	60000	60000	60000	60000
河南中烟工业有限责任公司许昌卷烟厂(易地技术改造项目)	166000	159900	114400	
鄢陵凯豫纺织有限公司(40万锭高支纱精梳气流纺建设项目)	100000	89100	71900	71900
河南大润发纺织有限公司(年产100万绽纺织产品)	140000	109800	80800	80800
河南鸿闽实业有限公司(60万锭高支精梳纺纱项目)	250000	184640	184640	
河南鸿闽实业有限公司(年产12000万米坯布项目)	80000	67990	67990	
河南省合昌纺织科技有限公司(息县产业集聚区二期项目)	79950	74995	74995	
郑州锦荣有限公司(年产2000万套(件)服装加工基地(一期)项目)	195000	159175	78053	
河南白鹅实业有限公司(鹅系列产品深加工一体化项目)	340000	106392	106392	33142
许昌金博利箱包股份有限公司(金博利商贸城建设项目)	150000	91700	66000	76000
河南双虎家居有限公司(年产20万立方米中纤板项目)	150000	82000	82000	
全友家私清丰有限公司(年产40万套家具项目)	200000	75000	75000	
漯河银鸽生活纸产有限公司(高档生活用纸项目)	185000	164500	93072	
河南瑞贝卡发制品有限公司(年产3000吨功能性纤维材料生产基地建设项目)	100000	64910	64910	
河南华伦玩具有限公司(年加工5000万只毛绒玩具扩建项目)	70000	70000	69990	69990
河南省粤港动漫玩具产业公司(粤港动漫玩具二期)	90874	76212	76212	76212
林州市新达焦化有限公司(年产120万吨冶金焦续建项目)	60000	60000	60000	60000
中平能化河南神马氯碱化工股份有限公司(年产30万吨聚氯乙烯配套25万吨烧碱项目)	261115	254477	113872	
平顶山市化工产业集聚区建设指挥部办公室(卤水管网建设工程)	120000	120000	100000	120000
河南省煤气(集团)有限责任公司(气化厂产品结构调整技术改造项目)	139060	65000	65000	
平顶山中糠化工有限公司(年产20000吨糠醛60000吨糠醇项目)	73663	72411	65311	
永城煤电集团有限责任公司(煤化工二期)	400000	247184	104306	
河南煤化精细化工有限公司(年产10万吨1.4丁二醇项目)	171617	164352	73569	
河南省煤气(集团)有限责任公司义马气化厂(30万吨/年醋酸乙烯工程)	160000	183285	75589	183285

6-21 续表 1 continued

单位：万元 (10 000 yuan)

单位名称 Unit Names	计划总投资 Total investment Planed	累计完成投资 Accumnlative Investment Actually Completed	本年完成投资 Real investment completed in this year	本年新增固定资产 Newly Increased Fixed Assets This Year
义马煤业(集团)有限公司(开祥年产9万吨丁二醇项目二期)	69065	69532	61191	69532
河南开祥天源化工有限公司(年产2×10万吨PBT项目)	80510	85510	85510	80000
河南宇天化工有限公司(年产30万吨煤焦油加氢精制加工项目)	65000	65000	65000	65000
盈德投资(上海)有限公司(安阳盈德气体有限公司150000Nm3合成气项目)	127500	100500	83220	
河南晋开化工投资控股集团有限责任公司(国产大型航天炉粉煤气化技术生产硝基复合肥循环经济示范推广项目)	336811	336811	78536	78536
河南心连心化肥有限公司(采用洁净煤气化技术进行原料结构调整项目)	298531	166800	71368	46308
河南永昌硝基肥有限公司(新建年产100万吨硝基复合肥项目)	150000	130000	81800	75800
安阳中盈化肥有限公司(年产60万吨尿素项目)	135000	120050	66770	
禹州市好印宝实业有限公司(香港好印宝实业集团禹州项目)	90000	80470	66370	
开封健昇新型材料有限公司(生物纤维完全降解材料研发及应用项目)	65000	65000	65000	59865
平煤集团许昌首山焦化有限公司(年产400MW太阳能单晶硅片项目)	250000	250000	149900	239480
安阳市凤凰新能源有限公司(年产1GW太阳能铸锭切片及500MW组件项目)	401803	60500	60500	
洛阳中先硅业有限公司(年产300兆瓦太阳能单晶片项目)	165000	66327	66327	
广济药业(孟州)有限公司(孟州生物产业园建设)	600000	293550	174050	
河南羚锐制药有限责任公司(口服液生产基地扩建工程)	80000	80000	75200	78000
圣光医用制品有限公司(圣光孵化二期工程)	200000	198000	121000	
南召县林昌药业有限公司(年产1000吨杜仲胶生产项目)	86013	86013	86013	86013
平顶山市洁利康新材料科技有限公司(洁利康新材料科技园项目)	103000	66887	60387	
淅川县康舒新材料开发有限公司(年产48000吨蛋白质合成纤维建设项目)	154600	154600	74600	74600
河南省中技桩业有限公司(年产1600万米先张法预应力空心方桩建设项目)	100000	61030	61030	75530
镇平县英奇陶瓷地板砖项目(建筑陶瓷项目)	450000	114570	76170	
河南合力投资发展有限公司(中国内乡石材基地项目)	800000	425930	120900	
河南省鸿润建材发展有限公司(闽商陶瓷园项目)	500000	217178	129378	
安阳金旺光伏有限公司(光伏玻璃建设项目)	151018	151018	125018	151018
河南黄河旋风股份有限公司(超硬材料及制品关键技术研发产业化工程)	250000	67000	67000	
河南黄河旋风股份有限公司(粗颗粒高品质金刚石单晶及大直径聚晶金刚石复合片产业化工程)	154000	150000	91000	
沙钢集团安阳永兴钢铁有限公司(120吨转炉改造项目)	192836	192836	139818	132836
禹州市东风汽车部件制造有限公司(年产3万台重卡汽车底盘、100万套重卡汽车平衡悬架自动化生产线项目)	210000	156160	119060	
河南(信阳)中联制管有限公司(100万吨钢管及高速公路护栏生产项目)	120000	74842	74842	
长葛市联丰不锈钢有限公司(年产30万吨不锈钢板带压延加工项目)	60000	60000	60000	60000
河南汇丰管业有限公司(无缝钢管三线机组项目)	84000	64000	64000	
宝丰县宝隆不锈钢制品有限公司(年产50万吨不锈钢加工项目)	150000	82300	82300	
新县福新特钢有限公司(福新特钢二期线材项目)	150000	150000	90992	90992
永城市福佳不锈钢制品有限公司(年产11万吨红土镍矿精炼制镍铁项目)	110000	99946	68817	
永城市振兴金属制品有限公司(年产冷扎薄板30万吨、30万吨电镀锡项目)	130212	124475	63054	
鹤壁地恩地新材料科技有限公司(年产5万吨金属镁冶炼及精深加工项目)	102000	102000	87490	87490
中国船舶重工集团公司第七二五研究所(航空级海绵钛清洁生产技术产业化建设项目)	100000	65420	63900	
洛阳万基铝加工有限公司(年产10万吨中厚板项目)	390232	79503	79503	
东方希望(三门峡)铝业有限公司(年产100万吨铝合金工业型材及板带箔精深加工项目)	1200000	175480	175480	175480
淅川县有色金属压延有限公司(年产5万吨超薄宽幅铝箔技术改造项目)	100000	62530	62530	
洛阳万基铝加工有限公司(年产40万吨冷轧项目)	355141	91467	91467	
河南豫联能源集团有限责任公司(高性能铝合金特种铝材项目)	338199	349102	169322	
洛阳华中铝业有限公司(年产15万吨高档精密铝材加工项目)	176983	94545	94545	
洛阳龙鼎铝业有限公司(年产60万吨高精度铝板带箔项目)	350000	413866	71239	
洛阳万基铝加工有限公司(年产90万吨热轧项目)	377407	89992	89992	
河南省海皇铝业有限公司(年加工10万吨铝合金型材项目)	65000	65000	64900	65000
河南中原泛家居产业有限公司(年产800万镗各类高档门项目)	180000	92632	61842	61842
博爱县莱恩钢帘线股份有限公司(年产20万吨子午线轮胎用钢帘线项目)	362234	316000	274000	
林州市重机集团股份有限公司(煤矿综采智能化项目)	98000	90000	90000	
东风汽车有限公司郑州分公司(48万发动机乘用车项目)	328474	93894	83894	
恩梯恩LYC(洛阳)精密轴承有限公司(三代汽车轮毂轴承项目)	118000	118001	97275	118001
濮阳市惠商工业园有限公司(惠商工业园装备制造业集群)	86000	68085	68085	
三门峡华丰印刷包装有限公司(10万吨包装印刷项目)	180000	119850	65377	
河南天源安阳分公司(新建20万吨/年轻重钢构和2万吨/年压型彩板生产线项目)	138000	102400	102400	

6-21 续表 2 continued

单位：万元 (10 000 yuan)

单位名称 Unit Names	计 划 总投资 Total investment Planed	累计完成 投 资 Accumnlative Investment Actually Completed	本年完成 投 资 Real investment completed in this year	本年新增 固定资产 Newly Increased Fixed Assets This Year
河南龙工机械制造有限公司(龙工生产基地一期)	350000	76500	61500	
郑州煤矿机械集团有限公司(大型洗选成套关键装备建设项目)	92960	66000	66000	
开封市茂盛机械有限公司(茂盛机械迁建项目)	190000	145512	141502	
河南中港科技有限公司(年产20000KM系列轨道交通阻燃电缆项目)	100000	60000	60000	8010
郑州日产汽车有限公司(第二工厂建设项目)	307621	239036	60000	
海马商务汽车有限公司(十五万辆汽车技术改造项目)	238850	142804	92804	
郑州宇通客车股份有限公司(年产10000辆节能与新能源客车生产基地项目)	223880	151430	114700	
郑州宇通客车股份有限公司(年产5000台客车专用车产能提升项目)	164500	171500	70916	70916
许昌天基科技有限公司 (建设年产30万台电动汽车及6万台混合动力车载DC/DC变换器生产线项目)	65000	65000	65000	65000
河南奔马股份有限公司(年产5万辆纯电动专用汽车项目)	75000	75000	67000	67000
南阳淅减汽车减震器有限公司(年产1200万支汽车减震器项目)	60000	60000	60000	60000
南阳淅减汽车减振器有限公司(迁址扩建项目)	120000	107200	86600	
兰考县欧泰引擎有限公司(欧V发动机零部件制造项目)	200000	66300	66300	2000
辉县市汽车配件有限责任公司(欧玛汽车部件工业园区)	152400	62100	62100	62100
瑞庆汽车发动机技术有限公司(年产61万台汽车发动机生产线项目)	250000	168906	168906	
南阳淅减汽车减振器有限公司(年产2000万支汽车减振器项目)	60000	66000	64000	64000
鹤壁市淇滨开发投资有限公司 (年产300万套汽车仪表、200万套车载视听娱乐系统及50万套高端汽车线束项目)	100000	107500	79500	73500
河南速达电动汽车科技有限公司(河南速达年产50万零部件和10万电动汽车)	500000	150800	84500	
广州风神汽车有限公司(20万台套汽车零部件生产项目)	172499	121000	111000	
国瑞和(北京)投资有限公司滑县兴立分公司 (5万KW风光一体化高效发电机生产项目)	100000	70540	60540	
许昌华汇变压器股份有限公司(50万平方米标准化厂房建设项目)	100000	100000	70700	70700
平顶山市建永机械铸造有限公司(年产2万吨铝合金特种铸造项目)	67200	67200	67200	67200
淅川县九晟光伏材料有限公司(节能降耗技术改造项目)	60000	60000	60000	60000
河南亚明新能源科技有限公司(年产单晶硅棒350吨及相关配套太阳能光板项目)	69000	69000	69000	69000
林州光远太阳能科技有限公司(光伏玻璃和薄膜太阳能电池组件项目)	250000	225000	225000	
许昌天地和光能源有限公司(年产30MWCICS薄膜太阳能电池项目)	76825	78900	78900	78900
河南省全顺铜业有限公司(新建年产10万吨铜杆、铜扁线生产线项目)	330000	156120	92020	25000
天能集团(河南)能源科技有限公司(年产1000万KVAh新型密封动力储能铅电池项目)	145000	141450	106750	
河南锂动电源有限公司(年产6亿安时电动车用动力锂离子电池项目)	210000	210000	70842	48842
济源市万洋冶炼(集团)有限公司(年产360万KVAH全密封免维护动力铅酸蓄电池项目)	70000	70000	70000	1
民权万宝电器有限公司(民权电器厂)	200000	111800	111800	53000
河南博市电器有限公司(年产200万台洗衣机200万台电冰箱项目)	100000	88188	60788	
东兴电子工业科技园有限公司(产业园二期建设项目)	100000	95000	87700	
鸿富锦精密电子(郑州)有限公司(IT产业园建设项目)	900000	880030	475030	459855
上海豪晟投资发展有限公司(洛阳国际科技创新产业园项目)	280000	100360	100360	
河南投资集团电子科技有限责任公司 (郑州新郑综合保税区(D地块)富士康厂房建设项目)	150935	148950	88950	88950
河南均鼎电子科技发展有限公司(年产300万套苹果手机配件项目)	248000	248000	92473	92473
富泰华精密电子(济源)有限公司(年产1520万台第三代手机及相关组件一期项目)	535125	227700	227700	215100
河南均鼎电子科技有限公司(年产苹果手机配件6.4亿件(套)项目)	1000000	258956	258956	
济源市济康科技有限公司(富士康济源虎岭工业园)	169000	169000	169000	158000
河南豫光金铅股份有限公司(冶炼废渣料多金属综合回收工程)	200000	173527	120060	71535
周口市天然气电力有限公司(2×300MW等级循环热电项目)	288000	111700	111700	
河南龙泉金亨电力有限公司(2×660mw机组“上大压小”工程)	540000	536221	276380	
郑州裕中能源有限责任公司(新密2×1000MW机组工程)	838403	762446	182670	
华润电力登封有限公司(2×600兆瓦机组二期工程)	504000	504490	117447	117447
国电驻马店热电有限公司(遂平县2×300MW供热机电组工程建设)	300000	300000	68595	68595
华能国际电力股份有限公司(2×30万千瓦热电联产项目)	288832	126043	88670	88670
焦作万方电厂(焦作东区热电“上大压小”扩建项目)	274000	111630	111630	
河南华能沁北发电有限责任公司(三期2×100万千瓦超临界机组)	750986	610472	154537	
中国水电建设集团新能源开发有限公司(杜关镇石峪风力发电项目)	100000	82713	82363	
河南大江水务有限公司(黄龙河水系综合开发项目)	150000	85000	85000	74565
郑州自来水投资控股有限公司(刘湾水厂)	108473	108473	103173	69253
河南东正农贸市场开发(农副产品物流园建设项目)	283187	75687	75687	86545
太康县万城置业有限公司(万城商贸集聚港建设项目)	99000	60310	60310	

6-21 续表 3 continued

单位：万元 (10 000 yuan)

单位名称 Unit Names	计划总投资 Total investment Planed	累计完成投资 Accumnlative Investment Actually Completed	本年完成投资 Real investment completed in this year	本年新增固定资产 Newly Increased Fixed Assets This Year
石家庄至武汉高速铁路客运专线郑州站房高架匝道(桥)工程	60467	71800	67410	71800
郑州铁路局(郑州东站工程)	746208	676890	105120	
许昌市建设投资有限责任公司(石武客专许昌站站前配套工程)	76000	63600	63600	
郑州市轨道交通有限公司(地铁2号线一期工程)	1040800	126486	94867	
郑州市轨道交通有限公司(地铁1号线一期工程)	1520000	1009402	186789	
郑州至新郑机场城际铁路	557732	130000	105000	
郑州至开封城际铁路	550554	315020	175020	
郑州至焦作城际铁路	921595	495010	210010	
郑州至徐州客运专线	3700000	62801	62801	
焦桐高速巩义至登封段	287783	305846	106526	
武西高速桃花峪黄河大桥	399513	345495	98391	345495
洛栾高速洛阳至嵩县段	407680	439715	137715	439715
林州至长治(豫晋界)高速公路	271594	271594	110563	271594
内乡至邓州高速公路	392412	336991	130000	336991
三淅高速灵宝至卢氏段	645163	602778	323278	602778
济祁高速连霍至永登段	194705	180443	84843	180443
淮滨至息县高速公路	233030	225058	103064	225058
淮滨至固始高速公路	341248	321463	148293	321463
郑卢高速洛阳至洛宁段	372109	344493	177500	344493
郑卢高速洛宁至卢氏段	489237	432629	262500	432629
洛栾高速嵩县至栾川段	631795	594118	335029	594118
连霍高速兰考至刘江段改扩建	293982	214889	84999	
连霍高速洛阳至三门峡(豫陕界)段改扩建	1357674	559239	234000	
京港澳高速驻马店至信阳(豫鄂界)段改扩建	605000	121879	60340	
三淅高速卢氏至西坪段	993829	191558	180257	
三淅高速西坪至寺湾(豫鄂界)段	357509	90284	80097	
河南中原通用航空有限公司(航空运动旅游项目)	100000	60000	60000	
建业至尊酒店(艾美酒店项目)	87341	85705	85705	
许昌中原电气谷锦鸿建设投资有限公司(尚东小区工程项目)	91242	85000	61000	
禹州市投资总公司(标准化厂房30万平方米、公共服务区9万平方米建设项目)	156000	156000	124400	156000
濮阳县建设投资有限公司(濮上人家建设项目)	600000	86200	86200	
长葛市丽园城市建设有限公司(长葛市企业总部基地项目)	350000	102000	102000	
郑州台科置业有限公司(郑州台湾科技园标准化厂房建设项目)	180730	86767	81987	81987
鄢陵县东莞兴和实业有限公司(100万标准化厂房建设项目)	100000	100000	78000	78000
河南省景泰实业有限公司(大河宠物公园)	70000	130000	130000	130000
安阳县水冶镇人民政府(珠泉河治理工程)	89847	89847	89847	89847
河南东龙控股有限公司(郑州引黄灌溉龙湖调蓄工程)	187600	213461	73563	
平原新区发展建设有限公司(引黄调蓄畜牧场配套工程)	67075	67075	67075	67075
河南省河口村水库工程建设管理局(河口村水库)	272118	153031	60200	
鲁山县水库移民安置办公室(沙河渡槽工程)	290000	267340	91550	
郑州市交通运输委员会(中州大道立交工程)	70646	64461	64461	
洛阳市新区市政工程建设指挥部(龙门大道改造工程)	123213	136412	88344	123213
洛阳市新区市政工程建设指挥部(龙门大道改造二期工程)	79913	84372	84372	84372
郑州市市政工程建设中心(郑州市三环快速化工程)	962000	450800	444650	
开封新区基础设施建设投资有限公司(开封新区四期工程)	241000	241000	119795	241000
郑新快速通道工程指挥部(郑新快速通道工程)	90000	90000	69390	69390
河南东龙控股有限公司(北三环下穿隧道工程)	170943	94469	94469	
邯郸市博地房地产开发有限公司(河南省中原文化旅游生态城)	100000	84570	76343	
新密市古城开发管理委员会(新密市古城旅游开发综合项目)	178600	77948	77948	
河南农业大学(农业大学新校区建设项目)	181000	117301	84109	
河南世为动漫产业园有限公司(动漫之都项目)	227700	132810	132810	
郑州华强文化科技有限公司(郑州华强文化科技产业基地)	750000	287981	178771	

6−22 分行业农村农户固定资产投资

Investment in Fixed Assets farm Households in Rural Area by Sector

单位：亿元

产 业	Branch	2007	2008	2009	2010	2011	2012
总 计	**Total**	**591.55**	**669.63**	**780.12**	**786.64**	**834.63**	**891.38**
第一产业	**Primary Industry**	**58.14**	**80.74**	**87.02**	**85.04**	**79.87**	**79.15**
农、林、牧、渔业	Farming, Forestry, Animal Husbandry and Fishery	58.14	80.74	87.02	85.04	79.87	79.15
第二产业	**Secondary Industry**	**15.99**	**18.14**	**7.30**	**7.12**	**5.18**	**10.87**
工业	Industry	6.31	6.40	4.57	4.49	2.64	5.55
采矿业	Mining	1.33	2.33				
制造业	Manufacturing	3.31	4.07	4.17	4.09	2.32	4.89
电力煤气及水的生产和供应业	Production and Distribution of Electricity,Gas and Water	1.67		0.40	0.40	0.32	0.65
建筑业	Construction	9.68	11.74	2.73	2.63	2.55	5.33
第三产业	**Tertiary Industry**	**517.42**	**570.75**	**685.80**	**694.48**	**749.57**	**801.35**
#交通运输、仓储和邮政业	Traffic,Transport, Storage and Post	28.54	35.73	27.24	28.08	28.17	30.45
批发和零售业	Wholesale and Retail Trade	2.44	1.37	3.33	3.45	3.08	3.21
住宿和餐饮业	Accommodation and Restaurants			0.21	0.25	0.26	0.24
房地产业	Real estate	468.48	512.22	634.68	641.27	696.87	745.02
居民服务和其他服务业	Resident Services and Other Services	17.15	21.35	20.34	21.43	21.19	22.44

6-23 各市按三次产业分的农村农户固定资产投资(2012年)

Investment in Fixed Assets farm Households in Rural Area by City (2012)

单位：亿元 (100 million yuan)

市(县)	City(County)	投资总额 Total Investment	第一产业 Primary Industry	第二产业 Secondary Industry	#工业 Industry	第三产业 Tertiary Industry
省辖市	**City**					
郑州市	Zhengzhou	108.53	12.13	13.84	13.84	82.56
开封市	Kaifeng	36.98	3.44			33.54
洛阳市	Luoyang	49.66	4.35	9.44	0.27	35.87
平顶山市	Pingdingshan	29.81	3.27	0.12	0.12	26.43
安阳市	Anyang	39.76	7.94	4.47	4.30	27.34
鹤壁市	Hebi	11.33	3.45			7.88
新乡市	Xinxiang	48.29	3.83			44.46
焦作市	Jiaozuo	34.00	5.24	4.68	0.75	24.08
濮阳市	Puyang	22.93	6.50			16.43
许昌市	Xuchang	44.22	2.25	26.53	8.30	15.45
漯河市	Luohe	23.90	4.42			19.49
三门峡市	Sanmenxia	12.19	2.71	0.74		8.74
南阳市	Nanyang	98.02	16.57	1.20	1.20	80.23
商丘市	Shangqiu	63.34	11.45	1.73	1.69	50.16
信阳市	Xinyang	76.98	18.49	1.11		57.38
周口市	Zhoukou	109.08	19.48	1.37	0.56	88.23
驻马店市	Zhumadian	78.36	23.06	0.79		54.51
济源市	Jiyuan	5.51	0.45	0.60		4.46
省直管县	**Province Administrating County**					
巩义市	Gongyi	11.45	0.15	1.11	1.11	10.19
兰考县	Lankao	7.81	3.02			4.79
汝州市	Ruzhou	4.31	0.06	0.12	0.12	4.13
滑县	Huaxian	5.89	1.02			4.87
长垣县	Changyuan	6.51	0.51			6.00
邓州市	Dengzhou	12.90	2.78			10.12
永城市	Yongcheng	3.67	0.59	0.23	0.23	2.86
固始县	Gushi	12.31	2.92			9.40
鹿邑县	Luyi	15.50	1.39			14.11
新蔡县	Xincai	9.42	0.74			8.68

6-24 各市按构成性质分的农村农户固定资产投资(2012年)

Investment in Fixed Assets farm Households in Rural Area by City and Composition of Funds (2012)

单位：亿元 (100 million yuan)

市(县)	City(County)	投资总额 Total Investment	建筑工程 Construction	安装工程 Installation	设备购置 Purchase of Equipment	其他费用 Others
省辖市	**City**					
郑州市	Zhengzhou	108.53	73.63		24.77	10.13
开封市	Kaifeng	36.98	27.00		9.73	0.25
洛阳市	Luoyang	49.66	43.50		4.19	1.97
平顶山市	Pingdingshan	29.81	24.97		4.66	0.18
安阳市	Anyang	39.76	20.17	0.67	16.33	2.59
鹤壁市	Hebi	11.33	5.33		5.94	0.06
新乡市	Xinxiang	48.29	40.72		7.00	0.58
焦作市	Jiaozuo	34.00	24.95		7.41	1.63
濮阳市	Puyang	22.93	13.47	0.11	4.11	5.24
许昌市	Xuchang	44.22	32.43		6.15	5.65
漯河市	Luohe	23.90	16.48		4.14	3.28
三门峡市	Sanmenxia	12.19	9.04		3.15	
南阳市	Nanyang	98.02	79.16		18.39	0.47
商丘市	Shangqiu	63.34	45.48		15.97	1.89
信阳市	Xinyang	76.98	52.12		23.39	1.46
周口市	Zhoukou	109.08	79.87	1.50	25.98	1.73
驻马店市	Zhumadian	78.36	55.84		22.08	0.44
济源市	Jiyuan	5.51	4.12	0.01	1.28	0.10
省直管县	**Province Administrating County**					
巩义市	Gongyi	11.45	10.19		1.11	0.15
兰考县	Lankao	7.81	4.11		3.69	
汝州市	Ruzhou	4.31	4.08		0.23	
滑县	Huaxian	5.89	4.02		1.87	
长垣县	Changyuan	6.51	5.91		0.60	
邓州市	Dengzhou	12.90	10.12		2.56	0.22
永城市	Yongcheng	3.67	2.35		0.43	0.90
固始县	Gushi	12.31	9.40		2.92	
鹿邑县	Luyi	15.50	14.11		1.39	
新蔡县	Xincai	9.42	8.68		0.73	0.01

6-25 各市分行业农村农户固定资产投资(2012年)

Investment in Fixed Assets farm Households in Rural Area by Sector and City (2012)

单位：亿元 (100 million yuan)

市(县) City(County)	合计 Total	#农、林、牧、渔业 Farming, Forestry, Animal Husbandry and Fishery	工业 Industry	建筑业 Construction	交通运输、仓储和邮政业 Traffic, Transport, Storage and Post	批发和零售业 Wholesale and Retail Trade	住宿和餐饮业 Accommodation and Restaurants	房地产业 Real Estate	居民服务修理和其他服务业 Resident Services Repairing and Other Services
省辖市 City									
郑州市 Zhengzhou	108.53	12.13	13.84		7.95	0.69	1.34	71.33	
开封市 Kaifeng	36.98	3.44			7.72	0.99	0.18	24.64	
洛阳市 Luoyang	49.66	4.35	0.27	9.17	0.94	0.62	0.03	33.20	1.00
平顶山市 Pingdingshan	29.81	3.27	0.12		1.47		0.15	24.80	
安阳市 Anyang	39.76	7.94	4.30	0.17	1.17	0.92	0.25	20.06	4.75
鹤壁市 Hebi	11.33	3.45			2.66			5.22	
新乡市 Xinxiang	48.29	3.83			2.93	0.30	0.25	40.72	0.26
焦作市 Jiaozuo	34.00	5.24	0.75	3.93	1.79	0.41		20.67	
濮阳市 Puyang	22.93	6.50			2.17		0.59	10.63	0.08
许昌市 Xuchang	44.22	2.25	8.30	18.23		0.89		14.33	
漯河市 Luohe	23.90	4.42			0.71	0.27		16.48	2.03
三门峡市 Sanmenxia	12.19	2.71		0.74	1.91	0.02	0.20	6.61	
南阳市 Nanyang	98.02	16.57	1.20		3.43			76.80	
商丘市 Shangqiu	63.34	11.45	1.69		3.93		0.18	45.48	0.51
信阳市 Xinyang	76.98	18.49		1.11	2.74	1.06	0.23	50.68	0.54
周口市 Zhoukou	109.08	19.48	0.56	0.81	6.63	1.01		79.49	0.67
驻马店市 Zhumadian	78.36	23.06		0.79				54.42	
济源市 Jiyuan	5.51	0.45		0.60	1.00	0.09		2.37	0.13
省直管县 Province Administrating County									
巩义市 Gongyi	11.45	0.15	1.11					10.19	
兰考县 Lankao	7.81	3.02			2.05	0.82	0.18	1.75	
汝州市 Ruzhou	4.31	0.06	0.12		0.06			4.08	
滑县 Huaxian	5.89	1.02			0.62	0.09	0.05	3.97	0.13
长垣县 Changyuan	6.51	0.51			0.09			5.91	
邓州市 Dengzhou	12.90	2.78						10.12	
永城市 Yongcheng	3.67	0.59	0.23		0.33		0.18	2.35	
固始县 Gushi	12.31	2.92						9.40	
鹿邑县 Luyi	15.50	1.39						14.11	
新蔡县 Xincai	9.42	0.74						8.68	

主要统计指标解释

全社会固定资产投资 是以货币形式表现的在一定时期内全社会建造和购置固定资产的工作量以及与此有关的费用的总称。该指标是反映固定资产投资规模、结构和发展速度的综合性指标，又是观察工程进度和考核投资效果的重要依据。全社会固定资产投资按登记注册类型可分为国有、集体、个体、联营、股份制、外商、港澳台商、其他等。

固定资产投资 指城镇和农村各种登记注册类型的企业、事业、行政单位及城镇个体户进行的计划总投资(或实际需要总投资)500 万元及以上的建设项目投资和房地产开发投资。

农村农户投资 指以农户为单位进行的房屋建设（主要指住宅建设）投资、农户对农、林、牧、渔及其服务行业进行的投资（如农户近年广泛进行的设施农业投资）、以及农户购买生产性固定资产的投资。根据农村固定资产投资调查规定，农户房屋建筑物、机器设备、器具等固定资产价值统计标准为 50 元，使用年限为 2 年。

固定资产投资的资金来源 根据固定资产投资的资金来源不同，分为国家预算资金、国内贷款、利用外资、自筹资金和其他资金来源。

⑴国家预算资金：自 2011 年起，按照全国人大和国务院的要求，各级财政的所有资金，包括税收和非税收入，均必须纳入预算管理，我国已不存在预算外资金的概念，因此各级政府用于固定资产投资的财政资金均为预算资金。由于已经没有预算外资金，因此名称改为国家预算资金，包括中央预算资金和地方预算资金，旧的国家预算内资金的内容和现中央预算资金的内容基本一致。

国家预算包括一般预算、政府性基金预算、国有资本经营预算和社保基金预算。各类预算中用于固定资产投资的资金全部作为国家预算资金填报，其中一般预算中用于固定资产投资的部分包括基建投资、车购税、灾后恢复重建基金和其他财政投资。各级政府债券也应归入国家预算资金。

⑵国内贷款：指报告期固定资产投资项目单位向银行及非银行金融机构借入的用于固定资产投资的各种国内借款，包括银行贷款、非银行金融机构贷款等。

银行贷款：是指向各商业银行、政策性银行借入的用于固定资产投资的各项贷款。

非银行金融机构贷款：是指向除上述银行之外从事金融业务的机构借入的用于固定资产投资的各项贷款。非银行金融机构包括保险公司和养老基金（企业年金）、信托投资公司、金融租赁公司、金融资产管理公司、汽车金融服务公司、金融担保公司、证券公司、投资基金、证券交易所、其他金融辅助机构。

投资项目单位从上级部门、总公司或公司股东处取得的用于固定资产投资的资金中，来源于银行或非银行金融机构贷款的部分，也应归入国内贷款。

通过银行理财产品和信托产品筹集的资金，如果是用于固定资产投资的，也做为国内贷款统计。

⑶利用外资：指报告期收到的用于固定资产建造和购置的国外资金(包括设备、材料、技术在内)。包括对外借款(外国政府贷款、国际金融组织贷款、出口信贷、外国银行商业贷款、对外发行债券和股票)、外商直接投资、外商其他投资(包括利用外商投资收益在国内进行固定资产再投资活动的资金)。不包括我国自有外汇资金(国家外汇、地方外汇、留成外汇、调济外汇和国内银行自有资金发放的外汇贷款等)。

⑷自筹资金：指固定资产投资单位在报告期收到的，由各企事业单位筹集用于固定资产投资的资金，包括各类企事业单位的自有资金和从其他单位筹集的用于固定资产投资的资金，但不包括各类财政性资金、从各类金融机借入资金和国外资金。

⑸其他资金来源：指在报告期收到的除以上各种资金之外的用于固定资产投资的资金。包括社会集资、个人资金、无偿捐赠的资金及其他单位拨入的资金等。

固定资产投资按国民经济行业分 根据建设项目建成投产后的主要产品种类或主要用途及社会经济活动性质来确定国民经济行业。一般情况下，一个建设项目或一个企业、事业单位只能属于一种国民经济行业。

固定资产投资按建设性质分 根据整个建设项目情况来确定。建设项目的性质一般分为新建、扩建、改建和技术改造、迁建、恢复。房地产开发单位、农村投资不划分建设性质。

⑴新建：一般是指从无到有、“平地起家”新开始建设的单位。有的单位原有的基础很小，经过建设后其新增加的固定资产价值超过原有固定资产价值(原值)三倍以上的也算新建。

⑵扩建：一般是指为扩大原有产品的生产能力，在厂内或其他地点增建主要生产车间(或主要工程)、独立的生产线或分厂的企业；事业单位和行政单位在原单位增建业务用房(如学校增建教学用房、医院增建门诊部或病床用房、行政机关增建办公楼等)也作为扩建。

⑶改建和技术改造：指现有企业、事业单位，对原有设施进行技术改造或更新（包括相应配套的辅助性生产、生活福利设施）的建设项目。现有企业、事业单位为适应市场变化的需要，而改变企业的主要产品种类（如军工企业转产民用品等）的建设项目，应作为改建。原有产品生产作业线由于各工序（车间）之间能力不平衡，为填平补齐充分发挥原有生产能力而增建不增加本企业主要产品设计能力的车间，也应作为改建。技术改造是指企业、事业单位在现有基础上，用先进的技术代替落后的技术，用先进的工艺和装备代替落后的工艺和装备，以改变企业落后的技术经济面貌，实现以内涵为主的扩大再生产，达到提高产品质量、促进产品更新换代、节约能源、降低消耗、扩大生产规模、全面提高社会经济效益的目的。技术改造具体包括以下内容：机器设备和工具的更新改造；生产工艺改革、节约能源和原材料的改造；厂房建筑和公共设施的改造；劳动条件和生产环境的改造等。

固定资产投资按构成分 固定资产投资活动按其工作内容和实现方式分为建筑安装工程，设备、工具、器具购置，其他费用三个部分。

⑴建筑安装工程(建筑安装工作量)：指各种房屋、建筑物的建造工程和各种设备、装置的安装工程。包括各种房屋建造工程，各种用途设备基础和各种工业窑炉的砌筑工程；为施工而进行的各种准备工作和临时工程以及完工后的清理工作等；铁路、道路的铺设，矿井的开凿及石油管道的架设等；水利工程；防空地下建筑等特殊工程；以及各种机械设备的安装工程；为测定安装工程质量，对设备进行的试运工作。在安装工程中，不包括被安装设备本身的价值。

⑵设备、工具、器具购置：指购置或自制达到固定资产标准的设备、工具、器具的价值，固定资产的标准按财务部门规定。新建单位、扩建单位的新建车间按照设计和计划要求购置或自制的全部设备、工具、器具，不论是否达到固定资产标准均计入“设备、工具、器具购置”中。

⑶其他费用：指在固定资产建造和购置过程中发生的，除建筑安装工程和设备、工具、器具购置以外的各种应摊入固定资产的费用。

施工项目 指报告期内曾进行建筑或安装工程施工活动的建设项目，包括报告期内新开工项目、报告期以前开工跨入报告期继续施工的项目以及报告期施过工并在报告期内全部建成投产或停缓建的项目。

全部建成投产项目 工业项目是指设计文件规定形成生产能力的主体工程及其相应配套的辅助设施全部建成，经负荷试运转，证明具备生产设计规定合格产品的条件，并经过验收鉴定合格或达到竣工验收标准，与生产性工程配套的生活福利设施可以满足近期正常生产的需要，正式移交生产的建设项目。非工业项目是指设计文件规定的主体工程和相应的配套工程全部建成，能够发挥设计规定的全部效益，经验收鉴定合格或达到竣工验收标准，正式移交使用的建设项目。

新增生产能力（或工程效益） 指通过固定资产投资活动而增加的设计能力(或工程效益)，该指标是以实物形态表现的反映固定资产投资成果的指标，也是考核投资经济效果的重要依据之一。

新增生产能力(或工程效益)一般有以下几种表现形式：

(1)用产品数量表示，以工程在单位时间内(一般是一年)所能生产的产品数量(即年产量)表示。如原煤开采用万吨／年表示，化学农药用吨／年表示，汽车制造用辆／年表示等。某些化工产品由于含量差别较大，按其设计含量计算折合量表示，如氮肥、磷肥等。

(2)用单位时间内所能处理的原料数量表示，以工程每天(或小时)所能处理原料的数量表示。如城市污水处理能力用万吨／日表示等。

(3)用新增加的主要设备的数量或容量表示，如毛纺锭等锭数，发电厂新增发电机组容量用万千瓦表示等。

(4)用建筑物个数、容积、容量、面积、长度表示，是非工业项目或工程新增效益的一种表现形式。如铁路投产里程、公路里程、桥梁隧道延长米里程、新（扩）建公路客货运站个数等。

根据工程的特点，有时需要用两种或两种以上的复合计量单位表示新增生产能力或工程效益。如新增内燃机生产能力同时用年产台数、万千瓦数表示等。

为了规范新增生产能力(或工程效益)的名称和计算单位，国家统计局制订了《新增生产能力(或工程效益)目录及代码》。各固定资产投资单位在统计新增生产能力(或工程效益)时，必须按目录中规定的名称、计量单位和代码填报。

新增固定资产　指已经完成建造和购置过程，并已交付生产或使用单位的固定资产的价值，包括已经建成投入生产或交付使用的工程投资和达到固定资产标准的设备、工具、器具的投资及有关应摊入的费用。

属于增加固定资产价值的其他建设费用，应随同交付使用的工程一并计入新增固定资产。

房屋建筑面积　指房屋建筑物勒脚以上外墙外围的水平截面面积，包括房屋建筑物的有效面积和结构面积。该指标是从实物形态上反映建设规模和建设成果的重要指标之一，也是检查工程形象进度、计算工程造价、分析投资效果、研究施工任务和建筑材料之间平衡情况的重要依据。

住宅建筑面积　指施工和竣工房屋建筑面积中供居住用的房屋建筑面积。

施工面积　指报告期内施工的全部房屋建筑面积。包括本期新开工的面积和上期开工跨入本期继续施工的房屋面积，以及上期已停建在本期复工的房屋面积。本期竣工和本期施工后又停缓建的房屋，其建筑面积仍计入本期施工房屋面积中。

竣工面积　指在报告期内房屋建筑按照设计要求已全部完工，达到住人和使用条件，经验收鉴定合格（或达到竣工验收标准），可正式移交使用的各栋房屋建筑面积的总和。

Explanatory Notes on Main Statistical Indicators

Total Investment in Fixed Assets in the Whole Country refers to the volume of activities in construction and purchases of fixed assets and related fees, expressed in monetary terms. It is a comprehensive indicator which shows the size, structure and growth of the investment in fixed assets, providing basis for observing the progress of construction projects and evaluating results of investment. Total investment in fixed assets in the whole country includes, by type of ownership, the investment by the state-owned units, collective units, individuals, joint ownership units, share-holding units, as well as investment by businessmen from foreign countries and from Hong Kong, Macao and Taiwan, and by other units.

Investment in Fixed Assets refers to construction projects involving a total planned (or required) investment of 5 million yuan and over by urban and rural enterprises and institutions of various types of ownership, by administrative units and by individuals, investment in real estate development, and housing investment by individuals in urban areas and in industrial and mining areas.

Investment in Rural Areas Household Refers to the unit for farmers of the housing construction (mainly refers to the residential construction) investment, farmers on agriculture, forestry, animal husbandry, fishery and service industry of investment (such as farmers of a broad agricultural facilities investment in recent years), and farmers buy productive fixed assets investment. According to the provisions of the fixed assets investment survey, farmers buildings, machinery, equipment, appliances and fixed assets value statistical standards for 50 yuan, use fixed number for 2 years.

Sources of Funds for Investment in Fixed Assets Including State budgetary appropriation, domestic loans, foreign investment, self-raised funds, and others.

(1) State budgetary appropriation Since 2011, according to the National People's Congress and the requirements of the state council, all of the money at all levels for finance, including tax and non-taxable, must be included in the budget management.

State budgetary appropriation include general budget, government fund budget, state-owned capital management budget and social security fund budget. Governments at all levels should also be classified as State budgetary appropriation.

(2) Domestic loans refer to various funds borrowed by enterprises and institutions from banks and non-bank financial institutions assets, include bank loans, non-bank financial institutions loans.

Bank loans refers to the investment in fixed assets loans borrowed from commercial Banks, policy Banks.

Non-bank financial institutions loans refers to the investment in fixed assets loans borrowed from other organization of lending loans. The non-bank financial institutions including insurance companies and pension funds, trust and investment companies, financial leasing companies, financial assets management companies, financial services company, car finance guarantee companies, securities companies, investment funds, securities exchanges, and other financial assistant mechanism.

Investment project units fixed assets funds from higher level department, the corporation or the shareholders of a company, which from Banks and other financial institutions, also should be classified as domestic loans.

(3) Foreign Investment refers to foreign funds received during the reference period for the purpose of investment in fixed assets, including foreign borrowing(foreign government loans, the international finance organization loans, export credit, commercial loans of foreign Banks, foreign issue bonds and stock), foreign direct investment, foreign other investments. Not including has its own foreign exchange funds in China (state foreign exchange, the local foreign exchange, the foreign exchange, has retained the foreign exchange and domestic Banks issue their own funds of foreign exchange loan, etc.)

(4) Self-raised funds refer to funds received by construction enterprises from their higher responsible authorities, local governments, for a fixed asset investment funds.

(5) Others refer to funds received during the reference period which are not included in the above-mentioned sources, Include fund raising, personal capital, free donation funds and other units dial the money into, etc..

Investment in Fixed Assets by Sector The classification of construction projects by sector is determined by the major products or the purpose of the projects when they are put into production or use, and by the nature of their social economic activities. In general, one project or one enterprise or institution can only be classified into one sector.

Investment in Fixed Assets by Type of Construction The construction projects in general can be classified by the type of construction into new construction, expansion, reconstruction and moving away. In capital construction, the type of construction is determined by the condition of the project. In investment in innovation, in other investment by state-owned units and investment by collective-owned units, the type of construction is determined by the condition of the whole enterprise or institutions. Investment by type of construction is not applied to investment by real-estate development units, investment in rural areas and investment in housing by urban individuals.

(1) New construction in general refers to newly constructed units. In the case in which the value of the original fixed assets is quite small, and the value of newly added fixed assets exceeds the original ones by three times, the expansion construction is considered as new construction.

(2) Expansion refers to construction of new major production workshop or independent production line within a factory or in other locations, or construction of a branch factory so as to increase the production capacity of the original products. Newly constructed business houses in institutions and administrative organizations (such as the newly constructed teaching buildings in schools, clinics or bed building in hospitals, and office buildings in administrative agencies, etc.) are also classified as expansion.

(3) Reconstruction refers to technical innovation and transformation of the existing equipment and technical conditions undertaken by enterprises and institutions for the purposes of technological advancement, improvement in product quality, enlarging variety of products, promoting new generation of products, reducing production consumption and cost, promoting comprehensive utilization of resources, strengthening treatment of waste gas, waste water and solid wastes, and safety in production, etc. through application of new technologies and techniques, use of new equipment and new materials (including accessory facilities for production or for living and welfare purposes).Construction of new workshops for improving existing production capacity rather than increasing production capacity is also considered as reconstruction.

Investment in Fixed Assets by Structure refers to the three major parts of investment activities, i.e. construction and installation, purchase of equipment and instrument, and other expenses.

(1) Construction and installation (work volume of construction and installation) refers to the construction of various houses and buildings and installation of various kinds of equipment and instruments, including construction of various houses, equipment foundations and industrial kilns and stoves, preparation works for project construction, and clearing up works post project construction, pavement of railways and roads, drilling of mines and putting up of oil pipes, construction of projects of water conservancy, construction of underground air-raid shelters and construction of other special projects, installation of various machinery equipment, testing operation for pre-testing the quality of installation projects. The value of equipment installed is not included in the value of installation projects.

(2) Purchase of equipment and instruments refers to the total value of equipment, tools, and vessels purchased or self-produced which come up to standards for fixed assets. Equipment, tools and vessels purchased or self-produced for new workshops by newly established or expanded units are categorized as "purchase of equipment and instruments" no matter whether they come up to the standards for fixed assets or not.

(3)Other expenses refer to expenses occurring during the construction or purchase of fixed assets other than construction, installation or purchase of equipment and instruments.

Projects Under Construction refer to projects having construction and installation activities undertaken in the reference period, including projects started in the reference period, or continued from the previous period, or completed and put into production or suspended in the reference period.

Projects Completed and Put into Use Industrial projects refer to the major projects and accessory facilities completed which result in forming production capacity and have been checked and accepted while the living and welfare facilities have been completed and can ensure normal production and formally put into production. Non-industrial projects refer to the major projects and accessory facilities completed which possess the designed capacity and have been checked, accepted and formally put into production.

Newly Increased Production Capacity (or Project Efficiency) refers to the increase in design capacity (or project efficiency) through investment in fixed assets, which reflects the accomplishment of investment in fixed assets in physical form and serves as an important basis for evaluating the economic efficiency of investment.

The newly increased production capacity (project efficiency) are usually expressed in one of the following forms:

(1) volume of output of products, i.e. the volume of output that the project can produce during a given period (usually a year). For instance, the capacity in coal mining is expressed in 10,000 tons/year, the capacity in producing chemical pesticides expressed in ton/year, the capacity in producing automobile in set/year, etc. For some chemical products where the effective contents differ significantly, the production capacity is expressed as the designed effective content equivalent, such as in the case of sulphuric acid, soda ash, caustic soda, etc;

(2) volume of raw materials processed per unit of time, i.e. the volume of raw materials that could be processed by the project per day (or per hour), such as tons of urban sewage processed per day;

(3) number or capacity of major equipment increased, such as number of wool spindles increased, or capacity (in 10 000kilowatts) of power generators increased;

(4) physical measures (number, volume, capacity, area, and length) of construction, which is typical for non-industrial projects, for instance, the length of railways put into operation, Highway mileage, bridge tunnel mileage, new (enlarge) built highway passenger/station number etc.

The special features of projects may sometimes call for the combined use of two or more measurements to reflect the increase in production capacity (or project efficiency); for instance, the new capacity for the production of internal combustion engines is expressed in sets per year and 10 000 kilowatts per year simultaneously.

To standardize the nomenclature and unit of measurement for newly increased production capacity (or project efficiency), the National Bureau of Statistics has developed the Nomenclature and Codes for New Production Capacity (Project Efficiency). All reporting units with investment activities are required to follow these two nomenclatures in reporting statistics on new production capacity (project efficiency).

Newly Increased Fixed Assets refer to the newly increased value of fixed assets, constructed or purchased, that have been transferred to the investors. Including finished fixed assets value and equipment, instrument investment and should be the cost of the relevant booth that reach the standard.

Belong to the increase of fixed assets value of the other construction cost, along with the work of the service of the delivery shall be included in the new with fixed assets.

Floor Space of Buildings under Construction refers to total floor space of the horizontal section of outer walls above the plinth of the building, including the effective area and the area occupied by the structure. This indicator is one of the important indicators in physical terms to reflect the scale and accomplishment of the construction industry, and important basis for monitoring the progress, calculating the cost, analyzing the efficiency and studying the supply of building materials in relation with the construction projects.

Floor Space of Residential Buildings refers to the floor space of the residential buildings among the total space of buildings under construction or completed.

Floor Space under Construction refers to total floor space of all buildings under construction during the reference period, including floor space of newly started buildings during the reference period, floor space of construction extended from the previous period to the current period, and floor space of construction suspended during the previous period and resumed in the current period. Floor space of construction completed in the current period, and floor space of construction started and then suspended in the current period are also included in the floor space under construction of the current year.

Floor Space of Buildings Completed refers to the floor space of all buildings completed in the reference period, which have been appraised and accepted (or come up to the designed standards) and have been transferred to the owners for use.

对外经济贸易和旅游

Foreign Trade and Economic Cooperation and Tourists

◉ 资料整理：王予荷

简要说明

一、主要内容

本篇包括河南对外贸易资料、利用外资资料、对外经济合作以及旅游等资料。

二、统计范围

对外贸易统计的范围是全省各进、出口贸易公司和有进出口经营权的生产企业、外商及港澳台商投资企业、科研机构等辖区内全部有进出口经营权的企业；利用外资统计的范围是辖区内全部外商投资企业、港澳台商投资企业和有外商其他投资的单位；对外经济合作统计范围是经各级商务部门批准的从事对外承包和劳务合作业务并具有法人地位的对外承包劳务企业。对外直接投资统计范围是境内投资主体通过直接投资在境外设立的各类公司型企业和非公司型企业。

三、资料来源

对外贸易、外商投资企业的登记注册情况、对外经济合作和对外直接投资资料采用全面调查方法。对外贸易资料1992年及以后为海关进出口统计数字，由郑州海关提供；利用外资资料中外商投资企业的登记注册情况资料由河南省工商行政管理局提供,其他由河南省商务厅提供；对外经济合作资料和对外直接投资资料由河南省商务厅提供。本篇资料由河南省统计局贸易外经处编辑整理。

旅游资料中，旅游收入和国内出游人数等指标采取抽样调查方法，其余指标均为全面调查统计取得。旅游资料由河南省旅游局等有关部门提供，由河南省统计局贸易外经处编辑整理。

Brief Introduction

I. Main Contents

Data in this chapter provide summary data of Henan provincial foreign trade, utilization of foreign capital, labour cooperation with foreign countries or territories and Tourists.

II. Statistical Scopes

The statistics of foreign trade cover the Henan provincial mport and export corporation, the manufacturing enterprises that have right to operate import and export, foreign and Hong Kong, Macao and Taiwan-invested enterprises and scientific research institutions. The statistics of utilization of foreign capital cover the foreign direct investments and other foreign investments, and the basic condition of registration of foreign funded enterprises. The statistics of labour cooperation with foreign countries or territories cover the corporate enterprise engaged in contracted projects and labour services cooperation with foreign countries and has been approved by the department of commerce at various levels. The statistics cover overseas corporate and non-corporate enterprises of various forms established by domestic investors through their investment operation.

III. Data Sources

Data on foreign trade, utilization of foreign capital, labour cooperation with foreign countries or territories are calculated through a comprehensive reporting system. Data on foreign trade are calculated by Zhengzhou Customs. Data on utilization of foreign capital are calculated by the Henan provincial bureau of Commerce, data on registered cases of foreign-invested enterprises are calculated by the Henan provincial administration of Industry and Commerce. Data on overseas direct investment and labour cooperation with foreign countries or territories are calculated by the Henan provincial bureau of Commerce. Data in this chapter are provided by the Department of Trade and External Economic Relations of the Henan provincial bureau of Statistics.

Data on tourism revenue and number of tourism persons are calculated through a Sample survey system, and other data are calculated through a comprehensive reporting system. Data on tourism are calculated by the Henan provincial bureau of tourism. Data on tourism are provided by the Department of Trade and External Economic Relations of the Henan provincial bureau of Statistics.

7-1 对外经济贸易基本情况

Foreign Trade and Economic Cooperation

指　标	Item	2005	2010	2011	2012
货物进出口总额(人民币亿元)	**Total Value of Imports and Exports (RMB 100 million yuan)**	**626.54**	**1204.40**	**2071.20**	**3260.27**
出口总额	Total Exports	413.12	713.13	1220.83	1869.71
进口总额	Total Imports	213.42	491.27	850.36	1390.56
进出口差额	Balance	199.71	221.86	370.47	479.15
货物进出口总额(亿美元)	**Total Value of Imports and Exports (USD 100 million)**	**77.36**	**177.92**	**326.42**	**517.50**
出口总额	Total Exports	51.01	105.34	192.40	296.78
进口总额	Total Imports	26.35	72.57	134.02	220.72
进出口差额	Balance	24.66	32.77	58.38	76.06
外商直接投资合同项目(个)	**Number of Projects for Contracted Foreign Direct Investment (unit)**	**472**	**362**	**355**	**363**
实际使用外资额(亿美元)	**Total Amount of Foreign Investment Actually Utilized (USD 100 million)**	**23.52**	**62.47**	**100.83**	**121.18**
#外商直接投资	Foreign Direct Investments	12.30	62.47	100.83	121.18
外资企业基本情况	**Registered Foreign-funded Enterprises**				
年末实有企业数(户)	Number of Registered Enterprise in the Year-end (unit)	2877	2459	2467	2227
投资总额(亿美元)	Total Investment (USD 100 million)	206.41	378.66	423.53	462.96
注册资本(亿美元)	Registered Capital (USD 100 million)	112.29	205.35	225.22	236.51
#外方	Capital from Foreign Investors	75.34	148.66	162.62	171.02
对外经济合作(亿美元)	**Economic Cooperation with Foreign Countries & Regions (USD 100 million)**				
合同金额	Contracted Value	6.29	25.26	29.34	34.71
#对外承包工程	Contracted Projects	5.85	23.73	27.01	30.86
对外劳务合作	Labor Services	0.39	1.53	2.33	3.85
完成营业额	Value of Turnover Fulfilled	4.99	23.23	31.99	37.09
#对外承包工程	Contracted Projects	4.53	20.71	29.15	32.59
对外劳务合作	Labor Services	0.42	2.51	2.84	4.50

7-2 历年进出口总额

Total Value of Imports and Exports over the Years

年份 Year	美元(万美元) USD (10 000 dollors)				人民币(万元) RMB (10 000 yuan)			
	进出口总额 Total Imports & Exports	出口总额 Total Exports	进口总额 Total Imports	顺差 Balance	进出口总额 Total Imports & Exports	出口总额 Total Exports	进口总额 Total Imports	顺差 Balance
1957	1387	1387		1387	3412	3412		3412
1962	1326	1309	17	1292	3262	3220	42	3178
1965	2008	1914	94	1820				
1970	3700	3328	372	2956				
1975	6342	5438	904	4534	11796	10115	1681	8434
1978	11843	10231	1612	8619	19896	17188	2708	14480
1979	15406	13422	1984	11438	23879	20804	3075	17729
1980	22644	20448	2196	18252	33966	30672	3294	27378
1981	28487	24948	3539	21409	42855	37531	5324	32207
1982	28761	25471	3290	22181	54358	48140	6218	41922
1983	30418	27963	2455	25508	60228	55367	4861	50506
1984	38203	34174	4029	30145	89013	79625	9388	70237
1985	44991	36710	8281	28429	167367	136561	30806	105755
1986	50671	45263	5408	39855	188496	168378	20118	148260
1987	74732	65434	9298	56136	278003	243414	34589	208825
1988	84961	75052	9909	65143	316055	279193	36862	242331
1989	98539	81897	16642	65255	335157	304657	30500	274157
1990	100385	86689	13696	72993	481848	416107	65741	350366
1991	121489	104297	17192	87105	643892	552774	91118	461656
1992	116194	81632	34562	47070	633257	444894	188363	256532
1993	131423	75546	55877	19669	756996	435145	321852	113293
1994	163193	102242	60951	41291	1398564	876214	522350	353864
1995	222918	135759	87159	48600	1861365	1133588	727778	405810
1996	196855	124001	72854	51147	1631928	1027968	603960	424009
1997	189699	128663	61036	67627	1572604	1066616	505988	560628
1998	173196	118675	54521	64154	1435795	983816	451979	531837
1999	175044	112889	62155	50734	1449364	934721	514643	420078
2000	227486	149338	78148	71190	1883584	1236519	647065	589453
2001	279256	171548	107708	63840	2311339	1419864	891475	528389
2002	320351	211876	108475	103401	2652506	1754333	898173	856160
2003	471640	298041	173599	124442	3905179	2467779	1437400	1030380
2004	661346	417610	243736	173874	5475945	3457811	2018134	1439677
2005	773604	510093	263511	246582	6265419	4131243	2134176	1997067
2006	979594	663497	316097	347400	7809094	5289240	2519853	2769387
2007	1280493	839145	441347	397798	9803869	6424771	3379098	3045673
2008	1747934	1071890	676044	395846	12238006	7504743	4733263	2771481
2009	1343839	734648	609191	125457	9179764	5018380	4161384	856997
2010	1779157	1053447	725710	327737	12044003	7131309	4912694	2218616
2011	3264212	1924040	1340172	583868	20711951	12208344	8503607	3704736
2012	5175027	2967788	2207239	760549	32602703	18697083	13905620	4791463

注：本表1991年及以前年度为有关部门统计数据，从1992年开始为海关进出口数据。
a)Data before 1991 were obtained from the Department concerned, and the data since 1992 have been obtained from the customs statistics.

7-3 各种分组的进出口总额

Total Value of Imports and Exports by Group

单位：万美元 (USD 10 000)

项　目	Item	进出口总额 Total Value of Imports and Exports 2011	2012	#出口总额 Exports Trade 2011	2012
合　计	**Total**	**3264212**	**5175027**	**1924040**	**2967788**
按贸易方式分	**By trade system**				
一般贸易	General trade	1846853	1793124	1133892	1081860
援助物资	Aid material	351	413	351	413
加工贸易	Processing trade	1282340	3033551	763372	1829475
#来料加工贸易	Trade of processing with customer's materials	31717	37740	20668	24862
进料加工贸易	Trade of processing with imported materials	1250623	2995812	742704	1804613
对外承包工程出口	Export of contract foreign projects	21443	26582	21443	26582
三资企业投资设备进口	Import of Machines Invested by Joint-venture, Cooperation with Foreign Investment and Sole Foreign Investment Enterprises	8125	30166		
保税仓库进出境货物	Bonded warehouse	5571	18309	13	3077
其他贸易方式	Other trade system	99529	272880	4969	26380
按注册类型分	**By Registration**				
国有企业	State-owned enterprises	772625	682776	389493	348835
外商投资企业	Foreign Investment	1498121	3378156	836783	1874386
合作	Cooperative Operation	2812	5994	630	998
合资	Joint Ventures	425954	3167972	228031	1749174
独资	Proprietorship	1069355	204190	608123	124215
集体企业	Collcetive enterprise	410723	423430	253890	248571
其他企业	Others	582742	690665	443874	495996

7-4 出口总额(2012年)

Total Value of Exports (2012)

单位：万美元 (USD 10 000)

类　　别	Categories of Commodities	进出口总额 Total Imports & Exports	#出口 Exports
总　计	**Total**	**5175027**	**2967788**
活动物；动物产品	Live Animals & Animal Products	29945	25952
植物产品	Vegetables; Fruits and Cereals	112683	39132
动、植物油、脂及其分解产品；精制的食用油脂；动、植物蜡	Animal and Vegetable Oils; Fats and Wax; Refined Edible Oils and Fats	3057	2076
食品；饮料、酒及醋；烟草及烟草代用品的制品	Food; Beverages; Liquor and Vinegar; Tobacco and Tobacco Substitutes	33304	30616
矿产品	Minerals	324259	7509
化学工业及相关工业的产品	Chemicals and Related Products	187095	155668
塑料及其制品；橡胶及其制品	Plastics and Related Products;Rubber and Related Products	134517	86850
生皮、皮革、毛皮及其制品；鞍具及挽具；旅行用品及其制品	Raw Hides; Leather; Furs and Related Products; Saddle; Travel Articles;Handbags	80027	41000
木及木制品；木炭软木及软木制品；稻草、秸秆、针茅及制品	Wood and Wooden Products; Charcoal; Cork and Related Products; Straws; Plaited Products	14721	13638
木浆及其他纤维状纤维素浆；纸及纸制品	Paper Pulp and Cellulose Pulp; Paper and Waste Paper	43291	14145
纺织原料及纺织制品	Textile Materials and Products	213140	172832
鞋帽伞杖鞭及其零件；已加工的羽毛及其制品人造花人发制品	Footwear; Headgear; Umbrellas; Canes; Whips; Processed Feather; Artificial Flowers; Wigs	209149	189426
石料石膏水泥石棉及类似材料的制品；陶瓷、玻璃及其制品	Gypsum; Cement; Asbestos; Mica; Ceramic Glass and Accessories	57755	52972
天然或养殖珍珠、宝石或半宝石、贵金属及其制品仿首饰、硬币	Natural or Cultivated Pearls; Precious or Semi-Precious Stones; Jewelry of Precious Metal or Rolled Precious Metal; Artificial Jewelry; Coins	38648	34927
贱金属及其制品	Base Metals and Related Products	204145	157915
机器、机械、电气设备及其零件，录音机及电视图象及附件	Machinery ,Mechanism , Electric Equipment Products and Accessories;dictaphone、television image and Accessories	3204093	1780580
车辆、航空器、船舶及有关运输设备	Locomotives; Vehicles; Aircraft; Ship and Related Transportation Equipment	104357	97536
光学、照相、电影、计量、检验、医疗或外科用仪器及设备和附件	Optical; Photographic; Film; Measuring and Checking and Medical Instruments and Equipment and Accessories	126260	11380
杂项制品	Miscellaneous Manufactured Articles	54535	53592
艺术品、收藏品、及古物	Works of Art,Collection Pieces and Antiques	4	2
特殊交易品及未分类商品	Trading Products Special and Not Otherwise Classified	40	40

7-5 各市进出口总额

Total Value of Imports and Exports by City

单位：万美元 (USD 10 000)

市 City	2011 进出口总额 Total Imports & Exports	2011 #出口 Exports	2012 进出口总额 Total Imports & Exports	2012 #出口 Exports
全　　省 Total	**3264212**	**1924040**	**5175027**	**2967788**
郑　州　市 Zhengzhou	1602035	966258	3585835	2029047
开　封　市 Kaifeng	30004	22773	40248	28658
洛　阳　市 Luoyang	208295	147774	157664	118890
平顶山市 Pingdingshan	42907	32517	40702	28423
安　阳　市 Anyang	185825	57335	125580	48418
鹤　壁　市 Hebi	15617	12454	18724	16451
新　乡　市 Xinxiang	164212	90660	105179	78720
焦　作　市 Jiaozuo	254357	156273	222298	151234
濮　阳　市 Puyang	60319	51877	61862	54659
许　昌　市 Xuchang	168493	133114	207651	159978
漯　河　市 Luohe	44661	17861	41232	25384
三门峡市 Sanmenxia	19780	16142	23062	19368
南　阳　市 Nanyang	143861	94799	131407	81834
商　丘　市 Shangqiu	19407	16589	21536	16617
信　阳　市 Xinyang	65780	17762	69312	25649
周　口　市 Zhoukou	45592	25946	56052	37528
驻马店市 Zhumadian	27434	18732	27210	21630
济　源　市 Jiyuan	165633	45174	239474	25299

7-6 进出口值分别居前20位商品(2012年)

The 20 Most Import and Export Value Merchandises (2012)

单位：万美元 (USD 10 000)

位次 Seat	进口值居前20位的商品 Import Products	金额 fund	位次 Seat	出口值居前20位的商品 Export Products	金额 fund
	合　　计	1602507		合　　计	2005946
1	处理器及控制器	441060	1	手持(包括车载)式无线电话机	1557106
2	存储器	137409	2	其他材料制假、假胡须、假眉毛、假睫毛等	77401
3	非特种用途的其他类型电视摄像机	133743	3	人发制假发，胡须，眉毛，睫毛及其他人发制品	61645
4	手持式无线电话机的零件(天线除外)	114862	4	客车或货运机动车辆用新的充气橡胶轮胎	53946
5	铅矿砂及其精矿	105257	5	柴油机客车，座位≥30座	26281
6	平均粒度≥0.8mm，＜6.3mm未烧结铁矿砂及精矿	104666	6	其他毛皮制品	22336
7	立式加工中心	100643	7	纯度≥99.99%未锻造银	21710
8	其他通信专用的仪器及装置	68832	8	带有螺纹或翅片的精炼铜管，外径≤25mm	19265
9	黄大豆，种用除外	61940	9	手持式无线电话机的零件(天线除外)	17477
10	放大器	53416	10	其他铝合金矩形板、片，0.35mm＜厚≤4mm	17136
11	其他集成电路	37269	11	其他机动客车，座位≥30座	16283
12	其他接收、转换并且发送或再生声音、图像或其他数据用的设备	35258	12	聚酰胺-6，6(尼龙-6，6)纺制的高强力纱	14681
13	未梳的棉花	33529	13	涂漆或涂塑普通钢铁板材	14611
14	带毛的绵羊或羔羊生皮	31753	14	太阳能电池	13703
15	平均粒度≥6.3mm未烧结铁矿砂及其精矿	29315	15	钛白粉	12964
16	耳机、耳塞(无线耳机、耳塞除外)，不论是否装有传声器，由传声器及一个或多个扬声器组成的组合机	27776	16	粘胶纤维单纱，未加捻或捻度每米不超过120转	12423
17	四层以上的印刷电路	24200	17	其他橡胶、塑料或再生皮革制外底的其他鞋靴	12384
18	片式多层瓷介电容器	21897	18	干香菇	12176
19	未列名具有独立功能的机器及机械器具	20198	19	未列名陶制品	11543
20	经加工的人发;作假发及类似品用的羊毛等	19484	20	棕刚玉	10875

7-7 河南向一些国家(地区)进出口总额
Total Value of Imports and Exports To Related Countries and Regions

单位：万美元 (USD 10 000)

国家(地区)名称	Country (Region)	进出口总额 Total Imports & Exports 2011	2012	#出口 Exports 2011	2012
合　计	**Total**	**3264212**	**5175027**	**1924040**	**2967788**
亚洲	**Asia**	**1314379**	**2473939**	**653838**	**1003272**
日本	Japan	220237	576409	64471	274459
中国香港	Hong Kong, China	103285	196528	101419	193378
印度	India	112960	89943	61431	52163
韩国	South Korea	232016	487556	75667	66716
泰国	Thailand	53921	84508	30531	56596
台湾省	Taiwan	90828	172380	33633	37535
非洲	**Africa**	**164314**	**184669**	**129458**	**158153**
南非	South Africa	48029	44377	20914	25963
尼日利亚	Nigeria	14633	22296	14310	21892
欧洲	**Europe**	**798029**	**942762**	**616146**	**720828**
德国	Federal Republic of Germany	145806	154452	71308	61846
俄罗斯联邦	Russia	66286	71439	41526	38321
意大利	Italy	65705	44524	52059	32125
瑞典	Sweden	12327	15846	4303	5146
英国	British	98813	98605	87829	84421
拉丁美洲	**Latin America**	**290321**	**326659**	**109318**	**151341**
巴西	Brazil	124928	105321	35864	28777
秘鲁	Peru	34930	46483	6766	8888
智利	Chile	32430	24055	11127	11859
北美洲	**North America**	**504002**	**1000575**	**384732**	**841247**
美国	United States	451313	888501	352183	754326
加拿大	Canada	52688	112074	32549	86921
大洋洲	**Oceania**	**186400**	**244546**	**29790**	**92947**
澳大利亚	Australia	178316	232993	24367	84917
新西兰	New Zealand	6893	10221	4232	6698

7–8 人民币汇率(年平均价)
Reference Exchange Rate of Renminbi (Period Average)

单位：元 (yuan)

年 份 Year	100美元 100 US Dollars	100日元 100 Japanese Yen	100港元 100 Hong Kong Dollars	100欧元 100 Euros
1985	293.66	1.2457	37.57	
1986	345.28	2.0694	44.22	
1987	372.21	2.5799	47.74	
1988	372.21	2.9082	47.70	
1989	376.51	2.7360	48.28	
1990	478.32	3.3233	61.39	
1991	532.33	3.9602	68.45	
1992	551.46	4.3608	71.24	
1993	576.20	5.2020	74.41	
1994	861.87	8.4370	111.53	
1995	835.10	8.9225	107.96	
1996	831.42	7.6352	107.51	
1997	828.98	6.8600	107.09	
1998	827.91	6.3488	106.88	
1999	827.83	7.2932	106.66	
2000	827.84	7.6864	106.18	
2001	827.70	6.8075	106.08	
2002	827.70	6.6237	106.07	800.58
2003	827.70	7.1466	106.24	936.13
2004	827.68	7.6552	106.23	1029.00
2005	819.17	7.4484	105.30	1019.53
2006	797.18	6.8570	102.62	1001.90
2007	760.40	6.4632	97.46	1041.75
2008	694.51	6.7427	89.19	1022.27
2009	683.10	7.2986	88.12	952.70
2010	676.95	7.7279	87.13	897.25
2011	634.52	8.1745	81.56	854.27
2012	636.28	8.2232	81.75	875.01

注：数据来源于国家外汇管理局。
a) Data from State Administration of Foreign Exchange.

7–9 历年外商和港澳台商直接投资情况
Foreign,Hong Kong, Macao and Taiwan's Direct Investments Over the years

单位：万美元 (USD 10 000)

年 份 Year	签订协议(合同) New Agerrment Signed 个数 Number of Projects(unit)	金额 Value	实际利用外资额 Actually Used Investment by forign Enterprise Used	#独资经营 Foreign Investment Enterprises	#合资经营 Joint Ventures Enterprises	#合作经营 Cooperative Operation Enterprises
1985	29	6870	565		541	24
1986	14	2724	605		542	63
1987	31	12562	467	31	244	192
1988	38	1986	6436		6268	168
1989	36	1681	4266	37	4199	30
1990	50	2107	1049	75	708	266
1991	154	12716	3791	294	3214	283
1992	1053	88327	10691	717	9655	319
1993	1727	157768	34197	5190	27338	1669
1994	1011	79168	42488	7168	32008	3312
1995	815	86748	47981	5064	42121	796
1996	478	92166	52566	7543	36831	8192
1997	423	86799	64735	14096	30159	20480
1998	353	57333	61794	6198	36356	19240
1999	264	61832	49527	8185	32317	9025
2000	237	69921	53999	4459	27292	6248
2001	224	62188	35861	9510	20685	5666
2002	290	101964	45165	9860	29592	5713
2003	324	182560	56149	16628	32970	5911
2004	478	205383	87367	39866	36071	11430
2005	472	235176	122960	48312	54698	10267
2006	497	336788	184526	89313	81926	8702
2007	516	483538	306162	150935	97847	18572
2008	364	604146	403266	203739	94822	14715
2009	274	492055	479858	284554	163957	27023
2010	362	578385	624670	366770	191196	58545
2011	355	767752	1008209	593537	322191	84563
2012	363	1172936	1211777	766291	368604	76373

7-10 外商和港澳台商在豫直接投资(2012年)
Direct Investment of Foreign, Hong Kong, Macao and Taiwan Businessmen in Henan (2012)

项 目	Item	新签协议 New Agreement Signed 合同个数(个) Number of Contracts (unit)	投资额(万美元) Investments Value (USD 10 000)	实际投资(万美元) Actually Investments (USD 10 000)
总 计	**Total**	**363**	**1172936**	**1211777**
按登记注册类型分	**By Registration**			
#合资经营	Joint Ventures Enterprises	101	271769	368604
合作经营	Cooperative Operation Enterprises	16	64302	76373
独资	Foreign Investment Enterprises	245	836786	766291
股份有限公司	Foreign Investment Share Enterprises	1	79	509
按国民经济行业分	**By Sector**			
#农、林、牧、渔业	Farming, Forestry, Animal Husbandry and Fishery	19	67126	41573
采矿业	Mining	5	30122	22707
制造业	Manufacturing	208	738683	673425
电力、燃气及水的生产和供应业	Production and distribution of electricity,gas and water	14	80130	76218
建筑业	Construction	4	15257	75256
交通运输、仓储及邮政业	Traffic,transport, storage and post	7	35834	58535
信息传输、计算机服务和软件业	Information transfer, computer services and software	4	6285	7852
批发和零售业	Wholesale and retail trade	34	53947	49750
住宿和餐饮业	Accommodation and Restaurants	4	6594	11814
金融业	Financial		450	8727
房地产业	Real estate	17	59839	99831
租赁和商务服务业	Tenancy and business services	14	30765	41649
科学研究、技术服务和地质勘查业	Scientific Research, Technical Service and Geologic Perambulation	22	41884	23588
水利、环境和公共设施管理业	Management of Water Conservancy, Environment and Public Establishment	6	1267	10349
居民服务和其他服务业	Resident Services and Other Services			4002
教育	Education	1	200	
卫生、社会保障和社会福利业	Sanitation, Social Security and Social Welfare		-588	1150
文化、体育和娱乐业	Culture, Sports and Entertainment	4	5141	5351
按地区、国别分	**by Country or Territory**			
香港	Hong Kong, China	208	810917	766544
台湾	Taiwan	57	122623	86809
加拿大	Canada	5	12716	9767
日本	Japan	9	8164	7967
英国	British	1	4396	9663
美国	America	18	47290	74274
新加坡	Singapore	3	15174	22166
德意志联邦共和国	Germany	2	9285	7152
韩国	South Korea	6	27922	8871

7-11 各市外商和港澳台商在豫直接投资金额

Direct Investment by Foreign, Hong Kong, Macao and Taiwan in Henan by City

单位：万美元 (USD 10 000)

市 City	新签协议(合同)金额 Value of New Agreement (Contract) Signed		实际利用外资 Foreign Capital Actually Used	
	2011	2012	2011	2012
全省 Total	**767752**	**1172936**	**1008209**	**1211777**
省辖市 City				
郑州市 Zhengzhou	238133	202058	310000	342898
开封市 Kaifeng	26736	50152	23451	36320
洛阳市 Luoyang	146145	216151	176800	199251
平顶山市 Pingdingshan	9281	19045	30768	37358
安阳市 Anyang	12568	24963	25838	31573
鹤壁市 Hebi	27117	52032	35903	44009
新乡市 Xinxiang	41370	65241	53056	63600
焦作市 Jiaozuo	27684	59187	48767	59528
濮阳市 Puyang	5884	23897	15748	32001
许昌市 Xuchang	23373	45586	35901	43977
漯河市 Luohe	62103	88392	42791	62066
三门峡市 Sanmenxia	33467	79027	63149	74672
南阳市 Nanyang	27240	78039	34187	41702
商丘市 Shangqiu	15356	34267	16804	24596
信阳市 Xinyang	20246	18157	28673	34961
周口市 Zhoukou	17348	36276	28982	36341
驻马店市 Zhumadian	22552	41390	22103	27020
济源市 Jiyuan	11149	39076	15288	19904
省直管县 Province Administrating County				
巩义市 Gongyi	9143	600	16013	19231
兰考县 Lankao	6010	2640	10	1080
汝州市 Ruzhou	65	20	13789	18832
滑县 Huaxian	2950		2403	2880
长垣县 Changyuan	4110	7833	2905	4651
邓州市 Dengzhou	1546	8925	2800	3484
永城市 Yongcheng	2400	5000	1360	2108
固始县 Gushi	327	4048	2403	4000
鹿邑县 Luyi	1695	310	3130	3480
新蔡县 Xincai		2000	178	1099

7-12 外商和港澳台商投资企业(单位)注册登记情况
Registration Status of Foreign , Hong Kong, Macao and Taiwan Funded Enterprises

指　　标	Item	2005	2010	2011	2012
年底实有企业数(户)	**Number of Registered Enterprise in the Year-end (unit)**	**2877**	**2459**	**2467**	**2227**
与外商和港澳台商合资经营	Joint Ventures Enterprises	1717	1251	1217	1079
与外商和港澳台商合作经营	Cooperative Operation Enterprises	292	181	176	136
外商和港澳台商独资	Foreign Investment Enterprises	860	1006	1053	988
外商和港澳台商投资股份有限公司	Foreign Investment Share Enterprises	8	21	21	24
#已上市	Listed		10	10	9
投资总额(亿美元)	**Total Investments (100 million USD)**	**206.41**	**378.66**	**423.53**	**462.96**
注册资本(亿美元)	**Registered Capital (100 million USD)**	**112.29**	**205.35**	**225.22**	**236.51**
#外方	Capital Invested by Foreign Partner	75.34	148.66	162.62	171.02
本年登记企业数(户)	**Number of Registered Enterprise in the Year (unit)**	**420**	**252**	**215**	**171**
中外合资	Joint-venture Enterprises	212	91	84	64
中外合作	Cooperation Enterprises	39	19	20	16
外商独资	Enterprises with Sole Foreign Investment	169	142	110	90
中外股份公司	Share-holding Corporations			1	1
本年投资总额(万美元)	**Total Investments in the Year (USD 10 000)**	**401029**	**507457**	**456937**	**754541**
本年注册资本(万美元)	**Registered Capital ih the Year(USD 10 000)**	**201757**	**269995**	**242843**	**336514**
#外方	Capital Invested Foreign Partner	152789	225467	196297	273102

7-13 外商和港澳台商投资企业登记注册情况(2012年)

项　目	Item	年末实有企业数(个) Real Number of Enterprises by the end of the year (unit)	#投资总额1000~5000万美元 Total Value of Investment from 10 to 50 million Dollars
总　计	**Total**	**2227**	**472**
按登记注册类型分	**By Registration**		
与外商和港澳台商合资经营	Joint Ventures Enterprises	1079	218
与外商和港澳台商合作经营	Cooperative Operation Enterprises	136	47
外商和港澳台商独资	Foreign Investment Enterprises	988	192
外商和港澳台商投资股份有限公司	Foreign Investment Share Enterprises	24	15
#已上市	Listed	9	4
按国民经济行业分	**By Sector**		
农、林、牧、渔业	Farming, Forestry, Animal Husbandry and Fishery	64	16
采矿业	Mining	31	4
制造业	Manufacturing	1301	241
电力、燃气及水的生产和供应业	Production and distribution of electricity,gas and water	109	38
建筑业	Construction	51	15
交通运输、仓储及邮政业	Traffic,transport, storage and post	33	14
信息传输、计算机服务和软件业	Information transfer, computer services and software	20	2
批发和零售业	Wholesale and retail trade	150	37
住宿和餐饮业	Accommodation and Restaurants	56	8
金融业	Finance	8	
房地产业	Real estate	173	43
租赁和商务服务业	Tenancy and business services	91	18
科学研究、技术服务和地质勘查业	Scientific Research, Technical Service and Geologic Perambulation	88	24
水利、环境和公共设施管理业	Management of Water Conservancy, Environment and Public Establishment	13	6
居民服务和其他服务业	Resident Services and Other Services	19	1
教育	Education	1	
卫生、社会保障和社会福利业	Sanitation, Social Security and Social Welfare	5	1
文化、体育和娱乐业	Culture, Sports and Entertainment	13	3
其他各类行业	Other Sectors	1	1
按地区、国别分	**by Country or Territory**		
香港	Hong Kong, China	898	225
澳门	Macao, China	37	11
台湾	Taiwan	215	18
日本	Japan	107	14
新加坡	Singapore	61	17
韩国	South Korea	52	3
泰国	Thailand	16	3
英国	British	29	6
德国	Federal Republic of Germany	19	2
意大利	Italy	15	3
加拿大	Canada	58	6
美国	United States	204	24
澳大利亚	Australia	39	3
其他	Others	477	137

注：累计注销企业数按登记注册类型分中不含其它企业；按地区、国别分中不含分支机构。

a) Data on Accumulative total of deregistered enterprises according to the cancellation of registration exclud other types of business, According to the region, excluding the country of branches.

Registration Status of Foreign , Hong Kong, Macao and Taiwan Funded Enterprises (2012)

#投资总额 5000万 美元以上 Total Value of Investment above 50 million Dollars	年末实有企业 投资总额 (万美元) Realized Investment in the year-end (USD 10 000)	本年登记 企业数 (个) Registered Enterprises in the year (unit)	本年注册企业 投资总额 (万美元) Total Value of Investment by Registered Enterprises This Year (USD 10 000)	累计注销 企业数 (个) Accumulative total of deregistered enterprises (unit)
208	**4629613**	**171**	**754541**	**996**
88	2183806	64	362505	567
26	436410	16	120123	82
87	1906148	90	269495	346
7	103248	1	2418	1
5	58653			
9	200980	14	132143	31
9	108560	3	14800	13
95	2195839	65	394476	570
29	776970	6	13959	19
5	98523	4	31740	35
7	96322	1	10000	9
1	60539	2	2510	38
9	283694	35	62934	60
3	58650	1	300	23
1	22282	2	958	1
17	392801	6	16163	78
10	130437	8	13755	38
8	140404	15	46367	25
2	30192	4	12153	16
1	12412	2	1052	8
	88			2
1	8595			3
1	11117	3	1233	24
	1209			3
116	2625741	67	447892	282
3	73170	2	1012	9
3	95574	11	7098	131
6	102273	8	24946	32
7	133555	2	10017	17
3	34452	1	170	3
3	29666			15
	16902			17
	10291			7
	7684	2	20	3
2	38363			5
10	173061	10	22487	92
1	21622	2	958	8
54	1267261	66	239945	375

7-14 外商和港澳台商在豫直接投资企业经营情况(2012年)

单位：万元

指 标	Item	资产总额 Total Assets	所有者权益 Creditors' Equities
合 计	**Total**	**61410766**	**21620561**
按登记注册类型分	**By Registration**		
港澳台商投资企业	**Enterprises with funds from Hong Kong, Macao and Taiwan**	**30932955**	**9402631**
合资经营	Joint Ventures Enterprises	10560248	3280062
合作经营	Cooperative Operation Enterprises	1876015	690954
港澳台商独资	Foreign Investment Enterprises	14566063	2723234
股份有限公司	Foreign Investment Share Enterprises	3930630	2708381
外商投资经济	**Enterprises with funds from foreign**	**30477810**	**12217929**
合资经营	Joint Ventures Enterprises	18062913	6112251
合作经营	Cooperative Operation Enterprises	1054027	455172
外商独资	Foreign Investment Enterprises	10226780	5056566
股份有限公司	Foreign Investment Share Enterprises	1134091	593939
按国民经济行业分组	**By Sector**		
农、林、牧、渔业	Farming, Forestry, Animal Husbandry and Fishery	260427	124763
采矿业	Mining	4667932	2800198
制造业	Manufacturing	33829767	11102024
电力、燃气及水的生产和供应业	Production and distribution of electricity,gas and water	6600826	1684174
建筑业	Construction	241991	79250
交通运输、仓储及邮政业	Traffic,transport, storage and post	976544	265063
信息传输、计算机服务和软件业	Information transfer, computer services and software	4900643	2995582
批发和零售业	Wholesale and retail trade	1392233	29299
住宿和餐饮业	Accommodation and Restaurants	591399	79692
金融业	Finance	605880	276893
房地产业	Real estate	6695435	1871893
租赁和商务服务业	Tenancy and business services	367465	181029
科学研究、技术服务和地质勘查业	Scientific Research, Technical Service and Geologic Perambulation	155110	60062
水利、环境和公共设施管理业	Management of Water Conservancy, Environment and Public Establishment	87612	63303
居民服务和其他服务业	Resident Services and Other Services	20345	4330
教育	Education		
卫生、社会保障和社会福利业	Sanitation, Social Security and Social Welfare	2377	868
文化、体育和娱乐业	Culture, Sports and Entertainment	14779	2140
按地区、国别分	**by Country or Territory**		
香 港	Hong Kong, China	25957826	9356374
日 本	Japan	1389365	591287
澳 门	Macao, China	269929	100512
新 加 坡	Singapore	2055742	955620
韩 国	Corea	194455	76197
泰 国	Thailand	343717	241823
台 湾	Taiwan	9590736	1117896
英 国	England	4719223	1260803
德 国	Federal Republic of Germany	156449	44690
加 拿 大	Canada	805873	283567
美 国	United States	7992564	4160427
澳大利亚	Australia	420023	169014
其 他	Others	7514864	3262352

Business Status of Enterprises Directly Invest in Henan from Foreign, Hong Kong, Macao and Taiwan (2012)

(10 000 yuan)

主营业务收入 Revenue from Principal Business	主营业务成本 Cost of Pricipal Business	主营业务利润 Profits of Pricipal Business	营业利润 Profits of Business	利润总额 Total Profits	期末从业人员(人) Employed Persons (person)
50673485	**43116043**	**7093762**	**2791146**	**3330584**	**697907**
27790790	**24902501**	**2661973**	**951367**	**1233746**	**467034**
5745423	4698751	908694	324254	372118	96248
1020555	806146	204456	105964	114872	14785
14890329	13789547	1058538	317476	447858	316764
6134483	5608058	490286	203673	298898	39237
22882695	**18213542**	**4431789**	**1839779**	**2096839**	**230873**
13813487	11870776	1847158	678421	769684	133717
1136735	916554	216594	73938	74787	11676
7296780	4897498	2264065	1042615	1161026	76574
635693	528714	103972	44806	91341	8906
149127	106473	42646	29186	29341	3078
2850185	2259659	551652	327970	331768	47551
38064598	34348035	3590605	1120307	1394728	556152
2919840	2572135	333940	134874	166524	20526
99260	78821	17722	9939	9464	2369
464182	402538	50609	3475	3356	5026
3087584	1292138	1698808	803938	796276	29191
1794404	1478303	303022	120807	165176	11985
197107	81152	105816	2771	3490	12430
148584	56275	59691	52216	50193	233
771372	362987	294872	172325	367073	4829
39005	13436	23606	10591	10629	776
38898	31271	6397	1546	1650	748
34831	25021	8440	3610	3641	1307
10656	5704	4495			1156
1464	896	421	42	21	116
2389	1201	1020			434
17142901	14743797	2178295	729485	987179	195551
1326347	1129640	167909	40739	59091	17033
30504	23888	5672			2135
2862235	2431339	422395	153830	163701	24053
302738	287917	14439	341	1760	3801
455218	379165	70620	35108	27926	9235
13317907	12540855	764320	214985	264620	283052
2435205	2117879	303183	117817	182800	22223
140256	111133	28534	11161	11159	2953
597611	520027	74801	21811	27691	7244
5578781	3419881	2037572	944037	981622	59276
430094	373524	54840	26551	28168	7495
6053688	5036998	971183	503746	603082	63856

7-15 各市外商和港澳台商投资企业登记注册情况(2012年) Registration Status of Foreign , Hong Kong, Macao and Taiwan Funded Enterprises by City (2012)

市 City	年末实有企业数(个) Real Number of Enterprises by the end of the year (unit)	#投资总额1000~5000万美元 Total Value of Investment from 10 to 50 million Dollars	#投资总额5000万美元以上 Total Value of Investment above 50 million Dollars	年末实有企业投资总额(万美元) Realized Investment in the year-end (USD 10 000)	本年登记企业数(个) Registered Enterprises in the year (unit)	本年注册企业投资总额(万美元) Total Value of Investment by Registered Enterprises This Year (USD 10 000)	累计注销企业数(个) Accumulative total of deregistered enterprises (unit)
全省 Total	**2227**	**472**	**208**	**4629613**	**171**	**754541**	**996**
河南省(省级) Provincial	**250**	**70**	**45**	**1160582**	**5**	**13784**	**152**
郑州市 Zhengzhou	583	107	45	1133809	37	114473	417
开封市 Kaifeng	100	18	6	165658	6	47911	34
洛阳市 Luoyang	160	33	16	252607	18	23668	64
平顶山市 Pingdingshan	64	21	9	180358	6	22194	9
安阳市 Anyang	71	15	12	122628	6	19965	29
鹤壁市 Hebi	44	9	1	42933	3	3486	11
新乡市 Xinxiang	172	40	6	173889	10	27699	45
焦作市 Jiaozuo	83	12	10	162445	2	20100	64
濮阳市 Puyang	72	12	3	61577	8	18950	40
许昌市 Xuchang	97	18	5	135727	7	41358	14
漯河市 Luohe	71	20	7	157445	5	18899	44
三门峡市 Sanmenxia	42	8	10	143803	7	11232	13
南阳市 Nanyang	145	24	7	148475	17	50528	19
商丘市 Shangqiu	59	15	4	73194	7	27929	10
信阳市 Xinyang	48	11	3	55188	5	12690	12
周口市 Zhoukou	66	14	2	63712	7	13742	7
驻马店市 Zhumadian	72	15	10	156511	8	74005	10
济源市 Jiyuan	28	10	6	239072	7	191928	2

7-16 对外国和港澳台地区投资
Investment to Foreign, Hong Kong, Macao and Taiwan

项 目	Item	2005	2007	2008	2009	2010	2011	2012
新签协议(合同)个数(个)	Number of New Agreements (Contracts) Signed (unit)	33	35	38	72	62	83	69
中方新签协议(合同)	Investments of New Agreement (Contract)							
投资额(万美元)	Signed by China (USD 10 000)	3491	14454	18813	37086	53132	92823	108405
中方实际投资(万美元)	Actually Investments by China (USD 10 000)	8538	7036	13128	12075	11864	30171	24497
年末已建成投产(开业)	Number of Business Completed and							
企业数(个)	Put into Use in the Year-end (unit)	157	200	230	253	288	295	360

7-17 对外承包工程和劳务合作
Contracted Projects and Labor Cooperation with Foreign Countries or Regions

指 标	Item	2005	2007	2008	2009	2010	2011	2012
签订合同数(个)	Number of Contracts Signed (unit)	171	180	345	911	860	241	229
签订合同金额(万美元)	Contracted Value (USD 10 000)	65855	104179	137256	170031	252599	293368	347086
营业额(万美元)	Value of Business (USD 10 000)	49929	100345	127702	178978	232269	319937	370866
派出人员(人次)	Person Send Abroad (person-times)	10496	18852	22183	22961	32350	32001	16492
年底在外人员(人)	Number of Abroad Person at Year-end (person)	15807	28526	35471	42572	56251	68948	57103

7-18 河南与国外结成友好城市一览表
List of Foreign Sister Cities With HeNan

友好城市 Sister City	国　别 Country of Origin	缔结时间 Time of Conclusion
河南省		
堪萨斯州	美国	1981年5月
三重县	日本	1986年11月
瓦隆地区	比利时	1988年4月
普利亚大区	意大利	1988年6月
索恩.卢瓦尔省	法国	1990年10月
布勒伊拉县	罗马尼亚	1993年9月
马尼托巴省	加拿大	1994年11月
庆尚北道	韩国	1995年10月
萨马拉州	俄罗斯	1997年3月
大阿尔及尔省	阿尔及利亚	1998年4月
同塔省	越南	1998年7月
蒂罗尔州	奥地利	1999年11月
奥罗莫州	埃塞俄比亚	2000年9月
春武里府	泰国	2001年6月
圣卡塔林纳州	巴西	2002年4月
科马隆州	匈牙利	2002年8月
莫吉廖夫州	白俄罗斯	2004年8月
伊达尔戈州	墨西哥	2005年5月
恩特雷里奥斯省	阿根廷	2005年5月
东芬兰省	芬兰	2005年8月
玻利瓦尔州	委内瑞拉	2006年8月
科金博区	智利	2007年11月
法尤姆省	埃及	2007年11月
西北省	南非	2008年4月
纽卡斯尔市	英国	2008年9月
卢布林省	波兰	2008年9月
梅克伦堡-前波莫瑞州	德国	2009年7月
马格尼西亚省	希腊	2009年10月
哈瓦那市	古巴	2009年7月
林波波省	南非	2011年6月
打拉省	菲律宾	2011年9月
马鲁古省	印度尼西亚	2011年9月
加兹-纳杰孔-索尔诺克州	匈牙利	2012年3月
瓜亚斯省	厄瓜多尔	2012年3月
阿肯色州	美国	2012年4月
郑州市		
埼玉市	日本	1981年10月
里士满市	美国	1994年9月
克卢日.纳波卡市	罗马尼亚	1995年5月
晋州市	韩国	2000年7月
马林塔尔市	纳米比亚	2001年8月
伊尔比德市	约旦	2002年4月
萨马拉市	俄罗斯	2002年4月
若茵维莱市	巴西	2003年11月
什未林市	德国	2006年4月
舒门市	保加利亚	2007年4月
开封市		
户田市	日本	1984年8月
威奇托市	美国	1985年12月
永川市	韩国	2005年6月
温格卡瑞比郡	澳大利亚	2007年10月
鄂木斯克市	俄罗斯	2009年8月
洛阳市		
冈山市	日本	1981年4月
图尔市	法国	1982年12月
普罗夫迪夫市	保加利亚	1994年8月
拉克罗斯市	美国	1997年10月
陶里亚蒂市	俄罗斯	2000年4月
平顶山市		
安东市	韩国	1997年4月
塞兹兰市	俄罗斯	2000年11月
圣路易斯.里约.科罗拉多市	墨西哥	2009年11月
坎布里乌市	巴西	2011年11月
安阳市		
斯哈尔贝克市	比利时	1985年9月
草加市	日本	1998年11月
莱桥市	加拿大	2005年5月
纳库鲁市	肯尼亚	2006年9月
新乡市		
柏原市	日本	1990年9月
伊塔亚伊市	巴西	2008年11月
北威州，乌珀塔尔市	德国	2012年8月
焦作市		
热伊勒地区	吉尔吉斯斯坦	2001年4月
帕辽沙市	巴西	2007年9月
卢布林市	波兰	2010年
濮阳市		
阿什伯顿市	新西兰	2000年9月
楚河区	吉尔吉斯斯坦	2008年5月
许昌市		
博灵布鲁克市	美国	2005年5月
基涅利市	俄罗斯	2007年9月
漯河市		
伊普斯威奇市	英国	2008年3月
三门峡市		
北上市	日本	1985年5月
墨累桥市	澳大利亚	1994年4月
索尔诺克市	匈牙利	2009年9月
东豆川市	韩国	2011年5月
南阳市		
南阳市	日本	1988年10月
加特市	以色列	1995年11月
江原道，春川市	韩国	2012年12月
雅洛米察县，斯洛博齐亚市	罗马尼亚	2012年12月
商丘市		
维多利亚州，大谢珀顿市	澳大利亚	2012年12月
信阳市		
阿什凯隆市	以色列	1995年6月
周口市		
彼得罗巴甫洛夫斯克市	哈萨克斯坦	1994年10月
驻马店市		
梅杰迪亚市	罗马尼亚	2002年9月
济源市		
新座市	日本	2003年2月
禹州市		
山清郡	韩国	2009年5月
信阳市浉河区		
新见市	日本	1992年4月

7-19 各市利用省外资金情况

Direct Investment by Other Provinces in Henan By City

单位：亿元 (100 million yuan)

市 City	新签协议(合同)金额 Value of New Agreement (Contract) Signed		实际利用省外资金 Foreign Capital Actually Used	
	2011	2012	2011	2012
全省 Total	**10623.4**	**14495.2**	**4016.3**	**5026.6**
省辖市 City				
郑州市 Zhengzhou	881.6	1941.2	473.0	592.3
开封市 Kaifeng	757.3	720.0	261.7	321.7
洛阳市 Luoyang	1242.7	1256.6	325.4	418.2
平顶山市 Pingdingshan	905.8	809.9	246.4	306.1
安阳市 Anyang	889.1	1027.1	302.3	377.2
鹤壁市 Hebi	367.7	449.2	130.4	163.1
新乡市 Xinxiang	366.1	471.0	286.5	358.7
焦作市 Jiaozuo	562.6	572.3	282.8	351.8
濮阳市 Puyang	335.5	510.3	88.6	112.4
许昌市 Xuchang	517.8	713.3	207.7	260.9
漯河市 Luohe	215.3	209.4	111.8	137.2
三门峡市 Sanmenxia	300.8	679.9	167.0	212.2
南阳市 Nanyang	797.6	1248.0	246.6	306.6
商丘市 Shangqiu	409.1	872.7	294.7	377.3
信阳市 Xinyang	867.2	724.8	120.1	146.1
周口市 Zhoukou	429.3	935.4	255.6	315.7
驻马店市 Zhumadian	402.7	900.3	126.4	156.5
济源市 Jiyuan	375.3	453.8	89.3	112.6
省直管县 Province Administrating County				
巩义市 Gongyi	51.0	127.8	36.2	43.9
兰考县 Lankao	51.0	89.7	30.7	38.3
汝州市 Ruzhou	144.9	143.5	33.9	41.9
滑县 Huaxian	64.3	88.5	30.8	38.2
长垣县 Changyuan	25.3	78.8	22.9	28.6
邓州市 Dengzhou	85.8	199.7	24.0	30.0
永城市 Yongcheng	75.3	93.2	29.4	36.4
固始县 Gushi	153.7	67.6	16.1	19.8
鹿邑县 Luyi	32.3	54.6	30.2	37.8
新蔡县 Xincai	28.5	40.1	10.3	12.6

7–20 旅游业基本情况
Basic Condition of International Tourism

项 目	Item	2005	2010	2011	2012
旅游设施	**Tourist Facilities**				
饭店(个)	Number of Tourist Hotel (unit)	360	502	503	566
床位(万张)	Number of Bed (10 000 units)	10.29	11.21	11.25	12.37
接待入境游客人数	**Number of International Tourists**				
(万人次)	**Received (10 000 person-times)**	**60.05**	**146.84**	**168.29**	**190.77**
外国人	Foreigner	34.73	96.09	104.29	118.74
香港同胞	Compatriots from Hongkong	10.30	17.91	23.40	26.48
澳门同胞	Compatriots from Macao	4.65	8.07	10.00	11.25
台湾同胞	Compatriots from Taiwan	10.37	24.77	30.16	34.30
旅游创汇收入	**Income of International Tourists**				
(万美元)	**Received (USD 10 000)**	**21604**	**49877**	**54902**	**61141**

注：1.本表接待入境旅游者人数包括不过夜人数(下表同)。
2.旅游创汇收入为旅游部门抽样调查数。
3.饭店和床位为星级饭店年报数据。

a)Number of international tourists received exclude persons who didn't stay for night. (The following table is the same).
b)Data on the income of international tourists received are obtained from sample surry by tourism administration.
c)Numbers of Hotels and Beds were Obtained from Stara-Ranked Hotels Annual Report.

7–21 各市入境旅游情况(2012年)
Basic Condition of International Tourism by City (2012)

市 City	星级饭店数(个) Total Number of Star-rated Hotel (unit)	接待入境游客人数(人次) Number of International Tourists Received (person-times)	#外国人 Foreigner	旅游创汇收入(万美元) Income of International Tourists Received (USD 10 000)
全 省 Total	**566**	**1907713**	**1187378**	**61141**
省 辖 市 City				
郑 州 市 Zhengzhou	106	422190	234456	15800
开 封 市 Kaifeng	23	255642	131400	6084
洛 阳 市 Luoyang	63	612800	463544	17950
平 顶 山 市 Pingdingshan	35	24340	13317	700
安 阳 市 Anyang	19	69700	67219	1830
鹤 壁 市 Hebi	13	7476	1289	229
新 乡 市 Xinxiang	19	36210	30600	1090
焦 作 市 Jiaozuo	33	293109	173818	10900
濮 阳 市 Puyang	13	16373	14813	115
许 昌 市 Xuchang	20	12364	6499	198
漯 河 市 Luohe	10	8693	4562	210
三 门 峡 市 Sanmenxia	25	52596	12392	1263
南 阳 市 Nanyang	83	16000	2025	745
商 丘 市 Shangqiu	14	11792	1616	240
信 阳 市 Xinyang	32	11480	3022	185
周 口 市 Zhoukou	28	25721	11741	775
驻 马 店 市 Zhumadian	26	19630	8451	2600
济 源 市 Jiyuan	4	11597	6614	228

7-22 接待国内游客人数和收入
Number and Income of Civil Tourists Received

本表为抽样调查数。
Date in this table are obtained from the Sample Survey.

项　目	Item	2011	省内游客 Local Tourists	省外游客 Non-local Tourists	2012	省内游客 Local Tourists	省外游客 Non-local Tourists
接待国内游客人数	Number of Civil Tourists Received						
(万人次)	(10 000 person-times)	30599	21738	8861	36129	25290	10839
#一日游	Number of One Day Tour	11162	7930	3232	13729	9610	4119
接待国内游客收入	Income of Civil Tourists Received						
(亿元)	(100 million yuan)	2766	1965	801	3325		

7-23 各市国内旅游基本情况(2012年)
Basic statistics of internal-tour by City (2012)

市	City	总人次数(万人次) Number of person-time (10 000 person-times)	总花费(亿元) Total Cost (100 million yuan)	人均花费(元) Per capita Cost (yuan)
郑　州　市	Zhengzhou	8672.65	941.99	1086
开　封　市	Kaifeng	3142.12	237.74	757
洛　阳　市	Luoyang	5469.57	591.94	1082
平顶山市	Pingdingshan	1261.02	108.09	857
安　阳　市	Anyang	1995.28	167.35	839
鹤　壁　市	Hebi	615.40	38.58	627
新　乡　市	Xinxiang	2031.58	126.10	621
焦　作　市	Jiaozuo	2578.93	192.91	748
濮　阳　市	Puyang	1150.22	85.36	742
许　昌　市	Xuchang	885.22	48.32	546
漯　河　市	Luohe	594.69	35.53	597
三门峡市	Sanmenxia	2028.32	121.15	597
南　阳　市	Nanyang	1781.82	134.29	754
商　丘　市	Shangqiu	1152.58	68.30	593
信　阳　市	Xinyang	1806.98	99.59	551
周　口　市	Zhoukou	1019.47	65.65	644
驻马店市	Zhumadian	1199.62	70.31	586
济　源　市	Jiyuan	581.50	25.90	445

主要统计指标解释

进出口总额 海关进出口总额指实际进出我国国境的货物总金额。包括对外贸易实际进出口货物，来料加工装配进出口货物，国家间、联合国及国际组织无偿援助物资和赠送品，华侨、港澳台同胞和外籍华人捐赠品，租赁期满归承租人所有的租赁货物，进料加工进出口货物，边境地方贸易及边境地区小额贸易进出口货物(边民互市贸易除外)，中外合资企业、中外合作经营企业、外商独资经营企业进出口货物和公用物品，到、离岸价格在规定限额以上的进出口货样和广告品(无商业价值、无使用价值和免费提供出口的除外)，从保税仓库提取在中国境内销售的进口货物，以及其他进出口货物。进出口总额用以观察一个国家在对外贸易方面的总规模。我国规定出口货物按离岸价格统计，进口货物按到岸价格统计。

利用外资 指我国各级政府、部门、企业和其他经济组织通过对外借款、吸收外商直接投资以及用其他方式筹措的境外现汇、设备、技术等。

外商直接投资 指外国企业和经济组织或个人(包括华侨、港澳台胞以及我国在境外注册的企业)按我国有关政策、法规，用现汇、实物、技术等在我国境内开办外商独资企业、与我国境内的企业或经济组织共同举办中外合资经营企业、合作经营企业或合作开发资源的投资(包括外商投资收益的再投资)，以及经政府有关部门批准的项目投资总额内企业从境外借入的资金。

外商其他投资 指除对外借款和外商直接投资以外的各种利用外资的形式。包括企业在境内外股票市场公开发行的以外币计价的股票（目前主要是在香港证券市场发行的H股和在境内证券市场发行的B股）发行价总额，国际租赁进口设备的应付款，补偿贸易中外商提供的进口设备、技术、物料的价款，加工装配贸易中外商提供的进口设备、物料的价款。

对外承包工程 指各对外承包公司以招标议标承包方式承揽的下列业务：⑴承包国外工程建设项目，⑵承包我国对外经援项目，⑶承包我国驻外机构的工程建设项目，⑷承包我国境内利用外资进行建设的工程项目，⑸与外国承包公司合营或联合承包工程项目时我国公司分包部分，⑹对外承包兼营的房屋开发业务。对外承包工程的营业额是以货币表现的本期内完成的对外承包工程的工作量，包括以前年度签订的合同和本年度新签订的合同在报告期内完成的工作量。

对外劳务合作 指以收取工资的形式向业主或承包商提供技术和劳动服务的活动。我国对外承包公司在境外开办的合营企业，中国公司同时又提供劳务的，其劳务部分也纳入劳务合作统计。劳务合作营业额按报告期内向雇主提交的结算数(包括工资、加班费和奖金等)统计。

旅游人数

(1)入境旅游人数：指报告期内来我国观光、度假、探亲访友、就医疗养、购物、参加会议或从事经济、文化、体育、宗教活动的外国人、港澳台同胞等入境游客。统计时，外国人、港澳台同胞每入境一次统计1人次。

(2)出境人数：指中国（大陆）居民因公或因私出境前往其他国家、中国香港特别行政区、澳门特别行政区和台湾省观光、度假、探亲访友、就医疗养、购物、参加会议或从事经济、文化、体育、宗教活动的人数，即出境游客。统计时，按每出境一次统计1人次。

(3)国内旅游人数：指在报告期内在中国（大陆）观光游览、度假、探亲访友、就医疗养、购物、参加会议或从事经济、文化、体育、宗教活动的中国（大陆）居民人数，其出游的目的不是通过所从事的活动谋取报酬。统计时，国内游客按每出游一次统计1人次。

国际旅游(外汇)收入 指入境游客在中国（大陆）境内旅行、游览过程中用于交通、参观游览、住宿、餐饮、购物、娱乐等全部花费。

国内旅游收入 指国内游客在国内旅行、游览过程中用于交通、参观游览、住宿、餐饮、购物、娱乐等全部花费。

星级饭店 指设备、设施、服务符合《旅游饭店星级的划分与评定》（GB/T14308—2003），通过相关旅游管理部门评定，并取得星级饭店称号的饭店（含预备星级饭店）。

Explanatory Notes on Main Statistical Indicators

Total Imports and Exports at Customs refer to the value of commodities imported into and exported from the boundary of China. They include the actual imports and exports through foreign trade, imported and exported goods under the processing and assembling trades and materials, supplies and gifts as aid given gratis between governments and by the United Nations and other international organizations, and contributions donated by overseas Chinese, compatriots in Hong Kong and Macao and Chinese with foreign citizenship, leasing commodities owned by tenant at the expiration of leasing period, the imported and exported commodities processed with imported materials, commodities trading in border areas(excluding mutual exchange goods), the imported and exported commodities and articles for public use of the Sino-foreign joint ventures, cooperative enterprises and ventures exclusively with foreign own investment. Also included are import or export of samples and advertising goods for whose CIF or FOB value are beyond the permitted ceiling (excluding goods of no trading or use value and free commodities for export), imported goods sold in China from bonded warehouses and other imported or exported goods. The indicator of the total imports and exports at customs can be used to observe the total size of external trade in a country. In accordance with the stipulation of the Chinese government, imports are calculated at CIF, while exports are calculated at FOB.

Utilization of Foreign Capital refers to remittance, equipment and technology financed from abroad, by loans, foreign direct investment and other forms undertaken by the Chinese governments at all levels, by various departments, enterprises and other economic units.

Direct Investment by Foreign Entrepreneurs refers to the investments inside China by foreign enterprises and economic organizations or individuals (including overseas Chinese, compatriots from Hong Kong and Macao, and Chinese enterprises registered abroad), following the relevant policies and laws of China, for the establishment of ventures exclusively with foreign own investment, Sino-foreign joint ventures and cooperative enterprises or for co-operative exploration of resources with enterprises or economic organizations in China. It includes the re investment of the foreign entrepreneurs with the profits gained from the investment and the funds that enterprises borrow from abroad in the total investment of projects which are approved by the relevant department of the government.

Other Investment by Foreign Entrepreneurs refers to all forms of utilization of foreign capitals other than foreign borrowings and foreign direct investment. It includes the total value of stock shares in foreign currencies issued by enterprises at domestic or foreign stock exchanges (now mainly consisting of H shares issued at Hong Kong Security Market and B shares issued at domestic security markets), rent payable for the imported equipment through international leasing arrangement, cost of imported equipment, technology and materials provided by foreign counterparts in compensation trade and processing and assembly trade.

Contracted Projects with Foreign Countries refer to projects undertaken by Chinese contractors (project contracting companies) through bidding process. They include: (1) overseas civil engineering construction projects financed by foreign investors; (2) overseas projects financed by the Chinese government through its foreign aid programs; (3) construction projects of Chinese diplomatic missions, trade offices and other institutions stationed abroad; (4) construction projects in China financed by foreign investment; (5)sub-contracted projects to be taken by Chinese contractors through a joint umbrella project with foreign contractor's); (6)housing development projects. The business income from international contracted projects is the work volume of contracted projects completed during the reference period, expressed in monetary terms, including completed work on projects signed in previous years.

Service Cooperation with Foreign Countries refers to the activities of providing technology and labor services to employers or contractors in the forms of receiving salaries and wages. Labor services providing by contractual joint ventures of Chinese international contracting corporations should be included in the statistics of service co-operation with foreign countries. The business income of labor service co-operation is the income in the form of wages and salaries, overtime pay, bonuses and other remuneration received from the employers during the reference period.

Number of Tourists

(1) Visitor arrivals refer to the number of foreigners, Chinese compatriots from Hong Kong, Macao and Taiwan Chinese (mainland) who come to China (mainland) for sight-seeing, vacation, visiting relatives, medical treatment, shopping, attending conference, or to engage in economic, cultural, sports and religious activities. In compiling statistics, each time of entering China is counted as one person-time.

(2) Number of Chinese residents going abroad refer to the number of Chinese (mainland) residents going to other countries, Hong Kong Special Administrative region, Macao Special Administrative region and Taiwan for on official or private purposes, for sight-seeing, vacation, visiting relatives, medical treatment, shopping, attending conference, or to engage in economic, cultural, sports and religious activities. In compiling statistics, each time of leaving is counted as one person-time.

(3) Number of domestic tourists refers to the number Of Chinese (mainland) residents who travel within China (mainland) for sight-seeing, vacation, visiting relatives, medical treatment, shopping, attending conference, or to engage in economic, cultural, sports and religious activities. In compiling statistics, each time of traveling is counted as one person-time.

Foreign Exchange Earnings from International Tourism refer to the total expenditure of foreigners, overseas Chinese, Chinese compatriots from Hong Kong, Macao and Taiwan during their stay in the mainland of China on transportation, sighting, accommodation, food, shopping and entertainment.

Income from Domestic Tourism refer to expenditure of domestic tourists on transportation, sighting, accommodation, food, shopping and entertainment while they travel.

Star-rated Hotels refer to hotels rated with stars as assessed by the relevant tourism authorities according to GB/T14308-2003 standard with reference to their infrastructure, facilities and service levels.

能源
Energy Sources

● 资料整理：常伟杰

简要说明

一、主要内容

本篇包括能源生产、消费及品种构成，能源生产和消费弹性系数、能源加工转换效率、单位能耗、规模以上工业分行业主要能源品种的购进、消费及库存，主要耗能工业企业单位产品能源消耗，水资源消耗和电力消耗等资料。

二、统计范围

能源统计范围为全社会。单位工业增加值能耗的统计范围是规模以上工业法人企业(年主营业务收入达到2000万元及以上)。能源加工转换效率表中，电力折算标准煤系数采用当量值计算，每千瓦小时折0.1229千克标准煤。

三、资料来源

能源生产总量及构成数据来自工业产品产量统计，一次能源生产量与工业统计数字一致。其他表的数据均来自历年能源平衡表以及规模以上工业企业购进、消费、库存统计年报。能源生产与消费弹性系数分别以能源生产、消费增长速度与国内生产总值增长速度相比求得。由河南省统计局能源统计处编辑整理。

Brief Introduction

I. Main Contents

Data in this chapter cover mainly energy production, consumption, and composition; elasticity ratio of energy production and consumption; efficiency of energy processing and conversion; energy consumption per unit; Purchase, consumption and Stock of enterprises above designated size by sector. Energy consumption per unit of product, consumption of water and electric.

II. Scope of Statistics

The scope of data in this chapter is the whole province. The scope of data on energy consumption per unit of added-value of industrial is enterprises above designated size (Main business income over 20 million yuan). In the table on the efficiency of energy conversion, the coefficient for the conversion of electric power into standard coal equivalent. One kilowatt is equal to 0.1229kg SCE.

III. Sources of Data

Data on total energy production are calculated on the basis of statistics on output of industrial products. The data on production of primary energy are the same as the corresponding data on industrial statistics. Data in other table come from the energy balance sheets and annual report on energy consumed by industrial enterprises above designated size. The elasticity ratio of energy production is calculated as the quotient of the growth rate of energy production divided by the growth rate of GDP; and the elasticity ratio of energy consumption is calculated as the quotient of the growth rate of energy consumption divided by the growth rate of GDP. Data in this chapter are provided by Department of Energy of the Henan provincial Bureau of Statistics.

8-1 历年能源生产总量及构成

Total Production of Energy and Its Composition over the Year

年 份 Year	能源生产总量 (万吨标准煤) Total Energy Production (10 000 tons of SCE)	占能源生产总量的比重（%） As Percentage of Total Energy Production			
		原 煤 Coal	原 油 Crude Oil	天然气 Natural Gas	水 电 Electricity
1978	4434	93.7	5.4		0.9
1979	4536	91.9	7.1		1.0
1980	4402	91.3	7.5	0.1	1.1
1981	4760	87.4	11.1	0.5	1.0
1982	4998	85.3	12.8	0.7	1.2
1983	5456	83.8	14.1	0.9	1.2
1984	5981	82.8	15.3	0.9	1
1985	6909	81.5	16.4	1.2	0.9
1986	7261	80.3	17.3	1.6	0.8
1987	7361	79.3	18.1	1.9	0.7
1988	7624	78.6	18.3	2.3	0.8
1989	8031	80.0	17.0	2.2	0.8
1990	8071	81.3	15.6	2.3	0.8
1991	7999	81.9	15.2	2.2	0.7
1992	8058	82.8	14.4	2.1	0.7
1993	8037	83.7	13.6	1.9	0.8
1994	8085	85.0	12.1	2.0	0.9
1995	8454	87.5	10.2	1.6	0.7
1996	8757	88.1	9.6	1.6	0.7
1997	8558	87.9	9.8	1.7	0.6
1998	8080	87.4	10.4	2.0	0.2
1999	6947	85.6	11.6	2.5	0.3
2000	6591	83.7	12.2	2.8	1.4
2001	7238	84.0	11.2	2.9	1.9
2002	8321	85.2	9.8	2.8	2.3
2003	10634	88.3	7.4	2.3	2.0
2004	13079	90.4	5.7	1.7	2.2
2005	14522	91.3	5.0	1.8	1.9
2006	15002	91.7	4.7	1.7	2.0
2007	14604	91.8	4.8	1.4	2.0
2008	15487	92.6	4.4	1.2	1.8
2009	17002	93.4	4.0	0.8	1.8
2010	18672	92.7	3.8	0.5	3.0
2011	18298	92.3	3.8	0.4	3.6
2012	12666	89.6	4.8	0.5	5.1

注：电力折算标准煤数根据当年平均发电煤耗计算。
a)Data of Electricity is calculated by Average consume of coal on Power.

8-2 历年能源消耗总量及构成

Total Consumption of Energy and Its Composition over the Year

年 份 Year	能源消耗总量 (万吨标准煤) Total Energy Consumption (10 000 tons of SCE)	占能源消耗总量的比重 (%) As Percentage of Total Energy Consumption			
		煤 炭 Coal	石 油 Crude Oil	天然气 Natural Gas	水 电 Hydropower
1978	3353	92.3	6.8		0.9
1979	3228	92.1	6.9		1.0
1980	3389	91.6	7.0	0.2	1.2
1981	3612	91.3	6.9	0.6	1.2
1982	3560	91.1	6.5	0.9	1.5
1983	4035	90.9	6.5	1.1	1.5
1984	4474	91.0	6.5	1.2	1.3
1985	4618	89.9	7.0	1.8	1.3
1986	4709	88.3	8.4	2.2	1.1
1987	5006	88.4	8.4	2.2	1.0
1988	5292	87.7	8.8	2.5	1.0
1989	5112	87.7	8.7	2.3	1.3
1990	5206	87.8	8.4	2.6	1.2
1991	5363	88.3	8.5	2.2	1.0
1992	5583	88.4	8.4	2.3	0.9
1993	5862	88.2	8.8	2.0	1.0
1994	6225	87.7	9.0	2.2	1.1
1995	6473	87.6	9.6	1.8	1.0
1996	6654	87.5	9.8	1.7	1.0
1997	6711	87.8	9.6	1.7	0.9
1998	7244	87.6	9.8	1.6	1.0
1999	7380	87.5	9.8	1.7	1.0
2000	7919	87.6	9.6	1.7	1.1
2001	8367	87.0	9.5	1.9	1.6
2002	9005	86.6	9.3	2.0	2.1
2003	10595	86.7	9.4	1.9	2.0
2004	13074	86.6	9.2	2.0	2.2
2005	14625	87.2	8.7	2.2	1.9
2006	16234	87.4	8.0	2.5	2.1
2007	17838	87.7	7.9	2.5	1.9
2008	18976	87.2	8.0	2.6	2.2
2009	19751	87.0	7.9	2.8	2.3
2010	21438	84.3	9.0	3.0	3.7
2011	23061	83.5	9.8	3.3	3.4
2012	23647	80.2	10.3	4.2	5.3

8-3 历年能源生产弹性系数

Elasticity Ratio of Energy Production over the Year

年 份 Year	能源生产比上年增长 (%) Growth Rate of Energy Production over Preceding Year (%)	电力生产比上年增长 (%) Growth Rate of Electricity Production over Preceding Year (%)	生产总值比上年增长 (%) Growth Rate of Gross Domestic Product(GDP) over Preceding Year (%)	能源生产弹性系数 Elasticity Ratio of Energy Production	电力生产弹性系数 Elasticity Ratio of Electricity Production
1980	-3.0		15.4		
1981	8.1	13.6	7.8	1.04	1.74
1982	5.0	4.1	4.3	1.16	0.95
1983	9.2	5.6	23.8	0.39	0.24
1984	9.6	5.8	10.1	0.95	0.57
1985	15.5	5.3	13.5	1.15	0.39
1986	5.1	12.3	4.6	1.11	2.67
1987	1.4	12.0	15.0	0.09	0.80
1988	3.6	0.1	9.8	0.37	0.01
1989	5.3	5.6	4.4	1.20	1.27
1990	0.5	5.4	4.5	0.11	1.20
1991	-0.9	11.3	6.9		1.64
1992	0.7	16.2	13.7	0.05	1.18
1993	-0.3	8.8	15.8		0.56
1994	0.6	10.3	13.8	0.04	0.75
1995	4.6	12.8	14.8	0.31	0.86
1996	3.6	8.5	13.9	0.26	0.61
1997	-2.3	6.2	10.4		0.60
1998	-5.6	0.0	8.8		0.00
1999	-14.0	4.4	8.1		0.55
2000	-5.1	6.6	9.5		0.70
2001	9.8	12.8	9.0	1.09	1.42
2002	15.0	14.4	9.5	1.57	1.52
2003	27.8	12.7	10.7	2.60	1.19
2004	23.0	24.2	13.7	1.68	1.77
2005	11.0	11.3	14.2	0.78	0.80
2006	3.3	12.6	14.4	0.23	0.88
2007	-2.7	19.9	14.6		1.36
2008	6.1	2.2	12.1	0.50	0.18
2009	9.8	4.9	10.9	0.90	0.45
2010	9.8	10.4	12.5	0.78	0.83
2011	-2.0	13.8	11.9		1.16
2012	-7.5	1.9	11.5		0.17

8-4 历年能源消费弹性系数

Elasticity Ratio of Energy Consumption over the year

年 份 Year	能源消费比上年增长 (%) Growth Rate of Energy Consumption over Preceding Year (%)	电力消费比上年增长 (%) Growth Rate of Electricity Consumption over Preceding Year (%)	生产总值比上年增长 (%) Growth Rate of Gross Domestic Product(GDP)over Preceding Year (%)	能源消费弹性系数 Elasticity Ratio of Energy Consumption	电力消费弹性系数 Elasticity Ratio of Electricity Consumption
1980	5.0		15.4	0.32	
1981	6.6	5.6	7.8	0.85	0.72
1982	-1.4	32.3	4.3		7.51
1983	13.3	-3.2	23.8	0.56	
1984	10.9	6.5	10.1	1.08	0.64
1985	3.2	5.6	13.5	0.24	0.41
1986	2.0	7.0	4.6	0.43	1.52
1987	6.3	10.6	15.0	0.42	0.71
1988	5.7	12.1	9.8	0.58	1.23
1989	-3.4	9.8	4.4		2.23
1990	1.8	2.2	4.5	0.40	0.49
1991	3.0	9.3	6.9	0.43	1.35
1992	4.1	15.7	13.7	0.30	1.15
1993	5.0	7.5	15.8	0.32	0.47
1994	6.2	8.8	13.8	0.45	0.64
1995	4.0	13.2	14.8	0.27	0.89
1996	2.8	8.3	13.9	0.20	0.60
1997	0.9	6.5	10.4	0.09	0.63
1998	7.9	-0.5	8.8	0.90	-0.06
1999	1.9	3.4	8.1	0.23	0.42
2000	7.3	6.8	9.5	0.77	0.71
2001	5.7	12.7	9.0	0.63	1.41
2002	8.2	14.7	9.5	0.87	1.55
2003	17.0	13.7	10.7	1.59	1.28
2004	23.4	22.3	13.7	1.71	1.63
2005	11.9	7.6	14.2	0.84	0.53
2006	11.0	10.6	14.4	0.76	0.73
2007	9.9	21.5	14.6	0.68	1.47
2008	6.4	12.0	12.1	0.53	0.99
2009	4.1	5.6	10.9	0.38	0.51
2010	8.5	13.1	12.5	0.68	1.05
2011	7.6	13.0	11.9	0.64	1.09
2012	2.5	3.3	11.5	0.22	0.29

8-5 历年能源加工转换效率

Efficiency of Energy Conversion over the year

单位：% (%)

年 份 Year	总效率 Total Efficiency	发电及供热 Electricity Generation and Heating by Power Stations	炼 焦 Coking	炼 油 Petroleum Refining
1995	59.73	33.58	93.35	96.93
1996	61.21	35.64	91.90	97.71
1997	61.61	36.27	94.79	95.69
1998	67.84	35.41	99.40	99.40
1999	63.57	36.54	95.44	95.44
2000	61.78	36.03	96.71	96.71
2001	61.26	35.49	96.06	96.06
2002	59.47	36.36	98.31	98.31
2003	58.34	34.34	97.90	97.90
2004	58.36	33.45	94.38	94.38
2005	60.97	34.18	96.81	96.81
2006	64.94	36.10	99.08	99.08
2007	66.22	38.10	89.43	99.67
2008	65.96	39.49	91.89	95.43
2009	70.15	39.62	91.97	99.16
2010	72.64	40.85	93.24	87.14
2011	72.55	39.75	91.22	92.40
2012	71.72	39.91	91.63	93.40

8-6　综合平衡表

单位：万吨标准煤

项　目	Item	2005	2006
可供量	**Total Energy Available for Consumption**	**13450.83**	**12492.31**
一次能源生产量	Primary Energy Output	14521.83	15002.08
外省(区、市)调入量	Transfer in from other province	3174.58	4423.05
进口量	Imports	380.96	414.34
本省(区、市)调出量(－)	Transfer to other province	5214.61	7612.08
出口量(－)	Exports (-)		
年初年末库存差额	Stock Changes in the Year	519.07	45.08
年初库存量	inventories in the beginning of the year	1021.96	1204.57
年末库存量(－)	inventories in the end of the year	502.89	1159.49
消费量	**Total Energy Consumption**	**14624.59**	**16233.49**
在总量中：	Consumption by Sector		
农、林、牧、渔业	Agriculture, Forestry, Animal Husbandry, Fishery	461.17	482.96
工　业	Industry	11484.95	12984.29
建筑业	Construction	65.45	68.35
交通运输、仓储和邮政业	Transport, Storage and Post	649.93	673.04
批发、零售业和住宿、餐饮业	Wholesale and Retail Trades, Hotels and Catering Services	164.08	180.99
其他	Other Sectors	227.58	246.90
生活消费	Household Consumption	1571.46	1596.65
在总量中：	Consumption by Usage		
终端消费	End-use Consumption	13653.88	15224.95
#工业	Industry	10524.22	11984.52
加工转换损失	Losses During the Process of Energy Conversion	551.72	617.78
#火力发电损失	Power Generation		0.32
供热损失	Heating		
洗选煤损失	Coal cleaning	264.48	321.74
炼焦损失	Coking	196.01	240.98
炼油及煤制油损失	Petroleum Refining	30.46	15.22
制气损失	Gas Production	-47.23	39.01
煤制品加工损失	Coal products processing	4.18	0.51
回收能	Recovery of Energy		
损失量	**Energy Losses**	**418.99**	**390.76**
平衡差额	**Balance**	**-1173.76**	**-3741.18**

Overall Energy Balance Sheet

(10 000 tons of SCE)

2007	2008	2009	2010	2011	2012
13317.73	**13556.28**	**14247.16**	**20144.66**	**21590.42**	**19962.99**
14603.61	15487.36	17002.30	18671.67	18297.52	12665.75
4328.71	1430.84	5931.87	10899.08	14433.10	10350.37
322.86	275.72	358.58	522.77	465.72	745.20
6428.44	6657.88	9528.84	10243.39	11686.92	3753.13
	661.59	0.40			
214.36	-8.52	-59.03	-75.47	81.00	-45.20
1299.43	1085.07	1093.58	1356.49	1425.05	1285.37
1085.07	1093.58	1152.61	1431.96	1344.05	1330.57
17837.79	**18976.27**	**19751.24**	**21437.76**	**23061.88**	**23647.13**
471.61	485.44	496.67	545.04	644.55	696.67
14519.12	15497.31	16052.51	16412.30	17558.67	17385.73
68.67	69.24	90.97	130.27	168.96	169.94
772.28	802.43	875.72	1340.60	1288.68	1418.56
175.35	182.35	210.95	251.30	379.87	455.24
248.40	276.82	277.99	343.90	485.56	575.68
1581.74	1661.97	1745.83	2044.23	2535.57	2945.31
16679.09	17447.72	18453.88	20037.80	21899.79	23000.87
13368.96	13970.21	14755.77	15721.07	16396.58	16739.47
706.13	1082.78	837.06	633.36	799.36	390.47
	0.76				0.00
		0.62	234.94	206.38	205.51
373.17	728.23	580.56	368.95	230.69	176.05
249.41	202.63	195.90	201.58	298.37	238.38
3.27	44.37	9.25	3.87	101.17	99.27
79.36	105.56	41.40	25.70	10.34	8.76
0.92	1.23	9.33	1.57		0.13
				-47.95	-337.64
452.58	**445.77**	**460.30**	**396.53**	**362.74**	**255.77**
-4520.06	**-5419.99**	**-5504.08**	**-1293.01**	**-1471.46**	**-3684.12**

8-7 煤炭平衡表

单位：万吨

项 目	Item	2005	2006
可供量	**Total Energy Available for Consumption**	**16907.08**	**16089.70**
生产量	Output	18761.42	19532.20
外省(区、市)调入量	Transfer in from other province	3251.03	4994.00
进口量	Imports		
本省(区、市)调出量(－)	Transfer to other province	5836.55	8328.00
出口量(–)	Exports (-)		
年初年末库存差额	Stock Changes in the Year	731.18	-108.50
年初库存量	inventories in the beginning of the year	1147.57	1392.39
年末库存量(–)	inventories in the end of the year	416.39	1500.89
消费量	**Total Energy Consumption**	**18467.88**	**20998.81**
在总量中：	Consumption by Sector		
农、林、牧、渔业	Agriculture, Forestry, Animal Husbandry, Fishery	100.00	105.00
工 业	Industry	17117.79	19635.10
建 筑 业	Construction		
交通运输、仓储和邮政业	Transport, Storage and Post	20.00	20.00
批发、零售业和住宿、餐饮业	Wholesale and Retail Trades, Hotels and Catering Services	10.11	20.00
其他	Other Sectors		
生活消费	Household Consumption	1219.98	1218.71
在总量中：	Consumption by Usage		
终端消费	End-use Consumption	7526.62	8719.13
#工业	Industry	6176.53	7355.42
用于加工转换	Losses During the Process of Energy Conversion	10941.27	12279.64
#火力发电	Power Generation	7776.99	8202.13
供 热	Heating	528.06	687.34
洗煤损耗	Coal cleaning	557.04	792.15
炼 焦	Coking	1945.21	2427.18
制 气	Gas Production	128.97	171.99
型煤加工损耗	Coal products processing	5.00	-1.15
损失量	**Energy Losses**		
平衡差额	**Balance**	**-1560.81**	**-4909.07**

Coal Balance Sheet

(10 000 tons)

2007	2008	2009	2010	2011	2012
17262.01	**17191.15**	**17778.16**	**23805.02**	**26262.45**	**21663.62**
19287.15	20937.28	23037.90	22384.11	20957.06	15878.84
4613.02		6128.05	11919.99	17396.73	9408.54
6910.00	7126.70	11462.08	10352.54	12113.58	3522.38
	1235.13	0.56			
271.84	15.60	74.85	-146.54	22.24	-101.38
1500.89	1229.05	1213.45	1225.70	1372.24	1350.00
1229.05	1213.45	1138.60	1372.24	1350.00	1451.38
23179.84	**23867.51**	**24445.41**	**26050.01**	**28373.84**	**25240.32**
100.00	91.00	100.00	100.00	140.60	129.38
21937.73	22659.39	23218.74	25087.95	27142.31	25893.94
		0.01		21.23	20.00
20.00	15.63	17.36	25.11	40.00	
25.00	30.00	40.46	41.82	9.60	6.51
	4.67	0.91	5.36	26.10	52.49
1097.11	1066.82	1067.94	787.00	994.00	1138.00
8884.82	8663.90	9416.89	9246.69	9716.38	7271.56
7642.71	7455.78	8190.21	8287.40	8484.85	5925.18
14295.01	15203.62	15026.41	16801.34	18657.46	17968.76
9461.09	9562.96	9402.92	10462.79	12241.68	11542.86
814.75	865.64	801.25	939.47	1022.97	1093.06
846.98	1501.86	1526.16	1629.11	1318.87	1932.26
2924.75	3005.60	2901.16	3590.74	3802.09	3162.61
247.68	267.75	391.24	183.21	277.35	238.83
-0.24	-0.19	3.68	-3.98	-5.50	-0.86
		2.12	**1.97**		
-5917.82	**-6676.37**	**-6667.26**	**-2244.98**	**-2111.39**	**-3377.70**

8-8 焦炭平衡表
Coke Balance Sheet

单位：万吨 (10 000 tons)

项 目	Item	2005	2006	2007	2008	2009	2010	2011	2012
可供量	**Total Energy Available for Consumption**	**1004.50**	**1021.73**	**1226.50**	**1488.83**	**1462.43**	**1711.74**	**2052.63**	**2221.93**
生产量	Output	1320.88	1616.76	1938.00	2041.67	2170.69	2513.21	3101.05	2577.07
外省(区、市)调入量	Transfer in from other province	105.00	21.85	21.85	126.00				
进口量	Imports								
本省(区、市)调出量(－)	Transfer to other province	389.41	762.00	749.53	695.95	657.00	767.07	1071.82	415.34
出口量(－)	Exports (-)								
年初年末库存差额	Stock Changes in the Year	-31.97	145.12	16.18	17.11	-51.26	-34.40	23.40	60.20
年初库存量	inventories in the beginning of the year	41.12	73.09	72.03	55.85	38.74	90.00	124.40	101.00
年末库存量(－)	inventories in the end of the year	73.09	-72.03	55.85	38.74	90.00	124.40	101.00	40.80
消费量	**Total Energy Consumption**	**994.37**	**1192.23**	**1437.05**	**1488.98**	**1441.74**	**1743.44**	**2052.63**	**2221.93**
#工 业	Industry	994.38	1192.23	1437.05	1488.98	1441.74	1743.44	2052.63	2221.93
在总量中：	Consumption by Usage								
终端消费	End-use Consumption	861.54	1175.00	1437.05	1488.20	1439.98	1711.66	1983.56	2201.27
#工业	Industry	861.54	1175.00	1437.05	1488.20	1439.98	1711.66	1983.56	2201.27
用于加工转换	Losses During the Process								
	of Energy Conversion	132.83	17.23		0.78	1.72	31.78	69.07	20.66
#火力发电	Power Generation	25.95	17.23		0.78	1.08			
供 热	Heating					0.64			
制 气	Gas Production	106.88					31.78	69.07	20.66
损失量	**Energy Losses**					**0.04**			
平衡差额	**Balance**	**10.13**	**-170.50**	**-210.55**	**-0.15**	**20.69**	**0.08**		

8-9 石油平衡表

Petroleum Balance Sheet

单位：万吨 (10 000 tons)

项 目	Item	2005	2006	2007	2008	2009	2010	2011	2012
可供量	**Total Energy Available for Consumption**	**899.43**	**869.88**	**926.60**	**973.62**	**1017.46**	**1336.40**	**1524.79**	**1692.93**
生产量	Output	507.16	492.06	485.08	475.81	474.50	497.90	485.50	476.56
外省(区、市)调入量	Transfer in from other province	368.37	368.08	446.64	560.36	592.00	872.63	821.78	1006.21
进 口 量	Imports	266.67	290.03	226.00	193.00	251.00	365.93	326.00	521.63
我轮、机在外国加油量	refuel in foreign								
本省(区、市)调出量(-)	Transfer to other province	262.70	261.20	236.43	230.46	257.73	393.37	165.69	282.17
出 口 量(-)	Exports (-)								
外轮、机在我国加油量(-)	foreignner refuel in Henan								
年初年末库存差额	Stock Changes in the Year	19.93	-19.09	5.31	-25.09	-42.31	-6.69	57.20	-29.30
年初库存量	inventories in the beginning of the year	107.49	87.56	106.65	101.34	126.43	171.93	178.62	123.06
年末库存量(-)	inventories in the end of the year	87.56	106.65	101.34	126.43	168.74	178.62	121.42	152.36
消费量	**Total Energy Consumption**	**902.12**	**901.36**	**980.37**	**1036.22**	**1019.36**	**1334.16**	**1524.78**	**1692.60**
在总量中：	Consumption by Sector								
农、林、牧、渔业	Agriculture, Forestry, Animal Husbandry, Fishery	97.11	101.24	102.42	116.00	116.00	105.50	104.95	124.54
工 业	Industry	349.65	332.53	358.60	385.80	385.80	442.40	503.73	477.28
建 筑 业	Construction	33.36	32.07	30.00	28.68	28.68	52.80	52.18	54.63
交通运输、仓储和邮政业	Transport, Storage and Post	347.59	363.51	429.94	451.90	504.09	571.86	641.39	728.40
批发、零售业和住宿、餐饮业	Wholesale and Retail Trades, Hotels and Catering Services	24.18	21.42	18.43	17.58	15.37	36.99	46.38	65.60
其他	Other Sectors	23.63	23.63	14.00	15.00		18.57	21.62	27.79
生活消费	Household Consumption	26.59	27.00	27.00	21.26	21.54	106.04	154.53	214.38
在总量中：	Consumption by Usage								
终端消费	End-use Consumption	841.06	863.46	951.93	974.38	990.41	1114.19	1423.33	1616.50
#工业	Industry	295.60	300.48	335.67	324.46	310.00	222.43	402.28	401.15
用于加工转换	Losses During the Process of Energy Conversion	52.39	31.96	22.87	57.93	28.80	219.97	101.45	76.11
#火力发电	Power Generation	7.57	12.09	14.90	12.55	8.00	39.90	10.26	8.65
供 热	Heating	26.68	0.42	0.50	6.29	8.27	36.57	14.76	11.75
炼油损耗	Petroleum Refining	18.14	19.45	7.47	39.09	12.53	143.50	76.43	55.71
制 气	Gas Production								
损失量	**Energy Losses**	**8.67**	**5.94**	**5.57**	**3.91**	**0.15**			
平衡差额	**Balance**	**-2.69**	**-31.48**	**-53.77**	**-62.60**	**-1.90**	**2.24**	**0.01**	**0.33**

8-10 电力平衡表

单位：亿千瓦时

项 目	Item	2005	2006
可供量	**Total Energy Available for Consumption**	**1414.70**	**1593.10**
生产量	Output	1414.70	1593.10
火力发电	Coal-fired power	1346.79	1514.80
水力发电、核发电、其它发电	Hydroelectric power, issue of electricity, other	67.91	78.30
外省(区、市)调入量	Transfer in from other province	31.50	41.50
进口量	Imports		
本省(区、市)调出量(－)	Transfer to other province	60.62	100.58
出口量(–)	Exports (-)		
消费量	**Total Energy Consumption**	**1387.49**	**1534.21**
在总量中：	Consumption by Sector		
农、林、牧、渔业	Agriculture, Forestry, Animal Husbandry, Fishery	62.00	68.00
工 业	Industry	1084.57	1196.00
建 筑 业	Construction	5.67	6.80
交通运输、仓储和邮政业	Transport, Storage and Post	31.87	33.42
批发、零售业和住宿、餐饮业	Wholesale and Retail Trades, Hotels and Catering Services	29.07	31.84
其他	Other Sectors	48.71	55.17
生活消费	Household Consumption	125.60	142.98
在总量中：	Consumption by Usage		
终端消费	End-use Consumption	1300.92	1444.21
#工业	Industry	998.00	1106.00
输配电损失量	Losses During the Transmission	86.57	90.00
平衡差额	**Balance**	**-1.91**	**-0.19**

Electricity Balance Sheet

(100 million kwh)

2007	2008	2009	2010	2011	2012
1910.97	**1960.42**	**2075.59**	**2463.64**	**2813.18**	**2926.20**
1910.97	1960.42	2062.17	2313.52	2678.36	2728.23
1829.27	1880.47	1970.30	2147.88	2483.79	2507.63
81.70	79.95	91.87	165.64	194.57	220.60
42.09	62.91	75.03	196.53	186.82	256.09
88.92	64.18	61.61	46.41	52.00	58.12
1864.14	**2092.63**	**2275.19**	**2463.54**	**2822.61**	**2926.20**
68.00	66.88	76.88	82.97	99.93	107.97
1491.15	1674.43	1795.69	1816.60	2109.45	2116.67
7.98	8.86	10.20	14.55	19.40	19.65
36.32	37.90	39.02	144.71	54.90	55.33
31.44	35.64	40.43	44.11	76.20	92.82
63.20	70.16	79.31	88.37	119.13	140.66
166.05	198.76	233.66	272.23	343.60	393.10
1744.89	1970.77	2142.34	2353.87	2717.81	2849.65
1371.90	1552.57	1662.84	1806.93	2004.65	2040.12
119.25	121.86	132.85	109.67	104.80	76.55
	-133.48	**-199.60**	**0.10**	**-9.43**	

8-11 分行业能源消费总量
Energy Consumption by Sector

行 业	Sector	综合能源消费量（万吨标煤） Overall Energy Consumption (10 000 tons of SCE)	煤炭消费总量（万吨） Coal Consumption (10 000 tons)	电力消费总量（亿千瓦时） Power Consumption (100 million kwh)
消费总量	**Total**	**23647.13**	**25240.32**	**2926.20**
农、林、牧、渔业	**Farming, Forestry,animal Husbandry and Fishery**	**696.67**	**129.38**	**107.97**
工业	**Industry**	**17385.73**	**23893.94**	**2116.67**
采矿业	Mining	1547.68	2132.11	229.00
煤炭开采和洗选业	Mining and Washing of Coal	1028.41	2012.67	165.92
石油和天然气开采业	Extraction of Petroleum and Natural Gas	188.68	28.24	21.05
黑色金属矿采选业	Mining of Ferrous Metal Ores	35.78	4.82	8.07
有色金属矿采选业	Mining of Non-ferrous Metal Ores	102.79	10.65	23.36
非金属矿采选业	Mining and Processing of Nonmetal Ores	87.51	65.16	8.39
开采辅助活动	Mining Auxiliary	101.57	10.57	2.20
其他采矿业	Mining of Other Ores n.e.c	2.93		
制造业	Manufacturing	14062.66	8902.72	1595.68
农副食品加工业	Processing of Food from Agricultural Products	373.18	167.59	59.01
食品制造业	Manufacture of Foods	227.73	135.58	23.04
酒、饮料和精制茶制造业	Manufacture of Wine, drinks and refined tea	192.74	136.87	21.88
烟草制造业	Manufacture of Tobacco	11.41	2.27	1.66
纺织业	Manufacture of Textile	337.05	77.16	76.74
纺织服装、服饰业	Manufacture of Textile Wearing,Apparel	36.53	13.18	6.58
皮革、毛皮、羽毛及其制品和制鞋业	Manufacture of Leather, Fur, Featherand Its Products,Shoemaking	71.53	38.92	7.26
木材加工及木、竹、藤、棕、草制品业	Processing of Timbers, Manufacture of Wood, Bamboo, Rattan, Palm, and Straw Products	87.11	48.24	12.26
家具制造业	Manufacture of Furniture	23.03	8.37	4.37
造纸及纸制品业	Manufacture of Paper and Paper Products	499.67	340.12	48.67
印刷和记录媒介复制业	Printing,Reproduction of Recording Media	21.21	7.30	4.18
文教、工美、体育和娱乐用品制造业	Manufacture of Cultural and educational supplies, industrial, sporting and entertainment	39.72	8.26	6.76
石油加工、炼焦及核燃料加工业	Processing of Petroleum ,Coking, Processing of Nucleus Fuel	569.20	3427.65	22.66
化学原料及化学制品制造业	Manufacture of Chemical Raw Material and Chemical Products	2619.53	1457.50	242.66

8-11 续表 continued

行 业	Sector	综合能源消费量（万吨标煤）Overall Energy Consumption (10 000 tons of SCE)	煤炭消费总量（万吨）Coal Consumption (10 000 tons)	电力消费总量（亿千瓦时）Power Consumption (100 million kwh)
医药制造业	Manufacture of Medicines	244.19	136.13	30.53
化学纤维制造业	Manufacture of Chemical Fiber	87.49	60.04	7.99
橡胶和塑料制品业	Manufacture of Rubber and Plastic	170.39	109.48	23.42
非金属矿物制品业	Manufacture of Non-metallic Mineral Products	1997.09	1486.11	248.37
黑色金属冶炼和压延加工业	Manufacture and Processing of Ferrous Metals	3395.07	694.87	197.54
有色金属冶炼及压延加工业	Manufacture and Processing of Non-ferrous Metals	2043.93	354.06	375.56
金属制品业	Manufacture of Metal Products	179.30	50.01	30.80
通用设备制造业	Manufacture of General Purpose Machinery	143.05	41.15	27.89
专业设备制造业	Manufacture of Special Purpose Machinery	195.53	38.42	38.08
汽车制造业	Manufacture of Automobile	164.55	29.10	26.89
铁路、船舶、航空航天和其他运输设备制造业	Manufacture of Railway, shipbuilding, aerospace, and other transportation equipment	36.63	7.42	6.72
电气机械及器材制造业	Manufacture of Electrical Machinery and Equipment	199.01	19.00	21.31
计算机、通信和其他电子设备制造业	Manufacture of Computer Communication Equipment , and Other Electronic Equipment	54.81	2.25	13.03
仪器仪表制造业	Manufacture of Measuring Instrument	18.36	1.92	4.59
其他制造业	Manufacture of others	15.57	2.07	3.80
废弃资源综合利用业	Comprehensive utilization of waste materials	6.18	1.66	1.14
金属制品、机械和设备修理业	Repairing of Metal products, machinery and equipment	1.87	0.01	0.28
电力、燃气及水的生产和供应业	Production and Distribution of Electricity, Gas and Water	1775.39	12859.11	292.00
电力、热力生产和供应业	Production and Supply of Electric Power and Heat Power	1703.38	12853.86	281.50
燃气生产和供应业	Production and Distribution of Gas	50.77	0.01	5.70
水的生产和供应业	Production and Distribution of Water	21.24	5.23	4.80
建筑业	**Construction**	**169.94**	**20.00**	**19.65**
交通运输、仓储和邮政业	**Traffic,transport, storage and post**	**1418.56**		**55.33**
批发和零售业、住宿和餐饮业	**Wholesale and retail trade, Accommodation and Restaurants**	**455.24**	**6.51**	**92.82**
其他行业	**Others**	**575.68**	**52.49**	**140.66**
生活消费	**Residential Consumption**	**2945.31**	**1138.00**	**393.10**

8-12 平均每天能源消费量

Average Daily Energy Consumption by Variety

能源品种	Item	1995	2000	2005	2007	2008	2009	2010	2011	2012
合计 （万吨标准煤）	**Total (10 000 tons of SCE)**	**17.73**	**21.70**	**40.07**	**48.88**	**51.46**	**54.87**	**59.55**	**64.06**	**64.79**
原煤 （万吨）	Coal (10 000 tons)	23.33	26.58	55.38	72.83	73.41	81.70	82.82	92.75	84.40
焦炭 （万吨）	Coke (10 000 tons)	1.08	1.17	2.72	3.94	4.08	4.01	4.82	5.70	6.09
原油 （万吨）	Crude Oil (10 000 tons)	1.10	1.67	1.83	1.96	1.93	2.18	2.32	2.43	2.77
汽油 （万吨）	Gasoline (10 000 tons)	0.39	0.33	0.64	0.58	0.53	0.55	0.83	1.00	1.17
煤油 （万吨）	Kerosene (10 000 tons)	0.04	0.04	0.04	0.05	0.05	0.07	0.09	0.14	0.15
柴油 （万吨）	Diesel Oil (10 000 tons)	0.37	0.42	0.90	1.26	1.49	1.46	1.56	1.84	2.02
燃料油 （万吨）	Fuel Oil (10 000 tons)	0.14	0.16	0.21	0.17	0.13	0.07	0.05	0.12	0.04
天然气 （亿立方米）	Natural Gas (100 million cu.m)	0.03	0.03	0.06	0.09	0.10	0.12	0.13	0.15	0.20
电力 （亿千瓦小时）	Electricity (100 million kwh)	1.57	1.97	3.80	5.11	5.73	6.32	6.84	7.84	8.02

8-13 人均生活能源消费量

Average Daily Energy Consumption for Non-Production Purpose

能源品种	Item	1995	2000	2005	2007	2008	2009	2010	2011	2012
平均每人生活消费	**Average Daily Energy**									
能源（千克标准煤）	**Consumption (kg of SCE)**	**112.97**	**121.27**	**161.29**	**168.70**	**176.90**	**184.59**	**216.41**	**269.83**	**313.43**
原煤 （千克）	Coal (kg)	119.76	95.36	112.90	104.20	101.12	101.39	75.91	88.75	102.48
液化石油气 （千克）	Liquefied Petroleum gas (kg)	0.91	2.18	2.62	2.56	2.26	2.28	3.40	5.40	8.71
天然气 （立方米）	Natural Gas (cu.m)	2.63	2.00	5.49	5.33	3.19	4.11	6.45	9.68	10.75
热力 （百万千焦）	Heat power (million kJ)	0.02	0.09	0.17	0.24	0.29	0.20	0.24	0.28	0.37
电力 （千瓦小时）	Electricity (kwh)	46.28	80.05	128.91	177.10	211.56	247.05	288.20	365.65	418.32

注：2007年以后使用常住人口计算人均生活能源消费量。
a) Per capita energy consumption is calculated on resident population since 2007.

8-14 规模以上工业企业分品种能源购进、消费及库存(2012年)

Purchase, Consume, and Stock of Energy in above Designated Size Industrial Enterprises by Catalog (2012)

项 目	Item	年初库存 Stock of Year Beginning	购进量 Purchase Capacity		消费量 Total Energy Consumption			年末库存 Stock of Year End
			实物量 Material Object Capacity	金额(亿元) Amount of Money (10 000 yuan)		工业生产消费 Consumptin of Industry Production	非工业生产消费 Consumptin of Industry Nonindustry Production	
原煤(万吨)	Coal (10 000tons)	1027.13	27539.05	1810.32	29136.39	29089.66	46.73	995.21
洗精煤(万吨)	Clean Coal (10 000tons)	51.43	2871.21	329.11	3116.69	3116.69	0.00	66.00
其他洗煤(万吨)	Other Clean Coal (10 000tons)	6.47	179.86	3.10	240.59	240.55	0.04	30.36
煤制品(万吨)	Coal Products (10 000tons)	1.84	16.10	1.40	17.84	17.82	0.02	0.10
焦炭(万吨)	Coke (10 000tons)	31.92	996.65	148.60	1214.28	1214.23	0.06	28.28
其他焦化产品(万吨)	Other Coking Products (10 000 tons)	0.62	7.54	0.96	15.68	15.68	0.00	0.18
焦炉煤气(亿立方米)	Coking Gas (100 million cu.m)		4.84	2.23	17.63	16.40	1.24	
高炉煤气(亿立方米)	Blast furnace Gas (100 million cu.m)		1.22	0.47	204.46	204.46		
其他煤气(亿立方米)	Other Gas (100 million cu.m)		19.47	10.32	37.60	37.59	0.01	
天然气(亿立方米)	Natural Gas (100 million cu.m)	0.00	58.10	120.40	59.51	59.32	0.20	0.01
液化天然气(亿立方米)	Liquefied Gas (100 million cu.m)	0.00	2.21	0.87	2.21	2.21	0.00	0.00
原油(万吨)	Crude Oil (10 000 tons)	24.02	786.91	456.40	950.02	950.02	0.00	30.33
汽油(万吨)	Gasoline (10 000 tons)	0.10	42.47	31.96	43.14	38.30	4.84	0.08
煤油(吨)	Kerosene (ton)	0.05	2.38	1.65	2.39	2.38	0.01	0.04
柴油(万吨)	Diesel Fuel Oil (10 000 tons)	2.20	73.21	50.06	79.60	74.88	4.71	1.86
燃料油(万吨)	Fuel Oil (10 000 tons)	2.79	4.98	2.07	13.16	13.16	0.00	2.69
液化石油气(万吨)	Liquefied Petroleum Gas (10 000 tons)	0.18	8.55	5.79	11.35	11.34	0.01	0.17
炼厂干气(万吨)	Net Gas of Plant (10 000 tons)		1.80	0.74	27.99	27.99		
其他石油制品(万吨)	Other Petroleum Products (10 000 tons)	3.19	108.24	54.26	131.97	131.96	0.01	3.76
热力(万百万千焦)	Heat (10 billion kilo-joule)		6928.29	62.25	12992.44	12914.99	77.45	
电力(亿千瓦时)	Power (100 millin kwh)		1838.73	1149.71	2230.48	2216.62	13.87	
其他燃料(万吨标准煤)	Other Fuel (10 000 tons of SCE)	0.08	6.24	0.36	7.02	7.02	0.00	0.23

8-15 规模以上工业企业分行业主要能源消费量(2012年)

行 业	Sector	综合能源消费量(万吨标准煤) Total Energy Consumption (10 000 tons of SCE)	原 煤(万吨) Coal (10 000 tons)
总计	**Industry**	**15017.78**	**29136.39**
采矿业	**Mining**	**1380.97**	**10510.89**
煤炭开采和洗选业	Mining and Washing of Coal	1078.15	10412.95
石油和天然气开采业	Extraction of Petroleum and Natural Gas	126.85	28.25
黑色金属矿采选业	Mining of Ferrous Metal Ores	17.72	4.82
有色金属矿采选业	Mining of Non-ferrous Metal Ores	51.29	10.65
非金属矿采选业	Mining and Processing of Nonmetal Ores	50.02	43.65
开采辅助活动	Mining Auxiliary	56.96	10.57
其他采矿业	Mining of Other Ores n.e.c		
制造业	**Manufacturing**	**9120.32**	**7433.74**
农副食品加工业	Processing of Food from Agricultural Products	215.74	167.48
食品制造业	Manufacture of Foods	154.96	135.58
酒、饮料和精制茶制造业	Manufacture of Wine, drinks and refined tea	126.62	135.60
烟草制造业	Manufacture of Tobacco	7.13	2.27
纺织业	Manufacture of Textile	157.62	76.45
纺织服装、服饰业	Manufacture of Textile Wearing,Apparel	20.21	13.18
皮革、毛皮、羽毛及其制品和制鞋业	Manufacture of Leather, Fur, Feather and Its Products,Shoemaking	49.70	37.36
木材加工及木、竹、藤、棕、草制品业	Processing of Timbers, Manufacture of Wood, Bamboo, Rattan, Palm, and Straw Products	52.34	48.32
家具制造业	Manufacture of Furniture	12.21	8.37
造纸及纸制品业	Manufacture of Paper and Paper Products	347.46	339.55
印刷和记录媒介复制业	Printing,Reproduction of Recording Media	10.84	7.30
文教、工美、体育和娱乐用品制造业	Manufacture of Cultural and educational supplies, industrial, sporting and entertainment	23.73	8.26
石油加工、炼焦及核燃料加工业	Processing of Petroleum ,Coking, Processing of Nucleus Fuel	462.29	1284.54
化学原料及化学制品制造业	Manufacture of Chemical Raw Material and Chemical Products	1725.27	1618.43
医药制造业	Manufacture of Medicines	155.03	134.83
化学纤维制造业	Manufacture of Chemical Fiber	57.94	60.04
橡胶和塑料制品业	Manufacture of Rubber and Plastic	106.42	92.46
非金属矿物制品业	Manufacture of Non-metallic Mineral Products	1575.44	1430.96
黑色金属冶炼和压延加工业	Manufacture and Processing of Ferrous Metals	1588.59	266.21
有色金属冶炼及压延加工业	Manufacture and Processing of Non-ferrous Metals	1682.58	1374.96
金属制品业	Manufacture of Metal Products	99.53	49.90
通用设备制造业	Manufacture of General Purpose Machinery	75.92	38.26
专业设备制造业	Manufacture of Special Purpose Machinery	106.88	40.22
汽车制造业	Manufacture of Automobile	101.00	28.05
铁路、船舶、航空航天和其他运输设备制造业	Manufacture of Railway, shipbuilding, aerospace, and other transportation equipment	21.11	8.35
电气机械及器材制造业	Manufacture of Electrical Machinery and Equipment	145.89	18.93
计算机、通信和其他电子设备制造业	Manufacture of Computer Communication Equipment , and Other Electronic Equipment	18.92	2.25
仪器仪表制造业	Manufacture of Measuring Instrument	7.80	1.92
其他制造业	Manufacture of others	6.42	2.07
废弃资源综合利用业	Comprehensive utilization of waste materials	3.47	1.66
金属制品、机械和设备修理业	Repairing of Metal products, machinery and equipment	1.26	0.01
电力、燃气及水的生产和供应业	**Production and Distribution of Electricity, Gas and Water**	**4516.48**	**11191.76**
电力、热力生产和供应业	Production and Supply of Electric Power and Heat Power	4443.44	11034.76
燃气生产和供应业	Production and Distribution of Gas	66.68	156.70
水的生产和供应业	Production and Distribution of Water	6.36	0.30

Consumption of Main Energy Sources in above Designated Size Industrial Enterprises by Industrial Sector (2012)

焦 炭 (万吨) Gas (10 000 tons)	原 油 (万吨) Crude Oil (10 000 tons)	柴 油 (万吨) Diesel Fuel Oil (10 000 tons)	燃料油 (万吨) Fuel Oil (10 000 tons)	热 力 (万百万千焦) Heat (10 billion Kilo Joule)	电 力 (亿千瓦时) Electricity (100 million kwh)
1214.28	**950.02**	**79.60**	**13.16**	**12992.44**	**2230.48**
4.45	**171.50**	**46.01**	**7.47**	**1375.70**	**229.00**
3.05		3.40		138.02	165.92
	171.36	8.46	7.45	285.75	21.05
		2.27			8.07
1.40		6.04			23.36
		1.82	0.02	511.42	8.39
	0.14	24.03		440.51	2.20
1209.82	**778.49**	**30.05**	**4.96**	**10447.45**	**1706.04**
0.96	0.02	1.62	0.21	326.85	59.01
0.11		1.86		447.98	23.04
0.06		0.43		56.98	21.88
		0.08		38.48	1.66
	0.00	0.85	0.00	109.60	76.74
0.01		0.21		9.11	6.58
0.09		0.17	0.00	102.73	7.26
0.27		0.78			12.26
		0.35			4.37
	0.03	0.55	0.02	1329.06	48.67
		0.06		3.74	4.18
0.16		0.23		108.40	6.76
0.04	778.34	0.90	0.65	701.69	22.66
53.37		1.07	0.70	2557.48	242.66
0.24		0.58		230.20	30.53
0.03		0.06	0.04	44.25	7.99
0.34	0.00	0.74	0.01	197.53	23.42
18.25		5.91	2.87	62.39	258.37
979.79		3.28		0.02	197.54
76.88		4.12	0.38	3806.87	475.56
12.01	0.00	0.60		10.04	30.80
8.23		1.07		39.82	27.89
10.03	0.00	1.93	0.00	129.56	38.44
42.04	0.05	1.21	0.00	11.41	26.89
3.84		0.49		17.05	6.72
2.59	0.05	0.46	0.08	47.75	21.31
		0.15		20.13	13.04
0.47	0.00	0.07	0.01	11.50	4.60
0.01		0.10		10.03	3.80
		0.00			1.14
		0.11		16.79	0.28
0.01	**0.03**	**3.54**	**0.72**	**1169.29**	**295.45**
	0.03	3.44	0.72	508.76	284.95
		0.07		660.16	5.70
0.01		0.04		0.37	4.80

8-16 规模以上工业分部门主要能源消费量(2012年)
Consumption of Main Energy Sources in above Designated Size Industrial Enterprises by Industrial Sector (2012)

部 门	Sector	综合能源消费量(万吨标准煤) Total Energy Consumption (10 000 (tons of SCE)	原 煤(万吨) Coal (10 000 tons)	焦 炭(万吨) Gas (10 000 tons)	原 油(万吨) Crude Oil (10 000 tons)	柴 油(万吨) Diesel Fuel Oil (10 000 tons)	燃料油(万吨) Fuel Oil (10 000 tons)	热 力(万百万千焦) Heat (10 billion Kilo Joule)	电 力(亿千瓦时) Electricity (100 million kwh)
全省总计	**Total**	**15017.78**	**29136.39**	**1214.28**	**950.02**	**79.60**	**13.16**	**12992.44**	**2230.48**
煤炭	Coal	1078.15	10412.95	3.05		3.40		138.02	165.92
石油石化	Petroleum	291.73	88.29	0.04	949.84	32.73	8.10	1414.06	35.30
冶金	Metallurgy	1979.02	1522.94	979.79		6.24		16.64	221.54
有色	coloured Coherer	1733.86	1385.61	78.28		10.15	0.38	3806.87	498.92
建材	Construction material	1615.15	1454.40	18.95	0.00	7.83	2.87	69.27	271.68
化工	Chymic Industry	1780.29	1673.15	53.70	0.00	1.20	0.71	2755.01	248.64
轻工	Light Industry	1153.43	928.80	9.67	0.05	6.00	0.26	2889.54	211.00
烟草	Smokables	7.13	2.27			0.08		38.48	1.66
纺织	Weave	235.78	149.67	0.04	0.00	1.12	0.04	162.97	91.31
医药	Medication	158.69	135.25	0.24		0.72		230.20	31.29
机械	Machine	365.11	129.76	69.09	0.10	5.46	0.09	255.49	121.96
电子	Electron	18.92	2.25			0.15		20.13	13.04
电力	Electric power	4345.18	10747.08		0.03	3.39	0.72	504.63	281.94
其他	Other	255.33	503.97	1.42		1.14		691.12	36.29

8-17 各市规模以上工业企业分品种主要能源消费量(2012年)

Consumption of Main Energy Sources in above Designated Size Industrial Enterprises by Industrial Sector and City (2012)

市(县) City(County)	综合能源消费量(万吨标准煤) Total Energy Consumption (10 000 (tons of SCE)	原煤(万吨) Coal (10 000 tons)	焦炭(万吨) Gas (10 000 tons)	原油(万吨) Crude Oil (10 000 tons)	柴油(万吨) Diesel Fuel Oil (10 000 tons)	燃料油(万吨) Fuel Oil (10 000 tons)	热力(万百万千焦) Heat (10 billion Kilo Joule)	电力(亿千瓦时) Electricity (100 million kwh)
全省 Total	**15017.78**	**29136.39**	**1214.28**	**950.02**	**79.60**	**13.16**	**12992.44**	**2230.48**
省辖市 City								
郑州市 Zhengzhou	2138.53	3444.39	33.24	0.05	5.54	1.19	1395.61	398.00
开封市 Kaifeng	372.02	502.61	29.44	0.00	2.54		0.11	48.93
洛阳市 Luoyang	1621.84	2708.71	20.59	754.06	4.84	2.66	1156.61	340.82
平顶山市 Pingdingshan	1170.08	7021.89	64.02		3.48	0.21	1644.77	126.83
安阳市 Anyang	1424.63	1453.55	611.18		2.29		284.38	155.31
鹤壁市 Hebi	425.31	1599.33	1.49		1.36		92.48	36.61
新乡市 Xinxiang	961.43	1293.09	4.79	0.00	0.91	0.04	39.99	134.29
焦作市 Jiaozuo	989.84	1457.85	48.50		3.98	1.39	2788.28	175.66
濮阳市 Puyang	595.74	295.81	0.07	125.09	26.51		1116.86	50.74
许昌市 Xuchang	812.39	1343.76	22.04	0.05	3.35	0.01	1205.68	65.30
漯河市 Luohe	317.92	453.18	1.56	0.03	1.69	0.09	323.14	42.23
三门峡市 Sanmenxia	870.27	1663.25	7.84		8.83	0.04	1787.02	121.11
南阳市 Nanyang	867.26	985.36	105.40	70.72	7.79	7.45	678.48	173.19
商丘市 Shangqiu	594.79	2524.33	2.04		1.68	0.02	3.47	150.37
信阳市 Xinyang	493.54	554.80	100.12		2.80			46.51
周口市 Zhoukou	175.67	199.67	1.48		0.25		350.70	35.41
驻马店市 Zhumadian	504.27	569.26	26.87	0.02	1.13	0.07	49.28	62.71
济源市 Jiyuan	682.26	1065.56	133.63		0.62		75.59	66.45
省直管县 Province Administrating County								
巩义市 Gongyi	419.72	496.17	24.05		0.33	0.08		112.13
兰考县 Lankao	17.82	12.46	0.00		2.03			3.81
汝州市 Ruzhou	190.53	1441.31	14.89		0.61		71.84	19.89
滑县 Huaxian	9.67	4.01	0.09		0.03			5.16
长垣县 Changyuan	10.69	4.71			0.03			3.51
邓州市 Dengzhou	30.92	23.42			0.00			6.84
永城市 Yongcheng	377.96	2200.59			0.56	0.02	1.07	89.64
固始县 Gushi	7.39	1.08	0.58		0.00			3.05
鹿邑县 Luyi	13.40	10.40	0.04					1.90
新蔡县 Xincai	3.74	1.57			0.03			2.10

8-18 规模以上工业企业分行业水消费总量(2012年)

单位：万吨

行 业	Sector	取水总量 Water consumption
总计	**Total**	**337497**
轻工业	Light Industry	173095
重工业	Heavy Industry	164402
采矿业	**Mining**	**37874**
煤炭开采和洗选业	Mining and Washing of Coal	27625
石油和天然气开采业	Extraction of Petroleum and Natural Gas	3392
黑色金属矿采选业	Mining of Ferrous Metal Ores	1477
有色金属矿采选业	Mining of Non-ferrous Metal Ores	3643
非金属矿采选业	Mining and Processing of Nonmetal Ores	837
开采辅助活动	Mining Auxiliary	901
其他采矿业	Mining of Other Ores n.e.c	
制造业	**Manufacturing**	**117405**
农副食品加工业	Processing of Food from Agricultural Products	9090
食品制造业	Manufacture of Foods	4013
酒、饮料和精制茶制造业	Manufacture of Wine, drinks and refined tea	7337
烟草制造业	Manufacture of Tobacco	203
纺织业	Manufacture of Textile	3660
纺织服装、服饰业	Manufacture of Textile Wearing,Apparel	480
皮革、毛皮、羽毛及其制品和制鞋业	Manufacture of Leather, Fur, Feather and Its Products,Shoemaking	1199
木材加工及木、竹、藤、棕、草制品业	Processing of Timbers, Manufacture of Wood, Bamboo, Rattan, Palm, and Straw Products	485
家具制造业	Manufacture of Furniture	168
造纸及纸制品业	Manufacture of Paper and Paper Products	11151
印刷和记录媒介复制业	Printing,Reproduction of Recording Media	167
文教、工美、体育和娱乐用品制造业	Manufacture of Cultural and educational supplies, industrial, sporting and entertainment	3164
石油加工、炼焦及核燃料加工业	Processing of Petroleum ,Coking, Processing of Nucleus Fuel	2517
化学原料及化学制品制造业	Manufacture of Chemical Raw Material and Chemical Products	19977
医药制造业	Manufacture of Medicines	5928
化学纤维制造业	Manufacture of Chemical Fiber	2368
橡胶和塑料制品业	Manufacture of Rubber and Plastic	1438
非金属矿物制品业	Manufacture of Non-metallic Mineral Products	13132
黑色金属冶炼和压延加工业	Manufacture and Processing of Ferrous Metals	7657
有色金属冶炼及压延加工业	Manufacture and Processing of Non-ferrous Metals	13336
金属制品业	Manufacture of Metal Products	3600
通用设备制造业	Manufacture of General Purpose Machinery	1059
专业设备制造业	Manufacture of Special Purpose Machinery	1440
汽车制造业	Manufacture of Automobile	1111
铁路、船舶、航空航天和其他运输设备制造业	Manufacture of Railway, shipbuilding, aerospace, and other transportation equipment	283
电气机械及器材制造业	Manufacture of Electrical Machinery and Equipment	1012
计算机、通信和其他电子设备制造业	Manufacture of Computer Communication Equipment , and Other Electronic Equipment	670
仪器仪表制造业	Manufacture of Measuring Instrument	257
其他制造业	Manufacture of others	385
废弃资源综合利用业	Comprehensive utilization of waste materials	90
金属制品、机械和设备修理业	Repairing of Metal products, machinery and equipment	29
电力、燃气及水的生产和供应业	**Production and Distribution of Electricity, Gas and Water**	**182218**
电力、热力生产和供应业	Production and Supply of Electric Power and Heat Power	50802
燃气生产和供应业	Production and Distribution of Gas	719
水的生产和供应业	Production and Distribution of Water	130698

Computation of Water in above Designated Size Industrial Enterprises by Sector (2012)

(10 000 tons)

地表水 Groundwater	地下水 Surface-water	自来水 tap water	其它水 others	重复用水 Volume of Repeated Computation
140656	**137057**	**31355**	**28429**	**1386864**
84558	75047	13154	336	23868
56098	62010	18201	28093	1362996
5835	**24653**	**2102**	**5284**	**48583**
583	19806	1958	5279	39816
431	2952	9		
1151	314	7	5	1072
2842	763	37	0	7498
77	669	91	0	197
752	148	0		
29364	**64776**	**20065**	**3200**	**688241**
133	6381	2573	4	226
36	3397	580		239
591	5320	1416	10	739
	30	170	3	75
39	3017	603	0	5139
15	380	83	2	2
53	1050	68	27	103
42	377	66	0	9
10	136	23		1
1783	8675	683	10	3690
7	87	73		0
1812	1274	78		7
703	713	623	478	53885
6484	8889	2840	1764	329620
1011	3117	1525	275	8132
6	1317	1042	3	3998
20	1197	220		7276
2076	8757	2260	39	10155
4273	1845	1283	257	163378
8733	3933	473	196	78201
1199	2140	261		8739
37	585	402	34	3293
13	510	910	7	5757
28	561	491	31	3943
1	204	78		13
55	381	576	1	817
10	164	487	9	54
9	105	143	0	368
182	197	7		293
2	39	1	48	50
0	0	28		39
105457	**47627**	**9188**	**19946**	**650039**
26916	8236	5161	10490	649911
384	28	306	0	126
78158	39363	3720	9456	1

8-19 各市规模以上工业企业水消费量(2012年)

Computation of Water in above Designated Size Industrial Enterprises by City (2012)

单位：万吨 (10 000 tons)

市(县) City(County)	取水总量 Water consumption	地表水 Groundwater	地下水 Surface-water	自来水 tap water	其它水 others	重复用水 Volume of Repeated Computation
全 省 Total	**337497**	**140656**	**137057**	**31355**	**28429**	**1386864**
省 辖 市 City						
郑 州 市 Zhengzhou	51298	27799	18403	2574	2522	106291
开 封 市 Kaifeng	14286	8314	1483	1471	3018	121574
洛 阳 市 Luoyang	33828	11143	17929	2966	1790	152512
平 顶 山 市 Pingdingshan	29905	16139	4016	4877	4874	114502
安 阳 市 Anyang	13920	5770	6644	815	691	193003
鹤 壁 市 Hebi	5115	2429	1882	414	389	117014
新 乡 市 Xinxiang	20890	6382	11027	2134	1347	40891
焦 作 市 Jiaozuo	23751	2302	19758	1464	227	83807
濮 阳 市 Puyang	10245	4644	4298	1303	0	76011
许 昌 市 Xuchang	11669	4920	5942	198	609	155301
漯 河 市 Luohe	11913	4836	5668	799	611	2311
三 门 峡 市 Sanmenxia	25436	10021	3750	5440	6225	14961
南 阳 市 Nanyang	17875	5433	10518	1910	14	25427
商 丘 市 Shangqiu	10135	2571	3325	75	4164	25248
信 阳 市 Xinyang	24722	19361	1774	3067	520	34100
周 口 市 Zhoukou	11528	805	10592	131		1148
驻 马 店 市 Zhumadian	14777	5940	6937	1626	273	47858
济 源 市 Jiyuan	6205	1847	3111	93	1154	74905
省 直 管 县 Province Administrating County						
巩 义 市 Gongyi	1614	626	594	297	97	1084
兰 考 县 Lankao	78		73	5	0	2880
汝 州 市 Ruzhou	1287	284	771	1	232	2960
滑 县 Huaxian	35		32	4		17
长 垣 县 Changyuan	51		48	3		0
邓 州 市 Dengzhou	294	224	51	15	4	3
永 城 市 Yongcheng	4788	0	1119	15	3654	4537
固 始 县 Gushi	194	63	125	6		8
鹿 邑 县 Luyi	1625		1624	0		3
新 蔡 县 Xincai	449	17	212	219		11

8-20 各市年耗能万吨标准煤以上工业企业个数

Number of Industrial Enterprises of Consumption of Energy Above 10 000 tons by City

单位：个 (unit)

市(县)	City(County)	2005	2006	2007	2008	2009	2010	2011	2012
全省	**Total**	**849**	**1069**	**1067**	**1091**	**1059**	**1071**	**1114**	**1003**
省辖市	**City**								
郑州市	Zhengzhou	165	203	214	224	211	212	212	191
开封市	Kaifeng	21	23	32	35	38	36	36	31
洛阳市	Luoyang	64	67	66	77	84	76	74	63
平顶山市	Pingdingshan	49	82	82	67	68	79	92	86
安阳市	Anyang	64	66	55	70	75	72	98	85
鹤壁市	Hebi	42	36	48	43	41	41	30	27
新乡市	Xinxiang	63	67	57	51	55	62	68	61
焦作市	Jiaozuo	106	130	141	138	124	113	108	84
濮阳市	Puyang	23	39	51	51	47	54	60	48
许昌市	Xuchang	38	115	85	101	83	92	91	95
漯河市	Luohe	23	30	28	32	30	28	22	23
三门峡市	Sanmenxia	36	40	44	44	41	46	65	56
南阳市	Nanyang	59	61	63	55	48	46	45	51
商丘市	Shangqiu	11	12	14	17	20	22	21	19
信阳市	Xinyang	21	28	21	25	25	22	24	20
周口市	Zhoukou	13	18	17	16	19	21	20	21
驻马店市	Zhumadian	27	25	25	20	23	22	26	20
济源市	Jiyuan	24	27	24	25	27	27	26	22
省直管县	**Province Administrating County**								
巩义市	Gongyi	38	37	40	44	37	36	36	34
兰考县	Lankao			1	1	1	1		
汝州市	Ruzhou	12	21	16	10	17	26	36	36
滑县	Huaxian	3	3	2	2	3	3	2	
长垣县	Changyuan	1	1	1	1	1	1	2	2
邓州市	Dengzhou	10	10	11	6	3	2	2	5
永城市	Yongcheng	6	6	6	6	6	4	6	6
固始县	Gushi							1	1
鹿邑县	Luyi	1	4	4	4	4	5	5	5
新蔡县	Xincai								

8-21 各行业年耗能万吨标准煤以上工业企业单位数(2012年)
Number of Industrial Enterprises of Consumption of Energy Above 10 000 tons by Sector (2012)

单位：个 (unit)

行 业	Sector	单位数 (unit)
总计	**Industry**	**1003**
采矿业	**Mining**	**111**
煤炭开采和洗选业	Mining and Washing of Coal	94
石油和天然气开采业	Extraction of Petroleum and Natural Gas	2
黑色金属矿采选业	Mining of Ferrous Metal Ores	3
有色金属矿采选业	Mining of Non-ferrous Metal Ores	5
非金属矿采选业	Mining and Processing of Nonmetal Ores	5
开采辅助活动	Mining Auxiliary	2
其他采矿业	Mining of Other Ores n.e.c	
制造业	**Manufacturing**	**811**
农副食品加工业	Processing of Food from Agricultural Products	27
食品制造业	Manufacture of Foods	23
酒、饮料和精制茶制造业	Manufacture of Wine, drinks and refined tea	19
烟草制造业	Manufacture of Tobacco	1
纺织业	Manufacture of Textile	23
纺织服装、服饰业	Manufacture of Textile Wearing,Apparel	2
皮革、毛皮、羽毛及其制品和制鞋业	Manufacture of Leather, Fur, Feather and Its Products,Shoemaking	8
木材加工及木、竹、藤、棕、草制品业	Processing of Timbers, Manufacture of Wood, Bamboo, Rattan, Palm, and Straw Products	7
家具制造业	Manufacture of Furniture	
造纸及纸制品业	Manufacture of Paper and Paper Products	44
印刷和记录媒介复制业	Printing,Reproduction of Recording Media	1
文教、工美、体育和娱乐用品制造业	Manufacture of Cultural and educational supplies, industrial, sporting and entertainment	2
石油加工、炼焦及核燃料加工业	Processing of Petroleum ,Coking, Processing of Nucleus Fuel	30
化学原料及化学制品制造业	Manufacture of Chemical Raw Material and Chemical Products	100
医药制造业	Manufacture of Medicines	21
化学纤维制造业	Manufacture of Chemical Fiber	5
橡胶和塑料制品业	Manufacture of Rubber and Plastic	14
非金属矿物制品业	Manufacture of Non-metallic Mineral Products	258
黑色金属冶炼和压延加工业	Manufacture and Processing of Ferrous Metals	77
有色金属冶炼及压延加工业	Manufacture and Processing of Non-ferrous Metals	71
金属制品业	Manufacture of Metal Products	11
通用设备制造业	Manufacture of General Purpose Machinery	7
专业设备制造业	Manufacture of Special Purpose Machinery	12
汽车制造业	Manufacture of Automobile	16
铁路、船舶、航空航天和其他运输设备制造业	Manufacture of Railway, shipbuilding, aerospace, and other transportation equipment	2
电气机械及器材制造业	Manufacture of Electrical Machinery and Equipment	26
计算机、通信和其他电子设备制造业	Manufacture of Computer Communication Equipment , and Other Electronic Equipment	3
仪器仪表制造业	Manufacture of Measuring Instrument	
其他制造业	Manufacture of others	1
废弃资源综合利用业	Comprehensive utilization of waste materials	
金属制品、机械和设备修理业	Repairing of Metal products, machinery and equipment	
电力、燃气及水的生产和供应业	**Production and Distribution of Electricity, Gas and Water**	**81**
电力、热力生产和供应业	Production and Supply of Electric Power and Heat Power	79
燃气生产和供应业	Production and Distribution of Gas	**2**
水的生产和供应业	Production and Distribution of Water	

8-22 主要耗能工业企业单位产品能源消耗情况

Energy Consumption per Unit of Product in Main Enterprises that Consume much Energy

单位：千克标准煤/吨 (kg SEC/ton)

指标名称	Item	2007	2009	2010	2011	2012
吨原煤生产综合能耗	Overall Energy Consumption per ton of Machining Coal	8.27	7.54	7.70	6.87	6.44
单位油气产量综合能耗	Overall Energy Consumption of Manufacturing Oil and Gas	192.08	185.20	172.34	174.77	174.66
铁矿采矿工序单位能耗	Energy Consumption per Uint of Mining of Iron ore	4.19	4.92	4.60	4.59	4.50
铁矿选矿工序单位能耗	Energy Consumption per Uint of Milling run Iron ore	5.52	4.03	4.03	4.18	4.10
每吨涤纶综合能耗(短纤)	Overall Energy Consumption per ton of Terylene(short fibre)	175.03	164.40	146.42	124.66	131.20
每吨涤纶综合能耗(长丝)	Overall Energy Consumption per ton of Terylene(long silk)	305.68	299.22	283.04	280.40	267.19
每吨纱(线)混合数综合能耗	Overall Energy Consumption per ton of Mixed Yarn(Cotton)	534.04	486.31	447.16	415.91	390.22
机制纸及纸板综合能耗	Overall Energy Consumption of Machinemade Paper and Paperboard	411.66	308.73	318.44	318.07	349.10
炼焦工序单位能耗	Energy Consumption per Unit of Coking plant	151.91	131.04	130.84	132.24	142.56
原油加工单位综合能耗	Overall Energy Consumption of Machining Base oil	71.98	65.72	63.12	69.66	62.87
单位烧碱生产综合能耗	Overall Energy Consumption of Manufacturing Caustic Soda	549.16	358.69	342.11	336.25	330.16
单位烧碱生产综合能耗(离子膜法30%)	Overall Energy Consumption per Unit of Manufacturing Caustic Soda(Ion Film 30%)	373.77	321.77	311.35	328.88	330.16
单位烧碱生产综合能耗(隔膜法30%)	Overall Energy Consumption per Unit of Manufacturing Caustic Soda (Partition Film 30%)	852.73	798.03	827.43	767.25	
单位纯碱生产能耗	Overall Energy Consumption per Unit of Manufacturing Sodium carbonate	445.26	318.98	298.23	289.60	286.49
联碱法纯碱双吨产品生产综合能耗	Overall Energy Consumption per Unit of Sodium carbonate in Joint Alkali	337.44	281.80	249.34	245.40	264.10
天然碱法单位纯碱生产综合能耗	Overall Energy Consumption per Unit of Sodium carbonate in Natural Law	480.92	386.37	379.19	328.20	303.75
单位电石生产综合能耗	Overall Energy Consumption per Unit of Manufacturing Calcium carbide	1174.03	1246.42	1222.08	1268.79	1117.65
单位乙烯生产综合能耗	Overall Energy Consumption per Unit of Manufacturing Ethylene	933.59	913.57	877.27	878.57	1082.58
单位合成氨生产综合能耗	Overall Energy Consumption per Unit of Manufacturing Compound ammonia	1397.03	1258.91	1243.06	1277.15	1264.57
吨水泥熟料综合能耗	Energy Consumption per ton of Cement Ripe-material	126.49	113.76	112.68	109.93	109.48
吨水泥综合能耗	Energy Consumption per ton of Cement	106.40	83.53	87.27	79.35	78.84
每重量箱平板玻璃综合能耗(千克标准煤/重量箱)	Energy Consumption per weight case of Plate Glass (Kg SEC/weight Case)	18.09	16.94	18.45	17.19	16.61
硅铁工序单位能耗	Energy Consumption per Unit of Ferrosilicon Processes	753.88	626.80	630.60	616.53	641.08
硅锰合金工序单位能耗	Energy Consumption per Unit of Si-Mn Alloy Processes	1004.90	639.40	540.28	640.56	783.54
吨钢综合能耗	Energy Consumption per ton of Steel	508.61	507.71	476.00	439.29	468.68
吨钢耗新水(吨/吨)	Fresh Water Consumption per ton of Steel (ton/ton)	5.16	4.47	3.91	3.87	3.51
单位氧化铝综合能耗	Energy Consumption per Unit of Coking Alumina	691.04	567.60	562.28	543.90	525.23
单位电解铝综合能耗	Energy Consumption per Unit of Coking Aluminum	1779.27	1749.68	1726.71	1661.63	1657.77
单位粗铅综合能耗	Energy Consumption per Unit of Coking Lead	449.88	401.66	382.48	383.76	362.75
单位铅冶炼综合能耗	Energy Consumption per Unit of Lead smelting	583.99	545.96	474.53	460.35	451.00
吨铜加工材消耗能源量	Energy Consumption per ton of Machining Cuprum	307.22	160.62	282.90	314.31	284.04
吨铝加工材消耗能源量	Energy Consumption per ton of Machining Aluminium	209.24	187.78	170.74	171.35	147.86
电厂火力发电标准煤耗(克标准煤/千瓦时)	SEC Consumption of Firepower Generate Electricity (g SEC/kwh)	341.50	320.39	315.38	308.20	305.10

8-23 主要耗能工业企业单位产品电力消耗情况
Electric Power Consumption per Unit of Product in Main Enterprises that Consume much Energy

单位：千瓦时/吨 (kwh/ton)

指标名称	Item	2007	2009	2010	2011	2012
吨原煤生产耗电	Electric Power Consumption per ton of Machining Coal	33.80	32.76	32.55	33.46	33.87
选煤电力单耗	Electric Power Consumption per ton of Milling run Coal	8.65	8.11	6.82	7.94	7.85
单位油气产量耗电	Electric Power Consumption per ton of Manufacturing Oil and Gas	343.95	364.30	343.99	342.77	344.11
每吨粘胶纤维用电量(短纤)	Electric Power Consumption per ton of Pectic-fibre(short fibre)	980.75	1613.32	1715.28	1608.16	1486.76
每吨粘胶纤维用电量(长丝)	Electric Power Consumption per ton of Pectic-fibre(long silk)	6793.35	7144.95	7575.17	8308.86	7675.56
每吨涤纶用电量(短纤)	Electric Power Consumption per ton of Terylene(short fibre)	233.35	202.55	196.75	217.86	239.88
每吨纱(线)混合数生产用电量	Electric Power Consumption per ton of Gauze and Line	1996.97	1691.68	1492.42	1508.00	1846.18
机制纸及纸板耗电	Electric Power Consumption per ton of Machinemade Paper and Paperboard	370.31	322.73	455.63	479.71	511.89
原油加工单位耗电	Electric Power Consumption per ton of Machining Base oil	68.36	64.33	63.79	66.98	59.81
单位烧碱耗电	Electric Power Consumption per unit of Manufacturing Caustic Soda	2368.58	2354.37	2315.05	2337.75	2299.22
单位烧碱生产耗交流电(离子膜法30%)	Electric Power Consumption per ton of Manufacturing Caustic Soda (Ion Film 30%)	2361.80	2346.94	2306.70	2335.70	2299.22
单位烧碱生产耗交流电(隔膜法30%)	Electric Power Consumption per ton of Manufacturing Caustic Soda (Partition Film 30%)	2386.21	2442.76	2446.87	2457.56	
单位纯碱耗电	Electric Power Consumption per ton of Manufacturing Sodium carbonate	312.10	269.70	262.33	320.84	315.83
联碱法纯碱双吨产品生产耗电	Electric Power Consumption per Unit of Sodium carbonate in Joint Alkali	284.98	289.17	290.38	309.20	330.70
天然碱法单位纯碱生产耗电	Electric Power Consumption per Unit of Sodium carbonate in Natural Law	330.39	323.85	336.07	331.00	304.38
单位电石生产电力消耗	Electric Power Consumption per ton of Manufacturing Calcium carbide	3160.03	3074.38	3000.94	2959.41	3079.22
单位乙烯生产耗电	Electric Power Consumption per ton of Manufacturing Ethylene	188.18	178.17	170.46	153.20	102.63
单位合成氨耗电	Electric Power Consumption per ton of Manufacturing Compound ammonia	1330.48	1303.29	1261.43	1254.43	1246.20
吨水泥熟料综合电耗	Overall Electric Power Consumption per ton of Cement Ripe-material	84.88	76.89	74.41	72.82	69.28
吨水泥综合电耗	Overall Electric Power Consumption per ton of Cement	116.43	89.74	90.45	85.30	83.75
每重量箱平板玻璃耗电(千瓦时/重量箱)	Electric Power Consumption per ton of Plate Glass(kwh/weight case)	8.58	6.15	7.40	7.95	9.29
吨钢耗电	Electric Power Consumption per ton of Steel	398.88	359.93	332.67	336.45	360.59
电炉炼钢综合电力消耗	Electric Power Consumption per ton of Electric Cooker Ferroalloy-making	425.43	381.88	398.00	402.48	428.96
硅铁单位电耗(千瓦时/标准吨)	Energy Consumption per Unit of Ferrosilicon Processes (kwh/SET)	5868.49	4323.53	4310.10	4255.50	4425.13
硅锰合金单位电耗(千瓦时/标准吨)	Energy Consumption per Unit of Si-Mn Alloy Processes (kwh/SET)	4200.00	4570.80	3672.10	4498.54	4881.87
轧钢工序单位电力消耗	Electric Power Consumption per ton of Steel rolling	106.45	85.18	87.44	125.33	125.75
单位铝锭综合交流电耗	Overall Alternating Current Electric Power Consumption per ton of Aluminium	14602.38	14076.79	13993.26	13913.66	13881.93
析出铝直流电单耗	DC Electric Power Consumption per ton of Separate out Aluminium	148.41	128.14	127.98	118.29	109.99
析出锌(湿法)直流电单耗	DC Electric Power Consumption per ton of Separate out Zn	3100.17	3064.26	2974.65	2924.88	2923.90
吨铜加工材消耗电量	Electric Power Consumption per ton of Machining Cuprum	1489.44	1691.84	1793.33	1983.94	1673.72
吨铝加工材消耗电量	Electric Power Consumption per ton of Machining Aluminium	564.39	523.74	539.24	538.70	475.56
发电厂用电率(%)	Electro-rate of Power plant(%)	7.49	6.95	6.40	6.03	5.75

8-24 各市全社会用电量

Electricity Consumption by city

单位：亿千瓦时 (100 millin kwh)

市(县) City(County)	2007	2008	2009	2010	2011	2012
省 辖 市 City						
郑 州 市 Zhengzhou	334.89	366.67	365.84	410.09	455.99	479.52
开 封 市 Kaifeng	40.00	42.89	51.78	59.71	68.00	75.13
洛 阳 市 Luoyang	270.55	287.74	294.67	349.42	408.29	392.98
平 顶 山 市 Pingdingshan	109.38	124.12	126.14	131.70	149.98	159.11
安 阳 市 Anyang	118.03	125.73	131.45	164.93	193.84	179.44
鹤 壁 市 Hebi	29.62	35.48	34.24	38.93	41.82	43.80
新 乡 市 Xinxiang	98.24	117.88	128.06	144.02	162.23	173.70
焦 作 市 Jiaozuo	166.97	186.50	182.03	186.31	207.59	197.91
濮 阳 市 Puyang	44.60	46.33	51.71	56.85	60.03	73.84
许 昌 市 Xuchang	49.36	55.77	65.89	76.16	84.11	93.70
漯 河 市 Luohe	31.61	33.89	36.51	41.17	46.92	50.59
三 门 峡 市 Sanmenxia	99.71	105.11	117.86	141.72	140.91	133.97
南 阳 市 Nanyang	112.77	124.55	132.38	160.69	190.25	203.87
商 丘 市 Shangqiu	107.34	114.56	121.83	134.34	152.56	156.04
信 阳 市 Xinyang	46.01	50.53	62.10	69.22	78.24	87.59
周 口 市 Zhoukou	37.35	41.84	47.41	53.92	59.88	70.54
驻 马 店 市 Zhumadian	51.31	53.89	59.89	66.32	80.10	91.77
济 源 市 Jiyuan	39.35	48.28	53.44	59.68	67.61	75.10
省 直 管 县 Province Administrating County						
巩 义 市 Gongyi	76.73	79.67	83.21	94.79	105.07	103.67
兰 考 县 Lankao	2.14	3.04	3.67	5.07	5.85	7.18
汝 州 市 Ruzhou	11.60	13.57	12.70	13.47	16.43	19.60
滑 县 Huaxian	5.71	6.22	6.96	7.52	10.22	11.07
长 垣 县 Changyuan	4.90	5.60	6.40	7.50	8.90	9.76
邓 州 市 Dengzhou	5.39	5.45	6.91	7.58	8.34	10.81
永 城 市 Yongcheng	53.36	58.35	56.12	59.75	80.09	86.81
固 始 县 Gushi	3.85	4.44	5.34	5.96	6.94	8.31
鹿 邑 县 Luyi	2.63	3.05	3.48	4.12	4.92	5.87
新 蔡 县 Xincai	1.47	1.67	2.10	2.48	2.95	3.75

注：本表由省电力公司提供。

a) Data in this table are provided by provincial electric company.

8-25 各市能耗情况(2012年)

Basic condition of Energy Consumption by City (2012)

市(县) City(County)	能源消费总量(万吨标准煤) Energy Consumption (10 000 ton of SCE)	单位GDP能耗(吨标准煤/万元) Energy Consumption for GDP (ton of SCE/10 000yuan)		单位GDP电耗(千瓦时/万元) Energy Consumption for GDP (kw.h/10 000yuan)		单位工业增加值能耗(吨标准煤/万元) Energy Consumption for Add-value of Industry(ton of SCE/10 000yuan)	
		指标值 Index	比上年升降(±%) Change(±%)	指标值 Index	比上年升降(±%) Change(±%)	指标值 Index	比上年升降(±%) Change(±%)
全 省 Total	**23647.11**	**0.831**	**-7.14**	**966.00**	**-6.42**	**1.236**	**-14.75**
省 辖 市 City							
郑 州 市 Zhengzhou	3180.56	0.656	-5.62	988.48	-6.06	0.974	-9.98
开 封 市 Kaifeng	689.45	0.592	-6.82	646.54	-0.57	1.081	-14.18
洛 阳 市 Luoyang	2346.32	0.817	-7.23	1400.69	-10.49	1.264	-16.21
平顶山市 Pingdingshan	1646.62	1.060	-9.80	1024.48	-0.77	1.466	-15.91
安 阳 市 Anyang	1934.77	1.221	-8.92	1132.31	-13.85	1.823	-12.97
鹤 壁 市 Hebi	648.96	1.208	-9.99	815.07	-5.59	1.500	-15.13
新 乡 市 Xinxiang	1357.63	0.893	-5.74	1142.80	-3.92	1.370	-14.20
焦 作 市 Jiaozuo	1617.64	1.029	-6.79	1258.88	-14.37	1.259	-15.76
濮 阳 市 Puyang	943.11	0.967	-3.96	714.02	3.39	1.134	-15.19
许 昌 市 Xuchang	1197.48	0.706	-3.76	552.49	-0.78	0.771	-14.22
漯 河 市 Luohe	679.56	0.787	-7.27	586.12	-3.82	0.669	-13.88
三门峡市 Sanmenxia	1100.80	0.995	-9.07	1210.62	-15.22	1.274	-14.96
南 阳 市 Nanyang	1263.37	0.528	-6.94	851.94	-2.75	0.921	-14.62
商 丘 市 Shangqiu	1196.45	0.851	-5.14	1110.45	-8.00	1.220	-14.09
信 阳 市 Xinyang	946.17	0.706	-4.70	653.45	1.30	1.320	-12.02
周 口 市 Zhoukou	735.98	0.489	-3.20	468.86	6.42	0.519	-11.61
驻马店市 Zhumadian	934.25	0.722	-8.97	708.93	3.81	1.140	-12.06
济 源 市 Jiyuan	774.76	1.762	-3.68	1708.43	-0.44	2.292	-6.86
省直管县 Province Administrating County							
巩 义 市 Gongyi	572.80	1.082	-6.12	2108.16	-4.33	1.301	-9.79
兰 考 县 Lankao	45.59	0.288	-3.56	456.83	10.44	0.379	-10.75
汝 州 市 Ruzhou	264.38	0.848	-3.97	631.61	9.37	1.535	-10.54
滑 县 Huaxian	68.34	0.420	-4.89	682.69	-0.76	0.244	-10.71
长 垣 县 Changyuan	93.56	0.510	-6.83	532.05	-2.53	0.115	-13.58
邓 州 市 Dengzhou	113.08	0.398	-1.45	375.95	16.21	0.349	-10.75
永 城 市 Yongcheng	691.38	1.953	-6.13	2453.04	-1.41	1.634	-13.96
固 始 县 Gushi	172.72	0.825	-4.68	399.07	10.38	0.516	-10.15
鹿 邑 县 Luyi	84.68	0.443	-3.68	321.86	12.66	0.205	-11.79
新 蔡 县 Xincai	64.34	0.550	-3.59	322.32	16.64	0.177	-10.90

主要统计指标解释

能源生产总量 指一定时期内全国(地区)一次能源生产量的总和。该指标是观察全国(地区)能源生产水平、规模、构成和发展速度的总量指标。一次能源生产量包括原煤、原油、天然气、水电、核能及其他动力能(如风能、地热能等)发电量，不包括低热值燃料生产量、生物质能、太阳能等的利用和由一次能源加工转换而成的二次能源产量。

能源消费总量 指一定时期内全国(地区)物质生产部门、非物质生产部门和生活消费的各种能源的总和。该指标是观察能源消费水平、构成和增长速度的总量指标。能源消费总量包括原煤和原油及其制品、天然气、电力，不包括低热值燃料、生物质能和太阳能等的利用。能源消费总量分为终端能源消费量、能源加工转换损失量和能源损失量三部分。

能源生产弹性系数 研究能源生产增长速度与国民经济增长速度之间关系的指标。计算公式为：

能源生产弹性系数=能源生产总量年平均增长速度/国民经济年平均增长速度

国民经济年平均增长速度，可根据不同的目的或需要，用国民生产总值、国内生产总值等指标来计算，本年鉴是采用国内生产总值指标计算的。

电力生产弹性系数 是研究电力生产增长速度与国民经济增长速度之间关系的指标。一般来说，电力的发展应当快于国民经济的发展，也就是说电力应超前发展。计算公式为：

电力生产弹性系数=电力生产量年平均增长速度/国民经济年平均增长速度

能源消费弹性系数 反映能源消费增长速度与国民经济增长速度之间比例关系的指标。计算公式为：

能源消费弹性系数=能源消费量年平均增长速度/国民经济年平均增长速度

电力消费弹性系数 反映电力消费增长速度与国民经济增长速度之间比例关系的指标。计算公式为：

电力消费弹性系数=电力消费量年平均增长速度/国民经济年平均增长速度

能源加工转换效率 指一定时期内能源经过加工、转换后，产出的各种能源产品的数量与同期内投入加工转换的各种能源数量的比率。该指标是观察能源加工转换装置和生产工艺先进与落后、管理水平高低等的重要指标。计算公式为：

能源加工转换效率=能源加工转换产出量/能源加工转换投入量×100%

单位 GDP 能耗 指一定时期内，一个国家或地区每生产一个单位的生产总值所消耗的能源。能源消费的核算范围既包括全部三次产业的生产、经营及其他活动用能，也包括居民生活用能。计算方法：

单位 GDP 能耗=能源消费总量/GDP（可比价）

单位 GDP 电耗 指一定时期内，一个国家或地区每生产一个单位的国内生产总值所消耗的电力。计算公式为：

单位 GDP 电耗=全社会用电量/GDP(可比价)

单位工业增加值能耗 指一定时期内，一个国家或地区每生产一个单位的工业增加值所消耗的能源。计算公式为：

单位工业增加值能耗=工业能源消耗量/工业增加值

Explanatory Notes on Main Statistical Indicators

Total Energy Production refers to the total production of primary energy by all energy producing enterprises in the country in a given period of time. It is a comprehensive indicator to show the capacity, scale, composition and development of energy production of the country. The production of primary energy includes that of coal, crude oil, natural gas, hydro-power and electricity generated by nuclear energy and other means such as wind power and geothermal power. However, it excludes the production of fuels of low calorific value, bio-energy, solar energy and the secondary energy converted from the primary energy.

Total Domestic Energy Consumption refers to the total consumption of energy of various kinds by material production sectors, non material production sectors and households in the country in a given period of time. It is a comprehensive indicator to show the scale, composition and development of energy consumption. The total energy consumption includes that of coal, crude oil and their products, natural gas and electricity; however, it excludes the consumption of fuel of low calorific value, bio-energy and solar energy. Total domestic energy consumption can be divided into three parts: final energy consumption, loss during the process of energy conversion, and energy loss.

Elasticity Ratio of Energy Production the indicator to show the relationship between the growth rate of energy production and the growth rate of the national economy. The formula is:

Elasticity Ratio of Energy Production = Average Annual Growth Rate of Energy Production / Average Annual Growth Rate of National Economy

The average annual growth rate of the national economy can be shown by the gross national product, gross domestic product and other indicators, depending upon the purposes or needs. The gross domestic product is used in calculation of the ratio in this chapter.

Elasticity Ratio of Electricity Production is an indicator to show the relationship between the growth rate of electricity production and the growth rate of the national economy. Generally speaking, the growth rate of electricity production should be higher than that of the national economy.

Its formula is:

$$\text{Elasticity Ratio of Electricity Production} = \frac{\text{Average Annual Growth Rate of Electricity Production}}{\text{Average Annual Growth Rate of National Economy}}$$

Elasticity Ratio of Energy Consumption the indicator to show the relationship between the growth rate of energy consumption and the growth rate of the national economy. The formula is:

Elasticity Ratio of Energy Consumption = Average Annual Growth Rate of Energy Consumption / Average Annual Growth Rate of National Economy

Elasticity Ratio of Electricity Consumption is an indicator to show the relationship between the growth rate of electricity consumption and the growth rate of the national economy. The formula is:

$$\text{Elasticity Ratio of Electricity Consumption} = \frac{\text{Average Annual Growth Rate of Electricity Consumption}}{\text{Average Annual Growth Rate of National Economy}}$$

Efficiency of Energy Processing and Conversion refers to the ratio of the total output of energy products of various kinds after processing and conversion and the total input of energy of various kinds for processing and conversion in the same reference period. It is an important indicator to show the current conditions of energy processing and conversion equipment, production technique and management. The formula is:

Efficiency of Energy Processing & Conversion = (Output of Energy After Processing & Conversion / Input of Energy for Processing & Conversion)×100%

Energy Consumption per Unit of GDP refers to the energy consumption per unit of gross domestic production in a country or the gross region production in a region in the same reference period. The consumption of energy accounting scope includes both all three times of industry production and business operations and other activities can use, including residents with life.

The formula is:

Energy Consumption per Unit of GDP = Total Energy Consumption / Gross Domestic Production

Electricity Consumption per Unit of GDP refers to the electricity consumption per unit of gross domestic production in a country or the gross region production in a region in the same reference period. The formula is:

Electricity Consumption per Unit of GDP = Total Electricity Consumption / Gross Domestic Production

Energy Consumption per Unit of Industrial Value-added refers to the energy consumption per unit of industrial value-added in a country or region in the same reference period. The formula is:

Energy Consumption per Unit of Industrial Value-added = Total Energy Consumption / Industrial Value-added

财政
Government Finance

● 资料整理：赵国顺

简要说明

一、主要内容

本篇包括地方财政收支和预算外资金收支资料。

二、统计口径

2007年起，财政收支科目实施了较大改革，特别是财政支出项目口径变化很大，与往年数据不可比。

三、资料来源

资料来源于河南省财政厅的财政总决算，由河南省统计局国民经济核算处编辑整理。

Brief Introduction

I. Main Contents

The data in this chapter present the government revenue and expenditure situation, the extra-budgetary revenue and expenditure.

II. Scope of Statistics

Because of the classifications of revenue and expenditure accounts have been adjusted largely since 2007, the relative data are not compared with data in preceding years.

III. Sources of Data

The data are based on final Henan provincial financial accounts, which are provided by the Department of National Accounts of the Henan provincial Bureau of Statistics.

9-1 历年地方公共财政预算收支总额

Total Public Financial Revenue and Expenditure of the Local Government over the Years

单位：亿元 (100 million yuan)

年 份 Year	财政总收入 Total Financial Revenue	公共财政预算收入 Public Financial Revenue of Local Government	#税收收入 Taxes	公共财政预算支出 Public Financial Expenditure of Local Government	#农林水事务 Farming Forestry Water Conservancy Operating	#社会保障和就业 Social Security and Obtain employment	#教科文卫 Culture Education Science & Health Care	#科学技术 Technology	#教育 Education	#医疗卫生 Medical Treatment and Public Health
1978		33.73	23.04	27.67	4.20		5.77	0.43		
1979		33.68	23.62	29.86	5.28		7.05	0.53		
1980		31.86	24.86	26.74	4.66		8.31	0.59		
1981		34.23	29.73	25.84	4.25		8.84	0.61		
1982		33.49	30.96	29.81	4.57		9.83	0.67		
1983		36.49	30.69	30.06	4.73		10.45	0.91		
1984		39.26	34.54	36.79	4.86		11.83	1.08		
1985		48.93	44.57	49.51	5.01		13.93	1.16		
1986		54.92	49.71	69.20	5.92		15.78	1.31		
1987		63.15	56.10	65.26	6.90		16.67	1.18		
1988		70.98	65.09	76.22	8.64		19.47	1.35		
1989		80.97	75.50	87.67	10.85		22.76	1.49		
1990		83.59	78.85	89.53	10.74		24.54	1.53		
1991		91.36	84.61	97.88	12.18		26.99	1.70		
1992		104.03	95.41	116.49	13.29		33.22	1.93		
1993		139.20	126.36	147.73	14.34		39.28	2.01		
1994		(171.38)								
		93.35	81.77	169.62	15.09		50.64	2.54		
1995		124.63	103.45	207.28	17.59		58.30	3.24		
1996		162.06	126.63	255.29	21.12		69.49	3.75		
1997		192.63	152.09	290.84	23.47		75.43	4.52		
1998		208.20	160.60	323.63	25.71		82.89	5.05		
1999		223.35	176.12	384.32	28.39		95.57	6.01		
2000		246.47	195.04	445.53	34.19		108.46	6.86		
2001		267.75	226.70	508.58	36.94		131.35	7.25		
2002		296.72	242.24	629.18	44.77		166.56	7.95		
2003		338.05	264.40	716.60	47.92		188.27	9.06		
2004	789.05	428.78	307.12	879.96	65.99		220.81	10.40		
2005	967.16	537.65	365.67	1116.04	82.28		270.22	13.85		
2006	1202.96	679.17	471.80	1440.09	(99.12)		(344.21)	(18.84)		
					111.34		362.82	17.37		
2007	1530.48	862.08	625.02	1870.61	152.51	281.22	523.51	25.23	366.12	98.78
2008	1781.89	1008.90	742.27	2281.61	209.59	330.23	661.40	30.44	444.03	145.47
2009	1921.80	1126.06	821.50	2905.76	361.60	403.62	843.47	35.52	526.14	223.15
2010	2293.70	1381.32	1016.55	3416.14	399.19	461.22	979.24	44.67	609.37	270.21
2011	2851.91	1721.76	1263.10	4248.82	480.48	547.96	1332.75	56.59	857.14	361.48
2012	3282.48	2040.33	1469.57	5006.40	551.73	631.61	1671.77	69.64	1106.51	425.99

注：1.财政收入1993年以前为分税制前老口径,1994年以后为分税制后新口径,括号内为分税制前老口径。
2.1994年以后的财政收支均为地方财政一般预算收支。
3.2007年起，财政收支项目按新科目列支。2006年财政支出括号内数据为按老科目列支。
4.2011年起，财政一般预算收支改称公共财政预算收支。

a)Before 1993,government revenue is old statement before distributive taxation.The date in parentheses is statement before distributive taxation .
b)Financial revenue and expenditure refer to Ordinary budget financial revenue and expenditure of local government since 1994(the same to next).
c)Item of Financial revenue and expenditure based on new system since 2007.Data of financial expenditure Parenthesos are based on old system in 2006.
d)Data of Financial general budget revenue and expenditure change to public financial revenue and expenditure since 2011.

9-2 各项税收
Taxes

单位：亿元 (100 million yuan)

年 份 Year	公共财政预算收入 Public Financial Revenue of Local Government	#增值税 Value-added Tax	#营业税 Business Tax	#企业所得税 Corporate Income Tax	#个人所得税 Individual Income Tax	#城市维护建设税 City Maintenance and Construction Tax
1995	124.63	25.57	22.78	18.64	3.44	8.39
1996	162.06	30.00	29.76	19.83	4.92	10.13
1997	192.63	32.80	38.85	28.43	6.38	11.18
1998	208.20	36.07	42.83	22.68	8.84	12.28
1999	223.35	36.72	47.22	29.47	10.83	12.69
2000	246.47	42.24	48.18	39.60	12.88	13.64
2001	267.75	44.35	52.89	60.85	19.25	13.73
2002	296.72	49.25	63.14	31.97	17.82	17.24
2003	338.05	57.95	75.31	29.14	15.60	20.54
2004	428.78	65.78	92.81	38.43	19.32	24.60
2005	537.65	87.97	111.60	51.56	22.05	29.18
2006	679.17	105.84	143.34	70.21	24.05	35.02
2007	862.08	129.96	184.24	103.06	30.26	42.87
2008	1008.90	153.89	209.55	116.76	32.30	49.06
2009	1126.06	140.82	252.81	114.81	33.33	51.93
2010	1381.32	155.79	319.34	136.63	40.29	61.35
2011	1721.76	181.38	404.27	185.21	48.38	80.22
2012	2040.33	187.79	482.40	209.13	41.41	89.77

9-3 地方公共财政预算收入
Public Financial Revenue of the Local Government

单位：亿元 (100 million yuan)

项 目	Item	2011 绝对数 Absolute Value	2011 比重(%) Proportion (%)	2012 绝对数 Absolute Value	2012 比重(%) Proportion (%)
收入合计	**Total Revenue**	**1721.76**	**100.0**	**2040.33**	**100.0**
税收收入	Tax Revenue	1263.10	73.4	1469.57	72.0
增值税	Value-added Tax	181.38	10.5	187.78	9.2
营业税	Sales Tax	404.27	23.5	482.39	23.6
企业所得税	Enterprises' Income Tax	185.21	10.8	209.13	10.2
企业所得税退税	Drawback of Enterprise Income Tax				
个人所得税	Individual Income Tax	48.38	2.8	41.41	2.0
资源税	Resources Tax	26.59	1.5	34.13	1.7
固定资产投资方向调节税	Regulatory taxes on investment in fixed assets				
城市维护建设税	Tax on Urban Maintenance and Construction	80.22	4.7	89.77	4.4
房产税	Tax on Real Estates	26.13	1.5	33.96	1.7
印花税	Stamp Tax	18.38	1.1	21.30	1.0
城镇土地使用税	Tax on the Use of Urban Land	57.72	3.4	75.61	3.7
土地增值税	Land Value Added Tax	58.44	3.4	70.35	3.4
车船税	Tax on Vehicles and Ships	12.21	0.7	16.17	0.8
耕地占用税	Tax on The Occupancy of Cultivated Land	61.18	3.6	78.15	3.8
契税	Contract Tax	98.06	5.7	120.21	5.9
烟叶税及其他	Tax on Tobacco leaf and others	4.92	0.3	9.19	0.5
非税收入	Non-Tax Revenue	458.65	26.6	570.77	28.0
专项收入	Expert Project Income	90.60	5.3	87.89	4.3
行政事业性收费收入	Income from Adiministrative Fees	161.33	9.4	199.92	9.8
罚没收入	Penalty and Confiscator Income	59.03	3.4	75.32	3.7
国有资本经营收入	Stated-owned Assets Profit	71.97	4.2	88.48	4.3
国有资源(资产)有偿使用收入	Revenue from using Stated-owned Assets Profit	46.00	2.7	78.01	3.8
其他收入	Other	29.72	1.7	41.14	2.0

9-4 各级地方公共财政预算收入(2012年)

Public Financial Revenue of the Local Government by Rating (2012)

单位：亿元 (100 million yuan)

项 目	Item	合计 Total	省级 Province	市级 City	县市级 County	乡镇级 Town & Township
收入合计	**Total Revenue**	**2040.33**	**123.53**	**785.73**	**794.95**	**336.12**
税收收入	Tax Revenue	1469.57	65.20	577.28	521.65	305.44
增值税	Value-added Tax	187.78	12.93	65.61	63.50	45.74
营业税	Sales Tax	482.40	8.75	216.24	157.49	99.91
企业所得税	Enterprises' Income Tax	209.13	43.37	76.27	56.03	33.46
企业所得税退税	Drawback of Enterprise Income Tax					
个人所得税	Individual Income Tax	41.41		21.67	12.11	7.63
资源税	Resources Tax	34.13		6.99	11.30	15.85
固定资产投资方向调节税	Regulatory taxes on investment in fixed assets					
城市维护建设税	Tax on Urban Maintenance and Construction	89.77	0.15	44.16	33.17	12.29
房产税	Tax on Real Estates	33.96		9.70	18.60	5.66
印花税	Stamp Tax	21.30		7.19	8.80	5.31
城镇土地使用税	Tax on the Use of Urban Land	75.61		21.83	31.18	22.60
土地增值税	Land Value Added Tax	70.35		18.34	40.00	12.01
车船税	Tax on Vehicles and Ships	16.17		6.47	5.93	3.77
耕地占用税	Tax on The Occupancy of Cultivated Land	78.15		9.09	47.01	22.05
契税	Contract Tax	120.21		73.71	34.00	12.49
烟叶税及其他	Tax on Tobacco leaf and other	9.19		0.01	2.53	6.66
非税收入	Non-Tax Revenue	570.77	58.33	208.45	273.30	30.68
专项收入	Expert Project Income	87.89	22.88	33.92	29.46	1.64
行政事业性收费收入	Income from Adiministrative Fees	199.92	22.36	61.72	105.43	10.41
罚没收入	Penalty and Confiscator Income	75.32	5.89	23.47	45.20	0.76
国有资本经营收入	Stated-owned Assets Profit	88.48	0.01	54.64	30.71	3.11
国有资源(资产)有偿使用收入	Revenue from using Stated-owned Assets Profit	78.01	6.73	23.39	42.78	5.12
其他收入	Other	41.14	0.46	11.31	19.72	9.65

9-5 地方公共财政预算支出

Public Financial Expenditure of the Local Government

单位：亿元 (100 million yuan)

项 目	Item	2011		2012	
		绝对数 Absolute Value	比重(%) Proportion (%)	绝对数 Absolute Value	比重(%) Proportion (%)
本年支出合计	**Total Expenditure**	**4248.82**	**100.0**	**5006.40**	**100.0**
一般公共服务	Commonly Public servings	559.02	13.2	663.07	13.2
国防	National Defense	5.67	0.1	7.13	0.1
公共安全	Public security	204.80	4.8	244.42	4.9
教育	Education	857.14	20.2	1106.51	22.1
科学技术	Technology	56.59	1.3	69.64	1.4
文化体育与传媒	Culture Sport and Medium	57.54	1.4	69.63	1.4
社会保障和就业	Social Security and Obtain employment	547.96	12.9	631.61	12.6
医疗卫生	Medical Treatment and Public Health	361.48	8.5	425.99	8.5
环境保护	Environment Protection	95.60	2.3	109.45	2.2
城乡社区事务	Urban and Rural Area Community Operating	191.30	4.5	237.97	4.8
农林水事务	Farming Forestry and Water Conservancy Operating	480.48	11.3	551.73	11.0
交通运输	Traffic and Transport	281.21	6.6	300.43	6.0
资源勘探电力信息等事务	Resource exploration power information, etc	126.55	3.0	119.32	2.4
商业服务业等事务	Business Services, etc	67.60	1.6	53.99	1.1
金融监管支出	The financial supervision	16.83	0.4	25.06	0.5
地震灾后恢复重建支出	Expenses after the Earthquake Reconstruction	3.42	0.1		-
国土资源气象等事务	The Land and Resources, etc	63.54	1.5	55.96	1.1
住房保障支出	Housing Safeguard	142.64	3.4	185.65	3.7
粮油物资储备管理等事务	Grain and oil reserves management	39.85	0.9	41.43	0.8
国债还本付息支出	Debt servicing expenditure	26.41	0.6	43.34	0.9
其他支出	Others	63.17	1.5	64.09	1.3

9−6 各级地方公共财政预算支出(2012年)

Public Financial Expenditure of the Local Government by Rating (2012)

单位：亿元 (100 million yuan)

项　　目	Item	合计 Total	省级 Province	市级 City	县市级 County	乡镇级 Town & Township
本年支出合计	**Total Expenditure**	**5006.40**	**715.39**	**1194.10**	**2799.76**	**297.15**
一般公共服务	Commonly Public servings	663.07	78.99	107.00	323.40	153.68
国防	National Defense	7.13	2.28	3.42	1.43	0.00
公共安全	Public security	244.42	31.75	94.53	117.25	0.88
教育	Education	1106.51	159.61	190.57	732.76	23.57
科学技术	Technology	69.64	11.06	22.67	33.67	2.24
文化体育与传媒	Culture Sport and Medium	69.63	8.37	27.43	31.04	2.79
社会保障和就业	Social Security and Obtain employment	631.61	169.88	102.33	333.87	25.54
医疗卫生	Medical Treatment and Public Health	425.99	30.30	54.83	337.38	3.48
节能环保	Energy conservation and environmental protection	109.45	2.23	35.38	70.39	1.45
城乡社区事务	Urban and Rural Area Community Operating	237.97	4.39	125.62	85.77	22.19
农林水事务	Farming Forestry and Water Conservancy Operating	551.73	39.22	57.57	405.34	49.61
交通运输	Traffic and Transport	300.43	77.04	146.54	76.14	0.71
资源勘探电力信息等事务	Resource exploration power information, etc	119.32	13.08	67.34	36.92	1.97
商业服务业等事务	Business Services, etc	53.99	1.97	20.84	30.70	0.48
金融监管等事务	Financial supervision and others	25.06	10.66	9.72	4.69	
地震灾后恢复重建支出	Expenses after the Earthquake Reconstruction					
国土资源气象等事务	The Land and Resources, etc	55.96	18.78	9.52	27.02	0.64
住房保障支出	Housing Safeguard	185.65	17.82	48.84	114.57	4.42
粮油物资储备管理等事务	Grain and oil reserves management	41.43	30.08	4.05	7.27	0.02
国债还本付息支出	Debt servicing expenditure	43.34	6.36	30.65	6.32	0.00
其他支出	Others	64.09	1.52	35.27	23.83	3.47

9-7 各市公共财政预算收入(2012年)

单位：万元

市（县） City(County)	收入合计 Total Revenue	税收收入 Tax Revenue	#增值税 Value-added Tax	#营业税 Operation Tax	#企业所得税 Corporate Income Tax	#个人所得税 Individual Income Tax
全 省 Total	**20403310**	**14695659**	**1877809**	**4823962**	**2091307**	**414096**
省 辖 市 City						
郑 州 市 Zhengzhou	6066488	4524285	415052	1710140	677937	164344
开 封 市 Kaifeng	619175	447156	41351	170809	34855	9345
洛 阳 市 Luoyang	2052637	1485386	191371	464660	184195	40418
平 顶 山 市 Pingdingshan	1073568	744591	136609	237305	58760	20798
安 阳 市 Anyang	835701	557283	63926	172494	54179	12085
鹤 壁 市 Hebi	326589	222525	34400	66926	16156	7647
新 乡 市 Xinxiang	1083460	785182	113712	240805	112884	16648
焦 作 市 Jiaozuo	851332	555723	85391	167459	58486	13511
濮 阳 市 Puyang	480946	393900	67877	128287	26385	14350
许 昌 市 Xuchang	903669	696535	99250	189536	73231	20215
漯 河 市 Luohe	416096	333503	59067	96083	48712	7838
三 门 峡 市 Sanmenxia	686165	470449	77283	121924	42661	13874
南 阳 市 Nanyang	1036511	825850	116622	249947	64333	19842
商 丘 市 Shangqiu	701907	528960	93871	187115	40070	16550
信 阳 市 Xinyang	554589	423215	37737	184711	40749	12281
周 口 市 Zhoukou	601347	404451	37559	142336	36842	7710
驻 马 店 市 Zhumadian	589141	430585	43780	153619	39972	10242
济 源 市 Jiyuan	288668	214034	33656	52267	47175	6398
省 直 管 县 Province Administrating County						
巩 义 市 Gongyi	260515	179646	34937	40155	15668	4756
兰 考 县 Lankao	67046	46944	3639	16765	3198	865
汝 州 市 Ruzhou	136862	83728	14153	22751	11366	1476
滑 县 Huaxian	48537	33968	4566	12937	3348	997
长 垣 县 Changyuan	80049	64826	11200	21634	8491	989
邓 州 市 Dengzhou	74418	52805	3430	19762	4159	964
永 城 市 Yongcheng	236099	182943	61494	44130	11351	6591
固 始 县 Gushi	62420	38080	3085	17296	3266	1219
鹿 邑 县 Luyi	60136	41043	4571	12799	3471	433
新 蔡 县 Xincai	33026	17532	1139	7089	1575	350

Public Financial Revenue of the Local Government by City (2012)

(10 000 yuan)

#城市维护建设税 Tax on Town Maintenance and Construction	#耕地占用税 Tax on Occupation of Cultivated Land	#契税 Deed Tax	#其他各项税收 Other Tax	非税收入 Non-Tax Revenue	#专项收入 Expert Project Income	#行政事业性收费收入 Income from Administrative Fees	#国有资本经营收入 Income from Stated-owned Assets Profit
897652	**781472**	**1202068**	**2174008**	**5707651**	**878908**	**1999233**	**884768**
266784	162586	388404	699971	1542203	169612	364072	530096
20034	36577	45951	84536	172019	16976	88942	7219
88761	56775	157073	232116	567251	72223	204044	61020
52869	37550	39264	109073	328977	44607	145524	8610
50339	32509	58548	105987	278418	32554	113310	9591
14048	21312	17009	40730	104064	11187	27482	17235
40435	42247	57161	144366	298278	37705	96298	39034
31759	31070	44572	116739	295609	25841	87608	94834
25435	17785	27865	53188	87046	16534	39840	2598
68214	37051	45856	115300	207134	40765	102666	18518
31558	10005	25179	39276	82593	15271	35413	1987
29100	22716	41795	58674	215716	29856	54713	68935
56910	150748	48137	79973	210661	39434	106070	2213
37806	20578	47395	73999	172947	32581	73459	
19844	17541	47234	59398	131374	17571	52224	998
16400	49428	41940	70553	196896	12973	87613	8655
33263	27138	54773	54134	158556	20807	76907	7695
12606	7856	13912	35995	74634	13613	19463	5445
10789	6667	9809	44387	80869	8713	33090	11345
1213	10635	3777	6708	20102	1767	10023	
5177	7689	2898	10541	53134	5664	34208	
1016	1434	1688	7773	14569	838	4272	55
3071	1176	5253	13012	15223	1888	7323	
1836	12141	3811	4376	21613	1499	12398	
21281	6638	6611	15426	53156	20021	14393	
1254	1707	5461	4559	24340	5329	9474	908
1601	6298	4350	6682	19093	1522	7604	
486	2144	3241	1506	15494	390	7814	

9-8 各市公共财政预算支出(2012年)

单位：万元

市(县) City(County)	支出合计 Payout	#一般公共服务 Commonly Public servings	#公共安全 Public security	#教育 Education	#科学技术 Technology	#文化体育与传媒 Culture Sport and Medium
全 省 Total	**50063990**	**6630657**	**2444179**	**11065094**	**696392**	**696275**
省 辖 市 City						
郑 州 市 Zhengzhou	7006980	827634	358771	1240176	152706	108517
开 封 市 Kaifeng	1716852	359520	88596	335392	18596	20966
洛 阳 市 Luoyang	3451128	400823	181070	791906	69057	92101
平 顶 山 市 Pingdingshan	2096506	309798	117215	456050	24834	30292
安 阳 市 Anyang	2048109	259651	124549	461081	35991	33457
鹤 壁 市 Hebi	834956	83877	47514	166482	7028	14479
新 乡 市 Xinxiang	2415023	340251	148483	529562	29536	35192
焦 作 市 Jiaozuo	1659704	230256	113265	331297	32829	24086
濮 阳 市 Puyang	1506609	137992	79743	353586	18385	20582
许 昌 市 Xuchang	1783912	291279	94825	419105	21039	25894
漯 河 市 Luohe	1117042	152778	60589	225757	5956	14061
三 门 峡 市 Sanmenxia	1371262	231739	65087	292545	22354	19304
南 阳 市 Nanyang	3865551	528702	171770	814085	51855	42445
商 丘 市 Shangqiu	2863128	342375	117812	739537	18658	22796
信 阳 市 Xinyang	2771114	464555	104381	750983	18281	28682
周 口 市 Zhoukou	3235596	406663	123702	852638	26306	44878
驻 马 店 市 Zhumadian	2689825	409324	106374	612713	27966	27810
济 源 市 Jiyuan	476807	63535	22936	96060	4389	7028
省 直 管 县 Province Administrating County						
巩 义 市 Gongyi	390589	63555	15949	81952	7843	13279
兰 考 县 Lankao	250809	52562	9295	63914	533	3322
汝 州 市 Ruzhou	302994	51919	11577	72069	3232	4790
滑 县 Huaxian	349519	34370	12755	82406	3848	6721
长 垣 县 Changyuan	261842	39863	12784	56968	2081	1949
邓 州 市 Dengzhou	406550	44575	15757	87344	4598	3244
永 城 市 Yongcheng	416544	51896	15641	121695	1747	2898
固 始 县 Gushi	431332	76271	14079	125006	1810	3194
鹿 邑 县 Luyi	327866	35889	10172	85462	4212	9139
新 蔡 县 Xincai	294412	40038	7188	79433	3238	2134

Public Financial Expenditure of the Local Government by City (2012)

(10 000 yuan)

#社会保障和就业 Social Security and Obtain employment	#医疗卫生 Medical Treatment and Public Health	#节能保护 Energy conservation and environmental protection	#城乡社区事务 Urban and Rural Area Community Operating	#农林水事务 Farming Forestry and Water Conservancy Operating	#交通运输 Traffic and Transport	#住房保障 Housing Safeguard
6316138	**4259878**	**1094525**	**2379693**	**5517307**	**3004317**	**1856492**
557360	460530	140731	951021	520476	267114	174544
235864	189917	28927	39573	215141	66051	55166
317883	260208	87697	259340	360498	168253	118432
251727	195365	78394	80301	255023	82375	75387
184505	222001	62352	83753	262010	127080	87568
90904	65435	33280	38593	85823	44583	83888
225923	217635	68885	102006	300293	120597	126436
174938	151082	57035	92609	169750	89067	59721
211785	145741	28990	64673	230369	111873	47203
173657	159430	53737	99282	205475	97466	41803
120260	109901	19374	59568	121387	70788	60292
121326	96887	57347	53829	165182	79760	38199
449367	389396	133180	94003	570958	300955	140687
372402	297012	44140	65030	377233	166445	189177
280591	242550	64985	64164	415760	137107	119500
439811	409034	50357	90242	413628	155846	104257
364267	305144	38688	64867	393612	122653	140077
44804	39608	24091	32966	62499	25923	15967
33808	45042	11837	32314	43317	12513	8649
25866	27999	3711	5229	35293	8064	7530
36142	36864	8209	3124	44516	8548	10309
37250	41218	7920	9039	69275	22318	13287
21937	27885	8752	2936	46255	15894	17952
56461	57743	7042	7641	76374	18909	12825
57217	48105	7424	5014	61313	10068	11092
44026	46762	5522	3393	67951	13025	19304
56659	44091	4648	3323	40956	4682	16168
38041	34085	2461	5771	47687	6147	22990

主要统计指标解释

财政收入 指国家财政参与社会产品分配所取得的收入，是实现国家职能的财力保证。公共财政预算收入主要包括税收收入和非税收入。

（1）税收收入：包括国内增值税、国内消费税、进口货物增值税和消费税、出口货物退增值税和消费税、营业税、企业所得税、个人所得税、资源税、城市维护建设税、房产税、印花税、城镇土地使用税、土地增值税、车船税、船舶吨税、车辆购置税、关税、耕地占用税、契税、烟叶税等。

（2）非税收入：包括专项收入、行政事业性收费收入、罚没收入、国有资本经营收入、国有资源（资产）有偿使用收入和其他收入。

财政支出 指国家财政将筹集起来的资金进行分配使用，以满足经济建设和各项事业的需要。公共财政预算支出主要包括：

（1）一般公共服务：指政府提供基本公共管理与服务的支出，包括人大事务、政协事务、政府办公厅（室）及相关机构事务、发展与改革事务、统计信息事务、财政事务、税收事务、审计事务、海关事务、人力资源事务、纪检监察事务、人口与计划生育事务、商贸事务、知识产权事务、工商行政管理事务、质量技术监督与检验检疫事务、国土资源事务、海洋管理事务、测绘事务、地震事务、气象事务、民族事务、宗教事务、港澳台侨事务、档案事务、共产党事务、民主党派及工商联事务、群众团体事务、彩票发行事务、国债事务、债券投资、其他一般公共服务支出。

（2）国防：指政府用于国防方面的支出，包括现役部队、预备役部队、民兵、国防科研事业、专项工程、国防动员等方面的支出。

（3）公共安全：指政府维护社会公共安全方面的支出，包括武装警察、公安、国家安全、检察、法院、司法行政、监狱、劳教、国家保密、缉私警察等。

（4）教育：指政府教育事务支出，包括教育管理、学前教育、小学教育、初中教育、普通高中教育、普通高等教育、中专教育、技校教育、职业高中教育、高等职业教育、广播电视教育、留学生教育、特殊教育、干部继续教育、教育机关服务等。

（5）科学技术：指用于科学技术方面的支出，包括科学技术管理事务、基础研究、应用研究、技术研究与开发、科技条件与服务、社会科学、科学技术普及、科技交流与合作等。

（6）文化体育与传媒：指政府在文化、文物、体育、广播影视、新闻出版等方面的支出。

（7）社会保障和就业：指政府在社会保障与就业方面的支出，包括社会保障和就业管理事务、民政管理事务、财政对社会保险基金的补助、补充全国社会保障基金、行政事业单位离退休、企业改革补助、就业补助、抚恤、退役安置、社会福利、残疾人事业、城市居民最低生活保障、其他城镇社会救济、农村社会救济、自然灾害生活救助、红十字事务等。

（8）医疗卫生：指政府在医疗卫生方面的支出，包括医疗卫生管理事务、医疗服务、社区卫生服务、医疗保障、疾病预防控制、卫生监督、妇幼保健、农村卫生、中医药等。

（9）节能环保：指政府节能环保的支出，包括环境保护管理事务、环境监测与监察、污染防治、自然生态保护、天然林保护工程、退耕还林、风沙荒漠治理、退牧还草、已垦草原退耕还草、能源节约利用、污染减排、可再生能源和资源综合利用等支出。

（10）城乡社区事务：指政府城乡社区事务支出，包括城乡社区管理事务、城乡社区规划与管理、城乡社区公共设施、城乡社区住宅、城乡社区环境卫生、建设市场管理与监督等。

（11）农林水事务：指政府农林水事务的支出，包括农业、林业、水利、扶贫、农业综合开发等。

（12）交通运输：指政府交通运输和邮政业方面的支出，包括公路运输、水路运输、铁路运输、民用航空运输、邮政业支出等。

（13）资源勘探电力信息等事务：指政府对资源勘探电力信息等事务支出，包括资源勘探业、制造业、建筑业、电力监管、工业和信息产业监管、安全生产监管、国有资产监管、支持中小企业发展和管理支出等。

（14）商业服务业等事务：指政府对商业服务业等事务的支出，包括商业流通事务、旅游业管理与服务、涉外发展服务支出等。

（15）金融监管等事务：指政府对金融保险业监管等事务方面的支出。

（16）国土资源气象等事务：指政府用于国土资源、海洋、测绘、地震、气象等公益服务事业方面的支出。

（17）住房保障支出：指政府用于住房保障方面的支出。

（18）粮油物资储备事务：指政府用于粮油物资储备事务方面的支出。

（19）国债还本付息支出：指政府在国债还本、付息、发行等方面的支出。

Explanatory Notes on Main Statistical Indicators

Government Revenue refers to income for the government finance through participating in the distribution of social products. It is the financial guarantee to ensure government functioning. Now it includes Tax Revenue and Non-Tax Revenue:

(1) Tax Revenue: Including Value-added tax, consumption tax, business tax, enterprise income tax, enterprise income tax rebate, personal income tax, resources tax , regulatory taxes on investment in fixed assets, urban maintenance and construction taxes, property taxes, stamp duty, tax on using urban land, land value-added tax, tax on using Vehicles and Ships, tax on using licence , Ship tons of tax, vehicle purchase tax (charges),tax on Slaughtering, banquet tax, customs, agriculture (tobacco) specialty tax, land tax, contract taxes and other tax revenue.

(2) Non-Tax Revenue: Including Special revenue, the Community Chest lottery income, administrative fees income, confiscated income, the state capital operating revenue, compensation income of using state-owned resources (assets), other income.

Government Expenditure refers to the distribution and use of the funds which the government finance has raised, so as to meet the needs of economic construction and various causes. It includes the following main items:

(1) Commonly Public servings :including affairs of People's Congress, affairs of Committee of People's Political Consultative Conference, the Government Office (room) and related organizations affairs, development and reform Affairs, statistical information Affairs, financial services, revenue Affairs, audit Affairs, customs affairs, personnel affairs, the discipline inspection and supervision Affairs, population and family planning Affairs, commerce and trade Affairs, intellectual property Affairs, administration affairs of industrial and commercial, supervision and administration Affairs of food and drug, quality of technical supervision and inspection and quarantine Affairs, land and natural resources Affairs, marine management Affairs, surveying and mapping Affairs, seismic Affairs, meteorological Affairs, ethical affairs, religion Affairs, Hong Kong, Macao and Taiwan affairs, file Affairs, the Communist Party affairs, other parties and the Federation of Industry and Commerce Services Mass organizations Affairs, Lottery Affairs, Treasury Affairs, bond investment, the other general public Affairs expenditure

(2) Defense: refers to the government for defense spending, including standing army, the reserve forces and the militia, national defense scientific research career, special engineering, national defense mobilization of expenditure

(3) National Defense: including Active-duty troops and reserve forces of national defense, national defense mobilization, and other defense expenditure.

(4) Education: including Education and management Affairs, general education, vocational education, adult education, radio and television education, studying abroad education, special education, teacher education and continuing education of cadres, education surcharge and education fund, other educational expenses.

(5) Science and technology : including Science and technology management Affairs, basic research, applied research, technology research and development, conditions and service of science and technology, social science, science and technology popularization , Science and technology exchanges and cooperation, and other science and technology expenditure.

(6) Culture Sport and Medium : including Culture, heritage, sports, radio, television, press, publishing, sports and other cultural and media expenditure.

(7) Social Security and Obtain employment: including Social security and Obtain employment Affairs, civil administration Management Affairs, added the National Social Security Fund, retired from administrative institutions, subsidies for shutdown and bankruptcy enterprises, employment subsidies, pension, placement of retirement, social welfare, handicapped Affairs, the minimum

living guarantee for urban residents, other urban social relief, rural social relief, living relief for natural disaster, the Red Cross Affairs, other social security expenditure and employment expenditure.

(8) Medical Treatment and Public Health: including Medical and health management affairs, medical services, community health services, health ensure, disease prevention and control, sanitation surveillance, health care of female and child, rural sanitation, Chinese traditional medicine, other medical and health expenditure.

(9) Energy conservation and environmental protection: including Environmental management affairs, environmental monitoring and surveillance, pollution control, natural ecological protection, natural forests protection, returning farmland to forests, desertification and sandstorms control, returning farmland to grassland, other environmental protection expenditure.

(10) Urban and Rural Area Community Operating :Including The management of urban and rural communities affairs, planning and management of urban and rural community, public facilities in rural and urban communities, residential of rural and urban communities, sanitation of urban and rural communities, management and supervision of marketable construction, the Government Housing Fund expenditures, expenditures of using land, additional expenditures of urban public utilities, other expenses of urban and rural community affairs.

(11) Farming Forestry and Water Conservancy Operating : including Agriculture, forestry, water conservancy, moving water from north to south, poverty alleviation, agricultural development, and other expenditures of agriculture, forestry, water affairs.

(12) Traffic and Transport : including Highway and waterway transport, rail transport, air transport, and other transport expenses.

(13) Resource exploration of electric power information: Mining, manufacturing, construction, electricity, the information industry, tourism, foreign-related development, grain and oil services, commercial circulation services, material reserves, the financial industry, tobacco affairs, production safety, state-owned assets supervision, the SME affairs, other industrial business Services such as financial expenditures.

(14) Business service and other affairs: refers to the government to business service and other affairs expenses, including commercial distribution affairs, tourism management and service, foreign development service expenditure, etc.

(15) Financial supervision: refers to the government for financial insurance regulatory affairs expenses.

(16) Land and resources weather affairs: refers to the government for land and resources, ocean, surveying and mapping, earthquake, meteorology and so on public service business spending.

(17) Housing security spending: refers to the government for housing safeguard expenses.

(18) Grain and oil materials reserve affairs: refers to the government for cereals and oil materials reserve affairs expenses

(19) National debt repayment of capital and interest expenses: refers to the government in national debt repayment of principal and interest payment and issue of expenditure.

物价
Price Indices

◉ 资料整理：王　燕　芦松林　贾世云　贺智虹

简要说明

一、主要内容

本篇包括居民消费价格指数、商品零售价格指数、农业生产资料价格指数、农产品生产价格指数、工业生产者出厂价格指数、工业生产者购进价格指数、固定资产投资价格指数等资料。

二、资料来源

价格指数编制由国家统计局河南调查总队组织实施。由省、市及抽选出的市、县调查队依据国家统计局统一制定的价格统计调查制度向基层采集原始数据汇总后得到。

居民消费、商品零售、农业生产资料价格指数采用抽样调查和重点调查相结合的方法取得，即在全省选择不同经济区域和分布合理的地区，以及有代表性的商品作为样本，对其市场价格进行定期调查，以样本推断总体。由国家统计局河南调查总队消费价格调查处编辑整理。

工业生产者价格调查采用重点调查与典型调查相结合的调查方法。重点调查将全部年主营业务收入2000万元以上的企业列为调查对象，采用主观选样的方法选择调查企业；典型调查是把年主营业务收入2000万元以下的企业作为抽样对象，采用随机抽样的调查方法。由国家统计局河南调查总队生产投资价格调查处编辑整理。

固定资产投资价格指数采用重点调查与典型调查相结合的方法。由国家统计局河南调查总队生产投资价格调查处编辑整理。

Brief Introduction

I. Main Contents

Data on price indices in this chapter including mainly consumer price indices, retail price indices, price indices for means of agricultural production, producer price indices for farm products, Industrial producers ex-factory price index, industrial producers purchase price index, price indices for investment in fixed assets.

II. Sources of Data

Compilation of statistics on price indices is organized by the Department of Henan Survey organizations, NBS. The survey organizations of the provinces, cities directly under the Central Government and of the selected cities and counties collect data from the grassroots units in accordance with the scheme of price survey system, tabulate them and report them to the higher agencies.

Data for compilation of the consumer price indices, the retail price indices and the producer price indices for farm products in Henan province are collected through a combination of sample surveys and surveys of key units. Areas distributed in different economic regions are selected as the sample areas and representative commodities are selected as the sample commodities. Regular surveys are conducted to collect data on their market prices. Population parameters are inferred on the basis of the sample data. Data of this part are provided by the Department of Henan Survey organizations, NBS.

Industrial producer prices are collected through a combined use of the key units' survey and typical units' survey methods. Key units refer to enterprises which annual sale revenue above 20 million yuan, Using the method of subjective selection. Typical units refer to the enterprises which annual sale revenue below 20 million yuan, Using the method of subjective selection Sampling survey. Data of this part are provided by the Department of Henan Survey organizations, NBS.

Data on prices of investment in fixed assets are collected by a program involving the combined use of surveys on key units and surveys on typical units. Data of this part are provided by the Department of Henan Survey organizations, NBS.

10-1 历年各种物价总指数

General Price Indices over the Years

(上年=100) (preceding year=100)

年 份 Year	居民消费价格总指数 General Consumer Price Index	城市 Urban Areas	农村 Rural Areas	商品零售价格总指数 General Retail Price Index	农业生产资料价格总指数 General Price Index of Agricultural Means of Production	工业生产者出厂价格指数 Ex-Factory Price Indices of Industrial Products	工业生产者购进价格指数 Indices of Purchasing Prices of Raw Materials, Fuels and Power	固定资产投资价格指数 Price Indices of Investment In Fixed Assets
1962	96.4	86.1	100.8	100.5	99.2			
1965	97.0	96.3	97.3	96.8	95.7			
1970	99.0	99.8	98.5	98.8	99.9			
1975	100.1	100.2	100.1	100.2	100.0			
1978	100.1	100.0	100.1	100.1	97.9			
1980	104.6	106.0	103.8	104.9	100.1			
1985	104.6	106.5	103.6	105.4	103.0			
1990	100.7	100.5	100.9	100.1	98.3	105.5	105.5	
1991	102.3	105.1	100.0	102.0	100.1	104.3	104.4	109.4
1992	105.4	107.7	102.9	105.0	101.2	106.2	110.0	119.8
1993	110.4	110.6	110.3	108.3	109.2	118.1	133.0	126.7
1994	125.2	127.4	123.5	120.6	124.4	124.1	122.0	106.0
1995	116.5	116.9	116.3	114.9	125.8	115.0	114.1	105.9
1996	110.5	109.5	110.9	107.9	107.9	104.1	106.0	103.9
1997	103.5	102.4	103.9	100.6	99.3	100.6	100.6	102.9
1998	97.5	97.9	97.1	96.6	94.2	95.3	94.8	98.7
1999	96.9	96.6	97.1	96.2	95.7	95.4	94.3	98.0
2000	99.2	99.1	99.2	98.5	99.6	104.0	105.1	102.9
2001	100.7	100.7	100.7	99.8	99.1	100.5	101.9	100.4
2002	100.1	99.8	100.6	99.2	100.8	98.6	97.6	98.7
2003	101.6	101.7	101.4	101.3	101.9	105.0	107.8	103.8
2004	105.4	105.4	105.4	105.7	111.4	110.2	115.7	110.1
2005	102.1	102.1	102.1	101.7	107.9	106.1	108.3	101.4
2006	101.3	101.2	101.5	100.9	101.2	104.3	105.3	101.6
2007	105.4	105.4	105.5	104.4	106.1	105.2	106.4	104.6
2008	107.0	106.5	107.9	107.5	120.9	112.1	111.9	109.0
2009	99.4	98.8	100.4	99.4	98.1	94.9	97.1	96.4
2010	103.5	103.4	103.8	103.7	103.1	107.8	110.2	103.5
2011	105.6	105.4	106.1	105.7	111.1	107.2	110.1	107.4
2012	102.5	102.6	102.4	102.3	105.4	99.4	99.2	101.0

10-2 历年各种物价定基指数

General Price Indices over the Years

(1978年＝100) (1978 year =100)

年 份 Year	居民消费价格总指数 General Consumer Price Index	城市 Urban Areas	农村 Rural Areas	商品零售价格总指数 General Retail Price Index	农业生产资料价格总指数 General Price Index of Agricultural Means of Production	工业生产者出厂价格指数 Ex-Factory Price Indices of Industrial Productor	工业生产者购进价格指数 Purchasing Price Indices of Industrial Productor	固定资产投资价格指数 Purchasing Price Indices of Investment In Fixed Assets
1978	100.0	100.0	100.0	100.0	100.0			
1979	100.4	100.3	100.4	100.4	100.0			
1980	105.0	106.3	104.2	105.3	100.1			
1981	106.5	108.9	105.0	107.0	101.4			
1982	108.0	110.8	106.3	108.6	103.5			
1983	109.7	114.0	107.3	110.5	109.4			
1984	110.6	116.6	107.4	111.5	116.1			
1985	115.7	124.1	111.2	117.5	119.6			
1986	122.0	132.6	116.0	123.3	125.7			
1987	129.7	142.9	122.2	131.1	143.8			
1988	154.9	173.6	144.3	156.9	175.1	100.0	100.0	
1989	183.9	199.5	176.0	186.3	204.6	119.7	130.0	
1990	185.1	200.5	177.6	186.5	201.1	126.3	137.2	100.0
1991	189.4	210.7	177.6	190.2	201.3	131.7	143.2	109.4
1992	199.6	227.0	182.8	199.7	203.7	139.9	157.5	131.1
1993	220.4	251.0	201.6	216.3	222.4	165.2	209.5	166.1
1994	275.9	319.8	249.0	260.8	276.7	205.0	255.6	176.0
1995	321.4	373.8	289.5	299.7	348.1	235.8	291.6	186.4
1996	355.2	409.3	321.1	323.4	375.6	245.4	309.1	193.7
1997	367.6	419.2	333.6	325.0	373.0	246.9	310.9	199.3
1998	358.4	410.4	323.9	314.0	351.3	235.3	294.8	196.7
1999	347.3	396.4	314.6	302.0	336.2	224.5	278.0	192.8
2000	344.6	392.9	312.0	297.5	334.9	233.5	292.2	198.4
2001	347.0	395.6	314.2	296.9	331.9	234.6	297.7	199.1
2002	347.3	394.8	316.1	294.5	334.5	231.4	290.5	196.6
2003	352.9	401.5	320.5	298.4	340.9	243.0	313.0	204.0
2004	371.9	423.2	337.8	315.4	379.7	267.9	362.0	224.6
2005	379.7	432.1	344.9	320.7	409.7	284.1	392.0	227.8
2006	384.7	437.3	350.1	323.6	414.7	296.3	412.7	231.3
2007	405.5	460.9	369.4	337.8	440.0	311.8	439.2	242.0
2008	433.9	490.9	398.6	363.1	532.0	349.6	491.3	263.7
2009	431.3	485.0	400.2	360.9	521.9	331.8	477.2	254.2
2010	446.4	501.5	415.4	374.3	538.1	357.7	525.9	263.1
2011	471.4	528.6	440.7	395.6	597.8	383.4	579.1	282.4
2012	483.2	542.3	451.3	404.7	630.1	381.2	574.2	285.2

注：工业生产者出厂价格和工业生产者购进价格指数以1988年=100，固定资产投资价格指数以1990年=100。
a)Ex-Factory Price Indices of Indices of Industrial Products and Indices of Purchasing Prices of Industrial Products are Calculated as the Year 1988=100, Prices Indices of Investment in Fixed Assets is Calculated as the Year 1990=100.

10-3 居民消费价格指数
Consumer Price Indices

(上年=100) (preceding year=100)

项 目	Item	2011 全省 The Whole Province	2011 城市 Urban Indices	2011 农村 Rural Indices	2012 全省 The Whole Province	2012 城市 Urban Indices	2012 农村 Rural Indices
总 指 数	**General Consumer Price Index**	**105.6**	**105.4**	**106.1**	**102.5**	**102.6**	**102.4**
食品	**Food**	**111.9**	**111.5**	**112.9**	**103.6**	**104.3**	**102.4**
粮食	Grain	109.8	109.8	109.9	104.1	104.7	102.4
淀粉	Starches	117.6	117.6	117.9	107.3	107.6	104.3
干豆类及豆制品	Bean and Its Products	102.2	102.8	100.5	100.6	101.2	98.5
油脂	Oil or Fat	113.6	113.8	113.4	105.0	105.4	104.5
肉禽及其制品	Meal, Poultry and Their Products	126.8	127.1	126.3	99.4	101.7	95.6
蛋类	Eggs	113.0	115.4	110.4	94.4	94.0	94.8
水产品类	Aquatic Products	111.5	111.6	111.2	108.9	109.1	108.1
菜类	Vegetables	98.4	97.9	99.7	113.2	112.5	114.9
#鲜菜	Fresh Vegetables	97.9	97.6	98.7	115.1	114.1	117.6
调味品	Flavoring	106.2	107.6	104.5	104.9	104.9	104.9
糖类	Carbohydrate	112.5	110.7	114.4	105.8	105.7	106.0
茶及饮料	Tea and Beverages	105.1	106.0	101.8	105.2	105.3	104.6
干鲜瓜果类	Dried and Fresh Melons and Fruits	114.9	114.8	115.6	97.0	98.8	91.1
#鲜果	Fresh Fruits	114.2	113.9	115.0	93.8	96.2	87.8
糕点饼干面包	Cake and Biscuit	110.7	108.9	113.3	106.4	103.7	110.0
奶及奶制品	Milk and Its Products	104.3	104.2	104.9	101.8	101.6	102.6
在外用膳食品	Food Dining out	108.4	107.9	109.4	106.4	105.9	107.3
其它食品	Other Food Processing Service	104.3	105.9	101.5	103.0	103.7	101.7
烟酒及用品	**Tobacco,Liquor and Article for Use**	**103.9**	**104.3**	**103.5**	**103.4**	**103.1**	**103.6**
烟草	Tobacco	100.1	100.1	100.0	100.4	100.2	100.6
酒	Liquor	107.2	109.4	105.8	105.8	106.3	105.4
衣着类	**Clothing**	**101.9**	**101.9**	**101.9**	**103.2**	**102.1**	**105.2**
服装	Garments	101.7	101.9	101.3	103.0	102.3	104.5
衣着材料	Clothing Material	115.5	119.2	112.5	102.0	103.5	100.7
鞋袜帽	Shoes,Socks and Hats	101.6	100.8	102.7	103.8	101.1	107.0
衣着加工服务	Tailoring and Laundering Service	107.8	109.2	103.8	107.4	108.1	105.6
家庭设备用品及维修服务	**Household Facilities and Articles**	**102.1**	**102.1**	**102.0**	**102.8**	**102.8**	**102.7**
耐用消费品	Durable Consumer Goods	100.7	100.9	100.5	101.4	101.1	101.8
室内装饰品	Interior Decorations	100.7	100.6	101.0	101.4	101.4	101.3
床上用品	Bed Articles	107.1	105.2	111.3	102.1	101.8	102.8
家庭日用杂品	Daily Use Household Articles	102.7	102.7	102.7	104.0	104.4	103.1
家庭服务及加工维修服务	Household and Machining Service	107.4	109.3	103.9	116.4	116.3	116.4
医疗保健和个人用品	**Medicine and Medical Articles**	**103.0**	**103.3**	**102.5**	**101.9**	**101.8**	**102.1**
医疗保健	Medicine and Medical Service	101.9	102.1	101.5	101.1	101.1	101.3
个人用品及服务	Personal Article and Service	105.6	105.8	105.0	103.5	103.2	104.0
交通和通讯	**Means of Transportation and Communication**	**101.0**	**100.4**	**101.9**	**100.7**	**100.2**	**101.6**
交通	Transportation	102.9	102.2	104.0	102.1	101.4	103.0
通信	Communication	98.1	98.2	97.8	98.7	98.7	98.6
娱乐、教育、文化用品及服务	**Recreation, Education and Culture Articles**	**100.9**	**100.8**	**101.2**	**101.2**	**100.9**	**101.9**
文娱用耐用消费品及服务	Recreational Durable Consumer Goods and Service	95.2	95.0	95.4	95.3	95.1	95.7
教育	Education	101.8	101.0	103.4	102.5	101.7	104.1
文化娱乐用品	Cultural and Recreational Articles	101.4	101.6	101.0	102.0	102.4	101.1
旅游	Tourism	103.8	104.5	100.4	101.6	101.4	102.2
居住	**Residence**	**106.6**	**106.1**	**107.3**	**102.5**	**102.9**	**102.0**
建房及装修材料	Housing and Building Decoration Materials	106.6	106.4	106.8	101.0	102.0	100.3
住房租金	Rent	104.2	104.2	104.3	103.7	103.3	104.6
自有住房	Housing Uncontrolled	107.9	107.9	108.0	102.8	102.7	103.1
水、电、燃料	Water, Electricity and Fuels	104.3	102.9	106.8	102.9	103.5	102.0

10-4 分类商品零售价格指数
Retail Price Indices by Category

(上年=100) (preceding year=100)

项 目	Item	2005	2006	2007	2008	2009	2010	2011	2012
商品零售价格总指数	**Retail Price Index of commodities**	**101.7**	**100.9**	**104.4**	**107.5**	**99.4**	**103.7**	**105.7**	**102.3**
食品类	Food	103.2	102.1	115.4	116.1	101.2	108.7	112.4	103.1
饮料、烟酒类	Beverage and cigarette and alcohol	100.6	100.7	101.7	103.6	101.9	101.5	104.0	103.8
服装、鞋帽类	Clothing and shoe and cap	98.4	98.8	99.8	100.8	99.7	100.9	101.4	103.2
纺织品类	Textile product	99.8	100.2	100.9	102.3	100.5	104.0	109.8	102.4
家用电器及音像器材	Household appliance and audio-video material	97.2	98.7	99.7	98.7	95.7	97.8	98.8	99.5
文化办公用品类	Office supplies	98.4	98.6	98.6	100.0	98.1	98.7	98.5	99.3
日用品类	Articles in everyday use	99.9	100.1	101.4	104.5	101.6	100.1	102.5	102.8
体育娱乐用品类	Sport and entertainment goods	99.6	99.8	99.5	99.0	99.4	99.8	100.8	100.9
交通、通信用品类	Transportation and communication material	94.7	91.1	90.0	92.3	93.2	96.1	97.1	97.7
家具	Furniture	99.1	99.6	102.4	101.4	99.8	99.6	102.3	101.8
化妆品类	Cosmetics	99.6	99.9	100.1	100.6	100.6	100.3	101.1	103.2
金银珠宝类	Gold and sliver and jewellery	103.0	119.2	107.2	118.8	93.8	111.3	114.3	103.2
中西药品及医疗保健用品类	Chinese traditional medicine and western medicine and health product	96.0	98.2	100.6	102.9	101.2	104.0	103.9	102.4
书报杂志及电子出版物类	Book and newspaper and megazine and E-journal	99.7	99.7	98.9	102.8	106.7	99.4	100.9	103.9
燃料类	Fuel	118.2	111.2	102.6	119.3	98.7	110.5	113.6	104.5
建筑材料及五金电料类	Architectural and hardware material	102.1	102.8	105.5	109.3	96.9	104.3	107.0	101.3

10-5 农业生产资料价格指数
Price Indices of Means of Agricultural Production

(上年=100) (preceding year=100)

项 目	Item	2005	2006	2007	2008	2009	2010	2011	2012
农业生产资料价格总指数	**Price Indices of Means of Agricultural Production**	**107.9**	**101.2**	**106.1**	**120.9**	**98.1**	**103.1**	**111.1**	**105.4**
农用手工工具	Small farm tool	103.0	100.2	102.2	118.1	105.9	101.1	104.9	102.9
饲料	Feed	101.3	99.1	108.4	113.2	108.1	109.1	105.5	106.5
产品畜	Production Livestock	108.0	89.1	132.1	126.4	80.9	101.8	136.4	103.1
半机械化农具	Semi-mechanized farm machinery	104.2	99.4	101.6	105.6	100.1	100.9	105.8	104.6
机械化农具	Mechanized farm machinery	101.9	101.8	101.2	107.3	100.9	100.1	103.7	100.5
化学肥料	Chemical fertilizer	110.7	99.4	105.3	138.5	92.6	98.5	115.2	106.0
农药及农药机械	Pesticide and device in pesticide	107.0	103.9	102.7	108.4	100.0	100.6	106.0	101.4
化学农药	Chemical pesticide	107.1	103.6	102.8	109.0	98.1	99.4	106.3	101.4
农药器械	Device in pesticide	104.4	105.2	101.9	105.8	108.8	105.9	102.5	100.8
农用机油	Agricultural oil	110.9	113.2	104.2	115.4	89.4	113.1	114.7	104.2
其他农业生产资料	Other agricultural production goods	114.2	106.2	103.2	105.1	104.5	109.5	108.2	107.9
农用种子	Farm seed	117.6	104.8	101.8	104.8	110.6	113.6	108.7	109.2
其他	Others	106.7	109.3	106.3	105.8	90.5	99.5	105.6	100.6
农业生产服务	Service for agriculture		104.1	104.7	106.0	105.5	102.3	106.9	107.1

10-6 各市居民消费价格指数(2012年)

Consumer Price Indices by City (2012)

各市数据均为市政府所在城市市区数(10-7表同)。

Price Indices of every city refers to the figures of under of the cities (the same as 10-7 table).

(上年=100) (preceding year=100)

市 City	居民消费价格总指数 Consumer Price Index	食品 Food	烟酒及用品 Tobacco, Liquor and Articles	衣着 Clothing	家庭设备用品及维修服务 Household Facilities, Articles and Repair Service	医疗保健和个人用品 Medicines, Health care Services and Personal Articles	交通和通信 Transportation and Communication	娱乐教育文化用品及服务 Recreation, Education & Culture Articles	居住 Residence
省辖市 City									
郑州市 Zhengzhou	102.7	105.1	101.4	103.2	102.8	101.9	100.7	101.2	102.5
开封市 Kaifeng	103.0	103.7	103.5	100.3	102.7	101.0	100.3	100.4	103.8
洛阳市 Luoyang	102.8	105.1	104.1	99.6	104.8	102.3	101.1	102.9	104.2
平顶山市 Pingdingshan	102.1	103.2	101.1	103.0	102.8	101.9	99.4	100.2	102.5
安阳市 Anyang	102.1	102.9	103.8	107.2	102.7	103.2	98.6	98.8	101.0
鹤壁市 Hebi	102.5	102.8	106.7	103.6	101.3	101.8	100.4	100.5	102.4
新乡市 Xinxiang	102.4	104.3	103.5	102.6	102.7	102.2	101.5	102.4	101.9
焦作市 Jiaozuo	102.6	104.3	101.2	102.7	102.7	101.4	99.4	100.0	102.7
濮阳市 Puyang	102.8	103.4	102.7	102.7	101.4	101.5	100.5	100.3	103.7
许昌市 Xuchang	102.8	103.8	102.1	104.0	102.3	102.6	99.9	102.0	103.5
漯河市 Luohe	102.4	103.0	103.0	103.9	104.1	101.3	101.1	102.1	102.1
三门峡市 Sanmenxia	101.9	103.1	101.7	103.9	100.4	101.6	100.5	102.1	102.6
南阳市 Nanyang	102.6	103.2	105.7	100.6	100.9	103.3	99.4	99.8	102.9
商丘市 Shangqiu	102.4	102.7	103.7	99.6	105.8	103.8	100.8	99.5	103.9
信阳市 Xinyang	102.9	105.3	105.1	104.8	101.6	103.0	100.8	101.7	101.7
周口市 Zhoukou	102.8	103.9	105.9	100.4	104.9	100.4	101.5	101.0	102.2
驻马店市 Zhumadian	102.7	104.2	106.4	100.9	103.2	101.6	98.7	101.3	105.1
济源市 Jiyuan									
省直管县 Province Administrating County									
巩义市 Gongyi									
兰考县 Lankao									
汝州市 Ruzhou									
滑县 Huaxian	102.1	102.0	103.0	106.4	102.5	102.7	101.5	101.5	100.5
长垣县 Changyuan									
邓州市 Dengzhou									
永城市 Yongcheng	102.2	102.4	102.5	106.8	101.8	102.1	101.8	101.5	101.0
固始县 Gushi	102.9	104.4	104.7	103.7	105.4	100.9	101.5	101.6	101.9
鹿邑县 Luyi									
新蔡县 Xincai									

10-7 各市商品零售价格指数(2012年)

(上年=100)

市 City	商品零售价格总指数 General Index	食品类 Food	饮料烟酒 Beverage and cigarette	服装鞋帽类 Clothing, Shoes and Hats	纺织品类 Drygoods	家用电器及音像器材类 Household appliance and audio-video material	文化办公用品类 Cultural and Office supplies	日用品 Articles for Daily Use
省辖市 City								
郑州市 Zhengzhou	102.4	104.8	101.7	100.4	100.7	100.1	99.6	102.6
开封市 Kaifeng	102.2	103.2	103.1	100.0	112.0	96.0	98.6	102.6
洛阳市 Luoyang	102.2	104.7	104.3	102.8	100.9	97.5	99.4	102.5
平顶山市 Pingdingshan	101.7	103.4	101.9	106.3	105.7	98.7	96.8	100.2
安阳市 Anyang	102.2	103.3	103.9	104.1	101.0	98.5	98.3	104.7
鹤壁市 Hebi	101.9	102.2	105.9	102.4	101.4	99.8	98.2	103.7
新乡市 Xinxiang	102.6	104.6	106.2	102.6	104.9	100.1	97.5	101.9
焦作市 Jiaozuo	102.9	104.7	102.7	102.5	100.1	95.5	100.7	102.3
濮阳市 Puyang	102.5	103.3	103.3	103.7	102.3	98.9	96.9	102.5
许昌市 Xuchang	102.1	103.5	103.5	103.4	116.3	97.4	98.9	104.1
漯河市 Luohe	101.6	102.6	103.7	103.5	99.5	97.8	100.1	103.2
三门峡市 Sanmenxia	101.0	102.5	103.3	100.6	103.9	93.2	97.4	104.6
南阳市 Nanyang	103.0	102.6	106.8	99.5	101.8	100.7	103.1	106.5
商丘市 Shangqiu	101.8	102.4	103.7	104.9	105.3	98.0	99.7	103.8
信阳市 Xinyang	103.0	104.7	106.4	100.2	104.3	99.0	99.1	107.3
周口市 Zhoukou	101.9	103.4	105.1	101.0	100.2	96.2	95.9	102.9
驻马店市 Zhumadian	102.0	103.9	106.1	103.5	100.8	99.5	98.2	103.4
济源市 Jiyuan								
省直管县 Province Administrating County								
巩义市 Gongyi								
兰考县 Lankao								
汝州市 Ruzhou								
滑县 Huaxian	101.7	101.6	102.2	106.9	104.1	98.0	100.0	102.5
长垣县 Changyuan								
邓州市 Dengzhou								
永城市 Yongcheng	101.5	101.3	102.3	106.3	102.7	100.3	98.1	103.5
固始县 Gushi	103.0	104.3	105.5	104.2	102.1	102.2	98.2	103.9
鹿邑县 Luyi								
新蔡县 Xincai								

Retail Price Indices by City (2012)

(preceding year=100)

体育娱乐用品类 Sport and entertainment goods	交通、通信用品 Traffic& Communication Goods	家具 Furniture	化妆品 Cosmetics	金银珠宝类 Gold、sliver and jewellery	中、西药品及医疗保健用品 Chinese traditional medicine and western medicine and health product	书报杂志及电子出版物类 Book& newspaper、megazine and e-publication	燃料类 Fuels	建筑材料及五金电料类 Architectural and hardware material
99.7	99.0	99.8	101.8	102.6	100.5	107.3	107.4	100.0
102.8	98.2	105.4	104.4	101.7	101.4	105.0	106.2	100.3
102.7	96.7	101.7	104.5	99.2	102.0	102.6	103.2	103.2
100.7	95.7	99.7	104.9	101.4	102.9	100.3	103.1	100.0
101.9	98.8	102.4	102.6	102.9	101.9	101.6	106.3	97.3
100.1	100.8	102.0	100.4	105.7	101.5	100.5	103.0	100.8
100.5	94.6	100.9	102.6	99.4	103.2	106.2	106.0	99.6
102.1	99.9	105.1	104.1	96.3	100.8	100.1	108.4	104.3
103.8	96.7	109.7	104.4	98.5	100.9	100.5	107.1	100.8
101.9	95.8	104.6	101.9	97.4	100.1	107.3	104.9	98.9
98.4	98.5	99.0	102.9	100.6	100.6	103.0	104.5	99.8
101.1	95.4	100.9	105.2	100.6	102.0	100.0	104.7	99.2
101.0	96.8	101.5	102.4	104.4	104.6	106.2	105.9	106.5
102.7	96.5	99.9	101.8	99.5	102.9	102.6	101.8	100.9
100.1	99.7	99.6	106.3	101.7	101.0	106.8	105.0	102.4
101.3	94.3	102.9	102.3	102.4	103.0	104.7	105.5	104.3
102.3	89.4	102.4	103.9	101.3	102.1	98.7	103.3	105.1
100.5	94.6	101.5	103.2	102.1	102.1	100.3	101.7	101.3
99.5	94.6	99.4	102.9	103.9	102.8	100.0	100.3	100.2
102.7	98.3	105.6	102.9	105.5	101.0	101.2	102.3	100.2

10-8 各市居民消费价格指数(2012年)

Consumer Price Indices by City (2012)

本表数据全市口径(10-9表同)。

Price Indices of every city refers to the whole city's caliber (the same as10-9 table).

(上年=100) (preceding year=100)

市(县) City(County)	居民消费价格总指数 Consumer Price Index	食品 Food	烟酒及用品 Tobacco, Liquor and Articles	衣着 Clothing	家庭设备用品及维修服务 Household Facilities, Articles and Repair Service	医疗保健和个人用品 Medicines, Health care Services and Personal Articles	交通和通信 Transportation and Communication	娱乐教育文化用品及服务 Recreation, Education & Culture Articles	居住 Residence
省辖市 City									
郑州市 Zhengzhou	102.3	104.8	101.3	101.7	101.6	101.0	100.2	100.2	102.5
开封市 Kaifeng	102.7	103.0	103.2	101.3	104.0	101.7	100.6	104.8	102.9
洛阳市 Luoyang	102.9	103.6	104.0	104.3	104.1	101.3	101.3	102.2	102.5
平顶山市 Pingdingshan	102.2	103.3	101.4	105.3	101.8	102.9	99.8	99.7	101.5
安阳市 Anyang	102.3	103.2	102.8	104.9	101.7	101.9	100.5	101.4	101.4
鹤壁市 Hebi	102.5	104.3	101.9	103.1	101.7	103.2	99.7	100.6	101.8
新乡市 Xinxiang	102.1	103.7	103.5	102.5	102.0	101.5	95.5	100.3	102.6
焦作市 Jiaozuo	102.5	104.2	100.5	102.2	100.6	102.8	101.1	99.7	103.4
濮阳市 Puyang	102.5	104.5	105.7	99.0	101.1	102.0	99.8	102.7	102.9
许昌市 Xuchang	102.6	106.0	104.9	100.9	100.6	101.1	98.7	100.9	102.6
漯河市 Luohe	102.8	105.6	101.6	101.9	100.4	103.2	100.8	101.4	101.2
三门峡市 Sanmenxia	102.5	105.3	102.0	100.4	100.3	102.0	100.3	99.7	102.7
南阳市 Nanyang	102.5	104.1	100.3	102.8	101.5	102.6	101.4	101.6	101.2
商丘市 Shangqiu	102.4	103.8	104.1	103.4	100.5	102.6	99.5	100.6	102.8
信阳市 Xinyang	102.5	104.2	103.6	101.9	101.6	101.5	100.7	100.8	102.6
周口市 Zhoukou	102.0	105.7	102.4	100.2	100.4	101.0	98.2	99.8	101.5
驻马店市 Zhumadian	102.6	104.1	102.5	103.5	101.0	102.2	100.0	102.8	101.6
济源市 Jiyuan	102.7	103.4	106.9	102.8	107.4	103.6	99.9	101	100.9
省直管县 Province Administrating County									
巩义市 Gongyi	102.1	103.4	105.2	102.5	100.7	101.7	99.9	99.5	102.5
兰考县 Lankao	102.3	104.5	100.2	100.6	101.6	99.6	101.3	102.4	102.0
汝州市 Ruzhou	102.5	103.3	103.8	105.1	100.8	102.2	100.8	100.4	102.2
滑县 Huaxian	102.1	102.0	103.0	106.4	102.5	102.7	101.5	101.5	100.5
长垣县 Changyuan	102.2	103.3	100.8	100.7	101.5	101.3	101.9	100.8	103.3
邓州市 Dengzhou	103.5	107.1	105.0	104.4	101.2	103.2	101.0	101.9	100.7
永城市 Yongcheng	102.4	102.7	103.5	107.0	101.6	103.1	100.3	99.9	101.6
固始县 Gushi	102.9	104.4	104.7	103.7	105.4	100.9	101.5	101.6	101.9
鹿邑县 Luyi									
新蔡县 Xincai	103.3	102.6	100.0	113.9	98.5	105.3	102.0	101.6	101.3

10-9 各市商品零售价格指数(2012年)

Retail Price Indices by City (2012)

(上年=100) (preceding year=100)

市(县)	City(County)	商品零售价格总指数 General Index	食品类 Food	饮料烟酒 Beverage and cigarette	服装鞋帽类 Clothing, Shoes and Hats	纺织品类 Drygoods	家用电器及音像器材类 Household appliance and audio-video material	文化办公用品类 Cultural and Office supplies	日用品 Articles for Daily Use	体育娱乐用品类 Sport and entertainment goods
省辖市	**City**									
郑州市	Zhengzhou	102.4	104.3	103.1	101.5	100.4	100.3	99.2	102.3	99.6
开封市	Kaifeng	102.5	103.1	103.4	101.3	109.6	96.3	98.7	101.7	102.1
洛阳市	Luoyang	102.9	103.6	102.8	103.3	100.9	102.2	96.9	104.3	107.5
平顶山市	Pingdingshan	102.1	103.6	101.8	104.6	105.5	99.3	98.0	100.4	100.7
安阳市	Anyang	102.0	103.4	102.9	104.4	100.4	99.1	98.3	103.8	100.9
鹤壁市	Hebi	102.6	103.8	102.4	104.5	99.0	100.0	99.8	102.0	99.9
新乡市	Xinxiang	102.5	104.1	106.1	102.7	104.8	100.2	97.7	101.7	100.5
焦作市	Jiaozuo	102.5	104.3	100.6	102.0	101.1	98.7	100.4	101.5	100.0
濮阳市	Puyang	101.9	104.5	103.4	99.6	101.3	94.9	100.0	101.0	100.1
许昌市	Xuchang	102.0	104.4	104.1	101.7	99.9	98.9	98.2	100.8	100.3
漯河市	Luohe	102.0	105.3	100.9	101.5	97.4	95.8	98.7	101.4	100.5
三门峡市	Sanmenxia	101.8	104.6	102.0	100.2	99.4	96.7	101.9	102.3	102.6
南阳市	Nanyang	102.2	103.8	100.9	102.8	101.8	100.5	97.4	103.3	101.4
商丘市	Shangqiu	101.8	102.8	102.8	103.4	101.6	98.6	100.7	102.6	100.0
信阳市	Xinyang	102.3	104.3	103.9	102.5	100.2	98.4	97.7	101.4	100.3
周口市	Zhoukou	102.0	104.2	103.2	102.0	100.7	99.4	99.5	100.4	99.8
驻马店市	Zhumadian	102.1	104.6	103.9	103.3	102.5	95.6	97.5	102.4	100.7
济源市	Jiyuan	102.2	103.3	104.7	102.6	100.4	102.7	100.3	102.1	99.7
省直管县	**Province Administrating County**									
巩义市	Gongyi	102.3	103.4	104.7	103.0	100.1	100.9	98.7	101.7	99.3
兰考县	Lankao	101.9	104.1	100.6	100.5	105.8	98.1	97.8	100.3	100.0
汝州市	Ruzhou	102.3	103.3	102.2	104.4	113.8	100.0	100.9	100.6	101.8
滑县	Huaxian	101.7	101.6	102.2	106.9	104.1	98.0	100.0	102.5	100.5
长垣县	Changyuan	101.9	104.1	101.1	100.9	101.6	100.6	100.6	100.9	100.0
邓州市	Dengzhou	103.9	106.9	104.9	104.5	99.9	101.9	100.2	103.7	100.3
永城市	Yongcheng	102.2	103.5	103.1	107.5	102.3	97.6	99.5	105.3	100.0
固始县	Gushi	103.0	104.3	105.5	104.2	102.1	102.2	98.2	103.9	102.7
鹿邑县	Luyi									
新蔡县	Xincai	102.9	103.4	99.9	113.9	101.3	94.8	95.3	101.8	100.0

10-9 续表 continued

(上年=100) (preceding year=100)

市(县) City(County)	交通、通信用品 Traffic& Communi-cation Goods	家具 Furniture	化妆品 Cosmetics	金银珠宝类 Gold、sliver and jewellery	中、西药品及医疗保健用品 Chinese traditional medicine and western medicine and health product	书报杂志及电子出出版物类 Book& newspaper、megazine and e-publication	燃料类 Fuels	建筑材料及五金电料类 Architectural and hardware material
省辖市 City								
郑州市 Zhengzhou	98.7	99.1	101.9	103.0	101.0	104.7	106.3	101.0
开封市 Kaifeng	97.5	103.9	103.7	101.3	102.5	103.7	103.2	100.0
洛阳市 Luoyang	102.2	103.5	99.5	105.6	95.9	113.7	104.9	101.8
平顶山市 Pingdingshan	97.1	100.2	102.6	102.6	103.8	100.7	104.7	99.7
安阳市 Anyang	97.1	101.3	101.1	106.8	101.3	100.9	104.2	98.4
鹤壁市 Hebi	99.8	101.0	100.6	103.9	104.7	100.5	102.4	104.0
新乡市 Xinxiang	94.9	100.7	102.4	99.1	103.2	105.7	106.5	99.8
焦作市 Jiaozuo	98.6	101.1	101.1	103.0	102.6	100.1	109.3	100.6
濮阳市 Puyang	97.3	101.8	101.6	105.6	100.0	101.9	104.7	102.0
许昌市 Xuchang	96.5	99.7	101.0	103.1	101.2	101.7	104.0	99.7
漯河市 Luohe	96.9	100.4	101.4	103.5	103.3	99.6	104.6	101.4
三门峡市 Sanmenxia	98.7	99.7	101.6	101.5	101.4	101.1	102.7	101.0
南阳市 Nanyang	99.2	100.6	105.8	101.8	104.5	100.3	103.0	99.7
商丘市 Shangqiu	94.6	100.0	101.9	101.9	104.4	100.6	102.8	101.7
信阳市 Xinyang	97.7	104.3	101.1	104.1	101.5	102.4	102.7	103.0
周口市 Zhoukou	97.9	100.1	100.1	104.2	100.3	100.1	104.0	101.0
驻马店市 Zhumadian	92.9	100.1	103.9	103.3	101.1	101.0	104.3	100.8
济源市 Jiyuan	95.7	118.4	99.8	99.9	102.9	100	102.3	97.9
省直管县 Province Administrating County								
巩义市 Gongyi	96.2	98.2	102.5	103.9	102.1	100.7	103.2	103.2
兰考县 Lankao	93.4	100.0	100.5	104.8	108.2	102.0	105.1	99.3
汝州市 Ruzhou	99.4	100.0	100.1	102.5	102.6	103.3	101.4	99.4
滑县 Huaxian	94.6	101.5	103.2	102.1	102.1	100.3	101.7	101.3
长垣县 Changyuan	98.7	98.8	101.4	100.0	100.2	100.0	102.7	102.4
邓州市 Dengzhou	100.7	100.0	104.9	117.4	101.3	100.4	104.1	99.5
永城市 Yongcheng	93.3	100.0	103.8	101.6	101.6	100.1	101.5	100.4
固始县 Gushi	98.3	105.6	102.9	105.5	101.0	101.2	102.3	100.2
鹿邑县 Luyi								
新蔡县 Xincai	95.3	100.0	152.7	98.7	100.0	100.1	104.0	101.0

10-10 农产品生产价格指数

Indices of Producers' Prices for Farm Products

(上年=100) (preceding year=100)

类 别	Type	2005	2006	2007	2008	2009	2010	2011	2012
农产品生产价格指数	**Indices of Producers' Prices for Farm Products**	**100.7**	**100.9**	**118.5**	**115.0**	**99.1**	**112.5**	**111.5**	**102.9**
农业产品	**Farm Crops**	**99.8**	**101.7**	**111.7**	**108.2**	**106.0**	**120.5**	**103.8**	**103.2**
粮食	Grain	96.5	101.1	109.9	108.2	107.2	111.3	105.9	103.3
小麦	Wheat	97.4	99.7	106.1	108.6	112.6	110.5	102.9	101.9
稻谷	Rice	97.5	106.8	105.3	110.7	105.8	105.4	109.9	101.9
玉米	Corn	94.4	102.1	119.0	106.6	96.8	115.0	110.6	103.5
薯类	Tubers	111.5	94.3	114.5	103.7	101.9	115.9	126.4	96.4
豆类	Beans	88.8	97.7	119.3	118.3	91.7	112.0	102.7	101.2
油料	Oil- bearing Crops	97.0	100.1	129.8	117.8	89.0	118.1	108.6	106.5
花生	Peanuts	97.1	101.4	129.8	110.6	89.0	118.1	119.4	107.9
油菜籽	Rapeseeds	87.3	92.7	112.2	143.5	89.6	105.4	103.7	102.9
芝麻	Sesame	105.0	92.9	114.7	131.5	93.8	103.0	101.0	95.3
棉花(籽棉)	Cotton	100.4	105.2	105.1	106.6	93.3	141.8	107.2	92.6
烟草	Tobacco	104.3	104.9	108.6	120.1	105.1	103.9	117.1	112.3
蔬菜	Vegetables	111.3	115.1	101.7	94.6	145.3	138.4	80.3	106.9
水果	Fruits	118.0	121.3	139.9	118.5	103.9	120.5	117.3	107.7
林业产品	**Forestry Production**	**104.9**	**104.4**	**107.2**	**105.4**	**93.5**	**92.3**	**104.9**	**105.3**
牧业(畜产品)	**Animal Husbandry Production**	**102.0**	**95.1**	**130.7**	**125.2**	**87.4**	**99.5**	**124.2**	**100.9**
牛	Cattle	112.6	106.1	108.1	130.2	102.5	105.9	111.2	115.3
羊	Sheep and Goats	116.7	106.0	114.4	122.7	98.7	110.2	113.6	115.9
猪	Hogs	96.4	88.4	139.4	126.4	84.4	97.7	129.9	92.7
家禽	Poultry	102.5	100.0	115.4	109.4	102.2	113.3	116.7	94.8
肉禽	Poultry Meat	98.8	103.2	111.5	111.0	101.9	102.4	116.7	94.5
禽蛋	Poultry Eggs	104.9	98.0	117.9	108.9	101.2	105.9	110.7	95.9
渔业	**Fishery Production**	**103.0**	**104.7**	**109.3**	**121.1**	**103.2**	**102.0**	**105.7**	**106.2**

10−11 工业生产者出厂价格指数
Ex-Factory Price Indices of Industrial Productor

(上年=100) (preceding year=100)

类 别	Type	2005	2007	2008	2009	2010	2011	2012
总指数	**General Index**	**106.1**	**105.2**	**112.1**	**94.9**	**107.8**	**107.2**	**99.4**
按轻、重工业分	**Grouped by Light & Heavy Industry**							
轻工业	Light Industry	102.6	105.7	107.9	98.4	104.3	106.9	100.1
以农产品为原料	Using Farm Products as Raw Materials	101.1	107.0	107.3	99.4	106.0	107.5	100.0
以非农产品为原料	Using Non-Farm Products as Raw Materials	104.4	103.9	108.8	97.2	102.4	104.3	100.5
重工业	Heavy Industry	109.2	104.9	115.4	92.2	110.7	107.3	99.2
采掘工业	Mining & Quarrying Industry	125.6	105.1	128.6	92.3	116.7	112.6	96.8
原料工业	Raw Materials Industry	107.1	105.1	111.5	91.6	112.9	108.4	100.2
加工工业	Manufacturing Industry	104.2	104.5	113.2	92.7	105.0	105.2	99.2
按部类分	**Grouped by Division**							
生产资料	Means of Production	107.3	104.5	113.3	93.3	108.8	107.7	98.6
采掘工业	Mining & Quarrying Industry	123.6	105.4	130.3	92.6	116.8	112.6	96.8
原料工业	Raw Materials Industry	106.3	105.0	108.6	91.7	112.0	108.3	100.1
加工工业	Manufacturing Industry	103.3	103.9	110.8	94.4	104.6	106.1	98.1
生活资料	Consumer Goods	101.9	107.7	108.1	101.1	103.9	105.5	102.5
食品类	Food	102.1	109.8	108.7	101.1	103.7	104.9	102.9
衣着类	Clothing	102.8	100.8	101.7	101.8	105.6	111.4	104.9
一般日用品类	Articles for Daily Use	101.7	101.9	109.9	100.4	103.7	105.0	101.0
耐用消费品类	Durable Consumer Goods	99.7	102.8	102.3	101.8	103.9	105.6	101.5
按工业部门分	**Grouped by Sector**							
冶金工业	Metallurgical Industry	104.8	108.4	113.7	82.9	116.4	108.7	95.2
电力工业	Power Industry	105.0	101.7	103.3	103.7	103.6	104.3	108.0
煤炭及冶炼工业	Coal and Smelt Industry	124.5	106.3	134.2	99.8	113.1	107.8	95.9
石油工业	Petroleum Industry	125.8	100.9	127.0	75.1	127.9	121.7	101.5
化学工业	Chemical Industry	106.4	105.1	112.2	91.0	107.3	111.0	98.8
机械工业	Machine Buiding Industry	101.5	103.0	106.4	99.8	101.4	103.5	100.4
建筑材料工业	Building Materials Industry	108.4	104.5	110.8	99.5	101.1	104.5	101.3
森林工业	Timber Industry	99.5	106.5	108.0	97.2	99.9	106.0	102.2
食品工业	Food Industry	101.9	109.5	109.4	100.9	103.7	104.8	102.4
纺织工业	Textile Industry	95.4	101.0	101.3	96.2	116.4	120.4	88.8
缝纫工业	Tailoring Industry	103.3	100.5	104.2	103.9	105.3	111.4	105.5
皮革工业	Leather Industry	104.0	102.1	101.0	99.7	102.7	106.3	103.0
造纸工业	Paper Industry	102.3	102.8	108.6	94.4	103.4	102.9	99.9
文教艺术用品工业	Cultural,Educational & Handicrafts Articles	101.7	101.8	101.6	99.9	101.8	100.5	102.1
其他工业	Others	101.9	104.1	114.3	94.4	103.5	106.3	100.0

10-12 工业生产者购进价格指数

Indices of Purchasing Prices of Industrial Productor

(上年=100) (preceding year=100)

类 别	Type	2005	2007	2008	2009	2010	2011	2012
总指数	**General Index**	**108.3**	**106.4**	**111.9**	**97.1**	**110.2**	**110.1**	**99.2**
燃料、动力类	Fuels and Motive Power	115.2	107.5	121.0	102.5	108.9	106.6	101.6
黑色金属材料类	Ferrous Metals Materials	106.0	111.7	124.7	86.4	108.4	108.1	94.1
#钢材	Steel Products	106.7	106.1	118.6	86.7	105.9	106.1	95.5
有色金属材料和电线类	Nonferrous Metals Materials and Electric Wire	115.4	114.8	99.0	83.8	123.2	109.2	98.2
化工原料类	Chemical Raw Materials	107.5	111.8	106.7	90.9	116.8	115.0	91.5
木材及纸浆类	Logging and Paper Pulp	103.1	104.7	106.2	98.7	104.7	107.4	102.2
建筑材料及非金属矿类	Building Materials and Nonmetal Minerals	114.9	101.0	119.5	96.6	103.9	106.3	101.4
其他工业原材料及半成品类	Others Industry Materials & Semi Finished Articles	112.5	105.7	108.4	99.6	107.4	111.5	104.6
农副产品类	Farm Products	102.5	103.6	110.5	101.0	108.3	114.2	97.0
纺织原料类	Textile Raw Materials	100.6	103.7	102.0	93.4	118.1	111.7	91.6

10-13 固定资产投资价格指数

Price Indices of Investment In Fixed Assets

(上年=100) (preceding year=100)

类 别	Type	2005	2007	2008	2009	2010	2011	2012
固定资产投资价格指数	**Price Indices of Investment In Fixed Assets**	**101.4**	**104.6**	**109.0**	**96.4**	**103.5**	**107.4**	**101.0**
建筑安装工程	Construction and Installation	101.3	106.3	112.1	94.6	104.9	110.1	101.4
设备、工器具购置	Purchase of Equipments and Instruments	101.5	101.4	102.5	98.8	100.5	102.3	99.7
其他费用	Other Expenses	101.9	101.9	103.3	102.5	101.3	103.0	101.9

主要统计指标解释

商品零售价格指数　是反映城乡商品零售价格变动趋势的一种经济指数。零售物价的调整变动直接影响到城乡居民的生活支出和国家的财政收入，影响居民购买力和市场供需平衡，影响消费与积累的比例。因此，计算零售价格指数，可以从一个侧面对上述经济活动进行观察和分析。

居民消费价格指数　是反映一定时期内城乡居民所购买的生活消费品价格和服务项目价格变动趋势和程度的相对数，是对城市居民消费价格指数和农村居民消费价格指数进行综合汇总计算的结果。利用居民消费价格指数，可以观察和分析消费品的零售价格和服务价格变动对城乡居民实际生活费支出的影响程度。

城市居民消费价格指数　是反映城市居民家庭所购买的生活消费品价格和服务项目价格变动趋势和程度的相对数。城市居民消费价格指数可以观察和分析消费品的零售价格和服务项目价格变动对职工货币工资的影响，作为研究职工生活和确定工资政策的依据。

农村居民消费价格指数　是反映农村居民家庭所购买的生活消费品价格和服务项目价格变动趋势和程度的相对数。农村居民消费价格指数可以观察农村消费品的零售价格和服务项目价格变动对农村居民生活消费支出的影响，直接反映农民生活水平的实际变化情况，为分析和研究农村居民生活问题提供依据。

农业生产资料价格指数　是反映工业、商业及其他单位和个人向农民出售农业生产资料价格变动趋势和变动程度的相对数。编制农业生产资料价格指数，目的在于掌握农业生产资料的平均价格水平，为国家制定经济政策提供依据；同时，为研究市场流通和国民经济核算提供参考依据。

农产品生产价格指数　是反映一定时期内，农产品生产者出售农产品价格水平变动趋势及幅度的相对数。该指数可以客观反映全国农产品生产价格水平和结构变动情况，满足农业与国民经济核算需要。其中某代表品生产价格指数是通过对全部有出售该产品行为的调查单位的个体指数进行几何平均求得的，类价格指数是通过对其所属的类（或代表品）的价格指数进行加权平均求得的。

工业生产者出厂价格指数　是反映全部工业产品出厂价格总水平的变动趋势和程度的相对数，包括工业企业售给本企业以外所有单位的各种产品和直接售给居民用于生活消费的产品。通过工业生产者出厂价格指数能观察出厂价格变动对工业总产值的影响。

工业生产者购进价格指数　是反映工业企业作为生产投入，而从物资交易市场和能源、原材料生产企业购买原材料、燃料和动力产品时，所支付的价格水平变动趋势和程度的统计指标，是扣除工业企业物质消耗成本中的价格变动影响的重要依据。

国家统计局从 2011 年 1 月开始实施新的工业生产者价格统计调查制度。“工业品价格统计”改称为“工业生产者价格统计”，相应地将“工业品出厂价格指数”和“原材料、燃料、动力购进价格指数”分别改称为“工业生产者出厂价格指数”和“工业生产者购进价格指数”。完善了指数计算方法，基本分类以上分类指数采用国际上通行的链式拉氏公式，基本分类及以下产品的环比指数均采取几何平均方法计算，增加了“以 2010 年价格为 100 的指数”。重构并采用新的调查目录，引入基本分类，照新的国民经济行业分类和产品分类标准，规范和完善了小类以上的分类。

固定资产投资价格指数　是反映固定资产投资额价格变动趋势和程度的相对数。固定资产投资额是由建筑安装工程投资完成额、设备、工器具购置投资完成额和其他费用投资完成额三部分组成的。编制固定资产投资价格指数应首先分别编制上述三部分投资的价格指数，然后采用加权算术平均法求出固定资产投资价格总指数。

编制固定资产投资价格指数可以准确地反映固定资产投资中涉及的各类商品和取费项目价格变动趋势和变动幅度，消除按现价计算的固定资产投资指标中的价格变动因素，真实地反映固定资产投资的规模、速度、结构和效益，为国家科学地制定、检查固定资产投资计划并提高宏观调控水平，为完善国民经济核算体系提供科学的、可靠的依据。

Explanatory Notes on Main Statistical Indicators

Retail Price Index reflects the general change in retail prices of commodities. The change and adjustment in retail prices directly affect the living expenditure of urban and rural residents, government revenue, purchasing power of residents and the equilibrium of market supply and demand, and the ratio of consumption to accumulation. Therefore, the calculation of retail price index is useful to analyze the changes of the above economic activities.

Consumer Price Index reflects the trend and degree of changes in prices of consumer goods and services purchased by urban and rural residents, and is a composite index derived from the urban consumer price index and the rural consumer price index. Consumer price index can be used to analyze the impact of consumer price change on actual expenditure for living cost of urban and rural residents.

Urban Consumer Price Index reflects the trend and degree of changes in prices of consumer goods and services purchased by urban households. It can be used to observe and analyze the impact of price changes in consumer goods and services on money wages of staff and workers, and provide basis for policymaking concerning the living cost and wages of staff and workers.

Rural Consumer Price Index reflects the trend and degree of changes in prices of consumer goods and services purchased by rural households. It can be used to observe the impact of change in retail prices of consumer goods and service prices in rural areas on living expenditure of rural households, and to show the changes in the living standard of peasants. It provides basis for analysis and research on condition of life in rural areas.

Price Indices of Means of Agricultural Production reflect the trend and degree of changes in prices of means of agricultural production bought by farmers from industry, commerce, other units of nature person. Compilation of these indices helps to command the mean prices of means of agricultural production, providing basis for economic decision-making of the Nation, research in market circulation and national account statistics.

Producer Prices Indices for Farm Products reflect the trend and degree of changes in producers' prices received by farmers when they sell farm products during a given period. These indices depict the change in the level and structure of producer prices for farm products of the country and meet the needs of agricultural statistics and national accounts statistics. The producer price index for a given product is calculated as the geometrical mean of individual indices for all surveyed units which sell such product, and the indices for a product category is obtained as the weighted mean of price indices for all products in the category. Method for calculating accumulative quarterly indices is the same as for calculating the individual quarterly indices.

Ex-factory Price Index of Industrial Products reflects the trend and degree of changes in general ex-factory prices of all industrial products, including sales of industrial products by an industrial enterprise to all units outside the enterprise, as well as sales of consumer goods to residents. It can be used to analyze the impact of ex-factory prices on gross industrial output value.

Since January 2011, The national bureau of statistics carry out new industrial producer price statistical survey system. Improve the index calculation method, Above basic classification index using international practice chain Laplace formula, basic classification and below product comparing exponential take geometry average method to calculate, increased "in 2010 prices for 100 index". Resetting and using the new survey directory, introducing the basic classification, according to a new national economy industry classification and product classification standard, regulate and improve the little more kinds of classification.

Price Index of Investment in Fixed Assets reflects the trend and degree of changes in prices of investment in fixed assets. The investment in fixed assets consists of three components, namely the investment in construction and installation, the investment in purchases of equipment and instrument, and the investment in other items. Price index of investment in fixed assets is calculated as the weighted arithmetic mean of the price indices of the three components of investment in fixed assets. Removing the factor of price change in the aggregates of investment at current prices, this indicator shows the changes in the prices of commodities and fees involved in the investment of fixed assets, and can be used to observe the actual size, growth, structure, and efficiency of investment in fixed assets and provides reliable and scientific data for government planning, management, decision making, and further improving the current national accounting system.

Indices of Purchasing Prices of Raw Materials, Fuels and Power reflect changes in the level and degree of prices paid by industrial enterprises when they purchase production input such as raw materials, fuels and power from the market or from other energy or raw materials producing enterprises. These indices provide important basis for measuring the material consumption of industrial enterprises after removing influence of price changes.

人民生活
People's Livelihood

资料整理：王安琪　贺智虹　孙晓亮　刘凤玲

简要说明

一、主要内容

本篇资料反映全省人民生活现状及变化情况，包括居民家庭情况、收入、消费等资料，分为城镇居民生活和农村居民生活两部分。

二、资料来源

城镇居民生活状况的数据来源于城镇住户调查，该调查采用抽样调查的方法，在2001年以前调查对象为城市市区和县城关镇非农业住户，2002年开始为城市市区和县城关镇区住户，2007年开始为城镇区域内所有住户。采用固定样本户连续记帐的调查方式，调查网点实行样本轮换制度，每三年为一个周期。调查户是按“分层”、“二阶段”、“等距抽样”随机抽选的。省级数据调查网点分布在23个市、县的2300户样本，由国家统计局河南调查总队编辑整理。市级数据网点分布在各省辖市所有县（区），由河南省地方经济社会调查队编辑整理。

农村居民生活状况的数据来源于农村住户调查，该调查采用抽样调查的方法，实行调查户常年记账与一次性调查相结合的调查方式。调查网点实行样本轮换制度，每四年为一个周期。省级数据调查网点分布在全省420个村，每个村抽取10个农户，共抽取了4200个样本农户，由国家统计局河南调查总队编辑整理；市级数据网点分布在各省辖市所有县（区），由河南省地方经济社会调查队编辑整理。

Brief Introduction

I. Main Contents

Data in this chapter show the people's living conditions in Henan province, including basic condition, revenue and expenditure of household , consisting of two parts, on the life of urban and rural households respectively.

II. Sources of Data

Data on the living condition of urban residents come from the data collected through a sample survey on the urban households conducted, The survey had covered only non-farm households in district areas of all city and county towns before 2001. Starting from 2002, the survey covers the households in district areas of all city and county towns. And the survey covers the households in areas of all city and county towns since 2007. The data collected by fixed sample households continuously charge to an account. Network survey is set through a sample rotation, which is conducted for every three years. Sample households in urban areas is selected by "layered","Second stage","classification", "equidistant sampling". The provincial sample of provincial data include 2300 households from 23 city and county towns, data in this part are provided by the Department of Henan Survey organizations, NBS. The Municipal sampling approaches is used to identify throughout the whole county (area), which are provided by Henan provincial survey organizations of social and economy.

Data on the living condition of rural residents come from the data collected through a sample survey on the rural households conducted, data on the living condition of rural residents are collected through a combination of Regular accounting and One-time accounting. Network survey is set through a sample rotation, which is conducted for every four years. The provincial sample of provincial data included 4200 households from 420 villages through the whole province, data in this part are provided by the Department of Henan Survey organizations, NBS. The provincial sample of municipal data in the counties of each city, which are provided by Henan provincial survey organizations of social and economy.

11-1 历年城乡居民家庭人均收支及恩格尔系数

Per Capita Income, Expenditures and Engel's Coefficient in Urban and Rural Areas over the year

指数以上年为100，按可比价格计算。

Indices are preceding year=100, while tempos are calculated at comparable prices.

单位：元 (yuan)

年份 Year	城镇居民家庭人均 Per Capita Annual Income and Expenditures of Urban Household					农村居民家庭人均 Per Capita Annual Income and Expenditures of Rural Household				
	可支配收入 Disposable Income	可支配收入指数 Disposable Income Index	消费支出 Consumptive Expenditures	#食品 Food	恩格尔系数(%) Engel's Coefficient (%)	纯收入 Net Income	纯收入指数 Index of Net Income	生活消费支出 Expenditures of Living	#食品 Food	恩格尔系数(%) Engel's Coefficient (%)
1978	315.00		274.00	163.00	59.5	104.71		81.70		
1979	361.04	114.3	302.98	177.21	58.5	133.56	127.6		67.32	60.7
1980	365.00	108.1	335.02	192.66	57.5	160.78	120.5	135.51	78.49	57.9
1981	395.00	103.1	363.23	205.18	56.5	215.57	133.4	165.57	89.08	53.8
1982	429.00	103.9	382.47	214.17	56.0	216.74	99.7	177.90	101.18	56.9
1983	452.50	101.6	405.00	232.07	57.3	272.00	124.5	196.35	113.71	57.9
1984	497.49	108.8	431.68	244.37	56.6	301.17	110.3	219.64	122.46	55.8
1985	600.59	114.2	556.72	277.74	49.9	328.78	107.0	260.19	145.83	56.0
1986	724.21	113.2	653.83	333.59	51.0	333.64	99.7	292.48	159.88	54.7
1987	814.20	104.9	711.27	379.57	53.4	377.72	110.1	309.90	164.03	52.9
1988	946.10	87.2	896.55	465.99	52.0	401.32	98.2	346.73	179.42	51.7
1989	1111.46	102.2	963.97	533.19	55.3	457.06	102.5	390.05	199.99	51.3
1990	1267.73	113.5	1067.67	585.27	54.8	526.95	105.5	437.73	240.93	55.0
1991	1384.81	103.9	1199.95	644.26	53.7	539.29	102.3	454.68	242.83	53.4
1992	1608.03	107.8	1342.58	716.99	53.4	588.48	104.9	472.61	264.02	55.9
1993	1962.75	110.4	1609.26	798.78	49.6	695.85	109.0	564.93	334.52	59.2
1994	2618.55	104.7	2155.15	1074.18	49.8	909.81	103.4	731.78	426.17	58.2
1995	3299.46	107.8	2673.95	1338.93	50.1	1231.97	109.5	929.39	544.26	58.6
1996	3755.44	103.9	3009.35	1439.32	47.8	1579.19	113.8	1206.43	670.89	55.6
1997	4093.62	106.4	3378.02	1506.25	44.6	1733.89	107.4	1270.52	693.09	54.6
1998	4219.42	105.3	3415.65	1454.99	42.6	1864.05	106.5	1240.30	700.78	56.5
1999	4532.36	111.2	3497.53	1427.65	40.8	1948.36	106.4	1163.98	617.46	53.0
2000	4766.26	106.1	3830.71	1386.76	36.2	1985.82	103.9	1315.83	654.13	49.7
2001	5267.42	108.8	4110.17	1424.90	34.7	2097.86	104.9	1375.60	668.77	48.6
2002	6245.40	114.2	4504.68	1517.04	33.7	2215.74	105.1	1451.51	697.02	48.0
2003	6926.12	109.0	4941.60	1662.30	33.6	2235.68	99.6	1508.67	726.57	48.2
2004	7704.90	105.5	5294.19	1855.44	35.0	2553.15	108.1	1664.09	808.27	48.6
2005	8667.97	110.2	6038.02	2067.51	34.2	2870.58	107.5	1891.57	858.97	45.4
2006	9810.26	111.9	6685.18	2215.32	33.1	3261.03	112.1	2229.28	911.48	40.9
2007	11477.05	111.0	7826.72	2707.44	34.6	3851.60	112.2	2676.41	1017.43	38.0
2008	13231.11	108.3	8837.46	3079.82	34.8	4454.24	107.2	3044.21	1165.81	38.3
2009	14371.56	109.9	9566.99	3272.75	34.2	4806.95	107.5	3388.47	1220.36	36.0
2010	15930.26	107.2	10838.49	3575.75	33.0	5523.73	111.0	3682.21	1371.17	37.2
2011	18194.80	108.4	12336.47	4212.76	34.1	6604.03	112.7	4319.95	1559.74	36.1
2012	20442.62	109.5	13732.96	4607.47	33.6	7524.94	111.3	5032.14	1701.75	33.8

注：1978年-1991年城镇居民可支配收入根据当年生活费收入测算。

a)Data on disposable income of urban household are calculated on basis of income of living in 1978-1991.

11−2 各市城乡居民家庭人均收支情况(2012年)
Per Capita Income and Expenditures in Urban and Rural Areas by City (2012)

单位：元 (yuan)

市(县) City(County)	城镇居民家庭人均 Per Capita (Urban) Residents				农村居民家庭人均 Per Capita (Rural) Residents			
	可支配收入 Disposable Income	消费性支出 Consumption Expenditures	#食品 Food	恩格尔系数(%) Angle modulus(%)	纯收入 Net Income	生活消费支出 living Expenditures	#食品 Food	恩格尔系数(%) Angle modulus(%)
全 省 Average	**20443**	**13733**	**4607**	**33.6**	**7525**	**5032**	**1702**	**33.8**
省 辖 市 City								
郑 州 市 Zhengzhou	24246	16610	5767	34.7	12531	8967	2203	24.6
开 封 市 Kaifeng	17545	13832	4295	31.0	7414	4641	1555	33.5
洛 阳 市 Luoyang	22636	14927	4722	31.6	7777	5979	1719	28.8
平 顶 山 市 Pingdingshan	20610	14917	4703	31.5	7518	4131	1522	36.8
安 阳 市 Anyang	21042	13191	4230	32.1	8618	5399	1535	28.4
鹤 壁 市 Hebi	19284	12090	3715	30.7	9388	6475	2096	32.4
新 乡 市 Xinxiang	20159	14052	4293	30.5	8647	6342	1806	28.5
焦 作 市 Jiaozuo	20136	14146	4414	31.2	10113	7435	2018	27.1
濮 阳 市 Puyang	19511	12596	4393	34.9	6945	4403	1584	36.0
许 昌 市 Xuchang	19685	13790	4246	30.8	9819	5549	1685	30.4
漯 河 市 Luohe	19136	14203	5010	35.3	8755	4797	1550	32.3
三 门 峡 市 Sanmenxia	19184	16695	4361	26.1	7906	5765	1831	31.8
南 阳 市 Nanyang	19544	15350	5088	33.1	7752	5454	2086	38.2
商 丘 市 Shangqiu	18312	11936	4055	34.0	6426	3970	1549	39.0
信 阳 市 Xinyang	17256	11661	5114	43.9	7008	4331	2068	47.7
周 口 市 Zhoukou	16503	12292	4172	33.9	6199	4281	1542	36.0
驻 马 店 市 Zhumadian	17671	13505	4118	30.5	6599	4986	1891	37.9
济 源 市 Jiyuan	21240	14594	4130	28.3	10648	6566	2210	33.7
省 直 管 县 Province Administrating County								
巩 义 市 Gongyi	20441	12910	3813	29.5	12953	6822	2023	29.6
兰 考 县 Lankao	14724	9984	3749	37.5	5984	4842	1724	35.6
汝 州 市 Ruzhou	17386	11890	3453	29.0	8888	4519	1578	34.9
滑 县 Huaxian	15808	11190	3648	32.6	6052	4329	1459	33.7
长 垣 县 Changyuan	16355	12749	3564	28.0	10072	5856	1882	32.1
邓 州 市 Dengzhou	18056	14300	4499	31.5	8131	5228	1863	35.6
永 城 市 Yongcheng	19442	14201	4134	29.1	7488	5119	2093	40.9
固 始 县 Gushi	16578	11921	4612	38.7	7206	5096	2143	42.1
鹿 邑 县 Luyi	16222	15718	5843	37.2	6875	3717	1339	36.0
新 蔡 县 Xincai	15344	11304	3339	29.5	6287	4423	1527	34.5

11-3 城镇居民家庭基本情况
Basic Conditions of Urban Households

项 目	Item	2000	2005	2007	2008	2009	2010	2011	2012
调查市县数(个)	Number of Cities Surveyed (Entries)	27	23	23	23	23	23	23	23
调查户数(户)	Number of Households Surveyed (household)	2820	2408	2459	2399	2399	2400	2300	2300
家庭人口数(人)	Household Size (person)	9105	7152	7130	6909	6837	6816	6601	6555
平均每户家庭人口数(人)	Average Household Size (person)	3.23	2.97	2.90	2.88	2.85	2.84	2.87	2.85
就业人口数(人)	Number of Person Employed (person)	4690	3864	3762	3455	3431	3504	3404	3450
平均每户就业人口数(人)	Average Employed Persons Per Household (person)	1.7	1.5	1.5	1.4	1.4	1.5	1.5	1.5
平均每一就业者负担人数(人)	Number of Persons Supported by Each Laborer (person)	1.9	1.9	1.9	2.0	2.0	1.9	1.9	1.9
平均每人全年总收入(元)	Per Capita Annual total Income (yuan)		9146	12083	13908	15408	17142	19527	21897
#可支配收入	Per Capita Disposable Income	4766	8668	11477	13231	14372	15930	18195	20443
工资性收入	Wage Income		6095	8059	9044	9910	10805	12039	13666
经营净收入	Net Income from Operations		661	819	1162	1203	1478	2264	2545
财产性收入	Property Income		96	160	156	165	222	286	334
转移性收入	Transfer Income		2294	3045	3546	4130	4637	4937	5352
平均每人全年总支出(元)	Per Capita Annual total Expenditures (yuan)		7831	10039	11135	12902	13802	15477	17300
#消费支出	Consumption Expenditures	3831	6038	7827	8837	9567	10838	12336	13733
现住房总建筑面积(平方米)	Total Covered Area of Present House (sq.m)		219075	230228	218940	224327	226768	225160	227459
平均每户建筑面积(平方米)	Per Household Covered Area(sq.m)		91.0	93.6	91.3	93.5	94.5	97.9	98.9
平均每人建筑面积(平方米)	Per Capita Covered Area (sq.m)		30.8	32.3	31.9	32.8	33.3	34.1	34.7

注：1.平均每一就业者负担人数包括就业者本人(下同)。
2.人均建筑面积是按家庭常住人口计算的。
a)Number of Dependents of per Laborer Contained himself.(The same as in following table)
b)Per Capita Floor space of Residential Building is Calculated by persons Living in it continuously.

11-4 按收入等级分的城镇居民家庭生活基本情况(2012年)

Basic Conditions of Urban Households Life by Level of Income (2012)

项 目	Item	总平均 Average	最低收入户 Lowest Income Households	#更低户 Difficult Households	低收入户 Low Income Households	较低收入户 Lower Middle Income Households
调查户数(户)	Number of Households Surveyed (household)	2298	231	116	230	459
比重(%)	Proportion(%)	100.0	10.0	5.0	10.0	20.0
平均每户	Per Household					
家庭人口数(人)	Average Household Size(person)	2.85	3.38	3.23	3.21	3.09
就业人口数(人)	Average Employed Persons Per Household (person)	1.50	1.29	1.12	1.61	1.61
平均每一就业者负担人数(人)	Number of Persons Supported by Each Laborer (person)	1.90	2.62	2.88	1.99	1.92
平均每人全年	Per Capita Annual					
总收入(元)	Total Income (yuan)	21897	8844	7549	12637	16202
#可支配收入	Disposable Income	20443	8142	6886	11656	15098
消费支出(元)	Expenditures of Consumption(yuan)	13733	6547	5910	8759	11627

项 目	Item	中间收入户 Middle Income Households	较高收入户 Upper Middle Income Households	高收入户 High Income Households	最高收入户 Highest Income Households
调查户数(户)	Number of Households Surveyed (household)	460	460	230	229
比重(%)	Proportion(%)	20.0	20.0	10.0	10.0
平均每户	Per Household				
家庭人口数(人)	Average Household Size(person)	2.78	2.64	2.51	2.26
就业人口数(人)	Average Employed Persons Per Household (person)	1.56	1.48	1.39	1.34
平均每一就业者负担人数(人)	Number of Persons Supported by Each Laborer (person)	1.78	1.78	1.81	1.69
平均每人全年	Per Capita Annual				
总收入(元)	Total Income (yuan)	21025	26996	33742	52476
#可支配收入	Disposable Income	19507	25168	31649	49735
消费支出(元)	Expenditures of Consumption(yuan)	12718	16528	19115	29862

11－5　城镇居民家庭就业情况
Employment conditions of Urban households

项　　目	Item	2000	2005	2007	2008	2009	2010	2011	2012
调查户数(户)	**Number of Households Surveyed (household)**	**2820**	**2408**	**2459**	**2399**	**2399**	**2400**	**2299**	**2298**
平均每户家庭人口数(人)	**Average Household Size (person)**	**3.23**	**2.97**	**2.90**	**2.88**	**2.85**	**2.84**	**2.87**	**2.85**
有收入者人数	Number of person having income	2.14	2.07	2.10	2.01	2.04	2.07	2.04	2.06
就业人口数	Number of Person Employed	1.66	1.53	1.53	1.44	1.43	1.46	1.48	1.50
国有经济单位	State-Owned Units	1.27	1.11	1.07	0.87	0.85	0.85	0.77	0.77
城镇集体经济单位	Collective-Owned Units	0.16	0.09	0.07	0.08	0.07	0.07	0.06	0.06
其他各种经济类型单位	Other economic units	0.02	0.07	0.07	0.09	0.09	0.09	0.11	0.11
城镇个体经营者	Person employed by himself in town	0.14	0.13	0.14	0.13	0.13	0.14	0.15	0.15
城镇个体被雇人员	Employed person in town	0.04	0.08	0.11	0.21	0.23	0.22	0.27	0.28
离退休再就业人员	Retired and resigned person reemployed	0.03	0.03	0.03	0.02	0.02	0.02	0.03	0.03
其他就业人员	Person employed in other way	0.01	0.02	0.03	0.04	0.05	0.05	0.09	0.09
离退休人数	Number of retired and resigned person	0.47	0.51	0.54	0.54	0.57	0.58	0.53	0.53
其他有收入者人数	Number of other person having income	0.01	0.04	0.02	0.04	0.04	0.04	0.03	0.03
无收入者人数	Number of person having no income	1.09	0.90	0.80	0.87	0.81	0.77	0.83	0.79
非家庭人口在家用餐人次数	**frequncy of non-family member eating at home**		**5.38**	**3.30**	**3.55**	**3.43**	**5.12**	**4.78**	**5.13**
家庭人口在外用餐人次数	**frequncy of family member eating out**		**16.76**	**14.89**	**13.23**	**13.85**	**14.46**	**12.44**	**13.62**

11－6　各市城镇居民人均可支配收入
Per Capita Disposable Income of Urban Residents By City

单位：元　　　　(yuan)

市(县)	City(County)	2000	2005	2006	2007	2008	2009	2010	2011	2012
省辖市	**City**									
郑州市	Zhengzhou	5935	10640	11822	13692	15732	17117	18897	21612	24246
开封市	Kaifeng	4089	7220	8286	9769	11342	12318	13695	15558	17545
洛阳市	Luoyang	5201	9720	10982	12770	14672	15949	17639	20163	22636
平顶山市	Pingdingshan	4790	8723	9897	11715	13531	14721	16208	18348	20610
安阳市	Anyang	4502	8822	10009	11796	13637	14809	16394	18686	21042
鹤壁市	Hebi	3946	7898	9089	10912	12491	13628	15059	17255	19284
新乡市	Xinxiang	4700	8312	9455	11236	13000	14170	15752	17988	20159
焦作市	Jiaozuo	4008	8430	9628	11488	13199	14282	15781	18005	20136
濮阳市	Puyang	4090	7972	8963	11042	12731	13737	15138	17228	19511
许昌市	Xuchang	4410	7769	8891	10741	12448	13619	15171	17503	19685
漯河市	Luohe	4633	7923	9034	10732	12364	13390	14769	16997	19136
三门峡市	Sanmenxia	5245	8071	9072	10710	12392	13470	15032	17062	19184
南阳市	Nanyang	4430	7831	8913	10713	12395	13498	15077	17289	19544
商丘市	Shangqiu	4077	7247	8346	10166	11752	12715	14178	16151	18312
信阳市	Xinyang	4037	6762	7759	9477	11022	12047	13348	15271	17256
周口市	Zhoukou	3646	6356	7218	8955	10406	11363	12678	14583	16503
驻马店市	Zhumadian	4407	6900	7901	9762	11305	12311	13702	15795	17671
济源市	Jiyuan	4723	9017	10298	11945	13809	14983	16481	18821	21240
省直管县	**Province Administrating County**									
巩义市	Gongyi	5025	9045	9884	11218	13236	14409	15893	18186	20441
兰考县	Lankao	3189	5973	6620	7538	9030	10115	11430	13030	14724
汝州市	Ruzhou	3896	6281	7210	9195	11032	12252	13556	15427	17386
滑县	Huaxian	3689	6073	6861	9002	10622	11489	12527	14064	15808
长垣县	Changyuan	3620	5835	6728	8410	9985	11197	12697	14550	16355
邓州市	Dengzhou	4305	7294	8384	10217	11818	12990	14340	16079	18056
永城市	Yongcheng	4228	7306	8362	10141	11901	13448	15000	17175	19442
固始县	Gushi	3973	6562	7423	9220	10688	11675	12926	14762	16578
鹿邑县	Luyi	3837	5982	6874	8934	10175	11357	12516	14356	16222
新蔡县	Xincai	3890	5882	6591	8257	9661	10569	11757	13615	15344

11-7 城镇居民家庭平均每人全年现金收入情况(2012年)

单位：元

项　目	Item	总平均 Average	最低收入户 Lowest Income Households	#更低户 Difficult Households
家庭总收入	**Total Household Income**	**21897**	**8844**	**7549**
#可支配收入	Disposable Income	20443	8142	6886
工资性收入	Wage Income	13666	5989	5230
工资及补贴收入	Wage Income and Surplus Income	13342	5522	4662
其他劳动收入	Other Earned Income	324	467	568
经营净收入	Net Income from Operations	2545	733	317
财产性收入	Property Income	334	93	146
#利息	Interest	88	12	12
股息与红利收入	Dividend Income	45	30	61
保险收益	Insurance Income	4		
其他投资收入	Other Investment Income	65		
出租房屋收入	Income from Renting Room	115	49	71
转移性收入	Transfer Income	5352	2030	1856
#养老金或离退休金	Pension	4621	1538	1333
社会救济收入	Income from Social Relief	43	136	161
辞退金	Severance pay	8		
赔偿收入	Compensation money	2		
保险收入	Insurance Income	20	29	34
#失业保险金	Unemployment insurance expense	17	29	34
赡养收入	Income of Alimony	200	65	100
捐赠收入	Income of Presentation	271	128	80
亲友搭伙费	Food expenditure from kinsfolk			
提取住房公积金	Drawaing of Accumulated Fund for House	20	5	11
记帐补贴	Subsidy for taking accounts	145	120	124
出售财物收入	**Income from Selling Property**	**38**	**7**	**15**
借贷收入	**Income of Borrow Money and Loan**	**3417**	**1214**	**1467**
#提取储蓄存款	Drawing Money from Banks	3075	1177	1428
借入款	Borrow Money	72	26	16
收回借出款	Retrieval of loan	17		
兑售有价证券	Cashing in and selling bonds	4	9	19
收回投资本金	Retrieval of Investment Pricipal	106		

Per Capita Annual Cash Income of Urban Households (2012)

(yuan)

低收入户 Low Income Households	较低收入户 Lower Middle Income Households	中间收入户 Middle Income Households	较高收入户 Upper Middle Income Households	高收入户 High Income Households	最高收入户 Highest Income Households	#更高收入户 Higher Income Household
12637	**16202**	**21025**	**26996**	**33742**	**52476**	**63954**
11656	15098	19507	25168	31649	49735	60991
9170	11281	14631	16634	19298	24727	28376
8975	11078	14478	16428	18851	23438	25967
195	203	153	206	447	1290	2409
900	1038	1530	2976	4087	12830	19648
53	80	115	333	629	2237	3678
22	26	51	129	157	441	593
11	10	16	4	180	264	438
			18		12	18
	3	2	32	95	693	1311
20	41	34	145	197	654	1064
2514	3803	4750	7053	9728	12682	12253
2071	3266	4256	6212	8748	10411	9612
30	39	13	16	1	107	210
5					100	196
			10			
39	23	3	13	2	53	34
39	23	3	7	2	18	34
50	81	93	232	448	964	920
181	241	215	362	334	602	590
	2	11	12	27	161	314
132	128	153	156	151	207	230
2	**3**	**7**	**3**	**5**	**469**	**910**
1455	**3421**	**1948**	**3875**	**3932**	**12367**	**16171**
1428	3187	1928	3659	3606	9486	12344
26	68	16	106	245	102	196
	0	1	65	42	26	
				37		
				3	1454	2369

11-8 各市城镇居民家庭平均每人全年可支配收入情况(2012年)

单位：元

市(县) City(County)	总平均 Average	最低收入户 Lowest Income Households	#更低户 Difficult Households	低收入户 Low Income Households
省辖市 City				
郑州市 Zhengzhou	24246	9341	7610	13499
开封市 Kaifeng	17545	7731	7033	10837
洛阳市 Luoyang	22636	8967	7617	12646
平顶山市 Pingdingshan	20610	7465	5991	10500
安阳市 Anyang	21042	8470	7127	11118
鹤壁市 Hebi	19284	8065	7414	10425
新乡市 Xinxiang	20159	8192	7029	10670
焦作市 Jiaozuo	20136	7478	6287	11786
濮阳市 Puyang	19511	7384	6667	10683
许昌市 Xuchang	19685	9361	8195	12120
漯河市 Luohe	19136	10470	9330	13403
三门峡市 Sanmenxia	19184	7552	6035	11728
南阳市 Nanyang	19544	9148	7919	12392
商丘市 Shangqiu	18312	8148	6184	11451
信阳市 Xinyang	17256	8647	7498	11777
周口市 Zhoukou	16503	9035	8248	11539
驻马店市 Zhumadian	17671	6996	5675	10191
济源市 Jiyuan	21240	5461	4749	10010
省直管县 Province Administrating County				
巩义市 Gongyi	20441	8264	6860	11365
兰考县 Lankao	14724	8782	8231	10963
汝州市 Ruzhou	17386	7271	6335	10132
滑县 Huaxian	15808	7211	6647	8824
长垣县 Changyuan	16355	8671	8527	10135
邓州市 Dengzhou	18056	12486	11471	14598
永城市 Yongcheng	19442	5215	4130	9117
固始县 Gushi	16578	5907	5648	9403
鹿邑县 Luyi	16222	10101	9100	12720
新蔡县 Xincai	15344	4929	2997	9516

Per Capita Annual Disposable Income of Urban Households by City (2012)

(yuan)

较低收入户 Lower Middle Income Households	中间收入户 Middle Income Households	较高收入户 Upper Middle Income Households	高收入户 High Income Households	最高收入户 Highest Income Households	#更高收入户 Higher Income Household
16715	21190	26582	32759	50979	61861
12647	15391	19108	23457	30950	35157
15693	19438	24008	30306	48858	57600
13550	17017	21548	27041	42083	52770
14517	18527	23164	29188	44076	54484
13643	17523	21929	26453	41538	51928
13253	16225	20056	25777	49933	61503
14520	18062	22510	29209	44601	51839
12607	15318	18349	21926	43306	65544
15244	18337	22818	27182	37108	43174
15703	17695	21180	24690	30573	33469
14921	18281	22594	28759	39040	46106
14563	17729	21962	26345	36209	41137
13813	16409	19960	25126	35254	39739
14170	16847	20153	23431	32006	36375
13438	15744	18322	21514	32384	39874
12620	15533	19057	23946	42153	49881
14952	19331	24028	31843	59409	83808
13194	16392	19999	24552	69350	92639
12473	13854	16007	18860	26606	29940
13714	17802	21744	26233	39690	50297
11712	15358	20460	26558	31659	33431
11735	14962	17518	22446	51592	78277
15460	18048	20389	23650	27354	32029
12331	17021	23830	32724	71199	111794
12588	14224	19528	27779	38759	47541
14643	16366	18043	20771	27310	31633
11917	15504	19098	22023	28907	34650

11-9 历年城镇居民家庭人均消费支出

Per Capita Annual Consumption Expenditures of Urban Households by Years

单位：元 (yuan)

年份 Year	人均消费支出 Consumption Expenditures	食品支出 Food	衣着支出 Clothing	居住支出 Residence	家庭设备用品服务 Household Facilities Articles and Service	医疗保健支出 Medicine and Medical Service	交通通信支出 Transportation and Communications	娱乐教育文化服务 Recreation Education and Cultural services	杂项商品与服务 Miscellaneous and Services
1978	274.00	163.00	43.00	12.00	20.00	2.90	5.20	14.00	13.90
1980	335.02	192.66	50.19	15.30	24.30	3.22	8.86	20.84	19.65
1981	363.23	205.18	54.88	16.91	26.74	3.68	10.04	25.31	20.49
1982	382.47	214.17	56.49	19.70	29.03	3.93	12.19	25.27	21.69
1983	405.00	232.07	57.97	19.92	28.55	3.83	13.64	28.31	20.71
1984	431.68	244.37	65.23	22.65	32.56	5.01	11.47	28.63	21.76
1985	556.72	277.74	80.90	33.76	55.15	7.69	12.19	62.50	26.79
1986	653.83	333.59	96.56	39.35	62.66	8.75	15.64	63.97	33.31
1987	711.27	379.57	100.18	41.09	66.80	9.68	16.52	57.22	40.21
1988	896.55	465.99	124.21	42.02	104.28	16.23	17.18	82.66	43.98
1989	963.97	533.19	131.09	44.17	86.31	18.96	16.88	86.84	46.53
1990	1067.67	585.27	156.43	54.19	91.90	23.24	19.33	86.93	50.38
1991	1199.95	644.26	191.31	59.16	92.98	29.61	23.95	101.38	57.30
1992	1342.58	716.99	221.79	67.88	108.89	38.92	27.53	102.65	57.93
1993	1609.24	798.78	260.17	96.38	148.94	50.01	49.29	136.80	68.89
1994	2155.15	1074.18	347.31	131.89	185.55	70.07	92.86	159.78	93.51
1995	2673.95	1338.93	437.45	159.31	220.24	96.67	114.35	200.18	106.82
1996	3009.35	1439.32	488.52	281.61	215.52	125.97	131.74	211.41	115.26
1997	3378.02	1506.25	491.33	352.46	256.77	159.64	171.60	299.00	140.97
1998	3415.65	1454.99	442.34	406.54	280.23	172.84	193.65	320.88	144.19
1999	3497.53	1427.65	431.79	421.31	288.55	208.14	217.00	337.76	165.32
2000	3830.71	1386.76	460.99	547.19	312.97	280.78	246.24	407.26	188.52
2001	4110.17	1424.90	484.16	650.25	333.24	298.74	299.89	427.88	191.10
2002	4504.65	1517.00	570.42	499.48	324.43	389.60	477.55	586.33	139.84
2003	4941.60	1662.30	602.64	566.30	345.68	443.27	533.86	629.91	157.63
2004	5294.19	1855.44	650.30	578.60	332.06	436.53	569.85	694.56	176.84
2005	6038.02	2067.51	806.39	651.98	376.27	472.31	636.57	805.08	221.91
2006	6685.18	2215.32	919.31	737.00	431.02	520.57	762.08	847.12	252.76
2007	7826.72	2707.44	1053.13	795.39	549.14	626.55	858.33	936.55	300.19
2008	8837.46	3079.82	1141.76	963.59	633.32	790.87	915.12	988.95	324.03
2009	9566.99	3272.75	1270.74	1004.37	684.79	875.52	1033.99	1048.14	376.70
2010	10838.49	3575.75	1444.63	1080.10	866.72	941.32	1374.76	1137.16	418.04
2011	12336.47	4212.76	1706.94	1087.08	977.52	919.83	1573.64	1373.94	484.76
2012	13732.96	4607.47	1885.99	1190.81	1145.42	1085.47	1730.35	1525.33	562.13

11−10 城镇居民家庭平均每人全年消费性支出

Per Capita Annual Consumption Expenditures of Urban Households

单位：元 (yuan)

项　目	Item	2000	2005	2007	2008	2009	2010	2011	2012
消费性支出	**Consumption Expenditures**	**3830.71**	**6038.02**	**7826.72**	**8837.46**	**9566.99**	**10838.49**	**12336.47**	**13732.96**
#服务性消费支出	Consumption Expenditure of Service		1564.35	1879.27	2149.85	2285.62	2522.04	2924.82	3312.06
食品	**Food**	**1386.76**	**2067.51**	**2707.44**	**3079.82**	**3272.75**	**3575.75**	**4212.76**	**4607.47**
#粮食	Grain	219.78	228.78	276.80	306.17	322.33	349.36	393.17	393.08
淀粉及薯类	Starches and Tubers	23.45	24.75	34.08	35.66	37.62	48.11	57.26	60.79
干豆类及豆制品	Beans and Bean Products	26.43	32.70	40.59	50.91	54.54	60.95	62.29	59.64
油脂类	Oil and Fats	55.61	66.05	93.93	127.44	103.15	105.41	128.10	128.00
肉禽及制品	Meat,Poultry and Related Products	264.88	371.16	485.25	569.41	575.61	611.01	756.56	796.87
蛋类	Eggs	67.48	76.06	98.56	96.05	96.47	110.61	134.03	131.49
水产品类	Aquatic Products	34.76	43.54	58.13	65.25	75.84	78.49	89.38	105.77
蔬菜类	Vegetables	138.55	217.28	299.83	323.69	371.30	373.02	375.92	400.70
调味品	Condiments	26.50	29.48	38.94	42.66	49.04	55.32	59.05	64.16
糖类	Sugar	16.42	17.16	22.42	19.46	23.98	27.62	35.36	39.66
烟草类	Tobacco	87.18	96.56	127.33	158.64	172.53	158.35	163.26	185.98
酒和饮料	Liquor and Beverages	110.75	119.60	154.54	180.14	219.64	224.66	250.38	299.33
干鲜瓜果	Dried and Fresh Melons and Fruits	74.92	146.95	213.18	198.81	241.10	288.11	357.91	410.78
糕点类	Cake	31.07	48.58	63.43	61.12	72.58	79.69	94.61	107.05
奶及奶制品	Milk and dairy Products	43.28	115.26	145.11	140.81	148.30	170.31	207.20	214.23
食品加工服务费	Food Processing Service Fees	1.29	0.36	0.84	0.72	0.90	1.34	1.35	1.45
在外用餐	Dining Out	127.27	391.46	491.28	637.84	647.42	761.04	951.70	1110.10
衣着	**Clothing**	**460.99**	**806.39**	**1053.13**	**1141.76**	**1270.74**	**1444.63**	**1706.94**	**1885.99**
#服装	Garments	314.99	595.33	771.35	841.95	925.12	1061.35	1265.53	1395.05
衣着材料	Clothing Materials	28.10	9.96	9.57	7.28	7.17	7.35	10.18	9.00
鞋类及其他衣着	Shoes and Other Clothing	108.48	196.05	266.35	119.47	331.89	367.62	421.33	471.79
衣着加工服务费	Tailoring and Laundering Service Fees	9.42	5.04	5.86	6.27	6.56	8.31	9.90	10.14
居住	**Residence**	**547.19**	**651.98**	**795.39**	**963.59**	**1004.37**	**1080.10**	**1087.08**	**1190.81**
住房	Housing	341.08	160.15	215.00	270.97	279.91	345.89	381.24	420.68
水电燃料及其他	water,Electricity and Fuels		457.65	523.76	629.28	666.11	673.51	650.98	707.95
居住服务费	Service Fee for Residence		34.18	56.64	63.34	58.35	60.70	54.86	62.18
家庭设备、用品及服务	**Household Facilities, Articles and Service**	**312.97**	**376.27**	**549.14**	**633.32**	**684.79**	**866.72**	**977.52**	**1145.42**
#耐用消费品	Durable Consumer Goods	187.41	190.08	288.01	332.85	340.22	444.66	458.19	546.23
室内装饰品	Interior Decorations	11.15	13.65	14.70	19.22	22.52	20.27	29.69	24.77
床上用品	Bed Articles	20.37	37.74	49.84	59.93	76.95	78.86	111.69	131.34
家庭日用杂品	Household Articles for Daily Use	59.40	106.87	164.11	191.08	212.00	280.96	339.15	395.96
家具材料	Furniture Materials	3.75	4.37	13.06	6.88	6.86	10.39	6.72	8.92
家庭服务	Household Services	30.88	23.58	19.43	23.36	26.23	31.57	32.07	38.21
医疗保健	**Medicine and medical Service**	**280.78**	**472.31**	**626.55**	**790.87**	**875.52**	**941.32**	**919.83**	**1085.47**
#药品费	Expenses for Medical Care	213.39	303.43	382.30	444.97	476.04	479.78	441.48	514.70
交通和通信	**transportation and communications**	**246.24**	**636.57**	**858.33**	**915.12**	**1033.99**	**1374.76**	**1573.64**	**1730.35**
交通	transportation	94.36	177.07	320.64	390.37	499.95	813.55	1024.94	1125.25
通信	Communication	151.89	459.50	537.69	524.75	534.04	561.21	548.70	605.09
教育文化娱乐服务	**Recreation,education and Cultural services**	**407.26**	**805.08**	**936.55**	**988.95**	**1048.14**	**1137.16**	**1373.94**	**1525.33**
文化娱乐用品	Recreation Durable Consumer Goods	100.19	208.65	235.78	278.34	284.68	344.49	377.10	392.78
文化娱乐服务	Recreation	72.87	174.70	245.50	246.26	285.83	396.33	452.24	582.70
教育	Educations	234.20	421.72	455.28	464.35	477.64	396.34	544.60	549.85
杂项商品和服务	**Miscellaneous and Services**	**188.52**	**221.91**	**300.19**	**324.03**	**376.70**	**418.04**	**484.76**	**562.13**
杂项商品	Miscellaneous		147.57	187.00	217.44	236.13	256.92	309.64	374.84
服务	Services		74.34	113.19	106.59	140.57	161.12	175.12	187.29

11-11 城镇居民家庭平均每人全年现金支出情况(2012年)

单位：元

项 目	Item	总平均 Average	最低收入户 Lowest Income Households	#更低户 Difficult Households
家庭总支出	**Total Household Expenditure**	**17300.48**	**7872.00**	**7064.77**
消费性支出	**Consumption Expenditures**	**13732.96**	**6546.89**	**5910.33**
#服务性消费支出	Consumption Expenditure of Service	3312.06	1417.63	1176.61
食品	Food	4607.47	2780.10	2666.32
#粮食	Foodstuff	393.08	333.80	335.88
肉	Meat	625.62	432.17	440.49
衣着	Clothing	1885.99	825.52	767.97
居住	Residence	1190.81	632.49	616.47
家庭设备、用品及服务	Household Facilities,Articles and Service	1145.42	436.11	331.07
医疗保健	Medicine and medical Service	1085.47	541.22	394.12
交通和通信	Transport, Post and Communication Services	1730.35	543.22	464.34
教育文化娱乐服务	Recreation,education and Cultural services	1525.33	631.51	537.08
杂项商品和服务	Miscellaneous and Services	562.13	156.72	132.96
购房与建房支出	**Expenditure of Buying and Building House**	**522.67**	**38.66**	
转移性支出	**Transfer Expenditure**	**1722.06**	**686.55**	**579.68**
交纳所得税	Paid-Tax	23.08		
捐赠支出	Donation Expenditure	1192.49	487.22	406.36
购买彩票	Buying Lottery	10.91	2.33	2.73
赡养支出	Support Expenditure	396.66	171.69	148.54
#在外就学子女费用	Expenditure of Children Studying far from Home	262.85	137.75	106.05
各种非储蓄性保险支出	All Kinds of non Saving Insurance Expenditure	65.29	23.25	20.73
#车辆保险支出	Expenditure of Car Insurance	28.66	9.67	19.89
其他转移性支出	Other Transfer Expenditure	33.63	2.05	1.33
财产性支出	**Property Expenditure**	**36.43**	**17.62**	**36.01**
#非生产性贷款利息支出	Interest Expenditure of Non-Productive Loans	23.31	17.51	36.01
社会保障支出	**Expenditure of Social Protection**	**1286.37**	**582.27**	**538.74**
个人交纳的养老基金	Pension Fund Paid by Oneself	552.56	332.65	326.18
个人交纳的住房公积金	House Accumulated Fund Paid by Oneself	514.40	136.13	104.68
个人交纳的医疗基金	Medical Fund Paid by Oneself	184.91	100.12	96.06
个人交纳的失业基金	Unemployment Fund Paid by Oneself	26.34	9.72	9.69
其他社会保障支出	Expenditure of Other Social Protection	8.16	3.65	2.13
借贷支出	**Expenditure on Loan**	**6657.90**	**1507.85**	**1389.14**
#存入储蓄款	Savings Deposits	6281.06	1450.59	1313.73
借出款	Lending Money	25.61	1.51	
归还借款	Money of Repaying	62.15	11.52	
储蓄性保险支出	Expenditure on Saving Insurance	60.87	8.93	2.82
购买有价证券	Purchase of Valuable Securites	8.19		
其他投资支出	Expenditure of Other Investment	115.90		
归还住房贷款	Repayment of House Loan	70.47	35.02	72.02

Per Capita Annual Cash Expenditures of Urban Households (2012)

(yuan)

低收入户 Low Income Households	较低收入户 Lower Middle Income Households	中间收入户 Middle Income Households	较高收入户 Upper Middle Income Households	高收入户 High Income Households	最高收入户 Highest Income Households	#更高收入户 Higher Income Household
10517.33	**14629.81**	**15738.54**	**20783.87**	**24151.30**	**39881.57**	**45636.61**
8758.53	**11627.34**	**12717.65**	**16527.84**	**19115.36**	**29861.86**	**34930.76**
2015.90	2883.13	3041.53	4165.86	4659.30	6937.95	7671.52
3472.95	3992.78	4606.91	5326.66	6269.36	7713.93	7965.28
354.07	368.51	407.42	402.65	444.61	510.17	502.24
481.68	556.75	653.33	709.07	793.83	919.42	900.81
1294.13	1545.45	1896.34	2185.17	2999.13	3632.02	3897.47
722.91	1135.51	988.46	1388.64	1615.95	2599.48	3542.41
645.36	791.94	1024.10	1444.60	1631.74	3262.38	3822.30
610.00	1054.23	873.88	1418.82	1372.23	2249.58	2205.49
802.89	1471.32	1377.11	2186.52	1888.67	5611.92	8600.96
930.41	1262.17	1443.74	1918.26	2293.69	3154.43	3105.73
279.88	373.94	507.11	659.17	1044.60	1638.13	1791.12
	746.24	**28.33**	**504.01**	**378.12**	**2972.74**	**2999.12**
912.32	**1270.60**	**1611.89**	**2061.36**	**2766.71**	**4417.87**	**4811.59**
2.15	0.28	5.01	29.51	79.39	135.76	205.70
729.51	970.59	1120.81	1395.96	1948.24	2629.68	2518.00
1.86	4.09	11.24	14.51	29.59	30.14	4.71
127.82	234.26	387.90	496.48	564.14	1291.64	1645.10
70.55	158.89	253.63	301.36	275.95	1014.31	1307.52
38.53	48.70	61.79	73.17	84.27	198.08	252.94
1.80	17.16	22.67	42.22	41.14	106.92	172.22
12.45	12.68	25.13	51.73	61.08	132.56	185.16
	9.82	**20.81**	**48.43**	**28.33**	**230.08**	**367.52**
	9.16	8.42	29.61	28.33	132.85	231.16
846.48	**975.81**	**1359.87**	**1642.23**	**1862.78**	**2399.02**	**2527.62**
447.07	473.17	569.18	637.95	738.92	868.63	859.05
243.00	318.51	571.70	728.13	836.25	1141.07	1208.21
135.66	161.92	176.87	232.32	246.06	310.82	358.78
13.63	18.80	29.18	37.67	28.63	59.39	79.88
7.12	3.41	12.93	6.17	12.92	19.10	21.69
2751.09	**4017.60**	**5860.92**	**8171.76**	**11895.86**	**22183.81**	**31422.71**
2674.18	3888.93	5644.66	7654.82	11436.07	20030.85	28070.92
	10.27	26.06	60.28	82.73	2.70	
38.55	26.40	27.02	142.56	65.89	186.90	345.40
37.81	53.70	49.57	85.40	68.09	167.44	266.54
0.36		0.75	42.63	2.91	0.32	0.63
0.09	0.05	17.41	7.47	31.02	1486.34	2369.36
	36.27	28.40	129.51	147.28	227.44	220.12

11-12 各市城镇居民家庭消费支出情况(2012年)

单位：元

市(县) City(County)	消费性支出 Consumption Expenditures	#服务性消费支出 Consumption Expenditure of Service	食品 Food	衣着 Clothing	居住 Residence
省 辖 市 City					
郑 州 市 Zhengzhou	16610	3560	5767	2586	1120
开 封 市 Kaifeng	13832	3489	4295	1603	1249
洛 阳 市 Luoyang	14927	4052	4722	1884	1564
平 顶 山 市 Pingdingshan	14917	3805	4703	2317	1119
安 阳 市 Anyang	13191	3152	4230	1688	1151
鹤 壁 市 Hebi	12090	3214	3715	1570	1090
新 乡 市 Xinxiang	14052	3508	4293	1830	1288
焦 作 市 Jiaozuo	14146	2674	4414	1770	1581
濮 阳 市 Puyang	12596	3154	4393	1732	1061
许 昌 市 Xuchang	13790	3459	4246	2112	1048
漯 河 市 Luohe	14203	3150	5010	2373	1116
三 门 峡 市 Sanmenxia	16695	4681	4361	2263	2478
南 阳 市 Nanyang	15350	3496	5088	2112	1466
商 丘 市 Shangqiu	11936	2437	4055	1977	996
信 阳 市 Xinyang	11661	2072	5114	1746	1013
周 口 市 Zhoukou	12292	2620	4172	1945	1169
驻 马 店 市 Zhumadian	13505	3184	4118	1992	1240
济 源 市 Jiyuan	14594	3512	4130	1996	893
省 直 管 县 Province Administrating County					
巩 义 市 Gongyi	12910	2762	3813	2075	1161
兰 考 县 Lankao	9984	1994	3749	1821	889
汝 州 市 Ruzhou	11890	2609	3453	1742	1112
滑 县 Huaxian	11190	2116	3648	1662	1006
长 垣 县 Changyuan	12749	2606	3564	1594	1082
邓 州 市 Dengzhou	14300	3035	4499	1696	2098
永 城 市 Yongcheng	14201	3135	4134	2049	1041
固 始 县 Gushi	11921	2211	4612	1693	1375
鹿 邑 县 Luyi	15718	3672	5843	2241	1878
新 蔡 县 Xincai	11304	2478	3339	2042	942

Per Capita Consumption Expenditures of Urban Households by City (2012)

(yuan)

家庭设备用品及服务 Household Facilities, Articles and Service	医疗保健 Medicine and medical Service	交通和通信 transportation and communications	教育文化娱乐服务 Recreation, education and Cultural services	杂项商品和服务 Miscellaneous and Services
1384	1172	1956	1797	828
1176	1166	2027	1828	488
1287	1195	1630	1966	678
1130	1168	1839	1972	669
1277	1043	1660	1330	811
1042	1165	1238	1846	424
1274	931	2034	1780	623
1393	1277	1625	1529	557
1120	1024	1384	1433	450
1308	948	1304	1752	1071
1114	776	1666	1617	531
1354	1214	1944	2488	594
1147	1273	1979	1771	514
782	650	1719	1279	479
859	500	1190	763	477
1067	755	1505	1038	643
1078	1244	1424	1726	684
1161	853	3139	1729	693
861	583	2893	1169	355
820	567	927	730	482
976	1104	1688	1281	534
1208	684	1501	970	510
1143	1048	2601	1245	473
1370	864	1804	1523	445
801	757	3228	1628	562
1253	777	844	773	595
843	1228	1330	988	1366
976	856	984	1627	539

11-13 按收入等级分的城镇居民家庭平均每人全年消费性支出(2012年)

单位：元

项目	Item	总平均 Average	最低收入户 Lowest Income Households	#更低户 Difficult Households
消费性支出	**Expenditures of Consumption**	**13732.96**	**6546.89**	**5910.33**
食品	**Food**	**4607.47**	**2780.10**	**2666.32**
#粮食	Grain	393.08	333.80	335.88
油脂类	Oil and Fats	128.00	99.14	94.30
肉禽及制品	Meat,Poultry and Related Products	796.87	578.88	594.94
蛋类	Eggs	131.49	111.83	106.08
水产品	Aquatic Products	105.77	61.66	62.50
菜类	Vegetables	400.70	284.03	306.37
烟草类	Tobacco	185.98	91.03	86.02
酒和饮料	Liquor and Beverages	299.33	150.27	115.13
奶及奶制品	Milk and dairy Products	214.23	148.98	134.40
衣着	**Clothing**	**1885.99**	**825.52**	**767.97**
#服装	Garments	1395.05	600.02	573.24
居住	**Residence**	**1190.81**	**632.49**	**616.47**
住房	Housing	420.68	123.61	109.87
水电燃料及其他	water,Electricity and Fuels	707.95	483.59	488.67
居住服务费	Service Fee for Residence	62.18	25.29	17.93
家庭设备、用品及服务	**Household Facilities, Articles and Service**	**1145.42**	**436.11**	**331.07**
耐用消费品	Durable Consumer Goods	546.23	152.82	109.76
室内装饰品	Interior Decorations	24.77	8.44	4.55
床上用品	Bed Articles	131.34	44.39	27.13
家庭日用杂品	Household Articles for Daily Use	395.96	209.10	177.44
家具材料	furniture material	8.92	8.79	0.24
家庭服务	household service	38.21	12.58	11.95
医疗保健	**Medicine and medical Service**	**1085.47**	**541.22**	**394.12**
#药品费	Expenses for medical care	514.70	250.02	192.00
交通和通信	**transportation and communications**	**1730.35**	**543.22**	**464.34**
交通	transportation	1125.25	226.43	178.25
通信	Communication	605.09	316.79	286.08
教育文化娱乐服务	**Recreation,Education and Cultural services**	**1525.33**	**631.51**	**537.08**
文化娱乐用品	Recreation and Cultural Articles	392.78	189.60	174.84
文化娱乐服务	Recreation and Cultural Services	582.70	162.93	131.96
教育	Educations	549.85	278.98	230.29
杂项商品和服务	**Miscellaneous Commodities and Services**	**562.13**	**156.72**	**132.96**

Per Capita Annual Consumption Expenditures of Urban Households by Level of Income (2012)

(yuan)

低收入户 Low Income Households	较低收入户 Lower Middle Income Households	中间收入户 Middle Income Households	较高收入户 Upper Middle Income Households	高收入户 High Income Households	最高收入户 Highest Income Households	#更高收入户 Higher Income Household
8758.53	**11627.34**	**12717.65**	**16527.84**	**19115.36**	**29861.86**	**34930.76**
3472.95	**3992.78**	**4606.91**	**5326.66**	**6269.36**	**7713.93**	**7965.28**
354.07	368.51	407.42	402.65	444.61	510.17	502.24
106.70	120.70	125.03	139.17	160.49	176.11	167.95
623.64	714.54	824.53	886.97	1014.01	1148.36	1127.55
111.18	125.48	137.06	138.46	146.28	165.93	161.39
73.90	76.16	99.94	126.68	186.63	195.49	178.52
335.03	345.72	416.30	445.10	510.10	596.39	594.37
116.26	186.22	177.84	216.88	274.41	297.75	320.89
201.29	248.52	267.82	366.72	450.70	608.56	657.47
148.11	163.44	207.16	256.36	332.22	368.46	368.33
1294.13	**1545.45**	**1896.34**	**2185.17**	**2999.13**	**3632.02**	**3897.47**
962.75	1148.91	1398.71	1592.56	2211.46	2755.29	3062.70
722.91	**1135.51**	**988.46**	**1388.64**	**1615.95**	**2599.48**	**3542.41**
108.59	485.35	204.20	477.32	663.69	1364.77	2211.17
563.23	601.03	729.59	831.91	862.19	1106.34	1168.47
51.08	49.13	54.67	79.41	90.07	128.37	162.77
645.36	**791.94**	**1024.10**	**1444.60**	**1631.74**	**3262.38**	**3822.30**
252.61	347.99	423.14	706.52	697.93	2049.38	2606.37
6.31	17.61	23.39	30.37	21.66	96.63	152.51
74.57	95.04	128.90	169.69	217.95	293.65	252.27
287.52	296.79	410.19	477.57	597.20	723.24	695.47
5.82	9.07	2.75	5.12	13.24	34.61	30.71
18.53	25.44	35.74	55.34	83.76	64.87	84.97
610.00	**1054.23**	**873.88**	**1418.82**	**1372.23**	**2249.58**	**2205.49**
318.18	538.28	443.25	637.96	681.73	885.04	967.90
802.89	**1471.32**	**1377.11**	**2186.52**	**1888.67**	**5611.92**	**8600.96**
348.51	964.44	757.06	1456.78	1091.52	4546.18	7506.02
454.39	506.88	620.05	729.74	797.15	1065.74	1094.94
930.41	**1262.17**	**1443.74**	**1918.26**	**2293.69**	**3154.43**	**3105.73**
213.27	308.23	337.57	471.23	605.93	992.57	871.69
266.04	446.34	476.95	803.11	1026.03	1445.62	1662.72
451.10	507.60	629.22	643.91	661.72	716.24	571.31
279.88	**373.94**	**507.11**	**659.17**	**1044.60**	**1638.13**	**1791.12**

11-14 各市按收入等级分的城镇居民家庭平均每人全年消费性支出(2012年)

单位：元

市(县) City(County)	总平均 Average	最低收入户 Lowest Income Households	#更低户 Difficult Households	低收入户 Low Income Households
省辖市 City				
郑州市 Zhengzhou	16610	7976	6986	10575
开封市 Kaifeng	13832	6475	5683	8943
洛阳市 Luoyang	14927	7373	6459	9222
平顶山市 Pingdingshan	14917	7060	5980	8276
安阳市 Anyang	13191	7779	7374	8263
鹤壁市 Hebi	12090	6287	5975	6775
新乡市 Xinxiang	14052	6691	6051	7922
焦作市 Jiaozuo	14146	6061	5982	9552
濮阳市 Puyang	12596	5981	4878	8166
许昌市 Xuchang	13790	7957	7390	9429
漯河市 Luohe	14203	8018	7758	10202
三门峡市 Sanmenxia	16695	6038	5543	12440
南阳市 Nanyang	15350	7578	7377	10454
商丘市 Shangqiu	11936	7611	5505	7652
信阳市 Xinyang	11661	6168	5771	9845
周口市 Zhoukou	12292	7495	6549	9533
驻马店市 Zhumadian	13505	6405	5337	8983
济源市 Jiyuan	14594	7712	6083	10183
省直管县 Province Administrating County				
巩义市 Gongyi	12910	8512	6032	9296
兰考县 Lankao	9984	7339	6863	7318
汝州市 Ruzhou	11890	6518	4299	7441
滑县 Huaxian	11190	5547	4188	6939
长垣县 Changyuan	12749	6828	5979	5714
邓州市 Dengzhou	14300	9880	8030	11583
永城市 Yongcheng	14201	3488	3477	6220
固始县 Gushi	11921	4790	4751	5954
鹿邑县 Luyi	15718	11717	12718	13074
新蔡县 Xincai	11304	5932	6014	7692

Per Capita Annual Consumption Expenditures of Urban Households by Level of Income By City (2012)

(yuan)

较低收入户 Lower Middle Income Households	中间收入户 Middle Income Households	较高收入户 Upper Middle Income Households	高收入户 High Income Households	最高收入户 Highest Income Households	#更高收入户 Higher Income Household
14277	14927	17961	21531	27373	30262
10772	12880	14728	19750	21225	27171
11811	13446	16528	16507	28967	31700
11382	12599	14712	19183	28479	32753
9503	11597	14290	16452	26162	34340
8605	11769	13108	20234	22889	31279
9509	12410	14529	17396	30834	37011
10359	11727	14552	17745	34667	37463
9025	11753	13314	19212	20394	23875
11626	13434	15459	17569	22812	26654
10374	13227	16632	16649	24812	32056
13638	14867	19951	24705	31585	31873
11896	12861	18118	19578	27472	31175
9618	12225	11499	15272	21143	23597
9585	11810	12974	14347	20776	24457
10154	11194	13233	15211	24450	30108
10200	12775	14387	16277	29660	34889
11966	17728	12444	20930	24840	30819
9021	12815	11950	14092	32435	40368
7975	9350	10748	11947	19221	24651
9099	11352	16741	16285	23692	31264
8828	9739	11729	21743	27203	25274
8899	13839	16133	14128	34678	57008
11888	14071	17041	18494	21560	26303
6926	11603	18381	24323	60599	94898
10378	11135	11736	22735	26510	36093
14482	14544	17209	19502	26408	33398
10128	10417	11843	17498	20175	23033

11-15 城镇居民家庭平均每人购买食品数量(2012年)

单位：千克

指标	Indicator	总平均 Average	最低收入户 Lowest Income Households	#更低户 Difficult Households	低收入户 Low Income Households	较低收入户 Lower Middle Income Households
大米	Rice	19.18	18.25	19.16	17.33	18.53
面粉	Flour	17.72	18.08	18.44	17.41	16.76
食用植物油	Edible Vegetable Oil	7.41	6.20	6.26	6.72	7.20
猪肉	Pork	13.26	11.09	11.48	10.85	12.23
牛肉	Beef	1.65	1.19	1.48	1.36	1.32
羊肉	Mutton	1.50	0.86	0.81	0.96	1.40
鸡	Chicken	4.98	5.47	6.11	4.62	4.59
鸭	Duck	0.69	0.95	0.94	0.57	0.62
鲜蛋	Fresh Eggs	14.51	12.67	11.93	12.41	14.11
鱼	Fish	4.17	3.25	3.09	3.25	3.40
虾	Shrimp	0.45	0.16	0.18	0.31	0.25
鲜菜	Vegetable	104.51	86.94	94.29	92.11	94.13
白酒	Liquor	1.74	1.15	0.95	1.45	1.51
果酒	Wine	0.15	0.03	0.03	0.06	0.11
啤酒	Beer	3.18	2.67	2.24	2.60	2.79
碳酸饮料	Carbonated drinks	1.50	0.77	0.82	0.93	1.13
瓶装饮用水	Bottled water	5.18	1.86	1.84	5.97	3.82
茶叶	Tea	0.23	0.16	0.09	0.16	0.23
鲜果	Fresh Furit	41.31	28.20	24.77	36.78	34.22
鲜瓜	Fresh melon	25.57	19.61	18.01	24.75	23.09
糕点	Cakes	5.40	3.81	3.38	4.48	4.52
鲜乳品	Dairy	11.57	7.77	7.34	8.39	9.45
奶粉	Milk	0.33	0.32	0.24	0.15	0.22
酸奶	Yogurt	4.20	2.31	2.27	2.07	2.61

Per Capita Annual Purchases of Food of Urban Households (2012)

(kg)

中间收入户 Middle Income Households	较高收入户 Upper Middle Income Households	高收入户 High Income Households	最高收入户 Highest Income Households	#更高收入户 Higher Income Household
18.60	19.71	21.04	23.77	23.02
18.96	17.28	18.90	17.15	18.46
7.26	7.70	8.54	9.62	9.61
13.68	14.30	15.73	17.39	16.60
1.62	2.00	2.36	2.27	2.27
1.64	1.77	1.89	2.29	1.98
4.57	5.24	5.82	5.46	5.17
0.53	0.64	1.08	0.73	0.61
15.30	15.13	15.60	17.26	16.78
4.12	4.66	5.83	6.58	5.75
0.46	0.62	0.83	0.87	0.71
111.16	109.71	121.37	136.20	129.93
1.71	1.94	2.36	2.81	3.01
0.18	0.17	0.15	0.45	0.68
3.05	3.60	3.61	5.06	5.91
1.61	1.62	2.35	3.21	2.64
5.02	4.19	9.36	12.03	12.37
0.24	0.26	0.27	0.35	0.33
42.39	45.22	54.39	65.32	64.73
26.76	26.53	29.81	34.32	34.17
5.68	5.99	7.00	8.29	8.58
11.63	13.27	17.45	18.55	17.58
0.30	0.43	0.62	0.52	0.60
4.14	5.18	7.87	9.27	9.34

11-16 城镇居民家庭平均每百户购买非食品数量(2012年)

指　　标	Indicator	总平均 Average	最低收入户 Lowest Income Households	#更低户 Difficult Households
服装(件/人)	Clothing (piece/person)	9.37	5.81	5.34
鞋类(双/人)	Shoes(double/person)	4.06	2.31	1.97
水(吨/人)	Water (ton/person)	29.67	22.11	22.95
电(度/人)	Elecritcity(kw/person)	632.86	470.39	469.74
煤炭(千克/人)	Coal(kg/person)	29.89	43.60	47.83
液化石油气(千克/人)	Liquefied gas(kg/person)	5.87	5.09	4.85
管道煤气(立方米/人)	Gas pipeline(cu. m/person)	12.55	3.57	3.14
管道天然气(立方米/人)	Natural Gas pipeline(cu. m/person)	32.84	15.96	14.40
洗衣机(台)	Washing Machine (unit)	5.72	3.50	3.63
电冰箱(台)	Refrigerator (unit)	4.71	1.42	0.71
微波炉(台)	Oven (unit)	1.80	1.35	
空调器(台)	Air Conditioner (unit)	9.10	3.97	3.57
淋浴热水器(台)	Shower (unit)	6.09	3.86	3.17
消毒碗柜(台)	Antiseptic Cupboard (unit)	0.49	0.44	
洗碗机(台)	Dish Washing Machine (unit)	0.18		
摩托车(辆)	Motorcycle (unit)	0.61	0.85	
助力车(辆)	Aided Power Bike (unit)	8.99	5.14	6.04
家用汽车(辆)	Domestic Car (unit)	1.39		
电话机(部)	Telephone (unit)	2.86	1.74	1.02
移动电话(部)	Hand Telephone (unit)	29.64	18.40	13.51
彩色电视机(台)	Color TV Set (unit)	6.42	5.48	5.54
整机电脑(台)	Computer (unit)	4.42	3.06	3.20
组合音响(台)	Hi-Fi Stereo (unit)	0.15		
摄像机(架)	Pickup Camera (unit)	0.18		
照相机(架)	Camera (unit)	2.75	1.33	0.87
钢琴(架)	Piano (unit)	0.26		
其他中高档乐器(件)	Medium and High-Grade Musical Instrument (unit)	0.80	0.31	0.61
健身器材(件)	Healthy Equipment (unit)	0.63		
电子辞典(部)	Electronic Dictionary (unit)	0.77		

Per hundred Urban Households Annual Procurement of The Main Non-food (2012)

低收入户 Low Income Households	较低收入户 Lower Middle Income Households	中间收入户 Middle Income Households	较高收入户 Upper Middle Income Households	高收入户 High Income Households	最高收入户 Highest Income Households	#更高收入户 Higher Income Household
8.04	8.48	9.71	10.06	12.65	13.90	13.87
9.32	3.08	3.44	3.63	4.14	4.52	4.23
24.49	27.26	28.56	33.85	35.84	43.69	46.79
515.04	584.63	665.50	707.32	728.15	860.02	882.55
32.70	31.28	21.51	37.41	23.61	9.17	8.32
5.44	7.10	6.45	5.96	3.46	4.87	5.25
10.74	9.87	16.28	19.10	16.62	7.94	8.05
20.66	23.80	30.48	47.34	52.04	57.34	63.71
5.16	3.21	4.48	6.43	8.86	12.60	11.93
4.93	3.78	3.95	5.80	5.37	8.94	7.92
2.07	1.47	2.24	1.53	2.26	1.90	2.56
2.66	6.37	8.76	12.19	10.72	20.77	29.49
5.37	4.56	5.25	7.43	10.14	7.78	6.54
	0.33	0.28	0.98	0.36	0.97	1.81
			0.46		0.97	1.81
	1.20	0.70	0.16	0.81	0.21	
7.65	10.74	10.31	7.56	8.69	11.21	9.68
0.55	1.50	0.52	2.01	1.20	4.38	8.09
2.98	2.35	2.88	2.96	1.65	6.16	5.50
25.91	24.45	28.06	35.23	41.61	37.75	35.53
1.13	6.75	5.74	8.28	6.10	10.33	7.18
3.09	3.88	3.39	4.49	5.35	9.77	8.11
			0.19	0.49	0.73	1.36
		0.23		0.76	0.71	1.32
1.72	1.99	2.36	3.44	5.26	4.04	2.20
0.44	0.11			0.89	1.16	
	0.56	0.46	1.48	1.77	1.10	
		0.36	0.33	3.30	1.97	0.92
0.93	0.21	0.98	1.04	1.94	0.58	

11-17 主要年份城镇居民家庭平均每百户主要消费品年末拥有量
Per hundred Urban Households Annual Purchase of Durable Consumer Goods by Main Years

指 标	Indicator	1990	1995	2000	2005	2010	2011	2012
摩托车(辆)	Motorcycle (unit)	1.48	6.46	19.47	28.14	19.97	17.97	18.66
助力车(辆)	Aided Power Bike (unit)				15.60	48.96	60.28	63.59
家用汽车(辆)	Domestic Car (unit)			0.10	1.58	6.75	14.06	15.60
洗衣机(台)	Washing Machine (unit)	75.23	88.06	87.87	98.23	97.43	98.42	99.73
电冰箱(台)	Refrigerator (unit)	33.98	58.84	71.78	86.33	90.70	92.07	93.37
彩色电视机(台)	Color TV Set (unit)	53.68	84.01	108.02	124.62	126.51	124.85	126.31
家用电脑(台)	Computer(unit)			5.72	31.82	56.98	71.41	74.41
组合音响(套)	Hi-Fi Stereo Component System (set)	0.26	8.11	13.28	17.96	16.97	15.28	15.68
摄像机(架)	Pickup Camera (unit)			0.68	3.11	5.59	6.13	6.36
照相机(架)	Camera (unit)	15.11	22.46	27.24	38.92	33.61	35.24	37.09
钢琴(架)	Piano (unit)		0.53	0.92	2.08	1.87	1.61	1.75
其他中高档乐器(件)	Medium and High-Grade Musical Instrument (unit)	8.71	5.06	3.30	6.52	4.74	4.01	4.42
微波炉(台)	Oven(unit)			6.27	30.36	38.88	42.08	43.15
空调器(台)	Air Conditioner (unit)	0.31	9.70	34.46	93.55	120.28	132.40	137.67
淋浴热水器(台)	Shower (unit)		17.98	24.27	50.61	66.83	76.17	79.67
消毒碗柜(台)	Antiseptic Cupboard unit)				8.95	7.68	7.83	8.06
洗碗机(台)	Dish Washing Machine (unit)				0.59	0.24	0.57	0.65
健身器材(套)	Healthy Equipment(set)			1.88	3.11	3.26	2.39	2.77
固定电话(部)	Telephone (unit)				90.93	66.71	51.86	51.98
移动电话(部)	Hand Telephone (unit)			12.18	125.51	175.12	194.65	200.20
接入互连网移动电话(部)	Internet Mobile Phones (unit)				2.97	10.99	28.69	30.77
接入有线电视电视机(台)	Cable TV (unit)				108.64	101.07	96.89	98.15
接入互连网计算机(台)	Internet computers (unit)				19.35	41.23	56.83	59.38

11−18 各市城镇居民家庭平均每人主要食品消费量(2012年)

Per Capita Consumption of Major Food in Rural Households by City (2012)

单位：千克 (kg)

市(县)	City(County)	大米面粉 Rice and Flour	鲜菜 Fresh Vegetables	食用植物油 Edible Vegetable Oil	猪牛羊肉 Pork, Beef and Mutton	鸡鸭 Chicken and Duck	鲜蛋 Fresh Eggs	鱼虾 Fish and Shrimp	鲜奶 Fresh Milk	酒 Liquor
省辖市	**City**									
郑州市	Zhengzhou	37.8	127.7	8.4	18.5	5.8	14.7	7.0	17.4	5.2
开封市	Kaifeng	41.6	93.6	9.3	13.2	3.9	14.9	4.9	9.5	6.9
洛阳市	Luoyang	40.2	113.2	7.5	18.1	3.6	14.2	4.8	17.9	4.3
平顶山市	Pingdingshan	39.9	105.4	7.7	17.9	5.4	13.3	4.6	10.4	5.0
安阳市	Anyang	70.5	124.0	9.1	12.7	4.2	16.1	3.1	14.3	6.4
鹤壁市	Hebi	42.6	110.1	9.3	12.3	3.9	17.1	2.4	13.3	6.7
新乡市	Xinxiang	38.5	94.6	6.3	15.3	4.6	16.4	2.9	10.8	6.5
焦作市	Jiaozuo	39.6	98.5	8.9	17.6	3.9	17.4	2.7	14.1	5.2
濮阳市	Puyang	32.1	109.4	8.4	14.1	3.5	15.2	3.5	10.2	4.7
许昌市	Xuchang	24.6	99.4	6.5	13.2	3.6	10.9	2.0	10.1	2.9
漯河市	Luohe	36.9	105.3	10.2	18.3	7.8	13.8	4.3	8.2	5.8
三门峡市	Sanmenxia	40.8	103.3	7.8	12.6	3.3	12.7	3.6	12.5	3.0
南阳市	Nanyang	55.3	115.4	11.3	20.1	6.3	18.7	4.0	18.9	6.6
商丘市	Shangqiu	32.6	87.3	7.3	11.4	6.2	15.8	4.7	14.0	6.3
信阳市	Xinyang	66.8	130.5	12.4	30.1	12.6	10.3	9.9	4.1	8.8
周口市	Zhoukou	42.6	115.1	8.4	11.1	8.3	14.3	5.4	5.1	7.6
驻马店市	Zhumadian	44.9	97.6	8.0	17.2	9.2	14.1	5.1	10.2	4.9
济源市	Jiyuan	20.3	112.3	4.4	22.9	3.3	17.3	0.7	12.0	5.3
省直管县	**Province Administrating County**									
巩义市	Gongyi	29.0	96.2	6.0	10.3	1.6	11.9	1.6	6.7	3.3
兰考县	Lankao	37.8	106.1	8.3	8.0	3.2	14.7	28.0	1.7	8.5
汝州市	Ruzhou	46.6	103.7	7.9	13.5	3.6	13.8	1.9	8.1	4.3
滑县	Huaxian	31.5	109.0	9.1	11.7	2.8	17.2	2.0	4.0	7.4
长垣县	Changyuan	34.3	102.0	8.0	10.4	2.9	13.6	1.5	5.5	3.7
邓州市	Dengzhou	84.3	110.9	20.8	19.9	7.1	13.7	3.8	6.7	7.1
永城市	Yongcheng	35.1	90.1	8.0	13.4	7.7	12.2	4.4	4.3	6.5
固始县	Gushi	59.8	105.5	7.9	25.4	15.3	8.5	8.0	0.9	6.6
鹿邑县	Luyi	54.1	75.0	15.2	5.6	10.2	12.4	7.0	15.5	16.6
新蔡县	Xincai	57.3	75.8	6.1	18.4	7.5	14.1	5.2	4.9	7.3

11−19 城镇居民家庭居住情况(2012年)
Living Conditions of Urban Households (2012)

项　目	Item	全省 Total		城市 City		县城 County Towns	
		调查户数(户) Number of Households Surveyed (household)	比重(%) Proportion (%)	调查户数(户) Number of Households Surveyed (household)	比重(%) Proportion (%)	调查户数(户) Number of Households Surveyed (household)	比重(%) Proportion (%)
总　计	**Total**	**2298**	**100.0**	**1798**	**100.0**	**500**	**100.0**
房屋产权	**House Ownership**	**2298**	**100.0**	**1798**	**100.0**	**500**	**100.0**
租赁公房	Renting of Publicly-Funded House	23	1.0	23	1.3	1	0.2
租赁私房	Renting of Private House	98	4.3	76	4.2	22	4.4
原有私房	Original Private House	415	18.1	146	8.1	213	42.6
房改私房	Private House Obtained from House Reform	848	36.9	882	49.1	35	7.0
商品房	Commercial House	833	36.2	590	32.8	223	44.7
借用房	Borrowed House	41	1.8	36	2.0	6	1.2
其他	Others	41	1.8	45	2.5		
住宅建筑式样	**Architectural Style of Dwelling**	**2298**	**100.0**	**1798**	**100.0**	**500**	**100.0**
单栋住宅	Building	3	0.1	1	0.1	2	0.3
四居室	Four-Room House	126	5.5	104	5.8	24	4.8
三居室	Three-Room House	918	40.0	739	41.1	185	37.1
二居室	Two-Room House	781	34.0	764	42.5	65	13.0
一居室	One-Room House	44	1.9	48	2.7	1	0.1
普通楼房	Ordinary Multi-Storey Building	146	6.4	52	2.9	75	14.9
平房及其他	A Single-Storey House and Others	279	12.2	90	5.0	149	29.8
饮水情况	**Condition of Drinking Water**	**2298**	**100.0**	**1798**	**100.0**	**500**	**100.0**
自来水	Tap Water	2110	91.8	1650	91.8	459	91.8
矿泉水	Mineral Water	64	2.8	66	3.7	3	0.6
纯净水	Purified Water	101	4.4	67	3.8	30	6.0
井、河水	Well Water、River Water	23	1.0	14	0.8	8	1.5
用水情况	**By Tap Water Facilities**	**2298**	**100.0**	**1798**	**100.0**	**500**	**100.0**
独用自来水	Tap Water Owner Per Household	2258	98.3	1775	98.7	486	97.2
公用自来水	Public Tap Water	11	0.5	8	0.5	3	0.5
井、河水	Well Water、River Water	29	1.3	15	0.8	11	2.3
卫生设备	**By Health Facilities**	**2298**	**100.0**	**1798**	**100.0**	**500**	**100.0**
无卫生设备	Without Toilet Room	58	2.5	17	1.0	32	6.3
有厕所浴室	Bathroom and Toilet Room Owned by Household	1835	79.8	1501	83.5	355	70.9
有厕所无浴室	Toilet Room Owned by Household and Without bathroom	350	15.2	239	13.3	100	19.9
公用	Public Toilet Room	56	2.4	41	2.3	14	2.8
取暖设备	**By Heating Facilities**	**2298**	**100.0**	**1798**	**100.0**	**500**	**100.0**
空调设备	Air Conditioner Owned	604	26.3	437	24.3	156	31.2
暖气	Warm Gas	646	28.1	662	36.8	33	6.6
其他	Other	933	40.6	699	38.9	311	62.2
炊用燃料使用情况	**By Fuel Types**	**2298**	**100.0**	**1798**	**100.0**	**500**	**100.0**
煤	Coal	240	10.4	62	3.4	139	27.7
液化石油气	LPG	675	29.4	388	21.6	244	48.7
管道煤气	Pipeline gas	211	9.2	189	10.5	30	6.0
管道天然气	Pipeline Natural gas	995	43.3	1050	58.4	30	5.9
其他	Others	176	7.7	110	6.1	58	11.6

11–20　农村居民家庭基本情况
Basic Conditions of Rural Households

项　目	Item	2000	2005	2010	2011	2012
调查户数(户)	Number of Households Surveyed(household)	4200	4200	4200	4200	4200
调查户常住人口(人)	Number of Residents Surveyed (person)	17376	17591	17007	17180	17154
平均每户中	Average Number of Permanent					
常住人口	Residents per Household	4.14	4.19	4.05	4.09	4.08
整、半劳动力	Average Number of Able-bodied and					
	Semi-ablebodied Laborers per Household	2.66	2.87	2.92	2.91	2.89
劳动力占常住人口比重(%)	Percentage of Laborers to Residents Surveyed(%)	64.3	68.5	72.2	71.1	70.7
每个劳动力负担人口	Average Number of Persons Supported by					
	a Laborer	1.56	1.46	1.39	1.41	1.41
平均每百个常住人口中(人)	Among Per 100 Permanent Residents (person)					
学龄前人数	Preschool	5.9	6.4	6.2	8.2	9.6
7–15岁人数	Age 7-15	23.1	14.7	10.3	12.3	11.2
#在校人数	Student Enrollment	22.1	14.2	10.2	11.8	10.9
入学率(%)	Enrolled rote (%)	95.4	96.9	98.9	95.7	97.3
16–60岁人数	Age 16-60	66.0	72.6	73.9	69.9	69.5
61岁以上人数	Age 61 and over	4.9	6.2	9.6	9.6	9.5
平均每百个家庭中(户)	Among Per 100 household (household)					
单身或夫妇	Conjugality or bachelordom	4.5	6.2	8.6	8.6	9.0
夫妇与一个孩子	Conjugality and a child	18.3	16.1	15.1	14.4	14.2
夫妇与两个孩子	Conjugality and two children	34.9	36.1	34.2	33.3	33.7
夫妇与三个以上孩子	Conjugality and three or more than three children	20.4	14.7	11.6	9.9	9.1
单亲与孩子	Parent and children	1.7	1.4	2.0	1.7	1.8
三代同堂	Household with three generations persons	17.6	21.2	25.0	28.5	29.0
其他	Others	2.6	4.3	3.5	3.6	3.2
每百个就业劳动力文化程度(人)	Among Per 100 Laborers (person)(by cultur level)					
不识字或识字很少	Illiterate or Semiliterate	6.1	6.6	5.3	5.2	5.1
小学程度	Primary School	23.3	18.5	16.2	16.9	16.6
初中程度	Junior Secondary School	57.6	61.2	60.9	60.8	60.9
高中程度	Senior Secondary School	11.0	10.5	12.9	12.1	12.0
中专	Specialized Secondary School	1.7	2.1	2.8	2.4	2.5
大专及以上	College and Higher Level	0.4	1.0	2.0	2.6	2.9
每百个就业劳动力主要就业地点(人)	Among Per 100 Laborers (person)(by working place)					
乡内	Native place	88.3	79.9	72.2	72.1	72.3
县内乡外	Native county(other countryside)	2.9	2.5	5.2	4.2	4.0
省内县外	Native province(other county)	3.0	4.4	5.8	6.7	7.1
国内省外	Other province	5.9	13.2	16.6	16.9	16.5

11-20 续表 continued

项 目	Item	2000	2005	2010	2011	2012
每百个就业劳动力从事的主要行业(人)	Among Per 100 Laborers (person)(by Industry)					
第一产业	Primary Industry	80.8	66.7	56.9	50.6	49.7
第二产业	Secondary Industry	8.7	17.3	24.1	28.5	31.9
第三产业	Tertiary Industry	10.4	16.0	19.0	20.9	18.3
每个劳动力年内从事行业时间(月)	Working houses Per 100 Laborers(months)					
从事农业的时间	Agricultural		4.7	3.7	3.1	3.0
从事非农业的时间	Un-Agricultural		3.3	4.4	4.3	4.3
平均每百人经营耕地面积(公顷)	Per 100 Capita Area of Cultivated Land Under Management (hectare)	10.0	10.2	11.6	10.2	11.3
平均每百人经营山地面积(公顷)	Average Hilly Area Run by Per 100 Capita (hectare)	0.1	0.1	0.2	0.6	0.6
平均每人年内新建购住房面积(平方米)	Per 100 Capita Floor Space of House newly Built Within the year (sq.m)	0.9	1.5	1.0	1.8	1.8
#钢筋混凝土结构	Reinforced Concrete Structure	0.4	1.0	0.7	1.3	1.5
砖木结构	Brick and Wood Structure	0.5	0.5	0.1	0.5	0.3
#楼房面积(平方米)	Floor Space of Multi-floor Buildings (sq.m)	0.3	0.8	0.6	1.3	1.6
年内平均每平方米新建(购)住房价值(元)	Value of Newly Built House Per Square Metre(yuan)	232.1	324.7	499.6	566.4	629.2
平均每人年末住房面积(平方米)	Per Capita Living Floor Space (sq.m)	23.1	27.2	34.7	36.5	38.5
#砖木结构	Brick and Wood Structure	16.1	15.7	17.3	19.3	17.1
钢筋混凝土结构	Reinforced Concrete Structure	6.0	10.4	16.3	16.6	20.1
住房中有卫生设备的住户(户)	Number of Household with Sanitary Equipments in Rooms (household)	4095	4064	3999	4066	4083
生活用电数量(度/户)	Power Consumption (kwh/household)	244	248	581	409	535
使用安全饮用水的住户(户)	Number of Household Drinking Safe Drinking Water (household)	2411	2949	3240	3207	3132
住房中有取暖设备的住户(户)	Number of Household with Heating Equipments in Rooms (household)	83	159	192	448	524
使用液化气的住户(户)	Number of Household Using Liqified Gas (household)	16	90	716	1123	1325
使用煤炭的住户(户)	Number of Household Using Coal (household)	2139	2056	1487	787	776

11-21 各市农村居民家庭主要指标(2012年)

Major Indicators of Rural Households by City (2012)

单位：元 (yuan)

市(县)	City(County)	调查户数(户) Number of Households Surveyed (Household)	常住人口(人) Permanent Residents (person)	就业劳动力数(人) Full/Semi Labour Force (person)	每百就业劳动力中受教育程度数(人) Among per 100 Labour Force (person) 文盲或半文盲 Illiterate and Semiliterate	小学程度 Primary School	初中程度 Junior High School	高中程度 Senior High School	中专 Secondary School	大专及以上 Junior College an over
省辖市	**City**									
郑州市	Zhengzhou	950	3706	2509	1.9	10.5	56.9	20.6	4.9	5.3
开封市	Kaifeng	650	2623	1762	4.4	12.7	63.5	12.2	2.5	4.6
洛阳市	Luoyang	1260	4926	3177	2.0	12.1	61.1	18.2	3.6	3.2
平顶山市	Pingdingshan	850	3293	1997	1.6	12.3	69.1	12.1	2.5	2.4
安阳市	Anyang	630	2467	1607	1.8	13.9	65.9	13.1	2.4	2.9
鹤壁市	Hebi	360	1427	729	1.0	10.7	64.5	18.0	3.4	2.5
新乡市	Xinxiang	1030	4264	2392	1.7	10.1	61.4	18.9	3.4	4.4
焦作市	Jiaozuo	740	3039	1932	0.8	5.3	64.0	21.7	3.8	4.4
濮阳市	Puyang	600	2417	1682	5.1	19.6	57.3	12.7	2.1	3.2
许昌市	Xuchang	500	2049	1430	2.0	10.3	64.9	18.7	1.7	2.4
漯河市	Luohe	500	1975	1412	2.3	10.5	69.1	13.5	2.0	2.6
三门峡市	Sanmenxia	530	1921	1413	1.1	9.9	62.8	20.4	3.3	2.5
南阳市	Nanyang	1380	5453	3632	3.3	16.2	62.8	13.4	2.2	2.0
商丘市	Shangqiu	1000	3691	2576	7.6	16.3	60.9	9.9	2.4	3.0
信阳市	Xinyang	1040	4112	2933	6.1	24.6	56.7	9.5	1.4	1.7
周口市	Zhoukou	950	3871	2739	6.6	18.5	60.4	9.8	2.0	2.6
驻马店市	Zhumadian	1000	4221	2907	3.7	16.1	67.0	9.5	1.4	2.3
济源市	Jiyuan	100	403	256		4.7	43.0	40.6	4.3	7.4
省直管县	**Province Administrating County**									
巩义市	Gongyi	100	389	295	1.7	10.2	53.6	23.4	5.1	6.1
兰考县	Lankao	100	414	297	5.7	18.5	54.2	15.2	2.0	4.4
汝州市	Ruzhou	100	424	285	0.7	10.9	70.9	11.2	2.1	4.2
滑县	Huaxian	100	368	277	1.8	26.7	57.0	7.9	2.5	4.0
长垣县	Changyuan	120	493	309	3.6	21.7	64.1	6.8	0.6	3.2
邓州市	Dengzhou	120	569	419	6.4	21.7	58.0	8.6	2.1	3.1
永城市	Yongcheng	120	447	334	16.2	16.8	56.3	8.1	1.2	1.5
固始县	Gushi	100	389	273	8.8	23.8	57.9	8.1	0.7	0.7
鹿邑县	Luyi	100	384	261	6.1	17.6	73.6	2.7		
新蔡县	Xincai	100	466	334	7.2	24.6	52.4	9.9	2.1	3.9

11-22 农民家庭平均每人总收入

Per Capita Total Income in Rural Households

单位：元 (yuan)

项目	Item	2007	2008	2009	2010	2011	2012
全年总收入	**Annual Total Cash Income**	**5197**	**5994**	**6414**	**7293**	**8725**	**9829**
工资性收入	**Income of Wage**	**1268**	**1500**	**1622**	**1944**	**2524**	**2989**
在非企业组织中劳动得到的收入	Income for Working in non-enterprise organization	145	169	173	195	194	216
在本乡地域内劳动得到的收入	Income for Working in township	491	567	640	738	992	1219
#在本地乡镇企业得到的收入	Income From township Enterprises	116	167	170	189	288	360
常住人口外出从业得到的收入	Income of permanent person for working in other place	632	764	809	1011	1338	1554
家庭经营收入	**Income from Household Business Operation**	**3721**	**4212**	**4462**	**4969**	**5640**	**6197**
第一产业	Primary Industry	3144	3577	3711	4099	4596	4929
农业收入	Farming Products	2234	2513	2640	2978	3262	3550
林业收入	Forestry Products	45	51	46	51	71	80
牧业收入	Animal Husbandry Products	835	985	1000	1042	1230	1257
渔业收入	Fishery Products	30	29	26	28	33	42
第二产业	Secondary Industry	185	194	211	241	273	302
工业收入	From Industrial products Processing	133	142	150	170	193	224
建筑业收入	From Construction	52	51	61	71	79	78
第三产业	Tertiary Industry	392	440	540	628	771	966
交通运输、邮电业收入	From transportation	120	135	164	191	227	305
批发和零售贸易、餐饮业收入	Wholesale,retail and Catering Businesses	157	187	231	275	357	436
社会服务业现金收入	From Services Trade	40	41	50	52	65	77
文教卫生业现金收入	From culture,Education and Health	31	35	42	48	53	57
其他家庭经营现金收入	From Other Household Business	43	42	52	62	68	91
财产性收入	**Property Income**	**53**	**53**	**56**	**59**	**108**	**135**
转移性收入	**Transfer Income**	**155**	**230**	**275**	**322**	**453**	**508**
#家庭非常住人口寄回和带回	Income from Non-resident population	18	15	15	22	30	30

11－23　农村居民家庭平均每人总支出
Per Capita Total Expenditures in Rural Households

单位：元　　　　(yuan)

项　目	Item	2000	2005	2007	2008	2009	2010	2011	2012
全年总支出	**Annual Total Expenditure**	**2120**	**3107**	**4213**	**4832**	**5220**	**5767**	**6859**	**7852**
家庭经营费用支出	**Expenditure for Household Business**	**540**	**945**	**1194**	**1378**	**1419**	**1562**	**1838**	**2010**
第一产业	Primary Industry	470	842	1036	1211	1217	1320	1569	1680
第二产业	Secondary Industry	21	41	72	71	81	92	98	105
第三产业	Tertiary Industry	48	62	87	96	121	151	171	224
购置生产性固定资产支出	**Expenditure on Purchasing Productive Fixed Assets**	**66.1**	**129.0**	**118.1**	**152.0**	**132.6**	**189.0**	**141.3**	**199.3**
税费支出	**Expenditure of Tax**	**97.4**	**3.1**	**3.5**	**2.6**	**2.8**	**3.0**	**1.8**	**2.4**
第一产业	Primary Industry		0.1						
第二产业	Secondary Industry		0.4	0.9	0.9	0.6	1.0	1.0	0.3
第三产业	Thertiary Industry		0.9	0.6	0.3	0.2			1.3
其他各项收费	Others		1.6	2.0	1.4	2.0	2.0	0.8	0.8
生活消费支出	**Living Expenditure**	**1316**	**1892**	**2676**	**3044**	**3388**	**3682**	**4320**	**5032**
食品	Food	654	859	1017	1166	1220	1371	1560	1702
衣着	Clothing	87	132	190	210	226	262	363	424
居住	Residence	206	318	616	713	876	765	847	1061
家庭设备、用品及服务	Household Facilities,Articles and services	69	83	136	170	204	254	328	362
交通和通讯	Transportation and Communications	56	160	269	291	310	401	428	525
文化、教育、娱乐用品及服务	Cultural,Education and Recreational Article and Services	133	178	212	214	234	250	278	344
医疗保健	Medical Articles	64	123	173	215	243	288	400	469
其他商品和服务	Other Commodities and Services	46	39	62	66	76	90	117	146
生活消费支出构成(%)	**Structure of Living Expenditure(%)**	**100.0**	**100.0**	**100.0**	**100.0**	**100.0**	**100.0**	**100.0**	**100.0**
食品	Food	49.7	45.4	38.0	38.3	36.0	37.2	36.1	33.8
衣着	Clothing	6.6	7.0	7.1	6.9	6.7	7.1	8.4	8.4
居住	Residence	15.7	16.8	23.0	23.4	25.8	20.8	19.6	21.1
家庭设备、用品及服务	Household Facilities,Articles and services	5.3	4.4	5.1	5.6	6.0	6.9	7.6	7.2
交通和通讯	Transportation and Communications	4.3	8.4	10.1	9.6	9.2	10.9	9.9	10.4
文化、教育、娱乐用品及服务	Cultural,Education and Recreational Article and Services	10.1	9.4	7.9	7.0	6.9	6.8	6.4	6.8
医疗保健	Medical Articles	4.8	6.5	6.5	7.1	7.2	7.8	9.3	9.3
其他商品和服务	Other Commodities and Services	3.5	2.0	2.3	2.2	2.2	2.4	2.7	2.9
财产性支出	**Property Expenditure**	**13**	**5**	**6**	**7**	**4**	**7**	**6**	**2**
转移性支出	**Transfer Expenditure**	**87**	**134**	**214**	**248**	**273**	**323**	**552**	**604**

11-24 农村居民家庭按收入来源分组的平均每人纯收入

Per Capital Annual net income of rural household by Source

单位：元 (yuan)

项 目	Item	2000	2005	2007	2008	2009	2010	2011	2012
纯收入	**Net Income**	**1986**	**2871**	**3852**	**4454**	**4807**	**5524**	**6604**	**7525**
工资性收入	**Laborage**	**474**	**854**	**1268**	**1500**	**1622**	**1944**	**2524**	**2989**
家庭经营纯收入	**Net Income from Household Business**	**1427**	**1914**	**2398**	**2699**	**2891**	**3240**	**3601**	**3973**
农业收入	Farming	933	1261	1581	1747	1885	2154	2325	2558
林业收入	Forestry	23	30	38	45	42	49	61	66
牧业收入	Animal Husbandry	183	307	374	455	434	434	480	448
渔业收入	Fishery	12	13	16	15	19	21	24	30
工业收入	Industry	46	62	73	79	84	94	118	142
建筑业收入	Construction	22	19	31	36	36	43	48	45
交通、运输、邮电业收入	Transport, Post and Telecommunication Services	40	58	74	82	91	101	142	198
批发、零售贸易及餐饮业收入	Wholesale and Retail Trade and Catering Services	57	92	116	141	177	202	256	311
社会服务业收入	Social Services	24	20	30	33	42	45	49	58
文教卫生业收入	Culture, Education and Health Care	8	13	25	27	34	38	37	43
其他收入	Others	79	39	41	39	47	58	60	74
财产性收入	**Property Income**	**29**	**36**	**53**	**53**	**56**	**59**	**108**	**135**
转移性收入	**Transfer Income**	**56**	**67**	**133**	**202**	**239**	**280**	**371**	**427**

11-25 农村居民家庭平均每人按纯收入水平分组的户数构成
Composition of Rural Households by Per Capita Annual Net Income

单位：% (%)

项 目	Item	2000	2005	2006	2007	2008	2009	2010	2011	2012
600元以下的户	<600yuan	3.5	1.2	1.0	0.5	0.5	0.6	0.5	0.5	0.4
600-1000元的户	600-1000 yuan	10.3	3.3	2.2	1.8	1.0	1.4	0.9	0.3	0.5
1000-1200元的户	1000-1200 yuan	8.7	3.7	2.3	1.4	1.0	0.9	0.8	0.4	0.3
1200-1500元的户	1200-1500 yuan	17.6	7.7	5.6	2.9	2.5	2.2	1.5	0.6	1.2
1500-1800元的户	1500-1800 yuan	14.0	8.8	6.8	4.6	3.3	2.8	2.6	1.3	1.3
1800-2000元的户	1800-2000 yuan	8.1	7.1	5.0	3.5	3.1	2.7	1.7	1.1	0.9
2000-2500元的户	2000-2500 yuan	15.3	15.8	14.0	11.7	8.4	7.9	5.4	3.7	2.7
2500-3000元的户	2500-3000 yuan	8.3	14.5	15.2	12.5	10.0	8.7	7.5	4.6	3.1
3000-3500元的户	3000-3500 yuan	5.5	10.7	11.8	11.7	10.8	10.1	7.0	5.7	4.3
3500-4000元的户	3500-4000 yuan	3.0	8.3	9.5	11.3	9.9	9.0	7.7	6.3	5.4
4000-5000元的户	4000-5000 yuan	3.0	9.0	12.0	15.7	17.0	16.0	16.0	13.5	11.9
5000元以上的户	>5000 yuan	2.7	9.9	14.6	22.4	32.5	37.6	48.5	62.0	68.0

11-26 按收入等级分农村居民家庭平均每人生活消费支出(2012年)
Composition of Per Capita Consumption Expenditure of Rural Households by Level of Income (2012)

单位：元 (yuan)

项目	Item	全省平均 Average	低收入户 Low Income Households	中低收入户 Lower Middle Income Households	中等收入户 Middle Income Households	中高收入户 Upper Middle Income Households	高收入户 High Income Households
生活消费支出	**Consumption Expenditure**	**5032.14**	**3840.31**	**4180.27**	**4406.92**	**5942.52**	**7319.86**
食品	Food	1701.75	1398.00	1511.69	1629.82	1893.57	2191.75
衣着	Clothing	424.12	342.44	340.16	395.47	482.25	600.53
居住	Residence	1060.70	814.96	876.01	740.22	1390.28	1614.76
家庭设备用品及服务	Household Appliances and Services	361.63	254.41	276.17	341.20	444.93	534.40
交通通讯	Transport and Telecommunications	525.11	311.08	397.60	433.11	588.04	990.73
文教娱乐用品及服务	Education, Cultural and Recreation and Services	343.83	225.50	263.44	329.72	394.76	552.26
医疗保健	Health Care and Medical Services	468.81	404.03	403.24	399.79	581.48	589.22
其他商品及服务	Other Goods and Services	146.21	89.90	111.95	137.58	167.23	246.21
生活消费现金支出结构(%)	**Structure of Cash Consumption Expenditure(%)**						
食品	Food	33.8	36.4	36.2	37.0	31.9	29.9
衣着	Clothing	8.4	8.9	8.1	9.0	8.1	8.2
居住	Residence	21.1	21.2	21.0	16.8	23.4	22.1
家庭设备用品及服务	Household Appliances and Services	7.2	6.6	6.6	7.7	7.5	7.3
交通通讯	Transport and Telecommunications	10.4	8.1	9.5	9.8	9.9	13.5
文教娱乐用品及服务	Education, Cultural and Recreation and Services	6.8	5.9	6.3	7.5	6.6	7.5
医疗保健	Health Care and Medical Services	9.3	10.5	9.6	9.1	9.8	8.0
其他商品及服务	Other Goods and Services	2.9	2.3	2.7	3.1	2.8	3.4

11−27 农民家庭主要食品消费量

Per Capita Consumption of Major Goods in Rural Households

单位：公斤/人 (Kg/person)

项目	Item	1980	1990	1995	2000	2005	2010	2011	2012
粮食	Grain	221.60	253.96	235.67	257.63	211.62	188.47	144.32	143.97
#小麦	Wheat	102.39	204.38	189.42	209.28	170.48	145.21	109.58	106.98
稻谷	Rice	20.64	18.54	17.54	17.11	19.58	20.84	18.18	20.03
玉米	Corn			18.96	22.17	16.86	15.51	11.07	10.90
薯类	Tubers			6.01	5.58	0.86	0.95	0.74	0.89
豆类	Beans			2.50	3.44	2.93	1.87	1.73	1.71
油脂类	Oil	1.50	3.17	3.32	5.09	4.36	4.85	6.59	6.91
植物油	Vegetables Oil	1.00	2.60	2.97	4.77	4.25	4.79	6.51	6.85
动物油	Animal Oil	0.50	0.57	0.35	0.32	0.11	0.05	0.08	0.06
蔬菜及菜制品	Vegetables	75.08	85.00	52.76	146.54	100.75	88.03	68.63	70.46
瓜类	Melons					5.93	10.33	11.64	12.81
水果类	Fruits					9.46	10.63	12.87	15.08
肉禽及制品	Meat and Products	4.33	5.68	4.69	12.35	8.68	12.42	10.84	10.91
#猪肉	Pork	3.83	4.75	3.98	8.58	5.46	8.03	6.21	6.56
牛肉	Beef			0.13	1.12	0.83	0.34	0.27	0.26
羊肉	Mutton			0.09	0.64	0.14	0.15	0.13	0.11
家禽	Poultry	0.23	0.46	0.35	1.72	1.57	2.28	2.53	2.27
蛋类及蛋制品	Eggs and Related Productions	1.03	2.19	2.71	9.73	8.48	9.10	7.89	9.06
奶和奶制品	Milk and dairy Products		0.02	0.09	0.14	0.85	2.44	2.72	3.04
水产品	Aquatic Products	0.27	0.22	0.49	0.96	1.30	1.50	1.79	1.74
食糖	Sugar	0.67	1.46	1.41	1.19	1.06	0.83	0.87	0.79
酒类	Liquor	0.67	2.27	2.80	4.62	5.97	6.24	5.72	6.14

11-28 农民家庭平均每百户主要耐用消费品年末拥有量
Number of Durable Consumer Goods Owned Per 100 Rural Households at the Year-end

项　目	Item	1990	1995	2000	2005	2010	2011	2012
洗衣机(台)	Washing Machine (unit)	4.02	11.36	24.52	55.67	84.64	91.14	92.57
电冰箱(台)	Refrigerator (unit)	0.24	2.17	6.90	13.48	46.12	63.31	66.86
空调器(台)	Air Conditioner (unit)			0.60	5.19	22.86	33.24	37.24
排油烟机(台)	Gas Hooker (unit)			0.43	0.48	3.02	4.07	4.05
吸尘器(台)	Vacuum cleaner (unit)				0.10	0.17	0.48	0.74
微波炉(台)	Oven(unit)			0.17	0.67	5.12	5.64	5.29
淋浴热水器(台)	Shower (unit)			1.24	3.24	16.26	27.74	32.48
自行车(辆)	Bike (Unit)	127.57	145.19	151.95	133.38	132.19	126.17	127.71
摩托车(辆)	Motorcycle (unit)	0.52	1.43	14.57	39.14	54.88	53.52	51.31
生活用汽车(辆)	Domestic Car (Unit)				0.33	1.76	4.62	5.07
固定电话(部)	Telephone (unit)			25.40	51.33	34.26	25.50	26.33
移动电话(部)	Hand Telephone (unit)			1.38	55.38	151.67	194.50	194.10
#接入互联网的	Internet Mobile Phones (unit)				1.69	13.45	23.69	26.05
黑白电视机(台)	Black-and-white television (unit)	24.05	60.98	61.21	26.52	4.31	1.52	0.98
#接入有线电视网的	Cable TV				0.86	0.26	0.07	0.05
彩色电视机(台)	Color TV Set (unit)	2.81	12.07	38.21	81.69	106.26	110.71	111.21
#接入有线电视网的	Cable TV				10.07	30.83	42.83	46.57
摄像机(架)	Pickup Camera (unit)			0.05	0.31	0.69	0.62	0.79
影碟机(台)	Video disc player(unit)			5.50	23.07	26.43	18.52	16.21
照相机(架)	Camera (unit)	0.24	0.60	1.29	2.14	2.83	2.33	2.67
家用电脑(台)	Computer(unit)			0.07	0.57	7.50	16.19	20.21
#接入互联网的	Internet computers				0.24	5.00	11.93	15.67
中高档乐器(件)	Medium and High-Grade Musical Instrument (unit)				0.07	0.21	0.38	0.38

11-29 按收入分组的农民家庭平均每人主要食品消费量(2012年)

Per Capita Annual Purchases of Food of Rural Households by Level of Income (2012)

单位：公斤/人 (Kg/person)

项　目	Item	低收入户 Low Income Households	中低收入户 Lower Middle Income Households	中等收入户 Middle Income Households	中高收入户 Upper Middle Income Households	高收入户 High Income Households
粮食(原粮)	Grain	140.93	138.77	139.64	148.68	154.16
#小麦	Wheat	107.25	104.74	103.79	106.11	114.19
稻谷	Rice	20.52	19.33	18.91	21.64	19.86
玉米	Corn	6.83	9.29	11.56	14.20	13.58
薯类	Tubers	0.70	0.87	0.96	0.88	1.08
豆类	Beans	1.58	1.67	1.79	1.77	1.77
油脂类	Oil	6.44	6.45	6.60	7.17	8.17
植物油	Vegetables Oil	6.39	6.40	6.52	7.10	8.12
动物油	Animal Oil	0.04	0.05	0.08	0.07	0.05
豆制品	Soybean	1.24	1.51	1.76	1.89	2.28
蔬菜及菜制品	Vegetables	55.25	64.98	69.67	77.55	89.42
瓜类	Melons	10.65	12.19	12.16	14.45	15.22
水果类	Fruits	12.78	13.50	14.80	16.53	18.65
肉禽及制品	Meat and Products	9.02	9.65	10.54	12.38	13.64
#猪肉	Pork	5.43	5.82	6.36	7.21	8.41
牛肉	Beef	0.20	0.21	0.23	0.30	0.37
羊肉	Mutton	0.08	0.09	0.09	0.11	0.19
家禽	Poultry	2.10	1.98	2.30	2.56	2.52
蛋类及蛋制品	Eggs and Related Productions	7.37	8.37	8.76	10.54	10.78
奶和奶制品	Milk and dairy Products	2.54	2.73	2.89	3.26	3.96
水产品	Aquatic Products	1.78	1.53	1.62	1.91	1.88
酒类	Liquor	4.62	5.24	5.94	7.55	7.86

11-30 按收入分组的农民家庭平均每百户主要耐用消费品年末拥有量(2012年)

Number of Durable Consumer Goods Owned Per hundred Rural Households at the Year-end by Level of Income (2012)

项　　目	Item	低收入户 Low Income Households	中低收入户 Lower Middle Income Households	中等收入户 Middle Income Households	中高收入户 Upper Middle Income Households	高收入户 High Income Households
洗衣机(台)	Washing Machine (unit)	88.33	91.79	92.86	93.33	96.55
电冰箱(台)	Refrigerator (unit)	57.38	63.10	63.10	72.26	78.45
空调器(台)	Air Conditioner (unit)	23.81	30.36	35.24	42.26	54.52
排油烟机(台)	Gas Hooker (unit)	2.62	3.57	4.17	4.40	5.48
吸尘器(台)	Vacuum cleaner (unit)	0.95	0.36	1.07	1.07	0.24
微波炉(台)	Oven(unit)	6.43	4.64	4.17	4.17	7.02
淋浴热水器(台)	Shower (unit)	28.57	30.12	31.67	35.12	36.90
自行车(辆)	Bike (Unit)	121.31	131.43	126.07	130.83	128.93
摩托车(辆)	Motorcycle (unit)	44.76	49.29	51.31	52.86	58.33
生活用汽车(辆)	Domestic Car (Unit)	2.50	3.33	4.64	5.48	9.40
固定电话(部)	Telephone (unit)	25.48	25.24	21.90	25.48	33.57
移动电话(部)	Hand Telephone (unit)	179.29	186.43	189.17	202.26	213.33
#接入互联网的	Internet Mobile Phones (unit)	23.93	28.81	26.43	22.86	28.21
黑白电视机(台)	Black-and-white television (unit)	1.90	0.71	0.71	1.07	0.48
#接入有线电视网的	Cable TV		0.12	0.12		
彩色电视机(台)	Color TV Set (unit)	106.55	107.98	111.43	113.45	116.67
#接入有线电视网的	Cable TV	39.05	40.36	42.38	52.38	58.69
摄像机(架)	Pickup Camera (unit)	1.07	0.48	1.07	0.36	0.95
影碟机(台)	Video disc player(unit)	15.12	15.71	15.71	16.19	18.33
照相机(架)	Camera (unit)	2.02	1.31	2.02	3.57	4.40
家用电脑(台)	Computer(unit)	10.24	16.07	18.33	23.45	32.98
#接入互联网的	Internet computers	7.38	11.90	12.86	18.45	27.74
中高档乐器(件)	Medium and High-Grade Musical Instrument (unit)	0.12	0.36	0.12	0.71	0.60

11-31 各市农村居民人均纯收入

Per Capita Net Income of Rural Household by City

单位：元 (yuan)

市(县)	City(County)	1990	1995	2000	2005	2010	2011	2012
省辖市	**City**							
郑州市	Zhengzhou	692	1555	2912	4774	9225	11050	12531
开封市	Kaifeng	612	1167	2096	2714	5390	6492	7414
洛阳市	Luoyang	439	1040	1976	2903	5680	6822	7777
平顶山市	Pingdingshan	492	1121	1967	2688	5504	6578	7518
安阳市	Anyang	615	1299	2129	3220	6359	7586	8618
鹤壁市	Hebi	571	1285	2105	3469	6813	8271	9388
新乡市	Xinxiang	601	1467	2165	3133	6241	7532	8647
焦作市	Jiaozuo	675	1779	2564	3831	7512	8902	10113
濮阳市	Puyang	541	1114	1845	2472	5077	6082	6945
许昌市	Xuchang	530	1447	2520	3643	7197	8651	9819
漯河市	Luohe	531	1530	2303	3319	6460	7700	8755
三门峡市	Sanmenxia	537	1183	2161	2935	5787	6929	7906
南阳市	Nanyang	487	1124	1889	2894	5666	6776	7752
商丘市	Shangqiu	438	980	1815	2346	4674	5637	6426
信阳市	Xinyang	450	1056	1916	2707	5311	6153	7008
周口市	Zhoukou	514	1245	1915	2276	4510	5448	6199
驻马店市	Zhumadian	449	1086	1905	2486	4861	5804	6599
济源市	Jiyuan	601	1532	2425	3889	7784	9341	10648
省直管县	**Province Administrating County**							
巩义市	Gongyi	776	1704	3167	5458	9514	11392	12953
兰考县	Lankao	495	1028	1939	2198	4429	5236	5984
汝州市	Ruzhou	512	1356	2297	3051	6443	7783	8888
滑县	Huaxian	496	1614	1956	2868	4998	5300	6052
长垣县	Changyuan	495	1298	2176	3580	7263	8789	10072
邓州市	Dengzhou	474	1080	1989	3104	6141	7139	8131
永城市	Yongcheng	389	918	1863	2700	5429	6557	7488
固始县	Gushi	435	1018	1828	2795	5483	6304	7206
鹿邑县	Luyi	455	1205	1916	2571	5036	6036	6875
新蔡县	Xincai	376	957	1733	2225	4508	5491	6287

11-32 各市农村居民家庭平均每人全年纯收入按收入来源分组情况(2012年)
Per Capita Net Income of Rural Household by City (2012)

单位：元 (yuan)

市(县)	City(County)	合计 Total	工资性收入 Net Income from Wages and Salaries	家庭经营收入 Net Income from Household Operations	财产性收入 Net Income from Properties	转移性收入 Net Income from Transfers
省辖市	**City**					
郑州市	Zhengzhou	12531	6668.98	4631.79	639.49	590.67
开封市	Kaifeng	7414	2699.22	4382.13	102.63	229.61
洛阳市	Luoyang	7777	4561.18	2678.29	152.62	385.24
平顶山市	Pingdingshan	7518	2795.21	4107.94	117.99	497.05
安阳市	Anyang	8618	4498.54	3612.52	193.97	313.19
鹤壁市	Hebi	9388	2918.56	5972.00	129.71	367.76
新乡市	Xinxiang	8647	3934.94	4144.92	225.30	342.17
焦作市	Jiaozuo	10113	5388.28	4124.34	343.23	256.96
濮阳市	Puyang	6946	3051.90	3356.12	141.04	396.57
许昌市	Xuchang	9819	4516.28	4800.93	175.43	326.13
漯河市	Luohe	8755	3839.12	4360.49	266.27	289.33
三门峡市	Sanmenxia	7906	2908.46	4515.27	126.62	356.13
南阳市	Nanyang	7752	2788.14	4505.16	94.39	364.32
商丘市	Shangqiu	6426	3092.44	3077.99	11.16	244.81
信阳市	Xinyang	7008	3131.81	3552.52	46.34	277.71
周口市	Zhoukou	6199	3084.09	2807.67	46.59	261.12
驻马店市	Zhumadian	6599	2683.67	3419.29	69.10	427.01
济源市	Jiyuan	10648	3933.96	5817.20	477.51	419.73
省直管县	**Province Administrating County**					
巩义市	Gongyi	12953	7981.55	3869.88	418.49	683.29
兰考县	Lankao	5984	2497.97	3160.10	23.67	302.69
汝州市	Ruzhou	8888	4029.40	4333.90	51.79	473.31
滑县	Huaxian	6052	2339.66	3330.69	48.53	333.45
长垣县	Changyuan	10072	4297.14	5262.52	230.61	281.63
邓州市	Dengzhou	8131	2937.36	4494.71	334.19	365.08
永城市	Yongcheng	7488	3198.78	3947.16	112.08	230.09
固始县	Gushi	7206	3276.62	3527.29	30.00	372.03
鹿邑县	Luyi	6875	2953.97	3726.24	17.86	176.92
新蔡县	Xincai	6287	2600.12	3269.06	75.30	342.42

11-33 各市农村居民家庭平均每人全年纯收入分组情况(2012年)

Per Capita Net Income of Rural Household by City (2012)

单位：元 (yuan)

市(县) City(County)	低收入户 Low Income Households	中低收入户 Lower Middle Income Households	中等收入户 Middle Income Households	中高收入户 Upper Middle Income Households	高收入户 High Income Households
省辖市 City					
郑州市 Zhengzhou	5426	8892	11521	14656	28097
开封市 Kaifeng	2872	5124	7020	9140	15371
洛阳市 Luoyang	2029	4873	6769	9193	18331
平顶山市 Pingdingshan	2623	5029	7044	9678	19137
安阳市 Anyang	3431	6030	8306	10873	18841
鹤壁市 Hebi	3608	5844	7899	10340	20423
新乡市 Xinxiang	2519	5824	7891	10579	20651
焦作市 Jiaozuo	3288	6704	8923	11894	21306
濮阳市 Puyang	2267	4675	6372	8428	13793
许昌市 Xuchang	3620	5290	6548	8117	13396
漯河市 Luohe	1803	5212	7540	10800	23421
三门峡市 Sanmenxia	2489	4684	6496	9127	18791
南阳市 Nanyang	2933	5339	6991	9415	16182
商丘市 Shangqiu	1713	4239	5852	7889	13948
信阳市 Xinyang	3579	5450	7048	8985	13441
周口市 Zhoukou	2333	4412	5882	7681	12756
驻马店市 Zhumadian	2677	4631	6275	8182	13087
济源市 Jiyuan	1789	6801	9957	13535	25850
省直管县 Province Administrating County					
巩义市 Gongyi	5417	8427	11013	14651	27352
兰考县 Lankao	2842	3991	5477	7715	12259
汝州市 Ruzhou	4418	5808	7434	9890	19429
滑县 Huaxian	2650	4546	6066	7938	11554
长垣县 Changyuan	5348	7391	9485	11808	18573
邓州市 Dengzhou	4526	6211	7441	9266	14512
永城市 Yongcheng	2754	5340	7135	9618	15182
固始县 Gushi	3044	4887	6543	9468	15677
鹿邑县 Luyi	1282	5957	7099	8910	12906
新蔡县 Xincai	2289	4699	6522	8119	11926

11-34 各市农村居民家庭平均每人生活消费支出(2012年)

Per Capita Consumption Expenditure of Rural Households by City (2012)

单位：元 (yuan)

市(县)	City(County)	生活消费支出合计 Consumption Expenditure	食品 Food	衣着 Clothing	居住 Residence	家庭设备及服务 Household Appliances and Services	交通和通讯 Transport, and Communi-cations	文教、娱乐用品及服务 Education, Cultural and Recreation and Services	医疗保健 Health Care and Medical Services	其他商品及服务 Other Goods and Services
省辖市	**City**									
郑州市	Zhengzhou	8967	2203	646	2794	680	1111	625	655	252
开封市	Kaifeng	4641	1555	489	835	306	593	334	351	178
洛阳市	Luoyang	5979	1719	575	1553	433	846	286	438	127
平顶山市	Pingdingshan	4131	1522	394	766	337	400	263	328	121
安阳市	Anyang	5399	1535	468	1241	480	551	371	563	191
鹤壁市	Hebi	6475	2096	525	1771	477	508	506	485	106
新乡市	Xinxiang	6342	1806	580	1581	521	670	454	457	273
焦作市	Jiaozuo	7435	2018	577	1693	749	859	612	589	337
濮阳市	Puyang	4403	1584	382	803	326	502	362	357	87
许昌市	Xuchang	5549	1685	502	1133	517	535	475	485	216
漯河市	Luohe	4797	1550	397	1035	587	466	256	390	116
三门峡市	Sanmenxia	5765	1831	468	1323	363	670	312	659	138
南阳市	Nanyang	5454	2086	338	1433	371	475	234	372	145
商丘市	Shangqiu	3970	1549	361	628	299	473	238	351	69
信阳市	Xinyang	4331	2068	277	882	216	356	240	193	99
周口市	Zhoukou	4281	1542	297	1097	286	433	209	316	102
驻马店市	Zhumadian	4986	1891	339	1147	406	451	260	375	117
济源市	Jiyuan	6566	2210	527	877	531	1185	519	627	90
省直管县	**Province Administrating County**									
巩义市	Gongyi	6822	2023	656	1386	638	695	672	621	131
兰考县	Lankao	4842	1724	424	917	279	551	389	468	91
汝州市	Ruzhou	4519	1578	446	1026	316	379	213	406	156
滑县	Huaxian	4329	1459	329	829	379	576	295	370	92
长垣县	Changyuan	5856	1882	601	1434	441	586	490	258	163
邓州市	Dengzhou	5228	1863	278	1480	329	416	214	543	104
永城市	Yongcheng	5119	2093	486	570	398	840	341	315	76
固始县	Gushi	5096	2143	245	1414	182	440	418	188	66
鹿邑县	Luyi	3717	1339	182	1063	393	284	182	240	34
新蔡县	Xincai	4423	1527	301	1221	283	417	251	381	41

11−35 各市农村居民家庭平均每人生活消费现金支出(2012年)

Per Capita Cash Consumption Expenditure of Rural Households by City (2012)

单位：元 (yuan)

市(县)	City(County)	生活消费支出合计 Consumption Expenditure	食品 Food	衣着 Clothing	居住 Residence	家庭设备及服务 Household Appliances and Services	交通和通讯 Transport, and Communi-cations	文教、娱乐用品及服务 Education, Cultural and Recreation and Services	医疗保健 Health Care and Medical Services	其他商品及服务 Other Goods and Services
省辖市	**City**									
郑州市	Zhengzhou	8784	2048	646	2794	653	1111	625	655	252
开封市	Kaifeng	4387	1301	489	835	306	593	334	351	178
洛阳市	Luoyang	5785	1532	575	1546	433	846	286	438	127
平顶山市	Pingdingshan	3775	1205	393	740	324	400	263	328	121
安阳市	Anyang	5258	1395	468	1240	480	551	371	563	191
鹤壁市	Hebi	6174	1795	525	1771	477	508	506	485	105
新乡市	Xinxiang	6214	1673	580	1581	521	670	459	457	273
焦作市	Jiaozuo	7202	1785	577	1693	749	859	612	589	337
濮阳市	Puyang	4171	1352	382	803	326	502	362	357	87
许昌市	Xuchang	5338	1489	502	1118	517	535	475	485	216
漯河市	Luohe	4402	1155	397	1035	587	466	256	390	116
三门峡市	Sanmenxia	5378	1447	468	1319	363	670	312	659	138
南阳市	Nanyang	4865	1584	338	1346	371	475	234	372	145
商丘市	Shangqiu	3795	1398	361	606	299	473	238	351	69
信阳市	Xinyang	3878	1636	277	861	216	356	240	193	99
周口市	Zhoukou	4041	1333	297	1066	285	433	209	316	102
驻马店市	Zhumadian	4709	1652	339	1109	406	451	260	375	117
济源市	Jiyuan	6307	1952	527	877	531	1185	519	627	90
省直管县	**Province Administrating County**									
巩义市	Gongyi	6713	1913	656	1386	638	695	672	621	131
兰考县	Lankao	4563	1445	424	917	279	551	389	468	91
汝州市	Ruzhou	4267	1326	446	1026	316	379	213	406	156
滑县	Huaxian	4224	1354	329	829	379	576	295	370	92
长垣县	Changyuan	5713	1740	601	1434	441	586	490	258	163
邓州市	Dengzhou	4689	1477	278	1327	329	416	214	543	104
永城市	Yongcheng	4943	1966	486	522	398	840	341	315	76
固始县	Gushi	4793	1840	245	1414	182	440	418	188	66
鹿邑县	Luyi	3532	1154	182	1063	393	284	182	240	34
新蔡县	Xincai	4162	1330	301	1158	283	417	251	381	41

11-36 各市农村居民家庭平均每人主要食品消费量(2012年)
Per Capita Consumption of Major Food in Rural Households by City (2012)

单位：千克 (kg)

市(县) City(County)	粮食 Grain	蔬菜 Vegetables	食油 Edible Oil	猪牛羊肉 Pork, Beef and Mutton	家禽 Poultry	蛋类及其制品 Eggs and Related Products	水产品 Aquatic Products	食糖 Sugar	酒 Liquor	鲜奶和奶制品 Fresh Milk and Dairy products
省辖市 City										
郑州市 Zhengzhou	154.7	82.3	9.0	8.9	1.4	8.2	1.2	0.7	5.2	7.5
开封市 Kaifeng	168.0	54.8	6.7	4.4	1.6	8.4	1.4	0.8	5.5	1.8
洛阳市 Luoyang	155.6	53.7	7.6	7.4	0.6	7.5	0.5	0.9	3.6	5.7
平顶山市 Pingdingshan	204.6	52.7	6.5	6.9	1.4	6.3	0.9	0.9	3.3	1.1
安阳市 Anyang	115.0	67.8	6.6	5.3	0.8	9.7	0.6	0.6	5.0	4.3
鹤壁市 Hebi	170.3	134.2	12.8	6.5	0.5	11.6	2.6	0.6	10.1	7.7
新乡市 Xinxiang	159.4	321.3	8.4	13.1	1.2	10.0	1.1	0.9	7.2	4.2
焦作市 Jiaozuo	162.0	57.1	9.7	8.5	1.6	10.7	0.8	0.8	6.4	8.4
濮阳市 Puyang	157.7	53.1	9.2	4.9	1.8	9.6	0.9	1.0	5.9	5.0
许昌市 Xuchang	113.0	86.5	7.6	8.0	2.2	7.5	1.3	1.3	5.2	1.9
漯河市 Luohe	203.2	57.4	6.3	9.4	1.8	6.2	2.3	0.6	4.6	1.1
三门峡市 Sanmenxia	223.9	77.4	8.5	5.1	0.3	5.9	0.5	1.5	2.9	3.0
南阳市 Nanyang	255.4	84.1	7.5	12.7	3.0	15.6	1.8	1.5	6.7	3.8
商丘市 Shangqiu	135.8	178.5	7.7	6.1	3.5	10.0	2.0	1.0	6.0	4.1
信阳市 Xinyang	143.5	88.4	5.6	18.9	4.8	4.7	6.5	0.7	14.0	0.5
周口市 Zhoukou	147.1	44.0	5.9	5.7	3.6	8.8	2.7	0.8	4.6	2.2
驻马店市 Zhumadian	167.8	67.7	7.1	9.1	4.2	9.0	2.4	0.9	8.5	2.8
济源市 Jiyuan	178.1	118.0	4.0	14.9	0.9	7.9	0.4	1.0	2.7	21.3
省直管县 Province Administrating County										
巩义市 Gongyi	122.8	72.1	9.0	8.1	1.8	7.9	0.9	0.7	3.3	7.0
兰考县 Lankao	292.7	73.3	6.7	3.8	2.4	8.0	1.7	1.4	6.2	3.5
汝州市 Ruzhou	156.2	76.0	7.9	6.9	0.5	6.9	0.3	0.8	2.5	0.4
滑县 Huaxian	121.3	45.5	6.7	5.1	1.2	9.1	1.2	0.7	6.0	0.7
长垣县 Changyuan	186.3	60.8	10.8	5.9	1.8	10.6	1.3	0.9	7.0	5.3
邓州市 Dengzhou	174.3	107.1	7.1	8.5	2.4	22.9	1.9	0.7	7.5	3.0
永城市 Yongcheng	196.8	68.7	9.5	7.9	4.7	9.5	2.6	0.7	5.8	6.6
固始县 Gushi	139.6	74.4	5.1	18.9	6.1	2.9	6.1	0.5	11.1	0.3
鹿邑县 Luyi	250.3	36.6	4.3	2.9	0.5	6.4	1.3	0.5	4.9	1.2
新蔡县 Xincai	178.2	52.2	5.9	8.9	4.6	10.3	3.1	0.8	5.9	1.2

11-37 各市农村居民家庭住房情况(2012年)

Housing Conditions of Rural Households by City (2012)

市(县) City(County)	拥有住房面积(平方米/人) Per Capita Floor Space of Owned Houses (sq.m/person)	拥有住房价值(元/平方米) Value of Owned Houses (yuan/sq.m)	实际住房结构（平方米/人）Actual House Structures (sq.m/person)	
			钢筋混凝土结构 Reinforced Concrete Structure	砖木结构 Brick and Wood Structure
省辖市 City				
郑州市 Zhengzhou	61.0	522.5	47.9	7.7
开封市 Kaifeng	36.7	543.3	19.5	16.4
洛阳市 Luoyang	41.6	684.2	27.9	9.6
平顶山市 Pingdingshan	37.6	568.7	26.1	11.2
安阳市 Anyang	34.6	608.3	12.0	15.7
鹤壁市 Hebi	41.7	584.2	16.2	25.4
新乡市 Xinxiang	40.1	526.7	21.9	17.5
焦作市 Jiaozuo	44.9	536.8	27.5	16.2
濮阳市 Puyang	31.3	523.3	4.3	26.5
许昌市 Xuchang	41.7	461.7	31.2	10.4
漯河市 Luohe	37.7	517.9	31.1	6.1
三门峡市 Sanmenxia	39.2	564.8	26.5	8.0
南阳市 Nanyang	37.6	585.0	26.9	8.1
商丘市 Shangqiu	39.9	502.1	14.3	23.6
信阳市 Xinyang	33.5	582.5	21.4	11.3
周口市 Zhoukou	30.7	462.6	10.1	20.6
驻马店市 Zhumadian	32.6	545.8	24.7	6.9
济源市 Jiyuan	48.3	689.1	10.1	37.5
省直管县 Province Administrating County				
巩义市 Gongyi	48.2	788.7	45.9	2.1
兰考县 Lankao	26.6	646.9	8.7	17.9
汝州市 Ruzhou	40.2	501.1	20.8	19.4
滑县 Huaxian	28.8	470.4	5.0	23.8
长垣县 Changyuan	31.3	673.8	10.6	19.1
邓州市 Dengzhou	42.4	669.9	36.8	5.5
永城市 Yongcheng	43.3	589.1	11.5	30.0
固始县 Gushi	33.8	503.5	30.4	3.5
鹿邑县 Luyi	34.4	467.4	14.9	19.5
新蔡县 Xincai	34.9	538.5	16.5	16.5

注：拥有住房，包括出租的住房面积和价值，但不包括租住的面积。实际住房，包括租住的面积。

a) Owned housing include rental housing area and value, but does not include the area of the lease.The actual housing, including the area of the lease.

主要统计指标解释

城镇家庭人口　指居住在一起，经济上合在一起共同生活的家庭成员。凡计算为家庭人口的成员其全部收支都包括在本家庭中。

城镇就业面　指就业人口占家庭人口的百分比。

城镇就业者负担人数　指家庭人口与就业人口之比。

城镇家庭总收入　指家庭成员得到的工薪收入、经营净收入、财产性收入、转移性收入之和，不包括出售财物收入和借贷收入。

城镇家庭可支配收入　指家庭成员得到可用于最终消费支出和其它非义务性支出以及储蓄的总和，即居民家庭可以用来自由支配的收入。它是家庭总收入扣除交纳的个人所得税、个人交纳的社会保障支出以及记账补贴后的收入。计算公式为：

可支配收入=家庭总收入-交纳个人所得税-个人交纳的社会保障支出-记账补贴

城镇家庭总支出　指除借贷支出以外的全部家庭支出。包括消费性支出、购房建房支出、转移性支出、财产性支出、社会保障支出。

城镇家庭消费性支出　指家庭用于日常生活的支出，包括食品、衣着、居住、家庭设备用品及服务、医疗保健、交通和通信、娱乐教育文化服务、其他商品和服务等八大类支出。

城镇家庭服务性消费支出　指家庭用于支付社会提供的各种非商品性服务费用。

城镇家庭收入分组方法　是将所有调查户按户人均可支配收入由低到高排队，按 10%，10%，20%，20%，20%，10%，10%的比例依次分成：最低收入户、低收入户、中等偏下收入户、中等收入户、中等偏上收入户、高收入户、最高收入户等七组。总体中最低 5%的户为困难户。

农村居民家庭总收入　指调查期内农村住户和住户成员从各种来源渠道得到的收入总和。按收入的性质划分为工资性收入、家庭经营收入、财产性收入和转移性收入。

农村居民家庭现金收入　指农村住户和住户成员在调查期内得到以现金形态表现的收入。按来源分成工资性收入、家庭经营现金收入、财产性收入、转移性收入。

农村居民家庭纯收入　指农村住户当年从各个来源得到的总收入相应地扣除所发生的费用后的收入总和。纯收入主要用于再生产投入和当年生活消费支出，也可用于储蓄和各种非义务性支出。“农民人均纯收入”按人口平均的纯收入水平，反映的是一个地区或一个农户农村居民的平均收入水平。

农村居民家庭总支出　指农村住户用于生产、生活和再分配的全部支出。家庭经营费用支出、购置生产性固定资产支出、生产性固定资产折旧、税费支出、生活消费支出、财产性支出和转移性支出。

农村居民家庭现金支出　指农村住户用于生产、生活和再分配所支付的现金。包括家庭经营费用支出、缴纳的税费、购买生产性固定资产、生活消费、财产性和转移性支出。

农村居民家庭生活消费支出　指农村常住居民家庭用于日常生活的全部开支，是反映和研究农民家庭实际生活消费水平高低的重要指标。

恩格尔系数　指食物支出金额在消费性总支出金额中所占的比例。计算公式为：

恩格尔系数=食品支出金额／消费性总支出金额×100%

如果城乡居民在食用方面的支出较大，恩格尔系数就高，表明人们的生活水平低；反之，随着人们生活水平的提高，城乡居民在食用方面的支出少，恩格尔系数越来越小。

Explanatory Notes on Main Statistical Indicators

Population of Urban Households refer to members of households living and sharing economically together in the urban areas. All the income and expenditure of all the members of such households are included in the income and expenditure of the household.

Proportion of Urban Employment refers to the proportion of employed population to the population of urban households.

Number of Dependents per Urban Employee refers to the ratio between number of persons in an urban household and the number of employed persons.

Total Income of Urban Households refers to the sum of wage and salary; net business income; income from properties; and income from transfers of members of the households. Income from selling of properties and income from borrowing are not included.

Disposable Income of Urban Households refers to the actual income at the disposal of members of the households which can be used for final consumption, other non-compulsory expenditure and savings. This equals to total income minus income tax, personal contribution to social security and subsidy for keeping diaries in being a sample household. The following formula is used:

Disposable income = total household income - income tax - personal contribution to social security - subsidy for keeping diaries for a sampled household

Total Expenditure of Urban Households refers to all expenditure of households except expenditure on lending. It includes expenditure on consumption; on purchasing or building houses; on transfers; on properties; and on social security.

Consumption Expenditure of Urban Households refers to total expenditure of households for consumption in daily life, including expenditure on the eight categories of food; clothing; housing; household appliances and services; health care and medical services; transport and communications; recreation, education and cultural services; and miscellaneous goods and services.

Expenditure of Urban Households on Consumption of Services refers to expenditure of households on various kinds of non-commercial services provided by society.

Urban Households by Income Group All households in the sample are grouped, by per capita disposable income of the household, into groups of lowest income, low income, lower middle income, middle income, upper middle income, high income and highest income, each group consisting of 10%, 10%, 20%, 20%, 20%, 10% and 10% of all households respectively. The lowest 5% of households are also referred to as poor households.

Total Income of Rural Households refers to the sum of income earned from various sources by the rural households and their members during the reference period, and is classified as income from wages and salaries, income from household operations, income from properties and income from transfers.

Cash Income of Rural Households refers to income received by rural households and their members in the form of cash during the reference period. It is classified, by source of income, into income from wages and salaries, cash income from household operations, income from properties and income from transfers.

Net Income of Rural Households refers to the total income of rural households from all sources minus all corresponding expenses. Net income is mainly used as input for reinvestment in production and as consumption expenditure of the year, and also used for savings and non-compulsory expenses of various forms. "Per capita net income of farmers" is the level of net income averaged by population, reflecting the average income level of rural households in a given area.

Total Expenditure of Rural Households refers to total expenses of rural households on production, consumption and redistribution, including expenditure on household operations, on purchase of productive fixed assets, depreciation of productive fixed assets, taxes and fees, expenses on household consumption, expenses on properties and expenses on transfers.

Cash Expenditure of Rural Households refers to cash expenditure by rural households for production, consumption and redistribution during the reference period, including cash expenses on household operations, taxes and fees, purchase of productive fixed assets, household consumption, and expenses on properties and transfers.

Expenditure of Rural Households for Consumption refers to total expenses of rural households on daily life, including expenses on food clothing housing, fuel, article for daily use, and expenses on cultural life and services. This indicator is used to show the actual consumption level of peasants.

Engel Coefficient refers to the percentage of expenditure on food in the total consumption expenditure, using the following formula: Engel coefficient = expenditure on food /total consumption expenditure×100%

If the food expenditure of urban and rural households is bigger, Engel coefficient will be higher ,it means the life level of people is lower; On the contrary, with the improving on the life level and the decreasing on the food expenditure of urban and Rural Households, Engel coefficient will be lower.

城市概况
General Survey of Cities

● 资料整理：史新旺　孙　黎　赵翠清

简要说明

一、主要内容

本篇反映河南省城市社会经济发展和城市建设的规模及综合水平的资料。城市公用事业概况主要包括：城市建设、供水、供气、供热、市政设施、公共交通、城市绿化、环境卫生等资料。

二、统计范围

包括全省所有设市城市在建成区范围内的城市规划管理、建设或经营管理相关设施的单位。

三、资料来源

省辖市主要经济指标和城市公共交通由河南省统计局地方调查队编辑整理。省辖市和县级市城市公用事业基本情况资料由省住房城乡建设厅和省交通厅提供，由河南省统计局社会与科技处编辑整理。

Brief Introduction

I. Main Contents

Data in this chapter present the scale and the comprehensive level of Social economic development and urban construction of Henan provincial cities, main include supply of water, gas and heating; municipal infrastructure; public transportation; urban greenery; public transportation and environmental, sanitation.

II. Scope of Statistics

Data in this chapter cover all units under the jurisdiction of cities which are engaged in urban planning and management, construction and operation of relevant facilities.

III. Sources of Data

Data on Districts and Public transport are provided by Henan provincial survey organizations of social and economy. Data on basic conditions and overall level of urban public facilities are collected by the Henan provincial bureau of Housing and Urban-Rural development. Data on this chapter are provided by Department of social and scientific and technological of Henan provincial bureau of statistics.

12-1 城市社会经济主要指标(2012年)

Major Social and Economic Indicators of Cities (2012)

本表价值量指标均按当年价格计算。
Data in value terms in this table are calculated at current prices.

指　标	Item	全省 The Province Total	省辖市市区合计 Total of Cities Zones	省辖市市区占全省比重(%) Percentage of Cities to Province (%)
土地面积(万平方公里)	Total Area (10 000 sq.km)	16.7	1.5	9.0
年末城镇失业人员(登记数)(万人)	Number of Registered Urban Unemployed Persons at the Year-end (10 000persons)	38.27	20.77	54.3
生产总值(亿元)	Gross Domestic Product (100 million yuan)	29599.31	8894.54	30.0
第一产业	Primary Industry	3769.54	334.41	8.9
第二产业	Secondary Industry	16672.20	4637.19	27.8
第三产业	Tertiary Industry	9157.57	3922.94	42.8
公共财政预算收入(亿元)	Total Revenue of Local Governments (100 million yuan)	2040.33	1076.90	52.8
公共财政预算支出(亿元)	Total Expenditures of Local Governments (100 million yuan)	5006.40	1645.62	32.9
规模以上工业企业	Enterprises above Designated Size			
主营业务收入(亿元)	Product Sales (100 million yuan)	52276.38	14429.73	27.6
利润总额(亿元)	Total Profits (100 million yuan)	4016.39	479.22	11.9
限额以上批零贸易业商品销售总额(亿元)	Total Sales of Enterprise above Designated Size in Wholesale and Retail Sale Trades (100 million yuan)	9279.20	6487.34	69.9
当年实际使用外资金额(万美元)	Amount of Foreign Capital Actually Vtilized This Year (USD 10 000)	1211777	589089	48.6
居民人民币储蓄存款余额(亿元)	Outstanding Amount of Savings Deposit in Urban and Rural Areas (year-end) (100 million yuan)	17528.08	7613.86	43.4
在岗职工工资总额(亿元)	Total Wages of Staff and Workers (100 million yuan)	3146.25	1482.99	47.1
在校学生数(万人)	Student Enrollment (10 000 persons)			
#普通高等学校	Number of Regular Institutes of Higher Education	155.90	142.94	91.7
普通中学	Number of Regular Secondary Schools	646.42	133.74	20.7
小学	Number of Primary Schools	1079.20	191.33	17.7
医院、卫生院个数(个)	Number of Hospitals (unit)	3356	923	27.5
医院、卫生院床位数(万张)	Number of Beds in Hospitals (10 000 beds)	36.57	15.79	43.2
医生(万人)	Number of Doctors (10 000 persons)	16.77	6.05	36.1

12-2 省辖市市区社会经济主要指标(2012年)

本表价值量指标均按当年价格计算。
Data in value terms in this table are calculated at current prices.

指　标	Item	郑　州 Zhengzhou	开　封 Kaifeng	洛　阳 Luoyang	平顶山 Pingdingshan	安　阳 Anyang
年底总人口(万人)	Total Population (year-end) (10 000 persons)	587.20	86.66	196.50	104.04	110.83
从业人员期末人数(万人)	Number of Employed Persons (year-end) (10 000 persons)	119.05	17.94	36.39	31.65	20.69
在岗职工平均人数(万人)	Staff and Workers (10 000 persons)	99.09	17.40	33.50	30.74	19.56
行政区域土地面积(平方公里)	Total Area (sq.km)	1010	362	544	443	534
#建成区面积	Developed Areas	373	94	187	72	108
生产总值(亿元)	Gross Domestic Product (100 million yuan)	2811.78	273.23	1059.25	450.21	395.89
#第二产业	Secondary Industry	1250.87	110.96	557.02	295.87	207.32
第三产业	Tertiary Industry	1548.00	146.64	488.64	147.12	180.55
公共财政预算收入(亿元)	Public Financial Revenue of Local Governments (100 million yuan)	461.58	25.98	124.10	57.87	47.16
公共财政预算支出(亿元)	Public Financial Expenditures of Local Governments (100 million yuan)	480.48	64.92	160.02	80.45	81.77
规模以上工业法人企业	Enterprises above Designated Size					
主营业务收入(亿元)	Product Sales (100 million yuan)	3289.00	357.24	1878.84	884.70	780.86
利润总额(亿元)	Total Profits (100 million yuan)	140.00	7.01	9.68	20.86	-14.60
社会用电量(亿千瓦小时)	Annual Electricity Consumption (100 million kwh)	341.37	43.26	247.20	78.24	134.91
#工业用电	Industrial Power Consumption	235.01	30.06	220.98	65.65	118.04
城乡居民生活用电	Residents Power Consumption	40.08	5.90	11.15	5.99	8.11
限额以上批零贸易业商品销售总额(亿元)	Total Sales of Enterprise above Designated Size in Wholesale and Retail Sale Trades (100 million yuan)	2725.26	150.77	733.77	489.63	296.74
当年实际使用外资金额(万美元)	Amount of Foreign Capital Actually Vtilized This Year (USD 10 000)	251983	7159	83282	11435	15732
居民人民币储蓄存款余额(亿元)	Outstanding Amount of Savings Deposit (100 million yuan)	2539.17	302.84	865.07	433.27	319.73
在岗职工工资总额(亿元)	Total Wages of Staff and Workers (100 million yuan)	435.91	46.94	143.32	133.66	81.34
在校学生数(万人)	Student Enrollment (10 000 persons)					
普通高等学校	Number of Regular Institutes of Higher Education	53.09	8.08	11.89	6.15	5.69
中等职业学校	Number of Vocational Secondary Schools	21.66	3.09	8.34	3.77	1.81
普通中学	Number of Regular Secondary Schools	22.41	6.00	11.62	5.46	6.42
小学	Number of Primary Schools	32.30	7.00	15.00	8.66	10.87
医院、卫生院个数(个)	Number of Hospitals (unit)	141	50	84	66	45
医院、卫生院床位数(万张)	Number of Beds in Hospitals (10 000 beds)	4.14	0.80	1.43	0.92	0.86
医生(万人)	Number of Doctors (10 000 persons)	1.28	0.30	0.67	0.37	0.37

Major Social and Economic Indicators of Districts in Cities Directly Under the Province (2012)

鹤 壁 Hebi	新 乡 Xinxiang	焦 作 Jiaozuo	濮 阳 Puyang	许 昌 Xuchang	漯 河 Luohe	三门峡 Sanmenxia	南 阳 Nanyang	商 丘 Shangqiu	信 阳 Xinyang	周 口 Zhoukou	驻马店 Zhumadian
61.50	103.11	96.29	69.66	41.57	139.76	29.91	194.21	181.13	149.00	58.63	81.46
14.36	18.48	21.03	21.77	10.65	16.92	7.75	32.83	15.67	13.44	11.51	17.34
13.07	17.82	15.96	18.19	10.25	15.77	6.95	28.49	13.79	13.30	10.92	16.18
679	352	424	289	97	1020	185	2135	1697	3604	338	1365
61	110	102	118	80	60	30	147	62	73	60	65
278.37	507.92	341.07	334.62	270.82	472.02	143.92	546.19	280.32	354.25	146.47	228.22
204.00	248.51	183.30	238.83	188.54	310.51	75.24	262.77	138.07	168.94	73.26	123.17
63.33	250.97	145.80	80.05	80.49	113.51	65.34	241.77	94.24	126.83	65.43	84.23
25.22	56.49	41.77	33.56	32.32	32.27	18.54	39.71	27.06	11.13	15.86	26.26
50.69	90.57	72.18	58.17	50.69	75.02	47.22	112.43	90.66	37.06	37.48	55.82
680.72	881.41	825.46	607.36	553.41	1105.35	407.81	733.55	398.50	482.03	212.37	351.11
4.17	36.62	8.57	-13.68	48.67	103.54	9.49	56.77	13.85	17.90	17.87	12.50
28.99	72.35	142.84	46.32	27.51	33.68	20.63	66.98	94.31	39.45	12.45	37.95
23.34	53.38	131.12	37.04	19.75	23.31	18.11	45.22	78.81	22.57	7.11	29.24
2.24	7.49	4.75	4.20	3.92	5.37	2.02	10.03	7.70	7.00	2.43	3.69
57.65	320.35	187.88	153.68	180.58	139.90	124.94	274.48	233.16	127.52	137.83	153.21
31991	25997	15517	9927	14944	48586	25239	8644	9610	6616	6510	15917
128.09	325.18	275.25	304.61	228.75	239.54	142.33	484.28	306.98	345.12	156.66	216.98
47.33	58.87	63.22	75.52	39.44	53.71	27.38	101.69	39.22	40.99	43.18	51.28
1.05	14.03	7.80	1.16	3.41	2.83	1.50	6.70	7.11	5.46	3.92	3.07
1.71	4.19	4.35	1.56	2.08	2.28	1.56	6.46	2.22	2.27	3.65	2.70
4.65	6.44	5.97	9.48	3.00	8.18	2.14	11.05	12.27	8.77	3.79	6.09
6.28	8.85	7.13	8.50	3.54	11.59	2.67	21.22	18.49	12.80	7.10	9.33
31	57	44	40	39	61	18	88	42	59	30	28
0.30	0.86	0.63	0.59	0.51	0.66	0.38	1.54	0.68	0.58	0.39	0.51
0.18	0.29	0.29	0.28	0.20	0.29	0.10	0.57	0.27	0.22	0.19	0.18

12-3 城市建设基本情况
Basic Statistics on Urban Construction

指 标	Item	2005	2008	2009	2010	2011	2012
城市个数(个)	Number of Cities (unit)	38	38	38	38	38	38
城区面积(平方公里)	Urban Area (sq.km)		3332	4026	4101	4214	4628
建成区面积(平方公里)	Area of Built Districts (sq.km)	1572	1857	1913	2014	2098	2219
年底供水综合生产能力(万立方米/日)	General Production Capacity of Water Supply (year-end) (10 000 cu.m/day)	1027	1014	1008	1010	1038	1042
全年供水总量(万立方米)	Total Annual Volume of Water Supply (10 000 cu.m)	183436	168294	173377	179122	184588	188538
#生活用水量			70814	74181	76986	79274	80097
平均每人每天生活用水量(升)	Per Capita Daily Consumption of Tap Water for Residential Use (liter)	147.1	115.9	118.5	109.1	109.0	104.1
用水普及率(%)	Percentage of Population with Access to Tap Water (%)	91.9	85.6	88.3	91.0	92.6	91.8
公共交通标准运营车辆(标台)	Operating Standard Public Transit Vehicles (Standardized)	12514	15661	18381	18912	20860	21852
出租汽车数(辆)	Taxi (unit)					58132	59523
煤气家庭用量(万立方米)	Consumption of Coal Gas for Residential Use (10 000cu.m)	12735	13468	13507	15420	14102	11036
天然气家庭用量(万立方米)	Consumption of Natural Gas for Residential Use (10 000cu.m)	18649	32092	38969	48243	55857	65289
液化石油气家庭用量(吨)	Consumption of Liquefied Petroleum Gas for Residential Use (ton)	198629	212604	202029	201931	198051	197610
燃气普及率(%)	Percentage of Population with Access to Gas (%)		66.9	72.9	73.4	76.2	77.9
集中供热面积(万平方米)	Heated Area (10 000 sq.m)	5361	8625	9283	10737	11831	13006
道路长度(千米)	Length of Roads (km)	7090	8704	9018	9413	9859	10798
道路面积(万平方米)	Area of Roads (10 000sq.m)	15653	19689	20534	21767	23393	25458
排水管道长度(千米)	Length of Drainage Pipelines (km)	10201	13248	13896	14733	15836	17292
建成区绿化覆盖面积(公顷)	Coverage Space of Green Areas Developed (hectare)	50822	65713	69426	73652	76695	81880
建成区绿化覆盖率(%)	Coverage Rate of Green Areas Developed (%)	32.3	35.4	36.3	36.5	36.6	36.9
公园个数(个)	Number of Parks (unit)	272	240	248	262	267	280
公园绿地面积(公顷)	Public Green Areas (hectare)		16301	17154	18361	19207	21202
人均公园绿地面积(平方米)	Per Capita Public Green Area (sq.m)		8.2	8.7	8.7	8.9	9.2
生活垃圾清运量(万吨)	Volume of Residential Garbages and Night Soil Disposal (10 000 tons)	754	757	679	694	730	796
生活垃圾无害化处理率(%)	Percentage of Harmless Disposal (%)	58.1	67.3	75.3	82.5	84.4	86.4

12−4 城市市区市政设施、公共交通情况(2012年)

Municipal Installation and Public Transportation in Urban Districts (2012)

城市名称 City	建成区面积(平方公里) Developed Areas (sq.km)	市区人口密度(人/平方公里) Density of cantonal Population (person /sq.km)	年底道路长度(公里) Length of Roads (year-end) (km)	年底道路面积(万平方米) Area of Roads (year-end) (10 000sq.m)	人均城市道路面积(平方米) Per Capita Area of Roads (sq.m)	年底路灯盏数(盏) Number of Street Lights (year-end) (unit)	年底实有运营车辆(辆) Operating Transit Vehicles (year-end) (unit)
郑州 Zhenzhou	373	13475	1446	3564	6.02	71455	6638
开封 Kaifeng	98	7329	448	1258	14.16	31606	743
洛阳 Luoyang	187	7938	635	2041	7.76	65004	1762
平顶山 Pingdingshan	72	3418	266	999	11.24	43539	925
安阳 Anyang	78	4652	440	964	13.55	27659	1017
鹤壁 Hebi	61	3477	312	688	15.17	19048	370
新乡 Xinxiang	110	6891	458	1070	14.12	29487	1289
焦作 Jiaozuo	102	7504	429	1193	15.59	21167	637
濮阳 Puyang	46	2888	250	583	13.14	17835	455
许昌 Xuchang	80	5011	270	597	12.28	37590	931
漯河 Luohe	60	5174	343	788	14.25	22449	836
三门峡 Sanmenxia	30	10367	151	289	9.29	21275	560
南阳 Nanyang	147	2330	1295	1859	12.45	29421	783
商丘 Shangqiu	62	9447	380	888	9.13	31651	1489
信阳 Xinyang	77	1842	402	828	17.32	28397	672
周口 Zhoukou	60	3061	213	658	21.49	32472	996
驻马店 Zhumadian	65	2490	334	1021	22.16	23163	537
济源 Jiyuan	38	5416	209	532	19.66	28838	264
巩义 Gongyi	26	7500	92	271	10.04	15300	287
荥阳 Xingyang	23	6036	120	254	16.59	7600	85
新郑 Xinzheng	29	7289	109	341	13.65	8051	134
登封 Dengfeng	21	3169	145	296	15.87	14510	76
新密 Xinmi	23	1956	94	247	16.15	8813	374
偃师 Yanshi	17	8133	86	132	7.75	7660	99
汝州 Ruzhou	29	1856	128	266	10.50	6862	88
舞钢 Wugang	15	1795	109	208	17.07	2988	64
林州 Linzhou	21	4592	145	257	14.70	14321	79
卫辉 Weihui	20	3069	86	163	11.83	7780	32
辉县 Huixian	21	1784	121	264	12.69	7853	21
沁阳 Qinyang	20	4038	173	368	26.83	8254	19
孟州 Mengzhou	15	1279	83	268	18.48	13742	17
禹州 Yuzhou	42	7348	129	374	9.73	18321	254
长葛 Changge	25	2503	167	356	18.82	9734	113
义马 Yima	17	1577	123	249	14.11	3725	58
灵宝 Lingbao	21	6486	85	210	11.16	4785	70
永城 Yongcheng	31	3789	192	431	13.99	8102	133
邓州 Dengzhou	29	6988	162	340	12.17	14538	37
项城 Xiangcheng	30	4997	167	341	11.39	4432	192

12-5 城市市区供、排水情况(2012年)
Supply of Tap Water and Wastewater Discharging in Urban Districts (2012)

城市名称 City	年底供水综合生产能力(万立方米/日) General Production Capacity of Water Supply(year-end)(10 000 cu.m/day)	供水管道长度(公里) Length of Water Supply Pipelines (year-end) (km)	全年供水总量(万立方米) Total Annual Volume of Water Supply (10 000cu.m)	#居民家庭用水 For Residential Use	用水人口(万人) Number of Residents with Access to Tap Water (10 000 persons)	人均日生活用水量(升) Per Capita Daily ConSumption of Tap Water for Residential Use (liter)	用水普及率(%) Percentage of Population with Access to Tap Water (%)	排水管道长度(公里) Length of Drainage Pipelines (km)	排水管道密度(公里/平方公里) Density of Drainage Pipelines (km/sq.km)
郑州 Zhenzhou	109.42	2838	35825	12414	591.66	87	100.0	3204	8.59
开封 Kaifeng	62.50	1181	8969	2172	86.30	85	97.1	747	7.62
洛阳 Luoyang	85.30	1484	16357	6197	244.10	105	92.8	1394	7.46
平顶山 Pingdingshan	60.89	1190	11198	3282	85.92	111	96.7	429	6.00
安阳 Anyang	79.00	784	10284	2392	71.17	136	100.0	817	10.47
鹤壁 Hebi	38.33	604	5309	1668	42.50	110	93.7	385	6.34
新乡 Xinxiang	62.00	673	12366	2899	75.00	142	98.9	810	7.37
焦作 Jiaozuo	57.30	951	7851	2146	76.40	96	99.8	792	7.80
濮阳 Puyang	35.60	156	5116	1395	39.54	129	89.2	400	8.69
许昌 Xuchang	39.00	525	4448	1452	47.07	105	96.8	470	5.87
漯河 Luohe	33.40	473	9872	1655	51.03	143	92.3	464	7.73
三门峡 Sanmenxia	14.50	240	1825	1192	30.50	114	98.1	191	6.36
南阳 Nanyang	72.57	1281	9120	2630	105.93	103	71.0	1120	7.59
商丘 Shangqiu	37.30	490	3854	2185	59.80	106	61.5	391	6.31
信阳 Xinyang	26.80	1296	3766	1887	45.49	131	95.2	310	4.02
周口 Zhoukou	19.00	326	2944	1125	28.40	142	92.8	540	8.99
驻马店 Zhumadian	22.75	384	5076	1246	35.85	106	77.8	643	9.89
济源 Jiyuan	10.60	320	2989	1001	27.05	129	99.9	349	9.29
巩义 Gongyi	12.00	162	1782	656	25.80	99	95.6	170	6.65
荥阳 Xingyang	4.40	211	902	415	14.08	98	92.0	214	9.30
新郑 Xinzheng	6.10	298	1500	460	17.20	126	68.8	186	6.47
登封 Dengfeng	3.70	114	977	239	13.67	90	73.4	170	8.27
新密 Xinmi	10.50	241	1164	468	13.26	154	86.7	116	4.98
偃师 Yanshi	7.55	198	1046	550	16.50	101	96.6	90	5.37
汝州 Ruzhou	7.90	232	944	242	12.88	70	50.9	170	5.80
舞钢 Wugang	15.70	133	2535	337	11.70	103	95.8	150	9.77
林州 Linzhou	6.00	206	1514	498	16.05	117	92.0	187	8.96
卫辉 Weihui	6.00	171	1915	592	13.45	167	97.4	130	6.39
辉县 Huixian	10.00	404	2214	575	19.90	142	95.8	239	11.16
沁阳 Qinyang	7.60	90	1097	299	13.03	78	94.9	237	12.11
孟州 Mengzhou	7.30	206	919	231	14.10	83	97.2	215	14.32
禹州 Yuzhou	7.70	183	2052	1300	36.36	104	94.7	329	7.85
长葛 Changge	11.00	73	1359	330	16.00	87	84.6	189	7.71
义马 Yima	14.80	85	1537	359	15.71	70	89.0	63	3.66
灵宝 Lingbao	8.20	122	1802	413	17.61	89	93.6	140	6.81
永城 Yongcheng	11.00	243	2287	1064	24.80	140	80.5	317	10.16
邓州 Dengzhou	10.10	515	1280	412	22.70	73	81.2	197	6.81
项城 Xiangcheng	8.50	206	2543	850	29.68	90	99.0	329	10.95

12-6　城市市区燃气供应情况(2012年)

Supply of Gas in Urban Districts (2012)

城市名称 City	煤气 Coal Gas			天然气 Natural Gas			液化石油气 Liquefied Petroleum Gas			燃气普及率(%)
	供气总量(万立方米) Total Gas Supply (10 000 cu.m)	#家庭用量 Residential Use	用气人口(万人) Population with Access to Gas(10 000 persons)	供气总量(万立方米) Total Gas Supply (10 000 cu.m)	#家庭用量 Residential Use	用气人口(万人) Population with Access to Gas (10 000 persons)	供气总量(吨) Total Gas Supply (ton)	#家庭用量 Residential Use	用气人口(万人) Population with Access to Gas (10 000 persons)	Percentage of Population with Access to Gas (%)
郑州 Zhenzhou				75742	21190	422.70	67200	48410	110.15	90.1
开封 Kaifeng				11315	3358	55.84	7790	7210	18.00	83.1
洛阳 Luoyang	11928	1405	29.00	17866	2484	60.00	22235	19579	34.46	46.9
平顶山 Pingdingshan	2121	1720	20.00	8038	1429	55.00				84.4
安阳 Anyang	45000	403	3.87	14953	4797	56.87	7257	3650	8.79	97.7
鹤壁 Hebi				3051	1755	34.00	1418	1418	3.90	83.6
新乡 Xinxiang				11920	3438	67.00	2430	2430	7.07	97.7
焦作 Jiaozuo				19142	4675	58.18	2690	2690	11.59	91.2
濮阳 Puyang				5301	3282	38.40				86.6
许昌 Xuchang				3740	1239	22.00	6763	6750	21.00	88.5
漯河 Luohe				1967	1205	20.00	10505	9755	28.00	86.9
三门峡 Sanmenxia				4534	168	12.70	2410	2300	14.04	86.0
南阳 Nanyang	10336	1435	22.00	1535	80	15.00	21208	21068	67.41	69.9
商丘 Shangqiu				2257	773	19.70	14068	11076	46.80	68.4
信阳 Xinyang				8865	1015	15.88	10772	9860	29.00	93.9
周口 Zhoukou				5633	446	8.60	4095	4050	14.95	76.9
驻马店 Zhumadian				2497	2310	16.30	3270	3250	11.00	59.3
济源 Jiyuan	3886	528	1.27	11205	2681	21.09	850	850	3.42	95.2
巩义 Gongyi	7863	3673	18.15				3203	1600	5.35	87.0
荥阳 Xingyang				267	154	6.30	4586	2810	7.70	91.5
新郑 Xinzheng				2546	700	4.92	2650	2100	9.82	59.0
登封 Dengfeng				2205	132	5.50	1118	1025	4.25	52.3
新密 Xinmi				6939	1138	8.82	1510	1500	5.80	95.6
偃师 Yanshi	1706	219	8.90				1270	1265	5.20	82.6
汝州 Ruzhou	2031	1208	9.43				840	700	2.40	46.7
舞钢 Wugang				410	210	5.60				45.9
林州 Linzhou				1513	1086	12.58	1352	1340	3.91	94.5
卫辉 Weihui				804	516	5.25	973	970	3.50	63.4
辉县 Huixian	58	58	0.19	2540	1020	7.30	4216	4208	11.50	91.4
沁阳 Qinyang				200	200	2.40	2015	2015	8.17	77.0
孟州 Mengzhou				936	879	10.60				73.1
禹州 Yuzhou				4009	1860	7.40	5643	5160	18.90	68.5
长葛 Changge				8055	332	5.70	4710	4010	9.67	81.3
义马 Yima	430	387	7.70				2989	2980	4.97	71.7
灵宝 Lingbao				55	48	2.33	2750	2700	10.44	67.9
永城 Yongcheng				371	218	5.72	3540	3160	11.79	56.9
邓州 Dengzhou							3201	3020	9.87	35.3
项城 Xiangcheng				862	470	5.40	2924	2701	12.20	58.7

12-7 城市市区园林绿化情况(2012年)

Virescence of gardens in Urban Districts (2012)

城市名称 City	建成区绿化覆盖面积(公顷) Coverage Space of Green Areas in Developed Area(hectare)	建成区绿化覆盖率(%) Coverage Rate of Green Areas in Developed Area (%)	公园个数(个) Number of Parks (unit)	公园面积(公顷) Public Green Area (hectare)	公园绿地面积(公顷) Public Green Area (hectare)	人均公园绿地面积(平方米) Per Capita Public Green Area (sq.m)
郑州 Zhenzhou	13456	36.1	61	1893	3565	6.03
开封 Kaifeng	3509	35.8	13	254	697	7.84
洛阳 Luoyang	6715	35.9	14	767	1826	6.94
平顶山 Pingdingshan	2822	39.4	13	383	910	10.24
安阳 Anyang	3021	38.7	11	156	672	9.44
鹤壁 Hebi	2458	40.4	7	380	653	14.40
新乡 Xinxiang	4543	41.3	16	131	767	10.12
焦作 Jiaozuo	3927	38.7	12	667	758	9.90
濮阳 Puyang	1751	38.1	9	525	548	12.36
许昌 Xuchang	3189	39.9	5	135	505	10.39
漯河 Luohe	2319	38.7	13	191	825	14.93
三门峡 Sanmenxia	1304	43.5	5	448	482	15.50
南阳 Nanyang	3706	25.1	9	2136	2651	17.76
商丘 Shangqiu	2530	40.8	9	337	565	5.81
信阳 Xinyang	3274	42.4	5	118	676	14.14
周口 Zhoukou	2337	39.0	4	188	313	10.23
驻马店 Zhumadian	2620	40.3	4	74	452	9.81
济源 Jiyuan	1528	40.6	8	112	294	10.86
巩义 Gongyi	1098	42.8	2	118	399	14.78
荥阳 Xingyang	882	38.4	3	100	172	11.24
新郑 Xinzheng	1108	38.6	2	120	207	8.28
登封 Dengfeng	651	31.8	9	66	157	8.43
新密 Xinmi	775	33.3	2	110	204	13.33
偃师 Yanshi	670	39.9	4	153	161	9.43
汝州 Ruzhou	1024	35.0	4	179	213	8.41
舞钢 Wugang	620	40.4	2	76	131	10.73
林州 Linzhou	765	36.6	2	87	178	10.20
卫辉 Weihui	724	35.7	1	19	111	8.04
辉县 Huixian	767	35.8	5	71	148	7.12
沁阳 Qinyang	481	24.5	3	25	117	8.52
孟州 Mengzhou	573	38.2	2	125	148	10.21
禹州 Yuzhou	1317	31.4	4	238	325	8.46
长葛 Changge	854	34.9	3	137	283	14.97
义马 Yima	573	33.3	4	195	197	11.16
灵宝 Lingbao	739	36.1	1	74	183	9.73
永城 Yongcheng	1141	36.6	7	215	261	8.47
邓州 Dengzhou	975	33.6	1	35	183	6.55
项城 Xiangcheng	1134	37.8	1	45	265	8.84

注：公园个数、面积含小游园。
a)Data on number parks and area of parks include samall amusement parks.

12-8 城市环境卫生情况(2012年)

Environment and Sanitation in Urban Districts (2012)

城市名称 City	污水排放量(万立方米) Domestic Sewage Discharged (10 000 cu.m)	污水处理量(万立方米) Domestic Sewage Treated (10 000 cu.m)	生活垃圾清运量(万吨) Volume of Garbage Disposal (10 000 tons)	生活垃圾处理量(万吨) Volume of Garbages Treated (10 000 tons)	垃圾无害化处理量(万吨) Volume of Garbages innocuously Treated (10 000tons)	公共厕所(座) Number of Public Lavatories (unit)	环卫车辆(辆) Number of Special Vehicles for Environmental Sanitation (unit)	保洁面积(万平方米) Area under Cleaning Program (10 000 sq.m)
郑州 Zhenzhou	32120	30776	173	156	156	959	845	3652
开封 Kaifeng	6368	5620	38	37		519	137	984
洛阳 Luoyang	14280	14258	79	67	67	645	394	2175
平顶山 Pingdingshan	10049	9748	30	28	28	381	130	999
安阳 Anyang	8120	7933	36	36	36	637	200	964
鹤壁 Hebi	3754	3108	15	13	13	72	61	680
新乡 Xinxiang	9893	8686	35	35	35	326	102	1050
焦作 Jiaozuo	8559	7369	28	27	27	213	153	1100
濮阳 Puyang	4345	3693	16	15	15	136	172	572
许昌 Xuchang	3558	3450	23	22	22	258	80	494
漯河 Luohe	7789	5500	21	21	21	296	83	556
三门峡 Sanmenxia	1450	1400	9	9	9	121	33	240
南阳 Nanyang	6753	3291	41	34	34	521	227	1947
商丘 Shangqiu	9760	7095	38	25	25	335	100	732
信阳 Xinyang	3561	2991	19	18	18	365	76	671
周口 Zhoukou	2546	2049	10	8	8	95	23	502
驻马店 Zhumadian	3802	3500	18	17	17	273	69	710
济源 Jiyuan	2673	2486	16	16	16	104	55	421
巩义 Gongyi	1310	719	8	8	8	35	39	300
荥阳 Xingyang	728	656	7	7	7	54	42	335
新郑 Xinzheng	1666	1416	7	7	7	47	39	190
登封 Dengfeng	923	831	7	6	6	37	15	286
新密 Xinmi	890	757	8	8	8	62	59	276
偃师 Yanshi	860	819	7	7	7	35	18	180
汝州 Ruzhou	755	735	9	8	8	40	33	185
舞钢 Wugang	2080	1762	5	5	5	71	45	135
林州 Linzhou	1060	859	8	8	8	36	22	334
卫辉 Weihui	1573	1573	7	7	7	21	16	198
辉县 Huixian	1808	1664	9	9	9	46	28	175
沁阳 Qinyang	769	641	5	4	4	27	24	200
孟州 Mengzhou	732	701	4	4	4	17	14	245
禹州 Yuzhou	1641	1591	11	9	9	42	91	500
长葛 Changge	1318	1318	6	6	6	29	50	155
义马 Yima	1077	442	6	3	3	28	29	220
灵宝 Lingbao	1319	933	7	7	7	45	15	181
永城 Yongcheng	2096	1944	9	8	8	105	32	403
邓州 Dengzhou	975	850	9	9	9	73	31	302
项城 Xiangcheng	2006	1718	11	10	10	56	32	320

主要统计指标解释

城区面积

包括：市本级(1)街道办事处所辖地域；(2)城市公共设施、居住设施和市政公用设施等连接到的其他镇（乡）地域；(3)常住人口在3000人以上独立的工矿区、开发区、科研单位、大专院校等特殊区域。

建成区面积

城市行政区内实际已成片开发建设、市政公用设施和公共设施基本具备的区域。对核心城市，它包括集中连片的部分以及分散的若干个已经成片建设起来，市政公用设施和公共设施基本具备的地区；对一城多镇来说，它包括由几个连片开发建设起来的，市政公用设施和公共设施基本具备的地区组成。因此建成区范围，一般是指建成区外轮廓线所能包括的地区，也就是这个城市实际建设用地所达到的范围。

供水总量　指报告期供水企业（单位）供出的全部水量。包括有效供水量和漏损水量。

有效供水量指水厂将水供出厂外后，各类用户实际使用到的水量。包括售水量和免费供水量。

城市燃气　指符合《城镇燃气设计规范》的规定，供城市生产和生活作燃料使用的天然气、人工煤气和液化石油气等气体能源的统称。

供气总量　指报告期燃气企业（单位）向用户供应的燃气数量。包括销售量和损失量

集中供热面积　指从一个或多个热源通过热网向城市的热用户供给生产和生活热能，供热企业（单位）向城市各类房屋建筑物、构筑物及其附属设施供热的全部建筑面积。

道路长度　指道路长度和与道路相通的桥梁、隧道的长度，按车行道中心线计算。

道路面积　指道路实际铺装面积和与道路相通的广场、桥梁、隧道的铺装面积（统计时，将人行道面积单独统计）。

人行道面积按道路两侧面积相加计算，包括步行街和广场，不含人车混行的道路。

排水管道长度　指所有排水总管、干管、支管、检查井及连接井进出口等长度之和。计算时应按单管计算，即在同一条街道上如有两条或两条以上并排的排水管道时，应按每条排水管道的长度相加计算。

污水排放总量　指生活污水、工业废水的排放总量，包括从排水管道和排水沟（渠）排出的污水量。

污水处理量　指污水处理厂（或污水处理装置）实际处理的污水量。包括物理处理量、生物处理量和化学处理量。

其中处理本市（县）外，指污水处理厂作为区域设施，不仅处理本市（县）的污水，还处理本市（县）以外其他市、县或乡镇等的污水。这部分污水处理量单独统计，并在计算本市（县）的污水处理率时扣除。

公园绿地面积　城市中向公众开放的、以游憩为主要功能，有一定的游憩设施和服务设施，同时兼有健全生态、美化景观、防灾减灾等综合作用的绿化用地。它是城市建设用地、城市绿地系统和城市市政公用设施的重要组成部分。

生活垃圾清运量　指报告期内收集和运送到各生活垃圾处理厂(场)和生活垃圾最终消纳点的生活垃圾数量。生活垃圾指城市日常生活或为城市日常生活提供服务的活动中产生的固体废物以及法律行政规定的视为城市生活垃圾的固体废物。包括：居民生活垃圾、商业垃圾、集市贸易市场垃圾、街道清扫垃圾、公共场所垃圾和机关、学校、厂矿等单位的生活垃圾。

生活垃圾处理量　指报告期内简易处理场和各种生活垃圾无害化处理场（厂）处理生活垃圾总量。生活垃圾简易处理量指生活垃圾简易处理场所处理的生活垃圾总量。生活垃圾无害化处理量指生活垃圾无害化处理场（厂）所处理的生活垃圾总量。

Explanatory Notes on Main Statistical Indicators

City Area include three parts:(1), area under the jurisdiction of the street agency;(2), urban public facilities, residential facilities and municipal public facilities connected to other towns area, (3) Independent industrial and mining district, development area, scientific research units, colleges and other special areas with over 3000 resident population.

Area of Built Districts refers to the Urban area that already development and construction and have public facilities. Core cities include focused even dispersion of parts, as well as several have film build up, the urban areas of basic public infrastructure and public facilities; on more than one city, town, it included several continuous development and construction, municipal and public facilities and public areas with basic facilities. Scope of the built-up area, generally refer to the built-up areas can include outer contour line, which is achieved by the actual construction of the city's range.

Volume of Water Supply refers to the total volume of water supplied by water-works (units) during the reference period, including both the effective water supply and loss during the water supply.

Available water supply refers to all kinds of users actually use water volume after water plant form water factory. Includes water sale and free water.

City gas refers to supply to urban for production and daily life, such as natural gas, manufactured gas and LPG gas energy collectively.

Volume of gas supply refers to Volume of gas supply for household by gas enterprises in reference period. Including sales and the amount of loss.

Central heating Area refers to supply to user Production and life heat energy us heat net from one or more Means from one or more sources of heat, all heat area of urban housing buildings, structures and their ancillary equipment by Heating enterprise (units).

Road length refers to the length of roads with paved surface including bridges and tunnels connected with roads. Length of the roads is measured by the central lines for vehicles for paved roads.

Road area refers to actual pavement area and with a road paving of squares, bridges, tunnels area (statistics, sidewalk area separate statistics). The sidewalk area are calculated on add of both sides area, including walking Street and square, does not contain mixed line of road vehicles and pedestrians.

Length of Urban Sewage Pipes refers to the total length of general drainage, trunks, branch and inspection wells, connection wells, inlets and outlets, etc. if there are two or more than two side-by-side in a street pipes, length of pipes should be Calculated by adding length.

Volume of waste water discharge refers to Sewage and industrial waste water, include sewer and drain (drainage) discharge of waste water.

Treatment capacity Sewage treatment plant (or sewage treatment plant) the actual amount of sewage treatment. Including physical treatment, biological treatment and chemical treatment. Which deal with the city (County), sewage treatment plants as a regional facility, not only dealing with the city (County) of sewage, also deals with the city (County), such as cities, counties or towns other than water. This portion of the amount of sewage to individual statistics and in the calculation of the city (County) when the sewage treatment rate of deduction.

Park Green Area refers to green areas open to the public for amusement and rest with the facilities of amusement, rest and services. Its function includes perfecting ecology, beautifying landscape, and preventing and reducing disaster. Park green areas include comprehensive park, community park, topic park, belt-shaped park and green area nearby street. Total areas of comprehensive park, topic park and belt-shaped is the area of park.

Consumption Wastes Transported refers to volume of consumption wastes collected and transported to disposal factories or sites. Consumption wastes are solid wastes produced from urban households or from service activities for urban households, and solid wastes regarded by laws and regulations as urban consumption wastes, including those from households, commercial activities, markets, cleaning of streets, public sites, offices, schools, factories, mining units and other sources.

Volume of consumption Wastes treatment refers to Volume of consumption Wastes Simple processing and consumption wastes treated in the reporting period.

农业
Agriculture

● 资料整理：韩爱桃　贾世云　刘　强　刘露霞

简要说明

一、主要内容

本篇包括我省农业生产和农村经济的基本情况，内容主要包括农村劳动力、耕地、农业机械拥有量、农林牧渔业增加值、农作物播种面积、主要农产品及畜禽产品产量、水利设施与除涝治水、农村居民家庭拥有生产性固定资产等方面的统计资料。

二、统计范围

统计范围包括农村各种经济组织和农户经营的农林牧渔业生产活动；各种专业性农、林、牧、渔场的农业生产活动；国家各级机关、团体、学校、部队进行的农业生产活动；集体所有制的乡、镇、村办农场的农业生产活动；以及工矿企业经营的农、林、牧、渔业生产活动。

2006年农林牧渔业增加值及农业、牧业生产情况已与第二次农业普查数据进行了衔接。2010年以后的农业、林业增加值数据是按照国家统计局制定的新《统计用产品分类目录》进行了调整。

三、资料来源

全省农作物播种面积及产量、畜牧业生产情况由河南省统计局农业处和国家统计局河南调查总队编辑整理。农村基本情况、农林牧渔业增加值、市级农作物播种面积及产量、市级畜牧业生产情况等由河南省统计局农业处编辑整理。林业生产情况、渔业生产情况、灌溉、水库和除涝、治水资料，农业机械拥有情况及农机化作业情况、农村基层组织情况等由河南省统计局农业处根据河南省林业厅、河南省农业厅水产局、河南省水利厅、河南省农业机械化管理局、河南省民政厅等部门提供的资料整理编辑。市级粮食产量数据由河南省地方调查队编辑整理。

Brief Introduction

I. Main Contents

The data in this chapter show the basic conditions of agricultural production and rural economy, including mainly cultivated number of rural employed persons, land, quantity of agricultural machinery, value-added of agriculture, forestry, animal husbandry and fishery, sown areas of farm crops, output of major products and livestock, facilities of water conservancy and efforts to eliminate water-logging , productive fixed assets owned by rural households.

II. Statistical Scopes

Statistics on agriculture cover in agriculture statistics are production activities in agriculture, forestry, animal husbandry and fishery undertaken by rural economic units of various types and by rural households; production activities of farms specializing in agriculture, forestry, animal husbandry and fishery; production activities in agriculture undertaken by government agencies, institutions, schools and military units; production activities in agriculture undertaken by collective farms run by townships and villages; and production activities in agriculture, forestry, animal husbandry and fishery undertaken by manufacturing and mining enterprises.

Data on value-added of agriculture, forestry, animal husbandry and fishery and production of agriculture and animal husbandry in 2006 have been reflected basis on the second agricultural census. Data on value-added of agriculture and forestry since 2010 are adjusted according to the new classified catalogue of statistics product which formulated by NBS.

III. Data Sources

Data on number of rural employed persons, agricultural production and value-added of agriculture, forestry, animal husbandry and fishery are provided by Department of agricultural of the Henan provincial Bureau of Statistics. Data on provincial sown areas and output of farm crops are provided by Department of Henan Survey organizations, NBS, and municipal sown areas and output of farm crops are provided by Department of agricultural of the Henan provincial Bureau of Statistics. Data on irrigation and reservoirs, data on efforts to eliminate water-logging, to prevent floods by water control are calculated by Henan provincial Bureau of water. Data on fishery come from Henan provincial Bureau of agricultural. Data on rural grassroots units are figures jointly confirmed by Henan provincial Bureau of Civil affairs.

13-1 农村基本情况(年底数)
Basic Statistics on Rural Areas (Year-end)

指 标	Item	2000	2005	2007	2008	2009	2010	2011	2012
农村基层组织(个)	**Rural Grassroots Units (unit)**								
乡镇	Number of Township and Town Governments	2129	1907	1892	1889	1882	1878	1863	1841
#镇	Number of Town Governments	844	841	848	856	904	949	1011	1014
村民委员会	Number of Villagers' Committees	48206	48064	47533	47447	47346	47311	47347	47140
农村基础设施（个）	**Social Basic Facilities In Rural Areas(unit)**								
自来水受益村数	Number of Villages with Access to Tap Water	13252	17369	20272	22346	24517	26329	28214	29882
通汽车村数	Number of Villages with Highways	44593	47131	47754	47814	47819	47818	47647	47675
通电话村数	Number of Villages with Telephone Communications	48062	48044	48058	47998	47901	47839	47687	47687
乡村劳动力和从业人员	**Number of Rural Laborer and Employed Persons**								
乡村户数(万户)	Number of Rural Households (10 000 households)	1972	2026	2033	2037	2046	2061	2062	2066
乡村劳动力资源数(万人)	Number of Rural Laborer Resource (10 000 persons)	5069	5167	5223	5266	5296	5338	5353	5367
#男	Male							2844	2854
女	Female							2509	2512
乡村从业人员(万人)	Number of Rural Employed Persons (10 000 persons)	4712	4752	4815	4859	4882	4915	4911	4905
#男	Male	2493	2517	2554	2582	2600	2630	2626	2624
女	Female	2220	2235	2261	2277	2282	2285	2285	2281
#农业	Agricultural	3559	3128	2910	2837	2757	2698	2655	2611

注：乡镇个数、镇个数、村民委员会个数为民政部门数据。
a)Number of Township and Town Governments,Villagers' Committees are taken from civil administration department.

13−2 各市农村基本情况(2012年底)

Basic Conditions of Rural Areas by City (End of 2012)

市(县) City(County)	乡村户数(万户) Number of Rural Households (10 000 households)	乡村劳动力资源数(万人) Number of Rural Laborer Resource (10 000 persons)	男 Male	女 Female	乡村从业人员(万人) Number of Rural Employed Persons (10 000 persons)	男 Male	女 Female	#农业 Farming
省辖市 City								
郑州市 Zhengzhou	105.11	264.74	141.50	123.24	237.29	128.01	109.28	98.01
开封市 Kaifeng	98.98	267.73	141.61	126.11	247.48	129.15	118.33	140.36
洛阳市 Luoyang	129.39	339.07	178.62	160.45	310.95	164.92	146.03	151.27
平顶山市 Pingdingshan	102.68	264.96	142.54	122.42	246.11	132.99	113.13	143.75
安阳市 Anyang	122.04	302.89	164.85	138.04	273.82	151.19	122.63	138.26
鹤壁市 Hebi	26.58	70.11	37.42	32.70	62.52	34.56	27.95	29.57
新乡市 Xinxiang	109.90	276.38	148.55	127.83	253.25	137.25	116.00	122.81
焦作市 Jiaozuo	63.59	161.44	85.32	76.12	147.83	78.49	69.34	76.92
濮阳市 Puyang	74.48	206.93	110.71	96.21	190.40	103.29	87.11	109.08
许昌市 Xuchang	83.28	221.03	116.88	104.15	208.04	110.86	97.18	101.64
漯河市 Luohe	54.38	140.35	75.04	65.31	129.27	69.09	60.17	69.30
三门峡市 Sanmenxia	44.19	105.16	56.47	48.69	95.95	51.55	44.39	61.79
南阳市 Nanyang	244.19	618.87	333.05	285.82	555.31	302.60	252.71	330.36
商丘市 Shangqiu	193.64	475.82	249.99	225.83	437.94	232.31	205.63	223.41
信阳市 Xinyang	180.74	444.68	239.23	205.46	410.07	220.54	189.53	212.04
周口市 Zhoukou	237.62	624.47	328.08	296.40	585.87	309.22	276.66	317.52
驻马店市 Zhumadian	182.93	551.65	288.09	263.55	486.34	254.05	232.29	271.16
济源市 Jiyuan	12.04	30.32	16.51	13.81	26.56	14.16	12.40	13.94
省直管县 Province Administrating County								
巩义市 Gongyi	15.62	35.90	19.86	16.04	33.07	18.55	14.52	8.65
兰考县 Lankao	16.37	45.97	23.99	21.98	44.89	23.31	21.57	20.10
汝州市 Ruzhou	21.21	55.85	29.15	26.70	51.88	27.13	24.75	26.41
滑县 Huaxian	32.46	76.45	41.02	35.43	68.07	36.69	31.39	39.29
长垣县 Changyuan	16.47	42.93	24.00	18.93	40.75	22.80	17.95	21.08
邓州市 Dengzhou	36.80	102.43	54.37	48.06	87.36	46.75	40.61	50.42
永城市 Yongcheng	34.36	86.08	46.66	39.42	79.93	43.84	36.09	30.29
固始县 Gushi	40.11	93.18	50.78	42.40	86.61	46.58	40.04	40.55
鹿邑县 Luyi	27.13	69.88	36.38	33.50	67.22	35.12	32.10	28.67
新蔡县 Xincai	22.63	66.53	33.92	32.61	65.14	32.92	32.22	32.57

13-3 历年农林牧渔业增加值
Value-Added of Farming, Forestry,Animal Husbandry and Fishery over the year

本表增加值按当年价格计算，指数按可比价格计算。
Data in this table are calculated at current prices.Indices are based on comparable prices.

年 份 Year	农林牧渔业 Farming, Forestry, Animal Husbandry and Fishery	农 业 Farming	林 业 Forestry	牧 业 Animal Husbandry	渔 业 Fishery	农林牧渔服务业 Service for Farming,Forestry, Animal Husbandry and Fishery
绝对值(亿元) Absolute value (100 million yuan)						
1985	173.43	139.96	9.19	23.07	1.21	
1990	325.77	251.82	16.61	54.08	3.26	
1992	353.91	246.24	20.56	83.11	4.00	
1993	410.45	291.90	21.80	92.49	4.26	
1994	546.68	369.15	22.94	149.75	4.84	
1995	762.99	512.10	28.55	215.85	6.49	
1996	937.64	644.25	31.04	254.70	7.65	
1997	1005.55	653.48	35.40	307.25	9.42	
1998	1068.58	690.35	37.65	329.21	11.37	
1999	1120.14	735.80	38.86	332.88	12.60	
2000	1160.22	751.03	41.72	353.77	13.70	
2001	1234.34	798.75	40.39	381.41	13.79	
2002	1246.44	722.49	37.73	431.69	15.20	39.33
2003	1239.70	673.54	42.16	466.45	16.55	41.00
2004	1692.79	956.92	46.27	624.53	19.85	45.22
2005	1892.01	1068.85	51.19	699.67	24.33	47.96
2006	1916.73	1196.84	57.72	595.05	20.21	46.91
2007	2217.65	1337.48	63.56	736.62	30.49	49.49
2008	2658.77	1514.57	74.26	975.22	40.32	54.39
2009	2769.05	1670.25	80.78	913.15	44.24	60.63
2010	3258.11	2080.78	69.49	993.79	48.37	65.68
2011	3512.24	2108.83	76.50	1205.96	49.10	71.84
2012	3769.54	2315.80	84.93	1233.46	58.29	77.05
指数(上年=100) Index (Preceding year=100)						
1985	100.8					
1990	105.4					
1992	101.5					
1993	110.4					
1994	101.3					
1995	111.9					
1996	111.3					
1997	107.6	105.3	104.2	112.0	117.8	
1998	107.0	105.4	104.7	109.7	114.6	
1999	107.2	108.2	103.0	106.2	106.3	
2000	104.5	103.2	105.2	106.6	110.2	
2001	105.5	105.4	96.4	107.1	100.2	
2002	104.5	103.8	103.2	105.4	115.3	
2003	97.5	90.1	108.0	106.9	108.3	106.9
2004	113.2	118.8	105.5	106.8	109.9	105.0
2005	107.6	107.7	104.7	107.6	119.0	104.0
2006	107.3	107.7	107.4	106.6	118.6	102.3
2007	103.8	104.7	105.0	101.5	111.7	104.1
2008	105.5	104.7	107.5	106.7	108.5	104.7
2009	104.2	102.9	107.2	105.8	106.3	105.2
2010	104.5	104.2	104.3	104.9	107.4	104.8
2011	103.7	104.2	107.0	102.0	106.9	105.3
2012	104.5	104.2	104.9	104.6	105.7	105.9

注：2010年起的增加值数据，按照2011年国家统计局修订的《统计用产品分类目录》进行计算。
a) Data of Value-Added of Farming, Forestry,Animal Husbandry and Fishery are calculated on new statistical product category in 2010.

13-4 各市农林牧渔业增加值(2012年)
Value-Added of Farming, Forestry, Animal Husbandry and Fishery by City (2012)

本表按当年价格计算。
Data in this table are calculated at current prices.

单位：亿元 (100 million yuan)

市(县) City(County)	农林牧渔业 Farming, Forestry, Animal Husbandry and Fishery	农业 Farming	林业 Forestry	牧业 Animal Husbandry	渔业 Fishery	农林牧渔服务业 Service for Farming,Forestry, Animal Husbandry and Fishery
全省 Total	**3769.54**	**2315.80**	**84.93**	**1233.46**	**58.29**	**77.05**
省辖市 City						
郑州市 Zhengzhou	142.40	77.70	1.66	52.96	8.16	1.92
开封市 Kaifeng	257.66	165.20	4.13	78.49	2.34	7.50
洛阳市 Luoyang	223.76	124.03	25.58	57.58	3.00	13.56
平顶山市 Pingdingshan	145.85	76.91	5.16	58.40	3.20	2.18
安阳市 Anyang	187.32	131.84	6.06	43.93	0.36	5.14
鹤壁市 Hebi	58.13	24.65	0.51	30.57	0.56	1.83
新乡市 Xinxiang	200.34	117.19	3.26	72.74	3.81	3.34
焦作市 Jiaozuo	122.42	73.88	1.82	43.67	1.07	1.99
濮阳市 Puyang	137.76	81.99	3.92	48.95	0.98	1.93
许昌市 Xuchang	177.82	100.89	7.00	65.34	0.70	3.88
漯河市 Luohe	98.01	50.96	0.93	44.02	0.70	1.40
三门峡市 Sanmenxia	90.57	72.25	1.91	15.06	0.87	0.47
南阳市 Nanyang	423.62	290.14	11.52	107.45	6.27	8.24
商丘市 Shangqiu	323.22	232.81	6.33	72.44	6.60	5.04
信阳市 Xinyang	377.64	253.50	15.45	78.97	23.61	6.11
周口市 Zhoukou	417.56	287.81	9.08	106.76	3.54	10.36
驻马店市 Zhumadian	365.91	207.47	2.78	137.15	7.91	10.60
济源市 Jiyuan	19.55	8.51	1.18	8.60	1.06	0.20
省直管县 Province Administrating County						
巩义市 Gongyi	10.15	4.20	0.43	5.06	0.12	0.35
兰考县 Lankao	32.14	19.34	1.64	10.21	0.11	0.84
汝州市 Ruzhou	35.06	14.31	3.37	15.61	0.17	1.60
滑县 Huaxian	59.05	44.27	1.12	11.15	0.03	2.48
长垣县 Changyuan	28.43	18.40	0.96	8.27	0.30	0.50
邓州市 Dengzhou	84.77	56.52	0.40	24.51	0.43	2.91
永城市 Yongcheng	54.69	37.25	0.79	14.37	1.23	1.05
固始县 Gushi	73.44	47.51	2.00	18.70	4.67	0.56
鹿邑县 Luyi	46.58	30.76	0.89	11.91	0.24	2.78
新蔡县 Xincai	45.24	24.16	0.19	18.80	0.80	1.30

13−5 常用耕地面积变动情况
Change of Regularly Cultivated Land

指　　标	Item	2000	2005	2008
年底耕地总资源(千公顷)	**Total Area of Cultivated Land (1 000 hectares)**		**7926.30**	**7926.40**
年底常用耕地面积(千公顷)	**Cultivated Area at Year-end (1 000 hectares)**	**6875.25**	**7201.18**	**7202.20**
#水田	Paddy Field	460.76	645.78	658.98
水浇地	Irrigated Farmland		3092.60	3241.82
当年增加常用耕地面积(千公顷)	**Increased Area This Year (1 000 hectares)**	**93.91**	**16.14**	**10.40**
#新开荒地	Bring Barren under Cultivation	5.45	5.90	7.00
园地改为耕地	Gardens Converted to Farmland		2.22	0.10
当年减少常用耕地面积(千公顷)	**Decrease in Cultivated Area This Year (1 000 hectares)**	**44.58**	**17.18**	**10.10**
#国家基建占地	State Capital Construction	12.57	9.70	9.80
退耕还林还草占地	Farmland Converted to Pastures		1.77	0.10
耕地改为园地	Farmland Converted to Gardens		0.60	0.00
平均每人占有常用耕地面积(公顷/人)	**Per Capita Cultivated Area (hectares/person)**	**0.07**	**0.07**	**0.07**

13-6 历年农业生产条件

Conditions of Agriculture over the years

年 份 Year	乡村从业人员（万人） Employed persons in Rural Area (10 000 persons)	#农、林、牧、渔业 Farming, Forestry, Animal Husbandry and Fishery	年底常用耕地面积（千公顷） Year end Area of Plow land in use (1 000 hectares)	农用机械总动力（万千瓦） Total Power of Agricultural Machinery (10 000 kw)	农田有效灌溉面积（千公顷） Effective Irrigated Area (1 000 hectares)	化肥施用折纯量（万吨） Consumption of Chemical Fertilizer by 100% Effective Component (10 000 tons)	农村用电量（亿千瓦小时） Electricity Consumption in Rural Areas (100 million kwh)	农药施用实物量（万吨） Consumption of Chemical Pesticides (10 000 tons)	农用塑料薄膜使用量（万吨） Plastic Film Use for Agriculture (10 000 tons)
1978	2384	2251	7157.3	974.4	3722.67	52.54	13.25		
1979	2429	2300	7138.7	1079.3	3636.00	60.05	14.59		
1980	2505	2365	7128.1	1178.0	3536.23	72.52	17.23		
1981	2576	2457	7121.3	1262.1	3388.00	81.90	20.85		
1982	2669	2515	7109.3	1356.3	3265.33	105.50	22.76		
1983	2711	2537	7100.7	1405.9	3210.00	130.67	23.50		
1984	2819	2565	7079.3	1507.0	3278.67	140.16	25.83		
1985	2932	2558	7033.2	1590.0	3189.97	143.58	28.33		
1986	2998	2561	6998.9	1737.9	3212.71	148.73	33.30		
1987	3096	2583	6972.6	1865.9	3250.07	135.58	37.29		
1988	3212	2636	6956.4	2004.2	3358.76	150.57	40.81		
1989	3284	2706	6944.4	2153.4	3438.00	184.25	45.20		
1990	3424	2820	6933.2	2264.0	3550.09	213.18	46.93	3.31	2.75
1991	3511	2913	6920.0	2330.4	3676.59	239.74	52.06	3.88	3.15
1992	3601	2947	6887.8	2424.4	3779.72	251.13	59.58	4.76	3.45
1993	3658	2902	6871.0	2624.0	3868.33	288.21	61.10	5.44	3.84
1994	3717	2859	6830.0	2780.5	3931.30	292.47	70.54	6.53	4.87
1995	3773	2808	6805.8	3115.4	4044.19	322.21	85.07	7.56	5.32
1996	3848	2816	6786.3	4256.4	4191.05	345.33	103.66	8.33	6.17
1997	4015	2903	6773.4	4337.9	4333.06	355.31	118.27	8.49	6.95
1998	4067	2940	6834.0	4764.4	4513.86	382.80	121.21	9.10	7.49
1999	4311	3299	6825.9	5342.9	4648.78	399.85	122.54	9.61	7.94
2000	4712	3559	6875.3	5780.6	4725.31	420.71	125.80	9.55	9.19
2001	4688	3472	6907.3	6078.7	4766.00	441.73	134.61	9.85	9.41
2002	4691	3393	7262.8	6548.2	4802.36	468.83	141.36	10.20	9.86
2003	4695	3321	7187.2	6953.2	4792.22	467.89	144.59	9.87	9.88
2004	4718	3235	7177.5	7521.1	4829.10	493.16	157.69	10.12	10.16
2005	4752	3128	7201.2	7934.2	4864.12	518.14	172.15	10.51	10.84
2006	4777	3039	7202.4	8309.1	4918.80	540.43	188.82	11.16	11.84
2007	4815	2910	7201.9	8718.7	4955.84	569.68	223.43	11.80	12.66
2008	4859	2837	7202.2	9429.3	4989.20	601.68	237.36	11.91	13.07
2009	4882	2754		9817.9	5033.03	628.67	257.76	12.14	14.14
2010	4915	2698		10195.9	5080.96	655.15	269.41	12.49	14.70
2011	4911	2655		10515.8	5150.44	673.71	281.82	12.87	15.16
2012	4905	2611		10872.7	5205.63	684.43	290.03	12.83	15.52

注：2001年及以前年份年底常用耕地面积为老口径(下同)。
a)Data of cultivated area at year-end in 2001 and before is former caliber (The same as following tables).

13－7 主要农业机械和农产品加工机械年末拥有量
Number of Agricultural Machinery and Machinery for Processing Farm Products at Year-end

指标	Item	1980	1990	2000	2010	2011	2012
农业机械总动力(万千瓦)	**Total Power of Agricultural Machinery(10 000 kw)**	**1178.00**	**2263.99**	**5780.60**	**10195.94**	**10515.79**	**10872.73**
#柴油发动机动力	Diesel Engines		1588.55	4859.20	9029.20	9310.60	9635.65
汽油发动机动力	Benzine Engines		94.62	107.90	56.29	58.63	64.37
电动发动机动力	Electric Engines		580.82	812.40	1110.30	1146.56	1172.67
大中型拖拉机(混合台)(万台)	Large and Medium Tractors (10 000 units)	5.97	4.93	6.62	27.44	31.07	33.85
(万千瓦)	(10 000 kw)	216.90	174.30	216.80	969.55	1129.08	1283.47
小型(包括手扶)拖拉机(万台)	Mini-Tractors (10 000 units)	12.77	82.20	224.67	358.61	355.76	353.94
(万千瓦)	(10 000 kw)	111.10	758.40	2317.70	3797.50	3721.70	3830.16
大中型拖拉机配套农具(万部)	Number of Large and Medium Tractor Towing Farm Machinery (10 000 units)	7.41	6.57	11.87	64.26	73.20	80.22
小型拖拉机配套农具(万部)	Number of Mini-Tractor Towing Farm Machinery(10 000 units)	4.76	83.34	357.32	666.42	673.46	679.87
机引犁(万台)	Tractor-propelled Plough(10 000 units)	3.81	63.93	196.23	318.33	319.57	322.28
机引耙(万台)	Citation Machine harrow(10 000 units)	2.24	18.51	110.17	214.60	215.63	220.46
旋耕机(万台)	Rotary cultivator(10 000 units)		1.17	4.08	18.38	20.23	21.92
农用运输车(万辆)	Trucks for Agricultural(10 000 unit)			131.24	219.55	219.62	219.32
(万千瓦)	(10 000 kw)			1406.07	2744.90	2759.83	2777.65
农用排灌动力机械(万台)	Drainage and Irrigation Agricultural Machinery (10 000 unit)	80.52	86.93	125.58	160.05	163.63	164.89
(万千瓦)	(10 000 kw)	574.60	609.60	905.90	1147.75	1229.28	1238.11
柴油机(万台)	Diesel Engines (10 000 units)	43.50	32.59	47.52	54.00	53.98	54.73
(万千瓦)	(10 000 kw)	356.70	295.40	458.70	525.50	527.30	529.14
电动机(万台)	Electric Engines (10 000 units)	37.02	54.29	78.06	106.06	108.61	109.36
(万千瓦)	(10 000 kw)	218.10	314.00	447.20	622.25	637.09	642.12
节水灌溉机械(万套)	Watersaving Irrigation Machinery (10 000 sets)				17.37	17.98	19.73
农用水泵(万台)	Pumps (10 000 units)	56.53	79.51	175.89	216.29	223.79	222.87
联合收割机(台)	Combine Harvesters (unit)	799	837	26900	143760	157738	177106
水稻插秧机(部)	Rice Transplanter (unit)	1053			1250	2069	2377
机动割晒机(万台)	Swather motor(10 000 units)			28.38	8.28	7.76	6.69
机动脱粒机(万台)	Mobile thresher(10 000 units)	11.93	34.96	79.15	55.73	54.23	53.67
谷物烘干机(台)	Grain dryer (unit)	41	9	100	646	577	646
种子精选机(台)	Seed selection machine (unit)	119	123	110	643	828	1172
机动喷雾(粉)机(万部)	Mobile spray (powder) machines(10 000 units)	0.52	3.32	15.58	26.19	26.36	27.66
(万千瓦)	(10 000 kw)	1.00	5.40	24.90	50.15	49.93	53.45
饲料粉碎机(万台)	Feed grinder(10 000 units)	11.38	9.92	11.53	16.92	18.07	18.25
农产品加工动力机械(万台)	Power Machinery processing of agricultural products (10 000 units)	32.86	53.09	67.76	80.24	81.63	82.71
(万千瓦)	(10 000 kw)	223.80	355.10	466.80	582.70	582.91	594.05
柴油机(万台)	Diesel Engines(10 000 units)	9.14	9.50	11.44	15.74	16.29	16.28
(万千瓦)	(10 000 kw)	84.80	88.20	118.70	156.71	147.85	153.31
电动机(万台)	Electric Engines(10 000 units)	23.72	43.59	53.46	64.50	63.08	66.21
(万千瓦)	(10 000 kw)	139.00	266.90	348.10	426.04	432.79	439.83
农产品加工作业机械(万台)	Agricultural products processing machinery (10 000 units)			43.18	50.82	52.14	54.47
#粮食加工机	Food processing machine			32.31	34.80	35.11	34.99
棉花加工机	Cotton processing machine			3.87	4.94	4.72	4.51
油料加工机	Oil processing machine			6.82	8.88	9.03	8.89
农田基本建设机械(台)	Farmland capital construction machinery(unit)			5302	15743	17971	17949

13-8 各市农业机械和农产品加工机械年末拥有量(2012年)

市(县) City(County)	农业机械总动力(万千瓦) Total Power of Agricultural Machinery (10 000 kw)	柴油发动机动力 Diesel Engines	汽油发动机动力 Benzine Engines	电动机动力 Electric Engines	农用大中型拖拉机 Large and Medium Tractors (台) (unit)	(万千瓦) (10 000 kw)	小型及手扶拖拉机 Mini-Tractors (万台) (10 000 units)	(万千瓦) (10 000 kw)
省辖市 City								
郑州市 Zhengzhou	547.19	428.15	4.30	114.74	12253	56.15	11.75	113.26
开封市 Kaifeng	696.74	623.46	2.17	71.11	12124	56.62	22.89	243.70
洛阳市 Luoyang	478.18	381.15	4.95	92.08	8201	34.76	18.81	163.71
平顶山市 Pingdingshan	377.20	314.07	2.55	60.58	18260	62.01	10.38	112.44
安阳市 Anyang	601.98	487.08	3.37	111.53	11654	58.78	12.98	156.19
鹤壁市 Hebi	231.65	203.01	0.58	28.06	7577	27.10	7.70	101.49
新乡市 Xinxiang	725.71	632.10	1.80	91.76	19258	92.49	17.28	196.44
焦作市 Jiaozuo	392.58	335.00	1.13	56.45	11763	52.75	5.31	60.43
濮阳市 Puyang	432.94	362.27	3.22	67.45	9692	43.36	8.93	106.94
许昌市 Xuchang	369.37	302.98	1.03	65.36	7899	41.31	5.45	62.89
漯河市 Luohe	261.16	244.69	0.28	16.19	5725	31.85	9.06	113.61
三门峡市 Sanmenxia	173.51	146.86	1.64	25.01	3245	12.54	4.40	41.69
南阳市 Nanyang	1252.75	1146.24	10.16	96.35	35006	143.57	87.37	803.39
商丘市 Shangqiu	1161.63	1073.90	6.73	80.99	25373	120.69	23.19	283.98
信阳市 Xinyang	552.67	499.68	4.54	48.45	22462	71.92	18.47	186.60
周口市 Zhoukou	1119.67	1058.03	3.62	58.01	27637	127.42	36.65	410.07
驻马店市 Zhumadian	1388.25	1307.87	11.96	68.42	97190	237.63	51.49	654.77
济源市 Jiyuan	109.58	89.12	0.34	20.12	3182	12.53	1.81	18.58
省直管县 Province Administrating County								
巩义市 Gongyi	57.61	45.38	0.24	11.98	1633	6.51	1.39	11.47
兰考县 Lankao	94.47	81.79	0.21	12.47	2084	10.28	1.19	13.11
汝州市 Ruzhou	138.55	106.59	1.39	30.57	5217	16.46	3.14	30.64
滑县 Huaxian	248.78	212.27	1.70	34.81	2235	13.78	8.93	112.62
长垣县 Changyuan	111.06	103.80	0.25	7.02	2188	10.23	4.75	53.60
邓州市 Dengzhou	186.97	166.39	2.94	17.64	9000	45.48	13.08	96.15
永城市 Yongcheng	176.53	167.70	0.52	8.31	3995	17.39	4.35	55.07
固始县 Gushi	100.12	92.00	0.70	7.42	2819	11.67	3.52	27.83
鹿邑县 Luyi	119.78	114.98	0.20	4.60	3600	12.46	2.37	26.60
新蔡县 Xincai	153.08	141.03	1.08	10.97	10334	27.17	4.43	56.89

Number of Agricultural Machinery and Machinery for Processing Farm Products at Year-end by City (2012)

大中型拖拉机配套农具(部) Number of Large and Medium Tractor Towing Farm Machinery (unit)	小型拖拉机配套农具(万部) Number of Mini-Tractor Towing Farm Machinery (10000 units)	耕整地及种植机械(万台) Arable land and planting machinery (10 000 units)					
		机引犁 Tractor-propelled Plough	机引耙 Citation Machine harrow	旋耕机 Rotary cultivator	机引播种机 Citation Machine Drill	化肥深施机 Fertilizer deep-Shi Machine	秸秆粉碎还田机 Straw Mill
29074	17.57	8.22	7.23	1.03	2.70	0.24	0.86
31865	31.85	18.31	10.68	1.16	4.87	1.07	0.88
17993	30.47	14.76	12.20	2.26	5.80	0.17	0.30
37688	19.49	9.72	5.02	1.16	5.63	0.07	0.62
32253	25.85	11.49	8.76	1.01	4.05	0.44	1.01
19233	19.11	7.47	7.17	0.25	3.68	0.40	0.39
38539	28.15	13.02	10.05	1.38	7.19	0.34	1.31
28922	6.88	3.25	1.03	0.77	3.33		1.14
22136	16.70	6.94	4.71	0.75	3.77	1.08	1.09
18120	9.50	5.78	1.85	0.71	2.96	0.79	0.64
12768	21.29	7.31	7.30	0.51	4.59	0.36	0.76
6878	6.20	2.87	1.34	0.44	0.74	0.09	0.06
96390	169.45	86.40	59.85	2.30	19.49	0.83	0.53
56235	38.51	16.35	6.08	2.27	9.65	1.95	1.63
24674	28.66	15.73	9.52	1.36	0.99	0.68	0.02
41629	67.92	36.61	17.89	2.26	10.62	1.22	0.92
279006	137.72	57.09	49.21	1.88	38.16	0.91	2.03
8757	4.56	0.97	0.57	0.42	1.11	0.00	0.17
3153	1.68	0.86	0.43	0.13	0.34	0.02	0.06
3457	2.80	1.22	0.96	0.18	0.52	0.11	0.11
6420	5.38	2.46	0.87	0.40	1.63		0.14
4695	18.22	7.85	7.27	0.18	2.69	0.22	0.28
5667	6.53	3.06	1.73	0.14	1.95	0.05	0.15
27568	18.39	11.57	6.37	0.90	1.35	0.29	0.13
7922	7.81	2.43	0.96	0.36	2.05	0.11	0.16
2930	4.67	2.64	1.78	0.18	0.01	0.01	
6300	3.20	1.61	0.86	0.49	0.72	0.02	0.13
29238	12.51	5.17	4.00	0.35	2.40	0.05	0.16

13-8 续表 1

市(县) City(County)	农用排灌动力机械 Irrigation and drainage of agricultural power machinery (万台) (10 000 units)	(万千瓦) (10 000 kw)	柴油机 Diesel Engines (万台) (10 000 units)	(万千瓦) (10 000 kw)	电动机 Electric Engines (万台) (10 000 units)	(万千瓦) (10 000 kw)	农用水泵 (万台) Agricultural pumps (10 000 units)	节水灌溉机械 (万套) Water-saving irrigation machinery (10 000 units)
省辖市 City								
郑州市 Zhengzhou	9.70	76.05	1.92	14.57	7.78	61.48	10.35	1.05
开封市 Kaifeng	12.18	76.61	3.24	31.92	8.94	44.51	13.84	2.75
洛阳市 Luoyang	7.75	66.75	2.80	23.40	4.96	42.46	4.23	0.98
平顶山市 Pingdingshan	7.15	50.52	1.97	21.10	5.06	28.70	8.85	0.61
安阳市 Anyang	12.85	93.56	1.05	12.04	11.79	81.52	17.44	0.04
鹤壁市 Hebi	3.61	26.61	0.51	5.43	3.10	21.19	4.35	0.11
新乡市 Xinxiang	14.37	101.24	3.86	51.25	10.51	49.80	16.96	0.27
焦作市 Jiaozuo	7.95	44.94	0.21	1.98	7.74	42.96	8.08	0.03
濮阳市 Puyang	11.81	92.26	4.46	44.53	7.30	47.49	14.94	0.15
许昌市 Xuchang	10.71	57.74	1.88	22.03	8.82	35.71	9.72	0.01
漯河市 Luohe	5.12	34.64	3.28	24.88	1.84	9.76	6.24	0.27
三门峡市 Sanmenxia	1.64	15.71	0.57	5.26	1.06	10.45	1.55	0.21
南阳市 Nanyang	10.60	128.80	3.75	31.02	6.30	36.58	19.72	1.83
商丘市 Shangqiu	19.70	132.23	9.10	89.18	10.59	40.26	18.38	2.40
信阳市 Xinyang	7.30	64.15	5.05	43.41	2.25	20.73	9.14	0.40
周口市 Zhoukou	13.09	94.07	7.73	70.45	5.32	23.01	37.36	1.41
驻马店市 Zhumadian	7.82	69.75	3.32	36.58	4.49	33.15	20.43	7.19
济源市 Jiyuan	1.54	12.48	0.03	0.13	1.51	12.35	1.31	0.02
省直管县 Province Administrating County								
巩义市 Gongyi	0.44	4.88	0.01	0.06	0.43	4.81	0.44	0.01
兰考县 Lankao	2.10	14.79	0.72	7.28	1.38	7.50	2.33	0.08
汝州市 Ruzhou	2.96	25.04	1.04	11.61	1.93	13.42	3.46	0.00
滑县 Huaxian	4.57	28.22			4.57	28.22	6.08	0.00
长垣县 Changyuan	1.40	10.84	0.53	6.92	0.87	3.92	1.98	0.10
邓州市 Dengzhou	1.37	9.36	0.85	6.26	0.51	3.10	5.13	0.28
永城市 Yongcheng	2.02	19.76	1.56	16.97	0.44	2.80	2.09	0.70
固始县 Gushi	2.12	14.67	1.60	11.63	0.52	3.05	2.38	0.01
鹿邑县 Luyi	0.92	8.50	0.48	6.85	0.44	1.65	3.20	0.17
新蔡县 Xincai	0.52	4.92	0.29	3.19	0.23	1.73	1.49	1.28

continued

联合收割机 Combine harvester (台) (unit)	联合收割机 Combine harvester (万千瓦) (10 000 kw)	水稻插秧机 (台) Rice Transplanter (unit)	机动割晒机 (台) Swather motor (unit)	机动脱粒机 (台) Mobile thresher (unit)	谷物烘干机 (台) Grain dryer (unit)	机动喷雾(粉)机 (台) Mobile spray machines (unit)	饲料粉碎机 (台) Feed grinder (units)
6774	35.35		4532	33053	13	11122	8000
9511	46.20	49	1245	41336	410	6832	11805
4088	16.65		24158	108224	1	12779	7672
5851	25.94	3	1703	18971	15	3491	11371
11223	52.48		265	49281		18651	5410
6962	30.02		248	5023		4559	1348
14249	70.73	58	4762	15517	1	8591	16401
7842	30.37	16		11677	9	6540	5249
6507	35.96	40	3631	16720	6	11277	4238
6624	35.17			7803		6950	17148
5231	26.03			12930		2060	591
1766	8.32		1223	24670	37	8124	4454
10364	55.36	99	2076	36371	133	53516	12228
21840	94.60		9176	68370		27984	23131
12922	64.51	2106	1147	13224	14	13990	6774
21779	110.54		5847	41706		20520	16608
22120	134.27	6	6000	26821	5	55915	25282
1453	7.73		886	4985	2	3666	4788
661	2.50		43	10585	1	469	1456
1939	11.56	1		8498		780	1112
1834	7.69		1703	11264	1	1422	6278
2904	14.42			10358		10490	2373
1657	7.43			2221	1	1144	588
3406	20.13			1200	1	13360	1650
4286	18.53		2876	11380		4310	5520
1648	8.54	558		177		3050	1255
2730	17.10					1350	1225
1869	9.77	2				6950	6000

13-8 续表 2

市(县) City(County)	农田基本建设机械 Farmland capital construction machinery		农产品加工动力机械 Power Machinery processing of agricultural products		#柴油机 Diesel Engines		#电动机 Electric Engines	
	(台) (unit)	(万千瓦) (10 000 kw)	(万台) (10 000 units)	(万千瓦) (10 000 kw)	(万台) (10 000 units)	(万千瓦) (10 000 kw)	(万台) (10 000 units)	(万千瓦) (10 000 kw)
省 辖 市 City								
郑 州 市 Zhengzhou	2818.	22.02	4.72	36.99	0.08	0.99	4.64	36.00
开 封 市 Kaifeng	1663	7.63	5.43	37.14	2.32	13.36	3.11	23.79
洛 阳 市 Luoyang	1787	10.54	7.40	54.18	1.11	12.20	6.29	41.98
平 顶 山 市 Pingdingshan	862	5.19	3.94	25.89	0.35	3.09	3.56	22.54
安 阳 市 Anyang	1003	5.75	3.96	24.03	0.15	1.46	3.63	22.53
鹤 壁 市 Hebi	52	0.35	1.04	7.14	0.03	0.77	1.00	6.37
新 乡 市 Xinxiang	1443	8.97	5.66	39.92	1.07	5.46	4.60	33.87
焦 作 市 Jiaozuo	1036	2.92	1.73	10.92	0.01	0.15	1.72	10.77
濮 阳 市 Puyang	702	3.85	2.25	19.45	0.22	1.67	2.03	17.78
许 昌 市 Xuchang	807	4.26	4.71	28.89	0.38	4.40	4.33	24.49
漯 河 市 Luohe	115	0.68	1.33	9.95	0.33	3.86	0.99	6.08
三 门 峡 市 Sanmenxia	532	3.94	2.05	13.86	0.31	2.82	1.74	11.04
南 阳 市 Nanyang	1279	9.04	8.32	63.08	1.25	13.24	7.07	49.83
商 丘 市 Shangqiu	1059	4.62	9.57	73.39	3.20	31.14	6.35	42.25
信 阳 市 Xinyang	901	4.82	6.80	47.65	2.16	21.90	4.64	25.75
周 口 市 Zhoukou	342	1.81	6.62	46.49	1.24	14.20	5.38	32.28
驻 马 店 市 Zhumadian	1148	8.30	6.65	50.95	2.07	22.57	4.58	28.38
济 源 市 Jiyuan	400	4.19	0.54	4.13	0.00	0.01	0.54	4.12
省 直 管 县 Province Administrating County								
巩 义 市 Gongyi	224	2.01	1.05	5.92	0.00	0.01	1.05	5.91
兰 考 县 Lankao	188	0.74	0.87	5.79	0.15	1.66	0.72	4.13
汝 州 市 Ruzhou	273	1.55	1.82	13.66	0.14	1.39	1.65	12.01
滑 县 Huaxian	289	1.69	1.03	6.58			1.03	6.58
长 垣 县 Changyuan	221	1.22	0.49	3.99	0.12	1.26	0.36	2.73
邓 州 市 Dengzhou	280	1.59	1.31	13.21	0.08	1.10	1.24	12.10
永 城 市 Yongcheng	110	0.64	1.28	8.25	0.43	2.86	0.85	5.39
固 始 县 Gushi	209	1.11	0.72	7.32	0.30	2.95	0.42	4.37
鹿 邑 县 Luyi	70	0.53	0.40	2.95			0.40	2.95
新 蔡 县 Xincai	178	1.18	0.76	6.69	0.15	1.67	0.61	5.02

continued

农用运输车 Trucks for Agricultural		#三轮运输车 Tricycle		农产品加工作业机械（万台） Agricultural products processing machine (10 000 units)	粮食加工机械 Food processing machine	棉花加工机械 Cotton processing machine	油料加工机械 Oil processing machine
（万辆） (10 000 units)	（万千瓦） (10 000 kw)	（万辆） (10 000 units)	（万千瓦） (10 000 kw)				
11.91	168.28	9.89	115.24	2.75	2.19	0.19	0.35
19.38	222.21	18.51	204.63	2.49	1.19	0.50	0.58
6.73	107.77	4.99	62.96	4.53	3.26	0.61	0.66
6.81	84.87	5.69	62.47	2.70	2.13	0.20	0.37
14.24	196.94	13.44	178.09	3.06	2.28	0.32	0.32
4.10	37.00	3.80	31.41	0.74	0.56	0.10	0.07
17.12	206.56	16.28	179.92	2.29	1.71	0.17	0.31
17.49	182.64	16.74	167.30	1.12	0.89	0.08	0.16
11.05	128.57	9.97	117.46	1.82	1.29	0.14	0.39
9.97	130.65	8.51	97.30	2.21	1.68	0.27	0.26
3.07	43.41	2.94	41.22	0.72	0.51	0.09	0.12
5.75	63.13	5.29	53.76	0.90	0.72	0.06	0.12
7.39	101.13	5.87	68.70	5.43	3.52	0.37	1.38
37.94	445.93	34.96	383.19	4.83	3.28	0.47	1.08
6.62	98.36	4.77	58.21	7.32	3.21	0.16	0.58
25.61	305.21	23.88	275.80	6.56	2.89	0.48	1.15
10.98	212.03	9.53	165.80	4.66	3.40	0.26	0.98
3.16	42.95	2.71	30.09	0.33	0.30	0.01	0.02
0.55	10.88	0.35	3.83	0.36	0.33	0.01	0.01
3.41	37.06	3.30	35.19	0.32	0.18	0.03	0.10
2.97	36.02	2.47	25.64	0.62	0.51	0.04	0.07
5.54	71.45	5.45	68.36	0.97	0.72	0.10	0.02
2.03	23.15	2.01	22.24				
0.59	10.51	0.28	4.13	0.58	0.38	0.01	0.16
4.65	56.31	4.41	50.10	0.68	0.49	0.07	0.12
1.42	27.02	0.95	13.96	0.73	0.52	0.02	0.19
3.93	51.45	3.68	47.55	2.27	0.13	0.03	0.07
2.07	40.75	1.81	31.93	0.47	0.39		0.08

13-9 农业机械化、能源、主要物资消耗及水利建设情况
Agricultural Mechanization, Energy Resources, Consumption of main materials and Construction of Water Conservancy

指　　标	Item	2000	2005	2010	2011	2012
农业机械化情况	**Agricultural Mechanization**					
当年实际机耕面积(千公顷)	Area Cultivated by Machine This Year (1 000 hectares)	5607	5804	8260	8565	8971
当年机械播种面积(千公顷)	Area Sown by Machine This Year (1 000 hectares)	4648	5855	9063	9448	9617
为农作物播种面积%	Percentage to Sown Area of Crops (%)	35.4	42.1	63.6	66.3	67.4
当年机械收获面积(千公顷)	Mechanical Harvest Area This Year (1 000 hectares)	4250	4801	7374	8424	8749
为农作物播种面积(%)	Percentage to Sown Area of Crops (%)	32.4	34.5	51.8	59.1	61.3
农村能源情况	**Agricultural Energy**					
农村用电量(亿千瓦小时)	Electricity Consumed in Rural Area (100 million kwh)	125.80	172.15	269.41	281.82	290.03
乡、村水电站数(个)	Hydropower Stations in Rural Areas (unit)	475	419	449	547	515
装机容量(万千瓦)	Generating Capacity (10 000 kw)	6.80	6.37	9.10	38.23	46.00
实际发电量(亿千瓦小时)	Electricity (100 million kwh)	0.44	1.06	1.90	7.90	10.60
农业主要物资消耗情况	**Agricultural Consumption of main materials**					
农用化肥施用折纯量(万吨)	Consumption of Chemical Fertilizer by 100% Effective Component (10 000 tons)	420.71	518.14	655.15	673.71	684.43
每公顷耕地平均施用量(千克)	Fertilizer Consumption of Per Hectare Cultivated Area (kg)	612	720			
农用塑料薄膜使用量(万吨)	Plastic Film Use for Agriculture (10 000 tons)	9.19	10.84	14.70	15.16	15.52
农药施用实物量(万吨)	Pesticide Use (10 000 tons)	9.55	10.51	12.49	12.87	12.83
农用柴油使用量(万吨)	Diesel Oil Use for Agriculture (10 000 tons)	79.56	89.79	107.92	111.07	112.25
农田水利建设情况	**Farm Water Conservancy Condition**					
农田有效灌溉面积(千公顷)	Effective Irrigated Area (1 000 hectares)	4725	4864	5081	5150	5206
#机电灌溉面积	Mechanical and Electrical Irrigated Area	3815	3917	4088	4079	4071
有效灌溉面积占耕地面积比重(%)	Effective Irrigated Area Percentage to Cultivated Area (%)	68.7	67.5			
机电灌溉面积占有效灌溉面积比重(%)	Mechanical and Electrical Irrigated Area Percentage to Effective Irrigated Area (%)	80.7	80.5	80.5	79.2	78.2
旱涝保收农田面积(千公顷)	Farmland Area of Stable Yields Despite Drought or Excessive Rain (1 000 hectares)	3693	3882	4048	4100	4160

注：2008年起乡村办水电站统计口径变更为农村水电口径。农村水电是指装机容量5万千瓦及以下水电站和配套电网。
a)Data on Hydropower Stations in Rural Areas refers to Rural hydropower since 2008, Rural hydropower refers to hydropower station and supporting the grid which have installed capacity of 50000 kw and below.

13-10 各市农业机械化和能源情况(2012年)
Agricultural Mechanization and Energy Resources by City (2012)

市(县) City(County)	农业机械化情况 Agricultural Mechanization			农村能源情况 Agricultural Energy Resources			
	机耕面积(千公顷) Area Ploughed by Tractors (1 000 hectares)	机播面积(千公顷) Area Sown by Machines (1 000 hectares)	机收面积(千公顷) Area Harvested by Machines (1 000 hectares)	农村用电量(亿千瓦小时) Electricity Consumption in Rural Areas (100 million kwh)	乡、村及村以下办水电站 Hydropower Station in Rural Areas 个数 Number (unit)	装机容量(万千瓦) Generating Capacity (10 000 kw)	发电量(万千瓦小时) Electricity (10 000 kwh)
省辖市 City							
郑州市 Zhengzhou	251.75	330.59	305.56	39.92			
开封市 Kaifeng	530.73	603.72	508.77	8.33			
洛阳市 Luoyang	371.64	351.25	258.57	24.51	36	8600	21032
平顶山市 Pingdingshan	266.56	373.37	328.67	10.22	2	700	
安阳市 Anyang	348.48	568.54	483.60	23.41	42	9300	2592
鹤壁市 Hebi	91.08	154.06	147.17	2.30			
新乡市 Xinxiang	478.27	571.23	527.55	57.15	15	3400	1694
焦作市 Jiaozuo	151.94	267.08	271.10	13.39	1		
濮阳市 Puyang	289.03	300.58	321.32	7.31			
许昌市 Xuchang	71.00	108.08	85.86	9.98			
漯河市 Luohe	211.56	277.27	222.30	4.91			
三门峡市 Sanmenxia	110.77	105.76	81.61	3.52	62	7600	11184
南阳市 Nanyang	1438.07	1336.43	1050.56	19.21	62	10200	11749
商丘市 Shangqiu	703.66	976.22	819.95	18.77			
信阳市 Xinyang	985.08	327.32	740.90	13.86	68	5500	2966
周口市 Zhoukou	1102.46	1270.66	1147.88	14.57			
驻马店市 Zhumadian	1307.57	1360.44	1163.15	16.77	5	300	131
济源市 Jiyuan	21.40	38.71	36.60	1.89	3	1100	
省直管县 Province Administrating County							
巩义市 Gongyi	28.00	36.33	32.37	13.75			
兰考县 Lankao	71.80	111.85	98.30	2.26			
汝州市 Ruzhou	61.36	97.63	93.85	2.88			
滑县 Huaxian	114.38	218.00	187.34	3.93			
长垣县 Changyuan	68.47	77.33	76.37	4.73			
邓州市 Dengzhou	326.66	320.96	237.38	1.80			
永城市 Yongcheng	120.13	199.20	173.46	3.13			
固始县 Gushi	246.30	61.77	168.33	2.68	11	1500	292
鹿邑县 Luyi	106.37	159.90	148.09	1.33			
新蔡县 Xincai	163.84	147.34	128.92	0.88			

13-11 各市农用物资消耗情况(2012年)
Consumption of Agricultural Materials by City (2012)

单位：吨 (ton)

市(县)	City(County)	农用化肥使用折纯量 Consumption of Chemical Fertilizer by 100% Effective Component	#氮肥 Nitrogenous Fertilizer	#磷肥 Phosphate Fertilizer	#钾肥 Potash Fertilizer	农用塑料薄膜使用量 Plastic Film Use for Agriculture	农用柴油使用量 Diesel Oil Use for Agriculture	农药使用量 Consumption of Chemical Pesticides
省辖市	**City**							
郑州市	Zhengzhou	240550	77404	42790	21249	7803	65964	4425
开封市	Kaifeng	295462	125317	61567	31346	10279	54156	6203
洛阳市	Luoyang	240718	87280	40018	27183	4936	47914	4465
平顶山市	Pingdingshan	357807	115355	54725	25545	4416	63198	4138
安阳市	Anyang	437947	172026	68710	35030	19810	67628	5916
鹤壁市	Hebi	77297	31208	12328	4764	885	13228	1474
新乡市	Xinxiang	511717	203997	83871	31348	4144	89496	8385
焦作市	Jiaozuo	198312	66295	26114	6949	1985	38426	4655
濮阳市	Puyang	263537	122136	52353	20226	6003	33976	4446
许昌市	Xuchang	309194	89254	45006	21839	3803	40537	4964
漯河市	Luohe	167837	62566	22719	10379	3610	25206	2480
三门峡市	Sanmenxia	98627	29260	12233	12421	3515	20418	2765
南阳市	Nanyang	871799	299874	168601	101423	27602	144860	19664
商丘市	Shangqiu	771078	251839	153210	117603	12363	84878	19148
信阳市	Xinyang	528651	290373	113662	38213	13187	85910	9822
周口市	Zhoukou	733418	278266	149801	65318	18791	142039	18707
驻马店市	Zhumadian	715968	143157	103711	72047	11514	95991	6225
济源市	Jiyuan	24409	9432	5560	2890	523	9765	522
省直管县	**Province Administrating County**							
巩义市	Gongyi	36146	13362	6001	1777	130	10399	427
兰考县	Lankao	72188	29457	17439	8424	1007	10790	800
汝州市	Ruzhou	101362	34343	21302	5840	910	18799	686
滑县	Huaxian	205065	92212	35428	11991	3063	21824	1757
长垣县	Changyuan	62315	25657	12571	6955	480	12435	966
邓州市	Dengzhou	162935	53669	31385	15960	3793	28476	3855
永城市	Yongcheng	109962	34819	9217	12296	2265	17860	2235
固始县	Gushi	97700	50000	25000	8700	2650	15700	2380
鹿邑县	Luyi	90823	57044	11478	3790	702	14621	1120
新蔡县	Xincai	77400	13400	22300	9900	1820	10600	1290

13-12 农民家庭平均每百户拥有主要生产性固定资产数量(年底数)

Number of Productive Fixed Assets Per 100 Rural Households (Year-end)

指　标	Item	2000	2005	2007	2008	2009	2010	2011	2012
房屋及建筑物(平方米)	House and Building (sq.m)	638.57	1208.12	1373.17	1357.71	1447.56	1490.96	1778.50	2060.18
汽车(辆)	Motor Vehicles(unit)	0.55	1.41	1.44	1.73	2.43	2.05	3.38	3.40
大中型拖拉机(台)	Large and Medium Tractors(unit)	3.29	5.58	7.76	9.00	11.68	10.11	4.34	4.75
小型和手扶拖拉机(台)	Mini and Walking Tractors(unit)	35.66	44.18	38.97	36.19	34.66	31.17	35.27	34.07
机动脱粒机(台)	Motorized Threshing Machines(unit)	12.40	6.51	6.21	6.66	4.73	7.15	9.16	10.35
收割机(台)	Harvesters(unit)	4.39	1.82	1.47	1.25	1.72	2.20	1.43	1.27
农用动力机械(台)	Agricultural Motorized Machinery(unit)	14.45	14.73	12.25	15.08	13.11	14.51	12.64	14.19
胶轮大车(辆)	Carts with Rubber Tires(unit)	18.95	10.88	9.17	9.29	8.10	8.52	2.67	2.71
水泵(台)	Pumps(unit)	35.48	31.98	36.08	36.61	36.00	37.60	41.37	43.35
役畜(头)	Draught Animals(unit)	25.36	12.92	9.15	9.27	7.55	5.57	6.95	9.08
产品畜(头)	Commodity Animals(unit)	25.83	31.69	32.05	39.83	33.02	26.83	44.83	35.43

13-13 各市农田水利情况(2011年)

Condition of Irrigation and Conservancy Project by City (2011)

市(县)	City(County)	有效灌溉面积(千公顷) Effective Irrigated Area	#当年实灌 Actual Irrigated area in Current Year	机电灌溉面积(千公顷) Mechanical and Electrical Irrigated Area	旱涝保收面积(千公顷) Farmland Area of Stable Yields Despite Drought or Excessive Rain	机电井(眼) Motor-pumped Well (unit)	#已配套机电井 Supported
省辖市	**City**						
郑州市	Zhengzhou	196.31	174.94	168.53	167.49	49499	46484
开封市	Kaifeng	323.90	313.05	283.61	239.00	94711	91884
洛阳市	Luoyang	141.94	116.52	89.47	110.17	18301	16014
平顶山市	Pingdingshan	205.96	169.36	136.63	169.64	47810	40248
安阳市	Anyang	298.83	285.82	253.79	230.02	86781	80415
鹤壁市	Hebi	83.17	76.28	79.96	72.10	26103	26048
新乡市	Xinxiang	329.06	309.03	265.38	283.90	78007	75250
焦作市	Jiaozuo	162.09	156.19	161.01	148.53	45609	45369
濮阳市	Puyang	221.07	218.50	179.44	191.77	63957	58818
许昌市	Xuchang	240.75	232.35	213.89	206.12	71665	68583
漯河市	Luohe	152.13	130.49	151.77	130.11	52001	50348
三门峡市	Sanmenxia	53.37	41.14	25.13	45.06	4202	3805
南阳市	Nanyang	469.26	386.84	277.12	343.75	88675	82212
商丘市	Shangqiu	600.04	565.38	594.93	539.03	189062	185807
信阳市	Xinyang	469.78	350.90	111.61	329.62	16425	14112
周口市	Zhoukou	611.82	611.82	616.32	419.51	208683	186162
驻马店市	Zhumadian	570.92	539.67	461.38	457.31	160381	156238
济源市	Jiyuan	20.04	15.76	9.03	16.80	2702	2320
省直管县	**Province Administrating County**						
巩义市	Gongyi	15.44	13.62	11.86	12.72	1951	1906
兰考县	Lankao	53.43	53.41	37.51	32.00	15283	12945
汝州市	Ruzhou	46.57	37.65	33.44	36.45	10047	9963
滑县	Huaxian	102.24	100.98	97.65	73.49	36359	36089
长垣县	Changyuan	43.63	43.63	35.83	39.45	11384	11384
邓州市	Dengzhou	96.45	96.45	59.01	64.14	21062	19897
永城市	Yongcheng	108.85	103.00	108.85	105.11	37096	37096
固始县	Gushi	92.33	90.50	5.68	83.39	73	72
鹿邑县	Luyi	69.82	69.82	69.82	50.34	24390	22898
新蔡县	Xincai	64.21	64.21	63.08	43.91	16775	16775

13-14 水库、灌区情况
Reservoirs and Irrigated Areas

指 标	Item	2000	2005	2010	2011
年底水库数(座)	**Number of Reservoirs at Year-end (unit)**	**2396**	**2343**	**2350**	**2476**
大型水库(1亿立方米以上)	Large Reservoirs (100 million and over cu.m)	21	21	21	21
中型水库(1千万至1亿立方米)	Medium-sized Reservoirs (10 million - 100 million cu.m)	102	104	108	108
小型水库(10万至1千万立方米)	Small Reservoirs (100 thousand - 10 million cu.m)	2273	2218	2221	2347
水库库容量(亿立方米)	**Capacity of Reservoirs (100 million cu.m)**	**269.60**	**270.59**	**274.09**	**275.04**
大型水库	Large Reservoirs	221.82	222.10	224.02	224.01
中型水库	Medium-sized Reservoirs	27.62	28.86	30.83	30.73
小型水库	Small Reservoirs	20.16	19.62	19.24	20.20
水库灌溉面积(千公顷)	**Irrigated Area by Reservoirs (1 000 hectares)**	**587.27**	**604.92**	**822.92**	**841.17**
#大型水库	Large Reservoirs	398.27	419.67	449.17	460.88
中型水库	Medium-sized Reservoirs	189.00	185.25	227.16	199.91
年底灌区数(处)	**Number of Irrigation Areas at Year-end (unit)**	**171**	**178**	**191**	**191**
#3.3万公顷以上	33 000 Hectares and Over	8	9	12	12
灌区有效灌溉面积(千公顷)	**Effective Irrigated Area (1 000 hectares)**	**1221.62**	**1469.49**	**1767.03**	**1801.67**
#3.3万公顷以上	33 000 Hectares and Over	426.55	632.24	931.51	936.45

13-15 除涝、治水、堤防情况
Condition of Flood Prevention, water-control and Embankment

指 标	Item	2000	2005	2010	2011
易涝面积(千公顷)	Area Liable to Flooding or Waterlogging (1 000 hectares)	2108.33	2098.92	2100.58	2101.68
除涝面积(千公顷)	Flooded or Waterlogged Area Under Control (1 000 hectares)	1848.11	1903.68	1958.97	1973.30
占易涝面积比重(%)	Percentage to Area Liable to Flooding or Waterlogging (%)	87.7	90.6	93.3	93.8
水土流失面积(平方公里)	Area of Soil Erosion (sq.km)	60798	60970	61154	61153
水土流失治理面积(平方公里)	Area of Soil Erosion Under Control (sq.km)	38102	41225	44287	44126
占水土流失面积比重(%)	Percentage to Area of Soil Erosion (%)	62.7	67.6	72.4	72.1
堤防长度(公里)	Total Length of Dikes (km)	15758	16076	16277	16313
堤防保护面积(千公顷)	Area of Land Protected by Dikes (1 000 hectares)	3260.00	3240.87	3376.32	3387.81

13-16 历年农业生产情况
Agriculture Production Over the years

年 份 Year	播种面积(千公顷) Insemination Area (1 000 hectares)	#粮食 Grain	#棉花 Cotton	#油料 Oil- bearing Crops	粮食产量(万吨) Grain Yield (10 000 tons)	#小麦 Wheat	棉花产量(万吨) Cotton Yield (10 000 tons)	油料产量(万吨) Oil- bearing Crops Yield (10 000 tons)	园林水果产量(万吨) Garden Fruits Yield (10 000 tons)
1978	10966.70	9123.30	612.00	465.33	2097.40	868.18	22.42	24.16	47.11
1979	10917.00	9066.70	555.33	632.67	2134.50	969.00	19.84	36.87	52.37
1980	10788.20	8858.90	626.67	710.00	2148.68	890.37	40.62	46.20	43.55
1981	11013.00	9029.30	641.33	744.67	2314.50	1083.50	35.50	55.99	52.30
1982	11076.00	8923.30	754.00	709.33	2217.10	1220.10	32.04	44.16	46.63
1983	11326.70	9286.70	794.00	607.33	2904.00	1455.75	63.24	51.52	58.67
1984	11432.70	8996.70	1162.00	579.33	2893.50	1653.00	86.89	52.50	41.01
1985	11685.30	9029.30	814.30	793.70	2710.53	1528.23	54.73	96.18	53.33
1986	11819.50	9372.20	619.33	921.33	2545.67	1567.90	39.86	98.99	61.23
1987	11952.90	9365.20	717.33	977.33	2948.41	1626.00	57.00	136.57	77.84
1988	11930.20	9053.80	916.03	952.84	2663.00	1520.95	63.71	96.17	74.81
1989	11999.40	9262.00	836.15	915.43	3149.44	1695.13	52.72	118.48	76.75
1990	11889.70	9316.10	823.00	876.40	3303.66	1639.86	67.61	152.29	63.92
1991	12001.90	9040.40	1193.20	896.00	3010.30	1554.28	94.77	127.62	63.67
1992	11936.30	8804.70	1247.90	908.60	3109.61	1650.67	65.85	133.63	87.79
1993	12068.00	8969.00	974.00	1075.00	3639.21	1922.13	66.01	204.50	125.12
1994	12087.70	8810.90	966.70	1242.00	3253.80	1798.42	62.81	225.00	170.54
1995	12136.80	8810.00	1000.10	1271.50	3466.50	1754.18	77.00	298.00	211.66
1996	12257.40	8965.30	933.30	1181.10	3839.90	2026.76	73.57	278.46	247.26
1997	12276.74	8879.90	868.30	1208.50	3894.66	2372.35	79.00	276.66	269.26
1998	12567.05	9101.98	800.00	1235.90	4009.61	2073.53	72.84	312.13	312.60
1999	12659.90	9032.30	733.30	1316.10	4253.25	2291.46	70.73	349.25	349.42
2000	13136.91	9029.60	779.33	1492.54	4101.50	2235.95	70.38	392.55	364.73
2001	13127.70	8822.79	858.20	1443.97	4119.88	2299.71	82.77	362.49	399.12
2002	13359.80	8975.10	793.10	1537.00	4209.98	2248.39	76.49	420.68	427.01
2003	13684.40	8923.30	926.67	1569.90	3569.47	2292.50	37.67	309.91	430.38
2004	13805.69	8970.07	951.80	1554.96	4260.00	2480.93	66.67	408.75	507.07
2005	13922.60	9153.40	781.47	1605.80	4582.00	2577.69	67.70	449.60	555.69
2006	13995.39	9455.80	748.20	1489.10	5112.30	2936.50	81.00	460.07	591.78
2007	14087.84	9468.03	700.00	1497.41	5245.22	2980.21	75.00	483.98	663.49
2008	14181.67	9600.00	606.00	1518.32	5365.48	3051.00	65.08	505.34	714.09
2009	14196.59	9683.61	537.33	1541.22	5389.00	3056.00	51.75	532.98	755.90
2010	14248.69	9740.17	467.30	1564.12	5437.10	3082.22	44.72	540.72	795.99
2011	14258.61	9859.87	396.67	1578.91	5542.50	3123.00	38.24	532.36	833.58
2012	14262.17	9985.15	256.67	1573.63	5638.60	3177.35	25.69	569.51	870.43

13-17 农作物播种面积
Total Sown Areas of Farm Crops

单位：千公顷 (1 000 hectares)

指 标	Item	2006	2007	2008	2009	2010	2011	2012
播种面积总计	**Total**	**13995.39**	**14087.84**	**14181.67**	**14196.59**	**14248.69**	**14258.61**	**14262.17**
粮食作物	Grain	9455.80	9468.03	9600.00	9683.61	9740.17	9859.87	9985.15
夏收粮食	Summer Harvest	5242.71	5246.67	5286.67	5290.00	5306.67	5353.33	5366.67
秋收粮食	Autumn Harvest	4213.09	4221.36	4313.33	4393.61	4433.50	4506.54	4618.48
谷物	Cereal	8604.33	8662.53	8741.10	8838.97	8920.89	9055.35	9152.78
稻谷	Rice	571.33	600.00	604.67	611.30	628.00	638.00	648.16
小麦	Wheat	5208.47	5213.33	5260.00	5263.30	5280.00	5323.33	5340.00
玉米	Corn	2751.67	2779.22	2820.00	2895.42	2946.00	3025.00	3100.00
谷子	Millet	34.85	33.33	34.50	37.96	36.37	35.87	35.37
高粱	Sorghum	3.91	3.31	3.73	3.97	3.85	3.15	2.58
其他谷物	Others	34.24	33.32	18.20	27.02	26.67	30.00	26.67
#大麦	Barley	34.24	33.32	18.20	25.20	26.67	30.00	26.67
豆类	Beans	584.00	525.50	551.00	529.29	513.40	505.87	520.45
#大豆	Soybean	539.07	468.84	486.10	467.00	452.98	445.69	460.52
绿豆	Mung bean	40.28	52.00	60.80	58.05	53.31	54.29	55.29
红薯	Tubers	267.47	280.00	307.90	315.35	305.88	298.65	311.92
油料	Oil- bearing Crops	1489.10	1497.41	1518.32	1541.22	1564.12	1578.91	1573.63
#花 生	Peanuts	919.27	947.75	956.73	975.35	989.49	1010.58	1007.11
油菜籽	Rapeseeds	346.87	356.44	376.61	381.96	393.26	383.45	380.42
芝 麻	Sesame	215.58	185.30	177.99	177.46	175.96	177.49	180.67
棉花	Cotton	748.20	700.00	606.00	537.33	467.30	396.67	256.67
麻类	Fiber Crops	13.63	14.88	11.39	7.48	7.44	8.13	6.61
#黄红麻	Jute and Ambary Hemp	13.41	14.75	11.37	7.33	7.35	8.12	6.59
甘蔗	Sugarcane	2.87	3.03	3.49	5.00	3.92	3.96	3.97
烟叶	Tobacco	97.47	102.34	111.89	127.03	122.15	124.70	125.42
#烤烟	Flue-cured Tobacco	96.00	100.00	111.61	116.78	122.07	124.67	125.42
药材	Medicinal Materials	92.00	96.60	111.05	117.77	121.87	123.10	122.73
蔬菜类	Vegetables	1558.62	1688.35	1713.70	1692.21	1704.06	1720.10	1730.28
瓜果类	Fruits	343.70	326.83	315.76	333.02	341.75	329.13	330.62
#西瓜	Watermelon	294.07	273.28	259.98	280.48	284.56	265.74	276.59
甜瓜	Honey-dew Melon	45.94	48.24	51.10	46.10	49.46	58.58	49.02
草莓	Strawberries	3.69	5.31	4.68	4.23	4.80	4.81	5.01
其他农作物	Others	194.01	190.37	190.07	151.92	175.91	114.04	127.09
#青饲料	Succulence	25.82	25.76	18.59	9.92	7.51	5.80	4.18
花卉	Flower	69.96	73.00	69.91	86.68	83.93	91.20	71.17

13-18 主要农作物种植结构

Planting Structure of Major Farm Crops

单位：% (%)

指 标	Item	2006	2007	2008	2009	2010	2011	2012
总播种面积	**Total sown Area**	**100.0**	**100.0**	**100.0**	**100.0**	**100.0**	**100.0**	**100.0**
粮食作物	Grain	67.6	67.2	67.7	68.2	68.4	69.1	70.0
夏收粮食	Summer Harvest	37.5	37.2	37.3	37.3	37.2	37.5	37.6
秋收粮食	Autumn Harvest	30.1	30.0	30.4	30.9	31.1	31.6	32.4
谷物	Cereal	61.5	61.5	61.6	62.3	62.6	63.5	64.2
稻谷	Rice	4.1	4.3	4.3	4.3	4.4	4.5	4.5
小麦	Wheat	37.2	37.0	37.1	37.1	37.1	37.3	37.4
玉米	Corn	19.7	19.7	19.9	20.4	20.7	21.2	21.7
谷子	Millet	0.3	0.3	0.2	0.3	0.3	0.3	0.2
高粱	Sorghum	0.0	0.0	0.0	0.0	0.0	0.0	0.0
其他谷物	Others	0.2	0.2	0.1	0.2	0.2	0.2	0.2
#大麦	Barley	0.2	0.2	0.1	0.2	0.2	0.2	0.2
豆类	Beans	4.2	3.7	3.9	3.7	3.6	3.5	3.6
#大豆	Soybean	3.9	3.3	3.4	3.3	3.2	3.1	3.2
绿豆	Mung bean	0.3	0.4	0.4	0.4	0.4	0.4	0.3
红薯	Tubers	1.9	2.0	2.2	2.2	2.1	2.1	2.2
油料	Oil- bearing Crops	10.6	10.6	10.7	10.9	11.0	11.1	11.0
#花　生	Peanuts	6.6	6.0	6.8	6.9	6.9	7.1	7.1
油菜籽	Rapeseeds	2.5	2.5	2.7	2.7	2.8	2.7	2.7
芝　麻	Sesame	1.5	1.3	1.3	1.3	1.2	1.2	1.3
棉花	Cotton	5.3	5.0	4.3	3.8	3.3	2.8	1.8
麻类	Fiber Crops	0.1	0.1	0.1	0.1	0.1	0.1	0.0
#黄红麻	Jute and Ambary Hemp	0.1	0.1	0.1	0.1	0.1	0.1	0.0
烟叶	Tobacco	0.7	0.7	0.8	0.9	0.9	0.9	0.9
#烤烟	Flue-cured Tobacco	0.7	0.7	0.8	0.8	0.9	0.9	0.9
药材	Medicinal Materials	0.7	0.7	0.8	0.8	0.9	0.9	0.9
蔬菜类	Vegetables	11.1	12.0	12.1	11.9	12.0	12.1	12.1
瓜果类	Fruits	2.5	2.3	2.2	2.3	2.4	2.3	2.3
#西瓜	Watermelon	2.1	1.9	1.8	1.9	2.0	1.9	1.9
甜瓜	Honey-dew Melon	0.3	0.3	0.4	0.3	0.3	0.4	0.3
其他农作物	Others	1.4	1.4	1.3	1.0	1.2	0.8	0.9
#青饲料	Succulence	0.2	0.2	0.1	0.1	0.1	0.0	0.0
花卉	Flower	0.5	0.5	0.5	0.6	0.6	0.6	0.5

13-19 主要农产品产量
Output of Major Farm Crops

单位：万吨 (10 000 tons)

指 标	Item	2006	2007	2008	2009	2010	2011	2012
粮 食	Grain	5112.30	5245.22	5365.48	5389.00	5437.10	5542.50	5638.60
夏收粮食	Summer Harvest	2950.25	2993.77	3060.00	3065.00	3090.70	3131.50	3186.00
秋收粮食	Autumn Harvest	2162.05	2251.45	2305.48	2324.00	2346.4	2411.00	2452.60
谷物	Cereal	4908.77	5023.42	5126.28	5159.87	5207.14	5308.08	5431.43
稻 谷	Rice	404.60	436.50	443.13	451.00	471.19	474.50	492.55
小 麦	Wheat	2936.50	2980.21	3051.00	3056.00	3082.22	3123.00	3177.35
玉 米	Corn	1541.80	1582.53	1615.00	1634.00	1634.79	1696.50	1747.75
谷 子	Millet	11.78	10.27	10.40	11.00	10.11	5.30	4.91
高 粱	Sorghum	0.34	0.35	0.38	0.37	0.35	0.28	0.22
其他谷物	Others	13.75	13.56	6.37	7.50	8.48	8.50	8.65
#大麦	Barley	13.75	13.56	6.37	7.38	8.48	8.50	8.65
豆类	Beans	76.43	91.80	96.20	93.00	93.34	95.15	84.56
#大 豆	Soybean	67.80	85.00	88.73	86.00	86.37	88.04	78.13
绿 豆	Mung bean	6.53	5.90	6.94	6.40	6.42	6.54	6.01
红薯	Tubers	127.10	130.00	143.00	136.13	136.62	139.27	122.61
油 料	Oil- bearing Crops	460.07	483.98	505.34	532.98	540.72	532.36	569.51
#花 生	Peanuts	353.10	373.59	384.59	412.56	427.61	429.79	454.03
油菜籽	Rapeseeds	79.20	85.91	97.07	93.07	88.87	77.32	87.61
芝 麻	Sesame	25.80	22.32	22.25	26.17	23.22	24.14	26.76
棉 花	Cotton	81.00	75.00	65.08	51.75	44.72	38.24	25.69
麻 类	Fiber Crops	4.14	4.75	4.38	4.62	3.88	4.35	3.67
#黄红麻	Jute and Ambary Hemp	4.07	4.68	4.37	4.56	3.84	4.35	3.67
甘 蔗	Sugarcane	15.10	16.60	20.74	28.27	26.12	26.69	26.88
烟 叶	Tobacco	22.95	23.94	26.73	29.73	28.75	29.25	30.68
#烤烟	Flue-cured Tobacco	22.46	23.54	26.72	29.73	28.74	29.24	30.68
蔬菜类	Vegetables	5760.00	6235.49	6394.31	6370.38	6624.26	6709.74	7011.68
瓜果类	Fruits	1413.81	1425.11	1415.50	1472.19	1598.01	1580.54	1664.61
#西 瓜	Watermelon	1259.30	1260.12	1206.72	1279.36	1389.19	1346.71	1467.76
甜 瓜	Honey-dew Melon	147.67	156.58	198.94	164.50	185.79	219.86	182.00
草 莓	Strawberries	6.83	8.41	9.83	12.14	12.68	13.97	14.85

13-20 主要农产品单位面积产量(按播种面积计算)

Output of Major Farm Crops Per Hectare by Sown Areas

单位：千克/公顷 (kg/hectare)

指 标	Item	2006	2007	2008	2009	2010	2011	2012
粮食	Grain	5407	5540	5589	5565	5582	5621	5647
夏收粮食	Summer Harvest	5627	5706	5788	5794	5824	5850	5937
秋收粮食	Autumn Harvest	5132	5333	5345	5289	5292	5350	5310
谷物	Cereal	5705	5799	5865	5838	5837	5862	5934
稻谷	Rice	7082	7275	7328	7378	7504	7437	7599
小麦	Wheat	5638	5717	5800	5806	5838	5867	5950
玉米	Corn	5603	5694	5727	5643	5549	5608	5638
谷子	Millet	3380	3081	3014	2898	2780	1478	1388
高粱	Sorghum	869	1058	1019	932	909	889	853
其他谷物	Others	4016	4068	3500	2776	3180	2833	3243
#大麦	Barley	4016	4068	3500	2929	3180	2833	3243
豆类	Beans	1309	1747	1746	1757	1819	1881	1625
#大豆	Soybean	1258	1813	1825	1842	1907	1975	1697
绿豆	Mung bean	1621	1475	1141	1102	1204	1205	1087
红薯	Tubers	4752	4643	4644	4317	4466	4663	3931
油料	Oil- bearing Crops	3090	3232	3328	3458	3457	3372	3619
#花　生	Peanuts	3841	3942	4020	4229	4322	4253	4508
油菜籽	Rapeseeds	2283	2410	2578	2437	2260	2016	2303
芝　麻	Sesame	1197	1204	1250	1474	1320	1360	1481
棉花	Cotton	1083	1071	1074	963	957	964	1001
麻类	Fiber Crops	3036	3193	3844	3857	5218	5351	5552
#黄红麻	Jute and Ambary Hemp	3036	3170	3847	3854	5221	5353	5562
甘蔗	Sugarcane	52674	54840	59426	61869	66622	67398	67709
烟叶	Tobacco	2355	2339	2389	2341	2353	2345	2446
#烤烟	Flue-cured Tobacco	2340	2354	2394	2662	2355	2345	2446
蔬菜	Vegetables	36956	36933	37313	37645	38873	39008	40523
瓜果类	Fruits	41135	43604	44828	45111	46759	48022	50348

注：本表单位面积产量均按原始计量单位计算，故与表13-17、19表的计算结果略有出入。

a)Output of farm crops per hectare in this table are calculated at original computation unit,so the data is different from 13-17、19).

13-21 各市主要农作物播种面积(2012年)

单位：千公顷

市(县) City(County)	农作物播种面积 Sown Area of Farm Crops	粮食作物 Grain	夏收粮食 Summer Harvest	秋收粮食 Autumn Harvest	谷物 Cereal	#稻谷 Rice	#小麦 Wheat	#玉米 Corn	豆类 legume
省辖市 City									
郑州市 Zhengzhou	507.48	363.11	176.30	186.81	336.97	0.64	176.30	158.32	12.43
开封市 Kaifeng	799.58	472.61	296.92	175.69	437.97	7.46	296.92	133.31	18.56
洛阳市 Luoyang	699.69	530.95	253.18	277.77	465.50	1.83	253.12	194.48	34.79
平顶山市 Pingdingshan	549.36	417.31	206.08	211.23	377.27	1.77	205.99	169.41	17.63
安阳市 Anyang	749.98	555.27	305.67	249.60	540.57	0.40	305.67	228.36	6.35
鹤壁市 Hebi	193.11	169.25	87.36	81.89	165.94		87.36	77.43	1.67
新乡市 Xinxiang	797.74	623.06	338.24	284.82	591.56	38.06	337.81	213.87	21.21
焦作市 Jiaozuo	354.10	272.84	141.08	131.76	265.63	5.69	141.08	118.75	4.43
濮阳市 Puyang	500.38	387.91	218.05	169.86	367.72	42.20	218.05	106.87	14.40
许昌市 Xuchang	605.21	435.66	216.13	219.53	390.85		216.13	174.72	15.33
漯河市 Luohe	368.69	266.57	141.93	124.64	247.87		141.83	105.94	11.20
三门峡市 Sanmenxia	251.87	168.10	80.56	87.54	135.44		80.56	52.75	25.37
南阳市 Nanyang	1863.12	1162.28	673.50	488.78	1016.91	46.07	668.78	300.19	83.80
商丘市 Shangqiu	1391.95	959.52	567.46	392.06	871.74	0.16	566.31	304.45	67.52
信阳市 Xinyang	1226.72	842.51	316.47	526.04	805.07	456.97	303.47	31.63	19.84
周口市 Zhoukou	1711.10	1177.15	658.88	518.27	1027.56	0.59	658.41	368.06	116.95
驻马店市 Zhumadian	1651.06	1185.99	671.31	514.67	1134.14	29.68	666.11	433.05	30.79
济源市 Jiyuan	57.48	41.79	19.50	22.29	39.12	0.01	19.50	19.54	1.71
省直管县 Province Administrating County									
巩义市 Gongyi	50.76	45.11	22.78	22.33	42.63		22.78	19.09	1.34
兰考县 Lankao	123.78	92.38	56.55	35.83	86.28	0.81	56.55	28.91	3.64
汝州市 Ruzhou	118.91	95.58	45.10	50.48	88.55	0.03	45.10	43.35	2.64
滑县 Huaxian	259.49	180.81	113.43	67.38	178.15	0.33	113.43	64.34	1.32
长垣县 Changyuan	122.80	93.33	52.28	41.05	84.52	2.83	52.24	29.42	7.11
邓州市 Dengzhou	334.33	200.87	136.52	64.35	179.69	1.18	135.41	43.09	17.33
永城市 Yongcheng	232.64	186.41	102.46	83.95	147.93		102.43	45.47	37.31
固始县 Gushi	248.27	155.73	39.30	116.43	150.73	107.41	39.29	4.01	4.45
鹿邑县 Luyi	172.27	129.71	68.42	61.29	114.02		68.42	45.54	14.23
新蔡县 Xincai	193.53	133.80	80.60	53.20	128.06	5.82	79.99	41.55	2.42

Total Sown Areas of Farm Crops by City (2012)

(1 000 hectares)

#大豆 Soybean	红薯 Tubers	油料 Oilbearing Crops	#花生 Peanuts	#油菜籽 Rapeseeds	#芝麻 Sesame	棉花 Cotton	烟叶 Fluecured Tobacco	蔬菜 Vegetables	瓜果 Melon and fruit
9.88	13.71	51.39	40.14	9.67	1.55	2.59	0.85	76.45	10.60
17.58	16.08	106.70	98.38	7.75	0.57	34.06		140.89	44.08
23.81	30.65	44.37	25.82	10.99	4.98	2.10	26.63	59.21	5.99
14.74	22.41	52.95	27.54	20.06	5.36	1.80	16.73	49.50	9.25
5.76	8.36	55.75	48.00	7.30	0.41	9.33		114.10	13.88
1.27	1.63	11.24	10.10	0.97	0.16	0.51		10.59	0.35
20.92	10.29	83.30	77.88	5.19	0.24	9.93		63.20	6.04
4.20	2.78	19.10	17.37	1.64	0.07	2.11		41.96	4.40
13.85	5.79	38.15	37.17	0.92	0.06	4.45		63.50	5.88
14.97	29.49	28.48	17.75	9.83	0.89	5.38	14.60	51.12	7.28
11.20	7.50	13.79	6.86	5.24	1.70	8.60	8.61	57.30	13.75
19.65	7.30	17.25	5.12	7.97	1.42	1.66	17.88	30.88	4.34
62.65	61.57	319.95	208.32	52.16	59.47	47.32	21.01	250.06	28.98
62.99	20.26	90.08	71.80	14.18	4.10	45.55	3.52	217.80	55.55
16.75	17.60	243.49	55.29	174.66	13.54	1.68	0.90	104.60	19.51
108.48	32.64	102.13	57.49	10.54	34.11	70.61	4.08	232.15	74.20
27.34	21.06	293.72	201.47	40.35	51.90	8.86	8.46	116.78	26.12
1.46	0.96	1.66	1.10	0.42	0.14	0.14	2.16	8.42	0.43
0.72	1.14	3.60	2.24	0.88	0.48	0.30		1.25	0.41
3.30	2.46	17.13	16.46	0.64	0.04	4.33		7.77	2.15
1.53	4.38	12.33	8.58	2.54	1.21	0.69	1.82	6.71	1.52
1.27	1.34	30.01	29.27	0.73	0.01	3.82		39.84	4.69
7.06	1.69	18.12	15.28	2.84		0.65		9.04	1.51
12.11	3.86	64.86	44.96	7.80	12.10	13.29	2.90	42.94	4.80
36.74	1.17	7.11	2.27	3.82	1.03	2.71		27.07	7.04
4.02	0.55	62.43	9.95	50.10	2.38	0.13	0.25	19.85	5.73
13.94	1.46	6.47	1.56	2.17	2.74	5.58	1.40	25.90	1.64
1.84	3.32	27.64	16.20	1.85	9.58	4.35	0.78	16.96	9.04

13-22 各市主要农产品产量(2012年)

单位：万吨

市(县) City(County)	粮食 Grain	夏粮 Summer Harvest	秋粮 Autumn Harvest	谷物 Cereal	#稻谷 Rice	#小麦 Wheat	#玉米 Corn	豆类 legume	#大豆 Soybean
省辖市 City									
郑州市 Zhengzhou	169.47	80.69	88.78	157.88	0.47	80.69	76.27	2.42	1.93
开封市 Kaifeng	267.14	175.38	91.76	253.82	5.07	175.38	73.21	4.97	4.68
洛阳市 Luoyang	240.41	112.53	127.88	213.75	1.18	112.51	93.62	7.82	5.22
平顶山市 Pingdingshan	202.92	101.39	101.53	185.05	1.20	101.36	82.44	4.43	3.92
安阳市 Anyang	349.60	189.49	160.11	341.37	0.35	189.49	149.54	1.80	1.67
鹤壁市 Hebi	116.32	60.58	55.74	115.12		60.58	54.24	0.38	0.33
新乡市 Xinxiang	402.03	228.55	173.48	390.88	26.23	228.26	135.60	5.14	5.09
焦作市 Jiaozuo	204.75	108.17	96.59	201.01	4.52	108.17	88.30	1.29	1.23
濮阳市 Puyang	260.11	150.20	109.90	251.59	31.36	150.20	69.80	3.62	3.36
许昌市 Xuchang	283.11	153.77	129.35	263.33		153.77	109.56	3.31	3.28
漯河市 Luohe	173.09	98.94	74.15	167.27		98.89	68.33	2.27	2.27
三门峡市 Sanmenxia	66.01	31.99	34.01	55.99		31.99	23.36	5.25	4.22
南阳市 Nanyang	611.82	365.81	246.01	562.95	31.48	364.37	166.63	16.61	12.08
商丘市 Shangqiu	629.65	397.97	231.68	600.87	0.11	397.22	202.90	19.28	17.80
信阳市 Xinyang	585.48	145.65	439.82	576.45	416.58	142.92	14.22	1.97	1.67
周口市 Zhoukou	773.13	488.60	284.54	719.88	0.53	488.46	230.77	32.30	30.37
驻马店市 Zhumadian	702.32	429.98	272.35	682.11	18.99	427.91	233.04	7.40	6.52
济源市 Jiyuan	22.14	10.98	11.16	21.44		10.98	10.44	0.26	0.24
省直管县 Province Administrating County									
巩义市 Gongyi	15.73	8.00	7.73	15.15		8.00	7.03	0.15	0.08
兰考县 Lankao	50.49	31.99	18.51	47.74	0.58	31.99	15.18	0.80	0.73
汝州市 Ruzhou	45.79	22.53	23.26	43.19	0.02	22.53	20.60	0.47	0.31
滑县 Huaxian	137.75	83.77	53.98	136.03	0.30	83.77	51.94	0.46	0.45
长垣县 Changyuan	60.07	36.95	23.12	57.08	2.47	36.92	17.66	1.71	1.70
邓州市 Dengzhou	108.87	76.09	32.78	102.38	0.74	75.73	25.91	4.04	2.84
永城市 Yongcheng	117.36	72.01	45.35	105.48		71.98	33.47	10.65	10.47
固始县 Gushi	121.36	17.24	104.12	120.80	101.34	17.23	2.22	0.30	0.25
鹿邑县 Luyi	90.56	51.81	38.75	83.92		51.81	32.09	5.24	5.16
新蔡县 Xincai	78.46	51.31	27.15	76.09	3.87	51.02	20.84	0.72	0.49

Output of Major Farm Crops by City (2012)

(10 000 tons)

	油料				棉花	烟叶	蔬菜	瓜果
红薯 Tubers	Oil-bearing Crops	#花生 Peanuts	#油菜籽 Rapeseeds	#芝麻 Sesame	Cotton	Flue-cured Tobacco	Vegetables	Melon and fruit
9.17	18.66	17.00	1.48	0.17	0.23	0.24	302.06	42.11
8.34	45.13	42.70	2.32	0.10	3.52		647.45	215.26
18.85	13.69	10.13	2.16	0.99	0.20	6.48	243.00	19.20
13.44	15.62	10.72	4.15	0.75	0.17	3.30	249.49	32.93
6.43	24.44	23.00	1.38	0.04	0.95		567.67	82.95
0.83	5.14	5.00	0.13	0.01	0.03		52.84	1.85
6.01	33.85	32.50	1.31	0.03	0.99		291.85	26.06
2.45	9.20	8.78	0.42	0.01	0.21		233.87	24.08
4.89	17.22	16.92	0.29	0.01	0.37		251.96	27.31
16.48	9.46	6.92	2.38	0.15	0.54	4.64	219.83	31.27
3.55	4.02	2.52	1.26	0.24	0.80	1.28	196.12	46.56
4.76	3.79	1.47	1.43	0.19	0.12	3.91	106.16	12.06
32.26	122.80	99.71	13.15	9.94	4.48	5.78	992.08	160.06
9.51	41.22	35.80	4.75	0.67	4.72	1.26	935.98	320.06
7.07	65.72	25.29	38.64	1.79	0.17	0.27	321.45	90.47
20.95	36.54	27.68	3.46	5.41	7.30	1.31	894.16	388.95
12.81	102.73	87.64	8.83	6.25	0.88	1.95	430.23	142.65
0.44	0.29	0.22	0.05	0.01	0.01	0.28	33.54	0.77
0.42	0.52	0.42	0.06	0.04	0.03		4.96	0.75
1.95	6.99	6.83	0.16	0.01	0.44		18.92	9.47
2.13	3.86	3.29	0.49	0.08	0.06	0.40	28.76	4.04
1.26	13.53	13.37	0.17	0.00	0.38		190.97	26.85
1.28	6.21	5.41	0.80		0.08		49.11	8.57
2.45	24.68	20.43	2.34	1.91	1.18	1.22	228.97	24.79
1.23	2.91	1.39	1.32	0.20	0.27		130.84	45.45
0.29	15.59	3.87	11.35	0.37	0.01	0.08	83.48	31.23
1.40	1.74	0.57	0.82	0.35	0.60	0.40	88.31	6.89
1.65	10.09	8.51	0.44	1.15	0.51	0.35	64.41	47.95

13−23 各市主要农产品单位面积产量（2012年，按播种面积计算）

单位：千克/公顷

市(县) City(County)	粮食 Grain	夏收粮食 Summer Harvest	秋收粮食 Autumn Harvest	谷物 Cereal	稻谷 Rice	小麦 Wheat	玉米 Corn	豆类 Soybean	大豆 Soybean
省 辖 市 City									
郑 州 市 Zhengzhou	4667	4577	4752	4685	7264	4577	4818	1944	1957
开 封 市 Kaifeng	5645	5907	5203	5787	6799	5907	5465	2680	2664
洛 阳 市 Luoyang	4528	4445	4604	4592	6433	4445	4814	2246	2192
平 顶 山 市 Pingdingshan	4862	4920	4806	4919	6786	4942	4872	2568	2729
安 阳 市 Anyang	6296	6199	6415	6315	8819	6199	6548	2841	2892
鹤 壁 市 Hebi	6873	6935	6807	6937		6934	7005	2248	2623
新 乡 市 Xinxiang	6452	6756	6091	6607	6891	6757	6338	2422	2432
焦 作 市 Jiaozuo	7505	7667	7331	7567	7948	7667	7435	2915	2922
濮 阳 市 Puyang	6705	6888	6470	6842	7432	6888	6531	2514	2423
许 昌 市 Xuchang	6498	7115	5892	6737		7115	6271	2159	2192
漯 河 市 Luohe	6493	6971	5949	6748		6973	6450	2030	2030
三 门 峡 市 Sanmenxia	3927	3971	3886	4134		3971	4429	2071	2149
南 阳 市 Nanyang	5264	5432	5033	5536	6833	5448	5551	1982	1928
商 丘 市 Shangqiu	6562	7013	5909	6893	6750	7014	6664	2856	2827
信 阳 市 Xinyang	6949	4602	8361	7160	9116	4710	4497	995	998
周 口 市 Zhoukou	6568	7416	5490	7006	9000	7419	6270	2762	2800
驻 马 店 市 Zhumadian	5922	6405	5292	6014	6400	6424	5381	2403	2383
济 源 市 Jiyuan	5298	5633	5006	5481	2462	5633	5342	1503	1613
省 直 管 县 Province Administrating County									
巩 义 市 Gongyi	3487	3512	3460	3555		3512	3684	1117	1076
兰 考 县 Lankao	5466	5656	5165	5534	7170	5656	5250	2191	2226
汝 州 市 Ruzhou	4791	4997	4607	4877	7000	4997	4753	1773	2015
滑 县 Huaxian	7619	7385	8012	7636	9101	7385	8073	3500	3537
长 垣 县 Changyuan	6436	7068	5631	6753	8730	7069	6004	2400	2403
邓 州 市 Dengzhou	5420	5574	5094	5698	6281	5592	6012	2333	2348
永 城 市 Yongcheng	6296	7028	5403	7131		7028	7362	2854	2850
固 始 县 Gushi	7793	4387	8943	8014	9435	4385	5519	677	633
鹿 邑 县 Luyi	6982	7572	6322	7360		7572	7046	3681	3700
新 蔡 县 Xincai	5864	6366	5103	5942	6656	6378	5017	2982	2643

Output of Major Farm Crops Per Hectare by City (2012,by Sown Areas)

(kg/hectare)

红薯 Tubers	油料 Oil-bearing Crops	花生 Peanuts	油菜籽 Rapeseeds	芝麻 Sesame	棉花 Cotton	烟叶 Tobacco	烤烟 Flue-cured Tobacco	蔬菜 Vegetables	瓜果类 Melon for Fruits
6690	3631	4234	1534	1094	888	2819	2819	39511	39747
5187	4230	4341	2995	1836	1032			45954	48833
6149	3085	3925	1964	1981	969	2433	2433	41038	32055
6010	2950	3894	2071	1394	953	1973	1973	50402	35597
7690	4383	4792	1895	1044	1021			49752	59764
5072	4571	4950	1304	524	672			49910	52676
5843	4064	4174	2531	1382	999			46182	43136
8803	4817	5053	2531	1271	1009			55736	54765
8451	4514	4551	3173	1741	841			39679	46473
5588	3323	3901	2423	1737	998	3177	3177	43004	42960
4728	2915	3670	2410	1429	925	1487	1487	34227	33873
6530	2195	2866	1799	1351	715	2189	2189	34374	27760
5239	3838	4786	2522	1671	946	2752	2752	39674	55239
4692	4577	4986	3350	1644	1036	3575	3575	42975	57614
4016	2699	4574	2212	1321	1040	3038	3038	30731	46381
6419	3578	4814	3280	1585	1034	3202	3202	38517	52418
6085	3497	4350	2189	1204	998	2303	2303	36842	54605
4624	1741	2016	1264	957	928	1309	1309	39848	18000
3707	1441	1877	714	746	914			39718	18543
7935	4083	4150	2480	2024	1008			24360	44166
4872	3132	3835	1926	673	903	2207	2207	42879	26622
9454	4510	4567	2273	1750	1003			47934	57242
7575	3427	3544	2802		1260			54348	56775
6360	3805	4545	3000	1575	885	4200	4200	53327	51642
10536	4094	6158	3447	1950	991			48339	64535
5219	2498	3891	2265	1567	962	3000	3000	42058	54505
9584	2691	3681	3765	1277	1076	2825	2825	34100	41965
4956	3650	5250	2358	1195	1177	4417	4417	37988	53042

13−24 蔬菜生产情况
Production of Vegetables

指 标	Item	2011		2012	
		播种面积 (千公顷) Sown Areas (1 000 hectares)	产量 (万吨) Output (10 000tons)	播种面积 (千公顷) Sown Areas (1 000 hectares)	产量 (万吨) Output (10 000tons)
蔬菜合计	**Vegetables**	**1720.10**	**6709.74**	**1730.28**	**7011.68**
叶菜类	Leaf Type for Vegetable	198.28	782.74	200.53	819.61
#芹菜	Celery	75.51	354.56	79.46	375.36
油菜	Cole	21.30	71.91	21.56	71.90
菠菜	Spinach	66.88	220.53	69.86	234.19
白菜类	Cabbage	230.92	1039.44	198.02	935.42
大白菜	Celery Cabbage	170.09	798.70	182.98	873.78
甘蓝类	Cabbages			54.37	246.22
圆白菜	Cabbage Patch	50.55	226.02	50.57	233.24
块根、块茎类	Root and Stem Tuber for Vegetable	228.09	1049.42	223.64	1058.97
#萝卜	Radish	129.50	611.12	127.33	603.46
胡萝卜	Carrot	56.06	263.01	54.96	262.22
瓜菜类	Melons for Vegetable	175.18	813.00	181.42	868.94
#黄瓜	Cucumber	129.51	645.00	137.66	688.84
菜用豆类	Legume for Vegetable	135.32	522.58	131.53	508.57
#长豆角	Carob	78.70	315.06	74.75	289.46
四季豆	Kidney Bean	43.80	173.89	45.35	180.40
茄果菜类	Eggplant and Fruit for Vegetable	276.17	1067.52	283.35	1075.01
#茄子	Eggplant	72.80	318.95	69.86	310.06
西红柿	Tomato	97.44	497.12	99.20	500.60
葱蒜类	Shallot and Garlic for Vegetable	230.78	853.21	228.25	895.61
#大葱	Scallion	94.46	421.67	92.44	411.05
蒜头	Garlic	114.75	385.64	115.70	427.26
水生菜类	Aquicolous Vegetable	31.22	140.11	31.99	141.67
#莲藕	Lotus	28.52	130.24	29.97	132.78
其他蔬菜	Others	214.14	441.70	197.18	461.65

13-25 各市蔬菜播种面积(2012年)

Total Sown Areas of Vegetables by City (2012)

单位：千公顷 (1000 hectare)

市(县) City(County)	蔬菜 Vegetables	叶菜类 Leaf Type for Vegetable	白菜类 Cabbage Type for Vegetable	甘蓝类 Cabbages	块根、块茎类 Root and Stem Tuber for Vegetable	瓜菜类 Melons for Vegetable	菜用豆类 Legume for Vegetable	茄果菜类 Eggplant and Fruit for Vegetable	葱蒜类 Shallot and Garlic for Vegetable	水生菜类 Aquicolous Vegetable	其他蔬菜 Others
全 省 Total	**1730.28**	**200.53**	**198.02**	**54.37**	**223.64**	**181.42**	**131.53**	**283.35**	**228.25**	**31.99**	**197.18**
省 辖 市 City											
郑 州 市 Zhengzhou	76.45	6.57	10.00	3.05	9.18	5.07	5.42	6.99	24.58	2.43	3.16
开 封 市 Kaifeng	140.89	12.09	14.61	3.17	17.57	8.30	6.11	12.88	38.21	2.62	25.34
洛 阳 市 Luoyang	59.21	8.00	7.03	2.21	9.69	4.89	4.85	14.76	5.16	0.70	1.92
平 顶 山 市 Pingdingshan	49.50	8.23	7.84	1.75	8.64	4.65	4.18	6.88	4.37	0.36	2.60
安 阳 市 Anyang	114.10	14.22	12.20	2.77	9.67	13.66	8.86	26.82	13.57		12.63
鹤 壁 市 Hebi	10.59	1.24	2.21	0.72	1.31	1.12	0.71	1.58	0.47		1.23
新 乡 市 Xinxiang	63.20	7.14	17.31	2.75	7.62	6.97	4.46	8.67	4.68	0.70	2.89
焦 作 市 Jiaozuo	41.96	5.26	8.86	1.26	6.04	5.38	3.68	5.61	4.81	0.28	0.78
濮 阳 市 Puyang	63.50	6.31	9.99	1.69	7.42	8.71	3.30	17.70	6.26	1.41	0.72
许 昌 市 Xuchang	51.12	6.46	5.73	1.33	8.40	9.44	2.68	8.71	4.98	0.63	2.77
漯 河 市 Luohe	56.10	6.98	5.34	1.34	7.39	5.80	3.35	5.37	7.36	0.04	13.14
三 门 峡 市 Sanmenxia	30.88	2.87	3.05	1.27	5.98	2.49	1.53	10.09	2.32	0.30	1.00
南 阳 市 Nanyang	250.06	18.88	13.02	5.87	32.08	18.63	19.06	21.29	23.77	9.52	87.94
商 丘 市 Shangqiu	217.80	25.51	29.53	8.80	20.97	19.83	15.67	54.47	27.85	3.00	12.16
信 阳 市 Xinyang	104.60	16.22	11.31	3.42	15.59	10.61	9.33	12.27	9.93	4.22	11.71
周 口 市 Zhoukou	232.15	26.80	21.20	6.62	27.00	35.08	24.31	45.51	29.35	3.24	13.05
驻 马 店 市 Zhumadian	116.78	21.33	11.90	4.62	21.49	14.59	9.08	14.73	13.57	1.64	3.83
济 源 市 Jiyuan	8.42	0.87	1.38	0.21	1.39	1.15	1.30	1.13	0.66		0.34
省 直 管 县 Province Administrating County											
巩 义 市 Gongyi	1.25	0.21	0.21	0.01	0.32	0.13	0.11	0.15	0.08	0.01	0.05
兰 考 县 Lankao	7.77	1.04	1.04	0.17	0.54	1.04	0.77	1.28	0.71	0.49	0.70
汝 州 市 Ruzhou	6.71	0.81	1.20	0.23	1.50	0.74	0.47	0.69	0.85	0.04	0.19
滑 县 Huaxian	39.84	8.08	5.33	0.69	3.49	5.38	2.54	8.51	4.56		1.27
长 垣 县 Changyuan	9.04	1.53	2.95	0.24	0.86	1.15	0.50	0.83	0.66	0.09	0.23
邓 州 市 Dengzhou	42.94	3.49	2.58	0.70	5.36	4.91	4.05	6.26	5.90	2.68	7.00
永 城 市 Yongcheng	27.07	2.81	4.67	2.49	4.38	1.54	2.03	4.70	3.23	0.45	0.76
固 始 县 Gushi	19.85	3.83	1.53	0.74	2.14	2.00	2.51	2.31	3.53	0.54	0.72
鹿 邑 县 Luyi	25.90	6.18	2.88	1.05	2.54	3.44	1.27	3.37	3.67	0.06	1.44
新 蔡 县 Xincai	16.96	2.17	1.57	0.93	4.85	1.62	0.83	2.17	2.09	0.36	0.35

13-26 各市蔬菜产量(2012年)
Output of Vegetables by City (2012)

单位：万吨 (10 000tons)

市(县) City(County)	蔬菜 Vegetables	叶菜类 Leaf Type for Vegetable	白菜类 Cabbage Type for Vegetable	甘蓝类 Cabbages	块根、块茎类 Root and Stem Tuber for Vegetable	瓜菜类 Melons for Vegetable	菜用豆类 Legume for Vegetable	茄果菜类 Eggplant and Fruit for Vegetable	葱蒜类 Shallot and Garlic for Vegetable	水生菜类 Aquicolous Vegetable	其他蔬菜 Others
全 省 Total	**7011.68**	**819.61**	**935.42**	**246.22**	**1058.97**	**868.94**	**508.57**	**1075.01**	**895.61**	**141.67**	**461.65**
省 辖 市 City											
郑 州 市 Zhengzhou	302.06	20.23	58.22	14.12	43.59	21.88	16.57	29.42	71.93	11.98	14.11
开 封 市 Kaifeng	647.45	64.25	75.78	19.16	89.21	49.03	30.25	69.75	184.36	16.20	49.46
洛 阳 市 Luoyang	243.00	33.22	36.10	11.25	41.78	27.48	16.22	46.41	20.69	1.10	8.74
平 顶 山 市 Pingdingshan	249.49	35.55	37.50	10.25	56.78	26.11	16.08	29.18	15.94	1.10	21.01
安 阳 市 Anyang	567.67	63.00	68.09	15.74	51.95	86.53	32.90	161.02	69.61	0.01	18.84
鹤 壁 市 Hebi	52.84	6.04	11.47	3.57	7.94	5.95	1.94	9.40	1.76		4.76
新 乡 市 Xinxiang	291.85	24.55	77.72	12.12	39.17	35.08	16.75	40.06	15.61	2.26	28.54
焦 作 市 Jiaozuo	233.87	26.74	47.78	7.29	34.38	36.76	15.11	31.67	26.04	1.48	6.62
濮 阳 市 Puyang	251.96	28.31	43.18	8.20	35.02	40.24	11.96	40.34	26.87	4.82	13.03
许 昌 市 Xuchang	219.83	24.88	21.37	5.34	31.14	42.12	11.41	49.14	20.84	3.80	9.80
漯 河 市 Luohe	196.12	33.96	22.12	6.99	33.91	24.11	12.39	22.44	22.80	0.21	17.19
三 门 峡 市 Sanmenxia	106.16	9.12	11.03	3.97	22.19	10.77	3.66	24.54	10.21	2.02	8.64
南 阳 市 Nanyang	992.08	97.44	76.24	27.98	173.35	112.45	115.55	117.17	132.47	53.44	85.99
商 丘 市 Shangqiu	935.98	110.56	155.47	42.69	114.65	94.93	55.66	163.36	105.81	15.99	76.86
信 阳 市 Xinyang	321.45	55.93	44.51	12.95	66.22	38.95	28.44	33.26	23.07	9.65	8.47
周 口 市 Zhoukou	894.16	105.02	83.63	22.57	125.27	154.50	94.46	143.28	97.98	12.28	55.18
驻 马 店 市 Zhumadian	430.23	69.07	54.34	20.60	81.44	50.48	24.68	53.47	42.26	4.43	29.47
济 源 市 Jiyuan	33.54	5.71	5.66	0.07	5.09	6.74	1.76	5.16	2.38	0.09	0.88
省 直 管 县 Province Administrating County											
巩 义 市 Gongyi	4.96	0.46	0.83	0.02	1.21	0.67	0.43	0.74	0.21	0.04	0.35
兰 考 县 Lankao	18.92	2.30	4.14	0.42	1.27	2.56	0.90	2.48	1.80	1.14	1.91
汝 州 市 Ruzhou	28.76	4.39	5.28	1.14	7.33	3.34	1.19	2.16	3.31	0.23	0.41
滑 县 Huaxian	190.97	33.95	28.02	3.31	18.26	35.06	10.45	32.91	25.40		3.60
长 垣 县 Changyuan	49.11	6.56	11.57	2.32	5.53	6.79	2.66	6.02	4.50	0.39	2.77
邓 州 市 Dengzhou	228.97	16.67	30.39	4.49	33.18	37.59	25.36	43.22	13.96	19.76	4.35
永 城 市 Yongcheng	130.84	9.19	37.63	10.49	28.08	5.98	7.40	14.21	9.93	4.07	3.85
固 始 县 Gushi	83.48	16.26	9.09	2.92	17.75	10.01	6.85	6.87	8.36	1.74	3.64
鹿 邑 县 Luyi	88.31	20.46	10.08	1.76	9.38	11.35	2.78	12.18	9.32	0.16	10.84
新 蔡 县 Xincai	64.41	5.71	14.60	3.75	15.81	9.29	1.87	5.99	4.34	0.99	2.07

13-27 茶叶、水果及食用坚果生产情况
Production of Tea, Fruit and Nuts

指　　标	Item	2000	2005	2008	2009	2010	2011	2012
面　　积	**Area**							
茶园面积(千公顷)	Area of Tea Plantations (1 000 hectares)	20.68	33.09	55.07	59.80	65.15	78.52	87.63
果园面积(千公顷)	Area of Orchards (1 000 hectares)	355.90	416.63	438.18	449.03	455.26	465.53	466.70
苹果园	Apple Orchards	206.97	165.78	173.06	175.70	177.63	180.54	178.84
梨园	Pears Orchards	30.87	39.23	45.97	47.07	47.28	49.55	51.99
葡萄园	Grapes Orchards	16.75	26.17	26.82	29.58	29.90	30.22	29.60
猕猴桃园	Chinese goosebeery Orchards		6.90	9.32	8.89	9.20	9.61	10.24
桃园	Peach Orchards	29.11	60.22	69.54	70.31	73.90	75.49	76.27
柑桔园	Citrus Orchards	4.88	10.05	10.10	10.66	10.85	10.78	10.99
其他果园	Others	67.30	108.30	103.37	106.82	106.50	109.34	108.77
产　　量	**Output**							
茶叶产量(吨)	Output of Tea (ton)	9163	16902	31923	35519	42732	49447	51374
园林水果产量(万吨)	Output of garden fruit (10 000 tons)	364.73	555.69	714.09	755.90	795.99	833.58	870.43
苹果	Apples	238.90	300.62	374.39	388.63	408.96	420.32	436.70
梨	Pears	33.30	65.47	87.65	92.26	94.66	100.50	104.39
葡萄	Grapes	20.83	41.26	43.73	46.11	48.41	50.09	55.20
鲜枣	Jujube	17.78	26.81	36.65	38.78	39.19	40.13	40.60
柿	Persimmon	15.88	25.86	36.42	41.57	44.38	49.60	54.26
桃	Peach	26.63	60.10	85.09	93.86	101.74	108.57	110.61
柑桔	Citrus	2.12	3.59	3.96	4.01	4.17	3.94	4.04
其他园林水果	other garden fruit	9.29	31.98	46.20	50.68	74.48	60.43	64.63
食用坚果产量(吨)	Nuts (ton)							
核桃	Walnuts	17143	25339	41067	44816	55407	80483	109716
板栗	Chestnut	85650	112351	213244	237725	206517	250072	220885

13-28 各市果园面积(2012年)
Area of Orchard by City (2012)

单位：千公顷 (1 000 hectares)

市(县) City(County)	合计 Total	#苹果园 Apple Orchards	#梨园 Pears Orchards	#葡萄园 Grapes Orchards	#柑橘园 Orange Orchards	#猕猴桃园 Chinese goosebeery Orchards	#桃园 Peach Orchards
全　省 Total	**466.70**	**178.84**	**51.99**	**29.60**	**10.99**	**10.24**	**76.27**
省辖市 City							
郑州市 Zhengzhou	24.97	4.33	1.56	2.00		0.01	2.91
开封市 Kaifeng	25.68	14.89	1.98	2.49			4.37
洛阳市 Luoyang	39.37	23.09	2.21	2.75	0.01	0.07	2.38
平顶山市 Pingdingshan	15.74	1.87	1.64	0.68		0.02	6.89
安阳市 Anyang	46.59	13.16	2.40	1.52			5.28
鹤壁市 Hebi	6.38	3.26	0.27	0.21			0.48
新乡市 Xinxiang	13.28	4.37	0.90	0.82		0.01	4.14
焦作市 Jiaozuo	14.10	5.28	1.18	0.86			4.24
濮阳市 Puyang	11.34	6.43	0.67	0.38			1.29
许昌市 Xuchang	7.43	3.05	0.68	1.33		0.01	1.83
漯河市 Luohe	3.53	0.16	0.64	1.43		0.01	1.18
三门峡市 Sanmenxia	67.04	52.86	1.43	1.35		0.01	3.32
南阳市 Nanyang	76.36	8.97	10.80	1.92	10.46	9.98	15.91
商丘市 Shangqiu	47.23	28.18	9.70	3.58		0.03	3.20
信阳市 Xinyang	15.56	0.33	4.39	2.84	0.23	0.08	5.07
周口市 Zhoukou	23.50	4.55	4.37	2.48	0.29		5.70
驻马店市 Zhumadian	23.96	2.33	6.64	2.93		0.01	7.64
济源市 Jiyuan	4.64	1.73	0.54	0.04			0.46
省直管县 Province Administrating County							
巩义市 Gongyi	2.01	1.28	0.17	0.10			0.24
兰考县 Lankao	6.36	4.85	0.33	0.16			0.27
汝州市 Ruzhou	6.48	0.72	0.23	0.07			3.27
滑县 Huaxian	6.46	2.43	0.83	0.34			1.39
长垣县 Changyuan	1.77	0.22	0.17	0.56			0.06
邓州市 Dengzhou	3.49	0.35	0.36	0.24	0.44		1.28
永城市 Yongcheng	6.17	1.82	2.84	0.22			0.80
固始县 Gushi	2.07	0.10	0.63	0.32	0.13		0.58
鹿邑县 Luyi	0.55	0.06	0.17	0.03			0.11
新蔡县 Xincai	4.10	0.19	1.05	1.04			0.93

13-29 各市园林水果产量(2012年)
Output of garden fruit by City (2012)

单位：吨 (ton)

市(县) City(County)	合计 Total	#苹果 Apples	#梨 Pears	#葡萄 Grapes	#枣 Jujube	#柿 Persimmon	#桃 Peach
全省 Total	**8704299**	**4367005**	**1043927**	**552024**	**405960**	**542599**	**1106148**
省辖市 City							
郑州市 Zhengzhou	307727	65017	23361	38631	72824	18865	42270
开封市 Kaifeng	511233	301729	33383	31873	20882	16427	94640
洛阳市 Luoyang	747844	410933	39106	87808	23762	67283	45725
平顶山市 Pingdingshan	100535	22605	11297	6041	2024	18311	34872
安阳市 Anyang	657767	275172	44420	30203	122489	63506	92863
鹤壁市 Hebi	47020	26137	1746	3440	6169	4853	3642
新乡市 Xinxiang	178081	54602	14272	31378	4403	11058	52723
焦作市 Jiaozuo	314156	176487	19502	16973	5901	9191	75844
濮阳市 Puyang	271209	196905	17337	11598	10319	3170	15094
许昌市 Xuchang	80432	25104	13360	14921	1562	1344	15860
漯河市 Luohe	100247	3146	11716	52884	356	1382	30568
三门峡市 Sanmenxia	2013398	1607730	29485	31262	70296	146528	87373
南阳市 Nanyang	764035	54946	83851	18711	25629	39584	145399
商丘市 Shangqiu	1807337	1020818	531512	97205	10471	41493	89372
信阳市 Xinyang	133657	3418	50061	22208	4278	16189	32670
周口市 Zhoukou	471561	87517	70507	36350	19936	72687	178870
驻马店市 Zhumadian	148294	9213	42191	20278	4314	6940	63366
济源市 Jiyuan	49766	25526	6820	260	345	3788	4997
省直管县 Province Administrating County							
巩义市 Gongyi	26591	14982	1681	2806	130	2230	3010
兰考县 Lankao	160369	130978	9482	2772	11292	308	5137
汝州市 Ruzhou	32423	10370	822	961	598	8452	8435
滑县 Huaxian	184169	81077	22240	9213	10966	22864	34641
长垣县 Changyuan	33807	4160	192	26604	2602		209
邓州市 Dengzhou	28017	4404	4350	1248	3147	1213	10494
永城市 Yongcheng	234196	59625	146269	4240	1533	3129	18903
固始县 Gushi	49860	1900	22980	4500	1920	6900	8450
鹿邑县 Luyi	10004	1521	5175	60	231	85	2087
新蔡县 Xincai	29740	1680	8300	5570	350	3140	10700

13-30 林业生产情况
Conditions of Forestry Production

指　标	Item	2000	2005	2008	2009	2010	2011	2012
营林情况	**Afforestation Conditions**							
当年造林面积(千公顷)	New Forest Area This Year (1 000 hectares)	241.32	186.72	338.14	416.13	277.11	237.74	228.29
#人工造林	By Manpower	206.45	173.38	320.80	382.13	211.53	193.50	205.97
按造林用途分(千公顷)	Afforestation Area by Use (1 000 hectares)							
用材林	Timber Forest	56.77	73.90	91.68	156.30	72.81	56.85	45.51
经济林	Economic Forest	69.11	39.00	38.76	47.68	35.46	28.75	34.54
防护林	Shelter Forest	113.80	72.93	207.71	212.16	168.58	150.57	147.82
年末实有封山育林面积(千公顷)	Area of Close Hillsides to Facilitate Afforestation at the year end(1 000 hectares)	475.46	385.92	339.55	299.83	367.46	420.24	347.38
零星(四旁)植树(万株)	Planting Trees Piecemeal (10 000 trees)	25806	30639	24202	29905	27328	23793	21919
育苗面积(千公顷)	Area of Tending Seedlings (1 000 hectares)	18.21	28.65	28.55	59.51	34.94	84.42	36.51
当年苗木产量(万株)	Output of Nursery Stock(10 000 trees)		201169	192510	185463	153503	221244	206152
未成林抚育作业面积(千公顷次)	Area of Tending Growing Forest (1 000 hectares-time)	978.01	1239.02	1080.03	1066.68	973.16	586.73	768.51
成林抚育面积(千公顷)	Area of Tending Forest (1 000 hectares)	694.79	959.92	1188.69	1160.76	951.21	710.16	514.66
主要林产品产量	**Output of Major Forest Products**							
生漆(吨)	Lacquer (ton)	569	955	1414	1563	2034	2045	2100
油桐籽(吨)	Tung-oil Seeds (ton)	57054	45802	66640	72416	120701	115872	96241
油茶籽(吨)	Tea-oil Seeds (ton)	3270	8079	17893	19347	20823	22375	25799
乌桕籽(吨)	Tallow-seeds (ton)	1157	2557	10086	11426	11631	11075	10052
五倍子(吨)	Chinese Gall (ton)	934	1709	3287	3350	3986	4075	4131
村及村以下竹木采伐量	**Fall of Bamboo and Tree in Rural Areas**							
木材(万立方米)	Wood (10 000 cu.m)	306.00	55.94	151.62	110.34	149.67	279.00	278.45
竹材(万根)	Bamboo (10 000 units)	158.00	506.50	55.02	451.17	76.50	167.50	159.79

13-31 各市林业生产情况(2012年)

Conditions of Forestry Production by City (2012)

单位：千公顷 (1 000 hectares)

市 City	当年造林面积 Current New Forest Area	#人工造林 By Manpower	#用材林 Timber Forest	#经济林 Economic Forest	#防护林 Shelter Forest
省辖市 City					
郑州市 Zhengzhou	11.44	10.98	1.74	6.53	3.18
开封市 Kaifeng	8.12	8.12	5.10	1.44	1.58
洛阳市 Luoyang	35.93	34.60	2.76	6.56	26.61
平顶山市 Pingdingshan	4.93	4.53	0.84	1.72	2.36
安阳市 Anyang	5.97	5.24	0.48	0.99	4.49
鹤壁市 Hebi	12.62	11.82	1.75	1.96	8.90
新乡市 Xinxiang	4.09	3.83	0.01	0.54	3.54
焦作市 Jiaozuo	7.66	6.79	0.98	0.35	6.33
濮阳市 Puyang	13.26	13.26	3.14	1.58	8.54
许昌市 Xuchang	7.78	7.11	4.00	0.33	3.44
漯河市 Luohe	2.46	2.46	0.69	0.23	1.55
三门峡市 Sanmenxia	19.99	19.99	3.35	3.09	13.55
南阳市 Nanyang	53.22	41.30	4.27	3.43	45.53
商丘市 Shangqiu	4.83	4.83	2.18	0.15	2.50
信阳市 Xinyang	19.88	15.88	6.88	4.27	8.30
周口市 Zhoukou	5.65	5.65	4.35	0.08	1.22
驻马店市 Zhumadian	7.98	7.12	2.98	1.09	3.91
济源市 Jiyuan	2.49	2.49		0.20	2.29
省直管县 Province Administrating County					
巩义市 Gongyi	0.61	0.61	0.29	0.32	
兰考县 Lankao	1.68	1.68	0.66	0.70	0.32
汝州市 Ruzhou	1.45	1.45	0.33	0.46	0.66
滑县 Huaxian	1.06	1.06		0.99	0.07
长垣县 Changyuan	0.48	0.48		0.20	0.28
邓州市 Dengzhou	0.78	0.78			0.78
永城市 Yongcheng	0.39	0.39			0.39
固始县 Gushi	0.43	0.43	0.15	0.20	0.09
鹿邑县 Luyi	0.42	0.42	0.42		
新蔡县 Xincai	0.12	0.12	0.11	0.01	

13-31 续表 continued

单位：千公顷 (1 000 hectares)

市 City	年末实有封山育林面积 Area of Close Hillsides to Facilitate Afforestation at the year end	零星(四旁)植树(万株) Planting Trees Piecemeal (10 000 trees)	当年苗木产量(万株) Area of Tending Forest (10 000 trees)	未成林抚育作业面积(公顷次) Area of Tending Growing Forest (1 000hectares-time)	成林抚育面积 Area of Tending Forest
省辖市 City					
郑州市 Zhengzhou	4.82	726.60	9462.13	15866	31.12
开封市 Kaifeng		887.16	3693.35	1710	3.67
洛阳市 Luoyang	53.29	1021.00	21189.35	240073	21.45
平顶山市 Pingdingshan	10.49	1746.00	3804.00		6.38
安阳市 Anyang	14.03	705.16	10697.54	5164	8.81
鹤壁市 Hebi	6.54	369.45	2847.50	44260	10.28
新乡市 Xinxiang	13.47	1376.50	9841.35		0.71
焦作市 Jiaozuo	7.99	339.50	5617.12	1364	2.50
濮阳市 Puyang		299.05	1816.85	34903	53.72
许昌市 Xuchang	3.33	1531.00	18410.20	17440	38.44
漯河市 Luohe		388.36	419.70	7754	4.47
三门峡市 Sanmenxia	68.72	1380.23	20964.89	27960	7.00
南阳市 Nanyang	73.66	4435.67	42378.26	274066	250.67
商丘市 Shangqiu		985.00	667.22	7640	4.66
信阳市 Xinyang	74.16	2032.10	22882.98	47270	10.41
周口市 Zhoukou		1845.01	8929.70	8206	20.58
驻马店市 Zhumadian	11.15	1791.60	18173.00	29500	36.40
济源市 Jiyuan	5.73	60.00	4356.44	5334	3.41
省直管县 Province Administrating County					
巩义市 Gongyi			1700.00		0.40
兰考县 Lankao		120.00	453.29	1710	0.87
汝州市 Ruzhou	2.42	780.00	1824.00		0.52
滑县 Huaxian			433.25		0.39
长垣县 Changyuan		390.00	1950.68		0.13
邓州市 Dengzhou		510.00	898.30	10800	10.20
永城市 Yongcheng		285.00		1340	
固始县 Gushi	0.73	200.00	600.00		2.07
鹿邑县 Luyi		0.01	280.00		0.43
新蔡县 Xincai		191.60	1551.00	1000	5.73

13-32 历年牧渔业产量

Output of Animal Husbandry and Fishery over the Years

年份 Year	肉类产量 (万吨) Total Output of Meat (10 000 tons)	#猪肉 Pork	#牛肉 Beef	#羊肉 Mutton	#禽肉 Poultry	大牲畜年底头数 (万头) Number of Livestock at Year-end (10 000 units)	#役畜 Draught Animals	猪年底头数 (万头) Hogs (10 000 units)	禽蛋产量 (万吨) Poultry Eggs (10 000 tons)	奶类产量 (万吨) Output of Milk (10 000 tons)	水产品产量 (万吨) Total Aquatic Products (10 000 tons)
1978	45.64	42.20				515.03	401.70	1724.90			2.47
1979	55.14	50.00				521.50	400.40	1592.30			2.30
1980	55.03	49.45	0.69	2.88	1.90	541.99	423.75	1474.24	15.86	2.20	2.91
1981	51.58	44.30	0.60	3.36		607.00	498.90	1386.50	16.31		3.00
1982	54.26	47.60	0.52	3.46		671.50	542.10	1310.70	16.75		3.25
1983	51.33	43.70	0.88	3.41		704.70	562.20	1195.70	21.41		3.78
1984	58.59	49.60	1.83	3.31		794.70	615.70	1327.00	31.38		4.89
1985	71.83	61.08	3.01	3.38	4.10	886.35	664.55	1621.74	37.15	4.50	6.37
1986	79.42	65.00	5.50	3.70		957.44	708.10	1539.41	37.32		6.61
1987	86.63	66.10	8.90	5.00		1000.82	738.44	1404.72	43.55		7.62
1988	103.75	76.87	12.24	6.48		1069.20	779.57	1586.18	50.43		9.39
1989	121.53	88.11	15.26	7.89		1111.56	794.04	1680.22	53.62		9.83
1990	134.86	97.45	18.16	8.05	9.40	1116.33	798.30	1750.32	59.58	7.40	10.48
1991	157.95	108.73	24.82	7.76		1102.10	782.25	1820.80	73.81		10.77
1992	171.66	119.23	25.67	7.96		1135.50	794.90	1959.70	79.29		11.55
1993	203.51	137.60	32.64	9.90	19.30	1211.00	843.00	2085.00	95.58	7.50	13.83
1994	253.31	165.81	44.00	12.57	25.70	1329.18	919.79	2325.17	125.28	8.90	15.84
1995	333.00	210.37	64.39	21.10	31.00	1420.45	985.76	2667.72	140.01	9.80	18.09
1996	347.72	225.63	59.45	21.72	34.10	1089.14	783.00	2229.67	154.54	9.70	20.51
1997	403.00	256.12	64.88	25.23	49.30	1420.87	857.03	2931.91	201.40	10.60	23.88
1998	461.63	297.86	76.71	28.00	50.76	1416.84	803.70	3439.66	229.34	12.30	27.02
1999	485.11	313.95	82.21	29.96	51.47	1448.42	530.60	3556.43	251.82	15.90	28.83
2000	517.00	337.88	83.00	32.00	55.00	1445.73	482.84	3787.69	270.00	20.20	32.17
2001	540.65	343.77	89.23	34.51	63.90	1435.93	479.53	3672.07	286.00	30.00	31.46
2002	570.01	366.49	89.20	37.85	66.40	1409.78	437.03	3800.00	302.00	39.00	36.22
2003	603.55	386.00	93.00	42.00	74.00	1469.45	430.00	3917.80	326.20	52.60	38.95
2004	643.00	412.37	98.33	44.06	79.55	1491.19	427.00	4152.87	347.40	78.90	42.70
2005	689.00	441.20	102.75	47.38	87.51	1508.80	412.90	4439.00	375.30	108.50	51.68
2006	584.60	391.30	82.00	23.80	76.60	1114.26	410.12	3953.30	329.50	154.07	61.43
2007	542.90	339.00	82.10	25.30	85.50	1081.93	353.76	4185.50	336.70	223.54	74.74
2008	584.50	367.10	84.10	26.50	93.50	1097.55	251.62	4462.00	173.60	298.62	85.68
2009	615.10	389.60	84.00	25.90	100.10	1080.11	216.55	4528.90	382.90	301.29	92.94
2010	638.40	408.30	83.00	25.20	105.80	1044.80	290.20	4547.00	388.60	307.90	99.41
2011	641.65	406.40	82.00	24.80	111.40	988.60	257.67	4569.00	390.50	321.14	102.90
2012	677.35	432.50	80.44	24.75	122.21	942.34	216.71	4587.28	404.17	330.43	109.75

13-33 畜禽产品年末存栏数量及产量

Number of Livestock Year-end and Output of Livestock Products

单位：万头、万只 (10 000 units)

指标	Item	1980	1990	2000	2005	2010	2011	2012
年底存栏总头数	**Number of Livestock at Year-end**							
#大牲畜	**Large Livestock**	**542.00**	**1116.30**	**1445.70**	**1508.80**	**1044.80**	**988.60**	**942.34**
#从事农事劳役	Draught Animals	423.80	798.30	482.80	412.90	290.20	257.67	216.71
牛	Cow	339.60	892.50	1340.20	1447.00	1010.20	955.00	908.21
#肉牛	Cattle	177.70		282.80	514.06	634.20	612.91	602.68
#乳牛	Dairy	0.90	1.90	6.70	31.22	98.50	96.07	100.60
马	Horse	52.20	39.20	29.30	17.29	13.10	12.60	12.20
驴	Donkey	94.30	120.90	49.50	29.60	16.10	16.33	17.38
骡	Mule	55.90	63.70	26.80	14.91	5.40	4.67	4.55
猪	Pig	1474.20	1750.30	3787.70	4439.00	4547.00	4569.00	4587.28
羊	Sheep	1147.80	1279.50	2961.40	3988.00	1895.40	1865.00	1827.70
山羊	Goat	764.80	1129.50	2730.10	3509.00	1794.90	1785.00	1751.06
绵羊	Sheep	383.00	150.00	231.30	479.00	100.50	80.00	76.65
家禽	Poultry		19849.90	42529.00	61958.00	62104.00	64642.00	68197.31
猪牛羊出栏头(只)数	**Slaughtered Fattened Hogs, Cattle and Sheep**							
肉猪(万头)	Hogs (10 000 units)	684.70	1182.40	4180.00	5568.00	5390.50	5361.20	5711.25
肉用牛(万头)	Cattle (10 000 units)	9.00	167.90	578.00	702.64	551.90	545.00	534.65
肉用羊(万只)	Sheep and Goats (10 000 units)	289.10	834.00	2903.80	4225.00	2114.70	2050.00	2027.45
肉用禽(万只)	Poultry (10 000 units)					85101.71	88850.00	94358.70
肉类总产量(万吨)	**Total Output of Meat (10 000 tons)**	**55.00**	**134.90**	**517.00**	**689.00**	**638.40**	**641.65**	**677.35**
#猪肉	Pork	49.40	97.40	337.90	441.20	408.30	406.40	432.50
牛肉	Beef	0.70	18.20	83.00	102.75	83.00	82.00	80.44
羊肉	Mutton	2.90	8.10	32.00	47.38	25.20	24.80	24.75
禽肉	Meat of Poultry	1.90	9.40	55.00	87.51	105.80	111.40	122.21
兔肉	Rabbit	0.10	0.30	4.20	5.66	8.40	8.92	9.56
其他畜产品产量	**Others Output of Livestock Products**							
奶类总产量(万吨)	Output of Milk (10 000 tons)	2.20	7.40	20.20	108.50	307.90	321.14	330.43
牛奶	Cow Milk	0.80	2.70	16.10	104.00	290.90	306.60	316.10
羊奶	Sheep Milk	1.40	4.70	4.10	5.00	17.00	14.54	14.33
羊毛总产量(吨)	Output of Wool (ton)	10708	6745	10844	14335	14165	14020	14288
山羊毛	Goat Wool	771	1372	2858	2873	5235	5770	5849
绵羊毛	Sheep Wool	9937	5373	7986	11462	8930	8250	8439
羊绒产量(吨)	Cashmere (ton)	52	102	277	7135	933	859	868
蜂蜜产量(吨)	Honey (ton)	5287	11908	23105	27441	98265	99700	99607
禽蛋产量(万吨)	Poultry Eggs (10 000 tons)	15.90	59.60	270.00	375.30	388.60	390.50	404.17
蚕茧产量(吨)	Output of Silkworm Cocoons (ton)			15190	20366	28254	26129	25758
#桑蚕茧	Mulberry Silkworm Cocoons			12560	14803	21052	19063	18687
柞蚕茧	Tussore Silkworm Cocoons			2630	5563	7202	7066	7071

13-34 各市牲畜饲养情况(2012年底)

Number of Livestock by City (End of 2012)

市(县)	City(County)	大牲畜年底头数(万头) Number of Large Animals (year-end) (10 000 units)	#役畜 Draught Animals	牛(万头) Cattle's (10 000 units)	马(万头) Horses (10 000 units)	驴(万头) Donkeys (10 000 heads)	骡(万头) Mules (10 000 units)
省辖市	**City**						
郑州市	Zhengzhou	25.03	2.51	24.50	0.15	0.34	0.04
开封市	Kaifeng	54.17	0.01	53.10	0.22	0.67	0.18
洛阳市	Luoyang	62.82	13.31	62.40	0.14	0.18	0.10
平顶山市	Pingdingshan	76.78	12.15	70.10	2.99	2.70	0.99
安阳市	Anyang	27.94	1.04	26.92	0.14	0.71	0.18
鹤壁市	Hebi	4.78	0.18	4.34	0.13	0.12	0.18
新乡市	Xinxiang	45.35	0.02	44.10	0.32	0.48	0.46
焦作市	Jiaozuo	23.81		23.77		0.03	
濮阳市	Puyang	25.36	1.18	23.50	0.68	0.81	0.37
许昌市	Xuchang	49.14	3.29	47.00	0.37	1.63	0.14
漯河市	Luohe	12.71	0.23	12.50	0.10	0.05	0.05
三门峡市	Sanmenxia	37.00	17.82	37.00			
南阳市	Nanyang	145.99	30.67	140.10	2.44	2.97	0.49
商丘市	Shangqiu	88.50		87.00	0.68	0.79	0.03
信阳市	Xinyang	55.50	28.66	55.50			
周口市	Zhoukou	69.56	0.04	68.30	0.40	0.54	0.32
驻马店市	Zhumadian	132.72	14.77	124.90	3.44	3.37	1.02
济源市	Jiyuan	3.22		3.22			
省直管县	**Province Administrating County**						
巩义市	Gongyi	0.77	0.24	0.74	0.01	0.01	0.01
兰考县	Lankao	10.81		10.35	0.06	0.39	0.01
汝州市	Ruzhou	26.06	6.35	22.08	1.49	1.59	0.90
滑县	Huaxian	14.81		14.67	0.03	0.09	0.02
长垣县	Changyuan	5.16	0.01	5.07	0.06	0.02	0.01
邓州市	Dengzhou	28.84	5.41	28.72	0.04	0.05	0.03
永城市	Yongcheng	16.08		15.79	0.02	0.25	0.01
固始县	Gushi	6.25	3.28	6.25			
鹿邑县	Luyi	9.25		9.22		0.04	
新蔡县	Xincai	31.65	2.35	29.26	1.28	0.58	0.53

13-34 续表 contiued

市(县) City(County)	猪年底头数(万头) Hogs (year-end) (10 000 units)	羊年底只数(万只) Sheep and Goats (year-end) (10 000 units)	#山羊 Goats	家禽(万只) Poultry (10 000 units)	兔(万只) Rabbits (10 000 units)
省辖市 City					
郑州市 Zhengzhou	179.40	48.31	42.92	3332.09	82.63
开封市 Kaifeng	336.59	149.50	143.48	3488.00	102.83
洛阳市 Luoyang	208.72	70.18	42.39	2540.31	245.20
平顶山市 Pingdingshan	283.31	98.88	77.38	3123.36	98.18
安阳市 Anyang	192.83	70.93	57.79	4330.00	90.66
鹤壁市 Hebi	86.55	31.50	24.43	3912.90	21.01
新乡市 Xinxiang	275.49	64.04	44.16	4254.40	112.04
焦作市 Jiaozuo	153.01	42.38	6.20	2866.00	73.67
濮阳市 Puyang	146.08	69.70	48.26	3480.00	168.14
许昌市 Xuchang	270.44	80.38	76.63	2821.31	85.13
漯河市 Luohe	224.11	19.87	19.02	2045.00	149.43
三门峡市 Sanmenxia	75.47	32.54	18.29	1093.37	7.19
南阳市 Nanyang	558.42	254.49	245.17	6320.00	350.19
商丘市 Shangqiu	347.50	294.31	291.33	6143.00	82.81
信阳市 Xinyang	314.60	73.20	73.20	6606.00	44.63
周口市 Zhoukou	507.53	238.80	238.58	5205.32	148.95
驻马店市 Zhumadian	682.72	184.77	183.43	6379.83	675.52
济源市 Jiyuan	44.90	3.97	2.16	255.89	27.70
省直管县 Province Administrating County					
巩义市 Gongyi	20.00	2.86	1.85	129.24	5.52
兰考县 Lankao	41.38	21.54	20.45	443.49	35.07
汝州市 Ruzhou	66.45	13.28	9.47	702.67	11.74
滑县 Huaxian	27.56	33.13	26.50	998.31	10.72
长垣县 Changyuan	22.05	8.00	7.48	481.92	18.01
邓州市 Dengzhou	100.36	48.13	43.35	1357.66	30.68
永城市 Yongcheng	40.80	49.00	49.00	1382.13	13.68
固始县 Gushi	64.12	25.95	25.95	2032.36	14.18
鹿邑县 Luyi	55.51	20.25	20.25	537.53	2.01
新蔡县 Xincai	72.50	28.60	28.60	1136.00	253.20

13-35 各市畜产品产量(2012年)

Output of Livestock Products by City (2012)

市(县) City(County)	猪牛羊出栏头(只)数 Slaughtered Fattened Hogs,Cattle and Sheep			肉类总产量(万吨) Total Output of Meat (10 000 tons)	#猪肉 Pork	#牛肉 Beef	#羊肉 Mutton
	猪(万头) Hogs (10 000 heads)	牛(万头) Cattle (10 000 heads)	羊(万只) Sheep and Goats (10 000 units)				
省辖市 City							
郑州市 Zhengzhou	224.69	13.52	53.55	25.38	16.88	2.07	0.69
开封市 Kaifeng	357.72	36.62	178.50	38.52	27.19	5.51	2.18
洛阳市 Luoyang	226.85	33.10	57.25	25.80	17.08	4.97	0.70
平顶山市 Pingdingshan	341.29	36.52	98.83	38.99	25.06	5.52	1.21
安阳市 Anyang	207.42	7.25	58.75	22.84	15.14	1.09	0.72
鹤壁市 Hebi	109.05	2.28	40.34	25.08	8.34	0.34	0.49
新乡市 Xinxiang	349.05	24.90	96.35	37.39	25.48	3.75	1.18
焦作市 Jiaozuo	168.18	18.23	36.28	20.12	12.20	2.74	0.46
濮阳市 Puyang	168.27	11.23	89.02	24.75	12.62	1.74	1.12
许昌市 Xuchang	390.47	25.00	90.98	38.71	28.80	3.79	1.15
漯河市 Luohe	350.87	8.47	23.00	29.12	24.21	1.27	0.28
三门峡市 Sanmenxia	83.80	14.40	22.35	9.27	6.02	2.16	0.27
南阳市 Nanyang	620.00	90.18	300.18	72.10	46.00	13.55	3.67
商丘市 Shangqiu	441.00	64.00	320.16	54.42	32.79	9.64	3.91
信阳市 Xinyang	413.12	20.46	80.80	63.71	33.24	3.08	0.99
周口市 Zhoukou	626.00	57.20	288.43	71.52	47.00	8.60	3.53
驻马店市 Zhumadian	800.02	73.24	189.40	83.21	59.10	11.02	2.32
济源市 Jiyuan	63.00	1.95	4.07	4.98	4.22	0.30	0.05
省直管县 Province Administrating County							
巩义市 Gongyi	26.04	0.67	2.20	2.43	2.02	0.09	0.03
兰考县 Lankao	40.40	6.41	25.04	4.73	2.88	0.95	0.30
汝州市 Ruzhou	79.09	9.80	12.57	9.09	5.93	1.47	0.15
滑县 Huaxian	33.47	4.80	23.91	4.79	2.51	0.72	0.35
长垣县 Changyuan	30.31	3.79	17.43	3.99	2.05	0.61	0.22
邓州市 Dengzhou	108.40	22.57	53.60	14.13	8.40	3.52	0.64
永城市 Yongcheng	52.53	12.87	65.57	8.77	3.79	1.93	0.95
固始县 Gushi	92.13	1.32	31.92	15.28	7.70	0.16	0.37
鹿邑县 Luyi	70.20	5.62	21.87	7.19	5.03	0.82	0.25
新蔡县 Xincai	77.92	15.86	27.31	10.57	5.84	2.38	0.33

13-35 续表 contiuned

市(县) City(County)	奶类总产量(吨) Total Output of Milk (ton)	#牛奶 Cow Milk	蜂蜜(吨) Honey (ton)	禽蛋(万吨) Poultry Eggs (10 000 ton)	绵羊毛(吨) Sheep Wool (ton)	#细羊毛 Fine Wool	山羊毛(吨) Goat Wool (ton)
省辖市 City							
郑州市 Zhengzhou	518857	486900	374	22	192	156	64
开封市 Kaifeng	266262	264000	75	26	370	2	
洛阳市 Luoyang	430600	397900	7079	15	1382	359	415
平顶山市 Pingdingshan	232159	230800	403	15	2461	89	1135
安阳市 Anyang	86600	86600	190	29	510	3	21
鹤壁市 Hebi	101500	101500	29	16	58	2	76
新乡市 Xinxiang	344730	344700	350	36	379	76	116
焦作市 Jiaozuo	248575	247900	91	29	375	6	54
濮阳市 Puyang	78686	78600		29	1315		15
许昌市 Xuchang	78064	77100	560	23	128		24
漯河市 Luohe	145319	145133	25	13	7		
三门峡市 Sanmenxia	42300	41800	2321	5	603	16	408
南阳市 Nanyang	328852	257000	31330	34	475	65	1667
商丘市 Shangqiu	303027	303000	190	29			1450
信阳市 Xinyang	2056	2056	10309	25			
周口市 Zhoukou	123790	123700	135	25	12	12	18
驻马店市 Zhumadian	72080	71500	45546	33	132	99	343
济源市 Jiyuan	32000	32000	601	3	41		42
省直管县 Province Administrating County							
巩义市 Gongyi	5206	5206	58	1	8	1	9
兰考县 Lankao	18664	16545		3	3	2	
汝州市 Ruzhou	41959	41959	2	6	20	8	18
滑县 Huaxian	11000	11000		8	172		
长垣县 Changyuan	26836	26806	24	4	123	32	33
邓州市 Dengzhou	15765	15500	272	7	61	12	53
永城市 Yongcheng	5300	5300		5			
固始县 Gushi	300	300	3	8			
鹿邑县 Luyi	2509	2509		3			
新蔡县 Xincai	9900	9900	3871	4			

13-36 渔业生产情况
Output of Aquatic Products

项　　目	Item	1980	1990	1995	2000	2005	2010	2011	2012
水产品产量(万吨)	**Output of Aquatic Products**								
	(10 000 tons)	**2.91**	**10.48**	**18.09**	**32.17**	**51.68**	**99.41**	**102.93**	**109.75**
鱼类	Fish	2.85	10.22	17.68	31.08	49.75	95.07	99.44	105.63
甲壳类	Crustaceans	0.04	0.17	0.23	0.66	1.45	3.12	2.60	2.72
贝类	Shellfish	0.02	0.09	0.04	0.11	0.14	0.28	0.26	0.09
其他	Others			0.14	0.32	0.34	0.94	0.64	1.31
淡水捕捞	Freshwater Fishing		1.09	1.18	1.94	3.46	5.56	5.95	6.35
鱼类	Fish			0.92	1.23	2.56	4.25	4.98	5.39
甲壳类	Crustaceans			0.17	0.54	0.79	1.17	0.84	0.88
贝类	Shellfish			0.03	0.11	0.08	0.14	0.13	0.07
其他	Others			0.06	0.06	0.03	0.01	0.00	
淡水养殖	Freshwater Cultured	2.12	9.38	16.91	30.23	48.22	93.85	96.99	103.40
鱼类	Fish			16.76	29.84	47.19	90.83	94.46	100.24
甲壳类	Crustaceans			0.06	0.13	0.65	1.95	1.77	1.83
贝类	Shellfish			0.02		0.07	0.14	0.13	0.02
其他	Others			0.07	0.26	0.31	0.93	0.63	1.30
淡水养殖面积(千公顷)	**Freshwater Aquaculture**								
	Ware(1000 hectares)	**147.56**	**161.76**	**174.27**	**189.15**	**229.95**	**259.90**	**264.84**	**253.57**
池塘养殖	Pond	57.53	70.82	82.14	91.65	103.80	124.83	128.15	119.67
湖泊养殖	Lakes	3.85	3.63	3.57	2.92	4.05	3.63	3.48	3.40
河沟养殖	rivulet	4.09	3.90	3.15	3.63	6.35	9.84	11.19	10.62
水库养殖	Reservoir	82.09	81.58	84.80	90.40	114.92	121.33	121.83	119.58
其他	Others		1.83	0.60	0.55	0.83	0.27	0.20	0.30

注：淡水养殖面积合计中不包括稻田养殖面积。

a) Data on Freshwater Aquaculture Ware do not include Rice breeding.

13−37 各市渔业生产情况(2012年)
Output of Aquatic Products by City (2012)

市(县) City(County)	养殖面积(公顷) Aquaculture area (hectares)	水产品总产量(吨) Output of Aquatic Products (ton)	捕捞产量 Fishing	养殖产量 Cultured	鱼类 Fish	甲壳类 Crustaceans	贝类 Shellfish	其他 Others
省辖市 City								
郑州市 Zhengzhou	9648	148826	31	148795	148394	50		382
开封市 Kaifeng	6388	60046	324	59722	59327	51	3	665
洛阳市 Luoyang	30031	47993	4659	43334	47702	283	1	7
平顶山市 Pingdingshan	15233	47078	808	46270	46472	494	10	102
安阳市 Anyang	2819	17654	1128	16526	17649	1		4
鹤壁市 Hebi	1896	11568	337	11231	11544	10		14
新乡市 Xinxiang	4096	57080	213	56867	56956	4		120
焦作市 Jiaozuo	1516	15370	56	15314	15370			
濮阳市 Puyang	2227	24396	640	23756	24096	300		
许昌市 Xuchang	3191	10067	465	9602	9764	197	20	86
漯河市 Luohe	1758	9870	619	9251	9771	83	1	15
三门峡市 Sanmenxia	3119	16479	5584	10895	16192	62		225
南阳市 Nanyang	50983	130520	4990	125530	127980	1800	56	684
商丘市 Shangqiu	11272	81640	2689	78951	80045	1455		140
信阳市 Xinyang	56273	216330	15019	201311	188153	17570	276	10331
周口市 Zhoukou	17475	61290	7785	53505	60515	689	69	17
驻马店市 Zhumadian	35257	115948	15322	100626	111175	4006	491	276
济源市 Jiyuan	390	25325	2855	22470	25220	105		
省直管县 Province Administrating County								
巩义市 Gongyi	223	3579		3579	3564			15
兰考县 Lankao	1000	5629	43	5586	5604	16	3	6
汝州市 Ruzhou	590	2859	16	2843	2845	12		2
滑县 Huaxian	139	542		542	542			
长垣县 Changyuan	384	4200	195	4005	4196	4		
邓州市 Dengzhou	3593	11000	100	10900	11000			
永城市 Yongcheng	2027	15494	691	14803	15359	125		10
固始县 Gushi	8328	43990	4400	39590	35525	1375	30	7060
鹿邑县 Luyi	2620	5761	1728	4033	5185	576		
新蔡县 Xincai	3207	11314	1385	9929	10979	261	69	5

主要统计指标解释

农林牧渔业增加值　农林牧渔业增加值是指农、林、牧、渔业生产货物及农林牧渔服务业提供服务活动所增加的价值，为农林牧渔业现价总产值扣除农林牧渔业现价中间投入后的余额，是农、林、牧、渔及其服务业各单位生产经营对社会所作的贡献。从宏观上来说，农林牧渔业增加值是计算国内生产总值的基础；从微观上来说，农林牧渔业增加值能客观反映农林牧渔业各生产单位或行业的投入、产出、效益、速度和收入等情况。

粮食产量　指全社会的产量。包括国有经济经营的、集体统一经营的和农民家庭经营的粮食产量，还包括工矿企业办的农场和其他生产单位的产量。粮食除包括稻谷、小麦、玉米、高粱、谷子及其他杂粮外，还包括薯类和豆类。其产量计算方法，豆类按去豆荚后的干豆计算；薯类(包括甘薯和马铃薯，不包括芋头和木薯)1963 年以前按每 4 公斤鲜薯折 1 公斤粮食计算，从 1964 年开始改为按 5 公斤鲜薯折 1 公斤粮食计算。城市郊区作为蔬菜的薯类(如马铃薯等)按鲜品计算，并且不作粮食统计，河南省粮食产量中也不包括马铃薯产量。其他粮食一律按脱粒后的原粮计算。

油料产量　指全部油料作物的生产量。包括花生、油菜籽、芝麻、向日葵籽、胡麻籽（亚麻籽）和其他油料。不包括大豆、木本油料和野生油料。花生以带壳干花生计算。

水产品产量　指人工养殖的水产品和天然生长的水产品的捕捞量。包括海水的鱼类、虾蟹类、贝类和藻类以及内陆水域的鱼类、虾蟹类和贝类，不包括淡水生植物。

猪、牛、羊肉产量　指当年出栏并已屠宰、除去头蹄下水后带骨肉(即胴体重)的重量。

期初(末)畜禽存栏头(只)数　指报告期初(末)农村各种合作经济组织和国营农场、农民个人、机关、团体、学校、工矿企业、部队等单位以及城镇居民饲养的大牲畜、猪、羊、家禽等畜禽的存栏数。

常用耕地　是指耕地总资源中专门种植农作物并经常进行耕种、能够正常收获的土地。包括当年实际耕种的熟地；弃耕、休闲不满三年，随时可以复耕的地；开荒利用三年以上的地。不包括临时种植农作物的坡度在 25 度以上的陡坡地；在河套、湖畔、库区临时开发的成片或零星土地；也不包括已列为国家和省（区、市）退耕计划但临时耕种的土地。

农作物播种面积　指实际播种或移植有农作物的面积。凡是实际种植有农作物的面积，不论种植在耕地上还是种植在非耕地上，均包括在农作物播种面积中。在播种季节基本结束后，因遭灾而重新改种和补种的农作物面积，也包括在内。

有效灌溉面积　指具有一定的水源，地块比较平整，灌溉工程或设备已经配套，在一般年景下当年能够进行正常灌溉的耕地面积。

农用化肥施用量　指本年内实际用于农业生产的化肥数量，包括氮肥、磷肥、钾肥和复合肥。化肥施用量要求按折纯量计算数量。折纯量是指把氮肥、磷肥、钾肥分别按含氮、含五氧化二磷、含氧化钾的百分之一百成份进行折算后的数量。复合肥按其所含主要成分折算。

农业机械总动力　指主要用于农、林、牧、渔业的各种动力机械的动力总和。包括耕作机械、排灌机械、收获机械、农用运输机械、植物保护机械、牧业机械、林业机械、渔业机械和其他农业机械〔内燃机按引擎马力折成瓦(特)计算、电动机按功率折成瓦(特)计算〕。不包括专门用于乡镇、村、组办工业、基本建设、非农业运输、科学试验和教学等非农业生产方面用的动力机械与作业机械。

农林牧渔业劳动力　指全社会直接参加农林牧渔业生产活动的劳动力。

乡村从业人员　指乡村人口中劳动年龄在 16 周岁以上实际参加生产经营活动并取得实物或货币收入的人员，包括劳动年龄内经常参加劳动的人员，也包括超过劳动年龄但经常参加劳动的人员，但不包括户口在家的在外学生、现役军人和丧失劳动能力的人，也不包括待业人员和家务劳动者。从业人员按从事主业时间最长(时间相同按收入)分为农业从业人员、工业从业人员、建筑从业人员、交运仓储及邮电业从业人员、信息传输、计算机服务和软件业从业人员、批发与零售业从业人员、住宿和餐饮业从业人员、其它从业人员。

Explanatory Notes on Main Statistical Indicators

Value Added of Farming, Forestry, Animal Husbandry and Fishery refers to new increasing value through farming, forestry, animal husbandry and fishery and services for farming, forestry, animal husbandry and fishery minus their intermediate consumption. That is the devotion to the society of the unit. It's a base to calculate GDP in macroscopic. It reflects input and output. results, rate and income of the units in microscopic.

Grain Yield refers to the yield in the whole country including grains produced by state farms, collective units, industrial enterprises and mines. Grain includes rice, wheat, corn, sorghum, millet and other miscellaneous grains as well as tubers and beans. Output of beans refers to dry beans without pods. The output of tubers (sweet potatoes and potatoes, not including taros and cassava) was converted into that of grain at the ratio 4:1, i.e. 4 kilograms of fresh tubers was equivalent to 1 kilogram of grain up to 1963.Since 1964 the ratio for conversion has been 5:1. Tubers supplied as vegetables (such as potatoes) in cities and suburbs are calculated as fresh vegetables and their output is not included in the output of grain. Output of all other grains refers to husked grain.

Yield of Oil-bearing Crops refers to the total yield of oil-bearing crops of various kinds, including peanuts, (dry, in shell) rapeseeds, sesame, sunflower seeds, flax seeds, and other oil-bearing crops. Soybeans, oil-bearing woody plants, and wild oil-bearing crops are not included.

Output of Aquatic Products refers to catches of both artificially cultured and naturally grown aquatic products, including fish, shrimps, crabs and shellfish in sea and inland water as well as seaweed. not included Freshwater plants.

Output of Pork, Beef, and Mutton refers to the meat of slaughtered hogs, cattle, sheep and goats with head, feet, and offal taken away.

Number of Livestock or Poultry in Stock at Beginning (or End) refers to the total number of large animals, pigs, sheep, fowls, etc. raised by rural cooperative organizations, state farms, rural individuals, government agencies, schools, industrial and mining enterprises, army, and urban residents at the beginning (or end) of the reference period.

Regularly Cultivated Land refers to farmland among the total land resources which is exclusively used for farming and is under regular cultivation with harvest in normal years. Included are currently cultivated land, land that has been abandoned or put in idle for less than 3 years and could be re-used for cultivation at any time, and new-claimed land that has been put into cultivation for more than 3 years. Excluded under this category are steep slope land over 25 degrees under temporary cultivation, land (large or small plots) that is claimed along river bends, lake sides or banks of reservoirs, as well as land that has been designated under the "Green for Grain" programs of the state and provincial governments but is still temporarily under cultivation.

Sown Area of Crops refers to area of land sown or transplanted with crops regardless of being in cultivated area or non cultivated area. Area of land re-sown due to natural disasters is also included.

Irrigated Area refers to areas that are effectively irrigated, i.e. level land, which has water source and complete sets of irrigation facilities to lift and move adequate water for irrigation purpose under normal conditions.

Consumption of Chemical Fertilizers in Agriculture refers to the quantity of chemical fertilizers applied in agriculture in the year, including nitrogenous fertilizer, phosphate fertilizer, potash fertilizer, and compound fertilizer. The consumption of chemical fertilizers is required in calculation to convert the gross weight into weight containing 100% effective component (e.g. 100% nitrogen content in nitrogenous fertilizer, 100% phosphorous-pent oxide contents in phosphate fertilizer, 100% potassium oxide contents in potash fertilizer). Compound fertilizer is converted with its major component.

Total Power of Farm Machinery refers to total mechanical power of machinery used in farming, forestry, animal husbandry, and fishery, including equipment of ploughing, irrigation and drainage, harvesting, transport, plant protection, stock breeding, forestry and fishery. The power of internal combustion engines is required to convert horsepower into watts and the power of electric motors is required to be converted into watts. Machinery employed for non agricultural purposes, such as the machines used in township run and village-run industry, construction, non agricultural transport, scientific experiments and teaching, is excluded.

Labour Force Engaged in Farming, Forestry, Farming of animals and Fishing refers to the total laborers who are directly engaged in production of farming, forestry, animal husbandry and fishery.

Rural Employed Persons refer to rural labor forces aged over 16 years old who are engaged in real production and management activities and receive payment in kind or wages, including those covered within the age frame and regularly participating in production activities, and those who are out of the range of age frame and also participating in product ion activities regularly. Excluding students studying in other places with their permanent residence registered in local areas, servicemen and persons incapable of working; also excluding those who are waiting for jobs and those engaged in household work. Persons employed are classified as rural employed persons; industrial employed persons; construction industry employ ed persons; transport, storage and telecommunications industries employed persons; whole sales and retail sales trade and catering industry employed per sons and others according to the longest period of persons engaged in major activities (or using income indicator when periods are the same).

工业
Industry

● 资料整理：王舒玲　张奕琳　施　薇　赵　钰

简要说明

一、主要内容

本篇包括河南省规模以上工业企业单位数、工业增加值、工业主要产品产量和主要经济效益指标；规模以下和个体单位数、工业增加值及从业人员情况。

二、统计范围

工业统计调查范围为河南省全部工业法人企业和个体工业单位。1997年以前，我国工业的统计范围按隶属关系划分，分为乡及乡以上独立核算工业企业和非独立核算生产单位、村办工业、城镇合作工业、农村合作工业、城镇个体工业、农村个体工业六大部分，（其中，1984年以前不包括农村的村及村以下办工业）。1998年起，工业统计调查对象范围的界定由按隶属关系划分，改变为按企业规模划分，分为“规模以上工业”和“规模以下工业”。规模以上工业是指全部国有及年主营业务收入在500万元及以上非国有工业企业，规模以下工业是指年主营业务收入在500万元以下非国有工业企业及个体工业。2006年年报起，规模以上工业统计范围由全部国有及年主营业务收入在500万元及以上非国有工业企业改为年主营业务收入在500万元及以上的工业法人企业，相应改变规模以下工业的调查范围为年主营业务收入在500万元以下的工业企业及个体工业。从2011年定报起，规模以上工业统计范围调整为年主营业务收入在2000万元及以上的工业法人企业，相应改变规模以下工业的调查范围为年主营业务收入在2000万元以下的工业企业及个体工业。

三、资料来源

年主营业务收入2000万元及以上的工业法人企业实行全数调查，由河南省统计局工业处整理提供；年主营业务收入2000万元以下的工业企业实行目录抽样调查，个体工业经营户实行整群抽样调查，省级数据由国家统计局河南调查总队整理提供，省级以下数据由河南省统计局工业处提供。

Brief Introduction

I. Main Contents

Data on this chapter including number of industrial enterprises, value-added of industrial enterprises, output, beneficial indicators of industrial enterprises above designated size. Number, value-added and employed persons of industrial enterprises below designated size and individual.

II. Scope of Statistics

The scopes of industrial statistics are all corporate and individual industrial enterprises. Before 1997, the scopes of industrial statistics include six parts, as enterprises above township, Village-run enterprises, Cooperation in industrial cities and towns, rural cooperative industrial, urban individual industries, individual industries in rural areas. From 1998 to 2005, divided into " industrial enterprises above designated size " and "below designated size ". Industrial enterprises above designated size refers to all State-owned industrial enterprises and non-State-owned industrial enterprises with revenue from principal business over 5 million yuan, and industrial enterprises above designated size refers to non-State-owned industrial enterprises with revenue from principal business below 5 million yuan and individual. From 2006 to 2010, the industrial enterprises above designated size refers to all industrial enterprises with revenue from principal business over 5 million yuan, and the industrial enterprises below designated size refers to all industrial enterprises with revenue from principal business below 5 million yuan and individual. Since 2011, the industrial enterprises above designated size refers to all industrial enterprises with revenue from principal business over 20 million yuan, and the industrial enterprises below designated size refers to all industrial enterprises with revenue from principal business below 20 million yuan and individual.

III. Sources of Data

Data on industrial enterprises with principal business revenue above 5 million yuan are collected through a combination of Full survey, which are provided by the Department of Industrial of the Henan provincial bureau of Statistics. Data on industrial enterprises with principal business revenue below 5 million yuan are collected through a combination of Sample survey directory, data on individual household are collected through a combination of Cluster sample survey, Provincial data are provided by the Department of Henan Survey organizations, NBS. and municipal data are provided by the Department of Industrial of the Henan provincial bureau of Statistics.

14−1 历年规模以上工业增加值及指数

Output Value and Growth Rate of Industrial Enterprises above Designated Size

年份 Year	工业增加值(亿元) Value-added of Industrial Enterprises above Designated Size (100 million yuan)	轻工业 Enterprises of Light Industry	重工业 Enterprises of Heavy Industry	#国有控股 State-owned and State-holds	工业增加值指数(上年=100) Growth Rate of Value-added of Industrial Enterprises above Designated Size (Preceding=100)	轻工业 Enterprises of Light Industry	重工业 Enterprises of Heavy Industry	#国有控股 State-owned and State-holds
1997	970.25	347.72	622.53	526.17	105.9	106.0	105.8	100.6
1998	970.34	326.30	644.00	572.40	107.2	104.1	109.2	102.8
1999	993.62	332.40	661.20	586.30	107.5	107.0	107.8	107.4
2000	1154.39	366.70	787.60	692.80	111.6	106.2	114.2	114.6
2001	1269.97	405.20	864.80	751.50	109.8	109.3	110.1	108.6
2002	1430.75	439.70	991.00	828.00	114.2	110.8	115.7	113.2
2003	1754.08	510.80	1243.30	990.10	119.9	115.2	121.9	117.0
2004	2332.68	668.60	1664.10	1121.85	123.6	119.8	125.4	118.0
2005	3200.23	929.50	2270.80	1298.20	123.3	128.8	121.0	109.5
2006	4150.60	1212.60	2938.00	1521.50	123.4	124.6	122.8	116.6
2007	5438.06	1643.84	3794.22	1777.24	124.2	125.0	123.9	118.0
2008	7305.39	2239.33	5066.06	2087.06	119.8	124.8	117.6	111.6
2009	7764.45	2463.90	5300.56	1986.08	114.6	113.7	115.0	106.4
2010	9901.52	3070.82	6830.71	2209.96	119.0	120.0	118.8	113.6
2011	11882.55	3635.64	8246.91	2696.37	119.6	120.4	119.2	112.6
2012	12654.83	3998.11	8656.72	2734.62	114.6	116.2	113.9	104.3

注：本表增加值均为现价数据，增速为可比价数据。

a) Data of Output value and Value-added in this table are calculated at current prices,and Data of Growth Rate are calculated at comparable prices.

14-2 各市规模以上工业单位数(2012年)

Number of All Industrial Above Designated size by City (2012)

单位：个 (unit)

市(县) City(County)	合计 Total	国有控股 State holds the majority of shares	集体控股 Collective holds the majority of shares	私人控股 Private holds the majority of shares	港澳台控股 Hong Kong,Macao and Taiwan holds the majority of shares	外商控股 Foreign holds the majority of shares	其他 Other
全　省 Total	**19245**	**790**	**747**	**16583**	**196**	**180**	**749**
省辖市 City							
郑州市 Zhengzhou	2741	97	74	2319	39	45	167
开封市 Kaifeng	1150	25	29	1050	12	11	23
洛阳市 Luoyang	1684	152	45	1373	11	21	82
平顶山市 Pingdingshan	708	92	55	534	6	5	16
安阳市 Anyang	876	27	12	796	8	9	24
鹤壁市 Hebi	523	12	83	395	3	6	24
新乡市 Xinxiang	1154	38	45	935	10	12	114
焦作市 Jiaozuo	1155	32	36	1032	7	5	43
濮阳市 Puyang	795	27	37	692	11	5	23
许昌市 Xuchang	1280	40	30	1159	7	3	41
漯河市 Luohe	563	17	9	509	10	3	15
三门峡市 Sanmenxia	609	50	124	426	4	5	
南阳市 Nanyang	1381	54	50	1176	21	10	70
商丘市 Shangqiu	855	33	21	768	5	8	20
信阳市 Xinyang	1037	26	27	958	8	6	12
周口市 Zhoukou	1097	19	8	992	13	7	58
驻马店市 Zhumadian	1422	41	52	1291	18	15	5
济源市 Jiyuan	215	8	10	178	3	4	12
省直管县 Province Administrating County							
巩义市 Gongyi	426	7	14	364	1	2	38
兰考县 Lankao	241	5	1	228	2	2	3
汝州市 Ruzhou	112	10	6	89	2		5
滑县 Huaxian	110	2	1	98	1		8
长垣县 Changyuan	112	1	1	70			40
邓州市 Dengzhou	129	5	5	113	2	1	3
永城市 Yongcheng	102	9	2	89			2
固始县 Gushi	157	1	2	154			
鹿邑县 Luyi	54	1		52			1
新蔡县 Xincai	152	3	3	146			

14—3 规模以上工业增加值及指数

Value-added and the Indices of Value-added of the Industry Enterprises above Designated Size

本表按当年价格计算。

The data in this table are calculated at current prices.

单位：亿元 (100 million yuan)

项 目	Item	2000	2005	2007	2008	2009	2010	2011	2012
增加值	**Total**	**1154.39**	**3200.23**	**5438.06**	**7305.39**	**7764.45**	**9901.52**	**11882.55**	**12654.83**
按注册类型分	By Registration status								
内资企业	Domestic Funded Enterprises	1068.67	3018.37	5102.00	6823.25	7279.18	9295.75	11019.16	11783.65
国有	State-owned	461.61	643.40	651.94	775.88	767.98	909.53	1219.39	1302.50
集体	Collective-owned	263.75	363.84	365.32	428.84	324.49	439.60	492.56	461.41
股份合作	Cooperative	24.07	67.75	83.03	106.96	74.52	97.19	97.94	96.33
联营	Joint Ownership	6.97	10.43	18.32	26.11	14.80	13.81	10.02	8.23
有限责任公司	Limited Liability Corporations	156.75	830.68	1706.06	2224.65	2292.52	2760.80	3282.74	3539.30
股份有限公司	Share-holding Corporation Ltd	95.96	345.07	594.02	707.10	708.43	884.58	1025.55	1097.64
私营	Private	59.51	739.10	1657.91	2514.50	3051.13	4122.31	4806.87	5067.86
其他	Other	0.05	18.11	25.40	39.21	45.31	67.91	84.10	210.39
港澳台商投资	Enterprises with Funds from Hong Kong, Macao and Taiwan	56.84	89.42	143.59	242.62	212.54	264.68	411.13	444.83
外商投资	Foreign Funded	28.88	92.44	192.47	239.52	272.74	341.10	452.26	426.34
按控股类型分	By Proprietarily System								
#国有控股	State-holding			1777.24	2087.06	1986.08	2209.96	2696.37	2734.62
集体控股	Collective-holding			517.53	572.01	458.57	619.94	689.54	667.30
私人控股	Private-holding			2888.99	4147.23	4678.58	6274.82	7439.21	8103.54
港澳台控股	Hong Kong, Macao and Taiwan-holding			100.54	243.50	179.47	225.44	364.84	439.39
外商控股	Foreign-holding			153.77	255.60	202.55	234.06	287.19	263.66
按所有制分	By Proprietorial System								
公有制	Public-owned		1772.81	2294.77	2659.07	2444.65	2829.90	3385.90	3401.92
非公有制	Non-Public-owned		1427.42	3143.29	4646.32	5319.81	7071.62	8496.65	9252.91
按轻重工业分	Grouped by Light & Heavy Industry								
轻工业	Enterprises of Light Industry	366.74	929.47	1643.84	2239.33	2463.90	3070.82	3635.64	3998.11
重工业	Enterprises of Heavy Industry	787.65	2270.76	3794.22	5066.06	5300.56	6830.71	8246.91	8656.72
按企业规模分	Grouped by Size of Enterprises								
大型企业	Large Enterprises	471.24	992.00	1732.47	2151.61	2093.60	2341.10	3030.36	4295.90
中型企业	Medium-sized Enterprises	147.29	748.41	1501.41	2127.68	2395.57	2953.32	3641.72	3456.69
小型企业	Small Enterprises	535.86	1459.82	2204.18	3026.10	3275.28	4607.11	5210.48	4882.93
指 数	**Indices**	**111.6**	**123.3**	**124.2**	**119.8**	**114.6**	**119.0**	**119.6**	**114.6**
按注册类型分	By Registration status								
内资企业	Domestic Funded Enterprises	111.6	124.0	124.1	119.8	114.5	119.8	118.5	113.4
国有	State-owned	114.6	109.5	117.3	110.2	110.0	115.5	112.4	105.5
集体	Collective-owned	106.7	128.8	112.7	107.6	109.6	115.9	117.8	109.6
股份合作	Cooperative	111.1	130.3	130.9	120.3	105.5	122.2	106.5	107.5
联营	Joint Ownership	93.6	120.7	109.6	128.5	130.4	101.9	102.8	95.3
有限责任公司	Limited Liability Corporations	108.3	119.9	127.2	119.6	114.1	120.5	119.1	114.2
股份有限公司	Share-holding Corporation Ltd	112.8	115.8	117.4	109.5	111.0	116.7	115.3	109.9
私营	Private	122.2	148.5	129.3	128.9	117.5	121.6	120.7	116.3
其他	Other	102.0	164.1	125.4	139.7	132.6	129.0	131.6	117.3
港澳台商投资	Enterprises with Funds from Hong Kong, Macao and Taiwan	113.9	110.8	122.8	118.3	111.6	117.4	154.1	173.6
外商投资	Foreign Funded	106.4	115.2	127.5	119.3	110.7	118.0	127.4	104.1
按控股类型分	By Proprietarily System								
#国有控股	State-holding			118.0	111.6	106.4	113.6	112.6	104.3
集体控股	Collective-holding			115.2	110.1	107.6	117.9	115.6	109.0
私人控股	Private-holding			129.7	125.8	119.5	121.5	121.2	117.0
港澳台控股	Hong Kong, Macao and Taiwan-holding			128.0	118.5	112.7	117.4	175.0	182.1
外商控股	Foreign-holding			132.6	120.4	110.8	110.7	115.2	103.5
按所有制分	By Proprietorial System								
公有制	Public-owned		114.0	117.3	111.3	106.6	115.3	113.4	105.2
非公有制	Non-Public-owned		137.0	129.8	124.9	118.3	121.8	122.4	118.4
按轻重工业分	Grouped by Light & Heavy Industry								
轻工业	Enterprises of Light Industry	106.2	128.8	125.0	124.8	113.7	120.0	120.4	116.2
重工业	Enterprises of Heavy Industry	114.2	121.0	123.9	117.6	115.0	118.8	119.2	113.9
按企业规模分	Grouped by Size of Enterprises								
大型企业	Large Enterprises	116.0	114.3	123.2	113.2	109.8	116.3	113.9	111.8
中型企业	Medium-sized Enterprises	103.0	112.5	128.4	119.5	116.7	118.7	118.9	112.2
小型企业	Small Enterprises	110.4	138.0	122.2	124.4	115.6	122.4	123.9	118.4

14-4 规模以上工业增加值(2012年)

本表增加值按当年价格计算，指数按可比价格计算。
Gross Value-added of industry are calculated at current prices, Indices are based on comparable prices.

单位：亿元

行业	Sector	规模以上工业 Industrial above Designated Size 增加值 Value-Added of Industry	指数(%) Indices (%)
总　计	**Total**	**12654.83**	**114.6**
按轻重工业分	**Grouped by Light & Heavy Industry**		
轻工业	Enterprises of Light Industry	3998.11	116.2
重工业	Heavy Industry	8656.72	113.9
按企业规模分	**Grouped by Size of Enterprises**		
大型企业	Large Enterprises	4295.90	111.8
中型企业	Medium-sized Enterprises	3456.69	112.2
小型企业	Small Enterprises	4882.93	118.4
按行业分	**By Sector**		
煤炭开采和洗选业	Mining and Washing of Coal	1015.33	102.0
石油和天然气开采业	Extraction of Petroleum and Natural Gas	120.64	100.3
黑色金属矿采选业	Mining of Ferrous Metal Ores	61.67	122.7
有色金属矿采选业	Mining of Non-ferrous Metal Ores	418.06	114.2
非金属矿采选业	Mining and Processing of Nonmetal Ores	112.81	107.9
开采辅助活动	Mining Auxiliary	85.07	114.3
其他采矿业	Mining of Other Ores n.e.c		
农副食品加工业	Processing of Food from Agricultural Products	885.33	114.7
食品制造业	Manufacture of Foods	375.43	109.7
酒、饮料和精制茶制造业	Manufacture of Wine, drinks and refined tea	269.60	115.0
烟草制品业	Manufacture of Tobacco	320.87	120.4
纺织业	Manufacture of Textile	485.62	126.2
纺织服装服饰业	Manufacture of Textile Wearing,Apparel	130.87	120.6
皮革、毛皮、羽毛及其制品和制鞋业	Manufacture of Leather, Fur, Featherand Its Products,Shoemaking	260.14	119.1
木材加工及木、竹、藤、棕、草制品业	Processing of Timbers, Manufacture of Wood, Bamboo, Rattan, Palm, and Straw Products	181.27	110.4
家具制造业	Manufacture of Furniture	104.09	115.4
造纸及纸制品业	Manufacture of Paper and Paper Products	224.34	105.5
印刷和记录媒介的复制业	Printing,Reproduction of Recording Media	71.78	115.5
文教、工美、体育和娱乐用品制造业	Manufacture of Cultural and educational supplies, industrial, sporting and entertainment	117.40	116.1
石油加工、炼焦及核燃料加工业	Processing of Petroleum ,Coking, Processing of Nucleus Fuel	239.91	117.7
化学原料及化学制品制造业	Manufacture of Chemical Raw Material and Chemical Products	639.63	113.8
医药制造业	Manufacture of Medicines	278.91	113.6
化学纤维制造业	Manufacture of Chemical Fiber	24.12	100.8
橡胶和塑料制品业	Manufacture of Rubber and Plastic	288.56	115.2
非金属矿物制品业	Manufacture of Non-metallic Mineral Products	1634.44	113.7
黑色金属冶炼及压延加工业	Manufacture and Processing of Ferrous Metals	691.00	110.3
有色金属冶炼及压延加工业	Manufacture and Processing of Non-ferrous Metals	572.26	110.9
金属制品业	Manufacture of Metal Products	272.33	117.8
通用设备制造业	Manufacture of General Purpose Machinery	474.77	119.7
专用设备制造业	Manufacture of Special Purpose Machinery	544.27	116.3
汽车制造业	Manufacture of Automobile	350.53	112.6
铁路、船舶、航空航天和其他运输设备制造业	Manufacture of Railway, shipbuilding, aerospace, and other transportation equipment	111.59	120.2
电气机械及器材制造业	Manufacture of Electrical Machinery and Equipment	348.50	123.5
计算机、通信和其他电子设备制造业	Manufacture of Computer Communication Equipment , and Other Electronic Equipment	283.84	406.8
仪器仪表制造业	Manufacture of Measuring Instrument	67.99	117.9
其他制造业	Manufacture of others	20.37	108.0
废弃资源综合利用业	Comprehensive utilization of waste materials	21.26	114.9
金属制品、机械和设备修理业	Repairing of Metal products, machinery and equipment	4.24	94.5
电力、热力的生产和供应业	Production and Supply of Electric Power and Heat Power	492.57	95.7
燃气生产和供应业	Production and Distribution of Gas	36.94	116.0
水的生产和供应业	Production and Distribution of Water	16.49	108.1

Value-added of Industry Enterprises Above Designated Size (2012)

(100 million yuan)

#国有控股 State-holding		#公有制 Public-owned		#私营工业企业 Private	
增加值 Value-Added of Industry	指数(%) Indices (%)	增加值 Value-Added of Industry	指数(%) Indices (%)	增加值 Value-Added of Industry	指数(%) Indices (%)
2734.62	**104.3**	**3401.92**	**105.2**	**5067.86**	**116.3**
458.65	115.4	683.84	115.7	1886.24	116.3
2275.97	102.1	2718.08	103.4	3181.63	116.9
2065.57	104.5	2238.62	105.3	543.71	119.2
554.08	100.3	732.74	102.2	1576.84	116.5
114.96	117.9	430.56	114.4	2932.57	116.1
624.74	101.2	653.26	100.7	209.39	107.1
119.25	99.0	119.28	99.0		
2.95	118.2	8.23	125.8	34.17	123.5
69.66	114.2	247.78	114.2	107.06	112.2
8.18	117.5	15.64	118.5	78.27	105.0
83.31	113.6	83.51	113.6	1.56	136.3
23.77	108.6	68.72	114.8	448.14	113.8
6.11	95.5	32.19	113.5	153.37	107.4
23.36	114.8	42.16	115.7	106.59	115.4
318.79	121.2	320.17	121.1		
21.23	106.1	35.79	107.6	301.78	123.7
1.07	101.8	4.67	110.3	84.70	119.0
5.29	82.5	26.39	113.0	134.45	116.9
0.09	142.7	1.75	110.6	134.09	105.4
		3.45	108.4	81.01	113.5
18.03	102.1	44.34	109.2	113.77	113.5
2.27	102.0	11.76	108.7	43.23	113.0
0.98	159.8	3.82	113.2	58.08	115.9
83.96	116.3	91.47	116.5	71.99	120.1
103.59	106.8	136.94	106.2	288.43	120.3
4.22	119.0	41.14	125.3	87.29	120.0
12.60	94.0	15.18	98.3	6.26	112.2
23.52	97.8	45.85	101.3	143.08	122.2
78.78	101.6	146.69	107.2	921.06	114.4
69.75	79.5	72.47	80.0	310.04	121.9
218.14	100.8	225.13	99.3	151.77	129.2
8.93	95.6	23.96	105.6	152.81	116.8
43.56	111.2	60.06	111.9	230.47	119.5
112.23	111.1	136.20	112.2	215.19	115.0
107.96	100.0	123.38	101.8	103.82	125.3
18.49	110.3	20.91	109.1	66.13	125.0
44.77	130.9	55.94	126.4	149.06	121.5
3.59	116.0	5.29	138.3	32.88	140.8
14.12	126.2	14.36	124.2	23.18	119.0
4.52	84.0	7.60	94.6	8.06	126.9
2.51	135.3	2.87	132.3	8.86	87.1
2.92	65.2	2.99	65.2	0.26	74.8
429.69	97.4	432.73	97.4	1.13	72.5
7.77	104.6	7.77	104.6	3.47	183.4
9.94	101.8	10.10	102.1	2.94	117.1

14-5 各市规模以上工业增加值(2012年)

本表按当年价格计算。
Data in this table are calculated at current prices.
单位：亿元

市(县) City(County)	合计 Total	公有制企业 Public-owned	非公有制企业 Non-public owned	大型企业 Large-sized Enterprises	中型企业 Medium-sized Enterprises	小型企业 Small Enterprises
全　省 Total	**12654.83**	**3401.92**	**9252.91**	**4295.90**	**3456.69**	**4882.93**
省辖市 City						
郑州市 Zhengzhou	2186.00	465.51	1720.49	705.99	568.10	907.30
开封市 Kaifeng	385.00	46.28	338.72	99.85	152.70	132.45
洛阳市 Luoyang	1328.20	568.26	759.94	486.33	378.09	462.47
平顶山市 Pingdingshan	682.53	294.50	388.03	264.27	115.25	302.06
安阳市 Anyang	716.30	153.81	562.49	329.61	213.60	173.10
鹤壁市 Hebi	331.47	89.38	242.09	66.51	91.53	172.25
新乡市 Xinxiang	731.06	155.54	575.52	306.89	252.98	171.20
焦作市 Jiaozuo	880.91	143.96	736.96	191.73	281.68	407.50
濮阳市 Puyang	542.81	193.66	349.15	168.84	110.29	263.69
许昌市 Xuchang	925.15	223.53	701.62	392.76	191.89	335.03
漯河市 Luohe	450.18	100.37	349.81	223.64	113.05	111.90
三门峡市 Sanmenxia	653.00	338.78	314.22	143.88	170.28	337.69
南阳市 Nanyang	827.50	254.66	572.84	321.45	212.49	293.50
商丘市 Shangqiu	480.47	201.07	279.40	210.43	148.40	120.71
信阳市 Xinyang	345.86	47.20	298.66	78.61	98.93	166.91
周口市 Zhoukou	529.44	21.60	507.84	146.63	148.97	233.84
驻马店市 Zhumadian	402.09	63.02	339.07	64.93	171.10	165.88
济源市 Jiyuan	277.93	65.66	212.27	130.29	50.02	97.61
省直管县 Province Administrating County						
巩义市 Gongyi	309.77	23.22	286.55	71.09	86.54	152.13
兰考县 Lankao	52.74	1.87	50.87	4.24	21.01	27.49
汝州市 Ruzhou	109.45	35.74	73.71	34.52	11.46	63.47
滑县 Huaxian	44.73	2.85	41.89	13.12	11.23	20.39
长垣县 Changyuan	78.00	1.25	76.75	44.11	20.96	12.93
邓州市 Dengzhou	75.58	8.06	67.52	10.31	25.92	39.35
永城市 Yongcheng	194.33	144.88	49.45	153.53	15.61	25.11
固始县 Gushi	37.66	1.59	36.07	1.89	10.05	25.72
鹿邑县 Luyi	67.21	0.44	66.77	64.42	1.10	1.69
新蔡县 Xincai	29.01	1.46	27.54	1.83	10.09	17.08

Value-added of Industry Enterprises Above Designated Size by City (2012)

(100 million yuan)

轻工业 Enterprises of Light Industry	重工业 Enterprises of Heavy Industry	#国有控股 State holds the majority of shares	#集体控股 Collective holds the majority of shares	#私人控股 Private holds the majority of shares	#港澳台控股 Hong Kong,Macao and Taiwan holds the majority of shares	#外商控股 Foreign holds the majority of shares	增加值增速(%) Growth Rate of Output value (%)
3998.11	**8656.72**	**2734.62**	**667.30**	**8103.54**	**439.39**	**263.66**	**114.6**
425.63	1760.37	413.09	52.41	1373.64	218.29	56.16	117.2
171.23	213.77	28.91	17.37	320.56	2.51	7.55	117.8
211.29	1116.91	538.18	30.08	671.38	13.99	28.02	112.9
97.72	584.82	262.23	32.27	351.69	26.08	7.01	108.1
180.33	535.98	142.45	11.36	540.82	5.89	7.91	109.5
104.03	227.44	54.13	35.26	223.48	3.93	5.69	113.0
285.10	445.96	84.54	71.00	454.42	3.75	15.62	116.2
321.77	559.14	113.93	30.03	699.08	9.43	2.43	114.2
217.37	325.44	164.71	28.96	326.68	11.74	8.28	117.2
316.82	608.33	201.64	21.89	663.47	4.29	14.29	117.4
336.39	113.80	47.69	52.69	231.36	73.78	27.06	116.0
38.88	614.12	155.21	183.58	273.61	8.82	31.79	115.0
324.91	502.58	223.91	30.75	517.81	17.25	4.85	116.3
203.35	277.12	185.51	15.57	272.11	3.68	1.74	117.1
156.29	189.57	33.89	13.31	274.84	6.31	0.76	116.5
366.53	162.90	11.25	10.35	413.25	6.60	14.90	119.7
214.77	187.32	46.02	17.00	319.78	5.24	7.85	118.6
27.66	250.27	58.84	6.82	176.18	13.05	21.50	115.2
11.87	297.90	11.38	11.84	225.38	13.07	18.11	113.4
19.05	33.69	1.30	0.57	47.70	0.33	2.84	120.0
5.54	103.91	32.43	3.32	72.97	0.74		114.8
25.50	19.23	0.86	1.99	40.85	0.04		115.8
17.41	60.58	1.04	0.21	27.10			117.8
47.92	27.66	2.32	5.74	63.10	1.85	1.01	119.1
30.21	164.12	144.77	0.11	49.45			111.0
19.53	18.13	0.63	0.97	36.07			117.2
66.60	0.61	0.44		62.43			120.4
21.19	7.82	0.65	0.81	27.54			119.3

14-6 各市规模以上公有制工业企业增加值(2012年)
Value-added of Public-owned Industrial Enterprises above Designated Size by City (2012)

单位：亿元 (100 million yuan)

市(县)	City(County)	合 计 Total	轻工业 Enterprises of Light Industry	重工业 Enterprises of Heavy Industry	#大型企业 Large-sized Enterprises	#中型企业 Medium-sized Enterprises	指 数 (上年=100) Indices (Preceding year=100)
省辖市	**City**						
郑州市	Zhengzhou	465.51	124.92	340.59	340.32	84.17	109.1
开封市	Kaifeng	46.28	11.67	34.61	17.62	25.89	112.5
洛阳市	Luoyang	568.26	34.16	534.10	408.73	135.49	106.0
平顶山市	Pingdingshan	294.50	17.47	277.03	211.78	52.45	101.3
安阳市	Anyang	153.81	60.04	93.77	119.17	28.34	90.9
鹤壁市	Hebi	89.38	9.41	79.97	48.44	15.01	99.5
新乡市	Xinxiang	155.54	67.77	87.77	100.14	43.82	106.0
焦作市	Jiaozuo	143.96	10.90	133.06	82.73	29.08	95.5
濮阳市	Puyang	193.66	14.70	178.96	148.19	27.14	108.8
许昌市	Xuchang	223.53	90.40	133.12	185.53	21.82	112.2
漯河市	Luohe	100.37	83.09	17.28	83.60	10.20	109.6
三门峡市	Sanmenxia	338.78	7.92	330.86	109.23	70.29	110.2
南阳市	Nanyang	254.66	73.68	180.98	177.61	57.92	108.4
商丘市	Shangqiu	201.07	20.09	180.98	157.87	39.29	103.3
信阳市	Xinyang	47.20	23.84	23.36	21.53	19.38	105.4
周口市	Zhoukou	21.60	7.77	13.83	0.58	17.91	114.4
驻马店市	Zhumadian	63.02	29.14	33.88	13.21	41.86	106.1
济源市	Jiyuan	65.66	1.60	64.06	38.84	19.71	116.4
省直管县	**Province Administrating County**						
巩义市	Gongyi	23.22		23.22	11.85	9.09	104.1
兰考县	Lankao	1.87	0.43	1.44		1.62	120.6
汝州市	Ruzhou	35.74	3.08	32.66	30.88	3.41	133.8
滑县	Huaxian	2.85	1.99	0.86	1.99	0.86	106.0
长垣县	Changyuan	1.25		1.25		1.04	114.4
邓州市	Dengzhou	8.06	5.51	2.55		4.48	113.9
永城市	Yongcheng	144.88	2.45	142.43	141.22	3.52	103.0
固始县	Gushi	1.59	0.19	1.40		0.82	104.8
鹿邑县	Luyi	0.44	0.02	0.42		0.42	99.4
新蔡县	Xincai	1.46	0.68	0.79		0.54	115.5

14-7 各市规模以上国有控股工业增加值(2012年)
Value-added of State-holding Industrial Enterprises above Designated Size by City (2012)

单位：亿元 (100 million yuan)

市(县)	City(County)	合 计 Total	轻工业 Enterprises of Light Industry	重工业 Enterprises of Heavy Industry	#大型企业 Large-sized Enterprises	#中型企业 Medium-sized Enterprises	指 数 (上年=100) Indices (Preceding year=100)
省辖市	**City**						
郑州市	Zhengzhou	413.09	111.82	301.28	330.49	64.16	107.0
开封市	Kaifeng	28.91	3.07	25.84	12.01	16.38	113.9
洛阳市	Luoyang	538.18	32.60	505.58	395.60	128.79	105.6
平顶山市	Pingdingshan	262.23	13.50	248.73	208.33	45.46	101.0
安阳市	Anyang	142.45	52.72	89.73	114.90	22.58	89.6
鹤壁市	Hebi	54.13	3.24	50.88	45.56	5.48	91.8
新乡市	Xinxiang	84.54	13.86	70.68	47.29	34.77	96.6
焦作市	Jiaozuo	113.93	3.27	110.66	73.18	24.24	97.9
濮阳市	Puyang	164.71	5.95	158.76	144.54	16.99	107.2
许昌市	Xuchang	201.64	79.80	121.84	176.02	15.19	113.7
漯河市	Luohe	47.69	33.75	13.93	32.80	10.11	109.4
三门峡市	Sanmenxia	155.21	1.86	153.34	109.23	30.81	103.5
南阳市	Nanyang	223.91	61.28	162.63	172.12	45.82	107.6
商丘市	Shangqiu	185.51	5.15	180.36	157.87	26.42	102.3
信阳市	Xinyang	33.89	18.79	15.10	14.80	17.37	103.0
周口市	Zhoukou	11.25	1.36	9.88	0.58	9.51	106.5
驻马店市	Zhumadian	46.02	17.85	28.17	13.21	30.94	104.3
济源市	Jiyuan	58.84	0.34	58.50	38.84	18.85	115.5
省直管县	**Province Administrating County**						
巩义市	Gongyi	11.38		11.38	4.80	6.19	84.6
兰考县	Lankao	1.30	0.43	0.87		1.05	113.9
汝州市	Ruzhou	32.43		32.43	27.80	3.41	135.6
滑县	Huaxian	0.86		0.86		0.86	96.9
长垣县	Changyuan	1.04		1.04		1.04	105.8
邓州市	Dengzhou	2.32	1.09	1.23		2.10	128.6
永城市	Yongcheng	144.77	2.34	142.43	141.22	3.41	103.0
固始县	Gushi	0.63		0.63		0.63	98.6
鹿邑县	Luyi	0.44	0.02	0.42		0.42	99.4
新蔡县	Xincai	0.65	0.25	0.41		0.54	114.2

14-8 各市规模以上私营工业企业增加值(2012年)

Value-added of Private Industrial Enterprises above Designated Size by City (2012)

市(县)	City(County)	工业增加值(亿元) Value Added of Industry (100 millionyuan)	轻工业 Enterprises of Light Industry	重工业 Enterprises of Heavy Industry	#大型企业 Large-sized Enterprises	#中型企业 Medium-sized Enterprises	工业增加值指数(上年=100) Indices of Value Added of Industry (Preceding year=100)
省辖市	**City**						
郑州市	Zhengzhou	825.88	138.32	687.57	61.27	279.68	112.3
开封市	Kaifeng	239.24	116.88	122.36	49.99	89.23	119.7
洛阳市	Luoyang	399.56	130.05	269.51	8.49	119.96	125.0
平顶山市	Pingdingshan	209.51	60.82	148.68	9.87	25.26	109.5
安阳市	Anyang	309.10	56.16	252.94	106.12	96.41	115.6
鹤壁市	Hebi	123.85	55.27	68.58		25.60	117.1
新乡市	Xinxiang	256.47	107.53	148.94	76.20	99.30	123.1
焦作市	Jiaozuo	485.86	194.74	291.12	30.97	186.21	117.4
濮阳市	Puyang	237.52	134.60	102.91	10.73	58.43	119.7
许昌市	Xuchang	454.07	135.46	318.60	79.02	126.50	118.0
漯河市	Luohe	133.95	88.63	45.33	3.76	68.66	113.4
三门峡市	Sanmenxia	217.61	17.90	199.71		72.45	125.5
南阳市	Nanyang	291.15	157.22	133.93	30.45	69.08	120.1
商丘市	Shangqiu	212.23	135.27	76.96	36.52	81.22	128.8
信阳市	Xinyang	162.23	74.51	87.72		51.47	113.0
周口市	Zhoukou	245.85	163.91	81.94	25.62	48.41	115.6
驻马店市	Zhumadian	202.99	112.94	90.06	9.92	70.96	121.6
济源市	Jiyuan	50.45	6.79	43.67	11.50	8.49	102.7
省直管县	**Province Administrating County**						
巩义市	Gongyi	193.93	4.97	188.95	6.38	69.33	114.9
兰考县	Lankao	40.67	14.00	26.67		16.59	119.4
汝州市	Ruzhou	57.62	2.21	55.41		2.05	102.5
滑县	Huaxian	30.84	19.08	11.76	9.09	6.11	128.6
长垣县	Changyuan	13.43	3.77	9.66	8.41	2.59	112.4
邓州市	Dengzhou	43.34	27.88	15.46	1.48	10.00	116.2
永城市	Yongcheng	48.24	26.55	21.69	12.31	12.09	144.9
固始县	Gushi	27.44	14.00	13.44		7.64	111.4
鹿邑县	Luyi	11.09	10.90	0.19	9.10	0.49	134.2
新蔡县	Xincai	15.24	11.78	3.46		5.02	118.2

14-9 规模以上工业企业主要指标(2012年)

单位：亿元

行业	Sector	单位数(个) Number of Enterprises (unit)	从业人员(万人) Number of Employed Persons (10 000 persons)
总计	**Total**	**19245**	**584.05**
按轻重工业分	**Grouped by Light & Heavy Industry**		
轻工业	Enterprises of Light Industry	7421	210.40
重工业	Heavy Industry	11824	373.65
按企业规模分	**Grouped by Size of Enterprises**		
大型企业	Large Enterprises	577	222.78
中型企业	Medium-sized Enterprises	3519	177.35
小型企业	Small Enterprises	14563	181.63
微型企业	Micro-enterprises	586	2.28
按所有制分	**By Proprietorial System**		
公有制	Public-owned	1537	154.33
非公有制	Non-Public-owned	17708	429.71
按行业分	**By Sector**		
煤炭开采和洗选业	Mining and Washing of Coal	488	54.74
石油和天然气开采业	Extraction of Petroleum and Natural Gas	3	7.05
黑色金属矿采选业	Mining of Ferrous Metal Ores	133	1.83
有色金属矿采选业	Mining of Non-ferrous Metal Ores	335	8.05
非金属矿采选业	Mining and Processing of Nonmetal Ores	252	4.42
开采辅助活动	Mining Auxiliary	4	4.17
其他采矿业	Mining of Other Ores n.e.c		
农副食品加工业	Processing of Food from Agricultural Products	1916	38.55
食品制造业	Manufacture of Foods	672	21.57
酒、饮料和精制茶制造业	Manufacture of Wine, drinks and refined tea	426	11.15
烟草制品业	Manufacture of Tobacco	18	2.15
纺织业	Manufacture of Textile	967	32.98
纺织服装服饰业	Manufacture of Textile Wearing,Apparel	456	15.48
皮革、毛皮、羽毛及其制品和制鞋业	Manufacture of Leather, Fur, Featherand Its Products,Shoemaking	457	14.41
木材加工及木、竹、藤、棕、草制品业	Processing of Timbers, Manufacture of Wood, Bamboo, Rattan, Palm, and Straw Products	541	10.39
家具制造业	Manufacture of Furniture	279	5.98
造纸及纸制品业	Manufacture of Paper and Paper Products	401	11.57
印刷和记录媒介的复制业	Printing,Reproduction of Recording Media	193	3.86
文教、工美、体育和娱乐用品制造业	Manufacture of Cultural and educational supplies, industrial, sporting and entertainment	281	9.80
石油加工、炼焦及核燃料加工业	Processing of Petroleum ,Coking, Processing of Nucleus Fuel	87	4.07
化学原料及化学制品制造业	Manufacture of Chemical Raw Material and Chemical Products	1124	26.56
医药制造业	Manufacture of Medicines	394	14.17
化学纤维制造业	Manufacture of Chemical Fiber	39	1.84
橡胶和塑料制品业	Manufacture of Rubber and Plastic	684	13.62
非金属矿物制品业	Manufacture of Non-metallic Mineral Products	3116	59.92
黑色金属冶炼及压延加工业	Manufacture and Processing of Ferrous Metals	642	20.99
有色金属冶炼及压延加工业	Manufacture and Processing of Non-ferrous Metals	480	19.08
金属制品业	Manufacture of Metal Products	688	12.52
通用设备制造业	Manufacture of General Purpose Machinery	942	22.01
专用设备制造业	Manufacture of Special Purpose Machinery	1056	27.98
汽车制造业	Manufacture of Automobile	518	17.22
铁路、船舶、航空航天和其他运输设备制造业	Manufacture of Railway, shipbuilding, aerospace, and other transportation equipment	197	6.73
电气机械及器材制造业	Manufacture of Electrical Machinery and Equipment	656	18.41
计算机、通信和其他电子设备制造业	Manufacture of Computer Communication Equipment , and Other Electronic Equipment	196	32.42
仪器仪表制造业	Manufacture of Measuring Instrument	172	4.49
其他制造业	Manufacture of others	47	2.17
废弃资源综合利用业	Comprehensive utilization of waste materials	48	0.69
金属制品、机械和设备修理业	Repairing of Metal products, machinery and equipment	10	0.46
电力、热力的生产和供应业	Production and Supply of Electric Power and Heat Power	233	17.05
燃气生产和供应业	Production and Distribution of Gas	48	1.50
水的生产和供应业	Production and Distribution of Water	46	2.00

Main Indicators of Industrial Enterprises above Designated Size by Industrial Sector (2012)

(100 million yuan)

资产总计 Total Assets	流动资产合计 Balance of Working Capitals	负债合计 Total Liabilities	主营业务收入 Revenue from Principal Business	主营业务成本 Cost of Pricipal Business	利润总额 Total Profits	利税总额 Total Pre-tax Profits	本年应缴增值税 Value Added Tax Payable
35174.81	**15830.84**	**18087.58**	**52276.38**	**44546.45**	**4016.39**	**6107.52**	**1452.56**
8570.27	3998.27	3188.83	15829.89	13057.09	1493.36	2184.33	394.36
26604.54	11832.57	14898.76	36446.49	31489.36	2523.03	3923.19	1058.21
16734.78	7646.38	10282.48	19668.55	17137.97	914.19	1907.23	602.49
9156.57	3971.79	4422.23	14258.70	12175.19	1210.63	1689.10	371.91
9039.27	4130.64	3283.06	18062.61	14994.48	1869.12	2477.58	469.73
244.18	82.03	99.82	286.52	238.81	22.46	33.61	8.43
13342.00	5283.90	8625.24	13853.74	11979.44	557.85	1362.44	418.32
21832.81	10546.94	9462.35	38422.64	32567.01	3458.54	4745.08	1034.25
3311.12	1281.41	1958.11	3056.95	2538.24	231.71	410.00	143.48
395.10	73.02	213.89	327.26	200.20	2.14	94.52	27.96
107.41	52.36	46.58	181.83	149.53	18.54	26.81	5.98
593.49	264.54	208.06	1339.59	1064.72	207.79	230.33	14.72
178.49	66.79	64.01	371.43	298.55	43.78	62.99	14.58
165.20	85.68	126.04	148.10	136.43	-5.17	1.89	5.71
1815.74	826.78	607.88	4202.10	3592.44	354.41	460.27	78.96
824.26	398.92	322.57	1592.68	1317.90	170.56	217.56	37.76
691.67	309.70	322.05	1008.61	810.60	96.73	139.89	25.74
282.66	216.30	80.76	414.03	123.70	66.27	303.06	48.59
1222.91	537.48	509.66	1935.26	1668.68	148.37	201.71	41.33
278.29	111.72	80.55	592.23	497.73	51.44	69.15	13.39
406.39	187.37	111.44	913.90	752.49	98.01	127.18	23.33
325.40	117.91	75.90	632.29	514.04	68.78	89.18	15.03
179.95	64.22	38.78	402.34	323.60	45.45	58.78	9.62
615.75	257.71	283.93	922.70	785.33	86.42	113.93	21.81
152.43	68.57	55.58	247.90	205.24	22.34	31.40	7.29
241.67	135.06	88.61	476.19	389.81	47.03	64.25	13.68
484.28	232.97	299.76	1264.61	1093.40	39.15	128.97	25.26
2172.90	875.87	1178.23	2787.20	2438.28	181.93	251.06	54.22
710.03	348.86	285.17	1089.30	888.02	105.88	141.38	29.34
84.72	33.69	43.80	87.98	77.76	4.96	7.05	1.63
598.40	270.95	233.19	1175.00	977.89	118.88	157.76	29.72
3351.57	1547.81	1319.13	5590.24	4574.05	627.44	880.49	210.04
1908.71	850.38	1079.51	3153.14	2844.27	158.94	249.98	75.13
2870.88	1408.84	1796.22	3884.23	3614.87	95.07	167.06	59.53
527.56	250.08	186.14	1066.39	914.70	91.21	120.57	23.05
1210.47	705.91	616.85	1908.86	1615.61	160.36	220.19	48.47
1591.37	934.94	710.29	2423.30	2045.11	199.16	272.00	59.89
1090.79	564.55	525.74	1538.11	1291.28	139.03	191.91	41.23
246.64	149.12	99.51	490.19	412.96	48.03	58.36	8.26
1221.16	725.87	542.99	1847.28	1540.21	152.78	208.03	43.91
1235.09	892.23	940.15	1682.01	1598.26	56.73	150.62	90.29
212.21	133.53	99.49	220.16	173.78	22.02	29.82	6.48
73.49	34.03	32.61	95.22	76.31	8.76	11.98	2.72
37.76	21.30	15.04	97.10	85.90	6.37	9.30	2.01
31.91	18.33	22.00	25.48	21.26	0.93	1.62	0.56
3381.64	659.41	2635.09	2884.70	2728.03	30.29	126.14	86.95
254.21	84.20	176.33	166.08	138.08	13.78	18.38	3.46
91.08	32.45	55.94	34.41	27.18	0.08	1.98	1.48

14-10 规模以上国有控股工业企业主要指标(2012年)

单位：亿元

行 业	Sector	单位数 (个) Number of Enterprises (unit)	从业人员 (万人) Number of Employed Persons (10 000 persons)
总 计	**Total**	**790**	**129.39**
按轻重工业分	**Grouped by Light & Heavy Industry**		
轻工业	Enterprises of Light Industry	148	13.75
重工业	Heavy Industry	642	115.64
按企业规模分	**Grouped by Size of Enterprises**		
大型企业	Large Enterprises	170	102.23
中型企业	Medium-sized Enterprises	364	23.76
小型企业	Small Enterprises	236	3.29
微型企业	Micro-enterprises	20	0.11
按行业分	**By Sector**		
煤炭开采和洗选业	Mining and Washing of Coal	65	44.58
石油和天然气开采业	Extraction of Petroleum and Natural Gas	2	6.98
黑色金属矿采选业	Mining of Ferrous Metal Ores	4	0.19
有色金属矿采选业	Mining of Non-ferrous Metal Ores	24	1.59
非金属矿采选业	Mining and Processing of Nonmetal Ores	9	0.37
开采辅助活动	Mining Auxiliary	1	4.09
其他采矿业	Mining of Other Ores n.e.c		
农副食品加工业	Processing of Food from Agricultural Products	30	1.69
食品制造业	Manufacture of Foods	10	0.51
酒、饮料和精制茶制造业	Manufacture of Wine, drinks and refined tea	10	0.86
烟草制品业	Manufacture of Tobacco	13	1.92
纺织业	Manufacture of Textile	19	2.20
纺织服装服饰业	Manufacture of Textile Wearing,Apparel	5	0.10
皮革、毛皮、羽毛及其制品和制鞋业	Manufacture of Leather, Fur, Featherand Its Products,Shoemaking	3	0.26
木材加工及木、竹、藤、棕、草制品业	Processing of Timbers, Manufacture of Wood, Bamboo, Rattan, Palm, and Straw Products	3	0.08
家具制造业	Manufacture of Furniture	1	0.01
造纸及纸制品业	Manufacture of Paper and Paper Products	5	0.92
印刷和记录媒介的复制业	Printing,Reproduction of Recording Media	7	0.20
文教、工美、体育和娱乐用品制造业	Manufacture of Cultural and educational supplies, industrial, sporting and entertainment	1	0.02
石油加工、炼焦及核燃料加工业	Processing of Petroleum ,Coking, Processing of Nucleus Fuel	8	1.00
化学原料及化学制品制造业	Manufacture of Chemical Raw Material and Chemical Products	58	5.29
医药制造业	Manufacture of Medicines	11	0.89
化学纤维制造业	Manufacture of Chemical Fiber	1	1.14
橡胶和塑料制品业	Manufacture of Rubber and Plastic	9	0.98
非金属矿物制品业	Manufacture of Non-metallic Mineral Products	68	3.69
黑色金属冶炼及压延加工业	Manufacture and Processing of Ferrous Metals	10	4.43
有色金属冶炼及压延加工业	Manufacture and Processing of Non-ferrous Metals	44	8.24
金属制品业	Manufacture of Metal Products	11	0.42
通用设备制造业	Manufacture of General Purpose Machinery	29	2.72
专用设备制造业	Manufacture of Special Purpose Machinery	41	7.13
汽车制造业	Manufacture of Automobile	16	2.80
铁路、船舶、航空航天和其他运输设备制造业	Manufacture of Railway, shipbuilding, aerospace, and other transportation equipment	10	1.53
电气机械及器材制造业	Manufacture of Electrical Machinery and Equipment	22	2.40
计算机、通信和其他电子设备制造业	Manufacture of Computer Communication Equipment , and Other Electronic Equipment	10	0.41
仪器仪表制造业	Manufacture of Measuring Instrument	11	1.03
其他制造业	Manufacture of others	2	1.08
废弃资源综合利用业	Comprehensive utilization of waste materials	1	0.03
金属制品、机械和设备修理业	Repairing of Metal products, machinery and equipment	2	0.34
电力、热力的生产和供应业	Production and Supply of Electric Power and Heat Power	185	15.46
燃气生产和供应业	Production and Distribution of Gas	9	0.45
水的生产和供应业	Production and Distribution of Water	20	1.34

Main Indicators on Economic Benefit of State-holding Industrial Enterprises above Designated Size (2012)

(100 million yuan)

资产总计 Total Assets	流动资产合计 Balance of Working Capitals	负债合计 Total Liabilities	主营业务收入 Revenue from Principal Business	主营业务成本 Cost of Pricipal Business	利润总额 Total Profits	利税总额 Total Pre-tax Profits	本年应缴增值税 Value Added Tax Payable
12134.76	**4722.60**	**8148.44**	**11381.55**	**9908.90**	**283.02**	**1033.03**	**379.63**
1097.96	590.98	595.64	1075.91	713.79	79.41	331.70	58.34
11036.80	4131.63	7552.80	10305.64	9195.11	203.61	701.33	321.29
9649.48	3887.63	6345.21	8863.01	7642.60	223.67	873.74	308.97
1987.07	667.69	1439.52	1949.39	1739.76	51.10	138.60	60.03
493.27	166.07	362.93	565.89	523.49	9.02	21.36	10.56
4.94	1.21	0.78	3.25	3.05	-0.77	-0.67	0.08
2781.68	1038.72	1753.15	2277.93	1924.88	116.04	253.31	112.68
392.86	71.10	212.53	324.99	198.25	1.93	94.10	27.79
12.56	3.93	6.41	8.97	7.12	1.01	1.88	0.64
108.44	39.40	64.56	119.45	94.70	14.36	19.21	3.42
33.23	8.24	21.76	25.23	18.72	2.30	4.19	1.30
162.41	84.52	125.15	144.22	133.42	-5.70	1.26	5.65
53.00	25.88	32.24	106.56	100.55	2.07	2.45	0.32
25.27	9.66	11.92	39.77	35.16	2.55	3.43	0.77
161.40	84.78	114.66	107.32	91.08	2.13	7.97	2.33
275.71	211.79	75.73	407.05	118.27	66.14	302.46	48.17
161.02	86.47	112.57	162.37	154.66	-1.41	-0.10	1.01
1.42	0.96	0.78	2.58	1.70	0.10	0.30	0.17
5.62	3.99	2.84	20.86	17.92	0.6	0.87	0.11
7.03	1.16	3.23	0.98	0.66	0.15	0.17	0.01
0.13	0.05	0.09	0.25	0.23	0.01	0.03	0.01
147.59	53.30	101.52	69.41	61.57	1.30	3.46	1.26
9.49	4.57	2.16	7.89	6.09	0.52	0.88	0.26
0.62	0.60	0.07	2.55	1.98	0.01	0.02	0.01
179.23	91.64	151.72	568.79	510.87	-12.85	53.61	10.03
610.45	194.55	506.13	501.85	483.53	-19.64	-12.96	5.82
51.16	23.47	28.76	30.70	23.49	2.03	3.27	1.09
53.32	18.87	27.61	33.42	31.90	0.19	0.69	0.41
82.05	38.99	56.31	95.70	77.89	3.44	6.31	1.93
322.28	123.82	191.55	234.78	199.70	13.63	23.09	8.26
541.62	233.34	401.90	345.10	337.52	-23.04	-15.99	6.04
1361.75	643.34	933.90	1497.97	1444.05	-25.79	-4.59	16.63
15.23	10.24	12.02	38.51	35.88	0.68	0.99	0.23
205.61	119.33	130.24	146.78	128.60	3.86	7.18	2.89
643.83	429.06	339.30	615.50	517.11	44.25	60.09	12.94
197.31	125.06	121.99	324.55	270.59	26.84	41.67	9.78
79.07	51.29	46.21	53.35	41.53	4.13	5.08	0.78
362.90	268.81	223.40	244.33	190.59	16.07	32.57	14.51
56.88	23.10	35.44	13.59	8.93	2.07	2.70	0.56
56.99	40.07	32.77	40.63	30.62	5.30	6.70	1.21
52.84	25.74	26.70	46.18	35.99	4.24	5.74	1.35
2.65	2.46	2.05	31.39	30.07	1.10	1.15	0.03
26.78	16.62	20.57	18.90	16.23	0.51	1.00	0.43
2767.71	477.48	2119.02	2617.63	2480.44	32.62	117.86	77.42
58.70	13.97	53.15	36.14	32.26	0.65	1.34	0.56
66.94	22.23	46.34	17.37	14.14	-1.35	-0.36	0.83

14—11 规模以上公有制工业企业主要指标(2012年)

单位：亿元

行业	Sector	单位数 (个) Number of Enterprises (unit)	从业人员 (万人) Number of Employed Persons (10 000 persons)
总 计	**Total**	**1537**	**154.33**
按轻重工业分	**Grouped by Light & Heavy Industry**		
轻工业	Enterprises of Light Industry	360	24.46
重工业	Heavy Industry	1177	129.88
按企业规模分	**Grouped by Size of Enterprises**		
大型企业	Large Enterprises	202	110.73
中型企业	Medium-sized Enterprises	525	32.71
小型企业	Small Enterprises	762	10.61
微型企业	Micro-enterprises	48	0.28
按行业分	**By Sector**		
煤炭开采和洗选业	Mining and Washing of Coal	101	45.81
石油和天然气开采业	Extraction of Petroleum and Natural Gas	3	7.05
黑色金属矿采选业	Mining of Ferrous Metal Ores	11	0.35
有色金属矿采选业	Mining of Non-ferrous Metal Ores	131	4.18
非金属矿采选业	Mining and Processing of Nonmetal Ores	16	1.11
开采辅助活动	Mining Auxiliary	3	4.14
其他采矿业	Mining of Other Ores n.e.c		
农副食品加工业	Processing of Food from Agricultural Products	84	3.09
食品制造业	Manufacture of Foods	21	2.16
酒、饮料和精制茶制造业	Manufacture of Wine, drinks and refined tea	30	1.46
烟草制品业	Manufacture of Tobacco	17	2.13
纺织业	Manufacture of Textile	35	3.07
纺织服装服饰业	Manufacture of Textile Wearing,Apparel	15	0.99
皮革、毛皮、羽毛及其制品和制鞋业	Manufacture of Leather, Fur, Featherand Its Products,Shoemaking	10	0.61
木材加工及木、竹、藤、棕、草制品业	Processing of Timbers, Manufacture of Wood, Bamboo, Rattan, Palm, and Straw Products	8	0.24
家具制造业	Manufacture of Furniture	5	0.09
造纸及纸制品业	Manufacture of Paper and Paper Products	27	2.48
印刷和记录媒介的复制业	Printing,Reproduction of Recording Media	17	0.52
文教、工美、体育和娱乐用品制造业	Manufacture of Cultural and educational supplies, industrial, sporting and entertainment	8	0.57
石油加工、炼焦及核燃料加工业	Processing of Petroleum ,Coking, Processing of Nucleus Fuel	11	1.15
化学原料及化学制品制造业	Manufacture of Chemical Raw Material and Chemical Products	107	6.65
医药制造业	Manufacture of Medicines	24	2.15
化学纤维制造业	Manufacture of Chemical Fiber	3	1.16
橡胶和塑料制品业	Manufacture of Rubber and Plastic	41	2.15
非金属矿物制品业	Manufacture of Non-metallic Mineral Products	173	5.85
黑色金属冶炼及压延加工业	Manufacture and Processing of Ferrous Metals	24	4.56
有色金属冶炼及压延加工业	Manufacture and Processing of Non-ferrous Metals	60	8.74
金属制品业	Manufacture of Metal Products	39	0.90
通用设备制造业	Manufacture of General Purpose Machinery	57	3.29
专用设备制造业	Manufacture of Special Purpose Machinery	91	8.04
汽车制造业	Manufacture of Automobile	33	3.84
铁路、船舶、航空航天和其他运输设备制造业	Manufacture of Railway, shipbuilding, aerospace, and other transportation equipment	17	1.68
电气机械及器材制造业	Manufacture of Electrical Machinery and Equipment	56	3.11
计算机、通信和其他电子设备制造业	Manufacture of Computer Communication Equipment , and Other Electronic Equipment	15	0.50
仪器仪表制造业	Manufacture of Measuring Instrument	14	1.12
其他制造业	Manufacture of others	5	1.42
废弃资源综合利用业	Comprehensive utilization of waste materials	2	0.07
金属制品、机械和设备修理业	Repairing of Metal products, machinery and equipment	3	0.37
电力、热力的生产和供应业	Production and Supply of Electric Power and Heat Power	189	15.57
燃气生产和供应业	Production and Distribution of Gas	9	0.45
水的生产和供应业	Production and Distribution of Water	22	1.53

Main Indicators on Economic Benefit of Public-owned Industrial Enterprises above Designated Size (2012)

(100 million yuan)

资产总计 Total Assets	流动资产合计 Balance of Working Capitals	负债合计 Total Liabilities	主营业务收入 Revenue from Principal Business	主营业务成本 Cost of Pricipal Business	利润总额 Total Profits	利税总额 Total Pre-tax Profits	本年应缴增值税 Value Added Tax Payable
13342.00	**5283.90**	**8625.24**	**13853.74**	**11979.44**	**557.85**	**1362.44**	**418.32**
1437.39	736.22	702.28	1905.57	1423.99	161.2	431.63	70.32
11904.61	4547.69	7922.96	11948.17	10555.45	396.65	930.81	348.00
10057.86	4044.34	6516.46	9529.74	8216.60	288.69	954.53	321.35
2371.73	870.72	1606.55	2677.46	2345.02	128.32	233.55	73.65
889.48	361.40	493.73	1624.34	1399.21	140.17	172.75	22.53
22.93	7.44	8.50	22.20	18.61	0.67	1.61	0.79
2828.75	1065.74	1776.93	2339.97	1971.09	126.95	267.37	115.18
395.10	73.02	213.89	327.26	200.20	2.14	94.52	27.96
15.72	6.04	6.98	23.84	19.2	3.38	4.99	1.26
315.48	137.57	107.63	792.10	628.75	125.18	133.06	3.70
40.21	11.84	23.14	50.71	38.86	5.16	9.16	2.71
163.30	85.12	125.89	144.88	133.98	-5.69	1.31	5.67
128.54	58.43	60.10	300.71	269.04	21.62	26.50	2.32
70.51	33.31	29.09	174.31	139.60	24.16	27.93	2.93
185.99	93.47	119.60	162.08	136.13	7.25	14.94	3.36
281.12	215.22	79.53	413.47	123.27	66.26	303.01	48.55
181.53	95.37	117.90	204.60	190.68	3.14	5.31	1.60
15.21	8.52	8.43	23.73	19.86	0.95	1.66	0.55
26.98	11.44	10.66	72.36	64.12	5.42	7.35	1.59
9.16	2.36	3.51	9.91	8.40	1.15	1.30	0.14
5.13	1.72	0.68	11.44	9.30	0.83	1.35	0.38
193.35	67.16	112.00	193.44	174.46	10.30	13.59	2.06
18.17	10.11	5.41	24.33	19.22	2.24	3.01	0.61
5.27	2.23	1.40	23.81	19.63	2.02	2.43	0.19
183.11	94.06	154.08	585.91	527.28	-12.46	54.13	10.13
775.64	239.83	584.13	678.01	645.26	-11.15	0.28	9.34
94.39	39.92	39.09	137.53	119.82	9.91	12.72	2.07
53.95	19.18	27.94	33.85	32.24	0.23	0.73	0.43
137.16	65.31	72.26	203.22	166.80	17.37	23.93	4.82
449.01	186.02	242.23	438.94	366.85	35.88	54.34	15.38
551.11	240.02	407.14	357.94	347.90	-21.86	-14.48	6.27
1401.79	660.01	964.16	1539.21	1483.70	-25.49	-3.42	17.42
29.36	18.27	18.61	71.87	65.63	2.38	3.47	0.88
248.76	141.77	156.18	216.62	186.27	10.49	16.11	4.78
678.14	446.49	352.48	686.41	579.81	48.23	65.40	14.01
256.21	165.36	161.01	393.85	330.83	29.88	46.56	11.35
81.12	53.00	47.10	59.39	45.76	4.78	5.94	0.96
404.24	299.44	245.79	304.44	239.76	20.77	39.23	16.23
60.20	25.86	36.96	19.68	14.12	2.25	3.01	0.60
57.70	40.52	33.22	42.13	31.83	5.41	6.89	1.28
55.77	27.84	28.08	57.26	45.10	4.92	6.94	1.82
4.06	2.97	2.82	32.01	30.38	1.17	1.26	0.05
26.97	16.76	20.81	21.38	18.13	0.52	1.02	0.44
2778.88	481.24	2126.79	2625.19	2487.82	32.57	118.15	77.73
58.70	13.97	53.15	36.14	32.26	0.65	1.34	0.56
76.22	27.37	48.45	19.83	16.10	-1.07	0.12	1.01

14-12 分行业规模以上私营工业企业主要指标(2012年)

单位：亿元

行 业	Sector	单位数(个) Number of Enterprises (unit)	从业人员(万人) Number of Employed Persons (10 000 persons)
总 计	**Total**	**10846**	**204.59**
按轻重工业分	**Grouped by Light & Heavy Industry**		
轻工业	Enterprises of Light Industry	4545	92.18
重工业	Heavy Industry	6301	112.41
按企业规模分	**Grouped by Size of Enterprises**		
大型企业	Large Enterprises	134	25.46
中型企业	Medium-sized Enterprises	1606	71.92
小型企业	Small Enterprises	8750	106.45
微型企业	Micro-enterprises	356	0.76
按行业分	**By Sector**		
煤炭开采和洗选业	Mining and Washing of Coal	188	3.89
石油和天然气开采业	Extraction of Petroleum and Natural Gas		
黑色金属矿采选业	Mining of Ferrous Metal Ores	87	0.95
有色金属矿采选业	Mining of Non-ferrous Metal Ores	145	2.44
非金属矿采选业	Mining and Processing of Nonmetal Ores	182	2.39
开采辅助活动	Mining Auxiliary	1	0.03
其他采矿业	Mining of Other Ores n.e.c		
农副食品加工业	Processing of Food from Agricultural Products	1311	18.80
食品制造业	Manufacture of Foods	400	8.42
酒、饮料和精制茶制造业	Manufacture of Wine, drinks and refined tea	241	4.47
烟草制品业	Manufacture of Tobacco		
纺织业	Manufacture of Textile	603	16.95
纺织服装服饰业	Manufacture of Textile Wearing,Apparel	265	7.69
皮革、毛皮、羽毛及其制品和制鞋业	Manufacture of Leather, Fur, Featherand Its Products,Shoemaking	314	6.23
木材加工及木、竹、藤、棕、草制品业	Processing of Timbers, Manufacture of Wood, Bamboo, Rattan, Palm, and Straw Products	403	7.61
家具制造业	Manufacture of Furniture	220	4.45
造纸及纸制品业	Manufacture of Paper and Paper Products	225	4.59
印刷和记录媒介的复制业	Printing,Reproduction of Recording Media	107	1.85
文教、工美、体育和娱乐用品制造业	Manufacture of Cultural and educational supplies, industrial, sporting and entertainment	146	2.59
石油加工、炼焦及核燃料加工业	Processing of Petroleum ,Coking, Processing of Nucleus Fuel	39	1.62
化学原料及化学制品制造业	Manufacture of Chemical Raw Material and Chemical Products	593	11.13
医药制造业	Manufacture of Medicines	173	3.73
化学纤维制造业	Manufacture of Chemical Fiber	18	0.39
橡胶和塑料制品业	Manufacture of Rubber and Plastic	378	6.23
非金属矿物制品业	Manufacture of Non-metallic Mineral Products	1858	31.34
黑色金属冶炼及压延加工业	Manufacture and Processing of Ferrous Metals	403	7.76
有色金属冶炼及压延加工业	Manufacture and Processing of Non-ferrous Metals	232	4.74
金属制品业	Manufacture of Metal Products	410	6.99
通用设备制造业	Manufacture of General Purpose Machinery	471	8.16
专用设备制造业	Manufacture of Special Purpose Machinery	519	9.05
汽车制造业	Manufacture of Automobile	255	5.12
铁路、船舶、航空航天和其他运输设备制造业	Manufacture of Railway, shipbuilding, aerospace, and other transportation equipment	121	2.87
电气机械及器材制造业	Manufacture of Electrical Machinery and Equipment	304	6.58
计算机、通信和其他电子设备制造业	Manufacture of Computer Communication Equipment , and Other Electronic Equipment	77	3.11
仪器仪表制造业	Manufacture of Measuring Instrument	83	1.44
其他制造业	Manufacture of others	19	0.26
废弃资源综合利用业	Comprehensive utilization of waste materials	25	0.34
金属制品、机械和设备修理业	Repairing of Metal products, machinery and equipment	4	0.05
电力、热力的生产和供应业	Production and Supply of Electric Power and Heat Power	6	0.10
燃气生产和供应业	Production and Distribution of Gas	8	0.08
水的生产和供应业	Production and Distribution of Water	12	0.15

Main Indicators on Economic Benefit of Private Industrial Enterprises above Designated Size (2012)

(100 million yuan)

资产总计 Total Assets	流动资产合计 Balance of Working Capitals	负债合计 Total Liabilities	主营业务收入 Revenue from Principal Business	主营业务成本 Cost of Pricipal Business	利润总额 Total Profits	利税总额 Total Pre-tax Profits	本年应缴增值税 Value Added Tax Payable
9059.78	**4040.52**	**2756.40**	**19575.92**	**16285.82**	**2070.57**	**2757.96**	**534.72**
3293.59	1434.19	869.12	7451.73	6176.28	794.53	1032.78	181.95
5766.19	2606.33	1887.28	12124.20	10109.54	1276.04	1725.18	352.77
1290.25	602.04	464.65	2548.08	2185.03	216.83	299.53	65.58
2935.06	1304.98	929.09	6282.73	5298.35	647.04	860.12	170.36
4700.67	2082.45	1311.16	10544.89	8639.25	1186.63	1569.97	292.68
133.79	51.05	51.50	200.23	163.19	20.07	28.35	6.10
206.12	88.62	84.81	362.30	286.18	54.34	73.72	13.55
63.8	32.3	29.38	89.7	73.2	8.96	12.89	2.7
156.14	77.03	53.23	367.71	303.27	48.62	55.63	4.83
105.94	41.50	30.99	256.61	208.07	30.80	42.61	9.32
1.90	0.56	0.15	3.22	2.45	0.52	0.58	0.04
769.95	339.24	186.47	2048.22	1719.05	207.25	268.15	44.75
264.44	120.64	66.86	596.51	486.15	70.05	89.38	15.11
210.38	87.30	71.91	399.75	320.12	43.28	60.08	11.79
563.75	238.64	164.20	1050.77	876.98	105.08	138.19	26.05
155.94	55.72	34.85	319.85	266.45	31.03	41.21	7.72
224.39	96.07	48.86	473.87	389.24	53.83	71.96	14.32
224.07	86.08	48.14	456.55	370.84	53.76	69.66	11.72
131.54	42.17	27.89	312.89	247.85	36.48	46.75	7.22
176.77	81.39	55.24	423.54	349.59	48.02	62.79	12.06
79.95	35.11	26.49	160.06	133.38	14.45	20.52	4.83
67.86	33.11	16.35	192.85	155.08	23.04	30.73	5.90
143.43	70.36	60.32	380.63	301.77	33.78	49.54	10.84
691.23	302.10	242.07	1189.96	998.93	123.46	159.98	27.97
172.10	77.08	56.20	321.61	265.81	35.10	46.46	9.27
12.98	5.93	3.51	35.14	28.64	3.82	4.91	0.79
228.37	101.20	58.82	565.29	468.83	61.77	80.48	14.18
1485.77	660.74	457.86	3128.68	2550.29	384.84	528.10	118.44
606.04	223.48	184.86	1379.34	1201.84	102.88	152.19	37.70
412.50	205.50	132.37	989.86	874.97	75.32	102.96	22.88
287.44	124.53	77.89	598.16	505.28	58.37	75.68	13.09
384.88	225.60	165.87	823.09	688.53	83.03	112.34	23.22
407.87	199.65	130.13	853.82	709.23	90.71	122.14	26.05
188.32	85.96	53.38	418.07	346.83	48.72	64.21	12.65
86.28	51.40	21.06	323.03	277.36	35.51	40.90	4.79
366.38	172.13	98.64	767.80	639.69	76.69	96.44	13.93
73.92	32.24	25.56	125.82	106.69	12.66	16.18	2.37
54.87	25.01	19.60	84.57	69.50	7.65	10.68	2.54
7.71	2.58	2.24	16.43	13.27	1.72	2.27	0.42
23.22	13.33	8.62	40.49	34.60	3.42	5.34	1.24
3.48	0.89	1.01	2.51	2.01	0.19	0.29	0.07
10.23	2.57	6.63	4.01	3.35	0.15	0.28	0.10
4.23	1.42	1.35	5.43	4.33	0.59	0.78	0.11
5.59	1.34	2.59	7.80	6.21	0.70	0.98	0.16

14-13 规模以上四大传统支柱产业和六大高载能行业主要指标(2012年)
Main indicators of Four traditional competitive Industrial Exterprises and Six Carrying energy Industrial Enterprises above Designated Size (2012)

行业	Sector	单位数(个) Number of Enterprises (unit)	工业增加值(亿元) Value-added of Industrial Enterprises (100 million yuan)	工业增加值指数(上年=100) Indices of Value-Added of Industry (Preceding =100
四大传统优势产业	**Four traditional competitive Industrial**	**4947**	**3551.69**	**114.8**
化工	Chemical Engineering			
石油加工、炼焦及核燃料加工业	Processing of Petroleum, Coking, Processing of Nuclear Fuel	87	239.91	117.7
化学原料及化学制品制造业	Manufacture of Raw Chemical Materials and Chemical Products	1124	639.63	113.8
橡胶和塑料制品业	Manufacture of Rubber and Plastic	684	288.56	115.2
有色金属	Non-ferrous Metals			
有色金属矿采选业	Mining of Processing of Non-ferrous Metal Ores	335	418.06	114.2
有色金属冶炼及压延加工业	Smelting and Pressing of Non-ferrous Metals	480	572.26	110.9
钢铁	Steel			
黑色金属矿采选业	Mining of Ferrous Metal Ores	133	61.67	122.7
黑色金属冶炼及压延加工业	Manufacture and Processing of Ferrous Metals	642	691.00	110.3
纺织服装	Textile Wearing Apparel			
纺织业	Manufacture of Textile	967	485.62	126.2
纺织服装服饰业	Manufacture of Textile Wearing,Apparel	456	130.87	120.6
化学纤维制造业	Manufacture of Chemical Fibers	39	24.12	100.8
六大高载能行业	**Six Carrying energy Industrial**	**6083**	**5045.23**	**108.4**
煤炭开采和洗选业	Mining and Washing of Coal	488	1015.33	102.0
化学原料及化学制品制造业	Manufacture of Raw Chemical Materials and Chemical Products	1124	639.63	113.8
非金属矿物制品业	Mining and Processing of Nonmetal Ores	3116	1634.44	113.7
黑色金属冶炼及压延加工业	Manufacture and Processing of Ferrous Metals	642	691.00	110.3
有色金属冶炼及压延加工业	Smelting and Pressing of Non-ferrous Metals	480	572.26	110.9
电力、热力的生产和供应业	Production and Supply of Electric Power and Heat Power	233	492.57	95.7

14-14 规模以上六大高成长产业主要指标(2012年)

Main indicators of Six Growth Industrial Enterprises above Designated Size (2012)

行 业	Sector	单位数 (个) Number of Enterprises (unit)	工业增加值 (亿元) Value-added of Industrial Enterprises (100 million yuan)	工业增加值指数 (上年=100) Indices of Value-Added of Industry (Preceding =100)
合 计	**Total**	**13718**	**7324.49**	**118.3**
汽车制造业	**Manufacture of Cars**	**518**	**350.53**	**112.6**
计算机、通信和其他电子设备制造业	**Manufacture of Computer Communication Equipment , and Other Electronic Equipment**	**196**	**283.84**	**406.8**
装备制造业合计	**Equipment manufacturing industry**	**3721**	**1823.69**	**119.0**
金属制品业	Manufacture of Metal Products	688	272.33	117.8
通用设备制造业	Manufacture of General Purpose Machinery	942	474.77	119.7
专用设备制造业	Manufacture of Special Purpose Machinery	1056	544.27	116.3
铁路、船舶、航空航天和其他运输设备制造业	Manufacture of Railway, shipbuilding, aerospace, and other transportation equipment	197	111.59	120.2
电气机械及器材制造业	Manufacture of Electrical Machinery and Equipment	656	348.50	123.5
仪器仪表制造业	Manufacture of Measuring Instrument	172	67.99	117.9
金属制品、机械和设备修理业	Repairing of Metal products, machinery and equipment	10	4.24	94.5
食品工业合计	**Manufacture of Foods**	**3032**	**1851.23**	**114.6**
农副食品加工业	Processing of Food From Agricultural Products	1916	885.33	114.7
食品制造业	Manufacture of Foods	672	375.43	109.7
酒、饮料和精制茶制造业	Manufacture of Wine, drinks and refined tea	426	269.60	115.0
烟草制品业	Manufacture of Tobacco	18	320.87	120.4
轻工行业合计	**Enterprises of Light Industry**	**2883**	**1267.95**	**113.4**
皮革、毛皮、羽毛及其制品和制鞋业	Manufacture of Leather, Fur, Feather and Its Products	457	260.14	119.1
木材加工及木、竹、藤、棕、草制品业	Processing of Timbers, Manufacture of Wood, Bamboo, Rattan, Palm, and Straw Products	541	181.27	110.4
家具制造业	Manufacture of Furniture	279	104.09	115.4
造纸及纸制品业	Manufacture of Paper and Paper Products	401	224.34	105.5
印刷业和记录媒介的复制	Printing,Reproduction of Recording Media	193	71.78	115.5
文教、工美、体育和娱乐用品制造业	Manufacture of Articles for Culture,Education and Sport Activity	281	117.40	116.1
橡胶和塑料制品业	Manufacture of Plastic	684	288.56	115.2
其他制造业	Manufacture of Artwork, Other Manufacture n.e.c	47	20.37	108.0
建材工业合计	**Building materials industry**	**3368**	**1747.26**	**113.3**
非金属矿采选业	Mining and Processing of Nonmetal Ores	252	112.81	107.9
非金属矿物制品业	Manufacture of Non-metallic Mineral Products	3116	1634.44	113.7

14-15 各市规模以上工业企业主要财务指标

Main Indicators on Economic Benefit of Industrial Enterprises above Designated Size by City

单位：亿元 (100 million yuan)

年份 year 市(县) City(County)	单位数(个) Number of Enterprises (unit)	平均从业人员数(万人) Average Number of Employed Persons (10 000 persons)	资产总计 Total Assets	流动资产合计 Balance of Working Capitals	负债合计 Total Liabilities	主营业务收入 Revenue from Principal Business	主营业务成本 Cost of Pricipal Business	利润总额 Total Profits	利税总额 Total Pre-tax Profits	本年应缴增值税 Value Added Tax Payable
1998	10450	380.58	4813.59		3237.58	2774.43	2278.26	71.21	251.73	117.88
1999	9922	358.02	5090.87		3357.14	2889.61	2391.14	79.58	269.43	128.23
2000	9930	343.13	5234.71		3477.34	3297.78	2708.84	139.97	343.68	140.02
2001	9720	335.73	5633.03		3699.60	3642.32	3015.28	141.62	363.93	150.68
2002	9671	322.47	5987.80		3825.08	4159.57	3438.38	183.85	440.01	174.14
2003	9091	317.32	6575.13		4227.07	5284.81	4399.48	255.91	558.98	208.00
2004	9782	326.92	8142.33		5087.83	7283.63	6078.52	403.65	794.78	283.02
2005	10867	355.70	9158.03		5639.20	10114.21	8441.39	643.39	1205.65	402.71
2006	11895	361.94	11026.18		6644.10	13809.07	11463.04	1141.80	1907.06	565.18
2007	13518	382.43	13788.00		7970.01	18936.82	15478.08	1941.51	3023.05	812.31
2008	15795	401.53	16421.08		9497.17	25292.02	21251.31	2179.10	3458.82	926.72
2009	18592	449.14	19668.61	7769.93	11103.26	28246.65	23765.05	2444.18	3835.99	976.99
2010	19574	479.27	23467.42	9798.26	12960.96	36163.12	30316.67	3302.22	4928.53	1147.72
2011	18338	546.84	29049.22	12411.51	15651.99	47647.21	40301.82	4131.59	6124.18	1397.73
2012	19245	584.05	35174.81	15830.84	18087.58	52276.38	44546.45	4016.39	6107.52	1452.56
省辖市 City										
郑州市 Zhengzhou	2741	101.56	7036.68	3687.57	3915.42	9603.42	8092.84	913.71	1415.14	387.98
开封市 Kaifeng	1150	31.87	1200.54	467.68	423.76	1657.98	1392.06	174.15	233.46	45.56
洛阳市 Luoyang	1684	47.30	3750.39	1680.90	2127.57	5384.81	4722.98	221.14	413.94	100.91
平顶山市 Pingdingshan	708	30.72	2059.88	892.48	1226.96	2207.48	1909.99	129.40	229.44	81.37
安阳市 Anyang	876	25.12	1752.92	759.62	1122.01	2762.73	2449.62	156.77	273.00	74.38
鹤壁市 Hebi	523	16.74	719.85	256.09	481.82	1337.75	1146.22	65.93	103.43	28.49
新乡市 Xinxiang	1154	36.69	2140.51	930.40	1114.42	2979.44	2633.49	175.89	239.08	51.23
焦作市 Jiaozuo	1155	38.28	2086.17	908.82	974.80	3699.55	3186.34	275.61	409.69	111.16
濮阳市 Puyang	795	24.28	1230.58	472.45	518.66	2167.51	1802.30	182.15	289.78	52.97
许昌市 Xuchang	1280	33.12	2405.74	1060.11	903.53	3666.49	2945.87	357.50	589.83	140.98
漯河市 Luohe	563	21.11	1005.03	439.17	347.49	1901.23	1566.20	228.67	289.36	37.90
三门峡市 Sanmenxia	609	21.33	2092.68	1022.83	1221.45	3153.79	2750.42	258.54	316.52	43.75
南阳市 Nanyang	1381	41.48	2133.82	1022.73	1128.11	2893.05	2391.76	208.05	356.31	92.06
商丘市 Shangqiu	855	25.43	1273.93	552.60	678.50	2075.26	1827.29	116.81	176.17	46.13
信阳市 Xinyang	1037	22.70	719.49	250.47	321.26	1477.23	1241.59	86.86	138.83	38.97
周口市 Zhoukou	1097	32.33	1411.24	617.85	494.49	2352.66	1921.48	262.74	335.24	49.06
驻马店市 Zhumadian	1422	25.81	1145.07	417.59	486.69	1686.77	1431.78	125.87	185.23	37.11
济源市 Jiyuan	215	8.18	1010.29	391.49	600.66	1269.21	1134.21	76.61	113.10	32.53
省直管县 Province Administrating County										
巩义市 Gongyi	426	10.19	884.61	444.21	497.14	1418.86	1232.15	106.70	153.78	41.45
兰考县 Lankao	241	4.99	132.54	61.21	26.99	209.12	168.18	31.82	41.94	7.71
汝州市 Ruzhou	112	3.95	322.16	133.98	216.66	252.27	224.01	11.96	22.00	8.90
滑县 Huaxian	110	2.40	94.29	38.95	30.21	185.96	158.35	17.14	22.48	3.09
长垣县 Changyuan	112	3.81	228.62	155.75	110.44	332.23	271.44	34.98	44.59	8.73
邓州市 Dengzhou	129	3.04	156.49	87.23	82.53	259.92	211.85	19.07	26.61	5.53
永城市 Yongcheng	102	5.83	613.64	315.06	369.62	882.51	780.83	50.18	79.66	23.70
固始县 Gushi	157	3.04	42.01	14.84	6.27	154.06	118.92	11.62	15.21	2.75
鹿邑县 Luyi	54	3.55	153.04	87.32	67.86	269.61	192.91	28.55	32.65	3.24
新蔡县 Xincai	152	2.74	77.98	30.03	15.32	126.50	97.35	12.80	17.11	2.02

14-16 各市规模以上国有控股工业企业主要财务指标(2012年)

Main Indicators on Economic Benefit of State-holding Industrial Enterprises above Designated Size by City (2012)

单位：亿元 (100 million yuan)

市(县) City(County)	从业人员(万人) Number of Employed Persons (10 000 persons)	资产总计 Total Assets	流动资产合计 Balance of Working Capitals	负债合计 Total Liabilities	主营业务收入 Revenue from Principal Business	主营业务成本 Cost of Pricipal Business	利润总额 Total Profits	利税总额 Total Pre-tax Profits	本年应缴增值税 Value Added Tax Payable
全省 Total	**129.39**	**12134.76**	**4722.60**	**8148.44**	**11381.55**	**9908.90**	**283.02**	**1033.03**	**379.63**
省辖市 City									
郑州市 Zhengzhou	15.45	1625.37	711.75	1087.34	1506.13	1250.62	73.71	210.72	60.64
开封市 Kaifeng	2.27	222.82	86.44	174.27	135.88	122.19	2.59	5.96	2.88
洛阳市 Luoyang	19.50	2348.14	988.29	1486.38	2392.54	2134.77	32.76	159.68	50.91
平顶山市 Pingdingshan	18.67	1166.88	451.28	782.15	993.58	880.57	15.63	62.48	39.79
安阳市 Anyang	5.72	657.52	240.07	526.74	515.63	466.34	-19.70	26.55	15.96
鹤壁市 Hebi	5.14	280.22	56.45	241.58	251.14	231.55	-6.17	2.24	6.80
新乡市 Xinxiang	4.93	457.23	144.91	304.75	331.62	283.17	22.40	39.00	14.43
焦作市 Jiaozuo	8.90	611.44	188.19	415.81	633.19	585.96	-6.16	18.54	20.85
濮阳市 Puyang	9.41	543.23	139.53	393.61	478.08	404.03	-27.67	33.74	23.12
许昌市 Xuchang	5.77	666.82	316.51	366.24	586.37	419.08	56.86	148.92	38.87
漯河市 Luohe	1.39	157.27	57.29	101.85	145.05	115.45	9.01	27.94	5.63
三门峡市 Sanmenxia	9.57	1064.42	497.02	729.44	1144.75	1061.65	19.50	46.46	21.96
南阳市 Nanyang	9.29	759.69	294.88	468.90	709.35	552.43	46.07	123.10	30.91
商丘市 Shangqiu	6.13	702.32	317.68	480.50	800.50	713.18	42.01	74.34	26.62
信阳市 Xinyang	2.46	112.15	34.12	90.17	170.15	159.63	2.15	6.16	3.18
周口市 Zhoukou	1.04	58.20	14.28	48.53	65.65	63.52		1.99	1.75
驻马店市 Zhumadian	2.39	227.15	59.10	184.45	208.54	182.15	1.03	16.58	6.61
济源市 Jiyuan	1.34	473.89	124.83	265.73	313.42	282.63	19.00	28.63	8.74
省直管县 Province Administrating County									
巩义市 Gongyi	1.18	77.11	31.23	54.06	39.46	35.03	-0.18	2.11	1.97
兰考县 Lankao	0.11	2.87	1.58	1.67	6.70	5.87	0.51	0.63	0.10
汝州市 Ruzhou	2.27	108.49	28.66	90.58	78.26	71.92	-2.94	1.35	3,61
滑县 Huaxian	0.07	1.86	0.59	1.00	5.61	5.42	0.11	0.24	0.11
长垣县 Changyuan	0.04	0.89	0.22	0.67	4.79	4.70	0.06	0.20	0.13
邓州市 Dengzhou	0.24	13.51	2.59	6.94	12.23	10.07	2.28	2.92	0.58
永城市 Yongcheng	4.47	557.71	287.35	344.82	646.27	563.27	45.39	73.18	22.54
固始县 Gushi	0.15	1.89	0.66	1.16	3.77	3.75		0.12	0.11
鹿邑县 Luyi	0.08	1.73	1.13	1.68	2.59	2.56	0.01	0.10	0.08
新蔡县 Xincai	0.16	2.26	0.63	0.92	3.12	2.73	0.09	0.18	0.08

14-17 各市规模以上公有制工业企业主要财务指标(2012年)

Main Indicators on Economic Benefit of Public-owned Industrial Enterprises above Designated Size by City (2012)

单位：亿元 (100 million yuan)

市(县) City(County)	从业人员(万人) Number of Employed Persons (10 000 persons)	资产总计 Total Assets	流动资产合计 Balance of Working Capitals	负债合计 Total Liabilities	主营业务收入 Revenue from Principal Business	主营业务成本 Cost of Pricipal Business	利润总额 Total Profits	利税总额 Total Pre-tax Profits	本年应缴增值税 Value Added Tax Payable
全 省 Total	**154.33**	**13342.00**	**5283.90**	**8625.24**	**13853.74**	**11979.44**	**557.85**	**1362.44**	**418.32**
省 辖 市 City									
郑 州 市 Zhengzhou	17.63	1748.53	775.98	1149.40	1686.01	1398.47	94.95	240.78	68.33
开 封 市 Kaifeng	3.66	264.11	108.53	193.83	206.88	184.14	8.38	13.48	4.19
洛 阳 市 Luoyang	20.62	2398.65	1014.92	1511.92	2516.32	2249.20	36.03	165.25	52.87
平 顶 山 市 Pingdingshan	19.87	1205.35	479.29	807.39	1062.93	944.11	17.98	66.75	41.46
安 阳 市 Anyang	6.20	667.48	246.71	530.85	550.04	495.80	-16.28	30.81	16.72
鹤 壁 市 Hebi	6.71	325.34	79.09	261.08	372.92	334.73	-0.30	11.46	8.70
新 乡 市 Xinxiang	7.95	629.54	173.56	365.89	593.37	527.37	35.55	54.99	15.80
焦 作 市 Jiaozuo	10.67	693.69	236.42	468.58	728.97	669.54	-1.68	25.83	23.26
濮 阳 市 Puyang	10.35	628.23	186.57	419.13	615.98	516.34	-10.01	54.23	25.28
许 昌 市 Xuchang	6.57	701.66	335.44	377.14	652.09	470.34	66.58	163.13	40.91
漯 河 市 Luohe	3.14	227.91	94.17	123.95	343.12	269.55	43.29	66.58	8.97
三 门 峡 市 Sanmenxia	12.55	1295.13	606.41	779.01	1881.21	1648.47	139.55	170.33	22.71
南 阳 市 Nanyang	10.58	844.61	335.03	507.37	804.86	634.08	54.44	136.14	34.58
商 丘 市 Shangqiu	6.85	726.90	327.40	494.80	857.11	763.80	45.69	79.01	27.45
信 阳 市 Xinyang	3.76	126.34	41.87	94.18	224.80	205.19	5.97	12.33	5.06
周 口 市 Zhoukou	1.51	92.67	29.66	60.37	110.73	100.24	4.85	8.48	2.73
驻 马 店 市 Zhumadian	3.57	258.00	74.38	193.61	277.53	239.98	7.76	25.49	8.26
济 源 市 Jiyuan	2.16	507.87	138.48	286.73	368.86	328.08	25.09	37.37	11.02
省 直 管 县 Province Administrating County									
巩 义 市 Gongyi	1.60	101.39	39.94	69.92	65.98	59.27	1.36	5.32	3.53
兰 考 县 Lankao	0.17	4.35	1.86	2.79	9.30	8.36	0.52	0.82	0.26
汝 州 市 Ruzhou	2.29	108.87	28.74	90.72	78.72	72.34	-2.90	1.41	3.63
滑 县 Huaxian	0.20	3.90	1.43	1.32	12.93	11.30	0.97	1.12	0.12
长 垣 县 Changyuan	0.05	1.56	0.74	0.76	5.29	5.08	0.11	0.27	0.14
邓 州 市 Dengzhou	0.38	17.80	4.41	9.40	25.16	20.95	2.59	3.51	0.70
永 城 市 Yongcheng	4.53	562.96	288.65	349.48	647.73	564.93	44.96	72.74	22.54
固 始 县 Gushi	0.18	2.12	0.80	1.19	6.27	5.25	0.13	0.33	0.15
鹿 邑 县 Luyi	0.08	1.73	1.13	1.68	2.59	2.56	0.01	0.10	0.08
新 蔡 县 Xincai	0.21	3.80	1.28	1.08	6.64	5.16	0.45	0.80	0.13

14-18 各市规模以上私营工业企业主要财务指标(2012年)

Main Indicators on Economic Benefit of Private Industrial Enterprises above Designated Size by City (2012)

单位：亿元 (100 million yuan)

市(县) City(County)	从业人员(万人) Number of Employed Persons (10 000persons)	资产总计 Total Assets	流动资产合计 Balance of Working Capitals	负债合计 Total Liabilities	主营业务收入 Revenue from Principal Business	主营业务成本 Cost of Pricipal Business	利润总额 Total Profits	利税总额 Total Pre-tax Profits	本年应缴增值税 Value Added Tax Payable
全　省 Total	**204.59**	**9059.78**	**4040.52**	**2756.40**	**19575.92**	**16285.82**	**2070.57**	**2757.96**	**534.72**
省辖市 City									
郑州市 Zhengzhou	24.69	1387.89	727.06	429.35	3108.66	2514.41	439.35	578.73	123.05
开封市 Kaifeng	19.28	566.99	188.39	87.30	996.17	817.35	131.82	171.28	30.15
洛阳市 Luoyang	13.19	602.98	284.67	243.47	1489.29	1268.52	104.15	134.20	21.60
平顶山市 Pingdingshan	4.68	288.68	135.75	93.19	563.67	468.39	68.89	94.08	19.53
安阳市 Anyang	9.24	472.57	226.14	197.23	1082.23	941.92	100.97	138.97	31.56
鹤壁市 Hebi	3.54	140.24	64.70	68.27	477.25	393.38	47.28	63.08	12.43
新乡市 Xinxiang	11.73	530.63	256.22	230.66	940.73	828.77	58.24	75.85	13.73
焦作市 Jiaozuo	15.38	794.58	374.37	204.86	1887.46	1582.22	201.17	276.58	62.13
濮阳市 Puyang	8.12	346.45	165.57	41.57	1027.85	852.48	129.34	159.47	20.02
许昌市 Xuchang	14.74	975.63	328.69	211.71	1930.64	1553.82	201.59	301.92	70.53
漯河市 Luohe	7.42	305.27	142.30	82.78	580.37	467.56	80.19	91.58	7.38
三门峡市 Sanmenxia	6.54	373.70	164.44	166.14	841.95	721.51	88.04	105.77	13.45
南阳市 Nanyang	13.69	543.40	274.15	217.02	1029.00	865.89	82.03	113.47	26.58
商丘市 Shangqiu	12.25	358.20	153.07	123.93	875.17	762.16	52.42	71.48	14.19
信阳市 Xinyang	10.60	242.74	85.68	62.61	614.97	505.92	45.05	69.95	18.56
周口市 Zhoukou	15.19	663.57	283.68	191.69	1074.79	860.13	138.11	175.41	25.41
驻马店市 Zhumadian	13.05	387.59	139.66	65.77	827.20	682.18	84.45	111.29	17.86
济源市 Jiyuan	1.27	78.67	45.97	38.84	228.51	199.19	17.46	24.85	6.55
省直管县 Province Administrating County									
巩义市 Gongyi	5.19	302.99	186.61	90.92	881.19	752.82	86.27	116.16	26.31
兰考县 Lankao	3.49	87.26	38.90	15.33	141.61	110.26	24.63	32.22	5.75
汝州市 Ruzhou	0.60	42.76	15.68	22.37	110.89	99.27	9.94	13.06	2.88
滑县 Huaxian	1.44	52.92	19.28	13.31	108.98	91.16	11.45	14.88	1.85
长垣县 Changyuan	0.55	25.70	18.19	11.16	42.36	37.18	4.01	5.22	1.09
邓州市 Dengzhou	1.90	106.89	67.55	59.05	152.68	123.12	12.07	17.25	3.66
永城市 Yongcheng	1.22	48.80	25.47	19.49	223.01	205.50	4.89	6.52	1.11
固始县 Gushi	1.69	21.56	7.69	1.54	87.80	69.21	6.98	9.37	1.90
鹿邑县 Luyi	0.67	70.98	34.99	34.72	41.50	31.83	4.55	6.90	2.14
新蔡县 Xincai	1.44	48.16	18.24	9.51	64.15	48.64	6.71	9.46	1.06

14-19 分行业规模以上工业企业主要经济效益指标(2012年)

行业	Sector	总资产贡献率(%) Ratio of Total Assets to Industrial Output Value (%)
总　计	**Total**	**18.9**
按轻重工业分	**Grouped by Light & Heavy Industry**	
轻工业	Light Industry	26.8
重工业	Heavy Industry	16.4
按企业规模分	**Grouped by Size of Enterprises**	
大型企业	Large Enterprises	13.0
中型企业	Medium-sized Enterprises	20.0
小型企业	Small Enterprises	28.7
微型企业	Micro-enterprises	14.6
按所有制分	**By Proprietorial System**	
公有制	Public-owned	12.1
非公有制	Non-Public-owned	23.0
按行业分	**Grouped by Sectors**	
煤炭开采和洗选业	Mining and Washing of Coal	14.0
石油和天然气开采业	Extraction of Petroleum and Natural Gas	24.3
黑色金属矿采选业	Mining of Ferrous Metal Ores	26.1
有色金属矿采选业	Mining of Non-ferrous Metal Ores	40.2
非金属矿采选业	Mining and Processing of Nonmetal Ores	36.6
开采辅助活动	Mining Auxiliary	1.6
其他采矿业	Mining of Other Ores n.e.c	
农副食品加工业	Processing of Food from Agricultural Products	26.6
食品制造业	Manufacture of Foods	27.8
酒、饮料和精制茶制造业	Manufacture of Wine, drinks and refined tea	21.6
烟草制品业	Manufacture of Tobacco	107.1
纺织业	Manufacture of Textile	18.0
纺织服装服饰业	Manufacture of Textile Wearing,Apparel	26.2
皮革、毛皮、羽毛及其制品和制鞋业	Manufacture of Leather, Fur, Featherand Its Products,Shoemaking	32.7
木材加工及木、竹、藤、棕、草制品业	Processing of Timbers, Manufacture of Wood, Bamboo, Rattan, Palm, and Straw Products	28.4
家具制造业	Manufacture of Furniture	34.3
造纸及纸制品业	Manufacture of Paper and Paper Products	19.8
印刷和记录媒介的复制业	Printing,Reproduction of Recording Media	21.9
文教、工美、体育和娱乐用品制造业	Manufacture of Cultural and educational supplies, industrial, sporting and entertainment	28.6
石油加工、炼焦及核燃料加工业	Processing of Petroleum ,Coking, Processing of Nucleus Fuel	28.3
化学原料及化学制品制造业	Manufacture of Chemical Raw Material and Chemical Products	13.0
医药制造业	Manufacture of Medicines	21.3
化学纤维制造业	Manufacture of Chemical Fiber	10.5
橡胶和塑料制品业	Manufacture of Rubber and Plastic	27.8
非金属矿物制品业	Manufacture of Non-metallic Mineral Products	27.6
黑色金属冶炼及压延加工业	Manufacture and Processing of Ferrous Metals	14.6
有色金属冶炼及压延加工业	Manufacture and Processing of Non-ferrous Metals	8.0
金属制品业	Manufacture of Metal Products	24.3
通用设备制造业	Manufacture of General Purpose Machinery	19.3
专用设备制造业	Manufacture of Special Purpose Machinery	18.1
汽车制造业	Manufacture of Automobile	18.7
铁路、船舶、航空航天和其他运输设备制造业	Manufacture of Railway, shipbuilding, aerospace, and other transportation equipment	24.6
电气机械及器材制造业	Manufacture of Electrical Machinery and Equipment	18.4
计算机、通信和其他电子设备制造业	Manufacture of Computer Communication Equipment , and Other Electronic Equipment	12.2
仪器仪表制造业	Manufacture of Measuring Instrument	15.0
其他制造业	Manufacture of others	17.4
废弃资源综合利用业	Comprehensive utilization of waste materials	25.5
金属制品、机械和设备修理业	Repairing of Metal products, machinery and equipment	5.9
电力、热力的生产和供应业	Production and Supply of Electric Power and Heat Power	7.0
燃气生产和供应业	Production and Distribution of Gas	8.1
水的生产和供应业	Production and Distribution of Water	3.5

Main Economic Beneficial Indicators of Industrial Enterprises above Designated Size by Sector (2012)

成本费用利润率 (%) Ratio of Profits to Industrial Cost (%)	资产负债率 (%) Assets-Liability Ratio (%)	产品销售率 (%) Proportion of Products Sold (%)	全员劳动生产率 (元/人.年) Over Labour Productivity of Industrial Enterpreses (yuan/person.year)
8.3	**51.4**	**98.3**	**216674**
10.7	37.2	98.4	190024
7.4	56.0	98.3	231680
4.8	61.4	98.2	192831
9.2	48.3	98.3	194908
11.7	36.3	98.5	268839
8.4	40.9	98.6	84734
4.1	64.7	98.5	220432
9.9	43.3	98.3	215329
8.1	59.1	98.0	185481
0.7	54.1	100.0	171124
11.6	43.4	99.4	336984
18.5	35.1	98.7	519331
13.7	35.9	98.9	255235
-3.4	76.3	99.9	204009
9.4	33.5	98.6	229656
12.1	39.1	98.3	174053
10.9	46.6	96.9	241792
41.2	28.6	99.4	1492422
8.3	41.7	98.8	147247
9.7	29.0	98.9	84540
12.5	27.4	99.0	180529
12.6	23.3	98.5	174466
13.0	21.6	99.2	174062
10.4	46.1	98.5	193898
10.1	36.5	99.2	185964
11.1	36.7	98.3	119801
3.3	61.9	99.3	589448
6.7	54.2	98.1	240825
10.8	40.2	97.6	196830
5.8	51.7	96.7	131062
11.4	39.0	98.2	211863
12.7	39.4	98.2	272771
5.3	56.6	97.7	329205
2.4	62.6	98.1	299929
9.4	35.3	99.0	217516
9.2	51.0	97.3	215708
8.9	44.6	98.0	194522
9.5	48.2	98.7	203559
10.8	40.3	98.9	165806
9.0	44.5	97.9	189300
3.3	76.1	97.6	87550
11.1	46.9	97.2	151424
9.8	44.4	97.1	93854
7.2	39.8	101.7	308157
3.8	68.9	99.0	92111
1.0	77.9	99.3	288895
9.0	69.4	100.3	246240
0.2	61.4	98.7	82447

14-20 分行业规模以上国有控股工业企业主要经济效益指标(2012年)

行 业	Sector	总资产贡献率(%) Ratio of Total Assets to Industrial Output Value (%)
总 计	**Total**	**10.5**
按轻重工业分	**Grouped by Light & Heavy Industry**	
轻工业	Light Industry	31.6
重工业	Heavy Industry	8.4
按企业规模分	**Grouped by Size of Enterprises**	
大型企业	Large Enterprises	10.8
中型企业	Medium-sized Enterprises	9.5
小型企业	Small Enterprises	7.5
微型企业	Micro-enterprises	-13.4
按行业分	**Grouped by Sectors**	
煤炭开采和洗选业	Mining and Washing of Coal	10.9
石油和天然气开采业	Extraction of Petroleum and Natural Gas	24.3
黑色金属矿采选业	Mining of Ferrous Metal Ores	16.1
有色金属矿采选业	Mining of Non-ferrous Metal Ores	19.6
非金属矿采选业	Mining and Processing of Nonmetal Ores	15.5
开采辅助活动	Mining Auxiliary	1.3
其他采矿业	Mining of Other Ores n.e.c	
农副食品加工业	Processing of Food from Agricultural Products	6.1
食品制造业	Manufacture of Foods	14.6
酒、饮料和精制茶制造业	Manufacture of Wine, drinks and refined tea	7.4
烟草制品业	Manufacture of Tobacco	109.6
纺织业	Manufacture of Textile	2.3
纺织服装服饰业	Manufacture of Textile Wearing,Apparel	22.6
皮革、毛皮、羽毛及其制品和制鞋业	Manufacture of Leather, Fur, Featherand Its Products,Shoemaking	16.9
木材加工及木、竹、藤、棕、草制品业	Processing of Timbers, Manufacture of Wood, Bamboo, Rattan, Palm, and Straw Products	2.5
家具制造业	Manufacture of Furniture	21.2
造纸及纸制品业	Manufacture of Paper and Paper Products	4.5
印刷和记录媒介的复制业	Printing,Reproduction of Recording Media	9.3
文教、工美、体育和娱乐用品制造业	Manufacture of Cultural and educational supplies, industrial, sporting and entertainment	2.7
石油加工、炼焦及核燃料加工业	Processing of Petroleum ,Coking, Processing of Nucleus Fuel	31.7
化学原料及化学制品制造业	Manufacture of Chemical Raw Material and Chemical Products	0.0
医药制造业	Manufacture of Medicines	8.6
化学纤维制造业	Manufacture of Chemical Fiber	3.7
橡胶和塑料制品业	Manufacture of Rubber and Plastic	10.2
非金属矿物制品业	Manufacture of Non-metallic Mineral Products	8.8
黑色金属冶炼及压延加工业	Manufacture and Processing of Ferrous Metals	-1.3
有色金属冶炼及压延加工业	Manufacture and Processing of Non-ferrous Metals	2.0
金属制品业	Manufacture of Metal Products	8.2
通用设备制造业	Manufacture of General Purpose Machinery	4.2
专用设备制造业	Manufacture of Special Purpose Machinery	9.9
汽车制造业	Manufacture of Automobile	22.1
铁路、船舶、航空航天和其他运输设备制造业	Manufacture of Railway, shipbuilding, aerospace, and other transportation equipment	8.0
电气机械及器材制造业	Manufacture of Electrical Machinery and Equipment	10.8
计算机、通信和其他电子设备制造业	Manufacture of Computer Communication Equipment , and Other Electronic Equipment	4.8
仪器仪表制造业	Manufacture of Measuring Instrument	12.4
其他制造业	Manufacture of others	11.8
废弃资源综合利用业	Comprehensive utilization of waste materials	43.9
金属制品、机械和设备修理业	Repairing of Metal products, machinery and equipment	4.6
电力、热力的生产和供应业	Production and Supply of Electric Power and Heat Power	7.5
燃气生产和供应业	Production and Distribution of Gas	2.9
水的生产和供应业	Production and Distribution of Water	0.7

Main Economic Beneficial Indicators of State-holding Industrial Enterprises above Designated Size by Sector (2012)

成本费用利润率 (%) Ratio of Profits to Industrial Cost (%)	资产负债率 (%) Assets-Liability Ratio (%)	产品销售率 (%) Proportion of Products Sold (%)	全员劳动生产率 (元/人.年) Over Labour Productivity of Industrial Enterprises (yuan/person.year)
2.5	**67.2**	**98.4**	**211347**
9.5	54.3	97.7	333561
2.0	68.4	98.4	196815
2.6	65.8	98.5	202052
2.6	72.4	98.2	233199
1.5	73.6	96.7	349428
-22.4	15.8	98.1	
5.3	63.0	98.0	140139
0.7	54.1	100.1	170848
12.6	51.1	100.2	155266
13.4	59.5	96.7	438133
10.0	65.5	102.1	221158
-3.8	77.1	100.0	203694
2.0	60.8	95.4	140629
6.4	47.2	101.5	119888
2.1	71.0	96.3	271640
43.1	27.5	99.4	1660347
-0.8	69.9	98.8	96503
4.3	54.8	95.8	107038
3.1	50.4	100.2	203525
17.0	45.9	97.9	10735
5.0	69.3	99.8	
1.8	68.8	95.8	195944
6.9	22.7	95.3	113301
0.3	11.0	100.0	488539
-2.3	84.7	99.9	839598
-3.2	82.9	97.5	195831
6.9	56.2	96.1	47374
0.6	51.8	94.1	110492
3.8	68.6	93.6	240034
5.7	59.4	97.5	213484
-6.2	74.2	99.7	157439
-1.7	68.6	96.7	264735
1.8	78.9	102.6	212715
2.6	63.3	94.7	160134
7.4	52.7	97.9	157406
8.1	61.8	100.1	385562
7.5	58.5	101.4	120847
6.7	61.6	97.1	186533
17.5	62.3	96.4	87475
14.4	57.5	98.0	137071
9.2	50.5	95.9	41812
3.7	77.5	98.6	836375
2.7	76.8	98.8	85978
1.2	76.6	99.4	277940
1.8	90.5	100.2	172583
-6.8	69.2	97.9	74176

14−21 分行业规模以上公有制工业企业主要经济效益指标(2012年)

行　业	Sector	总资产贡献率(%) Ratio of Total Assets to Industrial Output Value (%)
总　计	**Total**	**12.1**
按轻重工业分	**Grouped by Light & Heavy Industry**	
轻工业	Light Industry	31.5
重工业	Heavy Industry	9.8
按企业规模分	**Grouped by Size of Enterprises**	
大型企业	Large Enterprises	11.3
中型企业	Medium-sized Enterprises	12.2
小型企业	Small Enterprises	21.7
微型企业	Micro-enterprises	8.2
按行业分	**Grouped by Sectors**	
煤炭开采和洗选业	Mining and Washing of Coal	11.2
石油和天然气开采业	Extraction of Petroleum and Natural Gas	24.3
黑色金属矿采选业	Mining of Ferrous Metal Ores	32.7
有色金属矿采选业	Mining of Non-ferrous Metal Ores	43.8
非金属矿采选业	Mining and Processing of Nonmetal Ores	25.2
开采辅助活动	Mining Auxiliary	1.3
其他采矿业	Mining of Other Ores n.e.c	
农副食品加工业	Processing of Food from Agricultural Products	22.4
食品制造业	Manufacture of Foods	42.7
酒、饮料和精制茶制造业	Manufacture of Wine, drinks and refined tea	10.3
烟草制品业	Manufacture of Tobacco	107.7
纺织业	Manufacture of Textile	5.1
纺织服装服饰业	Manufacture of Textile Wearing,Apparel	11.9
皮革、毛皮、羽毛及其制品和制鞋业	Manufacture of Leather, Fur, Featherand Its Products,Shoemaking	28.1
木材加工及木、竹、藤、棕、草制品业	Processing of Timbers, Manufacture of Wood, Bamboo, Rattan, Palm, and Straw Products	14.6
家具制造业	Manufacture of Furniture	28.5
造纸及纸制品业	Manufacture of Paper and Paper Products	8.8
印刷和记录媒介的复制业	Printing,Reproduction of Recording Media	16.9
文教、工美、体育和娱乐用品制造业	Manufacture of Cultural and educational supplies, industrial, sporting and entertainment	53.8
石油加工、炼焦及核燃料加工业	Processing of Petroleum ,Coking, Processing of Nucleus Fuel	31.4
化学原料及化学制品制造业	Manufacture of Chemical Raw Material and Chemical Products	1.8
医药制造业	Manufacture of Medicines	15.0
化学纤维制造业	Manufacture of Chemical Fiber	3.7
橡胶和塑料制品业	Manufacture of Rubber and Plastic	19.2
非金属矿物制品业	Manufacture of Non-metallic Mineral Products	13.7
黑色金属冶炼及压延加工业	Manufacture and Processing of Ferrous Metals	-1.0
有色金属冶炼及压延加工业	Manufacture and Processing of Non-ferrous Metals	2.0
金属制品业	Manufacture of Metal Products	13.3
通用设备制造业	Manufacture of General Purpose Machinery	7.2
专用设备制造业	Manufacture of Special Purpose Machinery	10.2
汽车制造业	Manufacture of Automobile	19.4
铁路、船舶、航空航天和其他运输设备制造业	Manufacture of Railway, shipbuilding, aerospace, and other transportation equipment	8.8
电气机械及器材制造业	Manufacture of Electrical Machinery and Equipment	11.4
计算机、通信和其他电子设备制造业	Manufacture of Computer Communication Equipment , and Other Electronic Equipment	5.2
仪器仪表制造业	Manufacture of Measuring Instrument	12.5
其他制造业	Manufacture of others	13.6
废弃资源综合利用业	Comprehensive utilization of waste materials	31.7
金属制品、机械和设备修理业	Repairing of Metal products, machinery and equipment	4.6
电力、热力的生产和供应业	Production and Supply of Electric Power and Heat Power	7.5
燃气生产和供应业	Production and Distribution of Gas	2.9
水的生产和供应业	Production and Distribution of Water	1.2

Main Economic Beneficial Indicators of Public-owned Industrial Enterprises above Designated Size by Sector (2012)

成本费用利润率 (%) Ratio of Profits to Industrial Cost (%)	资产负债率 (%) Assets-Liability Ratio (%)	产品销售率 (%) Proportion of Products Sold (%)	全员劳动生产率 (元/人.年) Over Labour Productivity of Industrial Enterpreses (yuan/person.year)
4.1	**64.7**	**98.5**	**220432**
10.2	48.9	98.3	279574
3.3	66.6	98.5	209277
3.1	64.8	98.5	202169
4.9	67.7	98.4	224011
9.3	55.5	98.3	405810
3.2	37.1	99.6	
5.6	62.8	98.0	142602
0.7	54.1	100.0	169197
16.6	44.4	99.2	235038
18.8	34.1	99.5	592767
11.8	57.6	100.9	140891
-3.8	77.1	100.0	201712
7.7	46.8	97.8	222387
15.9	41.3	99.1	149017
4.8	64.3	95.6	288764
41.5	28.3	99.4	1503151
1.4	65.0	99.1	116583
4.3	55.4	106.8	47123
8.2	39.5	98.9	432542
13.1	38.3	99.2	72825
8.2	13.2	99.1	383075
5.6	57.9	97.9	178790
9.9	29.8	99.0	226143
9.5	26.6	99.3	67031
-2.1	84.1	99.9	795415
-1.4	75.3	97.3	205923
7.8	41.4	98.1	191360
0.6	51.8	94.3	130858
9.4	52.7	96.3	213272
8.5	54.0	98.1	250753
-5.7	73.9	99.7	158920
-1.6	68.8	96.7	257589
3.4	63.4	101.1	266197
4.9	62.8	96.0	182553
7.2	52.0	97.9	169401
7.5	62.8	99.6	321307
8.0	58.1	101.2	124442
7.1	60.8	97.2	179859
12.9	61.4	97.0	105826
14.2	57.6	98.1	128249
8.8	50.4	96.1	53546
3.8	69.4	98.3	410276
2.5	77.2	99.0	80727
1.2	76.5	99.4	277925
1.8	90.5	100.2	172583
-4.8	63.6	98.2	66024

14–22 分行业规模以上私营工业企业主要经济效益指标(2012年)

行 业	Sector	总资产贡献率(%) Ratio of Total Assets to Industrial Output Value (%)
总 计	**Total**	**31.7**
按轻重工业分	**Grouped by Light & Heavy Industry**	
轻工业	Light Industry	32.7
重工业	Heavy Industry	31.2
按企业规模分	**Grouped by Size of Enterprises**	
大型企业	Large Enterprises	24.7
中型企业	Medium-sized Enterprises	30.6
小型企业	Small Enterprises	34.6
微型企业	Micro-enterprises	22.1
按行业分	**Grouped by Sectors**	
煤炭开采和洗选业	Mining and Washing of Coal	36.5
石油和天然气开采业	Extraction of Petroleum and Natural Gas	
黑色金属矿采选业	Mining of Ferrous Metal Ores	21.4
有色金属矿采选业	Mining of Non-ferrous Metal Ores	36.9
非金属矿采选业	Mining and Processing of Nonmetal Ores	41.3
开采辅助活动	Mining Auxiliary	30.3
其他采矿业	Mining of Other Ores n.e.c	
农副食品加工业	Processing of Food from Agricultural Products	36.2
食品制造业	Manufacture of Foods	35.0
酒、饮料和精制茶制造业	Manufacture of Wine, drinks and refined tea	29.6
烟草制品业	Manufacture of Tobacco	
纺织业	Manufacture of Textile	25.7
纺织服装服饰业	Manufacture of Textile Wearing,Apparel	28.0
皮革、毛皮、羽毛及其制品和制鞋业	Manufacture of Leather, Fur, Featherand Its Products,Shoemaking	34.0
木材加工及木、竹、藤、棕、草制品业	Processing of Timbers, Manufacture of Wood, Bamboo, Rattan, Palm, and Straw Products	32.1
家具制造业	Manufacture of Furniture	37.4
造纸及纸制品业	Manufacture of Paper and Paper Products	36.8
印刷和记录媒介的复制业	Printing,Reproduction of Recording Media	27.3
文教、工美、体育和娱乐用品制造业	Manufacture of Cultural and educational supplies, industrial, sporting and entertainment	47.0
石油加工、炼焦及核燃料加工业	Processing of Petroleum ,Coking, Processing of Nucleus Fuel	35.6
化学原料及化学制品制造业	Manufacture of Chemical Raw Material and Chemical Products	24.4
医药制造业	Manufacture of Medicines	28.6
化学纤维制造业	Manufacture of Chemical Fiber	39.2
橡胶和塑料制品业	Manufacture of Rubber and Plastic	36.7
非金属矿物制品业	Manufacture of Non-metallic Mineral Products	36.7
黑色金属冶炼及压延加工业	Manufacture and Processing of Ferrous Metals	26.2
有色金属冶炼及压延加工业	Manufacture and Processing of Non-ferrous Metals	26.4
金属制品业	Manufacture of Metal Products	27.8
通用设备制造业	Manufacture of General Purpose Machinery	30.6
专用设备制造业	Manufacture of Special Purpose Machinery	31.5
汽车制造业	Manufacture of Automobile	36.0
铁路、船舶、航空航天和其他运输设备制造业	Manufacture of Railway, shipbuilding, aerospace, and other transportation equipment	47.9
电气机械及器材制造业	Manufacture of Electrical Machinery and Equipment	27.1
计算机、通信和其他电子设备制造业	Manufacture of Computer Communication Equipment , and Other Electronic Equipment	23.4
仪器仪表制造业	Manufacture of Measuring Instrument	20.5
其他制造业	Manufacture of others	30.7
废弃资源综合利用业	Comprehensive utilization of waste materials	24.0
金属制品、机械和设备修理业	Repairing of Metal products, machinery and equipment	9.2
电力、热力的生产和供应业	Production and Supply of Electric Power and Heat Power	4.4
燃气生产和供应业	Production and Distribution of Gas	19.1
水的生产和供应业	Production and Distribution of Water	21.7

Main Economic Beneficial Indicators of Private Industrial Enterprises above Designated Size by Sector (2012)

成本费用利润率 (%) Ratio of Profits to Industrial Cost (%)	资产负债率 (%) Assets-Liability Ratio (%)	产品销售率 (%) Proportion of Products Sold (%)	全员劳动生产率 (元/人.年) Over Labour Productivity of Industrial Enterpreses (yuan/person.year)
12.0	**30.4**	**98.6**	**247708**
12.2	26.4	98.8	204625
11.9	32.7	98.5	283038
9.4	36.0	99.0	213553
11.6	31.7	98.5	219249
13.0	27.9	98.6	275488
11.6	38.5	98.6	194068
18.0	41.2	98.1	538285
11.5	46.1	99.7	359733
15.4	34.1	98.5	438766
13.9	29.3	98.6	327509
19.2	7.9	97.8	521035
11.5	24.2	98.7	238372
13.6	25.3	99.1	182147
12.6	34.2	98.4	238450
11.4	29.1	99.0	178044
11.0	22.4	98.4	110140
13.2	21.8	99.3	215817
13.7	21.5	98.9	176208
13.5	21.2	99.3	182051
13.0	31.3	99.0	247876
10.2	33.1	99.7	233677
14.0	24.1	98.4	224263
10.6	42.1	99.0	444369
11.7	35.0	98.5	259148
12.4	32.7	98.3	234013
12.6	27.1	99.0	160592
12.5	25.8	98.6	229668
14.2	30.8	98.6	293893
8.2	30.5	98.1	399533
8.3	32.1	98.7	320196
10.9	27.1	98.6	218606
11.4	43.1	98.4	282438
12.0	31.9	98.5	237782
13.3	28.3	98.3	202781
12.4	24.4	99.2	230427
11.3	26.9	98.3	226528
11.0	34.6	98.1	105722
10.1	35.7	98.5	160970
12.1	29.0	98.3	310049
9.5	37.1	105.9	260647
8.4	29.0	98.8	51233
3.8	64.9	99.8	112506
12.3	32.0	99.5	433351
10.1	46.3	99.4	195977

14-23 各市规模以上工业企业主要经济效益指标
Main Economic Beneficial Indicators of Industrial Enterprises above Designated Size by City

年份 市(县)	Year City(County)	总资产贡献率(%) Ratio of Total Assets to Industrial Output Value (%)	成本费用利润率(%) Ratio of Profits to Industrial Cost (%)	资产负债率(%) Assets-Liability Ratio (%)	产品销售率(%) Proportion of Products Sold (%)	全员劳动生产率(元/人·年) Over Labour Productivity of Industrial Enterprises (yuan/person.year)
	1998	7.6	2.7	67.3	97.2	25496
	1999	7.3	2.8	65.9	97.8	27753
	2000	8.6	4.5	66.4	98.0	33643
	2001	8.1	4.1	65.7	97.9	37827
	2002	9.4	4.7	63.9	98.3	44368
	2003	10.7	5.2	64.3	98.5	55278
	2004	23.0	6.0	62.4	98.4	76834
	2005	15.7	6.9	61.6	98.4	88950
	2006	20.7	9.1	60.3	97.0	111021
	2007	23.5	11.6	57.8	98.3	142201
	2008	24.7	9.5	57.8	98.4	181939
	2009	21.0	9.6	56.5	98.5	172874
	2010	22.4	10.2	55.2	98.7	206596
	2011	22.7	9.5	53.9	98.6	217295
	2012	18.9	8.3	51.4	98.3	216674
省辖市	**City**					
郑州市	Zhengzhou	21.3	10.3	55.6	97.9	215242
开封市	Kaifeng	20.4	11.8	35.3	99.0	120803
洛阳市	Luoyang	12.7	4.3	56.7	98.1	280803
平顶山市	Pingdingshan	12.6	5.8	59.6	97.1	222178
安阳市	Anyang	17.4	6.1	64.0	99.1	285153
鹤壁市	Hebi	17.5	5.4	66.9	98.5	198012
新乡市	Xinxiang	12.7	6.1	52.1	98.5	199254
焦作市	Jiaozuo	21.2	8.1	46.7	99.0	230124
濮阳市	Puyang	24.5	9.3	42.2	98.6	223563
许昌市	Xuchang	26.1	11.2	37.6	98.1	279332
漯河市	Luohe	29.9	13.9	34.6	98.6	213256
三门峡市	Sanmenxia	16.8	8.8	58.4	97.9	306140
南阳市	Nanyang	18.3	7.9	52.9	97.7	199493
商丘市	Shangqiu	15.7	6.0	53.3	99.1	188939
信阳市	Xinyang	21.5	6.4	44.7	97.6	152361
周口市	Zhoukou	25.3	13.0	35.0	99.0	163761
驻马店市	Zhumadian	17.7	8.1	42.5	99.3	155787
济源市	Jiyuan	13.2	6.4	59.5	98.8	339766
省直管县	**Province Administrating County**					
巩义市	Gongyi	19.7	8.0	56.2	97.9	303991
兰考县	Lankao	32.4	18.2	20.4	99.0	105693
汝州市	Ruzhou	8.1	4.9	67.3	95.8	277086
滑县	Huaxian	25.0	10.3	32.0	100.4	186394
长垣县	Changyuan	20.9	12.2	48.3	99.5	204719
邓州市	Dengzhou	18.3	8.4	52.7	97.0	248614
永城市	Yongcheng	14.9	6.0	60.2	99.5	333322
固始县	Gushi	37.2	9.0	14.9	98.5	123891
鹿邑县	Luyi	23.3	14.0	44.3	97.6	189324
新蔡县	Xincai	23.3	11.5	19.6	99.9	105866

14-24 各市规模以上国有控股工业企业主要经济效益指标(2012年) Main Economic Beneficial Indicators of State-holding Industrial Enterprises above Designated Size by City (2012)

市(县) City(County)	总资产贡献率(%) Ratio of Total Assets to Industrial Output Value (%)	成本费用利润率(%) Ratio of Profits to Industrial Cost (%)	资产负债率(%) Assets-Liability Ratio (%)	产品销售率(%) Proportion of Products Sold (%)	全员劳动生产率(元/人.年) Over Labour Productivity of Industrial Enterpreses (yuan/person.year)
全 省 Total	**10.5**	**2.5**	**67.2**	**98.4**	**211347**
省 辖 市 City					
郑 州 市 Zhengzhou	16.9	6.5	62.9	98.1	267374
开 封 市 Kaifeng	14.3	10.9	56.6	98.8	127359
洛 阳 市 Luoyang	8.8	1.4	63.3	98.3	275991
平 顶 山 市 Pingdingshan	7.5	2.4	65.8	97.7	140457
安 阳 市 Anyang	8.5	-0.4	74.1	100.0	249043
鹤 壁 市 Hebi	4.2	-2.4	86.2	98.6	105310
新 乡 市 Xinxiang	14.5	9.5	60.5	99.2	171489
焦 作 市 Jiaozuo	4.8	-1.0	68.0	98.6	128010
濮 阳 市 Puyang	7.8	-5.5	72.5	99.9	175034
许 昌 市 Xuchang	24.4	11.2	54.9	99.1	349461
漯 河 市 Luohe	19.8	7.1	64.8	98.0	343066
三 门 峡 市 Sanmenxia	6.1	1.7	68.5	96.0	162179
南 阳 市 Nanyang	17.9	7.4	60.3	98.5	241024
商 丘 市 Shangqiu	12.9	4.7	66.6	99.4	302620
信 阳 市 Xinyang	16.4	4.5	62.6	97.9	137763
周 口 市 Zhoukou	18.5	10.6	54.8	98.0	108142
驻 马 店 市 Zhumadian	13.9	4.2	65.7	98.8	192548
济 源 市 Jiyuan	8.2	6.4	56.1	99.2	439115
省 直 管 县 Province Administrating County					
巩 义 市 Gongyi	4.7	-0.4	70.1	92.9	96400
兰 考 县 Lankao	22.8	8.2	58.4	100.0	118479
汝 州 市 Ruzhou	2.6	-3.5	83.5	98.2	142844
滑 县 Huaxian	13.8	2.0	53.7	101.5	122222
长 垣 县 Changyuan	24.7	1.1	75.2	100.0	258755
邓 州 市 Dengzhou	23.0	20.2	51.4	98.8	96707
永 城 市 Yongcheng	15.1	7.5	61.8	99.3	323868
固 始 县 Gushi	6.4	0.1	61.2	100.0	41752
鹿 邑 县 Luyi	6.4	0.3	97.2		54440
新 蔡 县 Xincai	10.1	2.6	40.7	99.8	40894

14-25 各市规模以上公有制工业企业主要经济效益指标(2012年)
Main Economic Beneficial Indicators of Public-owned Industrial Enterprises above Designated Size by City (2012)

市(县) City(County)	总资产贡献率 (%) Ratio of Total Assets to Industrial Output Value (%)	成本费用利润率 (%) Ratio of Profits to Industrial Cost (%)	资产负债率 (%) Assets-Liability Ratio (%)	产品销售率 (%) Proportion of Products Sold (%)	全员劳动生产率 (元/人.年) Over Labour Productivity of Industrial Enterpreses (yuan/person.year)
全 省 Total	**12.1**	**4.1**	**64.7**	**98.5**	**220432**
省 辖 市 City					
郑 州 市 Zhengzhou	17.3	6.9	62.3	98.1	264042
开 封 市 Kaifeng	14.8	10.6	55.6	98.9	126438
洛 阳 市 Luoyang	8.8	1.5	63.0	98.1	275586
平 顶 山 市 Pingdingshan	7.6	2.4	65.8	97.8	148216
安 阳 市 Anyang	8.9	0.0	73.9	100.0	248080
鹤 壁 市 Hebi	6.9	-0.1	80.3	98.2	133211
新 乡 市 Xinxiang	13.5	8.3	55.5	99.2	195651
焦 作 市 Jiaozuo	5.4	-0.2	67.6	98.7	134919
濮 阳 市 Puyang	10.1	-1.6	66.7	100.1	187115
许 昌 市 Xuchang	25.3	11.8	53.8	99.0	340221
漯 河 市 Luohe	31.6	14.9	54.4	98.5	319661
三 门 峡 市 Sanmenxia	14.9	7.9	60.2	97.6	269945
南 阳 市 Nanyang	17.8	7.6	59.0	98.5	240697
商 丘 市 Shangqiu	13.3	4.9	66.2	99.4	293535
信 阳 市 Xinyang	18.8	5.0	59.7	98.1	125530
周 口 市 Zhoukou	18.7	10.9	51.9	98.2	143029
驻 马 店 市 Zhumadian	15.3	5.3	62.6	98.8	176526
济 源 市 Jiyuan	9.6	7.2	56.5	99.0	303968
省 直 管 县 Province Administrating County					
巩 义 市 Gongyi	6.8	2.1	69.0	94.9	145120
兰 考 县 Lankao	19.3	5.9	64.3	100.0	109973
汝 州 市 Ruzhou	2.7	-3.5	83.3	98.3	156085
滑 县 Huaxian	30.1	8.1	33.8	100.6	142389
长 垣 县 Changyuan	19.9	1.9	48.5	100.0	249748
邓 州 市 Dengzhou	21.0	11.2	52.8	91.5	212190
永 城 市 Yongcheng	14.9	7.4	62.1	99.3	319820
固 始 县 Gushi	15.6	2.4	56.2	100.0	88410
鹿 邑 县 Luyi	6.4	0.3	97.2		54440
新 蔡 县 Xincai	24.2	7.3	28.3	99.8	69730

14-26 各市规模以上私营工业企业主要经济效益指标(2012年)

Main Economic Beneficial Indicators of Private Industrial Enterprises above Designated Size by City (2012)

市(县) City(County)	总资产贡献率 (%) Ratio of Total Assets to Industrial Output Value (%)	成本费用利润率 (%) Ratio of Profits to Industrial Cost (%)	资产负债率 (%) Assets-Liability Ratio (%)	产品销售率 (%) Proportion of Products Sold (%)	全员劳动生产率 (元/人.年) Over Labour Productivity of Industrial Enterpreses (yuan/person.year)
全　省 Total	**31.7**	**12.0**	**30.4**	**98.6**	**247708**
省辖市 City					
郑州市 Zhengzhou	32.7	14.4	42.4	98.4	334502
开封市 Kaifeng	30.3	15.2	16.2	99.2	124087
洛阳市 Luoyang	23.6	7.6	40.4	98.1	302923
平顶山市 Pingdingshan	19.2	11.2	50.6	96.4	447661
安阳市 Anyang	30.2	10.1	41.7	99.3	334520
鹤壁市 Hebi	47.7	11.5	48.7	99.2	349845
新乡市 Xinxiang	17.0	8.0	45.0	98.8	218642
焦作市 Jiaozuo	36.4	12.0	25.8	99.7	315903
濮阳市 Puyang	46.4	14.6	12.0	97.8	292508
许昌市 Xuchang	32.0	12.2	21.7	98.1	308052
漯河市 Luohe	31.2	16.4	27.1	98.1	180530
三门峡市 Sanmenxia	30.0	11.8	44.5	98.9	332741
南阳市 Nanyang	22.2	8.7	40.6	98.6	212672
商丘市 Shangqiu	17.4	6.8	51.4	99.2	173249
信阳市 Xinyang	30.8	8.2	25.6	97.8	153047
周口市 Zhoukou	28.8	15.0	30.2	98.7	161850
驻马店市 Zhumadian	29.6	11.6	17.2	99.4	155549
济源市 Jiyuan	34.1	8.4	49.4	99.0	397283
省直管县 Province Administrating County					
巩义市 Gongyi	39.5	10.8	30.0	98.6	373653
兰考县 Lankao	37.8	21.4	17.6	98.8	116533
汝州市 Ruzhou	31.6	9.9	52.3	97.2	960373
滑县 Huaxian	28.9	12.0	25.2	100.7	214176
长垣县 Changyuan	22.1	10.4	43.4	99.9	244185
邓州市 Dengzhou	17.1	9.1	55.2	96.0	228110
永城市 Yongcheng	14.5	2.3	39.9	99.7	395433
固始县 Gushi	44.6	9.4	7.1	97.5	162348
鹿邑县 Luyi	12.2	12.8	48.9	96.7	165529
新蔡县 Xincai	20.9	12.0	19.8	99.5	105846

14—27 历年主要工业产品产量

Output of Major Industrial Products Over the Years

年 份 year	纱 (万吨) Yarn (10 000 tons)	卷烟 (亿支) Cigarettes (100 million rolls)	农用化肥 (万吨) Chemical Fertilizers (10 000 tons)	原煤 (万吨) Coal (10 000 tons)	原油 (万吨) Crude Oil (10 000 tons)	发电量 (亿千瓦小时) Electricity (100 million kwh)	粗 钢 (万吨) Steel (10 000 tons)	平板玻璃 (万重量箱) Plate Glass (10 000 weight cases)
1978	16.28	161.70	51.92	5845	167.44	130.68	54.22	184.20
1979	18.88	187.70	55.65	5838	225.72	145.50	59.18	231.71
1980	20.17	231.60	65.06	5625	230.89	159.45	64.50	294.61
1981	22.90	258.80	65.57	5825	369.23	171.17	55.78	284.16
1982	23.27	277.90	75.35	5968	448.32	177.97	63.88	343.90
1983	22.43	254.30	89.06	6402	541.21	187.88	77.08	402.13
1984	21.22	290.40	99.01	6934	639.59	198.72	86.68	485.03
1985	22.92	316.20	81.43	7857	793.31	209.34	97.26	595.73
1986	26.01	329.20	80.29	7949.00	880.78	231.63	103.99	665.07
1987	28.46	326.30	111.62	8062	932.04	259.33	118.09	769.16
1988	30.65	323.30	129.28	8245	979.07	286.57	138.95	877.52
1989	32.58	285.56	131.84	8858	953.15	302.82	159.00	981.57
1990	31.45	291.49	140.58	9080	882.06	319.14	168.98	904.80
1991	31.95	293.68	156.50	8973	848.32	356.49	186.12	1014.20
1992	37.45	298.71	169.78	9027	810.13	405.17	212.87	1132.95
1993	47.65	297.51	164.84	9279	764.07	440.65	239.39	1299.13
1994	35.20	295.51	189.70	9618	688.25	485.46	241.30	1604.21
1995	41.03	298.30	219.19	10334	601.96	547.71	280.98	2127.41
1996	42.70	290.95	241.09	10781	587.19	593.99	309.87	1832.36
1997	49.59	290.28	237.89	10520	587.13	630.83	334.16	1546.18
1998	47.06	275.77	267.89	9406	587.60	631.05	366.58	2165.02
1999	52.85	287.67	252.72	8012	565.40	658.97	392.03	2137.14
2000	61.06	294.23	258.56	7578	562.18	694.93	404.84	2425.41
2001	67.64	291.56	280.13	8448	566.57	791.05	530.98	2794.30
2002	81.33	282.62	308.30	9921	568.06	909.68	672.22	2920.37
2003	86.91	285.50	307.70	11871	547.60	1025.10	851.75	2978.20
2004	106.37	1434.73	345.03	14445	523.41	1185.58	974.73	3346.34
2005	138.80	1430.19	396.64	18761	507.16	1414.68	1226.62	3894.92
2006	188.36	1484.44	440.87	18532	492.06	1590.25	1740.84	3463.84
2007	246.66	1552.10	523.98	18917	485.08	1910.97	2264.65	3588.17
2008	305.20	1586.08	536.04	20888	475.81	1952.78	2187.85	3208.94
2009	340.40	1613.50	554.80	23018	474.50	2068.00	2329.00	2764.70
2010	402.96	1650.45	439.25	21349	497.90	2180.87	2327.35	2414.41
2011	464.71	1676.15	474.03	20935	485.50	2571.88	2370.65	2153.48
2012	483.15	1691.01	435.47	18058	476.56	2626.90	2215.78	1216.06

注：2003年以前卷烟产量计量单位为"万箱"。
a) Data on unit of cigarette is "10 000 cases" before 2003.

14-28 主要工业产品产量

Output of Major Industrial Products

产品名称	Item	2000	2005	2007	2009	2010	2011	2012
两轮脚踏自行车(万辆)	Bicycles (10 000 units)	35.74	11.05	68.92	8.80	13.26	41.82	23.05
彩色电视机(万台)	Colour Television Set (10 000 units)	90.91	177.00	102.04	43.50	17.45	3.85	4.68
家用电冰箱(万台)	Household Refrigerators (10 000 units)	107.97	249.00	293.78	319.20	366.47	406.37	455.93
化学纤维(吨)	Chemical Fiber (ton)	186297	397266	471552	525154	522459	530916	531435
纱(万吨)	Yarn (10 000 tons)	61.06	138.80	246.66	340.45	402.96	464.71	483.15
布(亿米)	Cloth (100 million m)	11.09	16.03	26.06	31.68	39.34	32.39	27.83
呢绒(万米)	Woolen Piece Goods (10 000 m)	184.90	529.40	1208.60	366.60	375.10	367.30	331.10
毛线(吨)	Knitting Wool (ton)	12115	16207	25787	32363	24915	32007	35947
服装(万件)	Garments (10 000 sets)	6502	20138	26581	38774	55743	64922	75817
原盐(万吨)	Salt (10 000 tons)	59.38	109.95	191.65	217.35	262.50	282.48	355.82
卷烟(亿支)	Cigarettes (100 million rolls)	294.23	1430.19	1552.10	1613.50	1650.45	1676.15	1691.01
饮料酒(万千升)	Alcoholic Beverages (10 million litre)	141.45	227.53	387.68	468.41	525.05	562.44	627.13
方便面(万吨)	Instant Noodles(10 000 tons)		64.87	135.89	158.51	212.53	245.03	275.06
速冻米面食品(万吨)	Quick-frozen Rice and Wheat Flour foods(10 000 tons)		93.47	136.12	181.43	220.88	253.98	250.69
罐头(吨)	Canned Food (ton)	24615	31270	37505	156848	141681	194423	182058
畜肉制品(万吨)	Raise Meat Products(10 000 tons)		88.39	117.90	111.61	123.12	139.30.	126.45
液体乳(吨)	Liquid Milk(ton)		309129	620154	882555	1064476	1572487	1453819
配、混合饲料(万吨)	Mixed Feed (10 000 tons)	185.03	475.20	829.60	866.02	1109.53	1457.13	1476.82
机制纸及纸板(万吨)	Machine-made Paper and Paperboard (10 000 tons)	290.06	562.18	989.71	1023.66	975.64	1181.95	905.77
合成洗涤剂(万吨)	Synthetic Detergents (10 000 tons)	19.03	16.33	27.67	43.98	47.38	58.58	62.38
日用精铝制品(吨)	Fine Aluminium Products Daily-use (ton)	16527	23089	14933	12751	16521	25475	29411
卫生陶瓷制品(万件)	Household Ceramics (10 000 pcs)							4411
日用玻璃制品(万吨)	Daily-use Glassware (10 000 ton)	26.99	71.66	149.32	31.63	43.94	47.44	58.77
塑料制品(万吨)	Plastic Products (10 000 tons)	46.88	103.95	121.69	155.70	314.68	255.21	261.86
#农用薄膜	Plastic Film for Farm Use	9.28	15.14	9.39	11.20	15.83	20.31	23.83
肥皂(吨)	Soap (ton)	13283	11707	11489	14360	29511	39569	
原煤(万吨)	Coal (10 000 tons)	7578	18761	18917	23018	21349	20935	18058
原油(万吨)	Crude Oil (10 000 tons)	562.18	507.16	485.08	474.50	497.90	485.50	476.56
原油加工量(万吨)	Volume of Crude Oil Processing (10 000 tons)	573.65	553.58	676.41	793.80	879.35	782.36	925.17
汽油(万吨)	Gasoline (10 000 tons)	136.86	127.03	157.83	189.40	207.98	191.39	239.21
柴油(万吨)	Diesel Oil (10 000 tons)	213.42	218.97	243.96	287.01	297.54	274.26	310.59
润滑油(吨)	Lubricating Oil (ton)	42783	101431	88872	149612	177113	80601	199236
天然气(万立方米)	Natural Gas (10 000 cu.m)	149465	201432	157607	99915	67488	50164	50111
发电量(亿千瓦小时)	Electricity (100 million kwh)	694.93	1414.68	1910.97	2067.96	2180.87	2571.88	2626.90

注：卷烟产量2000年计量单位为“万箱”，饮料酒2005年以前计量单位为“万吨”。
a) unit of cigarette is “10 000 cases” in 2000，unit of Alcoholic Beverages is “10 000 tons"before 2005.

14—28 续表 contiuned

产品名称	Item	2000	2005	2007	2009	2010	2011	2012
铁矿石原矿(万吨)	Iron ore (10 000 tons)	154.66	281.32	556.19	828.38	1269.21	1337.11	1502.79
生铁(万吨)	Pig Iron (10 000 tons)	508.88	973.00	1925.40	1944.63	2073.92	2151.01	2116.00
粗钢(万吨)	Steel (10 000 tons)	404.84	1226.62	2264.65	2328.99	2327.35	2370.65	2215.78
钢材(万吨)	Steel Products (10 000 tons)	405.62	1337.40	2474.97	2882.47	3196.42	3551.19	3481.38
铁合金(万吨)	Ferroalloy (10 000 tons)	14.27	54.98	105.33	136.80	149.23	144.52	119.49
焦炭(万吨)	Coke (10 000 tons)	355.22	1317.27	1938.00	2163.06	2570.18	2847.89	2420.73
十种有色金属(万吨)	10 Nonferrous Metal (10 000 tons)	70.92	294.86	438.96	481.62	516.69	564.34	568.69
铜材(万吨)	Copper Products (10 000 tons)	11.69	25.74	40.71	40.90	45.56	41.69	44.27
原铝(万吨)	Aluminium (10 000 tons)	41.53	193.96	315.99	317.74	365.49	388.42	368.84
氧化铝(万吨)	Alumina (10 000 tons)	144.42	353.35	750.53	852.10	957.11	1041.74	1141.63
硫铁矿石(万吨)	Sulfur-iron ore (Output) (10 000 tons)	23.26	9.90	12.95	16.50	16.30	17.21	19.07
硫酸(万吨)	Sulfuric Acid (10 000 tons)	75.01	124.76	155.40	207.59	247.73	329.31	339.14
浓硝酸(吨)	Concentrated Nitric Acid (ton)	38451	110114	154508	227109	209189	279844	340715
纯碱(万吨)	Soda Ash (10 000 tons)	33.65	118.65	200.44	212.20	188.14	280.84	294.92
烧碱(万吨)	Caustic Soda (10 000 tons)	37.62	67.84	107.69	111.24	140.28	166.69	168.45
电石(折合量)(万吨)	Calcium Carbide (10 000 tons)	9.88	21.98	20.49	76.62	78.15	99.45	98.37
纯苯(吨)	Pure Benzene (ton)	47545	106730	131548	106582	115454	114185	195335
合成氨(万吨)	Synthetic Ammonia (10 000 tons)	316.55	515.71	600.92	485.58	427.50	455.72	428.10
农用化肥(折纯量)(万吨)	Chemical Fertilizers (10 000 tons)	258.56	396.64	523.98	554.77	439.25	474.03	435.47
化学农药原药(吨)	Chemical Pesticide (ton)	21008	47476	76865	108339	87763	123750	199862
染料(吨)	Dyestuff (ton)	9033	4344	23437	19941	18301	16070	
化学药品原药(吨)	Chemical Raw Medicine (ton)	13832	68544	131051	125228	135926	217257	258194
橡胶轮胎外胎(万条)	Tires (10 000 units)	555.51	851.81	2017.99	1576.55	2128.89	2217.64	2419.10
初级形态的塑料(万吨)	Plastics (10 000 tons)	38.20	69.63	113.58	122.59	148.02	165.18	162.60
人造板(万立方米)	Artificial Board (10 000 cu.m)	64.66	316.47	1072.94	1422.59	2118.34	2473.19	2565.32
水泥(万吨)	Cement (10 000 tons)	3723	6211	9347	11711	11480	13666	14805
平板玻璃(万重量箱)	Plate Glass (10 000 weight cases)	2425	3895	3588	2765	2414	2153	1216
发电设备(万千瓦)	Power Generating Equipment (10 000kw)	17.18	115.68	71.27	50.60	76.31	92.24	109.50
交流电动机(万千瓦)	Alternating Eguipment (10 000 Kw)	152.74	429.35	852.92	1206.15	1434.67	1626.45	1808.60
金属切削机床(台)	Metal-cutting Machine Tools (unit)	1197	8701	7387	5847	8035	8728	6311
汽车(辆)	Motor Vehicles (unit)	7903	36352	71310	124573	235211	413626	403976
大中型拖拉机(台)	Large and Medium Tractors (unit)	7059	29548	53330	71376	81624	93105	108717
小型拖拉机(万台)	Small-size Tractor (10 000 units)	42.01	53.39	54.35	22.81	25.08	26.85	29.36
彩色显象管玻壳(万只)	Chromatron Glass-shell (10 000 units)		3650	2495	1299	1913	1133	790
电话单机(部)	Telephone(unit)		62573	118792	28960	7928	12905	7810

14－29 各市主要工业产品产量(2012年)

Output of Major Industrial Products by City (2012)

市(县)	City(County)	化学纤维 (吨) Chemical Fiber (ton)	纱 (万吨) Yarn (10 000tons)	布 (万米) Cloth (10 000m)	服装 (万件) Garments (10 000sets)	卷烟 (亿支) Cigarettes (100millinrolls)	饮料酒 (千升) Alcoholic Beverages (1 000 litre)
全　　省	**Total**	**531435**	**483.15**	**278341**	**75817**	**1691**	**6271349**
省 辖 市	**City**						
郑 州 市	Zhengzhou	2064	6.68	87995	12987	586	604328
开 封 市	Kaifeng		55.49	14927	1920		232565
洛 阳 市	Luoyang	175854	1.40	8473	680	93	140046
平顶山市	Pingdingshan	111074	13.39	4302	2707		111935
安 阳 市	Anyang		17.08	16095	3862	259	849643
鹤 壁 市	Hebi		7.26	4546	1660		416727
新 乡 市	Xinxiang	150703	49.61	5721	267		327251
焦 作 市	Jiaozuo	11501	11.93	14938	1186		153876
濮 阳 市	Puyang	7550	14.16	1318	1514		19708
许 昌 市	Xuchang	58152	61.22	40536	3027	429	36162
漯 河 市	Luohe		1.35	3220	1344	116	1083526
三门峡市	Sanmenxia		1.87	144			43872
南 阳 市	Nanyang	1556	112.17	47422	2760	134	247465
商 丘 市	Shangqiu	7551	46.58	3285	29826		621127
信 阳 市	Xinyang	3616	6.39		1140		196204
周 口 市	Zhoukou		62.63	21281	9233		1060129
驻马店市	Zhumadian	1814	12.26	4138	1633	74	126785
济 源 市	Jiyuan		1.68		71		
省直管县	**Province Administrating County**						
巩 义 市	Gongyi	2064			35		
兰 考 县	Lankao		2.14	6453	550		42504
汝 州 市	Ruzhou						
滑 县	Huaxian		6.72		2644		133260
长 垣 县	Changyuan						
邓 州 市	Dengzhou		11.33	12654	1132		134833
永 城 市	Yongcheng		3.18	3285	17		19501
固 始 县	Gushi						1746
鹿 邑 县	Luyi		0.71	57	59		35109
新 蔡 县	Xincai						

14-29 续表 1 contiuned

市(县) City(County)	液体乳 (吨) Liquid Milk (ton)	畜肉制品 (吨) Raise Meat Products (ton)	速冻米面食品 (吨) Quick-frozen Rice and Wheat Flour foods (ton)	机制纸及纸板 (万吨) Machinemade Paper and Paperboard (10 000 tons)	塑料制品 (万吨) Plastic Products (10 000 tons)	焦炭 (万吨) Synthetic Detergents (10 000 tons)	十种有色金属 (万吨) Ten Kinds of Nonferrous Metals (10 000 tons)	原煤 (万吨) Coal (10 000 tons)
全　省 Total	**1453819**	**1264547**	**2506937**	**905.77**	**261.86**	**2420.73**	**568.69**	**18057.67**
省辖市 City								
郑州市 Zhengzhou	97503	79362	1005803	209.39	20.71		69.75	4567.73
开封市 Kaifeng	55526	25605	39245	5.15	10.08		11.21	
洛阳市 Luoyang	49974	57434		8.37	18.55	94.87	137.50	851.30
平顶山市 Pingdingshan	91176	53332		4.37	6.31	580.56		4659.87
安阳市 Anyang		21894	59502	25.14	10.05	930.89	52.68	207.17
鹤壁市 Hebi	262632	27275	32338	12.01	19.97		2.11	581.47
新乡市 Xinxiang	20523	1086	6171	118.16	17.03		0.60	954.44
焦作市 Jiaozuo	434818	12002	31766	148.95	22.09	14.61	55.76	411.29
濮阳市 Puyang	28993	23533	5887	42.51	34.90			
许昌市 Xuchang	52325		9750	131.54	3.63	416.56		1877.69
漯河市 Luohe	184834	820903	711740	90.68	19.61			
三门峡市 Sanmenxia	32844	957			10.88		37.47	1730.62
南阳市 Nanyang	37448	5827		11.24	20.42		19.61	
商丘市 Shangqiu	3110	23970	566960	36.65	4.60	2.59	55.86	2028.00
信阳市 Xinyang		7499		2.54	1.77	53.49		
周口市 Zhoukou	86649	77070	10849	12.09	31.66			
驻马店市 Zhumadian			8840	46.99	7.88			57.31
济源市 Jiyuan	15463	26799	18086		1.71	327.16	126.15	130.78
省直管县 Province Administrating County								
巩义市 Gongyi					0.75		50.81	322.31
兰考县 Lankao		10287	2320	5.15	2.52			
汝州市 Ruzhou						117.30		655.58
滑县 Huaxian		2296			4.40			
长垣县 Changyuan	2874							
邓州市 Dengzhou				1.96	4.06			
永城市 Yongcheng					0.02		42.79	2028.00
固始县 Gushi								
鹿邑县 Luyi								
新蔡县 Xincai								

14-29 续表 2 contiuned

市(县) City(County)	发电量 (亿千瓦小时) Electricity (100 million kwh)	生铁 (万吨) Pig Iron (10 000 tons)	粗钢 (万吨) Steel (10 000 tons)	成品钢材 (万吨) Steel Products (10 000 tons)	硫酸 (万吨) Sulfuric Acid (10 000 tons)	烧碱 (万吨) Caustic Soda (10 000 tons)	原铝 (万吨) Aluminum (10 000 tons)
全省 Total	**2626.90**	**2116.00**	**2215.78**	**3481.38**	**339.14**	**168.45**	**368.84**
省辖市 City							
郑州市 Zhengzhou	447.41	1.49	4.80	481.09	33.39		69.75
开封市 Kaifeng	56.05			7.25		16.91	
洛阳市 Luoyang	464.57		28.80	359.99	12.20		127.06
平顶山市 Pingdingshan	274.12	84.22	179.03	219.24		39.09	
安阳市 Anyang	92.80	1296.80	1255.12	1227.70	11.49		25.18
鹤壁市 Hebi	107.84	0.66					
新乡市 Xinxiang	135.41			28.43	25.12		
焦作市 Jiaozuo	77.06			35.56	56.62	58.69	46.95
濮阳市 Puyang	21.35			4.18			
许昌市 Xuchang	116.80			61.83			
漯河市 Luohe	36.73			12.34		7.12	
三门峡市 Sanmenxia	129.63			33.44	71.28	5.27	25.89
南阳市 Nanyang	143.86	165.49	166.16	170.42		1.82	18.15
商丘市 Shangqiu	98.58			212.55			55.86
信阳市 Xinyang	98.74	235.43	229.61	254.42		3.73	
周口市 Zhoukou	13.00				8.98		
驻马店市 Zhumadian	86.18		15.29	49.88			
济源市 Jiyuan	226.75	331.92	336.98	323.07	120.06	35.82	
省直管县 Province Administrating County							
巩义市 Gongyi	70.25	1.49	4.80	32.00			50.81
兰考县 Lankao				4.35			
汝州市 Ruzhou	15.20						
滑县 Huaxian							
长垣县 Changyuan				5.70			
邓州市 Dengzhou	1.43						
永城市 Yongcheng	36.10			130.96			42.79
固始县 Gushi							
鹿邑县 Luyi	2.03						
新蔡县 Xincai							

14-29 续表 3 contiuned

市(县) City(County)	合成氨 (万吨) Synthetic Ammonia (10 000 tons)	农用化肥(折纯量) (万吨) Synthetic Ammonia (10 000 tons)	化学农药(原药) (吨) Chemical Pesticide (ton)	人造板 (万立方米) Artificial Board (10 000 cu.m)	水 泥 (万吨) Cement (10 000 tons)	平板玻璃 (万重量箱) Plate Glass (10 000 weight cases)	小型拖拉机 (台) Small Tractors (unit)
全 省 Total	**428.10**	**435.47**	**199862**	**2565.32**	**14805.09**	**1216.06**	**293639**
省 辖 市 City							
郑 州 市 Zhengzhou	4.31	5.81	22171	20.08	2321.56		
开 封 市 Kaifeng	53.87	32.57	8589.60	278.12	117.09		210505
洛 阳 市 Luoyang	17.29	15.44	373	23.82	824.83	390.85	35120
平 顶 山 市 Pingdingshan	9.20	4.70		33.84	1285.33		
安 阳 市 Anyang	31.84	21.82	3345	50.03	1479.26		
鹤 壁 市 Hebi		11.03	40613	42.84	473.39		
新 乡 市 Xinxiang	129.96	117.89		70.92	1825.06		
焦 作 市 Jiaozuo	28.74	31.89	2053	88.83	669.26		1713
濮 阳 市 Puyang	4.30	26.47		156.23	115.92		
许 昌 市 Xuchang		11.19		470.37	913.22		45448
漯 河 市 Luohe		6.48	2244	238.44	45.30		853
三 门 峡 市 Sanmenxia	20.03	15.69		137.43	665.56		
南 阳 市 Nanyang	0.67	24.10		176.20	1833.45		
商 丘 市 Shangqiu		21.38	45376	168.70	411.99	717.57	
信 阳 市 Xinyang	1.24	4.97		223.94	747.89		
周 口 市 Zhoukou	18.88	30.80	75098	192.80	147.64		
驻 马 店 市 Zhumadian	107.76	45.66		192.72	693.56	28.00	
济 源 市 Jiyuan		7.57			234.77	79.64	
省 直 管 县 Province Administrating County							
巩 义 市 Gongyi					449.64		
兰 考 县 Lankao				213.40			
汝 州 市 Ruzhou					307.24		
滑 县 Huaxian			2660	42.52	29.53		
长 垣 县 Changyuan							
邓 州 市 Dengzhou				74.10	260.67		
永 城 市 Yongcheng					144.89		
固 始 县 Gushi				23.56	33.18		
鹿 邑 县 Luyi							
新 蔡 县 Xincai					16.10		

14-30 历年规模以下工业主要经济指标

Main Indicators of Industrial Enterprises below Designated Size

年份	单位数合计（个）Number (unit)	企业 Enterpirses	个体 Individual	从业人员合计（万人）Number of Employed Persons (10 000person)	企业 Enterpirses	个体 Individual
1998	681512	71160	610352	658.50	232.53	425.97
1999	726290	70711	655579	680.40	223.46	456.94
2000	685961	71239	614722	597.85	201.92	395.93
2001	679793	71686	608107	571.95	205.42	366.53
2002	660163	72418	587745	571.09	225.38	345.71
2003	697095	69915	627180	580.39	212.19	368.20
2004	696366	66420	629946	507.70	196.19	311.51
2005	689993	64625	625368	559.68	219.76	339.92
2006	696587	67542	629045	548.28	214.32	333.96
2007	780941	75134	705807	588.68	218.22	370.46
2008	664548	70460	594088	564.49	185.92	378.57
2009	756548	75266	681282	515.07	159.25	355.82
2010	743585	84400	659185	469.33	177.27	292.06
2011	719527	83383	636144	462.22	176.81	285.41
2012	663253	74328	588925	421.42	157.06	264.36

年份	增加值 Value-added		企 业 Enterpirses		个 体 Individual	
	亿元 100 million yuan	指数(%) Indices(%)	亿元 100 million yuan	指数(%) Indices(%)	亿元 100 million yuan	指数(%) Indices(%)
1998	752.15		270.70		481.45	
1999	768.22	107.5	283.59	110.0	484.63	106.2
2000	890.76	111.5	335.20	113.7	555.56	110.2
2001	981.22	109.6	370.31	109.9	610.91	109.4
2002	1077.98	109.9	406.37	109.7	671.61	109.9
2003	1255.06	113.5	440.80	103.7	814.26	119.6
2004	1415.98	110.5	546.04	113.7	869.93	108.8
2005	1695.78	110.8	654.71	111.0	1041.07	110.7
2006	1880.61	110.4	732.05	111.3	1148.56	109.8
2007	2070.27	109.5	829.27	112.6	1241.00	107.4
2008	2240.69	106.1	752.91	98.7	1487.78	110.4
2009	2249.35	105.0	687.99	100.0	1561.37	107.4
2010	2049.37	103.0	769.34	102.5	1280.03	103.3
2011	2390.44	106.0	924.29	106.1	1466.16	106.0
2012	2418.63	101.9	943.07	102.1	1475.56	101.8

注：规模以下工业指标均为抽样调查数据。

a)Data on Industrial Enterprises below Designated Size is Sampling survey data.

14-31 各市规模以下工业企业单位数(2012年)

Number of below Designated Size Industrial Enterprises by City (2012)

单位：个 (unit)

市（县） City(County)	合 计 Total	公有制企业 Public-owned	国有及国有控股 States-owned and State-holding	集体及集体控股 Collective-owned and Collective-holding	非公有制企 业 Non-public owned	轻工业 Enterprises of Light Industry	重工业 Enterprises of Heavy Industry
省 辖 市 City							
郑 州 市 Zhengzhou	7000	1995	1197	798	5005	1540	5460
开 封 市 Kaifeng	4928	241	46	195	4687	1563	3365
洛 阳 市 Luoyang	6182	195	50	145	5987	1063	5119
平 顶 山 市 Pingdingshan	3807	89	24	65	3718	663	3144
安 阳 市 Anyang	5261	129	4	125	5132	1751	3510
鹤 壁 市 Hebi	815	77	12	65	738	168	647
新 乡 市 Xinxiang	5968	251	49	202	5717	1567	4401
焦 作 市 Jiaozuo	4222	57	30	27	4165	1617	2605
濮 阳 市 Puyang	3912				3912	1627	2285
许 昌 市 Xuchang	7112	45	9	36	7067	2069	5043
漯 河 市 Luohe	1652	5		5	1647	833	819
三 门 峡 市 Sanmenxia	2111	403	19	384	1708	502	1609
南 阳 市 Nanyang	11457	167	57	110	11290	4507	6950
商 丘 市 Shangqiu	6724	66	37	29	6658	2523	4201
信 阳 市 Xinyang	4620	650	222	428	3970	3645	975
周 口 市 Zhoukou	6404	94	68	26	6310	2203	4201
驻 马 店 市 Zhumadian	4676	66	62	4	4610	1405	3271
济 源 市 Jiyuan	532	9	2	7	523	140	392
省 直 管 县 Province Administrating County							
巩 义 市 Gongyi	1520	34	4	30	1486	111	1409
兰 考 县 Lankao	937	12	11	1	925	340	597
汝 州 市 Ruzhou	648	9		9	639	97	551
滑 县 Huaxian	1058	35		35	1023	327	731
长 垣 县 Changyuan	463	10		10	453	79	384
邓 州 市 Dengzhou	1344	13	1	12	1331	435	909
永 城 市 Yongcheng	769				769	515	254
固 始 县 Gushi	597	43		43	554	210	387
鹿 邑 县 Luyi	669				669	363	306
新 蔡 县 Xincai	661	23	19	4	638	236	425

14–32 各市规模以下工业企业主要指标(2012年)

Main Indicators of below Designated Size Industrial Enterprises by City (2012)

本表按当年价格计算。

Data in this table are calculated at current prices.

单位：亿元

市(县) City(County)	合计 Total	公有制企业 Public-owned	国有及国有控股 States-owned and State-holding	集体及集体控股 Collective-ownedand Collective-holding	非公有制企业 Non-public owned	轻工业 Enterprises of Light Industry	重工业 Enterprises of Heavy Industry	工业增加值指数(上年=100) Indices of Value Added of Industry (Preceding year=100)	平均从业人员(万人) Number of Employed persons (10 000 persons)
省辖市 City									
郑州市 Zhengzhou	72.76	3.31	1.37	1.94	69.45	15.96	56.80	102.3	18.00
开封市 Kaifeng	50.39	1.85	0.48	1.37	48.54	14.79	35.60	101.9	11.63
洛阳市 Luoyang	83.04	2.33	0.62	1.71	80.71	13.46	69.58	102.5	11.92
平顶山市 Pingdingshan	40.00	1.17	0.32	0.85	38.83	7.96	32.04	104.8	7.37
安阳市 Anyang	46.28	1.08	0.08	1.00	45.20	13.92	32.36	102.2	11.88
鹤壁市 Hebi	10.45	0.97	0.01	0.96	9.48	2.06	8.39	102.0	1.60
新乡市 Xinxiang	34.75	1.28	0.32	0.96	33.47	9.32	25.43	102.1	13.61
焦作市 Jiaozuo	45.14	0.38	0.16	0.21	44.77	16.58	28.57	102.7	11.38
濮阳市 Puyang	27.70				27.70	10.94	16.76	102.2	8.50
许昌市 Xuchang	59.03	0.58	0.10	0.48	58.45	16.03	43.00	102.1	15.82
漯河市 Luohe	15.42	0.02		0.02	15.40	7.55	7.87	98.5	3.10
三门峡市 Sanmenxia	30.10	7.80	1.41	6.39	22.30	6.83	23.27	102.2	4.80
南阳市 Nanyang	84.72	2.07	0.52	1.55	82.65	33.15	51.57	101.9	33.97
商丘市 Shangqiu	51.80	0.38	0.15	0.23	51.42	19.87	31.93	108.3	15.90
信阳市 Xinyang	50.95	7.06	2.65	4.41	43.89	18.15	32.80	102.3	10.97
周口市 Zhoukou	47.92	0.94	0.61	0.33	46.99	16.45	31.47	102.5	14.43
驻马店市 Zhumadian	59.67	0.63	0.57	0.06	59.04	23.87	35.80	102.1	11.36
济源市 Jiyuan	8.03	1.55	0.06	1.49	6.48	2.37	5.66	107.3	1.07
省直管县 Province Administrating County									
巩义市 Gongyi	14.13	0.16	0.16		13.97	1.41	12.72	102.6	3.60
兰考县 Lankao	10.00	0.27	0.23	0.04	9.73	3.55	6.45	100.8	2.72
汝州市 Ruzhou	3.33				3.33	0.27	3.06	102.5	1.30
滑县 Huaxian	8.72	0.29		0.29	8.43	2.70	6.02	102.3	2.60
长垣县 Changyuan	3.81	0.08		0.08	3.73	0.64	3.17	102.8	1.51
邓州市 Dengzhou	9.40	0.15	0.01	0.14	9.25	3.10	6.30	102.2	3.01
永城市 Yongcheng	7.16				7.16	2.45	4.71	102.3	1.37
固始县 Gushi	6.75	0.49		0.49	6.26	2.38	4.37	102.1	1.61
鹿邑县 Luyi	7.46				7.46	2.55	4.91	102.8	1.07
新蔡县 Xincai	8.53	0.96	0.63	0.33	7.57	3.53	4.99	102.0	1.72

14–33 各市城乡个体工业单位主要指标(2012年)

Main Indicators of Individual Industrial Enterprises by City (2012)

市(县) City(County)	单位数(个) Number of Enterprises (unit)	轻工业 Enterprises of Light Industry	重工业 Enterprises of Heavy Industry	工业增加值(亿元) Value Added of Industry (100 million yuan)	轻工业 Enterprises of Light Industry	重工业 Enterprises of Heavy Industry	工业增加值指数(上年=100) Indices of Value Added of Industry (Preceding year=100)	平均从业人员(万人) Number of Employed persons (10 000 persons)
省辖市 City								
郑州市 Zhengzhou	54649	10657	43992	188.24	59.60	128.64	101.9	38.69
开封市 Kaifeng	38079	22812	15267	51.72	30.99	20.73	101.5	16.66
洛阳市 Luoyang	45271	7497	37774	171.96	27.80	144.16	101.9	34.29
平顶山市 Pingdingshan	42143	23233	18910	123.00	67.81	55.19	101.0	21.07
安阳市 Anyang	26366	18974	7392	43.09	33.38	9.71	102.1	11.19
鹤壁市 Hebi	5045	3240	1805	14.55	6.12	8.43	102.0	2.08
新乡市 Xinxiang	34656	12143	22513	46.59	14.03	32.56	102.3	14.90
焦作市 Jiaozuo	28102	20350	7752	58.37	32.67	25.70	101.7	13.82
濮阳市 Puyang	14192	10232	3960	22.70	16.32	6.38	102.2	5.00
许昌市 Xuchang	38751	11889	26862	92.39	28.83	63.56	101.7	16.87
漯河市 Luohe	14896	9841	5055	49.22	30.23	18.99	105.7	6.65
三门峡市 Sanmenxia	10864	1035	9829	31.40	2.66	28.74	102.4	7.70
南阳市 Nanyang	127601	98561	29040	170.28	126.94	43.34	101.9	60.13
商丘市 Shangqiu	48911	30691	18220	38.10	17.71	20.39	96.3	16.24
信阳市 Xinyang	45222	35682	9540	53.05	34.56	18.49	102.1	13.15
周口市 Zhoukou	88524	66783	21741	87.08	66.43	20.65	101.7	28.14
驻马店市 Zhumadian	35749	26096	9653	57.33	43.57	13.76	102.1	15.57
济源市 Jiyuan	4286	3730	556	21.97	9.65	12.32	107.3	3.24
省直管县 Province Administrating County								
巩义市 Gongyi	6788	2344	4444	32.17	11.11	21.06	102.6	6.38
兰考县 Lankao	5412	2760	2652	13.39	7.31	6.08	102.6	3.59
汝州市 Ruzhou	14165	10185	3980	61.17	38.06	23.11	102.5	11.00
滑县 Huaxian	5482	4341	1141	4.64	4.00	0.64	102.2	2.44
长垣县 Changyuan	3315	1161	2154	5.19	1.56	3.63	102.2	2.09
邓州市 Dengzhou	10158	9142	1016	29.36	26.42	2.94	102.0	3.05
永城市 Yongcheng	5986	3590	2396	4.78	2.67	2.11	102.3	2.25
固始县 Gushi	7889	7347	542	13.50	9.50	4.00	102.2	1.83
鹿邑县 Luyi	4804	4676	128	10.41	8.38	2.03	101.8	1.44
新蔡县 Xincai	3348	2290	1058	4.39	1.26	3.14	102.0	1.12

主要统计指标解释

工业 指从事自然资源的开采，对采掘品和农产品进行加工和再加工的物质生产部门。具体包括：(1) 对自然资源的开采，如采矿、晒盐、森林采伐等（不包括禽兽捕猎和水产捕捞)；(2) 对农副产品的加工、再加工，如粮油加工、食品加工、轧花、缫丝、纺织、制革等；(3) 对采掘品的加工、再加工，如炼铁、炼钢、化工生产、石油加工、机器制造、木材加工等，以及电力、自来水、煤气的生产和供应等；(4) 对工业品的修理、翻新，如机器设备的修理、交通运输工具（包括小卧车的修理等。1984 年以前农村的村及村以下办工业归属农业，1984 年以后划归工业。

国有控股企业 指在企业的全部实收资本中，国有资本绝对控股、相对控股或协议控股的企业。包括国有经济成分的出资人拥有的实收资本（股本）所占企业全部实收资本（股本）的比例大于 50%的绝对控股企业，或虽未大于 50%，但相对大于其他任何一方经济成分的出资人所占比例的企业，或者虽不大于其他经济成分，但根据协议规定拥有企业实际控制权的企业。对于投资双方各占 50%，且未明确由谁绝对控股的企业，若其中一方为国有经济成分的，一律按国有控股统计。

轻工业 指主要提供生活消费品和制作手工工具的工业。按其所使用的原料不同，可分为两大类：(1)以农产品为原料的轻工业，是指直接或间接以农产品为基本原料的轻工业。主要包括食品制造、饮料制造、烟草加工、纺织、缝纫、皮革和毛皮制作、造纸以及印刷等工业；(2)以非农产品为原料的轻工业，是指以工业品为原料的轻工业。主要包括文教体育用品、化学药品制造、合成纤维制造、日用化学制品、日用玻璃制品、日用金属制品、手工工具制造、医疗器械制造、文化和办公用机械制造等工业。

重工业 指为国民经济各部门提供物质技术基础的主要生产资料的工业。按其生产性质和产品用途，可以分为下列三类：(1)采掘(伐)工业，是指对自然资源的开采，包括石油开采、煤炭开采、金属矿开采、非金属矿开采等工业；(2)原材料工业，指向国民经济各部门提供基本材料、动力和燃料的工业。包括金属冶炼及加工、炼焦及焦炭、化学、化工原料、水泥、人造板以及电力、石油和煤炭加工等工业；(3)加工工业，是指对工业原材料进行再加工制造的工业。包括装备国民经济各部门的机械设备制造工业、金属结构、水泥制品等工业，以及为农业提供的生产资料如化肥、农药等工业。

工业增加值 是指工业企业在报告期内以货币形式表现的工业生产活动的最终成果，是企业全部生产活动的总成果扣除了在生产过程中消耗或转换的物质产品和劳务价值后的余额，是企业生产过程中新增加的价值。

实收资本 指企业实际收到的投资人投入的资本。按投资主体可分为国家资本、集体资本、法人资本、个人资本、港澳台资本和外商资本等。

资产合计 指企业拥有或控制的能以货币计量的经济资源。包括各种财产、债权和其他权利。资产按其流动性划分为流动资产、长期投资、固定资产、无形及递延资产和其他资产。

(1) 流动资产 指企业可以在一年内或者超过一年的一个生产周期内变现或耗用的资产合计。包括现金及各种存款、短期投资、应收及预付款项、存货等。

(2) 固定资产 指企业固定资产净值、固定资产清理、在建工程、待处理固定资产损失所占用的资金合计。

(3) 无形资产 指企业长期使用而没有实物形态的资产。包括专利权、非专利技术、商标权、著作权、土地使用权、商誉等。

负债合计 指企业承担的能以货币计量，将以资产或劳务偿付的债务。负债一般按偿还期长短分为流动负债和长期负债、递延税项等。

(1) 流动负债 指企业在一年内或者超过一年的一个营业周期内需要偿还的债务合计，其中包括短期借款、应付及预收款项、应付工资、应交税金和应交利润等。

(2) 长期负债 指企业在一年以上或者超过一年的一个营业周期以上需要偿还的债务合计，其中包括长期借款、应付债务、长期应付款项等。

所有者权益 指企业投资人对企业净资产的所有权。企业净资产等于企业全部资产减去全部负债后的余额，其中包括投资者对企业的最初投入，以及资本公积金、盈余公积金和未分配利润，对股份制企业即为股东权益。

固定资产原价 指企业在建造、购置、安装、改建、扩建、技术改造某项固定资产时所支出的全部货币总额。它一般包括买价、包装费、运杂费和安装费等。

固定资产净值 是指固定资产原价减去历年已提折旧额后的净额。

产品销售收入 指企业销售产品和提供劳务等主要经营业务取得的收入总额。

产品销售成本 指企业销售产品和提供劳务等主要经营业务的实际成本。

产品销售税金及附加 指企业销售产品和提供工业性劳务等主要经营业务应负担的城市维护建设税、消费税、资源税和教育费附加。

应交增值税 指企业在报告期内应交纳的增值税额。它等于本年销项税额加上出口退税加上进项税额转出数减去本年进项税额。小规模纳税企业直接按全年计税销售额乘以征收率计算取得。

总资产贡献率 反映企业全部资产的获利能力，是企业经营业绩和管理水平的集中体现，是评价和考核企业盈利能力的核心指标。计算公式为：

总资产贡献率=(利润总额+税金总额+利息支出)/平均资产总额×100%

资产负债率 该指标既反映企业经营风险的大小，也反映企业利用债权人提供的资金从事经营活动的能力。计算公式为:

资产负债率=负债总额/资产总额×100%

工业成本费用利润率 指在一定时期内实现的利润与成本费用之比，是反映工业生产成本及费用投入的经济效益指标，同时也是反映降低成本的经济效益的指标。计算公式为:

工业成本费用利润率(%)=利润总额/成本及费用总额×100%

工业增加值率 指在一定时期内工业增加值占同期工业总产出的比重，反映降低中间消耗的经济效益。计算公式为:

工业增加值率(%)=工业增加值(现价)/工业总产出×100%

流动资产周转次数 指在一定时期内流动资产完成的周转次数，反映流动资产的周转速度。计算公式为:

流动资产周转次数=产品销售收入/全部流动资产平均余额

产品销售率 指报告期工业销售产值与同期全部工业总产值之比，是反映工业产品已实现销售的程度，分析工业产销衔接情况，研究工业产品满足社会需求程度的指标。计算公式为:

产品销售率(%)=工业销售产值/工业总产值(现价) ×100%

全员劳动生产率 指根据产品的价值量指标计算的平均每一个就业人员在单位时间内的产品生产量。是考核企业经济活动的重要指标，是企业生产技术水平、经营管理水平、职工技术熟练程度和劳动积极性的综合表现。目前我国的全员劳动生产率是将工业企业的工业增加值除以同一时期全部就业人员的平均人数来计算的。计算公式为:

全员劳动生产率(%)=工业增加值/全部就业人员平均人数×100%

Explanatory Notes on Main Statistical Indicators

Industry refers to the material production sector which is engaged in extraction of natural resources and processing and reprocessing of minerals and agricultural products, including (1) extraction of natural resources, such as mining, salt production, logging (but not including hunting and fishing); (2) processing and reprocessing of farm and sideline produces, such as rice husking, flour milling, wine making, oil pressing, cotton ginning, silk reeling, spinning and weaving, and leather making; (3) manufacture of industrial products, such as steel making, iron smelting, chemicals manufacturing, petroleum processing, machine building, timber processing; water and gas production and electricity generation and supply; (4) repairing of industrial products such as the repairing of machinery and means of transport (including cars). Prior to 1984, the rural industry run by villages and cooperative organizations under village was classified into agriculture. Since 1984, it has been grouped into industry.

State-holding Enterprises Refers to the business enterprise that state-owned capital absolutely holding, relative holding or agreement holding enterprise. Include state-owned economy proportion of shareholding more than 50%, or less than 50%, but relatively greater than any other party contributor economic components percentage, or According to the agreement shall have enterprise actual control of enterprise .Each of the parties for investment account for 50%, and did not make clear who absolutely holding enterprise, if one party for the state-owned economic composition, uniform by state-owned holding statistics.

Light Industry refers to the industry that produces consumer goods and hand tools. It consists of two categories, depending on the materials used:

(1) Industries using farm products as raw materials. These are the branches of light industry which directly or indirectly use farm products as basic raw materials, including the manufacture of food and beverages, tobacco processing, textile, clothing, fur and leather manufacturing, paper making, printing, etc.

(2) Industries using non-farm products as raw materials. These are the branches of light industry which use manufactured goods as raw materials, including the manufacture of cultural, educational articles and sports goods, chemicals, synthetic fibre, chemical products for daily use, glass products for daily use, metal products for daily use, hand tools, medical apparatus and instruments, and the manufacture of cultural and office machinery.

Heavy Industry refers to the industry which produces capital goods, and provides various sectors of the national economy with necessary material and technical basis for production. It consists of the following three branches according to the purpose of production or the use of products:

(1) Mining, quarrying and logging industry, which refers to the industry that extracts natural resources, including extraction of petroleum, coal, metal and non-metal ores.

(2) Raw materials industry refers to the industry that provides various sectors of the national economy with raw materials, fuels and power. It includes smelting and processing of metals, coking and coke chemistry, chemical materials and building materials such as cement, plywood, and power, petroleum refining and coal dressing.

(3) Manufacturing industry which refers to the industry that processes raw materials. It includes machine-building industries which equip sectors of the national economy; industries producing metal structure and cement products; and industries producing means of agricultural production, such as chemical fertilizers and pesticides.

Value-added of Industry refers to the final results of industrial production of the industrial trade in money terms during the reference period. That Is the after value that deduct the production of consumption or conversion material products and services of value In the process from the total result of enterprise all production activities, in the other said ,it is the increase of the value in the balance of enterprise production process.

Capital Obtained refers to capital actually received by the enterprise from investors. It can be further classified by investors as state capital, collective capital, corporate capital, individual capital, capital from Hong Kong, Macau and Taiwan and foreign capital.

Total Assets refer to all economic resources, owned or controlled by enterprises, that could be measured in monetary terms, including properties, creditors equity and other economic rights of all forms. Classified by the degree of equitability, total assets include circulating assets, long term investment, fixed assets, intangible assets and deferred assets, and other assets.

(1)Circulating assets (working capital) refer to assets which can be cashed in or spent or consumed in an operating cycle of one year or over one year, including cash, all kinds of deposits, short term investment, receivables, advance payment, stock, etc.

(2)Fixed assets refer to the net value of fixed assets, clearance of fixed assets, project under construction, fixed assets losses in suspense. These are corporations fund holdings.

(3)Intangible assets refer to the assets without material form used by enterprises over a long time, such as patents, non-patent technologies, trade marks, copyright, land use right, business reputation, etc.

Total Liabilities refer to the debts, measured in monetary terms, that enterprises are responsible for repayment in the form of cash, assets or labour. Classified by terms of repayment, liability include liquid liabilities and long-term liabilities.

(1)Liquid liabilities (also called quick liabilities or immediate liabilities) refer to enterprises' total debt payable within an operating cycle of one year or over one year, including short term loans, payable and advance payments, wages payable, taxes payable and profit payable, etc.

(2)Long term liabilities refers to total debt payable within an operating cycle of one year or over one year, including long-term loans, payable liabilities, long-term payable, etc.

Creditors' Equity refers to investors ownership of net assets of the enterprise. It is equal to the total assets of the enterprise minus its total liabilities, including the primary input from investors, capital accumulation fund, surplus accumulation fund and undistributed profit. It is the shareholder's equity in share-holding companies.

Original Value of Fixed Assets refers to the original value of all fixed assets owned by industrial enterprises, calculated at the cost paid at the time of purchase, installation, reconstruction, expansion, and technical innovation and transformation of the said assets, which includes expenses on purchase, package, transportation, and installation, etc.

Net Value of Fixed Assets is obtained by deducting depreciation over years from the original value of fixed assets.

Sales Revenue of Industrial Products refers to the revenue from the sales of products by industrial enterprises and the revenue from services provided and etc.

Sales Cost of Industrial Products refers to the actual cost of products of industrial enterprises and industrial services provided, etc.

Tax and Extra Charges on Sales of Products refer to the tax on city maintenance and construction, consumption tax, resources tax and extra charges for education, which should be borne by the enterprises in selling products and providing industrial services.

Value-added Tax Payable refers to the amount of the value-added tax which should be paid by the enterprises during the reference period. It is the sum of tax on sales, export rebate, and transferred tax on purchases of the current year, minus the tax on purchases of the current year. Value-added tax payable of small-size enterprises is determined by the taxable sales of the year multiplied by the tax rate.

Ratio of Profits, Taxes and Interests to Average Assets reflects the profit-making capability of all assets of the enterprise and is a key indicator manifesting the performance and management and evaluating the profit-making potential of the enterprise. It is calculated as follows:

Ratio of profits, taxes and interests to average assets (%) = (Total profits + total Taxes + interest payment) / average assets ×100%

Ratio of Debts to Assets reflect both the operation risk and the capability of the enterprise in making use of the capital from the creditors. It is calculated as follows:

Ratio of debts to assets (%) = Total debts / total assets × 100%

Ratio of Profits to Total Industrial Costs refers to the ratio of profits realized in a given period to the total costs in the same period, which reflects the economic efficiency of input cost and is calculated as follows:

Ratio of Profits to Total Industrial Cost (%) = Total Profits/ Total Costs × 100%

Value-added Rate of Industry refers to the ratio of value added of industry in a given period to the gross output in the same period, which reflects the economic efficiency of cutting down the intermediate input and is calculated as follows:

Value-added Rate of Industry (%)=Value-added of Industry (at current prices) / Gross Output Value (at Current Prices) × 100%

Turnover of Working Capital refers to the number of times of turnover of working capital in a given period of time, which reflects the speed of the turnover of working capital and is calculated as follows:

Turnover of Working Capital (%)=Sales Revenue of Products / Average Balance of Total Working Capital × 100%

Ratio of Sales to Gross Output Value refers to the sales of industrial products to the gross industrial output value during the reference period, and is important in reflecting the linkage between production and sales and the extent of the needs of the society that has been met by the supply of industrial products. It is calculated as follows:

Ratio of Sales to Gross Output Value=Industrial sales / Gross industrial output value (at current prices) × 100%

Overall Labour Productivity of Industrial Enterprises refers to the average output per employed person in industrial enterprises in value terms. At present, the value added and the average number of staff and workers of an industrial enterprise in a given period are used to calculate the overall labour productivity. The formula used is:

Overall Labour Productivity=Value Added of Industry / Average Number of Staff and Workers × 100%

建筑业
Construction

● 资料整理：孔令惠

简要说明

一、主要内容

本篇反映河南省建筑业企业的基本情况和经营情况。包括企业个数、从业人员数、建筑业总产值、房屋建筑面积、资产、利润、税金、劳动生产率等资料。

二、统计范围

从2002年起，由原具有建筑业资质等级四级及四级以上的独立核算建筑业企业，调整为具有建筑业资质的总承包和专业承包、劳务分包建筑业企业。

三、资料来源

建筑业资料采取全面调查的方法，由河南省统计局固定资产投资处编辑整理。

Brief Introduction

I. Main Contents

Data in this chapter show the general and operation situation of the construction industry in Henan provincial. They cover the situation of production and management of the construction enterprises, including the number of enterprises; number of employed persons; gross output value of the construction industry; floor space of buildings under construction; profits and taxes ; and labour productivity etc.

II. Scope of Statistics

Starting from 2002 the scope of construction statistics has been adjusted to include all the construction enterprises of various types of ownership with qualification certificates and independent accounting systems, replacing the previous criteria that required construction enterprises of various types of ownership to have qualification certificates at or above Class 4 with independent accounting systems.

III. Sources of Data

Data on construction enterprises are collected in accordance with the Reporting Form System of Construction Statistics, which are provided by Department of investment in fixed assets of the Henan provincial Bureau of Statistics.

15-1 历年建筑业企业主要统计指标

Main Indicators of Construction Enterprises Over the Years

年份 Year	单位数 (个) Number of Enterprise (unit)	建筑业总产值 (亿元) Gross Output Value of Construction (100 million yuan)	从业人员 (万人) Number of Person Employed (10 000persons)	房屋建筑面积(万平方米) Floor Spece of Buildings (10 000 sq.m) 施工 Under Construction	竣工 Completed	资产 (亿元) Asset (100 million yuan)	利润 (亿元) Profit (100 million yuan)	税金 (亿元) Tax (100 million yuan)	劳动生产率(按总产值计算) (元/人.年) Overall Labor Productivity by Total Output (yuan/person.year)
1978			24.03						
1979			25.91						
1980			27.74						
1981			28.23						
1982			28.01						
1983	249	13.30	27.97	1050.00	608.40		0.90	0.26	4749
1984	264	19.53	34.50	1177.00	647.10		1.10	0.38	5762
1985	375	26.09	38.20	1287.70	607.90		1.39	0.58	7435
1986	383	29.20	37.60	1324.70	659.70		1.09	0.45	7991
1987	412	31.56	38.74	1482.90	731.30		1.16	0.68	8429
1988	442	36.81	39.88	1829.20	674.90		1.10	0.91	9720
1989	403	39.26	36.49	1355.50	594.60		0.64	0.95	10759
1990	393	41.05	35.49	1264.50	609.70		1.02	1.14	11985
1991	493	53.91		1614.72	701.61		0.98	1.67	13098
1992	511	70.33		1934.10	878.60		1.27	2.04	16060
1993	979	101.26		2476.25	1015.03	108.10	1.10	2.74	19549
1994	1332	145.52		2966.28	1322.53	147.44	1.47	3.99	24100
1995	1384	182.07		3386.46	1533.55	186.59	2.07	5.18	27121
1996	2278	271.56		5335.91	2726.45	255.43	4.02	8.32	27910
1997	1975	294.69		4984.41	2447.91	274.48	2.60	8.63	31485
1998	2027	304.96	93.79	5061.35	2418.40	305.48	2.11	9.23	35619
1999	1936	316.99	79.77	5016.55	2584.82	324.54	3.72	9.51	40279
2000	1983	357.34	79.90	5308.29	2629.33	356.53	3.09	11.76	45237
2001	1824	452.49	84.01	6295.47	3146.07	437.70	5.86	14.40	52002
2002	1926	536.73	92.65	7118.44	3630.82	562.05	7.53	16.93	57930
2003	1905	634.52	93.44	8026.07	3433.59	656.32	9.40	20.36	65943
2004	2556	817.13	107.66	9086.52	4186.89	828.57	19.05	27.65	83239
2005	2842	1066.15	125.03	10813.15	4787.12	926.11	25.55	37.01	83308
2006	2834	1530.95	141.37	14472.92	6530.01	1130.11	37.10	50.78	108464
2007	3110	2151.72	176.43	19015.67	9177.80	1484.90	57.43	74.30	123272
2008	3894	2824.06	197.86	21966.53	10289.20	1898.06	92.92	98.71	140560
2009	4146	3596.49	224.34	24596.04	11994.23	2386.99	118.67	129.09	162702
2010	4341	4400.61	235.00	28677.13	13156.03	2856.03	161.65	162.31	183639
2011	4511	5279.36	228.91	33282.01	15146.83	3562.79	200.09	185.44	224132
2012	4738	6009.08	227.12	38328.73	16397.59	4159.13	232.86	210.94	287736

注：本表不包括劳务分包企业(下同)。

a)Construction Enterprises in this table exclude Work Subcontractors Enterprises(the same as following tables).

15-2 建筑业企业主要经济指标

Main Indicators of Construction Enterprises

指 标	Item	2010	2011	2012
企业单位数 （个）	Number of Construction Enterprises (unit)	4341	4511	4738
从业人员 （万人）	Number of Employed Persons (10 000 persons)	235.00	228.91	227.12
固定资产原价 （亿元）	Original Value of Fixed Assets Owned (100 million yuan)	734.85	782.03	829.59
固定资产合计 （亿元）	Net Value of Fixed Assets Owned (100 million yuan)	585.21	617.36	633.36
自有施工机械设备年末总台数	Total Number of Machinery and Equipment			
（万台）	Owned (10 000 sets)	71.04	72.62	81.90
自有施工机械设备年末净值	Net Value of Machinery and Equipment			
（亿元）	Owned (100 million yuan)	239.07	263.94	267.22
自有施工机械设备年末总功率	Total Power of Machinery and Equipment			
（万千瓦）	Owned (10 000 kw)	1268.21	1405.07	1660.29
建筑业总产值 （亿元）	Gross Output Value of Construction (100 million yuan)	4400.61	5279.36	6009.08
全员劳动生产率	Overall Labor Productivity			
按总产值计算（元/人）	In Terms of Gross Output Value (yuan/person)	183639	224132	287736
房屋建筑施工面积（万平方米）	Floor Space of Buildings under Construction (10 000 sq.m)	28677.13	33282.01	38328.73
房屋建筑竣工面积（万平方米）	Floor Space of Buildings Completed (10 000 sq.m)	13156.03	15146.83	16397.59
技术装备率 （元/人）	Value of Machines per Laborer (yuan/person)	10173	11530	11766
动力装备率 （千瓦/人）	Power of Machines per Laborer (kw/person)	5.40	6.14	7.31
工程结算收入(亿元)	Revenue of Project Settlement Accounts (100 million yuan)	4185.83	5148.04	5841.65
工程结算成本(亿元)	Costs of Project Settlement Accounts (100 million yuan)	3653.91	4531.31	5114.51
工程结算税金及附加(亿元)	Taxes and Extra Charges on Project Settle Accounts (100 million yuan)	151.70	169.65	192.61
管理费用中的税金(亿元)	Taxes in Management Expenses (100 million yuan)	10.61	11.67	12.28
本年固定资产折旧(亿元)	Depreciation of Fixed Assets (100 million yuan)	56.90	55.14	59.76
应付职工薪酬(亿元)	Deal with worker firewood (100 million yuan)		567.09	586.83
利润总额 （亿元）	Total Profits (100 million yuan)	161.65	200.09	232.86
税金总额 （亿元）	Total Tax (100 million yuan)	162.31	185.44	210.94
产值利润率 (%)	Ratio of Profit to Gross Output Value (%)	3.7	3.8	3.9
产值利税率 (%)	Ratio of Pre-tax Profit to Gross Output Value (%)	7.4	7.2	7.4

15−3 建筑业企业房屋建筑竣工面积及竣工价值(2012年)

Floor space and Value of Building completed of Construction Enterprises (2012)

指　　标	Item	竣工面积（万平方米）Floor space Building completed (10 000 sq.m)	竣工价值（亿元）Value of Hoor Space (10 million yuan)
竣工房屋	**Buildings Completed**	**16397.59**	**1767.15**
住宅房屋	Residential Building	11212.78	1169.22
商业及服务用房屋	Houses for Commercial and service	941.16	98.11
商厦房屋(批发和零售用房)	Malls housing	201.53	22.00
宾馆用房屋(住宿用房)	Hotel	117.87	12.47
餐饮用房屋(餐饮用房)	Dining	54.98	5.48
商务会展用房屋	Commercial exhibition	180.21	26.95
其他商业及服务用房屋(居民服务业用房)	Others (Residents service)	386.57	31.22
办公用房屋	Official Building	1279.40	142.30
科研、教育、医疗用房屋	Houses for scientific research，education and public health and medical	916.89	110.19
科学研究用房屋	Houses for scientific research	52.32	5.01
教育用房屋	Houses for education	694.75	82.91
医疗用房屋(卫生医疗用房)	Houses for public health and medical	169.83	22.27
文化、体育、娱乐用房屋	Houses for culture and sports and amusement	128.40	17.11
厂房及建筑物	Workshop and Buildings	1451.85	172.29
#厂房	Workshop	771.72	84.23
仓库	Houses for other uses	134.41	14.29
其他未列明的房屋建筑物	Others	332.69	43.63

15-4 建筑业企业生产情况(2012年)

指　标	Item	合　计 Total	内资 Domestic Funded	港澳台商投资 Funded from Hong Kong, Macao and Taiwan	外商投资 Foreign Funded
企业个数(个)	Number of Enterprises(unit)	4738	4723	5	10
签订的合同额(亿元)	Contract Value Signed(100 million yuan)	9789.18	9781.88	5.06	2.24
上年结转合同额	Contract Value on Hand Last Year	3602.80	3602.59	0.04	0.16
本年新签合同额	Contract Value Newly Signed this Year	6186.39	6179.29	5.02	2.08
承包工程完成情况(亿元)	Conditions Finished of Contracted Projects(100 million yuan)				
直接从建设单位承揽	Contracted Directly from Fabricative Units				
工程完成的产值	Output Value Finished of Projects	5950.37	5933.94	14.38	2.05
自行完成施工产值	Output Value Self-Finished of Buildings Under Construction	5919.39	5908.81	8.54	2.05
分包出去工程的产值	Output Value of Projects Subcontracted	30.97	25.13	5.85	
从建设单位以外承揽	Contracted Directly Exceptant Fabricative Units				
工程完成的产值	Output Value Finished of Projects	89.68	87.11	2.57	
建筑业总产值(亿元)	Gross Output Value of Construction (100 million yuan)	6009.08	5995.92	11.11	2.05
建筑工程	Construction	5269.33	5260.09	8.83	0.41
安装工程	Installation	567.81	563.95	2.24	1.63
其他	Others	171.94	171.89	0.05	0.01
#装修装饰	Building Decoration	229.89	229.17	0.05	0.67
建筑业竣工产值(亿元)	Buildings Completed Output Value of Construction(100 million yuan)	3419.21	3417.45	0.04	1.72
从业人员(万人)	Number of Persons Engaged(10 000 persons)	227.12	226.97	0.03	0.12
#工程技术人员	Engineering	35.31	35.27	0.01	0.02
#一级建造师	Constructor	1.77	1.77	0.00	0.00
直接从事生产经营活动的平均人数(万人)	Annual Average people who Directly engaged in production and business operation activities(10 000 persons)	208.84	208.73	0.01	0.10
全员劳动生产率	Overall Labor Productivity				
按总产值计算(元/人)	In Terms of Gross Output Value(yuan/person)	287736	287256	12624898	204138
房屋建筑施工面积(万平方米)	Floor Space of Buildings Under Construction (10 000 sq.m)	38328.73	38302.98	25.74	
#本年新开工	Beginning Projects This Year	20499.21	20473.46	25.74	
#投标承包面积	Floor Space of Enter a bid Contract	31137.00	31111.26	25.74	
#本年新开工	Beginning Projects This Year	17529.88	17504.14	25.74	
房屋建筑竣工面积(万平方米)	Floor Space of Buildings Completed (10 000 sq.m)	16397.59	16397.59		
房屋竣工率(%)	Rate of Floor Space of Buildings Completed(%)	42.8	42.8		
自有施工机械设备年末总台数(台)	Number of Machinery and Equipment Owned(set)	818968	818924		44
自有施工机械设备年末净值(亿元)	Net Value of Machinery and Equipment Owned(100 million yuan)	267.22	267.01		0.21
自有施工机械设备年末总功率(万千瓦)	Total Power of Machinery and Equipment(10 000kw)	1660.29	1660.07		0.22
技术装备率(元/人)	Valve of Machinery Per Laborer(yuan/person)	11766	11764		17388
动力装备率(千瓦/人)	Power of Machinery per Laborer(kw/person)	7.31	7.31		1.83

Main Indicators on Construction Enterprises (2012)

#国有控股 State-holding	#集体控股 Collective-holding	#私人控股 Private-holding	房屋建筑业 Floor Space	土木工程建筑业 Civil Engineering	建筑安装业 Building Installation	建筑装饰和其他建筑业 Building Decoration and Others	公有制 Public-owned	非公有制 Non-public owned
333	370	3713	1546	932	561	1699	703	4035
2162.10	565.04	4423.68	5254.53	3649.22	507.86	377.58	2727.15	7062.03
816.59	116.74	1281.02	1664.65	1737.41	147.01	53.73	933.33	2669.47
1345.52	448.31	3142.66	3589.87	1911.81	360.85	323.85	1793.82	4392.56
1210.39	450.53	2995.53	3160.76	2133.54	349.36	306.71	1660.92	4289.45
1196.26	449.83	2987.52	3146.94	2122.35	345.20	304.91	1646.09	4273.31
14.13	0.70	8.01	13.82	11.19	4.15	1.81	14.83	16.14
25.95	5.01	42.24	28.25	43.84	6.53	11.07	30.96	58.73
1222.21	454.83	3029.76	3175.19	2166.18	351.73	315.97	1677.04	4332.03
992.02	401.63	2648.40	2958.63	1955.10	168.33	187.26	1393.65	3875.68
210.86	38.04	270.47	166.80	159.09	168.10	73.82	248.90	318.91
19.33	15.16	110.89	49.76	51.99	15.29	54.89	34.49	137.45
11.96	5.92	203.56	104.83	12.71	4.37	107.99	17.87	212.01
559.85	327.87	1994.25	1921.56	1093.80	202.57	201.27	887.72	2531.49
27.21	21.93	151.40	145.44	52.35	12.63	16.70	49.14	177.98
4.98	3.12	22.52	19.56	9.77	2.64	3.34	8.10	27.21
0.33	0.10	1.06	0.79	0.55	0.16	0.26	0.43	1.35
25.64	18.25	131.46	130.97	53.06	11.14	13.67	43.89	164.95
476728	249200	230467	242442	408268	315634	231116	382109	262474
4580.47	3787.23	26661.38	36187.45	931.39	905.49	304.39	8367.70	29961.02
2034.49	2236.26	14743.58	19298.15	500.52	532.69	167.84	4270.75	16228.45
2466.62	3243.44	22390.51	29474.24	750.94	763.07	148.76	5710.06	25426.95
1209.61	1958.44	12974.85	16586.77	389.94	466.88	86.29	3168.05	14361.83
983.56	2164.72	12369.92	15325.30	410.46	501.88	159.95	3148.28	13249.31
21.5	57.2	46.4	42.3	44.1	55.4	52.5	37.6	44.2
101939	65455	528393	488134	164705	97219	68910	167394	651574
52.52	15.53	128.19	100.97	137.00	13.90	15.36	68.05	199.17
317.93	89.28	775.98	653.44	818.99	103.33	84.53	407.21	1253.07
19299	7084	8467	6942	26168	11002	9200	13849	11190
11.68	4.07	5.13	4.49	15.64	8.18	5.06	8.29	7.04

15-5 建筑业企业主要财务指标(2012年)

单位：万元

指标	Item	合计 Total	内资 Domestic Funded	港澳台商投资 Funded from Hong Kong, Macao and Taiwan	外商投资 Foreign Funded
资产总计	Total Assets	41591310	41409136	112789	69386
流动资产合计	Total Circulating Funds	31836504	31695091	107078	34335
#应收工程款	Year-end Projects Arrearage	6169264	6163938	706	4620
#竣工工程	Completed Arrearage	2074424	2070325	124	3975
存货	Stock	8119134	8116289	216	2629
固定资产合计	Total Fixed Assets	6333638	6307132	626	25880
固定资产原价	Original Value of Fixed Assets	8295944	8258881	949	36114
累计折旧	Total Depreciation Drawn Accumulated	3010676	2996523	323	13830
#本年折旧	Draw Depreciation This Year	597585	593863	35	3687
在建工程	Under Construction Project	599749	596530		3218
流动负债合计	Liquid Liabilities	24526123	24389373	108548	28202
#应付账款	Accounts payable	8304266	8299575	38	4653
非流动负债合计	Non-current liabilities	997789	981923		15867
负债合计	Total Liabilities	26646372	26493739	108548	44085
所有者权益合计	Total Creditors Equity	14944938	14915397	4241	25300
#实收资本	Capitals Hold	9931941	9918881	2239	10821
国家资本	State capital	1031226	1031226		
集体资本	Collective	675437	675437		
法人资本	Legal person	3264865	3259973		4892
个人资本	Individual	4952737	4951546	1092	100
港澳台资本	Hong Kong, Macao and Taiwan	3834	187	1147	2500
外商资本	Foreign	3841	512		3330
营业收入	Business income	58867635	58822048	14561	31027
#主营业务收入	Main business income	58416535	58371992	13517	31027
营业成本	Operating costs	51795005	51756817	13151	25038
#主营业务成本	Advocate business wu cost	51145093	51106904	13151	25038
营业税金及附加	Business tax and extra	1986588	1985413	222	953
#主营业务税金及附加	Main business taxes and add	1926077	1924902	222	953
其他业务利润	Other Profit from Business	68544	68435	110	
销售费用	Sales expenses	338949	338389	0	559
管理费用	Management Fee	2062190	2058037	465	3688
#税金	Taxes	122797	122731	31	34
财务费用	Financial Expenses	357053	356974	83	
#利息收入	Expenses of Interest	86090	86066	22	1
营业利润	Profits of Business	2295003	2293567	641	795
利润总额	Total Profits	2328601	2326878	641	1083
利税总额	Profits and Tax of Business	4437985	4435022	894	2070
应付职工薪酬	Deal with worker firewood	5868254	5863724	205	4325
土地和固定资产支出	Land and fixed asset expenditures	624445	624445		
亏损企业个数(个)	Number of Loss-Making Enterprises(unit)	402	399	1	2

Main Economic Indicators on Construction Enterprises by Registration Status (2012)

(10 000 yuan)

#国有控股 State-holding	#集体控股 Collective-holding	#私人控股 Private-holding	房屋建筑业 Floor Space	土木工程建筑业 Civil Engineering	建筑安装业 Building Installation	建筑装饰和其他建筑业 Building Decoration and Others	公有制 Public-owned	非公有制 Non-public owned
10907574	2444382	17276051	16263111	19247782	3325520	2754898	13351957	28239354
8932623	1620474	12331166	12135125	15105579	2594413	2001387	10553097	21283407
1715272	333102	2579522	2412001	2581664	658850	516749	2048374	4120890
535261	140491	1161215	831775	663833	317659	261157	675752	1398672
2345647	484005	2836550	3164297	3890346	567903	496589	2829651	5289482
1186685	562622	3369803	2650024	2720300	460925	502388	1749307	4584331
1795030	632648	3982354	3074346	4009003	615454	597142	2427678	5868266
801561	202569	1191583	907054	1684589	245475	173559	1004130	2006547
148699	33973	227348	170094	346533	48642	32317	182672	414913
117169	76090	301000	288289	232258	52822	26379	193259	406489
8208779	1248851	6901021	8502813	13173748	1949256	900305	9457630	15068493
3055590	467865	1551640	2854763	4471090	735616	242798	3523455	4780812
186413	45138	231380	269015	658016	52498	18261	231552	766238
8496459	1449501	7921629	9475080	14079426	2074685	1017180	9945960	16700412
2411115	994881	9354423	6788031	5168355	1250835	1737717	3405996	11538942
1567902	624670	6325202	4324504	3217543	1127260	1262635	2192571	7739370
863738	38588	39602	220895	697382	76065	36884	902326	128900
45131	382986	195816	393548	178721	81584	21584	428117	247320
601635	103331	1549719	1258401	1391411	231478	383575	704966	2559899
57398	99410	4538871	2451660	944847	737783	818448	156808	4795929
	10	1027	0	2610	350	874	10	3824
	345	167	0	2572		1269	345	3497
12844312	3936750	27711919	28685900	23525565	3540293	3115877	16781062	42086574
12767715	3864942	27462733	28443568	23384413	3505648	3082907	16632656	41783879
11518422	3328750	23935442	25495830	20846723	2939230	2513222	14847172	36947833
11411147	3212995	23570097	25107989	20704582	2876536	2455985	14624142	36520951
399975	146596	1035680	1025000	720875	119462	121250	546571	1440016
392916	138150	993712	999880	705171	114719	106308	531066	1395011
8971	7315	45857	33528	18494	11396	5126	16286	52258
32773	31930	254501	172247	89375	28158	49169	64703	274246
457585	174560	893996	684034	954954	241710	181492	632146	1430045
17229	13784	76982	67322	31587	9068	14820	31013	91783
70426	21729	178411	147431	170700	18839	20084	92155	264899
18247	1790	8267	29152	51701	3405	1833	20036	66053
369921	237258	1379084	1138910	754101	178205	223787	607179	1687824
394419	242819	1375169	1146068	782140	175592	224802	637238	1691363
811623	403199	2487830	2238389	1534602	304123	360872	1214823	3223163
935653	467532	3524157	3497304	1631786	382936	356228	1403185	4465070
119836	21157	254765	259957	314375	23192	26922	140993	483453
27	24	315	82	86	60	174	51	351

15-6 劳务分包建筑企业生产经营情况(2012年)

单位：万元

指 标	Item	合 计 Total	#内资 Domestic Funded	国有控股 State-holding	集体控股 Collective-holding
企业数(个)	Number of Construction Enterprises (unit)	1198	1198	12	39
年末从业人员(人)	Number of Employed Persons at the Year-end (penson)	177123	177123	855	4121
#现场施工人员	Builder in Employed Persons at the Year-end	136256	136256	712	2617
从业人员平均人数(人)	Average Number of Employed Persons (penson)	138971	138971	721	2837
年末资产负债	Year-end Assets and Liabilities				
固定资产原价	Original Value of Fixed Assets	125752	125752	1390	4107
本年折旧	Draw Depreciation This Year	9137	9137	269	735
资产总计	Total Assets	457336	457336	5256	35689
负债总计	Total Liabilities	169915	169915	703	19419
实收资本	Capitals Hold	170016	170016	1868	9401
损益及分配	Total Creditors Equity (10 000 yuan)				
营业收入	Total Income	842386	842386	7470	99799
#主营业务收入	Income form Principal Operations	833836	833836	7409	99223
营业成本	Operating costs	692241	692241	5880	90236
#主营业务成本	Advocate business wu cost	682142	682142	5828	89646
营业税金及附加	Business tax and extra	28990	28990	472	2415
#主营业务税金及附加	Main business taxes and add	27435	27435	456	2414
销售费用	Profits of Business	9135	9135		240
管理费用	Management Fee	64518	64518	423	3295
#税金	Taxes	3243	3243	17	214
财务费用	Financial Expenses	4552	4552	1	426
营业利润	Profits of Business	38921	38921	700	3945
利润总额	Total Profits	41638	41638	686	3512
土地和固定资产支出	Land and fixed asset expenditures	4582	4582	11	588
建筑业总产值	Gross Output Value of Construction	760543	760543	7356	38952
#装饰装修产值	Output Value of Fitment	50682	50682	2559	57
应付职工薪酬	Handle employee compensation	312995	312995	1746	7008

Main Indicators on Construction Enterprises of Work Subcontractors (2012)

(10 000 yuan)

私人控股 Private-holding	其他 Others	房屋建筑业 Floor Space	土木工程建筑业 Civil Engineering	建筑安装业 Building Installation	建筑装饰和其他建筑业 Building Decoration and Others	公有制 Public-owned	非公有制 Non-public owned
1048	99	554	93	145	406	51	1147
150823	21324	96280	15241	11798	53804	4976	172147
116520	16407	76024	12227	6747	41258	3329	132927
123645	11768	76979	7525	8907	45560	3558	135413
112304	7952	76170	11429	11944	26210	5497	120255
7415	718	3935	1061	1563	2578	1004	8133
358489	57902	224239	62045	39332	131720	40946	416391
138045	11749	71345	34618	14091	49862	20121	149794
119067	39681	86838	14040	16954	52185	11269	158748
644760	90357	440827	46865	46275	308419	107269	735117
637171	90033	438316	45146	43772	306602	106632	727204
519860	76265	340430	39315	41510	270986	96116	596125
511090	75578	337387	37790	39719	267246	95474	586668
22462	3641	15847	1942	2437	8765	2887	26103
21068	3497	15347	1865	1573	8651	2870	24565
8432	463	5463	376	570	2727	240	8895
52539	8261	43773	3182	4291	13273	3718	60800
2616	396	1429	317	377	1120	231	3012
3908	218	2821	339	173	1219	427	4126
31454	2822	18782	2732	2892	14515	4645	34276
30616	6824	18268	6633	2672	14066	4199	37440
3559	423	2210	588	879	904	600	3982
630089	84146	404520	47768	43716	264539	46308	714235
37789	10277	27200	7336	4892	11254	2616	48067
272319	31922	183557	15448	15043	98948	8754	304241

15-7 各市建筑业企业总产值

Total Output Value of Construction by City

单位：亿元 (100 million yuan)

市(县)	City(County)	2000	2005	2006	2007	2008	2009	2010	2011	2012
全 省	**Total**	**357.34**	**1066.15**	**1530.95**	**2151.72**	**2824.06**	**3596.49**	**4400.61**	**5279.36**	**6009.08**
省 辖 市	**City**									
郑 州 市	Zhengzhou	105.93	299.39	401.27	583.66	797.32	1126.12	1352.33	1549.16	1816.99
开 封 市	Kaifeng	10.77	35.16	48.50	62.76	79.16	93.38	105.80	132.88	164.04
洛 阳 市	Luoyang	50.18	168.54	253.59	356.12	512.33	681.81	877.67	1110.90	1214.38
平 顶 山 市	Pingdingshan	15.48	31.18	45.98	64.46	83.89	74.45	88.66	102.88	121.59
安 阳 市	Anyang	28.68	71.78	128.44	175.84	212.78	269.54	319.14	359.22	410.82
鹤 壁 市	Hebi	3.65	6.34	14.68	16.48	21.53	26.70	34.25	43.37	42.37
新 乡 市	Xinxiang	26.84	79.44	121.24	156.86	205.30	204.70	238.71	294.56	344.56
焦 作 市	Jiaozuo	9.31	36.26	38.72	62.23	60.75	69.18	87.51	99.18	108.09
濮 阳 市	Puyang	23.45	46.84	68.95	91.98	102.55	118.50	138.98	168.44	192.39
许 昌 市	Xuchang	9.69	21.28	29.06	38.36	48.00	62.70	85.04	95.32	106.11
漯 河 市	Luohe	3.73	10.10	12.38	13.71	18.47	25.80	35.29	41.72	42.86
三 门 峡 市	Sanmenxia	7.55	26.25	36.85	45.60	60.93	73.03	82.44	104.68	112.55
南 阳 市	Nanyang	21.29	75.70	98.22	139.35	145.46	165.40	197.79	242.66	260.52
商 丘 市	Shangqiu	9.42	43.76	60.40	80.62	109.78	137.86	170.41	214.74	228.96
信 阳 市	Xinyang	14.78	43.34	71.92	108.28	141.53	169.54	207.15	247.60	278.23
周 口 市	Zhoukou	9.73	40.60	55.00	87.25	117.32	148.07	184.06	216.63	250.73
驻 马 店 市	Zhumadian	6.09	23.14	37.25	57.50	93.90	134.29	175.48	233.82	284.85
济 源 市	Jiyuan	0.78	7.08	8.50	10.66	13.05	15.40	19.88	21.61	29.04
省 直 管 县	**Province Administrating County**									
巩 义 市	Gongyi	0.52	3.50	2.67	6.00	7.00	7.03	9.24	11.68	11.47
兰 考 县	Lankao	0.08	0.31	2.12	2.31	2.94	4.99	4.80	5.93	7.62
汝 州 市	Ruzhou	0.16	0.52	1.67	1.79	1.46	1.11	1.01	1.43	2.03
滑 县	Huaxian	0.22	6.07	7.93	10.83	11.77	16.05	18.72	22.07	24.08
长 垣 县	Changyuan	4.24	7.78	11.98	21.58	34.97	49.18	61.53	78.67	104.86
邓 州 市	Dengzhou	0.58	3.81	5.47	10.83	13.49	15.38	18.69	25.56	34.76
永 城 市	Yongcheng	1.44	5.86	7.23	12.42	15.21	20.43	22.04	26.92	34.78
固 始 县	Gushi	2.72	5.10	10.33	13.68	16.22	18.49	21.69	25.01	27.32
鹿 邑 县	Luyi	0.82	4.87	4.78	6.93	8.02	9.33	10.66	13.63	15.51
新 蔡 县	Xincai	0.18	0.26	0.57	2.00	5.14	7.51	10.58	14.74	16.13

15-8 各市建筑业企业利税总额
Total Pre-Tax Profits of Construction Enterprises by City

单位：万元 (10 000 yuan)

市(县) City(County)	2000	2005	2006	2007	2008	2009	2010	2011	2012
全省 Total	**148547**	**625512**	**878828**	**1317278**	**1916338**	**2477553**	**3239587**	**3855334**	**4437985**
省辖市 City									
郑州市 Zhengzhou	35374	136720	197232	334113	524896	738885	981163	1086687	1285770
开封市 Kaifeng	3581	18134	23936	30658	56219	54125	69580	102444	142594
洛阳市 Luoyang	6407	96068	113924	180636	249713	348039	435593	568588	626172
平顶山市 Pingdingshan	5962	19443	18319	29181	42113	47977	60208	67976	84575
安阳市 Anyang	15184	29358	67976	80971	106828	136581	168267	237826	274682
鹤壁市 Hebi	1296	1649	6678	10073	12149	15639	20348	26354	21382
新乡市 Xinxiang	15297	56331	85163	122016	190766	215527	282720	321634	353188
焦作市 Jiaozuo	2673	17570	16786	37657	37086	39635	59892	62343	60720
濮阳市 Puyang	11834	24647	46455	61218	69700	76165	94763	113504	137242
许昌市 Xuchang	6812	8436	12303	19024	31754	45758	54114	81835	100773
漯河市 Luohe	2363	5093	7529	11635	14553	20182	30699	38042	38067
三门峡市 Sanmenxia	2626	12422	15867	24739	41449	61322	71644	111018	108904
南阳市 Nanyang	10156	45817	57350	100115	110602	158883	216463	246672	237262
商丘市 Shangqiu	8610	33083	53087	44481	88891	110450	136697	131181	176922
信阳市 Xinyang	7246	44549	68659	100986	120856	144178	197830	199190	226530
周口市 Zhoukou	9263	38970	52574	82538	126703	141525	196239	249295	310958
驻马店市 Zhumadian	3624	30310	30180	36596	78213	106093	149536	193600	231026
济源市 Jiyuan	241	6915	4812	10642	13847	16591	13832	17146	21219
省直管县 Province Administrating County									
巩义市 Gongyi	420	3594	3050	6603	7938	7992	8948	15425	17602
兰考县 Lankao	106	428	1406	1930	1509	2698	2955	7607	7240
汝州市 Ruzhou	26	344	486	1048	898	884	999	973	1423
滑县 Huaxian	64	4085	5911	7227	9514	10552	12871	17413	18799
长垣县 Changyuan	5342	13344	19778	33131	41557	59610	98909	108407	132565
邓州市 Dengzhou	207	1188	1723	5343	10288	17020	20956	30406	33279
永城市 Yongcheng	444	4915	1881	9427	12062	22325	18550	21044	24762
固始县 Gushi	1835	3208	8613	10709	7744	10294	11541	19827	23184
鹿邑县 Luyi	1301	8136	7779	5006	15652	11291	11652	13058	13802
新蔡县 Xincai	134	291	448	1280	8443	5247	16246	21024	22642

15-9 各市建筑业企业利润总额
Total Profits of Construction Enterprises by City

单位：万元 (10 000 yuan)

市(县) City(County)	2000	2005	2006	2007	2008	2009	2010	2011	2012
全省 Total	**30936**	**255460**	**371010**	**574318**	**929179**	**1186690**	**1616515**	**2000905**	**2328601**
省辖市 City									
郑州市 Zhengzhou	3508	40921	72203	150382	272640	340671	490101	601868	708762
开封市 Kaifeng	418	6952	8640	11326	25650	24579	33919	56990	84683
洛阳市 Luoyang	-8040	39499	33803	67391	92273	132296	159910	198078	221691
平顶山市 Pingdingshan	528	7813	2352	7144	13918	20125	29104	33541	42639
安阳市 Anyang	1411	6107	25317	22011	40461	55193	73664	101678	122522
鹤壁市 Hebi	-57	-388	1311	4518	4568	6316	8743	12104	7617
新乡市 Xinxiang	4511	23368	42176	66068	101438	130576	179761	199307	224733
焦作市 Jiaozuo	88	6175	6112	17725	14804	16137	28387	24161	25604
濮阳市 Puyang	5261	11735	22153	27416	26118	34868	46593	62702	78615
许昌市 Xuchang	4307	2563	2862	5965	14608	24447	27695	51954	63095
漯河市 Luohe	1454	2394	3318	4533	6301	8155	12734	19277	18941
三门峡市 Sanmenxia	710	2950	4018	7805	17290	33054	40519	68636	63252
南阳市 Nanyang	3271	20315	25869	42888	56968	73768	95397	130764	119710
商丘市 Shangqiu	5148	17363	29298	21198	51056	65329	82915	64956	92003
信阳市 Xinyang	2725	24434	35692	51230	67243	75997	101907	110457	133704
周口市 Zhoukou	4782	23148	34881	44471	73303	76646	119227	142577	170790
驻马店市 Zhumadian	895	15027	18842	15430	43670	58365	78544	112237	138168
济源市 Jiyuan	17	5086	2164	6818	6871	10168	7395	9618	12071
省直管县 Province Administrating County									
巩义市 Gongyi	222	1843	1725	4336	4164	4485	4933	10150	12447
兰考县 Lankao	88	348	613	720	689	1528	1219	5518	5089
汝州市 Ruzhou	15	109	152	353	424	314	516	481	551
滑县 Huaxian	0	1792	2877	3327	5078	4565	5772	9417	9317
长垣县 Changyuan	1591	9713	14048	23043	22581	40005	68503	77664	92844
邓州市 Dengzhou	45	209	544	3247	4004	10602	13386	18899	18581
永城市 Yongcheng	201	3389	46	5467	6593	15072	10576	11569	12962
固始县 Gushi	801	1348	4941	6095	3501	4292	4836	11843	15703
鹿邑县 Luyi	833	6648	7134	3652	11346	7515	7331	8401	8667
新蔡县 Xincai	70	23	60	249	5909	2610	13456	17315	16363

15-10 各市建筑业企业主要指标(2012年)

市(县) City(County)	企业个数(个) Number of Enterprises (unit)	从业人员(万人) Number of Persons Engaged (10 000 person)	直接从事生产经营活动的平均人数(万人) Annual Average people who Directly engaged in production and business operation activities(10 000 person)	签定的合同额(亿元) Contract Value Signed (100 million yuan)
全　　省 Total	**4738**	**227.12**	**208.84**	**9789.18**
省 辖 市 City				
郑　州　市 Zhengzhou	1413	47.48	47.76	3674.90
开　封　市 Kaifeng	229	8.46	6.82	292.77
洛　阳　市 Luoyang	411	28.29	28.20	2164.26
平 顶 山 市 Pingdingshan	188	6.15	5.45	176.43
安　阳　市 Anyang	202	25.23	23.91	583.49
鹤　壁　市 Hebi	58	2.43	2.24	61.16
新　乡　市 Xinxiang	351	21.38	17.70	391.13
焦　作　市 Jiaozuo	178	4.83	3.69	183.63
濮　阳　市 Puyang	196	8.87	7.86	257.20
许　昌　市 Xuchang	117	6.31	5.67	158.45
漯　河　市 Luohe	89	3.29	3.13	58.20
三 门 峡 市 Sanmenxia	130	4.58	4.27	205.97
南　阳　市 Nanyang	331	12.35	10.60	305.22
商　丘　市 Shangqiu	166	9.34	8.54	325.19
信　阳　市 Xinyang	200	13.63	11.11	303.58
周　口　市 Zhoukou	183	10.31	9.10	303.47
驻 马 店 市 Zhumadian	219	12.82	11.70	302.09
济　源　市 Jiyuan	77	1.37	1.10	42.04
省 直 管 县 Province Administrating County				
巩　义　市 Gongyi	16	0.72	0.65	19.11
兰　考　县 Lankao	12	0.49	0.43	7.81
汝　州　市 Ruzhou	7	0.19	0.17	2.64
滑　　县 Huaxian	25	1.87	1.64	28.85
长　垣　县 Changyuan	83	6.10	4.86	108.31
邓　州　市 Dengzhou	15	0.82	0.55	38.11
永　城　市 Yongcheng	26	1.46	1.27	33.73
固　始　县 Gushi	9	1.39	1.02	30.41
鹿　邑　县 Luyi	8	0.70	0.64	16.49
新　蔡　县 Xincai	7	0.53	0.49	5.70

Main Indicators of Construction Enterprises by City (2012)

总产值(亿元) Gross Output Value (100 million yuan)	竣工产值(亿元) Buildings Completed Output Value (100 million yuan)	房屋建筑施工面积(万平方米) Floor Space of Buildings Under Construction (10 000 sq.m)	房屋建筑竣工面积(万平方米) Floor Space of Buildings Completed (10 000 sq.m)	自有施工机械设备年末总功率(万千瓦) Total Power of Machinery and Equipment Owned (10 000 kw)	自有施工机械设备年末净值(亿元) Net Value of Machinery and Equipment Owned (100 million yuan)
6009.08	**3419.21**	**38328.73**	**16397.59**	**1660.29**	**267.22**
1816.99	867.81	12001.59	3667.80	588.98	59.65
164.04	95.85	1356.83	539.29	26.78	5.92
1214.38	501.84	6385.53	1602.21	298.88	63.58
121.59	78.12	1051.39	360.01	31.24	7.34
410.82	284.46	3838.54	2097.76	136.47	21.21
42.37	21.78	450.39	173.30	14.85	2.75
344.56	220.24	2077.09	1220.70	112.18	19.58
108.09	62.95	895.04	380.21	25.31	3.03
192.39	124.92	800.43	540.48	59.73	13.30
106.11	78.32	827.42	449.74	26.46	5.63
42.86	31.40	475.74	252.32	13.83	2.00
112.55	76.67	404.84	200.75	63.46	11.39
260.52	168.37	1379.88	715.70	85.54	11.58
228.96	199.71	1508.69	1038.45	33.94	10.66
278.23	184.74	1780.14	1234.39	49.05	11.38
250.73	198.67	1470.54	945.57	56.21	10.62
284.85	198.38	1327.75	803.78	30.83	6.00
29.04	24.99	296.89	175.14	6.56	1.61
11.47	7.24	148.67	65.44	5.41	0.80
7.62	6.68	49.85	38.23	0.38	0.15
2.03	0.86	24.25	6.66	1.48	0.12
24.08	21.48	195.89	173.19	4.69	1.96
104.86	60.18	257.45	131.02	39.04	7.62
34.76	16.26	76.01	29.30	27.45	0.68
34.78	19.83	213.51	163.90	9.07	2.16
27.32	25.31	198.51	164.41	6.59	1.47
15.51	15.51	109.37	107.71	2.99	0.48
16.13	8.06	42.18	42.10	0.39	0.01

15-11 各市建筑业企业个数(2012年)

单位：个

市(县) City(County)	企业个数 Number of Enterprises	内资 Domestic Funded	港澳台商投资 Funded from Hong Kong, Macao and Taiwan	外商投资 Foreign Funded	公有制 Public-owned	非公有制 Non-public owned
全　　省 Total	**4738**	**4723**	**5**	**10**	**703**	**4035**
省　辖　市 City						
郑　州　市 Zhengzhou	1413	1403	5	5	113	1300
开　封　市 Kaifeng	229	228		1	37	192
洛　阳　市 Luoyang	411	410		1	69	342
平　顶　山　市 Pingdingshan	188	188			34	154
安　阳　市 Anyang	202	202			33	169
鹤　壁　市 Hebi	58	58			9	49
新　乡　市 Xinxiang	351	349		2	43	308
焦　作　市 Jiaozuo	178	177		1	19	159
濮　阳　市 Puyang	196	196			22	174
许　昌　市 Xuchang	117	117			14	103
漯　河　市 Luohe	89	89			18	71
三　门　峡　市 Sanmenxia	130	130			17	113
南　阳　市 Nanyang	331	331			71	260
商　丘　市 Shangqiu	166	166			45	121
信　阳　市 Xinyang	200	200			64	136
周　口　市 Zhoukou	183	183			26	157
驻　马　店　市 Zhumadian	219	219			63	156
济　源　市 Jiyuan	77	77			6	71
省　直　管　县 Province Administrating County						
巩　义　市 Gongyi	16	16			1	15
兰　考　县 Lankao	12	12			1	11
汝　州　市 Ruzhou	7	7			4	3
滑　县 Huaxian	25	25			3	22
长　垣　县 Changyuan	83	83			5	78
邓　州　市 Dengzhou	15	15			7	8
永　城　市 Yongcheng	26	26			13	13
固　始　县 Gushi	9	9				9
鹿　邑　县 Luyi	8	8				8
新　蔡　县 Xincai	7	7			4	3

Number of Construction Enterprises by City (2012)

(unit)

#国有控股 State-holding	#集体控股 Collective-holding	#私人控股 Private-holding	房屋建筑业 Floor Space	土木工程建筑业 Civil Engineering	建筑安装业 Building Installation	建筑装饰和其他建筑业 Building Decoration and Others
333	**370**	**3713**	**1546**	**932**	**561**	**1699**
70	43	1198	275	229	271	638
15	22	184	90	46	45	48
29	40	320	147	52	37	175
10	24	149	79	27	10	72
11	22	148	112	27	29	34
3	6	44	30	14	4	10
16	27	286	151	53	38	109
10	9	133	44	21	18	95
16	6	161	43	67	10	76
2	12	91	44	19	14	40
4	14	60	47	10	6	26
14	3	112	34	70	5	21
40	31	245	76	77	25	153
21	24	109	87	45	3	31
30	34	125	97	46	13	44
6	20	147	67	60	9	47
32	31	138	106	49	11	53
4	2	63	17	20	13	27
	1	14	10	4	2	
1		11	8	3		1
1	3	3	4	1		2
1	2	20	13	5	5	2
4	1	72	24	10	4	45
6	1	8	3	6	2	4
4	9	12	18	4	1	3
		8	5	4		
		8	4	3		1
3	1	3	4	3		

15-12 各市建筑业企业总产值(2012年)

单位：亿元

市(县) City(County)	总产值 Gross Output Value	内资 Domestic Funded	港澳台商投资 Funded from Hong Kong, Macao and Taiwan	外商投资 Foreign Funded	公有制 Public-owned	非公有制 Non-public owned
全　　省 Total	**6009.08**	**5995.92**	**11.11**	**2.05**	**1677.04**	**4332.03**
省 辖 市 City						
郑　州　市 Zhengzhou	1816.99	1805.13	11.11	0.75	469.40	1347.59
开　封　市 Kaifeng	164.04	163.95		0.09	58.78	105.26
洛　阳　市 Luoyang	1214.38	1214.25		0.13	284.53	929.86
平 顶 山 市 Pingdingshan	121.59	121.59			15.83	105.75
安　阳　市 Anyang	410.82	410.82			46.08	364.74
鹤　壁　市 Hebi	42.37	42.37			10.96	31.41
新　乡　市 Xinxiang	344.56	343.98		0.58	45.26	299.29
焦　作　市 Jiaozuo	108.09	107.60		0.49	55.14	52.96
濮　阳　市 Puyang	192.39	192.39			65.91	126.48
许　昌　市 Xuchang	106.11	106.11			22.41	83.70
漯　河　市 Luohe	42.86	42.86			11.65	31.21
三 门 峡 市 Sanmenxia	112.55	112.55			58.78	53.77
南　阳　市 Nanyang	260.52	260.52			111.75	148.77
商　丘　市 Shangqiu	228.96	228.96			116.42	112.54
信　阳　市 Xinyang	278.23	278.23			113.16	165.07
周　口　市 Zhoukou	250.73	250.73			47.72	203.01
驻 马 店 市 Zhumadian	284.85	284.85			140.69	144.16
济　源　市 Jiyuan	29.04	29.04			2.56	26.48
省 直 管 县 Province Administrating County						
巩　义　市 Gongyi	11.47	11.47			1.10	10.37
兰　考　县 Lankao	7.62	7.62			1.03	6.59
汝　州　市 Ruzhou	2.03	2.03			1.67	0.37
滑　　县 Huaxian	24.08	24.08			2.89	21.20
长　垣　县 Changyuan	104.86	104.86			4.33	100.54
邓　州　市 Dengzhou	34.76	34.76			24.13	10.63
永　城　市 Yongcheng	34.78	34.78			26.14	8.63
固　始　县 Gushi	27.32	27.32				27.32
鹿　邑　县 Luyi	15.51	15.51				15.51
新　蔡　县 Xincai	16.13	16.13			11.28	4.85

Total Output Value of Construction Enterprises by City (2012)

(100 million yuan)

#国有控股 State-holding	#集体控股 Collective-holding	#私人控股 Private-holding	房屋建筑业 Floor Space	土木工程建筑业 Civil Engineering	建筑安装业 Building Installation	建筑装饰和其他建筑业 Building Decoration and Others
1222.21	**454.83**	**3029.76**	**3175.19**	**2166.18**	**351.73**	**315.97**
405.58	63.82	935.06	1025.36	500.48	160.77	130.37
41.74	17.05	104.33	96.16	17.78	45.28	4.82
253.26	31.27	269.40	348.52	816.30	33.97	15.59
4.40	11.43	56.83	96.03	19.58	2.24	3.73
24.32	21.76	331.55	363.58	30.69	14.30	2.25
7.77	3.19	28.21	35.15	5.07	1.71	0.45
23.57	21.69	277.79	205.91	61.14	21.55	55.95
41.63	13.51	45.00	54.11	43.18	4.79	6.02
63.39	2.52	123.42	74.94	100.17	3.66	13.62
13.05	9.36	66.54	53.29	39.90	4.29	8.63
2.02	9.63	26.09	34.37	5.09	1.78	1.63
57.70	1.08	53.57	32.66	78.29	1.10	0.50
75.98	35.77	128.79	124.48	101.87	24.97	9.19
81.35	35.07	103.20	143.40	79.79	0.37	5.40
51.28	61.89	145.81	174.71	85.21	6.60	11.72
14.24	33.49	189.99	128.19	94.91	14.43	13.20
58.46	82.23	119.31	166.30	79.04	7.71	31.79
2.48	0.08	24.88	18.03	7.67	2.22	1.12
	1.10	10.20	8.97	1.49	1.02	
1.03		6.59	5.41	2.21		
0.16	1.51	0.37	1.85	0.16		0.02
1.85	1.03	20.34	17.64	4.44	1.93	0.07
3.06	1.27	85.14	40.41	10.84	4.71	48.90
21.02	3.11	10.63	6.94	21.02	6.71	0.09
12.19	13.96	8.21	21.47	12.77	0.00	0.53
		21.46	18.28	9.04		
		15.51	7.22	8.14		0.15
8.93	2.35	4.85	9.62	6.50		

15-13 各市建筑业企业实收资本(2012年)

单位：亿元

市(县) City(County)	实收资本 Capitals Hold Value	内资 Domestic Funded	港澳台商投资 Funded from Hong Kong, Macao and Taiwan	外商投资 Foreign Funded	公有制 Public-owned	非公有制 Non-public owned
全　　省 Total	**993.19**	**991.89**	**0.22**	**1.08**	**219.26**	**773.94**
省　辖　市 City						
郑　州　市 Zhengzhou	336.07	335.31	0.22	0.54	50.52	285.56
开　封　市 Kaifeng	33.83	33.76		0.07	8.44	25.39
洛　阳　市 Luoyang	121.08	120.98		0.10	35.70	85.38
平 顶 山 市 Pingdingshan	31.79	31.79			4.23	27.56
安　阳　市 Anyang	58.71	58.71			7.56	51.15
鹤　壁　市 Hebi	13.03	13.03			2.68	10.35
新　乡　市 Xinxiang	75.74	75.62		0.12	9.64	66.10
焦　作　市 Jiaozuo	25.57	25.32		0.25	9.99	15.58
濮　阳　市 Puyang	41.60	41.60			8.36	33.24
许　昌　市 Xuchang	24.23	24.23			3.13	21.10
漯　河　市 Luohe	13.45	13.45			3.32	10.13
三 门 峡 市 Sanmenxia	23.05	23.05			9.57	13.48
南　阳　市 Nanyang	39.71	39.71			15.30	24.41
商　丘　市 Shangqiu	35.77	35.77			15.70	20.07
信　阳　市 Xinyang	42.84	42.84			13.74	29.10
周　口　市 Zhoukou	27.21	27.21			4.77	22.45
驻 马 店 市 Zhumadian	38.44	38.44			15.92	22.51
济　源　市 Jiyuan	11.08	11.08			0.70	10.38
省 直 管 县 Province Administrating County						
巩　义　市 Gongyi	4.09	4.09			0.24	3.85
兰　考　县 Lankao	2.40	2.40			0.27	2.13
汝　州　市 Ruzhou	0.49	0.49			0.40	0.10
滑　　县 Huaxian	4.79	4.79			0.62	4.17
长　垣　县 Changyuan	30.29	30.29			1.45	28.84
邓　州　市 Dengzhou	4.01	4.01			2.75	1.26
永　城　市 Yongcheng	5.26	5.26			3.21	2.05
固　始　县 Gushi	3.66	3.66				3.66
鹿　邑　县 Luyi	0.99	0.99				0.99
新　蔡　县 Xincai	1.24	1.24			0.91	0.33

Paid-up Capitals of Construction Enterprises by City (2012)

(100 million yuan)

#国有控股 State-holding	#集体控股 Collective-holding	#私人控股 Private-holding	房屋建筑业 Floor Space	土木工程建筑业 Civil Engineering	建筑安装业 Building Installation	建筑装饰和其他建筑业 Building Decoration and Others
156.79	**62.47**	**632.52**	**432.45**	**321.75**	**112.73**	**126.26**
42.48	8.03	228.39	120.59	87.06	74.06	54.36
4.62	3.82	24.46	19.94	6.65	5.12	2.11
27.94	7.76	46.27	37.94	67.72	8.34	7.08
1.72	2.51	20.93	19.23	6.29	1.26	5.02
3.82	3.74	45.59	47.46	5.50	4.20	1.55
1.55	1.13	8.89	9.42	2.75	0.51	0.35
6.31	3.33	60.37	30.19	17.95	5.45	22.15
8.17	1.82	12.73	10.71	9.35	1.41	4.09
7.39	0.97	31.10	13.64	21.89	1.36	4.71
1.16	1.98	16.84	11.94	7.52	1.39	3.38
0.86	2.46	8.34	9.92	1.60	0.54	1.38
9.37	0.20	13.42	5.97	16.39	0.28	0.41
10.76	4.53	22.15	16.46	15.09	2.99	5.16
11.16	4.54	17.98	19.99	13.32	0.12	2.35
7.43	6.31	24.84	21.21	16.75	2.16	2.72
1.68	3.09	20.85	10.16	13.00	1.32	2.73
9.71	6.21	19.67	22.50	9.11	1.10	5.74
0.67	0.03	9.71	5.18	3.80	1.11	0.98
	0.24	3.75	3.26	0.33	0.50	
0.27		2.13	1.95	0.45		
0.11	0.29	0.10	0.37	0.11		0.02
0.30	0.32	3.92	3.12	0.98	0.55	0.13
0.93	0.52	24.55	6.53	3.05	0.75	19.95
2.69	0.06	1.26	1.18	2.69	0.12	0.02
1.04	2.17	2.02	3.89	1.26	0.02	0.09
		1.65	1.32	2.34		
		0.99	0.35	0.63		0.00
0.47	0.44	0.33	0.35	0.89		

15-14 各市建筑业企业资产总计(2012年)

单位：亿元

市(县) City(County)	资产合计 Total Assets	内资 Domestic Funded	港澳台商投资 Funded from Hong Kong, Macao and Taiwan	外商投资 Foreign Funded	公有制 Public-owned	非公有制 Non-public owned
全省 Total	**4159.13**	**4140.91**	**11.28**	**6.94**	**1335.20**	**2823.94**
省辖市 City						
郑州市 Zhengzhou	1513.63	1499.72	11.28	2.63	456.26	1057.37
开封市 Kaifeng	114.22	114.11		0.11	43.78	70.44
洛阳市 Luoyang	907.53	907.42		0.11	260.42	647.12
平顶山市 Pingdingshan	127.21	127.21			14.66	112.55
安阳市 Anyang	178.66	178.66			36.25	142.41
鹤壁市 Hebi	40.17	40.17			13.58	26.59
新乡市 Xinxiang	217.53	213.88		3.65	43.62	173.91
焦作市 Jiaozuo	76.96	76.53		0.43	37.24	39.72
濮阳市 Puyang	128.28	128.28			54.25	74.02
许昌市 Xuchang	84.85	84.85			13.18	71.67
漯河市 Luohe	36.87	36.87			8.05	28.82
三门峡市 Sanmenxia	137.72	137.72			88.72	49.00
南阳市 Nanyang	140.89	140.89			68.93	71.96
商丘市 Shangqiu	143.37	143.37			90.04	53.33
信阳市 Xinyang	107.10	107.10			40.60	66.50
周口市 Zhoukou	77.00	77.00			18.33	58.67
驻马店市 Zhumadian	97.79	97.79			43.58	54.21
济源市 Jiyuan	29.35	29.35			3.70	25.65
省直管县 Province Administrating County						
巩义市 Gongyi	13.81	13.81			0.84	12.97
兰考县 Lankao	4.88	4.88			0.76	4.13
汝州市 Ruzhou	0.82	0.82			0.71	0.11
滑县 Huaxian	13.91	13.91			1.62	12.29
长垣县 Changyuan	71.11	71.11			3.04	68.07
邓州市 Dengzhou	13.02	13.02			8.68	4.34
永城市 Yongcheng	20.57	20.57			16.01	4.56
固始县 Gushi	9.72	9.72				9.72
鹿邑县 Luyi	1.85	1.85				1.85
新蔡县 Xincai	3.16	3.16			2.25	0.90

Total Assets of Construction Enterprises by City (2012)

(100 million yuan)

#国有控股 State-holding	#集体控股 Collective-holding	#私人控股 Private-holding	房屋建筑业 Floor Space	土木工程建筑业 Civil Engineering	建筑安装业 Building Installation	建筑装饰和其他建筑业 Building Decoration and Others
1090.76	**244.44**	**1727.61**	**1626.31**	**1924.78**	**332.55**	**275.49**
411.15	45.11	608.53	599.26	610.44	168.30	135.63
33.79	10.00	68.88	54.48	21.00	34.84	3.90
232.14	28.28	161.75	196.36	658.08	37.55	15.54
5.59	9.07	54.39	93.24	23.90	2.76	7.31
16.38	19.86	127.62	136.89	27.93	10.81	3.04
9.35	4.23	23.96	31.76	7.02	0.89	0.50
27.48	16.14	154.17	99.95	60.48	18.12	38.99
26.40	10.85	31.98	33.52	29.07	6.35	8.02
51.75	2.50	69.94	29.69	79.78	4.67	14.13
7.04	6.14	65.17	39.32	33.74	6.03	5.76
2.60	5.44	25.29	23.25	4.79	5.73	3.10
88.14	0.58	48.87	24.85	110.88	0.98	1.00
46.52	22.42	65.72	49.29	62.31	19.73	9.56
74.93	15.11	45.22	55.38	81.83	0.45	5.71
21.44	19.16	55.15	59.33	38.26	3.90	5.61
8.54	9.79	54.73	26.46	39.85	4.12	6.58
23.99	19.59	42.10	59.72	24.81	3.95	9.31
3.54	0.17	24.12	13.56	10.60	3.38	1.80
	0.84	12.49	11.75	1.50	0.55	
0.76		4.13	4.02	0.86		
0.26	0.46	0.11	0.53	0.26		0.03
0.94	0.68	11.48	9.68	2.69	1.39	0.15
2.13	0.91	56.45	24.65	9.98	1.49	34.99
6.60	2.08	4.34	1.43	6.60	4.91	0.08
9.26	6.74	4.23	10.24	9.91	0.02	0.39
		3.86	2.91	6.81		
		1.85	0.59	1.25		0.01
1.52	0.74	0.90	1.81	1.35		

15-15 各市建筑业企业负债合计(2012年)

单位：亿元

市(县) City(County)	负债合计 Total Liabilities	内资 Domestic Funded	港澳台商投资 Funded from Hong Kong, Macao and Taiwan	外商投资 Foreign Funded	公有制 Public-owned	非公有制 Non-public owned
全　　省 Total	**2664.64**	**2649.37**	**10.85**	**4.41**	**994.60**	**1670.04**
省 辖 市 City						
郑　州　市 Zhengzhou	1028.89	1017.30	10.85	0.73	380.44	648.44
开　封　市 Kaifeng	59.43	59.39		0.04	28.46	30.96
洛　阳　市 Luoyang	721.62	721.58		0.04	209.69	511.93
平 顶 山 市 Pingdingshan	82.40	82.40			8.12	74.27
安　阳　市 Anyang	80.86	80.86			21.04	59.82
鹤　壁　市 Hebi	23.84	23.84			10.00	13.84
新　乡　市 Xinxiang	90.66	87.24		3.43	27.29	63.37
焦　作　市 Jiaozuo	42.28	42.12		0.17	25.13	17.16
濮　阳　市 Puyang	71.76	71.76			44.57	27.19
许　昌　市 Xuchang	48.77	48.77			5.29	43.48
漯　河　市 Luohe	17.47	17.47			4.05	13.42
三 门 峡 市 Sanmenxia	95.10	95.10			64.22	30.88
南　阳　市 Nanyang	81.78	81.78			45.39	36.38
商　丘　市 Shangqiu	87.17	87.17			68.10	19.07
信　阳　市 Xinyang	46.53	46.53			19.11	27.42
周　口　市 Zhoukou	29.07	29.07			9.78	19.28
驻 马 店 市 Zhumadian	41.75	41.75			21.96	19.79
济　源　市 Jiyuan	15.25	15.25			1.92	13.33
省 直 管 县 Province Administrating County						
巩　义　市 Gongyi	6.82	6.82			0.51	6.31
兰　考　县 Lankao	1.08	1.08			0.42	0.66
汝　州　市 Ruzhou	0.23	0.23			0.22	0.01
滑　　　县 Huaxian	6.08	6.08			0.45	5.64
长　垣　县 Changyuan	19.47	19.47			0.80	18.67
邓　州　市 Dengzhou	4.27	4.27			3.41	0.86
永　城　市 Yongcheng	12.52	12.52			10.72	1.80
固　始　县 Gushi	5.33	5.33				5.33
鹿　邑　县 Luyi	0.00	0.00				0.00
新　蔡　县 Xincai	1.12	1.12			0.74	0.38

Total Liabilities of Construction Enterprises by City (2012)

(100 million yuan)

#国有控股 State-holding	#集体控股 Collective-holding	#私人控股 Private-holding	房屋建筑业 Floor Space	土木工程建筑业 Civil Engineering	建筑安装业 Building Installation	建筑装饰和其他建筑业 Building Decoration and Others
849.65	**144.95**	**792.16**	**947.51**	**1407.94**	**207.47**	**101.72**
351.10	29.35	290.13	394.56	469.73	106.20	58.39
24.72	3.74	30.27	22.34	10.86	24.95	1.27
191.44	18.25	91.36	140.92	549.06	26.13	5.51
2.86	5.26	25.36	64.47	13.94	0.91	3.08
7.42	13.63	52.37	58.03	15.85	5.45	1.53
6.95	3.05	12.87	19.20	4.15	0.35	0.14
18.58	8.71	55.30	46.17	29.98	7.92	6.59
16.21	8.91	12.10	18.81	16.51	4.12	2.84
43.06	1.51	25.48	11.18	51.24	2.84	6.50
2.15	3.15	41.59	24.36	18.33	4.13	1.95
1.66	2.39	12.60	9.55	2.40	4.34	1.18
64.09	0.13	30.83	16.13	78.08	0.52	0.38
31.11	14.29	33.25	27.93	39.09	11.60	3.16
59.26	8.84	15.45	25.83	58.51	0.32	2.50
11.47	7.65	20.75	25.13	18.14	1.40	1.86
4.21	5.57	17.19	10.06	14.94	2.22	1.84
11.53	10.44	12.70	25.38	11.55	2.35	2.48
1.84	0.08	12.58	7.45	5.58	1.71	0.52
	0.51	5.87	5.99	0.83	0.00	
0.42		0.66	0.90	0.19		
0.15	0.07	0.01	0.07	0.15		0.01
0.20	0.25	5.08	4.60	0.78	0.70	0.01
0.54	0.26	15.59	11.72	1.81	0.39	5.54
3.19	0.22	0.86	0.05	3.19	0.98	0.05
6.65	4.07	1.51	5.40	6.82		0.30
		1.47	1.29	4.04		
		0.00	0.00			
0.45	0.29	0.38	0.68	0.44		

15-16 各市建筑业企业工程结算收入(2012年)

单位：亿元

市(县) City(County)	工程结算收入 Revenue of Project Settlement Accounts	内资 Domestic Funded	港澳台商投资 Funded from Hong Kong, Macao and Taiwan	外商投资 Foreign Funded	公有制 Public-owned	非公有制 Non-public owned
全 省 Total	**5841.65**	**5837.20**	**1.35**	**3.10**	**1663.27**	**4178.39**
省 辖 市 City						
郑 州 市 Zhengzhou	1863.56	1860.58	1.35	1.62	489.09	1374.46
开 封 市 Kaifeng	158.52	158.46		0.06	55.20	103.32
洛 阳 市 Luoyang	1265.41	1265.28		0.13	304.45	960.96
平 顶 山 市 Pingdingshan	106.94	106.94			15.02	91.92
安 阳 市 Anyang	359.59	359.59			39.24	320.35
鹤 壁 市 Hebi	38.70	38.70			10.27	28.43
新 乡 市 Xinxiang	304.72	304.03		0.69	44.85	259.87
焦 作 市 Jiaozuo	102.62	102.01		0.60	51.57	51.05
濮 阳 市 Puyang	186.53	186.53			65.20	121.33
许 昌 市 Xuchang	97.02	97.02			17.34	79.68
漯 河 市 Luohe	42.99	42.99			11.77	31.21
三 门 峡 市 Sanmenxia	150.64	150.64			99.01	51.63
南 阳 市 Nanyang	237.15	237.15			104.75	132.40
商 丘 市 Shangqiu	220.09	220.09			113.52	106.56
信 阳 市 Xinyang	227.72	227.72			87.31	140.41
周 口 市 Zhoukou	231.30	231.30			44.37	186.93
驻 马 店 市 Zhumadian	222.36	222.36			107.32	115.04
济 源 市 Jiyuan	25.82	25.82			2.97	22.85
省 直 管 县 Province Administrating County						
巩 义 市 Gongyi	13.10	13.10			2.68	10.43
兰 考 县 Lankao	4.76	4.76			0.46	4.30
汝 州 市 Ruzhou	1.69	1.69			1.32	0.37
滑 县 Huaxian	23.74	23.74			2.88	20.86
长 垣 县 Changyuan	82.81	82.81			4.18	78.63
邓 州 市 Dengzhou	25.87	25.87			18.06	7.81
永 城 市 Yongcheng	32.94	32.94			24.62	8.32
固 始 县 Gushi	25.83	25.83				25.83
鹿 邑 县 Luyi	15.51	15.51				15.51
新 蔡 县 Xincai	10.16	10.16			5.42	4.74

Revenue of Project Settlement Accounts of Construction Enterprises by City (2012)

(100 million yuan)

#国有控股 State-holding	#集体控股 Collective-holding	#私人控股 Private-holding	房屋建筑业 Floor Space	土木工程建筑业 Civil Engineering	建筑安装业 Building Installation	建筑装饰和其他建筑业 Building Decoration and Others
1276.77	**386.49**	**2746.27**	**2844.36**	**2338.44**	**350.56**	**308.29**
431.32	57.78	857.16	936.75	620.86	168.27	137.67
40.87	14.33	101.02	89.13	16.85	48.04	4.50
273.95	30.50	247.76	323.29	890.83	35.44	15.85
4.55	10.47	48.27	82.58	18.11	2.13	4.12
20.29	18.95	290.48	320.57	26.05	10.88	2.09
7.49	2.78	26.13	32.07	5.09	0.97	0.57
23.76	21.09	243.32	180.01	58.12	17.95	48.63
41.90	9.67	44.10	48.30	42.61	5.25	6.45
61.99	3.21	118.29	70.44	97.42	3.19	15.48
8.20	9.14	62.37	47.45	35.75	4.66	9.16
2.08	9.69	25.99	35.42	4.72	1.06	1.78
97.93	1.08	51.43	31.80	117.29	1.01	0.55
71.39	33.36	113.95	109.76	95.83	23.35	8.21
84.36	29.17	99.36	132.91	81.18	0.33	5.67
46.06	41.25	122.11	144.33	68.63	6.33	8.42
13.51	30.86	174.34	120.44	87.48	12.03	11.35
44.21	63.11	98.77	124.59	64.23	7.21	26.33
2.90	0.07	21.42	14.51	7.39	2.46	1.47
	2.68	9.87	10.25	1.87	0.99	
0.46		4.30	2.88	1.88		
0.16	1.16	0.37	1.50	0.16		0.02
1.85	1.03	20.02	17.36	4.43	1.88	0.07
2.92	1.26	67.61	27.75	10.55	1.94	42.56
15.48	2.58	7.81	5.53	15.48	4.77	0.09
12.18	12.44	8.12	19.93	12.70	0.00	0.31
		19.97	17.15	8.68		
		15.51	7.22	8.14		0.15
3.07	2.35	4.74	4.54	5.63		

15-17 各市建筑业企业利润总额(2012年)

单位：万元

市(县) City(County)	利润总额 Total Profits	内资 Domestic Funded	港澳台商投资 Funded from Hong Kong, Macao and Taiwan	外商投资 Foreign Funded	公有制 Public-owned	非公有制 Non-public owned
全 省 Total	**2328601**	**2326878**	**641**	**1083**	**637238**	**1691363**
省 辖 市 City						
郑 州 市 Zhengzhou	708762	707403	641	719	109192	599570
开 封 市 Kaifeng	84683	84684			35043	49640
洛 阳 市 Luoyang	221691	221695			80974	140717
平 顶 山 市 Pingdingshan	42639	42639			6151	36488
安 阳 市 Anyang	122522	122522			16540	105982
鹤 壁 市 Hebi	7617	7617				8954
新 乡 市 Xinxiang	224733	224403		330	31667	193066
焦 作 市 Jiaozuo	25604	25566		39	5678	19926
濮 阳 市 Puyang	78615	78615			10194	68420
许 昌 市 Xuchang	63095	63095			13402	49693
漯 河 市 Luohe	18941	18941			5407	13534
三 门 峡 市 Sanmenxia	63252	63252			39680	23572
南 阳 市 Nanyang	119710	119710			60611	59099
商 丘 市 Shangqiu	92003	92003			41618	50385
信 阳 市 Xinyang	133704	133704			65576	68128
周 口 市 Zhoukou	170790	170790			43084	127706
驻 马 店 市 Zhumadian	138168	138168			70582	67586
济 源 市 Jiyuan	12071	12071			3176	8896
省 直 管 县 Province Administrating County						
巩 义 市 Gongyi	12447	12447			339	12108
兰 考 县 Lankao	5089	5089			221	4868
汝 州 市 Ruzhou	551	551			436	116
滑 县 Huaxian	9317	9317			999	8318
长 垣 县 Changyuan	92844	92844			1018	91826
邓 州 市 Dengzhou	18581	18581			11055	7526
永 城 市 Yongcheng	12962	12962			9499	3463
固 始 县 Gushi	15703	15703				15703
鹿 邑 县 Luyi	8667	8667				8667
新 蔡 县 Xincai	16363	16363			10398	5965

Total Profits of Construction Enterprises by City (2012)

(10 000 yuan)

#国有控股 State-holding	#集体控股 Collective-holding	#私人控股 Private-holding	房屋建筑业 Floor Space	土木工程建筑业 Civil Engineering	建筑安装业 Building Installation	建筑装饰和其他建筑业 Building Decoration and Others
394419	**242819**	**1375169**	**1146068**	**782140**	**175592**	**224802**
83273	25919	451755	376096	168848	79094	84723
19127	15916	49685	47340	11345	22125	3873
62974	18000	68991	79978	121102	11719	8892
2751	3400	27329	27917	12035	1519	1168
8084	8457	94927	101587	11040	9160	736
	783	8528	6908		138	592
11408	20259	173831	96464	58486	15663	54120
5259	419	20720	10181	8967	1556	4900
9482	712	67533	31248	33041	1590	12736
8667	4735	38553	24378	30023	2291	6403
1908	3499	9611	13058	2935	823	2125
39347	334	23570	10536	52425	54	237
44392	16219	46168	41918	63906	8447	5439
24758	16860	46919	45971	41152	209	4671
35566	30011	58614	73339	47079	3390	9895
8035	35049	124028	84172	67568	12344	6706
28156	42426	56190	70143	47169	3865	16992
3352		8217	4834	5040	1606	592
	339	12092	9987	504	1956	
221		4868	3096	1993		
18	417	116	510	18		23
348	651	7810	6418	1423	1442	34
422	596	74987	26202	13079	5926	47637
9918	1137	7526	5087	9918	3422	155
5643	3856	3423	6399	6178	33	353
		9608	8775	6928		
		8667	2623	6014		31
7103	3295	5965	9519	6843		

15-18 各市建筑业企业利税总额(2012年)

单位：万元

市(县) City(County)	利税总额 Total Pre-tax Profits	内资 Domestic Funded	港澳台商投资 Funded from Hong Kong, Macao and Taiwan	外商投资 Foreign Funded	公有制 Public-owned	非公有制 Non-public owned
全 省 Total	**4437985**	**4435022**	**894**	**2070**	**1214823**	**3223163**
省 辖 市 City						
郑 州 市 Zhengzhou	1285770	1283548	894	1329	256242	1029528
开 封 市 Kaifeng	142594	142575		19	53145	89449
洛 阳 市 Luoyang	626172	626164		7	173058	453113
平 顶 山 市 Pingdingshan	84575	84575			12273	72302
安 阳 市 Anyang	274682	274682			39277	235405
鹤 壁 市 Hebi	21382	21382			2095	19287
新 乡 市 Xinxiang	353188	352635		553	49841	303347
焦 作 市 Jiaozuo	60720	60558		162	21749	38971
濮 阳 市 Puyang	137242	137242			23335	113907
许 昌 市 Xuchang	100773	100773			20506	80267
漯 河 市 Luohe	38067	38067			10681	27386
三 门 峡 市 Sanmenxia	108904	108904			63184	45720
南 阳 市 Nanyang	237262	237262			111173	126089
商 丘 市 Shangqiu	176922	176922			85680	91242
信 阳 市 Xinyang	226530	226530			102026	124503
周 口 市 Zhoukou	310958	310958			69899	241060
驻 马 店 市 Zhumadian	231026	231026			116420	114606
济 源 市 Jiyuan	21219	21219			4239	16980
省 直 管 县 Province Administrating County						
巩 义 市 Gongyi	17602	17602			1273	16329
兰 考 县 Lankao	7240	7240			373	6867
汝 州 市 Ruzhou	1423	1423			1169	253
滑 县 Huaxian	18799	18799			2217	16582
长 垣 县 Changyuan	132565	132565			3186	129379
邓 州 市 Dengzhou	33279	33279			21802	11477
永 城 市 Yongcheng	24762	24762			18183	6579
固 始 县 Gushi	23184	23184				23184
鹿 邑 县 Luyi	13802	13802				13802
新 蔡 县 Xincai	22642	22642			14615	8027

Total Pre-tax Profits of Construction Enterprises by City (2012)

(10 000 yuan)

#国有控股 State-holding	#集体控股 Collective-holding	#私人控股 Private-holding	房屋建筑业 Floor Space	土木工程建筑业 Civil Engineering	建筑安装业 Building Installation	建筑装饰和其他建筑业 Building Decoration and Others
811623	**403199**	**2487830**	**2238389**	**1534602**	**304123**	**360872**
209923	46320	765302	699428	320162	129062	137119
32071	21074	88710	82351	17312	37478	5454
140951	32107	157798	189442	397532	24710	14487
4547	7726	47744	59118	20148	2360	2950
24846	14431	212921	230876	28766	13511	1529
260	1835	18018	17992	2004	552	833
19789	30051	276697	171942	81638	22021	77587
17817	3931	37255	27875	21866	3439	7540
21533	1801	112056	58458	58123	2757	17903
11440	9067	60014	44669	41753	3776	10575
3406	7276	21291	28133	4897	2165	2872
62383	801	45650	23132	84837	450	486
82848	28324	104650	91902	109131	25703	10526
56778	28902	83530	94355	75116	329	7123
56871	45155	109275	130563	74202	6311	15455
14370	55529	234686	157634	110825	19397	23102
47407	69014	96210	121013	78114	7889	24010
4384	-145	16023	9508	8177	2214	1322
	1273	16179	14347	957	2298	
373		6867	4642	2598		
162	1007	253	1217	162		43
1174	1043	15785	13429	3212	2096	61
2159	1026	107129	39850	17449	6900	68367
18776	3026	11477	7652	18776	6652	199
9417	8766	6471	13785	10466	35	477
		16989	15048	8136		
		13802	4839	8838		125
8518	6097	8027	11158	11484		

主要统计指标解释

建筑业统计单位 指从事房屋、构筑物建造和设备安装活动的法人企业。建筑业法人企业应同时具备的条件是：① 依法成立，有自己的名称、组织机构和场所，能够承担民事责任；②独立拥有和使用资产，承担负债，有权与其他单位签订合同；③独立核算盈亏，能够编制资产负债表。

建筑业总产值 是以货币形式表现的建筑业企业在一定时期内生产的建筑业产品和提供的服务的总和。建筑业总产值包括：

⑴建筑工程产值：指列入建筑工程预算内的各种工程价值。

⑵安装工程产值：指设备安装工程价值，不包括被安装设备本身的价值。

⑶其他产值：建筑业总产值中除建筑工程、安装工程以外的产值。包括房屋构筑物修理产值、非标准设备制造产值、总包企业向分包企业收取的管理费以及不能明确划分的施工活动所完成的产值。

a.房屋构筑物修理产值：指房屋和构筑物修理所完成的产值，但不包括被修理房屋、构筑物本身价值和生产设备的修理产值。

b.非标准设备制造产值：指加工制造没有定型的非标准生产设备的加工费和原材料价值(如化工厂、炼油厂用的各种罐、槽，矿井生产统一使用的各种漏斗、三角槽、阀门等)以及附属加工厂为本企业承建工程制作的非标准设备的价值。

房屋建筑施工面积 指在报告期内施工的全部房屋建筑面积，包括本期新开工的房屋面积、上期施工跨入本期继续施工的房屋面积、上期停缓建在本期恢复施工的房屋面积、本期竣工的房屋面积及本期施工后又停缓建的房屋面积。

房屋建筑竣工面积 指在报告期内房屋建筑按照设计要求全部完工，达到了住人和使用条件，经验收鉴定合格，正式移交使用单位的房屋建筑面积。

自有机械设备年末总台数 指归本企业所有，属于本企业固定资产的生产性机械设备年末总台数。包括施工机械、生产设备、运输设备以及其他设备。

自有机械设备年末总功率 指本企业自有施工机械、生产设备、运输设备以及其他设备等列为在册固定资产的生产性机械设备年末总功率，按设定能力或查定能力计算。包括机械本身的动力和为该机械服务的单独动力设备，如电动机等。计算单位用千瓦，动力换算可按 1 马力＝0.735 千瓦折合成千瓦数。电焊机、变压器、锅炉不计算动力。

工程结算收入 指企业承包工程实现的工程价款结算收入，以及向发包单位收取的除工程价款以外的按规定列作营业收入的各种款项，如临时设施费、劳动保险费、施工机械调迁费等以及向发包单位收取的各种索赔款。

工程结算利润 指已结算工程实现的利润，如亏损以“－”号表示。计算公式为：

工程结算利润＝工程结算收入－工程结算成本－工程结算税金及附加－经营费用

Explanatory Notes on Main Statistical Indicators

Statistical Unit in Construction refers to corporate enterprise engaged in the construction of buildings and structures and in the installation of equipment. A corporate construction enterprise should meet the following 3 requirements:①being set up in line with relevant legal basis, having its full name, organization and location, and capable of taking civil liabilities;②independently possessing and using its assets and assuming its liabilities, and entitled to sign contracts with other institutions; and ③ making independent accounts of its profits and losses, and capable of compiling its own balance sheet

Gross Output Value of Construction refers to total of construction products and services, expressed in money terms, produced or rendered by construction and installation enterprises during a given period of time. It includes:

(1) Output value of construction projects: the value of projects covered by the project budgets;

(2) Output value of installation projects: the value of the installation of equipment, (excluding the value of the equipment to be installed);

(3) Other output values: the output value of construction industry apart from that of construction projects and installation projects. It includes: output value of repair of buildings and structures; output value of non-standard equipment manufacturing; overhead expenses received by contracted enterprises from the sub-contracted enterprises and the completed output value of construction activities for which there is no clear definition.

a. Output value of repair of buildings and structures: the value created through the repairs of buildings or structures. It does not include the value of buildings or structures being repaired and the value of the repair of production equipment;

b. Output value of manufactured non-standard equipment: the value of non-standard production equipment, including raw materials and manufacturing cost, made for the construction project (i.e., chemical plant; kettles or tanks used by refineries; various fillers, triangle tanks, valves used by mines). It also includes the output value of equipment manufactured by subsidiary workshops.

Floor Space of Buildings Under Construction refers to floor space of buildings under construction during the reference period, including newly started buildings, buildings started earlier and continued during the reference period, and buildings suspended earlier but restarted during the reference period, buildings completed during the reference period, and buildings under construction and then suspended during the reference period.

Floor Space of Buildings Completed refers to the floor space of buildings that are completed in the reference period in accordance with the requirements of the design, up to the standard for putting them into use, and have been checked and accepted by concerned departments as qualified ones.

Total Number of Machinery and Equipment Owned by the End of Year refers to the number of machines and equipment owned by the enterprises, and listed as the fixed assets of the enterprises by the end of the year, including machinery and equipment for construction, production and transportation.

Total Power of Machinery and Equipment Owned by the End of Year refers to the total power of machinery and equipment owned by the enterprises, and listed as the fixed assets of the enterprises by the end of the year, including machinery and equipment for construction, production and transportation. The power of the machinery is calculated on basis of the designed or verified capacity, covering the power of the machinery/equipment and the separate power equipment serving the machinery/equipment (such as electric motors), but excluding welders, transformers and boilers. The unit used for the calculation of power is kilowatt, with horsepower converted to kilowatt by 1 horsepower=0.735 kilowatt.

Income from Settlement of Projects refers to the income received by the construction enterprise from the contracted project through settlement procedures, and other charges of Operating income in addition to the value of the project, such as temporary facility fee, labour insurance premium, moving cost of construction equipment, as well as various types of claims to the contract.

Profit from Settlement of Projects refers to profit realized through settled projects. It is calculated with the following formula: Profit from Settlement of Projects＝Income from Settlement of Projects－Settled Cost－Settled Taxes and Other Cost- Operating expenses

交通运输、仓储和邮政业
Transport, Storage and Post

● 资料整理：刘文太　赵翠清

简要说明

一、主要内容

本篇反映河南省交通运输、仓储和邮政业发展的基本状况。主要有交通运输、仓储和邮政业单位数、从业人数、法人单位主要财务指标。交通运输业资料主要包括：主要运输方式的线路里程、运输设备拥有量、货物运输量和旅客运输量。邮政业资料主要包括：全省邮政局(所)及邮路情况，邮政设备拥有量，邮政业务完成情况，邮政通信发展水平等资料。

二、统计范围

交通运输、仓储和邮政业单位数、从业人数、法人单位主要财务指标统计范围为全部法人单位，包括郑州铁路局全局数据。铁路包括国家铁路、合资铁路、地方铁路。公路里程包括全省范围内所有国道、省道、县道、乡道(含村道)、专用公路。民用车辆拥有量包括辖区内全部登记注册民用车辆。公路、水路运输量统计范围是在全省交通运输主管部门办理营运证的从事公路、水路客、货运输的营业性的车辆和船舶所完成的运输量。邮电通信包括省邮政局、省邮政公司、省通信管理局及所有从事邮电通信运营的企业。

三、资料来源

交通运输、仓储和邮政业单位数、从业人数及法人单位主要财务指标，根据全省服务业统计调查资料取得。铁路资料由省地方铁路局、郑州铁路局、武汉铁路局提供；公路资料由省交通运输厅提供；民用车辆资料由省公安厅、省农机局和各省辖市统计局提供。民航资料由郑州新郑国际机场、南方航空公司河南分公司提供；邮政业资料由河南省邮政局、省邮政公司和省通信管理局提供。由河南省地方经济社会调查队服务业调查处编辑整理。

Brief Introduction

I. Main Contents

Data in this chapter present the development of transportation, post in Henan province. Data on transport cover mainly unit, employment and value-added of Traffic, transport, storage and post, Data on Traffic and transport include the length of the routes of five means of transportation, the possession of transport equipment, the condition of technological quality, freight traffic and passenger traffic accomplished. Data on post cover mainly the situation of post offices and postal routes; telephone lines, telegraph lines and the possession of post facilities; business volume of postal services achieved; and the level of development of postal services.

II. Scope of Statistics

Data on unit, employment and value-added of Traffic, transport, storage and post include the data of Zhengzhou Railway Administration. Data on railway transportation including the operation and management of the national, joint-venture and local railways. The length of highways refer to the operation and management of the national, provincial, county, town and dedicated lanes. Data on the possession of civil motor vehicles including all registered vehicles. Data on passenger traffic and freight traffic by highways, the statistical scope encompasses all the enterprises, institutional units and individuals (including joint-households) engaged in highway freight or passenger transport business. The data on post cover the Henan provincial bureau of post, Henan provincial Postal company, Henan provincial bureau of communications authority and all enterprises for post.

III. Sources of Data

Data on railway transportation are calculated from Henan provincial operation bureau of local railways, Zhengzhou Railway Administration, Wuhan Railway Administration. Data on highway transportation are calculated from Henan provincial bureau of transportation. Data on civilian vehicles are calculated from Henan provincial bureau of public safety, Henan provincial bureau of agricultural machinery and municipal Henan provincial bureau of statistics. Data on civil aviation are calculated from Xinzheng international airport and Henan Branch of China Southern airlines. Data on postal services come from the Henan provincial bureau of post, Henan provincial post company, and Henan provincial communications authority. Data in this chapter are provided by Henan provincial survey organizations of social and economy.

16−1 交通运输、仓储和邮政业法人单位数和从业人员数

Number of Institutional Unit and Employed Persons of Transport,Storage and Post

指标 Item	合计 Total	企业 Enterprise	行政事业 Administrative institution	社会团体及其他 Social organizations and others
单位数(个) Number of Institutional Unit(unit)				
2008	4772	4633	129	10
2009	5054	4905	134	15
2010	5396	5240	133	23
2011	5481	5322	139	20
2012	5665	5520	139	6
从业人数(万人) Employed Persons(10 000 persons)				
2008	49.87	48.90	0.96	0.02
2009	47.98	47.02	0.93	0.03
2010	49.92	48.92	0.97	0.03
2011	49.36	48.21	1.12	0.03
2012	48.02	46.68	1.33	0.01

16-2 交通运输、仓储和邮政业分行业法人单位财务指标(2012年)

Main Financial Indicators of Institutional Unit of Transport, Storage and Post by Sector (2012)

单位：万元 (10 000 yuan)

行业名称	Sector	单位数(个) Number of units (unit)	从业人数(万人) Employed Persons (10 000 Persons)	固定资产原价 Fixed Asset Price	收入合计 Total Income
合　计	**Total**	**5665**	**48.02**	**30752390**	**17718295**
铁路运输业	Railway transportation	49	11.95	20423235	7048571
道路运输业	Road transportation	3476	25.04	7791338	5352348
水上运输业	Water transportation	78	0.59	104705	163316
航空运输业	Aviation transportation	15	0.76	319319	523678
装卸搬运和运输代理业	Handling and other transport services	662	2.53	411827	437969
仓储业	Storage	1236	3.63	1140097	3300751
邮政业	Post	148	3.51	561869	891664

行业名称	Sector	成本费用合　计 Total Cost	职工薪酬 Employee Compensation	税费合计 Tax	营业利润 Operating Profit
合　计	**Total**	**14988476**	**2316025**	**479277**	**125412**
铁路运输业	Railway transportation	6219590	1114221	153625	-251591
道路运输业	Road transportation	4154122	756889	230663	187517
水上运输业	Water transportation	133313	14557	4307	19993
航空运输业	Aviation transportation	417320	83619	19444	26390
装卸搬运和运输代理业	Handling and other transport services	354910	65267	12777	28896
仓储业	Storage	2903279	105069	39248	155229
邮政业	Post	805942	176396	19211	-41023

注：1.铁路运输业包含郑州铁路局全局数据。
2.从2012年起将城市公共交通业划入道路运输业。

a) Data on railway transportation include Zhengzhou railways Administration.
b)Data on Urban public transportation Was adjusted to Road transportation since 2012.

16-3 各市交通运输、仓储和邮政业法人单位财务指标(2012年)

Main Financial Indicators of Institutional Unit of Transport, Storage and Post by City (2012)

单位：万元 (10 000 yuan)

市(县) City(county)	单位数(个) Number of units (unit)	从业人数(万人) Employed Persons (10 000 Persons)	固定资产原价 Fixed Asset Price	收入合计 Total Income	成本费用合计 Total Expenses	职工薪酬 Employee Compensation	税费合计 Tax and Expenses	营业利润 Operating Profit
全 省 Total	**5665**	**48.02**	**30752390**	**17718295**	**14988476**	**2316025**	**479277**	**125412**
省 辖 市 City								
郑 州 市 Zhengzhou	962	18.13	24382263	9587233	8315646	1358660	225702	-347639
开 封 市 Kaifeng	519	2.63	741005	631271	449311	70128	27878	90968
洛 阳 市 Luoyang	337	3.08	386480	868514	745981	106156	25782	28011
平 顶 山 市 Pingdingshan	213	2.28	785526	494267	429123	53584	14810	-14181
安 阳 市 Anyang	242	1.46	242101	416809	368330	80796	18973	13969
鹤 壁 市 Hebi	97	0.36	41248	80590	69603	7897	2776	-1583
新 乡 市 Xinxiang	288	1.91	291421	318411	261165	48922	13765	20048
焦 作 市 Jiaozuo	262	2.24	346437	658035	581096	57078	21900	26282
濮 阳 市 Puyang	118	0.80	218575	206779	185902	27920	3471	6352
许 昌 市 Xuchang	346	1.54	291716	439592	336247	62153	13878	51458
漯 河 市 Luohe	166	0.85	277288	603283	474025	80086	9056	16618
三 门 峡 市 Sanmenxia	283	0.98	148295	280932	251905	26382	7678	9486
南 阳 市 Nanyang	337	3.02	765776	662672	572465	94746	20732	-1337
商 丘 市 Shangqiu	327	2.34	238406	830320	708125	70419	28070	64325
信 阳 市 Xinyang	279	2.02	328230	541952	427667	45898	9539	34375
周 口 市 Zhoukou	380	2.05	907456	489772	335853	51798	19904	84800
驻 马 店 市 Zhumadian	477	2.15	348062	586084	460054	68614	14103	42029
济 源 市 Jiyuan	32	0.16	12105	21779	15978	4790	1259	1429
省 直 管 县 Province Administrating County								
巩 义 市 Gongyi	39	0.27	26307	56813	41776	7058	1973	9524
兰 考 县 Lankao	59	0.31	27947	54768	32376	7596	3125	20030
汝 州 市 Ruzhou	24	0.07	10575	6478	4328	1181	433	1955
滑 县 Huaxian	18	0.11	13910	6656	4509	1587	301	-104
长 垣 县 Changyuan	18	0.10	4239	10911	8470	1881	703	1568
邓 州 市 Dengzhou	13	0.14	12353	12164	10350	2669	453	481
永 城 市 Yongcheng	41	0.33	36160	119375	102160	7627	3832	6994
固 始 县 Gushi	68	0.22	41011	29852	20617	4538	1732	5373
鹿 邑 县 Luyi	13	0.04	2098	1184	1144	525	42	80
新 蔡 县 Xincai	63	0.18	48573	112245	79107	3929	875	8602

注：郑州市包括郑州铁路局全局数据。
a) Data of Zhengzhou include Zhengzhou Railways Administration data.

16-4 历年交通运输基本情况

Basic Conditions of Transport Over the years

年份 Year	铁路营业里程 (公里) Length of Railways in Operation (km)	公路里程 (公里) Length of Highways (km)	#高速公路 Expressway	内河航道(公里) Length of Navigable Inland Waterways (km)	民用汽车拥有量 (万辆) Number of Civil Vehicles Owned (10 000 units)	#私人汽车 Private-Owned
1949	1224	3909		2312	0.04	
1952	1225	5766		2916	0.11	
1957	1318	14945		3837	0.33	
1962	1690	17876		2537	1.05	
1965	1823	19907		3389	1.10	
1970	2792	22320		2072	1.71	
1975	3113	26934		2268	3.80	
1978	3212	31549		2202	6.30	
1979	3216	36155		1352	7.35	
1980	3192	36423		1361	8.51	
1981	3460	36478		1419	10.13	
1982	3401	36912		1110	11.28	
1983	3305	37196		1110	12.21	
1984	3342	37704		1110	14.10	
1985	3248	38840		1110	17.82	
1986	3344	39286		1110	18.42	3.29
1987	3409	39713		1110	21.60	3.72
1988	3358	40622		1110	24.92	5.87
1989	3546	41170		1110	28.61	6.97
1990	3536	43150		1110	30.79	7.65
1991	3384	44199		1110	33.38	8.12
1992	3486	45049		1105	34.32	8.46
1993	3456	46487		1105	38.40	7.04
1994	3350	47704	81	1104	45.23	12.45
1995	3382	49707	230	1104	46.93	12.18
1996	3426	50907	294	1104	51.41	14.98
1997	3428	55016	416	1104	60.35	19.41
1998	3461	57172	465	1104	68.09	22.01
1999	3354	60330	465	1104	76.59	29.93
2000	3354	64453	505	1104	84.73	34.93
2001	3319	69041	1077	1587	92.46	39.24
2002	3347	71741	1231	1587	105.82	50.41
2003	3410	73831	1418	1208	119.75	57.20
2004	3752	75718	1759	1381	130.97	64.10
2005	4000	79506	2678	1439	206.01	132.16
2006	3988	236351	3439	1439	252.94	169.91
2007	3989	238676	4556	1439	292.69	209.22
2008	3989	240645	4841	1439	338.44	248.77
2009	3898	242314	4861	1439	404.53	305.49
2010	4224	245089	5016	1439	484.89	377.32
2011	4203	247587	5196	1439	582.14	463.08
2012	4822	249649	5830	1439	645.92	529.67

注：2006年起，公路里程包括村道(16-9同)。
a)Length of ways include county ways since 2006(the same as 16-9).

16–5 历年旅客和货物运输量

Passenger and Freight Traffic Over the years

年份 Year	客运量（万人）Passenger Traffic (10000 persons)	#铁路 Railway	#公路 Highway	#水运 Waterway	货运量（万吨）Freight Traffic (10000 tons)	#铁路 Railway	#公路 Highway	#水运 Waterway
1978	11145	4319	6781	45	18176	6722	11321	133
1979	12784	4513	8218	53	17533	6693	10728	112
1980	15092	4860	10151	81	17047	6758	10183	106
1981	17559	4752	12724	83	16403	6614	9705	84
1982	20129	4680	15373	76	19847	6934	12794	119
1983	23050	5060	17907	82	21579	7142	14308	129
1984	25985	5474	20412	97	23908	7456	16296	155
1985	36576	5723	30729	121	35642	8101	27340	201
1986	43590	5659	37822	105	36436	8420	27799	217
1987	46140	5524	40510	100	39539	8632	30670	237
1988	54667	6073	48421	168	38357	8772	29282	303
1989	52328	5476	46634	211	38245	9089	28811	345
1990	53567	4429	48977	150	38111	9038	28818	255
1991	53846	4223	49494	119	39923	9193	30486	244
1992	58096	4271	53703	106	44018	9343	34404	271
1993	61285	4602	56511	146	47347	9811	37182	354
1994	62686	4563	57996	81	50988	9974	40428	395
1995	61964	4288	57522	82	53582	10373	42692	324
1996	66490	3818	62464	129	55920	10594	44800	382
1997	69863	3843	65786	152	56113	9996	45542	433
1998	74182	4133	69917	55	58150	9416	48250	342
1999	78009	4366	73493	76	59218	9657	49208	352
2000	83912	4727	79017	91	60678	10172	50133	372
2001	85412	4980	80259	95	65191	11196	53596	398
2002	90334	5085	85078	86	68397	12148	55743	505
2003	81323	4864	76301	63	69689	12925	56100	663
2004	91013	5695	85016	84	73796	14732	58147	915
2005	98099	5842	91920	97	78827	14806	62684	1334
2006	108060	6313	101345	105	86608	15190	69898	1516
2007	122557	6585	115460	160	101410	16010	83537	1858
2008	(139290)	7476	(131291)	(167)	(116889)	16226	(98433)	(2226)
	130436	7476	122414	190	138392	16226	118198	3964
2009	144666	7724	136278	206	169643	13856	151343	4439
2010	167804	8399	158630	255	202470	14224	183291	4950
2011	193882	8952	184213	268	240965	14312	220122	6527
2012	208094	9628	197785	250	272240	12779	251772	7685

注：2008年客货运输量为公路水路运输量专项调查数据，括号内为原口径数据。

a)Data on passenger and freight Volume in 2008 are calculated on basis of Highway and waterway traffic special investigation,and data in the brakfets are original data.

16-6 历年旅客和货物周转量

Passenger-Kilometers and Freight Ton-Kilometers over the Years

年份 Year	旅客周转量(亿人公里) Passenger-Kilometers (100 million passenger-km)	#铁路 Railways	#公路 Highways	#水运 Waterways	货物周转量(亿吨公里) Freight Ton-Kilometers (100 million ton-km)	#铁路 Railways	#公路 Highways	#水运 Waterways
1949	6.46	6.45	0.01		16.53	16.00	0.21	0.32
1952	15.62	15.26	0.36		39.12	36.56	0.88	1.68
1957	33.23	30.85	2.33	0.05	112.68	106.68	3.13	2.87
1962	90.02	82.01	7.98	0.03	131.21	125.02	4.08	2.11
1965	46.46	37.79	8.65	0.02	227.88	219.56	6.07	2.25
1970	80.54	64.74	15.66	0.14	332.55	322.03	8.74	1.78
1975	105.23	82.18	22.90	0.15	390.77	372.64	16.29	1.84
1978	123.22	92.62	30.47	0.13	508.41	484.79	21.57	2.05
1979	140.25	105.73	34.37	0.15	529.00	507.56	19.77	1.67
1980	163.98	122.40	41.35	0.23	547.65	525.31	21.01	1.33
1981	176.99	126.76	49.98	0.25	563.45	537.75	24.45	1.25
1982	195.70	135.60	59.87	0.23	617.77	578.55	37.41	1.81
1983	226.31	155.09	70.96	0.26	674.22	624.37	47.86	1.99
1984	253.11	171.10	81.71	0.30	702.70	643.53	55.88	3.29
1985	323.50	209.77	113.36	0.37	838.22	728.25	105.72	4.25
1986	358.20	228.54	129.34	0.32	881.90	777.12	99.73	5.05
1987	400.06	249.01	150.75	0.30	1020.81	880.94	133.83	6.04
1988	484.77	290.16	194.24	0.37	1079.26	932.37	139.64	7.25
1989	488.56	280.00	208.16	0.40	1157.63	1007.00	142.70	7.93
1990	423.46	229.90	193.10	0.46	1169.44	1001.79	160.66	6.99
1991	459.53	249.52	209.64	0.37	1199.31	1022.17	170.03	7.11
1992	511.40	275.46	235.56	0.38	1302.34	1085.18	209.03	8.13
1993	538.45	295.85	242.15	0.45	1337.03	1099.61	227.37	10.05
1994	566.29	305.35	260.74	0.20	1432.97	1164.43	258.41	9.60
1995	573.85	304.66	262.11	0.24	1538.82	1233.74	295.18	9.32
1996	584.25	285.72	289.65	0.35	1603.52	1263.13	326.16	10.26
1997	620.28	296.80	314.26	0.38	1547.18	1179.62	352.74	10.92
1998	640.16	310.79	320.93	0.21	1452.74	1083.35	355.48	9.93
1999	689.89	339.15	342.56	0.30	1432.08	1058.12	363.56	10.29
2000	740.98	378.80	353.78	0.30	1476.51	1101.74	363.94	10.69
2001	779.93	401.77	369.41	0.32	1573.28	1185.36	375.78	12.01
2002	820.83	421.00	390.00	0.27	1649.22	1234.77	398.87	15.43
2003	822.92	462.10	350.02	0.19	1891.73	1463.20	405.20	23.22
2004	963.09	542.00	395.40	0.45	2107.26	1650.00	422.02	34.93
2005	1000.70	535.43	437.84	0.53	2282.60	1759.77	467.00	55.49
2006	1113.77	586.88	492.72	0.55	2415.89	1810.80	538.76	65.85
2007	1264.10	620.68	601.81	0.78	2729.30	1962.93	681.85	83.95
2008	(1444.29)	667.32	(734.96)	(0.81)	(2969.81)	1985.84	(848.22)	(114.67)
	1517.33		808.32	0.49	5215.84		2995.15	213.77
2009	1645.18	675.48	914.80	0.52	6146.09	1955.36	3927.08	263.05
2010	1840.64	747.20	1031.18	0.60	7141.82	1980.23	4860.63	300.28
2011	2033.68	766.45	1211.28	0.65	8471.07	2120.10	5949.04	401.32
2012	2144.50	779.57	1309.58	0.60	9436.42	2088.97	6863.01	483.90

注：2008年客货运输周转量为公路水路运输量专项调查数据，括号内为原口径数据。
a)Data on passenger and freight Volume in 2008 are calculated on basis of Highway and waterway traffic special investigation,and data in the brakfets are original data.

16–7 铁路、公路、内河通车通航里程(年底数)
Length of Railways, Highways and Navigable Inland Waterways (Year-end)

单位：公里 (km)

指 标	Item	2000	2005	2010	2011	2012
铁　路	**Length of Railways**	**3354**	**4000**	**4224**	**4203**	**4822**
#电气化	Electrified Railways		1309	2109	2109	2125
中央铁路	National Railways	2043	2788	3395	3395	4014
地方铁路	Local Railways	1311	1212	829	808	808
公　路	**Length of Highways**	**64453**	**79506**	**245089**	**247587**	**249649**
#高级、次高级路面	Senior and Second-senior	46917	63474	165944	177170	194406
#高速公路	Expressways	505	2678	5016	5196	5830
内　河	**Length of Navigable Inland Waterways**	**1104**	**1439**	**1439**	**1439**	**1439**

注：铁路通车里程为正线里程；铁路电气化里程为郑州铁路局全局数据。
a)Length of railways refers to trunk lines.Length of electrified railways refers to data of Zhengzhou Railway Administration.

16–8 交通运输工具拥有量(年底数)
Possession of Means of Transportation (Year-end)

指 标	Item	2000	2005	2010	2011	2012
铁路	**Railways**					
国家铁路	National Railways					
内燃机车(台)	Diesel Locomotives(unit)	951	446	297	275	243
电力机车(台)	Electric Locomotives(unit)	981	570	837	1164	1197
客车(辆)	Passenger Coaches(unit)	4981	1860	2400	2537	2640
地方铁路	Number of Locomotives					
内燃机车(台)	Diesel Locomotives(unit)	85	106	64	62	62
客车(辆)	Passenger Coaches(unit)	80	60	14	14	14
货车(辆)	Freight Cars(unit)	1476	1219	622	618	618
公路	**Highways**					
载货汽车(辆)	Ordinary Trucks(unit)	363723	491669	907504	1063482	1096066
#重型	Heabvy	212965	136946	307187	366933	369890
中型	Middle			144914	152553	107159
轻型	Light	150758	199410	443372	534239	612605
载客汽车(辆)	Buses and Cars(unit)	456068	988796	3049045	3901964	4674939
#大型	Large	32771	46187	61940	68992	61380
中型	Middle			80896	83864	50484
小型	Small	423297	672144	2660344	3489935	4298652
内河	**Inland Rivers**					
机动船(艘)	Motor Vessels (unit)	3314	4687	4916	4855	5001
驳船(艘)	Barges (unit)	418	431	127	133	120

注：国家铁路为郑州铁路局数据。由于郑州铁路局调整，2005年以后的数据与以前年份不可比。
a)Data on national railways are calculated by ZhengZhou Railways Administration. Because of The Change of ZhengZhou Railways Administration, data since 2005 could not be Compared with former Years.

16-9 各市公路线路里程(2012年底)

单位：公里

市(县) City(County)	总计 Total	等级公路 Expressway and Class Ⅰ to Ⅳ Highway	高速 Expressway	一级 First Class	二级 Second Class	三级 Third Class	四级 Four Class
全 省 Total	**249649**	**194406**	**5830**	**986**	**24956**	**19537**	**143096**
省 辖 市 City							
郑 州 市 Zhengzhou	12695	11407	475	163	1758	1642	7369
开 封 市 Kaifeng	8838	6952	302	7	1113	312	5218
洛 阳 市 Luoyang	18331	13400	501	8	1680	2033	9178
平 顶 山 市 Pingdingshan	13467	12679	392	99	1716	1048	9424
安 阳 市 Anyang	11808	9908	266	14	1440	1135	7052
鹤 壁 市 Hebi	4460	4255	75	18	499	317	3346
新 乡 市 Xinxiang	13061	10426	270	83	2030	812	7232
焦 作 市 Jiaozuo	7365	6241	187	56	1618	880	3500
濮 阳 市 Puyang	6452	5950	140	87	860	529	4334
许 昌 市 Xuchang	9287	7011	260	109	1183	660	4799
漯 河 市 Luohe	5250	4138	126		564	408	3041
三 门 峡 市 Sanmenxia	9512	7354	257	24	744	964	5365
南 阳 市 Nanyang	38002	28527	642	81	2701	2842	22261
商 丘 市 Shangqiu	23052	16063	416	98	1613	1364	12570
信 阳 市 Xinyang	24691	18254	550	20	1696	1751	14236
周 口 市 Zhoukou	21828	16538	436	31	1572	1224	13275
驻 马 店 市 Zhumadian	19265	13343	437	61	1683	1145	10016
济 源 市 Jiyuan	2285	1959	96	27	487	470	879
省 直 管 县 Province Administrating County							
巩 义 市 Gongyi	2147	1895	55	6	173	404	1257
兰 考 县 Lankao	1667	1379	49	7	135	84	1103
汝 州 市 Ruzhou	2578	2420	65		400	169	1786
滑 县 Huaxian	3521	2867	56		426	74	2311
长 垣 县 Changyuan	1999	1398	26		276	131	965
邓 州 市 Dengzhou	4128	3026	28	18	307	163	2510
永 城 市 Yongcheng	3237	2264	100		277	264	1623
固 始 县 Gushi	2889	2794	24		244	259	2267
鹿 邑 县 Luyi	3026	1873	48	16	183	198	1428
新 蔡 县 Xincai	2095	1284	71		179	13	1021

Length of Highways by City (End of 2012)

等外公路 Highway Below Class Ⅳ	有铺装路面里程 paved Highway	沥青混凝土 Bitumen	水泥混凝土 concrete	简易铺装路面里程 Simply Paved Highway	未铺装路面里程 Unpaved Highway
55244	**132655**	**38932**	**93723**	**48178**	**68816**
1288	8962	3374	5588	2422	1311
1886	6123	4887	1235	829	1886
4931	11935	2390	9545	384	6011
788	9978	1480	8498	46	3444
1900	8138	1762	6376	962	2708
205	2432	579	1853	1237	790
2634	6854	2222	4632	3569	2637
1124	4712	931	3781	1491	1163
502	3916	1533	2383	2007	530
2276	3600	1164	2436	3337	2350
1111	2275	466	1809	1875	1100
2158	6599	1651	4948	264	2649
9475	21799	4263	17535	3080	13123
6989	5114	2691	2423	10957	6980
6438	12453	2047	10406	2558	9680
5290	6658	3388	3271	9702	5468
5923	9593	3424	6169	3042	6631
325	1515	681	833	416	354
252	1733	330	1403	162	252
289	1374	1229	145	5	289
158	1814	222	1592		764
654	2485	508	1977	382	654
601	844	267	577	554	601
1103	2108	383	1725	674	1347
973	1203	300	903	1048	986
95	1020	324	696	1068	801
1153	875	562	313	989	1162
811	783	460	324	499	813

16-10 各种民用车辆拥有量(2012年底)

Possession of Civil Vehicles (End of 2012)

单位：辆 (unit)

指　标	Item	总计 Total	营运 Commerial	非营运 Non-commerial	#进口 Imports	#私人 Private-owned	#新注册 Newly-registered	报废 Abandoned
合　计	**Total**	**15518961**	**1507544**	**10133556**	**122613**	**10117223**	**1368024**	**181954**
汽车	Vehicles	6459239	1247709	5211530	122350	5296737	1070108	112137
载客汽车	Passenger Service Vehicles	4674939	153262	4521677	121300	4000846	873722	26318
大型	Big-size	61380	46889	14491	389	3725	9410	7946
中型	Medium-size	50484	21527	28957	1185	17273	3428	9872
小型	Small-size	4298652	83517	4215135	118200	3747246	852686	7500
微型	mini	264423	1329	263094	1526	232602	8198	1000
#轿车	Saloon Cars	2703618	79930	2623688	49932	2357992	535548	5520
载货汽车	Freight vehicle	1096066	758404	337662	599	658290	166252	45351
重型	Heavy Duty	369890	358913	10977	316	100332	52916	23001
中型	Medium-Duty	107159	99441	7718	28	65638	5952	17766
轻型	Light-Duty	612605	298237	314368	254	486998	107296	4079
微型	Mini	6412	1813	4599	1	5322	88	505
#普通载货	Cargo Vehicle	489143	237756	251387	259	385794	86631	27257
其他汽车	Others	688234	336043	352191	451	637601	30134	40468
#三轮	Tricycle	455913	203031	252882	7	451440	18656	39062
低速货车	Low-speed truck	185208	124843	60365	3	167255	7169	753
电车	Buses	124	91	33		1		2
摩托车	Motorcycle	5015830	97023	4918807	224	4802012	280913	63251
普通	Standard	4963605	96972	4866633	224	4755065	280094	58161
轻便	Light	52225	51	52174		46947	819	5090
拖拉机	Tractors	3877861						
#大中型	Large and Medium	338501						
小型	Small	2366349						
挂车	Combination Vehicle	165820	162708	3112	39	18446	16992	6563
其他类型车	Others	87	13	74		27	11	1

注：1.拖拉机数据来源于农机管理局，其他数据来源于公安厅。

2.全省"营运"、"非营运"、"进口"、"私人"、"新注册"和"报废"车辆分类中不包括"拖拉机"分类数据。

a) Data of Tractor was calculated from the Administration of agricultural machinery,data of cars and other vehicles was calculated from Provincial public security department.

b) In addition to the total, other index data in Penn column does not include the tractor.

16-11 各市民用车辆拥有量(2012年底)

Possession of Civil Vehicles by City (End of 2012)

单位：辆 (unit)

市 City	民用汽车 Civil Vehicles	载客汽车 Buses and Cars	#大型 Large	#轿车 Sedan	载货汽车 Ordinary Trucks	#重型 Heavy	#普通载货 Ordinary Trucks
全 省 Total	**6459239**	**4674939**	**61380**	**2703618**	**1096066**	**369890**	**489143**
省 辖 市 City							
郑 州 市 Zhengzhou	1427306	1211860	17158	751105	150840	46217	54814
开 封 市 Kaifeng	253582	173304	2170	91311	37851	9288	21966
洛 阳 市 Luoyang	514154	384066	5465	216990	90123	24773	47215
平 顶 山 市 Pingdingshan	300813	225015	3248	121983	48205	14128	23329
安 阳 市 Anyang	376126	276675	2419	161208	47961	18718	20798
鹤 壁 市 Hebi	108018	83433	1303	46371	16038	5155	8071
新 乡 市 Xinxiang	406789	319128	3313	184023	63787	17247	36137
焦 作 市 Jiaozuo	263922	191532	2132	113185	51420	28355	15501
濮 阳 市 Puyang	322531	231799	2207	134878	58640	18801	28269
许 昌 市 Xuchang	296478	221306	2147	121379	51337	15075	21421
漯 河 市 Luohe	135348	92746	912	54385	26410	9853	10808
三 门 峡 市 Sanmenxia	177538	137127	1242	77544	27246	6690	13231
南 阳 市 Nanyang	402753	249367	4412	138294	81726	29951	39360
商 丘 市 Shangqiu	440736	201269	3913	98274	139449	77457	45037
信 阳 市 Xinyang	234379	154444	2033	81090	44565	7553	25779
周 口 市 Zhoukou	415742	277979	3833	166491	90934	24315	43325
驻 马 店 市 Zhumadian	267541	149356	2546	84579	56391	10951	28147
济 源 市 Jiyuan	82889	62534	546	41483	12548	5308	5799

市 City	其他汽车 Other	#新注册 Newly-registered	摩托车 Motors	挂车 Trailer	拖拉机 Tractors	机动车驾驶员(万人) Number of Motor Drivers (10 000 Person)	#汽车 Automobile Drivers
全 省 Total	**688234**	**1070108**	**5015830**	**165820**	**3877861**	**1528**	**1250**
省 辖 市 City							
郑 州 市 Zhengzhou	64606	270922	371485	10624	129794	231	224
开 封 市 Kaifeng	42427	43161	110792	3616	241068	61	57
洛 阳 市 Luoyang	39965	84696	398007	7276	196315	115	100
平 顶 山 市 Pingdingshan	27593	44595	234117	7022	122048	72	58
安 阳 市 Anyang	51490	52038	173012	11636	141502	80	67
鹤 壁 市 Hebi	8547	18913	66121	2053	84618	25	23
新 乡 市 Xinxiang	23874	72128	145885	6428	192084	87	77
焦 作 市 Jiaozuo	20970	43170	190441	19662	64911	62	53
濮 阳 市 Puyang	32092	41761	156206	8021	98944	67	62
许 昌 市 Xuchang	23835	51652	296846	4468	62367	69	57
漯 河 市 Luohe	16192	23299	124284	4570	96305	34	30
三 门 峡 市 Sanmenxia	13165	26250	196590	2940	47245	43	33
南 阳 市 Nanyang	71660	72216	191656	16652	908662	100	83
商 丘 市 Shangqiu	100018	58850	450482	42614	257261	126	96
信 阳 市 Xinyang	35370	43148	366703	3200	207195	91	60
周 口 市 Zhoukou	46829	70545	937983	9454	394146	156	98
驻 马 店 市 Zhumadian	61794	39121	550877	2974	612138	92	56
济 源 市 Jiyuan	7807	13635	54339	2605	21258	17	16

16-12 各市私人车辆拥有量(2012年底)

Possession of Private Vehicles by City (End of 2012)

单位：辆 (unit)

市 City	民用汽车 Civil Vehicles	载客汽车 Buses and Cars	载货汽车 Ordinary Trucks	其他汽车 Other Special Vehicles	摩托车 Motors	#普通 Bicycle Motor
全省 Total	**5296737**	**4000846**	**658290**	**637601**	**4802012**	**4755065**
省辖市 City						
郑州市 Zhengzhou	1203452	1062171	82998	58283	368015	364957
开封市 Kaifeng	217847	152187	25122	40538	110278	104886
洛阳市 Luoyang	413741	321146	55437	37158	395150	390511
平顶山市 Pingdingshan	243652	187970	30836	24846	215646	212526
安阳市 Anyang	318833	240568	28359	49906	171815	167951
鹤壁市 Hebi	91801	70860	12715	8226	64051	62368
新乡市 Xinxiang	346722	283647	43879	19196	143549	142162
焦作市 Jiaozuo	204676	165287	20634	18755	90777	89828
濮阳市 Puyang	279251	209616	39583	30052	155695	153967
许昌市 Xuchang	226269	172634	31814	21821	253463	252742
漯河市 Luohe	107143	79551	13386	14206	105255	104607
三门峡市 Sanmenxia	147736	117664	18110	11962	190142	186033
南阳市 Nanyang	346647	222479	54108	70060	190884	188800
商丘市 Shangqiu	335870	171281	70641	93948	446468	444685
信阳市 Xinyang	191112	130536	30557	30019	364088	362737
周口市 Zhoukou	323795	235631	47096	41068	934656	927703
驻马店市 Zhumadian	228259	121932	46066	60261	548049	545363
济源市 Jiyuan	69931	55686	6949	7296	54031	53239

16-13 客货运量及周转量

Passenger and Freight Traffic, Turnover Volume

指 标	Item	2005	2010	2011	2012
运输量	**Traffic Volume**				
客运量(万人)	Passenger Traffic(10 000 persons)	98099	167804	193882	208094
铁路	Railways	5842	8399	8952	9628
国家铁路	National Railways	5758	8392	8948	9628
地方铁路	Local Railways	84	7	4	
公路	Highways	91920	158630	184213	197785
水运	Waterways	97	255	268	250
货运量(万吨)	Freight Traffic(10 000 tons)	78827	202470	240965	272240
#铁路	Railways	14806	14224	14312	12779
国家铁路	National Railways	12697	13292	13292	11772
地方铁路	Local Railways	2109	931	1020	1007
公路	Highways	62684	183291	220122	251772
水运	Waterways	1334	4950	6527	7685
周转量	**Turnover Volume**				
旅客周转量(百万人公里)	Passenger-Kilometers (million person-km)	100070	184064	203368	214450
铁路	Railways	53543	74720	76645	77957
国家铁路	National Railways	53468	74715	76643	77957
地方铁路	Local Railways	75	5	3	
公路	Highways	43784	103118	121128	130958
水运	Waterways	53	60	65	60
货物周转量(百万吨公里)	Freight Ton-Kilometers (million ton-km)	228260	714182	847107	943642
铁路	Railways	175977	198023	212010	208897
国家铁路	National Railways	173606	197118	210941	207904
地方铁路	Local Railways	2371	905	1069	992
公路	Highways	46700	486063	594904	686301
水运	Waterways	5549	30028	40132	48390

注：2009年3月起国家铁路运输量包含漯阜公司，地方铁路数据不包括漯阜公司。

a) Data of LuoFu company was adjusted from local railways to national railways since March 2009.

16-14 各市公路客货运输量(2012年)

Passenger and Freight Traffic of Highway by City (2012)

市(县)	City(County)	客运量 (万人) Passenger Traffic (10 000 persons)	旅客周转量 (亿人公里) Passenger-Kilometers (100 million person-km)	货运量 (万吨) Freight Traffic (10 000 tons)	货物周转量 (亿吨公里) Freight Ton-Kilometers (100 million ton-km)
全　　省	**Total**	**197785**	**1309.58**	**251772**	**6863.01**
省 辖 市	**City**				
郑 州 市	Zhengzhou	31876	174.05	23566	414.15
开 封 市	Kaifeng	7907	70.12	8508	165.99
洛 阳 市	Luoyang	17401	134.90	18847	416.35
平顶山市	Pingdingshan	10398	47.26	16638	228.01
安 阳 市	Anyang	8979	51.59	22587	926.02
鹤 壁 市	Hebi	7430	17.37	6749	165.61
新 乡 市	Xinxiang	6850	27.95	10914	265.36
焦 作 市	Jiaozuo	4668	26.16	19047	909.83
濮 阳 市	Puyang	5333	37.37	4489	126.43
许 昌 市	Xuchang	6821	43.74	21451	464.16
漯 河 市	Luohe	4331	42.94	4906	74.05
三门峡市	Sanmenxia	4841	23.85	4541	92.68
南 阳 市	Nanyang	21928	164.82	20260	504.81
商 丘 市	Shangqiu	14504	97.02	23953	837.14
信 阳 市	Xinyang	12617	81.24	8007	166.71
周 口 市	Zhoukou	11781	151.83	12468	562.30
驻马店市	Zhumadian	17206	109.87	20550	498.30
济 源 市	Jiyuan	2914	7.52	4291	45.09
省直管县	**Province Administrating County**				
巩 义 市	Gongyi	1725	8.18	3035	55.90
兰 考 县	Lankao	404	3.45	925	17.99
汝 州 市	Ruzhou	2088	6.99	1160	15.83
滑 县	Huaxian	2067	10.81	1189	11.91
长 垣 县	Changyuan	942	4.76	415	10.98
邓 州 市	Dengzhou	2241	18.41	1458	25.27
永 城 市	Yongcheng	6518	19.63	7519	233.53
固 始 县	Gushi	2141	13.13	1251	25.29
鹿 邑 县	Luyi	1166	14.93	1047	47.20
新 蔡 县	Xincai	903	5.95	1029	24.59

16-15 铁路主要站客货发送量(2012年)

Number of Passengers and Volume of Freight Dispatched from Principal Railway Stations (2012)

车站名称	Name	旅客发送量(万人) Number of Passengers Dispatched (10 000 persons)	车站名称	Name	货物发送量(万吨) Volume of Freight Dispatched (10 000 tons)
郑　　州	Zhengzhou	3289.50	圃 田 西	Western putian	154.04
巩　　义	Gongyi	107.58	郑 州 北	Northern zhengzhou	76.60
开　　封	Kaifeng	295.87	新　　密	Xinmi	269.68
兰　　考	Lankao	117.75	上　　街	Shangjie	162.22
洛　　阳	Luoyang	596.39	新　　郑	Xinzheng	238.10
洛阳龙门	Luoyang Longmen	184.20	开　　封	Kaifeng	64.13
偃　　师	Yanshi	57.77	洛 阳 东	Eastern luoyang	93.81
安　　阳	Anyang	350.15	巩　　义	Gongyi	74.19
新　　乡	Xinxiang	445.40	平顶山西	Western pingdingshan	177.07
焦　　作	Jiaozuo	72.20	安　　阳	Anyang	64.97
许　　昌	Xuchang	200.25	鹤 壁 北	Northern hebi	302.05
三 门 峡	Sanmenxia	102.86	新　　乡	Xinxiang	82.58
三门峡南	Southern sanmenxia	90.88	焦 作 北	Northern jiaozuo	137.10
灵　　宝	Lingbao	81.87	许　　昌	Xuchang	91.96
南　　阳	Nanyang	270.21	三 门 峡	Sanmenxia	178.59
商　　丘	Shangqiu	594.04	三门峡西	Western sanmenxia	90.63
商 丘 南	Southern shangqiu	64.10	南　　阳	Nanyang	51.26
民　　权	Minquan	131.14	商　　丘	Shangqiu	98.10
			商 丘 北	Northern shangqiu	28.54
			济　　源	Jiyuan	180.86

注：本表为郑州铁路局辖区内主要站数据。

a)Stations in this table are main Principal in popedom of zhengzhou Railways Administration.

16-16 铁路、公路分货类运输量(2012年)

Freight Traffic of Railway and Highway by Category (2012)

货 类	Type of Freight	铁路 Railways 运输量(万吨) Traffic Volume (10 000 tons)	铁路 Railways 货物周转量(万吨公里) Freight Ton-Kilometers (10 000 ton-km)
煤	Coal	24248	7491340
石油	Petroleum	1849	480324
焦炭	Coke	3390	1061929
金属矿石	Metal Ores	8779	2526784
钢铁及有色金属	Steel and Iron,	5034	1791708
非金属矿石	Nonmetal Ores	1442	421547
磷矿石	Phosphorus Ores	366	137677
矿建材料	Mineral Building Materials	677	166422
水泥	Cement	35	13435
木材	Timber	258	92762
粮食	Grain	3933	1064383
棉花	Cotton	200	86618
化肥和农药	Chemical Fertilizers and Pesticides	3146	1147906
盐	Salt	108	32446
化工品	Chemical Products	1565	589583
工业机械	Industry Machinery	151	55631
电子电气	Electronic and Electric	7	2143
金属制品	Metal Products	112	41571
农业机具	Agriculture Implements		36
鲜活易腐货物	Fresh, Live and Perishable Goods	96	29324
农副土特产品	Agriculture Products	125	43900
饮食烟草	Diet and Tobaccos	513	190141
纺织品	Textile Products	9	3751
文教用品	Cultural and Educational Products	173	65008
医药品	Medicine Products	40	12155
零担	Fragmentary Freight	1	371
集装箱	Container	3093	1309390

货 类	Type of Freight	公路 Highways 运输量(万吨) Traffic Volume (10 000 tons)	公路 Highways 货物周转量(万吨公里) Freight Ton-Kilometers (10 000 ton-km)
煤炭	Coal and coke	49501	12421643
石油	Petroleum	6115	1628234
金属矿石	Metal Ores	11492	3343443
钢铁	Steel and Iron	16429	4729396
矿建材料	Mineral Building Materials	42107	6191650
水泥	Cement	18914	3449946
木材	Timber	6698	1788376
非金属矿石	Nonmetal Ores	10973	3130550
化肥及农药	Chemical Fertilizers and Pesticides	6096	1360690
盐	Salt	3267	802802
粮食	Grain	26514	6911942
机械、设备、电器	Machinery, Equipment and Electrical Appliances	10722	5872140
化工原料及制品	Chemical Raw Materials and Chemical Finished Products	6511	2436011
有色金属	Nonferrous Metals	3660	1314650
轻工、医药产品	Light Industry and Medicine Products	11138	5524169
农林牧渔业产品	Agriculture, Forestry, Animal Husbandry and Fishery Products	11713	4868677

注：铁路为郑州铁路局全局数，公路为交通系统数。
a)Freight Traffic of railway refers to data of Zhengzhou Railways Administration, highway refers to data of transportation department.

16-17 铁路运输主要技术经济指标

Major Economic and Technical Indicators of Railway Transport

指 标	Item	2008	2009	2010	2011	2012
货运机车日产量 （万吨公里）	Average Daily Ton-kilometers of Freight					
	Locomotives (10 000 ton-kms)	128	130	133	129	121
内燃机车	Diesel Locomotives	143	141	125	34	31
电力机车	Electric Locomotives	121	124	135	134	125
货运机车平均牵引总重量 （吨）	Average Total Tonnage of Freight Locomotives (ton)	3460	3633	3667	3663	3723
内燃机车	Diesel Locomotives	3336	3539	3634	2662	2646
电力机车	Electric Locomotives	3537	3688	3674	3681	3740
客运机车日车公里 （公里）	Daily Distance per Passenger Locomotive (km)	775	819	823	858	835
货运机车日车公里 （公里）	Daily Distance per Freight Locomotive (km)	467	453	443	467	448
内燃机车万吨公里耗油（公斤）	Oil Consumption of Diesel Locomotive Per 10 000 tons.km (kg)	20.3	20.1	23.0	60.6	79.9
电力机车万吨公里耗电	Electricity Consumption of Electric					
（千瓦小时）	Locomotive Per 10 000 tons.km (kwh)	115.3	112.4	107.4	98.5	100.2
旅客列车技术速度 （公里/小时）	Technical Speed of Passenger Trains (km/hr)	87.4	85.9	85.6	87.9	86.2
旅客列车旅行速度 （公里/小时）	Traveling Speed of Passenger Trains (km/hr)	76.2	74.1	73.9	76.2	75.3
货物列车技术速度 （公里/小时）	Technical Speed of Freight Trains (km/hr)	45.9	46.4	46.5	47.3	46.2
货物列车旅行速度 （公里/小时）	Running Speed of Freight Trains (km/hr)	34.6	33.8	33.6	34.2	31.9
货物列车运行正点率 （%）	Punctuality Rate of Freight Trains in Running (%)	99.5	96.5	85.9	92.2	91.9
货物列车出发正点率 （%）	Punctuality Rate of Freight Trains at Departure (%)	98.9	95.0	88.0	92.4	92.3
旅客列车运行正点率 （%）	Punctuality Rate of Passenger Trains in Running (%)	99.9	100.0	100.0	100.0	100.0
旅客列车出发正点率 （%）	Punctuality Rate of Passenger Trains at Departure (%)	100.0	100.0	100.0	100.0	100.0
货车周转时间 （天）	Trunning Around Time of Freight Cars (day)	1.6	1.6	1.6	1.6	1.8
货车一次作业时间 （小时）	Handling Time of Freight Cars (hour)	25.3	25.5	24.5	25.7	27.0
货车中转停留时间 （小时）	Transfer Waiting Time Per Freight Car (hour)	4.3	4.4	4.2	4.4	4.8

注：本表数据来源于郑州铁路局。
a)Data in this chapter are calculated by ZhengZhou Railways Administration.

16-18 民航基本情况
Main Indicators of Civil Aviation

指 标	Item	2010	2011	2012
航线条数(条)	Number of Civil Aviation Routes(unit)	71	59	69
#国际	International Routes	2	1	2
国内	Domestic Routes	66	58	65
地区	Regional Routes	3	2	2
航线里程(公里)	Length of Civil Aviation Routs(km)	241151	188258	223578
#国际	International Routes	9706	12326	12326
国内	Domestic Routes	220063	168640	203960
地区	Regional Routes	11382	7292	7292
飞机班次(班次)	Number of Flight	38902	37076	37363
#国际	International Routes	993	763	916
国内	Domestic Routes	37909	36313	36477
民用机场数(个)	Number of Civil Airports (unit)	3	3	3
#可降737以上机型	Airports Serving Boeing 737 and above	3	3	3
民用飞机架数(架)	Number of Civil Aircraft (unit)	23	23	20
通航国家和地区(个)	Navigable Country or Region (unit)	5	3	4
#通航城市	Navigable City	2	4	4
客货吞吐量	Passenger and Cargo throughput			
旅客吞吐量(万人)	Passenger throughput (10 000persons)	918.40	1074.10	1268.87
货邮吞吐量(万吨)	Cargo throughput(10 000tons)	8.80	10.41	15.31

16-19 邮政行业基本情况及邮政水平(年底数)
Basic Conditions and Level of Post Services (Year-end)

指 标	Item	2010	2011	2012
局所网络	Offices and Network			
邮政局所(处)	Number of Post Offices(unit)	2546	2527	2531
邮路总长度(公里)	Length of Postal Routes(km)	63780	64608	63846
#汽车邮路总长度	Length of Postal Routes and Rural	54874	54267	55415
铁路邮路总长度	Delivery Routes	7545	9275	7621
农村投递线路总长度(公里)	Rural Delivery Routes(km)	193690	193183	197726
邮政业务总量(万元)	Business Volume of Post (10 000 yuan)	399342(695010)	482799	496380
函件(万件)	Number of Letters (10 000 pcs)	24704	32396	17517
包裹(万件)	Number of Parcels (10 000 pcs)	253	264	284
特快专递(万件)	Pieces of Express Mail Services (10 000 pcs)	5765(1793)	8378	12503
报刊期发数(万份)	Newspapers and Magazines Circulation (10 000 copies)	803	1062	1010
集邮业务(万枚)	Philately (10 000 units)	8158	7090	7595
邮政水平	Level of Post Services			
平均每一邮电局所服务面积(平方公里)	Average Area Served Every Post Office (sq.km)	59	66	66
平均每一邮电局所服务人口(万人)	Average People Served by Every Post Office (10 000 persons)	3.5	3.7	4.1
平均每人发函件数(件)	Average Number of Letters Mailed per Capita (piece)	2.7	3.4	1.7
平均每百人订有报刊数(份)	Average Number of Newspaper and Magazine Subscribed per 100 Persons (piece)	8.1	11.2	9.6

注：1.括号内为上个时期不变价数据。

2.2010年起，特快专递为全社会快递业务量。

a)Data of Business Volume of Post and Telecommunications in brackets is last year constant price.

b)Dato of Pieces of Express Mail Services refer to the whole society portfolio.(the same as 16-20)

16–20 历年邮政业务量

Business Volume of Post Over the Years

年份 Year	邮电业务总量 (万元) Business Volume of Post and Telecommunications (10 000 yuan)	#邮政业务总量 Business Volume of Post	函件 (万件) Number of Letters (10 000 pcs)	包裹 (万件) Number of Parcels (10 000 pcs)	特快专递 (万件) Pieces of Express Mail Services (10 000 pcs)	订销报刊期发数 (万份) Magazine Subscriptions (10 000 pcs)	集邮业务 (万枚) Stamps for Collection (10 000 units)
1949	161		1276				
1952	502		2170				
1957	1193		6165				
1962	2084		8285				
1965	2300		8295				
1970	3502		9420				
1975	4902		11505				
1978	(5450)7120		11629	273		267	
1979	7540		12783				
1980	8062		14230	299		368	
1981	8390		14823				
1982	8666		14726				
1983	9024		15144				
1984	9647		16974				
1985	11057		20304			726	
1986	11977		21055	327			
1987	14675		24020				
1988	19182		25368				
1989	22805		23345				
1990	(27872)48983		22032	442		632	
1991	59324		17335				
1992	80685		17795				
1993	122245		20260				
1994	188902		21963				
1995	302583		21958	648		509	
1996	461609		22470	648	225	547	
1997	643107		19164	489	173	1130	2295
1998	1035556		18799	489	197	929	1045
1999	1384139		19452	509	296		13581
2000	(1869359)1300586	117999	21408	499	423		13614
2001	1740235	210508	29260	492	539		12352
2002	2201977	236549	29532	482	761		10441
2003	3035707	264200	35938	486	945	880	9159
2004	4359263	282726	26470	433	1105	768	10500
2005	5565060	318093	24471	415	1163	686	8769
2006	7214687	365236	23030	405	1136	707	7038
2007	9331635	412016	21515	367	1248	759	6883
2008	11241309	470421	22147	315	1497	846	7100
2009	12968686	548800	19786	271	1788	809	6064
2010	(15068650)4861142	(695010)399342	24704	253	(1793)5765	803	8158
2011	5813626	482799	32396	264	8378	1062	7090
2012	6613588	496380	17516	283	12503	1010	7585

注：1.邮电业务总量括号内为上个时期不变价数据。

2.2010年起，特快专递为全社会快递业务量。

a)Data of Business Volume of Post and Telecommunications in brackets is last year constant price.

b)Data of pieces of express mail refer the whole social sine 2010.

16−21 各市邮政网和业务量(2012年)

Network and Business Volume of Post by City (2012)

市(县) City(County)	邮政局所(处) Number of Post Offices (unit)	邮路总长度(公里) Length of Postal Routes (km)	农村投递线路总长度(公里) Rural Delivery Routes (km)	邮政业务总量(亿元) business Volume of Post	函件(万件) Number of Letters (10 000 pcs)	包裹(万件) Number of Parcels (10 000 pcs)	特快专递(万件) EMS (10 000 pcs)	订销报刊期发数(万份) Magazine Subscriptions (10 000 pcs)	集邮业务(万枚) Stamps for Collection (10 000 units)
全 省 Total	**2531**	**63846**	**197726**	**49.64**	**17516.81**	**283.85**	**514.62**	**1010.64**	**7584.94**
省 辖 市 City									
郑 州 市 Zhengzhou	267	6570	17033	6.26	8207.49	74.13	105.35	117.60	2067.04
开 封 市 Kaifeng	112	1651	8830	2.12	277.73	11.42	20.41	42.46	461.08
洛 阳 市 Luoyang	184	4251	13474	3.17	650.93	29.84	33.92	63.11	400.74
平顶山 市 Pingdingshan	124	1795	8656	2.26	277.85	8.40	22.37	42.66	373.01
安 阳 市 Anyang	117	1634	10450	2.90	999.63	12.97	23.89	59.17	600.53
鹤 壁 市 Hebi	24	391	3192	0.46	182.33	2.69	5.31	21.95	140.73
新 乡 市 Xinxiang	151	2997	12798	3.68	1262.95	25.79	30.31	79.77	382.13
焦 作 市 Jiaozuo	114	1345	7884	1.81	726.60	9.98	16.64	43.96	671.88
濮 阳 市 Puyang	97	1255	5961	1.57	234.84	9.55	14.70	28.86	220.99
许 昌 市 Xuchang	114	1316	8296	1.87	200.84	10.16	18.11	49.85	226.73
漯 河 市 Luohe	59	972	3691	1.19	487.93	5.24	11.86	18.46	101.77
三门峡 市 Sanmenxia	79	1317	8241	1.25	740.71	7.02	10.62	28.04	171.55
南 阳 市 Nanyang	267	5356	27538	4.86	890.78	21.16	50.23	114.98	511.96
商 丘 市 Shangqiu	202	3238	15286	4.44	864.82	14.56	33.37	60.72	733.21
信 阳 市 Xinyang	215	5008	15846	2.93	234.04	11.08	40.31	49.89	43.90
周 口 市 Zhoukou	185	3164	16331	4.12	574.98	16.60	38.91	49.81	128.10
驻马店 市 Zhumadian	195	3111	12945	4.19	522.97	11.37	34.12	126.28	272.92
济 源 市 Jiyuan	25	420	1274	0.42	179.39	1.89	4.19	13.07	76.67
省直管县 Province Administrating County									
巩 义 市 Gongyi	22	260	3085	0.49	147.19	1.78	6.31	6.33	95.66
兰 考 县 Lankao	18	258	1200	0.33	18.80	1.03	3.05	5.34	65.21
汝 州 市 Ruzhou	15	308	1501	0.30	11.43	0.85	2.89	3.97	56.26
滑 县 Huaxian	26	365	2203	0.58	22.95	3.76	4.24	7.48	80.44
长 垣 县 Changyuan	21	153	2108	0.54	162.92	10.82	5.70	9.93	34.34
邓 州 市 Dengzhou	28	573	2923	0.58	17.29	1.78	6.59	15.11	16.23
永 城 市 Yongcheng	31	606	2320	0.82	14.81	0.77	6.34	4.32	177.38
固 始 县 Gushi	31	488	2650	0.42	8.17	1.37	6.58	5.55	2.38
鹿 邑 县 Luyi	21	315	1820	0.43	2.69	0.25	3.27	3.10	7.97
新 蔡 县 Xincai	21	255	1838	0.48	33.75	0.94	3.56	6.45	22.46

注：本表全省合计包括郑州邮区中心局数据。特快专递指邮政EMS。
a)Data of Total include Data of Center situation in zhengzhou postal district.EMS only refers to postal.

主要统计指标解释

交通运输、仓储和邮政业 包括铁路运输业、道路运输业、水上运输业、航空运输业、管道运输业、装卸搬运和运输代理业、仓储业、邮政业。

交通运输业 指国民经济中专门从事运送货物和旅客的社会生产部门，包括铁路、道路、水运、航空等运输部门。

仓储业 指专门从事货物仓储、货物运输中转仓储，以及以仓储为主的货物送配活动，还包括以仓储为目的的收购活动。

邮政业 包括邮政基本服务和快递服务。邮政基本服务指邮政企业提供的信件、印刷品、包裹、汇兑等邮政服务，以及国家规定的其他邮政服务；快递服务指在承诺的时限内快速完成的寄递服务。

铁路营业里程 又称营业长度（包括正式营业和临时营业里程），指办理客货运输业务的铁路正线总长度。凡是全线或部分建成双线及以上的线路，以第一线的实际长度计算；复线、站线、段管线、岔线和特殊用途线以及不计算运费的联络线都不计算营业里程。铁路营业里程是反映铁路运输业基础设施发展水平的重要指标，也是计算客货周转量、运输密度和机车车辆运用效率等指标的基础资料。

铁路电气化里程 指具备了电力机车牵引条件，并已交付运营的线路里程。

公路里程 指在一定时期内实际达到《公路工程技术标准JTG B01—2003》规定的技术等级的公路，并经公路主管部门正式验收交付使用的公路里程数。包括大、中城市的郊区公路，以及公路通过小城镇（指县城、集镇）街道的公路里程和公路桥梁长度、隧道长度、渡口的宽度以及分期修建的公路已验收交付使用的里程，不包括大中城市的街道、厂矿、林区生产用道和农业生产用道的里程。两条或多条公路共同经由同一路段，只计算一次，不得重复计算里程长度。按公路技术等级分为等级公路和等外公路，其中等级公路分为高速公路、一级公路、二级公路、三级公路和四级公路。该指标可以反映公路建设的发展规模，也是计算运输网密度等指标的基础资料。

内河航道里程 指在一定时期内，能通航运输船舶及排筏的天然河流、湖泊水库、运河及通航渠道的长度。包括全年季节性通航累计三个月以上的航道，不包括仅供零散流放竹、木排的河道。两省以河为界的航道里程，双方均按一半计算，以免重复。该指标可以反映内河水运网的规模、水平和发展情况。

民用航空航线里程 指统计期间内全部民用航空航线的航线总长度。航线长度指民用航空航线的计费距离。计算航线里程可按重复和不重复两种方法，前者是指各航线长度相加的总和；后者则要扣除各航线之间相同航段重复计算的部分。

货（客）运量 指在一定时期内，各种运输工具实际运送的货物（旅客）数量。它是反映运输业为国民经济和人民生活服务的数量指标，也是制定和检查运输生产计划、研究运输发展规模和速度的重要指标。货运按吨计算，客运按人计算。货物不论运输距离长短、货物类别，均按实际重量统计。旅客不论行程远近或票价多少，均按一人一次客运量统计；半价票、小孩票也按一人统计。

货物（旅客）周转量 指在一定时期内，由各种运输工具运送的货物（旅客）数量与其相应运输距离的乘积之总和。它是反映运输业生产总成果的重要指标，也是编制和检查运输生产计划，计算运输效率、劳动生产率以及核算运输单位成本的主要基础资料。计算货物周转量通常按发出站与到达站之间的最短距离，也就是计费距离计算。计算公式为：

货物（旅客）周转量 = Σ货物（旅客）运输量 × 运输距离

民用汽车拥有量 指报告期末，在公安交通管理部门按照《机动车注册登记工作规范》，已注册登记领有民用车辆牌照的全部汽车数量。汽车拥有量统计的主要分类：根据汽车结构分为载客汽车、载货汽车以及其他汽车；根据汽车所有者的不同分为个人（私人）汽车、单位汽车；根据汽车的使用性质分为营运汽车、非营运汽车和特种汽车；根据汽车大小规格不同载客汽车分为大型、中型、小型和微型，载客汽车分为重型、中型、轻型和微型。

Explanatory Notes on Main Statistical Indicators

Transportation, storage and the postal service including transportation, railway transportation, urban public transportation roads, water transportation, air transportation, pipeline transportation, loading and unloading handling and other transport services, ware-housing, postal service.

Transportation industry refers to the social production department in national economy for Carrying goods and passengers, including the rail, road, water transportation, aviation and transportation department.

Storage service refers to the logistics distribution activities for Storage, transport transshipment of goods, Mainly includes grain storage and other agricultural products such as cotton storage.

Postal service including postal basic service and express service. Postal basic services refers to the letters, prints, package, remittances, postal services from postal enterprises, and the provisions of other national postal services; Express service refers to the done quickly delivery service in promise time.

Length of Railways in Operation refers to the total length of the trunk line under passenger and freight transportation (including both full operation and temporary operation). The calculation is based on the actual length of the first line even if this line has a full or partial double track or more tracks, excluding double tracks, station sidings, tracks under the charge of stations, branch lines, special-purpose lines and the non-payable connecting lines. The length of railways in operation is an important indicator to show the development of the infrastructure for the railway transport, and also the essential data to calculate volume of passenger freight transport, traffic density and utilization efficiency of the locomotives and carriages.

Length of Electrified Railways refers to the length of the section of railways in operation in which the power supply lines and other equipment are installed for the running of electrified locomotives. The proportion of the length of electrified railways to the total length of railways in operation is an important indicator to show the modernization of railways.

Length of Highways refers to the length of highways which are built in conformity with the grades specified by the highway engineering standard formulated by the Ministry of Communications, and have been formally checked and accepted by the departments of highways and put into use. The length of highways includes that of the suburb highways at large and medium-sized cities, highways passing through streets at small cities and towns, and also the length of bridges and ferries. It does not include the length of streets in big and medium-sized cities and highways built for the production purpose at factories, mines, forest areas and agricultural areas. If two or more highways go the same section of the way, the length of the section is only calculated for once and no duplication is allowed. The length of highways is an important indicator to show the development of the highway construction and to provide essential information to calculate the transport network density.

Length of Navigable Inland Waterways an indicator reflecting the size and development of inland water network, it refers to the length of the natural rivers, lakes, reservoirs, canals, and ditches open to navigation during a given period, which enables the transport by ships and rafts. It includes the channels open to navigation for over an accumulative 3 months in a year, yet this does not include the river courses which are only used to float odd logs and bamboo rafts.

Length of Civil Aviation Routes refers to the length of all routes for civil aviation flights, which is used to account the freight, during the period of statistics.. There are usually two ways to calculate the route length: duplicated calculation and non-duplicated calculateion, the former is the sum of length of all civil aviation routes, and the latter should deduct the duplication length of same route among all routes.

Freight (Passenger) Traffic refers to the volume of freight (passenger) transported with various means. Freight transport is calculated in tons and passenger traffic is calculated in the number of persons. Despite the type of freight and travelling distance, the freight transport is calculated in the actual weight of the goods: and despite the travelling distance and ticket price, the passenger traffic is calculated by the principle that one person can be counted only once in one travel. The passenger who travel with a half price ticket or a child ticket is also calculated as one person. The freight (passenger) traffic provides a quantitative measure to show how the transport industry serves the national economy and people, and is also an important indicator for planning the transport industry and for studying the development scale and speed of the transport industry.

Freight Ton-kilometers (Passenger-kilometers) refer to the sum of the products of the volume of transported cargo (passengers) multiplying by the transport distance, usually using ton-kilometer and passenger-kilometer as units for measurement. Normally, the shortest distance between the departure station and the destination station (i.e., the payable distance) is the basis to calculate the freight ton-kilometers. This is an important indicator to show the total results of the transport industry, to prepare and examine the transport plan and to measure the efficiency, the labour productivity and the unit cost of transport.

The formula is as follows:

Freight Ton-kilometers (Passenger-kilometers) =∑{Freight (Passenger) Traffic x Distance of Transportation}

Measuring unit: ton-kilometer (person-kilometer)

Possession of civil Motor Vehicles refer to the total numbers of vehicles that are registered and received vehicles' license tags according to the Work Standard for Motor Vehicles Registration formulated by transport management office under department of public security at the end of reference period. They are divided into following categories according to the structure of motor vehicles: passenger vehicles, trucks and others; and private vehicles and vehicles for units use according to ownerships; working vehicles, non-working vehicles and special motor vehicles according to kind of usage; large passenger vehicles; medium passenger vehicles and small passenger vehicles, heavy trucks, light-heavy trucks and light trucks according to sizes of vehicles.

信息传输、软件和信息技术服务业

Information Transmission, Software and Information technology Services

● 资料整理：刘文太　赵翠清

简要说明

一、主要内容

本篇包括信息传输、软件和信息技术服务业企业、行政事业单位、社会团体及其他法人单位的单位数、从业人数、主要财务指标以及通信业情况。

二、资料来源

信息传输、软件和信息技术服务业单位数、从业人数、财务指标根据全省服务业统计调查资料取得，由省统计局组织各部门和各地区统计调查；通信业数据由省通信管理局提供，由省地方经济社会调查队服务业调查处编辑整理。

Brief Introduction

I. Main Contents

Data in the chapter mainly include: unit, employment, and main financial indicators of Information transfer, Software and Information technology Services enterprises, Administrative institution, social organizations and others, and basic condition of telecommunication services.

II. Sources of Data

Data on Number of Institutional Unit, Employed Persons and Main Financial Indicators of Information transfer, Software and Information technology Services enterprises are calculated from Statistical investigation by Henan provincial bureau of statistics. Data on Telecommunication industry are calculated from Henan Provincial Communication administration.Data in this chapter are provided by Henan provincial survey organizations of social and economy.

17-1 信息传输、软件和信息技术服务业法人单位数和从业人员数

Number of Information transfer, software and Information technology services Institutional Unit and Employed Persons

年份(Year)	合计 Total	企业 Enterprise	行政事业 Administrative institution	社会团体及其他 Social organizations and others
单位数(个)Number of Institutional Unit(unit)				
2008	4602	4512	82	8
2009	4789	4698	82	9
2010	4999	4907	81	11
2011	5242	5146	84	12
2012	2429	2338	91	
从业人数(万人)Employed Persons(10 000 persons)				
2008	8.83	8.55	0.26	0.01
2009	10.73	10.43	0.29	0.01
2010	11.23	10.91	0.31	0.01
2011	12.81	12.44	0.36	0.01
2012	11.10	10.70	0.40	

注：从2012年起，国民经济行业分类标准调整，将网吧调整到文化、体育和娱乐业(下同)。
a)Since 2012, Internet cafes adjusted to the culture, sports and entertainment industry.(the same as the following table)

17-2 分行业信息传输、软件和信息技术服务业法人单位财务指标(2012年)

Main Financial Indicators of Information transfer, software and Information technology services Institutional Unit by Sector (2012)

单位：万元 (10 000 yuan)

指 标	Item	信息传输、软件和信息技术服务业 Information transfer, software and Information technology services	电信、广播电视和卫星传输服务 Telecom,Radio,television and Satellite transmission service	互联网和相关服务 Internet and related services	软件和信息技术服务业 Software and information services
单位数(个)	Number of units (unit)	2429	329	367	1733
从业人数(万人)	Employed Persons (10 000 Persons)	11.10	7.98	0.93	2.19
固定资产原价	Fixed Asset Price	12066689	11867819	56381	142488
收入合计	Total Income	5241241	4834204	102697	304340
成本费用合计	Total Cost	2655659	2409260	70212	176186
职工薪酬	Employee compensation	468488	362490	18576	87423
税费合计	Tax	193531	162117	4794	26620
营业利润	Operating Profit	1033224	982503	23473	27248

17-3 各市信息传输、软件和信息技术服务业法人单位财务指标(2012年)

Main Financial Indicators of Information transfer, software and Information technology services Institutional Unit by City (2012)

单位：万元 (10 000 yuan)

市(县) City(County)	单位数(个) Number of units (unit)	从业人数(万人) Employed Persons (10 000 Persons)	固定资产原价 Fixed Asset Price	收入合计 Total Income	成本费用合计 Total Expenses	职工薪酬 Employee compensation	税费合计 Tax and Expenses	营业利润 Operating Profit
全 省 Total	**2429**	**11.10**	**12066689**	**5241241**	**2655659**	**468488**	**193531**	**1033224**
省 辖 市 City								
郑 州 市 Zhengzhou	1441	3.48	3120108	1373136	758282	191047	60713	155469
开 封 市 Kaifeng	45	0.59	849909	267579	165844	19097	9322	35689
洛 阳 市 Luoyang	210	0.84	1036590	412445	205360	24012	14251	87632
平 顶 山 市 Pingdingshan	48	0.39	558557	231747	105592	18027	8097	53513
安 阳 市 Anyang	56	0.63	332642	209287	84950	14476	6638	63479
鹤 壁 市 Hebi	13	0.09	143944	76328	40984	5991	2615	8851
新 乡 市 Xinxiang	76	0.48	733303	319579	149480	23936	10502	88238
焦 作 市 Jiaozuo	39	0.26	478330	197400	102539	13332	6631	42554
濮 阳 市 Puyang	48	0.29	390795	173240	83290	11158	6002	35096
许 昌 市 Xuchang	84	0.45	458610	221725	116350	17259	10632	40839
漯 河 市 Luohe	19	0.07	103437	83666	34138	2046	2634	25389
三 门 峡 市 Sanmenxia	52	0.21	361913	127197	69910	10616	4291	18707
南 阳 市 Nanyang	75	1.23	940048	410728	188136	33790	13349	93782
商 丘 市 Shangqiu	48	0.42	648442	293433	138419	27165	9581	77929
信 阳 市 Xinyang	33	0.71	674299	261012	134173	24773	8708	52284
周 口 市 Zhoukou	34	0.47	639742	282967	133543	17791	9381	75699
驻 马 店 市 Zhumadian	102	0.40	512656	258856	126147	11407	8750	66326
济 源 市 Jiyuan	6	0.08	83364	40916	18521	2564	1434	11748
省 直 管 县 Province Administrating County								
巩 义 市 Gongyi	7	0.01	2068	339	357	225	9	84
兰 考 县 Lankao	7	0.05	3474	4054	2388	979	245	2616
汝 州 市 Ruzhou	2	0.00	79	17	10	6	8	33
滑 县 Huaxian	5	0.11	41285	9614	489	3453	351	577
长 垣 县 Changyuan	4	0.00	877	296	68	16	19	45
邓 州 市 Dengzhou	2	0.04	1209	703	421	348	29	173
永 城 市 Yongcheng	1	0.00	311	158	186	97	3	-20
固 始 县 Gushi	2	0.00	84	27	8	12	13	106
鹿 邑 县 Luyi	1	0.01	120	320	274	106	215	3
新 蔡 县 Xincai	4	0.01	2746	1226	910	102	123	955

17-4 邮电通信行业基本情况

Basic Conditions of Post and Telecommunications

年份 Year	邮电业务总量(万元) Business Volume of Post and Telecommunications (10 000 yuan)	#电信业务总量 Business Volume of Telecommunications	固定电话用户(万户) Subscribers of Local Telephone (10 000 subscribers)	移动电话用户(万户) Subscribers of Mobile Telephone (10 000 subscribers)	本地电话局用交换机容量(万门) Capacity of Local Telephone Exchanges (10 000 line)	长途光缆线路长度(公里) Length of Optical Cable Lines (km)	电话普及率(含移动)(部/百人) Popularization Rate of Telephone (sets/100 persons)	国际互联网用户(万户) Number of Subscribers of Internet Services (10 000 subscribers)
1978	(5450)7120		12.05		21.15		0.17	
1979	7540		12.40		22.01		0.17	
1980	8062		12.96		22.58		0.18	
1981	8390		13.12		22.92		0.18	
1982	8666		13.37		23.77		0.18	
1983	9024		13.25		24.45		0.17	
1984	9647		14.33		25.23		0.19	
1985	11057		15.67		26.91		0.20	
1986	11977		16.75		27.39		0.21	
1987	14675		14.00		29.47		0.17	
1988	19182		16.10		32.50		0.20	
1989	22805		18.92		35.31		0.23	
1990	(27872)48983		22.76		40.79		0.27	
1991	59324		27.31		54.45		0.31	
1992	80685		36.65		66.04		0.42	
1993	122245		55.70		103.31		0.63	
1994	188902		89.31		171.76		0.99	
1995	302583		135.74		238.36		1.50	
1996	461609		205.71	23.87	349.34		2.51	
1997	643107		292.55	48.02	479.17		3.70	
1998	1035556	968796	442.76	118.64	723.20		6.05	
1999	1384139	1294702	773.51	173.04	837.21		8.68	
2000	(1869359) 1300586	(1751360) 1120819	912.10	310.30	969.87		12.95	67.52
2001	1740235	1529727	1096.09	503.03	1049.71	18029	16.79	185.66
2002	2201977	1965428	1180.31	531.00	1095.47	20658	17.86	208.42
2003	3035707	2771507	1370.86	1072.57	1159.70	26650	25.72	245.81
2004	4359263	4076537	1625.03	1392.31	1296.62	32644	31.14	269.17
2005	5565060	5246967	1863.48	1814.81	1349.56	33093	37.90	274.28
2006	7214687	6849451	2027.50	2351.20	1376.00	33536	44.90	326.87
2007	9331635	8919619	1940.47	2914.54	2548.50	34927	49.50	403.26
2008	11241309	10770888	1562.44	3498.89	2382.21	35718	51.20	494.38
2009	12968686	12419886	1463.89	4016.84	2304.06	36127	55.10	625.49
2010	(15068650)4861142	(14373640)4461800	1432.00	4449.72	1996.00	36446	59.00	3043.42
2011	5813626	5330826	1340.39	5061.69	1855.45	30519	68.07	3857.20
2012	6613588	6117559	1288.90	5787.70	1804.26	30271	75.38	5098.00

注：1.邮电业务总量2010年以来为2010年不变价，2000-2009年按2000年不变价格计算，1990-1999年按1990年不变价格计算，1978-1989年按1980年不变价格计算。括号内为上个时期不变价数据。
2.2007年起，局用交换机容量包含接入网设备容量。
3.2010年起，国际互联网用户含手机上网用户。

a)The business volume of post and telecommunications services since 2000 are calculated at 2000 constant prices.1990~1999 are calculated at 1990constant prices.1978~1989 are calculated at 1980 constant prices.Data in bracket are calculated at last period constant prices .
b) Data on capacity of local telephone exchanges include network equipment since 2007.
c)Data on Subscribers of Internet Services include Mobile Internet since 2010.

17−5 通信行业基本情况及通信水平(年底数)

Basic Conditions and Level of Post Services (Year-end)

指　标	Item	2010	2011	2012
通信网络	**Network of Telecommunication**			
电信业务总量(万元)	Business Volume of Telecommunication Services (10 000 yuan)	14373640	5330826	6117559
长途电话业务电路(2M)	Long-distance Call Lines(2M line)	347108	415566	5127076
固定长途电话通话时长(万分钟)	Time of Long-distance Calls (10 000 minutes)	294412	245630	218564
移动电话用户期末数(万户)	Number of Mobile Telephones Subscribers at Year-end (10 000 subscribers)	4450	5062	5788
固定电话用户(万户)	Number of Local Telephone Subscribers of at Year-end (10 000 subscribers)	1432	1340	1289
#城市	Number of Urban Telephone Subscribers	937	850	794
住宅电话用户(万户)	Number of Residential Telephone Subscribers (10 000 subscribers)	1120.60	1026.26	808.20
#城市	Number of Urban Telephone Subscribers	936.81	611.68	389.25
公用电话(万户)	Number of Public Telephone (10 000 Subscribers)	141.54	139.91	125.10
国际互联网用户(万户)	Number of Subscribers of Internet Service (10 000 Subscribers)	3043.42	3857.22	5098.00
电信主要通信能力	**Major Capacity of Telecommunication Services**			
固定长途电话交换机容量(路端)	Capacity of Long-distance Call Exchanges(unit)	1507479	1510861	1511800
局用电话交换机容量(万门)	Capacity of Office switching Telephone Machine(10 000 units)	1996	1855	1804
移动电话交换机容量(万户)	Capacity of Mobile Telephone Exchanges(10 000 subscribers)	7948	8428	8550
长途电信线路	**Long Distance Telephone Lines**			
长途光缆线路长度(公里)	Length of Optical Cable Lines(km)	36446	30519	30271
通信水平	**Level of Telecommunication**			
固定电话普及率(部/百人)	Popularization Rate of Telephone (sets/100 persons)	14.4	14.3	13.7
移动电话普及率(部/百人)	Popularization Rate of Mobile Telephone (sets/100 persons)	44.6	53.8	61.5
平均每千人拥有公用电话数(部)	Per 1 000 Persons Public Telephone(set)	14.2	14.9	13.3
已通固定电话的乡(镇)比重(%)	Percentage of Townships with Telephone(%)	100	100	100
移动电话(GSM)网络覆盖县(市)	Number of County(city) Covered by GSM (unit)	109	109	109
移动电话(CDMA)网络覆盖县(市)	Number of County(city) Covered by CDMA (unit)	109	109	109
移动电话漫游国家和地区(个)	Number of country (Territory) Roamed through Mobile Telephone(unit)	237	237	237
数据通信网覆盖地(市)	Number of Region(city) Covered by Data Traffic (unit)	18	18	18

注：从2012年起，长途电话业务电路包含固定电话网、移动电话网和各类数据通信网内为疏通长话业务开放使用的长途电路。
a)since 2012,Long-distance Call Lines include Local Telephone,Mobile Telephones and other Communication network.

17–6 各市电信网和业务量(2012年)

市 City	固定长途电话交换机容量(路端) Capacity of Long-distance Telephone Exchanges (unit)	局用电话交换机容量(万门) Capacity of Office Telephone Exchanges (10 000 lines)	移动电话交换机容量(万户) Capacity of Mobile Telephone Exchanges (10 000 subscribers)	电信业务总量(亿元) Business Volume of Telecommunications (100 million yuan)	固定长途电话通话时长(万分钟) Time of Long-distance Calls (10 000 minutes)
全省 Total	**1511800**	**1804**	**8550**	**611.76**	**218564**
省辖市 City					
郑州市 Zhengzhou	792394	309	2039	120.43	46117
开封市 Kaifeng	54460	77	300	25.85	9231
洛阳市 Luoyang	66880	191	812	51.24	21168
平顶山市 Pingdingshan	54180	84	308	30.15	9467
安阳市 Anyang	39320	74	367	36.00	13581
鹤壁市 Hebi	17500	37	92	10.40	4884
新乡市 Xinxiang	44410	154	603	42.21	19119
焦作市 Jiaozuo	27790	87	324	26.47	9248
濮阳市 Puyang	32370	67	240	22.58	6292
许昌市 Xuchang	39290	84	391	26.58	8989
漯河市 Luohe	30350	57	150	16.12	5103
三门峡市 Sanmenxia	26656	60	218	15.47	5149
南阳市 Nanyang	65850	141	622	43.66	15368
商丘市 Shangqiu	44030	104	518	39.07	12762
信阳市 Xinyang	58700	84	400	30.47	11009
周口市 Zhoukou	59260	84	747	37.90	10768
驻马店市 Zhumadian	58400	89	375	31.11	8210
济源市 Jiyuan		21	46	4.99	2099

Network of Telecommunications and Business Volume by City (2012)

移动电话通话时长(万分钟) Time of Mobiles (10 000 minutes)	移动电话用户(万户) Number of Mobile Telephones Subscribers (10 000 subscribers)	移动短信业务量(亿条) Mobile SMS business (100 million piece)	固定电话用户(万户) Number of Local Telephone Subscribers at Year-end (10 000 subscribers)	#城市电话用户 Number of Urban Telephone Subscribers	住宅电话用户(万户) Number of Household Telephone Subscribers (10 000 subscribers)	公用电话(万户) Number of Public Telephone (10 000 subscribers)	国际互联网用户(万户) Number of Subscribers of Internet Services (10 000 subscribers)
28775680	**5787.70**	**313.47**	**1288.90**	**794.00**	**808.20**	**125.10**	**5098**
5345737	982.40	72.09	246.60	196.40	129.10	26.10	917
1213746	246.50	12.68	55.90	35.50	32.90	7.20	226
2332914	465.60	25.65	125.60	83.40	78.90	8.00	402
1485019	294.10	14.29	55.90	39.50	31.10	6.10	256
1656115	342.00	17.42	85.90	45.20	60.40	6.10	308
460401	101.00	4.76	29.00	17.50	18.70	4.70	94
1877039	384.40	21.93	116.20	56.80	74.90	11.30	367
1274717	246.80	14.08	56.00	33.80	37.50	6.00	227
1121440	222.70	11.09	36.70	23.00	25.40	2.50	192
1238713	265.90	13.91	54.70	29.10	36.80	4.50	236
681349	143.40	6.65	28.70	18.70	16.70	4.30	128
753259	150.00	7.83	30.50	22.60	18.20	2.60	130
2281325	479.10	22.45	94.20	42.30	57.60	14.50	388
1986348	404.10	17.43	76.20	43.90	50.10	5.60	333
1366039	295.80	16.43	68.00	39.10	50.80	4.70	258
1891437	387.50	17.34	63.40	31.80	46.50	5.50	320
1539824	323.70	15.07	51.90	28.30	34.30	4.70	271
270259	52.70	2.38	13.50	7.10	8.30	0.70	45

主要统计指标解释

信息传输、软件和信息技术服务业 包括电信、广播电视和卫星传输服务、互联网和相关服务、软件和信息技术服务。

电信 指利用有线、无线的电磁系统或者光电系统，传送、发射或者接受语音、文字、数据图像以及其他任何形式信息的活动。主要包括固定电信服务、移动电信服务和其他电信服务。

移动电话用户 指通过移动电话交换机进入移动电话网、占用移动电话号码的电话用户。用户数量以报告期末在移动电话营业部门实际办理登记手续进入移动电话网的户数进行计算，一部移动电话统计为一户。

互联网上网人数 指平均每周使用互联网至少 1 小时的 6 周岁以上中国公民人数。

固定电话用户 指在电信运营企业营业网点办理开户登记手续并已接入固定电话网上的全部电话用户。包括普通电话用户、公用电话用户、窄带综合业务数字网（N—ISDN）用户、智能网专用接入终端用户等。按行政区划分为城市电话用户和农村电话用户。

城市电话用户 指直辖市、省辖市、地级市、县级市的市区、市郊区及县城(包括县人民政府所在地的县城关区或行政建制相当于县人民政府所在地的镇)范围内接入局用交换机的电话用户数，包括分布在农村地区的独立工矿区、林区、驻军等接入局用交换机的电话用户数。

农村电话用户 指县城关区以下的集镇和农村接入局用交换机的电话用户数。

住宅电话用户 指安装在居民住宅或农民家里并按照住宅电话用户登记注册和收费的各类电话用户。包括私人付费、单位付费和按规定免费安装的住宅电话用户。

固定长途电话交换机容量 指用于接入长途电话网的电话交换机的设备额定容量，包括国际电话交换机容量。

局用交换机容量 指安装在本地电信运营商内用于接续本地固定电话的电话交换机容量，有倍增设备按倍增后的数量计数。包括现用和备用的人工或自动交换机的全部容量。

移动电话交换机容量 指移动电话交换机根据一定话务模型和交换机处理能力计算出来的最大同时服务用户的数量。

Explanatory Notes on Main Statistical Indicators

Information transfer, computer services and software including telecommunications and other information transfer services, computer services, software business.

Telecom refers to fixed telecom service, mobile telecom service and other telecommunications services.

Mobile Telephone Subscribers refer to the persons who own mobile telephone numbers and are connected with the mobile telephone communication network through the mobile telephone switchboards. The number of subscribers is calculated by the subscribers who have completed registration at mobile communication business centers and entered into the mobile telephone network. One mobile telephone is taken as a subscriber.

Internet Users refer to the number of Chinese citizens aged 6 and over who use the Internet at least for one hour each week.

Local Telephone Subscribers refer to all subscribers who have gone through registration procedures in the operation points of enterprises engaged in telecommunications and are hence connected to the local telecommunications service provider through fixed line network. Included are general subscribers, public telephones subscribers, N-ISDN subscribers and intelligent network terminal subscribers. They are also classified in terms of administrative districts as urban telephone subscribers and rural telephone subscribers according to location.

Urban Telephone Subscribers refer to the number of telephone subscribers, located at the different administrative districts of municipalities directly under the Central Government, cities under the jurisdiction of province, cities at prefecture level, downtown and suburb of city at county level town and county towns, that are connected to the public line telephone network, including rural mineral area, forest area, military area.

Rural Telephone Subscribers refer to telephone subscribers, located at the towns below the level of county town and villages, that are connected to the public line telephone network.

Household Telephone Subscribers refer to telephone sets installed in the dwelling units of urban or rural residents, and registered as residence subscribers for payment, including three types of payment for the service: private payment, public payment and free service in accordance with relevant regulations.

Capacity of Long Distance Telephone Exchanges refers to the rated capacity of telephone exchanges to connect long distance telephone network, including capacity of international telephone exchanges.

Capacity of Office Telephone Exchanges refers to the capacity (measured in gate) of telephone exchanges installed in the offices of telecommunication service providers for communication between fixed telephones. It includes the capacity of both manual and automatic exchanges in use and for stand-by purpose. The capacity of subscriber exchanges is not included.

Capacity of Mobile Telephone Exchanges refers to the capacity of the maximum services provided to subscribers at any one time as computed based on a certain model of calls distribution and transacting capacity of the mobile telephone exchanges.

批发和零售业、住宿和餐饮业
Wholesale and Retail Sale trades, Hotels and Catering Services

● 资料整理：赵清贤

简要说明

一、主要内容

本篇包括河南省商品市场状况和批发零售业、住宿餐饮业经营情况以及主要财务状况。

二、统计范围

辖区内批发零售业和住宿餐饮业企业（单位）、个体经营户、连锁经营企业和亿元商品交易市场。

社会消费品零售总额不包括农业生产资料、居民购买住房；不包括各种经济类型的制造业法人企业、产业活动单位和个体工业直接售给城乡居民（包括本企业职工）和社会集团的商品；不包括农民在田间地头出售的农产品。

限额以上批发和零售业、住宿和餐饮业企业统计限额标准：批发业，年主营业务收入2000万元及以上；零售业，年主营业务收入500万元及以上；住宿业，年主营业务收入200万元及以上；餐饮业，年主营业务收入200万元及以上。

三、资料来源

达到限额以上标准的批发和零售业、住宿和餐饮业企业、个体经营户和其他行业附营的产业活动单位经营性指标和财务指标以及连锁经营企业、亿元商品交易市场采用全面调查的方法取得资料；限额以下批发零售企业采用抽样调查方法取得资料，限额以下住宿和餐饮业企业采用全面调查方法取得资料；批发零售和住宿餐饮业个体经营户资料采用抽样调查方法取得。由省统计局贸易外经处编辑整理。

Brief Introduction

I. Main Contents

Data in this chapter main contents include the operation and financial terms conditions of the wholesale and retail trades, hotels and catering services in Henan province.

II. Scope of Statistics

Wholesale and retail, accommodation catering enterprises (units), individual, chain business enterprises and one hundred million yuan commodity trading market.

Total retail sales of consumer goods do not include means of agricultural production; purchase of housing by residents; and do not include commodities that various types of corporate enterprise, industrial activity units and individual industrial directly sale to residents and social groups; and do not include agricultural products that sold by farmers in the fields.

Criteria for wholesale and retail sale trades, hotels and catering services above designated size are as follows: wholesale trade, having main business income over 20 million yuan; retail trade, having main business income over 5 million yuan; hotels, certified hotels with star-ranking and having main business income over 2 million yuan; catering services, having main business income over 2 million yuan.

III. Sources of Data

Data on business index and financial indicators of wholesale and retail trades, hotels and catering services enterprises, individual, Industrial activity unit above designated size, Chain group, trading market above one hundred million yuan are collected through comprehensive reporting form system. Data on enterprises and individual enterprises below the designated size are collected by sample surveys. Data in this chapter are provided by the Department of Trade and External Economic Relations of the Henan provincial bureau of Statistics.

18-1 历年社会消费品零售总额

Total Retail Sale of Consumer Goods Over the Years

单位：亿元 (100 million yuan)

年份 Year	社会消费品零售总额 Total Retail Sales of Consumer Goods	#批发和零售业 Wholesale and Retail Trades	住宿和餐饮业 Hotels and Catering Serbices	城镇 Urban	乡村 Rural
绝对数(亿元)					
1978	71.79				
1980	96.04				
1985	180.59				
1990	314.31	283.78	16.42	217.06	97.25
1991	368.92	332.88	19.81	259.31	109.61
1992	470.30	427.64	27.85	334.90	135.40
1993	577.96	524.17	34.77	417.39	160.57
1994	790.17	696.31	60.37	566.34	223.83
1995	957.76	823.67	87.06	677.01	280.75
1996	1194.76	1045.79	115.26	831.69	363.07
1997	1427.53	1211.04	172.19	1009.55	417.98
1998	1565.88	1339.39	177.10	1102.45	463.43
1999	1691.20	1445.48	191.09	1189.81	501.39
2000	1869.80	1586.69	219.35	1313.92	555.88
2001	2071.93	1743.90	258.65	1458.11	613.82
2002	2292.75	1906.72	312.70	1623.97	668.78
2003	2539.33	2103.25	359.08	1809.43	729.90
2004	2938.26	2468.73	402.21	2131.42	806.84
2005	3380.88	2840.62	470.90	2479.08	901.80
2006	3932.55	3264.86	596.57	2911.99	1020.56
2007	4690.32	3830.07	779.77	3505.48	1184.84
2008	5815.44	4725.41	992.28	4375.69	1439.75
2009	6746.38	5525.51	1115.22	5085.74	1660.64
2010	8004.15	6790.78	1102.67	6618.76	1385.39
2011	9453.65	8018.88	1304.03	7821.77	1631.88
2012	10915.62	9272.24	1515.37	9021.73	1893.89
增速(%)					
1991	17.4	17.3	20.6	19.5	12.7
1992	27.5	28.5	40.6	29.2	23.5
1993	22.9	22.6	24.8	24.6	18.6
1994	36.7	32.8	73.6	35.7	39.4
1995	21.2	18.3	44.2	19.5	25.4
1996	24.7	27.0	32.4	22.8	29.3
1997	19.5	15.8	49.4	21.4	15.1
1998	9.7	10.6	2.9	9.2	10.9
1999	8.0	7.9	7.9	7.9	8.2
2000	10.6	9.8	14.8	10.4	10.9
2001	10.8	9.9	17.9	11.0	10.4
2002	10.7	9.3	20.9	11.4	9.0
2003	10.8	10.3	14.8	11.4	9.1
2004	15.7	17.4	12.0	17.8	10.5
2005	15.1	15.1	17.1	16.3	11.8
2006	16.3	14.9	26.7	17.5	13.2
2007	19.3	17.3	30.7	20.4	16.1
2008	24.0	23.4	27.3	24.8	21.5
2009	16.0	16.9	12.4	16.2	15.3
2010	19.0	18.9	19.1	19.4	16.3
2011	18.1	18.1	18.3	18.2	17.8
2012	15.7	15.6	16.2	15.6	16.1

18-2 社会消费品零售总额

Total Retail Sale of Consumer Goods

单位：亿元 (100 million yuan)

指 标	Item	2005	2006	2007	2008	2009	2010	2011	2012
社会消费品零售总额	**Total Retail Sale of Consumer Goods**	**3380.88**	**3932.56**	**4690.32**	**5815.44**	**6746.38**	**8004.15**	**9453.65**	**10915.62**
批发和零售业	Wholesale and Retail Trade	2840.62	3264.87	3830.07	4725.41	5525.51	6790.78	8018.88	9272.24
限额以上	Above Designed Size	656.07	831.90	1060.98	1340.58	1637.75	2185.37	3017.92	3626.93
限额以下	Below Designed Size	302.39	366.29	420.87	526.64	616.04	943.75	1073.32	1445.48
个体户	Outside Market	1882.17	2066.67	2348.23	2858.19	3271.72	3661.66	3927.63	4199.84
住宿和餐饮业	Accommodation and Catering Trade	470.91	596.57	779.77	992.29	1115.22	1102.67	1304.03	1515.37
限额以上	Above Designed Size	48.12	64.11	84.52	109.13	132.07	195.04	271.23	346.07
限额以下	Below Designed Size	39.37	49.70	62.62	75.51	78.77	85.09	97.14	108.79
个体户	Outside Market	383.42	482.76	632.63	807.65	904.38	822.55	935.66	1060.51
其它	Others	69.35	71.12	80.47	97.74	105.65	110.70	130.75	128.00

18-3 各市社会消费品零售总额(2012年)

Total Retail Sale of Consumer Goods by City (2012)

单位：亿元 (100 million yuan)

市(县)	City(County)	社会消费品零售总额 Total Retail Sales of Consumer Goods	城镇 Urban Area	乡村 Urual Area	批发和零售业 Wholesale and Retail Sale Trade	住宿和餐饮业 Accommodation and Catering	其他 Others
省辖市	**City**						
郑州市	Zhengzhou	2322.71	2130.92	191.79	1922.67	367.20	32.84
开封市	Kaifeng	510.33	410.27	100.06	431.82	71.67	6.84
洛阳市	Luoyang	1114.78	975.81	138.97	936.84	167.87	10.07
平顶山市	Pingdingshan	478.39	423.90	54.49	392.35	82.24	3.81
安阳市	Anyang	472.07	389.37	82.70	407.29	61.81	2.96
鹤壁市	Hebi	127.37	120.60	6.77	103.12	22.36	1.89
新乡市	Xinxiang	548.07	490.23	57.84	479.05	61.30	7.72
焦作市	Jiaozuo	439.41	352.60	86.81	368.54	68.67	2.20
濮阳市	Puyang	321.23	236.15	85.07	256.20	62.16	2.87
许昌市	Xuchang	488.85	366.45	122.40	396.72	85.66	6.47
漯河市	Luohe	299.21	241.83	57.38	248.60	45.82	4.79
三门峡市	Sanmenxia	277.08	233.05	44.03	239.05	34.16	3.87
南阳市	Nanyang	1092.08	857.89	234.19	911.31	164.67	16.09
商丘市	Shangqiu	554.65	412.57	142.08	455.12	90.96	8.56
信阳市	Xinyang	605.80	491.63	114.17	424.39	168.24	13.17
周口市	Zhoukou	673.15	543.59	129.56	535.31	128.82	9.01
驻马店市	Zhumadian	518.13	381.57	136.56	442.93	71.31	3.89
济源市	Jiyuan	95.40	92.65	2.75	75.32	18.69	1.39
省直管县	**Province Administrating County**						
巩义市	Gongyi	171.16	158.39	12.76	134.19	34.24	2.72
兰考县	Lankao	55.85	40.19	15.66	45.80	8.81	1.23
汝州市	Ruzhou	81.19	55.29	25.90	69.94	10.49	0.76
滑县	Huaxian	57.05	42.99	14.06	49.90	6.81	0.34
长垣县	Changyuan	45.70	33.98	11.72	38.96	6.06	0.68
邓州市	Dengzhou	97.22	74.02	23.20	74.87	20.99	1.36
永城市	Yongcheng	100.68	79.00	21.68	71.77	27.36	1.55
固始县	Gushi	105.17	83.87	21.30	77.69	25.26	2.23
鹿邑县	Luyi	75.22	64.61	10.61	58.39	16.69	0.15
新蔡县	Xincai	38.58	27.38	11.20	31.91	6.38	0.29

18-4 各市批发和零售业、住宿和餐饮业商品销售额(营业额)增幅(2012年)

Growth rate of Total Sales of Wholesale and Retail Sale, Hotels and Catering Services by City (2012)

单位：% (%)

市(县) City(County)	批发和零售业销售额 Wholesale and Retail Sale Trade	#限额以上 Above Designated Size	住宿和餐饮业营业额 Accommodation and Catering	#限额以上 Above Designated Size
省辖市 City				
郑州市 Zhengzhou	13.6	10.8	18.2	17.2
开封市 Kaifeng	21.8	26.8	21.3	23.3
洛阳市 Luoyang	21.0	17.1	20.6	19.9
平顶山市 Pingdingshan	17.0	8.2	22.1	14.2
安阳市 Anyang	12.6	-2.7	14.3	8.0
鹤壁市 Hebi	20.6	29.7	22.5	27.2
新乡市 Xinxiang	19.9	20.3	21.0	24.4
焦作市 Jiaozuo	23.9	14.4	23.8	11.9
濮阳市 Puyang	24.8	25.8	23.6	28.0
许昌市 Xuchang	21.4	23.1	21.7	29.4
漯河市 Luohe	22.7	25.2	23.0	28.4
三门峡市 Sanmenxia	25.2	25.7	18.4	11.5
南阳市 Nanyang	19.1	17.1	21.5	18.7
商丘市 Shangqiu	25.2	19.4	24.5	25.9
信阳市 Xinyang	24.1	18.3	23.8	27.7
周口市 Zhoukou	25.5	16.0	26.4	25.0
驻马店市 Zhumadian	20.9	22.5	20.2	25.0
济源市 Jiyuan	15.1	17.3	24.1	20.1
省直管县 Province Administrating County				
巩义市 **Gongyi**	21.3	8.4	22.0	37.4
兰考县 Lankao	23.6	27.2	23.3	24.5
汝州市 Ruzhou	21.1	71.5	21.8	28.0
滑县 Huaxian	21.5	34.4	19.7	40.1
长垣县 Changyuan	26.4	26.6	26.1	16.0
邓州市 Dengzhou	21.8	4.0	22.0	24.9
永城市 Yongcheng	22.5	20.3	27.5	25.7
固始县 Gushi	26.3	23.1	25.4	20.1
鹿邑县 Luyi	12.2	26.2	15.1	22.8
新蔡县 Xincai	20.9	27.6	18.1	33.7

18-5 按登记注册类型分批发和零售业、住宿和餐饮业基本情况

Basic Conditions of Enterprises in Wholesale and Retail Trades, Hotels and Catering Services by Types of Registration

指标	Item	2011		2012	
		单位数（个）(unit)	从业人员（人）Persons Employed (person)	单位数（个）(unit)	从业人员（人）Persons Employed (person)
批发和零售业	**Wholesale and Retail Sale trades**	**53525**	**1005190**	**53961**	**1025833**
限额以上单位	Above Designated Size	8463	483444	8899	504087
按注册登记类型	By Registration				
内资企业	Domestic-Funded Enterprises	6216	432102	6285	446897
港澳台投资企业	Enterprises With Investment from Hong Kong, Macao and Taiwan	23	8327	21	6870
外商投资企业	Enterprises With Foreign Investment	38	4009	33	4074
限额以上个体	Individual	2186	39006	2560	46246
按国民经济行业	By Sector				
批发业	Wholesale Trade	2201	148241	2312	154647
零售业	Retail trade	6262	335203	6586	349366
限额以下企业	Below Designated Size	45062	521746	45062	521746
按注册登记类型	By Registration				
内资企业	Domestic-Funded Enterprises	45000	520395	45000	520395
港澳台投资企业	Enterprises With Investment from Hong Kong, Macao and Taiwan	22	547	22	547
外商投资企业	Enterprises With Foreign Investment	40	804	40	804
按国民经济行业	By Sector				
批发业	Wholesale Trade	23320	298233	23320	298233
零售业	Retail trade	21742	223513	21742	223513
住宿和餐饮企业	**Hotels and Catering Services**	**9891**	**319851**	**9904**	**326805**
限额以上企业	Above Designated Size	5017	240497	5264	252663
按注册登记类型	By Registration				
内资企业	Domestic-Funded Enterprises	2415	162021	2395	170712
港澳台投资企业	Enterprises With Investment from Hong Kong, Macao and Taiwan	18	4526	19	5516
外商投资企业	Enterprises With Foreign Investment	18	7749	15	4002
限额以上个体	Individual	2566	66201	2835	72433
按国民经济行业	By Sector				
住宿业	Hotels Services	1339	104309	1422	111183
餐饮业	Catering Services	3678	136188	3842	141480
限额以下企业	Below Designated Size	4874	79354	4640	74142
按注册登记类型	By Registration				
内资企业	Domestic-Funded Enterprises	4868	78680	4634	73468
港澳台投资企业	Enterprises With Investment from Hong Kong, Macao and Taiwan	5	654	5	654
外商投资企业	Enterprises With Foreign Investment	1	20	1	20
按国民经济行业	By Sector				
住宿业	Hotels Services	1426	26946	1354	25250
餐饮业	Catering Services	3448	52408	3286	48892

18-6 限额以上批发和零售业法人基本情况(2012年)

Basic Conditions of Corporation in Wholesale and Retail Trades above Designated Size (2012)

指标名称	Item	法人企业(个) Corporate Enterprises (unit)	从业人员期末人数(人) Persons Employed (person)	法人属产业活动单位数(个) Establish_ments Units (unit)	#批发和零售业 Wholesale and Retail Trades
总　计	**Total**	**6368**	**454403**	**17950**	**17818**
批发业	**Wholesale Trades**	**2089**	**149567**	**5040**	**5025**
按批发行业小类分	By small kind points				
农畜产品	Animal products	231	21419	389	387
食品、饮料及烟草制品	Food, Beverages, Tobacco and Liquor	228	43496	721	719
纺织、服装及日用品	Textile Clothing, and Articles for Daily Use	109	7894	127	126
文化、体育用品及器材	Culture, sports supplies and equipment	31	2383	66	66
医药及医疗器材	Medicine and the medical equipment	133	13667	353	353
矿产品、建材及化工产品	Mineral products, building materials and chemical products	1003	44540	2970	2963
机械设备、五金交电及电子产品	Mechanical equipment, hardware and electronic products	259	11852	284	282
贸易经纪与代理	Trade brokers and agents	4	73	4	4
其他	Others	91	4243	126	125
按登记注册类型分	By Registration				
内资企业	Domestic-Funded Enterprises	2081	148622	5032	5017
港、澳、台商投资企业	Enterprises With Investment from Hong Kong, Macao and Taiwan	5	867	5	5
外商投资企业	Enterprises With Foreign Investment	3	78	3	3
按控股情况分	By Proprietarily System				
国有控股	State-holding	341	66449	2639	2632
集体控股	Collective-holding	140	14598	465	462
私人控股	Private-holding	1357	55729	1610	1605
港澳台商控股	Hong Kong, Macao and Taiwan-holding	4	813	4	4
外商控股	Foreign-holding	2	32	2	2
其他	Others	245	11946	320	320
按经营形式分	By Managing Form				
独立门店	Independent store	1668	101645	3254	3243
连锁总店(总部)	Chain head office	19	5994	960	959
连锁门店	Chain store	8	987	10	10
其他	Others	394	40941	816	813

18-6 续表 continued

指标名称	Item	法人企业 (个) Corporate Enterprises (unit)	从业人员期末人数 (人) Persons Employed (person)	法人属产业活动单位数 (个) Establish_ments Units (unit)	#批发和零售业 Wholesale and Retail Trades
零售业	**Retail Sale trades**	**4279**	**304836**	**12910**	**12793**
按零售行业小类分	By small kind points				
综合	Comprehensive	1112	143645	3650	3566
食品、饮料及烟草制品	Food, Beverages, Tobacco and Liquor	205	11879	805	792
纺织、服装及日用品	Textile Clothing, and Articles for Daily Use	284	16780	599	593
文化、体育用品及器材	Culture, sports supplies and equipment	191	13043	600	597
医药及医疗器材	Medicine and the medical equipment	211	22720	3716	3712
汽车、摩托车、燃料及零配件	Automobile, motorcycle, fuel and spare parts	1282	62286	2260	2258
家用电器及电子产品	Household appliances and electronic	618	22780	866	863
五金、家具及室内装修材料	Hardware, furniture and indoor decoration materials	236	7901	265	263
无店铺及其他	Non-store and Others	140	3802	149	149
按登记注册类型分	By Registration				
内资企业	Domestic-Funded Enterprises	4244	295424	12834	12717
港、澳、台商投资企业	Enterprises With Investment from	14	5990	49	49
	Hong Kong, Macao and Taiwan	21	3422	27	27
外商投资企业	Enterprises With Foreign Investment				
按控股情况分	By Proprietarily System	443	43669	4019	3972
国有控股	State-holding	483	30575	2406	2363
集体控股	Collective-holding	2931	187286	5456	5437
私人控股	Private-holding				
港澳台商控股	Hong Kong, Macao and Taiwan-holding	11	5881	28	28
外商控股	Foreign-holding	20	3349	26	26
其他	Others	391	34076	975	967
按经营形式分	By Managing Form				
独立门店	Independent store	3789	215265	8849	8753
连锁总店(总部)	Chain head office	140	59813	2710	2700
连锁门店	Chain store	75	9030	166	166
其他	Others	275	20728	1185	1174
按零售业态分	By Retail Formats				
有店铺零售	Store Retailing	4269	304552	12900	12783
无店铺零售	Non-store Retailing	10	284	10	10

18-7 限额以上住宿和餐饮业法人基本情况(2012年)

Basic Conditions of Corporation in Hotels and Catering Services above Designated Size (2012)

指标名称	Item	法人企业(个) Corporate Enterprises (unit)	从业人员期末人数(人) Persons Employed (person)	法人属产业活动单位数(个) Establish_ments Units (unit)	#批发和零售业 Wholesale and Retail Trades
总　计	**Total**	**2368**	**174853**	**2666**	**2622**
住宿业	**Hotels**	**994**	**98294**	**1121**	**1080**
按住宿行业小类分	By small kind points				
旅游饭店	Tourist hotel	578	73183	637	622
一般旅馆	General hotel	386	23225	454	428
其他住宿服务	Others	30	1886	30	30
按登记注册类型分	By Registration				
内资企业	Domestic-Funded Enterprises	973	93068	1100	1059
国有企业	State-owned	165	23204	223	199
集体企业	Collective-owned	56	4271	61	60
股份合作企业	Cooperative	11	792	14	14
联营企业	Joint Ownership	2	87	2	2
有限责任公司	Limited Liability Corporations	229	28181	265	255
股份有限公司	Share-holding Corporation Ltd	46	4937	49	48
私营企业	Private	425	28810	447	442
其他企业	Other	39	2786	39	39
港、澳、台商投资企业	Enterprises With Investment from Hong Kong, Macao and Taiwan	14	4290	14	14
外商投资企业	Enterprises With Foreign Investment	7	936	7	7
按控股情况分	By Proprietarily System				
国有控股	State-holding	185	28168	249	225
集体控股	Collective-holding	77	6168	84	83
私人控股	Private-holding	608	48360	638	632
港澳台商控股	Hong Kong, Macao and Taiwan-holding	11	3595	11	11
外商控股	Foreign-holding	7	746	7	7
其他	Others	106	11257	132	122
按经营形式分	By Managing Form				
独立门店	Independent store	936	93710	1019	994
连锁总店(总部)	Chain head office	5	666	17	17
连锁门店	Chain store	13	912	14	14
其他	Others	40	3006	71	55
按星级分	By Star Points				
五星	Five-star	29	10076	29	29
四星	Four-star	101	19897	113	108
三星	Three-star	222	26233	254	245
二星	Two-star	115	7973	127	124
一星	One-star	6	275	6	6
其他	Others	521	33840	592	568

18-7 续表 continued

指标名称	Item	法人企业（个） Corporate Enterprises (unit)	从业人员期末人数（人） Persons Employed (person)	法人属产业活动单位数（个） Establish_ments Units (unit)	#批发和零售业 Wholesale and Retail Trades
餐饮业	**Catering Services**	**1374**	**76559**	**1545**	**1542**
按餐饮行业小类分	By small kind points				
正餐服务	Dinner	1256	69491	1351	1348
快餐服务	Snack	88	5803	160	160
饮料及冷饮服务	Drinks and cold drinks	3	47	3	3
其他餐饮服务	Others	27	1218	31	31
按登记注册类型分	By Registration				
内资企业	Domestic-Funded Enterprises	1363	72354	1463	1460
国有企业	State-owned	28	1117	37	36
集体企业	Collective-owned	23	1035	32	31
股份合作企业	Cooperative	5	255	5	5
联营企业	Joint Ownership	3	199	3	3
有限责任公司	Limited Liability Corporations	247	20804	272	272
股份有限公司	Share-holding Corporation Ltd	40	2119	40	40
私营企业	Private	951	43810	1008	1007
其他企业	Other	66	3015	66	66
港、澳、台商投资企业	Enterprises With Investment from Hong Kong, Macao and Taiwan	5	1226	31	31
外商投资企业	Enterprises With Foreign Investment	6	2979	51	51
按控股情况分	By Proprietarily System				
国有控股	State-holding	33	1772	42	41
集体控股	Collective-holding	36	1948	47	46
私人控股	Private-holding	1201	63292	1269	1268
港澳台商控股	Hong Kong, Macao and Taiwan-holding	5	1226	31	31
外商控股	Foreign-holding	7	3027	52	52
其他	Others	92	5294	104	104
按经营形式分	By Managing Form				
独立门店	Independent store	1263	67857	1315	1312
连锁总店(总部)	Chain head office	29	5188	144	144
连锁门店	Chain store	38	1846	41	41
其他	Others	44	1668	45	45

18-8 各市批发和零售、住宿和餐饮业法人企业单位数(2012年)

Number of Corporation in Wholesale and Retail Sale, Hotels and Catering Services by City (2012)

单位：个 (unit)

市(县)	City(County)	批发业 Wholesale Trade	#限额以上 Above Designated Size	零售业 Retail Sale	#限额以上 Above Designated Size	住宿业 Accommodation	#限额以上 Above Designated Size	餐饮业 Catering Trade	#限额以上 Above Designated Size
省辖市	**City**								
郑州市	Zhengzhou	8135	648	5573	678	329	184	406	198
开封市	Kaifeng	1253	82	1626	280	159	46	500	138
洛阳市	Luoyang	2316	229	1799	367	210	109	175	79
平顶山市	Pingdingshan	1390	95	1295	278	198	92	397	98
安阳市	Anyang	1634	112	1357	165	99	27	188	53
鹤壁市	Hebi	208	27	311	94	33	17	61	30
新乡市	Xinxiang	1503	137	1617	218	98	46	227	73
焦作市	Jiaozuo	964	72	937	186	69	37	81	28
濮阳市	Puyang	436	47	745	145	38	14	160	23
许昌市	Xuchang	1420	105	1300	212	126	47	357	68
漯河市	Luohe	356	42	644	125	46	24	96	48
三门峡市	Sanmenxia	720	46	1373	173	101	35	113	37
南阳市	Nanyang	1488	156	2100	414	329	95	756	148
商丘市	Shangqiu	644	50	876	159	54	22	117	45
信阳市	Xinyang	656	52	1160	217	135	57	369	105
周口市	Zhoukou	770	63	739	203	133	70	177	102
驻马店市	Zhumadian	1150	99	2401	327	166	61	444	96
济源市	Jiyuan	350	27	105	38	17	11	6	5
省直管县	**Province Administrating County**								
巩义市	Gongyi	192	15	149	31	22	8	24	12
兰考县	Lankao	226	17	332	66	23	5	93	17
汝州市	Ruzhou	177	19	200	55	25	4	19	2
滑县	Huaxian	115	19	125	23	8	2	11	3
长垣县	Changyuan	44	6	122	26	8	2	21	19
邓州市	Dengzhou	71	7	156	44	14	3	17	7
永城市	Yongcheng	48	2	73	20	4	3	7	5
固始县	Gushi	116	6	194	39	13	7	42	23
鹿邑县	Luyi	57	5	18	8	7	6	10	6
新蔡县	Xincai	217	10	506	42	16	2	84	10

18-9 各市批发和零售、住宿和餐饮业法人企业从业人员(2012年)

Number of Persons Employed in Wholesale and Retail Sale, Hotels and Catering Services by City (2012)

单位：个 (unit)

市(县) City(County)	批发业 Wholesale Trade	#限额以上 Above Designated Size	零售业 Retail Sale	#限额以上 Above Designated Size	住宿业 Accommodation	#限额以上 Above Designated Size	餐饮业 Catering Trade	#限额以上 Above Designated Size
省 辖 市 City								
郑 州 市 Zhengzhou	105112	36851	92058	53553	31279	27747	23412	19161
开 封 市 Kaifeng	24513	5804	33611	16328	5490	3941	10189	4909
洛 阳 市 Luoyang	33148	10361	43398	30691	11923	9695	10143	7860
平 顶 山 市 Pingdingshan	23760	7214	28430	17486	9899	8248	7991	4380
安 阳 市 Anyang	25686	6323	23048	10684	4231	2930	5633	3467
鹤 壁 市 Hebi	4204	1533	7823	5511	1398	1161	1762	1126
新 乡 市 Xinxiang	25179	6653	32700	17086	4832	3965	7396	4691
焦 作 市 Jiaozuo	16345	3760	21847	12471	5337	4521	3623	2097
濮 阳 市 Puyang	9701	4320	16066	8206	1088	761	2873	1151
许 昌 市 Xuchang	22538	5692	24289	12230	6243	4942	6204	2575
漯 河 市 Luohe	8399	3820	12700	7081	1893	1498	2897	2014
三 门 峡 市 Sanmenxia	9211	2413	14497	7745	4888	3783	3228	1747
南 阳 市 Nanyang	41801	21585	42203	24671	13643	9554	13166	6477
商 丘 市 Shangqiu	18457	7547	24075	13274	3303	1896	4226	2503
信 阳 市 Xinyang	16807	5660	33313	23265	5528	4305	7739	4333
周 口 市 Zhoukou	34193	9012	31527	23064	4749	3663	5380	3533
驻 马 店 市 Zhumadian	24261	9568	42567	18379	6669	4650	9241	4213
济 源 市 Jiyuan	4617	1451	3907	3111	1145	1034	343	322
省 直 管 县 Province Administrating County								
巩 义 市 Gongyi	1501	343	2384	1263	1017	822	589	416
兰 考 县 Lankao	4284	709	5632	2182	437	166	1325	343
汝 州 市 Ruzhou	2909	623	4566	2868	760	476	398	159
滑 县 Huaxian	3711	1468	1804	892	276	170	360	230
长 垣 县 Changyuan	1037	139	3978	2759	154	90	1865	1801
邓 州 市 Dengzhou	2735	1323	5325	3975	444	304	417	280
永 城 市 Yongcheng	799	241	2904	2269	439	344	403	302
固 始 县 Gushi	1685	292	4560	3314	741	686	1080	608
鹿 邑 县 Luyi	2570	1585	628	478	388	383	164	102
新 蔡 县 Xincai	3210	602	6157	1957	349	147	1262	363

18−10 各市批发和零售、住宿和餐饮业限额以上企业(单位)单位数(2012年)

Number of Corporation in Wholesale and Retail Sale, Hotels and Catering Services Above Designated Size by City (2012)

单位：个 (unit)

市(县) City(County)	批发业 Wholesale Trade	限额以上法人 Institutional Above Designated Size	大个体 Large Individual	外行业附营产业 The additive Industry of other Sector	零售业 Retail Sale	限额以上法人 Institutional Above Designated Size	大个体 Large Individual	外行业附营产业 The additive Industry of other Sector
省辖市 City								
郑州市 Zhengzhou	685	648	34	3	1170	678	490	2
开封市 Kaifeng	83	82	1		357	280	75	2
洛阳市 Luoyang	240	229	8	3	552	367	182	3
平顶山市 Pingdingshan	102	95	7		493	278	211	4
安阳市 Anyang	116	112	3	1	237	165	70	2
鹤壁市 Hebi	34	27	2	5	127	94	32	1
新乡市 Xinxiang	139	137	1	1	334	218	116	
焦作市 Jiaozuo	75	72	2	1	266	186	80	
濮阳市 Puyang	85	47	38		384	145	233	6
许昌市 Xuchang	156	105	51		298	212	86	
漯河市 Luohe	46	42	4		165	125	40	
三门峡市 Sanmenxia	47	46		1	191	173	17	1
南阳市 Nanyang	188	156	31	1	627	414	207	6
商丘市 Shangqiu	57	50	7		242	159	83	
信阳市 Xinyang	68	52	14	2	323	217	105	1
周口市 Zhoukou	67	63	4		291	203	88	
驻马店市 Zhumadian	112	99	12	1	516	327	187	2
济源市 Jiyuan	29	27	2		44	38	6	
省直管县 Province Administrating County								
巩义市 Gongyi	16	15	1		63	31	32	
兰考县 Lankao	18	17	1		80	66	14	
汝州市 Ruzhou	23	19	4		90	55	35	
滑县 Huaxian	22	19	3		42	23	19	
长垣县 Changyuan	6	6			44	26	18	
邓州市 Dengzhou	7	7			63	44	19	
永城市 Yongcheng	2	2			20	20		
固始县 Gushi	6	6			45	39	6	
鹿邑县 Luyi	5	5			11	8	3	
新蔡县 Xincai	13	10	3		58	42	16	

18-10 续表 continued

单位：个 (unit)

市(县) City(County)	住宿业 Accommodation	限额以上法人 Institutional Above Designated Size	大个体 Large Individual	外行业附营产业 The additive Industry of other Sector	餐饮业 Catering Trade	限额以上法人 Institutional Above Designated Size	大个体 Large Individual	外行业附营产业 The additive Industry of other Sector
省辖市 City								
郑州市 Zhengzhou	262	184	69	9	786	198	587	1
开封市 Kaifeng	57	46	7	4	213	138	74	1
洛阳市 Luoyang	145	109	27	9	371	79	282	10
平顶山市 Pingdingshan	126	92	32	2	325	98	224	3
安阳市 Anyang	36	27	8	1	130	53	74	3
鹤壁市 Hebi	30	17	11	2	82	30	51	1
新乡市 Xinxiang	62	46	13	3	185	73	112	
焦作市 Jiaozuo	58	37	21		126	28	97	1
濮阳市 Puyang	39	14	22	3	140	23	112	5
许昌市 Xuchang	66	47	19		193	68	125	
漯河市 Luohe	31	24	7		119	48	71	
三门峡市 Sanmenxia	45	35	7	3	66	37	29	
南阳市 Nanyang	165	95	56	14	355	148	200	7
商丘市 Shangqiu	30	22	8		116	45	71	
信阳市 Xinyang	76	57	18	1	256	105	139	12
周口市 Zhoukou	103	70	33		210	102	108	
驻马店市 Zhumadian	89	61	26	2	159	96	61	2
济源市 Jiyuan	11	11			12	5	7	
省直管县 Province Administrating County								
巩义市 Gongyi	15	8	7		61	12	49	
兰考县 Lankao	7	5	2		25	17	8	
汝州市 Ruzhou	10	4	6		33	2	31	
滑县 Huaxian	6	2	4		19	3	16	
长垣县 Changyuan	3	2	1		28	19	9	
邓州市 Dengzhou	11	3	8		40	7	33	
永城市 Yongcheng	3	3			20	5	15	
固始县 Gushi	11	7	4		32	23	9	
鹿邑县 Luyi	6	6			10	6	4	
新蔡县 Xincai	3	2	1		14	10	4	

18-11 各市批发和零售、住宿和餐饮业限上企业(单位)从业人员(2012年)

Number of Persons Employed in Wholesale and Retail Sale, Hotels and Catering Services Above Designated Size by City (2012)

单位：人 (Person)

市(县) City(County)	批发业 Wholesale Trade	限额以上法人 Institutional Above Designated Size	大个体 Large Individual	外行业附营产业 The additive Industry of other Sector	零售业 Retail Sale	限额以上法人 Institutional Above Designated Size	大个体 Large Individual	外行业附营产业 The additive Industry of other Sector
省辖市 City								
郑州市 Zhengzhou	37506	36851	458	197	63718	53553	9999	166
开封市 Kaifeng	5821	5804	17		17370	16328	997	45
洛阳市 Luoyang	10719	10361	140	218	34217	30691	3486	40
平顶山市 Pingdingshan	7327	7214	113		21070	17486	2697	887
安阳市 Anyang	6485	6323	125	37	12247	10684	1503	60
鹤壁市 Hebi	2394	1533	51	810	6154	5511	633	10
新乡市 Xinxiang	6728	6653	12	63	20110	17086	3024	
焦作市 Jiaozuo	3854	3760	44	50	14884	12471	2413	
濮阳市 Puyang	4886	4320	566		10972	8206	2617	149
许昌市 Xuchang	6361	5692	669		13701	12230	1471	
漯河市 Luohe	3856	3820	36		7728	7081	647	
三门峡市 Sanmenxia	2441	2413		28	8148	7745	319	84
南阳市 Nanyang	21903	21585	273	45	27893	24671	3182	40
商丘市 Shangqiu	7607	7547	60		15292	13274	2018	
信阳市 Xinyang	6234	5660	142	432	25150	23265	1853	32
周口市 Zhoukou	9044	9012	32		25116	23064	2052	
驻马店市 Zhumadian	9903	9568	294	41	22136	18379	3669	88
济源市 Jiyuan	1460	1451	9		3221	3111	110	
省直管县 Province Administrating County								
巩义市 Gongyi	351	343	8		3188	1263	1925	
兰考县 Lankao	726	709	17		2550	2182	368	
汝州市 Ruzhou	682	623	59		3187	2868	319	
滑县 Huaxian	1593	1468	125		1677	892	785	
长垣县 Changyuan	139	139			3412	2759	653	
邓州市 Dengzhou	1323	1323			4314	3975	339	
永城市 Yongcheng	241	241			2269	2269		
固始县 Gushi	292	292			3472	3314	158	
鹿邑县 Luyi	1585	1585			495	478	17	
新蔡县 Xincai	769	602	167		2151	1957	194	

18−11 续表 continued

单位：人 (Person)

市(县) City(County)	住宿业 Accommodation	限额以上法人 Institutional Above Designated Size	大个体 Large Individual	外行业附营产业 The additive Industry of other Sector	餐饮业 Catering Trade	限额以上法人 Institutional Above Designated Size	大个体 Large Individual	外行业附营产业 The additive Industry of other Sector
省辖市 City								
郑州市 Zhengzhou	29845	27747	1551	547	39804	19161	20487	156
开封市 Kaifeng	4173	3941	169	63	6369	4909	1401	59
洛阳市 Luoyang	10990	9695	672	623	15173	7860	6699	614
平顶山市 Pingdingshan	9512	8248	1132	132	9079	4380	4596	103
安阳市 Anyang	3214	2930	244	40	5743	3467	1786	490
鹤壁市 Hebi	2076	1161	416	499	2260	1126	1119	15
新乡市 Xinxiang	4442	3965	241	236	7635	4691	2944	
焦作市 Jiaozuo	5069	4521	548		4548	2097	2431	20
濮阳市 Puyang	1260	761	375	124	3269	1151	2028	90
许昌市 Xuchang	5470	4942	528		5478	2575	2903	
漯河市 Luohe	1666	1498	168		3702	2014	1688	
三门峡市 Sanmenxia	4667	3783	198	686	2716	1747	969	
南阳市 Nanyang	11062	9554	1178	330	10478	6477	3959	42
商丘市 Shangqiu	2068	1896	172		4202	2503	1699	
信阳市 Xinyang	4672	4305	357	10	7429	4333	2886	210
周口市 Zhoukou	4477	3663	814		6075	3533	2542	
驻马店市 Zhumadian	5366	4650	593	123	5761	4213	1372	176
济源市 Jiyuan	1034	1034			670	322	348	
省直管县 Province Administrating County								
巩义市 Gongyi	947	822	125		2171	416	1755	
兰考县 Lankao	236	166	70		548	343	205	
汝州市 Ruzhou	650	476	174		803	159	644	
滑县 Huaxian	291	170	121		770	230	540	
长垣县 Changyuan	130	90	40		2229	1801	428	
邓州市 Dengzhou	472	304	168		813	280	533	
永城市 Yongcheng	344	344			937	302	635	
固始县 Gushi	814	686	128		851	608	243	
鹿邑县 Luyi	383	383			154	102	52	
新蔡县 Xincai	165	147	18		416	363	53	

18－12 限额以上批发和零售企业商品分类销售总额(2012年)

Total Sales of Enterprises above Designated Size of Wholesale and Retail Trade by Category of Main Commodities (2012)

单位：亿元 (100 million yuan)

指 标	Item	合计 Total	批发 Wholesale Trade	零售 Retail Trade
食品、饮料、烟酒类	Food, Beverages, Tobacco and Liquor	1616.7	1145.47	471.23
食品类	Food	604.49	327.87	276.62
#粮油类	Grain and oils	278.76	196.09	82.67
肉禽蛋类	Meat, Poultry and Eggs	103.72	50.82	52.9
水产品类	Aquatic products	8.01	2.19	5.82
蔬菜类	Vegetables	38.65	26.24	12.41
干鲜果品类	Nuts	30.68	12.43	18.25
饮料类	Beverages	92.7	16.95	75.75
烟酒类	Tobacco and Liquor	919.51	800.65	118.86
服装、鞋帽、针纺织品类	Clothing, Shoes, Hats and Textiles	420.78	65.87	354.91
服装类	Clothing	274.44	30.06	244.38
鞋帽类	Shoes and Hats	78.36	9.96	68.4
针、纺织品类	Knitwear and Textiles	67.98	25.85	42.13
化妆品类	Cosmetics	57.59	7.7	49.89
金银珠宝类	Gold, Silver and Jewelry	51.89	0.51	51.38
日用品类	Articles for Daily Use	195.46	42.74	152.72
#洗涤用品类	Washing Articles	36.01	8.49	27.52
儿童玩具类	Children Toys	7.42	0.13	7.29
五金、电料类	Hardware and Electrical Materials	64.1	20.97	43.13
体育、娱乐用品类	Sports and Recreation Articles	12.55	1.9	10.65
书报杂志类	Newspapers and Magazines	65.75	27.53	38.22

18-12 续表 continued

单位：亿元 (100 million yuan)

指标	Item	合计 Total	批发 Wholesale Trade	零售 Retail Trade
电子出版物及音像制品类	E-journal and Video Products	3.79	0.17	3.62
家用电器和音像器材类	Household Appliances and Video Appliances	489.57	213.06	276.51
中西药品类	Traditional Chinese and Western Medicines	597.76	470.01	127.75
#西药类	Western Medicines	355.52	287.06	68.46
中草药及中成药类	Traditional Chinese Medicines	62.81	37.92	24.89
文化办公用品类	Cultural and Official Goods	83.44	37.79	45.65
家具类	Furniture	79.17	1.02	78.15
通讯器材类	Communication Appliances	66.11	13.98	52.13
煤炭及制品类	Coal and Related Products	613.29	589.16	24.13
木材及制品类	Wood and Wooden Products	4.79	4.67	0.12
石油及制品类	Petroleum and Related Products	1332.07	966.64	365.43
化工材料及制品类	Raw Chemical Materials	312.16	274.45	37.71
#化肥类	Fertilizer	134.81	104.96	29.85
金属材料类	Metal Materials	882.37	881.54	0.83
建筑及装潢材料类	Building and Decoration Materials	111.89	84.64	27.25
机电产品及设备类	Mechanical and Electrical Products	242.47	202.14	40.33
#农机类	Agricultural Machinery	83.07	80.85	2.22
汽车类	Automobile	1194.74	184.62	1010.12
种子饲料类	Seed and Feedstuff	77.84	73.84	4
棉麻类	Cotton, Hemp	69.67	69.3	0.37
其他类	Others	326.49	291.37	35.12

18−13 各市限额以上批发和零售企业商品分类批发总额(2012年)

Total Wholesale Value of Enterprises above Designated Size of Wholesales and Retail Trades by City and Sort (2012)

单位：万元 (10 000 yuan)

市(县)	City(County)	食品饮料烟酒类 Food,Beverages Tobaccos and wine	日用品类 Articles for Daily Use	服装、鞋帽针纺织类 Clothing,shoes and Hats,Knitwear and Textiles	文化体育用品类 Cultural and Sports	家用电器和音像器材类 Household and Video Appliances	中西药品类 Medical Treatment Use	书报杂志类 Newspapers and Magazines
省辖市	**City**							
郑州市	Zhengzhou	1666656	218008	386094	388431	1447750	2540819	236212
开封市	Kaifeng	508772	8014	15555	772	24540	91453	2154
洛阳市	Luoyang	607414	6790	15386	281	51324	314826	
平顶山市	Pingdingshan	582562	6028	111	10	320	158838	128
安阳市	Anyang	521301	11680	11581	380	12400	134383	9439
鹤壁市	Hebi	282285	1578	33	1886	4	4059	
新乡市	Xinxiang	902455	69755	185138	2986	190904	475184	20513
焦作市	Jiaozuo	322971	300	2111	5	1066	14900	443
濮阳市	Puyang	319619	61333	32290	8059	34401	17346	5950
许昌市	Xuchang	442223	3440	24770	486	5737	97497	2874
漯河市	Luohe	521016	209	47	32	129969	34645	234
三门峡市	Sanmenxia	264839	2478	29	34	9058	52433	52
南阳市	Nanyang	1602270	19468	24028	1374	204084	346339	13136
商丘市	Shangqiu	549943	1982	692	236	1732	356914	52
信阳市	Xinyang	670885	5606	13701	35	73301	41140	4784
周口市	Zhoukou	882880	10885	16797	3802	4956	49941	6474
驻马店市	Zhumadian	527466	8129	20923	465	17628	51347	9519
济源市	Jiyuan	57514	3	28	3		28317	
省直管县	**Province Administrating County**							
巩义市	Gongyi	3285	98	286	11	548	3170	2
兰考县	Lankao	17263	11	57	101			2026
汝州市	Ruzhou	148	34	82				
滑县	Huaxian	31401	233	1835		1729	7120	4754
长垣县	Changyuan	50		31	30		5247	17
邓州市	Dengzhou	133110	458	17	1	119	519	
永城市	Yongcheng	99				53	3271	
固始县	Gushi	21842	182	669	125	767	1604	56
鹿邑县	Luyi	9144	10260	7841	3765	3737		
新蔡县	Xincai	7414	883	596		120	4622	564

18-14 各市限额以上批发和零售企业商品分类零售总额(2012年)

Retail Trades Value of Enterprises above Designated Size in Wholesales and Retail Trades by City and Sort (2012)

单位：万元 (10 000 yuan)

市(县) City(County)	食品饮料烟酒类 Food,Beverages Tobaccos and wine	日用品类 Articles for Daily Use	服装、鞋帽针纺织类 Clothing,shoes and Hats,Knitwear and Textiles	文化体育用品类 Cultural and Sports	家用电器和音像器材类 Household and Video Appliances	中西药品类 Medical Treatment Use	书报杂志类 Newspapers and Magazines
省辖市 City							
郑州市 Zhengzhou	853397	444456	1223190	230303	826009	253863	49165
开封市 Kaifeng	311162	55617	137748	20911	171254	64711	15273
洛阳市 Luoyang	390769	95936	278765	55353	206860	78829	33246
平顶山市 Pingdingshan	227803	66009	109864	34314	101408	160797	13294
安阳市 Anyang	205616	82655	83084	20508	102079	114007	13029
鹤壁市 Hebi	35005	6285	20670	902	30715	11328	6404
新乡市 Xinxiang	299766	55206	184321	2986	101387	81442	20196
焦作市 Jiaozuo	174856	57197	139725	19244	130292	54663	18122
濮阳市 Puyang	220285	90340	165124	19679	142823	12289	10316
许昌市 Xuchang	179617	36031	165050	5780	135836	22484	16386
漯河市 Luohe	286416	42745	89219	22952	77319	35473	7607
三门峡市 Sanmenxia	220185	68292	114460	10861	60108	52394	8303
南阳市 Nanyang	398240	116178	236481	33577	259970	86044	23913
商丘市 Shangqiu	145415	30887	49842	6967	43612	42131	26685
信阳市 Xinyang	345689	56820	140959	13399	103250	34584	32792
周口市 Zhoukou	399931	77043	262504	13637	111283	70948	31948
驻马店市 Zhumadian	369243	172435	199880	12884	130238	58207	31686
济源市 Jiyuan	47887	12640	26531	3232	25532	6544	2417
省直管县 Province Administrating County							
巩义市 Gongyi	26918	16952	16944	3093	12239	2590	3181
兰考县 Lankao	15671	4635	8237	4729	15154	1682	110
汝州市 Ruzhou	23446	14057	11156	402	16006	9205	2796
滑县 Huaxian	14622	3830	8932	444	9367	1141	38
长垣县 Changyuan	26239	5518	16845	2891	10842	5439	3979
邓州市 Dengzhou	26759	6865	21186	1950	15148	2607	4968
永城市 Yongcheng	25256	1967	5051	421	8417	4301	2279
固始县 Gushi	42298	3469	26294	2481	10440	5924	5300
鹿邑县 Luyi	19918	20126	6978	4530	9002	6563	3085
新蔡县 Xincai	23722	13306	16304	30	7742	4172	3029

18-15 限额以上批发和零售企业商品销售、库存(2012年)

Total Sales and Inventory of Enterprises above Designated Size in Wholesale and Retail Trades (2012)

指 标	Item	购进量 purchases	销售量 Total Sales	库存量 Inventory (year-end)
大米(稻米)(吨)	Rice(ton)	366744	367188	43649
面粉(小麦面)(吨)	Flour(ton)	925292	524704	1316022
杂粮(吨)	Food grains (ton)	1480706	1126179	698805
食用植物油(吨)	Edible Vegetable Oil (ton)	180160	184876	11266
猪肉(吨)	pork(ton)	199273	202644	3421
牛肉(吨)	Beef (ton)	3585	3582	179
羊肉(吨)	Sheep (ton)	1726	1707	84
禽肉(吨)	Poultry meat(ton)	13458	13607	256
鲜蛋(吨)	Eggs(ton)	45717	45800	4154
彩色电视机(台)	Colour Television Set (unit)	2873222	2871596	232234
家用电冰箱(台)	Refrigerator (unit)	2359114	2321763	190860
房间空调器(台)	Air conditioner	6719903	6473209	1163140
电脑(微型计算机)(台)	Personal Computer (unit)	868682	845236	149868
汽车(辆)	Motor Vehicles (unit)	1008400	977541	94618
#轿车	Car	584557	566403	61089
煤炭(吨)	Coal (ton)	69903065	69324871	2056998
汽油(吨)	Gasoline (ton)	6518516	4419964	316036
柴油(吨)	Diesel Oil (ton)	13294927	9457308	465460
钢材(吨)	Steel Products (ton)	10549355	10508610	414825
铜(吨)	Copper (ton)	219353	217726	1980
铝(吨)	Aluminum (ton)	377159	376634	2690
水泥(吨)	Cement (ton)	1898703	1736331	165431
化学肥料(吨)	Chemical Fertilizers (ton)	4643900	4599773	217392
化学农药(吨)	Chemical Pesticide (ton)	184067	179566	15130

18-16 限额以上批发和零售企业商品购销存总额(2012年)

单位：万元

指　标	Iterm	商品购进总额 purchases	#进口 Imports
总计	**Total**	**90916823**	**1868909**
批发业	**Wholesale Trades**	**60224706**	**1239062**
#国有及国有控股	State-ownedand State-holding	32768605	562840
按登记注册类型分组	By Registration status		
内资企业	Domestic Funded Enterprises	58908802	1237956
国有企业	State-owned	14820750	21677
集体企业	Collective-owned	1872633	4370
股份合作企业	Cooperative	91874	
联营企业	Joint Ownership	40562	
有限责任公司	Limited Liability Corporations	20342228	683383
股份有限公司	Share-holding Corporation Ltd	12680093	917
私营企业	Private	8468349	527609
其他企业	Other	592314	
港、澳、台商投资企业	Enterprises with Funds from Hong Kong, Macao and Taiwan	76152	
外商投资企业	Foreign Funded	191528	
个体经营	Individual	1048225	1106
按国民经济行业分组	By sector		
农、林、牧产品	Farming, forestry, animal husbandry products	3269510	417345
食品、饮料及烟草制品	Food, drinks and tobacco products	8114157	21299
纺织、服装及家庭用品	Textile, clothing and household items	3170323	95907
文化、体育用品及器材	Cultural and sports supplies and equipment	855350	33
医药及医疗器材	Pharmaceutical and medical equipment	4745622	122824
矿产品、建材及化工产品	Minerals, building materials and chemical products	35186363	548692
机械设备、五金产品及电子产品	Mechanical equipment, metal products and electronic products	3991417	27797
贸易经纪与代理	Trade brokers and agents	18327	
其他批发业	Others	873637	5166
零售业	**Retail Trades**	**30692117**	**629848**
#国有及国有控股	State-ownedand State-holding	4304210	58036
按登记注册类型分组	By Registration status		
内资企业	Domestic Funded Enterprises	26325680	596446
国有企业	State-owned	1632642	1972
集体企业	Collective-owned	1573240	3810
股份合作企业	Cooperative	160080	5658
联营企业	Joint Ownership	136751	
有限责任公司	Limited Liability Corporations	9894720	331711
股份有限公司	Share-holding Corporation Ltd	3463263	3350
私营企业	Private	9060194	249691
其他企业	Other	404792	255
港、澳、台商投资企业	Enterprises with Funds from Hong Kong, Macao and Taiwan	800095	
外商投资企业	Foreign Funded	537701	31566
个体经营	Individual	3028641	1836
按国民经济行业分组	**By sector**		
综合零售	Comprehensive retail	8209979	7038
食品、饮料及烟草制品	Food, drinks and tobacco products	912414	581
纺织、服装及日用品	Textile, clothing and household items	1331530	6436
文化、体育用品及器材	Cultural and sports supplies and equipment	605291	1344
医药及医疗器材	Pharmaceutical and medical equipment	1286436	1784
汽车、摩托车、燃料及零配件	Automobiles, motorcycles, fuel and spare parts	13795261	598612
家用电器及电子产品	Household appliances and electronic products	3042401	11777
五金、家具及室内装饰材料	Hardware, furniture and interior decoration materials	1023320	259
货摊、无店铺及其他	Booth and others	485486	2017

Total Purchases, Sales and Inventory above Designated Size of Wholesale and Retail Trades (2012)

(10 000yuan)

销售总额 Total Sales	批发额 Wholesale trade	#进口 Imports	零售额 Retail Trade	年末商品库存总额 Inventory (year-end)
92791989	**56814557**	**788397**	**35973573**	**17252583**
59469969	**54032408**	**776275**	**5437560**	**14270586**
30663987	27017581	217049	3646405	2893779
58149858	52875598	776275	5274261	14154962
16839167	16204864	79985	634303	2299182
1896054	1726170		169883	45192
93151	78890		14260	7760
40849	37101		3748	3214
21212570	20500206	506865	712365	1043813
8617981	5486731	5289	3131250	10005293
8838028	8268132	184136	569896	716734
612060	573505		38555	33775
91800	91800			11179
228272	206650		21622	5430
1000039	858361		141678	99015
3138426	2995224	25423	143202	1334863
10320834	9915809	31211	405025	1264795
3387670	3189858	258105	197812	296676
841919	795271	56818	46648	140143
4978096	4819599	91	158497	354431
31744069	27589708	216623	4154361	10518048
4097055	3817035	128810	280020	288116
18345	15875	8870	2470	711
943554	894029	50324	49525	72805
33322021	**2782148**	**12122**	**30536012**	**2981997**
4953636	680074	222	4273562	223605
28421570	2561858	11862	25855852	2635477
1708034	246471	222	1461563	108286
1637344	255564		1381779	94475
186382	19196	100	167187	11722
142043	90828		51214	8776
10755989	830704	5901	9925285	1255832
4076337	473938	542	3602399	212384
9474206	606385	5096	8863961	902861
441237	38772		402465	41140
1187336			1187336	54697
639656	19346		620311	62990
3073459	200945	260	2872514	228833
9225748	506143	542	8719605	821999
1031957	183563	912	848394	170336
1465816	171731	6870	1294084	139827
607544	95173		512372	86350
1369350	408582	222	960769	119825
14971360	797803	100	14173557	1245683
3025464	415037	926	2610428	293150
1089596	98007	2550	991589	80884
535184	106109		425215	23943

18-17 各市限额以上批发和零售企业商品购、销、存总额(2012年)

Total Purchases, Sales and Inventory above Designated Size of Wholesale and Retail Trades by City (2012)

单位：亿元 (100 million yuan)

市(县)	City(County)	商品购进总额 purchases	销售总额 Total Sales	批发 Wholesale trade	零售 Retail Trade	年末库存额 Inventory (year-end)
全省	**Total**	**9091.68**	**9279.20**	**5681.46**	**3597.36**	**1725.26**
省辖市	**City**					
郑州市	Zhengzhou	3610.19	3247.48	2131.44	1116.04	246.36
开封市	Kaifeng	212.45	243.29	111.73	131.56	16.18
洛阳市	Luoyang	803.22	844.70	518.22	326.48	54.45
平顶山市	Pingdingshan	579.75	617.03	447.42	169.61	45.47
安阳市	Anyang	366.98	388.61	264.28	123.94	18.00
鹤壁市	Hebi	82.50	88.86	58.09	30.77	18.12
新乡市	Xinxiang	373.73	441.37	239.32	202.05	37.65
焦作市	Jiaozuo	211.62	264.94	109.83	155.10	15.97
濮阳市	Puyang	255.48	259.77	128.37	131.39	23.90
许昌市	Xuchang	340.10	358.09	222.88	135.21	26.61
漯河市	Luohe	196.03	206.71	106.18	100.53	8.42
三门峡市	Sanmenxia	192.82	223.38	139.40	83.98	19.88
南阳市	Nanyang	461.58	579.33	343.26	236.07	1033.47
商丘市	Shangqiu	529.13	556.33	398.99	157.34	19.64
信阳市	Xinyang	240.49	254.40	107.10	147.30	43.60
周口市	Zhoukou	243.81	292.06	139.94	152.12	65.39
驻马店市	Zhumadian	310.69	328.18	159.63	168.55	27.38
济源市	Jiyuan	81.11	84.67	55.37	29.30	4.77
省直管县	**Province Administrating County**					
巩义市	Gongyi	21.67	21.65	7.79	13.86	1.80
兰考县	Lankao	17.12	16.45	5.69	10.76	1.13
汝州市	Ruzhou	31.92	31.91	19.97	11.94	2.41
滑县	Huaxian	17.20	16.73	11.71	5.01	2.06
长垣县	Changyuan	14.10	15.36	3.86	11.50	0.90
邓州市	Dengzhou	39.71	35.71	24.08	11.63	20.52
永城市	Yongcheng	266.64	268.17	252.88	15.29	1.03
固始县	Gushi	18.45	18.70	2.93	15.77	1.09
鹿邑县	Luyi	14.43	14.15	5.61	8.54	0.36
新蔡县	Xincai	14.82	14.16	3.21	10.95	0.83

18—18　成品油批发企业能源商品购进、销售与库存(2012年)

Purchases, Sales and Inventory energy Commodity of Wholesale Finished Product oil Enterprises (2012)

单位：吨　(ton)

能源品种	energy name	年初库存量 Inventory (year-early)	本年购进量 Total Purchases	#购自省外 From Other Province	本年销售量 Total Sales	#售予批发和零售企业 To Wholesale and Retail	年末库存量 Inventory (year-end)
汽油	Gasoline	193639	4097841	1451831	3790448	244023	919250
#93″	93″	130663	3110856	1182347	3143788	180365	796387
柴油	Diesel oil	340660	9371613	4118877	8370483	906682	2531191
#0″	0″	271811	8590262	3748014	7766728	836543	2383698
煤油	Kerosene	7988	312065	312064	296289		
燃料油	Elding oil	147	19797		20920		
润滑油	Lubricating oil	2206	10100	6046	19105	13	2980

18—19　成品油零售企业能源商品销售与库存(2012年)

Sales and Inventory energy Commodity of Retail Finished Product oil Trades (2012)

单位：吨　(ton)

能源品种	energy name	年初库存量 Inventory (year-early)	本年销售量 Total Sales	年末库存量 Inventory (year-end)
汽油	Gasoline	101960	4490653	106198
#93″	93″	79065	3695475	82357
柴油	Diesel oil	139247	7198062	133781
#0″	0″	124945	6564646	97651
煤油	Kerosene	5	19	5
燃料油	Elding oil	466	7299	498
润滑油	Lubricating oil	1606	14304	1388

18-20 住宿和餐饮企业经营情况(2012年)
Management of Hotels and Catering Services (2012)

单位：万元 (10 000 yuan)

指标	Item	营业总收入 Total Business Revenue	客房收入 guest room Revenue	餐费收入 meal Revenue	商品销售收入 Total Retail Sales of Consumer Goods	其他收入 other Revenue
总计	**Total**	**5931357**	**1280617**	**4275179**	**214827**	**160734**
限额以上企业	Above Designated Size	4541004	951477	3277154	175054	137319
星级住宿业	Star-rated Hotels	1659025	796674	691129	72352	98869
餐饮业	Catering Trade	2881979	154803	2586025	102702	38449
限额以下企业	Below Designated Size	1390352	329140	998025	39773	23415
星级外住宿业	Star-rated Hotels	380449	295423	68146	9996	6884
餐饮业	Catering Trade	1009904	33717	929879	29777	16531

18-21 各市限额以上星级住宿和餐饮业企业经营情况(2012年)
Management of Enterprises above Designated Size of Star-rated Hotels and Catering Services by City (2012)

单位：万元 (10 000 yuan)

市(县)	City(County)	营业总收入 Total Business Revenue	客房收入 Guest room Revenue	餐费收入 Meal Revenue	商品销售收入 Total Retail Sales of Consumer Goods	其他收入 Other Revenue
省辖市	**City**					
郑州市	Zhengzhou	1258099	251181	869778.8	63551.9	73587.3
开封市	Kaifeng	268701	59304	201710	5764	1924
洛阳市	Luoyang	343966	70390	254452	9832	9293
平顶山市	Pingdingshan	302986	60575	211587	21303	9522
安阳市	Anyang	128279	20967	97151	4709	5453
鹤壁市	Hebi	54575	10679	40159	2936	802
新乡市	Xinxiang	175922	31983	133845	6901	3193
焦作市	Jiaozuo	169463	42721	116719	5694	4328
濮阳市	Puyang	156382	31407	121722	2004	1249
许昌市	Xuchang	220864	42789	164977	4313	8785
漯河市	Luohe	118909	13131	103013	2389	376
三门峡市	Sanmenxia	80573	21359	51237	5057	2922
南阳市	Nanyang	374569	100018	260571	7794	6187
商丘市	Shangqiu	100814	19741	73192	5120	2761
信阳市	Xinyang	289183	57433	218440	10956	2355
周口市	Zhoukou	238325	44366	183427	7547	2985
驻马店市	Zhumadian	236531	67372	158784	9131	1245
济源市	Jiyuan	22863	6063	16392	55	353
省直管县	**Province Administrating County**					
巩义市	Gongyi	39462	7421	28824	1649	1567
兰考县	Lankao	15233	3232	11453	524	25
汝州市	Ruzhou	20703	3228	13583	3365	527
滑县	Huaxian	13905	2623	10937	243	103
长垣县	Changyuan	17295	5436	11444	130	285
邓州市	Dengzhou	22383	4267	17795	20	300
永城市	Yongcheng	14008	2574	11329		106
固始县	Gushi	38901	7253	29076	2375	197
鹿邑县	Luyi	13226	3776	8429	385	637
新蔡县	Xincai	14148	3827	10321		

18-22　各市限额以上星级住宿企业经营情况(2012年)

Business of Star-rated Hotels above Designated Sized by City (2012)

单位：万元　　(10 000 yuan)

市(县) City(County)	营业额 Total Business Revenue	客房收入 guest room Revenue	餐费收入 meal Revenue	商品销售收入 Total Retail Sales of Consumer Goods	其他收入 other Revenue
省辖市 City					
郑州市 Zhengzhou	484274	232684	169777	30998	50816
开封市 Kaifeng	76682	47031	26404	1688	1559
洛阳市 Luoyang	123648	58905	53361	3273	8109
平顶山市 Pingdingshan	127081	58791	50091	10022	8177
安阳市 Anyang	39459	15952	18128	1972	3406
鹤壁市 Hebi	21720	8658	11092	1656	314
新乡市 Xinxiang	61506	25681	31845	1775	2204
焦作市 Jiaozuo	81863	32211	45121	811	3719
濮阳市 Puyang	42995	27965	14546	308	176
许昌市 Xuchang	77401	35384	35511	823	5683
漯河市 Luohe	20212	10593	9326	179	114
三门峡市 Sanmenxia	46133	18554	22400	2567	2612
南阳市 Nanyang	151368	76538	65243	4022	5565
商丘市 Shangqiu	26728	12817	10134	1743	2034
信阳市 Xinyang	89586	39392	44253	4963	978
周口市 Zhoukou	86118	41218	41444	1533	1922
驻马店市 Zhumadian	87534	48366	34078	3962	1127
济源市 Jiyuan	14717	5934	8375	55	353
省直管县 Province Administrating County					
巩义市 Gongyi	12236	6816	4963	211	246
兰考县 Lankao	3648	1659	1852	120	17
汝州市 Ruzhou	6202	2428	3103	419	253
滑县 Huaxian	3398	1958	1272	66	103
长垣县 Changyuan	3843	3834			9
邓州市 Dengzhou	6006	2975	2731		300
永城市 Yongcheng	3648	1585	1957		106
固始县 Gushi	12011	5689	5993	325	4
鹿邑县 Luyi	6892	3776	2095	385	637
新蔡县 Xincai	3589	1827	1762		

18-23 各市限额以上餐饮企业经营情况(2012年)

Business of Catering Services above Designated Size by City (2012)

单位：万元 (10 000 yuan)

市(县)	City(County)	营业额 Total Business Revenue	客房收入 guest room Revenue	餐费收入 meal Revenue	商品销售收入 Total Retail Sales of Consumer Goods	其他收入 other Revenue
省辖市	**City**					
郑州市	Zhengzhou	773825	18497	700002	32554	22771
开封市	Kaifeng	192020	12273	175306	4075	365
洛阳市	Luoyang	220318	11485	201091	6559	1184
平顶山市	Pingdingshan	175905	1784	161496	11281	1345
安阳市	Anyang	88820	5015	79023	2736	2046
鹤壁市	Hebi	32854	2021	29067	1280	487
新乡市	Xinxiang	114416	6302	102000	5125	989
焦作市	Jiaozuo	87601	10510	71598	4883	609
濮阳市	Puyang	113387	3441	107176	1696	1073
许昌市	Xuchang	143463	7405	129466	3490	3102
漯河市	Luohe	98696	2538	93688	2210	262
三门峡市	Sanmenxia	34440	2804	28836	2489	310
南阳市	Nanyang	223201	23481	195327	3771	622
商丘市	Shangqiu	74086	6924	63058	3377	727
信阳市	Xinyang	199597	18040	174187	5994	1376
周口市	Zhoukou	152207	3148	141982	6014	1063
驻马店市	Zhumadian	148997	19005	124706	5168	118
济源市	Jiyuan	8146	129	8017		
省直管县	**Province Administrating County**					
巩义市	Gongyi	27226	605	23862	1438	1322
兰考县	Lankao	11585	1573	9601	403	8
汝州市	Ruzhou	14501	800	10481	2946	274
滑县	Huaxian	10508	665	9666	177	
长垣县	Changyuan	13452	1602	11444	130	276
邓州市	Dengzhou	16377	1293	15065	20	
永城市	Yongcheng	10360	989	9372		
固始县	Gushi	26890	1564	23083	2050	194
鹿邑县	Luyi	6334		6334		
新蔡县	Xincai	10560	2000	8560		

18-24 个体批发和零售业、住宿和餐饮业经营情况(2012年)

Management of Individual Enterprises in Wholesale and Retail Trades, Hotels and Catering Trades (2012)

指 标	Item	户数(户) Number of Households (household)	从业人员(万人) Persons Employed (10 000 persons)	营业收入(亿元) Business Revenue (100 million yuan)	销售总额(亿元) Total Sales (100 million yuan)	批发额 Wholesale Trade	零售额 Retail Trade
批发和零售业	**Wholesale and Retail Trades**	**1533496**	**321.14**		**7845.69**	**3645.85**	**4199.84**
#城镇	Urban Area	686299	145.26		6309.70	2884.42	3425.28
乡村	Rural Area	847197	175.78		1536.00	761.44	774.56
#批发业	Wholesale Trade	254761	58.86		2246.98	1855.23	391.75
零售业	Retail Trades	1278735	262.27		5598.71	1790.62	3808.09
住宿和餐饮业	**Hotels and Catering Trades**	**250505**	**80.44**	**1616.22**			
城镇	Urban Area	140582	48.37	1356.10			
乡村	Rural Area	109923	32.07	260.12			

18−25 限额以上批发和零售、住宿和餐饮业主要财务指标(2012年)

Main Financial Indicators of Enterprises in Wholesale and Retail Trades, Hotels and Catering Trades above Designated Size (2012)

单位：万元 (10 000 yuan)

指 标	Item	批发业 Wholesale	零售业 Retail Sale	住宿业 Accommodation Trade	餐饮业 Catering Trade
年末资产负债	**Assets and Liability(year-end)**				
流动资产合计	Circulating Funds	15132481	7964876	1092882	449805
应收帐款	Accounts receivable	2568469	823692	145403	60430
存货	Inventory	4236399	2120345	74786	47673
固定资产合计	Total Fixed assets	1828823	1630332	1214487	393615
固定资产原价	Original Value of Fixed Assets	2618422	2204371	1796533	474593
累计折旧	Accumulated Depreciation	787239	583059	626821	105311
本年折旧	Depreciation of Deducted This Year	126371	108162	70108	24045
在建工程	Project under construction	165829	209632	162046	44126
资产合计	Total Assets	19505527	11516752	2883156	1095957
流动负债合计	Total Flow liabilities	11617805	7710128	1529793	479344
应付账款	Accounts payable	2751874	1376113	204763	79344
非流动负债合计	Total current liabilities	521632	580526	497382	78183
负债合计	Total liabilities	13210617	8467691	2087633	583586
所有者权益合计	Total Creditors'Equity	6294910	3049061	795524	512370
实收资本	Actual Capital	3772698	2328349	882438	398771
损益及分配	**Profit and Loss Apportionment**				
营业收入	Business income	51803126	26839614	1387122	1493480
主营业务收入	Main Sales Revenue	51213660	26176340	1370170	1484560
营业成本	Operating costs	47413673	24486572	693956	955052
主营业务成本	Cost of Sales	47110562	23433908	686340	949872
营业税金及附加	Sales Tax and Extra Changes	546276	210620	66006	64286
主营业务税金及附加	Main Sales Tax and Extra Changes	530003	205174	65131	62654
其他业务利润	Other Profits	109118	219688	28850	15794
销售费用	Operating Expenses	1190491	1063974	294969	198150
管理费用	Management Expenses	1029153	698234	262840	100268
税金	Taxes	43951	37293	13802	6564
差旅费	Travel expense	25114	15751	3042	1962
工会经费	Trade union outlays	9544	3394	1048	503
财务费用	Financial Expenses	253495	169941	45310	21372
利息收入	Interest income	34195	19584	1678	876
利息支出	Profit Paying	178553	97828	24982	9163
资产减值损失	Loss of asset impairment	34605	12029	412	
公允价值变动收益	The changes in the fair value	462	452		19
投资收益	Investment income	16614	5395	274	4697
营业利润	Operating profit	1483608	802571	27846	165263
营业外收入	Non-operating income	460879	44672	9524	4058
补贴收入	Subsidies income	117226	3781	1711	32
利润总额	Profit total	1540901	740236	30819	148013
应交所得税	Payable income tax	313860	100769	11005	16221
人工成本及增值税	**Artificial cost and value added tax**				
应付职工薪酬	Deal with worker firewood	800160	870619	210884	160130
应交增值税	VAT payable	677472	466151		
土地和固定资产	**Land and fixed assets**				
土地和固定资产支出	Land and fixed asset expenditures	162232	222350	60794	46310
土地购置	Land and fixed asset expenditures	17832	34843	9370	5443
房屋和建筑物	Buildings and homes	79405	99511	26629	26407
机器设备	Machine equipment	40327	27931	11931	9740
运输工具	transport machine	13500	32636	4408	1694
其他费用	Other expenses	11169	27429	8457	3026

18-26 各市限额以上批发和零售企业主要财务指标(2012年)

Main Economic Indicators of Enterprises in Wholesale and Retail Trades above Designated Size by City (2012)

单位：万元 (10 000 yuan)

市(县) City(County)	流动资产合计 Circulating Funds	#存货 Inventory	固定资产原价 Fixed Asset	资产总计 Original Values of Fixed Asset	所有者权益 Total Assets	主营业务收入 Main Sales Revenue	主营业务成本 Cost of Main Sales
省辖市 City							
郑州市 Zhengzhou	9528384	2131842	1234187	12252185	2755950	26390694	24763701
开封市 Kaifeng	417107	137020	176689	709895	358047	2104655	1762489
洛阳市 Luoyang	2420764	502297	350413	3024210	1154659	7031032	6506357
平顶山市 Pingdingshan	1308188	430651	258052	1660713	425748	5455627	5114011
安阳市 Anyang	786574	147211	184122	1088817	360018	3510882	3277012
鹤壁市 Hebi	273550	92530	84525	388533	131184	701920	613942
新乡市 Xinxiang	869845	282463	206236	1151943	317745	3819119	3538601
焦作市 Jiaozuo	694409	189800	224964	936178	353851	2002878	1771675
濮阳市 Puyang	373153	131549	124793	595045	246452	1653095	1494995
许昌市 Xuchang	700973	209973	197753	1097881	335819	2916187	2511537
漯河市 Luohe	298424	86153	257630	581697	317506	1830620	1588020
三门峡市 Sanmenxia	509069	179683	148201	690178	246831	1980735	1751790
南阳市 Nanyang	1809796	721842	376230	2417325	790366	4807477	4128534
商丘市 Shangqiu	841120	174470	173390	1106666	390998	4939291	4675578
信阳市 Xinyang	440531	147223	240900	736158	351759	2013295	1710164
周口市 Zhoukou	1034902	600863	277343	1437073	373172	2724323	2267159
驻马店市 Zhumadian	608158	154294	264746	911655	367299	2746570	2362067
济源市 Jiyuan	182411	36882	42619	236128	66566	761602	706838
省直管县 Province Administrating County							
巩义市 Gongyi	37184	5598	12651	52720	26664	107414	81598
兰考县 Lankao	38199	11585	29552	70294	41240	136914	100369
汝州市 Ruzhou	96161	43691	30790	130484	48064	272557	246461
滑县 Huaxian	48557	19273	14973	69904	38041	134692	118900
长垣县 Changyuan	29221	7114	14701	46030	24438	104030	89554
邓州市 Dengzhou	259957	195120	62158	318341	52435	315132	278252
永城市 Yongcheng	261786	12479	10606	274642	59295	2316112	2297363
固始县 Gushi	24215	10392	20658	49634	28775	166280	140166
鹿邑县 Luyi	6170	1769	5990	13832	7098	122920	116192
新蔡县 Xincai	7700	1079	7107	14750	8863	104733	79792

18-26 续表 continued

单位：万元 (10 000 yuan)

市(县) City(County)	主营业务税金及附加 Main Sales Tax and Extra Changes	销售费用 Marketing Expenses	管理费用 Management Expenses	财务费用 Finance Charge	营业利润 Profits of Main Sales	利润总额 Total Profits	本年应缴增值税 Increment Value Tax Payable
省辖市 City							
郑州市 Zhengzhou	105990	829684	554423	147333	474048	491846	291339
开封市 Kaifeng	48900	64509	50110	10900	195808	187710	65788
洛阳市 Luoyang	42625	241725	146749	37840	78092	87668	102281
平顶山市 Pingdingshan	31866	108814	98284	28811	86244	100272	60895
安阳市 Anyang	35070	66413	52184	12999	86875	51614	39128
鹤壁市 Hebi	13564	23498	22461	8936	20223	24356	10397
新乡市 Xinxiang	30167	88660	71334	19011	79927	88725	55467
焦作市 Jiaozuo	18145	62572	59388	13088	91227	79195	35194
濮阳市 Puyang	18509	37748	34368	4885	76838	54204	24253
许昌市 Xuchang	32759	95396	83851	23152	173600	179409	44281
漯河市 Luohe	19901	53548	37306	4500	136768	119054	29104
三门峡市 Sanmenxia	23979	71756	46688	8519	73459	76285	42711
南阳市 Nanyang	99859	160046	152516	32628	190691	210459	119967
商丘市 Shangqiu	40279	72888	67507	8721	79748	80814	99940
信阳市 Xinyang	38951	87039	63489	10805	94802	97241	25685
周口市 Zhoukou	84080	88044	92842	36752	143188	159845	43101
驻马店市 Zhumadian	45955	80627	75983	10245	174782	171677	40923
济源市 Jiyuan	4579	21497	17903	4311	29859	20763	13170
省直管县 Province Administrating County							
巩义市 Gongyi	3498	1481	7670	1706	7590	6719	1103
兰考县 Lankao	3590	3957	3150	2172	23667	20197	5583
汝州市 Ruzhou	3094	5399	3912	1794	9453	9695	5690
滑县 Huaxian	512	4574	3380	761	6614	6832	734
长垣县 Changyuan	1728	5284	2853	323	363	2508	810
邓州市 Dengzhou	5737	9845	12737	5962	2914	10627	14408
永城市 Yongcheng	983	7189	6155	1184	6019	6094	5490
固始县 Gushi	3033	4672	4143	1365	11364	12449	3809
鹿邑县 Luyi	1263	1536	1556	1193	7192	6971	258
新蔡县 Xincai	457	5460	3330	250	15436	15373	2507

18-27 各市限额以上住宿和餐饮企业主要财务指标(2012年)

Main Economic Indicators of Enterprises in Hotels and Catering Services above Designated Size by City (2012)

单位：万元 (10 000 yuan)

市(县) City(County)	流动资产合计 Circulating Funds	#存货 Inventory	固定资产原价 Original Values of Fixed Asset	资产总计 Total Assets	所有者权益 Total Creditors' Equity	#实收资本 Actual Capital	主营业务收入 Main Sales Revenue
省辖市 City							
郑州市 Zhengzhou	647806	36723	784734	1356246	364671	3811090	800273
开封市 Kaifeng	61860	7428	93753	179112	70181	683343	220968
洛阳市 Luoyang	118695	9573	237341	338807	99633	1341882	202615
平顶山市 Pingdingshan	101231	7596	191944	336467	109303	1193461	181616
安阳市 Anyang	22833	2671	68691	94342	43400	188073	86485
鹤壁市 Hebi	6831	1049	18330	28015	12433	120454	29489
新乡市 Xinxiang	49093	6541	63767	125679	53332	468858	103564
焦作市 Jiaozuo	76945	4629	97170	174283	34906	510283	97981
濮阳市 Puyang	42267	1018	33593	74233	46410	352145	37230
许昌市 Xuchang	50573	4407	114797	163277	37651	531910	132817
漯河市 Luohe	14441	1516	18016	36627	16783	103863	75149
三门峡市 Sanmenxia	23874	3682	44427	58679	9919	166682	57761
南阳市 Nanyang	184686	6661	200034	496167	137238	1453530	228701
商丘市 Shangqiu	12837	2153	32991	55134	25189	195286	61284
信阳市 Xinyang	53831	8783	132023	216552	105147	614702	164751
周口市 Zhoukou	26882	5876	56377	83878	59701	480665	166269
驻马店市 Zhumadian	36408	10509	62500	133881	72071	557895	190579
济源市 Jiyuan	11595	1642	20636	27736	9926	37970	17197
省直管县 Province Administrating County							
巩义市 Gongyi	8072	1231	21816	27357	9412	98352	13353
兰考县 Lankao	3128	1273	4496	7729	5138	49915	10874
汝州市 Ruzhou	4555	88	5149	10819	7325	78612	3958
滑县 Huaxian	1045	165	444	2914	1762	10080	3402
长垣县 Changyuan	5308	1375	15437	19125	12872	81663	11711
邓州市 Dengzhou	1584	349	3358	11090	7850	73108	6002
永城市 Yongcheng	1610	107	1785	3320	1039	9157	7602
固始县 Gushi	6712	523	12180	27002	13105	104246	26462
鹿邑县 Luyi	482	16	550	1664	1269	6400	10565
新蔡县 Xincai	781	156	750	1562	977	4883	9920

18-27 续表 continued

单位：万元 (10 000 yuan)

市(县) City(County)	主营业务成本 Cost of main Sales	主营业务税金及附加 Main sales tax and Extra Charges	营业费用 Operating Expenses	管理费用 Management	财务费用 Finance Charge	营业利润 Operating Profits	利润总额 Total Profits
省辖市 City							
郑州市 Zhengzhou	324776	42964	239404	163508	19453	19639	21491
开封市 Kaifeng	135434	11466	21699	12119	3329	37983	38094
洛阳市 Luoyang	101960	10773	46302	37737	4772	1963	1823
平顶山市 Pingdingshan	117042	7006	23758	20572	8387	8880	4528
安阳市 Anyang	50709	3201	10391	8748	740	13774	6910
鹤壁市 Hebi	20232	1548	3990	2451	492	781	617
新乡市 Xinxiang	62315	4170	18510	13041	2536	2867	2378
焦作市 Jiaozuo	63471	2681	12787	12418	4762	374	2172
濮阳市 Puyang	28294	911	4382	3156	621	3894	3581
许昌市 Xuchang	76035	4858	16746	17351	4197	13764	12969
漯河市 Luohe	56173	1665	3884	2626	1184	9704	9523
三门峡市 Sanmenxia	33159	2796	11926	8677	1279	1201	1010
南阳市 Nanyang	157382	8439	30597	21632	4716	9664	8416
商丘市 Shangqiu	39376	2692	7457	7228	1066	3224	2853
信阳市 Xinyang	104070	6001	16481	14325	4752	19492	18993
周口市 Zhoukou	115876	9615	8670	7745	2319	22257	22301
驻马店市 Zhumadian	139028	6362	12922	7855	1933	22558	19989
济源市 Jiyuan	10881	638	3213	1919	145	1089	1186
省直管县 Province Administrating County							
巩义市 Gongyi	7151	595	2211	1823	73	1476	1156
兰考县 Lankao	6701	372	284	379	299	2841	2603
汝州市 Ruzhou	2268	255	827	755	62	-209	66
滑县 Huaxian	2089	121	539	456	69	241	248
长垣县 Changyuan	5881	588	3006	2414	673	-897	-1012
邓州市 Dengzhou	3158	268	934	530	336	776	1035
永城市 Yongcheng	4260	307	1938	784	62	264	273
固始县 Gushi	18417	758	1680	1618	1085	2927	1007
鹿邑县 Luyi	9703	216	104	98	89	356	356
新蔡县 Xincai	7433	24	694	297		1473	1473

18-28　限额以上连锁店(公司)单位数(2012年)

Number of Chain Stores (Company) above Designated Size (2012)

单位：个 (unit)

指标名称	Indicators	连锁总店 Head Offices of Chain Store	连锁门店数 Number of Chain Stores	直营店 Under Direct Management	加盟店 Through License Arrangement
总计	**Total**	**173**	**5570**	**4372**	**1198**
批发业	**Wholesale Trades**	**18**	**1214**	**1210**	**4**
#国有控股	State-holding	12	1076	1076	
零售业	**Retail Trades**	**132**	**4125**	**2946**	**1179**
#国有控股	State-holding	16	1083	917	166
#外商及港澳台商投资	Enterprises with Funds from Hong Kong,Macao,Taiwan and Foreign	4	169	169	
食杂店	Grocery stores	1	25	23	2
便利店	Neighbourhood Market	2	70	70	
超市	Supermarker	23	815	184	631
大型超市	large supermarket	21	521	521	
百货店	Department Store	5	27	27	
专业店	Professional Shop	61	1545	1165	380
专卖店	Regie Shop	19	1122	956	166
住宿业	**Hotels**	**3**	**25**	**15**	**10**
旅游饭店	Tourist hotel	2	5	5	
一般旅馆	General hotel	1	20	10	10
餐饮业	**Catering Services**	**20**	**206**	**201**	**5**
正餐服务	Restaurant	16	76	71	5
快餐服务	Snack Counter	3	124	124	
其他餐饮业	Others	1	6	6	

18-29 限额以上连锁店(公司)基本情况(2012年)

Conditions of Enterprises above Designated Size of Chain Stores(Companies) (2012)

指标名称	Item	营业面积(平方米) Operational Area(sq.m)	从业人数(人) Employed Persons(person)
总计	**Total**	**6354835**	**82569**
批发业	**Wholesale Trades**	**1917832**	**7107**
#国有控股	State-holding	1789892	6217
零售业	**Retail Trades**	**4345573**	**66256**
#国有控股	State-holding	1656712	5767
#外商及港澳台商投资	Enterprises with Funds from Hong Kong,Macao,Taiwan and Foreign	690832	7120
食杂店	Grocery stores	2600	241
便利店	Neighbourhood Market	12646	515
超市	Supermarker	188046	6448
大型超市	large supermarket	1865408	36101
百货店	Department Store	131269	4067
专业店	Professional Shop	528291	13132
专卖店	Regie Shop	1617313	5752
住宿业	**Hotels**	**4714**	**1052**
旅游饭店	Tourist hotel	3631	92
一般旅馆	General hotel	1083	960
餐饮业	**Catering Services**	**86716**	**8154**
正餐服务	Restaurant	41310	1813
快餐服务	Snack Counter	41606	6277
其他餐饮业	Others	3800	64

18-30 限额以上连锁店(公司)商品购进和配送情况(2012年)

Conditions of Purchase and Delivery of Enterprises above Designated Size of Chain Stores(Companies) (2012)

单位：万元 (10 000 yuan)

指标名称	Item	商品购进总额 Total Purchases	统一配送商品购进额 Centralized Pruchase and Delivery	自有配送中心配送商品购进额 Self Centralized Purchase and Delivery	非自有配送中心配送商品购进额 Non-self Centralized Purchase and Delivery
总计	**Total**	**7504898**	**5006756**	**2788809**	**54210**
批发业	**Wholesale Trades**	**2935868**	**1759459**	**982328**	
#国有控股	State-holding	2767806	1591397	842762	
零售业	**Retail Trades**	**4506152**	**3203951**	**1806481**	**53794**
#国有控股	State-holding	1615046	1411539	821994	
#外商及港澳台商投资	Enterprises with Funds from Hong Kong,Macao,Taiwan and Foreign	787803	172742	70973	
食杂店	Grocery stores	9052			
便利店	Neighbourhood Market	5685	1436	1300	136
超市	Supermarker	138669	33882	15318	3723
大型超市	large supermarket	1465459	563865	177216	1912
百货店	Department Store	165508	134898	92168	41014
专业店	Professional Shop	1250284	1191580	585534	7009
专卖店	Regie Shop	1471496	1278290	934945	
住宿业	**Hotels**	**2047**	**157**		
旅游饭店	Tourist hotel	157	157		
一般旅馆	General hotel	1890			
餐饮业	**Catering Services**	**60831**	**43189**		**417**
正餐服务	Restaurant	12726	3830		417
快餐服务	Snack Counter	47575	38829		
其他餐饮业	Others	530	530		

18−31 限额以上连锁店(公司)商品销售情况
Conditions of Sale of Enterprises above Designated Size of Chain Stores(Companies)

单位：万元 (10 000yuan)

指标名称	Item	2011 商品销售额 Total Sale Value	2011 零售额 Retail Sale	2012 商品销售额 Total Sale Value	2012 零售额 Retail Sale
总计	**Total**	**7205538**	**5371221**	**8062339**	**5292976**
批发业	**Wholesale Trades**	**3002193**	**1503233**	**3136644**	**1657812**
#国有控股	State-holding	2969125	1496173	2939557	1596071
零售业	**Retail Trades**	**4203345**	**3867988**	**4925695**	**3635164**
#国有控股	State-holding	1357935	1179393	1765697	1625922
#外商及港澳台商投资	Enterprises with Funds from Hong Kong,Macao,Taiwan and Foreign	1072676	1072676	1145967	188435
食杂店	Grocery stores	12671	12671	9286	9286
便利店	Neighbourhood Market	1257353	1218335	6295	1485
超市	Supermarker	341473	299910	150581	87466
大型超市	large supermarket	2606	2606	1777162	730436
百货店	Department Store	160128	159442	180619	180619
专业店	Professional Shop	870918	856474	1286501	1210144
专卖店	Regie Shop	1558196	1318550	1515250	1415728

18—32 亿元以上商品交易市场情况

Statistics on Commodity Exchange Market of Turnover above 100 million yuan

类别	Type	2011		2012	
		摊位数量 (个) Number of Booths (Unit)	总成交额 (亿元) Total Turnover (100 million yuan)	摊位数量 (个) Number of Booths (Unit)	总成交额 (亿元) Total Turnover (100 million yuan)
总计	**Total**	**127918**	**2032.01**	**134510**	**2474.66**
食品、饮料、烟酒类	Food,Beverages and Tobacco	37216	594.56	39881	1015.66
食品类	Food	31980	548.21	35280	973.15
#粮油类	Grain,Edible Oil,Fruits,Vegetables	4313	106.04	5047	114.52
肉禽蛋类	Meat,Poultry and Eggs	2468	22.02	2224	28.65
水产品类	Aquatic Products	2227	48.96	2248	57.99
蔬菜类	Vegetables	13179	186.31	14753	413.18
干鲜果品类	Dried and Fresh Melons and Fruits	7939	163.15	8487	339.56
饮料类	Beverages	2709	26.93	2189	23.84
烟酒类	Tobacco and Liquor	2527	19.42	2412	18.66
服装、鞋帽、针纺织品类	Garments,Footwears,Hats,Kintwear and Textiles	42055	184.92	44082	200.29
服装类	Clothing	24521	124.19	27273	134.35
鞋帽类	Shoes and Hats	10730	29.12	8292	28.36
针、纺织品类	Knitwear and Textiles	6804	31.61	8517	37.58
化妆品类	Cosmetics	1942	10.54	4445	13.72
金银珠宝类	Gold,Silver and Fewelry	519	10.74	514	10.99
日用品类	Articles for Daily Use	5994	44.27	5384	41.73
#洗涤用品类	Washing Articles	2270	9.71	2101	10.66
儿童玩具类	Childern toys	1382	9.60	1356	7.08
五金、电料类	Hardware and Electrical Materials	4930	74.55	4645	80.51
体育、娱乐用品类	Sports & Recreation Articles	938	5.62	881	5.83
书报杂志类	Newspapers and Magazines	426	8.82	368	7.87
电子出版物及音像制品类	E-journals and Video Products	701	2.28	807	4.91
家用电器和音像器材类	Household Appliances and Video Appliances	2525	62.75	2399	42.56
中西药品类	Traditional Chinese and Western Medicines	2970	23.64	2920	26.74
#西药类	Western Medicines	169	0.64	154	0.66
中草药及中成药类	Traditional Chinese l Medicines	2767	22.95	2737	26.04
文化办公用品类	Cultural and Official Appliances	4248	93.75	4381	96.44
家具类	Furniture	2200	42.23	2143	44.85
通讯器材类	Communication Appliances	599	36.96	600	23.77
煤炭及制品类	Coal and Related Products	93	0.15	96	0.18
木材及制品类	Wood and Wooden Products	379	20.32	392	20.29
石油及制品类	Petroleum and Related Products	61	0.17	62	0.27
化工材料及制品类	Chemical Materials and Related Products	1748	22.05	1706	16.36
#化肥类	Fertilizers	411	2.01	398	2.16
金属材料类	Metals Materials	2262	296.68	2484	396.20
建筑及装潢材料类	Building and Decoration Materials	6989	140.75	6927	150.10
机电产品及设备类	Mechanical & Electrical Products	1288	18.71	1222	14.28
#农机类	Agricultural Machineries	308	7.31	329	6.30
汽车类	Automobiles	2437	154.66	2282	146.63
种子饲料类	Seeds and Feedstuff	248	1.19	241	1.23
棉麻类	Cotton and Hemp	156	5.93	118	5.96
其他类	Others	4994	175.77	5530	107.31

18-33 各市亿元以上商品交易市场情况

Statistics on Commodity Exchange Market of Turnover above 100 million yuan by City

市(县)	City(County)	2011 摊位数量(个) Number of Booths (Unit)	2011 总成交额(亿元) Total Turnover (100 million yuan)	2012 摊位数量(个) Number of Booths (Unit)	2012 总成交额(亿元) Total Turnover (100 million yuan)
省辖市	**City**				
郑州市	Zhengzhou	48243	803.71	46312	1034.77
开封市	Kaifeng	5296	29.76	5074	28.90
洛阳市	Luoyang	13098	266.26	13191	267.75
平顶山市	Pingdingshan	2945	17.05	3116	17.84
安阳市	Anyang	3937	20.85	3989	24.02
鹤壁市	Hebi	815	23.28	825	20.66
新乡市	Xinxiang	2674	52.09	3551	61.51
焦作市	Jiaozuo	1868	7.22	1914	3.29
濮阳市	Puyang				
许昌市	Xuchang	5763	243.45	5907	311.86
漯河市	Luohe	4364	19.53	4460	22.10
三门峡市	Sanmenxia	752	9.08	769	11.84
南阳市	Nanyang	10914	190.36	16419	214.11
商丘市	Shangqiu	7820	219.21	7874	269.25
信阳市	Xinyang	6424	16.19	6621	18.62
周口市	Zhoukou	3773	46.58	4953	96.08
驻马店市	Zhumadian	6654	56.42	7178	61.63
济源市	Jiyuan	2578	10.99	2357	10.41
省直管县	**Province Administrating County**				
巩义市	Gongyi				
兰考县	Lankao				
汝州市	Ruzhou	38	1.21	40	1.29
滑县	Huaxian				
长垣县	Changyuan	290	3.27	245	3.30
邓州市	Dengzhou	2609	21.58	2628	25.14
永城市	Yongcheng	936	5.03	936	7.18
固始县	Gushi	4194	5.48	4327	5.59
鹿邑县	Luyi				
新蔡县	Xincai	1100	2.07	1300	2.19

主要统计指标解释

社会消费品零售总额 指批发和零售业、住宿和餐饮业、新闻出版业、邮政业和其他服务业等，售予城乡居民用于生活消费的商品和社会集团用于公共消费的商品之总量。社会消费品零售总额包括：

一、批发和零售业企业（单位）：

1.售予城乡居民的各种生活消费品；

2.售予入境旅游的外国人、华侨、港澳台同胞的各类商品；

3.售予行政事业单位、社会团体、军队和武警等机构的商品，以及以零售方式售予各类企业的商品。具体包括：用于非生产和社会交往的办公用品，如通讯设备、计算器具和设备、电讯网络设备、文印设备、音像视听器材和设备、纸张、本册、文具及装订文印材料、家具、日用电器、针纺织品、清洁卫生用品、文体用品、奖品、纪念品、礼品等；供内部人员乘坐的交通工具和燃料；用于办公设施修缮的各类配件、材料、工具等；用于取暖和防暑降温的设备、燃料、材料及食品等；专用于教学的用品和设备；非营利医疗机构的中、西药品、中药材和医疗设备器材；非专用的劳动保护用品；不对外营业的内部食堂用的餐具、炊具、设备、清洁卫生工具和食品、燃料等；军队、武警用于其人员生活的衣着品和个人用品；其他各类非生产性设备和用品。

二、住宿和餐饮业出售的主食、菜肴、烟酒饮料和其他商品。

三、新闻出版业、邮政业售予城乡居民、企事业单位、军队和武警等机构的书报杂志、音像制品、邮品等。

四、其他服务业出售的食品、烟酒饮料、服装鞋帽、日常生活用品、医药保健用品、艺术品、工艺美术品、玩具、殡葬用品以及其他消费品。

批发业 指批发商向批发、零售单位及其他企事业、机关单位批量销售生活用品和生产资料的活动，以及从事进出口贸易和贸易经纪与代理的活动。批发商可以对所批发的货物拥有所有权，'并以本单位、公司的名义进行交易活动；也可以不拥有货物的所有权，而以中介身份做代理销售商。还包括各类商品批发市场中固定摊位的批发活动。

零售业 指百货商店、超级市场、专门零售商店、品牌专卖店、售货摊等主要面向最终消费者（如居民等）的销售活动。包括以互联网、邮政、电话、售货机等方式的销售活动，还包括在同地点，后面加工生产，前面销售的店铺（如前店后厂的面包房）。不包括：谷物、种子、饲料、牲畜、矿产品、生产用原料、化工原料、农用化工产品、机械设备（用车、计算机及通信设备等除外）等生产资料的销售（批发业）；非零售单位附带的零售活动（如汽车修理单位销售汽车零件）；商业零售单位所在商厦的物业管理（物业管理）；商业零售单位所在的商品市场、商业大厦的市场管理活动（市场管理）。

批发和零售业商品购、销、存总额 指各种登记注册类型的批发、零售业企业(单位)以本企业(单位)为总体的，从国内、国外市场购进的商品总量，销售和出口的商品总量、库存商品总量等情况。该指标可以反映商品流转过程中商品的购进、销售、库存之间的比例关系和存在的问题。

商品购进总额 指从本企业(单位)以外的单位和个人购进(包括从境外直接进口)作为转卖或加工后转卖的商品总额。它反映批发和零售业从国内、国外市场上购进商品的总量。商品购进总额包括：(1)从工农业生产者购进的商品；(2)从出版社、报社的出版发行部门购进的图书、杂志和报纸；(3)从各种登记注册类型的批发和零售企业(单位)购进的商品；(4)从其他单位购进的商品，如从机关、团体、企业等单位购进的剩余物资，从餐饮业、服务业购进的商品，从海关、市场管理部门购进的缉私和没收的商品，从居民手中收购的废旧商品等；(5)从国(境)外直接进口的商品。不包括企业(单位)为自身经营用和未通过买卖行为而收入的商品以及销售退回、商品升溢等。

商品销售总额 指对本企业(单位)以外的单位和个人出售(包括对境外直接出口)的商品总额。它反映批发和零售业在国内市场上销售商品以及出口商品的总量。商品销售总额包括：(1)售给城乡居民和社会集团消费用的商品；(2)售给工业、农业、建筑业、运输邮电业、批发和零售业、住宿和餐饮业、服务业等作为生产、经营使用的商品；(3)售给批发和零售业作为转卖或加工后转卖的商品；(4)对国(境)外直接出口的商品。不包括出售本企业(单位)自用的废旧包装用品；未通过买卖行为付出的商品；经本单位介绍，由买卖双方直接结算，本单位只收取手续费的业务；购货退出的商品以及商品损耗和损失等。

年末库存总额 指报告期末各种登记注册类型的批发和零售企业(单位)已取得所有权的商品。它反映批发和零售企业(单位)的商品库存情况和对市场商品供应的保证程度。期末库存包括：(1)存放在批发和零售业经营单位(如门市部、批发站、经营处)仓库、货场、货柜和货架中的商品；(2)挑选、整理、包装中的商品；(3)已记入购进而尚未运到本单位的商品，即发货单或银行承兑凭证已到而货未到的部分；(4)寄放他处的商品，如因购货方拒绝承付而暂时存放在购货方的商品和已办完加工成品收回手续而未提回的商品；(5)委托其他单位代销(未作销售或调出)尚未售出的商品；(6)代其他单位购进尚未交付的商品。不包括所有权不属于本单位的商品、拨付除批发和零售业以外的其他行业所属独立核算加工厂等加工生产尚未收回成品的商品、代国家物资储备部门保管的商品等。

库存总额采用的计算价格是：农副产品采购单位按购进价计算；批发单位按进货价计算；零售单位按核算价格计算，即按什么价格核算就按什么价格计算。

住宿业 指有偿为顾客提供临时住宿的服务活动。不包括：提供长期住宿场所的活动（如出租房屋、公寓等)。

餐饮业 指在一定场所，对食物进行现场烹饪、调制，并出售给顾客主要供现场消费的服务活动。

住宿和餐饮业经营情况

1.营业额：指住宿和餐饮业法人企业、产业活动单位在经营活动中，因提供服务或销售商品等取得的收入。包括：客房收入、餐费收入、商品销售收入和其他收入。

2.客房收入：指住宿和餐饮法人企业、产业活动单位在经营活动中因提供住宿服务取得的客房收入。

3.餐费收入：指住宿和餐饮法人企业、产业活动单位因为顾客提供就餐服务取得的餐费收入。包括：经烹饪、调制加工后出售的各种食品，如主食、炒菜、凉拌菜等的收入。

4.商品销售收入：指住宿和餐饮法人企业、产业活动单位伴随服务而出售商品所取得的收入。

5.其他收入：指营业收入中除客房收入、餐费收入、商品销售收入以外的其他收入。包括娱乐、健身和商务服务等。

亿元商品交易市场成交额 指年成交额在亿元以上的商品交易市场。商品交易市场是指经乡镇及以上政府有关部门和组织批准设立，有固定场所、设施，有经营管理部门和监管人员，若干市场经营者入内，常年或实际开业三个月以上，集中、公开、独立地进行生活消费品、生产资料等现货商品交易以及提供相关服务的交易场所，包括各类消费品市场、生产资料市场等。

连锁企业（或称连锁店、连锁公司） 指在核心企业或总店的领导下，由分散的、经营同类商品或服务的企业或活动单位，采取共同方针，实行集中采购和分散销售的有机结合，通过规范化经营，实现规模效益的经济联合组织形式。一般连锁店应由若干个分店组成。其经营特征：(1)经营同类商品；(2)使用统一商号；(3)统一采购配送，采购与销售相分离（部分商品可根据物流合理和保质保鲜原则，由供应商直接送货到门店，其余均由总部统一配送)。

连锁门店的形式分为直营连锁和加盟连锁。

直营连锁也叫正规连锁。指连锁门店均由总部独资或控股开设，在总部的直接领导下统一经营。总部采取纵深似的管理方式，直接下令掌管所有的零售门店，零售门店也必须完全接受总部指挥。这是大型垄断商业资本通过吞并、兼并或独资、控股等途径，发展壮大自身实力和规模的一种形式。

加盟连锁包括特许连锁和自由连锁两种形式。

特许连锁指各连锁门店（被特许人）通过合同形式，取得使用总部（特许人）商标、商号、经营技术和销售总部开发的商品的特许权，各加盟连锁门店为独立法人，在总部指导下统一经营。

自由连锁也称自愿连锁。指连锁公司的门店均为独立法人，各自的资产所有权关系不变，在公司总部的指导下共同经营。各成员店使用共同的店名，与总部订阅有关购、销、宣传等方面的合同，并按合同开展经营活动。在合同规定的范围之外，各成员店可以自由活动。根据自愿原则，各成员店可自由加入连锁体系，也可自由退出。

Explanatory Notes on Main Statistical Indicators

Total Retail Sales of Consumer Goods refer to the sum of retail sales of commodities sold by wholesale, retail, catering, publishing, post and telecommunications and other service industries to urban and rural households for private consumption and to social institutions for public consumption. Retail sales of consumer goods include:

1) Sales by wholesale and retail units:

a) of consumer goods sold to urban and rural households

b) of commodities sold to foreigners, overseas Chinese and Chinese compatriots from Hong Kong, Macao and Taiwan visiting in China

c) of commodities sold to government agencies, institutions, social organizations, military and armed police units, and commodities sold to enterprises in the form of retail sales. More specifically, they include: office facilities and articles for non-production purposes such as communications equipment, computing equipment and instruments, TV and network equipment, printing and copying equipment, audio-visual equipment and instruments, paper, notebooks, stationeries, furniture, electric appliances, knitwear, sanitation and cleaning articles, cultural and sport articles, articles for prizes, souvenirs, etc.; transport vehicles and fuels for employees; materials, spare parts and tools for the maintenance of office facilities; equipment, fuels, materials and food for winter heating or summer cooling purposes; articles and equipment for teaching purpose; Chinese and western medicines and medical equipment and facilities purchased by non profit-making medical institutes; non-specialized work safety articles; cooking utensils, tableware, equipment, cleaning articles, food and fuels purchased by internal cafeterias; clothes and personal articles purchased by military or armed police units for their officials and soldiers; and other equipment and articles for non-production purposes.

2) Sales of stable food, cooked dishes, beverages, tobaccos and other articles by catering units.

3) Sales of books, newspapers, magazines, audio-visual products and post products by publishing, post and telecommunications departments to urban and rural households and to enterprises, institutions, military and armed police units.

4) Sales of food, beverages, tobaccos, clothing, hats, footwear, articles for daily use, medicines, medical and health articles, work of art, handicrafts, toys, funeral articles and other articles by other service industries.

Wholesale Trade refers to the activities of wholesaler selling at wholesale commodities for daily use and capital goods to enterprises of wholesale and retail trades and other enterprises, institutions and government offices, including the activities of wholesaler engaged in import and export and acting as a trade agent. The wholesaler may have the right of ownership over the commodities of wholesale and trade in the name of its own or a company, the wholesaler may not have the right of ownership, only acts an agent. The wholesale trade also include the activities of wholesaler at the fixed stalls of the wholesale market of different commodities.

Retail Trade refers to the activities of department store, supermarket, franchised store, brand store, retail stall and on-the-spot-making-selling store selling commodities to the final consumers (citizens) by any means including internet, post, telephone, sales machine. Retail trade excludes the activities of sales of capital goods such a grain, seed, feed, livestock, mineral products, raw material for production, industrial chemicals, chemical products for farm, machine and equipment (vehicle, computer and communication equipment), and the activities of supplementary sales of non-retailer such as the sales of spare parts of car repair business (listed as branch in correspondence with principle business), property management of buildings of retail units (listed as property management); market management of commercial markets and buildings of retail units (listed as market management) .

Purchase, Sales and Stock of Commodities by Wholesale and Retail Trades refer to the total volume of commodities purchased, total volume of sales and exports, and the stock of commodities by wholesale and retail enterprises (establishments) of different status of registration from domestic and overseas markets. This indictor reflects the relationship among purchase, sales and stock of commodities in the circulation of goods and reveals the existing problems.

Total Purchases of Commodities refer to the total value of purchases of commodities by the enterprises (establishments) from other establishments or individuals (including direct import from abroad) for the purpose of re-selling, either with or without further processing of the commodities purchased. This indicator is used to show the total value of purchases of commodities by wholesale and retail establishments from domestic and overseas markets. The total purchases include: (1) agricultural and industrial products purchased from producers; (2) books, magazines and newspapers purchased from distribution departments of the publishers; (3) commodities purchased from wholesale and retail establishments of different status of registration; (4) commodities purchased from other units, such as surplus materials purchased from government agencies, enterprises or institutions, commodities purchased from catering and service establishments, confiscated goods purchased from customs authorities or market management agencies, second-hand goods and wastes purchased from residents; and (5) commodities directly imported from abroad. Excluded are commodities purchased by enterprises (establishments) for use in their own business operation, commodities obtained without buying or selling procedures, rejected commodities, etc.

Total Sales of Commodities refer to value of commodities sold by the establishments to other establishments and individuals (including direct export). This indicator is used to show the total value of sales of commodities at domestic markets and export. The total sales include: (1) commodities sold to urban and rural residents and social groups for their consumption; (2) commodities sold to establishments in industry, agriculture, construction, transportation, post and telecommunications, wholesale and retail trades, catering trade and public utility for their production and operation; (3) commodities sold to wholesale and retail establishments for re selling, with or without further processing; and (4)commodities for direct export to other countries. Excluded are selling of waste packaging materials used by the establishments (units) themselves, commodities transferred without buying or selling procedures, commission income from brokerage in transactions whose settlement is directly handled by buyers and sellers, rejected commodities in the purchase, loss in commodities, etc.

Commodity Stock of Wholesale and Retail Enterprises refers to total commodities possessed by wholesale and retail enterprises (units) of various types of registration status at the end of the reference period, which reflects the commodity stock level of various wholesale and retail enterprises and the potential for market supply. It includes: (1) commodities located in storage, garages, counters, and shelves of operating units (such as sale stores, wholesale centers, and operating offices) of wholesale and retail enterprises; (2) commodities in the process of selecting, sorting, and packing; (3) commodities not arrived but recorded as purchase in the account, i.e. commodities not arrived but payment receipts for the commodities from the sellers or the banks arrived; (4) commodities deposited in other places rather than places mentioned above, for instance: commodities in the hold of purchasers temporarily due to the refusal of payment and commodities not taken back after going through the formalities; (5) commodities entrusted to other units to sell but not sold yet; (6) commodities purchased for other units but not delivered yet. Commodities not included as stock are those not owned by the enterprises (units), those allocated to financially independent factories rather than wholesale and retail enterprises for processing but not taken back yet, and finally those put in stock by wholesale and retail enterprises on behalf of the state material reserves units.

For the calculation of the value of commodities stock, the value is calculated at purchasing prices in agricultural goods purchasing units and wholesale units, and at the accounting prices in retail units.

Operation of Hotels and Catering Trade

1.Business income: refer to the total turnover of hotels and restaurants that obtain by service offering or commodity sales. It includes room income, catering service income, commodity sales and other income.

2.Room income: refer to the turnover of hotels and restaurants that obtain by offering accommodation service.

3.Catering service income: refer to the turnover of hotels and restaurants that obtain by offering catering service for customers, including sales of various foods which are sold after cooking and processing, such as staple food, cooked dishes, cold and dressed dishes and so on.

4.Commodity sales: refer to the turnover of hotels and restaurants that obtain by selling commodities.

5.Other income: refer to the part of business income except for room income, catering service income and commodity sales, such as entertainment, exercise and commercial service and so on.

Volume of Transaction at Large Commodity Markets with Transaction Value over 100 Million Yuan refers to the markets with an annual transaction of over 100 million yuan markets approved by the industrial and commercial administration departments, which specialize in wholesale and retail trades of commodities with an annual transaction of over 100 million yuan. The sum of sales of all sellers in the market makes up the transaction value of the market.

Chain Enterprises (also called chain stores or chain corporations) refer to a form of joint economic entities under which scattered enterprises or establishments engaged in providing homogeneous commodities or services, with the central leadership of core enterprise or headquarters and guided by common policies, conduct centralized purchase and distributed selling of commodities, in order to gain better efficiency through standardized operation. Consisting of a number of branch stores, the chain stores have in general the following features: 1) homogeneous commodities, 2) unique name of stores, 3) centralized purchase and delivery which is separated from distributed selling operation (most commodities are delivered from the headquarters except some items which, for logistics, quality or freshness considerations, might be delivered by suppliers directly).

Hotel Services refer to the charged accommodation services provided to customers, excluding the long term accommodation service activities such as rental housing and apartments(it is under real estate development and management).

Catering Services refer to the activities of enterprises providing on-the-spot services of selling food cooked and prepared to the customer in certain sites

The modes of chain operation include Regular Chain and Franchise Operation.

Regular Chain: refers to chain that are invested or controlled by the headquarters. They operate under direct and unified management from the headquarters. Adopting a direct management approach, the headquarters gives orders and controls all retail stores, which follow completely the directives from the headquarters. Large monopolized commercial companies develop and expand their business through purchasing, merging, direct investment and controlling of shares.

Franchise Operation includes Franchise Chain and Voluntary Chain.

Franchise Chain: Through contracts, chain stores (or their owners) obtain licenses from the headquarters (franchisee) to use designated trade marks, names, operation know-how, and to sell commodities developed by the headquarters. Under this arrangement, each store in the chain is an independent legal entity and operates under the guidance from the headquarters.

Voluntary Chain: Under this arrangement, all stores operate together under the guidance of the headquarters, while maintaining their status of independent legal entities with full ownership of their assets. They use the same store name and sign contracts with the headquarters concerning purchase, sale, and promotion. They will operate under the contracts. They are free to engage in other activities which are not bounded in the contract. They are free to join in or leave the chain.

金融业
Financial Intermediation

● 资料整理：赵国顺

简要说明

一、主要内容

本篇包括金融机构、证券业、保险业和国债发行情况资料。

二、资料来源

金融机构和国债发行情况资料来源于中国人民银行郑州中心支行。证券业资料来源于河南证监局。保险业资料来源于河南保监局。本篇资料由河南省统计局国民经济核算处编辑整理。

Brief Introduction

I. Main Contents

Data in this chapter including four aspects: the financial activities of the financial institutions; the situations of the securities industry; the situation regarding the insurance business and the situation regarding the issuance of treasury bonds.

II. Data Sources

Data on financial institutions and issuance of treasury bonds are calculated from The People's Bank of China, Zhengzhou Central Sub-branch. Data on securities industry are calculated from Henan provincial Securities Regulatory Commission. Data on insurance business are calculated from Henan provincial Insurance Regulatory. Data on this chapter are provided of Department of National Accounts of the Henan provincial Bureau of Statistics.

19-1 历年金融机构和保险业主要指标

Main Indicators of Banking and Insurance over the Years

单位：亿元 (100 million yuan)

年 份 Year	各项存款年底余额 Total Saving Deposit Balance	各项贷款年底余额 Total Loan Balance	#短期 Short-term	#中长期 Medium-term & Long-term	城乡居民储蓄存款年底余额 Urban and Rural Savings Deposits	保险公司保费收入 Premium Income of Insarance Companies	保险公司赔款及给付 Claim & Payment of Insarance Companies
1978	45.71	99.99			9.81		
1979	52.00	108.14			12.97		
1980	57.77	125.01			19.44		
1981	68.45	146.42			26.90		
1982	74.08	153.73			32.83		
1983	88.10	174.83			45.59		
1984	136.84	229.88			64.35		
1985	146.42	284.91			84.23		
1986	184.66	350.21			115.03		
1987	231.71	392.32			167.88		
1988	270.67	447.99			209.33		
1989	329.01	511.90			276.34		
1990	593.96	773.04			376.12	6.57	3.18
1991	754.03	945.90			484.84	8.47	4.49
1992	936.04	1127.26			595.39	13.65	5.46
1993	1143.66	1366.98			766.57	18.48	7.55
1994	1602.95	1704.82			1085.80	21.03	11.89
1995	2131.69	2170.17			1456.35	25.57	11.47
1996	2707.65	2665.41			1855.28	26.87	15.23
1997	3271.76	3320.89			2243.00	34.84	16.02
1998	3772.51	3878.53			2657.23	44.92	17.78
1999	4198.10	4179.51			2940.08	47.89	15.83
2000	4753.41	4356.94	3114.58	1057.50	3182.08	55.77	17.30
2001	5530.16	4885.73	3336.16	1447.99	3634.50	69.57	21.85
2002	6451.59	5553.58	3673.39	1702.63	4202.57	126.22	22.68
2003	7618.03	6422.66	4025.08	2138.16	4919.09	162.98	27.53
2004	8631.79	7092.31	4200.53	2487.19	5607.30	202.05	33.84
2005	10003.96	7434.53	4088.16	2736.63	6488.55	213.55	38.16
2006	11492.55	8567.33	4731.54	3259.90	7367.37	252.31	50.98
2007	12576.42	9545.48	5213.08	3800.96	7812.24	323.56	100.88
2008	15255.42	10368.05	5180.84	4302.41	9515.82	518.92	128.77
2009	19175.06	13437.43	6016.17	6066.05	11207.40	565.39	148.23
2010	23148.83	15871.32	6995.81	7806.31	12883.70	793.28	153.91
2011	26646.15	17506.24	8273.66	8690.17	14648.43	839.82	171.14
2012	31970.43	20301.72	9977.52	9608.35	17528.08	841.13	199.55

注：1. 各项存款、贷款年底余额1989年及以前为国家银行口径，1990年以后为金融机构口径。
2. 城乡居民储蓄存款年底余额1986年以前为国家银行口径，1986-1989年含城市、农村信用社，1990年开始为金融机构口径。

a)The balance of various Deposits and loans before 1998 is measured by statistics of state-owned banks,otherwise,after 1990,it is evaluated by datum from financial institutions.

b)The balance of Urban and rural saving deposits is measured by statistics of state-owned banks before 1986, between 1986 to 1989,it includes both rural and urban credit cooperatives,but after 1989, it is evaluated by datum from financial institations.

19-2 金融机构人民币信贷收支情况(年底数)

Deposits and Loans of Financial Institutions (Year-end)

单位：亿元 (100 million yuan)

项 目	Item	2000	2005	2010	2011	2012
资金来源总计	**Funds Sources**	**4531.20**	**10143.15**	**22632.53**	**26642.61**	**30512.37**
各项存款	Total Deposits	4753.41	10003.96	23148.83	26646.15	31648.50
单位存款	Unit deposit				10901.49	12945.72
个人存款	Individual deposit				14726.41	17639.71
财政性存款	Financial deposit				660.38	666.08
临时性存款	Temporary deposit				72.04	81.90
委托存款	Consignment Deposits	-6.89	10.39	188.34	75.09	59.20
其他存款	Other Deposits				210.73	255.89
金融债券	Financial bonds				6.90	6.90
应付及暂收款	Account Payable and Deposit Received		147.26	377.78	473.25	642.38
同业往来	Interbanks Account		49.46	233.64	244.70	245.91
外汇买卖	Foreign exchange trading				450.54	202.82
各项准备	Reserves		109.03	278.79	402.27	489.44
所有者权益	Creditors' Equity	-143.29	57.62	656.95	920.64	1125.32
其他	Others				-2501.85	-3848.90
资金运用总计	**All Uses**	**4531.20**	**10143.15**	**22632.53**	**26642.61**	**30512.37**
各项贷款	Loans	4356.94	7434.53	15871.32	17506.24	20031.44
短期贷款	Short-term Loan	3114.58	4088.16	6995.81	8273.66	9767.12
中长期贷款	Medium-term & Long-term Loans	1057.50	2736.63	7806.31	8690.17	9569.10
其他贷款	Others	184.13	609.74	1069.19	542.41	695.21
有价证券及投资	Securities & Investment	71.42	269.50	827.77	431.94	582.02
应收及预付款	Account Receivable and Payment Collected in Advance		87.37	79.65	124.63	172.69
外汇占款	Combines foreign exchange	0.52	0.93	1.64	451.55	202.95
其他	Others	102.32	2350.82	5852.15	8128.25	9523.28

19-3 各市金融机构存款年底余额
Deposits of Financial Institutions by City

单位：亿元 (100 million yuan)

市(县) City(County)	2011	#单位存款 Unit deposit	#个人存款 Individual deposit	2012	#单位存款 Unit deposit	#个人存款 Individual deposit
省辖市 City						
郑州市 Zhengzhou	8964.87	5091.52	3316.02	10448.29	6057.86	3955.48
开封市 Kaifeng	787.58	221.18	545.15	961.23	276.00	659.53
洛阳市 Luoyang	2428.60	1106.31	1238.52	2902.47	1298.04	1484.52
平顶山市 Pingdingshan	1226.19	404.03	790.16	1457.38	481.18	918.80
安阳市 Anyang	1162.43	406.32	728.01	1352.98	430.60	896.89
鹤壁市 Hebi	305.45	108.60	188.24	366.65	139.94	220.46
新乡市 Xinxiang	1306.27	476.34	793.68	1476.61	486.46	931.22
焦作市 Jiaozuo	890.12	304.87	564.18	1012.64	339.78	645.73
濮阳市 Puyang	680.95	169.22	496.99	836.89	209.61	593.09
许昌市 Xuchang	971.94	331.82	616.08	1188.22	416.29	746.62
漯河市 Luohe	471.78	154.56	298.06	593.75	201.69	367.83
三门峡市 Sanmenxia	687.70	250.35	426.37	825.07	314.18	496.69
南阳市 Nanyang	1774.81	590.00	1138.01	2104.68	675.91	1371.21
商丘市 Shangqiu	1098.24	264.90	790.63	1353.83	328.74	970.61
信阳市 Xinyang	1266.66	323.92	920.93	1536.44	405.38	1105.89
周口市 Zhoukou	1126.04	205.32	906.81	1403.50	257.79	1115.65
驻马店市 Zhumadian	1172.31	286.03	851.37	1429.50	366.87	1021.26
济源市 Jiyuan	185.01	69.14	114.64	222.63	87.18	134.83
省直管县 Province Administrating County						
巩义市 Gongyi	228.90	76.91	147.10	268.95	94.71	169.67
兰考县 Lankao	74.76	16.76	56.92	95.43	21.26	73.33
汝州市 Ruzhou	119.90	37.61	81.90	154.98	45.21	108.32
滑县 Huaxian	122.70	25.61	95.83	145.11	26.84	116.19
长垣县 Changyuan	165.77	41.88	122.70	198.78	43.21	148.07
邓州市 Dengzhou	154.14	35.96	110.34	183.09	36.88	137.55
永城市 Yongcheng	192.58	50.00	139.50	240.86	61.35	174.47
固始县 Gushi	171.71	28.51	142.88	211.56	41.39	169.99
鹿邑县 Luyi	99.26	15.80	82.79	126.64	23.57	102.35
新蔡县 Xincai	98.10	17.10	76.78	124.55	27.29	92.70

19−4 各市金融机构贷款年底余额
Loans of Financial Institution by City

单位：亿元 (100 million yuan)

市(县) City(County)	2011	#短期 Short-term	#中长期 Medium-term & Long-term	2012	#短期 Short-term	#中长期 Medium-term & Long-term
省辖市 City						
郑州市 Zhengzhou	6112.78	2230.30	3667.46	6794.13	2765.86	3805.85
开封市 Kaifeng	443.77	170.13	246.40	554.32	233.87	285.96
洛阳市 Luoyang	1366.59	741.69	530.31	1645.34	930.99	576.24
平顶山市 Pingdingshan	794.69	346.58	429.74	934.97	464.61	443.16
安阳市 Anyang	634.20	417.68	185.72	687.29	437.06	205.67
鹤壁市 Hebi	283.25	148.31	129.55	336.56	186.12	139.55
新乡市 Xinxiang	781.78	446.07	315.23	868.48	495.45	357.26
焦作市 Jiaozuo	571.49	343.51	212.93	672.19	386.92	244.30
濮阳市 Puyang	257.56	149.76	103.85	304.09	178.28	118.87
许昌市 Xuchang	697.19	465.28	211.94	850.76	587.69	230.32
漯河市 Luohe	303.05	208.36	92.36	310.92	196.38	112.62
三门峡市 Sanmenxia	381.18	229.18	136.95	467.35	282.92	164.46
南阳市 Nanyang	973.25	645.79	284.26	1113.34	730.84	326.90
商丘市 Shangqiu	587.99	338.93	240.18	700.94	403.97	281.86
信阳市 Xinyang	631.58	396.98	222.67	740.80	445.06	277.49
周口市 Zhoukou	579.31	410.60	167.59	638.45	428.77	208.03
驻马店市 Zhumadian	540.33	359.16	176.91	643.87	402.38	238.11
济源市 Jiyuan	157.20	97.30	57.78	175.26	119.37	54.34
省直管县 Province Administrating County						
巩义市 Gongyi	135.12	87.16	42.12	147.73	84.56	59.09
兰考县 Lankao	21.19	14.29	6.90	30.18	18.68	11.51
汝州市 Ruzhou	71.11	47.73	22.23	90.83	68.66	21.43
滑县 Huaxian	50.76	40.78	9.98	57.95	43.61	14.34
长垣县 Changyuan	103.07	67.59	31.87	120.69	78.30	41.17
邓州市 Dengzhou	68.32	56.97	11.35	78.14	62.95	14.07
永城市 Yongcheng	134.10	49.98	83.06	163.82	66.42	94.55
固始县 Gushi	63.77	55.76	8.01	80.10	65.98	14.12
鹿邑县 Luyi	48.14	43.13	5.02	55.56	46.51	9.05
新蔡县 Xincai	35.53	28.91	6.61	35.80	23.96	11.84

19–5 中小型银行信贷收支情况(2012年)

Deposits and Loans of Stock-holding System Commercial Banks (2012)

单位：亿元 (100 million yuan)

项 目	Item	年末余额 绝对数 Absolute Value	年末余额 比重(%) Proportion (%)	比年初增减数 绝对数 Absolute Value
资金来源总计	**All Sources**	**5555.89**	**100.0**	**1058.65**
各项存款	Deposits	4514.39	81.3	867.47
单位存款	Unit deposit	3520.85	63.4	662.24
个人存款	Individual deposit	847.96	15.3	194.78
临时性存款	Temporary deposit	19.91	0.4	5.90
其他存款	Other Deposits	125.67	2.3	4.55
代理财政性存款	Agency financial savings	27.40	0.5	0.61
应付及暂收款	Account Payable and Deposit Received	75.26	1.4	24.58
同业往来	Interbanks Account	766.46	13.8	303.59
外汇买卖	Foreign exchange trading	18.71	0.3	0.73
委托存款及委托投资基金(净)	Entrust deposit and entrust investment fund	51.49	0.9	22.98
各项准备	Reserves	46.94	0.8	5.40
所有者权益	Creditors' Equity	112.07	2.0	9.55
其他	Others	-56.82	-1.0	-176.26
资金运用总计	**All Uses**	**5555.89**	**100.0**	**1058.65**
各项贷款	Loans	4503.67	81.1	529.36
短期贷款	Short-term Loans	2916.91	52.5	550.95
中长期贷款	Medium-term & Long-term Loans	1548.78	27.9	20.45
其他贷款	Others	37.97	0.7	-42.04
有价证券及投资	Securities & Investment	135.01	2.4	132.67
存放中央银行准备金存款	Reserve Deposits Leaving in Central Bank	111.69	2.0	36.53
库存现金	Storage Cash	17.16	0.3	3.23
外汇买卖	Purchase of Foreign Exchanges	18.71	0.3	0.73
其他	Others	769.66	13.9	356.12

注：中小型银行包括招商银行、农业发展银行、浦东发展银行、中信银行、兴业银行、民生银行、光大银行和广发银行。
a)Small and Medium Banks include CMB, ADBC, SPDB, China Citic Bank,CIB,CMBC,CEB and Guangdong Development Bank.

19-6 大型银行信贷收支情况(2012年)
Deposits and Loans of State-Owned Commercial Banks (2012)

单位：亿元 (100 million yuan)

项　　目	Item	年末余额		比年初增减数
		绝对数 Absolute Value	比重(%) Proportion (%)	绝对数 Absolute Value
资金来源总计	**All Sources**	**11418.53**	**100.0**	**2150.83**
各项存款	Deposits	17946.55	157.2	2725.94
单位存款	Unit deposit	6772.80	59.3	1100.03
个人存款	Individual deposit	10936.53	95.8	1566.16
临时性存款	Temporary deposit	45.36	0.4	1.94
其他存款	Other Deposits	191.86	1.7	57.81
代理财政性存款	Agency financial savings	7.47	0.1	2.66
应付及暂收款	Account Payable and Deposit Received	325.93	2.9	63.40
同业往来	Interbanks Account	636.68	5.6	142.75
外汇买卖	Foreign exchange trading	402.97	3.5	400.54
各项准备	Reserves	185.04	1.6	13.88
委托存款及委托投资基金(净)	Entrust deposit and entrust investment fund	4.20	0.0	-40.73
所有者权益	Creditors' Equity	185.61	1.6	35.44
其他	Others	-8275.93	-72.5	-1193.05
资金运用总计	**All Uses**	**11418.53**	**100.0**	**2150.83**
各项贷款	Loans	9994.21	87.5	1314.32
短期贷款	Short-term Loans	2657.36	23.3	448.37
中长期贷款	Medium-term & Long-term Loans	7053.55	61.8	759.10
其他贷款	Others	283.29	2.5	106.85
有价证券及投资	Securities & Investment	19.56	0.2	-15.67
存放中央银行准备金存款	Reserve Deposits Leaving in Central Bank	77.52	0.7	-0.58
库存现金	Storage Cash	134.15	1.2	14.46
外汇买卖	Purchase of Foreign Exchanges	402.94	3.5	400.52
其他	Others	790.15	6.9	437.79

注：大型银行包括工商银行、建设银行、农业银行、中国银行、国家开发银行、交通银行和邮政储蓄银行。
a)Large Banks include ICBC, CCB, ABC, BOC, CDB, BOC and PSBC.

19-7 区域性中小型银行信贷收支情况(2012年)

Deposits and Loans of Urban Commercial Banks (2012)

单位：亿元 (100 million yuan)

项　　目	Item	年末余额 绝对数 Absolute Value	年末余额 比重(%) Proportion (%)	比年初增减数 绝对数 Absolute Value
资金来源总计	**All Sources**	**4899.85**	**100.00**	**1253.95**
各项存款	Deposits	3797.89	77.51	804.42
单位存款	Unit deposit	1958.13	39.96	410.72
个人存款	Individual deposit	1816.81	37.08	387.89
临时性存款	Temporary deposit	10.94	0.22	2.51
其他存款	Other Deposits	12.01	0.25	3.30
代理财政性存款	Agency financial savings	2.74	0.06	-2.37
应付及暂收款	Account Payable and Deposit Received	93.14	1.90	32.92
同业往来	Interbanks Account	325.48	6.64	172.98
外汇买卖	Foreign exchange trading			
委托存款及委托投资基金(净)	Entrust deposit and entrust investment fund	0.43	0.01	0.29
各项准备	Reserves	97.90	2.00	19.90
所有者权益	Creditors' Equity	435.66	8.89	106.26
其他	Others	146.61	2.99	119.54
资金运用总计	**All Uses**	**4899.85**	**100.00**	**1253.95**
各项贷款	Loans	2505.75	51.14	532.21
短期贷款	Short-term Loans	1807.06	36.88	442.44
中长期贷款	Medium-term & Long-term Loans	337.98	6.90	-15.40
其他贷款	Others	360.70	7.36	105.17
有价证券及投资	Securities & Investment	719.86	14.69	219.41
存放中央银行准备金存款	Reserve Deposits Leaving in Central Bank	916.25	18.70	240.46
库存现金	Storage Cash	34.01	0.69	3.96
外汇买卖	Purchase of Foreign Exchanges			
其他	Others	723.98	14.78	257.91

注：区域性中小银行包括城市商业银行、农村商业银行、农村合作银行和村镇银行。

a)Regional Small and Medium Banks include Urban commercial Banks, Rural Commercial Banks, Rural Cooperative Banks and Town Bank.

19-8 农村信用社信贷收支情况(2012年)
Deposits and Loans of Rural Credit Cooperatives (2012)

单位：亿元 (100 million yuan)

项　目	Item	年末余额 绝对数 Absolute Value	比重(%) Proportion (%)	比年初增减数 绝对数 Absolute Value
资金来源总计	**All Sources**	**5010.23**	**100.0**	**635.46**
各项存款	Deposits	4775.60	95.3	766.29
单位存款	Unit deposit	671.32	13.4	-1.97
个人存款	Individual deposit	4095.81	81.7	768.56
临时性存款	Temporary deposit	8.46	0.2	-0.30
其他存款	Other Deposits			
代理财政性存款	Agency financial savings	11.47	0.2	-4.84
应付及暂收款	Account Payable and Deposit Received	138.38	2.8	29.73
同业往来	Interbanks account	139.66	2.8	-69.17
外汇买卖	Foreign exchange trading			
委托存款及委托投资基金(净)	Entrust deposit and entrust investment fund	3.14	0.1	1.50
各项准备	Reserves	157.80	3.1	48.70
所有者权益	Creditors' Equity	292.23	5.8	64.79
其他	Others	-508.04	-10.1	-201.53
资金运用总计	**All Uses**	**5010.23**	**100.0**	**635.46**
各项贷款	Loans	2951.17	58.9	194.70
短期贷款	Short-term Loans	2428.71	48.5	102.38
中长期贷款	Medium-term & Long-term Loans	522.39	10.4	93.61
其他贷款	Others	0.08	0.0	-1.28
有价证券及投资	Securities & Investment	489.93	9.8	94.81
存放中央银行准备金存款	Reserve Deposits Leaving in Central Bank	827.86	16.5	141.49
同业往来	Intercourse between Banks	569.27	11.4	199.46
库存现金	Storage Cash	51.60	1.0	-1.84
其他	Others	120.39	2.4	6.85

19-9 信托投资公司信贷收支情况(2012年)
Deposits and Loans of Financial Trust Investment Agencies (2012)

单位：亿元 (100 million yuan)

项　目	Item	年末余额 绝对数 Absolute Value	比重(%) Proportion (%)	比年初增减数 绝对数 Absolute Value
资金来源总计	**All Sources**	**44.70**	**100.0**	**9.96**
应付及暂收款	Account Payable and Deposit Received	4.88	10.9	1.02
各项准备	Reserves	0.78	1.7	-0.02
所有者权益	Creditors' Equity	43.19	96.6	7.23
其他	Others	-4.15	-9.3	1.72
资金运用总计	**All Uses**	**44.70**	**100.0**	**9.96**
各项贷款	Loans	16.91	37.8	6.81
股权及其他投资	Equity and other investment	21.41	47.9	5.56
其他	Others	6.38	14.3	-2.41

19-10 个人贷款总额
Total Amount of Personal Loans

单位：亿元 (100 million yuan)

指 标	Indicators	2005	2008	2009	2010	2011	2012
个人贷款总额	**Total Amount of Personal Loans**	**377.79**	**816.26**	**1229.86**	**1898.14**	**2328.50**	**2883.99**
个人消费贷款	Personal Consumption Loan	347.30	666.45	1044.37	1623.94	1982.62	2471.50
#个人住房贷款	Housing Mortgage Loan	269.71	532.59	829.03	1257.00	1567.79	2024.15
汽车消费贷款	Car Consumption Loan	41.02	44.77	47.24	68.09	73.28	56.17
公积金贷款	Accumulation Fund Loan	30.48	149.81	185.48	274.20	345.88	412.49
个人住房贷款占个人消费贷款额比重(%)	**Percentage of Housing Mortgage Loan in Personal Consumption Loan (%)**	**77.7**	**79.9**	**79.4**	**77.4**	**79.1**	**81.9**

19-11 各市城乡居民储蓄存款年底余额
Residents' Saving Deposits of Financial Institutions in Urban and Rural Areas by City (Year-end)

单位：亿元 (100 million yuan)

市(县)	City(County)	2010	定期 Fixed Deposits	活期 Current Deposits	2011	2012
全省	**Total**	**12883.70**	**7780.10**	**5103.60**	**14648.43**	**17528.08**
省辖市	**City**					
郑州市	Zhengzhou	2911.00	1657.18	1253.82	3252.14	3845.46
开封市	Kaifeng	472.54	285.08	187.47	545.00	658.31
洛阳市	Luoyang	1111.68	684.40	427.28	1233.05	1465.16
平顶山市	Pingdingshan	730.13	407.62	322.52	789.21	914.37
安阳市	Anyang	638.60	388.85	249.75	727.26	892.16
鹤壁市	Hebi	177.94	100.87	77.07	188.23	220.37
新乡市	Xinxiang	718.61	445.37	273.24	793.17	928.51
焦作市	Jiaozuo	503.76	338.32	165.44	562.90	638.08
濮阳市	Puyang	435.58	275.95	159.63	496.96	592.52
许昌市	Xuchang	543.51	327.49	216.02	615.72	743.29
漯河市	Luohe	260.29	159.48	100.81	298.02	367.37
三门峡市	Sanmenxia	392.82	227.71	165.11	424.07	492.12
南阳市	Nanyang	955.82	589.21	366.60	1136.37	1366.92
商丘市	Shangqiu	667.28	362.75	304.53	790.37	968.91
信阳市	Xinyang	784.10	517.74	266.36	920.69	1104.25
周口市	Zhoukou	760.28	471.43	288.84	906.71	1112.87
驻马店市	Zhumadian	713.63	486.30	227.32	851.36	1020.39
济源市	Jiyuan	104.22	53.68	50.55	114.64	134.58
省直管县	**Province Administrating County**					
巩义市	Gongyi	133.04	80.43	52.61	146.97	169.35
兰考县	Lankao	46.25	25.69	20.55	56.92	73.24
汝州市	Ruzhou	69.30	37.57	31.73	81.70	108.10
滑县	Huaxian	80.26	52.09	28.17	95.83	116.12
长垣县	Changyuan	112.55	64.86	47.69	122.70	147.92
邓州市	Dengzhou	89.53	55.83	33.71	110.34	137.54
永城市	Yongcheng	119.70	62.12	57.58	139.31	173.75
固始县	Gushi	121.74	84.46	37.28	142.88	169.93
鹿邑县	Luyi	69.23	40.20	29.03	82.78	102.23
新蔡县	Xincai	62.48	43.30	19.18	76.78	92.70

19-12 人民币一年期存贷款利率

Official Interest Rates of RMB Deposits and Loans of Financial Institutions

单位：年利率 % (annual interest rate %)

执行日期 Ajust Time	金融机构 存款基准利率 Official Interest Rates of Deposits of Financial Institutions	金融机构 贷款基准利率 Official Interest Rates of Loans of Financial Institutions	中央银行对金融机构 贷款基准利率 Official Interest Rates of Loans of Central Bank
1978	3.24	5.04	
1980	3.96-5.76	5.04	
1985	5.40-7.20	3.60-7.92	
1990.01.01	11.34	11.34	
1990.04.15	10.08	10.08	
1990.08.21	8.64	9.36	
1991.04.21	7.56	8.64	
1993.05.15	9.18	9.36	
1993.07.11	10.98	10.98	
1995.07.01	10.98	12.06	
1996.05.01	9.18	10.98	10.98
1996.08.23	7.47	10.08	10.62
1997.10.23	5.67	8.64	9.36
1998.03.25	5.22	7.92	7.92
1998.07.01	4.77	6.93	5.67
1998.12.07	3.78	6.39	5.13
1999.06.10	2.25	5.85	3.78
2002.02.21	1.98	5.31	3.24
2004.03.25	1.98	5.31	3.87
2004.10.29	2.25	5.58	3.87
2006.04.28	2.25	5.85	3.87
2006.08.19	2.52	6.12	3.87
2007.03.18	2.79	6.39	3.87
2007.05.19	3.06	6.57	3.87
2007.07.21	3.33	6.84	3.87
2007.08.22	3.60	7.02	3.87
2007.09.15	3.87	7.29	3.87
2007.12.21	4.14	7.47	3.87
2008.01.01	4.14	7.47	4.68
2008.09.16	4.14	7.20	4.68
2008.10.09	3.87	6.93	4.68
2008.10.30	3.60	6.66	4.68
2008.11.27	2.52	5.58	3.60
2008.12.23	2.25	5.31	3.33
2010.10.20	2.50	5.56	3.33
2010.12.26	2.75	5.81	3.85
2011.02.09	3.00	6.06	3.85
2011.04.06	3.25	6.31	3.85
2011.07.07	3.50	6.56	3.85
2012.06.08	3.25	6.31	3.85
2012.07.06	3.00	6.00	3.85

19−13　各市证券交易额(2012年)

Securities transactions by City (2012)

单位：亿元　　(100 million yuan)

市 City	2009	2010	2011	2012
全　　省 Total	**26443.67**	**25065.78**	**19873.60**	**15987.46**
郑　州　市 Zhengzhou	14739.50	13928.78	11176.51	9241.54
开　封　市 Kaifeng	558.49	577.66	445.92	315.76
洛　阳　市 Luoyang	2431.37	2387.21	1886.47	1433.71
平顶山市 Pingdingshan	907.18	939.37	741.02	538.33
安　阳　市 Anyang	709.46	645.36	574.31	406.11
鹤　壁　市 Hebi	155.91	250.49	203.57	161.61
新　乡　市 Xinxiang	864.90	930.63	788.36	704.73
焦　作　市 Jiaozuo	750.33	640.65	462.84	363.18
濮　阳　市 Puyang	494.01	453.68	336.87	312.22
许　昌　市 Xuchang	949.15	860.20	629.23	453.74
漯　河　市 Luohe	366.88	312.01	239.84	180.64
三门峡市 Sanmenxia	546.46	438.41	282.79	212.67
南　阳　市 Nanyang	858.51	827.87	617.53	492.04
商　丘　市 Shangqiu	469.56	290.30	370.97	278.46
信　阳　市 Xinyang	605.73	525.41	379.96	310.93
周　口　市 Zhoukou	474.30	415.59	295.90	229.53
驻马店市 Zhumadian	561.93	488.09	361.94	293.89
济　源　市 Jiyuan		154.09	79.56	58.37

19-14 各市国债发行情况

Issuance of National Debt by City

单位：万元 (10 000 yuan)

市 City	2000	2005	2007	2008	2009	2010	2011	2012
全 省 Total	**485000**	**460969**	**432787**	**378128**	**629698**	**618676**	**648960**	**406549**
省 辖 市 City								
郑 州 市 Zhengzhou	160330	190559	162122	165302	260249	140710	185175	127292
开 封 市 Kaifeng	23266	18625	16700	11917	25413	31839	29823	16598
洛 阳 市 Luoyang	79250	68155	58420	53215	69539	55497	64665	58884
平 顶 山 Pingdingshan	21000	13410	14140	13363	17609	24190	25692	9140
安 阳 市 Anyang	30500	16682	16130	11677	19723	13050	14902	9350
鹤 壁 市 Hebi	2880	3360	8150	2619	4587	10755	18427	3711
新 乡 市 Xinxiang	30737	24089	18060	11750	23661	45620	24177	17054
焦 作 市 Jiaozuo	25021	11699	17180	11700	22824	31401	47384	33237
濮 阳 市 Puyang	35300	35975	23460	28492	62422	45013	35024	24604
许 昌 市 Xuchang	14600	10770	11040	4927	11236	10737	12095	9384
漯 河 市 Luohe	3296	6080	8760	7766	11846	8191	13582	8902
三 门 峡 市 Sanmenxia	11710	9690	9255	6314	11447	18821	17897	16683
南 阳 市 Nanyang	8000	17220	19320	11486	20616	25086	30194	14152
商 丘 市 Shangqiu	6515	4505	10600	7166	12629	22454	26705	12951
信 阳 市 Xinyang	8275	9900	12400	7757	16395	37562	20307	9077
周 口 市 Zhoukou	8800	5575	11200	8477	14225	28285	44135	15044
驻 马 店 市 Zhumadian	11600	9125	10270	10197	21248	59963	33382	16847
济 源 市 Jiyuan	3920	5550	5580	4003	4029	9502	5394	3640

19-15 证券市场情况
Basic Statistics on Securities Market

指 标	Item	2011	2012
年末河南上市公司数量(家)	Number of Henan Listed Companies in Share Market at the Year-end(unit)	99	103
年末发行股票(只)	Issued shares at the end year (unit)	100	104
发行A股	A Shares	63	66
#新发行	Issued in this Year	12	3
发行境外股票	Overseas stock	37	38
#新发行	Issued in this Year	6	1
截止年末募集资金总额(亿元)	Capital Avaliable at the end year (100 million yuan)	1034.03	1166.57
本年首次发行、再融资募集资金(亿元)	Capital Avaliable from First Issued and Refinancing (100 million yuan)	282.93	209.20
#A股	A Shares	260.75	188.97
年末A股上市公司流通股市价总值(亿元)	Total Negotiable Market Capotalization of Companies Listed in A Share Market at the Year-edn(100 million yuan)	2520.82	2460.69
股票成交量(亿元)	Total Stock Turnover (100 million yuan)	18749.83	12685.78
债券成交量金额(亿元)	Bonds Turnover Amount(100 million yuan)	166.67	411.41
投资者开户数(万户)	Total Investors (10 000 households)	394.00	408.00
#机构	Institutions	0.40	0.40
个人	Individuals	393.60	407.60
证券营业部个数(个)	Number of Business Departments of Security Companies (unit)	146	148
#外省证券公司设本省营业部	Number of Local Business Departments of Security Companies from Strange Provinces	105	105

19-16 河南A股股票发行情况(1993-2012年)
Issuance of A Shares (1993-2012)

股票名称 Name of Stocks	证券代码 Code of Stocks	发行(上市)日期 issue or the listing date	发行数量(万股) Total Issued Capital (10 000 shares)	发行价格(元/股) Issued Prices (yuan/share)	发行总市值(万元) Issued Aggregate Market Value (10 000yuan)	募集资金净额(万元) Net Capitalization Collected (10 000yuan)
中原环保	000544	1993-10-25	4500	3.50	15750	15075
神马实业	600810	1993-11-03	4950	4.68	23166	23166
洛阳玻璃	600876	1995-09-28	5000	5.03	25150	23900
焦作万方	000612	1996-09-09	3201	6.80	21767	21127
ST冰熊	600753	1996-09-16	2000	5.18	10360	9760
思达高科	000676	1996-12-03	1250	5.20	6500	6000
许继电气	000400	1997-04-02	5000	9.24	46200	44700
银鸽投资	600069	1997-04-16	4000	4.62	18480	17810
宇通客车	600066	1997-04-23	3500	9.75	34125	33075
郑州煤电	600121	1997-10-28	8000	5.50	44000	42520
豫能控股	001896	1997-11-10	8000	3.36	26880	25920
莲花味精	600186	1998-06-15	10000	7.01	70100	68000
S双汇	000895	1998-09-16	5000	6.24	31200	30046
黄河旋风	600172	1998-10-19	4000	6.40	25600	24721
SST春都	000885	1998-12-02	6000	7.08	42480	40980
安彩高科	600207	1999-06-21	18000	7.20	129600	127623
神火股份	000933	1999-07-23	7000	7.50	52500	51170
太龙药业	600222	1999-08-13	3500	6.52	22820	21823
新乡化纤	000949	1999-08-18	7500	7.80	58500	56752
中原油气	000956	1999-09-10	17000	4.89	83130	80580
羚锐股份	600285	2000-09-14	4000	8.30	33200	32030
天方药业	600253	2000-12-06	6000	7.75	46500	44820
平高电气	600312	2001-01-15	6000	12.45	74700	72787
安阳钢铁	600569	2001-08-01	27500	6.80	187000	182925
中孚实业	600595	2002-06-12	5000	8.30	41500	39939
豫光金铅	600531	2002-07-15	4500	7.34	33030	31502
瑞贝卡	600439	2003-06-25	2400	10.40	24960	23956
中原高速	600020	2003-07-24	28000	6.36	178080	172754
风神股份	600469	2003-09-29	7500	4.30	32250	30533
华兰生物	002007	2004-06-10	2200	15.74	34628	32985
轴研科技	002046	2005-05-11	2500	6.39	15975	14784
平煤天安	601666	2006-11-08	37000	8.16	301920	294892
新野纺织	002087	2006-11-17	8000	5.19	41520	38821
恒星科技	002132	2007-04-13	4100	8.00	32800	30200
中航光电	002179	2007-10-18	3000	16.19	48570	46231
利达光电	002189	2007-11-15	5000	5.10	25500	23512
三全食品	002216	2008-02-20	2350	21.59	50737	48864
濮耐股份	002225	2008-04-25	6000	4.79	28740	27012
辉煌科技	002296	2009-09-29	1550	25.00	38750	37004
汉威电子	300007	2009-10-30	1500	27.00	40500	37364
华英农业	002321	2009-12-16	3700	16.98	62826	58884
森源电气	002358	2010-02-10	2200	26.00	57200	54715
豫金刚石	300064	2010-03-26	3800	21.32	81016	74502
远东传动	002406	2010-05-18	4700	26.60	125020	121490
多氟多	002407	2010-05-18	2700	39.39	106353	99085
中原特钢	002423	2010-06-03	7900	9.00	71100	67383
新大新材	300080	2010-06-25	3500	43.40	151900	148008
中原内配	002448	2010-07-16	2350	21.80	51230	47275
郑煤机	601717	2010-08-03	14000	20.00	280000	270040
新开源	300109	2010-08-25	900	30.00	27000	24805
雏鹰农牧	002477	2010-09-15	3350	35.00	117250	108623
林州重机	002535	2011-01-11	5120	25.00	128000	120520
西泵股份	002536	2011-01-11	2400	36.00	86400	81749
四方达	300179	2011-02-15	2000	24.75	49500	46312
通达股份	002560	2011-03-03	2000	28.80	57600	53389
好想你	002582	2011-05-20	1860	46.00	85560	81478
佰利联	002601	2011-07-15	2400	55.00	132000	125818
新开普	300248	2011-07-29	1120	30.00	33600	29903
北玻股份	002613	2011-08-30	6700	13.50	90450	82445
新天科技	300259	2011-08-31	1900	21.90	41610	38732
隆华传热	300263	2011-09-16	2000	33.00	66000	61074
明泰铝业	601677	2011-09-19	6000	20.00	120000	112949
中信重工	601608	2012-07-06	68500	4.67	319895	308557
一拖股份	601038	2012-08-08	15000	5.40	81000	77373
洛阳钼业	603993	2012-10-09	20000	3.00	60000	55815

注：2007年及以前为发行日期，2008年起为上市日期。
a)Data before 2007 is issue date,and later 2008 is listing date.

19-17 保险业务情况

Major Indicators of Insurance Business

单位：万元　(10 000 yuan)

项　目	Item	2006	2007	2008	2009	2011	2012
保费收入	**Premium Income**	**2523106**	**3235621**	**5189239**	**5653914**	**8398213**	**8411318**
财产保险	Property Insurance	476181	647687	778537	977354	1633326	1957715
#机动车辆险	Motor Vehicle Insurance	399160	538271	631479	817024	1399549	1626570
企业财产险	Enterprise Property Insurance	41440	52030	57058	54314	89390	86662
家庭财产险	Family Property Insurance	3810	1916	2452	2242	2398	2242
人身保险	Life Insurance	2046925	2587934	4410702	4676560	6764888	6453603
寿险	Life Insurance	1854461	2386260	4110140	4344466	6371589	5954889
健康险	Health Insurance	133789	132658	223564	249136	283075	370951
意外伤害险	Accident Insurance	58675	69015	76997	82958	110223	127764
赔款及给付	**Claim and Payment**	**509782**	**1008777**	**1287669**	**1482335**	**1711388**	**1995526**
财产保险	Property Insurance	231549	338994	451263	521312	805384	1025003
#机动车辆险	Motor Vehicle Insurance	189390	289728	382449	431539	685909	888478
企业财产险	Enterprise Property Insurance	23945	28708	23876	29468	35667	36985
家庭财产险	Family Property Insurance	396	536	627	687	554	572
人身保险	Life Insurance	278233	669783	836406	961023	906004	970523
寿险	Life Insurance	197318	600394	745623	862212	761419	837180
健康险	Health Insurance	60553	44116	65145	73159	116123	97948
意外伤害险	Accident Insurance	20362	25273	25639	25651	28462	35395

19-18 各市国内保险业务主要指标(2012年)

单位：万元

市 City	保费收入 Premium Income	财产保险 Property Insurance	#机动车辆险 Motor Vehicle Insurance	#企业财产险 Enterprise Property Insurance	#家庭财产险 Family Property Insurance	人身保险 Life Insurance	寿险 Life Insurance	健康险 Health Insurance	意外伤害险 Accident Insurance
全　　省 Total	**8411318**	**1957715**	**1626570**	**86662**	**2242**	**6453603**	**5954889**	**370951**	**127764**
省辖市 City									
郑州市 Zhengzhou	1783697	632192	528114	45164	757	1151505	1021918	92561	37026
开封市 Kaifeng	285691	47642	37097	1121	46	238050	220428	12800	4822
洛阳市 Luoyang	644283	162389	130614	6901	185	481894	441050	30590	10254
平顶山市 Pingdingshan	390906	82891	71362	4474	62	308015	283971	19211	4833
安阳市 Anyang	407668	88994	76984	2905	60	318674	294013	17990	6671
鹤壁市 Hebi	112603	26908	22638	1104	25	85695	78569	5233	1894
新乡市 Xinxiang	439250	86546	73681	3581	69	352705	324018	22078	6608
焦作市 Jiaozuo	402833	93758	75762	2221	71	309075	282155	20439	6480
濮阳市 Puyang	368416	68296	59049	1847	89	300120	278696	16837	4587
许昌市 Xuchang	399038	89889	79397	2650	174	309149	289357	14147	5645
漯河市 Luohe	229601	34970	30379	1203	267	194631	181429	10114	3087
三门峡市 Sanmenxia	197218	39521	34207	977	29	157697	144679	7516	5503
南阳市 Nanyang	697679	127794	106986	5319	87	569885	525672	35074	9139
商丘市 Shangqiu	502995	95367	79015	1665	216	407627	386922	14604	6101
信阳市 Xinyang	425181	74342	60607	1542	45	350839	332360	14586	3892
周口市 Zhoukou	579871	104157	87222	1585	36	475713	457248	14238	4227
驻马店市 Zhumadian	477558	81582	55783	1383	38	395976	371790	18181	6004
济源市 Jiyuan	65906	19659	17021	837	8	46247	40602	4747	897

Major Indicators of Domestic Insurance Business by City (2012)

(10 000 yuan)

赔款及给付 Claim and Payment	财产保险 Property Insurance	#机动车辆险 Motor Vehicle Insurance	#企业财产险 Enterprise Property Insurance	#家庭财产险 Family Property Insurance	人身保险 Life Insurance	寿险 Life Insurance	健康险 Health Insurance	意外伤害险 Accident Insurance
1995526	**1025003**	**685909**	**36985**	**572**	**970523**	**888678**	**46450**	**35395**
475840	311173	175595	16746	87	164667	142374	14042	8250
59629	25645	19601	804	14	33985	31366	1810	809
167877	73927	50267	2262	76	93950	87869	3124	2957
100193	45742	32526	1432	64	54451	51272	2032	1147
109910	48820	34352	1214	26	61089	55849	2667	2574
29882	14826	11058	320	18	15056	13639	701	717
92361	39758	28293	932	32	52603	49178	1859	1566
91507	45809	36729	1534	18	45697	42121	2091	1486
86564	39110	25905	2871	28	47454	43894	2119	1441
95944	50458	36968	1218	46	45487	42065	2028	1394
49254	21700	16070	836	40	27554	25106	1528	920
52643	22556	16346	379	27	30087	26023	899	3165
154316	70231	50497	2827	33	84085	77128	3864	3093
101338	53940	37639	826	12	47398	44813	1201	1384
95956	41550	29679	585	23	54406	50294	3170	942
117111	63893	48768	688	5	53218	51129	714	1376
96729	45568	28497	962	16	51161	47017	2368	1776
17342	9189	6355	373	1	8153	7542	227	383

主要统计指标解释

信贷资金 指金融机构以信用方式积聚和分配的货币资金。金融机构信贷资金的来源有各项存款、对国际金融机构负债、流通中货币、银行自有资金及当年结益等；信贷资金的运用有各项贷款、黄金占款、外汇占款、财政借款及在国际金融机构中的资产等。

存款 指企业、机关、团体或居民根据资金必须收回的原则，把货币资金存入银行或其他信用机构保管并取得一定利息的一种信用活动形式。根据存款对象的不同可划分为企业存款、财政存款、机关团体存款、基本建设存款、城镇储蓄存款、农村存款等科目。它是银行信贷资金的主要来源。

贷款 指银行或其他信用机构根据资金必须归还的原则，按一定利率，为企业、个人等提供资金的一种信用活动形式。我国银行贷款分为短期贷款、委托及信托类贷款、其他贷款等。

保险公司 在中国境内的、经过保险监督部门批准设立，并依法登记注册的各类商业保险公司。

保险金额 指保险人承担赔偿或者给付保险金责任的最高限额。

证券 由债券购买者承购的或因销售产品而拥有的，可在金融市场上交易并代表一定债权的书面证明。包括政府债券、金融债券、企业债券、商业票据、股票、支付固定收入但不提供法人企业残余价值分享权的优先股等。

股票 指股票购买者及直接投资者对其投资企业净资产所拥有的权益。股票是股份公司签发的证明股东投资并按其所持股份享有权益和承担义务的权益性证券。

保费 指投保人为取得保险人在约定范围内所承担赔偿责任而支付给保险人的费用。

赔款 指保险人根据保险合同的规定，向被保险人支付的赔偿保险责任损失的金额。

给付 包括死伤医疗给付和满期给付。死伤医疗给付是指保险人根据人寿保险及长期健康保险合同的规定，因被保险人在保险期内发生保险责任范围内的保险事故支付给被保险人（或受益人）的金额。满期给付是指被保险人生存期满，保险人按人寿保险合同规定支付给被保险人的满期保险金额。

Explanatory Notes on Main Statistical Indicators

Credit Funds refer to the funds issued as loans by banking institutions. The sources of credit funds of the banking institutions included deposits, liabilities to international financial institutions, currency in circulation, self-owned funds and current retained profits, etc. The credit funds can be used in forms of loans, gold, foreign exchange, government debt and assets in the international financial institutions.

Deposit is a form of credit by which enterprises, institutions, organizations or households can put money into banks and other credit institutions for safekeeping and interest earning under the principle of free withdrawal. According to different depositors, deposits are divided into enterprise deposits, treasury deposits, deposits of government agencies and organizations, capital construction deposits, urban savings deposits, rural deposits and other deposits. Deposits are major sources of the credit funds of banks.

Loan is a form of credit by which banks and other credit institutions provide funds at certain interest rate to enterprises and individuals in the light of the principle of unconditional repayment. Loans from Chinese banks include short-term loans, medium-term and long-term loans, entrusted loans, and other loans.

Insurance Companies refer to commercial insurance companies of various forms registered by law and established in china with the approval of insurance regulatory agencies.

Insurance amount refers to the insurer undertakes to indemnify or pay under its insurance obligation ceiling.

Securities refer to written certificates representing creditors' rights, purchased by bond holders or owned by selling products, which can be transacted at the financial markets. They include government bonds, financial bonds, corporation bonds, commercial drafts, stocks, preferential stocks that provide fixed income without the right to share the residual value of corporations, etc.

Stocks refer to the rights by stockholders and direct investors on the net assets of corporations they invested in. Stocks refer to negotiable securities on creditor's rights, issued by stock companies certifying the investment by stockholders and their rights and duties depending on their stocks.

Premium is the fee paid by the insurant to the insurer to obtain the obligation of compensation from the insurance within the agreed terms.

Settled Claim is the compensation paid by the insurer to the insurant in accordance with the insurance contract.

Payment includes payment for death, injury or medical treatment and mature payment. Payment for death, injury or medical treatment refers to the money paid to the insurant (or the beneficiary) in accordance with the life or health insurance contract when the insurant encounters accidents within the insured period covered in the contract. Mature payment refers to the mature payment to the insurant in accordance with the life insurance contract at the end of the insured period.

房地产业
Real Estate

● 资料整理：秦红娟

简要说明

一、主要内容

本篇包括房地产开发企业单位数、从业人数、主要财务指标以及房地产开发与经营活动的规模、结构及资金来源等资料。

二、统计范围

房地产开发统计范围包括：各种登记注册类型的房地产开发公司、商品房建设公司及其他房地产开发单位统一开发（包括统代建，拆迁还建）的各种房屋建筑物和配套的服务设施、土地开发工程，如道路、给水、排水、供电、供热、通讯、平整场地等基础设施工程，还包括实际从事房地产开发或经营活动的附营房地产开发单位。凡从事房地产开发与经营活动的单位，均按单位进行统计。

房地产开发企业数据，暂不包括物业管理、房地产中介服务、其它房地产活动法人单位数据。

三、资料来源

本篇资料由河南省统计局固定资产投资统计处编辑整理。

Brief Introduction

I. Main Contents

Statistics in this chapter including the unit, employment, and main financial indicators of real estate, the Size, structure and funding sources of real estate development and operation.

II. Scope of Statistics

Data on Scope of real estate development enterprises refer to various types of registration companies, commercial building companies, various of housing services to buildings and ancillary facilities built by real estate development companies, such as roads, water supply, drainage, electricity, heating, communications, site formation works and other infrastructure, and data also including subsidiary real estate development business unit which actually engaged in real estate development or business activities.

Data in this chapter except property management, real estate intermediary services and other real estate activities.

III. Sources of Data

Data in this chapter are provided by the Department of investment in fixed assets of the Henan provincial Bureau of Statistics.

20-1 历年房地产开发企业主要指标

Main Indicators of Enterprises for Real Estate Development over the Years

年份 Year	企业个数(个) Number of Enterprises (unit)	本年完成投资额(亿元) Investment Completed This Year (100 million yuan)	#住宅 Residential Buildings	房屋建筑面积竣工率(%) Rate of Floor Space of Buildings Completed (%)	商品房销售面积(万平方米) Floor Space of Selling House (10 000 sq.m)	#住宅 Residential Buildings	商品房销售额(亿元) Sales of Selling House (100 million yuan)	#住宅 Residential Buildings
1990		3.43	2.80					
1991		4.07	3.25	42.2	83.16		2.99	
1992		8.78	6.27	35.1	103.36		4.83	
1993		25.27		31.2	100.20		6.41	
1994	896	49.61	35.22	39.3	225.04	198.19	16.43	9.58
1995	880	62.56	39.38	64.0	660.29	484.53	26.14	20.86
1996	731	54.84	30.49	37.1	255.82	215.27	22.75	18.55
1997	509	51.75	27.15	35.5	220.49	201.65	20.26	17.69
1998	655	58.10	32.09	33.3	279.61	262.94	27.32	24.70
1999	677	70.41	42.94	33.2	297.10	275.28	30.37	26.41
2000	1020	77.87	50.37	36.0	509.21	438.41	64.18	50.51
2001	938	102.84	75.87	32.6	529.21	483.77	65.59	56.55
2002	1108	138.36	101.31	35.9	639.94	584.74	88.29	75.50
2003	1430	185.56	135.10	31.3	862.71	795.78	120.75	103.60
2004	1774	258.82	174.81	28.8	1055.37	948.61	165.91	136.76
2005	1906	388.52	271.62	28.0	1724.82	1539.60	322.01	255.37
2006	2100	581.95	432.64	24.0	2409.33	2190.99	484.72	403.72
2007	2586	837.11	639.08	26.4	3928.04	3569.18	885.16	742.83
2008	4146	1206.71	970.86	21.8	3191.98	2943.36	746.46	629.40
2009	3798	1553.76	1235.21	21.2	4336.90	4019.26	1156.22	1005.21
2010	4176	2114.08	1685.21	21.7	5452.23	5092.49	1658.79	1454.57
2011	4963	2626.54	2021.19	21.8	6275.16	5725.12	2196.81	1788.04
2012	5316	3035.29	2203.06	19.9	5968.49	5455.50	2286.67	1915.57

注：商品房销售面积、销售额2005年开始采用新口径，与以前不可比，新口径包括期房销售和现房销售。(下同)

a)Figures on Floor Space and Sales of selling House are Accounted in New Caliber in 2005, So they are different from former years. New Caliber Include marketable housing and futures marketable housing (the same as following tables).

20−2 房地产开发企业(单位)个数和从业人员数
Number of Employed Persons and Enterprises for Real Estate Development

指 标	Item	2009	2010	2011	2012
企业个数（个）	**Number of Enterprises(unit)**	**3798**	**4176**	**4963**	**5316**
#国有控股	State-holding	220	209	237	251
集体控股	Collective-holding	154	167	172	167
私人控股	Private-holding	3203	3511	4104	4407
港澳台控股	Hong Kong, Macao and Taiwan-holding	61	63	68	66
外资控股	Foreign-holding	61	61	58	49
从业人数（人）	**number of Employed Persons(person)**	**88286**	**100350**	**138716**	**144708**
#国有控股	State-holding	6709	6352	6227	6600
集体控股	Collective-holding	3886	4257	9225	13720
私人控股	Private-holding	71226	81719	108264	108426
港澳台控股	Hong Kong, Macao and Taiwan-holding	1754	1694	1900	1573
外资控股	Foreign-holding	2555	2491	2461	1700

20−3 各市房地产开发企业(单位)个数(2012年)

Number of Enterprises for Real Estate Development by City (2012)

单位：个 (unit)

市(县) City(County)	企业(单位)个数 Enterprises Number	一级 First Class	二级 Second Class	三级 Third Class	四级 Fourth Class	暂定 Provisional	其他 Others
全 省 Total	**5316**	**59**	**496**	**975**	**468**	**3085**	**233**
省 辖 市 City							
郑 州 市 Zhengzhou	1157	21	152	233	44	650	57
开 封 市 Kaifeng	240	1	10	33	47	139	10
洛 阳 市 Luoyang	574	3	54	138	43	309	27
平 顶 山 市 Pingdingshan	295	4	19	49	41	147	35
安 阳 市 Anyang	304	3	27	54	8	198	14
鹤 壁 市 Hebi	108		9	14	17	68	
新 乡 市 Xinxiang	329		36	73	20	170	30
焦 作 市 Jiaozuo	199	1	19	38	9	127	5
濮 阳 市 Puyang	124	2	18	31	11	52	10
许 昌 市 Xuchang	292	1	29	56	16	183	7
漯 河 市 Luohe	99	1	10	22	16	41	9
三 门 峡 市 Sanmenxia	135		6	13	16	93	7
南 阳 市 Nanyang	402	7	31	56	67	239	2
商 丘 市 Shangqiu	258	5	17	43	5	184	4
信 阳 市 Xinyang	242	4	17	45	58	115	3
周 口 市 Zhoukou	245		20	42	30	146	7
驻 马 店 市 Zhumadian	237	6	11	22	18	174	6
济 源 市 Jiyuan	76		11	13	2	50	
省 直 管 县 Province Administrating County							
巩 义 市 Gongyi	30		4	5	1	20	
兰 考 县 Lankao	16					10	6
汝 州 市 Ruzhou	19		4	3	2	10	
滑 县 Huaxian	24	1	2	3	4	13	1
长 垣 县 Changyuan	23		5	4		13	1
邓 州 市 Dengzhou	22			1	3	17	1
永 城 市 Yongcheng	34		4	1	1	28	
固 始 县 Gushi	18		2	3	5	8	
鹿 邑 县 Luyi	8			2	2	4	
新 蔡 县 Xincai	13					13	

20-4 各市房地产开发企业从业人员(2012年)

Number of Employed Persons in Enterprises for Real Estate Development (2012)

单位：人 (person)

市(县) City(County)	从业人员 Number of Employed Persons	一级 First Class	二级 Second Class	三级 Third Class	四级 Fourth Class	暂定 Provisional	其他 Others
全省 Total	**144708**	**4107**	**22618**	**23721**	**15190**	**73807**	**5265**
省辖市 City							
郑州市 Zhengzhou	35218	1817	7599	6019	868	17826	1089
开封市 Kaifeng	4896	67	262	398	470	3020	679
洛阳市 Luoyang	12004	234	2237	2852	554	5848	279
平顶山市 Pingdingshan	9160	234	742	1481	673	5045	985
安阳市 Anyang	7196	116	1123	1069	109	4604	175
鹤壁市 Hebi	2675		204	297	314	1860	
新乡市 Xinxiang	8175		1901	1538	244	3990	502
焦作市 Jiaozuo	4180	165	594	867	174	2212	168
濮阳市 Puyang	3515	22	754	1035	270	1125	309
许昌市 Xuchang	5566	116	1198	1136	201	2857	58
漯河市 Luohe	2718	7	330	847	282	1123	129
三门峡市 Sanmenxia	2988		284	311	240	1822	331
南阳市 Nanyang	9224	740	1698	1517	939	4293	37
商丘市 Shangqiu	6102	169	565	923	145	4223	77
信阳市 Xinyang	17343	105	1708	1317	8844	5248	121
周口市 Zhoukou	4852		658	737	528	2776	153
驻马店市 Zhumadian	7462	315	464	1059	277	5174	173
济源市 Jiyuan	1434		297	318	58	761	
省直管县 Province Administrating County							
巩义市 Gongyi	565		165	62	9	329	
兰考县 Lankao	748					225	523
汝州市 Ruzhou	546		110	43	6	387	
滑县 Huaxian	465	36	38	15	56	316	4
长垣县 Changyuan	1161		584	146		426	5
邓州市 Dengzhou	978			21	114	813	30
永城市 Yongcheng	852		117			735	
固始县 Gushi	1423		1067	64	121	171	
鹿邑县 Luyi	147			30	50	67	
新蔡县 Xincai	325					325	

20-5 房地产开发投资额

Completed Investment in Real Estate Development

单位：亿元 (100 million yuan)

项　　目	Item	2005	2010	2011	2012
投资总额	**Total Investment**	**388.52**	**2114.08**	**2626.54**	**3035.29**
#国有控股	State-holding		100.87	185.31	193.56
集体控股	Collective-holding		153.07	134.36	119.33
私人控股	Private-holding		1618.75	1898.16	2279.02
港澳台控股	Hong Kong, Macao and Taiwan-holding		46.97	49.29	55.08
外资控股	Foreign-holding		59.62	61.79	58.39
按构成分	**Grouped by Use of Composition**				
建筑、安装工程	Construction and Installation	283.87	1657.06	2118.25	2397.41
设备、工器具购置	Purchase of Equipment and Instruments	2.84	25.34	24.32	44.27
其他费用	Others	101.81	431.68	483.97	593.61
#土地购置费	Total Value of Land Purchased	74.81	293.23	292.68	307.36
按工程用途分	**By Use of Projects**				
住宅	Residential Buildings	271.62	1685.21	2021.19	2203.06
#144平方米以上	Over 144 sq.m		253.23	283.62	302.78
90平方米以下	Under 90 sq.m		422.33	473.53	676.46
办公楼	Office Buildings	14.05	56.74	115.44	136.35
商业营业用房	Houses for Bussiness Use	67.79	192.77	239.35	319.39
其他	Other	35.06	179.36	250.57	376.49
新增固定资产	**Newly Increased Fixed Assets**	**189.47**	**861.63**	**1226.42**	**1602.45**
资金来源	**Source of Funds**	**388.52**	**2114.08**	**2890.91**	**3455.04**
国内贷款	Domestic Loans	60.75	209.37	278.77	321.09
利用外资	Foreign Investment	2.10	1.51	6.69	1.13
#外商直接投资	Foreign Direct Investment	1.45	1.46	6.69	1.03
自筹资金	Self-raising Funds	180.91	1144.53	1659.13	1920.72
其他资金	Others	144.76	758.67	946.32	1212.10

注：2011年以前资金来源是按完成投资分，2011年以后是企业到位资金。

a) Data of source fo funds before 2011 refers to completed investment,and data since 2011 refers to funds available.

20－6 房地产开发企业(单位)建设房屋建筑面积和造价

Floor Space and Cost of Buildings Developed by Enterprises for Real Estate Development

市(县) City(County)	施工房屋面积(万平方米) Floor Space Under Construction (10 000 sq.m)	竣工房屋面积(万平方米) Floor Space Completed (10 000 sq.m)	房屋建筑面积竣工率(%) Rate of Floor Space of Buildings Completed(%)	竣工房屋价值(亿元) Value of Buildings Completed(100 million yuan)	竣工房屋造价(元/平方米) Cost of Buildings Completed (yuan/sq.m)
1997	1042.19	370.26	35.5	32.10	867
1998	1175.96	392.03	33.3	28.41	725
1999	1339.60	444.87	33.2	34.05	765
2000	1657.53	597.21	36.0	40.49	678
2001	1976.84	644.40	32.6	45.74	710
2002	2484.01	892.32	35.9	67.83	760
2003	3210.26	1005.52	31.3	86.33	859
2004	3940.64	1135.32	28.8	100.94	889
2005	4902.98	1370.94	28.0	144.72	1056
2006	7017.17	1681.42	24.0	184.87	1099
2007	10550.90	2785.48	26.4	326.78	1173
2008	13906.18	3026.04	21.8	403.95	1335
2009	16074.35	3400.98	21.2	434.30	1277
2010	20393.98	4426.94	21.7	630.25	1424
2011	25343.32	5527.42	21.8	923.85	1671
2012	29559.36	5870.54	19.9	1059.08	1804
省辖市 City					
郑州市 Zhengzhou	8253.94	1449.83	17.6	303.76	2095
开封市 Kaifeng	917.25	163.21	17.8	31.03	1901
洛阳市 Luoyang	3660.00	555.00	15.2	98.82	1781
平顶山市 Pingdingshan	1425.61	64.37	4.5	10.84	1684
安阳市 Anyang	1842.19	357.57	19.4	68.96	1928
鹤壁市 Hebi	532.63	90.15	16.9	16.13	1789
新乡市 Xinxiang	1894.35	450.14	23.8	73.62	1635
焦作市 Jiaozuo	841.91	134.73	16.0	23.18	1721
濮阳市 Puyang	599.87	136.28	22.7	27.68	2031
许昌市 Xuchang	988.96	163.80	16.6	32.09	1959
漯河市 Luohe	369.62	103.87	28.1	19.18	1847
三门峡市 Sanmenxia	735.42	102.53	13.9	25.87	2523
南阳市 Nanyang	1600.33	296.53	18.5	42.68	1439
商丘市 Shangqiu	1600.22	462.47	28.9	87.03	1882
信阳市 Xinyang	1500.57	446.99	29.8	72.72	1627
周口市 Zhoukou	790.71	386.36	48.9	46.46	1203
驻马店市 Zhumadian	1616.89	453.52	28.0	70.62	1557
济源市 Jiyuan	388.88	53.18	13.7	8.42	1584
省直管县 Province Administrating County					
巩义市 Gongyi	129.43	89.50	69.1	17.35	1939
兰考县 Lankao	45.00	7.26	16.1	0.72	988
汝州市 Ruzhou	80.30	12.42	15.5	1.50	1211
滑县 Huaxian	93.62	6.59	7.0	1.38	2100
长垣县 Changyuan	216.51	69.95	32.3	11.30	1616
邓州市 Dengzhou	92.06	31.98	34.7	3.59	1123
永城市 Yongcheng	270.21	76.23	28.2	18.65	2447
固始县 Gushi	118.44	68.63	57.9	13.43	1957
鹿邑县 Luyi	28.58	12.11	42.4	1.51	1246
新蔡县 Xincai	145.56	24.02	16.5	3.66	1523

20-7 房地产开发企业开发情况

Operating Statistics of Enterprises for Real Estate Development

项 目	Item	2005	2010	2011	2012
本年购置土地面积	Land Space Purchased This year				
(万平方米)	(10 000sq.m)	2015.82	2864.32	1565.92	1742.63
本年待开发的土地面积	Land Space Needed to Development				
(万平方米)	This year(10 000sq.m)	763.50	1209.47	964.30	1318.72
房屋建筑面积(万平方米)	Floor Space of Building				
	Construction (10 000 sq.m)				
施工面积	Floor Space Under Construction	4902.98	20393.98	25343.32	29559.36
#住宅	Residential Buildings	3895.44	16901.99	20620.70	23466.99
竣工面积	Floor Space Completed	1370.94	4426.94	5527.42	5870.54
#住宅	Residential Buildings	1151.39	3852.60	4806.79	4888.17
房屋竣工价值(亿元)	Value of Buildings Completed				
	(100 million yuan)	144.72	630.25	923.85	1059.08
房屋竣工造价	Cost of Buildings Completed				
(元/平方米)	(yuan/sq.m)	1056	1424	1671	1804
商品房屋销售建筑面积	Floor Space of Selling House				
(万平方米)	(10 000 sq.m)	1724.82	5452.23	6275.16	5968.49
现房销售面积	Sale Space of marketable housing	791.21	1910.83	2188.09	2179.25
期房销售面积	Sale Space of futures marketable				
	housing	933.61	3541.40	4087.07	3789.24
商品房屋销售额(亿元)	Total Sales of Commerical Houses				
	(100 million yuan)	322.01	1658.79	2196.81	2286.67
现房销售额	Sale of marketable housing	128.95	438.82	584.59	646.01
期房销售额	Sale of futures marketable housing	193.06	1219.97	1612.22	1640.65
商品住宅销售套数(万套)	Total Flats Saled of Residential				
	Buildeins (10 000 sets)		45.93	49.77	48.93
现房销售套数	Sale of marketable housing		14.92	16.55	16.44
期房销售套数	Sale of futures marketable housing		31.01	33.22	32.49
商品房待售面积(万平方米)	Area of Land Lying Idle				
	(10 000 sq.m)	307.30	1161.14	1580.67	2453.46

20-8 房地产开发企业施工、销售和待售情况(2012年)

项目	Item	合计 Total	住宅 Commercially Residential Buildings	#90平方米以下 Under 90 sq.m
房屋施工面积(万平方米)	Floor Space of Buildings under Construction (10 000 sq.m)	29559.36	23466.99	6300.51
#新开工	Started This Year	10515.11	8424.45	2012.81
房屋竣工面积(万平方米)	Floor Space of Buildings Completed (10 000 sq.m)	5870.54	4888.17	1197.91
#不可销售面积	Floor Space Cannot be Solded	247.71	95.41	51.82
住宅竣工套数(万套)	Total Flats of Residential Buildings Completed (10 000 sets)	43.94	43.94	15.39
竣工房屋价值(亿元)	Value of Buildings Completed (100 million yuan)	1059.08	846.15	209.50
批准预售面积(万平方米)	Approval to open to Booking Area(10 000 sq.m)	7453.34	6607.10	1439.72
批准预售住宅套数(套)	Approval to open to Booking Residence (set)	59.12	59.12	18.22
出租房屋面积(万平方米)	Space of Buildings Leased (10 000 sq.m)	78.98	5.97	2.40
商品房销售面积(万平方米)	Floor Space Sold (10 000 sq.m)	5968.49	5455.50	1251.73
现房销售	Sale of marketable housing	2179.25	1932.99	332.58
期房销售	Sale of futures marketable housing	3789.24	3522.51	919.15
商品房销售额(亿元)	Total Sale of Commercial Buildings (100 million yuan)	2286.67	1915.57	530.66
现房销售	Sale of marketable housing	646.01	510.73	90.76
期房销售	Sale of futures marketable housing	1640.65	1404.84	439.89
商品住宅销售套数(万套)	Total Flats Saled of Residential Buildings (10 000 sets)	48.93	48.93	15.89
现房销售	Sale of marketable housing	16.44	16.44	4.14
期房销售	Sale of futures marketable housing	32.49	32.49	11.75
商品房待售面积(万平方米)	Floor Space of Buildings Emptied(10 000 sq.m)	2453.46	1973.48	442.09
#待售1-3年	1-3Years Emptied	749.89	592.88	145.54
待售3年以上	Over 3 Years Emptied	34.90	16.62	0.04

Situation of Construction, Sale and Buildings Emptied of Real Estate Enterprises (2012)

#144平方米以上 Over 144sq.m	#别墅、高档公寓 Villas, Highgrade Apartments	办公楼 Office Buildings	商业营用房 House for Business Use	其他 Others
3416.42	227.31	976.49	2941.81	2174.08
1137.47	68.41	360.08	985.31	745.27
862.01	66.73	82.01	562.00	338.36
4.50	0.26	5.28	41.20	105.82
5.05	0.54			
140.05	15.48	21.53	124.38	67.02
1002.64	58.98	136.63	543.41	166.19
5.82	0.47			
		0.31	68.85	3.85
898.24	33.69	126.49	297.96	88.54
401.98	8.68	30.18	151.38	64.69
496.26	25.01	96.30	146.58	23.85
294.95	22.18	111.57	228.15	31.38
105.71	3.69	19.17	94.77	21.34
189.24	18.49	92.40	133.39	10.03
5.42	0.20			
2.44	0.04			
2.98	0.15			
332.53	22.75	32.74	355.05	92.19
86.55	11.14	17.35	105.27	34.39
3.22	0.59	2.36	10.39	5.53

20−9 各市房地产开发投资情况(2012年)
Development and Investment Completed for Real Estate by City (2012)

市(县) City(County)	投资总额(亿元) Total Investment (100 million yuan)	住宅 Residential Buildings	#90平方米以下 Under 90 sq.m	#144平方米以上 Over 144sq.m	#别墅、高档公寓 Villas, Highgrade Apartments	办公楼 Office Buildings	商业营业用房 Houses for Business Use	其他 Other
全　　省 Total	**3035.29**	**2203.06**	**676.46**	**302.78**	**21.58**	**136.35**	**319.39**	**376.49**
省辖市 City								
郑州市 Zhengzhou	1095.14	675.65	324.69	95.90	14.08	105.42	120.02	194.05
开封市 Kaifeng	94.88	72.97	27.42	16.95	2.13	2.64	11.09	8.18
洛阳市 Luoyang	274.51	204.32	41.83	33.03	1.06	12.89	30.20	27.11
平顶山市 Pingdingshan	109.35	82.61	29.62	8.62	0.10	1.56	8.84	16.34
安阳市 Anyang	131.58	106.89	19.91	16.21	0.11	2.45	12.41	9.83
鹤壁市 Hebi	37.59	25.76	6.44	1.83	0.28	2.20	7.49	2.14
新乡市 Xinxiang	172.85	130.36	28.92	22.85	1.49	2.34	22.37	17.78
焦作市 Jiaozuo	71.09	56.94	8.33	5.61	0.66	0.78	7.18	6.20
濮阳市 Puyang	57.90	46.85	19.48	2.21	0.12	0.83	3.64	6.59
许昌市 Xuchang	89.31	64.14	22.99	8.71	0.35	0.38	7.26	17.53
漯河市 Luohe	37.35	33.12	12.63	5.54		0.19	2.06	1.99
三门峡市 Sanmenxia	64.78	41.32	15.94	6.38	0.15	1.82	13.55	8.09
南阳市 Nanyang	100.85	77.54	16.84	9.55	0.15	0.46	11.54	11.31
商丘市 Shangqiu	140.37	110.46	14.01	10.04	0.00	0.46	12.72	16.73
信阳市 Xinyang	189.15	154.16	13.67	20.70		0.02	17.29	17.68
周口市 Zhoukou	173.14	156.93	11.95	18.50	0.61	0.40	7.64	8.18
驻马店市 Zhumadian	168.25	143.02	59.20	16.05	0.28	1.48	18.12	5.62
济源市 Jiyuan	27.18	20.04	2.59	4.09	0.01	0.03	5.98	1.13
省直管县 Province Administrating County								
巩义市 Gongyi	37.22	25.77	12.90	5.72		0.35	5.75	5.35
兰考县 Lankao	4.40	4.40	1.16	1.21	0.01			
汝州市 Ruzhou	7.91	6.97	1.39	1.32		0.07	0.60	0.27
滑县 Huaxian	5.65	4.14	0.51	0.51			1.24	0.27
长垣县 Changyuan	11.97	9.83	0.08	4.17		0.90	1.01	0.24
邓州市 Dengzhou	11.34	7.99	1.76	0.32			1.42	1.93
永城市 Yongcheng	21.59	16.95	5.42	3.93		0.08	2.16	2.40
固始县 Gushi	17.10	12.88		0.75			2.49	1.73
鹿邑县 Luyi	2.61	2.61	0.99	0.51	0.30			
新蔡县 Xincai	11.37	10.74	3.93	3.41			0.15	0.48

20-10 各市房地产开发施工房屋面积(2012年)

Floor Space of Buildings under Construction by City (2012)

单位：万平方米 (10 000 sq.m)

市(县) City(County)	施工房屋面积 Floor Space of Buildings under Construction	住宅 Residential Buildings	#90平方米以下 Under 90 sq.m	#144平方米以上 Over 144 sq.m	#别墅、高档公寓 Villas,luxury apartments	办公楼 Office Buildings	商业营业用房 Houses for Business Use	其他 Others
全　　省 Total	**29559.36**	**23466.99**	**6300.51**	**3416.42**	**227.31**	**976.49**	**2941.81**	**2174.08**
省 辖 市 City								
郑　州　市 Zhengzhou	8253.94	5603.64	2316.70	658.29	115.84	649.93	877.45	1122.92
开　封　市 Kaifeng	917.25	803.43	262.22	154.89	13.62	14.97	65.77	33.08
洛　阳　市 Luoyang	3660.00	2758.78	507.91	432.94	21.69	152.80	376.78	371.64
平顶山市 Pingdingshan	1425.61	1182.80	338.12	160.47	3.27	27.61	116.26	98.94
安　阳　市 Anyang	1842.19	1551.98	256.35	304.66	2.42	21.30	199.11	69.80
鹤　壁　市 Hebi	532.63	437.14	114.02	37.70	9.17	15.02	60.08	20.39
新　乡　市 Xinxiang	1894.35	1636.04	338.99	291.64	33.58	30.81	180.22	47.28
焦　作　市 Jiaozuo	841.91	713.61	135.43	89.39	4.51	2.93	78.87	46.50
濮　阳　市 Puyang	599.87	532.54	207.74	15.95	1.56	5.51	38.62	23.21
许　昌　市 Xuchang	988.96	864.31	189.85	99.93	6.02	3.63	63.90	57.12
漯　河　市 Luohe	369.62	350.56	107.39	46.16		1.43	13.38	4.25
三门峡市 Sanmenxia	735.42	545.78	190.64	108.25	6.56	18.09	117.30	54.25
南　阳　市 Nanyang	1600.33	1346.18	252.51	153.75	0.56	11.42	174.52	68.22
商　丘　市 Shangqiu	1600.22	1384.35	211.47	162.48	0.64	4.64	193.92	17.30
信　阳　市 Xinyang	1500.57	1338.19	125.83	229.26		0.57	107.31	54.50
周　口　市 Zhoukou	790.71	739.77	130.80	192.02	0.75	1.10	46.33	3.51
驻马店市 Zhumadian	1616.89	1362.96	577.17	210.90	4.69	13.91	181.51	58.52
济　源　市 Jiyuan	388.88	314.93	37.39	67.74	2.43	0.83	50.48	22.64
省直管县 Province Administrating County								
巩　义　市 Gongyi	129.43	89.96	41.07	17.34		1.00	27.37	11.10
兰　考　县 Lankao	45.00	45.00	2.86	11.44	0.08			
汝　州　市 Ruzhou	80.30	70.06	8.49	14.74		0.11	6.52	3.61
滑　　　县 Huaxian	93.62	81.07	3.22	14.53			12.55	
长　垣　县 Changyuan	216.51	193.99	7.10	42.88		6.20	11.95	4.36
邓　州　市 Dengzhou	92.06	84.01	11.41	3.10			7.40	0.65
永　城　市 Yongcheng	270.21	242.71	109.12	42.95		0.31	24.93	2.25
固　始　县 Gushi	118.44	99.85	4.13	4.74			10.82	7.77
鹿　邑　县 Luyi	28.58	28.58	19.61	2.05	0.55			
新　蔡　县 Xincai	145.56	143.19	42.98	50.74			1.42	0.95

20-11 各市房地产开发竣工房屋面积(2012年)
Floor Space of Buildings Completed by City (2012)

单位：万平方米 (10 000 sq.m)

市(县) City(County)	竣工房屋面积 Floor Space of Buildings Completed	住宅 Residential Buildings	#90平方米以下 Under 90 sq.m	#144平方米以上 Over 144sq.m	#别墅高档公寓 Villas,luxury apartments	办公楼 Office Buildings	商业营业用房 Houses for Business Use	其他 Others
全省 Total	**5870.54**	**4888.17**	**1197.91**	**862.01**	**66.73**	**82.01**	**562.00**	**338.36**
省辖市 City								
郑州市 Zhengzhou	1449.83	1043.20	444.73	164.08	30.60	58.42	168.01	180.20
开封市 Kaifeng	163.21	146.84	17.55	58.37	8.80	0.28	11.92	4.18
洛阳市 Luoyang	555.00	432.54	95.37	71.08	7.97	6.92	57.44	58.10
平顶山市 Pingdingshan	64.37	51.74	18.65	3.99		0.21	8.04	4.39
安阳市 Anyang	357.57	296.34	59.14	59.02		3.24	48.74	9.25
鹤壁市 Hebi	90.15	75.61	5.87	5.47	1.01		13.72	0.82
新乡市 Xinxiang	450.14	412.99	46.59	68.37	7.46	6.56	25.50	5.09
焦作市 Jiaozuo	134.73	124.79	12.43	18.15			7.98	1.96
濮阳市 Puyang	136.28	129.77	48.25	5.98			5.14	1.37
许昌市 Xuchang	163.80	127.29	7.66	32.41	1.72		7.72	28.80
漯河市 Luohe	103.87	99.69	33.03	7.34			2.19	2.00
三门峡市 Sanmenxia	102.53	80.01	25.41	8.76	5.56	1.79	16.51	4.22
南阳市 Nanyang	296.53	248.31	74.91	45.00		0.67	31.03	16.53
商丘市 Shangqiu	462.47	405.95	39.79	61.86	0.64	1.14	48.41	6.97
信阳市 Xinyang	446.99	416.48	30.11	66.59			24.78	5.73
周口市 Zhoukou	386.36	368.17	50.65	139.13	0.55	1.10	16.93	0.16
驻马店市 Zhumadian	453.52	385.46	176.62	38.09		1.37	60.21	6.48
济源市 Jiyuan	53.18	43.02	11.14	8.33	2.43	0.32	7.73	2.11
省直管县 Province Administrating County								
巩义市 Gongyi	89.50	61.82	26.77	14.40			19.88	7.80
兰考县 Lankao	7.26	7.26	1.90	5.27				
汝州市 Ruzhou	12.42	9.27	1.46	2.16			1.71	1.43
滑县 Huaxian	6.59	6.05		1.10			0.54	
长垣县 Changyuan	69.95	66.74	0.96	10.96			3.21	
邓州市 Dengzhou	31.98	27.65	2.49	1.55			4.04	0.30
永城市 Yongcheng	76.23	71.48	16.34	10.94			3.88	0.86
固始县 Gushi	68.63	61.89	4.13	2.23			4.69	2.06
鹿邑县 Luyi	12.11	12.11	7.26	1.85	0.35			
新蔡县 Xincai	24.02	24.02	12.72					

20−12 各市房地产开发竣工房屋价值(2012年)

Value of Buildings Completed by City (2012)

单位：亿元 (100 million yuan)

市(县) City(County)	竣工房屋价值 Value of Buildings Completed	住宅 Residential Buildings	#90平方米以下 Under 90 sq.m	#144平方米以上 Over 144sq.m	#别墅、高档公寓 Villas,luxury apartments	办公楼 Office Buildings	商业营业用房 Houses for Business Use	其他 Others
全省 Total	**1059.08**	**846.15**	**209.50**	**140.05**	**15.48**	**21.53**	**124.38**	**67.02**
省辖市 City								
郑州市 Zhengzhou	303.76	210.92	84.22	32.92	7.04	16.51	39.73	36.60
开封市 Kaifeng	31.03	27.40	3.13	8.57	2.67	0.05	2.60	0.98
洛阳市 Luoyang	98.82	72.05	15.93	10.89	2.03	1.68	12.74	12.35
平顶山市 Pingdingshan	10.84	8.40	3.00	0.62		0.04	1.69	0.72
安阳市 Anyang	68.96	55.01	10.57	11.68		0.72	11.41	1.82
鹤壁市 Hebi	16.13	13.35	1.12	1.17	0.30		2.65	0.13
新乡市 Xinxiang	73.62	64.72	6.92	10.72	1.41	1.37	6.57	0.96
焦作市 Jiaozuo	23.18	20.67	1.81	2.70			1.95	0.56
濮阳市 Puyang	27.68	25.39	8.15	1.47			1.94	0.34
许昌市 Xuchang	32.09	24.89	1.93	5.56	0.19		1.86	5.35
漯河市 Luohe	19.18	18.46	5.90	1.40			0.39	0.33
三门峡市 Sanmenxia	25.87	20.95	8.07	2.10	0.97	0.23	3.81	0.88
南阳市 Nanyang	42.68	35.45	11.51	6.31		0.12	4.92	2.19
商丘市 Shangqiu	87.03	74.32	8.24	10.22	0.13	0.32	10.93	1.46
信阳市 Xinyang	72.72	67.05	5.06	9.09			4.85	0.81
周口市 Zhoukou	46.46	43.64	5.17	17.13	0.07	0.09	2.71	0.02
驻马店市 Zhumadian	70.62	56.81	27.33	6.04		0.33	12.36	1.13
济源市 Jiyuan	8.42	6.66	1.45	1.46	0.68	0.07	1.29	0.40
省直管县 Province Administrating County								
巩义市 Gongyi	17.35	10.93	4.34	2.29			4.38	2.04
兰考县 Lankao	0.72	0.72	0.19	0.53				
汝州市 Ruzhou	1.50	1.08	0.16	0.25			0.29	0.14
滑县 Huaxian	1.38	1.27		0.23			0.12	
长垣县 Changyuan	11.30	10.81	0.11	2.07			0.49	
邓州市 Dengzhou	3.59	3.16	0.35	0.25			0.40	0.03
永城市 Yongcheng	18.65	17.52	3.58	2.73			0.93	0.20
固始县 Gushi	13.43	12.10	0.83	0.45			1.07	0.27
鹿邑县 Luyi	1.51	1.51	0.87	0.24	0.03			
新蔡县 Xincai	3.66	3.66	1.83					

20-13 房地产开发企业房屋销售情况
Selling of Enterprises for Real Estate Development

指 标	Item	2005	2010	2011	2012
商品房屋销售额(亿元)	**Total Sales of Commerical Houses**				
	(100 million yuan)	**322.01**	**1658.79**	**2196.81**	**2286.67**
商品住宅	Commercially Residential Buildings	255.37	1454.57	1788.04	1915.57
#90平方米以下	Under 90 sq.m		400.76	351.52	530.66
144平方米以上	Over 144 sq.m		301.59	327.78	294.95
#别墅、高档公寓	Villas and Good Apartments	24.19	20.55	29.21	22.18
办公楼	Office Buildings	7.60	50.31	138.79	111.57
商业营业用房	Houses for Bussiness Use	58.32	137.09	245.65	228.15
其他房屋	Others	0.72	16.82	24.33	31.38
商品房屋销售面积(万平方米)	**Floor Space of Selling House**				
	(10 000 sq.m)	**1724.82**	**5452.23**	**6275.16**	**5968.49**
商品住宅	Commercially Residential Buildings	1539.60	5092.49	5725.12	5455.50
#90平方米以下	Under 90 sq.m		1106.32	993.47	1251.73
144平方米以上	Over 144 sq.m		941.14	1019.72	898.24
#别墅、高档公寓	Villas and Good Apartments	94.85	41.14	47.16	33.69
办公楼	Office Buildings	24.86	60.79	149.18	126.49
商业营业用房	Houses for Bussiness Use	154.91	246.44	326.49	297.96
其他房屋	Others	5.45	52.51	74.37	88.54

20-14 各市房地产开发商品房屋销售面积(2012年)

Floor Space of Commercial Houses Sold by City (2012)

单位：万平方米 (10 000sq.m)

市(县) City(County)	商品房屋销售面积 Floor Space Sold of Commercial House	现房 marketable housing	期房 futures marketable housing	住宅 Residential Buildings	#90平方米以下 Under 90 sq.m	#别墅、高档公寓 Villas, luxury apartments	办公楼 Office Buildings	商业营业用房 Houses for Business Use	其他 Others
全 省 Total	**5968.49**	**2179.25**	**3789.24**	**5455.50**	**1251.73**	**33.69**	**126.49**	**297.96**	**88.54**
省 辖 市 City									
郑 州 市 Zhengzhou	1441.87	257.12	1184.75	1226.18	486.58	12.62	110.11	65.77	39.80
开 封 市 Kaifeng	191.65	74.94	116.71	182.68	29.23	8.10	0.09	7.34	1.53
洛 阳 市 Luoyang	494.17	128.90	365.27	440.18	71.16	0.88	10.71	32.86	10.42
平 顶 山 市 Pingdingshan	138.27	28.12	110.15	133.54	45.56			2.90	1.83
安 阳 市 Anyang	337.80	119.36	218.44	312.78	31.87	0.44	0.03	22.42	2.57
鹤 壁 市 Hebi	101.10	27.27	73.83	95.75	14.55	3.78		5.18	0.17
新 乡 市 Xinxiang	436.75	171.92	264.83	422.02	48.71	4.59	1.77	12.72	0.24
焦 作 市 Jiaozuo	154.78	44.02	110.76	147.96	16.27	0.07		5.47	1.35
濮 阳 市 Puyang	206.78	56.71	150.07	201.50	103.57	0.28		4.56	0.73
许 昌 市 Xuchang	207.31	34.28	173.02	199.25	36.35	0.26		7.95	0.10
漯 河 市 Luohe	112.58	24.00	88.58	108.96	41.70		0.34	1.72	1.56
三 门 峡 市 Sanmenxia	99.47	22.72	76.75	95.27	16.05		1.23	2.47	0.51
南 阳 市 Nanyang	357.00	86.44	270.56	334.04	59.51	0.38	0.06	18.58	4.32
商 丘 市 Shangqiu	399.98	236.52	163.46	351.38	47.82		0.27	43.66	4.67
信 阳 市 Xinyang	423.09	315.87	107.22	384.97	34.18		0.50	23.39	14.23
周 口 市 Zhoukou	301.00	256.79	44.21	288.69	19.14	0.63	0.20	12.12	
驻 马 店 市 Zhumadian	482.49	270.39	212.10	453.14	141.10	1.31	1.17	24.11	4.07
济 源 市 Jiyuan	82.41	23.89	58.52	77.22	8.38	0.35		4.74	0.45
省 直 管 县 Province Administrating County									
巩 义 市 Gongyi	77.78	73.33	4.45	59.20	24.61			16.84	1.74
兰 考 县 Lankao	10.63	5.73	4.90	10.63	1.47				
汝 州 市 Ruzhou	17.43	5.41	12.02	15.63	2.74			0.31	1.48
滑 县 Huaxian	29.52	4.48	25.04	28.07				1.44	
长 垣 县 Changyuan	59.39	26.67	32.72	57.37	1.55			2.02	
邓 州 市 Dengzhou	39.17	21.43	17.74	35.87	5.27			2.95	0.35
永 城 市 Yongcheng	42.67	30.77	11.90	40.84	6.45			1.83	
固 始 县 Gushi	42.18	42.18		40.97	6.01			1.15	0.07
鹿 邑 县 Luyi	3.23	1.37	1.85	3.23	1.13	0.16			
新 蔡 县 Xincai	36.63	36.63		35.28	16.71				1.35

20−15 各市房地产开发商品房屋销售额(2012年)
Total Sales of Commercial Houses by City (2012)

单位：万元 (10 000 yuan)

市(县) City(County)	商品房屋销售额 Total Sales of Commerical Houses	现房 marketable housing	期房 futures marketable housing	住宅 Residential Buildings	#90平方米以下 Under 90 sq.m	#别墅、高档公寓 Villas, luxury apartments	办公楼 Office Buildings	商业营业用房 Houses for Business Use	其他 Others
全　　省 Total	**22866650**	**6460129**	**16406521**	**19155695**	**5306595**	**221804**	**1115658**	**2281545**	**313752**
省　辖　市 City									
郑　州　市 Zhengzhou	9016159	1110472	7905687	6919432	3045139	130300	1041156	899919	155652
开　封　市 Kaifeng	670625	231655	438970	615564	102263	29899	470	48448	6143
洛　阳　市 Luoyang	1993305	439855	1553450	1641809	275070	8640	50617	261552	39327
平 顶 山 市 Pingdingshan	446616	68387	378229	417535	124897			26706	2375
安　阳　市 Anyang	982034	309450	672584	838360	91439	754	100	140268	3306
鹤　壁　市 Hebi	309036	76167	232869	281295	41025	19121		27041	700
新　乡　市 Xinxiang	1243786	428079	815707	1163191	158360	21682	8099	71509	987
焦　作　市 Jiaozuo	492764	162006	330758	446402	48269	226		41479	4883
濮　阳　市 Puyang	649419	161781	487638	617869	325866	310		28153	3397
许　昌　市 Xuchang	669113	97510	571603	594810	133462	1474		74103	200
漯　河　市 Luohe	332321	52053	280268	311003	117441		1944	14705	4669
三 门 峡 市 Sanmenxia	294688	59283	235405	276065	51215		5517	12076	1030
南　阳　市 Nanyang	976650	214921	761729	885012	143562	1927	100	82594	8944
商　丘　市 Shangqiu	1133629	639365	494264	918928	123443		1186	191897	21618
信　阳　市 Xinyang	1340500	971948	368552	1151712	101247		1100	140827	46861
周　口　市 Zhoukou	809807	691973	117834	737385	46934	1844	489	71933	
驻 马 店 市 Zhumadian	1238205	670913	567292	1093183	348701	4007	4880	128485	11657
济　源　市 Jiyuan	267993	74311	193682	246140	28262	1620		19850	2003
省 直 管 县 Province Administrating County									
巩　义　市 Gongyi	348110	332368	15742	197920	84089			139844	10346
兰　考　县 Lankao	25831	14120	11711	25831	3745				
汝　州　市 Ruzhou	53234	14053	39181	49560	8163			1686	1988
滑　　县 Huaxian	74063	11857	62206	67722				6341	
长　垣　县 Changyuan	152192	75047	77145	146760	3217			5432	
邓　州　市 Dengzhou	101085	53418	47667	88890	13445			11331	864
永　城　市 Yongcheng	129530	94434	35096	121834	18877			7696	
固　始　县 Gushi	146608	146608		139498	20685			6876	234
鹿　邑　县 Luyi	7577	3160	4417	7577	2484	480			
新　蔡　县 Xincai	77016	77016		74057	36472				2959

20−16 历年房地产开发企业(单位)财务状况

Financial Conditions of Enterprises for Real Estate Development over the Years

单位：万元 (10 000 yuan)

年份 Year	实收资本合计 Total Capital Hold	资产总计 Total Assets	累计折旧 Total Depreciation	#本年折旧 Depriciation This Year	负债总计 Total Liabilities	所有者权益 Owners′ Equity	资产负债率(%) Assets Liabilities Ration
1995		1764785	14267	5342	1279978	484807	72.5
1996	551806	1807658	26520	7591	1387989	419669	76.8
1997	406745	1740105	19949	7588	1447544	292561	83.2
1998	505463	2280437	30805	8592	1910905	369532	83.8
1999	510523	2173758	36403	10014	1753236	420520	80.7
2000	817805	3018825	56674	12183	2338003	680822	77.4
2001	945883	3442486	63638	15519	2604287	838199	75.7
2002	1150354	4595641	85859	17913	3481164	1114477	75.7
2003	1455042	5510446	102740	19951	4038378	1472068	73.3
2004	2202011	8276947	129627	29240	5938250	2338698	71.7
2005	2318891	9784926	143625	29277	6816474	2968452	69.7
2006	3014227	12757587	186086	48428	8971739	3785848	70.3
2007	4432599	19659483	230093	45495	13732874	5926609	69.9
2008	6637409	26964335	304507	73239	17873731	9090604	66.3
2009	7364502	33620940	378972	80626	22812498	10808442	67.9
2010	8508683	45243820	493246	114146	32685619	12558201	72.2
2011	11222136	65168658	585018	136696	48594182	16574476	74.6
2012	13021039	86412935	688028	144209	66347192	20065743	76.8

20-17 各市房地产开发企业(单位)财务状况(2012年)
Financial Conditions of Enterprises for Real Estate Development by City (2012)

单位：万元 (10 000 yuan)

市(县) City(County)	实收资本合计 Total Capital Hold	资产总计 Total Assets	累计折旧 Total Depreciation	#本年折旧 Depriciation This Year	负债总计 Total Liabilities	所有者权益 Owners' Equity	资产负债率(%) Assets Liabilities Ration
全　省 Total	**13021039**	**86412935**	**688028**	**144209**	**66347192**	**20065743**	**76.8**
省辖市 City							
郑州市 Zhengzhou	5374848	39927113	287238	52070	31686408	8240705	79.4
开封市 Kaifeng	418131	2534552	28192	14783	1917244	617308	75.6
洛阳市 Luoyang	1467225	11236924	60102	14365	8017667	3219258	71.4
平顶山市 Pingdingshan	697950	3199254	32592	7869	2374076	825178	74.2
安阳市 Anyang	516703	3629289	22419	4783	3046331	582958	83.9
鹤壁市 Hebi	139596	990182	6587	1492	742160	248022	75.0
新乡市 Xinxiang	671509	4300730	39343	6302	3383984	916747	78.7
焦作市 Jiaozuo	324369	2178793	9935	2660	1704182	474611	78.2
濮阳市 Puyang	193320	1483162	8722	2395	1138413	344749	76.8
许昌市 Xuchang	504398	2937899	15458	3749	2275587	662312	77.5
漯河市 Luohe	148447	1205625	6544	1032	958337	247288	79.5
三门峡市 Sanmenxia	267216	1237620	5938	2073	933421	304199	75.4
南阳市 Nanyang	627924	3417157	47917	6057	2577095	840062	75.4
商丘市 Shangqiu	475583	1849128	14487	4867	1156426	692702	62.5
信阳市 Xinyang	409706	2521119	34414	4354	1866525	654594	74.0
周口市 Zhoukou	321028	1126377	46190	9300	676049	450327	60.0
驻马店市 Zhumadian	292855	1881875	12172	4474	1372512	509363	72.9
济源市 Jiyuan	170231	756136	9779	1585	520776	235360	68.9
省直管县 Province Administrating County							
巩义市 Gongyi	53541	457447	5589	2065	302144	155302	66.1
兰考县 Lankao	52973	89735	596	177	31389	58346	35.0
汝州市 Ruzhou	50669	253545	1025	317	111642	141904	44.0
滑县 Huaxian	24103	125933	1065	232	99767	26166	79.2
长垣县 Changyuan	42259	287385	8930	1314	172312	115073	60.0
邓州市 Dengzhou	19522	79134	403	92	51995	27139	65.7
永城市 Yongcheng	38073	287798	621	368	253197	34601	88.0
固始县 Gushi	40288	310758	1434	519	241673	69085	77.8
鹿邑县 Luyi	6840	50430	387	213	44090	6340	87.4
新蔡县 Xincai	13112	40930	1236	483	26051	14879	63.6

20-18 历年房地产开发企业(单位)经营状况

Operating Statistics of Enterprises for Real Estate Development over the Years

单位：万元 (10 000 yuan)

年份 Year	主营业务总收入 Revenue from Principal Business	土地转让收入 Land Transferred	商品房屋销售收入 Commercial Houses Sold	房屋出租收入 Houses Leased	其他收入 Others	主营业务税金及附加 Operating Tax and Extra Charges	利润总额 Operating Profit
1995	296217	12144	261429	6646	15998		
1996	255167	5452	233920	3017	12778	11632	-25046
1997	253688	5168	219637	15007	13876	10766	-25754
1998	351299	13176	281049	12390	44684	14994	-24228
1999	372131	5429	305042	8766	52894	13786	-32030
2000	589976	5061	540151	2006	42758	25236	-31592
2001	795263	9742	667394	28533	89594	38027	-37939
2002	1076871	5910	922688	23136	125137	54990	-24806
2003	1456160	21772	1368253	18096	48039	76469	-33501
2004	2020881	15111	1918110	38611	49049	115015	26208
2005	2811080	61734	2675030	11543	62773	160582	176260
2006	3979391	24054	3887229	23325	44783	258454	273585
2007	6090315	45874	5939029	14200	91212	438474	632245
2008	7046582	53621	6772130	29211	191620	481789	694067
2009	8933162	63141	8721890	13006	135125	645284	1015016
2010	12005594	37385	11676405	137383	154421	895513	1328860
2011	13865231	45658	13400414	203150	216009	1055193	1583907
2012	15709431	77198	15133586	209955	288692	1318915	1817922

20-19 各市房地产开发企业(单位)经营状况(2012年)

Operating Statistics of Enterprises for Real Estate Development by City (2012)

单位：万元 (10 000 yuan)

市(县) City(County)	主营业务总收入 Revenue from Principal Business	土地转让收入 Land Transferred	商品房屋销售收入 Commercial Houses Sold	房屋出租收入 Houses Leased	其他收入 Others	主营业务税金及附加 Operating Tax and Extra Charges	利润总额 Operating Profit
全省 Total	**15709431**	**77198**	**15133586**	**209955**	**288692**	**1318915**	**1817922**
省辖市 City							
郑州市 Zhengzhou	5632358	1214	5448555	89057	93532	556703	973850
开封市 Kaifeng	635530	21546	603388	9353	1243	45104	104765
洛阳市 Luoyang	1559985	74	1490569	21396	47945	152150	163923
平顶山市 Pingdingshan	455516	457	441901	4983	8176	28241	
安阳市 Anyang	630772	218	589695	38458	2401	58582	13688
鹤壁市 Hebi	286088		280790	382	4916	18556	23159
新乡市 Xinxiang	857306	3618	830576	9760	13352	73664	42061
焦作市 Jiaozuo	384576	722	381897	552	1405	29048	29721
濮阳市 Puyang	387969	447	360159	1591	25772	20347	24878
许昌市 Xuchang	379664	4277	365916	4562	4910	43504	17660
漯河市 Luohe	355376	862	347293	940	6281	25376	33597
三门峡市 Sanmenxia	156132	1002	141360	692	13078	11312	
南阳市 Nanyang	710955	19201	671098	4307	16349	49444	53911
商丘市 Shangqiu	833514	1445	817107	6602	8360	47732	100724
信阳市 Xinyang	906776	2456	899425	2556	2339	65917	63692
周口市 Zhoukou	585819	2973	580005	109	2732	31551	87344
驻马店市 Zhumadian	728661	16686	662158	14240	35577	42736	84082
济源市 Jiyuan	222435	1	221695	415	325	18949	26068
省直管县 Province Administrating County							
巩义市 Gongyi	77215	2	71139	4879	1195	6292	4103
兰考县 Lankao	36559	7650	24806	4029	75	2764	10465
汝州市 Ruzhou	87493		86744	637	112	3360	10500
滑县 Huaxian	114139		114039	0	100	14114	
长垣县 Changyuan	86826	400	86326	85	15	6137	10600
邓州市 Dengzhou	53787	5530	46171	2000	85	3602	5465
永城市 Yongcheng	54824		52818		2006	6637	
固始县 Gushi	100443	1856	97345	1052	190	7505	13977
鹿邑县 Luyi	14747		14665		82	2974	1087
新蔡县 Xincai	50878	2	50872	2	2	1180	11646

主要统计指标解释

房地产开发投资 指房地产开发公司、商品房建设公司及其他房地产开发法人单位和附属于其他法人单位实际从事房地产开发或经营的活动单位统一开发的包括统代建、拆迁还建的住宅、厂房、仓库、饭店、宾馆、度假村、写字楼、办公楼等房屋建筑物和配套的服务设施，土地开发工程（如道路、给水、排水、供电、供热、通讯、平整场地等基础设施工程）的投资；不包括单纯的土地交易活动。

房屋建筑面积 指从房屋外墙线算起的各层平面面积的总和，包括可供使用的有效面积和房屋结构(如柱、墙)占用的面积。多层建筑按各层（包括地下室）面积总和计算。

住宅建筑面积 指施工和竣工房屋建筑面积中供居住用的施工和竣工房屋建筑面积。

施工面积 指报告期内施工的全部房屋建筑面积。包括本期新开工的面积、上期跨入本期继续施工的房屋面积、上期停缓建在本期恢复施工的房屋面积、本期竣工的房屋面积及本期施工后又停缓建的房屋面积。

竣工面积 指在报告期内房屋建筑按照设计要求已全部完工，达到住人和使用条件，经验收鉴定合格，正式移交使用单位的建筑面积。

新增固定资产 指报告期内已经完成建造和购置过程，并已交付生产或使用单位的固定资产价值。该指标是表示固定资产投资成果的价值指标，也是反映建设进度，计算固定资产投资效果的重要指标。

别墅、高档公寓 指建筑造价和销售价格明显高于一般商品住宅的商品住宅。别墅一般指地处郊区，独立成栋的商品住宅；高档公寓一般指地处市内高尚社区，高层或多层的商品住宅。别墅、高档公寓的确定标准：一是经有房地产投资计划审批权的主管部门审批建设的别墅、高档公寓开发项目；二是销售价格高于当地同等地段商品住宅平均销售价格一倍以上的别墅、公寓开发项目。该指标可以分析房地产投资结构，反映高收入家庭商品住宅的供求平衡情况。

商品房销售面积 指报告期内出售商品房屋的合同总面积(即双方签署的正式买卖合同中所确定的建筑面积)。由现房销售建筑面积和期房销售建筑面积两部分组成。

商品房销售额 指报告期内出售商品房屋的合同总价款(即双方签署的正式买卖合同中所确定的合同总价)。该指标与商品房销售面积同口径，由现房销售额和期房销售额两部分组成。

商品房建设投资额 是指房地产开发企业（单位）开发建设的供出售、出租用的住宅、厂房、仓库、饭店、度假村、写字楼、办公楼等房屋工程及其配套的服务设施所完成的投资额。

完成开发土地面积 指报告期内对土地进行开发并已完成七通一平等前期开发工程，具备进行房屋建筑物施工或达到出让条件的土地面积。

本年购置土地面积 指在本年内通过各种方式获得土地使用权的土地面积。

Explanatory Notes on Main Statistical Indicators

Investment in Real Estate Development It includes the investment by the real estate development companies, commercial buildings construction companies and other real estate development units of various types of ownership in the construction of house buildings, such as residential buildings, factory buildings, warehouses, hotels, guesthouses, holiday villages, office buildings, and the complementary service facilities and land development projects, such as roads,

water supply, water drainage, power supply, heating, telecommunications, land leveling and other projects of infrastructure. It excludes the activities in simple land transactions.

Floor Space of Buildings Under Construction and Completed refers to total floor space in each story of buildings calculated from the outside line of building walls, including both usable space and the space occupied by constructions like pillars or walls. The floor space of multi-story buildings includes the total floor space of each story (including basement).

Floor Space of Residential Buildings refers to the floor space of the residential buildings under construction and completed among the total space of buildings under construction and completed.

Floor Space Under Construction refers to total floor space of all buildings under construction during the reference period, including floor space of newly started buildings during the reference period, floor space of construction extended from the previous period to the current period, floor space of construction suspended during the previous period and resumed in the current period, floor space of construction completed in the current period, and floor space of construction started and then suspended in the current period.

Floor Space of Buildings Completed refers to the floor space of buildings completed in the reference period, which have come up to the designed standards and have been put into use.

Newly Increased Fixed Assets refer to the newly increased value of fixed assets, constructed or purchased, that have been transferred to the investors. This is an indicator that demonstrates the results of investment in fixed assets in monetary terms, and an important indicator to reflect the speed of construction and to calculate the efficiency of investment.

Villas, High-Grade Apartments refers to commercial houses whose construction costs and marketing prices are significantly higher than ordinary housing. Villas are independent structures generally located in the suburbs; high-grade apartments are multi-story buildings located in elegant urban neighborhoods. Criteria for villas and high-grade apartments include: 1) projects for the construction of villas or high-grade apartments have to be approved by competent departments in charge of real estate development and investment plans, and 2) prices for projects on villas or high-grade apartments are higher by over 100% compared with the average prices of ordinary commercial housing projects in similar location. This indicator helps to analyze the investment structure of the real estate industry and the demand and supply of housing for high-income households.

Area of Commercialized Housing Sold refers to total contracted area of commercialized housing (i.e. area of floor space as designated in the formal contracts signed by both sides) during the reference time. It constitutes floor space of completed housing and floor space of future housing.

Value of Commercialized Housing Sold refers to the total contracted value (i.e. value of sales/purchase for selling/purchase of commercialized housing as designated in the contract signed by both sides) during the reference time. This indicator has the same coverage as the area of commercialized housing sold, which constitutes floor space of completed housing and floor space of housing yet to be completed

Investment in Commercial Buildings refers to the investment in residential buildings, workshops, warehouses, hotels, official buildings and related service establishment for sale or rent by real estate development enterprises.

Developed Land Area Completed refers to the land area of land development and prophase development projects completed, which can carry out construction or remise.

Purchased Land Area in Current Year refers to the land area accessible by various means in current year.

租赁和商务服务业

Leasing and Business Services

◉ 资料整理：赵翠清

简要说明

一、主要内容

本篇包括租赁和商务服务业企业、行政事业单位、社会团体及其他法人单位的单位数、从业人数、主要财务指标等社会活动情况。

二、资料来源

租赁和商务服务业企业、行政事业单位、社会团体及其他法人单位的单位数、从业人数、主要财务指标由省统计局组织各部门和各地区统计调查。由省地方经济社会调查队服务业调查处整理提供。

Brief Introduction

I. Main Contents

Data in the chapter mainly include: unit, employment, and main financial indicators of Tenancy and business services enterprises, Administrative institution, social organizations and others, and basic condition of telecommunication services, etc.

II. Sources of Data

Data on Number of Institutional Unit, Employed Persons and Main Financial Indicators of Management of Leasing and Business Services are calculated from Statistical investigation by Henan provincial bureau of statistics, which are provided by Henan provincial survey organizations of social and economy.

21-1 租赁和商务服务业法人单位数和从业人员数

Number of Institutional Unit and Employed Persons of Leasing and Business Services

年份(Year)	合计 Total	企业 Enterprise	行政事业 Administrative institution	社会团体及其他 Social organizations and others
单位数(个) Number of Institutional Unit(unit)				
2008	9611	8381	956	274
2009	10534	9281	960	293
2010	11658	10370	956	332
2011	12944	11646	963	335
2012	14384	13128	980	276
从业人数(万人) Employed Persons(10 000 persons)				
2008	17.50	15.01	2.19	0.30
2009	20.10	17.29	2.40	0.40
2010	21.29	18.59	2.40	0.31
2011	25.09	22.49	2.25	0.35
2012	31.59	28.52	2.75	0.31

21-2 分行业租赁和商务服务业法人单位财务指标(2012年)

Main Financial Indicators of Institutional Unit of Leasing and Business Services by Sector (2012)

单位：万元 (10 000 yuan)

指标	Item	租赁和商务服务业 Tenancy and business services	租赁业 Tenancy	商务服务业 Business service
单位数(个)	Number of units (unit)	14384	826	13558
从业人数(万人)	Employed Persons (10 000 Persons)	31.59	1.14	30.45
固定资产原价	Fixed Asset Price	4986124	211321	4774804
收入合计	Total Income	4544187	160939	4383248
成本费用合计	Total Cost	3726328	108039	3618289
职工薪酬	Employee Compensation	782727	23879	758848
税费合计	Tax	200270	10288	189982
营业利润	Operating Profit	323847	21937	301910

21−3 各市租赁和商务服务业法人单位财务指标(2012年)

Main Financial Indicators of Institutional Unit of Leasing and Business Services by City (2012)

单位：万元 (10 000 yuan)

市(县) City(County)	单位数(个) Number of units (unit)	从业人数(万人) Employed Persons (10 000 Persons)	固定资产原价 Fixed Asset Price	收入合计 Total Income	成本费用合计 Total Expenses	职工薪酬 Employee Compensation	税费合计 Tax and Expenses	营业利润 Operating Profit
全 省 Total	**14384**	**31.59**	**4986124**	**4544187**	**3726328**	**782727**	**200270**	**323847**
省 辖 市 City								
郑 州 市 Zhengzhou	6784	12.73	2297603	2631843	2352423	350122	128192	-33151
开 封 市 Kaifeng	483	1.08	88003	110472	78027	26152	7993	31403
洛 阳 市 Luoyang	1025	2.17	280880	269483	210222	45798	8776	26246
平 顶 山 市 Pingdingshan	502	1.99	54517	154821	129435	34845	5924	-5406
安 阳 市 Anyang	487	1.87	194788	173310	113596	30402	6517	69427
鹤 壁 市 Hebi	150	0.32	13653	19510	12899	6725	714	670
新 乡 市 Xinxiang	554	1.27	92211	66112	41531	24103	4314	31743
焦 作 市 Jiaozuo	463	1.46	843845	227717	166296	26894	4155	17457
濮 阳 市 Puyang	191	1.63	24101	104439	95667	84318	774	2167
许 昌 市 Xuchang	549	0.93	190608	128121	73191	20003	9660	33146
漯 河 市 Luohe	152	0.54	33139	39391	22337	8795	1139	13333
三 门 峡 市 Sanmenxia	900	1.32	281820	184688	106223	33960	4868	40530
南 阳 市 Nanyang	828	1.66	92766	182629	164075	37163	6476	29908
商 丘 市 Shangqiu	205	0.38	33155	31117	17069	7701	1531	7091
信 阳 市 Xinyang	336	0.75	93194	47580	33219	14756	2133	8964
周 口 市 Zhoukou	261	0.55	66801	85955	46764	14878	3909	32459
驻 马 店 市 Zhumadian	433	0.78	59977	65284	46539	13961	2561	14972
济 源 市 Jiyuan	81	0.14	245064	21716	16811	2151	634	2888
省 直 管 县 Province Administrating County								
巩 义 市 Gongyi	65	0.14	11586	8818	6356	2663	705	1017
兰 考 县 Lankao	46	0.12	9730	14925	12269	2587	651	4493
汝 州 市 Ruzhou	41	0.06	8696	6932	3117	1441	787	-9512
滑 县 Huaxian	26	0.15	32978	26602	18879	2435	1733	1599
长 垣 县 Changyuan	45	0.08	1772	3757	2110	1005	236	1470
邓 州 市 Dengzhou	28	0.08	2629	4867	3503	2078	99	271
永 城 市 Yongcheng	15	0.03	780	2156	1864	525	76	384
固 始 县 Gushi	81	0.16	11350	12708	7038	3463	502	3364
鹿 邑 县 Luyi	10	0.02	2171	1660	1123	325	59	191
新 蔡 县 Xincai	49	0.11	2537	6958	6452	1909	220	1103

主要统计指标解释

租赁业 是指一种以一定费用借贷使用实物的经济行为。在这种经济行为中，出租人将自己所拥有的某种物品交与承租人使用，承租人由此获得在一段时期内使用该物品的权利，但物品的所有权仍保留在出租人手中。承租人为其所获得的使用权需向出租人支付一定的费用（租金）。按照《2011国民经济行业分类注释》，租赁业主要包括机械设备租赁和文化及体育设备出租两大类别，其中机械设备租赁包括汽车租赁、农业机械租赁、建筑工程机械与设备租赁、计算机及通讯设备租赁以及其他机械与设备租赁；文化及日用品出租包括娱乐及体育设备出租、图书出租、影像制品出租、其他文化及日用品出租等。

商务服务业 按照《2011 国民经济行业分类注释》，商务服务业主要包括九大类别：企业管理服务、法律服务、咨询与调查、广告业、知识产权服务、人力资源服务、旅行社及相关服务、安全保护服务以及其他商务服务业。

Explanatory Notes on Main Statistical Indicators

Rental industry refers to the economic behavior that paying the rent for borrowing. In this kind of economic behavior, the lessor lent their goods to the borrower, and the ownership of the goods still Belong to the lessor ,the borrower should pay for the Use right in a period. In according to The national economic Explanatory Notes in 2011, mainly including mechanical equipment ,culture and sports equipment rental, mechanical equipment rental including car rental, agricultural machinery rental, construction engineering machinery and equipment rental, computer and communication equipment rental and others. Culture and daily necessities rental including entertainment and sports equipment rental, book rental, image products lease, other cultural and daily necessities rent etc.

Business services in according to The national economic Explanatory Notes in 2011, mainly including nine categories: enterprise management service, law service, consulting and research services, advertising, intellectual property services, human resources service, travel agencies and related services, security protection services and other business services.

科技
Science and Technology

● 资料整理：张永安　赵翠清

简要说明

一、主要内容：

本篇包括科学研究和技术服务业企业、行政事业单位、社会团体及其他法人单位的单位数、从业人数及主要财务指标；全社会以及大中型工业企业、政府部门属研究机构、高校的研究与试验发展（R&D）活动及规模以上工业企业的研究与试验发展（R&D）人员、经费支出情况；全省专利申请和授权情况；科研成果及科研项目、技术市场技术合同成交资料；测绘、质量监督等综合技术服务部门业务机构及业务活动情况。

二、统计范围：

科技活动统计资料范围为全社会有研究与试验发展（R&D）活动的企事业单位，具体包括工业企业、政府部门属研究机构、普通高等学校以及研究与试验发展（R&D）活动相对密集行业（包括农、林、牧、渔业，建筑业，交通运输、仓储和邮政业，信息传输、计算机服务和软件业，金融业，租赁和商务服务业，科学研究、技术服务和地质勘查业，水利、环境和公共设施管理业，卫生、社会保障和社会福利业，文化、体育和娱乐业等）中从事研究与试验发展（R&D）活动的企事业单位。

三、资料来源：

科学研究和技术服务业企业、行政事业单位、社会团体及其他法人单位的单位数、从业人数及主要财务指标由省统计局组织各部门和各地区统计调查，由省地方经济社会调查队服务业调查处整理提供。

全省综合资料、企业及有关行业企事业单位的研究与试验发展（R&D）活动情况资料由省统计局调查提供；政府部门属研究机构资料由省科技厅和国防科技工业局调查提供；科学研究、技术服务和地址勘查业企事业的研究与试验发展（R&D）活动情况资料，以及科技论文资料、技术市场资料由省科技厅调查提供；高校资料由省教育厅调查提供；测绘、产品质量监督抽查、专利等资料，分别由省测绘局、省质量监督局、省知识产权局等部门调查提供。

四、统计调查方法：

研究与试验发展(R&D)活动情况采用全面调查取得；测绘、产品质量监督抽查、专利资料采用抽样等多种调查方法取得。

科技活动统计资料口径变动说明：2005年以前科技活动统计资料只包括大中型工业企业、政府部门属研究机构、普通高等学校，2005年及以后年份扩大到了全社会范围。本篇资料由河南省统计局社会与科技统计处编辑整理。

Brief Introduction

I. Main Contents

Data on this chapter including unit, employment, and main financial indicators of Science and technology enterprises, Administrative institution, social organizations and others, and basic condition of scientific research, technical services and geologic prospecting; The R&D personnel, the expenditure funds of R&D activities under whole society, large and medium-sized industrial enterprise, government departments, universities and colleges, data on patents application accepted and granted; data on technological markets; data on activities of the surveying and mapping, product quality supervision., etc.

II. Scope of Statistics

Data on research and development (R&D) activities of enterprises and institutions all over the country, mainly including industrial enterprises, scientific and technological institutions under government departments, universities and colleges and R&D-intensive enterprises of different industries (such as agriculture, forestry, animal husbandry, fisher, construction, transport, storage and post, information transmission, computer services and software, financial intermediation, leasing and business services, scientific research, technical service and geologic prospecting, management of water conservancy, environment and public facilities , health, social security and social welfare, culture, sports and entertainment).

III. Sources of Data

Data on unit, employment, and main financial indicators of Science and technology enterprises, Administrative institution, social organizations and others, and basic condition of scientific research, technical services and geologic prospecting are calculated from Statistical investigation by Henan provincial bureau of statistics, which are provided by Henan provincial survey organizations of social and economy.

Data on national aggregates and R&D activities of various enterprises and institutions , are from Henan provincial bureau of statistics; data on scientific and technological institutions under government departments are from Henan provincial bureau of scientific and technological and Henan provincial bureau of Defense science, technology industry; data on scientific research, technical service and geologic prospecting, scientific and technological papers; technological markets and high and new-tech industrial enterprises in development zones are from Henan provincial bureau of scientific and technological; data on scientific and technological activities in universities and colleges are from Henan provincial bureau of Education; Data on the development of surveying and mapping, product quality supervision and patents are provided separately by Henan provincial bureau of Survey and Mapping, Henan provincial bureau of product quality supervision and Quarantine, and Henan provincial Intellectual Property Office.

IV. Statistical methodology

Data on R&D activities of industrial enterprises, scientific and technological institutions under government departments, universities and colleges are collected through complete surveys. Data on surveying and mapping, product quality supervision and patent applications are through sample surveys and other surveys.

Changes of the statistical coverage of data on scientific and technological activities: before 2005, data only included large and medium-sized industrial enterprises, scientific research institutions under government departments, and universities and colleges. Since 2005 (inclusive), data have covered all industries. Data on this chapter are provided by Department of social and scientific and technological of Henan provincial bureau of statistics.

22-1 科学研究和技术服务业法人单位数和从业人员数

Number of Institutional Unit and Employed Persons of Scientific Research, Technical Services and Geologic Prospecting

年份（Year）	合计 Total	企业 Enterprise	行政事业 Administrative institution	社会团体及其他 Social organizations and others
单位数(个)Number of Institutional Unit(unit)				
2008	5027	2667	2160	200
2009	5238	2871	2149	218
2010	5822	3064	2158	600
2011	6023	3257	2161	605
2012	6616	4099	2168	349
从业人数(万人)Employed Persons(10 000 persons)				
2008	15.10	7.98	6.78	0.34
2009	14.47	8.18	6.00	0.29
2010	16.79	9.29	6.79	0.70
2011	18.05	10.76	6.60	0.70
2012	20.57	12.59	7.27	0.71

22-2 分行业科学研究和技术服务业法人单位财务指标(2012年)

Main Financial Indicators of Institutional Unit of Scientific Research, Technical Services and Geologic Prospecting by Sector (2012)

单位：万元 (10 000 yuan)

指　标	Item	科学研究和技术服务业 Scientific research, technical service and geologic perambulation	研究与试验发展 Research and experimental development	专业技术服务业 Professional technique services	科技推广和应用服务业 Services of science and technique intercommunion and generalization
单位数(个)	Number of units (unit)	6616	618	3968	2030
从业人数(万人)	Employed Persons (10 000 Persons)	20.57	3.25	12.93	4.40
固定资产原价	Fixed Asset Price	3229210	1443741	1574360	211109
收入合计	Total Income	5203732	1297328	3580304	326100
成本费用合计	Total Cost	3930749	1046896	2650067	233786
职工薪酬	Employee Compensation	871142	192850	592015	86277
税费合计	Tax	252051	45371	196733	9948
营业利润	Operating Profit	511090	119996	361531	29563

22-3 各市科学研究和技术服务业法人单位财务指标(2012年)

Main Financial Indicators of Institutional Unit of Scientific Research, Technical Services and Geologic Prospecting by City (2012)

单位：万元 (10 000 yuan)

市(县) City(County)	单位数(个) Number of units (unit)	从业人数(万人) Employed Persons (10 000 Persons)	固定资产原价 Fixed Asset Price	收入合计 Total Income	成本费用合计 Total Expenses	职工薪酬 Employee Compensation	税费合计 Tax and Expenses	营业利润 Operating Profit
全 省 Total	**6616**	**20.57**	**3229210**	**5203732**	**3930749**	**871142**	**252051**	**511090**
省 辖 市 City								
郑 州 市 Zhengzhou	1871	7.16	1146186	2100359	1625750	384811	138143	132921
开 封 市 Kaifeng	292	0.72	56041	78592	47079	16373	3079	16309
洛 阳 市 Luoyang	717	3.62	1367889	2151952	1663004	247804	80647	261392
平 顶 山 市 Pingdingshan	288	0.86	52119	94235	60359	27474	5578	5338
安 阳 市 Anyang	197	0.52	26352	46133	27499	12791	1918	9341
鹤 壁 市 Hebi	91	0.19	11385	13022	8732	3839	236	800
新 乡 市 Xinxiang	237	0.69	81239	124064	81142	19144	2058	15788
焦 作 市 Jiaozuo	375	0.92	141519	75911	47187	18327	3068	5686
濮 阳 市 Puyang	125	0.32	30880	53367	45874	13402	1518	-223
许 昌 市 Xuchang	257	0.67	43210	94186	61702	16122	3675	19181
漯 河 市 Luohe	69	0.14	14059	17893	15302	3054	451	2184
三 门 峡 市 Sanmenxia	450	0.69	44219	54880	37443	18928	1524	3837
南 阳 市 Nanyang	617	1.58	78869	111076	73438	32178	5007	15659
商 丘 市 Shangqiu	93	0.28	15881	25934	19517	7069	395	1284
信 阳 市 Xinyang	391	0.97	57739	67179	52482	23676	1580	5616
周 口 市 Zhoukou	145	0.31	17816	29350	18003	7277	1469	8385
驻 马 店 市 Zhumadian	336	0.81	34364	52473	38042	15165	1394	6375
济 源 市 Jiyuan	65	0.15	9444	13127	8194	3707	313	1217
省 直 管 县 Province Administrating County								
巩 义 市 Gongyi	34	0.10	5284	12037	10113	2082	513	1077
兰 考 县 Lankao	39	0.19	10757	24780	14871	3900	821	5788
汝 州 市 Ruzhou	29	0.09	3160	4803	3489	1744	204	411
滑 县 Huaxian	22	0.09	3651	2470	1348	1230	161	673
长 垣 县 Changyuan	21	0.03	1869	1239	836	668	40	383
邓 州 市 Dengzhou	31	0.13	3032	7149	4854	2727	51	406
永 城 市 Yongcheng	11	0.03	832	3485	1854	783	51	340
固 始 县 Gushi	73	0.17	3873	10107	7971	3640	124	1151
鹿 邑 县 Luyi	5	0.02	606	4909	3059	531	250	1364
新 蔡 县 Xincai	28	0.06	3181	4401	3152	1165	145	1121

22-4 历年研究与试验发展(R&D)主要指标
Basic Statistics on R&D Activities by the Years

年 份 Year	有(R&D)活动的单位数 (个) Number of Institutions for R&D (unit)	(R&D)人员 (个) Number of Persons for R&D (person)	(R&D)人员折合全时当量 (人年) Number of Persons for R&D Anounted to Full-time (person-year)	(R&D)经费内部支出 (万元) Intramural Expenditures on R&D (10 000 yuan)	(R&D)经费外部支出 (万元) External Expenditures on R&D (10 000 yuan)	(R&D)项目数 (项) Statistics on R&D Topics (item)	(R&D)机构数 (个) Statistics on R&D Institutions (unit)
2000	1017		34629	248024	15050	7904	1331
2001	985		36138	283091	24064	8100	1122
2002	982		41492	293151	31148	8470	1151
2003	989		40742	341910	24664	9293	1173
2004	1090		38250	423560	24573	12105	1423
2005	1107		50888	556090	39913	16069	1498
2006	1109		58716	798414	47729	18904	1432
2007	1169		64888	1011302	59761	24395	1531
2008	1286		72830	1240890	55061	27349	1727
2009	1636		92571	1747599	96107	22347	1821
2010	1555	144408	101668	2113773	89253	24050	1798
2011	1585	167386	118266	2644922	109950	28422	1817
2012	1720	185116	128323	3107803	124399	30319	1870

22–5 研究与试验发展(R&D)活动概况
Basic Statistics on R&D Activities

指 标	Item	2011	2012
科技活动人员(人)	Number of Persons for S&T (person)	292902	305990
#大学本科及以上学历	Graduated from Bachelor and Above	123594	131806
有研究与试验发展(R&D)活动的单位数(个)	Number of Institutions for R&D (unit)	1585	1720
研究与试验发展(R&D)人员(人)	Number of Persons for R&D (person)	167386	185116
#女性	Female	36504	41391
#研究人员	Researchers	76422	82995
#全时人员	Full-time Personnel	90547	105529
非全时人员	Timing Personnel	76839	79587
#博士毕业	Graduated from Doctor	4762	5111
硕士毕业	Graduated from Master	17460	19906
本科毕业	Graduated from Bachelor	50946	54734
其他学历	Other Degree	94218	105365
研究与试验发展(R&D人)员折合全时当量(人年)	Number of Persons for R&D Anounted to Full-time (person-year)	118266	128323
#研究人员	Researchers	53420	56483
#基础研究	Basic Research	3003	3495
应用研究	Applied Research	6270	5676
试验发展	Experimental Development	108999	119156
研究与试验发展(R&D)经费内部支出(万元)	Intramural Expenditures on R&D (10 000 yuan)	2644922	3107803
#基础研究	Basic Research	45773	75662
应用研究	Applied Research	107101	116552
试验发展	Experimental Development	2492048	2915589
#日常性支出	Daily spending	2198480	2638545
#人员劳务费	Labour Fee	540314	706720
#资产性支出	Assets spending	446442	469258
#仪器和设备	Instruments and Equipment	397730	436285
#政府资金	Government Apppropriation Funds	339417	427074
企业资金	Self-raised Funds by Enterpirses	2214143	2541871
境外资金	Foreign Apppropriation Funds	1798	3723
其他资金	Other Funds	89565	135138
研究与试验发展(R&D)经费外部支出(万元)	External Expenditures on R&D(10 000 yuan)	109950	124399
#对国内研究机构支出	Expenses on Domestic R&D Institutions	59106	81408
对国内高等学校支出	Expenses on Domestic Colleges and Universities	26153	35281
对国内企业支出	Expenses on Domestic Enterprises	22096	5965
对境外支出	Expenses on Overseas	2587	1732
研究与试验发展(R&D)产出情况	**Statistics on R&D Outputs**		
专利申请数(件)	Total Applications Examined(piece)	13172	15788
#发明专利申请数	Creation Inventions	4749	5437
专利授权数数(件)	Number of Patents Applications Granted (piece)	1279	1959
#发明专利	Inventions	648	853
有效发明专利数(件)	Number of Effective Invention Patent (piece)	7063	7626
专利所有权转让及许可数(件)	Assignment and Permit of Patent Ownership(piece)	87	225
专利所有权转让及许可收入(万元)	Income from Assignment and Permit of Patent Ownership10 000 yuan)	9435	7697
植物新品种权授予数(项)	Number of New Varieties of Plants Applications Granted (item)	61	29
形成国家或行业标准数(项)	Become National or Trade standards(item)	639	687
发表科技论文(篇)	Scientific and Technological Treatise Published(paper)	60082	60665
出版科技著作(种)	Scientific and Technological Books Publiced(type)	1946	2086
研究与试验发展(R&D)项目(课题)情况	Statistics on R&D Topics		
项目(课题)数(项)	Projects of R&D (item)	28422	30319
项目(课题)参加人员(人)	Number of R&D Personnel(person)	104061	113922
#研究人员	Researchers	49412	48560
项目(课题)经费内部支出(万元)	Intramural Expenditures on R&D (10 000 yuan)	2296656	2717569
研究与试验发展(R&D)机构情况	Statistics on R&D Institutions		
机构数(个)	Number of R&D Institutions (unit)	1817	1870
从事研究与试验发展(R&D)人员(人)	Number of R&D Personnel(person)	84899	80979
#博士毕业	Graduated from Doctor	2160	2334
#硕士毕业	Graduated from Master	9749	9866
研究与试验发展(R&D)经费支出(万元)	Expenditures on R&D (10 000 yuan)	1276729	1638516
科研用仪器设备原价(万元)	Original price of Equipment for S&T (10 000yuan)	1263476	1432210
#进口	Import	266534	257322

22-6 研究与试验发展(R&D)活动概况(2012年)

Basic Statistics on R&D Activities (2012)

指标	Item	总计 Total	#科学研究与技术开发机构 Institution for Scientific Research and Technological Empolder	#全日制普通高等学校 Full-time Regular Institutions of Higher Edcation	#大中型工业企业 Large and Medium-sized Industrial Enterprises
有研究与试验发展(R&D)活动的单位数(个)	Number of Institutions for R&D (unit)	1720	97	88	805
研究与试验发展(R&D)人员(人)	Number of Persons for R&D (person)	185116	13511	18213	124159
#女性	Female	41391	4010	7882	22925
#研究人员	Researchers	82995	6928	14538	47625
#全时人员	Full-time Personnel	105529	9966	4942	76685
非全时人员	Timing Personnel	79587	3545	13271	47474
博士毕业	Graduated from Doctor	5111	534	2981	1054
硕士毕业	Graduated from Master	19906	3629	8503	6015
本科毕业	Graduated from Bachelor	54734	4925	5931	37172
其他学历	Other Degree	105365	4423	798	79918
研究与试验发展(R&D人)员折合全时当量(人年)	Number of Persons for R&D Anounted to Full-time (person-year)	128323	11422	6565	91971
#研究人员	Researchers	56483	6668	5363	35673
#基础研究	Basic Research	3495	204	3022	2
应用研究	Applied Research	5676	2430	2596	259
试验发展	Experimental Development	119156	8788	948	91710
研究与试验发展(R&D)经费内部支出(万元)	Intramural Expenditures on R&D (10 000 yuan)	3107803	342845	151353	2266270
#基础研究	Basic Research	75662	2899	70709	50
应用研究	Applied Research	116552	49960	55779	7795
试验发展	Experimental Development	2915589	289986	24865	2258425
#日常性支出	Daily spending	2638545	255371	114252	1984074
#人员劳务费	Labour Fee	706720	83092	11950	526075
#资产性支出	Assets spending	469258	87474	37101	282196
#仪器和设备	Instruments and Equipment	436285	66634	33750	274858
#政府资金	Government Apppropriation Funds	427074	233725	94730	76854
企业资金	Self-raised Funds by Enterpirses	2541871	2668	36357	2180362
境外资金	Foreign Apppropriation Funds	3723		855	2421
其他资金	Other Funds	135138	106454	19411	6633
研究与试验发展(R&D)经费外部支出(万元)	External Expenditures on R&D(10 000 yuan)	124399	1321	1967	112004
#对国内研究机构支出	Expenses on Domestic R&D Institutions	81408	510	917	75028
对国内高等学校支出	Expenses on Domestic Colleges and Universities	35281	467	664	30882
对国内企业支出	Expenses on Domestic Enterprises	5965	324	217	4625
对境外支出	Expenses on Overseas	1732		157	1469

22-6 续表 continued

指 标	Item	总计 Total	#科学研究与技术开发机构 Institution for Scientific Research and Technological Empolder	#全日制普通高等学校 Full-time Regular Institutions of Higher Edcation	#大中型工业企业 Large and Medium-sized Industrial Enterprises
研究与试验发展(R&D)产出情况	Statistics on R&D Outputs				
专利申请数(件)	Total Applications Examined(piece)	15788	694	2311	9784
#发明专利申请数	Creation Inventions	5437	501	1341	2681
专利授权数(件)	Number of Patents Applications Granted (piece)	1959	404	1555	
#发明专利	Inventions	853	222	631	
有效发明专利数(件)	Number of Effective Invention Patent (piece)	7626	722	1710	4172
专利所有权转让及许可数(件)	Assignment and Permit of Patent Ownership(piece)	225	87	45	82
专利所有权转让及许可收入(万元)	Income from Assignment and Permit of Patent Ownership10 000 yuan)	7697	237	1279	2447
集成电路布图设计登记数(件)	Number of Integrated Circuit Layout Rosters(piece)	15		15	
植物新品种权授予数(项)	Number of New Varieties of Plants Applications Granted (item)	29	28	1	
形成国家或行业标准数(项)	Become National or Trade standards(item)	687	80	14	505
发表科技论文(篇)	Scientific and Technological Treatise Published(paper)	60665	4097	47556	7067
出版科技著作(种)	Scientific and Technological Books Publiced(type)	2086	161	1820	
研究与试验发展(R&D)项目(课题)情况	Statistics on R&D Topics				
项目(课题)数(项)	Projects of R&D (item)	**30319**	830	19032	7704
项目(课题)参加人员	Number of R&D Personnel(person)	113922	8560	6504	83087
#研究人员	Researchers	48560	5951	5313	31578
项目(课题)经费内部支出(万元)	Intramural Expenditures on R&D (10 000 yuan)	2717569	242075	137872	2037386
研究与试验发展(R&D)机构情况	Statistics on R&D Institutions				
机构数(个)	Number of R&D Institutions (unit)	1870	136	171	953
从事研究与试验发展(R&D)人员(人)	Number of R&D Personnel(person)	80979	12551	1471	55737
#博士毕业	Graduated from Doctor	2334	511	606	863
#硕士毕业	Graduated from Master	9866	3512	388	4865
研究与试验发展(R&D)经费支出(万元)	Expenditures on R&D (10 000 yuan)	1638516	336808	10555	1168472
科研用仪器设备原价(万元)	Original price of Equipment for S&T (10 000yuan)	1432210	263062	97404	929789
#进口	Import	257322	63765	51495	123997

22-7 科技活动人员情况

Basic Statistics on Personnel Engaged in S&T Activities

指 标	Item	2011 科技活动人员(人) Number of Persons for S&T (person)	2011 #大学本科及以上学历 Graduated from Bachelor and Above	2012 科技活动人员(人) Number of Persons for S&T (person)	2012 #大学本科及以上学历 Graduated from Bachelor and Above
总 计	**Total**	**292902**	**123594**	**305990**	**131806**
按数据来源分组	**Grouped by Data Source**				
科研单位	Scientific and Technological Sector	22000	13458	22489	13804
#科研机构	Scientific and Technological Institutions	16614	10621	17494	11385
非工业企业	Enterprises Except Industrial	821	626	762	595
事业单位	Public Institution	3182	1514	2850	1127
高等院校	Institutions of Higer Education	55003	49566	54268	50499
#理工农医院校	Schools of Science, Engineering, Agriculture and Medicine	31328	27323	30228	27636
人文社科院校	Schools of humanities and Social Science	23675	22243	24040	22863
工业企业	Industrial Enterprises	197172	56309	210506	63242
大中型工业企业	Large and Medium-sized Industrial Enterprises	176152	49363	185858	55326
规上小型工业企业	Small-sized Industrial Enterprises above Designated Size	20970	6925	24243	7849
非工业企业	Enterprises Except Industrial	11159	3247	11159	3247
事业单位	Public Institution	7568	1014	7568	1014
按执行部门分组	**Grouped by Executive Departments**				
企业	Enterprises	209882	60674	223157	67576
#大中型	Large and Medium-sized Enterprises	176152	49363	185858	55326
科研机构	Scientific and Technological Institutions	16614	10621	17494	11385
高等院校	Institutions of Higer Education	55003	49566	54268	50499
其他	Others	11403	2733	11071	2346
按隶属关系分组	**Grouped by Administrative Relationship**				
中央	Central	53276	18711	53270	20974
地方	Local	239626	104883	252720	110832

22-8 各市科技活动人员情况

Basic Statistics on Personnel Engaged in S&T Activities by City

市(县)	City(County)	2011 科技活动人员(人) Number of Persons for S&T (person)	2011 #大学本科及以上学历 Graduated from Bachelor and Above	2012 科技活动人员(人) Number of Persons for S&T (person)	2012 #大学本科及以上学历 Graduated from Bachelor and Above
全省	**Total**	**292902**	**123594**	**305990**	**131806**
省辖市	**City**				
郑州市	Zhengzhou	82351	43604	83574	44459
开封市	Kaifeng	9810	4739	10357	4992
洛阳市	Luoyang	32577	12866	37681	15296
平顶山市	Pingdingshan	19201	5499	19726	6180
安阳市	Anyang	15759	4685	16872	5158
鹤壁市	Hebi	2607	1360	2713	1640
新乡市	Xinxiang	25639	13125	24543	13831
焦作市	Jiaozuo	19147	7377	20430	8050
濮阳市	Puyang	7502	2593	9069	2791
许昌市	Xuchang	16002	6506	17325	6582
漯河市	Luohe	5047	2762	4805	2642
三门峡市	Sanmenxia	6830	909	7190	1060
南阳市	Nanyang	20047	7311	20979	7655
商丘市	Shangqiu	6117	2422	7103	2968
信阳市	Xinyang	6372	2505	4936	2593
周口市	Zhoukou	8263	2719	8112	2857
驻马店市	Zhumadian	4784	1981	4963	2209
济源市	Jiyuan	4847	631	5612	843
省直管县	**Province Administrating County**				
巩义市	Gongyi	3380	573	2844	699
兰考县	Lankao	856	32	908	34
汝州市	Ruzhou	784	201	1229	399
滑县	Huaxian	611	322	513	356
长垣县	Changyuan	2821	1324	2641	1284
邓州市	Dengzhou	664	188	324	28
永城市	Yongcheng	2286	280	2742	293
固始县	Gushi	29	10	77	11
鹿邑县	Luyi	1050	217	1136	179
新蔡县	Xincai	388	34	452	50

22−9 研究与试验发展(R&D)经费支出情况(2012年)

Statistics on Appropriation Expenditure for R&D (2012)

单位：万元 (10 000 yuan)

指　标	Item	(R&D)经费内部支出 Intramural Expenditures on R&D	政府资金 Government Apppropriation Funds	企业资金 Self-raised Funds by Enterpirses	境外资金 Foreign Apppropriation Funds	其他资金 Other Funds	(R&D)经费外部支出 External Expenditures on R&D
总　　计	**Total**	**3107803**	**427074**	**2541871**	**3723**	**135138**	**124399**
按数据来源分组	**Grouped by Data Source**						
科研单位	Scientific and Technological Sector	342845	233725	2668		106454	1321
#科研机构	Scientific and Technological Institutions	335597	230034	1654		103910	1007
非工业企业	Enterprises Except Industrial	1797	947	821		29	122
事业单位	Public Institution	4963	2609	2		2353	149
高等院校	Institutions of Higer Education	151353	94730	36357	855	19411	1967
#理工农医院校	Schools of Science, Engineering, Agriculture and Medicine	135262	84235	32614	185	18228	1937
人文社科院校	Schools of humanities and Social Science	16091	10495	3743	670	1183	30
工业企业	Industrial Enterprises	2489651	86872	2390918	2850	9011	119726
大中型工业企业	Large and Medium-sized Industrial Enterprises	2266270	76854	2180362	2421	6633	112004
规上小型工业企业	Small-sized Industrial Enterprises above Designated Size	221870	9993	209069	429	2379	7707
非工业企业	Enterprises Except Industrial	102273	714	101490	18	51	1385
事业单位	Public Institution	21681	11033	10437		211	
按执行部门分组	**Grouped by Executive Departments**						
企业	Enterprises	2594051	88618	2493420	2868	9144	121275
#大中型	Large and Medium-sized Enterprises	2266270	76854	2180362	2421	6633	112004
科研机构	Scientific and Technological Institutions	335597	230034	1654		103910	1007
高等院校	Institutions of Higer Education	151353	94730	36357	855	19411	1967
其他	Others	26803	13692	10439		2672.5	149
按隶属关系分组	**Grouped by Administrative Relationship**						
中央	Central	877562	236764	535363	22	105412	14994
地方	Local	2230240	190310	2006507	3700	29724	109404

22-10 研究与试验发展(R&D)活动机构情况(2012年)
Basic Statistics on Institutions Having R&D Activities (2012)

指 标	Item	机构数(个) Number of Institutions (unit)	机构从事(R&D)活动人员(人) Number of R&D Personnel (person)	#博士毕业 Graduated from Doctor	#硕士毕业 Graduated from Master	机构(R&D)经费内部支出(万元) Expenditures on R&D (10 000 yuan)	机构科研用仪器设备原价(万元) Original price of Equipment for S&T (10 000yuan)	#进口 Import
总 计	**Total**	**1870**	**80979**	**2334**	**9866**	**1638516**	**1432210**	**257322**
按数据来源分组	**Grouped by Data Source**							
科研单位	Scientific and Technological Sector	136	12551	511	3512	336808	263062	63765
#科研机构	Scientific and Technological Institutions	118	12383	499	3483	335597	258834	63134
非工业企业	Enterprises Except Industrial	10	113	8	17	865	2468	459
事业单位	Public Institution	2	38	4	11	268	814	
高等院校	Institutions of Higer Education	171	1471	606	388	10555	97404	51495
#理工农医院校	Schools of Science, Engineering, Agriculture and Medicine	128	919	355	199	9323	96741	51284
人文社科院校	Schools of humanities and Social Science	43	552	251	189	1232	664	211
工业企业	Industrial Enterprises	1414	63538	1142	5585	1263132	1033553	133794
大中型工业企业	Large and Medium-sized Industrial Enterprises	953	55737	863	4865	1168472	929789	123997
规上小型工业企业	Small-sized Industrial Enterprises above Designated Size	455	7738	267	716	94578	102677	9597
非工业企业	Enterprises Except Industrial	75	2506	17	98	25277	27752	3736
事业单位	Public Institution	74	913	58	283	2744	10438	4532
按执行部门分组	**Grouped by Executive Departments**							
企业	Enterprises	1505	66174	1167	5701	1289352	1064719	138161
#大中型	Large and Medium-sized Enterprises	953	55737	863	4865	1168472	929789	123997
科研机构	Scientific and Technological Institutions	118	12383	499	3483	335597	258834	63134
高等院校	Institutions of Higer Education	171	1471	606	388	10555	97404	51495
其他	Others	76	951	62	294	3012	11252	4532
按学科分组	**Grouped by Subject**							
自然科学	Natural Science	47	327	126	96	2850	36445	24047
农业科学	Agricultural Science	90	1977	211	426	33294	46679	22207
医药科学	Medical Science	89	1257	144	359	4307	26794	16118
工程与技术科学	Engineering and Technology Science	1573	76665	1575	8751	1594853	1319658	193770
人文与社会科学	Humanities and Social Science	71	753	278	234	3211	2633	1180

22-11 研究与试验发展(R&D)人员情况(2012年)
Basic Statistics on Personnel Engaged in R&D Activities (2012)

指标	Item	单位数(个) Number of Institutions (unit)	#有(R&D)活动的单位数 Number of Institutions for R&D	(R&D)人员(人) Number of Persons for R&D (person)	#研究人员 Researchers	(R&D)人员折合全时当量(人年) Number of Persons for R&D Anounted to Full-time (person-year)	#研究人员 Researchers
总　计	**Total**	**20297**	**1720**	**185116**	**82995**	**128323**	**56483**
按数据来源分组	**Grouped by Data Source**						
科研单位	Scientific and Technological Sector	286	97	13511	6928	11422	6668
#科研机构	Scientific and Technological Institutions	118	62	12383	6347	10438	6163
非工业企业	Enterprises Except Industrial	17	7	253	111	220	101
事业单位	Public Institution	107	22	760	389	702	365
高等院校	Institutions of Higer Education	89	88	18213	14538	6565	5363
#理工农医院校	Schools of Science, Engineering, Agriculture and Medicine	44	44	6175	5075	4114	3382
人文社科院校	Schools of humanities and Social Science	45	44	12038	9463	2451	1981
工业企业	Industrial Enterprises	19237	1374	140786	52798	102846	39063
大中型工业企业	Large and Medium-sized Industrial Enterprises	4070	805	124159	47625	91971	35673
规上小型工业企业	Small-sized Industrial Enterprises above Designated Size	14562	565	16358	5101	10674	3334
非工业企业	Enterprises Except Industrial	482	78	6094	4955	4279	3635
事业单位	Public Institution	203	83	6512	3776	3210	1754
按执行部门分组	**Grouped by Executive Departments**						
企业	Enterprises	19753	1463	147209	57919	107383	42823
#大中型	Large and Medium-sized Enterprises	4070	805	124159	47625	91971	35673
科研机构	Scientific and Technological Institutions	118	62	12383	6347	10438	6163
高等院校	Institutions of Higer Education	89	88	18213	14538	6565	5363
其他	Others	337	107	7311	4191	3936	2134
按隶属关系分组	**Grouped by Administrative Relationship**						
中央	Central	249	109	39958	21114	33615	18090
地方	Local	20048	1611	145158	61881	94708	38393

22-12 研究与试验发展(R&D)产出情况(2012年)

指　标	Item	专利申请数 (件) Total Applications Examined (piece)	#发明专利申请数 Creation Inventions	专利授权数 (件) Number of Patents Applications Granted (piece)	#发明专利授权数 Inventions
总　计	**Total**	**15788**	**5437**	**1959**	**853**
按数据来源分组	**Grouped by Data Source**				
科研单位	Scientific and Technological Sector	694	501	404	222
#科研机构	Scientific and Technological Institutions	618	462	355	201
非工业企业	Enterprises Except Industrial	32	19	23	11
事业单位	Public Institution	35	15	13	6
高等院校	Institutions of Higer Education	2311	1341	1555	631
#理工农医院校	Schools of Science, Engineering, Agriculture and Medicine	2279	1338	1545	631
人文社科院校	Schools of humanities and Social Science	32	3	10	
工业企业	Industrial Enterprises	12503	3496		
大中型工业企业	Large and Medium-sized Industrial Enterprises	9784	2681		
规上小型工业企业	Small-sized Industrial Enterprises above Designated Size	2716	814		
非工业企业	Enterprises Except Industrial	248	87		
事业单位	Public Institution	32	12		
按执行部门分组	**Grouped by Executive Departments**				
企业	Enterprises	12792	3607	36	15
#大中型	Large and Medium-sized Enterprises	9784	2681		
科研机构	Scientific and Technological Institutions	618	462	355	201
高等院校	Institutions of Higer Education	2311	1341	1555	631
其他	Others	67	27	13	6
按隶属关系分组	**Grouped by Administrative Relationship**				
中央	Central	2754	1057	327	171
地方	Local	13034	4380	1632	682

Statistics on Achievements for R&D (2012)

有效发明专利数(件) Number of Effective Invention Patent (piece)	专利所有权转让及许可数(件) Assignment and Permit of Patent Ownership(piece)	专利所有权转让及许可收入(万元) Income from Assignment and Permit of Patent Ownership (10 000 yuan)	植物新品种权授予数(项) Number of New Varieties of Plants Applications Granted (item)	形成国家或行业标准数(项) Become National or Trade Standards (item)	发表科技论文(篇) Scientific Papers Published (paper)	出版科技著作(种) Science and Technology Workers Published (type)
7626	**225**	**7697**	**29**	**687**	**60665**	**2086**
722	87	237	28	80	4097	161
684	86	220	20	16	3488	118
20				54	108	2
14		16	4	2	298	34
1710	45	1279	1	14	47556	1820
1709	45	1279	1	14	31153	687
1					16403	1133
5133	90	6174		583	7395	
4172	82	2447		505	7067	
949	8	3727		73	328	
61	3	7		10	429	
					1188	105
5218	94	6182	3	654	8019	4
4172	82	2447		505	7067	
684	86	220	20	16	3488	118
1710	45	1279	1	14	47556	1820
14		16	5	3	1602	144
1828	87	2	11	146	3354	29
5798	138	7695	18	541	57311	2057

22-13 规模以上工业企业研究与试验发展(R&D)人员活动情况(2012年)(一)

单位：人

类 别	Item	(R&D)人员合计(人) Number of Persons for R&D	参加项目人员 Participating in project Personnel	管理和服务人员 Management and Service Personnel
总 计	**Total**	**140786**	**127501**	**13285**
按企业规模分组	**By Size**			
大型企业	Large-sized	93751	85073	8678
中型企业	Medium-sized	30408	27228	3180
小型企业	Small-sized	16358	14956	1402
按工业行业大类分组	**By Sector**			
#煤炭开采和洗选业	Mining and Washing of Coal	13921	13277	644
石油和天然气开采业	Extraction of Petroleum and Natural Gas	1774	1594	180
黑色金属矿采选业	Mining of Ferrous Metal Ores	86	80	6
有色金属矿采选业	Mining of Non-ferrous Metal Ores	97	72	25
非金属矿采选业	Mining and Processing of Nonmetal Ores	278	270	8
农副食品加工业	Processing of Food From Agricultural Products	4518	4034	484
食品制造业	Manufacture of Foods	4446	3996	450
饮料制造业	Manufacture of Beverage	1959	1765	194
烟草制品业	Manufacture of Tobacco	274	269	5
纺织业	Manufacture of Textile	1784	1632	152
皮革、毛皮、羽毛(绒)及其制品业	Manufacture of Leather, Fur, Feather and Its Products	300	261	39
木材加工及木、竹、藤、棕、草制品业	Processing of Timbers, Manufacture of Wood, Bamboo, Rattan, Palm, and Straw Products	431	362	69
造纸及纸制品业	Manufacture of Paper and Paper Products	1724	1555	169
印刷业和记录媒介的复制	Printing,Reproduction of Recording Media	634	589	45
石油加工、炼焦及核燃料加工业	Processing of Petroleum ,Coking,Processing of Nucleus Fuel	464	439	25
化学原料及化学制品制造业	Manufacture of Chemical Raw Material and Chemical Products	7991	7065	926
医药制造业	Manufacture of Medicines	6050	5540	510
化学纤维制造业	Manufacture of Chemical Fiber	901	887	14
橡胶制品业	Manufacture of Rubber	2740	2486	254
非金属矿物制品业	Manufacture of Non-metallic Mineral Products	10520	9580	940
黑色金属冶炼及压延加工业	Manufacture and Processing of Ferrous Metals	9110	7879	1231
有色金属冶炼及压延加工业	Manufacture and Processing of Non-ferrous Metals	7697	6927	770
金属制品业	Manufacture of Metal Products	1627	1406	221
通用设备制造业	Manufacture of General Purpose Machinery	9458	8397	1061
专用设备制造业	Manufacture of Special Purpose Machinery	13553	11909	1644
电气机械及器材制造业	Manufacture of Electrical Machinery and Equipment	10939	10173	766
计算机、通信和其他电子设备制造业	Manufacture of Communication Equipment , Computer and Other Electronic Equipment	2619	2342	277
仪器仪表及文化、办公用机械制造业	Manufacture of Measuring Instrument and Machinery for Cultural Activity and Office Work	3644	3266	378
电力、热力的生产和供应业	Production and Supply of Electric Power and Heat Power	3115	2799	316
燃气生产和供应业	Production and Distribution of Gas	10	10	
水的生产和供应业	Production and Distribution of Water	34	30	4

Basic Statistics on R&D Activities in Enterprises above Designated Size (2012)(1)

(person)

#女性 Female	#研究人员 Researchers	#全时人员 Full-time Personnel	非全时人员 Timing Personnel	(R&D)人员折合全时当量合计(人年) Number of Persons for R&D Anounted to Full-time (person-year)	#研究人员 Researchers	#基础研究人员 Basic Research	应用研究人员 Applied Research	试验发展人员 Experimental Development
26042	**52798**	**86336**	**54450**	**102846**	**39063**	**2**	**267**	**102577**
16374	37025	58344	35407	71041	28204	2	210	70830
6551	10600	18341	12067	20930	7469		50	20881
3088	5101	9425	6933	10674	3334		8	10666
352	5668	4726	9195	7821	3086		9	7812
544	1513	1067	707	1597	1366			1597
8	60	67	19	79	55			79
4	74	26	71	44	26			44
86	110	193	85	175	71			175
1273	1419	2344	2174	3177	1020			3177
1208	1286	2678	1768	3432	992		12	3420
530	667	1229	730	1189	421	2		1187
26	61	90	184	161	36			161
514	980	1185	599	1093	586			1093
84	67	129	171	201	44			201
52	65	347	84	362	51			362
264	533	989	735	1015	318			1015
151	207	360	274	303	105			303
62	163	301	163	384	142			384
1946	2779	5785	2206	6041	2129		4	6037
2007	1850	4196	1854	4364	1274		58	4306
203	321	895	6	901	321			901
372	725	1368	1372	2032	470		15	2017
1780	3288	5092	5428	7736	2530		43	7692
1099	4452	4208	4902	6264	3055			6264
844	2365	4245	3452	5761	1808		28	5733
286	461	929	698	1229	353			1229
1862	4208	6436	3022	6382	3056		56	6327
2624	5856	9011	4542	10623	4624		8	10615
2120	3495	7713	3226	8442	2702			8442
600	878	2007	612	1640	601			1640
801	1469	2607	1037	2976	1176			2976
272	1182	1279	1836	2623	958			2623
1	7	10		10	7			10
9	14	28	6	28	8			28

22-14 规模以上工业企业研究与试验发展(R&D)经费支出活动情况(2012年)(二)

单位：万元

类 别	Item	(R&D)经费内部支出 Intramural Expenditures on R&D	基础研究支出 Basic Research	应用研究支出 Applied Research	试验发展支出 Experimental Development
总 计	**Total**	**2489651**	**50**	**7855**	**2481747**
按企业规模分组	By Size				
大型企业	Large-sized	1817209	50	6010	1811148
中型企业	Medium-sized	449061		1784	447277
小型企业	Small-sized	221870		60	221810
按工业行业大类分组	By Industrial Branch				
煤炭开采和洗选业	Mining and Washing of Coal	243010		61	242949
石油和天然气开采业	Extraction of Petroleum and Natural Gas	15058			15058
黑色金属矿采选业	Mining of Ferrous Metal Ores	601			601
有色金属矿采选业	Mining of Non-ferrous Metal Ores	2226			2226
非金属矿采选业	Mining and Processing of Nonmetal Ores	1646			1646
农副食品加工业	Processing of Food From Agricultural Products	100093			100093
食品制造业	Manufacture of Foods	50037		1043	48994
饮料制造业	Manufacture of Beverage	50113	50		50063
烟草制品业	Manufacture of Tobacco	5392			5392
纺织业	Manufacture of Textile	40957			40957
纺织服装、鞋、帽制造业	Manufacture of Textile Wearing Apparel,Footware, and Caps	4121			4121
皮革、毛皮、羽毛(绒)及其制品业	Manufacture of Leather, Fur, Feather and Its Products	6498			6498
木材加工及木、竹、藤、棕、草制品业	Processing of Timbers, Manufacture of Wood, Bamboo, Rattan, Palm, and Straw Products	5000			5000
家具制造业	Manufacture of Furniture	2478			2478
造纸及纸制品业	Manufacture of Paper and Paper Products	30827			30827
印刷业和记录媒介的复制	Printing,Reproduction of Recording Media	9582			9582
文教体育用品制造业	Manufacture of Articles for Culture,Education and Sport Activity	13394			13394
石油加工、炼焦及核燃料加工业	Processing of Petroleum ,Coking,Processing of Nucleus Fuel	10021			10021
化学原料及化学制品制造业	Manufacture of Chemical Raw Material and Chemical Products	119381		31	119350
医药制造业	Manufacture of Medicines	69727		2862	66865
化学纤维制造业	Manufacture of Chemical Fiber	7775			7775
橡胶制品业	Manufacture of Rubber	48705		602	48103
塑料制品业	Manufacture of Plastic				
非金属矿物制品业	Manufacture of Non-metallic Mineral Products	176647		1039	175608
黑色金属冶炼及压延加工业	Manufacture and Processing of Ferrous Metals	193199			193199
有色金属冶炼及压延加工业	Manufacture and Processing of Non-ferrous Metals	207758		1113	206645
金属制品业	Manufacture of Metal Products	18950			18950
通用设备制造业	Manufacture of General Purpose Machinery	140400		671	139730
专用设备制造业	Manufacture of Special Purpose Machinery	296882		60	296823
交通运输设备制造业	Manufacture of Transport Equipment				
电气机械及器材制造业	Manufacture of Electrical Machinery and Equipment				
通信设备、计算机及其他电子设备制造业	Manufacture of Communication Equipment , Computer and Other Electronic Equipment	23639			23639
仪器仪表及文化、办公用机械制造业	Manufacture of Measuring Instrument and Machinery for Cultural Activity and Office Work	38970			38970
工艺品及其他制造业	Manufacture of Artwork, Other Manufacture n.e.c				
废弃资源和废旧材料回收加工业	Recycling and Disposal of Waste	2750			2750
电力、热力的生产和供应业	Production and Supply of Electric Power and Heat Power	51407			51407
燃气生产和供应业	Production and Distribution of Gas	171			171
水的生产和供应业	Production and Distribution of Water	45			45

Basic Statistics on R&D Activities in Enterprises above Designated Size (2012)(2)

(10 000 yuan)

政府资金 Government Appropriation Funds	企业资金 Self-raised Funds by Enterpirses	境外资金 Foreign Appropriation Funds	其他资金 Other Funds	(R&D)经费外部支出 External Expenditures on R&D	对境内研究机构支出 Expenses on Domestic R&D Institutions	对境内高等学校支出 Expenses on Domestic Universities	对境外支出 Expenses on Overseas
86872	**2390918**	**2850**	**9011**	**119726**	**79460**	**33405**	**1575**
59468	1753162	1627	2952	95255	69266	22769	1415
17386	427200	794	3681	16748	5762	8113	54
9993	209069	429	2379	7707	4432	2524	106
1602	241371		37	7660	2088	5549	
	15058			2016	407	1609	
	601						
	2226			38	38		
17	1628			89	71	15	
1829	98051		212	7499	820	6632	7
2220	47566		251	1064	247	810	8
3555	46068		490	1617	1315	302	
38	5354			1440	1023	417	
445	40030		482	338	125	211	
85	4036			50	37	13	
29	6469			31	21	9	
4	4996						
20	2359		99				
598	30229			1019	155	785	
492	9015		75	70	31	39	
857	12449		88	6			
38	9983			1597	761	70	
4220	114925		236	2172	677	1235	35
3216	65311		1200	7384	5947	1377	
827	6948						
2139	46566			2753	1111	349	
4880	171499		268	3338	2362	670	234
1805	191394			4331	2839	1453	
5595	200758	22	1383	12179	9485	2496	
502	18449			153	107	37	
5759	133289	391	962	4761	2535	1711	39
10073	286201	38	570	6272	4582	1385	
1479	21602	558		603	301	302	
2078	36770		122	1486	481	361	
15	2735			190		190	
589	50739		80	3534	2429	1105	
	171			0	0		
26	19						

22−15 规模以上工业企业研究与试验发展(R&D)活动情况(2012年)(三)

Basic Statistics on R&D Activities in Enterprises above Designated Size (2012) (3)

类 别	Item	新产品产值(万元) Gross Output Value of new Products (10 000 yuan)	新产品销售收入(万元) Sales Revenue of New Products (10 000 yuan)	专利申请数(项) Total Patent Applications (item)	有效发明专利数(项) Patent Owned (item)
总 计	**Total**	**27881389**	**25762027**	**12503**	**5133**
按企业规模分组	**By Size**				
大型企业	Large-sized	22401937	20480047	6299	2306
中型企业	Medium-sized	4170251	4002277	3485	1866
小型企业	Small-sized	1305464	1276046	2716	949
按工业行业大类分组	**By Industrial Branch**				
#煤炭开采和洗选业	Mining and Washing of Coal	174710	139413	284	57
石油和天然气开采业	Extraction of Petroleum and Natural Gas	386	386	46	
有色金属矿采选业	Mining of Non-ferrous Metal Ores			15	19
非金属矿采选业	Mining and Processing of Nonmetal Ores	47250	50862	15	4
农副食品加工业	Processing of Food From Agricultural Products	1021073	838195	416	163
食品制造业	Manufacture of Foods	757247	596556	342	138
饮料制造业	Manufacture of Beverage	1014419	901241	142	98
烟草制品业	Manufacture of Tobacco	634785	634663	236	31
纺织业	Manufacture of Textile	588187	554441	92	25
皮革、毛皮、羽毛(绒)及其制品业	Manufacture of Leather, Fur, Feather and Its Products	174568	166358	66	4
木材加工及木、竹、藤、棕、草制品业	Processing of Timbers, Manufacture of Wood, Bamboo, Rattan, Palm, and Straw Products	15373	14076	3	
造纸及纸制品业	Manufacture of Paper and Paper Products	392445	399663	48	12
印刷业和记录媒介的复制	Printing,Reproduction of Recording Media	85312	82563	40	30
石油加工、炼焦及核燃料加工业	Processing of Petroleum ,Coking,Processing of Nucleus Fuel	19688	18925	39	16
化学原料及化学制品制造业	Manufacture of Chemical Raw Material and Chemical Products	1424785	1341646	506	290
医药制造业	Manufacture of Medicines	787498	693088	517	209
化学纤维制造业	Manufacture of Chemical Fiber	301123	301123	6	21
橡胶制品业	Manufacture of Rubber	441885	481788	251	112
塑料制品业	Manufacture of Plastic				
非金属矿物制品业	Manufacture of Non-metallic Mineral Products	1764092	1185167	725	395
黑色金属冶炼及压延加工业	Manufacture and Processing of Ferrous Metals	3326529	2737749	240	117
有色金属冶炼及压延加工业	Manufacture and Processing of Non-ferrous Metals	1819571	1724516	428	786
金属制品业	Manufacture of Metal Products	93633	96226	283	55
通用设备制造业	Manufacture of General Purpose Machinery	2009969	1901676	1029	459
专用设备制造业	Manufacture of Special Purpose Machinery	3748201	3786593	1520	712
交通运输设备制造业	Manufacture of Transport Equipment				
电气机械及器材制造业	Manufacture of Electrical Machinery and Equipment	2799918	2595338	1389	377
通信设备、计算机及其他电子设备制造业	Manufacture of Communication Equipment , Computer and Other Electronic Equipment	265058	259309	268	119
仪器仪表及文化、办公用机械制造业	Manufacture of Measuring Instrument and Machinery for Cultural Activity and Office Work	242110	227653	496	210
工艺品及其他制造业	Manufacture of Artwork, Other Manufacture n.e.c				
电力、热力的生产和供应业	Production and Supply of Electric Power and Heat Power	124771	124672	902	122
燃气生产和供应业	Production and Distribution of Gas			19	17

22-16 规模以上工业企业研究与试验发展(R&D)活动情况(2012年)(四)

Basic Statistics on R&D Activities in Enterprises above Designated Size (2012)(4)

类　别	Item	全部科技项目数(项) Projects for S&T Activities (item)	项目人员合计(人) Total Personnel of Projects (person)	项目经费支出合计(万元) Expenditure of Projects (10 000 yuan)
总　计	**Total**	**7297**	**108901**	**2180298**
按项目来源分组	**Grouped by Projects Source**			
国家科技项目	National Project	213	4384	119335
地方科技项目	Local Project	345	5409	94397
企业委托科技项目	Commissioned by Enterprises Project	167	2417	43105
自选科技项目	Optional Project	6485	95661	1904442
来自国外的科技项目	Foreign Project	10	135	3330
其它科技项	Other Project	77	895	15689
按项目合作形式分组	**Grouped by Cooperation Forms**			
与境外机构合作	Cooperation With Foreign Institutions	36	542	10312
与国内高校合作	Cooperation With Domestic Universities	848	15055	313161
与国内独立研究机构合作	Cooperation With Independent Research Organization	322	6033	106151
与境内注册外商独资企业合作	Cooperation With Foreign-owned Enterprise	26	760	7250
与境内注册其他企业合作	Cooperation With Other Enterprise	431	6688	133491
独立完成	Independently Achievment	5498	78083	1584691
其他	Other	136	1740	25243
按项目活动类型分组	**Grouped by Activity type**			
#应用研究	Applied Research	32	520	6802
试验发展	Experimental Development	7264	108361	2173446
按工业行业大类分组	**Grouped By Industrial Branch**			
#煤炭开采和洗选业	Mining and Washing of Coal	601	11471	214049
石油和天然气开采业	Extraction of Petroleum and Natural Gas	154	1288	9723
黑色金属矿采选业	Mining of Ferrous Metal Ores	3	59	541
有色金属矿采选业	Mining of Non-ferrous Metal Ores	4	72	1980
非金属矿采选业	Mining and Processing of Nonmetal Ores	15	270	1611
农副食品加工业	Processing of Food From Agricultural Products	236	3701	83844
食品制造业	Manufacture of Foods	212	2724	44885
饮料制造业	Manufacture of Beverage	99	1568	45191
烟草制品业	Manufacture of Tobacco	52	269	4920
纺织业	Manufacture of Textile	78	1446	38779
皮革、毛皮、羽毛(绒)及其制品业	Manufacture of Leather, Fur, Feather and Its Products	19	241	5636
木材加工及木、竹、藤、棕、草制品业	Processing of Timbers, Manufacture of Wood, Bamboo, Rattan, Palm, and Straw Products	22	271	4717
造纸及纸制品业	Manufacture of Paper and Paper Products	59	1323	26792
印刷业和记录媒介的复制	Printing,Reproduction of Recording Media	35	412	7849
石油加工、炼焦及核燃料加工业	Processing of Petroleum ,Coking,Processing of Nucleus Fuel	40	231	9155
化学原料及化学制品制造业	Manufacture of Chemical Raw Material and Chemical Products	366	5719	104551
医药制造业	Manufacture of Medicines	401	4831	61103
化学纤维制造业	Manufacture of Chemical Fiber	5	340	6918
橡胶和塑料制品业	Manufacture of Rubber	120	2298	47269
非金属矿物制品业	Manufacture of Non-metallic Mineral Products	553	8362	145146
黑色金属冶炼及压延加工业	Manufacture and Processing of Ferrous Metals	323	7071	174818
有色金属冶炼及压延加工业	Manufacture and Processing of Non-ferrous Metals	308	6646	185989
金属制品业	Manufacture of Metal Products	114	1138	15717
通用设备制造业	Manufacture of General Purpose Machinery	672	7344	123098
专用设备制造业	Manufacture of Special Purpose Machinery	809	10819	258988
交通运输设备制造业	Manufacture of Transport Equipment			
电气机械及器材制造业	Manufacture of Electrical Machinery and Equipment	492	7988	185700
通信设备、计算机及其他电子设备制造业	Manufacture of Communication Equipment , Computer and Other Electronic Equipment	118	1764	19216
仪器仪表及文化、办公用机械制造业	Manufacture of Measuring Instrument and Machinery for Cultural Activity and Office Work	288	2744	29972
工艺品及其他制造业	Manufacture of Artwork, Other Manufacture n.e.c			
电力、热力的生产和供应业	Production and Supply of Electric Power and Heat Power	181	2416	38042
燃气生产和供应业	Production and Distribution of Gas	1	10	170
水的生产和供应业	Production and Distribution of Water	2	25	37

22－17 研究与试验发展(R&D)项目(课题)情况(2012年)
Statistics on R&D Projects(Topics) (2012)

指 标	Item	项目(课题)数(项) Projects of R&D (item)	项目(课题)参加人员折合全时当量(人年) Number of Persons for R&D Anounted to Full-time (person-year)	#研究人员 Researchers	项目(课题)经费内部支出支出(万元) Intramural Expenditures on R&D (10 000 yuan)
总 计	**Total**	**30319**	**113922**	**48560**	**2717569**
按数据来源分组	**Grouped by Data Source**				
科研单位	Scientific and Technological Sector	830	8560	5951	242075
#科研机构	Scientific and Technological Institutions	716	7883	5585	237114
非工业企业	Enterprises Except Industrial	19	145	81	894
事业单位	Public Institution	85	478	251	3647
高等院校	Institutions of Higer Education	19032	6504	5313	137872
#理工农医院校	Schools of Science, Engineering, Agriculture and Medicine	7469	4114	3382	129906
人文社科院校	Schools of humanities and Social Science	11563	2390	1932	7966
工业企业	Industrial Enterprises	9349	93089	34637	2238004
大中型工业企业	Large and Medium-sized Industrial Enterprises	7704	83087	31578	2037386
规上小型工业企业	Small-sized Industrial Enterprises above Designated Size	1630	9819	3009	199146
非工业企业	Enterprises Except Industrial	487	3383	2476	88457
事业单位	Public Institution	621	2387	182	11161
按执行部门分组	**Grouped by Executive Departments**				
企业	Enterprises	9863	96646	37213	2327616
#大中型	Large and Medium-sized Enterprises	7704	83087	31578	2037386
科研机构	Scientific and Technological Institutions	716	7883	5585	237114
高等院校	Institutions of Higer Education	19032	6504	5313	137872
其他	Others	708	2889	448	14967
按项目来源分组	**Grouped by Projects Source**				
国家科技项目	National Project	4377	12494	9063	388424
地方科技项目	Local Project	11849	10367	6665	137360
企业委托科技项目	Commissioned by Enterprises Project	1852	3371	2088	104912
自选科技项目	Optional Project	11234	86436	30018	2061877
来自国外的科技项目	Foreign Project	44	141	54	4021
其它科技项目	Other Project	963	1113	672	20974
按活动类型分组	**Grouped by Activity type**				
基础研究	Basic Research	9820	3272	2577	66675
应用研究	Applied Research	7821	5131	3738	96034
试验发展	Experimental Development	12678	105519	42245	2554860
研究与试验发展成果应用	Results Application of R&D				
科技服务	Services for S&T				
按学科分组	**Grouped by Subject**				
自然科学	Natural Science	2223	1481	1100	51340
农业科学	Agricultural Science	1242	1985	1394	37202
医药科学	Medical Science	2163	3507	1069	22417
工程与技术科学	Engineering and Technology Science	13014	104343	42913	2597658
人文与社会科学	Humanities and Social Science	11677	2606	2084	8951

22-18 各市研究与试验发展(R&D)人员情况(2012年)

Basic Statistics on Personnel Engaged in R&D Activities by City (2012)

市(县) City(County)	单位数(个) Number of Institutions (unit)	#有(R&D)活动 Number of Institutions for R&D	(R&D)活动人员(人) Number of Persons for R&D (person)	#研究人员 Researchers	(R&D)活动人员折合全时当量(人年) Number of Persons for R&D Anounted to Full-time (person-year)	#研究人员 Researchers
全　　省 Total	**20297**	**1720**	**185116**	**82995**	**128323**	**56483**
省　辖　市 City						
郑　州　市 Zhengzhou	3057	503	46994	22429	31600	14582
开　封　市 Kaifeng	1221	123	6427	3570	4444	2357
洛　阳　市 Luoyang	1775	119	24276	12010	18646	9411
平 顶 山 市 Pingdingshan	750	68	9643	4071	7520	3063
安　阳　市 Anyang	935	52	9663	5425	6461	3672
鹤　壁　市 Hebi	532	18	1180	392	792	257
新　乡　市 Xinxiang	1230	136	17126	8025	11142	5500
焦　作　市 Jiaozuo	1194	126	12545	4991	7671	2553
濮　阳　市 Puyang	837	53	6129	3032	5088	2613
许　昌　市 Xuchang	1305	78	12243	3418	9212	2537
漯　河　市 Luohe	583	28	3482	1344	2854	1114
三 门 峡 市 Sanmenxia	637	37	4602	1015	2541	536
南　阳　市 Nanyang	1450	85	13548	6541	9703	4547
商　丘　市 Shangqiu	887	59	4540	1578	3073	1083
信　阳　市 Xinyang	1082	37	2483	1225	1449	633
周　口　市 Zhoukou	1124	45	4538	1992	2627	1035
驻 马 店 市 Zhumadian	1480	131	3121	1082	1822	522
济　源　市 Jiyuan	218	22	2576	855	1676	466
省 直 管 县 Province Administrating County						
巩　义　市 Gongyi	428	19	2063	426	1741	347
兰　考　县 Lankao	252	36	732	101	720	99
汝　州　市 Ruzhou	117	10	671	157	390	99
滑　　县 Huaxian	116	3	311	81	240	56
长　垣　县 Changyuan	117	14	2111	668	844	309
邓　州　市 Dengzhou	140	5	281	77	210	53
永　城　市 Yongcheng	104	4	2506	759	2067	649
固　始　县 Gushi	158	2	70	51	51	38
鹿　邑　县 Luyi	54	2	152	43	35	8
新　蔡　县 Xincai	157	9	186	87	57	25

22–19 各市研究与试验发展(R&D)机构情况(2012年)

Basic Statistics on Institutions Having R&D Activities by City (2012)

市(县) City(County)	机构数 (个) Number of Institutions (unit)	机构从事(R&D)活动人员 (人) Number of R&D Personnel (person)	#博士毕业 Graduated from Doctor	#硕士毕业 Graduated from Master	机构(R&D)经费内部支出 (万元) Expenditures on R&D (10 000 yuan)	机构科研用仪器设备原价 (万元) Original price of Equipment for S&T (10 000yuan)	#进口 Import
全 省 Total	**1870**	**80979**	**2334**	**9866**	**1638516**	**1432210**	**257322**
省 辖 市 City							
郑 州 市 Zhengzhou	555	21744	1013	3352	434769	468301	116039
开 封 市 Kaifeng	85	2443	195	240	64419	45053	9288
洛 阳 市 Luoyang	98	10297	171	2121	325438	179551	32240
平 顶 山 市 Pingdingshan	66	3251	41	272	75890	73586	12825
安 阳 市 Anyang	70	2687	81	259	35842	51679	11778
鹤 壁 市 Hebi	38	795	17	65	8588	19508	1200
新 乡 市 Xinxiang	190	8298	217	1134	181044	121137	15496
焦 作 市 Jiaozuo	134	5123	113	208	50544	84456	12945
濮 阳 市 Puyang	63	4061	66	234	46729	28146	1280
许 昌 市 Xuchang	98	5404	92	758	132218	98907	9167
漯 河 市 Luohe	61	2704	25	174	42423	24299	6960
三 门 峡 市 Sanmenxia	33	1181	26	60	19186	16483	230
南 阳 市 Nanyang	105	6689	77	443	124578	131758	21910
商 丘 市 Shangqiu	75	1363	31	137	26970	15830	552
信 阳 市 Xinyang	36	613	23	64	7674	4478	179
周 口 市 Zhoukou	59	1856	102	198	17484	19110	1568
驻 马 店 市 Zhumadian	79	1336	30	100	21290	37240	2023
济 源 市 Jiyuan	25	1136	14	47	23430	12690	1642
省 直 管 县 Province Administrating County							
巩 义 市 Gongyi	18	1629	23	57	20529	21442	3978
兰 考 县 Lankao	2	24	1	2	159	84	22
汝 州 市 Ruzhou	13	233	6	11	5892	6739	168
滑 县 Huaxian	8	311	3	14	1024	3004	36
长 垣 县 Changyuan	19	1498	22	116	30013	15711	
邓 州 市 Dengzhou	5	165	4	4	53	134	
永 城 市 Yongcheng	25	369	3	42	10599	4575	
固 始 县 Gushi	1	13	2	3	510	40	
鹿 邑 县 Luyi	3	108	1	1	649	1859	
新 蔡 县 Xincai	9	24	5	1	505	198	

22-20 各市研究与试验发展(R&D)经费支出情况(2012年)
Statistics on Appropriation Expenditure for R&D by City (2012)

单位：万元 (10 000 yuan)

市(县)	City(County)	(R&D)经费内部支出 Intramural Expenditures on R&D	政府资金 Government Apppropriation Funds	企业资金 Self-raised Funds by Enterpirses	境外资金 Foreign Apppropriation Funds	其他资金 Other Funds	(R&D)经费外部支出 External Expenditures on R&D
全省	**Total**	**3107803**	**427074**	**2541871**	**3723**	**135138**	**124399**
省辖市	**City**						
郑州市	Zhengzhou	807279	160555	600934	773	45018	35906
开封市	Kaifeng	135942	26209	104836	1053	3844	3717
洛阳市	Luoyang	493820	114416	324716	38	54652	7820
平顶山市	Pingdingshan	185169	4153	180431		585	8212
安阳市	Anyang	125088	6583	117669	18	818	7047
鹤壁市	Hebi	12628	711	11640		278	940
新乡市	Xinxiang	307755	67312	217098	315	23029	7718
焦作市	Jiaozuo	166287	8304	156108		1875	5445
濮阳市	Puyang	76975	8685	68290			1772
许昌市	Xuchang	250956	10938	238130	1306	581	27935
漯河市	Luohe	49461	1804	47572		84	520
三门峡市	Sanmenxia	56541	199	56291		51	1151
南阳市	Nanyang	187974	8242	178546	220	967	6566
商丘市	Shangqiu	68464	1465	66413		586	2397
信阳市	Xinyang	35202	1764	31954		1484	29
周口市	Zhoukou	38657	1918	36739			3331
驻马店市	Zhumadian	39857	2862	35710		1285	2219
济源市	Jiyuan	69749	954	68795			1674
省直管县	**Province Administrating County**						
巩义市	Gongyi	40978	2432	38546			7141
兰考县	Lankao	13630	445	13185			54
汝州市	Ruzhou	8947	79	8867			121
滑县	Huaxian	1304		1304			42
长垣县	Changyuan	34629	244	33869		516	2255
邓州市	Dengzhou	3943	66	3877			
永城市	Yongcheng	31260	20	31036		204	563
固始县	Gushi	1111	116	995			
鹿邑县	Luyi	2662		2662			1
新蔡县	Xincai	1339		688		651	

22-21 各市研究与试验发展(R&D)项目(课题)情况(2012年)

Statistics on R&D Projects(Topics) by City (2012)

市(县)	City(County)	项目(课题)数(项) Projects of R&D (item)	项目(课题)参加人员折合全时当量(人年) Number of Persons for R&D Anounted to Full-time (person-year)	#研究人员 Researchers	项目(课题)经费内部支出(万元) Intramural Expenditures on R&D (10 000 yuan)
全省	**Total**	**30319**	**113922**	**48560**	**2717569**
省辖市	**City**				
郑州市	Zhengzhou	12100	28164	12430	692432
开封市	Kaifeng	1255	3413	1519	128603
洛阳市	Luoyang	2426	15776	8029	409096
平顶山市	Pingdingshan	777	6841	2768	167827
安阳市	Anyang	1073	5758	3220	113300
鹤壁市	Hebi	98	726	236	11087
新乡市	Xinxiang	4502	9796	4865	279991
焦作市	Jiaozuo	1943	7146	2280	153112
濮阳市	Puyang	453	4338	2080	64680
许昌市	Xuchang	1265	8586	2361	202569
漯河市	Luohe	205	2468	938	47829
三门峡市	Sanmenxia	294	2387	501	45678
南阳市	Nanyang	1625	8812	3998	167507
商丘市	Shangqiu	395	2878	1010	64680
信阳市	Xinyang	786	1325	567	32559
周口市	Zhoukou	456	2423	945	33498
驻马店市	Zhumadian	443	1707	483	35987
济源市	Jiyuan	223	1381	331	67134
省直管县	**Province Administrating County**				
巩义市	Gongyi	97	1552	310	35690
兰考县	Lankao	49	657	92	13001
汝州市	Ruzhou	32	358	92	6964
滑县	Huaxian	34	189	41	1295
长垣县	Changyuan	185	771	278	31530
邓州市	Dengzhou	6	201	51	3226
永城市	Yongcheng	112	1931	609	31133
固始县	Gushi	21	45	34	1023
鹿邑县	Luyi	4	29	7	2072
新蔡县	Xincai	44	49	21	1227

22−22 各市研究与试验发展(R&D)产出情况(2012年)

Statistics on Achievements for R&D by City (2012)

市(县) City(County)	专利申请数(件) Total Applications Examined (piece)	#发明专利申请数 Creation Inventions	专利授权数(件) Number of Patents Applications Granted (piece)	#发明专利授权数 Inventions	有效发明专利数(件) Number of Effective Invention Patent (piece)
全　　省 Total	**15788**	**5437**	**1959**	**853**	**7626**
省　辖　市 City					
郑　州　市 Zhengzhou	6005	1902	686	435	2975
开　封　市 Kaifeng	249	118	41	40	148
洛　阳　市 Luoyang	3240	1304	795	189	1383
平 顶 山 市 Pingdingshan	549	196	22	9	260
安　阳　市 Anyang	413	152	36	22	210
鹤　壁　市 Hebi	266	54			29
新　乡　市 Xinxiang	1025	430	144	63	698
焦　作　市 Jiaozuo	821	334	154	73	479
濮　阳　市 Puyang	386	109	6	5	156
许　昌　市 Xuchang	1030	209	3		340
漯　河　市 Luohe	203	34	3		43
三 门 峡 市 Sanmenxia	179	40	3	3	137
南　阳　市 Nanyang	700	301	31	12	437
商　丘　市 Shangqiu	188	56	5	1	66
信　阳　市 Xinyang	81	25	18		20
周　口　市 Zhoukou	155	50			92
驻 马 店 市 Zhumadian	150	68	12	1	64
济　源　市 Jiyuan	148	55			89
省 直 管 县 Province Administrating County					
巩　义　市 Gongyi	162	29			79
兰　考　县 Lankao	7	7			3
汝　州　市 Ruzhou	120	32			116
滑　　县 Huaxian	37	21			39
长　垣　县 Changyuan	132	26			22
邓　州　市 Dengzhou	18	18			
永　城　市 Yongcheng	114	19			36
固　始　县 Gushi	9	2			1
鹿　邑　县 Luyi	48	1			1
新　蔡　县 Xincai	11	6			3

22-22 续表 continued

市(县) City(County)	专利所有权转让及许可数(件) Assignment and Permit of Patent Ownership(piece)	专利所有权转让及许可收入(万元) Income from Assignment and Permit of Patent Ownership (10 000 yuan)	植物新品种权授予数(项) Number of New Varieties of Plants Applications Granted (item)	形成国家或行业标准数(项) Become National or Trade Standards (item)	发表科技论文(篇) Scientific Papers Published (paper)	出版科技著作(种) Science and Technology Workers Published (type)
全 省 Total	**225**	**7697**	**29**	**687**	**60665**	**2086**
省 辖 市 City						
郑 州 市 Zhengzhou	56	3836	13	181	27742	1053
开 封 市 Kaifeng	5	71		21	3034	134
洛 阳 市 Luoyang	66	1228		101	5684	148
平 顶 山 市 Pingdingshan		16	4	12	2110	24
安 阳 市 Anyang	14	230		34	2430	47
鹤 壁 市 Hebi				7	316	
新 乡 市 Xinxiang	15		2	15	7076	192
焦 作 市 Jiaozuo	8	1017		51	3016	101
濮 阳 市 Puyang	18	589	1	30	407	4
许 昌 市 Xuchang	17	155	2	46	1224	59
漯 河 市 Luohe	1	5		8	485	21
三 门 峡 市 Sanmenxia	1		3	4	312	9
南 阳 市 Nanyang			1	91	2475	103
商 丘 市 Shangqiu	1			11	1614	75
信 阳 市 Xinyang				22	1462	33
周 口 市 Zhoukou	5	171	2	25	311	47
驻 马 店 市 Zhumadian	18	380	1	7	816	20
济 源 市 Jiyuan				21	151	16
省 直 管 县 Province Administrating County						
巩 义 市 Gongyi	4			7	12	
兰 考 县 Lankao	1	5			8	
汝 州 市 Ruzhou				1	38	
滑 县 Huaxian						
长 垣 县 Changyuan				1	20	
邓 州 市 Dengzhou						
永 城 市 Yongcheng	1				547	
固 始 县 Gushi						
鹿 邑 县 Luyi						
新 蔡 县 Xincai	3	30		2		

22-23 各市规模以上工业企业研究与试验发展(R&D)活动情况(2012年)

Basic Statistics on R&D Activities in Enterprises above Designated Size by City (2012)

市(县) City(County)	(R&D)人员合计(人) Number of Persons for R&D	参加项目人员 Participating in project Personnel	管理和服务人员 Management and Service Personnel	#女性 Female	#研究人员 Researchers	全时人员 Full-time Personnel	非全时人员 Timing Personnel
全省 Total	**140786**	**127501**	**13285**	**26042**	**52798**	**86336**	**54450**
省辖市 City							
郑州市 Zhengzhou	27963	25421	2542	4849	8788	15410	12553
开封市 Kaifeng	4608	3579	1029	792	2132	2964	1644
洛阳市 Luoyang	16132	14328	1804	3449	6779	11036	5096
平顶山市 Pingdingshan	8781	8041	740	1074	3635	5858	2923
安阳市 Anyang	8610	7614	996	984	4753	4439	4171
鹤壁市 Hebi	1092	1031	61	219	362	738	354
新乡市 Xinxiang	11617	10726	891	2663	4695	8990	2627
焦作市 Jiaozuo	11337	10620	717	2054	4086	5890	5447
濮阳市 Puyang	5206	4458	748	1203	2483	3791	1415
许昌市 Xuchang	11602	10848	754	2315	3046	7120	4482
漯河市 Luohe	3298	2864	434	858	1240	1575	1723
三门峡市 Sanmenxia	4502	4252	250	327	973	1470	3032
南阳市 Nanyang	11502	10516	986	2891	5055	8411	3091
商丘市 Shangqiu	4141	3883	258	380	1337	2207	1934
信阳市 Xinyang	1532	1442	90	267	516	1144	388
周口市 Zhoukou	3934	3624	310	791	1533	2663	1271
驻马店市 Zhumadian	2423	2307	116	461	556	1281	1142
济源市 Jiyuan	2506	1947	559	465	829	1349	1157
省直管县 Province Administrating County							
巩义市 Gongyi	2063	1845	218	298	426	987	1076
兰考县 Lankao	652	590	62	47	78	556	96
汝州市 Ruzhou	671	624	47	131	157	404	267
滑县 Huaxian	311	230	81	18	81	283	28
长垣县 Changyuan	2111	1973	138	308	668	1430	681
邓州市 Dengzhou	597	551	46	230	242	521	76
永城市 Yongcheng	2506	2336	170	61	759	1339	1167
固始县 Gushi	70	61	9	16	51	70	
鹿邑县 Luyi	152	129	23	28	43	83	69
新蔡县 Xincai	186	166	20	46	87	66	120

22-23 续表 1 continued

市(县) City(County)	(R&D)人员折合全时当量合计(人年) Number of Persons for R&D Anounted to Full-time (person-year)	#研究人员 Researchers	#基础研究人员 Basic Research	#应用研究人员 Applied Research	试验发展人员 Experimental Development
全 省 Total	**102846**	**39063**	**2**	**267**	**102577**
省 辖 市 City					
郑 州 市 Zhengzhou	20164	6235		83	20081
开 封 市 Kaifeng	3500	1616			3500
洛 阳 市 Luoyang	13084	5695		37	13047
平 顶 山 市 Pingdingshan	6969	2802		7	6962
安 阳 市 Anyang	6010	3400		19	5992
鹤 壁 市 Hebi	711	233			711
新 乡 市 Xinxiang	8050	3542		8	8041
焦 作 市 Jiaozuo	7165	2210		42	7124
濮 阳 市 Puyang	4461	2231		8	4453
许 昌 市 Xuchang	8973	2435			8973
漯 河 市 Luohe	2676	1014			2676
三 门 峡 市 Sanmenxia	2478	511		4	2475
南 阳 市 Nanyang	8937	4076			8937
商 丘 市 Shangqiu	2863	961		2	2861
信 阳 市 Xinyang	1082	373			1082
周 口 市 Zhoukou	2509	944	2	58	2449
驻 马 店 市 Zhumadian	1573	338			1573
济 源 市 Jiyuan	1642	449			1642
省 直 管 县 Province Administrating County					
巩 义 市 Gongyi	1652	329		71	1581
兰 考 县 Lankao	606	71			606
汝 州 市 Ruzhou	368	92		7	361
滑 县 Huaxian	232	53			232
长 垣 县 Changyuan	781	286			781
邓 州 市 Dengzhou	523	217			523
永 城 市 Yongcheng	1915	601		2	1913
固 始 县 Gushi	48	36			48
鹿 邑 县 Luyi	32	7	2		30
新 蔡 县 Xincai	53	23			53

22-23 续表 2 continued

单位：万元 (10 000 yuan)

市(县) City(County)	(R&D)经费内部支出合计 Intramural Expenditures on R&D	#基础研究支出 Basic Research	#应用研究支出 Applied Research	试验发展支出 Experimental Development	政府资金 Government Apppropriation Funds	企业资金 Self-raised Funds by Enterpirses	境外资金 Foreign Apppropriation Funds	其他资金 Other Funds
全 省 Total	**2489651**	**50**	**7855**	**2481747**	**86872**	**2390918**	**2850**	**9011**
省 辖 市 City								
郑 州 市 Zhengzhou	560813		3194	557618	21587	536180	580	2465
开 封 市 Kaifeng	101588			101588	1728	99469	391	
洛 阳 市 Luoyang	290263		470	289793	12961	275457	38	1808
平 顶 山 市 Pingdingshan	182013		33	181980	3465	178157		392
安 阳 市 Anyang	119713		200	119512	2121	117514		78
鹤 壁 市 Hebi	11524			11524	154	11370		
新 乡 市 Xinxiang	222690		70	222621	10632	210156	315	1588
焦 作 市 Jiaozuo	150815		906	149909	3551	146850		413
濮 阳 市 Puyang	72386		60	72326	7100	65286		
许 昌 市 Xuchang	248778			248778	10276	236821	1306	375
漯 河 市 Luohe	48175			48175	978	47196		
三 门 峡 市 Sanmenxia	56157		31	56126	166	55976		16
南 阳 市 Nanyang	181776			181776	7002	174132	220	421
商 丘 市 Shangqiu	65819		28	65791	613	64937		270
信 阳 市 Xinyang	32075			32075	203	31829		44
周 口 市 Zhoukou	38265	50	2862	35353	1611	36654		
驻 马 店 市 Zhumadian	38123			38123	1794	35188		1141
济 源 市 Jiyuan	68677			68677	931	67746		
省 直 管 县 Province Administrating County								
巩 义 市 Gongyi	40978		2152	38826	2432	38546		
兰 考 县 Lankao	11842			11842	46	11796		
汝 州 市 Ruzhou	8947		33	8914	79	8867		
滑 县 Huaxian	1304			1304		1304		
长 垣 县 Changyuan	34629			34629	244	33869		516
邓 州 市 Dengzhou	6991			6991	66	6925		
永 城 市 Yongcheng	31260		28	31232	20	31036		204
固 始 县 Gushi	1111			1111	116	995		
鹿 邑 县 Luyi	2662	50		2612		2662		
新 蔡 县 Xincai	1339			1339		688		651

22-23 续表 3 continued

单位：万元 (10 000 yuan)

市(县) City(County)	(R&D)经费外部支出合计 External Expenditures on R&D	#对境内研究机构支出 Expenses on Domestic R&D Institutions	对境内高等学校支出 Expenses on Domestic Universities	对境外支出 Expenses on Overseas	项目数(项) Projects for S&T Activities (item)	项目人员合计(人) Total Personnel of Projects (person)	项目经费支出合计 Expenditure of Projects
全 省 Total	**119726**	**79460**	**33405**	**1575**	**7297**	**108901**	**2180298**
省 辖 市 City							
郑 州 市 Zhengzhou	33005	26968	4241	101	1869	22934	490982
开 封 市 Kaifeng	2866	263	2566		265	3460	97114
洛 阳 市 Luoyang	7747	5093	1541	20	918	12583	247039
平 顶 山 市 Pingdingshan	8100	4970	2827	19	402	7469	164587
安 阳 市 Anyang	7047	4198	2719	100	285	6474	109210
鹤 壁 市 Hebi	928	235	628	15	90	1013	10544
新 乡 市 Xinxiang	7344	2980	3507	319	683	9214	208426
焦 作 市 Jiaozuo	5233	2850	1866	61	509	9476	134889
濮 阳 市 Puyang	1740	1225	512		242	3134	52097
许 昌 市 Xuchang	27910	20044	7027	727	418	8349	199116
漯 河 市 Luohe	512	80	366		166	2543	46831
三 门 峡 市 Sanmenxia	1117	103	1014		244	3759	43658
南 阳 市 Nanyang	6565	3342	2783	207	617	8571	159101
商 丘 市 Shangqiu	2397	1400	417		160	2859	57692
信 阳 市 Xinyang	29	8	6	7	57	1396	28547
周 口 市 Zhoukou	3331	2561	722		87	2035	31981
驻 马 店 市 Zhumadian	2208	1722	436		167	2168	33437
济 源 市 Jiyuan	1646	1418	228		118	1464	65048
省 直 管 县 Province Administrating County							
巩 义 市 Gongyi	7141	6894	207	40	96	1831	35372
兰 考 县 Lankao	10		10		34	590	11233
汝 州 市 Ruzhou	121		121		32	504	6952
滑 县 Huaxian	42		36		6	219	1113
长 垣 县 Changyuan	2255	1534	488	19	171	1834	31139
邓 州 市 Dengzhou					39	548	5237
永 城 市 Yongcheng	563	236	304		75	1384	26644
固 始 县 Gushi					2	61	1023
鹿 邑 县 Luyi	1		1		3	77	2010
新 蔡 县 Xincai					10	113	1144

22-23 续表 4 continued

市(县) City(County)	新产品产值(万元) Gross Output Value of new Products (10 000 yuan)	新产品销售收入(万元) Sales Revenue of New Products (10 000 yuan)	企业办科技机构(个) Number of Institutions of S&T in Enterprises(unit)	专利申请数(项) Total Patent Applications (item)	有效发明专利数(项) Patent Owned (item)
全省 Total	**27881389**	**25762027**	**1414**	**12503**	**5133**
省辖市 City					
郑州市 Zhengzhou	5870927	5761533	336	4807	1445
开封市 Kaifeng	466040	445459	44	168	31
洛阳市 Luoyang	2713157	2803137	68	1978	939
平顶山市 Pingdingshan	1573206	1417532	61	501	243
安阳市 Anyang	1619336	1579939	55	372	178
鹤壁市 Hebi	177534	156861	35	266	29
新乡市 Xinxiang	2904920	2757268	148	786	532
焦作市 Jiaozuo	1907945	1727204	117	588	358
濮阳市 Puyang	537576	553897	50	367	148
许昌市 Xuchang	3693457	2430397	90	1007	337
漯河市 Luohe	351621	339208	50	192	43
三门峡市 Sanmenxia	342734	276498	30	168	132
南阳市 Nanyang	2761428	2670948	89	643	393
商丘市 Shangqiu	128097	121420	65	179	65
信阳市 Xinyang	123690	115263	26	61	19
周口市 Zhoukou	514432	467273	52	155	91
驻马店市 Zhumadian	801123	825740	74	119	61
济源市 Jiyuan	1394167	1312450	24	146	89
省直管县 Province Administrating County					
巩义市 Gongyi	312172	314303	18	162	79
兰考县 Lankao	4644	4203		1	
汝州市 Ruzhou	69847	65206	13	120	116
滑县 Huaxian	103517	103437	7	37	39
长垣县 Changyuan	443188	425108	19	132	22
邓州市 Dengzhou	17100	15384	6	31	19
永城市 Yongcheng	6120	5050	25	114	36
固始县 Gushi	17112	17112	1	9	1
鹿邑县 Luyi			3	48	1
新蔡县 Xincai	56895	54850	9	11	3

22-24 大中型工业企业研究与试验发展(R&D)活动情况

Basic Statistics on R&D Activities in Large and Medium-Sized Industrial Enterprises

单位：亿元 (100 million yuan)

指 标	Item	2011	2012
企业(R&D)活动人员 (人)	Number of Persons for R&D (person)	111577	124159
企业办科技机构 (个)	Number of R&D Institutions operationed by Enterprises(unit)	880	953
企业办科技机构人员 (人)	Personner of R&D Institutions operationed by Enterprises(person)	75156	80842
企业项目数 (项)	Number of Projects(item)	7169	7704
企业参加项目人员 (个)	Participating in project Personnel (person)	100081	112301
当年(R&D)经费内部支出	External Expenditures on R&D	195.71	226.63
新产品销售收入	Sales Revenue of New Products	2416.63	2448.23
#出口	Export	200.97	200.57
仪器和设备原价	Original price of Equipment for S&T (10 000yuan)	80.35	92.98
#进口	Import	11.86	12.40
引进技术经费支出	Expenditures on Imported Technology	7.99	5.90
消化吸收经费支出	Expenditures on Digestion and Absorption	3.77	3.61
购买国内技术支出	Expenditures on Domestic Technology	7.76	5.29
技术改造经费支出	Expenditures on Technical Reform	161.34	132.96

22-25 三种专利申请受理量及授权量
Three Types of Patent Application Examined and Granted

单位：项 (item)

项 目	Item	2005	2007	2008	2009	2010	2011	2012
申请量合计	**Total Applications Examined**	**8981**	**14916**	**19090**	**19589**	**25149**	**34076**	**43442**
发明	Inventions	1703	2875	4954	4952	6408	8833	10910
实用新型	Utility Models	4594	5571	8167	9912	13856	19120	23594
外观设计	Designs	2684	6470	5969	4725	4885	6123	8938
在三种专利申请受理量中	In the Three Types of Patent Applications Examined							
个人	Individuals	5955	9727	10760	9059	9528	11155	14468
大专院校	Universities and Colleges	311	666	568	726	1387	2228	2470
科研单位	Research Institutions	166	427	689	570	578	824	1122
工矿企业	Industrial and Mineral Enterprises	2534	4034	6968	9180	13449	19402	24670
机关团体	Government Agencies and Organizations	15	62	105	54	207	467	712
授权量合计	**Total Applications Granted**	**3748**	**6998**	**9133**	**11425**	**16539**	**19259**	**26833**
发明	Inventions	356	563	668	1129	1498	2462	3168
实用新型	Utility Models	2304	4517	5317	6630	11048	13032	18739
外观设计	Designs	1088	1918	3148	3666	3993	3765	4926
在三种专利授权量中	In the Three Types of Patent Applications Granted							
个人	Individuals	2535	4363	5715	5465	6395	6185	7742
大专院校	Universities and Colleges	65	211	249	381	630	860	1708
科研单位	Research Institutions	60	244	233	283	410	469	534
工矿企业	Industrial and Mineral Enterprises	1076	2143	2900	5272	9043	11531	16469
机关团体	Government Agencies and Organizations	12	37	36	24	61	214	380
发明专利拥有量						4501	6129	8683

22-26 各类技术合同情况(2012年)
Statistics on Technical Contracts (2012)

合同类别	Type	合同数(个) Number of Contracts (unit)	成交额(万元) Transaction Value (10 000 yuan)	#技术额 Technical Contract Value	实现合同数(份次) Number of Contracts Realized (share)	实现金额(万元) Contract Value Realized (10 000 yuan)	#实现技术额 Technical Contract Value Realized
总 计	**Total**	**4204**	**402113**	**339974**	**9**	**3208**	**973**
技术开发	Technological Development	1837	170684	150567	5	2270	840
技术转让	Technological Transfer	364	31215	30099	1	30	20
技术咨询	Technological Consultation	533	42111	40811	1	8	8
技术服务	Technological Services	1470	158103	118497	2	900	105

22-27 各种分组的技术成交情况(2012年)

Statistics on Transaction of Technology by Group (2012)

指　标	Item	合同数(个) Number of Contracts (unit)	成交额(万元) Transaction Value (10 000 yuan)
总　计	**Total**	**4204**	**402113**
受让技术所服务的社会经济目标分类	**Grouped by Social and Economic Service Objection**		
农业、林业和渔业的发展	Development of Agriculture,Forestry and Fishery	128	18157
促进工业的发展	Promoting Industrial Development	568	147149
能源的生产和合理利用	Production,Rational Utilization of Energy	935	55335
基础设施的发展	Development of Infrastructure	190	30295
环境治理与保护	Environmental Treatment and Protextion	46	6202
卫生(不包括污染)	Health Care (Pollution is Excluded)	21	4477
社会发展和社会服务	Social Development and Service	1766	103467
地球和大气层的探索与利用	Exploration and application on Earth and Atmosphere	6	56
知识的发展	Development of Knowledge	17	748
民用空间	Civil Space	17	3734
国防	National Defence	36	4668
其他	Others	474	27824
按技术领域分类	**Grouped by Technology**	**4204**	**402113**
电子信息技术	Electronic Information Technology	1012	48873
航空航天技术	Aeronautic and Astronautic Technology	23	3355
先进制造技术	Advanced manufacturing technology	425	100461
生物、医药和医疗器械技术	Biological ,Medical and Medical Device Technology	70	15403
新材料及其应用	New Materials and Their Application	161	19639
新能源与高效节能	New Energy, High Efficiency and Energy Saving	872	109425
环境保护与资源综合利用技术	Environmental Protetion and Resources comprehensive utilization Technology	254	7945
核应用技术	Nuclear Application Technology	1	13
农业技术	Agriculture Technology	256	29972
现代交通	Modern Communication	110	11035
城市建设与社会发展	City Construction and Social Development	1020	55992
知识产权分类	**Grouped by Intellectual Property**	**4204**	**402113**
技术秘密	Technology Secret	1496	227147
专利	Patent	69	11633
计算机软件	Computer Software	450	24484
动、植物新品种	new varieties of Animal and Plants	8	692
集成电路布图设计	IC Layout Design	7	465
生物、医药新品种	new varieties of Biology and Medicine	16	1670
未涉及知识产权	Others	2158	136023

22-28　各市技术市场交易成交项数(2012年)

Number of Business on Technological Markets by City (2012)

单位：项　　　　(item)

市(县)	City(County)	技术买方 Technology Buyers	事业法人 Institution Corporate	企业法人 Enterprise Corporate	其他 Others	技术卖方 Technology Sellers	事业法人 Institution Corporate	企业法人 Enterprise Corporate	其他 Others
全　　省	**Total**	**4204**	**557**	**3186**	**461**	**4204**	**1356**	**2703**	**145**
省 辖 市	**City**								
郑　州　市	Zhengzhou	2670	412	1824	434	2670	614	1915	141
开　封　市	Kaifeng	14		12	2	14	11	3	
洛　阳　市	Luoyang	439	83	338	18	439	21	417	1
平 顶 山 市	Pingdingshan	8		8		8		8	
安　阳　市	Anyang	28	6	22		28	3	25	
鹤　壁　市	Hebi	5	1	3	1	5		2	3
新　乡　市	Xinxiang	31	9	20	2	31	10	21	
焦　作　市	Jiaozuo	700	30	666	4	700	681	19	
濮　阳　市	Puyang	9		9		9		9	
许　昌　市	Xuchang	193		193		193	12	181	
漯　河　市	Luohe	24		24		24		24	
三 门 峡 市	Sanmenxia	1		1		1		1	
南　阳　市	Nanyang	55	1	54		55	3	52	
商　丘　市	Shangqiu	5		5		5		5	
信　阳　市	Xinyang	8	3	5		8	1	7	
周　口　市	Zhoukou	3	2	1		3		3	
驻 马 店 市	Zhumadian	1		1		1		1	
济　源　市	Jiyuan	10	10			10		10	

22–29 各市技术市场交易成交金额(2012年)

Volume of Business on Technological Markets by City (2012)

单位：万元 (10 000 yuan)

市 City	技术买方 Technology Buyers	事业法人 Institution Corporate	企业法人 Enterprise Corporate	其他 Others	技术卖方 Technology Sellers	事业法人 Institution Corporate	企业法人 Enterprise Corporate	其他 Others
全　省 Total	**402113**	**43957**	**333988**	**24169**	**402113**	**44503**	**357254**	**355**
省辖市 City								
郑州市 Zhengzhou	210811	31999	155188	23624	210811	21905	188609	297
开封市 Kaifeng	700		653	47	700	532	168	
洛阳市 Luoyang	95882	7782	87712	388	95882	2762	93111	8
平顶山市 Pingdingshan	20098		20098		20098		20098	
安阳市 Anyang	932	19	913		932	112	820	
鹤壁市 Hebi	51	11	30	10	51		0	51
新乡市 Xinxiang	1165	320	803	43	1165	60	1105	
焦作市 Jiaozuo	22490	451	21982	57	22490	18584	3906	
濮阳市 Puyang	1394		1394		1394		1394	
许昌市 Xuchang	32127		32127		32127	383	31745	
漯河市 Luohe	4913		4913		4913		4913	
三门峡市 Sanmenxia	1500		1500		1500		1500	
南阳市 Nanyang	2713	15	2698		2713	145	2568	
商丘市 Shangqiu	117		117		117		117	
信阳市 Xinyang	3200	130	3070		3200	20	3180	
周口市 Zhoukou	2170	2080	90		2170		2170	
驻马店市 Zhumadian	700		700		700		700	
济源市 Jiyuan	1150	1150			1150		1150	

22−30 测绘行业持证单位人员情况(2012年)

Statistics on Persons Engaged in Units Hold Certificate of Soundness by Surveying and Mapping Trades (2012)

系统名称	Department	持证单位数(个) Number of Units Hold Certificate of Soundness	甲 First	乙 Second	丙 Third	丁 Fourth	职工总数(人) Number of Staff and Workers (person)	测绘专业证持证人员 Certification staff	测绘专业技术人员 Number of Professional Qualification Personnel 高级工程师 Senior	中级工程师 Medium	初级工程师 Jumior
总　　计	**Total**	**749**	**26**	**135**	**242**	**346**	**17000**	**9987**	**1331**	**4015**	**5463**
测　　绘	Surveying and Mapping Department	4	4				596	366	47	109	261
国土资源	Land and resources	134	2	19	43	70	2611	1449	196	651	959
城乡建设与规划	Urban construction and planning	182	3	11	46	122	2979	1918	144	684	927
铁　　道	Railway Department	6	1	5			559	325	34	102	246
交通运输	Transport	11	2	7	2		753	435	85	133	71
水利水电	Water Resources and Electric Power	28	3	16	7	2	1347	933	174	361	337
通　　讯	Communication										
石　　油	Petrol Department	8		5	1	2	295	135	25	89	53
石　　化	Petrochemical										
煤　　炭	Coaling Department	18	1	5	3	9	476	311	44	90	146
有　　色	Non-ferrous	11	1	7	3		375	164	53	126	98
农　　业	Farming										
林　　业	Forestry										
气　　象	Meteorology										
地　　震	Earthquake	1		1			63	40	20	11	6
环　　保	Environmental Protection										
公安武警	The public Security Police	1			1		14	11	1	6	6
科教文卫	The science-education-culture-health	3	1	2			128	98	28	32	34
冶　　金	Metallurgy Department	2			1	1	18	6	3	4	4
其　　他	Others	340	8	57	135	140	6786	3796	477	1617	2315

22−31 各系统主要仪器设备情况(2012年,持有测绘资格证单位)

Statistics on Major Instrument and Equipment (2012,Hold Certificate of Soundness)

单位：台\套 (unit\set)

系统名称	Department	水准仪 Water Level	测距仪 range finder	全站仪 Omnidirectional Instrument	GPS	全数字摄影测量系统 Digital Monitor System
总　计	**Total**	**2103**	**1893**	**3046**	**3614**	**463**
测　绘	Surveying and Mapping Department	34	81	142	97	81
国土资源	Land and resources	254	165	442	752	24
城乡建设与规划	Urban construction and planning	377	467	461	362	12
铁　道	Railway Department	197	10	220	78	
交通运输	Transport	62	35	60	71	
水利水电	Water Resources and Electric Power	153	79	198	321	54
通　讯	Communication					
石　油	Petrol Department	23	5	80	168	
石　化	Petrochemical					
煤　炭	Coaling Department	77	40	90	123	17
有　色	Non-ferrous	45	13	61	91	
农　业	Farming					
林　业	Forestry					
气　象	Meteorology					
地　震	Earthquake	3	12	5	4	8
环　保	Environmental Protection					
公安武警	The public Security Police	2		3	40	
科教文卫	The science-education-culture-health	15	2	21	25	8
航空航天	Aeronautics and Astronautics					
冶　金	Metallurgy Department	2		5	3	
其　他	Others	859	984	1258	1479	259

22-32 质量技术监督基本情况
Basic Statistics on Quality and Technical Control

指　标	Index	2011	2012
产品质量监督检验机构(个)	Institution of Supervising and Checking on Product Quality (unit)	240	259
国家质检中心(个)	national Centers of Checking on Product Quality (unit)	29	29
行政执法人员(人)	Administration Tipstaff (person)	4368	4694
管理体系认证证书(个)	Certificate of Management System Attestation (unit)	12887	14468
强制性产品认证证书(个)	Certificate of Mandatory product Attestation (unit)	4631	5626
河南名牌产品(个)	Henan Famous Brand Products (unit)	601	843
省级地方标准(个)	Local Standard at Province Level (unit)	724	787
企业产品标准备案(个)	Standard Recorded Archives of Products (unit)	47230	35438
地理标志保护产品(个)	Product Protection of Orginal Producing Area (unit)	41	44
省长质量奖(家)	Governor Quality Award(unit)	16	26
市长质量奖(家)	Mayor Quality Award (unit)	124	187

22-33 产品质量监督检查情况（2012年）
Results of Sampling Check on The Quality of Products under Supervision (2012)

项　目	Item	监督检查企业数(个) Number of Enterprises supervised and Checked (unit)	检查产品批次 Check of Product Batch	产品合格批次(批) Check of Qualified Products (batch)	批次合格率(%) Rate of Batch-time qualified (%)
总　计	**Total**	**11964**	**18923**	**18116**	**95.7**
食品	Food	8457	14257	13723	96.3
机械装备制造	Mechanical equipment manufacturing	798	1094	1051	96.1
金属冶炼及压延加工业	Manufacture and Processing of Metals	111	151	146	96.7
非金属矿物制品业	Manufacture of Nonmetallic Mineral Products	1328	1585	1512	95.4
石油化工行业	Manufacture of Petroleum Chemical	588	804	764	95.0
纺织服装行业	Manufacture of Textile and Clothing	162	251	195	77.7
橡塑制品行业	Manufacture of Rubber and Plastic Products	223	303	278	91.7
造纸印刷行业	Manufacture of Paper printing	145	282	255	90.4
木材加工及家具制造业	Manufacture of Wood Processing and Furniture	152	196	192	98.0

主要统计指标解释

科学研究、技术服务和地质勘查业 包括研究与试验发展、专业技术服务业、科技交流和推广服务业、地质勘查业。

研究与试验发展(R&D) 指在科学技术领域，为增加知识总量，以及运用这些知识去创造新的应用进行的系统的创造性的活动，包括基础研究、应用研究、试验发展三类活动。国际上通常采用 R&D 活动的规模和强度指标反映一国的科技实力和核心竞争力。

基础研究 指为了获得关于现象和可观察事实的基本原理的新知识(揭示客观事物的本质、运动规律，获得新发现、新学说)而进行的实验性或理论性研究，它不以任何专门或特定的应用或使用为目的。其成果以科学论文和科学著作为主要形式。用来反映知识的原始创新能力。

应用研究 指为获得新知识而进行的创造性研究，主要针对某一特定的目的或目标。应用研究是为了确定基础研究成果可能的用途，或是为达到预定的目标探索应采取的新方法(原理性)或新途径。其成果形式以科学论文、专著、原理性模型或发明专利为主。用来反映对基础研究成果应用途径的探索。

试验发展 指利用从基础研究、应用研究和实际经验所获得的现有知识，为产生新的产品、材料和装置，建立新的工艺、系统和服务，以及对已产生和建立的上述各项作实质性的改进而进行的系统性工作。其成果形式主要是专利、专有技术、具有新产品基本特征的产品原型或具有新装置基本特征的原始样机等。在社会科学领域，试验发展是指把通过基础研究、应用研究获得的知识转变成可以实施的计划(包括为进行检验和评估实施示范项目)的过程。人文科学领域没有对应的试验发展活动。主要反映将科研成果转化为技术和产品的能力，是科技推动经济社会发展的物化成果。

专业技术服务业 指拥有专业技术的一方为另一方解决某一特定技术问题所提供的各种服务，按照《2011 国民经济行业分类注释》，专业技术服务主要包括九大类别：气象服务、地震服务、海洋服务、测绘服务、质检技术服务、环境与生态监测服务、地质勘查服务、工程技术服务和其他专业技术服务业。

科技交流和推广服务业 指将新技术、新产品、新工艺直接推向市场而进行的相关技术活动，以及技术推广和转让活动。按照《2011 国民经济行业分类注释》，技术推广服务主要包括农业技术推广服务、生物技术推广服务、新材料技术推广服务、节能技术推广服务，以及其他技术推广服务。

地质勘查业 指对矿产资源、工程地质、科学研究进行地质勘查、测试、监测、评估等活动。主要包括矿产地质勘查、基础地质勘查和地质勘查技术服务等类别。

R&D 人员 指参与研究与试验发展项目研究、管理和辅助工作的人员， 包括项目(课题)组人员，企业科技行政管理人员和直接为项目(课题)活动提供服务的辅助人员。反映投入从事拥有自主知识产权的研究开发活动的人力规模。

R&D 人员全时当量 指全时人员数加非全时人员按工作量折算为全时人员数的总和。例如：有两个全时人员和三个非全时人员(工作时间分别为 20%、30%和 70%)，则全时当量为 2+0.2+0.3+0.7=3.2 人年。为国际上比较科技人力投入而制定的可比指标。

R&D 经费内部支出合计 指调查单位用于内部开展 R&D 活动（基础研究、应用研究和试验发展）的实际支出。包括用于 R&D 项目（课题）活动的直接支出，以及间接用于 R&D 活动的管理费、服务费、与 R&D 有关的基本建设支出以及外协加工费等。不包括生产性活动支出、归还贷款支出以及与外单位合作或委托外单位进行 R&D 活动而转拨给对方的经费支出。

R&D 经费内部支出中政府资金 指 R&D 经费内部支出中来自各级政府部门的各类资金，包括财政科学技术拨款、科学基金、教育等部门事业费以及政府部门预算外资金的实际支出。

R&D 经费内部支出中企业资金 指 R&D 经费内部支出中来自本企业的自有资金和接受其他企业委托而获得的经费，以及科研院所、高校等事业单位从企业获得的资金的实际支出。

R&D 项目（课题）数 指在当年立项并开展研究工作、以前年份立项仍继续进行研究的研发项目（课题）数，包括当年完成和年内研究工作已告失败的研发项目（课题），但不包括委托外单位进行的研发项目（课题）数。

R&D 项目（课题）经费内部支出 指调查单位内部在报告年度进行研发项目（课题）研究和试制等的实际支出。包括劳务费、其他日常支出、固定资产购建费、外协加工费等，不包括委托或与外单位合作进行项目（课题）研究而拨付给对方使用的经费。

专利 是专利权的简称，是对发明人的发明创造经审查合格后，由专利局依据专利法授予发明人和设计人对该项发明创造享有的专有权。包括发明、实用新型和外观设计。反映拥有自主知识产权的科技和设计成果情况。

Explanatory Notes on Main Statistical Indicators

Scientific research, technical services and geological prospecting including research and experiment development, professional and technical services, science and technology exchange and promotion service industry, geological prospecting.

Research and Development (R&D) refers to systematic and creative activities in the field of science and technology aiming at increasing the knowledge and using the knowledge for new application. R&D includes 3 categories of activities: basic research, applied research and experimentation for development. The scale and intensity of R&D are widely used internationally to reflect the strength of S&T and the core competitiveness of a country in the world.

Basic Research refers to empirical or theoretical research aiming at obtaining new knowledge on the fundamental principles regarding phenomena or observable facts to reveal the intrinsic nature and underlying laws and to acquire new discoveries or new theories. Basic research takes no specific or designated application as the aim of the research. Results of basic research are mainly released or disseminated in the form of scientific papers or monographs. This indicator reflects the innovation capacity for original knowledge.

Applied Research refers to creative research aiming at obtaining new knowledge on a specific objective or target. Purpose of the applied research is to identify the possible uses of results from basic research, or to explore new (fundamental) methods or new approaches. Results of applied research are expressed in the form of scientific papers, monographs, fundamental models or invention patents. This indicator reflects the exploration of ways to apply the results of basic research.

Experiments and Development refer to systematic activities aiming at using the knowledge from basic and applied researches or from practical experience to develop new products, materials and equipment, to establish new production process, systems and services, or to make substantial improvement on the existing products, process or services. Results of experiment and development activities are embodied in patents, exclusive technology, and monotype of new products or equipment. In social sciences, experiment and development activities refer to the process of converting the knowledge from basic or applied researches into feasible programmes (including conduct of demonstration projects for assessment and evaluation). There are no experiment and development activities in the science of humanities. This indicator reflects the capability of transferring the results of S&T into technique and products, and measures the realization of S&T in spearheading the economic and social development.

Professional technical service refers that Technology party provide Technology service for the other party, in according to the national economic sector note in 2011 ", professional technical service mainly includes nine categories: meteorological service, earthquake service, Marine service, surveying and mapping service, quality inspection technology service, environmental and ecological monitoring service, geological prospecting service, engineering technology services and other professional technical services.

Science and technology exchange and promotion service means that technical activities for Pushing new technology, new product, new technology directly to the market, as well as the technology diffusion and transfer activity. In accordance to the national economic sector note in 2011, technical services mainly include agricultural technology extension service, biological technology extension service, new materials technology extension service, energy-saving technical services, and other technical services.

Geological exploration refers prospecting, testing, monitoring, evaluation mineral resources geology, engineering geology, scientific research on geological and other activities. Mainly including mineral geology exploration, basic geological exploration and geological exploration technology services categories.

R & D Personnel refer to persons engaged in research, management and supporting activities of R & D, including persons in the project teams, persons engaged in the management of S&T activities of enterprises and supporting staff providing direct service to the research projects. This indicator reflects the size of personnel engaged in R&D activities with independent intellectual property.

Full-time Equivalent of R&D Personnel refers to the sum of the full-time persons and the full-time equivalent of part-time persons converted by workload. For instance, if there are 2 full-time persons and 3 part-time workers (20%, 30% and 70% of working hours respectively on R&D activities), the full-time equivalent are 2+0.2+0.3+0.7=3.2 person-years. This is an internationally comparable indicator of S&T manpower input.

Total Internal Expenditure of Funds on R&D refers to the real expenditure of surveyed units on their own R&D activities (basic research, application study, test and development) including direct expenditure on R&D activities, indirect expendure of management and services on R&D activities, expenditure on capital construction and material processing by others. Excluding the expenditure on production activities, return of loan, and fees transferred to cooperated and entrusted agencies on R&D activities.

Internal Expenditure of Government Funds refer to the expenditure of funds on R&D activities from government agencies at different levels, including appropriate funds on science and technology from financial departments, scientific funds, operating expenses from education departments and the real expenditure of extrabudgetary funds from government agencies.

Internal Expenditure of Funds of Enterprises refer to the expenditure of funds on R&D activities from self-raised funds of enterprises and funds from other enterprises through entrustment, and the expenditure of funds of institutions, such a institution of scientific research and universityies, from enterprises.

Number of R&D Projects (subjects) refers to the number of R&D projects (subjects) set up and implemented at the reference year, and the number of R&D projects (subjects) set up in former years and under implementation, including the projects (subjects) finished and failed at the reference year, excluding the projects (subjects) implemented by others throught entrustment.

Internal Expenditure of Funds on R&D Projects (subjects) refers to the real expenditure of internal funds of the surveyed units on research and test of R&D projects (subjects) at the reference year, including service fee, other daily expenditure, cost for captital goods, cost of external process; excluding expenditure of funds transferred to other cooperated and entrusted units of the projects.

Patent is an abbreviation for the patent right and refers to the exclusive right of ownership by the inventors or designers for the creation or inventions, given from the patent offices after due process of assessment and approval in accordance with the Patent Law. Patents are granted for inventions, utility models and designs. This indicator reflects the achievements of S&T and design with independent intellectual property.

水利、环境和公共设施管理业

Management of Water Conservancy, Environment and Public Facilities

● 资料整理：杨　琳　赵翠清

简要说明

一、主要内容

本篇包括水利、环境和公共设施管理业企业、行政事业单位、社会团体及其他法人单位的单位数、从业人数、主要财务指标以及水环境，大气环境，固体废物，生态环境，自然灾害和环境污染治理投资等资料。

二、资料来源

水利、环境和公共设施管理业企业、行政事业单位、社会团体及其他法人单位的单位数、从业人数、主要财务指标由省统计局组织各部门和各地区统计调查，由省地方经济社会调查队服务业调查处整理提供。

环境污染与治理、污染物排放及处理、工业污染治理投资情况为省环境保护厅提供。水资源、城市生活垃圾清运及处理、耕地变动、森林资源、自然灾害等情况分别为省水利厅、省住房和城乡建设厅、省国土资源厅、省林业厅、省民政厅提供。由省统计局能源处编辑整理。

Brief Introduction

I. Main Content

Data in this chapter mainly reflect unit, employment, and main financial indicators of Management of water conservancy, environment and public establishment enterprises, Administrative institution, social organizations and others. the Water Environment, Atmospheric environment, solid waste, ecological environment, natural disasters and investment in environmental pollution treatment. The specific contents are as follows: the total water resources, water utilization, discharge and treatment of industrial and other waste water, emission and treatment of waste gas, production, treatment and utilization of industrial solid wastes; change in cultivated land, water resources, forest resources, reforestation natural protection; Natural disasters, etc.

II. Sources of Data

Data on Number of Institutional Unit, Employed Persons and Main Financial Indicators of Management of water conservancy, environment and public establishment are calculated from Statistical investigation by Henan provincial bureau of statistics, which are provided by Henan provincial survey organizations of social and economy.

Data on environmental pollution and treatment, pollutants from consumption, acoustic environment and on investment in the treatment of industrial pollution are provided by the Henan provincial bureau of environmental protection. Other data from the Henan provincial bureau of Land and Resources, Henan provincial bureau of Water Resources, Henan provincial bureau of Housing and Urban-Rural Development, Henan provincial bureau of Forestry Administration and Henan provincial bureau of civil affaires. Data in this chapter are provided by Department of Energy of the Henan provincial Bureau of Statistics.

23-1 水利、环境和公共设施管理业法人单位数和从业人员数
Number of Institutional Unit and Employed Persons of Management of Water Conservancy, Environment and Public Facilities

年份(Year)	合计 Total	企业 Enterprise	行政事业 Administrative institution	社会团体及其他 Social organizations and others
单位数(个)Number of Institutional Unit(unit)				
2008	2114	791	1283	40
2009	2172	855	1275	42
2010	2246	914	1290	42
2011	2279	942	1293	44
2012	2326	1015	1279	32
从业人数(万人)Employed Persons(10 000 persons)				
2008	11.49	2.53	8.85	0.11
2009	11.05	2.60	8.32	0.14
2010	12.63	3.04	9.48	0.11
2011	13.07	2.93	10.00	0.14
2012	14.23	3.56	10.61	0.06

23-2 分行业水利、环境和公共设施管理业法人单位财务指标(2012年)
Main Financial Indicators of Institutional Unit of Management of Water Conservancy, Environment and Public Facilities by Sector (2012)

单位：万元 (10 000 yuan)

指　标	Item	水利、环境和公共设施管理业 Management of water Conservancy, Environment and public Establishment	水利管理业 Management of water Conservancy	生态保护和环境治理业 Ecological protection and Environmental management	公共设施管理业 Management of public Establishment
单位数(个)	Number of units (unit)	2326	716	155	1455
从业人数(万人)	Employed Persons (10 000 Persons)	14.23	3.02	0.57	10.64
固定资产原价	Fixed Asset Price	4004673	2654720	126167	1223786
收入合计	Total Income	1280316	319669	90372	870276
成本费用合计	Total Cost	970570	278901	70474	621195
职工薪酬	Employee compensation	294868	75464	16948	202455
税费合计	Tax	29337	2080	1814	25443
营业利润	Operating Profit	84725	-2214	6762	80178

23-3 各市水利、环境和公共设施管理业法人单位财务指标(2012年)

Main Financial Indicators of Institutional Unit of Management of Water Conservancy, Environment and Public Facilities by City (2012)

单位：万元 (10 000 yuan)

市(县)	City(County)	单位数(个) Number of units (unit)	从业人数(万人) Employed Persons (10 000 Persons)	固定资产原价 Fixed Asset Price	收入合计 Total Income	成本费用合计 Total Expenses	职工薪酬 Employee compensation	税费合计 Tax and Expenses	营业利润 Operating Profit
全省	**Total**	**2326**	**14.23**	**4004673**	**1280316**	**970570**	**294868**	**29337**	**84725**
省辖市	**City**								
郑州市	Zhengzhou	335	1.57	348961	287529	205061	58045	4635	15336
开封市	Kaifeng	89	0.74	85620	68102	41662	18360	1624	13317
洛阳市	Luoyang	245	1.21	788811	226424	204610	24023	2587	-1051
平顶山市	Pingdingshan	131	1.06	465474	63742	33233	15413	1368	2515
安阳市	Anyang	120	0.78	155346	50092	38098	17544	768	1697
鹤壁市	Hebi	41	0.30	43861	13836	13070	4876	147	749
新乡市	Xinxiang	168	0.98	453814	70813	62794	17868	1870	7621
焦作市	Jiaozuo	89	0.58	151204	98614	49462	16231	2422	9127
濮阳市	Puyang	54	0.45	126554	27973	23940	8361	50	420
许昌市	Xuchang	115	0.80	174316	44666	33170	16688	7033	1446
漯河市	Luohe	43	0.42	46129	15380	14919	3939	75	1026
三门峡市	Sanmenxia	154	0.41	94568	38462	29776	10945	470	2683
南阳市	Nanyang	287	1.40	349965	79538	64604	27038	1380	5499
商丘市	Shangqiu	49	0.84	16598	18048	12626	8538	160	2369
信阳市	Xinyang	192	1.23	523646	111528	83353	25317	3450	18622
周口市	Zhoukou	63	0.71	49088	16316	15916	7677	186	-147
驻马店市	Zhumadian	125	0.62	98814	39158	37089	10533	408	1537
济源市	Jiyuan	26	0.12	31905	10094	7187	3472	702	1959
省直管县	**Province Administrating County**								
巩义市	Gongyi	25	0.07	21086	9139	6579	1979	38	221
兰考县	Lankao	9	0.03	1824	2240	1574	517	79	464
汝州市	Ruzhou	14	0.04	6832	2315	2903	806	13	7
滑县	Huaxian	5	0.01	17113	1267	672	261		388
长垣县	Changyuan	10	0.21	92596	11445	8518	1949	331	1629
邓州市	Dengzhou	26	0.21	39833	9913	9127	3107	0	447
永城市	Yongcheng	3	0.32	511	1368	1203	1253	57	341
固始县	Gushi	17	0.15	64344	7403	6293	2209	79	1484
鹿邑县	Luyi	7	0.03	4942	1773	1729	620	31	235
新蔡县	Xincai	13	0.03	3088	3738	2609	508	5	-938

23-4 生态环境保护情况

Basic Conditions of Environmental Protection

指标名称	Item	2005	2010	2011	2012
累计水土流失治理面积(千公顷)	Area of Water and Soil Conservation		4429	4412	4511
森林面积(万公顷)	Forest Area (10 000 hectares)	270.30	336.59	378.77	383.77
森林覆盖率(%)	Forest-coverage Rate (%)	16.2	20.2	22.7	23.0
活立木蓄积量(万立方米)	Total Standing Stock Volume (10 000cu.m)	13371	18051	19004	19852
森林蓄积量(万立方米)	Stock Volume of the Forest(10 000cu.m)	8405	12936	13619	14227
当年造林面积(万公顷)	Area of Afforestation for This Year (10 000 hectares)	26.35	27.71	23.77	22.83
人工造林面积	Artificial afforestation	18.67	21.23	19.35	20.60
无林地和疏林地本年新封	Closure in non-stocked Land and Scattered Wood Land	7.68	5.15	4.42	2.23
湿地面积(万公顷)	Area of Weslands (10 000 hectares)	110.87	110.87	110.87	110.87
自然保护区数(个)	Number of Nature Reserves (unit)	32	35	33	33
#国家级自然保护区	National-level Nature Reserves	10	11	11	11
自然保护区面积(万公顷)	Area of Nature Reserves (10 000 hectares)	73.77	73.48	75.91	75.91
自然保护区面积占辖区总面积比重(%)	Percentage of Nature Reserves in the Region(%)	4.3	4.4	4.5	4.5
已建珍稀、濒危动物人工繁殖场数(个)	Number of Farms to Breed Rare and Endangered Animals(unit)	145	100	100	100
已建珍稀植物引种栽培场数(个)	Number of Cultivating Farms of Rare Plants(unit)	11	11	11	11

23-5 水资源情况

Water Resources

指标名称	Item	2005	2010	2011	2012
降水量(毫米)	Precipitation(mm)	905.8	841.7	736.2	605.2
水资源总量(亿立方米)	Total Amount of Water Resources (100 million cu.m)	558.56	534.89	327.94	265.50
#地表水资源量	Surface Water Resources	435.92	415.70	222.45	172.60
地下水资源量	Ground Water Resources	219.74	214.66	191.81	161.80
地表水与地下水资源重复量	Superposition Amount of Surface Water Resources and Ground Water Resources		95.47	86.32	68.90
人均水资源量(立方米/人)	Per Capita Water Resources(cu.m/person)		568.70	349.02	252.47
用水总量(亿立方米)	Water Use (100 million cu.m)	197.81	224.61	229.04	238.60
农业用水	Agriculture	114.59	125.59	130.64	135.50
工业用水	Industry	45.71	55.57	56.81	60.50
生活用水	Consumption	37.51	36.11	31.31	32.00
生态环境补水	Biological Protection		7.34	10.28	10.60
废水排放总量(亿吨)	Total Volume of Waste Water Discharge (100 millin tons)	26.26	35.87	37.90	40.37
工业废水排放量	Volume of Industrial Waste Water Discharge	12.35	15.04	13.88	13.74
城镇生活污水排放量	Volume of Consumption Waste Water Discharge	13.91	20.83	24.00	26.62
集中式治理设施污水排放量	Centralized wastewater treatment facilities			0.01	0.01
化学需氧量(COD)排放量(万吨)	Volume of COD Discharge (10 000 tons)	72.08	61.97	143.67	139.36
工业废水中COD排放量	COD Discharge from Industrial Waste Water	34.26	29.56	19.36	17.90
农业COD排放量	COD Discharge from Agricultural			82.31	80.26
城镇生活污水中COD排放量	COD Discharge from Consumption Waste Water	37.82	32.41	41.02	40.30
集中式治理设施污水排放量	Centralized wastewater treatment facilities			0.98	0.90
氨氮排放量(万吨)	Volume of Ammonia Nitrogen Discharge (10 000 tons)	10.36	7.25	15.38	14.98
工业废水中氨氮排放量	Ammonia Nitrogen Discharge from Industrial Waste Wate	5.36	2.31	1.39	1.30
农业氨氮排放量	Ammonia Nitrogen Discharge from Agricultural			6.62	6.40
城镇生活污水中氨氮排放量	Ammonia Nitrogen Discharge from Consumption Waste Wate	5.00	4.94	7.25	7.16
集中式治理设施污水排放量	Centralized wastewater treatment facilities			0.12	0.11

23-6　大气环境情况

Basic Conditions of Atmosphere Environment

指标名称	Item	2005	2010	2011	2012
二氧化硫(SO2)排放量(万吨)	Volume of Sulphur Dioxide Emission (10 000 tons)	162.45	133.87	137.05	127.59
工业SO2排放量	Volume of Sulphur Dioxide Emission by Industry	147.11	116.29	122.92	112.99
城镇生活SO2排放量	Volume of Sulphur Dioxide Emission by Consumption	15.34	17.58	14.13	14.60
集中式治理设施SO2排放量	Centralized so2 treatment facilities				
氮氧化物排放量(万吨)	Nitrogen oxides Volume (10 000tons)		121.24	166.54	162.59
工业氮氧化物排放量	Nitrogen oxides Volume from Industrial		100.02	114.34	110.00
城镇生活氮氧化物排放量	Nitrogen oxides Volume from Urban life		21.22	2.32	2.43
机动车氮氧化物排放量	Nitrogen oxides Volume from Motor vehicle			49.85	50.15
集中式治理设施氮氧化物排放量	Centralized Nitrogen oxides treatment facilities			0.02	0.01
烟(粉)尘排放量(万吨)	Volume of Soot Emission ((10 000 tons)	163.28	77.35	66.82	59.98
工业烟(粉)尘排放量	Volume of Industrial Soot Emission	156.16	70.07	57.57	49.28
城镇生活烟尘排放量	Volume of Urban life Soot Emission	7.12	7.28	4.12	4.11
机动车烟尘排放量	Volume of Motor vehicle Soot Emission			5.14	6.59
集中式治理设施烟尘排放量	Centralized Soot Emission treatment facilities				

23-7　固体废物的产生及利用情况

Production and Utilization of Industrial Solid Wastes

指标名称	Item	2005	2010	2011	2012
一般工业固体废物产生量(万吨)	Volume of General Industrial Solid Wastes Produced (10 000tons)	6178.00	10714.00	14577.14	15250.47
一般工业固体废物综合利用量(万吨)	Volume of General Industrial Solid Wastes Utilized (10 000tons)	4244.00	8380.00	10972.78	11597.47
#综合利用往年贮存量(万吨)	Uolume of Storage of Former Years Utilized	212.50	154.48	90.88	111.28
一般工业固体废物综合利用率(%)	Proportion of General Industrial Solid Wastes Utilized (%)	66.4	77.1	74.8	75.5
一般工业固体废物处置量(万吨)	Volume of General Industrial Solid Wastes Treated (10 000tons)	1287.00	1770.00	2596.07	3204.26
#处置往年贮存量(万吨)	Accumulated in Previous Years		0.09	12.31	1.71
一般工业固体废物处置率(%)	Proportion of General Industrial Solid Wastes Treated (%)	20.8	16.5	17.8	21.0
一般工业固体废物贮存量(万吨)	Storage capacity of General Industrial Solid Wastes(10 000tons)	831.20	721.66	1109.33	559.62
一般工业固体废物倾倒丢弃量(吨)	Dump forsake quantity of General Industrial Solid Wastes(ton)			21420	21117
危险废物产生量(吨)	Volume of Hazardous waste (ton)	151000	186430	476202	500988
危险废物综合利用量(吨)	Volume of Hazardous waste Utilized (ton)	135000	186292	394231	422904
#综合利用往年贮存量	Uolume of Storage of Former Years Utilized			2108	3074
危险废物综合利用率(%)	Proportion of Hazardous waste Utilized (%)			82.4	84.0
危险废物处置量(吨)	Volume of Hazardous wastes Treated (ton)	15300	35129	70452	78135
#处置往年贮存量(吨)	Accumulated in Previous Years			33	1153
危险废物处置率(%)	Proportion of Hazardous wastes Treated (%)			14.8	16.0
危险废物贮存量(吨)	Storage capacity of Hazardous wastes(ton)	800	2040	14876	4176

23-8 农村环境基本情况
Basic Condition of Rural Enviroment

指　　标	Item	2005	2007	2008	2009	2010	2011	2012
农村改水受益率(%)	Benefit rate of rural water Improvement(%)	97.3	97.5	97.7	95.4	93.3	93.5	95.2
农村自来水普及率(%)	Penetration rate of rural Tap water(%)	50.2	52.1	54.8	54.9	55.1	59.9	62.2
农村卫生厕所普及率(%)	Penetration rate of rural Sanitation toilets (%)	61.1	64.0	68.0	69.1	69.8	71.1	72.9
农村沼气池产气总量(万立方米)	Total gas production of rural digester(10 000 cu.m)	63869	88543	108999	124796	133893	134637	138873
农村太阳能热水器面积(万立方米)	Area of Rural Solar water heater(10 000 cu.m)	122	174	213	279	341	399	444

23-9 自然灾害情况
Conditions of Natural Disasters

指标名称	Item	2005	2010	2011	2012
地质灾害次数(次)	Number of Geological disasters(time)	79	583	49	50
地质灾害人员伤亡(人)	Casualties persons in Geological disasters(person)	18	10	1	
地质灾害直接经济损失(万元)	Casualties persons in Geological disasters(10 000 yuan)	4476	11173	13959	898
森林火灾次数(次)	Number of Forest fires(time)	982	519	622	322
森林火灾受害森林面积(公顷)	Suffered Forest area in Forest fires(ha)	507	505	890	192
突发环境事件次数(次)	Number of Abrupt environment affairs (time)	7	18	25	14

23-10 环境污染治理投资情况

Investment in Treatment of Environment Pollution

项 目	Item	2005	2010	2011	2012
环境污染治理投资总额(万元)	Total Investment in Treatment of Environment Pollution (10 000 yuan)	823431	1322450	1401124	1782135
城市环境基础设施投资	Investment in Urban Environment Infrastructure	442771	710056	737290	1085443
燃气	Gas Supply	48237	85960	132738	141830
集中供热	Centralized Hezting	103205	141445	178274	116210
排水	Frainage Works	104074	200684	156574	256864
园林绿化	Gardening and Greening	164533	252500	243139	501140
市容环境卫生	Environmental Sanitation	22722	29467	26565	69399
工业污染源治理投资	Investment in the Treatment of Industrial Pollution	206815	125120	213728	148347
治理废水	Treatment of Waste Water	101842	44301	50859	30452
治理废气	Treatment of Waste Gas	70824	75616	146766	77995
治理固体废物	Treatment of Solid Wastes	24178	856	5374	3952
治理噪声	Treatment of Noise Pollution	438	445	658	425
治理其他	Others	9533	3902	10070	35522
完成环保验收项目环保投资	Investment in New Construction, Expansion and Reconstruction Projects of Environment Protection	173845	487274	450107	548345
环境污染治理投资占GDP比重 (%)	Total Investment in the Treatment of Environment Pollution as Percent of GDP (%)	0.8	0.6	0.5	0.6
工业废气治理设施运行费用(万元)	Operation cost on Industrial waste gas treatment facilities (10 000 yuan)		490262	540177	564513
工业废水治理设施运行费用(万元)	Operation cost on Industrial waste water treatment facilities (10 000 yuan)		208840	222420	230013
排污费收入总额(万元)	Income of Pollutant discharge expenses (10 000yuan)			91432	100259

23-11 工业重点调查单位分行业工业废水排放及处理利用情况(2012年)

Industrial waste water discharge, treatment and utilization in Key research Industrial unit by Sector (2012)

行业	Sector	汇总工业企业数(个) Number of Enterprises (unit)	工业废水排放量(万吨) Volume of Industrial Waste Water (10 000tons)	废水治理设施数(套) Number of Wastewater treatment facilities(set)
总计	**Total**	**6550**	**125661.91**	**3610**
煤炭开采和洗选业	Mining and Washing of Coal	236	22733.94	303
石油和天然气开采业	Extraction of Petroleum and Natural Gas	15	331.56	6
黑色金属矿采选业	Mining of Ferrous Metal Ores	120	827.22	134
有色金属矿采选业	Mining of Non-ferrous Metal Ores	356	2250.48	550
非金属矿采选业	Mining and Processing of Nonmetal Ores	36	115.00	21
开采辅助活动	Mining Auxiliary			
其他采矿业	Mining of Other Ores n.e.c			
农副食品加工业	Processing of Food from Agricultural Products	628	11478.81	185
食品制造业	Manufacture of Foods	201	3935.24	83
酒、饮料和精制茶制造业	Manufacture of Wine, drinks and refined tea	189	6343.57	119
烟草制品业	Manufacture of Tobacco	12	153.19	10
纺织业	Manufacture of Textile	183	5153.54	94
纺织服装、服饰业	Manufacture of Textile Wearing,Apparel	15	145.27	4
皮革、毛皮、羽毛及其制品和制鞋业	Manufacture of Leather, Fur, Feather and Its Products,Shoemaking	311	5905.56	105
木材加工和木、竹、藤、棕、草制品业	Processing of Timbers, Manufacture of Wood, Bamboo, Rattan, Palm, and Straw Products	84	507.85	7
家具制造业	Manufacture of Furniture	3	0.24	
造纸和纸制品业	Manufacture of Paper and Paper Products	268	25016.86	212
印刷和记录媒介复制业	Printing,Reproduction of Recording Media	12	22.90	5
文教、工美、体育和娱乐用品制造业	Manufacture of Cultural and educational supplies, industrial, sporting and entertainment	62	276.79	50
石油加工、炼焦和核燃料加工业	Processing of Petroleum ,Coking, Processing of Nucleus Fuel	47	1735.37	46
化学原料和化学制品制造业	Manufacture of Chemical Raw Material and Chemical Products	588	16715.24	406
医药制造业	Manufacture of Medicines	169	5742.94	115
化学纤维制造业	Manufacture of Chemical Fiber	14	3508.79	19
橡胶和塑料制品业	Manufacture of Rubber and Plastic	78	420.44	13
非金属矿物制品业	Manufacture of Non-metallic Mineral Products	1868	1520.59	324
黑色金属冶炼和压延加工业	Manufacture and Processing of Ferrous Metals	149	2808.80	149
有色金属冶炼和压延加工业	Manufacture and Processing of Non-ferrous Metals	260	1208.95	136
金属制品业	Manufacture of Metal Products	127	298.23	119
通用设备制造业	Manufacture of General Purpose Machinery	126	407.16	30
专用设备制造业	Manufacture of Special Purpose Machinery	65	430.01	32
汽车制造业	Manufacture of Automobile	47	888.48	23
铁路、船舶、航空航天和其他运输设备制造业	Manufacture of Railway, shipbuilding, aerospace, and other transportation equipment	20	214.95	20
电气机械和器材制造业	Manufacture of Electrical Machinery and Equipment	33	180.14	26
计算机、通信和其他电子设备制造业	Manufacture of Computer Communication Equipment , and Other Electronic Equipment	28	177.97	29
仪器仪表制造业	Manufacture of Measuring Instrument	6	72.69	8
其他制造业	Manufacture of others	31	114.68	10
废弃资源综合利用业	Comprehensive utilization of waste materials	32	228.73	3
金属制品、机械和设备修理业	Repairing of Metal products, machinery and equipment	3	0.24	
电力、热力生产和供应业	Production and Supply of Electric Power and Heat Power	124	3523.98	211
燃气生产和供应业	Production and Distribution of Gas	4	265.55	3

23-12 工业重点调查单位分行业工业废气排放及处理情况(2012年)

Industrial Wastes gas discharge and treatment and utilization in Key research Industrial unit by Sector (2012)

行业	Sector	废气治理设施数(套) Number of Wastegas treatment facilities(set)	工业废气排放量(亿标立方米) Volume of Industrial Waste Gas (100 million cu.m)	工业二氧化硫排放量(吨) Volume of Industrial so2 (ton)
总计	**Total**	**10182**	**35001.92**	**1034059**
煤炭开采和洗选业	Mining and Washing of Coal	362	85.03	3784
石油和天然气开采业	Extraction of Petroleum and Natural Gas	16	36.76	1264
黑色金属矿采选业	Mining of Ferrous Metal Ores	29	30.71	267
有色金属矿采选业	Mining of Non-ferrous Metal Ores	34	8.63	2619
非金属矿采选业	Mining and Processing of Nonmetal Ores	46	55.00	1916
开采辅助活动	Mining Auxiliary			
其他采矿业	Mining of Other Ores n.e.c			
农副食品加工业	Processing of Food from Agricultural Products	308	239.92	17516
食品制造业	Manufacture of Foods	222	249.59	14802
酒、饮料和精制茶制造业	Manufacture of Wine, drinks and refined tea	192	145.58	11005
烟草制品业	Manufacture of Tobacco	18	12.67	231
纺织业	Manufacture of Textile	133	73.31	5400
纺织服装、服饰业	Manufacture of Textile Wearing,Apparel	6	1.51	224
皮革、毛皮、羽毛及其制品和制鞋业	Manufacture of Leather, Fur, Feather and Its Products,Shoemaking	246	45.46	3495
木材加工和木、竹、藤、棕、草制品业	Processing of Timbers, Manufacture of Wood, Bamboo, Rattan, Palm, and Straw Products	69	85.91	4188
家具制造业	Manufacture of Furniture	1	1.19	16
造纸和纸制品业	Manufacture of Paper and Paper Products	446	381.39	41833
印刷和记录媒介复制业	Printing,Reproduction of Recording Media	10	1.89	168
文教、工美、体育和娱乐用品制造业	Manufacture of Cultural and educational supplies, industrial, sporting and entertainment	30	2.06	167
石油加工、炼焦和核燃料加工业	Processing of Petroleum ,Coking, Processing of Nucleus Fuel	146	1256.56	42909
化学原料和化学制品制造业	Manufacture of Chemical Raw Material and Chemical Products	1015	1614.61	82145
医药制造业	Manufacture of Medicines	173	89.51	8639
化学纤维制造业	Manufacture of Chemical Fiber	22	134.25	9874
橡胶和塑料制品业	Manufacture of Rubber and Plastic	49	82.77	3848
非金属矿物制品业	Manufacture of Non-metallic Mineral Products	4240	7482.00	152370
黑色金属冶炼和压延加工业	Manufacture and Processing of Ferrous Metals	553	4063.39	115959
有色金属冶炼和压延加工业	Manufacture and Processing of Non-ferrous Metals	603	4365.84	80441
金属制品业	Manufacture of Metal Products	129	84.75	2072
通用设备制造业	Manufacture of General Purpose Machinery	61	21.97	940
专用设备制造业	Manufacture of Special Purpose Machinery	142	100.98	666
汽车制造业	Manufacture of Automobile	76	642.64	611
铁路、船舶、航空航天和其他运输设备制造业	Manufacture of Railway, shipbuilding, aerospace, and other transportation equipment	42	9.07	350
电气机械和器材制造业	Manufacture of Electrical Machinery and Equipment	107	6.59	474
计算机、通信和其他电子设备制造业	Manufacture of Computer Communication Equipment , and Other Electronic Equipment	7	72.43	18
仪器仪表制造业	Manufacture of Measuring Instrument	1	0.16	13
其他制造业	Manufacture of others	38	10.86	709
废弃资源综合利用业	Comprehensive utilization of waste materials	34	6.53	542
金属制品、机械和设备修理业	Repairing of Metal products, machinery and equipment	1	0.08	
电力、热力生产和供应业	Production and Supply of Electric Power and Heat Power	538	13445.68	415687
燃气生产和供应业	Production and Distribution of Gas	37	54.62	6899

23-13 工业重点调查单位分行业工业固体废物产生及处理利用情况(2012年)

Industrial Solid Wastes Produced discharge and treatment and utilization in Key research Industrial unit by Sector (2012)

单位：万吨 (10 000tons)

行业	Sector	一般工业固体废物产生量 Volume of General Industrial Solid Wastes Produced	一般工业固体废物综合利用量 Volume of General Industrial Solid Wastes Utilized	一般工业固体废物贮存量 Storage capacity of General Industrial Solid Wastes	一般工业固体废物处置量 Volume of General Industrial Solid Wastes Treated
总　计	**Total**	**14455.03**	**10982.40**	**515.22**	**3065.83**
煤炭开采和洗选业	Mining and Washing of Coal	2254.68	2289.78	46.60	14.33
石油和天然气开采业	Extraction of Petroleum and Natural Gas	16.94	6.05	0.29	10.60
黑色金属矿采选业	Mining of Ferrous Metal Ores	396.82	214.68	153.87	28.27
有色金属矿采选业	Mining of Non-ferrous Metal Ores	2065.73	517.55	80.07	1468.10
非金属矿采选业	Mining and Processing of Nonmetal Ores	34.98	25.36		9.72
开采辅助活动	Mining Auxiliary				
其他采矿业	Mining of Other Ores n.e.c				
农副食品加工业	Processing of Food from Agricultural Products	45.50	44.24		1.26
食品制造业	Manufacture of Foods	45.98	45.88		0.10
酒、饮料和精制茶制造业	Manufacture of Wine, drinks and refined tea	36.82	36.71	0.06	0.21
烟草制品业	Manufacture of Tobacco	1.16	1.06		0.10
纺织业	Manufacture of Textile	11.00	10.34	0.01	0.66
纺织服装、服饰业	Manufacture of Textile Wearing,Apparel	0.34	0.34		
皮革、毛皮、羽毛及其制品和制鞋业	Manufacture of Leather, Fur, Feather and Its Products,Shoemaking	13.91	10.47		3.44
木材加工和木、竹、藤、棕、草制品业	Processing of Timbers, Manufacture of Wood, Bamboo, Rattan, Palm, and Straw Products	11.65	11.25		0.40
家具制造业	Manufacture of Furniture	0.03	0.03		
造纸和纸制品业	Manufacture of Paper and Paper Products	124.35	118.11		7.07
印刷和记录媒介复制业	Printing,Reproduction of Recording Media	0.34	0.34		
文教、工美、体育和娱乐用品制造业	Manufacture of Cultural and educational supplies, industrial, sporting and entertainment	0.69	0.57		0.12
石油加工、炼焦和核燃料加工业	Processing of Petroleum ,Coking, Processing of Nucleus Fuel	131.71	131.37	0.01	0.33
化学原料和化学制品制造业	Manufacture of Chemical Raw Material and Chemical Products	712.39	571.58	40.39	104.44
医药制造业	Manufacture of Medicines	23.13	17.32		5.85
化学纤维制造业	Manufacture of Chemical Fiber	29.27	29.26		0.01
橡胶和塑料制品业	Manufacture of Rubber and Plastic	14.25	14.24		
非金属矿物制品业	Manufacture of Non-metallic Mineral Products	431.81	428.53	0.75	4.56
黑色金属冶炼和压延加工业	Manufacture and Processing of Ferrous Metals	1438.46	1333.19	0.62	105.23
有色金属冶炼和压延加工业	Manufacture and Processing of Non-ferrous Metals	1382.49	306.06	176.05	900.37
金属制品业	Manufacture of Metal Products	12.05	4.11		7.95
通用设备制造业	Manufacture of General Purpose Machinery	8.73	6.44	0.00	2.29
专用设备制造业	Manufacture of Special Purpose Machinery	11.62	4.72	0.01	6.90
汽车制造业	Manufacture of Automobile	2.29	2.23		0.06
铁路、船舶、航空航天和其他运输设备制造业	Manufacture of Railway, shipbuilding, aerospace, and other transportation equipment	1.59	1.55		0.04
电气机械和器材制造业	Manufacture of Electrical Machinery and Equipment	1.99	1.96		0.03
计算机、通信和其他电子设备制造业	Manufacture of Computer Communication Equipment , and Other Electronic Equipment	0.73	0.38		0.35
仪器仪表制造业	Manufacture of Measuring Instrument	0.01	0.00		0.00
其他制造业	Manufacture of others	1.66	1.66		
废弃资源综合利用业	Comprehensive utilization of waste materials	1.31	1.31		
金属制品、机械和设备修理业	Repairing of Metal products, machinery and equipment	0.01	0.01		
电力、热力生产和供应业	Production and Supply of Electric Power and Heat Power	5166.66	4771.72	16.47	383.03
燃气生产和供应业	Production and Distribution of Gas	21.97	21.97		

主要统计指标解释

水利、环境和公共设施管理业 包括水利管理业、环境管理业、公共设施管理业。

水利管理业 指防汛、抗旱、改造农田和开发、利用保护水资源等所从事的工作。按照《2011 国民经济行业分类注释》，水利管理业主要包括防洪除涝设施管理、水资源管理、天然水收集与分配、水文服务以及其他水利管理业。

环境管理业 包括生态保护业和环境治理业。生态保护业指对人类赖以生存的生态系统进行保护，使之免遭破坏，使生态功能得以正常发挥的各种活动，主要包括自然保护区管理、野生动物保护、野生植物保护、以及其他自然保护等类别。环境治理业主要包括对水污染治理、大气污染治理、固体废物治理、危险废物治理、放射性废物治理以及其他污染的治理。

公共设施管理业 即公共设施相关的管理行业。公共设施是指为市民提供公共服务产品的各种公共性、服务性设施，按照管理对象可分为市政设施管理、环境卫生管理、城乡市容管理、绿化管理、公园和游览景区管理等。

森林覆盖率 指一个国家或地区森林面积占土地总面积的百分比。森林覆盖率是反映森林资源的丰富程度和生态平衡状况的重要指标。在计算森林覆盖率时，森林面积包括郁闭度 0.2 以上的乔木林地面积和竹林地面积，国家特别规定的灌木林地面积、农田林网以及四旁(村旁、路旁、水旁、宅旁)林木的覆盖面积。

湿地 指天然或人工、长久或暂时性的沼泽地、泥炭地或水域地带，包括静止或流动、淡水、半咸水、咸水体，低潮时水深不超过 6 米的水域以及海岸地带地区的珊瑚滩和海草床、滩涂、红树林、河口、河流、淡水沼泽、沼泽森林、湖泊、盐沼及盐湖。

自然保护区 指对有代表性的自然生态系统、珍稀濒危野生动植物物种的天然分布区、水源涵养区、有特殊意义的自然历史遗迹等保护对象所在的陆地、陆地水体或海域，依法划出一定面积进行特殊保护和管理的区域。以县及县以上各级人民政府正式批准建立的自然保护区为准(包括“六五”以前由部门或“革委会”批准且现仍存在的自然保护区)。风景名胜区、文物保护区不计在内。

水资源总量 指评价区内降水形成的地表和地下产水总量，不包括过境水量。水资源总量等于地表水资源量与地下水资源量之和减去地表水和地下水资源重复量。

地表水资源量 指评价区内河流、湖泊、冰川等地表水体中可以逐年更新的动态水量，即当地天然河川径流量。

地下水资源量 指评价区内降水和地表水对饱水岩土层的补给量。

用水总量 指分配给各类用户的包括输水损失在内的毛用水量之和，不包括海水直接利用量。按用户特性分为农业、工业、生活和生态用水四大类。

农业用水 指农田灌溉用水、林果地灌溉用水、草地灌溉用水和鱼塘补水。

工业用水 指工矿企业在生产过程中用于制造、加工、冷却、空调、净化、洗涤等方面的用水，按新水取用量计，不包括企业内部的重复利用水量。

生活用水 包括城镇生活用水和农村生活用水。城镇生活用水由居民用水和公共用水（含第三产业及建筑业等用水）组成；农村生活用水除居民生活用水外，还包括牲畜用水在内。

生态环境补水 仅包括人为措施供给的城镇环境用水和部分河湖、湿地补水。

废水排放总量 为工业废水排放量、城镇生活污水排放量和集中式治理设施污水排放量之和。

工业废水排放量 指报告期内经过企业厂区所有排放口排到企业外部的工业废水量。包括生产废水、外排的直接冷却水、超标排放的矿井地下水和与工业废水混排的厂区生活污水，不包括外排的间接冷却水(清污不分流的间接冷却水应计算在废水排放量内)。

城镇生活污水排放量 指报告期内城镇居民排放生活污水的量。城镇生活包括“住宿业与餐饮业、居民服务和其他服务业、医院和独立燃烧设施以及城镇生活污染源”。

集中式治理设施污水排放量 指报告期内集中式治理设施的渗滤液排放量。集中式治理设施包括垃圾处理场（厂）和危险废物（医疗废物）集中处置厂。

化学需氧量(COD)排放量 为工业、农业、城镇生活和集中式治理设施排放的废水中COD排放量之和。

氨氮排放量 为工业、农业、城镇生活和集中式治理设施排放的废水中氨氮排放量之和。

二氧化硫排放量 指报告期内工业、城镇生活和集中式治理设施SO_2排放量之和。

工业SO_2排放量 指报告期内企业在燃料燃烧和生产工艺过程中排入大气的SO_2总量。

烟（粉）尘排放量 指报告期内工业、城镇生活、机动车和集中式治理设施烟（粉）尘排放量之和。

工业烟（粉）尘排放量 指报告期内企业在燃料燃烧和生产工艺过程中排入大气的烟尘及工业粉尘的总质量之和。烟尘或工业粉尘排放量可以通过除尘系统的排风量和除尘设备出口烟尘浓度相乘求得。

一般工业固体废物产生量 指未被列入《国家危险废物名录》或者根据国家规定的危险废物鉴别标准、固体废物浸出毒性浸出方法及固体废物浸出毒性测定方法鉴别方法判定不具有危险特性的工业固体废物。计算公式为：

一般工业固体废物产生量=（一般工业固体废物综合利用量-其中：综合利用往年贮存量）+一般工业固体废物贮存量+（一般工业固体废物处置量-其中：处置往年贮存量）+一般工业固体废物倾倒丢弃量

一般工业固体废物综合利用量 指报告期内企业通过回收、加工、循环、交换等方式，从固体废物中提取或者使其转化为可以利用的资源、能源和其他原材料的固体废物量（包括当年利用的往年工业固体废物累计贮存量）。如用作农业肥料、生产建筑材料、筑路等。

一般工业固体废物综合利用率 指一般工业固体废物综合利用量占一般工业固体废物产生量与综合利用往年贮存量之和的百分率。计算公式为：

一般工业固体废物综合利用率=一般工业固体废物综合利用量/一般工业固体废物产生量+综合利用往年贮存量×100%

一般工业固体废物处置量 指报告期内企业将工业固体废物焚烧和用其他改变工业固体废物的物理、化学、生物特性的方法，达到减少或者消除其危险成分的活动，或者将工业固体废物最终置于符合环境保护规定要求的填埋场的活动中，所消纳固体废物的量。

一般工业固体废物处置率 指一般工业固体废物处置量占一般工业固体废物产生量与处置往年贮存量之和的百分率。计算公式为：

一般工业固体废物处置率=一般工业固体废物处置量/一般工业固体废物产生量+处置往年贮存量×100%

环境污染治理投资 指城市环境基础设施投资、工业企业污染防治投资和完成环保验收项目环保投资之和。

Explanatory Notes on Main Statistical Indicators

Water conservancy, environment and public facilities management include water resources management, environment management, public facilities management.

Water resources management refers to the flood control and drought, the transformation of farmland and the development, utilization and protection of water resources in the work. In according to the national economic sector note in 2011", water management mainly includes the flood control and waterlogged elimination facilities management, water resources management, natural water collection and distribution, hydrological service and other water resources management.

Environmental management include ecological protection industry and environmental management industry. Ecological protection industry refers to nature reserve management, wildlife and wild plants protection, and other natural protection category. Environmental control include water pollution control, atmospheric pollution, solid waste management, hazardous waste management, radioactive waste management and other pollution management.

Public facilities management refers to public facilities related management industry. Public facilities refers to provide public services for the citizens of all kinds of public products, service facilities, according to management object can be divided into municipal facilities management, environmental health management, urban and rural appearance management, green management, park and tour scenic area management, etc.

Forest Coverage Rate Forest Coverage Rate refers to the ratio of area of afforested land to total land area. It is a very important indicator that reflects the status of abundance of forest resource and balance of the ecosystem. Forest area includes the area of trees and bamboo grow with canopy density above 0.2, the area of shrubby tree according to regulations of the government, the area of forest land inside farm land and the area of trees planted by the side of villages, farm houses and along roads and rivers.

Wetlands refer to marshland and peat bog, whether natural or man-made, permanent or temporary; water covered areas, whether stagnant or flowing, with fresh or semi-fresh or salty water that is less than 6 meters deep at low tide; as well as coral beach, weed beach, mud beach, mangrove, river outlet, rivers, fresh-water marshland, marshland forests, lakes, salty bog and salt lakes along the coastal areas.

Natural Reserves refer to certain areas of land, waters or sea that are representative in natural ecological systems, or are natural habitats for rare or endangered wild animals or plants, or water conservation zones, or the location of important natural or historic relics, which are demarked by law and put under special protection and management. Natural reserves are designated by the formal approval of governments at and above county level (including those approved by relevant departments or “revolutionary committees” before 1980). Scenic spots and cultural preservation zones are not included

Water Resource refers to sum of Surface Water and Ground Water. Water Resource is as follows:

Water Resource= Surface Water + Ground Water – repetitious volume of Surface Water and Ground Water

Surface Water Resources refers to total renewable resources which exist in rivers, lakes, glaciers and other collectors from rainfall and are measured as run-off of rivers.

Groundwater Resources refers to replenishment of aquifers with rainfall and surface water.

Water Use refers to gross water use distributed to users, including loss during transportation, broken down into use by agriculture, industry, living consumption and ecological protection.

Water Use by Agriculture includes uses of water by irrigation of farming fields and by forestry, animal husbandry and fishing. Water use by forestry, animal husbandry and fishery includes irrigation of forestry and orchards, irrigation of grassland and replenishment of fishing farms.

Water Use by Industry refers to new withdrawals of water, excluding reuse of water within enterprises.

Water Use by Living Consumption includes use of water for living consumption in both urban and rural areas. Urban water use by living consumption is composed of household use and public use (including services, commerce, restaurants, cargo transportation, posts, telecommunications and construction). Rural water use by living consumption includes both households and animals.

Water Use by Ecological and Environmental Protection includes replenishment of rivers and lakes and use for urban environment.

Waste water discharge Resources for industrial wastewater emissions, urban sewage emissions and centralized treatment facilities of wastewater.

Waste Water Discharged by Industry refers to the volume of waste water discharged by industrial enterprises through all their outlets, including waste water from production process, directly cooled water, groundwater from mining wells which does not meet discharge standards and sewage from households mixed with waste water produced by industrial activities, but excluding indirectly cooled water discharged (It should be included if the discharge is not separated from waste water).

Urban Waste Water Discharge refers to annual discharge of non-industrial waste water by urban households. Include accommodations industry and food industry, residents service and other services, hospitals and independent combustion facilities and urban life pollution sources.

Centralized treatment facilities wastewater refers to report period of centralized treatment facilities leachate emissions. Centralized management facilities including landfill (factory) and hazardous waste (medical waste) disposal factory.

Volume of Chemical Oxygen Demand (COD) refers to volume of COD in wastewater discharge form Industry, agriculture, urban life and centralized management facilities emissions.

Volume of Ammonia nitrogen refers to volume of ammonia nitrogen in wastewater discharge form Industry, agriculture, urban life and centralized management facilities emissions.

Volume of Sulfur dioxide refers to volume of SO_2 form Industry, urban life and centralized management facilities emissions.

Volume of Industrial Sulfur Dioxide Discharged refers to the volume of sulfur dioxide discharged to the air in the process of fuel burning or in the production process.

Volume of Industrial Soot Discharged refers to the volume of solid soot in the smoke discharged in the process of fuel burning in the area of the factory.

Industrial Dust Discharged refers to the total weight of solid dust discharged by industrial enterprises in the production process, such as dust of refractory materials from iron plants, dust from coke-screening system or from sintering machines of coking plants, dust from lime kilns, cement dust from building material enterprises, etc., but excluding smoke and dust discharged by power plants.

General Industrial Solid Wastes Produced refers to have not listed in the national hazardous waste list or according to the regulations of the state identification of hazardous waste standard, solid waste leaching-out toxicity leaching method and the solid waste leaching-out toxicity identification method for determining if a risk characteristics of industrial solid waste.

General Industrial Solid Wastes Utilized refers to volume of solid wastes from which useful materials can be extracted or which can be converted into usable resources, energy or other materials by means of reclamation, processing, recycling and exchange (including utilizing in the year the stocks of industrial solid wastes of the previous year). Examples of such utilizations include fertilizers, building materials and road materials.

Rate of General Utilization of Industrial Solid Wastes refers to the percentage of industrial solid wastes utilized over industrial solid wastes produced.

Rate of General Utilization of Industrial Solid Wastes= General Industrial Solid Wastes Utilized / (General Industrial Solid Wastes Produced+ Solid Wastes Utilized of ever reserves)×100%

General industrial solid waste disposal refers to enterprises during the reporting period the industrial solid waste incineration and other changes of industrial solid waste methods of physical, chemical, biological characteristics, activities to reduce or eliminate its dangerous substances, or the final placing of industrial solid waste landfill activities comply with the environmental protection requirements, the Council is satisfied that the amount of solid waste.

Rate of General industrial solid waste disposal refer to general industrial solid waste disposal accounted for general industrial solid waste generation and disposal of storage volume and percentage in previous years. Calculation formula is:

Rate of General industrial solid waste disposal= General industrial solid waste disposal / (General Industrial Solid Wastes Produced+ Disposal of ever reserves) ×100%

Investment in Environment Pollution Harnessing Projects refers to the proportion of investment in fixed assets in the total investment in harnessing industrial pollution and in the construction of urban environment infrastructure facilities.

居民服务业、修理和其他服务业

Resident Services,Repairing and other Services

资料整理：赵翠清

简要说明

一、主要内容

本篇包居民服务业、修理和其他服务业企业、行政事业单位、社会团体及其他法人单位的单位数、从业人数及主要财务指标。

二、资料来源

本篇由省统计局组织各部门和各地区统计调查，由省地方经济社会调查队服务业调查处整理提供。

Brief Introduction

I. Main Contents

Data in the chapter mainly include: unit, employment, and main financial indicators of Resident Services, Repairing and other Services, Administrative institution, social organizations and others, and basic condition of telecommunication services.

II. Sources of Data

Data in the chapter are calculated from Statistical investigation by Henan provincial bureau of statistics. are provided by Henan provincial survey organizations of social and economy.

24-1 居民服务、修理和其他服务业法人单位数和从业人员数

Number of Institutional Unit and Employed Persons of Resident services,Repairing and other services

年份(Year)	合计 Total	企业 Enterprise	行政事业 Administrative institution	社会团体及其他 Social organizations and others
单位数(个)Number of Institutional Unit(unit)				
2008	3641	3279	247	115
2009	3920	3539	249	132
2010	4188	3793	253	142
2011	4373	3975	248	150
2012	3932	3555	235	142
从业人数(万人)Employed Persons(10 000 persons)				
2008	6.62	5.76	0.72	0.14
2009	6.80	5.95	0.67	0.19
2010	6.90	6.01	0.73	0.16
2011	8.87	7.94	0.71	0.22
2012	9.17	8.38	0.57	0.22

24-2 分行业居民服务、修理和其他服务业法人单位财务指标(2012年)

Main Financial Indicators of Resident services, Repairing and other services by Sector (2012)

单位：万元 (10 000 yuan)

指标	Item	居民服务、修理和其他服务业 Resident services Repairing and other services	居民服务业 Resident Services	机动车、电子产品和日用产品修理业 Motor vehicle repair industry, electronic products and daily products	其他服务业 Other Services
单位数(个)	Number of units (unit)	3932	2154	1062	716
从业人数(万人)	Employed Persons (10 000 Persons)	9.17	4.23	2.76	2.18
固定资产原价	Fixed Asset Price	700309	360838	123856	215615
收入合计	Total Income	696290	409971	160549	125770
成本费用合计	Total Cost	450651	242455	122150	86046
职工薪酬	Employee Compensation	169803	85974	49031	34799
税费合计	Tax	36275	20906	8023	7346
营业利润	Operating Profit	155348	102353	35338	17658

24−3 各市居民服务、修理和其他服务业法人单位财务指标(2012年)

Main Financial Indicators of Resident services,Repairing and other services by City (2012)

单位：万元 (10 000 yuan)

市(县)	City(County)	单位数(个) Number of units (unit)	从业人数(万人) Employed Persons (10 000 Persons)	固定资产原价 Fixed Asset Price	收入合计 Total Income	成本费用合计 Total Expenses	职工薪酬 Employee Compensation	税费合计 Tax and Expenses	营业利润 Operating Profit
全省	**Total**	**3932**	**9.17**	**700309**	**696290**	**450651**	**169803**	**36275**	**155348**
省辖市	**City**								
郑州市	Zhengzhou	796	1.73	159085	92136	65250	30348	6033	6633
开封市	Kaifeng	176	0.46	37819	58830	36373	11608	2808	17460
洛阳市	Luoyang	247	0.64	54513	37492	23270	10248	1891	5365
平顶山市	Pingdingshan	259	0.48	35453	36464	26233	7831	2309	7775
安阳市	Anyang	258	0.72	49184	55780	29350	12434	2587	15824
鹤壁市	Hebi	38	0.08	2197	5352	3890	1298	194	1099
新乡市	Xinxiang	250	0.59	32285	38235	25821	8634	1611	7751
焦作市	Jiaozuo	108	0.42	41886	21989	13726	6634	1185	2892
濮阳市	Puyang	115	0.27	11243	17267	11187	4831	446	2242
许昌市	Xuchang	315	0.63	67498	86167	50684	11268	5567	24464
漯河市	Luohe	96	0.22	8013	14747	7816	3270	412	7507
三门峡市	Sanmenxia	290	0.71	24987	21834	32801	18757	797	4278
南阳市	Nanyang	319	0.68	43377	54459	32386	13032	2275	9577
商丘市	Shangqiu	83	0.19	19724	18910	14175	4059	982	3899
信阳市	Xinyang	105	0.37	26690	22568	14322	6489	1147	5586
周口市	Zhoukou	165	0.29	36475	41662	19562	7126	3076	15847
驻马店市	Zhumadian	294	0.60	47874	69375	42297	11145	2805	17011
济源市	Jiyuan	18	0.07	2007	3024	1509	792	149	138
省直管县	**Province Administrating County**								
巩义市	Gongyi	12	0.02	5622	2364	1894	1261	59	-109
兰考县	Lankao	50	0.17	16202	25876	12975	4198	1229	9872
汝州市	Ruzhou	23	0.05	5278	4027	2472	882	309	835
滑县	Huaxian	35	0.11	6575	7409	4161	1469	327	2172
长垣县	Changyuan	9	0.01	1516	1388	479	237	32	843
邓州市	Dengzhou	19	0.04	3430	3341	2173	756	105	1168
永城市	Yongcheng	4	0.03	1831	1689	1317	658	28	272
固始县	Gushi	24	0.08	3356	5248	2139	1592	273	2194
鹿邑县	Luyi	3	0.00	210	234	139	49	12	40
新蔡县	Xincai	49	0.10	6749	11378	7286	1972	418	3307

主要统计指标解释

居民服务业 指为居民提供的各种服务活动。按照《2011 国民经济行业分类注释》，居民服务业主要包括家庭服务、托儿所服务、洗染服务、理发及美容服务、洗浴服务、保健服务、婚姻服务、殡葬服务以及其他居民服务等。

其他服务业 按照《2011 国民经济行业分类注释》，其他居民服务业主要包括对建筑物、办公用品、家庭用品的清洗和消毒以及其他未列明的服务活动。

Explanatory Notes on Main Statistical Indicators

Residents service refers to provide various services for the residents activities. In according to the national economic sector note in 2011, residents service mainly includes family services, nurseries, service, Washing printing and dyeing service, haircut and beauty services, wash bath service, health care, service, marriage, funeral and interment service and other residents service, etc.

Other services In according to the national economic sector note in 2011, other residents service mainly includes service activities for buildings, office supplies, household cleaning and disinfection and other not specified.

教育
Education

• 资料整理：张永安　赵翠清

简要说明

一、主要内容

本篇包括教育行业企业、行政事业单位、社会团体及其他法人单位的单位数、从业人数、主要财务指标以及研究生教育、高等教育(普通教育本专科、成人教育本专科)、中等教育(高中阶段教育和初中阶段教育)、初等教育(小学)、学前教育、特殊教育(盲聋哑和弱智儿童学校等)以及教育经费等资料。

二、资料来源

教育行业企业、行政事业单位、社会团体及其他法人单位的单位数、从业人数、主要财务指标是以经济普查数据为基础，利用财政系统和教育系统统计数据综合推算，由省地方经济社会调查队服务业调查处整理提供。

教育事业统计资料由省教育厅提供；技工学校的资料由省人力资源和社会保障厅提供。由省统计局社会与科技处编辑整理。

Brief Introduction

I. Main Content

Data on education cover the unit, employment, and main financial indicators of education enterprises, Administrative institution, social organizations and others. The situations on education of postgraduates, higher education (universities and colleges), secondary education (senior and junior high schools), elementary education (primary schools), preschool education, special education (schools for the blind, deaf-mutes and mentally retarded) and their expenditure. The main indicators include the number of schools, the number of students enrolled, the number of new students enrolled, the number of graduates, the number of staff and workers, the number of full-time teachers, sources and outlay of education funding.

II. Sources of Data

Data on Number of Institutional Unit, Employed Persons and Main Financial Indicators of education are calculated basis on The Second Census, the financial system data and education system statistical data, which are provided by Henan provincial survey organizations of social and economy.

Data on education undertakings are calculated from Henan Provincial bureau of Education. Data on technical training schools are calculated from Henan provincial bureau of Human Resources and Social Security. Data in this chapter are provided by Department of social and technology of the Henan provincial Bureau of Statistics.

25-1 教育业法人单位数和从业人员数

Number of Institutional Unit and Employed Persons of Education

年份(Year)	合计 Total	企业 Enterprise	行政事业 Administrative institution	社会团体及其他 Social organizations and others
单位数(个)Number of Institutional Unit(unit)				
2008	22206	1727	16157	4322
2009	22367	1759	16213	4395
2010	22537	1817	16253	4467
2011	22343	1846	16141	4356
2012	22223	1913	16038	4272
从业人数(万人)Employed Persons(10 000 persons)				
2008	121.50	3.62	107.86	10.03
2009	122.08	3.76	108.06	10.25
2010	122.74	4.07	108.09	10.58
2011	122.81	4.68	107.68	10.44
2012	121.81	4.99	106.76	10.06

25-2 分行业教育业法人单位财务指标(2012年)

Main Financial Indicators of Institutional Unit of Education by Sector (2012)

单位：万元 (10 000yuan)

指标	Item	教育 Education	学前教育 Pre-school Education	初等教育 Primary Education	中等教育 Secondary Education	高等教育 Higher Education	特殊教育 Special Education	技能培训、教育辅助及其他教育 Other Education
单位数(个)	Number of units (unit)	22223	3753	9710	5795	261	146	2558
从业人数(万人)	Employed Persons (10 000 Persons)	121.81	7.44	39.37	58.76	8.67	0.37	7.19
固定资产原价	Fixed Asset Price	10994785	417444	2142157	4830557	2759250	21738	823640
收入合计	Total Income	14120320	934460	3411930	6277710	2102529	48902	1344787
成本费用合计	Total Cost	13594209	847809	3359752	6123703	1976616	50624	1235705
职工薪酬	Employee compensation	5685377	464461	1687492	2501437	473833	34483	523672
税费合计	Tax and Expenses	39155	8787	5900	5123	3908	102	15336
营业利润	Operating Profit	161506	23031	22642	53540	4313	693	57286

25-3 各市教育业法人单位财务指标(2012年)

Main Financial Indicators of Institutional Unit of Education by City (2012)

单位：万元 (10 000 yuan)

市(县) City(County)	单位数(个) Number of units (unit)	从业人数(万人) Employed Persons (10 000 Persons)	固定资产原价 Fixed Asset Price	收入合计 Total Income	成本费用合计 Total Cost	职工薪酬 Employee compensation	税费合计 Tax and Expenses	营业利润 Operating Profit
全 省 Total	**22223**	**121.81**	**10994785**	**14120320**	**13594209**	**5685377**	**39155**	**161506**
省 辖 市 City								
郑 州 市 Zhengzhou	2459	15.73	2407875	3329267	3258925	1083527	7986	11669
开 封 市 Kaifeng	741	6.58	842138	1274567	1193535	532793	6564	29397
洛 阳 市 Luoyang	2591	8.60	1035090	1430362	1276588	511777	2416	13695
平 顶 山 市 Pingdingshan	990	5.60	354930	710562	698368	353502	5316	3539
安 阳 市 Anyang	1648	5.92	375515	419892	401398	190392	3140	8432
鹤 壁 市 Hebi	389	1.84	137791	199024	194665	77092	43	1478
新 乡 市 Xinxiang	1241	6.59	667685	825231	802953	378262	820	14616
焦 作 市 Jiaozuo	632	4.23	334036	388468	383589	170922	723	3624
濮 阳 市 Puyang	901	3.90	187753	291186	290069	122877	99	-345
许 昌 市 Xuchang	1426	5.70	361219	495213	486698	211711	1996	9484
漯 河 市 Luohe	520	2.77	202972	254935	234803	107287	558	4279
三 门 峡 市 Sanmenxia	454	3.05	215530	415600	404606	173187	170	2287
南 阳 市 Nanyang	3135	13.32	917752	1079494	1045327	490188	2465	22493
商 丘 市 Shangqiu	1194	9.66	693932	572692	567440	247556	290	7226
信 阳 市 Xinyang	1150	8.58	772009	711793	703524	351159	679	3962
周 口 市 Zhoukou	1213	11.11	806542	820177	810753	330184	1717	5515
驻 马 店 市 Zhumadian	1325	7.73	586712	806782	745640	312024	3992	17414
济 源 市 Jiyuan	214	0.89	95304	95076	95328	40934	182	2741
省 直 管 县 Province Administrating County								
巩 义 市 Gongyi	165	0.96	97797	98275	107635	48928	2048	2730
兰 考 县 Lankao	53	0.85	54373	177025	180027	98596	1566	49557
汝 州 市 Ruzhou	117	0.90	58367	277474	278275	150309	3666	19
滑 县 Huaxian	437	1.12	49895	97149	96182	40541	17	130
长 垣 县 Changyuan	46	0.85	70664	63213	63077	30415	6	828
邓 州 市 Dengzhou	566	1.45	76112	109641	104014	48076	214	1786
永 城 市 Yongcheng	103	1.45	126875	106361	103506	44030	27	1796
固 始 县 Gushi	206	1.48	124946	97419	95897	52421	185	399
鹿 邑 县 Luyi	68	1.08	36614	70558	70184	26898	29	128
新 蔡 县 Xincai	178	0.62	42169	50749	41557	14615	1802	6967

25-4 历年各级各类学校数

Number of Schools by Level and Type over the Years

单位：所 (unit)

年份 year	小学 Primary Schools	普通中学 Regular Secondary Schools	高中 Senior Secondary Schools	初中 Junior Secondary Schools	职业中学 Vocational Secondary Schools	普通高等学校 Regular Institutions of Higher Education
1978	48772	26586	3705	22881		24
1979	34983	25826	2976	22850		24
1980	46672	12672	2431	10241	1	25
1981	45939	10304	1703	8601	6	26
1982	46542	10510	1279	9231	8	26
1983	46265	10324	1177	9147	21	32
1984	46232	9969	1102	8867	41	38
1985	41935	9459	1069	8390	390	43
1986	45250	9730	1058	8672	370	47
1987	44865	9632	1027	8605	336	47
1988	44379	9406	1003	8403	378	47
1989	43951	8961	958	8003	466	47
1990	43286	8249	920	7329	480	47
1991	42455	7369	854	6515	539	49
1992	42370	6893	789	6104	636	47
1993	42071	6644	719	5925	685	48
1994	41899	6476	661	5815	785	50
1995	41698	6367	641	5726	785	50
1996	41466	6282	635	5647	761	50
1997	41526	6142	645	5497	742	50
1998	41238	6069	643	5426	722	51
1999	41404	6120	688	5432	696	56
2000	41269	6217	761	5456	609	52
2001	39825	6384	819	5565	520	64
2002	37729	6399	854	5545	484	66
2003	36379	6363	888	5475	462	71
2004	34164	6229	909	5320	442	82
2005	33026	6207	945	5262	455	83
2006	31410	6045	955	5090	515	84
2007	30677	5864	920	4944	552	82
2008	30214	5718	908	4810	584	84
2009	29420	5571	868	4703	589	89
2010	28603	5441	825	4616	563	107
2011	27793	5388	792	4596	452	117
2012	27452	5336	785	4551	409	120

25-5 历年各级各类学校专任教师数

Number of Full-time Teachers by Level and Type of school over the Years

单位：万人 (10 000 persons)

年份 year	小学 Primary Schools	普通中学 Regular Secondary Schools	高中 Senior Secondary Schools	初中 Junior Secondary Schools	职业中学 Vocational Secondary Schools	普通高等学校 Regular Institutions of Higher Education
1978	42.88	29.34	4.98	24.36		0.54
1979	43.66	30.01	5.09	24.92		0.62
1980	44.72	30.13	4.48	25.65	0.00	0.68
1981	47.20	26.99	3.91	23.08	0.01	0.71
1982	41.95	22.58	3.52	19.05	0.01	0.84
1983	42.52	22.17	3.46	18.71	0.04	0.91
1984	42.81	21.86	3.41	18.45	0.02	0.97
1985	43.09	22.21	3.41	18.80	0.68	1.10
1986	43.62	22.93	3.54	19.39	0.77	1.27
1987	43.52	23.69	3.73	19.96	0.81	1.33
1988	43.79	24.01	3.79	20.22	0.88	1.38
1989	43.76	23.84	3.77	20.07	1.13	1.38
1990	44.34	24.05	3.79	20.25	1.27	1.40
1991	37.93	23.54	3.83	19.71	1.34	1.42
1992	37.55	23.49	3.76	19.73	1.51	1.45
1993	38.19	23.60	3.62	19.98	1.72	1.47
1994	38.87	23.94	3.48	20.46	2.08	1.55
1995	39.23	24.68	3.45	21.23	2.28	1.55
1996	40.02	25.48	3.51	21.97	2.44	1.64
1997	41.12	26.38	3.61	22.77	2.67	1.65
1998	42.55	27.60	3.75	23.85	2.76	1.70
1999	44.66	29.09	4.09	25.00	2.67	1.88
2000	45.93	30.86	4.57	26.29	2.49	2.02
2001	47.56	32.90	5.13	27.77	2.35	2.46
2002	49.62	35.06	6.03	29.03	2.39	2.85
2003	48.85	35.88	6.72	29.16	2.21	3.33
2004	47.85	36.55	7.60	28.95	2.23	4.18
2005	47.55	37.30	8.40	28.90	2.29	4.63
2006	47.82	37.64	9.19	28.45	2.68	5.29
2007	48.30	37.88	9.79	28.09	2.76	5.88
2008	48.53	37.89	10.27	27.62	2.91	6.49
2009	48.91	38.30	10.49	27.81	3.16	7.15
2010	49.04	38.10	10.43	27.67	3.25	7.75
2011	49.58	38.65	10.43	28.22	3.20	8.20
2012	49.69	38.97	10.73	28.24	3.08	8.60

25-6 历年各级各类学校在校学生数

Student Enrollment by Level and Type of school over the Years

单位：万人 (10 000 persons)

年份 year	小学 Primary Schools	普通中学 Regular Secondary Schools	高中 Senior Secondary Schools	初中 Junior Secondary Schools	职业中学 Vocational Secondary Schools	普通高等学校 Regular Institutions of Higher Education
1978	1140.26	521.62	116.38	405.24		2.73
1979	1147.88	504.04	106.42	397.62		3.38
1980	1133.75	487.27	83.75	403.52	0.02	4.59
1981	1110.65	412.31	60.66	351.65	0.27	4.93
1982	1098.47	361.41	49.25	312.16	0.51	4.63
1983	1054.04	341.32	47.82	293.50	1.11	4.80
1984	1055.08	354.20	50.87	303.33	2.28	5.33
1985	1034.97	357.46	52.27	305.19	10.89	6.85
1986	1015.67	366.96	54.66	312.30	11.92	7.50
1987	997.75	373.51	54.41	319.10	11.63	7.57
1988	980.05	362.64	52.51	310.13	11.94	7.99
1989	969.82	349.05	49.54	299.51	14.50	8.01
1990	961.15	352.56	49.26	303.30	15.61	8.04
1991	944.02	357.66	48.80	308.86	17.77	8.18
1992	936.71	359.78	46.21	313.57	20.40	8.95
1993	951.50	362.96	43.52	319.44	25.86	10.44
1994	991.06	384.80	42.51	342.29	35.74	11.71
1995	1039.56	417.86	42.91	374.95	45.86	12.24
1996	1105.58	454.48	44.02	410.46	51.18	12.79
1997	1169.96	480.21	46.68	433.53	56.84	13.60
1998	1200.06	512.51	51.13	461.38	60.10	14.64
1999	1186.97	568.86	61.06	507.80	53.75	18.55
2000	1130.63	638.14	75.15	562.99	48.27	26.24
2001	1070.73	683.38	94.73	588.65	38.71	36.91
2002	1104.59	733.35	125.55	607.80	41.52	46.80
2003	1058.61	750.51	146.42	604.09	42.32	55.72
2004	1014.06	759.42	168.75	590.67	45.93	70.28
2005	986.84	758.22	188.39	569.83	49.31	85.19
2006	997.09	742.22	201.58	540.64	59.90	97.41
2007	1018.71	719.83	212.63	507.20	66.22	109.52
2008	1036.60	691.46	207.26	484.20	72.76	125.02
2009	1052.03	675.45	201.20	474.25	80.88	136.88
2010	1070.53	661.56	192.16	469.40	79.47	145.67
2011	1092.90	657.48	189.50	467.98	75.78	150.01
2012	1079.20	646.42	192.63	453.78	73.15	155.90

25-7 历年各级各类学校招生数

New Student Enrollment by Level and Type of school over the Years

单位：万人 (10 000 persons)

年份 year	小学 Primary Schools	普通中学 Regular Secondary Schools	高中 Senior Secondary Schools	初中 Junior Secondary Schools	职业中学 Vocational Secondary Schools	普通高等学校 Regular Institutions of Higher Education
1978	254.37	234.71	53.79	180.92		1.39
1979	249.91	215.50	48.55	166.95		1.07
1980	239.12	169.65	28.69	140.96	0.02	1.25
1981	226.50	146.95	24.44	122.51	0.24	1.25
1982	219.17	124.70	18.17	106.53	0.27	1.36
1983	198.48	119.04	17.04	102.00	0.88	1.65
1984	197.99	119.69	17.40	102.29	1.36	1.89
1985	174.24	118.93	17.22	101.71	5.42	2.67
1986	190.38	123.72	17.77	105.95	5.00	2.42
1987	184.06	124.03	17.84	106.19	4.56	2.64
1988	181.53	121.80	17.09	104.71	4.95	2.72
1989	179.88	118.08	16.27	101.81	6.34	2.61
1990	172.46	122.53	16.92	105.61	6.37	2.66
1991	164.72	125.47	16.49	108.98	8.28	2.76
1992	169.53	125.38	15.28	110.10	9.53	3.38
1993	190.31	130.28	14.86	115.42	12.71	4.05
1994	220.01	144.20	13.98	130.23	16.96	4.17
1995	232.52	158.34	14.58	143.76	20.75	4.32
1996	239.94	164.89	15.12	149.77	20.48	4.49
1997	239.79	171.79	16.41	155.38	23.61	4.66
1998	217.82	189.67	18.72	170.95	23.56	5.02
1999	193.65	220.12	24.42	195.70	16.95	7.88
2000	171.11	246.46	31.48	214.98	16.83	11.69
2001	163.32	246.96	37.63	209.33	14.63	14.01
2002	185.77	253.93	50.93	203.00	17.05	16.61
2003	164.35	253.19	53.77	199.42	16.85	19.02
2004	162.49	257.45	61.33	196.12	17.40	25.74
2005	169.44	259.58	69.99	189.59	20.30	27.76
2006	176.86	233.85	67.75	166.10	28.51	33.77
2007	183.22	231.49	70.57	160.92	28.83	35.52
2008	186.92	233.55	68.42	165.13	28.90	44.51
2009	184.51	225.18	64.50	160.68	33.03	45.74
2010	187.76	221.66	62.85	158.81	30.40	47.83
2011	193.44	226.25	64.63	161.62	27.18	47.14
2012	190.97	224.73	66.57	158.16	24.06	49.82

25-8 历年各级各类学校毕业生数

Graduates by Level and Type of school over the Years

单位：万人 (10 000 persons)

年份 year	小学 Primary Schools	普通中学 Regular Secondary Schools	高中 Senior Secondary Schools	初中 Junior Secondary Schools	职业中学 Vocational Secondary Schools	普通高等学校 Regular Institutions of Higher Education
1978	185.03	213.34	44.37	168.97		0.96
1979	179.69	204.86	50.44	154.42		0.41
1980	173.62	109.74	45.66	64.08	0.01	
1981	173.52	131.24	43.45	87.79	0.01	0.90
1982	165.80	104.44	27.36	77.08	0.02	1.65
1983	168.90	87.90	15.85	72.05	0.28	1.47
1984	166.90	86.78	14.74	72.04	0.28	1.35
1985	158.48	88.92	15.44	73.48	2.08	1.17
1986	172.97	91.60	16.70	74.90	2.52	1.75
1987	172.82	97.24	17.78	79.46	3.11	2.53
1988	167.45	99.44	18.03	81.40	3.62	2.29
1989	162.51	100.39	17.27	83.12	3.64	2.56
1990	162.60	99.36	16.70	82.66	4.17	2.61
1991	161.86	98.77	15.96	82.81	5.26	2.72
1992	162.39	99.90	15.01	84.89	4.86	2.59
1993	163.26	102.34	14.45	87.89	5.35	2.66
1994	166.48	103.90	13.98	89.92	6.16	2.93
1995	168.96	109.35	13.51	95.84	9.22	3.76
1996	165.13	115.90	13.82	102.08	12.41	3.91
1997	168.57	133.16	13.78	119.38	15.18	3.89
1998	180.67	145.88	14.93	130.95	17.23	3.96
1999	205.01	153.97	15.50	138.47	17.95	3.99
2000	225.57	162.16	17.47	144.69	18.65	4.17
2001	220.41	176.44	19.84	156.60	15.32	4.61
2002	202.55	203.04	25.78	177.26	12.57	7.12
2003	204.18	225.16	36.38	188.78	11.68	10.90
2004	203.54	240.69	42.48	198.21	11.97	13.43
2005	191.90	252.02	53.66	198.36	13.97	16.52
2006	166.71	245.24	57.36	187.88	15.40	20.21
2007	160.19	254.20	65.10	189.10	17.21	26.72
2008	168.90	258.05	74.98	183.07	17.93	30.25
2009	165.75	233.36	70.17	163.18	22.31	33.41
2010	165.35	225.35	70.43	154.92	24.93	38.25
2011	167.61	222.00	66.55	155.45	25.05	43.30
2012	170.44	213.82	64.01	149.81	24.84	43.53

25-9 学校、教职工和专任教师情况(2012年)

Basic Statistics on Schools, Teachers and Staff and Full-time Teachers (2012)

项 目	Item	学校数(所) Number of Schools (unit)	教职工数(人) Teachers and Staff (person)	#专任教师(人) Full-time Teachers (person)
高等教育	**Higher Education**	**174**	**125349**	**89302**
普通高等学校	Regular Institutions of Higher Education	120	120156	85982
本科院校	Universities with Full Undergraduate Courses	47	74970	53821
#独立学院	Independent Colleges	8	7270	5675
专科院校	Colleges with Specialized Courses	73	45186	32161
#职业技术学院	Vocational and Technical Colleges	59	33062	25052
其他机构(教学点)	Others	4		
成人高等学校	Adult Institutions of Higher Education	14	4289	2892
民办的其他高等教育机构	Other Private Institutions of Higher Education	40	904	428
中等教育	**Secondary Education**	**6254**	**550143**	**457748**
高中阶段教育	Senior Secondary Education	1703	234045	175335
#普通高中	Regular Senior Secondary Schools	785	142786	107347
中等职业教育	Vocational Secondary Education	918	91259	67988
普通中专	Regular Specialized Secondary Schools	147	23550	16581
成人中专	Adult Specialized Secondary Schools	179	13144	8701
职业高中	Vocational Senior Secondary Schools	409	37752	30801
技工学校	Technical Schools	183	14864	10815
其他机构(教学点)	Others	37	1949	1090
初中阶段教育	Junior Secondary Education	4551	316098	282413
普通初中	Regular Junior Secondary Schools	4551	316098	282413
初等教育	**Primary Education**	**31918**	**510532**	**500187**
普通小学	Regular Primary Schools	27452	504923	496856
成人小学	Adult Primary Schools	4466	5609	3331
#扫盲班	Literacy Courses	989	1995	1470
工读学校	**Schools for Juvenile Delinquents**	**3**	**71**	**51**
特殊教育	**Special Education**	**132**	**3767**	**3211**
学前教育	**Pre-school Education**	**12912**	**183591**	**112595**

注：其他机构学校数不计入总数。
a) Number of Adult Institutions of Higher Eduation excludes Other Institutions.

25-10 各级各类学历教育学生情况(2012年)

Basic Statistics on Students by Level and Type of Education (2012)

单位：人 (person)

项　目	Item	招生数 New Enrollment	在校学生数 Total Enrollment	毕业生数 Graduates	女学生占学生总数的比重(%) Females as % of Total
高等教育	**Students Received Higher Education**	**684366**	**1983708**	**577806**	**49.6**
研究生	Postgraduates	11683	31965	10331	53.0
博　士	Doctor's Degree	395	1298	243	40.5
硕　士	Master's Degree	11288	30667	10088	53.5
普通本专科	Regular Undergraduates and College Students	498174	1559025	435308	50.1
本　科	Enrolled in Full Undergraduate Courses	248938	721945	267507	54.3
专　科	Enrolled in Specialized Courses	249236	837080	167801	46.4
成人本专科	Adult Undergraduates and College Students	148666	298123	103943	46.6
本　科	Enrolled in Full Undergraduate Courses	93861	175086	63209	35.0
专　科	Enrolled in Specialized Courses	54805	123037	40734	63.2
民办的其他高等学历教育	Other Degree of Higher Education run by the local people		18884	8524	47.3
在职人员攻读博士、硕士学位	Employees Enrolled in Graduate Programs Leading to Doctor or Master Degrees	3119	8396		42.6
网络本专科生	Students Enrolled in Internet-based Courses	22724	58885	18742	50.8
本　科	Enrolled in Full Undergraduate Courses	10816	29754	7043	43.6
专　科	Enrolled in Specialized Courses	11908	29131	11699	58.1
自学考试助学班	Students Taking Unified Exams after Completing Self-learning Programs		8430	958	49.8
中等教育	**Secondary Education**	**2878228**	**8199644**	**2745669**	**48.7**
高中阶段教育	Senior Secondary Education	1296638	3661776	1247615	48.6
普通高中	Regular Senior Secondary Schools	665703	1926336	640137	47.5
中等职业教育	Vocational Secondary Education	630935	1735440	607478	49.8
普通中专	Regular Specialized Secondary Schools	232771	662950	223645	59.2
成人中专	Adult Specialized Secondary Schools	49173	97695	50651	56.8
职业高中	Vocational Senior Secondary Schools	240593	695981	248437	51.9
技工学校	Technical Schools	108398	278814	84745	19.8
初中阶段教育	Junior Secondary Education	1581590	4537868	1498054	48.8
普通初中	Regular Junior Secondary Schools	1581590	4537868	1498054	48.8
初等教育	**Primary Education**	**1909667**	**11297127**	**2199011**	**45.8**
普通小学	Regular Primary Schools	1909667	10791827	1704498	46.6
成人小学	Adult Primary Schools		505300	494513	29.8
#扫盲班	Literacy Courses		37821	37564	73.6
工读学校	**Schools for Juvenile Delinquents**	**43**	**213**	**39**	
特殊教育	**Special Education**	**2994**	**16689**	**2381**	**28.8**
学前教育	**Pre-school Education**	**1950390**	**3197372**	**1342936**	**40.9**

25-11 研究生分学科毕业、招生及在学人数
Number of Graduates,New Student Enrollment, Student Enrollment of Postgraduate by Field of Study

单位：人 (person)

学 科	Subjects	1990	1995	2000	2005	2010	2011	2012
分学科毕业生数	**Total**	**476**	**340**	**640**	**2587**	**7750**	**8856**	**10331**
#哲 学	Philosophy	4	6	12	43	149	192	174
经济学	Economics	20	9	59	102	211	240	280
法 学	Law	8	15	48	234	655	1016	1004
教育学	Education	18	8	11	104	460	768	835
文 学	Literature	59	33	65	231	725	769	637
历史学	History	28	12	18	86	193	156	155
理 学	Science	93	74	101	377	907	1060	1227
工 学	Engineering	129	101	169	737	2019	2207	2589
农 学	Agriculture	30	14	59	139	422	382	481
医 学	Medicine	87	68	98	401	1143	1414	1558
管理学	Administration				133	498	652	1127
#学术型学位	Academic Type					7382	7879	8330
专业学位	Professional Degree					368	977	2001
分学科招生数	**New Student Enrollment**	**334**	**469**	**1485**	**6561**	**10704**	**10891**	**11683**
#哲 学	Philosophy		9	30	146	133	120	104
经济学	Economics	10	23	54	194	238	333	334
法 学	Law	19	29	166	487	734	813	788
教育学	Education	8	8	44	415	400	1025	1124
文 学	Literature	35	59	134	565	791	1052	688
历史学	History	13	17	52	215	143	169	168
理 学	Science	61	78	230	985	1263	1204	1217
工 学	Engineering	92	151	416	1688	2376	2721	3097
农 学	Agriculture	21	21	89	351	389	554	556
医 学	Medicine	75	74	270	1040	1318	1637	1831
管理学	Administration				475	572	1263	1386
#学术型学位	Academic Type					8357	7879	7806
专业学位	Professional Degree					2347	3012	3877
分学科在学人数	**Student Enrollment**	**1037**	**1307**	**3229**	**15830**	**29021**	**30908**	**31965**
#哲 学	Philosophy	15	23	59	309	503	427	355
经济学	Economics	30	71	181	468	766	900	874
法 学	Law	34	77	280	1195	2308	2644	2398
教育学	Education	25	23	146	856	1253	2439	2689
文 学	Literature	95	148	274	1328	2398	2778	1936
历史学	History	52	51	113	489	487	491	489
理 学	Science	200	218	531	2426	3769	3754	3723
工 学	Engineering	283	386	901	4335	6952	8004	8396
农 学	Agriculture	66	56	194	829	1144	1440	1528
医 学	Medicine	237	254	550	2583	3782	4707	4964
管理学	Administration				1012	1780	3324	3611
#学术型学位	Academic Type					25142	24984	24281
专业学位	Professional Degree					3879	5924	7684

25—12 普通高等学校专任教师分学历的人数(2012年)
Number of Full-Time Teachers by Educational Level in Regular Higher Educational Institutions (2012)

单位：人 (person)

学 历	Educational Background	合 计 Total	正高级 Senior	副高级 Sub-Senior	中 级 Medidle	初 级 Junior	无职称 Not Rank
总 计	**Total**	**85982**	**7052**	**22309**	**34607**	**17537**	**4477**
博士	Doctor	9566	1998	3536	3848	29	155
硕士	Master	31682	1635	5746	14590	7931	1780
本科毕业	Undergraduate	43756	3324	12754	15868	9408	2402
专科及以下	Junior College and Below	978	95	273	301	169	140

25—13 普通中等专业学校专任教师学历情况(2012年)
Number of Full-time Teachers by Educational Background in Specialized Secondary Schools (2012)

单位：人 (person)

学 历	Educational Background	合 计 Total	正高级 Senior	副高级 Sub-Senior	中 级 Medium	初 级 Junior	无职称 Not Rank
总 计	**Total**	**16581**	**88**	**4288**	**6710**	**4560**	**935**
博士	Doctor	27	16	8	3		
硕士	Master	1571	34	510	579	303	145
本科毕业	Undergraduate	13816	35	3653	5658	3839	631
专科及以下	Junior Collоge and Below	1167	3	117	470	418	159

25-14 普通中等专业学校分学科毕业生、招生及在校学生数(2012年)
Graduates,New Student Enrollment,Student Enrollment of Specialized Secondary Schools by Field of Study (2012)

单位：人 (person)

学 科	Subject	毕业生 Graduates	招生 New student Enrollment	高中毕业 Graduates of Senior Secondary Schools	初中毕业 Graduates of Junior Secondary Schools	在校学生 Student Enrollment
总 计	**Total**	**223645**	**232771**	**63597**	**169174**	**662950**
农林牧渔类	Farming, Forestry,animal Husbandry and Fishery	20933	28888	14169	14719	81734
资源与环境类	Resources and Environment	3120	3253	2792	461	9647
能源与新能源类	Energy and New Energy	845	302	27	275	2012
土木水利工程类	Civil and Irrigation Engineering	7609	11612	4149	7463	28408
加工制造类	Manufacturing	22579	20374	4703	15671	61864
石油化工类	Petroleum Chemical	875	755	17	738	1531
轻纺食品类	Light textile and Food	987	2312	1394	918	4261
交通运输类	Communications & Transportation	10069	12944	3591	9353	35580
信息技术类	Information Technologies	37306	27219	5651	21568	86852
医药卫生类	Medical and Health	39812	27471	4141	23330	98123
休闲保健类	Leisure health	316	981	419	562	1707
财经商贸类	Financial and Business	22685	27887	7662	20225	71936
旅游服务类	Tourism service	7684	6736	928	5808	18522
文化艺术类	Culture and Art	10027	10767	1583	9184	31940
体育与健身	Sports and Fitness	2384	4089	387	3702	8736
教育类	Education	27289	43502	10016	33486	109189
司法服务类	Judicial Service	998	579	316	263	1660
公共管理与服务类	Public Management and Service	3449	1690	1092	598	4251
其他	Other	4678	1410	560	850	4997

25—15 普通中小学和幼儿园专任教师分学历的人数与构成

Number and Composition of Full-time Teachers in Regular Secondary Schools,Primary Schools and Kindergartens by Educational Level

单位：人 (person)

	Educational Level	2011 绝对数 Total	2011 构成(%) Composition (%)	2012 绝对数 Total	2012 构成(%) Composition (%)
高中教师	**Teachers of Senior Secondary School**	**104288**	**100.0**	**107347**	**100.0**
大学本科毕业及以上	Undergraduates and over	99560	95.5	103620	96.5
大学专科毕业	Junior College	4612	4.4	3690	3.4
高中阶段毕业及以下	Senior Secondary and below	116	0.1	37	0.0
初中教师	**Teachers of Junior Secondary School**	**282202**	**100.0**	**282413**	**100.0**
大学本科毕业及以上	Undergraduates and over	156766	55.6	169346	60.0
大学专科毕业	Junior College	122407	43.4	109911	38.9
高中阶段毕业	Senior Secondary	3015	1.1	3152	1.1
高中阶段毕业以下	Below Senior	14	0.0	4	0.0
小学教师	**Teachers of Primary School**	**495824**	**100.0**	**496856**	**100.0**
大学专科毕业及以上	Specialized secondary of Higher Education and over	400428	80.8	415848	83.7
高中阶段毕业	Senior Secondary	95274	19.2	80930	16.3
高中阶段毕业以下	Below Senior	122	0.0	78	0.0
幼儿园教师	**Teachers of Kindergartens**	**93588**	**100.0**	**112551**	**100.0**
大学专科毕业及以上	Junior College and Below	57738	61.7	70838	62.9
高中阶段毕业	Senior Secondary	31915	34.1	37153	33.0
高中阶段毕业以下	Below Senior	3935	4.2	4560	4.1

25-16 技工学校数、学生数和教职工数

Number of Technical Schools,Students,Teachers and Staff

指 标	Item	1990	1995	2000	2005	2010	2012
学校数(所)	Number of Schools (unit)	168	204	193	173	183	183
在校学生数(万人)	Student Enrollment (10 000 persons)	5.64	9.32	6.75	17.27	27.94	27.88
毕业生数(万人)	Graduates(10 000 persons)	1.63	2.30	3.13	3.59	7.50	8.47
招生数(万人)	New Student Enrollment(10 000 persons)	2.00	3.39	2.79	7.26	11.06	10.84
教职工数(万人)	Teachers and Staff(10 000 persons)	1.48	1.77	1.27	1.17	1.14	1.49

25-17 民办教育基本情况(2012年)

Basic Statistics on Non-state Education (2012)

指 标	Item	学校数(所) Number of School (unit)	学生数(人) student(person)			教职工数(人) Teachers and Staff (person)	
			毕业生数 Graduates	招生数 New Enroll-ment	在校生数 Total Enroll-ment		#专任教师 Full-time Teachers
总 计	**Total**	**12758**	**1108794**	**1568457**	**4216503**	**280916**	**188354**
民办高等教育	Non-state Higher Education	74	82847	95651	308510	23305	16488
普通高校	Regular Institutions of Higher Education	34	74323	95651	289626	22401	16060
民办的其他高等教育机构	Private Institutions of Higer Education	40	8524		18884	904	428
民办中等教育机构	Non-state Secondary Education	1014	347356	407322	1095811	74368	56866
高中阶段教育	Senior Secondary Education	430	189589	187456	504533	49625	45600
民办普通高中	Private Regular Senior Secondary Schools	196	81477	94221	259760	36498	35807
民办中等职业教育	Private Vocational Secondary Education	234	108112	93235	244773	13127	9793
初中阶段教育	Junior Secondary Education	584	157767	219866	591278	24743	11266
民办普通初中	Private Regular Junior Secondary School	584	157767	219866	591278	24743	.11266
民办普通小学	Non-state Regular Primary Schools	1344	163693	155008	1071801	42590	31027
民办幼儿园	Non-state Kindergartens	10326	514898	910476	1740381	140653	83973

注:民办普通高中的教职工数和专任教师数包含民办普通初中数据。

a)Number of Teachers, Staff and Full-time Teachers include those of Private Regular Junior Secondary Schools.

25-18 成人学校基本情况(2012年)

Basic Statistics on Adult Schools (2012)

单位：人 (person)

各类学校	Various Schools	学校数(所) Number of Schools (unit)	教职工数 Teachers and Staff	#专任教师 Full-time Teachers	在校学生数 Student Enrollment	招生数 New Student Enrollment	毕业生数 Graduates
成人高等学校	**Adult Institutions of Higher Eduation**	**14**	**4289**	**2892**	**298123**	**148666**	**103943**
广播电视大学	Radio and TV Universities	1	392	202	1816	610	1856
职工、农民学院	Schools of Higher Eduation for Staff,Workers and Peasants	9	1547	1089	15593	7581	8314
教育学院	Pedagogical Colleges	4	1861	1355	8129	4875	3392
其他机构	Others	4	489	246	258		420
高校函授部、夜大学	Correspondence Departments or Evening Universities Run by Institutions of Higher Education				272327	135600	89961
成人中等专业学校	**Trade School for Adults**	**13349**	**33071**	**19885**	**3276263**		**3650653**
成人中学	Secondary Schools for Adults	331	1692	1025	204536		205403
职工中学	Secondary Schools for Staff and Workers	76	270	144	34681		24127
农民中学	Secondary Schools for Peasants	255	1422	881	169855		181276
技术培训学校	Technical Training Schools	13018	31379	18860	3071727		3445250
职工技术培训学校	Techinical Training Schools for Staff and Workers	300	9189	4934	255302		229465
农民技术培训学校	Techinical Training Schools for Peasants	12157	17172	10594	2591993		3007714
其他培训机构	Other Training Organizations	561	5018	3332	224432		208071
成人初等学校	**Primary Schools for Adults**	**4466**	**5609**	**3331**	**505300**		**494513**
职工初等学校	Primary Schools for Staff and Workers	324	41	18	45583		16386
农民初等学校	Primary Schools for peasants	4142	5568	3313	459717		478127
#扫盲班	Literacy Courses	989	1995	1470	37821		37564

注：其他机构、高校函授部、夜大学不计入成人高等学校总校数。

a)Number of Adult Institutions of Higher Eduation excludes those of Other Institutions , Correspondence Departments or Evening Universities Run by Institutions of Higher Education.

25-19 职业技术培训机构基本情况(2012年)

项 目	Item	学校数 (所) Schools (unit)	教学班 (点、个) Teaching Classes (site,unit)
总 计	**Total**	**13018**	**24255**
职工技术培训学校	**Technical Training Schools**		
(机构)	**(Institutions) for Employees**	**300**	**1912**
教育部门和集体办	Run by Education Dept. and Collective	135	984
其他部门办	Run by Other Dept.	110	768
民 办	Run by Private	55	160
农村成人文化技术	**Cultural & Technical Training Schools**		
培训学校(机构)	**(Institutions) for Rural Adults**	**12157**	**21000**
教育部门和集体办	Run by Education Dept. and Collective	12114	20912
县 办	Run by County	144	559
乡 办	Run by Township	1537	6525
村 办	Run by Village	10433	13828
其他部门办	Run by Other Dept	32	44
民 办	Run by Private	11	44
其他培训机构	**Other Training Institutions**		
(含社会培训机构)	**(Incld. Social Training Institutions)**	**561**	**1343**
教育部门和集体办	Run by Education Dept. and Collective	39	150
其他部门办	Run by Other Dept.	46	131
民 办	Run by Private	476	1062
少数民族	National Miniority		
按培训形式分	By Training Form		
资格证书培训	Qualification Certificate		
岗位证书培训	Post certificate		
按产业结构分	**By Industrial Structure**		
第一产业	Primary Industry		
第二产业	Secondary Industry		
第三产业	Teriary Industry		
按培训时间分	**By Training Time**		
一个月以内	Within a month		
一个月至三个月	A month to three months		
三个月至半年以内	Three months to half a year		
半年至一年以内	Six months to a year		
一年及以上	One Year and Over		

Basic Statistics on Vocational Technology Training Institutions (2012)

结业生数(人次) Students Completing Courses (person-time)		注册学生数(人) Enrolled Students (person)		教职工数(人) Teachers and Staff (person)		聘请校外教师(人) External Teachers Retained (person)
合计 Total	#女性 Female	合计 Total	#女性 Female	合计 Total	#专任教师 Full-time Teachers	
3445250	**1668431**	**3071727**	**1518268**	**31379**	**18860**	**20321**
229465	**108163**	**255302**	**121930**	**9189**	**4934**	**1336**
150282	77954	168737	87804	7129	3463	981
62810	22488	71957	27088	1269	884	231
16373	7721	14608	7038	791	587	124
3007714	**1454007**	**2591993**	**1280908**	**17172**	**10594**	**17344**
2991988	1444766	2572518	1274302	16921	10412	17265
295797	157538	296450	155807	1254	501	1162
1417416	642587	1160021	546732	5457	3291	4692
1278775	644641	1116047	571763	10210	6620	11411
8097	4772	13070	4087	202	136	66
7629	4469	6405	2519	49	46	13
208071	**106261**	**224432**	**115430**	**5018**	**3332**	**1641**
23864	10842	24928	13269	396	176	337
65550	33922	63835	32933	343	264	132
118657	61497	135669	69228	4279	2892	1172
72176	38170	67493	35418	63	33	3
309365	102372	297352	105867			
707385	355542	621751	318215			
1335015	621986	1222874	593934			
443996	220408	394591	193706			
1666239	826037	1454262	730628			
2575740	1246464	2264791	1111881			
438264	200920	423654	207784			
265280	139660	202054	104304			
125393	59364	122645	63552			
40573	22023	58583	30747			

25-20 网络教育学生情况(2012年)
Statistics on Network Education Students (2012)

单位：人

类 别	Types	专科毕业生人数 Graduates	专科招生人数 New Students Enrollment	专科在校学生人数 Students Enrollment
总 计	**Total**	**7043**	**10816**	**29754**
#女	Female	4352	6782	19111
经济学	Economics	320	524	1505
法 学	Law	613	790	2272
教育学	Education	385	359	1101
文 学	Literature	979	702	2119
理 学	Science	249	179	475
工 学	Engineering	1027	1964	5036
医 学	Medicine	2034	3889	10884
管理学	Administration	1436	2409	6362

类 别	Types	专科毕业生人数 Graduates	专科招生人数 New Students Enrollment	专科在校学生人数 Students Enrollment
总 计	**Total**	**11699**	**11908**	**29131**
#女	Female	11264	5698	19198
材料与能源	Material and Energy	757	413	1164
土建	Civil Construction	1339	1195	2688
制造	Manufacture	83	742	1480
电子信息	Electronic information	928	734	1991
财经	Financial	4056	4095	9816
医药卫生	Medicine and Health	2958	2910	7899
旅游	Tourism	17	161	504
公共事业	Public		526	531
文化教育	Culture Education	174	423	1015
艺术设计传媒	Art Design Media	372		93
法律	law	1015	709	1950

25-21 学校教育女学生和女教师数
Number of Female Students and Teachers

项　目	Item	1990	1995	2000	2005	2010	2011	2012
女学生数(万人)	**Number of Female Students (10 000 persons)**	**606.65**	**722.78**	**865.20**	**911.46**	**958.88**	**958.83**	**956.08**
普通高等学校	Regular Institutions of Higher Education	2.57	4.42	9.48	39.47	75.55	78.05	80.64
普通中等专业学校	Specialized Secondary Schools	6.48	11.20	20.24	26.42	38.23	27.46	37.67
普通中学	Regular Secondary Schools	146.71	189.68	269.98	359.26	315.35	312.89	308.49
职业中学	Vocational Secondary Schools	7.04	21.59	22.33	24.23	37.72	37.80	32.99
小　学	Primary Schools	443.85	495.89	543.17	462.08	492.03	502.63	496.29
女学生占学生总数(%)	**Percentage of Female Students to Total Students(%)**	**44.9**	**47.0**	**46.1**	**47.3**	**47.4**	**47.3**	**47.4**
普通高等学校	Regular Institutions of Higher Education	32.0	36.1	36.1	46.3	51.9	52.0	51.7
普通中等专业学校	Specialized Secondary Schools	47.2	52.3	60.5	54.9	56.3	55.8	56.8
普通中学	Regular Secondary Schools	41.6	45.4	42.3	47.4	47.7	47.6	47.7
职业中学	Vocational Secondary Schools	45.1	47.1	46.6	49.1	47.5	48.2	47.4
小　学	Primary Schools	46.2	47.7	48.0	46.8	46.0	46.0	46.0
女教师数(万人)	**Number of Female Teachers(10 000 persons)**	**25.24**	**26.82**	**37.35**	**46.61**	**53.30**	**54.94**	**56.31**
普通高等学校	Regular Institutions of Higher Education	0.40	0.49	0.72	1.89	3.53	3.77	4.00
普通中等专业学校	Specialized Secondary Schools	0.44	0.55	0.72	0.53	0.79	0.83	0.84
普通中学	Regular Secondary Schools	6.23	8.09	12.57	17.47	19.25	21.09	20.40
职业中学	Vocational Secondary Schools	0.33	0.76	0.99	1.02	1.55	1.54	1.49
小　学	Primary Schools	17.84	16.93	22.35	25.7	28.18	27.71	29.58
女教师占教师总数(%)	**Percentage of Female Teachers to Total Teachers(%)**	**33.2**	**37.7**	**45.0**	**50.2**	**53.4**	**54.2**	**55.2**
普通高等学校	Regular Institutions of Higher Education	28.6	31.6	35.6	40.8	45.5	46.0	46.5
普通中等专业学校	Specialized Secondary Schools	35.8	39.0	43.4	48.2	49.7	50.5	50.6
普通中学	Regular Secondary Schools	25.9	32.8	40.7	46.8	50.5	52.4	52.3
职业中学	Vocational Secondary Schools	26.0	33.3	39.8	44.5	47.7	48.1	48.4
小　学	Primary Schools	40.2	43.2	48.7	54.1	57.5	57.8	59.5

25-22 平均每万人口在校学生数、教师负担学生数及其他

Number of Students Enrollment per 10 000 persons, Student-Teacher Ration and Other

项　目	Item	1990	1995	2000	2005	2010	2011	2012
平均每万人口在校学生数(人)	**Student Enrollment per 10 000 persons (person)**							
大学生(含研究生)	Undergraduates(include Postgraduates)	9	14	28	89	149	171	201
普通中专生	Specialized Secondary Schools Students	16	24	35	49	68	66	63
职业学生	Vocational Secondary Schools Students	18	50	51	50	80	73	74
普通高中生	Regular Senior Secondary Schools Students	57	47	79	194	193	182	184
普通初中生	Regular Junior Secondary Schools Students	351	412	593	586	471	448	433
小学生	Primary School Students	1111	1142	1192	1016	1074	1047	1029
平均每个教师负担学生数(人)	**Student-Teacher Ration (person)**							
高等学校(含研究生)	Institutions of Higher Education (include Postgraduate)	5.8	8.0	13.2	17.5	17.6	21.8	19.3
普通中等专业学校	Specialized Secondary Schools	11.2	15.2	20.1	43.7	42.8	42.1	29.3
普通中学	Regular Secondary Schools	14.7	16.9	20.7	20.3	17.4	16.3	15.9
小　学	Primary Schools	21.7	26.5	24.6	20.8	21.8	22.8	21.7
入学率、巩固率、升学率	**Enrollment Rate,Consolidation Rate, Enter Higher School Rate**							
高等教育毛入学率(%)	The Gross enrollment rate of higher education(%)			8.7	17.0	23.7	24.6	27.2
高中阶段毛入学率(%)	The Gross enrollment rate of higher stage(%)			39.2	48.3	89.1	90.0	90.0
初中适龄人口入学率(%)	Percentage of School-Age Primary Enrolled (%)		83.3	98.2	98.3	99.6	99.4	99.7
初中在校生巩固率(%)	Percentage of Student Enrollment Consolidated of Junior Secondary Schools (%)		97.0	100.3	98.3	94.0	93.5	90.9
初中毕业生升学率(%)	Percentage of Graduates of Junior Secondary Schools Entering Senior Secondary Schools (%)	31.9	45.1	41.4	60.2	79.5	79.5	78.2
小学适龄人口入学率(%)	Percentage of School-Age Children Enrolled (%)	98.8	99.2	99.8	99.7	99.9	99.9	99.9
小学在校生巩固率(%)	Percentage of Student Enrollment Consolidated of Primary (%)		99.3	100.0	99.6	97.9	95.8	94.1
小学毕业生升学率(%)	Percentage of Graduates of Primary (%) Schools Entering Junior Secondary Schools (%)	65.5	85.6	95.4	98.8	96.1	96.4	92.8
中小学学校校舍危房率(%)	**Percentage of dangerous house of Regular Secondary and Primary Schools (%)**			**0.3**	**2.9**	**10.3**	**6.3**	**4.2**
小学生辍学人数(万人)	**Number of Primary Discontinue their Study (10 000 persons)**			**1.86**	**5.39**	**4.62**	**3.55**	
初中学生辍学人数(万人)	**Number of Junior Discontinue their Study (10 000 persons)**			**9.81**	**9.52**	**7.74**	**7.73**	
小学教师学历合格率(%)	**Percentage of Up to Grade of Primary Teachers (%)**			**98.0**	**99.1**	**99.6**	**100.0**	**100.0**

25−23　各市教育经费情况(2012年)

Basic Statistics on Educational Funds by City (2012)

单位：万元　　(10 000 yuan)

市 City	合计 Total	国家财政性教育经费 Government Appropriation for Education	#预算内 Budgetary	社会团体和公民个人办学经费 Funds of Social Orgainizations and Citizens for Running Schools	社会捐资和集资办学经费 Donations and Fund-Raising for Running Schools	事业收入 Undertak Revenue	#学费和杂费 Tuition and Miscell-aneous	其他教育经费 Other Educational Funds
全　省 Total	**14743205**	**12065778**	**11393847**	**147474**	**6291**	**2240774**	**1991975**	**282888**
省本级 Provincial Level	2912543	1792691	1760297	15880	2984	883976	783142	217012
省辖市 City								
郑州市 Zhengzhou	1441975	1221986	1090125	13061	1479	194228	169033	11221
开封市 Kaifeng	405968	331443	309333	1139	35	67039	61827	6312
洛阳市 Luoyang	912127	811035	748180	13735	305	77163	70506	9889
平顶山市 Pingdingshan	510241	449551	417911	5051	10	54757	51794	872
安阳市 Anyang	438105	381274	352870	3728	63	52751	47705	289
鹤壁市 Hebi	264808	222708	181940	4335	44	31563	28876	6158
新乡市 Xinxiang	561601	475349	445740	7187	5	76172	64542	2888
焦作市 Jiaozuo	417168	339364	312726	2945	69	70007	64466	4783
濮阳市 Puyang	454888	403612	375765	3367	10	45592	43513	2307
许昌市 Xuchang	496670	431084	393569	890	50	64141	59409	505
漯河市 Luohe	281996	234102	213673	1257	53	43490	40559	3094
三门峡市 Sanmenxia	342412	304316	278590	816	54	33997	31191	3229
南阳市 Nanyang	917904	829140	797005	6623	208	79410	68092	2523
商丘市 Shangqiu	799942	691955	667768	8453	30	99049	91161	455
信阳市 Xinyang	712755	642167	632577	7762	62	56485	49403	6279
周口市 Zhoukou	976150	851533	842237	10081	528	113392	103635	616
驻马店市 Zhumadian	706488	607349	577472	21186	66	75611	60668	2276
济源市 Jiyuan	122387	106258	95782	422	19	15498	14726	190
省直管县 Province Administrating County								
巩义市 Gongyi	89484	82844	76442			6640		
兰考县 Lankao	91854	80961	76105		13	9720	9509	1160
汝州市 Ruzhou	87695	80536	76197	613		6546		
滑县 Huaxian	96444	83693	81825	4539		8212	7395	
长垣县 Changyuan	75342	58156	55109	194	3	16587	14063	402
邓州市 Dengzhou	113717	103780	101524	100	97	9452	8328	288
永城市 Yongcheng	158625	141800	132814	2575	71	14043	10720	136
固始县 Gushi	140109	125000	124226	6066		9043	8153	
鹿邑县 Luyi	112128	97182	92247	1771	36	13139	12991	
新蔡县 Xincai	101679	84911	83797	3699		13069	4370	

25−24　普通高等学校办学条件

Condition of running Institutions of Higher Education

指标	Item	2007	2008	2009	2010	2011	2012
占地面积(万平方米)	occupying Space (10 000 sq .m)	7914.11	8774.85	8952.88	9352.04	9837.98	10198.25
校舍建筑面积(万平方米)	Schoolhouse Building Space (10 000 sq.m)	3527.19	3721.58	4158.67	4237.21	4688.79	4987.49
一般图书(万册)	Common Books (10 000 volumes)	8093.61	9099.18	10050.64	11038.59	11921.80	12506.98
固定资产总值(亿元)	Fixed Assets (100 million yuan)	344.50	370.18	404.67	460.63	547.54	582.44
#教学、科研仪器设备值	Value of Equipment for teaching and scientific research	62.05	70.68	77.47	86.58	95.33	108.84

25-25 各市普通高等学校基本情况(2012年)
Basic Statistics on Regular Institutions of Higher Education by City (2012)

单位：人 (person)

市	City	学校数(所) Number of Schools (unit)	教职工数 Teachers and Staff	#专任教师 Full-time Teachers	在校学生数 Student Enrollment	招生数 New Student Enrollment	毕业生数 Graduates
全省	**Total**	**120**	**120156**	**85982**	**1559025**	**498174**	**435308**
郑州市	Zhengzhou	52	49823	35680	684259	226038	192994
开封市	Kaifeng	5	6952	4831	84379	26476	21515
洛阳市	Luoyang	5	7427	5083	88426	27315	23224
平顶山市	Pingdingshan	4	3939	2959	61476	19425	19452
安阳市	Anyang	6	4384	3420	56849	18522	13155
鹤壁市	Hebi	2	938	691	10516	3825	3384
新乡市	Xinxiang	10	10941	8020	140934	42853	30181
焦作市	Jiaozuo	5	6386	4604	78575	25627	20064
濮阳市	Puyang	1	863	679	11577	3460	3974
许昌市	Xuchang	4	2546	1999	34587	11205	11144
漯河市	Luohe	3	3889	1735	28293	8264	8381
三门峡市	Sanmenxia	1	983	855	14310	4726	5580
南阳市	Nanyang	5	5757	3752	67206	22867	21143
商丘市	Shangqiu	6	5936	4436	76802	23984	25280
信阳市	Xinyang	5	4270	3301	55204	16150	15229
周口市	Zhoukou	3	2790	2160	34703	8231	11606
驻马店市	Zhumadian	2	1570	1151	20074	6069	5463
济源市	Jiyuan	1	762	626	10855	3137	3539

25-26 各市成人教育基本情况(2012年)
Basic Statistics on Adult Education by City (2012)

单位：人 (person)

市	City	学校数(所) Number of Schools (unit)	教职工数 Teachers and Staff	#专任教师 Full-time Teachers	在校学生数 Student Enrollment	招生数 New Student Enrollment	毕业生数 Graduates
全省	**Total**	**18008**	**56113**	**34809**	**4177381**	**197839**	**4299760**
郑州市	Zhengzhou	1378	10491	6887	410756	55260	484324
开封市	Kaifeng	656	1969	1374	98542	12147	170930
洛阳市	Luoyang	1806	3545	2456	280197	16274	347049
平顶山市	Pingdingshan	626	5552	2125	104829	15349	90214
安阳市	Anyang	68	690	585	180138	9399	256223
鹤壁市	Hebi	60	777	582	42283	4052	42759
新乡市	Xinxiang	599	3707	1690	292079	19164	268957
焦作市	Jiaozuo	789	1727	1368	133351	15987	114896
濮阳市	Puyang	1209	1455	335	126034	294	167498
许昌市	Xuchang	843	2195	1377	36698	9785	19528
漯河市	Luohe	443	2361	1753	97776	1366	84659
三门峡市	Sanmenxia	761	856	371	342513	302	341613
南阳市	Nanyang	3385	5492	4137	892124	8652	871306
商丘市	Shangqiu	190	2176	1669	149452	7178	146425
信阳市	Xinyang	1927	4322	2355	327213	7124	310541
周口市	Zhoukou	2206	4564	2828	248671	6511	191279
驻马店市	Zhumadian	1045	4138	2846	337781	8838	314781
济源市	Jiyuan	17	96	71	76944	157	76778

25-27 各市成人高等教育基本情况(2012年)

Basic Statistics on Adult Education Schools by City (2012)

单位：人 (person)

市 City	学校数(所) Number of Schools (unit)	教职工数 Teachers and Staff	#专任教师 Full-time Teachers	在校学生数 Student Enrollment	招生数 New Student Enrollment	毕业生数 Graduates
全省 Total	**14**	**4289**	**2892**	**298123**	**148666**	**103943**
郑州市 Zhengzhou	6	2276	1439	90494	43343	35331
开封市 Kaifeng	2	685	455	23379	10937	6773
洛阳市 Luoyang	3	343	218	20411	10891	9639
平顶山市 Pingdingshan	1	583	495	18416	9929	3536
安阳市 Anyang				11453	6331	4693
鹤壁市 Hebi				836	323	238
新乡市 Xinxiang				38639	16790	11167
焦作市 Jiaozuo	1	224	149	27751	13227	10081
濮阳市 Puyang				49	29	21
许昌市 Xuchang				7433	4415	2395
漯河市 Luohe				3165	1224	379
三门峡市 Sanmenxia				659	193	276
南阳市 Nanyang				13530	8096	4628
商丘市 Shangqiu				8704	4609	3136
信阳市 Xinyang				13354	6681	3117
周口市 Zhoukou				8225	4853	3492
驻马店市 Zhumadian	1	178	136	11370	6638	4887
济源市 Jiyuan				255	157	154

25-28 各市普通中等专业学校基本情况(2012年)

Basic Statistics on Regular Specialized Secondary Schools by City (2012)

单位：人 (person)

市 City	学校数(所) Number of Schools (unit)	教职工数 Teachers and Staff	#专任教师 Full-time Teachers	在校学生数 Student Enrollment	招生数 New Student Enrollment	毕业生数 Graduates
全省 Total	**147**	**23550**	**16581**	**662950**	**232771**	**223645**
郑州市 Zhengzhou	37	5979	4163	208894	76526	72857
开封市 Kaifeng	9	1314	888	33241	10598	7436
洛阳市 Luoyang	24	2971	2235	53515	17239	15670
平顶山市 Pingdingshan	11	2007	1457	30152	10254	11413
安阳市 Anyang	2	200	125	18508	6423	5629
鹤壁市 Hebi	1	275	244	12879	6041	3750
新乡市 Xinxiang	5	1104	809	23457	8291	8063
焦作市 Jiaozuo	7	1563	997	28316	10084	12142
濮阳市 Puyang	2	184	132	9503	3780	2659
许昌市 Xuchang	6	1485	901	31482	9836	8487
漯河市 Luohe	1	28	23	16070	6530	6768
三门峡市 Sanmenxia	7	936	709	20391	8864	8356
南阳市 Nanyang	14	2157	1501	79710	23926	28833
商丘市 Shangqiu	5	789	568	33372	12275	8873
信阳市 Xinyang	3	456	354	13794	4745	6104
周口市 Zhoukou	3	638	426	17949	8737	6747
驻马店市 Zhumadian	6	926	659	26722	6697	7896
济源市 Jiyuan	4	538	390	4995	1925	1962

25-29 各市技工学校基本情况(2012年)

Basic Statistics on Technical Schools by City (2012)

单位：人 (person)

市 City	学校数(所) Number of Schools (unit)	在职教职工数 Teachers and Staff	#专任教师 Full-time Teachers	在校学生数 Student Enrollment	招生数 New Student Enrollment	毕业生数 Graduates
全 省 Total	**183**	**14864**	**10815**	**278814**	**108398**	**84745**
郑 州 市 Zhengzhou	32	3396	2707	96055	35102	26824
开 封 市 Kaifeng	14	1055	747	21408	10937	4961
洛 阳 市 Luoyang	24	1356	922	32043	8007	11853
平 顶 山 市 Pingdingshan	10	1041	757	14185	6685	5450
安 阳 市 Anyang	6	375	269	2851	1089	1212
鹤 壁 市 Hebi	4	426	266	3786	1260	1866
新 乡 市 Xinxiang	10	1050	864	25488	10565	7064
焦 作 市 Jiaozuo	7	692	380	17741	6720	5206
濮 阳 市 Puyang	4	215	126	1402	557	301
许 昌 市 Xuchang	7	425	288	4911	871	1130
漯 河 市 Luohe	7	563	435	7881	4541	2833
三 门 峡 市 Sanmenxia	4	764	423	14173	5952	3578
南 阳 市 Nanyang	16	1004	749	8328	3475	2711
商 丘 市 Shangqiu	11	482	389	4810	1855	1699
信 阳 市 Xinyang	10	506	380	6340	2690	1919
周 口 市 Zhoukou	8	447	337	2227	992	883
驻 马 店 市 Zhumadian	6	762	509	9710	4671	3489
济 源 市 Jiyuan	3	305	267	5475	2429	1766

25－30 各市普通中学基本情况(2012年)
Basic Statistics on Regular Secondary Schools by City (2012)

单位：人 (person)

市	City	学校数(所) Number of Schools (unit)	教职工数 Teachers and Staff	#专任教师 Full-time Teachers	在校学生数 Student Enrollment	招生数 New Student Enrollment	毕业生数 Graduates
全省	**Total**	**5336**	**458884**	**389760**	**6464204**	**2247293**	**2138191**
省辖市	**City**						
郑州市	Zhengzhou	329	34191	27604	411855	144114	127647
开封市	Kaifeng	218	17363	14783	248334	86496	77237
洛阳市	Luoyang	456	31701	27018	401150	140434	135210
平顶山市	Pingdingshan	193	17428	14364	199468	69901	66359
安阳市	Anyang	235	19085	15286	223247	76804	68488
鹤壁市	Hebi	89	7752	6206	112251	40586	33265
新乡市	Xinxiang	335	24263	20231	295499	100924	94884
焦作市	Jiaozuo	220	18412	14624	224735	76915	73565
濮阳市	Puyang	207	21220	17029	285685	92871	93728
许昌市	Xuchang	239	21878	18014	251521	92135	98671
漯河市	Luohe	109	11077	9430	147833	49815	50486
三门峡市	Sanmenxia	130	12330	10467	131661	42990	47865
南阳市	Nanyang	438	36368	31524	491213	172686	153912
商丘市	Shangqiu	370	34032	28606	526737	182295	197722
信阳市	Xinyang	316	32802	29199	490546	165843	158204
周口市	Zhoukou	538	38182	34839	739991	259600	246025
驻马店市	Zhumadian	293	31455	27361	515079	181037	169791
济源市	Jiyuan	38	3728	2953	41615	14192	13075
省直管县	**Province Administrating County**						
巩义市	Gongyi	39	3538	3342	39818	14078	14903
兰考县	Lankao	60	3490	3138	47751	18045	13496
汝州市	Ruzhou	64	3572	3252	42386	15451	14195
滑县	Huaxian	62	4947	4410	60882	22372	18452
长垣县	Changyuan	53	4565	3161	60574	21919	16346
邓州市	Dengzhou	66	5119	4676	100172	40840	28456
永城市	Yongcheng	63	5001	4544	92503	29968	34410
固始县	Gushi	64	7326	6664	107960	34320	34550
鹿邑县	Luyi	70	4432	4012	101936	35329	34405
新蔡县	Xincai	42	3627	3023	71802	25333	22844

25−31 各市普通高中基本情况(2012年)

Basic Statistics on Regular Senior Secondary Schools by City (2012)

单位：人 (person)

市 City	学校数(所) Number of Schools (unit)	专任教师 Full-time Teachers	在校学生数 Student Enrollment	招生数 New Student Enrollment	毕业生数 Graduates
全 省 Total	**785**	**107347**	**1926336**	**665703**	**640137**
省 辖 市 City					
郑 州 市 Zhengzhou	94	9684	151117	52026	51263
开 封 市 Kaifeng	41	4408	79662	28597	25191
洛 阳 市 Luoyang	73	8153	126704	44296	43040
平 顶 山 市 Pingdingshan	28	3950	67224	23680	23570
安 阳 市 Anyang	30	4221	67946	24291	20762
鹤 壁 市 Hebi	12	1253	27992	10047	8328
新 乡 市 Xinxiang	50	5677	87010	29774	27393
焦 作 市 Jiaozuo	33	4044	71133	25157	22428
濮 阳 市 Puyang	33	4383	66890	21968	23950
许 昌 市 Xuchang	30	4733	81121	32598	33631
漯 河 市 Luohe	17	2719	46969	16186	14774
三 门 峡 市 Sanmenxia	21	3567	44788	15151	17293
南 阳 市 Nanyang	63	8053	133636	46969	42166
商 丘 市 Shangqiu	30	6160	171157	55892	61348
信 阳 市 Xinyang	56	8131	148910	47944	46411
周 口 市 Zhoukou	60	8999	205102	70035	67699
驻 马 店 市 Zhumadian	35	7107	140000	49229	46202
济 源 市 Jiyuan	7	1194	16019	5272	4955
省 直 管 县 Province Administrating County					
巩 义 市 Gongyi	7	1097	17030	6228	5148
兰 考 县 Lankao	5	852	14131	4948	3687
汝 州 市 Ruzhou	6	732	10978	3571	4050
滑 县 Huaxian	7	1374	13479	4953	4937
长 垣 县 Changyuan	5	952	24052	8461	4509
邓 州 市 Dengzhou	8	1144	18949	6710	6248
永 城 市 Yongcheng	5	1187	21713	7675	8134
固 始 县 Gushi	19	2176	36531	11494	11634
鹿 邑 县 Luyi	7	742	19236	6869	5942
新 蔡 县 Xincai	3	655	16857	5682	5444

25-32 各市普通初中基本情况(2012年)
Basic Statistics on Regular Junior Secondary Schools by City (2012)

市 City	学校数 (所) Number of Schools (unit)	专任教师 (人) Full-time Teachers (person)	在校学生数 (人) Student Enrollment (person)	招生数 (人) New Student Enrollment (person)	毕业生数 (人) Graduates (person)	初中适龄人口入学率 (%) Percentage of School-Age Primary Enrolled (%)	初中在校生巩固率 (%) Percentage of Student Enrollment Consolidated (%)
全省 Total	**4551**	**282413**	**4537868**	**1581590**	**1498054**	**99.7**	**90.9**
省辖市 City							
郑州市 Zhengzhou	235	17920	260738	92088	76384	100.0	96.0
开封市 Kaifeng	177	10375	168672	57899	52046	99.7	92.7
洛阳市 Luoyang	383	18865	274446	96138	92170	100.0	83.1
平顶山市 Pingdingshan	165	10414	132244	46221	42789	100.0	88.0
安阳市 Anyang	205	11065	155301	52513	47726	100.0	95.9
鹤壁市 Hebi	77	4953	84259	30539	24937	99.9	97.5
新乡市 Xinxiang	285	14554	208489	71150	67491	100.0	97.6
焦作市 Jiaozuo	187	10580	153602	51758	51137	100.0	93.2
濮阳市 Puyang	174	12646	218795	70903	69778	99.6	98.4
许昌市 Xuchang	209	13281	170400	59537	65040	100.0	92.9
漯河市 Luohe	92	6711	100864	33629	35712	100.0	93.2
三门峡市 Sanmenxia	109	6900	86873	27839	30572	100.0	91.8
南阳市 Nanyang	375	23471	357577	125717	111746	99.7	95.8
商丘市 Shangqiu	340	22446	355580	126403	136374	98.3	74.7
信阳市 Xinyang	260	21068	341636	117899	111793	99.7	98.1
周口市 Zhoukou	478	25840	534889	189565	178326	99.9	87.4
驻马店市 Zhumadian	258	20254	375079	131808	123589	100.0	93.6
济源市 Jiyuan	31	1759	25596	8920	8120	100.0	98.5
省直管县 Province Administrating County							
巩义市 Gongyi	32	2245	22788	7850	9755	100.0	88.8
兰考县 Lankao	55	2286	33620	13097	9809	99.2	84.4
汝州市 Ruzhou	58	2520	31408	11880	10145	100.0	75.3
滑县 Huaxian	55	3036	47403	17419	13515	98.2	83.0
长垣县 Changyuan	48	2209	36522	13458	11837	100.0	91.8
邓州市 Dengzhou	58	3532	81223	34130	22208	100.0	92.0
永城市 Yongcheng	58	3357	70790	22293	26276	97.9	92.4
固始县 Gushi	45	4488	71429	22826	22916	100.0	102.0
鹿邑县 Luyi	63	3270	82700	28460	28463	100.0	90.8
新蔡县 Xincai	39	2368	54945	19651	17400	100.0	89.5

25-33 各市小学基本情况(2012年)
Basic Statistics on Primary Schools by City (2012)

市 City	学校数(所) Number of Primary Schools (unit)	教职工数(人) Teachers and Staff (person)	#专任教师 Full-time Teachers	在校学生数(人) Student Enrollment (person)	招生数(人) New Student Enrollment (person)	毕业生数(人) Graduates (person)	小学适龄人口入学率(%) Percentage of School-Age Children Enrolled (%)	小学在校生巩固率(%) Peercentage of Student Enrollment Consolidated (%)	小学毕业生升学率(%) Percentage of Graduates of Primary Schools Entering Junior Secondary Schools (%)
全 省 Total	**27452**	**504933**	**496856**	**10791827**	**1909667**	**1704498**	**99.9**	**94.1**	**92.8**
省 辖 市 City									
郑 州 市 Zhengzhou	928	31624	30410	622386	120246	88694	100.0	98.4	103.8
开 封 市 Kaifeng	1186	21035	19887	442506	81718	59861	100.0	92.0	96.7
洛 阳 市 Luoyang	2068	29272	29822	615855	111348	103507	100.0	87.8	92.9
平 顶 山 市 Pingdingshan	1105	20684	20389	373017	79319	48421	100.0	85.7	95.5
安 阳 市 Anyang	1082	19920	19807	420616	78688	58410	100.0	97.3	89.9
鹤 壁 市 Hebi	417	8068	7990	186095	29739	31170	100.0	97.9	98.0
新 乡 市 Xinxiang	1356	21397	21643	567490	101331	72645	100.0	97.9	97.9
焦 作 市 Jiaozuo	613	14756	15349	288452	45821	55226	100.0	84.6	93.7
濮 阳 市 Puyang	1191	20788	20270	496029	85571	77991	100.0	97.6	90.9
许 昌 市 Xuchang	1017	23734	23535	429283	67754	65514	100.0	100.4	90.9
漯 河 市 Luohe	525	11637	11559	223826	39707	35826	100.0	95.7	93.9
三 门 峡 市 Sanmenxia	438	10733	10681	168398	28177	32102	100.0	95.7	86.7
南 阳 市 Nanyang	3180	43849	43898	1051297	212938	131694	99.8	93.7	95.5
商 丘 市 Shangqiu	2077	44312	43200	795833	147057	158172	100.0	79.7	79.9
信 阳 市 Xinyang	1926	36560	35534	739872	122379	119636	100.0	98.8	98.5
周 口 市 Zhoukou	3428	48635	47823	1189441	182110	209820	99.6	96.2	90.3
驻 马 店 市 Zhumadian	1552	36833	35999	837783	135525	140083	100.0	97.7	94.1
济 源 市 Jiyuan	106	2542	2679	50792	8745	8920	99.9	90.7	100.0
省 直 管 县 Province Administrating County									
巩 义 市 Gongyi	82	4717	4523	50576	8956	8721	100.0	92.8	90.0
兰 考 县 Lankao	220	3656	3537	86810	16713	14474	100.0	89.4	90.5
汝 州 市 Ruzhou	377	4873	4660	104502	24240	13029	100.0	86.5	91.2
滑 县 Huaxian	319	5730	5536	129339	26547	20726	100.0	93.6	84.0
长 垣 县 Changyuan	248	4077	3855	94697	15619	13476	99.7	95.3	99.9
邓 州 市 Dengzhou	536	7331	7072	211969	38948	34624	99.9	108.0	98.6
永 城 市 Yongcheng	392	8097	7565	178210	31659	25334	100.0	97.0	88.0
固 始 县 Gushi	395	7778	7474	153827	25798	23865	100.0	81.6	95.6
鹿 邑 县 Luyi	500	6175	6375	154939	22353	32115	100.0	94.5	88.6
新 蔡 县 Xincai	188	6120	5784	127987	20661	20442	100.0	99.2	96.1

25-34 各市幼儿教育基本情况(2012年)

Basic Statistics on Kindergartens by City (2012)

市 City	机构数(所) Number of Kindergartens (unit)	班数(个) Number of Classes (unit)	教职工数(人) Teachers and Staff (person)	#专任教师 Full-time Teachers	在园(班)幼儿数(人) Student Enrollment (person)
全省 Total	**12912**	**101605**	**183529**	**112551**	**3197372**
省辖市 City					
郑州市 Zhengzhou	1100	9116	29783	16267	282822
开封市 Kaifeng	624	4396	8583	5123	139810
洛阳市 Luoyang	576	5385	10942	6623	162256
平顶山市 Pingdingshan	665	4180	10159	6453	135204
安阳市 Anyang	806	4939	10909	6192	126717
鹤壁市 Hebi	352	2131	4582	2871	62113
新乡市 Xinxiang	1862	8402	15324	10071	228350
焦作市 Jiaozuo	537	3762	8735	5113	80785
濮阳市 Puyang	375	3684	7476	4487	120822
许昌市 Xuchang	968	5608	13270	7589	166515
漯河市 Luohe	311	2224	4532	2771	71801
三门峡市 Sanmenxia	316	2364	5827	3735	67852
南阳市 Nanyang	793	9341	8751	6077	314970
商丘市 Shangqiu	472	5716	8994	5959	180137
信阳市 Xinyang	338	4298	4650	3133	163498
周口市 Zhoukou	721	7193	4504	3049	249256
驻马店市 Zhumadian	558	5839	8302	5589	216720
济源市 Jiyuan	155	973	2212	1109	28722
省直管县 Province Administrating County					
巩义市 Gongyi	97	889	2227	1154	27299
兰考县 Lankao	66	550	894	513	18854
汝州市 Ruzhou	326	1639	2484	1578	48438
滑县 Huaxian	104	1374	1345	923	45604
长垣县 Changyuan	161	962	1884	1280	27607
邓州市 Dengzhou	269	2205	2178	1606	79746
永城市 Yongcheng	125	1741	2814	1849	60417
固始县 Gushi	159	1109	1502	1003	38964
鹿邑县 Luyi	61	932	421	244	29398
新蔡县 Xincai	15	653	245	190	22695

25-35 外国留学生情况(2012年)

Basic condition of abroad student (2012)

单位：人、人次 (person, person-time)

指 标	Item	毕(结)业人数 Number of Graduates	授予学位数 Number of degree-granting	招生数 New Student Enrollment	在校学生数 Student Enrollment	第一年 First Year	第二年 Second Year	第三年 Third Year	第四年 Forth Year	第五年及以上 Over Five Years
总 计	**Total**	**607**	**303**	**740**	**1328**	**497**	**302**	**220**	**138**	**171**
#女	Female	241	109	192	550	258	131	62	35	64
按层次分	**by Level**									
博 士	Doctor				8	3	2	1	2	
硕 士	Master's Degree	45	40	63	158	65	63	30		
本 科	Enrolled in Full Undergraduate Courses	295	263	350	874	237	200	156	125	156
专 科	Junior College			24	25	24	1			
培 训	Trainee	267		303	263	168	36	33	11	15
按大洲分	**by Continents**									
亚 洲	Asia	501	289	512	1062	343	236	200	129	154
非 洲	Africa	12	5	86	126	70	35	9	5	7
欧 洲	Europe	42	5	69	50	36	11	2	1	
北美洲	North America	39	4	34	46	23	8	4	3	8
南美洲	South America	9		24	14	11	1	2		
大洋洲	Oceania	4		15	30	14	11	3		2
按经费来源分	**by Sources of funding**									
国际组织资助	From International Organizations	36	19	28	89	51	34	4		
中国政府资助	From Chinese Government			22	39	22	5	10	2	
本国政府资助	From National Government	49		51	101	98	3			
学校间交换	School exchange	522	284	639	1099	326	260	206	136	171
自费	Self-supporting									

主要统计指标解释

教育 指国家、社会、私人依照国家有关法规开办的各类教育机构的活动，以及其他与教育相关的活动。主要包括学前教育、初等教育、中等教育、高等教育和其他教育等类别。学前教育指按照国家幼儿教育规定对学龄前幼儿进行保育和教育活动；初等教育指义务教育法规定的初等教育和成人扫盲教育活动；中等教育指小学毕业到大学专科教育以前的教育；高等教育指经教育行政部门批准、由国家、地方、社会办的获取学历的高等教育活动和经教育主管部门批准举办的成人高等教育活动；其他教育主要指职业技能培训、特殊教育以及其他未列明的教育活动。

国家财政性教育经费 包括国家财政预算内教育经费，各级政府征收用于教育的税费，企业办学校教育经费，校办产业、勤工俭学和社会服务收入用于教育的经费。

财政预算内教育经费 指中央、地方各级财政或上级主管部门在年度内安排，并计划拨到教育部门和其他部门主办的各级各类学校、教育事业单位，列入国家预算支出科目的教育经费，包括教育事业拨款、科研经费拨款、基建拨款和其他经费拨款。

在园幼儿数 指在单独设立的、小学附设的学前班、幼儿班及托儿所附设的幼儿班的幼儿数。托幼混合班仅统计三至周六岁的幼儿数。不包括季节性的农忙时临时组织的幼儿园。

学前教育毛入园率 指学前教育在学人数占国家规定的年龄组人口数的比重。计算公式为：

$$学前教育毛入园率=\frac{在园儿童数}{学前教育学龄人口总数}\times 100\%$$

小学学龄儿童净入学率 指小学学龄人口中正在接受小学教育人数所占比重。计算公式为：

$$学龄儿童净入学率=\frac{小学学龄人口中已经进入小学学习的在校学生总数}{小学学龄人口数}\times 100\%$$

小学五年巩固率 指小学五年级在校学生中，能够从一年级连续学习五年的学生数占入学时本年级学生数比重。计算公式为：

$$小学五年的巩固率=\frac{在校学生数}{该年级入小学一年级时的学生数}\times 100\%$$

初中阶段毛入学率 指初中阶段在校学生总数与12-14岁学龄组人口数的比重。计算公式为：

$$初中阶段毛入学率=\frac{初中阶段在校学生数}{12至14学龄组人口数}\times 100\%$$

初中三年巩固率 指初中三年级在校学生中，能够从一年级连续学习三年的学生占入学时本年级学生数比重。计算公式为：

$$初中三年巩固率=\frac{三年级在校学生数}{该年级入初中一年级时的学生数}\times 100\%$$

高中阶段毛入学率 指高中阶段(包括普通高中、职业高中、中等专业学校、技工学校、成人中等专业学校、成人高中)在校学生总数与15−17岁学龄组人口数的比重。计算公式为：

$$高中阶段毛入学率=\frac{高中阶段在校学生数}{15-17岁学龄组人口数}\times 100\%$$

高等教育毛入学率 指高等教育(包括国家承认学历的各类高等教育：研究生、普通高校本专科、成人高等本专科、高等学历文凭考试专科、网络教育本专科、自学考试本专科、军事院校本专科等)在校学生总数与18−22岁年龄组人口数的比重。

特殊教育 指独立设置的招收盲聋哑和残疾儿童，以及其他特殊需要的儿童，青少年进行普通或职业初中，中等教育的教学。

普通高等学校 指按国家规定的设置标准和审批程序批准建立的，通过全国普通高等教育统一招生考试，招收高中毕业生为主要培养对象，实施高等学历教育的全日制大学、独立设置的学院和高等专科学校、高等职业学校和其他机构。

大学、独立设置的学院主要实施本科及本科层次以上教育。高等专科学校、高等职业学校实施专科层次教育。其他机构是承担国家普通招生计划任务不计校数的机构。包括普通高等学校分校和批准筹建的普通高等学校等(注：高等学校在校学生数均不包括在校研究生)。

成人高等学校 指国家规定的设置标准和审批程序批准举办的，通过全国成人高等教育统一招生考试，招收具有高中毕业或同等学历的人员为主要培养对象，利用函授、业余、脱产的多种形式对其实施高等学历教育的学校。包括职工高等学校、农民高等学校、管理干部学院、教育学院、独立函授学院、广播电视大学、其他机构。其他机构是承担国家成人招生计划任务不计校数的机构。

初中毕业生升学率 计算初中毕业生升学率所用分子数为高级中学招生数，包括：普通高中招生数、职业高中招生数、技工学校招生数、普通中专招收初中毕业生数、普通中专举办的成人中专招收应届初中毕业生数及成人中专招收应届初中毕业生数，分母是初中毕业生人数。

Explanatory Notes on Main Statistical Indicators

Education refers to education institutions offered activities in the state, society, private in according to the relevant regulations of the state of all kinds of, as well as other and education related activities. Mainly include preschool education, elementary mainly include education, secondary education, higher education and other education classes.

Government Appropriation for Education refers to State budgetary fund for education, taxes and fees collected by governments at all levels that are used for education purpose, education fund for enterprise-run schools, income from school-run enterprises, work-study program and social services that are used for education purpose.

Budgetary Fund for Education refers to education funding that is planned to be allocated to various schools and education institutions by central and local financial departments at various levels within the reference year, which is within the State budgetary expenditure, including: appropriated funds for education, for science and research, for capital construction and others.

The number of infant refers infant in all kinds of kindergarten. nursery and education establishment, enrolling children in 3-6 years old.

Pre-school education entrance rate refers proportion of number of Pre-school education persons in Pre-school education school-age population×100%.

Pre-school education entrance rate= number of Pre-school education persons/ Pre-school education school-age population.

Net Enrolment Ratio of Primary Schools refers to the proportion of school age children enrolled at schools to the total number of school age children both in and outside schools (including retarded children, but excluding blind, deaf and mute children). The formula is:

$$\text{Net Enrolment Ratio of Primary Schools} = \frac{\text{Total Primary School - age Children at Schools}}{\text{Total Primary School - age Children Whether or Not Attending School}} \times 100\%$$

Elementary school five years Consolidate rate refers to the proportion of Primary school pupils to the A primary school grade.

Elementary school five years Consolidate rate= Primary school pupils/ the A primary school grade×100%.

The junior middle school stage gross enrollment rate refers to the proportion of number of middle school students in school to 12-14 years old population.

The junior middle school stage gross enrollment rate= number of middle school students/12-14 years old population×100%

Junior school three years Consolidate rate refers to the proportion of Junior school students to the Junior school grade.

Junior school three years Consolidate rate= Junior school students / the Junior school grade×100%.

The senior middle school stage gross enrollment rate refers to the proportion of number of senior middle school students in school to 15-17 years old population.

The senior middle school stage gross enrollment rate= number of senior middle school students/15-17 years old population×100%

Higher Education gross enrollment rate refers to the proportion of number of Higher Education students in school to 18-22 years old population.

Special Education Schools refer to educational establishments set up independently, enrolling blind, deaf, dumb, amentia or other special children, and educational establishment, providing regular or vocational junior and senior secondary education for hobbledehoy.

Regular Institutions of Higher Education refer to educational establishments set up according to the government evaluation and approval procedures, recruiting graduates from senior secondary schools as the main target by National Matriculation TEST. They include full-time universities, colleges, institutions of higher professional education, institutions of higher vocational education, institutions of higher vocational education and others (non-university tertiary, branch schools and undergraduate classes).

Universities and colleges primarily provide undergraduate courses; institutions of higher professional education and institutions of higher vocational education primarily provide professional trainings; and others refer to educational establishments, which are responsible for enrolling higher education students under the State Plan but not enumerated in the total number of schools, including: branch schools of universities and colleges, and universities and colleges that have been approved and under plan for construction. Non-university tertiary refers to the regular undergraduate branch college which is running in new mechanism and mode, excluding the branch schools and other similar branches of educational institutions.

Institutions of Higher Education for Adults refer to educational establishments, set up in line with relevant rules approved by the government, enrolling staff and workers with senior secondary school or equivalent education, and providing higher education courses in many forms of correspondence, spare time, or full time for adults. Professionals thus trained receive a qualification equivalent to graduates studying regular courses at regular universities, colleges and professional colleges. Institutions of higher learning for adults include schools of higher education for staff and workers, schools of higher education for peasants, colleges for management cadres, pedagogical colleges, independent correspondence colleges, Radio and TV universities and other educational establishments. Other educational establishments have undertakings to enrol adult students but not enumerated in the schools under the State Plan.

Junior high school graduates entering middle schools rate refers to ordinary high school include, professional high school include, technicians schools include average technical secondary school, junior middle school graduate recruit average technical secondary school, the number of the adult technical secondary school recruit fresh held the junior middle school graduates number and adult secondary recruit fresh junior high school graduates number, the molecules is Senior middle schools recruit students, the denominator is junior high school graduates.

卫生和社会工作
Sanitation and Social work

● 资料整理：史新旺　徐委乔　赵翠清

简要说明

一、主要内容

本篇包括卫生和社会工作企业、行政事业单位、社会团体及其他法人单位的单位数、从业人数、主要财务指标以及社会福利企事业机构、人员、经费情况、优抚和社会救济情况、城镇社区服务等情况。

二、资料来源

卫生和社会工作企业、行政事业单位、社会团体及其他法人单位的单位数、从业人数、主要财务指标由省统计局组织各部门和各地区统计调查，由省地方经济社会调查队服务业调查处整理提供。

卫生部分的资料由省卫生厅提供；由省统计局社会与科技处编辑整理。

Brief Introduction

I. Main Content

Data in this chapter reflect unit, employment, and main financial indicators of Sanitation and social work enterprises, Administrative institution, social organizations and others. condition of institutions and personnel, budget, social welfare relief, people participated in basic pension insurance, medical insurance, unemployment insurance.

II. Sources of Data

Data on Number of Institutional Unit, Employed Persons and Main Financial Indicators of Health, Social Security and Social Welfare are calculated from Statistical investigation by Henan provincial bureau of statistics, which are provided by Henan provincial survey organizations of social and economy.

Data on public health are calculated from Henan provincial bureau of health. Data on this chapter are provided by Department of social and technology of the Henan provincial Bureau of Statistics.

26－1　卫生和社会工作法人单位数和从业人员数

Number of Institutional Unit and Employed Persons of Sanitation and Social work

年份(Year)	合计 Total	企业 Enterprise	行政事业 Administrative institution	社会团体及其他 Social organizations and others
单位数(个)Number of Institutional Unit(unit)				
2008	25835	1592	7476	16767
2009	25841	1548	7502	16791
2010	25882	1547	7500	16835
2011	25905	1556	7502	16847
2012	25145	1554	6960	16631
从业人数(万人)Employed Persons(10 000 persons)				
2008	44.69	3.55	35.39	5.75
2009	45.57	2.93	36.46	6.18
2010	49.41	3.14	40.06	6.22
2011	52.43	3.34	42.83	6.27
2012	53.58	4.09	42.99	6.51

26－2　分行业卫生和社会工作法人单位财务指标(2012年)

Main Financial Indicators of Institutional Unit of Sanitation and Social work by Sector (2012)

单位：万元 (10 000 yuan)

指　标	Item	卫生和社会工作 Sanitation, and Social Work	卫生 Sanitation	社会工作 Social Work
单位数(个)	Number of units (unit)	25145	24057	1088
从业人数(万人)	Employed Persons (10 000 Persons)	53.58	52.09	1.50
固定资产原价	Fixed Asset Price	6541893	6344687	197206
收入合计	Total Income	8641871	8453503	188367
成本费用合计	Total Cost	7745314	7556013	189301
职工薪酬	Employee compensation	2071097	2031274	39823
税费合计	Tax and Expenses	20896	15533	5364
营业利润	Operating Profit	375172	373811	1361

注：从2012年起，将社会保障归入公共管理、社会保障和社会组织。
a)Since 2012, social security adjusted to public management, social security and social organization.

26-3 各市卫生和社会工作法人单位财务指标(2012年)

Main Financial Indicators of Institutional Unit of Sanitation and Social work by City (2012)

单位：万元 (10 000 yuan)

市(县) City(County)	单位数(个) Number of units (unit)	从业人数(万人) Employed Persons (10 000 Persons)	固定资产原价 Fixed Asset Price	收入合计 Total Income	成本费用合计 Total Cost	职工薪酬 Employee compensation	税费合计 Tax and Expenses	营业利润 Operating Profit
全 省 Total	**25145**	**53.58**	**6541893**	**8641871**	**7745314**	**2071097**	**20896**	**375172**
省 辖 市 City								
郑 州 市 Zhengzhou	2961	8.45	1556681	2477877	2297039	503890	7533	-10993
开 封 市 Kaifeng	450	2.28	248773	223328	195614	96492	2093	44880
洛 阳 市 Luoyang	3420	4.75	498286	676344	630212	174555	1786	82994
平 顶 山 市 Pingdingshan	740	2.61	323046	397092	377733	113411	691	4943
安 阳 市 Anyang	1568	3.20	375386	533960	438637	120195	2209	51275
鹤 壁 市 Hebi	845	0.91	97067	112019	95342	27735	56	808
新 乡 市 Xinxiang	774	3.29	394138	516463	483981	117108	126	12283
焦 作 市 Jiaozuo	908	2.01	182780	256178	222712	63707	104	11621
濮 阳 市 Puyang	3876	2.12	183282	260901	206666	55626	109	17628
许 昌 市 Xuchang	2013	2.68	222823	356107	316726	87969	484	12478
漯 河 市 Luohe	146	1.08	173817	170501	120022	36492	74	9438
三 门 峡 市 Sanmenxia	381	1.25	148215	165485	159045	45103	84	196
南 阳 市 Nanyang	3959	5.90	630069	753250	667816	187897	2930	24089
商 丘 市 Shangqiu	389	3.27	293182	448871	386473	113688	108	21899
信 阳 市 Xinyang	961	2.82	451877	374205	336900	101348	1027	62094
周 口 市 Zhoukou	393	3.29	336864	418844	370357	108972	393	12953
驻 马 店 市 Zhumadian	804	3.17	366192	425380	371514	99683	981	14752
济 源 市 Jiyuan	557	0.50	59414	75067	68526	17227	108	1835
省 直 管 县 Province Administrating County								
巩 义 市 Gongyi	347	0.46	51709	59742	54623	17665	41	148
兰 考 县 Lankao	62	0.36	29865	34283	24403	9763	266	17096
汝 州 市 Ruzhou	59	0.48	46927	62087	58868	15471	378	545
滑 县 Huaxian	42	0.35	34289	50968	41901	10448	3	5806
长 垣 县 Changyuan	27	0.38	71143	48901	47465	12942	0	9804
邓 州 市 Dengzhou	568	0.65	41978	75661	65567	20048	94	1568
永 城 市 Yongcheng	47	0.50	43631	79864	67947	22002	8	5342
固 始 县 Gushi	99	0.45	50176	61568	58739	15483	62	24285
鹿 邑 县 Luyi	26	0.19	8941	23150	22051	5871	1	550
新 蔡 县 Xincai	90	0.26	56983	18200	14233	5761	378	3052

26−4　历年卫生事业基本情况

Basic Statistics on Public Health over the Years

年份 Year	卫生机构数(个) Number of Health Institutions (unit)	#医院、卫生院 Hospitals & Health Centers	卫生机构床位数(万张) Number of Beds in Health Institutions (10 000 units)	#医院、卫生院 Hospitals & Health Centers	卫生技术人员数(万人) Medical and Technical Personnel (10 000 persons)	#执业(助理)医师 Practice (assistant) Physicians	每万人口拥有 per 10 000 Population: 卫生机构床位数(张) Number of Beds in Health Institutions (unit)	每万人口拥有 per 10 000 Population: 执业(助理)医师数(人) Practice (assistant) Physicians (person)
1978	7356	2476	10.20	9.73	11.44	4.38	14.4	6.2
1979	7702	2501	11.23	10.63	12.89	4.79	15.6	6.7
1980	7831	2530	11.92	11.17	14.48	5.41	16.4	7.4
1981	8483	2563	12.49	11.65	16.31	6.81	16.9	9.2
1982	8513	2578	13.08	12.11	17.34	7.31	17.4	9.7
1983	8504	2611	13.77	12.74	18.38	7.82	18.0	10.2
1984	8583	2665	14.24	13.13	19.12	8.10	18.4	10.5
1985	9207	2688	14.91	13.77	19.49	8.36	19.0	10.7
1986	8933	2713	15.31	13.99	20.15	8.50	19.2	10.6
1987	8833	2730	16.90	15.42	20.44	8.49	20.7	10.4
1988	8865	2756	17.55	15.95	21.36	8.85	21.1	10.6
1989	8721	2810	17.96	16.25	21.85	9.61	21.2	11.3
1990	8676	2824	18.21	16.36	22.28	9.94	21.1	11.5
1991	8639	2834	18.49	16.56	23.03	9.93	21.1	11.3
1992	8375	2857	18.91	16.97	23.91	10.14	21.3	11.4
1993	7669	2892	18.91	17.22	24.39	10.16	21.1	11.4
1994	7656	2944	19.14	17.45	25.13	10.55	21.2	11.7
1995	7661	2965	19.23	17.54	25.50	10.57	21.1	11.6
1996	7253	2987	18.95	17.54	25.77	10.57	20.7	11.5
1997	7194	3001	18.92	17.58	26.20	10.67	20.5	11.5
1998	11774	2999	19.42	17.99	26.32	10.68	20.8	11.5
1999	11643	3014	19.71	18.26	26.66	10.89	21.0	11.6
2000	10764	3027	19.86	18.34	26.84	11.11	20.9	11.7
2001	10719	3024	19.99	18.50	27.18	11.12	20.9	11.6
2002	13291	3094	19.73	18.75	26.48	10.17	20.5	10.6
2003	13621	3149	20.37	19.28	27.87	10.64	21.1	11.0
2004	13821	3182	20.90	19.72	28.42	10.94	21.5	11.3
2005	14554	3260	21.40	20.23	28.92	11.11	21.9	11.4
2006	14629	3292	22.52	21.23	30.07	11.55	22.9	11.8
2007	11888	3281	23.95	22.61	29.79	11.59	24.3	11.7
2008	11683	3263	26.83	25.22	30.99	11.93	27.1	12.0
2009	12157	3282	30.24	28.30	34.64	13.96	30.3	14.0
2010	75741	3282	32.76	30.44	37.28	15.48	34.8	16.5
2011	76201	3304	34.92	32.49	39.52	15.58	37.2	16.6
2012	69222	3356	39.39	36.57	42.88	16.77	41.9	17.8

注：从2010年起村卫生室的机构、人员分别计入卫生机构总数、卫生人员总数(下表同)。
a)Data of Number of Health Institutions and Personnel is include Village Hospital & Health Center.(the same as the following table)

26−5 卫生事业发展情况
Basic Statistics on Public Health Development

项目	Item	1990	1995	2000	2005	2010	2012
卫生机构数(个)	**Number of Health Institutions (unit)**	**8676**	**7661**	**10764**	**14554**	**75741**	**69222**
#医院、卫生院	Hospitals & Health Centers	2824	2965	3027	3260	3282	3356
#医院	Hospitals	789	896	966	1172	1198	1284
疗养院、所	Sanatoriums	12	8	7	5	6	4
门诊部、所	Clinics	5142	3942	196	68	86	109
诊所、卫生所、医务室	Clics,Individual-Run Medical Units and					6694	6813
社区卫生服务中心(站)	Community Sanitation Service Station					861	1134
专科防治所、站	Specialized Prevention & Treatment Centers or Stations	45	44	45	32	20	20
妇幼保健所、站	Maternity and Child Care Centers	138	142	135	167	167	165
卫生机构床位数(万张)	**Number of Beds in Health Institutions(10 000 units)**	**18.21**	**19.23**	**19.86**	**21.40**	**32.76**	**39.39**
#医院、卫生院	Hospital & Health Center	16.36	17.54	18.34	20.23	30.44	36.57
#医院	Hospitals	10.80	12.10	13.26	14.97	22.10	27.45
疗养院、所	Sanatoriums	0.22	0.15	0.15	0.06	0.09	0.08
门诊部	Clinics	1.10	0.84	0.51	0.11	0.11	0.10
平均每千人口卫生机构床位数(张)	Number of Health Institutions Beds per 1 000 Population (unit)	2.11	2.11	2.09	2.19	3.48	4.19
#医院、卫生院	Hospitals & Health Centers	1.89	1.93	1.93	2.07	3.24	3.89
医院病床使用率(%)	Utilization Rate of Beds (%)	75.71	68.08	59.60	67.01	85.36	91.55
卫生机构人员数(万人)	**Number of Persons in Health Institutions (10 000 persons)**	**27.06**	**31.31**	**33.50**	**36.23**	**59.11**	**65.30**
#卫生技术人员	Medical Technical Personnel	22.28	25.50	26.84	28.92	37.28	42.88
#执业(助理)医师	Practice (assistant) Physicians	9.94	10.57	11.11	11.11	15.48	16.77
护士	Senior Nurses	2.16	3.19	3.84	7.71	12.14	15.60
平均每千人口医生数(人)	Number of Doctors per 1 000 Population (person)	1.15	1.16	1.17	1.14	1.65	1.78

注：1.1996年及以后年度门诊部、所不含诊所、卫生保健所和医务室,与以前年度不可比(下同)。
2.1998年及以后年度卫生机构包括个体开业(下同)。
3.2002年以来医生、护士人员数为"执业医师、执业助理医师与注册护士人员数"。
4.2007年起，诊所、卫生室、医务室与社区卫生服务中心(站)分开统计。

a)The numbers of clinics since 1996 exclude cliniques, hygiene places and infirmaries. It cannot be compared with some relative years (the same as in following tables).
b)The number of health institutions include individuals since 1998 (the same as in the following tables).
c)Number of doctors and junior nurses since 2002 is the Number of registered doctors,deputy doctors and junior nurses.
d)Number of Clics,Individual-Run Medical Units and Community Sanitation Service Station are calculated by Separate statistics system since 2007.

26-6 卫生机构、床位、人员数(2012年)

Number of Health Institutions, Beds and Persons (2012)

机构类别	Type of Institutions	机构数(个) Institutions (unit)	床位数(张) Beds (unit)	人员合计(人) Total of Persons (Person)	卫生技术人员 Medical Technical Personnel	其他技术人员 Other Technical Personnel	管理人员 Managerial Personnel	工勤人员 Logistics Workers
总　　计	**Total**	**69222**	**393868**	**653019**	**428820**	**24790**	**25295**	**49909**
#医院合计	**Total Number of Hospitals**	**1284**	**274540**	**312149**	**255930**	**12595**	**15904**	**27720**
综合医院	General Hospitals	831	202849	233847	192796	8875	11815	20361
中医医院	Hospitals Specialized in Traditional Chinese Medicine	201	41806	49271	40102	2291	2291	4587
中西医结合医院	Hospitals Combining Chinese and Western Medicine	9	1003	1132	905	46	51	130
专科医院	Specialized Hospital	243	28882	27899	22127	1383	1747	2642
口腔医院	Hospitals for Mouth Cavity Diseases Care	10	1263	1947	1514	102	141	190
眼科医院	Hospital for Eye Care	19	1079	1388	964	149	101	174
耳鼻喉科医院	ENT Hospital	3	180	291	223	32	11	25
肿瘤医院	Tumor Hospitals	11	4574	4647	3982	152	223	290
心血管病医院	Heart and Blood Vessel Trouble Hospital	8	1104	1183	963	47	82	91
胸科医院	Chest Hospital	2	938	1119	971	61	33	54
血液病医院	Hematonosis Hospital	3	169	71	55	2	9	5
妇产(科)医院	Maternity Hospitals	15	787	1426	1068	74	135	149
儿童医院	Hospitals for Children	3	1931	1981	1600	63	182	136
精神病医院	Mental Hospitals	32	7908	4821	3780	259	219	563
传染病医院	Hospitals of Infectious Diseases	10	1936	1791	1394	79	157	161
皮肤病医院	Dermatosis Hospital	4	70	113	73	12	9	19
结核病医院	Tuberculosis Hospitals	1	150	97	73	7		17
麻风病医院	Leprosy hospital	1	40	45	31	3	1	10
职业病医院	Diseases hospital	1	99	194	138	4	20	32
骨科医院	Orthopaedics Hospitals	37	2616	2772	2214	107	151	300
康复医院	Rehabilitation Hospitals	18	1356	1105	864	69	57	115
整形外科医院	Plastic Surgery Hospital	1	45	82	37	14	14	17
美容医院	Hairdressing hospital	4	100	192	122	28	15	27
其他专科医院	Other Specialized Hospitals	60	2537	2634	2061	119	187	267
社区卫生服务中心(站)	**Community Sanitation Service Stations**	**1134**	**9061**	**17314**	**14450**	**759**	**863**	**1242**
卫生院	**Heath Center**	**2072**	**91115**	**100906**	**79372**	**6476**	**3983**	**11075**
#中心乡卫生院	Center Countryside Hospitals	507	28352	30425	24512	1688	1010	3215
门诊部	**Clinics**	**109**	**960**	**2294**	**1965**			**329**
诊所、医务室	**Clics,Individual-Run Medical Units and**	**6813**		**15379**	**14571**			**808**
采供血机构	**Collectting and Supply Institutions for Blood**	**21**		**1775**	**1079**	**172**	**172**	**352**
妇幼保健院(所、站)	**Maternity and Child Care Centers**	**165**	**16249**	**23839**	**18866**	**1239**	**1240**	**2494**
专科疾病防治院(所、站)	**Specialized Prevention & Treatment Centers or Stations**	**20**	**1098**	**1387**	**931**	**138**	**100**	**218**
疾病预防控制中心(防疫站)	**Center for Disease Prevention and Control**	**180**		**17931**	**10699**	**2072**	**1647**	**3513**
卫生监督所	**Sanitation Supervision Stations**	**174**		**7922**	**5847**	**501**	**680**	**894**

注：本表人员合计中包括乡村医生114472人和卫生员9733人。

a)Data of total persons include county doctor 114472 persons and Heath Center 9733 persons.

26–7 卫生机构各类人员

Employed Persons In Health Institutions by Types of Occupation

单位：人

人员类别	Type of Personnel	1990	2000	2005	2010	2011	2012
各类人员总计	**Total**	**270573**	**335031**	**362263**	**591059**	**622445**	**653019**
卫生技术人员	Medical Technical Personnel	222771	268427	289157	372818	395232	428820
其他技术人员	Other Technical Personnel	2256	12428	23409	24100	23645	24790
管理人员	Managerial Personnel	19856	23554	20060	25348	24092	25295
工勤人员	Logistics Workers	25690	30622	29637	40013	47119	49909
乡村医生和卫生员	Village Doctors & Assistants				128780	132357	124205
卫生技术人员	**Medical Technical Personnel**	**222771**	**268427**	**289157**	**372818**	**395232**	**428820**
执业(助理)医师	Practice (assistant) Physicians	99354	111113	111134	154801	155831	167698
注册护士	Registered Nurses	46391	63032	77132	121384	137236	156032
药剂人员	Pharmacists	25812	28094	22432	20488	20513	21396
检验人员	Laboratory Technicians	10244	13982	13987	14445	14605	15169
其他	Others	40970	52206	64472	61700	67047	68525
平均每千人口	**Number of Medical Technical**						
卫生技术人员	Personnel per 1 000 Population	2.58	2.82	2.96	3.96	4.21	4.56
#执业(助理)医师	Practice (assistant) Physicians	1.15	1.17	1.14	1.65	1.66	1.78

26-8 卫生部门医院住院病人前十位疾病构成(ICD-10)(2012年)

Percentage of 10 Main Diseases of Inpatients in City Hospitals of Health Sector (ICD-10) (2012)

顺序 No.	市	City	疾病构成(%) As % of Total
	十种疾病构成	**Total**	
1	呼吸系统疾病	Diseases of the Respiratory System	13.5
2	妊娠、分娩和产褥期病	Pregnancy,childbirth & the Puerperium	8.5
3	消化系统疾病	Diseases of the Digestive System	8.4
4	损伤、中毒和外因	Injury, Poisoning & External Causes	8.0
5	脑血管病	Cerebrovascular Disease	7.5
6	恶性肿瘤	Malignant Neoplasms	6.6
7	缺血性心脏病	Ischaemic Heart Disease	6.2
8	传染病和寄生虫病	Certain Infestious and Parasitic Diseases	4.9
9	泌尿生殖系统疾病	Disease of the Genitourinary System	4.8
10	神经系统疾病	Diseases of the Nervous System	3.6

顺序 No.	县	County	疾病构成(%) As % of Total
	十种疾病构成	**Total**	
1	呼吸系统疾病	Diseases of the Respiratory System	17.4
2	妊娠、分娩和产褥期病	Pregnancy,childbirth & the Puerperium	16.8
3	损伤、中毒和外因	Injury, Poisoning & External Causes	10.8
4	消化系统疾病	Diseases of the Digestive System	9.8
5	脑血管病	Cerebrovascular Disease	9.3
6	缺血性心脏病	Ischaemic Heart Disease	6.0
7	传染病和寄生虫病	Certain Infestious and Parasitic Diseases	3.9
8	泌尿生殖系统疾病	Disease of the Genitourinary System	3.2
9	恶性肿瘤	Malignant Neoplasms	2.9
10	起源于围生期病	In the Perinatal Period	2.8

26-9 部分市、县前十位主要疾病死亡率(2012年)

Death Rate of Ten Major Diseases in Partial Cities and Counties (2012)

单位：(1/10万) (1/100 000)

死亡原因	Cause of Death	死亡率 Death Rate
市　县	**City and County**	
脑血管病	Cerebrovascular Disease	162.32
心脏病	Heart Trouble	133.14
恶性肿瘤	Malignant Neoplasms	131.28
呼吸系统疾病	Diseases of the Respiratory System	57.91
损伤和中毒	Trauma and Toxicosis	50.48
内分泌、营养和代谢疾病及免疫疾病	Endocrine, Nutritional & Metabolic Diseases, immune disease	10.14
传染病和寄生虫病	Certain Infestious and Parasitic Diseases	6.14
消化系统疾病	Diseases of the Digestive System	5.65
泌尿和生殖系病	Disease of the Genitourinary System	4.33
新生儿疾病	Newborn Baby Disease	3.40
城　市	**City**	
脑血管病	Cerebrovascular Disease	127.67
恶性肿瘤	Malignant Neoplasms	126.86
心脏病	Heart Trouble	111.71
呼吸系统疾病	Diseases of the Respiratory System	48.03
损伤和中毒	Injury and Poisoning	44.71
内分泌、营养和代谢疾病及免疫疾病	Endocrine, Nutritional & Metabolic Diseases, immune disease	17.03
传染病和寄生虫病	Certain Infestious and Parasitic Diseases	5.82
消化系统疾病	Diseases of the Digestive System	5.76
泌尿和生殖系病	Disease of the Genitourinary System	4.51
神经系统疾病	Diseases of the Nervous System	3.32
县	**County**	
脑血管病	Cerebrovascular Disease	170.22
心脏病	Heart Trouble	138.03
恶性肿瘤	Malignant Neoplasms	132.29
呼吸系统疾病	Diseases of the Respiratory System	60.17
损伤和中毒	Trauma and Toxicosis	51.80
内分泌、营养和代谢疾病及免疫疾病	Endocrine, Nutritional & Metabolic Diseases, immune disease	8.57
传染病和寄生虫病	Certain Infestious and Parasitic Diseases	6.21
消化系统疾病	Diseases of the Digestive System	5.63
泌尿和生殖系病	Disease of the Genitourinary System	4.28
新生儿疾病	Newborn Baby Disease	3.53

26−10 法定报告传染病发病及死亡情况(2012年)

Incidence and Death from Infectious Diseases (2012)

病名	Item	发病率 (1/10万) Incidence Disease Rate (per100 000 persons)	死亡率 (1/10万) Death Rate (per 100 000 persons)	病死率 (%) Mortality Rate per 100 Infectious Disease Patients (%)
总计	**Total**	**473.88**	**2.004**	**0.42**
病毒性肝炎	Viral Hepatitis	186.31	0.037	0.02
痢疾	Dysentery	19.48		
伤寒副伤寒	Typhoid and Paratyphoid Fever	0.19		
艾滋病	AIDS	3.40	1.714	50.39
淋病	Gonorrhea	2.33		
梅毒	Syphilis	25.84	0.009	0.03
麻疹	Measles	0.19		
百日咳	Pertussis	0.06		
流脑	Epidemic Encephalitis	0.01	0.001	12.50
猩红热	Scarlet Fever	1.04		
出血热	Hemorrhage Fever	0.20	0.008	3.76
狂犬病	Hydrophobia	0.09	0.083	90.70
布氏杆菌病	Brucellosis	2.05		
乙脑	Encephalitis B	0.16	0.002	1.36
疟疾	Malaria	0.17	0.001	0.64
新生儿破伤风	Newborn Tetanus	0.01		
肺结核	Pulmonary Tuberculosis	72.64	0.136	0.19

26−11 防病工作情况

Basic Condition of Disease Prevention and Cure

指标	Item	2010	2011	2012
传染病发病总例数 (甲、乙)(万例)	**Number of Incidence from infectious disease(A、B) (10 000 persons)**	**27.5**	**29.6**	**29.5**
发病率(1/10万)	Incidence Disease Rate (1/100 000)	289.5	314.6	314.2
传染病死亡总人数(人)	Number of Death from infectious disease (person)	1786	1637	1869
死亡率(1/10万)	Death Rate (1/100 000)	1.9	1.7	2.0
结核病登记病人数(千例)	Number of register of Tuberculosis (1000 persons)	73.0	68.6	70.6
登记患病率(‰)	Register sicken Rate(‰)	0.73	0.70	0.67
结核病新发病人数(千例)	Number of New Incidence from Tuberculosis (1000 persons)	33.0	27.8	24.2
登记新发病率(1/万)	Register New Incidence Disease Rate (1/10 000)	0.33	0.30	0.23
结核病死亡人数(人)	Number of Death from Tuberculosis (person)	234	127	126
死亡率(1/10万)	Death Rate (1/100 000)	0.23	0.14	0.12
"五苗"接种率(%)	Five Type of bacterins inoculability Rate (%)	99.1	99.6	99.7
乙肝疫苗全程接种率(%)	Hepatitis B Bacterins Quite inoculability Rate (%)	99.6	99.6	99.7

26-12　各市卫生事业基本情况(2012年)
Basic Statistics on Public Health by City (2012)

市(县) City(County)	卫生机构数(个) Number of Health Institutions (unit)	#医院、卫生院 Hospital & Health Centers	#疗养院、所 Sanatoriums	#门诊部 Clinics	#疾病控制中心 Sanitation and Antiepidemic Agencies	#妇幼保健院(所、站) Maternity and Child Care Centers	#医学科学研究机构 Research Institutes of Medical Sciences	#村卫生室 Village clinics
全　　省 Total	**69222**	**3356**	**4**	**109**	**180**	**165**	**7**	**57083**
省　辖　市 City								
郑　州　市 Zhengzhou	3808	279		37	16	14	5	2447
开　封　市 Kaifeng	2868	158		4	11	8	1	2403
洛　阳　市 Luoyang	3916	266	2	20	16	16		3085
平顶山市 Pingdingshan	4039	182	2	11	12	11		2978
安　阳　市 Anyang	5351	162		2	10	10		3823
鹤　壁　市 Hebi	1492	59		7	6	5		1185
新　乡　市 Xinxiang	4778	247		8	13	12		4050
焦　作　市 Jiaozuo	2740	142		2	11	11		2162
濮　阳　市 Puyang	4138	133		4	8	7		3586
许　昌　市 Xuchang	4401	167		3	7	6		3852
漯　河　市 Luohe	1772	99		6	6	6		1366
三门峡市 Sanmenxia	1952	123		4	7	5		1471
南　阳　市 Nanyang	6215	297			14	13	1	5679
商　丘　市 Shangqiu	6711	229			10	9		6111
信　阳　市 Xinyang	3748	265		1	11	10		3193
周　口　市 Zhoukou	7564	288			11	11		6448
驻马店市 Zhumadian	3158	239			10	10		2729
济　源　市 Jiyuan	571	21			1	1		515
省直管县 Province Administrating County								
巩　义　市 Gongyi	464	28		1	1	1		336
兰　考　县 Lankao	503	27			1	1		472
汝　州　市 Ruzhou	518	28	1		1	1		459
滑　　县 Huaxian	1362	27			1	1		1302
长　垣　县 Changyuan	626	24			1	1		550
邓　州　市 Dengzhou	657	29			1	1		581
永　城　市 Yongcheng	812	34			1	1		743
固　始　县 Gushi	640	38			1	1		582
鹿　邑　县 Luyi	912	38			1	1		749
新　蔡　县 Xincai	397	28			1	1		354

26-12 续表　continued

市(县) City(County)	卫生机构床位数(张) Number of Beds in Health Institutions (unit)	#医院、卫生院 Hospital & Health Center	#疗养院、所 Sanatoriums	卫生机构人员数(人) Number of Persons in Health Institutions (person)	卫生技术人员数(人) Medical Technical Personnel (person)	#执业(助理)医师 Practice (assistant) Physicians	#注册护士 Registered Nurses
全　　省 Total	**393868**	**365655**	**845**	**653019**	**428820**	**167698**	**156032**
省 辖 市 City							
郑 州 市 Zhengzhou	59664	55252		83518	65413	23390	29972
开 封 市 Kaifeng	20121	18803		33535	22134	8688	8354
洛 阳 市 Luoyang	31683	29157	400	48408	33579	13652	13258
平顶山市 Pingdingshan	22352	20299	445	36603	24822	9498	8972
安 阳 市 Anyang	22254	20881		35482	21998	10228	7031
鹤 壁 市 Hebi	6525	6315		11576	7585	3217	2728
新 乡 市 Xinxiang	26940	25385		44642	29280	11207	11080
焦 作 市 Jiaozuo	16811	14492		25552	17478	7479	6200
濮 阳 市 Puyang	14558	13681		26937	16380	6078	5807
许 昌 市 Xuchang	16930	15791		32325	20162	8678	6669
漯 河 市 Luohe	11250	10109		18580	12066	4184	4381
三门峡市 Sanmenxia	11363	10647		16885	12096	4559	4183
南 阳 市 Nanyang	35370	32395		58696	36810	13286	13102
商 丘 市 Shangqiu	24763	22922		48242	29235	10986	8669
信 阳 市 Xinyang	17753	16546		33911	19014	7366	6100
周 口 市 Zhoukou	27985	26854		53106	31782	12911	9551
驻马店市 Zhumadian	24793	23523		40430	25990	11100	8832
济 源 市 Jiyuan	2753	2603		4591	2996	1191	1143
省直管县 Province Administrating County							
巩 义 市 Gongyi	2508	2388		5272	3958	1473	1642
兰 考 县 Lankao	4053	3803		5329	3539	1267	1273
汝 州 市 Ruzhou	4598	3860	400	5780	3360	1051	1241
滑 县 Huaxian	3686	3536		6613	3602	1852	1141
长 垣 县 Changyuan	2870	2810		6591	4505	1828	1644
邓 州 市 Dengzhou	3440	2770		5731	2804	887	845
永 城 市 Yongcheng	4147	3992		6666	4353	1448	1403
固 始 县 Gushi	2447	2287		5754	2768	973	862
鹿 邑 县 Luyi	3274	3228		5971	3127	1520	757
新 蔡 县 Xincai	1827	1647		3878	2524	1708	429

26-13 农村村级卫生情况
Health in Rural by Village Level

指　标	Item	2011	2012
村设置的医疗点数（个）	Medical Unit Setup in Village (unit)	64131	57083
村或群众集体办	Run by Village or Mass	38123	36130
乡卫生院设点	Units are Attach to Township and Village Hospital	567	541
乡村医生或卫生员联合办	Associational run by Rural Doctors and Health Person	3940	3304
个体办	Run by Private	20709	16357
其　他	Others	792	751
乡村医生和卫生员数（人）	Number of Rural Doctors and Health Personnels (person)	132357	124205
乡村医生	Rural Doctors	123431	114472
#行医方式中西医结合	Chinese Combine with Western Mdeicine	27062	26050
卫生员数	Health Personnel	8926	9733
#行医方式中西医结合	Chinese Combine with Western Mdeicine	1863	1728
诊疗人次数(万人次)	Person-time of See a Doctor (10 000 person-time)	22961	24238

26-14 农村乡镇卫生院医疗服务情况

Situations of Medical Services in Township Health Centers

年份 Year 市 City	诊疗人次(亿次) Visits (100 million times)	病床使用率(%) Utilization Rate (%)	出院者平均住院日(日) Average Stay Days in Hospital(day)
1990	4679	41	6
1995	5660	44	5
1996	5390	39	5
1997	5073	41	5
1998	4713	39	5
1999	4098	37	5
2000	4130	37	5
2001	4398	36	5
2002	4150	37	4
2003	4054	38	5
2004	4165	37	5
2005	4205	38	5
2006	4616	42	5
2007	5357	55	7
2008	6077	65	5
2009	6230	63	5
2010	6473	64	5
2011	6914	63	6
2012	8130	65	6
郑州市 Zhengzhou	657	61	6
开封市 Kaifeng	458	57	7
洛阳市 Luoyang	590	62	7
平顶山市 Pingdingshan	346	64	8
安阳市 Anyang	259	72	7
鹤壁市 Hebi	76	69	6
新乡市 Xinxiang	349	63	7
焦作市 Jiaozuo	292	56	7
濮阳市 Puyang	248	72	6
许昌市 Xuchang	384	48	6
漯河市 Luohe	161	78	7
三门峡市 Sanmenxia	193	57	8
南阳市 Nanyang	985	65	5
商丘市 Shangqiu	948	76	5
信阳市 Xinyang	602	65	6
周口市 Zhoukou	835	67	6
驻马店市 Zhumadian	687	64	6
济源市 Jiyuan	59	44	9

26-15　妇女儿童卫生保健状况

Basic Statistics on Health Care of Women and Children

指　标	Item	2005	2010	2012
婚前医学检查率(%)	Rate of Medical Examination before Marriage(%)	1.1	4.9	48.2
城市	Urban Areas	1.9	6.4	36.4
农村	Rural Areas	0.5	4.1	54.4
出生缺陷发生率(1/万)	Birth-defect Rate(1/10000)	82.0	81.6	83.3
婴儿死亡率（‰）	Infant Mortality (‰)	10.8	7.1	6.2
城市	Urban Areas	10.0	5.5	4.9
农村	Rural Areas	11.1	8.0	6.7
5岁以下儿童死亡率(‰)	Mortality of Child under 5 Years Old (‰)	13.8	8.7	7.9
城市	Urban Areas	10.7	6.4	5.8
农村	Rural Areas	15.3	10.0	8.8
孕产妇死亡率(1/10万)	Mortality Rate of Pregnant and Lying-in Women (1/100 000)	44.8	15.2	12.2
城市	Urban Areas	33.3	20.2	14.2
农村	Rural Areas	49.3	13.2	11.6
全省住院分娩率(%)	Hospitalization Rate of Parturition in Province(%)	87.8	98.9	99.5
农村孕产妇住院分娩率(%)	Hospital Parturition Rate of Rural Pregnant and Lying-in Women(%)	85.0	98.7	99.6
农村高危孕产妇住院分娩率（%）	Hospital Parturition Rate of Rural High Risk Pregnant and Lying-in Women (%)	97.7	99.4	99.9
产前检查率（%）	Medical Prenatal Examination Rate (%)	85.0	91.2	92.5
孕产妇系统管理率（%）	Systematic Management Rate of Pregnant and Lying-in Women (%)	67.2	76.4	78.2
城市	Urban Areas	67.6	80.0	81.1
农村	Rural Areas	67.0	75.0	76.9
5岁以下儿童中、重度营养不良患病率(%)	moderate and Serious malnutrition Rate of Children under 5 Years old (%)	3.4	2.0	1.5
城市	Urban Areas	2.4	1.5	1.5
农村	Rural Areas	4.0	2.2	1.5
7岁以下儿童保健管理率（%）	Health Care Rate of Children under 7 Years Old (%)	70.2	76.7	81.7
城市	Urban Areas		83.6	83.6
农村	Rural Areas		74.0	80.9
卡介苗疫苗接种率(%)	BCG (%)	99.4	99.8	99.9
脊髓灰质炎疫苗接种率(%)	Poliomyelitis (%)	99.2	99.3	99.8
百白破疫苗接种率(%)	DPT(%)	99.2	99.5	99.7
麻疹疫苗接种率(%)	Measles (%)	98.7	99.3	99.6
乙肝疫苗接种率（%）	Inoculation Rate of Hepatitis B Vaccine(%)	99.1	99.8	99.7

26−16 社会服务机构基本情况(2012年)
Statistics on Social Service Institutions (2012)

指　　标	Item	单位数（个）Institution (unit)	职工人数（人）Personnel Engaged (person)
总计	**Total**	**78682**	**509273**
社会工作	**Social Work**	**5886**	**98877**
提供住宿的社会服务机构	Social Welfare Residential Institutions	3014	21822
老年人与残疾人服务机构	Institutions for Aged and Disabled	2767	17972
城市养老服务机构	Urban Institutions for Aged Persons	178	2162
农村养老服务机构	Rural Institutions for Aged Persons	2422	13543
社会福利院	Social Welfare Homes	65	1056
光荣院	Homes for Disabled Veterans	97	661
荣誉军人康复医院	Convalescent Hospitals for Honorable Serviceman	3	468
复员军人疗养院	Sanatoriums for Ex-serviceman	2	82
智障与精神疾病服务机构	Mental Retardation and Mental Diseases	8	864
复退军人精神病院	Mental Hospitals for Ex-serviceman	1	321
社会福利医院	Social Welfare Hospitals	7	543
儿童收养救助服务机构	Social Welfare Institutions for Children	16	398
儿童福利院	Welfare Homes for Children	12	365
流浪儿童救助保护中心	Centers for Rescuing Street Children	4	33
社区服务机构	Community Services Institutions	1285	5949
社区服务中心	Community Centers for Aged Persons	529	2845
社区服务站	Community Stations for Aged Persons	756	3104
其他提供住宿的服务机构	Other Social Welfare Residential Institutions		
生活无着人员救助管理站	Salvation Stations	78	993
军休管理单位	Serviceman Recreation Habitation	115	939
军供站	Serviceman Supply Stations	25	592
其他收养机构	Other Residential Institutions	9	97
不提供住宿的社会服务机构	Social Welfare Institutions Without Residential Accommodations	2872	77055
救灾储备仓库	Relief Reserve Units	13	75
社会福利企业	Social Welfare Enterprises	1063	65481
福利彩票发行单位	Welfare Lottery Issuing Institutions	74	527
烈士陵园及烈士纪念馆	Martyr Memorial Building Management Units	95	1356
捐赠、救助等其他事业单位	Institutions For Donations and Relief Management	204	2993
老龄机构	Senior Citizens' Work Institutions	95	342
成员组织	**Membership Organizations**	**72333**	**396168**
社会组织	Social Organization	21088	183780
社会团体	Social Organization	11022	77448
基金会	Fund Organization	77	387
民办非企业单位	Non-enterprise Units Run by NGO	9989	105945
自治组织	Autonomy Organizations	51245	212988
社区居委会	Neighborhood Committee	4105	20094
村民委员会	Village Committee	47140	192894
行政机关	**Administration**	**181**	**8117**
民政行政机关	Civil Affairs Administrative Institutions	181	8117
其他社会服务机构	**Other Social Service Institutions**	**282**	**6111**
婚　姻	Marriage	30	217
婚姻登记服务类单位	Marriage Registration Institutions	30	217
殡　葬	Funeral and Interment Institutions	252	5894
殡仪馆	Funeral Home	115	3613
公　墓	Cemetery	52	1123
殡葬服务管理单位	Funeral and Interment Management Institutions	85	1158

26-17 各地区社区服务设施基本情况(2012年)

Basic Conditions of Community Services Facilities by Region (2012)

单位：个 (unit)

市(县) City(County)	社区服务设施数 Number of Community Services Facilities	社区服务中心数 Community Services Centers	社区服务站数 Community Services Stations	其他社区服务设施数 Others Community Services Facilities	便民、利民服务网点 Number of Convenience Networks
全省 Total	**3072**	**529**	**756**	**1787**	**2116**
省辖市 City					
郑州市 Zhengzhou	442	28	230	184	19
开封市 Kaifeng	133			133	675
洛阳市 Luoyang	589	22	35	532	
平顶山市 Pingdingshan	177	15	61	101	40
安阳市 Anyang	295	139		156	
鹤壁市 Hebi	110	13	97		167
新乡市 Xinxiang	195	51		144	541
焦作市 Jiaozuo	217	55	162		
濮阳市 Puyang	41	16		25	
许昌市 Xuchang	125	7	118		294
漯河市 Luohe	11	11			
三门峡市 Sanmenxia	53	4	38	11	
南阳市 Nanyang	220	40		180	354
商丘市 Shangqiu	11	10	1		
信阳市 Xinyang	323	83		240	
周口市 Zhoukou	45	5	6	34	26
驻马店市 Zhumadian	64	30	8	26	
济源市 Jiyuan	21			21	
省直管县 Province Administrating County					
巩义市 Gongyi	12	2	10		
兰考县 Lankao					
汝州市 Ruzhou	90	9	23	58	
滑县 Huaxian					
长垣县 Changyuan	10	10			
邓州市 Dengzhou	9	1		8	
永城市 Yongcheng	1	1			
固始县 Gushi	177	28		149	
鹿邑县 Luyi	3	1		2	
新蔡县 Xincai	1	1			

26−18 各市城镇社区服务设施个数

Number of Service Institutions in Urban Areas by City

单位：个 (unit)

市(县) City(County)	2005	2006	2007	2008	2009	2010	2011	2012
全省 Total	**3799**	**3855**	**3851**	**3792**	**3983**	**3745**	**3104**	**3072**
省辖市 City								
郑州市 Zhengzhou	408	410	421	435	470	542	451	442
开封市 Kaifeng	119	119	116	116	116	116	133	133
洛阳市 Luoyang	693	693	689	686	708	708	589	589
平顶山市 Pingdingshan	600	611	611	544	366	373	219	177
安阳市 Anyang	102	102	103	108	155	233	233	295
鹤壁市 Hebi	107	114	103	103	121	113	106	110
新乡市 Xinxiang	219	219	219	223	223	230	229	195
焦作市 Jiaozuo	434	434	434	432	504	217	217	217
濮阳市 Puyang	47	46	46	68	78	51	36	41
许昌市 Xuchang	116	116	119	119	124	128	125	125
漯河市 Luohe	35	44	40		34	34	34	11
三门峡市 Sanmenxia	338	338	330	337	343	342	53	53
南阳市 Nanyang	166	166	166	166	202	208	220	220
商丘市 Shangqiu	101	101	101	101	99	12	11	11
信阳市 Xinyang	231	231	242	242	318	318	318	323
周口市 Zhoukou	37	40	40	40	45	45	45	45
驻马店市 Zhumadian	38	63	63	61	66	64	64	64
济源市 Jiyuan	8	8	8	11	11	11	21	21
省直管县 Province Administrating County								
巩义市 Gongyi						12	12	12
兰考县 Lankao								
汝州市 Ruzhou						90	90	90
滑县 Huaxian								
长垣县 Changyuan						10	10	10
邓州市 Dengzhou						9	9	9
永城市 Yongcheng							1	1
固始县 Gushi						189	177	177
鹿邑县 Luyi						3	3	3
新蔡县 Xincai						1	1	1

主要统计指标解释

社会保障业 指依据国家有关规定开展的各种社会保障活动（包括各种社会保障的登记、以及社会保障金的收取和发放等活动）。

社会福利业 包括提供临时、长期住宿的福利或救济活动以及为老人、军烈属、五保户、残疾人等提供不住宿的看护、帮助活动，以及其他社会福利活动。

医院 指设有固定床位，能收容病人住院并能为病人提供医疗、护理服务的医疗机构。包括综合医院、中医医院、中西医结合医院、民族医院、各类专科医院和护理院，不包括专科疾病防治院、妇幼保健院和疗养院。

卫生技术人员 包括执业医师、执业助理医师、注册护士、药师（士）、检验技师（士）、影像技师（士）、卫生监督员和见习医（药、护、技）师（士）等卫生专业人员。不包括从事管理工作的卫生技术人员（如院长、副院长、党委书记等）。

执业医师 指《医师执业证》“级别”为“执业医师”且实际从事医疗、预防保健工作的人员，不包括实际从事管理工作的执业医师。执业医师类别分为临床、中医、口腔和公共卫生四类。

执业助理医师 指《医师执业证》“级别”为“执业助理医师”且实际从事医疗、预防保健工作的人员，不包括实际从事管理工作的执业医师。执业助理医师类别分为临床、中医、口腔和公共卫生四类。

注册护士 指具有注册护士证书且实际从事护理工作的人员，不包括从事管理工作的护士。

收养性单位（提供食宿的社会福利单位） 指提供食宿的、不以盈利为目的的革命伤残人休养院、复退军人慢性病疗养院、复退军人精神病院、光荣院、社会福利院、儿童福利院、精神病人福利院、老年收养性机构（敬老院、养老院、老年公寓）等收养性的社会福利企业单位的总称。

收养性单位年末在院人数（收养人数） 指收养单位报告期末实际收养的优抚对象、社会“三无”对象和自费人员的总人数。

社会福利企业单位 指以集中安置城镇有一定劳动能力的残疾人就业为目的（残疾职工占生产人员10%以上）、带有社会福利性质的企业总称。社会福利企业分类为：社会福利工厂、假肢厂、其他福利企业。

Explanatory Notes on Main Statistical Indicators

Social security refers to various kinds of social security activities in according to relevant regulations of the state.(include All kinds of social security, and the registration of the collection of the social security contributions and distribution activities)

Social Welfare including temporary accommodation, long-term benefits or relief activities as well as the old man, 5 protect door, the disabled, some who provide accommodation for care, not help activities, as well as other social welfare activities.

Hospitals refer to medical institutions with permanent hospital beds, which are able to take in patients and provide them with medical and nursing services. Include general hospital, hospital of traditional Chinese medicine, hospital of combining traditional Chinese and western medicine, national hospital, all kinds of specialized subject hospital and nursing homes, not including specialized subject hospital, maternity and child care centers, and convalescent hospital.

Medical Technical Personnel include Licensed Doctors, Licensed Assistant Doctors, Pharmacists, inspection technician, image technicians, hygiene supervisors and apprentice physicians and other health professionals. Not including engaged in the management of the health technical personnel.

Licensed Doctors refer to the medical workers who have obtained the licenses of qualified doctors and are employed in medical treatment, disease prevention or healthcare institutions, excluding the licensed doctors engaged in management job. The licensed doctors are divided into 4 categories: clinician, Chinese medicine physicians, dentist and public health physicians.

Licensed Assistant Doctors refer to the medical workers who have obtained the licenses of qualified assistant doctors and are employed in medical treatment, disease prevention or healthcare institutions, excluding the licensed assistant doctors engaged in management job. The classification of licensed assistant doctors is clinician, Chinese medicine, dentist and public health.

Registered nurse refers to has registered nurse certificate and actually engaged in nursing work of the staff, not including engaged in the management of the nurse.

Social Welfare Enterprises refers to those welfare-oriented enterprises employing a significant number of handicapped people with certain labour ability (handicapped employees shall exceed 10% of the production staff), including welfare factories, artificial limb plants as well as other welfare enterprises.

文化、体育和娱乐业
Culture, Sports and Entertainment

● 资料整理：赵　霞　赵翠清

简要说明

一、主要内容

本篇包括文化、体育和娱乐业企业、行政事业单位、社会团体及其他法人单位的单位数、从业人数、主要财务指标以及文化、文物机构、档案、广播、电视、新闻出版等方面的社会活动情况。

二、资料来源

文化、体育和娱乐业企业、行政事业单位、社会团体及其他法人单位的单位数、从业人数、主要财务指标由省统计局组织各部门和各地区统计调查，由省地方经济社会调查队服务业调查处整理提供。

文化机构人员，艺术表演团体，艺术表演场馆，公共图书馆，博物馆，群众艺术馆，文化馆等资料由河南省文化厅提供；档案资料由省档案局提供；文物机构资料由省文物局提供；广播、电视资料由省广电厅提供；新闻出版资料由省新闻出版局提供；体育资料由省体育局提供。由省统计局社会与科技处编辑整理。

Brief Introduction

I. Main Contents

Data in this chapter mainly reflect unit, employment, and main financial indicators of Culture, sports and entertainment enterprises, Administrative institution, social organizations and others. the situations on institutions, archives; broadcasting; television; news and publication.

II. Sources of Data

Data on Number of Institutional Unit, Employed Persons and Main Financial Indicators of Culture, Sports and Entertainment are calculated from Statistical investigation by Henan provincial bureau of statistics, which are provided by Henan provincial survey organizations of social and economy.

Data on the number of the staff and workers in cultural situations, art performing groups and performance venues, public libraries, museums, art venues, cultural venues are calculated from Henan provincial bureau of culture; data on archives are calculated from Henan provincial bureau of archives; data on cultural relics situations are calculated from Henan provincial bureau of cultural relics; data on broadcasting and TV are calculated from Henan provincial bureau of broadcasting and TV; data on news and publication are calculated from Henan provincial bureau of news publication. Data on this chapter are provided by Department of social and scientific and technological of Henan provincial bureau of statistics.

27-1 文化、体育和娱乐业法人单位数和从业人员数

Number of Institutional Unit and Employed Persons of Culture, Sports and Entertainment

年份(Year)	合计 Total	企业 Enterprise	行政事业 Administrative institution	社会团体及其他 Social organizations and others
单位数(个)Number of Institutional Unit(unit)				
2008	3346	1094	1746	506
2009	3401	1146	1740	515
2010	3499	1222	1749	528
2011	3581	1295	1749	537
2012	6650	4426	1704	515
从业人数(万人)Employed Persons(10 000 persons)				
2008	9.52	3.55	5.04	0.93
2009	9.91	3.61	5.36	0.94
2010	9.37	3.78	4.89	0.70
2011	10.75	4.21	5.96	0.59
2012	11.35	5.86	4.78	0.70

注：从2012年起网吧归入文化、体育和娱乐业。

a).Data on Internet cafe was adjusted to Culture,Sports and Entertainment.

27-2 分行业文化、体育和娱乐业法人单位财务指标(2012年)

Main Financial Indicators of Institutional Unit of Culture, Sports and Entertainment by Sector (2012)

单位：万元 (10 000 yuan)

指 标	Item	文化体育和娱乐业 Culture, sports and Entertain-ment	新闻和出版业 Journalism and publishing Activities	广播、电视、电影和影视录音制作业 Broadcasting movies television and Audiovisual	文化艺术业 Culture and art	体育 Sports	娱乐业 Entertain-ment
单位数(个)	Number of units (unit)	6650	173	522	1967	356	3632
从业人数(万人)	Employed Persons (10 000 Persons)	11.35	1.72	2.68	3.43	0.64	2.87
固定资产原价	Fixed Asset Price	1797160	182621	480199	487806	311302	335233
收入合计	Total Income	1451415	323588	385282	300364	73248	368933
成本费用合计	Total Cost	1062242	205276	320530	270867	53379	212190
职工薪酬	Employee Compensation	325008	73816	96910	79275	21929	53079
税费合计	Tax and Expenses	70249	12212	26731	5977	2256	23072
营业利润	Operating Profit	185196	39109	17474	20947	4562	103103

27-3 各市文化、体育和娱乐业法人单位财务指标(2012年)

Main Financial Indicators of Institutional Unit of Culture, Sports and Entertainment by City (2012)

单位：万元 (10 000 yuan)

市(县)	City(County)	单位数(个) Number of units (unit)	从业人数(万人) Employed Persons (10 000 Persons)	固定资产原价 Fixed Asset Price	收入合计 Total Income	成本费用合计 Total Cost	职工薪酬 Employee Compensation	税费合计 Tax and Expenses	营业利润 Operating Profit
全　　省	**Total**	**6650**	**11.35**	**1797160**	**1451415**	**1062242**	**325008**	**70249**	**185196**
省 辖 市	**City**								
郑 州 市	Zhengzhou	985	3.18	652214	767198	572979	149658	37714	40906
开 封 市	Kaifeng	586	0.83	133067	115224	72139	21723	7206	31798
洛 阳 市	Luoyang	601	0.80	103035	62503	37933	16312	2868	13313
平顶山市	Pingdingshan	530	0.89	141025	58971	41951	15878	3254	8954
安 阳 市	Anyang	319	0.45	80592	35647	25803	10071	1732	7183
鹤 壁 市	Hebi	106	0.16	14740	13756	9419	4599	153	379
新 乡 市	Xinxiang	161	0.37	32369	31181	20553	8382	1249	6368
焦 作 市	Jiaozuo	244	0.34	76078	18079	12807	6731	870	3592
濮 阳 市	Puyang	274	0.30	27396	18040	15532	6678	395	2694
许 昌 市	Xuchang	459	0.65	54070	53272	32466	11932	2787	10504
漯 河 市	Luohe	53	0.13	14115	10994	8405	2619	191	2962
三门峡市	Sanmenxia	344	0.32	76060	66008	68647	8507	2170	7363
南 阳 市	Nanyang	631	0.77	71264	49403	37998	17710	1676	8781
商 丘 市	Shangqiu	109	0.24	34785	14027	11167	5069	598	1635
信 阳 市	Xinyang	290	0.47	52864	27787	21921	10401	1194	7389
周 口 市	Zhoukou	346	0.54	111190	41907	22641	10347	3465	17959
驻马店市	Zhumadian	516	0.81	88195	56188	42342	15621	2280	12338
济 源 市	Jiyuan	96	0.10	34101	11230	7538	2770	447	1078
省直管县	**Province Administrating County**								
巩 义 市	Gongyi	50	0.06	14015	3144	2599	1498	39	9
兰 考 县	Lankao	73	0.12	17938	20442	12760	2103	829	7206
汝 州 市	Ruzhou	85	0.07	10833	5540	3438	1285	790	1548
滑　　县	Huaxian	22	0.02	2428	581	490	238	48	264
长 垣 县	Changyuan	24	0.03	3007	6010	2101	508	296	3591
邓 州 市	Dengzhou	46	0.05	8688	2463	2029	1012	19	105
永 城 市	Yongcheng	11	0.03	956	813	822	384	1	32
固 始 县	Gushi	48	0.16	12571	3908	4301	2447	74	578
鹿 邑 县	Luyi	5	0.01	1050	445	456	252	178	52
新 蔡 县	Xincai	88	0.18	15802	11735	9230	2680	687	2844

27-4 历年文化事业基本情况

Basic Statistics of Cultural Activities over the Years

年份 Year	艺术表演团体 (个) Art Performance Troupes (unit)	文化馆 (个) Cultural Centers (unit)	公共图书馆 (个) Public Libraries (unit)	博物馆 (个) Museums (unit)	图书出版数 (万册) Number of Books Published (10 000 copies)	期刊出版数 (万册) Number of Magazines Published (10 000 copies)	报纸出版数 (万份) Number of Newspapers Published (10 000 copies)	广播人口覆盖率 (%) Listener Rating (%)	电视人口覆盖率 (%) Viewer Rating (%)
1978	250	150	36	11	18169			82.0	35.0
1979	274	200	68	11	22573	1325	27710	82.0	35.0
1980	280	212	70	11	21672	1368	28849	82.0	47.0
1981	273	210	70	13	28551	1516	28858	82.0	51.0
1982	273	212	76	13	27648	3350	28868	82.0	59.0
1983	277	212	79	16	27171	4654	39496	82.0	56.0
1984	271	212	95	32	30735	8044	61642	82.0	73.0
1985	264	210	118	38	30409	10341	87875	82.0	75.0
1986	258	210	122	39	29718	10522	52630	82.0	75.0
1987	253	208	119	39	34372	9486	82517	88.0	76.0
1988	244	205	122	42	36586	13245	79795	88.0	77.0
1989	238	203	125	52	31880	8307	70008	88.0	79.0
1990	231	203	127	53	29373	8460	79742	88.0	80.0
1991	230	202	129	59	35299	10100	90283	89.0	81.0
1992	228	200	128	59	31650	11253	101479	89.0	81.0
1993	220	200	131	61	30804	10490	91800	89.0	81.0
1994	216	201	132	63	34908	8795	84287	89.0	81.0
1995	216	201	132	66	36802	10501	89642	89.0	81.0
1996	214	198	132	66	37918	9618	97065	92.0	85.0
1997	208	198	132	67	39489	10216	94416	93.2	87.5
1998	206	195	132	68	42487	10643	110111	93.2	88.0
1999	206	193	133	70	40668	10937	121602	93.0	90.0
2000	205	191	134	70	35077	10721	129104	94.0	93.0
2001	204	188	135	73	32494	10548	133189	94.5	94.0
2002	202	187	134	75	33819	12678	156095	94.5	95.0
2003	199	187	136	75	32155	11849	150889	95.5	95.0
2004	228	189	136	76	29074	9738	168661	96.0	96.0
2005	438	186	136	78	27260	9323	197896	96.4	96.2
2006	453	183	136	79	24755	8828	201574	96.5	96.4
2007	454	183	138	82	22605	8425	209779	96.9	96.9
2008	394	183	142	95	23457	8980	215739	97.1	97.1
2009	413	184	142	103	19748	8781	215368	97.2	97.3
2010	371	183	142	111	20150	8524	214158	97.3	97.4
2011	468	184	152	159	21157	9148	218462	97.7	97.8
2012	364	186	156	180	22919	9566	215265	97.9	97.9

注：2005年以后艺术表演团体包含企业。

a) Data on Art Performance Troupes include enterprises since 2005.

27-5 文化机构和人员数(2012年)
Number of Institutions and Employed persons (2012)

机构类别	Category of Institution	机构数(个) Number of Institutions (unit)	从业人员(人) Number of Employed Persons (person)
事业机构合计	**Total of Affiliated institutions**	**3637**	**44459**
文化艺术服务	Culture and Art service	3339	35749
文艺创作与表演	Creation and Performance of Literary and Artistic	188	9439
艺术表演场馆	Arts Performance Places	131	3318
文物及文化保护	Historical Relics Preservation	124	2497
博物馆、纪念馆	Museums and Memorial	180	5199
图书馆	Library	156	2867
群众文化活动	Mass Culture	2514	10843
社会人文科学研究	Social and human science research	33	1343
文化社会团体	Cultural and Social Groups		
其他文化艺术	Others	13	243
艺术教育	Article Education	9	880
文化、文物主管部门	Agencies of Culture and Hisrorical Relics Preservation	173	5783
文化文物执法机构	Law Enforcement Agencies of Culture and Hisrorical Relics Preservation	98	1751
其他	Others	18	296
企业机构合计	**Total of Enterprises**	**10222**	**61358**
文化艺术服务	Culture and Art service	190	6317
文艺创作与表演	Creation and Performance of Literary and Artistic	176	5939
艺术表演场馆	Arts Performance Places	14	378
网络文化服务	Internet Culture Serbices	13	1449
文化休闲娱乐服务	Recreation and cultural services	9947	51952
#娱乐场所	Entertainment	2021	21707
其他计算机服务(网吧)	Others Compture Services	7926	30245
其他文化服务	Others Culture Services	41	816
#文化艺术经纪代理	Deputy Culture and Art	41	816
动漫企业服务	Animation enterprise service	15	582
文化用品、设备及相关文化产品的生产与销售	Production and Sales of Stationery, equipment and related cultural products	6	129
#文物商店	Historical Relics Store	6	129
其他	Others	10	113

27-6 公共图书馆、博物馆、文物机构基本情况
Basic Statistics on Public Libraries、Museums and Cultural Relic Agencies

指标名称	Index	2011	2012
公共图书馆(个)	**Public Libraries (unit)**	**152**	**156**
总藏量（万份）	Total Collections (10 000 volumes)	2122	2257
#图书	Books	1628	1696
报刊	Newspapers and periodicals	253	267
图书流动情况	Circulation of Books		
外借人次（万人次）	Number of Books Borrowed by the Readers(10 000person-times)	805.30	910.50
外借(万册次)	Number of Books Borrowed (10 000volume-times)	1214.20	1377.80
为读者服务举办各种活动次数(次)	Service Activities Provided for Readers(times)	2436	3223
参加人数(万人次)	Number of Readers Involved (10 000 person-times)	47.30	101.70
本年收入(万元)	Income of this Year (10 000yuan)	18590.00	23841.30
本年支出(万元)	Expenditures of this Year (10 000yuan)	16502.70	21724.50
本年新购图书(万册)	Number of Books Purchased During the Year(10 000 volumes)	113.70	93.50
公共用房建筑面积(万平方米)	Floor Space of Public Buildings(10 000 sq.m)	42.10	43.00
#书库	Stack Rooms	11.40	11.60
阅览室座席(万个)	Seating Capacity of Reading Rooms(10 000 seats)	3.00	3.19
博物馆(个)	**Museums (unit)**	**159**	**180**
藏品(万件)	Number of Collections(10 000 pieces)	82.23	88.81
#一级品(件)	Grade One	1892	1880
业务活动	Operations		
展览(个)	Exhibitions(unit)	669	740
参观人数(万人次)	Number of Visitors(10 000 person-times)	2696	3425
本年收入(万元)	Income of this Year (10 000yuan)	56784	60854
#门票收入	Income from Tickets	5523	3059
本年支出(万元)	Expenditures of this Year (10 000yuan)	44675	64419
文物保护管理机构(个)	**Institutions for protection and control of cultural relics (unit)**	**126**	**124**
藏品(万件)	Number of Collections(10 000 pieces)	56.09	22.63
#一级品(件)	Grade One(Piece)	168	147
参观人数(万人次)	Number of Visitors(10 000 person-times)	846	787
本年收入(万元)	Income of this Year (10 000yuan)	24068	25826
#门票收入	Income from Tickets	26675	29476
本年支出(万元)	Expenditures of this Year (10 000yuan)	24113	21639

注：文物保护管理机构中部分藏品划归其他部门用作科研。

a)part of collection in Institutions for protection and control of cultural relics are classified to research purposes.

27−7 课本出版情况(2012年)

Basic Statistics of Mass Art Centers and Culture Centers (station) (2012)

项 目	Item	种数(种) Number of Items (number)	新出版 New Publication	总印数(万册) Printed Copies (10 000)	总印张(千印张) Printed Sheets (1 000)	定价总金额(万元) Total Priced Value (10 000 yuan)
总 计	**Total**	**777**	**385**	**15045**	**987984**	**103475**
#大专及以上课本	Textbooks for Colleges and Universities	299	158	101	16259	2809
中学课本	Textbooks for Secondary Schools	180	127	8340	651860	63130
小学课本	Textbooks for Primary Schools	253	85	6508	306145	35605
教学用书	Teaching Materials	31	1	49	9252	1254

27−8 分市图书馆情况

Basic Statistics on Public Libraries by City

市(县)	City(County)	2011 公共图书馆(个) Public Libraries (unit)	2011 公共图书馆藏书量(万册) Number of Collections in public libraries (10 000 volume)	2012 公共图书馆(个) Public Libraries (unit)	2012 公共图书馆藏书量(万册) Number of Collections in public libraries (10 000 volume)
合计	**Total**	**152**	**2122**	**156**	**2257**
省直	Directly under the provincial government	1	317	2	324
省辖市	**City**				
郑州市	Zhengzhou	13	294	13	323
开封市	Kaifeng	6	78	6	85
洛阳市	Luoyang	16	157	16	165
平顶山市	Pingdingshan	8	87	9	98
安阳市	Anyang	7	120	7	128
鹤壁市	Hebi	4	43	4	46
新乡市	Xinxiang	11	109	11	114
焦作市	Jiaozuo	7	92	7	112
濮阳市	Puyang	7	54	7	56
许昌市	Xuchang	6	103	7	106
漯河市	Luohe	5	37	5	39
三门峡市	Sanmenxia	6	142	7	148
南阳市	Nanyang	13	149	13	151
商丘市	Shangqiu	9	70	9	76
信阳市	Xinyang	11	85	11	89
周口市	Zhoukou	11	60	11	61
驻马店市	Zhumadian	10	60	10	68
济源市	Jiyuan	1	65	1	68
省直管县	**Province Administrating County**				
巩义市	Gongyi	1	45	1	45
兰考县	Lankao	1	5	1	6
汝州市	Ruzhou	1	9	1	10
滑县	Huaxian	1	7	1	7
长垣县	Changyuan	1	2	1	2
邓州市	Dengzhou	1	7	1	7
永城市	Yongcheng	1	11	1	11
固始县	Gushi	1	6	1	7
鹿邑县	Luyi	1	5	1	5
新蔡县	Xincai	1	2	1	2

27−9 群众艺术馆、文化馆(站)基本情况(2012年)

Basic Statistics of Mass Art Centers and Culture Centers (station) (2012)

项目	Item	合计 Total	群众艺术馆 Mass Art Centers	文化馆 Culture Centers	文化站 Cultural station
单位数(个)	Number of Units (unit)	2514	19	186	2309
举办展览(个)	Number of Holding Exhibitions (unit)	8090	254	1255	6581
组织文艺活动次数(次)	Art Performances and Story-Telling Sessions(times)	38639	1266	7154	30219
举办培训班(班次)	Training Courses(times)	19207	2589	2930	13688
培训人次（万人次)	Number of Persons trained (10 000 person-times)	137.0	12.7	21.4	102.9
馆办文艺团体(户)	Troups Sponsored by Centers(household)	523	143	380	
馆办老年大学(个)	Older university by Centers(unit)	38	6	32	
群众业余文艺团体(队)（个)	Part-time Art Groups(unit)	21166	309	3703	17154
本年收入(万元)	Income of this Year (10 000yuan)	48889	8995	15845	24049
本年支出(万元)	Enpenditures of this Year (10 000yuan)	47003	7786	15123	24094

27−10 国家综合档案馆基本情况(2012年底)

Basic Statistics on the National comprehensive Archives (End of 2012)

分类	Item	机构数(个) Number of Institutions (unit)	馆藏档案(卷) Archives Stored (volume)	开放档案(卷) Opening Archives (volume)	利用档案(卷次) Number of Archives Used (volume-time)	馆藏资料(册) Number of Material Stored (volume)	库房面积(平方米) Areas of Storerooms (sq.m)
总　计	**Total**	**176**	**11522288**	**2708330**	**432589**	**2616346**	**324815**
省　级	Province Level	1	401790	164719	3775	72541	13822
市　级	City Level	18	2348520	431341	56549	583895	128506
县　级	County Level	157	8771978	2112270	372265	1959910	182487

27-11 艺术表演团体基本情况(2012年)

项　目	Item	剧团数(个) Number of Performance Troupes (unit)	从业人员(人) Number of Employed Persons (person)
文化事业合计	**Total of Affiliated institutions**	**188**	**9439**
按登记注册类型分	Grouped by Registration Status		
国有剧团	Troupes Sponsored by State-owned Units	177	9029
集体剧团	Troupes Sponsored by Collective Units	10	335
其他	Others	1	75
按剧种分	Grouped by Art Troupes		
话剧、儿童剧、滑稽剧团	Drama, Children's Play and Comedy Troupes	1	82
歌剧、舞剧、歌舞剧团	Opera, Ballet Troupes	1	404
歌舞团、轻音乐团	Song and Dance, Light Music Troupes	6	290
文工团、文宣队	Cultural and Performance Troupes	1	54
戏曲剧团	Local Opera Troupes	160	7852
曲、杂、木、皮团	Recitation and Ballad Troupes, Acrobatics and Circus Troupes, Puppet Show Troupes and Shadow Play Troupes	18	719
综合性艺术表演团体	Comprehensive Art Performing Troupes	1	38
文化企业合计	**Total of Enterprises**	**176**	**5939**
按登记注册类型分	Grouped by Registration Status		
国有剧团	Troupes Sponsored by State-owned Units	16	712
集体剧团	Troupes Sponsored by Collective Units	160	5227
其他	Others		
按剧种分	Grouped by Art Troupes		
话剧、儿童剧、滑稽剧团	Drama, Children's Play and Comedy Troupes	8	350
歌剧、舞剧、歌舞剧团	Opera, dance, song and dance ensemble	1	29
歌舞团、轻音乐团	Song and Dance, Light Music Troupes	9	224
乐团、合唱团	Chorus	3	63
文工团、文宣队	Cultural and Performance Troupes	4	125
戏曲剧团	Local Opera Troupes	37	1450
曲、杂、木、皮团	Recitation and Ballad Troupes, Acrobatics and Circus Troupes, Puppet Show Troupes and Shadow Play Troupes	29	1188
综合性艺术表演团体	Comprehensive Art Performing Troupes	85	2510

Basic Statistics of Arts Performance Troupes (2012)

演出场次 (千场次) Number of Performances (1000 times)	#到农村演出 Shows in Rural Areas	观众人数 (万人次) Number of Spectators (10 000 person-times)	总收入 (万元) Total Income (10 000 yuan)	#演出收入 Income from Performance
43.0	**36.3**	**6046.9**	**53697.8**	**8200.8**
40.5	34.8	5805.6	50275.7	7651.9
2.2	1.3	161.9	469.6	389.6
0.2	0.2	79.5	2952.5	159.3
0.2	0.1	12.3	2748.0	38.7
0.4	0.2	35.0	8004.9	947.0
0.6	0.3	52.0	2645.7	566.8
0.2	0.2	18.0	15.0	11.0
37.0	33.7	5585.1	37769.1	5913.4
4.5	1.6	324.3	2422.8	723.9
0.2	0.2	20.3	92.3	
55.3	**27.5**	**1704.0**	**15042.0**	**13974.9**
4.8	1.8	388.0	1490.0	1373.2
50.5	25.7	1316.0	13552.0	12601.7
0.9	0.7	118.0	899.4	543.3
			13.0	13.0
2.3	1.5	66.0	234.0	218.5
0.2	0.2	8.0	56.5	56.5
0.7	0.5	36.0	144.9	124.9
9.5	7.9	601.0	2024.4	1905.8
9.3	5.1	492.0	2194.0	2186.5
32.4	11.6	383.0	9475.8	8926.4

27-12 艺术表演场馆基本情况(2012年)

项 目	Item	机构数(个) Number of Performance Troupes (unit)	从业人员(人) Number of Employed Persons (person)	坐席数(个) Number of Seats (unit)
文化事业合计	**Total**	**131**	**3318**	**101050**
按登记注册类型分	Grouped by Registration Status			
#国有	Sponsored by State-owned Units	131	3318	101050
按机构类型分	Grouped by Type			
剧场	Theaters	42	844	32697
影剧院	Showplaces	87	2265	64273
杂技、马戏场	Acrobatics, circus			
综合性	General Performing Theates	2	209	4080
其他艺术表演场馆	Others Arts Centers			
文化企业合计	**Total**	**14**	**378**	**11416**
按登记注册类型分	Grouped by Registration Status			
国有	Sponsored by State-owned Units			
集体	Collective-owned			
其他	Others	14	378	11416
按机构类型分	Grouped by Type			
剧场	Theaters	4	158	2650
影剧院	Showplaces	3	76	2556
书场、曲艺场	Halls	2	24	140
杂技、马戏场	Acrobatics, circus	1	18	180
音乐厅	The concert hall	1	15	320
综合性	Comprehensive site	1	41	5300
其他艺术表演场馆	Others	2	46	270

Basic Statistics of Arts Centers (2012)

演(映)出场次合计 (千场次) Number of Performances (1000 times)	#艺术演出 Art Perfor-mance	观众人次合计 (万人次) Number of Audiences (10 000 person-times)	#艺术演出 Art Perfor-mance	总收入 (万元) Total Income (10 000 yuan)
9.04	**1.57**	**242.31**	**107.21**	**9473.2**
9.04	1.57	242.31	107.21	9473.2
1.37	0.45	88.16	36.04	1851.9
7.44	0.98	128.27	45.34	3651.4
0.23	0.14	25.88	25.83	3969.9
10.90	**1.30**	**370.00**	**27.00**	**2178.9**
10.90	1.30	370.00	27.00	2178.9
0.60	0.50	30.00	26.00	899.1
8.80		330.00		520
0.50	0.20	1.00		57
0.20	0.20			47
0.30		1.00		102.7
0.10		8.00	1.00	461.1
0.40	0.40			92

27-13 主要年份文物保护维修情况
Preservation and Maintain of Historical Relics in Main Years

指 标	Indicators	2011	2012
保护维修项目数（个）	Items of Preservation and Maintaining (item)	164	199
#国家级	National	69	79
市 级	Municipal	10	13
维修面积（万平方米）	Areas of Maintaining (10 000 sq.m.)	144	398
项目总预算（万元）	Aggregate Budget of Items (10 000 yuan)	173855	310369
#专项补助	Special Assistance	48863	56500
已拨入专项补助（万元）	Special Assiatance Appropriated (10 000 yuan)	41282	55141
当年保护维修支出（万元）	Expend on Preservation and Maintaining (10 000 yuan)	9909	9384

27-14 广播电视业经营情况
Basic Statistics on Radio and Television Operation

单位：万元 (10 000yuan)

指标名称	Index	2011	2012
从业人员(人)	Number of Employed Persons (person)	45207	46480
总收入	Total Income	504462	620072
#行政事业单位收入	Income of Agencies and Institutions	373672	467539
企业主营业务收入	Revenue form Principal Business	130789	152533
事业企业单位实际创收收入	Actual Income of Institutions and Enterprises	407135	510542
#广告收入	From Advertisement	243995	319273
#网络收入	From Internet	97724	125782
#有线广播电视收视费收入	From Cablecasting	76726	85946
#付费数字电视收入	From Charge Numberal TV	2372	3289
资产总额	Total Assets	1271355	1384341

27-15 广播电视业基本情况

Basic Statistics on Radio and Television Stations

指标名称	Index	2011	2012
广播电台情况	**Broadcasting stations**		
广播电台(座)	Number of broadcasting stations (set)	18	18
中短波转播发射台(座)	Medium and short wave Relaying launch pad(set)	30	30
公共广播节目数(套)	Number of Public Radio Programs (set)	151	151
广播综合人口覆盖率(%)	Listener Rating(%)	97.7	97.89
全年广播节目播出时间(时：分)	Annual Broadcasting Hours of Radio Program(hour:minute)	636000:10	642466:51
全年制作广播节目时间(小时)	Annual Execution Hours of Radio Programs(hour)	297285	298423
被中央台采用节目(条)	Number of Programs Adopted by CCTV Hours(item)	2241	3143
电视台情况	**TV stations**		
电视台(座)	Number of TV stations (set)	18	18
电视转播发射台(座)	Television Transmission Stations and Relaying Stations (set)	153	153
公共节目套数(套)	Number of Public Programs (set)	166	166
电视综合人口覆盖率(%)	Viewer Rating(%)	97.77	97.94
全年电视节目播出时间(时：分)	Annual Broadcasting Hours of TV Programs(hour:minute)	867528:13	881588:28
全年制作电视节目时间(小时)	Annual Execution Hours of TV Programs(hour)	139064	142235
被中央台采用节目数(条)	Number of Programs Adopted by CCTV Hours(item)	3049	2983
有线电视用户(万户)	Consumers of CATV(10 000 households)	787.23	850.44
#数字电视用户	Numberal TV	100.80	145.58
#付费数字电视用户	Charge Numberal TV	8.06	7.95
有线电视入户率(%)	Consumer of CATV Rating(%)	25.8	27.4

27-16 分市广播电视覆盖率及有线电视入户率(2012年)

Radio and TV Coverage of Population, CATV Coverage of Household (2012)

单位：%　　(%)

市(县)	City(County)	广播覆盖率 Radio Coverage of Population	电视覆盖率 TV Coverage of Population	有线电视入户率 CATV Coverage of Household
合计	**Total**	**97.9**	**97.9**	**27.4**
省辖市	**City**			
郑州市	Zhengzhou	99.4	97.8	19.2
开封市	Kaifeng	100.0	100.0	3.6
洛阳市	Luoyang	97.1	97.5	24.2
平顶山市	Pingdingshan	98.3	96.8	10.8
安阳市	Anyang	100.0	99.7	9.6
鹤壁市	Hebi	100.0	100.0	46.0
新乡市	Xinxiang	100.0	99.8	33.4
焦作市	Jiaozuo	99.6	98.9	27.0
濮阳市	Puyang	96.4	96.5	12.3
许昌市	Xuchang	100.0	100.0	20.0
漯河市	Luohe	100.0	100.0	6.6
三门峡市	Sanmenxia	96.7	97.3	29.7
南阳市	Nanyang	96.4	96.3	17.1
商丘市	Shangqiu	100.0	100.0	20.3
信阳市	Xinyang	90.0	92.9	9.5
周口市	Zhoukou	98.5	98.5	4.4
驻马店市	Zhumadian	97.8	96.3	16.7
济源市	Jiyuan	97.8	98.7	33.2
省直管县	**Province Administrating County**			
巩义市	Gongyi	96.9	100.0	34.9
兰考县	Lankao	100.0	100.0	64.3
汝州市	Ruzhou	99.4	99.2	29.7
滑县	Huaxian	100.0	100.0	10.0
长垣县	Changyuan	100.0	100.0	47.3
邓州市	Dengzhou	100.0	100.0	23.7
永城市	Yongcheng	100.0	100.0	31.7
固始县	Gushi	91.7	98.2	18.0
鹿邑县	Luyi	100.0	100.0	3.1
新蔡县	Xincai	93.9	92.7	16.8

27−17 新闻出版业主要指标

Main Indicators of News and Print Stations

指标名称	Item	2011	2012
机构和人员情况	**Agencies and Employed Persons**		
机构数(个)	Agencies(unit)	15637	16090
从业人员(人)	Employed Persons(penson)	162443	154411
出版情况	**Publishing**		
图书出版	Publishing of Books		
图书种数(种)	Sort of Books(sort)	5557	6314
图书总印数(万册)	Total Printed Copies of Books(10 000volumes)	21157	22919
图书总印张(万印张)	Total Printed Sheets of Books(10 000 sheets)	151483	164893
图书定价总金额(万元)	Total Priced Value of Books(10 000 yuan)	196775	216480
期刊出版	Magazine		
期刊种数(种)	Sort of Magazine(sort)	242	242
期刊总印数(万册)	Total Printed Copies of Magazine(10 000 volumes)	9148	9566
期刊总印张(万印张)	Total Printed Sheets of Magazine(10 000 sheets)	43098	44115
期刊定价总金额(万元)	Total Priced Value of Magazine(10 000 yuan)	51845	55733
报纸出版	Publishing of Newspaper		
报纸种数(种)	Sort of Newspaper(sort)	122	121
报纸总印数(万份)	Total Printed Copies of Newspaper(10 000 volumes)	218462	215265
报纸总印张(万印张)	Total Printed Sheets of Newspaper(10 000 sheets)	727795	717636
报纸定价总金额(万元)	Total Priced Value of Newspaper(10 000 yuan)	158025	190933
音像及电子出版物出版	Audio Products and Electronic Publications		
音像出版种数(种)	Sort of Sound and Image(kind)	303	250
音像出版数量(万盒)	Publishing of Sound and Image(10 000 cases)	277	611
电子出版物出版种数(种)	Number of kind of Electronic Publications(kind)	91	65
电子出版物出版数量(万盒、张)	Number of Electronic Publications(10 000 cases)	421	403
音像发行数量(万盒)	Total Issuance of Sound and Image(10 000 cases)	154	701
音像发行金额(万元)	Total Issuance Value of Newspaper(10 000 yuan)	1935	6245
印刷企业单位数(个)	Number of Enterprises of Printing(unit)	6619	6847
出版物发行情况	**Issuance of Publication**		
出版物购进数量(万册/张/份/盒)	Number of Publication Bought(10 000 volumes/paper/cases)	951529	239167
出版物购进金额(万元)	Total Bought Value (10 000yuan)	1248744	1178374
出版物销售数量(万册/张/份/盒)	Volume of Saling Printing(10 000 volumes/paper/cases)	351695	243329
出版物销售金额(万元)	Total Sales of Publication(10 000 yuan)	1241691	1189673
出版物库存数量(万册/张/份/盒)	Storage of Publication(10 000 volumes/paper/cases)	818973	49474
出版物库存金额(万元)	Inventory Publication(10 000 yuan)	355177	323158

27–18 分市图书发行网点、人数情况(2012年)
Number of Spots and Employed persons by City (2012)

市(县) City(County)	网点数(个) Number of Spots (unit)	#国有新华书店 State-owned Xinhua Bookstores	从业人数(人) Number of Employed Persons (person)	#国有新华书店 State-owned Xinhua Bookstores
合计 Total	**9063**	**1068**	**37728**	**12359**
省辖市 City				
郑州市 Zhengzhou	1299	36	8069	714
开封市 Kaifeng	340	111	1501	591
洛阳市 Luoyang	1032	82	3198	770
平顶山市 Pingdingshan	349	28	1042	768
安阳市 Anyang	594	37	2203	340
鹤壁市 Hebi	149	9	1007	251
新乡市 Xinxiang	526	46	1533	870
焦作市 Jiaozuo	414	52	1472	455
濮阳市 Puyang	339	22	944	395
许昌市 Xuchang	438	55	1835	591
漯河市 Luohe	183	22	990	330
三门峡市 Sanmenxia	329	32	1172	285
南阳市 Nanyang	947	158	3344	1528
商丘市 Shangqiu	487	94	2072	1260
信阳市 Xinyang	372	58	1656	1167
周口市 Zhoukou	619	84	3156	1101
驻马店市 Zhumadian	512	137	2162	869
济源市 Jiyuan	124	5	365	74
省直管县 Province Administrating County				
巩义市 Gongyi	56	1	352	54
兰考县 Lankao	17	7	90	71
汝州市 Ruzhou	47	2	140	110
滑县 Huaxian	84	9	311	83
长垣县 Changyuan	55	6	162	86
邓州市 Dengzhou	33	9	118	255
永城市 Yongcheng	42	17	178	129
固始县 Gushi	40	1	181	228
鹿邑县 Luyi	27	6	139	85
新蔡县 Xincai	19	17	84	68

27−19 文化市场经营机构基本情况(2012年)
Basic condition of Cultural market operation organization (2012)

类 别	Types	机构数 (个) Agencies (unit)	从业人员 (人) Employees (person)	主营业务收入 (万元) Major Business Rerenue (10 000 yuan)	营业利润 (万元) Major Business Profits (10 000 yuan)	经营面积 (万平方米) Floor space of buildings (10 000 sq.m)
总 计	**Total**	**10153**	**56387**	**338202**	**157429**	**323.1**
#演出经纪机构	Performance brokerage institutions	41	816	10974	422	1.1
娱乐场所	Entertainment	2021	21707	98692.9	50161.2	140.9
歌舞娱乐场所	Dance entertainment	1352	17551	81082	38114	110.8
游艺娱乐场所	Carnival entertainment	667	4126	17581	12031	30.0
其他	Others	2	30	30	16	
经营性互联网文化单位	Operating Internet culture unit	13	1449	31607	620	2.9
网 吧	Internet cafe	7926	30245	179809	102226	170.1
艺术品经营机构	Art business institutions	91	709	5233	1608	2.9
文化市场连锁经营机构	Cultural market chain management institutions	61	1461	11887	2392	5.3

27−20 运动员人数
Number of Athletes

单位：人 (person)

人员分类	Category of Personnel	2011	#女 Female	2012	#女 Female
等级运动员人数	**Number of Athletes in Grades**	**3387**	**1156**	**4005**	**1293**
运动健将	Sportive Master	97	38	80	35
一级运动员	First Grades	406	260	688	260
二级运动员	Second Grades	2884	858	3237	998

27−21 河南省运动员在国际国内比赛成绩

International and Internal Achievement of Henan Athletes

项　目	Item	1990	1995	2000	2005	2007	2008	2010	2011	2012
荣获金牌数(枚)	Number of Golden Medals (unit)	56	59	87	97	114	109	70	114	156
荣获银牌数(枚)	Number of Silvern Medals (unit)	45	52	55	62	76	93	53	175	122
荣获铜牌数(枚)	Number of Cupreous Medals (unit)	38	36	75	66	104	94	38	154	114
获团体和个人全国4-6名(人次)	Party and Individual Top Four-Six of Country (person-time)	234	111	507	119	350	217	248	487	279

27−22 群众体育活动情况(2012年)

Activities of Mass Sports (2012)

项　目	Item	年活动次数(次) Number of activities (times)	每次平均参与人数(人/次) Number of participants per time (person/time)	年活动总人数(万人次) Number of persons this year (person.time)
群众体育活动情况	Activities of Mass Sports	4859	1330	646.23
省　级	Provincial	297	4000	118.80
市　级	Municipal	909	2255	204.90
县　级	County	3653	883	322.52

27−23 体育彩票发行情况

Issue of Sports Lottery Ticket

单位：万元　　(10 000 yuan)

项　目	Item	2007	2008	2009	2010	2011	2012
体育彩票销售点(个)	Sale Place of Physical Training Lottery Ticket (unit)	4053	4425	5005	5588	6016	7067
体育彩票销售收入	Sale Revenue of Physical Training Lottery Ticket	154160	238212	277650	286122	388900	516325
用于兑奖金额	Value of Exchanging Awards	78488	130689	148588	157709	252785	299829

主要统计指标解释

文化 主要包括新闻出版业、广播电视电影和影像业、文化艺术业等类别。新闻业指新华通讯社、各新闻单位及派驻的记者站、境外驻我国的新闻机构、中心、办事处联络站等的活动；出版业指国家批准的出版社的活动；广播电视电影和影像业指对广播、电视、电影、录音、录像内容的制作、编导、播出、放映等活动；文化艺术业主要包括文艺创作与表演、艺术表演场馆、图书与档案馆、文物及文化保护、博物馆、烈士陵园、纪念馆、文化艺术经纪代理等活动。

体育 主要包括体育组织、体育场馆、以及其他体育活动。

娱乐业 主要包括室内娱乐活动、游乐园、休闲健身娱乐活动、以及其他娱乐活动。

艺术表演团体 指由文化部门主办或实行行业管理(经文化行政部门审批或已申报登记并领取相关许可证)，专门从事表演艺术等活动的各类专业艺术表演团体，含民间职业剧团。不包括群众业余文艺表演团队。

艺术表演场馆 指由文化部门主办或实行行业管理(经文化市场行政部门审批或已申报登记并领取相关许可证)，有观众席、舞台、灯光设备，公开售票、专供文艺团体演出的文化活动场所。附属于文化部门机构内非独立核算的剧场、排演场，公开营业的也应单独统计。

文化市场经营机构 指经文化市场行政部门审批或已申报登记并领取相关许可证的、从事文化经营和文化服务活动的机构。

公共图书馆 指文化部门主办的面向社会服务的图书馆。

广播节目综合人口覆盖率 是指根据国家广电总局制定的《广播电视人口覆盖率统计技术标准和方法》，在对象区内采用无线、有线、卫星等技术手段能够收听到包括中央、省、地市、县广播节目其中任意一套的人口数与总人口的比。

电视节目综合人口覆盖率 是指根据国家广电总局制定的《广播电视人口覆盖率统计技术标准和方法》，在对象区内采用无线、有线、卫星等技术手段能够收看到包括中央、省、地市、县级电视节目中任意一套的人口数与总人口的比。

有线电视入户率 指能接收到有线广播电视台、有线广播电视站(系统内和系统外)和共享天线系统播放的有线电视节目的家庭户数与总户数的比率。计算公式：

有线电视入户率=年末有线电视总用户数/年末总户数×100%

等级运动员 是指经考核正式批准授予技术等级的运动员，分为国际级运动健将、运动健将、一级、二级运动员。

青少年体育俱乐部 是指国家体育总局或省体育行政部门运用体育彩票的资金扶持的，旨在推动青少年体育健身活动的公益性组织，被国家体育总局或省体育局命名的，以培养青少年体育兴趣、爱好和终身体育锻炼的习惯增强青少年体质，并向其传授体育运动技能，发现和培养体育人才为目标的社会体育组织。具有专业性、群众性和非营利性的特点。

政府援建体育场地 是指由各级政府体育行政部门以投资、资助等方式，组织修建的体育场地，但其产权和管理权不归属体育系统的体育场地，如农民体育健身工程、健身路径等。

Explanatory Notes on Main Statistical Indicators

Culture mainly includes Journalism, radio, television and film and video industry, culture art industry etc. Journalism refers to The Xinhua news agency, the press agencies and their reporter station. In our country overseas news agency, center, office activities; The publishing refers to the activities approved by the state; Radio, television and film and video refers to broadcasting, television, films, sound recording, video content production, broadcast playwright-director, showing activities; Culture and art owner to should include the creation of literature and art and performance, artistic performance venues, books and archives, cultural relics and culture protection, museums, martyr cemetery, memorial, arts and culture, as an agent and other activities.

Sports include sports organizations, sports venues, and other physical activities.

Entertainment include entertainment activities interior, amusement park, the leisure fitness entertainment activities, and other recreational activities.

Arts Performance Troupes refer to the various professional performing arts groups, which sponsored by the cultural sectors or guided by the cultural society (approved by the cultural market administration, or registered and permitted with the relative certificate), including non-governmental troupes, such as drama troupes, dialect troupes, comedy troupes, children troupes, Opera troupes, puppetry troupes, Shadowgraph troupes, etc., comprehensive professional arts performance troupes. The mass amateur arts performance troupes are not included.

Arts Performance Places refer to the various sites for cultural activities, which sponsored by the cultural sectors or guided by the cultural society (approved by the cultural market administration, or registered and permitted with the relative certificate), with the facility of auditorium, stage, and lighting, and selling tickets in public. The theaters and rehearse sites which are affiliated to the cultural sectors without independent financial accounts which are open to the public should be covered independently.

Cultural Market Operating Units refer to the units dealing in culture and cultural services, which registered and permitted with the relative certificate by cultural market administration.

Public library refers to the library service set up by the social cultural departments.

Radio Coverage of Population refers to the percentage of population, which can listen to one of central, provincial, city, prefecture, and county radio programs by wireless, cable, satellite and other technical means, in the surveying area, to national total population, according to Statistical Standard and Method on Television and Radio Coverage of Population established by the State Administration of Broadcasting, Film and Television.

Television Coverage of Population refers to the percentage of population, which can watch one of central, provincial, city, prefecture, and county television programs by wireless, cable, satellite and other technical means, in the surveying area, to national total population, according to Statistical Standard and Method on Television and Radio Coverage of Population established by the State Administration of Broadcasting, Film and Television.

Cable Television Coverage of Household refers to the percentage of households, which can watch television by cable of radio and television network, to national total household.

Class athletes refers to formally approved by the examination on the level of the athletes awarded technology, divided into international sports, master of sports, level 1, level 2 player.

Youth sports club refers to the nonprofit organizations support by The state administration of sports or provincial sports administrative departments using sports lottery fund, for Promoting youth sports fitness activities, which named by The state administration of sports or provincial administration of sports, in order to cultivate teenagers interest in sports, and imparting the sports skills. Having professional, mass and non-profit characteristics.

The government rebuilding sports venues refers to the sports venues constructed by all levels of the physical cultural administrative department in the way of investment, funding, but its property management do not belong to the sports system, such as the sports fitness project, fitness path, etc.

公共管理、社会保障和社会组织

Public management, social Welfare and social organization

● 资料整理：史新旺　徐委乔　赵翠清

简要说明

一、主要内容

本篇包括公共管理、社会保障和社会组织企业、行政事业单位、社会团体及其他法人单位的单位数、从业人数以及主要财务指标以及公检法司、劳动争议仲裁、安全生产、居民最低生活保障人数、、农村社会保障网络情况和参加基本养老保险、基本医疗保险、失业保险、工伤保险、生育保险人数及社会保险基金和妇女参政议政情况等。公检法司的资料主要包括公安机关的刑事案件立案情况和治安案件查处情况，交通、火灾事故情况，检察机关的办案情况，人民法院审理案件和收结案情况，以及律师、公证、调解工作等资料。

二、资料来源

公共管理、社会保障和社会组织企业、行政事业单位、社会团体及其他法人单位的单位数、从业人数以及主要财务指标以经济普查数据为基础，利用财政系统年度统计数据综合推算，由省地方经济社会调查队服务业调查处整理提供。

公检法司统计资料分别由河南省公安厅、河南省高级人民法院、河南省人民检察院和河南省司法厅提供。劳动争议仲裁由河南省人力资源和社会保障厅提供。安全生产由河南省安全生产监督管理局提供。妇女参政议政资料由中共河南省委组织部、河南省人大常委会选举任免代表联络工作委员会、中国人民政治协商会议河南省委员会办公厅提供。社会福利和居民最低生活保障人数由省民政厅提供；参加社会保险人数、社会保险基金收支资料由省人力资源和社会保障厅提供。婚姻服务情况由省民政厅和省高级人民法院提供。由省统计局社会与科技处编辑整理。

Brief Introduction

I. Main Contents

Data in this chapter include unit, employment, and main financial indicators of Public management and social organization enterprises, Administrative institution, social organizations and others. public security, procuratorial, legal and judicial affairs, the labor disputes arbitration, production safety, female cadres and so on. Data on public security, procuratorial, legal and judicial affairs cover information such as criminal cases registered and offense cases handled by the public security agencies, traffic or fire accidents, cases handled by procuratorate's offices, cases accepted and settled by the people's courts, persons received lowest cost-of-living, urban welfare facilities, rural network of social security, work injury insurance, maternity insurance and social insurance funds and statistics on lawyers, notarization and mediation.

II. Sources of Data

Data on Number of Institutional Unit, Employed Persons and Main Financial Indicators of Public Management and Social Organizations are calculated basis on The Second economic Census, and the financial system data, which are provided by Henan provincial survey organizations of social and economy.

Data on public security, procuratorial, legal and judicial affairs are calculated from Henan provincial bureau of Public Security, the Henan provincial Supreme People's Procuratorate, the Henan provincial Supreme People's Court and the Henan provincial bureau of Justice. Data on the labor disputes arbitration are calculated from Henan provincial bureau of Human Resources and Social Security. Data on production safety are calculated from Henan provincial Supervisory Bureau of Work Safety. Data on female cadres are calculated from Henan Provincial Organization Department. Data on people participated in basic insurance are provided by Department of social and scientific and technological of Henan provincial bureau of statistics basic on monitoring reports of women and children. Data on Attend social insurance persons and social insurance funds are from Henan provincial bureau of Human Resources and Social Security. Data on social welfare and persons received lowest cost-of-living are from the Henan provincial bureau of Civil Affairs. Data on Marriages are provided by the Henan provincial bureau of Civil Affairs and Higher people's court. Data on this chapter are provided by Department of social and scientific and technological of Henan provincial bureau of statistics.

28-1 公共管理、社会保障和社会组织法人单位数和从业人员数

Number of Institutional Unit and Employed Persons of Public management,social welfare and social organization

年份(Year)	合计 Total	企业 Enterprise	行政事业 Administrative institution	社会团体及其他 Social organizations and others
单位数(个) Number of Institutional Unit(unit)				
2008	78900	13	22591	56296
2009	78995	23	22640	56332
2010	79169	28	22695	56446
2011	79098	44	22553	56501
2012	79275	59	22690	56526
从业人数(万人) Employed Persons(10 000 persons)				
2008	149.96	0.05	109.33	40.58
2009	153.17	0.07	109.83	43.27
2010	153.75	0.14	110.07	43.54
2011	156.45	0.08	109.60	46.77
2012	159.22	0.07	110.06	49.08

28-2 分行业公共管理、社会保障和社会组织法人单位财务指标(2012年)

Main Financial Indicators of Institutional Unit of Public management, social welfare and social organization by Sector (2012)

单位：万元 (10 000 yuan)

行业名称	Sector	单位数(个) Number of units (unit)	从业人数(万人) Employed Persons (10 000 Persons)	固定资产原价 Fixed Asset Price	收入合计 Total Income
公共管理和社会组织	**Public management and social organization**	**79275**	**159.22**	**12383770**	**17224249**
中国共产党机关	Chinese Communist Party organs	1338	3.32	282905	546979
国家机构	Organ of state	19349	103.31	7806644	15029033
人民政协和民主党派	People's Political Consultative Conference and democratic parties	225	0.56	55047	90999
社会保障	Social welfare	512	0.92	61009	138669
群众团体、社会团体和其他成员组织	Mass communities, social communities and other organizations	7659	12.41	852298	383026
基层群众自治组织	Grass-roots Organization	50192	38.70	3325866	1035544

行业名称	Sector	成本费用合计 Total Cost	职工薪酬 Employee Compensation	税费合计 Tax and Expenses	营业利润 Operating Profit
公共管理和社会组织	**Public management and social organization**	**16645141**	**5223628**	**20208**	**9205**
中国共产党机关	Chinese Communist Party organs	532590	167632	18	133
国家机构	Organ of state	14723413	4383216	12198	5851
人民政协和民主党派	People's Political Consultative Conference and democratic parties	91134	30061		0
社会保障	Social welfare	96455	30383	8	-141
群众团体、社会团体和其他成员组织	Mass communities, social communities and other organizations	320788	136556	2234	3361
基层群众自治组织	Grass-roots Organization	880761	475780	5751	

注：从2012年起，将社会保障归入本门类。
a)Since 2012, data on Social welfare was adjusted to this part.

28-3 各市公共管理、社会保障和社会组织法人单位财务指标(2012年)

Main Financial Indicators of Institutional Unit of Public management, social welfare and social organization by City (2012)

单位：万元 (10 000 yuan)

市(县)	City(County)	单位数(个) Number of units (unit)	从业人数(万人) Employed Persons (10 000 Persons)	固定资产原价 Fixed Asset Price	收入合计 Total Income	成本费用合计 Total Cost	职工薪酬 Employee Compensation	税费合计 Tax and Expenses	营业利润 Operating Profit
全省	**Total**	**79275**	**159.22**	**12383770**	**17224249**	**16645141**	**5223628**	**20208**	**9205**
省辖市	**City**								
郑州市	Zhengzhou	5153	16.32	1862968	3447740	3421364	1074549	3670	-48
开封市	Kaifeng	3871	9.60	875764	1249510	1222661	329584	3786	2213
洛阳市	Luoyang	5895	11.49	1627217	1624768	1533562	480777	3182	459
平顶山市	Pingdingshan	4403	10.42	426325	727803	679390	237058	232	458
安阳市	Anyang	4748	7.95	621979	870454	819369	268310	832	131
鹤壁市	Hebi	1554	2.65	192905	251917	226147	75393	596	21
新乡市	Xinxiang	5386	10.05	623236	1019595	949715	269174	1119	217
焦作市	Jiaozuo	3313	6.47	474286	763454	727431	205544	351	396
濮阳市	Puyang	4044	6.82	306500	502048	492096	167378	67	17
许昌市	Xuchang	3681	7.20	507685	716592	688764	213894	196	338
漯河市	Luohe	2080	4.04	253291	344652	319881	112120	713	254
三门峡市	Sanmenxia	2388	4.18	447589	596921	586541	156331	445	22
南阳市	Nanyang	8181	14.02	989578	1386603	1332927	440571	2515	2897
商丘市	Shangqiu	6534	13.75	695016	900615	878943	311465	306	130
信阳市	Xinyang	6170	10.56	978562	831467	816451	295174	492	257
周口市	Zhoukou	6339	12.59	552483	811331	810396	246184	1062	472
驻马店市	Zhumadian	4833	9.98	781980	932814	907019	285062	562	970
济源市	Jiyuan	702	1.13	166407	245964	232485	55060	82	0
省直管县	**Province Administrating County**								
巩义市	Gongyi	538	1.16	114464	150892	153534	39210	566	-3
兰考县	Lankao	609	1.82	65822	159057	154764	30320	72	1788
汝州市	Ruzhou	618	1.43	41811	68000	67737	22551	1	2
滑县	Huaxian	1199	1.61	105866	199556	193582	58302	24	3
长垣县	Changyuan	716	1.19	56101	93388	91133	21283	2	5
邓州市	Dengzhou	896	1.58	168744	145520	139278	40220	893	819
永城市	Yongcheng	1014	1.92	165677	129133	128107	38897	52	63
固始县	Gushi	1028	1.50	88034	101644	100732	31443	89	22
鹿邑县	Luyi	639	1.16	97252	61361	61789	16654	362	
新蔡县	Xincai	747	1.42	68611	109425	109796	28507	49	307

28-4 劳动人事仲裁委员会受理及处理案件情况(2012年)

单位：件

项 目	Item	合计 Total
上期未结争议案件数	**Number of Cases Left Over from Last Period**	**464**
当期立案受理情况	**Cases Accepted**	
立案受理案件总数	Number of Cases	19101
#集体劳动(人事)争议	Number of Collective Labour Disputes	268
#劳动者申诉	Number of Persons Involved	17718
立案受理案件涉及劳动者人数(人)	Number of Persons Involoved in Collective Disputes (person)	25336
#集体劳动(人事)争议	Number of Collective Labour Disputes	4639
按争议类型分(件)	Grouped by Dispute type	
劳动报酬	Labor compensation	5034
社会保险待遇及福利	Social Insurance and Benefits	7142
工伤保险	Work Injury Insurance	1985
确认劳动(人事)关系	Confirm labor (personnel) relations	2268
履行劳动(聘用)合同	Fulfill labor (recruit) the contract	40
解除劳动(聘用)合同	Remove labor (recruit) the contract	10
其他	Others	2622
案件处理情况	**Cases settled**	
当期审结案件数	Number of Cases Settled	18504
涉案金额(万元)	Involving Amount (10 000yuan)	50756
按处理方式分	By Manners of Settlement	
仲裁调解	By Mediation	9465
仲裁裁决	By Arbitration Lawsuit	8264
#一裁终局	Arbitration Award shall be final and binding	644
其他	Others	775
按处理结果分	By Result of Settlement	
用人单位胜诉	Won by Units	2624
劳动者胜诉	Lawsuit Won by Labourers	8435
双方部分胜诉	Lawsuit Partly by Both Parties	7445
期末累计未结案数	**Number of Cases Dissettled**	**815**

Cases Accepted and Heard by Board of Labor Arbitration (2012)

(case)

劳动争议 Labor Dispute					人事争议 Personnel Disputes	
国有企业 State-owned Enterprises	集体企业 Collective-owned Enterprises	港澳台及外资企业 Foreign Funded and Hong Kong, Macao and Taiwan Funded Enterprises	民营企业 Private Enterprises	其他 Others	机关 Administrative Authority	事业单位 Public Institution
132	**68**	**6**	**236**	**11**		**11**
3824	2673	164	11668	446	33	293
55	29		179	5		
3485	2628	164	10790	366	25	260
5372	3476	169	15365	581	34	339
1782	393		2402	62		
925	638	33	3312	91	15	20
1429	1034	40	4277	173	15	174
306	179	7	1414	74		5
460	356	31	1334	64	2	21
				7	1	32
						10
704	466	53	1331	37		31
3593	2650	158	11360	434	32	277
9455	6186	482	33577	279	76	702
1803	1211	60	6003	229	19	140
1703	1384	98	4770	187	8	114
123	144		371	2	2	2
87	55		587	18	5	23
548	458	30	1508	57		23
1568	1105	56	5378	164	7	157
1477	1087	72	4474	213	25	97
117	**91**	**12**	**544**	**23**	**1**	**27**

28-5 律师、公证、调解工作基本情况
Basic Statistics on Lawyers, Notarization and Mediation

项　目	Item	1990	1995	2000	2005	2010	2011	2012
律师工作	**Lawyers**							
律师事务所(个)	Number of Law Offices (unit)	201	439	537	553	753	792	831
律师(人)	Number of Lawyers (person)	2357	5047	4266	5594	9352	10227	11347
#女性	Female					1826	2059	2367
#专职律师	Full-time Lawyers	1647	3582	3849	5323	8414	9221	10284
兼职律师	Part-time Lawyers	710	826	193	271	451	452	488
聘请担任常年法律顾问的单位(家)	Number of Units with Permanent Legal Advisors (unit)	3614	10087	29691	17313	16394	15308	17161
民事代理(件)	Agent of Civil Cases(case)	3614	20992	54576	93191	68982	76815	81019
刑事辩护(件)	Defender of Criminal Cases (case)	3614	12970	22312	24507	28781	19247	24557
非诉讼法律事务(件)	Agent of Non-Litigious Legal Affairs (case)					34710	33453	32475
解答法律询问(万件)	Agent of Legal Advisory Services (10 000 cases)	3614	30.65	59.90	34.65	32.12	36.06	33.87
代写法律事务文书(万件)	Agent of Legal Documents Written on Behalf of Clients (10 000 cases)					4.84	6.00	6.15
公证工作	**Notarization**							
公证处(个)	Number of Notary Offices (unit)	173	178	178	178	171	178	178
公证人员(人)	Notarial Personnel (person)	924	963	1205	1198	1110	1411	1237
#公证员	Notaries	615	612	692	608	600	665	674
助理公证员	Assistant Notaries	136	138		590	510	496	563
国内公证(万件)	Domestic (10 000 cases)	17.75	35.71	199.40	60.00	53.41	44.00	48.9
涉外公证(件)	Foreign (case)			49149	53000	86759	88000	89000
人民调解工作	**Number of People's Mediation**							
人民调解委员会(万个)	Number of People's Mediation Commit-tees (10 000 units)	5.51	5.85	5.00	5.80	5.50	5.60	5.52
调解民间纠纷(万件)	Number of Civil Disputes Mediated (10 000 cases)					42.48	55.39	52.12

28-6 法律援助工作基本情况
Basic Statistics on legal aid

项　目	Item	2009	2010	2011	2012
机构数(个)	Number of institutions (unit)	181	198	204	207
实有人数(人)	Actual persons (person)	989	971	979	999
法律援助专职律师数(人)	Number of full time legal aid lawyers (person)	257	313	300	333
#女性	Female				
诉讼案件总数(件)	Total law case (case)	39469	49631	56620	68904
民事案件	Civil	31072	40814	47680	57568
刑事案件	Penal	7917	8383	8398	10402
行政案件	Administrative	480	434	542	934
非诉讼案件(件)	Unlitigant (case)	5921	10891	13148	14252
受援人数(人)	Recieve aid person(person)	46420	58130	61576	451123
咨询(来访、来电)数(人次)	Consultation persons(person-time)	215698	255903	252406	382219
妇女获得法律援助人数(人)	Number of women's access to legal assistance (person)				209336
得到法律机构援助的未成年人数(人)	Number of juvenile legal aid agencies (person)				4944

28−7 调解民间纠纷分类
Number of Civil Disputes Mediated by Types

项 目	Item	调解纠纷(件) Civil Disputes (case)		各类纠纷所占比重(%) Percentage(%)	
		2011	2012	2011	2012
总 计	**Total**	**553922**	**521231**	**100.0**	**100.0**
婚姻家庭纠纷	Marriage and family Disputes	131488	137465	23.7	26.4
邻里纠纷	Neighbor Disputes	137759	129554	24.9	24.9
房屋宅基地纠纷	Housing and Housing Sites	67297	63746	12.1	12.2
合同纠纷	Contract dispute	30957	28845	5.6	5.5
生产经营纠纷	Production business disputes	16131	17772	2.9	3.4
损害赔偿纠纷	Damage compensation disputes	26637	29718	4.8	5.7
劳动争议纠纷	Labor dispute disputes	15161	11596	2.7	2.2
村务管理纠纷	Village management disputes	6878	8351	1.2	1.6
山林土地纠纷	Mountain forest land disputes	16281	16836	2.9	3.2
征地拆迁纠纷	Whose house disputes	17983	16474	3.2	3.2
计划生育纠纷	Family planning disputes	4056	3188	0.7	0.6
环境保护纠纷	Environmental protection disputes	7780	2409	1.4	0.5
道路交通事故纠纷	Road traffic accident disputes	14300	16197	2.6	3.1
物业纠纷	Property dispute	8368	2890	1.5	0.6
医疗纠纷	Medical disputes	7162	4228	1.3	0.8
其他	Others	45684	31962	8.2	6.1

28−8 公安机关立案的刑事案件情况
Criminal Case of Register by Public Security Organs

案 件 类 别	Category of Cases	立 案 (起) Number of Cases Registered (case)		构 成 (%) Composition(%)	
		2011	2012	2011	2012
总 计	**Total**	**233553**	**236752**	**100.0**	**100.0**
杀人	Homicide	677	655	0.3	0.3
伤害	Injury	11010	10622	4.7	4.5
抢劫	Robbery	6337	5225	2.7	2.2
强奸	Rape	2286	2178	1.0	0.9
拐卖妇女、儿童	Kidnapping and Selling People	1164	887	0.5	0.4
盗窃	Larceny	161244	143752	69.0	60.7
诈骗	Fraud	14359	15854	6.1	6.7
走私	Smuggling	2	6	0.0	0.0
伪造贩运假货币	Forging and Fabricating or Trafficing Bills	19	18	0.0	0.0
其他	Others	36455	57555	15.6	24.3

28-9 公安机关受理的违反《治安管理处罚法》案件情况(2012年)

Classified Cases accepted of Public Order by Public Security Organs (2012)

单位：起 (case)

案件类别	Category of Cases	受理 Number of cases Accepted to be Treated	查处 Number of Investigated and Treated
总 计	**Total**	**1070835**	**1046978**
扰乱公共秩序	Disturbing Work or Public Order	29620	29253
#寻衅滋事	Gang Fighting or Picking Quarrels and Making Troubles	5204	5021
防碍国家工作人员执行职务	Obstructing the Government Workers to Perform Their Duty	2437	2435
非法携带枪支弹药管制刀具	Violating Regulations on Management of Firearms	1761	1765
违反危险物质管理规定	Violating Regulations on Management of Explosives	2768	2761
殴打他人	Beating Other Body	476354	471256
盗窃	Robbing Other People of Their Valuables	68150	58291
骗取、抢夺、敲榨勒索财物	Defrauding,Snatching or Extorting and Racketeering Valuables	6939	5593
哄抢公私财物	Making Stirs and Then Robbing Public or Private Valuables	81	80
伪造变造倒卖有价票证、凭证	Forging and Fraudulently Selling Bills or Certificates	304	313
卖淫、嫖娼	Prostitution or Going Whoring	1612	1608
赌博或为赌博提供条件	Gambling	7811	7778
其他	Others	472998	465845

28−10 公安机关受理的行政案件分类情况(2012年)

Classified Cases accepted of Public Order by Public Security Organs (2012)

单位：万起 (10 000 cases)

案件类别	Category of Cases	受理案件数 Number of cases Accepted to be Treated	查处案件数 Number of Investigated and Treated
总计	**Total**	**971.90**	**969.51**
违反户口、居民身份证管理规定	Violating Regulations on Management of Residence or Identity Cards	0.18	0.18
违反治安管理处罚法	Violating Regulations on Management of public security	107.08	104.70
其他	Others	864.64	864.63

28−11 人民检察院检察官基本情况

Basic Statistics on inquisitors

单位：人 (person)

指标	Item	2011	2012
检察官数	**Number of inquisitor**	**10175**	**10141**
#女性	Female	2388	2413
#检察长人数	Number of law-officer	183	183
#女性	Female	13	15
#副检察长人数	Number of vice-law-officer	813	804
#女性	Female	102	111
#检察员人数	Number of fact-finder	7112	7067
#女性	Female	1745	1758
#助理检察员	Number of assistant fact-finder	884	849
#女性	Female	299	292

28-12 检察机关直接立案侦查案件情况(2012年)

Basic Statistics on Law Case Direct Registered by Procuratorial Organ (2012)

案件分类	Case Item	受案 (件) Cases Accepted (case)	立案合计 Total Number of Cases Registered 件 (case)	人 (person)	#大案 (件) Large Cases (case)	#要案 (人) Key Cases (Person)	结案合计 Total number of cases settled 件 (case)	人 (person)
总　计	**Total**	**3064**	**2802**	**4143**	**2273**	**222**	**2833**	**4158**
贪污贿赂案件小计	**Sub-total of Cases on Corruption and Bribery**	**2161**	**1956**	**2800**	**1551**	**208**	**1982**	**2812**
#贪污	Corruption	832	726	1259	510	38	741	1256
贿赂	Bribery	927	834	967	719	145	841	975
挪用公款	Misappropriation of Public Funds	385	379	525	322	10	384	532
集体私分	Collective Illegal Possession	15	14	46		15	13	46
巨额财产来源不明	Unstated Source of Large Properties	2	3	3			3	3
渎职案件小计	**Sub-total of Cases on Abuse and Dereliction of Duty**	**903**	**846**	**1343**	**722**	**14**	**851**	**1346**
滥用职权	Abuse of Power	304	280	433	258	10	286	438
玩忽职守	Dereliction of Duty	525	503	787	419	3	501	786
徇私舞弊	Fraudulent Practice	73	62	100	44	1	63	100
其他	Others	1	1	23	1		1	22

28-13 检察机关审查批准、决定逮捕犯罪嫌疑人和提起公诉被告人情况(2012年)

Basic Statistics on Examined and Ratified, the Apprehension Decided of suspect and Accused Instituted Prosecution by Procuratorial Organ (2012)

案件分类	Case Item	批捕、决定逮捕合计 Total of Arrests 件 (case)	人 (person)	决定起诉合计 Total of Public Prosecutions 件 (case)	人 (person)
总　计	**Total**	**38830**	**52748**	**61869**	**89019**
公安、安全、监狱机关提请小计	**Sub-total of Requests by Departments of State and Public Security and Prisons**	**37743**	**51461**	**59022**	**84912**
#危害公共安全案	Offences Against Public Security	446	4704	12757	13209
破坏社会主义市场经济秩序案	Offences Against Socialist Economic Order	1909	2840	2330	4090
侵犯财产案	Offences Against Properties	15277	21371	19820	29175
妨害社会管理秩序案	Offences Against Social Management of Order	5533	9414	9302	18880
检察机关直接立案侦查案件小计	**Sub-total of Cases Handled by Procuratorates**	**1087**	**1287**	**2847**	**4107**
#贪污贿赂案	Offences on Corruption and Bribery	988	1155	1973	2750
渎职案	Offences on Abuse and Dereliction of Duty	97	130	864	1343

28-14 人民检察院处理申诉案件情况(2012年)
Appeals Handled by People's Procuratorate (2012)

单位：件 (case)

案件分类	Category of Cases	受案 Cases Accepted	立案复查 Cases Registered for Reinvestigation	结案 Cases Settled	#改变原决定 Original Decision Changed
合计	**Total**	**2147**	**842**	**828**	**233**
不服检察机关处理决定	Appeals against Decision of Procuratorate's Offices	1486	335	333	233
不服不批捕	Appeals against Rejection of Arrest	680	187	187	142
不服不起诉	Appeals against Rejection of Prosecuting	459	89	87	49
不服撤案	Appeals against Withdrawal of the Case	10	3	3	2
不服原免予起诉	Appeals against Original Exemption of Lawsuit	8	1	1	1
其他	Others	329	55	55	39
不服法院刑事判决裁定	Appeals against Judgment of Criminal Case	661	507	495	
刑罚执行中被害人申诉	Appeals of the Victim at the Punishment	329	283	278	
刑罚执行中被告人申诉	Appeals of the Defendant at the Punishment	161	116	111	
刑罚执行完毕后被害人申诉	Appeals of the Victim after the Punishment	104	75	73	
刑罚执行完毕后被告人申诉	Appeals of the Defendant after the Punishment	67	33	33	

28-15 人民检察院出庭公诉情况(2012年)
Public Prosecutions Appearing in Court by People's Procuratorate (2012)

单位：件 (case)

案件类别	Category of Cases	适用简易程序 Summary Procedure Applied	出庭公诉 Public Prosecutions Appearing in Court	一审 First Instance	二审 Second Instance	上诉案 Appeal Cases	抗诉案 Procuratoral Appeal Cases	再审 Retrial
合计	**Total**	**19060**	**35752**	**35121**	**602**	**293**	**309**	**29**
贪污贿赂	Embazzlement and Bribery	171	1894	1841	45	23	22	8
渎职侵权	Dereliction of Duty and Infringement of Citizens' Right	167	715	704	9	4	5	2
刑事案件	Criminal Cases	18722	33143	32576	548	266	282	19

28-16 人民检察院办理刑事抗诉案件情况(2012年)
Criminal Appeals Handled by People's Procuratorate (2012)

案件类别	Category of Cases	提出抗诉 Presenting Procuratoral Appeal	撤回抗诉 Withdrawing Procuratoral Appeal	审判结果 合计 Total Result of Judgement	改判 Revising Judgment		维持原判 Affirming Original Judgment	发回重审 Remanding for Retrial
		件 case	件 case	件 case	件 case	人 person	件 case	件 case
合　计	**Total**	**481**		**400**	**248**	**292**	**21**	**131**
二审小计	Sub-total of Second Instance	421		347	211	244	21	115
贪污贿赂案件	Embazzlement and Bribery Cases	33		25	11	13	3	11
渎职侵权案件	Dereliction of Duty and Infingement of Citizens' Right Cases	5		4	1	1		3
刑事案件	Criminal Cases	383		318	199	230	18	101
再审小计	Sub-total of Retrial	60		53	37	48		16
贪污贿赂案件	Embazzlement and Bribery Cases	9		6	3	6		3
渎职侵权案件	Dereliction of Duty and Infingement of Citizens' Right Cases	1		1				1
刑事案件	Criminal Cases	50		46	34	42		12

28-17 人民检察院办理民事、行政抗诉案件情况(2012年)
Civil and Administrative Appeals Handled by People's Procuratorate (2012)

单位：件 (case)

案件类别	Category of Cases	合计 Total	民事案件 Civil Cases	行政案件 Administrative Cases
立　案	Filing Cases	7973	7513	460
提请抗诉	Submitting Procuratoral Appeal	1488	1460	28
抗　诉	Procuratoral Appeal	1218	1203	15
撤回抗诉	Withdrawing Procuratoral Appeal	2	2	
抗诉案件再审	Retrial of Procuratoral Appeal	782	758	24
改　判	Revising Judgment	335	323	12
发回重审	Remanding for Retrial	105	99	6
调　解	Mediation	309	306	3
维持原判	Affirming Original Judgment	14	11	3
其　他	Others	19	19	

28-18 人民检察院受理举报、控告和申诉案件情况(2012年)

Cases of Reporting, Accusation and Petition Handled by People's Procuratorate (2012)

单位：件 (cases)

案件类别	Category of Cases	受理 Cases Accepted	处理 Cases Handled	#分送检察机关 Handled by General Office of People's Procuratorate	#转其他机关 Transfering to Other Organs
合计	**Total**	**14433**	**14362**	**10482**	**1672**
首次举报	First Report of an Offence	6417	6385	5101	135
首次控告	First Accusation	2915	2895	1581	730
首次申诉	First Petition	5101	5082	3800	807

28-19 人民检察院纠正违法情况

Law-breaking Cases Rectified by People's Procuratorate

项目	Item	2011	2012
书面提出纠正	**Written Rectification**		
件次合计 (件次)	**Total of Written Rectification (Case-times)**	**3551**	**2780**
立案监督小计	Sub-total of Supervision of Cases Filing	1454	1918
监督立案	Supervision of Cases Filing	915	1177
监督撤案	Supervision of Cases Withdrawed	539	741
侦查监督小计	Sub-total of Supervision of Investigation	1167	585
审查批捕环节	Supervision of Investigation in the Processof Arrests Approved	505	358
审查起诉环节	Supervision of Investigation in the Process of Prosecution	662	227
刑事审判监督	Supervision of Criminal Trial	930	277
刑罚执行监督人次小计(人次)	**Sub-total of Supervision of Punishment Execution (person-times)**	**1930**	**2181**
监管活动	Administration of Prison and Custody	1370	1790
超期羁押	Excessive Custody		
减刑、假释、保外就医	Commutation of Sentence, Parole and Released on Parole for Medical Treatment	560	391
已纠正	**Rectified**		
件次合计 (件次)	**Total of Rectified (Case-times)**	**3406**	**2648**
立案监督小计	Sub-total of Supervision of Cases Filing	1377	1821
监督立案	Supervision of Cases Filing	842	1081
监督撤案	Supervision of Cases Withdrawed	535	740
侦查监督小计	Sub-total of Supervision of Investigation	1122	534
审查批捕环节	Supervision of Investigation in the Processof Arrests Approved	491	341
审查起诉环节	Supervision of Investigation in the Processof Prosecution	631	193
刑事审判监督	Supervision of Criminal Trial	907	293
刑罚执行监督人次小计(人次)	**Sub-total of Supervision of Punishment Execution (person-times)**	**1927**	**2166**
监管活动	Administration of Prison and Custody	1367	1775
超期羁押	Excessive Custody		
减刑、假释、保外就医	Commutation of Sentence, Parole and Released on Parole for Medical Treatment	560	391

28-20 人民法院审理一审案件情况
First Trial Cases by Courts

单位：件 (case)

年 份 Year	收 案 Cases Accepted	刑 事 Criminal	民 事 Civil	行 政 Administrative
2002	283041	32719	239944	10378
2003	287551	34845	242513	10193
2004	275408	30574	234754	10080
2005	278899	34480	232603	11816
2006	280552	40684	226737	13131
2007	294768	42423	237312	15033
2008	311897	54898	248957	8042
2009	321017	48863	257522	14632
2010	331606	48518	266454	16634
2011	339098	50984	264737	23377
2012	425034	60865	343823	20346

注：1.一审案件指人民法院按照诉讼级别管辖按第一审程序审理的案件。
2.民事案件包含经济纠纷和海事海商案件。
a) First trial cases refer to cases accepted by people's courts according to the first trial proceedings.
b) Data of civil cases include cases of economic disputes and maritime law and affairs.

28-21 人民法院审理刑事案件罪犯情况
Criminal Offenders Heard by Courts

单位：人 (person)

年 份 Year	刑事罪犯总数 Number of Offenders	#青少年罪犯 Young Offenders	不满18岁 Less Than 18 Years	18岁至25岁 Between 18 and 25 Years	青少年罪犯占刑事罪犯比重(%) Proportion of Young Offenders in the Total (%)
2002	39774	9959	2464	7495	25.0
2003	43608	8543	2829	5714	19.6
2004	37424	7918	2961	4957	21.2
2005	42638	10550	3841	6709	24.7
2006	52378	13443	5039	8404	25.7
2007	57501	15275	5906	9369	26.6
2008	77401	21183	7824	13359	27.4
2009	69450	16386	5262	11124	23.6
2010	66731	14692	4355	10337	22.0
2011	69363	12266	3515	8751	17.7
2012	64389	12282	3099	9183	19.1

28-22 人民法院审理权属、侵权纠纷及其他民事一审案件收结案情况(2012年)

First Trial Cases of Disputes of Right, Infringement of Right and Other Civil Affairs Accepted and Settled by Courts (2012)

单位：件 (case)

项目	Item	收案 Cases Accepted	结案 Cases Settled	调解 Mediation	判决 Judgment	驳回 Reject	撤诉 With-drawal	其他 Other
合计	**Total**	**60160**	**54461**	**18334**	**17708**	**402**	**16527**	**1490**
物权	Real right	11914	10023	2622	3153	165	3977	106
特别程序	Special Proceedings	4183	3943	22	1811	44	1247	819
人格权纠纷	Personality right disputes	11092	9181	2984	3568	28	2438	163
侵权责任纠纷	Tort liability dispute	11548	9032	3261	2975	8	2603	185
特殊侵权纠纷	Disputes of Special Infringement of Right	13114	11477	4299	4704	59	2238	177
不当得利	Undeserved benefit	649	573	150	199	8	212	4
票据、证券权益纠纷	Disputea of Bill,Securities and Stocks	198	168	31	77	4	41	15
其他	Other	7462	10064	4965	1221	86	3771	21

28-23 法官及审理有关案件情况

Statistics on Justices and Case at Trial

指标	Item	2011	2012
法官及陪审员情况(人)	**justicer and juror(person)**		
法院法官人数	Number of justicer in court	13231	13561
#女法官	Female	3283	3265
高级法院法官人数	Number of justicer in High court	382	378
#女法官	Female	118	116
人民陪审员人数	Number of juror	6758	5197
#女陪审员	Female	2044	1432
审理民事案件情况(件)	**Civil Case Trial (case)**		
离婚案件数	Divorce	29787	27966
抚育、抚养赡养案件数	Upbringing and Support	5562	5466
建立少年法庭数(个)	**Number of Juvenile Court (unit)**	**79**	**92**
各级人民法院判决生效的未成年人犯罪人数(人)	**Number of Juvenile Crime (person)**	**3515**	**3099**
未成年人犯罪人数占同期犯罪人数的比例(%)	Proportion of Juvenile Crimes in the Total (%)	5.1	4.8

28-24 全省法院判处犯罪案件情况(2012年)
Number of case Trial by court (2012)

指　标	Item	判处犯罪人数(人) Number of offender (person)	#女性 Female	女性所占比例(%) Proportion of Female(%)
总计	**Total**	**64389**	**2449**	**3.8**
侮辱罪	Insult	3		
组织卖淫罪	Organise Prostitution	112	13	11.6
引诱、容留、介绍卖淫罪	Tempt、Remain and introduce Prostitution	375	90	24.0
遗弃罪	Desertion	18	5	27.8
妨害作证罪	Breach of bearring witness	24	4	16.7
重婚罪	Bigamy	77	14	18.2
拐卖妇女、儿童罪	Abduct and Sell Female and Chind	416	88	21.2
窝藏、包庇罪	Shelter and Screen	161	11	6.8
拐骗儿童罪	Kidnap	18	3	16.7
诈骗罪	Fenagle	2210	191	8.6
强迫卖淫罪	Coerce Prostitution	171	19	11.1
贪污罪	Corruption	958	55	5.7
盗窃罪	Larceny	15795	718	4.5
其他	Others	44051	1238	2.8

28-25 人民法院刑事一审案件收结案情况(2012年)
Basic Statistics on Criminal Case at First Trial by People's Court (2012)

单位：件 (case)

项　目	Item	收　案 Cases Accepted	结　案 Cases Settled	判决 Judg-ement	驳回 Reject	撤诉 Withdrawal	其他 Other
合　计	**Total**	**60901**	**58250**	**57750**	**2**	**225**	**273**
危害国家安全罪	Offences Against State Security	12209	11780	11728		24	28
危害公共安全罪	Offences Against Public Security	2275	2056	1996		23	37
破坏社会主义经济秩序罪	Offences Against Socialist Economic Order						
侵犯公民人身权利、民主权利罪	Offences Against Citizens' Personal and Democratic Rights	14727	14048	13894	1	73	80
侵犯财产罪	Offences Against Properties	20083	19401	19278	1	58	64
妨害社会管理秩序罪	Offences Against Social Management of Order	8516	8192	8131		26	35
危害国防利益罪	Offences Against National Defense	20	19	19			
贪污贿赂罪	Offences on Corruption and Bribery	2210	1968	1935		11	22
渎职罪	Offences on Dereliction of Duty	852	780	763		10	7
其他	Others	9	6	6			

注：收案中不含旧存.
a)cases not including cases left.

28−26　人民法院民商一审案件收结案情况(2012年)(一)

Basic Statistics on Civil Case at First Trial by People's Court (2012)(1)

单位：件 (case)

项　目	Item	收　案 Cases Accepted	结　案 Cases Settled	调　解 Mediation	判　决 Sentence	驳　回 Reject	撤　诉 Withdrawal	其　他 Others
合　计	**Total**	**343823**	**301013**	**103394**	**87126**	**2880**	**104210**	**3403**
婚姻家庭	Marriages and Family Affairs	84702	79226	32731	19864	266	25799	566
继承	Inheritance	2090	1750	791	440	26	485	8
物权纠纷	Property rights disputes	11914	10023	2622	3153	265	3877	106
股东权纠纷	Shareholder Rights	128	99	17	45	4	32	1
特殊侵权纠纷	Dispute of Special Rights	13114	11477	4299	4704	59	2338	77
票据、证券权益纠纷	Disputea of Bill,Securities and Stocks	198	168	31	77	4	41	15
不正当竞争纠纷	Dispute of Unfair Competition	28	21	2	8		7	4
人格权纠纷	Personality right disputes	11092	9181	2984	3568	68	2438	123
特别程序	Special Proceedings	4183	3943	22	1811	44	1047	1019
其他	Other	216374	185125	59895	53456	2144	68146	1484

注：结案中含上年旧存。

a)Cases settled include cases turned over from the previous year.

28-27 人民法院民商一审案件收结案情况(2012年)(二)

Basic Statistics on Civil Case at First Trial by People's Court (2012)(2)

单位：件 (case)

项　目	Item	收　案 Cases Accepted	结　案 Cases Settled	调　解 Mediation	判　决 Judgement	驳　回 Reject	撤　诉 Withdrawal	其　他 Others
合　计	**Total**	**148211**	**129376**	**38969**	**34852**	**1474**	**51211**	**2870**
买卖合同纠纷	Dispute at Sale Contract	24394	21483	6990	5683	201	8335	274
房地产开发经营合同纠纷	Dispute at Contract of Real Estate	332	326	76	128	6	113	3
服务合同	Service contract	8935	8503	2406	704	18	5106	269
借款合同纠纷	Dispute at Loan Contract	55321	48831	14854	13291	518	18682	1486
租赁合同纠纷	Dispute at Lease Contract	6588	5458	1329	1850	97	2129	53
建设工程合同纠纷	Dispute at Contract of Construction Project	4344	3453	878	1263	62	1188	62
运输合同纠纷	Dispute at Transport Contract	1613	1435	531	351	16	501	36
知识产权合同	Contract of Intellectual Rights	209	198	23	49	4	114	8
其他合同纠纷	Others	46475	39689	11882	11533	552	15043	679

28−28 人民法院行政一审案件收结案情况(2012年)

Basic Statistics on Administrative Case at First Trial by People's Court (2012)

单位：件 (case)

项 目	Item	收 案 Cases Accepted	结 案 Cases Settled	维 持 Affirmation of Original Judgement	驳 回 Reject	撤 诉 Withd-rawal	其 他 Others
合 计	**Total**	**20346**	**19685**	**377**	**689**	**12799**	**5820**
公 安	Public Security	1524	1471	100	79	1118	174
工 商	Industry and Commerce	727	706	9	24	605	68
土 地	Land	2966	2921	50	178	2020	673
林 业	Forest	2	1		1		
城 建	City Construction	4566	4400	35	65	1982	2318
交 通	Communication	313	308	1	2	302	3
税 务	Taxes	170	116		1	108	7
其 他	Other	10078	9762	182	339	6664	2577

28−29 妇女参政议政情况

Statistics of Female Joined and discussion politics

单位：人

指标名称	Item	2005	2010	2011	2012
省人大代表	Deputy to the people's congress of Henan	939	947	951	952
#女性	Female	190	177	183	192
市人大代表	Deputy to the people's congress of City	7715	7724	7719	8060
#女性	Female	1620	1522	1583	1644
县人大代表	Deputy to the people's congress of County	37007	37298	37286	37974
#女性	Female	7771	7505	7565	8123
省政协委员	Political Consultative Committee Member of Henan	842	874	872	899
#女性	Female	159	193	202	205
市政协委员	Political Consultative Committee Member of City	6694	6744	6760	7328
#女性	Female	1521	1571	1579	1716
县政协委员	Political Consultative Committee Member of County	26293	30627	33158	34093
#女性	Female	3102	6056	6092	7313

28-30 工会组织情况

Basic Statistics on Trade Unions

单位：万人 (10 000 persons)

年 份	工会基层组织数（万个） Number of Grassroot Trade Unions (10 000 units)	工会组织基层单位的职工与会员人数 Membership and Staff and Workers in Grassroot Trade Unions				工会专职工作人员人数 Number of Full-time Personnel of Trade Unions
		职工人数 Staff and Workers	#女职工 Female	会员人数 Membership	#女会员 Female	
2000	3.61	672.80	255.00	611.60	225.20	2.38
2001	4.86	757.84		700.10		
2002	5.68	811.02	298.59	749.51	270.99	3.28
2003	5.23	777.38	291.23	717.47	263.68	3.55
2004	5.38	785.64	297.21	734.64	266.71	3.20
2005	6.14	841.38	303.38	803.68	281.73	3.06
2006	6.94	905.50	325.51	866.43	306.15	3.36
2007	8.15	1070.20	380.30	1016.70	360.10	4.10
2008	9.13	1164.40	404.10	1125.00	392.10	4.50
2009	10.30	1291.31	443.76	1208.81	419.37	5.09
2010	11.43	1396.41	499.99	1324.06	480.69	6.45
2011	14.89	1517.46	548.67	1441.09	526.66	10.35
2012	19.42	1698.29	625.82	1616.72	602.21	13.02

28-31 妇联干部情况
Cadres of the Women's Federation

单位：人 (person)

项 目	Item	2008	2009	2010	2011	2012
干部总数	**Total Number of Cadres**	**3698**	**3800**	**4403**	**3850**	**3393**
#少数民族干部	Number of Ethnic Minority Cadres	91	93	150	109	93
按行政级别分	By Administration Level					
司局级	Department/Bureau Level	10	36	7	7	7
县处级	County Level	107	114	116	118	115
科以下	Section Chief and Below	3581	3650	4280	3725	3271
按干部年龄分	By Age Group					
35岁以下	35 and Below	1826	1779	1856	1575	1242
36-45岁	36-45	1463	1601	1926	1863	1715
46-55岁	46-55	380	389	577	369	400
56岁以上	56 and Over	29	31	44	43	36
按干部政治面貌分	By Political Status					
共产党员	Chinese Communist Party	3187	3761	3263	2961	3289
共青团员	Communist Youth League	236	178	95	85	120
民主党派	Democratic Parties	15	11	9	15	26
群众	Mass	362	453	483	332	433
按干部文化程度分	By Education Attainments					
博士研究生	Doctorate Degree					
研究生	Master Degree	73	86	89	90	97
大学本科、大专学历	University / College	3355	3624	3432	3012	3457
高中、中专及以下	Senior Middle School and Below	372	693	329	291	314
按行政编制分	By Organization Types					
行政编制	Administration	2807	2929	2514	2254	2469
事业编制	Institution	923	1071	1254	945	1272
招聘干部	Recruitment	70	403	82	194	127
干部参加学历教育情况	**Cadres Attending the Formal Education**					
博士研究生	Doctorate Degree	1	5		1	
硕士研究生	Master Degree	29	20	35	27	33
大学、大专学历	University / College	494	492	475	269	178
干部流动情况	**Movement of Cadres**					
调入	In	212	121	261	202	225
调出	Out	116	111	233	192	186
省（区、市）妇联领导进同级	**Cadres at Provincial Level of the Same Grade**					
党委	CCP Committee	70	61	47	59	27
人大	People's Congress	245	255	211	71	90
政协	CPPCC	163	200	61	40	40

注：妇联干部指在妇联系统工作的专职干部。
a) Cadres of the Women's Federation refer to the full-time cadres who are working in the system of the Women's Federation.

28−32 参加各类保险人数

Active Contributors

单位：万人 (10 000 persons)

年份 Year	养老保险 Basic Pension Insurance	#女性 Female	失业保险 Unemploy-ment Insurance	医疗保险 Basic Medical Insurance	#女性 Female	工伤保险 Work Injury Insurance	#女性 Female	生育保险 Maternity Insurance	#女性 Female
2000	662.68		671.00	287.00		198.00		172.00	
2001	639.05		676.00	456.40		245.00		207.00	
2002	645.53		670.00	537.28		218.79		204.54	
2003	659.25		679.97	567.93		210.61		199.29	
2004	688.70		681.60	590.19		324.72		200.66	
2005	716.17		681.90	640.70		404.00		228.30	
2006	762.60		682.80	704.00		432.90		238.40	
2007	804.68		684.65	726.03		452.32		254.02	
2008	948.57		689.00	840.87		501.20		313.35	
2009	1019.09		694.82	1970.13		521.02		379.76	
2010	1079.33	476.50	696.46	2043.75	910.21	551.74	192.84	412.87	176.54
2011	1168.38	525.34	701.19	2122.26	942.44	655.54	202.45	460.69	203.64
2012	1270.63	578.58	735.50	2222.20	1008.88	720.56	208.47	520.29	228.50

注：2009年起由原来城镇职工基本医疗保险人数加入城镇居民医疗保险人数。

a) Data on basic Medical insurance include urban residents since 2009,before 2009 only refer to urban staff and workers.

28−33 社会保险基金

Social Insurance Funds

单位：亿元 (100 million yuan)

年份 Year	基金收入 Revenue	基金支出 Expenses	累计结余 Balance at the Year-end
2003	187.50	151.10	145.20
2004	216.10	166.90	195.80
2005	257.10	203.20	244.20
2006	298.50	239.20	303.30
2007	365.20	289.60	363.80
2008	540.61	445.51	496.21
2009	558.14	462.74	595.57
2010	609.40	484.90	664.70
2011	723.60	581.25	806.68
2012	872.46	702.51	977.21

28-34 各市参加基本养老保险人数

Number of People Participated in Basic Pension Insurance by City

单位：万人 (10 000 persons)

市(县)	City(County)	2005	2006	2007	2008	2009	2010	2011	2012
省辖市	**City**								
郑州市	Zhengzhou	98.62	108.37	119.00	127.74	141.12	158.14	198.28	251.76
开封市	Kaifeng	27.10	30.50	52.67	55.43	60.22	62.48	59.25	62.14
洛阳市	Luoyang	45.08	45.07	76.86	80.26	85.98	90.60	95.65	100.34
平顶山市	Pingdingshan	22.45	23.30	35.60	36.80	40.01	42.28	44.72	47.63
安阳市	Anyang	42.99	50.00	52.48	55.10	58.78	61.58	65.22	67.63
鹤壁市	Hebi	9.37	9.91	13.24	13.88	14.57	15.37	16.40	17.33
新乡市	Xinxiang	48.90	52.00	53.69	57.75	61.26	65.74	71.49	76.11
焦作市	Jiaozuo	24.50	26.00	41.82	42.08	45.99	48.20	50.70	52.70
濮阳市	Puyang	5.50	18.50	21.01	21.38	24.35	25.86	27.41	28.73
许昌市	Xuchang	21.01	22.99	33.08	34.21	37.07	38.76	40.70	42.50
漯河市	Luohe	17.93	17.90	20.58	20.94	23.10	24.33	25.72	27.69
三门峡市	Sanmenxia	14.79	16.30	21.99	23.58	25.08	26.39	27.51	28.80
南阳市	Nanyang	47.00	31.20	68.27	65.21	72.62	75.38	80.02	83.88
商丘市	Shangqiu	18.37	20.55	34.66	37.45	41.13	43.57	47.52	50.58
信阳市	Xinyang	40.31	31.40	41.97	42.96	48.12	50.60	54.10	58.48
周口市	Zhoukou	20.71	21.35	37.29	40.61	44.15	47.03	51.95	55.48
驻马店市	Zhumadian	14.68	15.11	25.59	26.40	28.68	30.74	34.94	37.22
济源市	Jiyuan	7.28	7.73	9.71	10.25	10.98	11.64	12.49	14.15
省直管县	**Province Administrating County**								
巩义市	Gongyi							8.95	9.95
兰考县	Lankao							3.65	4.79
汝州市	Ruzhou							4.46	4.67
滑县	Huaxian							5.31	5.49
长垣县	Changyuan							3.30	3.56
邓州市	Dengzhou							7.53	7.80
永城市	Yongcheng							7.07	7.53
固始县	Gushi							8.93	11.87
鹿邑县	Luyi							4.29	4.49
新蔡县	Xincai							1.70	2.63

28-35 各市参加基本医疗保险人数

Number of People Participated in Basic Medical Insurance by City

单位：万人 (10 000 persons)

市(县) City(County)	2005	2006	2007	2008	2009	2010	2011	2012
省辖市 City								
郑州市 Zhengzhou	47.00	56.30	64.96	74.76	208.80	230.83	261.64	296.53
开封市 Kaifeng	21.30	28.35	31.68	36.13	86.21	89.95	92.83	99.23
洛阳市 Luoyang	64.50	67.73	74.64	82.99	183.30	189.44	195.91	202.24
平顶山市 Pingdingshan	52.17	52.52	55.55	60.23	120.08	122.88	126.62	128.22
安阳市 Anyang	42.21	45.00	52.51	55.87	116.13	119.94	121.48	122.19
鹤壁市 Hebi	16.03	17.17	18.66	20.39	46.92	38.70	38.80	39.24
新乡市 Xinxiang	44.45	50.40	53.23	55.59	129.51	135.09	141.57	142.18
焦作市 Jiaozuo	29.40	38.60	41.65	43.52	95.45	91.83	93.20	93.97
濮阳市 Puyang	23.30	24.40	39.48	46.68	79.74	79.78	80.30	80.50
许昌市 Xuchang	27.89	28.24	31.01	34.22	85.93	88.61	89.91	90.79
漯河市 Luohe	17.60	17.60	21.42	24.62	64.33	67.84	73.20	78.12
三门峡市 Sanmenxia	22.20	23.61	27.37	28.56	59.11	62.21	64.04	64.93
南阳市 Nanyang	63.93	66.50	63.00	65.60	143.09	154.10	158.33	160.50
商丘市 Shangqiu	35.50	36.62	37.61	39.51	124.87	128.11	135.34	142.24
信阳市 Xinyang	40.30	44.58	47.80	51.30	124.28	128.61	132.62	134.02
周口市 Zhoukou	32.50	35.20	36.65	39.83	112.92	121.12	129.34	137.76
驻马店市 Zhumadian	33.34	35.80	36.01	38.00	106.49	109.13	116.02	121.44
济源市 Jiyuan	5.82	6.39	6.80	8.04	18.58	19.11	19.80	20.88
省直管县 Province Administrating County								
巩义市 Gongyi							13.90	12.93
兰考县 Lankao							6.90	7.19
汝州市 Ruzhou							11.00	11.53
滑县 Huaxian							12.80	13.01
长垣县 Changyuan							8.70	8.76
邓州市 Dengzhou							16.40	16.19
永城市 Yongcheng							18.20	17.22
固始县 Gushi							14.30	14.31
鹿邑县 Luyi							10.30	10.62
新蔡县 Xincai							7.40	9.57

28-36 各市参加失业保险人数

Number of People Participated in Unemployment Insurance by City

单位：万人 (10 000 persons)

市(县)	City(County)	2005	2006	2007	2008	2009	2010	2011	2012
省辖市	**City**								
郑州市	Zhengzhou	78.60	85.52	86.22	87.08	87.74	89.75	92.71	131.24
开封市	Kaifeng	36.20	36.20	36.20	36.20	35.78	34.10	33.96	34.23
洛阳市	Luoyang	60.20	59.04	59.71	59.10	59.78	59.99	60.23	60.83
平顶山市	Pingdingshan	44.20	45.53	45.55	46.60	46.60	46.98	46.98	47.44
安阳市	Anyang	38.12	39.00	39.66	39.90	40.00	40.06	40.28	40.51
鹤壁市	Hebi	17.42	15.56	15.22	15.22	15.20	15.45	15.47	15.75
新乡市	Xinxiang	45.38	36.30	45.38	45.10	44.95	44.90	44.84	45.15
焦作市	Jiaozuo	37.20	34.80	34.44	34.19	34.18	35.40	35.20	35.45
濮阳市	Puyang	19.80	19.40	29.51	29.87	31.26	30.84	31.21	31.04
许昌市	Xuchang	27.61	27.31	27.64	27.01	27.00	27.00	27.00	27.50
漯河市	Luohe	16.00	16.00	14.95	16.86	16.98	17.02	17.10	17.64
三门峡市	Sanmenxia	20.03	22.34	22.35	22.65	22.71	22.70	22.79	23.24
南阳市	Nanyang	61.90	61.70	61.49	61.26	62.61	62.66	63.19	65.01
商丘市	Shangqiu	34.20	34.20	34.86	35.00	35.48	34.91	35.03	35.25
信阳市	Xinyang	39.71	39.20	39.11	39.17	39.29	39.23	39.41	39.70
周口市	Zhoukou	38.00	38.50	38.60	38.63	38.10	38.00	38.12	39.54
驻马店市	Zhumadian	31.80	31.80	31.80	34.03	35.37	36.61	37.04	38.92
济源市	Jiyuan	6.96	7.10	7.05	6.86	6.85	6.86	6.83	7.06
省直管县	**Province Administrating County**								
巩义市	Gongyi							5.90	6.00
兰考县	Lankao							2.90	2.90
汝州市	Ruzhou							3.30	3.40
滑县	Huaxian							4.33	4.33
长垣县	Changyuan							2.82	2.88
邓州市	Dengzhou							5.60	5.61
永城市	Yongcheng							4.80	4.80
固始县	Gushi							5.27	5.30
鹿邑县	Luyi							3.39	3.60
新蔡县	Xincai							3.11	3.20

28-37 各市参加工伤保险人数

Number of People Participated in Work Injury Insurance by City

单位：万人 (10 000 persons)

市(县)	City(County)	2005	2006	2007	2008	2009	2010	2011	2012
省辖市	**City**								
郑州市	Zhengzhou	41.76	44.18	47.30	52.53	55.71	57.84	84.57	134.95
开封市	Kaifeng	20.20	21.60	22.66	25.10	25.93	27.09	32.24	33.00
洛阳市	Luoyang	37.08	38.12	41.52	45.72	47.90	49.50	55.13	60.02
平顶山市	Pingdingshan	16.80	18.66	19.74	21.71	23.09	23.72	29.00	32.13
安阳市	Anyang	24.60	26.00	28.11	31.39	32.59	34.11	40.30	42.77
鹤壁市	Hebi	9.52	9.51	6.42	6.67	7.03	7.44	9.16	11.01
新乡市	Xinxiang	31.70	36.60	36.57	43.21	44.80	48.55	50.93	51.30
焦作市	Jiaozuo	18.00	19.60	20.96	23.11	24.12	25.10	27.48	30.11
濮阳市	Puyang	4.10	4.50	11.91	16.89	17.87	19.04	21.87	22.20
许昌市	Xuchang	12.95	13.64	14.98	16.12	16.73	17.50	21.76	22.23
漯河市	Luohe	9.72	9.70	10.91	13.40	14.15	14.56	17.81	19.56
三门峡市	Sanmenxia	11.25	12.05	12.55	14.01	14.46	15.13	18.13	20.05
南阳市	Nanyang	22.50	29.50	28.77	33.19	34.27	35.65	47.07	49.22
商丘市	Shangqiu	9.72	12.06	11.36	15.23	16.06	16.60	25.71	30.40
信阳市	Xinyang	14.60	16.20	16.20	19.34	20.01	20.95	29.82	32.93
周口市	Zhoukou	13.10	14.40	14.44	16.00	17.00	18.00	28.93	36.78
驻马店市	Zhumadian	11.00	10.40	11.88	14.14	14.60	15.16	24.06	27.19
济源市	Jiyuan	4.31	4.86	5.21	5.44	5.69	5.91	7.28	7.77
省直管县	**Province Administrating County**								
巩义市	Gongyi							4.68	7.43
兰考县	Lankao							1.67	1.67
汝州市	Ruzhou							2.40	2.64
滑县	Huaxian							3.03	3.50
长垣县	Changyuan							3.03	3.03
邓州市	Dengzhou							4.12	4.12
永城市	Yongcheng							12.12	12.35
固始县	Gushi							3.72	4.38
鹿邑县	Luyi							1.90	2.70
新蔡县	Xincai							1.44	1.83

28-38 各市参加生育保险人数

Number of People Participated in Maternity Insurance by City

单位：万人 (10 000 persons)

市(县) City(County)	2005	2006	2007	2008	2009	2010	2011	2012
省辖市 City								
郑州市 Zhengzhou	13.50	17.25	20.79	28.70	37.98	39.95	58.57	75.84
开封市 Kaifeng	21.00	19.34	20.02	21.00	22.01	22.50	23.00	23.61
洛阳市 Luoyang	34.05	35.02	35.52	40.00	43.68	44.70	48.94	52.52
平顶山市 Pingdingshan	16.74	16.75	15.46	20.50	22.31	26.92	28.42	31.47
安阳市 Anyang	20.49	20.00	22.07	23.60	24.73	25.04	25.53	26.37
鹤壁市 Hebi	7.21	7.20	7.51	8.10	9.02	9.51	10.01	10.62
新乡市 Xinxiang	18.20	19.00	22.74	23.70	24.89	26.04	26.84	28.73
焦作市 Jiaozuo	18.00	18.60	20.22	22.00	23.30	24.24	25.59	26.97
濮阳市 Puyang	4.63	4.80	10.51	14.40	17.66	21.72	22.17	22.80
许昌市 Xuchang	14.01	14.14	15.69	16.10	18.01	18.51	19.02	19.63
漯河市 Luohe	1.87	1.90	3.45	5.50	8.35	9.51	11.06	12.43
三门峡市 Sanmenxia	7.55	7.58	8.36	9.60	10.04	11.53	12.62	13.97
南阳市 Nanyang	18.20	17.20	19.22	23.00	25.30	28.80	31.42	34.20
商丘市 Shangqiu	2.51	3.80	4.43	4.80	6.59	6.60	13.52	17.08
信阳市 Xinyang	13.40	14.58	12.01	17.30	20.13	21.87	23.73	26.05
周口市 Zhoukou	0.83	0.87	1.90	11.00	16.93	20.98	24.91	30.27
驻马店市 Zhumadian	14.00	15.00	11.43	17.00	19.11	20.02	21.52	23.56
济源市 Jiyuan	2.80	3.01	2.70	3.00	4.07	4.53	4.84	5.36
省直管县 Province Administrating County								
巩义市 Gongyi							4.50	5.19
兰考县 Lankao							0.60	0.60
汝州市 Ruzhou							2.80	3.06
滑县 Huaxian							2.60	2.69
长垣县 Changyuan							1.00	1.08
邓州市 Dengzhou							2.40	4.41
永城市 Yongcheng							2.70	2.27
固始县 Gushi							3.70	3.85
鹿邑县 Luyi							1.50	1.60
新蔡县 Xincai							1.10	1.19

28－39 新型农村合作医疗情况

Conditions of New Cooperative Medical System

指 标	Indicator	2005	2006	2007	2008	2009	2010	2011	2012
参加新农合人数(万人)	Number of Enrollees (10 000 persons)	1118	3238	6102	7280	7477	7651	7804	7965
参合率 (%)	Enrollment Rate (%)	73.20	80.96	86.95	91.82	94.08	96.51	96.97	97.65
当年筹资总额 (亿元)	Total Fund Raised at Current Year (100 million yuan)	3.07	14.78	31.62	64.96	75.38	115.12	179.86	231.48
人均筹资 (元)	Per Capita Premiums (yuan)	30	50	50	90	100	150	230	290
当年基金支出 (亿元)	Payout at Current Year (100 million yuan)	2.89	9.61	24.56	56.18	69.68	97.61	133.57	223.57
补偿受益人次(万人次)	Number of Beneficiaries from Reimbursement (10 000 person-times)	700	1845	3136	3738	4800	11507	9897	13706

28－40 各市新型农村合作医疗情况(2012年)

Conditions of New Cooperative Medical System by City (2012)

市(县)	City(County)	参加新农合人数(万人) Number of Enrollees (10 000 persons)	人均筹资(元) Per Capita Premiums (yuan)	补偿受益人次(万人次) Number of Beneficiaries from Reimbursement (10 000 person-times)
全省	**Total**	**7965.11**	**290**	**13706.27**
省辖市	**City**			
郑州市	Zhengzhou	424.93	300	1392.60
开封市	Kaifeng	399.28	290	1000.31
洛阳市	Luoyang	470.85	290	1035.97
平顶山市	Pingdingshan	374.59	290	635.93
安阳市	Anyang	427.35	290	359.45
鹤壁市	Hebi	104.17	290	128.83
新乡市	Xinxiang	449.21	290	829.67
焦作市	Jiaozuo	250.69	290	848.72
濮阳市	Puyang	311.13	290	656.51
许昌市	Xuchang	360.77	290	558.54
漯河市	Luohe	205.25	290	253.30
三门峡市	Sanmenxia	158.07	290	166.66
南阳市	Nanyang	946.79	290	1200.44
商丘市	Shangqiu	712.86	290	908.68
信阳市	Xinyang	650.04	290	1131.62
周口市	Zhoukou	970.30	290	1231.13
驻马店市	Zhumadian	695.42	290	1286.58
济源市	Jiyuan	53.41	290	81.33
省直管县	**Province Administrating County**			
巩义市	Gongyi	65.78	290	296.27
兰考县	Lankao	71.06	290	427.78
汝州市	Ruzhou	85.65	290	133.24
滑县	Huaxian	117.53	290	91.60
长垣县	Changyuan	73.95	290	52.91
邓州市	Dengzhou	149.07	290	132.05
永城市	Yongcheng	119.57	300	230.94
固始县	Gushi	130.03	290	342.89
鹿邑县	Luyi	108.44	290	62.98
新蔡县	Xincai	94.04	290	216.97

28−41　由国家支出的社会福利救济主要费用情况
Basic Statistics on Social Welfare Relief Funds from Government

单位：万元　　(10 000 yuan)

项　目	Item	2005	2010	2011	2012
社会福利救济费	**Social Welfare Relief Operating Funds**	**269044**	**1012224**	**1299225**	**1598917**
抚恤事业费	Comfort and Compensate Funds	86312	225361	264593	365464
社会救济福利事业费	Social Welfare Relief Funds	150882	713979	926338	1202074
#农村社会救济费	Rural	56296	362875	522394	428867
城镇社会救济费	Urban	94586	278220	361763	741828
自然灾害救济费	Natural disaster Relief Funds	31850	72885	42181	31379
彩票发行额	**Circulation of lottery**	**155000**	**321660**	**452936**	**568891**

28−42　享受补助、救济人员情况
Statistics on Persons Receiving Subsidies and Relief Funds

项　目	Item	2011	2012
农村贫困户得到救济人次数(人次)	Number of Persons Receiving Traditional Relief in Rural Areas (person-times)	81374	185552
农村集中供养五保人数(人)	Number of Centralized Persons Receiving Livelihood Guaranteed in Five Aspects in Rural Areas(person)	205592	199445
#女性	Female	43501	42829
农村散居五保户人数(人)	Number of Decentralized Persons Receiving Livelihood Guaranteed in Five Aspects in Rural Areas(person)	272273	276753
#女性	Female	57446	59138
社会救济总人数(万人)	Number of persons recciving relief(10 000persons)	559.60	574.99
#城镇	Urban area	143.50	133.44
农村	Rural area	415.80	441.55
城镇居民最低生活保障人数(万人)	Number of Persons Receiving Minimum Living Allowance in Urban Areas(10 000 person)	141.90	133.40
#女性	Female	52.80	51.80
农村居民最低生活保障人数(万人)	Number of Persons Receiving Minimum Living Allowance in Rural Areas(10 000 person)	365.60	372.96
#女性	Female	106.30	113.60

28–43 残疾人事业基本情况
Basic Information of Person with Disabilities

项　目	Item	2005	2008	2009	2010	2011	2012
康复	**Rehabilitation**						
视力残疾康复	Rehabilitation of Persons with Sight Disability						
白内障复明手术(万例)	Sight-restoring Cataract Surgeries (10 000 cases)	4.83	10.01	21.73	3.69	4.97	2.47
#贫困白内障患者免费手术	Free Surgeries for Poor Cataract Patients		2.56	8.00	0.99	2.88	1.22
低视力者配用助视器(人)	Vision-aids Provided for Persons of Low-vision (persons)	2909	1702	1880	1418	9999	14402
盲人定向行走训练数(人)	Blindman Trained with Direction Walking (persons)		570	585	607	10171	8695
聋儿康复	Rehabilitation of Children with Hearing Disability						
年收训聋儿(人)	Hearing and Speech Training (persons)	1996	1922	1864	1925	2457	2324
聋儿入普幼普小率(%)	Enrollment Rate of Trained Children to Ordinary Kindergartens and Primary Schools (%)	33.1	35.2	35.6	26.2	14.7	9.3
培训家长(人)	Parents Trained (person)	1955	1922	1871	1925	3291	2928
精神病防治康复	Prevention and Treatment of Psychiatric Diseases						
开展精神病防治康复工作市县数(个)	Counties Carried on the Works of Prevention and Treatment of Psychiatric Diseases (unit)	27	81	96	117	147	156
综合防治康复精神病人数(万人)	Number of Rehabilitation Persons of Psychiatric Diseases (10 000 persons)	12.74	17.45	21.99	25.54	20.2	20.7
监护率(%)	Guardianship Rate (%)	93.0	78.0	73.4	78.0	68.3	39.9
显好率(%)	Significant Improvement Rate (%)	72.8	72.0	66.8	52.1	57.4	54.3
社会参与率(%)	Social Involvement Rate (%)	62.0	54.0	50.5	40.8	43.5	41.1
肇事率(‰)	Violent Events Rate (‰)	2.0	1.4	5.2	4.1	6.0	1.3
孤独症儿童训练数(人)	Trained Persons with Infantile Autism (person)		68	85	86	169	901
肢体残疾康复(人)	Rehabilitation of Persons with Physical Disability (person)						
肢体残疾人社区康复训练数	Persons Rehabilitated at Community	3875	2430	2839	2213	4777	15026
肢体残疾儿童机构康复训练数	Children Rehabilitated at Institutions	1069	667	674	1040	2519	3287
智力残疾康复(人)	Rehabilitation of Persons with Intellectual Disability (person)						
智残儿童康复训练数	Children Rehabilitated	786	1895	1669	1726	2635	11020
智残儿童家长培训数	Parents Trained	692	1481	1384	1537	2635	11020
麻风畸残康复矫治手术(例)	Leprosy rehabilitation treatment operation (case)			275			
教育	**Education**						
未入学适龄残疾儿童少年(万人)	School-age Disabled Children without Schooling (10 000 persons)	2.40	2.21	1.99	0.61	0.98	0.83
职业教育与培训机构数(个)	Vocational Education and Training Facilities (unit)	213	285	322	327	165	203
教育与培训人数(万人次)	Number of Educated and Trained (10 000 person-times)	5.47	5.71	4.23	5.71	2.59	2.60
就业	**Employment**						
城镇残疾人就业状况(人)	Employment of Urban Handicapped (person)						
当年安排就业	Persons Employed in the Year	46264	35381	37530	30949	34217	39088
#按比例就业	Employed by Quota Scheme	4853	6314	7637	5432	6439	8822
集中就业	Employed at Welfare Enterprises	17742	13803	13614	10326	10748	13022
个体及其他形式就业	Self-employed and Others	27669	15264	16279	15191	16441	17244
未安排就业	Unemployed	282552	104936	98235	79676	72905	66081
农村残疾人就业状况(万人)	Employment of Rural Handicapped (10 000 persons)						
就　业	Employed	164	152	163	157	168	186
未就业	Unemployed	49	50	49	39	37	35
残疾人就业服务机构(个)	Employment Service Institutions for Handicapped (unit)						
省	Provinces	1	1	1	1	1	1
市(含地级市、县级市)	Cities (inc. Cities at County Level)	38	34	32	34	39	27
县	County	87	76	82	81	89	84
市辖区	Districts under the Jurisdiction of Cities	50	44	41	44	38	39
盲人按摩	**Massage by Persons with Visual Disability**						
保健按摩人员培训(人)	Massage Therapists Training (person)	300	420	400	409	1469	1193
医疗按摩人员培训(人)	Keep-fit Massager Training (person)	140	584	296	373	120	624
扶贫	**Poverty Alleviation**						
扶贫开发解决温饱残疾人(万人)	Disabled Persons Overcoming Poverty Through Government's Poverty Reduction Program (10 000 persons)	15.20	12.62	17.41	16.09	13.94	17.61
当地低收入残疾人(万人)	Disabled Persons at the Local Low-income Level (10 000 persons)		56.77	67.66	70.01	62.52	85.02
残联组织建设	**Organization of the Disabled Persons' Federation**						
残疾人工作者数(人)	Workers Working for the Disabled (person)	5955	7043	7497	7605	8574	8743

28-44 各市城乡居民养老保险情况(2012年)

Basic condition of Endowment insurance in urban and rural area by City (2012)

单位：万人 (10 000person)

市(县)	City(County)	年末参加城乡居民养老保险人数 Number of Endowment insurance in uaban and rural area	本年领取养老金人数 Number of getting pension Person
全省	**Total**	**4719.68**	**1140.56**
省辖市	**City**		
郑州市	Zhengzhou	247.34	62.29
开封市	Kaifeng	223.97	54.96
洛阳市	Luoyang	273.43	66.15
平顶山市	Pingdingshan	233.67	57.72
安阳市	Anyang	282.28	59.37
鹤壁市	Hebi	50.99	14.12
新乡市	Xinxiang	252.47	63.23
焦作市	Jiaozuo	153.64	33.66
濮阳市	Puyang	175.95	41.52
许昌市	Xuchang	241.28	58.19
漯河市	Luohe	115.71	32.56
三门峡市	Sanmenxia	100.81	23.08
南阳市	Nanyang	529.59	133.07
商丘市	Shangqiu	412.71	104.47
信阳市	Xinyang	437.99	92.41
周口市	Zhoukou	520.44	130.04
驻马店市	Zhumadian	437.54	106.39
济源市	Jiyuan	29.79	7.25
省直管县	**Province Administrating County**		
巩义市	Gongyi	36.30	10.11
兰考县	Lankao	39.15	10.06
汝州市	Ruzhou	50.45	11.54
滑县	Huaxian	73.33	17.01
长垣县	Changyuan	45.44	11.45
邓州市	Dengzhou	83.27	18.96
永城市	Yongcheng	82.26	18.77
固始县	Gushi	96.18	19.64
鹿邑县	Luyi	44.69	14.46
新蔡县	Xincai	48.28	11.96

28-45 福利彩票发行情况

Issue of Welfare Lottery Ticket

单位：万元 (10 000 yuan)

项目	Item	2006	2007	2008	2009	2010	2011	2012
福利彩票销售点(个)	Sale Place of Welfare Lottery Ticket (unit)	3708	4532	5001	6334	7930	9527	10741
福利彩票销售收入	Sale Revenue of Welfare Lottery Ticket	177671	208325	191362	227658	321660	452936	568891
用于兑奖金额	Value of Exchanging Awards	69891	76373	91848	144592	184334	198052	259373
提取公益金	Extraction Welfare					99533	135248	170328
公益金支出	Welfare Spending					38022	58735	84436

28-46 安全生产基本情况

Basic Statistics on security production

指 标	Indicate	2011	2012
发生伤亡事故总数(起)	**Number of casualty accident(case)**	**10623**	**10775**
#道路交通事故	Traffic accident	6877	6732
工矿商贸企业	Factory、mine and trade Enterprise	128	119
矿山企业	Mine Enterprise	25	18
煤矿企业	Colliery Enterprise	8	5
非煤矿企业	Other mine Enterprise	17	13
非矿山	Factory and trade Enterprise	103	101
消防火灾	Fire	3441	3639
造成死亡总人数(人)	**Number of deaths in accident(person)**	**2033**	**2044**
#道路交通事故	Traffic accident	1670	1636
工矿商贸企业	Factory、mine and trade Enterprise	212	202
矿山企业	Mine Enterprise	58	30
煤矿企业	Colliery Enterprise	36	12
非煤矿企业	Other mine Enterprise	22	18
非矿山	Factory and trade Enterprise	154	172
消防火灾	Fire	20	16
一次死亡3-9人重大事故(起)	**Number of grave accident in which once dead 3~9 persons(case)**	**44**	**49**
#道路交通事故	Traffic accident	32	38
工矿商贸企业	Factory、mine and trade Enterprise	10	10
矿山企业	Mine Enterprise	1	2
煤矿企业	Colliery Enterprise		1
非煤矿企业	Other mine Enterprise	1	1
非矿山	Factory and trade Enterprise	9	8
消防火灾	Fire	2	1
一次死亡3-9人重大事故中死亡人数(人)	**Number of deaths in grave accident**	**197**	**208**
#道路交通事故	Traffic accident	146	154
工矿商贸企业	Factory、mine and trade Enterprise	40	50
矿山企业	Mine Enterprise	5	13
煤矿企业	Colliery Enterprise		9
非煤矿企业	Other mine Enterprise	5	4
非矿山	Factory and trade Enterprise	35	37
消防火灾	Fire	11	4
一次死亡10人以上特大事故(起)	**Number of the gravest accident in which once dead over 10 persons(case)**	**6**	**4**
#道路交通事故	Traffic accident	3	3
工矿商贸企业	Factory、mine and trade Enterprise	3	1
矿山企业	Mine Enterprise	2	
煤矿企业	Colliery Enterprise	2	
非煤矿企业	Other mine Enterprise		
非矿山	Factory and trade Enterprise	1	1
消防火灾	Fire		
一次死亡10人以上特大事故中死亡人数(人)	**Number of deaths in the gravest accident(person)**	**106**	**64**
#道路交通事故	Traffic accident	68	36
工矿商贸企业	Factory、mine and trade Enterprise	38	28
矿山企业	Mine Enterprise	28	
煤矿企业	Colliery Enterprise	28	
非煤矿企业	Other mine Enterprise		
非矿山	Factory and trade Enterprise	10	28
消防火灾	Fire		
煤矿百万吨死亡率(人)	**Deaths per million tons of colliery(person)**	**0.19**	**0.08**
骨干煤矿企业	Backbone coal mining enterprises	0.21	0.06
地方煤矿	Local coal mine	0.14	0.26

28－47　火灾事故发生情况

Basic Statistics on Fires

项　目	Item	2011 Total	2011 #一般 Ordinary	2012 Total	2012 #一般 Ordinary
发生(起)	Fires (case)	3437	3434	5110	5109
死亡(人)	Deaths (person)	20	6	17	13
受伤(人)	Injuries (person)	6	6	15	15
损失折款(万元)	Losses Converted into Cash (10 000 yuan)	3489.00	3485.35	5467.00	5465.00
平均每起事故损失(元)	Average Loss per Fire (yuan)	10151	10150	10698	10697

28－48　各市火灾事故发生情况

Basic Statistics on Fires by City

市(县)	City(County)	2011 事故发生数(起) Number of Traffic Accidents (case)	2011 死亡人数(人) Number of Deaths (person)	2011 受伤人数(人) Number of Injuries (person)	2011 损失折款(万元) Losses Coverted into Cash (10 000 yuan)	2012 事故发生数(起) Number of Traffic Accidents (case)	2012 死亡人数(人) Number of Deaths (person)	2012 受伤人数(人) Number of Injuries (person)	2012 损失折款(万元) Losses Coverted into Cash (10 000 yuan)
全　　省	**Total**	**3437**	**20**	**6**	**3489**	**5110**	**17**	**15**	**5467**
省　辖　市	**City**								
郑　州　市	Zhengzhou	1530	6	5	766	1191	2	1	783
开　封　市	Kaifeng	123			144	177		1	133
洛　阳　市	Luoyang	282			400	534			503
平顶山市	Pingdingshan	79			84	331			211
安　阳　市	Anyang	124			267	271	3		429
鹤　壁　市	Hebi	60	2		50	244			119
新　乡　市	Xinxiang	76	8		101	206		1	100
焦　作　市	Jiaozuo	39			124	157	2		270
濮　阳　市	Puyang	222			115	262			664
许　昌　市	Xuchang	81	1		77	202	6	8	128
漯　河　市	Luohe	50			71	129			88
三门峡市	Sanmenxia	38			128	141	1		173
南　阳　市	Nanyang	274			130	296		1	566
商　丘　市	Shangqiu	109		1	375	269	1	2	376
信　阳　市	Xinyang	38	3		193	111			253
周　口　市	Zhoukou	100			189	186			327
驻马店市	Zhumadian	135			207	273	2		258
济　源　市	Jiyuan	77			68	130		1	86
省直管县	**Province Administrating County**					**322**			**229**
巩　义　市	Gongyi	52	4		27	46			44
兰　考　县	Lankao	21			56	17			7
汝　州　市	Ruzhou	3			6	29			6
滑　　县	Huaxian	34			25	44			14
长　垣　县	Changyuan	5			15	11			37
邓　州　市	Dengzhou	2			12	30			3
永　城　市	Yongcheng	13			13	69			45
固　始　县	Gushi	7			30	12			54
鹿　邑　县	Luyi	19			21	30			14
新　蔡　县	Xincai	6			2	34			5

28-49 各市交通事故发生情况

Basic Statistics on Traffic Accidents by City

市(县)	City(County)	2011 事故发生数(起) Number of Traffic Accidents (case)	2011 死亡人数(人) Number of Deaths (person)	2011 受伤人数(人) Number of Injuries (person)	2011 损失折款(万元) Losses Coverted into Cash (10 000 yuan)	2012 事故发生数(起) Number of Traffic Accidents (case)	2012 死亡人数(人) Number of Deaths (person)	2012 受伤人数(人) Number of Injuries (person)	2012 损失折款(万元) Losses Coverted into Cash (10 000 yuan)
全省	**Total**	**6877**	**1670**	**7398**	**3617.23**	**6731**	**1635**	**7142**	**2825.57**
郑州市	Zhengzhou	967	207	1078	400.15	950	201	1053	458.43
开封市	Kaifeng	290	114	321	77.40	297	113	280	128.46
洛阳市	Luoyang	1015	141	1032	538.93	994	138	1020	533.24
平顶山市	Pingdingshan	458	118	475	247.94	456	117	457	239.05
安阳市	Anyang	455	103	510	118.48	446	105	512	148.69
鹤壁市	Hebi	78	25	78	21.60	78	25	76	20.92
新乡市	Xinxiang	575	73	494	142.56	561	75	485	150.76
焦作市	Jiaozuo	152	75	137	44.38	103	73	90	73.78
濮阳市	Puyang	174	44	208	60.51	177	43	213	92.18
许昌市	Xuchang	102	57	174	241.20	58	37	100	36.69
漯河市	Luohe	109	33	135	19.10	113	48	140	45.85
三门峡市	Sanmenxia	222	79	306	117.54	186	78	228	179.35
南阳市	Nanyang	588	161	633	142.71	636	185	663	137.04
商丘市	Shangqiu	513	109	486	172.91	487	111	445	165.05
信阳市	Xinyang	438	101	519	88.32	539	103	689	161.72
周口市	Zhoukou	344	85	417	291.13	348	74	380	125.38
驻马店市	Zhumadian	155	71	162	51.10	138	65	133	50.02
济源市	Jiyuan	203	47	194	41.01	146	25	163	31.36
高速支队	High-speed Unit	39	27	39	800.26	18	18	15	47.60
省直管县	**Province Administrating County**								
巩义市	Gongyi	26	13	26	33.83	24	10	32	9.02
兰考县	Lankao	21	22	20	10.49	39	17	37	7.44
汝州市	Ruzhou	168	22	162	95.72	168	22	163	96.03
滑县	Huaxian	81	20	71	20.78	86	26	92	27.91
长垣县	Changyuan	30	4	26	8.00	29	7	28	8.30
邓州市	Dengzhou	82	20	71	8.61	78	19	61	7.93
永城市	Yongcheng	102	15	85	11.15	103	15	83	13.78
固始县	Gushi	116	26	144	13.54	114	25	122	30.67
鹿邑县	Luyi	11	2	10	0.29	3	1	5	2.70
新蔡县	Xincai	9	3	9	9.00	9	3	9	1.01

28-50 婚姻登记情况

Basic Statistics on Marriages

项目	Item	1990	1995	2000	2005	2010	2011	2012
准予登记结婚(万对)	**Registered Marriages (10 000 couples)**	**74.26**	**72.03**	**66.18**	**51.33**	**101.40**	**106.31**	**119.13**
初婚(万人)	First Marriages (10 000 person)	144.56	139.39	127.82	96.42	193.17	202.84	229.26
再婚(万人)	Remarriages (10 000 person)	3.97	4.67	4.53	6.25	9.63	9.77	9.00
离婚(万对)	**Divorces (10 000 couples)**			**8.60**	**9.10**	**13.36**	**14.86**	**16.76**
#民政部门	Civil Administration Department	1.94	2.24	2.65	6.08	10.43	11.88	13.96

28-51 各市婚姻登记情况

Basic Statistics on Marriages by City

单位：对 (couples)

市(县)	City(County)	2011 准予登记结婚 Registered Marriages	2011 离婚 Divorces	2011 #民政部门 Civil Administration Department	2012 准予登记结婚 Registered Marriages	2012 离婚 Divorces	2012 #民政部门 Civil Administration Department
全省	**Total**	**1063068**	**148568**	**118781**	**1191308**	**167604**	**139638**
省辖市	**City**						
郑州市	Zhengzhou	94785	21618	19316	100007	25132	22918
开封市	Kaifeng	57835	7170	5925	65338	7807	6595
洛阳市	Luoyang	76146	11255	9471	79960	11650	10545
平顶山市	Pingdingshan	51147	8692	7201	50700	9341	7811
安阳市	Anyang	68409	7935	6146	81692	9513	7893
鹤壁市	Hebi	16172	2075	1567	21967	2601	2144
新乡市	Xinxiang	59684	9978	8303	59452	9731	8194
焦作市	Jiaozuo	40065	6520	5603	42245	8180	7379
濮阳市	Puyang	34698	4446	2916	36676	5706	4257
许昌市	Xuchang	48668	6777	4612	56972	8613	6933
漯河市	Luohe	26211	3999	3282	29642	4653	3916
三门峡市	Sanmenxia	19387	3191	2573	21766	3378	2776
南阳市	Nanyang	110448	15726	11385	120708	17409	13199
商丘市	Shangqiu	108982	10483	8676	134414	13150	10821
信阳市	Xinyang	71708	8474	6202	81160	8354	6203
周口市	Zhoukou	99361	6253	4487	121970	6957	5356
驻马店市	Zhumadian	71599	12652	9903	78637	13821	11267
济源市	Jiyuan	7763	1324	1213	8002	1608	1431
省直管县	**Province Administrating County**						
巩义市	Gongyi	8789	1597	1307	8864	1568	1316
兰考县	Lankao	9204	671	547	10627	859	723
汝州市	Ruzhou	9747	697	445	10638	997	696
滑县	Huaxian	8826	934	704	18440	1624	1361
长垣县	Changyuan	11459	1309	1144	8869	1165	1020
邓州市	Dengzhou	12165	1988	1386	21384	2455	1831
永城市	Yongcheng	12165	1503	1139	18788	2240	1904
固始县	Gushi	16944	1266	1011	18002	1419	1132
鹿邑县	Luyi	11187	202	129	17836	290	215
新蔡县	Xincai	10717	1003	501	11371	878	426

主要统计指标解释

公共管理和社会组织 包括中国共产党机关、国家机构、人民政协和民主党派、群众团体、社会团体和宗教组织、基层群众自治组织。

受理劳动争议案件数 指劳动争议仲裁委员会根据国家有关规定，对劳动争议当事人的申请予以审查，符合受理条件而正式立案、准备处理的劳动争议案件数。

立案 指检察机关对犯罪线索进行初步调查后，认为存在职务犯罪事实并需要追究刑事责任时，依法决定作为刑事案件进行侦查的诉讼活动，是追究犯罪的开始。

大案 贪污贿赂犯罪案件指贪污、贿赂数额在5万元以上，挪用公款案在10万元以上。渎职犯罪大案一般为直接经济损失5万元以上，死亡1人以上或者重伤3人以上的案件；或虽然没有造成经济损失和伤亡，但犯罪情节恶劣或造成严重后果的案件。

要案 指县、处级以上干部的犯罪案件。

决定逮捕 指检察机关对直接受理、自行侦查的案件，认为需要逮捕犯罪嫌疑人时，依据法律作出的逮捕决定。

批准逮捕 指检察机关对公安机关、国家安全机关、监狱管理机关提出逮捕的犯罪嫌疑人进行审查，根据事实，依法作出逮捕决定。

决定起诉 指检察机关对公安机关、国家安全机关、监狱管理机关和检察机关内设机构反贪污贿赂部门移送起诉的刑事犯罪嫌疑人进行审查，根据事实，依法向人民法院提起公诉。

律师 指依法取得律师执业证书，接受委托或者指定，为当事人提供法律服务的执业人员。包括专职律师、兼职律师、公职律师和法律援助律师。

公证人员 指在公证机构依法从事公证工作的人员，包括公证员和公证员助理。

公证书 指公证处在一定时期内办结的公证书。公证书按司法部规定或批准的格式制作，包括国内公证和涉外公证两部分。

调解人员 指在人民调解委员会担负调解民间一般民事纠纷和轻微违法行为引起纠纷的工作人员，包括调解委员会的委员和调解小组的调解员。

调解民间纠纷 指调解委员会依照法律规定，根据自愿原则，用说服教育的方法调解民间发生的有关民事权利和义务的争执，促成当事双方达到协议和谅解，解决纠纷。包括婚姻家庭纠纷，邻里纠纷等，不包括法院受理调解的民事案件数。

法律援助专职律师 指在法律援助机构中持有律师工作证的工作人员。

居民最低生活保障人数 指报告期末在建立居民最低生活保障制度的地区，得到当地政府给予最低生活保障的人口数。

城镇居民最低生活保障 人数指在城镇建立居民最低生活保障制度的地区，得到当地政府给予最低生活保障的非农业人口数，包括“三无”对象，失业人员和在职、下岗、退休人员等；农村居民最低生活保障人数指在建立农村居民最低生活保障制度的地区，得到当地政府或集体给予最低生活保障的农业人口家庭数。

城镇职工基本养老保险

1.**（参保）职工人数** 指报告期末按照国家法律、法规和有关政策规定参加基本养老保险并在社保经办机构已建立缴费记录档案的职工人数，包括中断缴费但未终止养老保险关系的职工人数，不包括只登记未建立缴费记录档案的人数。

2.**（参保）离退休人员人数** 指报告期末参加基本养老保险的离休、退休和退职人员的人数。

3.**基本养老保险基金收入** 指根据国家有关规定，由纳入基本养老保险范围的缴费单位和个人按国家规定的缴费基数和缴费比例缴纳的养老保险基金，以及通过其他方式取得的形成基金来源的收入。包括单位和职工个人缴纳的基本养老保险费、基本养老保险基金利息收入、上级补助收入、下级上解收入、转移收入、财政补贴和其他收入。

4.**基本养老保险基金支出** 指按照国家政策规定的开支范围和开支标准从养老保险基金中支付给参加基本养老保险的个

人的养老金、丧葬抚恤补助，以及由于保险关系转移、上下级之间调剂资金等原因而发生的支出。包括离休金、退休金、退职金、各种补贴、医疗费、死亡丧葬补助费、抚恤救济费、社会保险经办机构管理费、补助下级支出、上解上级支出、转移支出、其他支出等。

5.**基本养老保险基金累计结余**　指截止报告期末基本养老保险基金收支相抵后的累计余额。

基本医疗保险

1.**参保人数**　指报告期末按国家有关规定参加基本医疗保险的人数。包括参加保险的职工人数和退休人员人数。

2.**基金收入**　指根据国家有关规定，由纳入基本医疗保险范围的缴费单位和个人，按国家规定的缴费基数和缴费比例缴纳的基金，以及通过其他方式取得的形成基金来源的款项，包括：单位缴纳的社会统筹基金收入、个人缴纳的个人账户基金收入、财政补贴收入、利息收入、其他收入。

3.**基金支出**　指按照国家政策规定的开支范围和开支标准从社会统筹基金中支付给参加基本医疗保险的职工和退休人员的医疗保险待遇支出，和从个人帐户基金中支付给参加基本医疗保险的职工和退休人员的医疗费用支出，以及其他支出。包括：住院医疗费用支出、门急诊医疗费用支出、个人账户基金支出、其他支出。

4.**基金累计结余**　指截止报告期末基本医疗保险的社会统筹和个人帐户基金累计结余金额。包括银行存款、财政专户、债券投资和其他。

失业保险

1.**参保人数**　指报告期末按照国家法律、法规和有关政策规定参加了失业保险的城镇企业事业单位的职工及地方政府规定参加失业保险的其他人员的人数。

2.**失业保险基金收入**　指按照规定从企业、事业及其他单位筹集的失业保险费及其他并入失业保险基金收入的总额。包括单位和个人缴纳的失业保险费、失业保险基金利息收入、上级补助收入、下级上解收入、转移收入、财政补贴和其他收入。

3.**失业保险基金支出**　指报告期内为保障失业人员和下岗职工基本生活、促进其再就业等支出的基金总额。包括失业救济金、医疗费、死亡丧葬补助费、抚恤救济费、转业训练费支出、失业保险经办机构管理费、补助下级支出、上解上级支出、转移支出和其他支出。

4.**基金累计结余**　指截止报告期末失业保险基金收支相抵后的累计余额。

工伤保险

1.**参加保险人数**　指报告期末依据国家有关规定参加工伤保险的职工人数。

2.**享受保险待遇人数**　指劳动者因工负伤致残、死亡或因患职业病致残，根据有关规定享受工伤保险待遇职工或供养直系亲属人数。包括伤残人数、职业病人数、因工死亡人数、供养直系亲属人数。

3.**基金收入**　指根据国家有关规定，由参加工伤保险的单位按国家规定的缴费基数和缴费比例缴纳的工伤保险基金，以及通过其他形式取得的形成基金来源的款项。包括：单位缴纳的社会统筹基金收入、财政补贴收入、利息收入、其他收入。

4.**基金支出**　指按照国家政策规定的开支范围和开支标准从工伤保险基金中支付给参加工伤保险的人员及供养直系亲属工伤保险待遇支出及其他支出。包括工伤医疗费、伤残补助金、工亡补助金、护理费、丧葬补助费、工伤预防费用、职业康复费用和其他支出。

5.**基金累计结余**　指截止报告期末工伤保险基金累计结余金额。包括银行存款、财政专户、债券投资和其他。

生育保险

1.**参保人数**　指报告期末依据有关规定参加生育保险的职工人数。

2.**基金收入**　指根据国家有关规定，由参加生育保险的单位按照国家规定的缴费基数和缴费比例缴纳的生育保险基金，以及通过其他方式取得的形成基金来源的款项，包括：单位缴纳的基金收入、利息收入和其他收入。

3.**基金支出**　指按照国家政策规定的开支范围和开支标准，从生育保险基金中支付给参加生育保险的职工，因妊娠、分娩和计划生育手术而享受的待遇及其他支出。包括：生育津贴、医疗费用支出及其他支出。

4.**基金累计结余**　指截止报告期末生育保险基金累计结余金额。包括银行存款、财政专户、债券投资和其他。

Explanatory Notes on Main Statistical Indicators

Public management and social organizations including the Chinese communist party organs, state agencies, people's political consultative conference and the democratic parties, mass organizations, social organizations and religious organization, basic autonomous organization of the people.

Number of Labour Dispute Cases Accepted refers to the number of cases of labour dispute submitted that, after being reviewed by the labour dispute arbitration committees in line with the relevant state regulations, are accepted and registered for treatment.

Acceptance of Case refers to the decision made by the procurators office to confirm the act of crime after initial investigation and to start legal proceedings of the case as criminal case.

Large Case In case of corruption and bribery, it refers to the case involves a bribery of over 50,000 yuan, or a misappropriation of over 100,000. In case of offence on dereliction of duty, it refers to the case that causes an economic loss of over 50,000, loss of one life, or severe injury of 3 persons; or a case that displays extremely disgusting behavior of the offender or results in grave aftermath.

Key Case refers to a case committed by government officials with a ranking of division director or county administrator.

Decision on Arrest refers to decision made by procurators office, in accordance with laws, to arrest the suspect(s) in the cases that are accepted and to be investigated by procurators office.

Approval for Arrest refers to the decision made by procurators office, in accordance with laws and relevant facts, to approve the arrest of the suspect(s) that is proposed by the public security departments, state security departments or authority of prisons .

Decision on Prosecution refers to the decision made by procurators office, in accordance with laws and relevant facts, to institute proceedings to the peoples court against the suspect(s) of criminal cases handed over by the public security departments, state security departments or authority of prisons, or by the anti-corruption departments within the procurators office .

Lawyers are legal workers who are employed full time by legal counseling firms to act as legal advisers, agents in criminal or civil lawsuits, or defenders in criminal lawsuits, or to handle non-litigious legal affairs, to advise on matters of law or to write legal papers for others. Both full-time and part time lawyers are included.

Notary Personnel refers to judicial workers of the state notary offices handling notarization work according to law. They include notaries, assistant notaries, and other people working for notary offices.

Notarized Documents refer to the documents settled by notary offices in a year. The notary documents are drawn up in accordance with the regulations of the Ministry of Justice, including domestic documents and foreign-related documents. Domestic documents are divided into two major categories, documents on economic contracts and documents on civil legal relations.

Mediators refer to workers on peoples mediation committees responsible for mediating in civil disputes and cases of slight infraction of the law. They include members of the mediation committees and mediators of mediation groups.

Mediation of Civil Disputes refers to mediation committees work in mediating in civil disputes concerning civil rights and duties through persuasion and education in accordance with the provisions of law on a voluntary basis, so as to solve disputes by helping the parties involved come to an agreement and understanding. These disputes include divorce cases and disputes over property ownership, but exclude the civil cases to be handled by the court.

Lawyer refers to a person Who has acquired a lawyer's practice certificate according to law, Accept entrust to provide legal services for the parties. Include full-time lawyers, part-time lawyer, a public law and legal aid lawyer.

Notary Personnel refers to people working for notary offices including: directors, deputy directors, notaries, assistant notaries and other people providing assistance.

Notary Documents refer to the judicial notary documents drawn up at the request of the interested party and are in accordance with facts and the law and following certain legal proceedings.

Mediation refer to persons work in the people's conciliation committee responsible for mediating civil disputes and general civil illegal behavior caused mild dispute of personnel, include the mediation committee members of the team and the mediator.

Mediate civil disputes According to the principles of voluntary participation, using education method to Mediate folk happen on civil rights and obligations of the dispute. Include marriage family feuds, and neighborhood dispute, etc, not include civil cases accepted by the court.

Legal aid lawyers in full-time refers to the legal aid institutions hold in the working staff lawyer.

Number of Residents Entitled to Minimum Living Allowances include Urban and rural residents Entitled to Minimum Living Allowances. Number of Urban Residents Entitled to Minimum Living Allowances refers to the number of those whose average family income is below a minimum local standard by the end of the reporting period, including both the employed and unemployed, laid off and retired, and those jobless people without stable residence or valid IDs. Number of Rural Residents Entitled to Minimum Living Allowances refers to the number of those receiving the minimum living allowances from the local government or community in the rural areas where this allowances system is in place as of the end of the reporting period.

Basic Pension Insurance

1. Number of staff and workers covered refer to staff and workers participating in the basic pension insurance programme according to national laws, regulations and related policies at the end of the reference period, who have already had payment records in social security management agencies, including those who have interrupt payment without terminating the insurance programme. Those who have registered in the programme but with no payment records are not included.

2. Number of retirees participating in the basic pension insurance programme refer to the number of retirees participating in basic pension insurance programmes by the end of the reference period.

3. Revenue of the basic pension insurance programme refers to payments made by employers and individuals participating in the pension insurance programme in accordance with the basis and proportion stipulated in State regulations, and income from other sources that become source of pension insurance fund, including the premium paid by employers and staff and workers, interest income, subsidies from higher level agencies, income as transfer from subordinate agencies, transferred income, government financial subsidies and other income.

4. Expenditure of basic pension insurance programme refer to payment made on pensions and funeral subsidies to those retired and resigned people covered in pension insurance programmes according to related national policies on scope and standard of expenditure. Also included are expenditure which arises due to shift of the insurance relationship or adjustment of funds among agencies. More specifically, included are pensions for resigned people, pensions for retired people, pension for people quitting jobs, various subsidies, medical fees, funeral subsidies, compensation payments, management fees for social security agencies, expenses on subsidies to lower subordinates, expenses as transfer to agencies at higher level, transferred expenditure and other expenditure.

5. Balance of basic pension insurance programme refers to the balance of basic pension insurance funds at the end of the reference period after deducting expenses from revenue.

Basic Medical Care Insurance

1. Number of people participating in the insurance programme refers to people participating in the basic medical care insurance programme according to related regulations as at the end of reference period.

2. Revenue of the insurance programme refers to payments made by employers and individuals participating in the medical care insurance programme in accordance with the basis and proportion stipulated in State regulations, and income from other sources that become source of medical insurance fund, including income paid by units, individual paid income, financial assistance's income (including individual income from medicaid), financial subsidies' income, interest income and other income.

3. Expenditure of the insurance programme refers to payment made to people covered in basic medical care insurance programme within the scope and standards of expenditure according to related national policies, and medical care payment and other expenses, including medical expenses of hospital inpatients, medical expenses for outpatients and emergency patients, payment from individual accounts and other expenditure.

4. Balance of the basic medical care insurance programme refers to the balance of medical care insurance funds at the end of the reference period.

Unemployment Insurance

1. Number of people covered refers to staff and workers in urban enterprises or institutions who have participated in the unemployment insurance programme according to relevant policies and regulations, and other people who have participated according to local government regulations, as at the end of reference period.

2. Revenue of the unemployment insurance programme refers to the total unemployment insurance funds raised in the reference period, including unemployment insurance premium, interest income, financial subsidies, other income, transferred income, subsidies from higher level agencies and income as transfer from subordinate agencies..

3. Expenditure of the unemployment insurance programme refers to total expenses during the reference period to guarantee the basic livelihood of unemployed people, and to encourage their re-employment. Included are unemployment relief, medical fees, funeral subsidies, compensation payments, training expenses, management fees for unemployment insurance agencies, subsidies to lower level agencies, expenses as transfer to higher level agencies, transferred expenditure and other expenditure.

4. Balance of the unemployment insurance programme refers to the balance of revenue of the programme after deducting expenses at the end of the reference period.

Work Injury Insurance

1. Number of people covered refers to staff and workers who have participated in the work injury insurance programme and number of employees in private business according to relevant national regulations at the end of the reference period.

2. Number of beneficiaries refers to number of people benefited from work injury insurance, as a result of work injury or occupational disease. It is the sum of beneficiaries from the work injury medical treatment withut rating, disabilities and deaths at work places.

3. Revenue of the work injury insurance programme refers to payments made by employers participating in the work injury insurance programme in accordance with the basis and proportion stipulated in State regulations, and income from other sources that become source of work injury insurance fund, including income of social comprehensive funds paid by employers, government financial subsidies, interest income and other income.

4. Expenditure of the work injury insurance programme refers to payments made from work injury insurance funds to those who participated in the work injury insurance programme and their direct dependents within the scope and standards of expenditure according to related national policies, and other expenditure, including medical fees for work injury, injury and disability subsidies, death subsidies, nursing fees, funeral subsidies, injury prevention fees, occupational rehabilitation fees and other expenditure.

5. Balance of the work injury insurance programme refers to the balance of the work injury funds at the end of the reference period.

Maternity Insurance

1. Number of people covered refers to people who have participated in the maternity insurance programme according to relevant regulation at the end of the reporting period.

2. Revenue of maternity insurance refers to payments made by employers participating in the maternity insurance programme in accordance with the basis and proportion stipulated in State regulations, and income from other sources that become source of maternity insurance fund, including income of funds paid by employers, interest income and other income.

3. Expenditure of the maternity insurance programme refers to payments made from maternity insurance funds to staff and workers who participate in the maternity insurance programme within the scope and standards of expenditure in accordance with related national policies, expenses paid for pregnancy, child delivery or surgeries related to family planning, and other expenditure, including allowance for child bearing, medical fees and other expenditure.

4. Balance of the maternity programme refers to the balance of the maternity insurance funds at the end of reference period.

各县（市、区）主要统计指标

Main Indicators by County (City,District)

29-1 各县(市)人口及从业人员(2012年)

Population and Employed Person by County and City (2012)

县 市 County and city	年末总户数(万户) Total Households (year-end) (10 000 household)	年末总人口(万人) Population (year-end) (10 000 persons)	年平均总人口(万人) Average person Per Year (10 000 persons)	常住人口(万人) Resident population (10 000 persons)	从业人员(万人) Employment (10 000 persons)	第一产业 Primary Industry	第二、三产业 Secondary Industry and Tertiary Industry	城镇单位从业人员 Employed Persons in Urban Unit	乡村从业人员 Employed Persons in Rural Area
郑州市 Zhengzhou									
中牟县 Zhongmu	17.53	92.35	88.11	92.35	50.62	26.67	23.95	10.05	40.56
巩义市 Gongyi	21.63	81.32	81.17	81.32	43.57	8.69	34.89	10.51	33.07
荥阳市 Xingyang	17.68	61.45	61.43	61.45	40.62	11.53	29.08	9.15	31.47
新密市 Xinmi	21.08	80.00	79.99	80.00	43.58	8.54	35.04	10.20	33.38
新郑市 Xinzheng	19.11	76.85	75.79	76.85	41.12	14.71	26.41	11.67	29.45
登封市 Dengfeng	17.51	67.76	67.54	67.76	45.16	14.50	30.66	10.89	34.27
开封市 Kaifeng									
杞县 Qixian	35.51	110.55	110.28	95.11	73.85	40.42	33.43	14.32	59.52
通许县 Tongxu	17.81	63.21	63.06	56.45	39.69	26.59	13.10	6.52	33.17
尉氏县 Weishi	25.59	94.67	94.39	87.48	68.67	27.27	41.40	18.82	49.85
开封县 Kaifeng	20.93	74.90	74.70	69.50	52.24	21.83	30.41	8.50	43.74
兰考县 Lankao	26.19	83.24	83.02	66.86	51.03	20.22	30.81	6.15	44.89
洛阳市 Luoyang									
孟津县 Mengjin	15.38	45.50	45.47	41.69	30.50	10.40	20.10	3.20	21.50
新安县 Xinan	15.60	52.50	52.44	47.32	38.40	15.00	23.40	3.40	31.90
栾川县 Luanchuan	10.53	33.40	33.37	34.42	23.50	9.80	13.70	2.90	18.80
嵩县 Songxian	16.94	59.10	59.00	50.90	38.40	19.20	19.20	2.10	31.80
汝阳县 Ruyang	12.58	47.40	47.22	41.15	32.90	18.80	14.10	1.90	29.30
宜阳县 Yiyang	19.21	68.80	69.12	60.41	45.00	23.60	21.40	2.50	39.10
洛宁县 Luoning	13.52	48.40	48.34	42.39	32.00	16.80	15.20	2.20	27.90
伊川县 Yichuan	25.09	81.80	80.88	76.01	52.80	23.40	29.40	3.10	42.90
偃师市 Yanshi	18.16	59.75	59.75	56.20	41.90	8.50	33.40	3.10	33.70
平顶山市 Pingdingshan									
宝丰县 Baofeng	16.05	52.30	52.19	49.38	31.90	15.10	16.80	3.87	28.03
叶县 Yexian	24.39	89.50	89.26	78.10	56.41	32.06	24.35	4.89	51.51
鲁山县 Lushan	24.34	93.27	93.00	78.58	51.35	28.21	23.15	3.85	47.50
郏县 Jiaxian	18.75	62.44	62.25	57.40	38.35	24.01	14.34	2.74	35.61
舞钢市 Wugang	11.66	33.81	33.70	31.70	21.08	9.49	11.59	4.60	16.48
汝州市 Ruzhou	29.81	106.01	105.83	93.22	60.80	26.56	34.24	8.92	51.88
安阳市 Anyang									
安阳县 Anyang	29.09	99.24	99.03	85.28	67.17	28.34	38.83	6.62	56.00
汤阴县 Tangyin	14.29	49.55	49.45	43.17	31.12	13.90	17.22	3.50	25.12
滑县 Huaxian	39.75	134.52	134.21	114.10	77.79	39.45	38.34	9.72	68.07
内黄县 Neihuang	19.70	76.68	76.51	68.11	54.42	24.42	29.99	3.52	46.55
林州市 Linzhou	29.97	105.63	105.45	78.87	69.21	21.07	48.14	11.58	53.79
鹤壁市 Hebi									
浚县 Xunxian	19.75	69.53	69.32	66.83	41.70	18.37	23.33	2.30	35.94
淇县 Qixian	8.60	28.66	28.57	27.22	18.73	6.94	11.79	2.56	14.53

29-1 续表 1 continued

县 市 County and city	年末总户数（万户）Total Households (year-end) (10 000 household)	年末总人口（万人）Population (year-end) (10 000 persons)	年平均总人口（万人）Average person Per Year (10 000 persons)	常住人口（万人）Resident population (10 000 persons)	从业人员（万人）Employ-ment (10 000 persons)	第一产业 Primary Industry	第二、三产业 Secondary Industry and Tertiary Industry	城镇单位从业人员 Employed Persons in Urban Unit	乡村从业人员 Employed Persons in Rural Area
新乡市 Xinxiang									
新乡县 Xinxiang	8.76	33.94	33.86	33.92	23.37	2.97	20.40	3.30	18.99
获嘉县 Huojia	11.64	43.10	42.91	40.32	28.51	10.49	18.02	3.60	23.35
原阳县 Yuanyang	18.24	72.98	72.72	65.85	39.08	16.61	22.47	2.94	34.40
延津县 Yanjin	13.34	49.25	49.03	46.90	28.09	13.11	14.98	2.59	24.15
封丘县 Fengqiu	21.04	80.65	80.32	72.95	40.49	18.27	22.22	2.59	36.08
长垣县 Changyuan	25.66	84.98	84.77	75.30	47.79	21.47	26.32	7.04	40.75
卫辉市 Weihui	15.92	51.16	51.02	49.68	26.62	16.58	10.04	3.62	21.98
辉县市 Huixian	25.52	83.62	83.27	73.86	42.76	18.15	24.61	5.57	35.97
焦作市 Jiaozuo									
修武县 Xiuwu	7.29	28.20	29.40	26.17	18.01	7.88	10.13	5.09	12.92
博爱县 Boai	10.43	39.47	42.70	36.91	26.44	10.21	16.23	6.35	20.09
武陟县 Wuzhi	18.79	72.46	73.39	68.77	44.66	24.23	20.43	9.24	35.42
温县 Wenxian	13.73	44.68	44.57	41.80	32.53	13.62	18.91	8.76	23.77
沁阳市 Qinyang	11.15	48.82	48.73	44.59	35.03	10.79	24.24	10.24	24.79
孟州市 Mengzhou	11.19	38.17	38.10	36.46	27.94	6.50	21.43	7.99	19.94
濮阳市 Puyang									
清丰县 Qingfeng	18.45	70.18	69.97	63.69	43.73	22.23	21.50	4.69	39.04
南乐县 Manle	12.85	52.86	52.72	47.11	30.33	13.66	16.67	3.90	26.43
范县 Fanxian	15.58	54.50	54.35	47.44	33.46	16.15	17.31	4.08	29.38
台前县 Taiqian	9.45	37.26	37.14	32.81	23.51	10.49	13.02	3.59	19.92
濮阳县 Puyang	30.84	113.35	113.06	101.70	68.94	40.07	28.87	9.62	59.32
许昌市 Xuchang									
许昌县 Xuchang	26.23	88.50	88.12	76.63	46.00	17.00	29.00	4.00	36.00
鄢陵县 Yanling	18.67	65.41	65.27	54.96	38.00	13.00	25.00	3.00	29.00
襄城县 Xiangcheng	26.18	85.42	85.04	66.93	71.00	26.00	45.00	3.00	46.00
禹州市 Yuzhou	37.95	126.52	126.24	112.82	85.00	34.00	51.00	7.00	62.00
长葛市 Changge	20.44	76.53	76.22	67.98	52.00	14.00	38.00	5.00	35.00
漯河市 Luohe									
舞阳县 Wuyang	17.27	60.61	60.45	54.16	36.61	20.91	15.70	4.56	32.05
临颍县 Linying	20.94	76.06	75.89	71.38	62.69	37.03	25.66	22.08	40.61
三门峡市 Sanmenxia									
渑池县 Mianchi	11.93	35.21	35.18	34.73	20.86	8.98	11.88	4.04	16.82
陕县 Shanxian	11.49	34.31	34.27	34.48	18.36	10.14	8.22	3.45	14.91
卢氏县 Lushi	12.87	36.23	36.19	35.32	20.79	12.79	8.00	2.78	18.01
义马市 Yima	4.95	16.53	16.51	14.53	11.79	1.06	10.73	9.39	2.40
灵宝市 Lingbao	21.24	73.94	73.85	72.26	45.82	26.87	18.95	9.58	36.24
南阳市 Nanyang									
南召县 Nanzhao	22.05	64.35	64.21	55.14	37.42	21.90	15.53	5.21	32.21
方城县 Fangcheng	34.59	107.37	107.13	90.81	70.20	38.74	31.46	6.47	63.74
西峡县 Xixia	16.66	46.32	46.20	44.15	36.96	18.30	18.67	9.93	27.03
镇平县 Zhenping	30.17	101.90	101.71	85.08	55.60	24.80	30.80	7.95	47.65

29-1 续表 2 continued

县 市 County and city	年末总户数(万户) Total Households (year-end) (10 000 household)	年末总人口(万人) Population (year-end) (10 000 persons)	年平均总人口(万人) Average person Per Year (10 000 persons)	常住人口(万人) Resident population (10 000 persons)	从业人员(万人) Employment (10 000 persons)	第一产业 Primary Industry	第二、三产业 Secondary Industry and Tertiary Industry	城镇单位从业人员 Employed Persons in Urban Unit	乡村从业人员 Employed Persons in Rural Area
内乡县 Neixiang	22.95	70.97	70.84	56.68	35.80	15.45	20.35	5.04	30.75
淅川县 Xichuan	22.13	70.48	73.17	67.58	42.24	19.88	22.35	10.80	31.44
社旗县 Sheqi	23.22	72.60	72.06	62.75	45.85	26.09	19.77	5.47	40.38
唐河县 Tanghe	42.36	142.73	141.90	124.49	71.14	38.36	32.78	7.37	63.76
新野县 Xinye	23.25	82.21	81.91	61.75	52.90	23.07	29.83	9.26	43.64
桐柏县 Tongbai	16.66	47.00	46.92	38.97	25.58	12.48	13.10	4.30	21.29
邓州市 Dengzhou	48.79	174.78	174.43	145.07	98.09	50.73	47.36	10.73	87.36
商丘市 Shangqiu									
民权县 Minquan	28.23	90.15	89.93	72.92	46.00	23.60	22.40	3.43	44.76
睢县 Suixian	23.99	86.20	86.00	66.80	54.12	27.36	26.76	4.20	47.48
宁陵县 Ningling	17.60	64.33	64.17	52.70	39.83	19.49	20.34	3.22	33.19
柘城县 Zhecheng	29.57	101.22	100.98	69.80	53.63	27.09	26.54	3.13	44.01
虞城县 Yucheng	34.65	117.20	116.91	90.00	65.92	35.03	30.89	3.49	61.65
夏邑县 Xiayi	37.61	119.37	119.09	90.10	64.66	29.27	35.40	3.15	59.09
永城市 Yongcheng	40.82	152.32	151.90	122.50	99.67	30.48	69.20	19.74	79.93
信阳市 Xinyang									
罗山县 Luoshan	22.62	74.92	74.72	53.32	43.77	20.66	23.11	3.70	37.79
光山县 Guangshan	29.29	83.46	83.28	60.75	48.18	22.60	25.58	3.66	41.50
新县 Xinxian	14.65	36.00	35.89	29.16	23.51	7.59	15.92	2.50	18.10
商城县 Shangcheng	23.51	77.35	77.13	52.53	39.88	16.29	23.59	3.45	35.28
固始县 Gushi	54.24	172.60	172.20	106.00	99.43	40.79	58.64	12.82	86.61
潢川县 Huangchuan	25.77	84.88	84.69	66.50	49.73	28.48	21.25	4.57	43.28
淮滨县 Huaibin	22.63	75.21	75.03	57.50	46.25	19.42	26.83	4.63	38.22
息县 Xixian	32.34	102.13	101.85	82.66	57.09	33.17	23.92	3.69	51.00
周口市 Zhoukou									
扶沟县 Fugou	22.56	75.02	74.86	60.20	46.30	22.55	23.75	9.00	37.30
西华县 Xihua	27.92	95.30	95.05	76.30	57.88	26.28	31.62	7.17	50.71
商水县 Shangshui	32.86	121.97	121.69	90.00	77.08	38.88	38.20	11.62	65.46
沈丘县 Shenqiu	35.60	128.72	128.46	95.60	76.91	40.45	36.44	8.03	68.88
郸城县 Dancheng	44.21	132.26	131.98	96.00	84.41	42.35	42.06	7.55	76.86
淮阳县 Huaiyang	39.06	129.10	128.80	99.30	85.90	47.84	38.03	17.85	68.05
太康县 Taikang	40.79	148.01	147.66	106.40	88.10	51.74	36.30	12.71	75.39
鹿邑县 Luyi	36.87	119.60	119.35	88.89	72.66	28.87	43.79	5.44	67.22
项城市 Xiangcheng	39.86	122.60	122.35	97.40	73.74	29.18	44.61	13.31	60.43
驻马店市 Zhumadian									
西平县 Xiping	21.67	87.95	87.72	69.07	65.69	12.48	53.22	10.10	55.60
上蔡县 Shangcai	37.66	149.36	148.99	102.37	87.19	53.41	33.78	7.27	79.91
平舆县 Pingyu	25.78	99.10	98.86	71.98	72.76	34.49	38.27	13.89	58.86
正阳县 Zhengyang	23.49	81.53	81.33	62.82	49.21	25.06	24.15	5.12	44.09
确山县 Queshan	15.53	53.58	53.45	40.54	29.62	11.80	17.81	5.92	23.70
泌阳县 Biyang	24.21	90.57	90.36	68.70	59.22	23.39	35.82	10.24	48.97
汝南县 Runan	22.23	84.15	83.94	65.59	53.31	28.83	24.48	6.28	47.09
遂平县 Suiping	16.40	55.48	55.37	41.62	38.66	18.48	20.18	7.67	30.99
新蔡县 Xincai	27.90	111.23	110.99	83.48	69.34	34.63	34.71	4.20	65.14

29−2 各县(市)生产总值和指数(2012年)

县 市 County and city	生产总值 (万元) Gross Domestic Products (10 000 yuan)	第一产业 Primary Industry	第二产业 Secondary Industry	#工业 Industry	第三产业 Tertiary Industry
郑州市 Zhengzhou					
中牟县 Zhongmu	4829216	488360	3422531	3194249	918325
巩义市 Gongyi	5278013	101528	3736918	3560665	1439567
荥阳市 Xingyang	4580493	246066	3188829	3015600	1145598
新密市 Xinmi	5129160	155800	3484293	3308033	1489067
新郑市 Xinzheng	5313974	199846	3659830	3480247	1454298
登封市 Dengfeng	4311803	121207	3120991	3008234	1069605
开封市 Kaifeng					
杞县 Qixian	2021907	722972	741801	700481	557134
通许县 Tongxu	1602226	432407	666170	621466	503649
尉氏县 Weishi	2408685	473464	1397257	1319323	537964
开封县 Kaifeng	1615571	470140	618317	579623	527114
兰考县 Lankao	1689846	321370	799494	761406	568982
洛阳市 Luoyang					
孟津县 Mengjin	1754308	221042	1116599	992688	416667
新安县 Xinan	3294043	197080	2553613	2381672	543350
栾川县 Luanchuan	1590480	135459	1164561	1110698	290460
嵩县 Songxian	1340645	284549	633319	549029	422777
汝阳县 Ruyang	1071666	133251	670266	593980	268149
宜阳县 Yiyang	1752567	288422	892149	761191	571996
洛宁县 Luoning	1325036	286770	659106	581891	379160
伊川县 Yichuan	2768436	289149	1916106	1751887	563181
偃师市 Yanshi	4321509	265853	2704919	2497940	1350737
平顶山市 Pingdingshan					
宝丰县 Baofeng	2232963	163114	1526170	1482470	543679
叶县 Yexian	1682730	365406	993601	952738	323723
鲁山县 Lushan	1101106	200484	478664	438345	421958
郏县 Jiaxian	1206949	204905	730051	694371	271993
舞钢市 Wugang	1027791	101858	573733	531792	352200
汝州市 Ruzhou	3204341	350564	1846442	1739489	1007335
安阳市 Anyang					
安阳县 Anyang	3459509	317437	2258140	2114242	883932
汤阴县 Tangyin	1283678	218445	774372	747990	290861
滑县 Huaxian	1638306	590508	655383	580946	392415
内黄县 Neihuang	1290750	456393	521722	470787	312635
林州市 Linzhou	4037843	210245	2725671	2376854	1101927
鹤壁市 Hebi					
浚县 Xunxian	1212153	291117	653420	598685	267616
淇县 Qixian	1461963	179690	1152488	1096665	129785

Gross Domestic Product and Its indices by County and City (2012)

人均生产总值(元)(按常住人口计算) Per Capita GDP(yuan) (calculated at residents)	生产总值指数(%)(上年=100) Indices of Gross Domestic Products(%) (preceding year=100)	第一产业 Primary Industry	第二产业 Secondary Industry	#工业 Industry	第三产业 Tertiary Industry	人均生产总值指数(%) Indices of Per Capita GDP (%)
54809	115.6	104.3	121.8	123.0	107.4	102.7
65024	110.9	104.1	111.8	111.9	108.3	110.6
74571	111.1	104.0	112.8	112.9	107.6	111.1
64123	112.9	104.4	112.6	112.5	114.7	112.7
70114	115.3	103.8	116.9	117.2	112.8	114.7
63841	111.4	104.2	112.4	112.5	108.1	110.7
21223	111.5	104.5	116.5	116.6	114.2	111.8
28340	111.4	104.6	115.5	115.4	112.2	111.7
27489	113.2	104.4	117.6	117.8	109.3	113.6
23209	111.4	104.5	116.3	116.6	112.0	111.7
25235	111.2	104.6	114.4	113.9	110.7	111.9
42135	113.4	105.8	115.4	115.9	113.3	113.1
69723	112.8	104.6	113.3	113.4	112.2	112.5
46248	113.8	104.3	114.5	114.5	112.2	113.6
26362	112.2	104.5	113.9	113.9	114.7	112.0
26116	112.2	110.1	114.2	114.3	108.7	111.8
29064	111.0	104.8	112.4	112.2	112.3	114.0
31321	111.0	104.4	112.6	112.7	112.6	110.7
36484	110.0	104.7	110.2	110.1	111.7	109.8
77032	110.4	103.5	111.8	111.7	108.8	120.7
45324	111.3	104.3	112.4	112.4	110.1	110.9
21587	110.6	104.3	113.9	114.0	105.9	110.2
13975	111.1	104.5	112.8	112.0	112.2	111.3
21045	108.8	104.2	110.8	110.7	106.3	108.6
32499	102.1	104.4	99.8	99.2	108.3	101.6
34396	110.1	104.5	110.0	109.9	112.4	109.8
40543	107.8	104.2	109.0	109.2	105.5	107.5
29696	112.6	104.3	115.3	115.5	109.5	112.5
13981	109.5	104.5	112.7	112.6	111.9	115.2
18925	109.0	104.1	112.1	113.4	109.5	110.0
51101	112.9	104.5	114.4	115.4	109.7	113.0
18218	112.1	104.3	117.9	117.1	105.4	111.8
53784	114.2	104.1	116.1	115.8	110.9	113.6

29-2 续表 1

县 市 County and city	生产总值（万元）Gross Domestic Products (10 000 yuan)	第一产业 Primary Industry	第二产业 Secondary Industry	#工业 Industry	第三产业 Tertiary Industry
新乡市 Xinxiang					
新乡县 Xinxiang	1810424	119311	1455839	1353662	235274
获嘉县 Huojia	764015	144679	470726	430544	148610
原阳县 Yuanyang	928978	243597	454985	380893	230396
延津县 Yanjin	921036	227606	482763	424196	210667
封丘县 Fengqiu	953670	340365	399807	283195	213498
长垣县 Changyuan	1938142	284329	1039608	869981	614205
卫辉市 Weihui	1036441	206074	466562	400577	363805
辉县市 Huixian	2765802	353011	2001141	1878087	411650
焦作市 Jiaozuo					
修武县 Xiuwu	935764	122773	578412	536884	234579
博爱县 Boai	1813353	157223	1313637	1253225	342493
武陟县 Wuzhi	2164999	292036	1436827	1360776	436136
温县 Wenxian	1901021	191441	1362589	1306934	346991
沁阳市 Qinyang	3005767	165988	2158408	2084413	681371
孟州市 Mengzhou	2281915	175116	1781977	1708800	324822
濮阳市 Puyang					
清丰县 Qingfeng	1400229	362146	777102	738924	260981
南乐县 Manle	1079613	272103	594658	565633	212852
范县 Fanxian	1034859	142327	646202	620611	246330
台前县 Taiqian	679200	85052	426529	402130	167619
濮阳县 Puyang	2356883	358515	1612502	1566054	385866
许昌市 Xuchang					
许昌县 Xuchang	2106429	374553	1194184	1080149	537692
鄢陵县 Yanling	2050896	505840	1037420	926471	507636
襄城县 Xiangcheng	2558166	347169	1713751	1625156	497246
禹州市 Yuzhou	4034510	298726	2816947	2645557	918837
长葛市 Changge	3703704	234069	2853594	2736019	616041
漯河市 Luohe					
舞阳县 Wuyang	1091732	199297	743519	703255	148916
临颍县 Linying	2159305	300829	1610717	1548482	247759
三门峡市 Sanmenxia					
渑池县 Mianchi	1893132	170754	1343001	1283436	379377
陕县 Shanxian	1301579	168067	677284	620653	456228
卢氏县 Lushi	611147	143090	244334	193853	223723
义马市 Yima	1617646	8158	1418589	1354198	190899
灵宝市 Lingbao	4412404	384145	3228555	3148963	799704
南阳市 Nanyang					
南召县 Nanzhao	1132996	149934	693216	629417	289846
方城县 Fangcheng	1318130	321918	606796	531115	389416
西峡县 Xixia	1751289	231854	1137984	1019282	381451

continued

人均生产总值(元)(按常住人口计算) Per Capita GDP(yuan) (calculated at residents)	生产总值指数(%)(上年=100) Indices of Gross Domestic Products(%) (preceding year=100)	第一产业 Primary Industry	第二产业 Secondary Industry	#工业 Industry	第三产业 Tertiary Industry	人均生产总值指数(%) Indices of Per Capita GDP (%)
53587	115.9	104.5	117.7	118.6	107.0	115.9
19008	111.0	104.6	115.0	114.9	106.7	111.0
14150	111.9	104.6	116.9	119.2	107.9	112.0
19695	112.9	104.4	119.1	119.8	105.0	112.9
13121	109.4	104.5	114.6	116.1	107.7	110.5
24986	112.5	104.5	115.4	116.2	111.0	116.6
20938	111.6	104.4	116.5	116.1	109.2	111.5
37543	112.1	104.6	114.0	114.5	108.8	112.2
34108	102.9	104.5	99.4	98.4	112.6	107.8
45045	111.7	104.7	113.5	114.0	107.8	121.1
30891	112.5	104.8	114.7	114.9	109.1	114.7
45427	111.1	104.9	112.6	113.0	108.1	111.7
67325	113.1	104.5	115.0	115.3	108.7	113.4
62552	113.3	104.5	114.6	115.1	110.5	113.7
22044	114.6	104.7	119.9	120.2	110.0	114.5
23910	114.3	104.5	119.7	120.0	108.7	112.7
21939	116.1	104.4	120.5	120.6	109.4	115.5
20912	116.0	104.6	119.8	120.2	109.0	116.7
22866	116.6	104.7	120.1	120.3	110.1	118.2
27512	110.8	103.6	112.3	112.1	111.4	110.9
37337	110.8	104.0	114.6	115.0	109.6	111.0
38230	112.5	103.8	114.5	114.3	111.5	112.6
35780	112.2	103.9	113.3	113.1	110.8	112.4
54275	113.3	103.9	114.7	114.8	110.5	114.0
20187	112.1	104.2	114.7	114.6	109.3	111.9
30290	113.0	104.3	115.0	115.0	109.2	112.9
54491	113.3	105.0	115.1	115.1	109.7	113.2
37738	112.8	103.8	116.2	115.8	110.1	112.6
17307	113.1	106.8	118.4	119.0	111.2	112.9
111269	111.5	105.7	111.4	111.0	112.2	111.4
61044	112.3	105.2	114.8	114.8	106.0	112.2
20631	109.5	104.5	110.8	109.8	108.9	110.0
14536	111.0	104.7	115.2	115.8	109.8	111.9
39779	111.8	104.7	114.1	114.4	108.8	112.2

29-2 续表 2

县 市 County and city	生产总值（万元）Gross Domestic Products (10 000 yuan)	第一产业 Primary Industry	第二产业 Secondary Industry	#工业 Industry	第三产业 Tertiary Industry
镇平县 Zhenping	1786956	254630	1004287	907050	528039
内乡县 Neixiang	1183876	293018	569122	471644	321736
淅川县 Xichuan	1557629	292440	910166	814936	355023
社旗县 Sheqi	1024253	291908	454102	400321	278243
唐河县 Tanghe	2110717	594495	985373	858866	530849
新野县 Xinye	1974735	369906	1133874	1078563	470955
桐柏县 Tongbai	1270204	171930	833317	770791	264957
邓州市 Dengzhou	2834572	847682	1254034	1143388	732856
商丘市 Shangqiu					
民权县 Minquan	1312475	367012	484421	424487	461042
睢县 Suixian	1126872	385220	430436	364070	311216
宁陵县 Ningling	742493	198395	329530	299537	214568
柘城县 Zhecheng	1273357	400001	431503	376740	441853
虞城县 Yucheng	1629889	427350	672873	604251	529666
夏邑县 Xiayi	1440046	427130	560618	493435	452298
永城市 Yongcheng	3644380	546903	2241990	2061665	855487
信阳市 Xinyang					
罗山县 Luoshan	1180909	352872	416046	317888	411991
光山县 Guangshan	1222709	378167	469039	386029	375503
新县 Xinxian	782988	190773	330470	258370	261745
商城县 Shangcheng	1135430	334048	447768	325718	353614
固始县 Gushi	2129540	734430	715457	579128	679653
潢川县 Huangchuan	1608869	496097	569471	471301	543301
淮滨县 Huaibin	1019342	297630	404258	348558	317454
息县 Xixian	1350937	407691	541487	467551	401759
周口市 Zhoukou					
扶沟县 Fugou	1190697	336159	593919	540442	260619
西华县 Xihua	1287682	460425	585300	508180	241957
商水县 Shangshui	1465681	546032	533418	472820	386231
沈丘县 Shenqiu	1639920	381840	776846	695216	481234
郸城县 Dancheng	1714391	461564	934119	874752	318708
淮阳县 Huaiyang	1594174	583882	665922	590890	344370
太康县 Taikang	1518183	491546	630953	557487	395684
鹿邑县 Luyi	1914108	465819	935471	850800	512818
项城市 Xiangcheng	1957668	370537	1105552	1030510	481579
驻马店市 Zhumadian					
西平县 Xiping	1369058	420434	547348	499039	401276
上蔡县 Shangcai	1488238	352131	585723	525564	550384
平舆县 Pingyu	1320660	350165	592018	493656	378477
正阳县 Zhengyang	1142584	448795	362000	314198	331789
确山县 Queshan	1026444	276690	472146	428395	277608
泌阳县 Biyang	1392433	459529	580872	521540	352032
汝南县 Runan	1199331	411023	441988	392888	346320
遂平县 Suiping	1219141	279706	584521	513092	354914
新蔡县 Xincai	1295414	452442	483833	419274	359139

continued

人均生产总值(元)(按常住人口计算) Per Capita GDP(yuan) (calculated at residents)	生产总值指数(%)(上年=100) Indices of Gross Domestic Products(%) (preceding year=100)	第一产业 Primary Industry	第二产业 Secondary Industry	#工业 Industry	第三产业 Tertiary Industry	人均生产总值指数(%) Indices of Per Capita GDP (%)
21037	110.5	104.3	112.8	112.6	109.1	111.1
20920	110.5	104.8	114.6	113.5	108.4	111.3
23096	110.8	104.5	113.4	113.7	109.8	111.7
16381	110.3	104.6	115.7	115.3	108.1	110.9
16859	109.0	104.6	112.0	113.1	108.5	110.7
31993	111.5	104.5	115.2	115.4	108.2	112.5
32666	109.0	104.4	110.1	109.4	109.0	109.6
19517	110.2	104.5	113.0	112.7	111.2	110.9
17965	111.5	104.5	116.4	117.6	111.8	109.4
16769	110.8	104.8	115.4	116.9	111.5	114.3
14010	111.0	105.5	115.2	116.1	109.8	110.5
18113	110.9	104.7	116.5	117.9	111.5	117.1
17526	111.2	104.6	116.1	117.5	111.1	114.4
15912	110.9	105.0	115.8	117.3	110.8	111.6
29653	110.3	104.7	110.7	110.5	113.6	111.0
22770	110.4	104.8	113.2	114.0	111.3	107.2
20507	110.2	104.7	112.7	113.2	111.9	108.0
27590	110.0	104.5	111.6	112.2	111.3	106.8
22256	111.2	104.9	115.2	117.0	111.3	107.8
20457	109.1	104.5	111.0	111.9	112.2	107.1
24848	110.5	104.9	113.4	114.1	112.1	107.5
17806	111.5	104.7	115.6	116.4	111.2	111.0
16661	110.2	104.6	113.0	113.2	111.3	108.0
19552	111.1	104.7	115.8	116.2	111.0	113.2
16723	111.4	104.6	117.5	117.4	110.6	113.1
16124	110.3	104.8	115.5	115.0	113.0	112.6
17012	111.2	104.4	114.8	115.7	112.1	112.7
17574	112.0	104.6	116.2	116.5	110.2	114.4
15942	109.5	104.4	113.3	114.1	111.4	114.7
14156	110.9	104.5	115.5	115.2	113.1	112.8
21429	111.0	104.4	115.9	116.0	107.2	112.1
19925	111.5	104.5	113.7	113.7	110.8	113.1
19717	109.9	104.6	111.8	111.7	112.8	110.6
14230	110.5	104.7	114.0	113.8	110.3	113.7
18250	109.6	104.8	113.7	113.7	107.2	111.8
17962	108.8	104.5	112.8	112.6	110.0	110.2
24994	110.5	104.6	115.9	115.7	107.7	109.1
19948	111.2	104.7	117.2	117.1	108.9	114.0
17743	111.1	104.6	117.8	117.7	109.7	120.2
28745	110.2	104.6	112.9	112.5	110.0	120.0
15460	109.1	104.5	111.5	110.9	110.1	110.2

29-3 各县(市)固定资产投资、建筑业及规模以上工业主要指标(2012年)

Main Indicators on Investment in Fixed Assets、Construction and Enterprises above Designated Size Industry by County and City (2012)

县市	County and city	全社会固定资产投资(亿元) Total Investment in Fixed Assets (100 million yuan)	#固定资产投资 Investment in Fixed Assets	#房地产开发 Real Estate	建筑业总产值(亿元) Gross Output Value of Construction (100 million yuan)	工业增加值(亿元) Value Added of Industry (100 million yuan)	工业增加值增速(%) Growth Rate of Value Added of Industry (%)	主营业务收入(亿元) Sales Revenue (100 million yuan)	利税总额(亿元) Pre-tax Profits (100 million yuan)
郑州市	**Zhengzhou**								
中牟县	Zhongmu	330.26	306.85	17.75	43.58	287.17	13.0	1641.06	183.83
巩义市	Gongyi	316.19	304.74	37.22	11.47	309.77	13.4	1418.86	153.78
荥阳市	Xingyang	315.07	304.69	34.00	40.93	261.59	14.6	1212.03	176.95
新密市	Xinmi	321.70	306.97	13.47	33.55	287.71	13.9	1167.17	230.33
新郑市	Xinzheng	286.34	270.29	41.97	25.52	301.33	14.2	1263.51	264.36
登封市	Dengfeng	273.67	257.62	8.21	9.81	271.50	13.5	948.88	187.27
开封市	**Kaifeng**								
杞县	Qixian	116.69	108.85	1.09	4.33	54.64	21.1	229.92	31.97
通许县	Tongxu	95.31	87.40	2.69	11.84	45.14	21.1	197.97	19.88
尉氏县	Weishi	144.87	138.29	10.67	9.97	109.17	21.5	486.99	98.91
开封县	Kaifeng	115.70	109.89	5.46	4.76	45.72	21.5	176.73	23.63
兰考县	Lankao	88.38	80.57	4.40	7.62	52.74	20.0	209.12	41.94
洛阳市	**Luoyang**								
孟津县	Mengjin	158.03	154.37	2.00	10.77	79.47	18.3	343.40	33.25
新安县	Xinan	267.28	262.72	4.71	10.14	190.80	16.3	841.44	31.89
栾川县	Luanchuan	131.90	128.42	2.82	14.39	104.80	15.2	200.56	27.58
嵩县	Songxian	134.83	128.98	1.60	3.78	44.85	15.7	112.61	22.67
汝阳县	Ruyang	92.84	90.82	6.80	7.06	39.04	16.4	82.55	16.47
宜阳县	Yiyang	171.14	165.23	35.13	18.69	56.17	15.1	248.81	24.71
洛宁县	Luoning	131.31	125.80	6.89	4.27	43.14	16.6	148.23	18.88
伊川县	Yichuan	251.54	245.77	4.88	4.42	129.53	13.1	437.03	2.93
偃师市	Yanshi	167.00	159.24	3.82	6.58	207.90	12.6	950.34	99.17
平顶山市	**Pingdingshan**								
宝丰县	Baofeng	179.15	175.67	6.55	3.50	121.14	18.8	268.55	49.18
叶县	Yexian	170.16	164.89	2.72	4.94	75.46	19.2	319.23	53.40
鲁山县	Lushan	100.22	95.08	1.02	4.78	34.11	18.8	135.71	6.01
郏县	Jiaxian	121.96	115.96	1.64	3.71	49.12	16.0	178.35	28.34
舞钢市	Wugang	114.47	111.23	13.19	4.43	44.37	0.2	168.66	8.47
汝州市	Ruzhou	165.52	161.21	7.91	2.03	109.45	14.8	252.27	22.00
安阳市	**Anyang**								
安阳县	Anyang	288.83	279.03	11.41	91.42	194.70	9.8	575.70	58.90
汤阴县	Tangyin	59.30	56.73	3.76	10.99	65.01	17.5	274.50	28.20
滑县	Huaxian	91.30	85.41	5.65	24.08	44.73	15.8	185.96	22.48
内黄县	Neihuang	70.19	65.28	9.93	7.86	36.24	17.2	166.70	21.00
林州市	Linzhou	315.47	302.44	15.32	163.44	207.73	17.4	785.30	110.20
鹤壁市	**Hebi**								
浚县	Xunxian	77.68	70.96	4.93	2.73	53.50	19.0	214.14	18.78
淇县	Qixian	91.17	88.37	8.00	0.83	106.50	17.6	434.61	62.37

29-3 续表 1 continued

县市 County and city	全社会固定资产投资(亿元) Total Investment in Fixed Assets (100 million yuan)	#固定资产投资 Investment in Fixed Assets	#房地产开发 Real Estate	建筑业总产值(亿元) Gross Output Value of Construction (100 million yuan)	工业增加值(亿元) Value Added of Industry (100 million yuan)	工业增加值增速(%) Growth Rate of Value Added of Industry (%)	主营业务收入(亿元) Sales Revenue (100 million yuan)	利税总额(亿元) Pre-tax Profits (100 million yuan)
新乡市 Xinxiang								
新乡县 Xinxiang	98.33	95.11	7.08	20.79	125.31	21.0	537.88	26.61
获嘉县 Huojia	49.16	44.11	1.06	9.44	36.57	17.4	135.27	12.31
原阳县 Yuanyang	85.26	79.15	4.28	11.38	31.38	22.3	103.37	8.17
延津县 Yanjin	64.49	58.46	1.84	8.31	37.25	22.2	159.12	17.38
封丘县 Fengqiu	89.87	83.70	3.63	40.72	21.65	22.2	79.35	17.14
长垣县 Changyuan	169.23	162.72	11.97	104.86	78.00	17.8	332.23	44.59
卫辉市 Weihui	73.16	68.51	3.75	11.09	36.52	16.6	133.70	7.11
辉县市 Huixian	213.31	206.33	20.29	9.27	163.54	16.2	615.36	50.55
焦作市 Jiaozuo								
修武县 Xiuwu	90.14	86.26	6.67	1.84	47.45	-1.6	129.95	10.22
博爱县 Boai	116.21	111.45	3.13	1.87	113.29	15.9	435.49	68.34
武陟县 Wuzhi	178.38	172.71	2.79	4.75	119.79	17.0	475.43	53.80
温县 Wenxian	118.62	113.21	4.12	1.58	108.96	15.9	421.79	53.79
沁阳市 Qinyang	225.81	220.29	6.44	6.49	183.81	17.7	724.41	105.42
孟州市 Mengzhou	177.27	171.81	3.15	3.74	155.46	17.0	611.40	76.35
濮阳市 Puyang								
清丰县 Qingfeng	138.93	134.37	3.69	1.10	64.57	22.7	293.19	45.98
南乐县 Manle	99.19	94.18	4.71	1.28	47.90	23.8	220.40	38.88
范县 Fanxian	96.78	92.73	4.15	2.03	53.75	22.7	273.26	31.34
台前县 Taiqian	44.18	42.73	2.22	4.26	34.56	22.7	111.26	4.32
濮阳县 Puyang	186.35	180.56	7.15	13.82	143.27	22.3	630.81	115.16
许昌市 Xuchang								
许昌县 Xuchang	156.66	147.52	7.27	9.63	82.54	17.1	319.77	49.23
鄢陵县 Yanling	143.22	135.07	11.48	25.93	75.54	18.6	329.76	50.71
襄城县 Xiangcheng	148.00	138.55	9.76	1.77	144.11	17.8	466.95	78.39
禹州市 Yuzhou	305.95	297.24	5.36	3.36	224.51	17.1	810.59	135.57
长葛市 Changge	211.26	202.49	5.64	6.71	227.86	19.3	1167.31	145.47
漯河市 Luohe								
舞阳县 Wuyang	108.59	101.79	3.79	1.75	54.46	17.9	208.78	35.52
临颍县 Linying	125.77	119.76	6.86	4.16	141.19	16.3	565.20	102.25
三门峡市 Sanmenxia								
渑池县 Mianchi	182.90	180.83	6.48	7.57	112.18	17.6	476.06	67.40
陕县 Shanxian	173.05	171.70	7.13	6.54	51.83	19.2	237.46	9.43
卢氏县 Lushi	65.16	63.62	2.63	4.68	14.71	25.6	48.76	4.84
义马市 Yima	128.35	128.15	7.20	19.16	133.34	11.4	558.63	33.21
灵宝市 Lingbao	218.59	212.78	9.18	7.54	289.84	16.3	1364.15	184.59
南阳市 Nanyang								
南召县 Nanzhao	87.26	84.71	1.62	6.96	54.93	11.4	140.16	10.84
方城县 Fangcheng	115.79	104.85	9.85	9.39	38.00	23.3	137.17	18.65
西峡县 Xixia	178.30	175.15	4.47	13.84	86.21	17.4	337.49	28.03
镇平县 Zhenping	163.76	151.18	2.30	4.05	57.15	21.3	222.14	35.32

29-3 续表 2 continued

县市 County and city	全社会固定资产投资(亿元) Total Investment in Fixed Assets (100 million yuan)	#固定资产投资 Investment in Fixed Assets	#房地产开发 Real Estate	建筑业总产值(亿元) Gross Output Value of Construction (100 million yuan)	工业增加值(亿元) Value Added of Industry (100 million yuan)	工业增加值增速(%) Growth Rate of Value Added of Industry (%)	主营业务收入(亿元) Sales Revenue (100 million yuan)	利税总额(亿元) Pre-tax Profits (100 million yuan)
内乡县 Neixiang	123.30	115.31	1.29	12.41	29.16	21.5	75.63	3.91
淅川县 Xichuan	157.63	151.00	3.15	13.44	59.67	19.1	248.64	29.08
社旗县 Sheqi	82.15	76.13	1.14	7.36	27.64	22.0	110.66	8.99
唐河县 Tanghe	140.85	126.02	3.69	28.50	63.72	18.1	218.79	33.52
新野县 Xinye	147.66	140.37	4.18	9.02	87.07	19.2	308.90	37.46
桐柏县 Tongbai	100.67	97.85	1.33	9.42	62.99	11.7	192.66	39.30
邓州市 Dengzhou	182.67	169.77	11.34	34.76	75.58	19.1	259.92	26.61
商丘市 Shangqiu								
民权县 Minquan	111.96	104.72	15.44	13.48	31.26	22.0	155.99	11.19
睢县 Suixian	108.60	99.64	8.49	6.99	25.57	22.1	96.57	10.52
宁陵县 Ningling	68.88	63.73	9.09	5.80	23.40	22.3	91.91	11.95
柘城县 Zhecheng	105.32	95.98	13.54	11.92	28.34	23.7	105.67	14.28
虞城县 Yucheng	115.10	105.10	7.37	10.25	47.42	23.3	198.89	17.50
夏邑县 Xiayi	116.52	107.80	15.70	12.74	35.73	22.6	145.21	17.22
永城市 Yongcheng	172.57	168.89	21.59	34.78	194.33	11.0	882.51	79.66
信阳市 Xinyang								
罗山县 Luoshan	131.58	122.90	29.53	40.05	22.20	16.5	101.55	12.10
光山县 Guangshan	128.38	119.65	22.21	16.81	28.41	16.2	123.43	14.54
新县 Xinxian	84.93	81.23	7.90	19.53	19.63	14.3	76.20	10.20
商城县 Shangcheng	102.00	94.35	6.76	21.14	24.05	22.4	98.25	10.28
固始县 Gushi	162.12	149.80	17.10	27.32	37.66	17.2	154.06	15.21
潢川县 Huangchuan	129.04	120.16	15.50	25.61	34.94	17.5	146.57	8.74
淮滨县 Huaibin	84.47	79.61	12.86	17.24	27.09	21.2	107.45	16.82
息县 Xixian	127.31	119.50	16.52	31.23	37.56	15.7	152.46	19.60
周口市 Zhoukou								
扶沟县 Fugou	95.87	89.58	13.56	11.13	39.04	20.9	173.67	35.62
西华县 Xihua	96.47	87.23	7.02	27.80	43.99	20.5	216.44	30.57
商水县 Shangshui	97.35	86.54	11.16	16.47	37.57	20.3	200.96	27.25
沈丘县 Shenqiu	114.06	102.15	9.35	12.28	55.94	20.6	232.45	43.44
郸城县 Dancheng	101.10	87.49	13.42	22.96	74.35	20.3	333.07	26.71
淮阳县 Huaiyang	100.24	89.53	12.98	16.13	43.56	18.8	177.15	35.09
太康县 Taikang	92.17	77.00	9.90	26.26	42.19	20.4	193.52	31.44
鹿邑县 Luyi	102.89	87.39	2.61	15.51	67.21	20.4	269.61	32.65
项城市 Xiangcheng	97.81	84.61	6.24	25.91	76.56	18.5	313.84	46.83
驻马店市 Zhumadian								
西平县 Xiping	83.08	67.80	9.25	17.82	33.30	21.0	129.80	12.53
上蔡县 Shangcai	76.02	65.60	7.85	14.13	35.08	18.5	145.00	15.36
平舆县 Pingyu	84.79	77.09	16.71	23.59	39.13	21.3	195.26	24.91
正阳县 Zhengyang	71.95	64.46	10.16	12.60	23.88	21.1	70.74	9.65
确山县 Queshan	72.83	69.23	17.17	43.64	31.95	21.2	127.27	21.33
泌阳县 Biyang	81.99	73.85	12.69	21.97	40.45	23.5	199.32	25.89
汝南县 Runan	78.01	70.12	10.01	13.51	30.05	23.6	140.41	20.81
遂平县 Suiping	85.84	80.55	13.81	11.44	40.60	21.1	150.04	10.65
新蔡县 Xincai	77.89	68.47	11.37	16.13	29.01	19.3	126.50	17.11

29-4 各县(市)城镇从业人员和工资(2012年)

Number and Wages of Employed Person in Urban by County and City (2012)

县 市	County and city	城镇单位年末从业人员(人) Number of Employed Person in Urban (person)	城镇单位年平均从业人员(人) Everage Number of Employed Person in Urban (person)	城镇单位从业人员平均工资(元) Total Wage of Employed Persons (yuan)	#在岗职工平均工资 Average Wage of Staff and Workers
郑州市	**Zhengzhou**				
中牟县	Zhongmu	74621	72706	33881	34281
巩义市	Gongyi	64113	62628	32907	33266
荥阳市	Xingyang	65676	65021	30074	30152
新密市	Xinmi	71282	70046	30696	30797
新郑市	Xinzheng	76313	74990	34282	34347
登封市	Dengfeng	78201	78125	28610	28611
开封市	**Kaifeng**				
杞县	Qixian	56598	55893	28946	29102
通许县	Tongxu	35682	35232	29058	29226
尉氏县	Weishi	67739	67666	32726	32800
开封县	Kaifeng	41639	41690	31536	31533
兰考县	Lankao	27767	27652	31526	31586
洛阳市	**Luoyang**				
孟津县	Mengjin	31941	31714	26507	26660
新安县	Xinan	33590	33357	33494	33719
栾川县	Luanchuan	29218	29175	35856	36836
嵩县	Songxian	20703	20770	30299	32064
汝阳县	Ruyang	19169	18646	31101	31332
宜阳县	Yiyang	25067	25067	32229	33045
洛宁县	Luoning	22357	22294	30855	32186
伊川县	Yichuan	31415	31237	28299	28988
偃师市	Yanshi	31146	31388	32193	32785
平顶山市	**Pingdingshan**				
宝丰县	Baofeng	27080	26944	36614	37820
叶县	Yexian	31496	30536	32196	32888
鲁山县	Lushan	29985	29515	31476	31514
郏县	Jiaxian	19881	19766	33525	34136
舞钢市	Wugang	36706	36830	37846	38309
汝州市	Ruzhou	56658	56620	39211	39920
安阳市	**Anyang**				
安阳县	Anyang	66233	60015	29181	29956
汤阴县	Tangyin	34981	34734	26399	26440
滑县	Huaxian	51500	51358	23630	23920
内黄县	Neihuang	35247	34821	23892	23948
林州市	Linzhou	115846	109807	31309	31816
鹤壁市	**Hebi**				
浚县	Xunxian	23030	22954	25667	26197
淇县	Qixian	25640	25253	28722	29076

29-4 续表 1 continued

县 市	County and city	城镇单位年末从业人员（人）Number of Employed Person in Urban (person)	城镇单位年平均从业人员（人）Everage Number of Employed Person in Urban (person)	城镇单位从业人员平均工资（元）Total Wage of Employed Persons (yuan)	#在岗职工平均工资 Average Wage of Staff and Workers
新乡市	**Xinxiang**				
新乡县	Xinxiang	33037	32529	31961	32044
获嘉县	Huojia	35957	31805	24886	24914
原阳县	Yuanyang	29448	26795	26497	26554
延津县	Yanjin	25881	25920	25480	25480
封丘县	Fengqiu	25870	25740	25865	25821
长垣县	Changyuan	33399	33385	29821	29907
卫辉市	Weihui	36161	35387	27281	27696
辉县市	Huixian	55735	53336	31300	32010
焦作市	**Jiaozuo**				
修武县	Xiuwu	23796	23366	29120	29222
博爱县	Boai	19866	19946	26679	27018
武陟县	Wuzhi	47162	41103	31083	30966
温县	Wenxian	27587	27065	27980	28370
沁阳市	Qinyang	27201	26145	31050	31156
孟州市	Mengzhou	41669	41275	31878	32154
濮阳市	**Puyang**				
清丰县	Qingfeng	27076	25745	24626	24880
南乐县	Manle	19037	18625	23871	24547
范县	Fanxian	19471	19468	22922	22951
台前县	Taiqian	12765	12559	25168	25209
濮阳县	Puyang	39959	39621	25358	25667
许昌市	**Xuchang**				
许昌县	Xuchang	44765	45078	32541	32570
鄢陵县	Yanling	30911	30443	27429	27419
襄城县	Xiangcheng	34310	34271	30862	30881
禹州市	Yuzhou	65302	64734	31952	32025
长葛市	Changge	48777	48014	33450	33480
漯河市	**Luohe**				
舞阳县	Wuyang	35911	35874	26248	26383
临颍县	Linying	47425	46961	27690	27810
三门峡市	**Sanmenxia**				
渑池县	Mianchi	23900	24046	34538	34563
陕县	Shanxian	20887	20871	31402	31396
卢氏县	Lushi	17561	17477	33868	33868
义马市	Yima	73785	76319	47564	47783
灵宝市	Lingbao	48027	45587	32498	33787
南阳市	**Nanyang**				
南召县	Nanzhao	27962	27031	26385	26384
方城县	Fangcheng	39964	39582	27778	28055
西峡县	Xixia	60912	58261	29265	29292

29-4 续表 2 continued

县 市 County and city	城镇单位年末从业人员（人）Number of Employed Person in Urban (person)	城镇单位年平均从业人员（人）Everage Number of Employed Person in Urban (person)	城镇单位从业人员平均工资（元）Total Wage of Employed Persons (yuan)	#在岗职工平均工资 Average Wage of Staff and Workers
镇 平 县 Zhenping	57939	57608	26747	26945
内 乡 县 Neixiang	35446	35379	27103	27356
淅 川 县 Xichuan	51091	49693	29519	29842
社 旗 县 Sheqi	36309	35402	24844	25034
唐 河 县 Tanghe	51369	50996	26251	25764
新 野 县 Xinye	47754	47473	24113	24213
桐 柏 县 Tongbai	25729	25432	25359	25349
邓 州 市 Dengzhou	71747	68007	27015	28377
商 丘 市 Shangqiu				
民 权 县 Minquan	34299	34170	30278	30405
睢 县 Suixian	42000	38382	27016	27103
宁 陵 县 Ningling	32151	31787	25334	25343
柘 城 县 Zhecheng	31267	30469	25911	25883
虞 城 县 Yucheng	34885	34710	26958	27993
夏 邑 县 Xiayi	31454	31298	28343	28356
永 城 市 Yongcheng	95216	94736	42205	43285
信 阳 市 Xinyang				
罗 山 县 Luoshan	37060	35973	28979	29048
光 山 县 Guangshan	36596	35773	29321	29663
新 县 Xinxian	24951	24546	30264	32071
商 城 县 Shangcheng	34458	34373	30614	30726
固 始 县 Gushi	63463	62151	30908	30946
潢 川 县 Huangchuan	45690	45313	28861	28874
淮 滨 县 Huaibin	46283	43555	28750	29019
息 县 Xixian	36911	36500	35486	35760
周 口 市 Zhoukou				
扶 沟 县 Fugou	29424	30386	29815	29982
西 华 县 Xihua	31811	31824	30130	30607
商 水 县 Shangshui	41548	40780	31224	31243
沈 丘 县 Shenqiu	41623	40723	27417	27462
郸 城 县 Dancheng	63325	63284	25110	25102
淮 阳 县 Huaiyang	36696	36618	37590	37805
太 康 县 Taikang	36100	35987	28431	28598
鹿 邑 县 Luyi	35051	34686	35994	36002
项 城 市 Xiangcheng	44482	44567	25656	25854
驻 马 店 市 Zhumadian				
西 平 县 Xiping	40912	40799	30902	30862
上 蔡 县 Shangcai	43222	42363	26542	26768
平 舆 县 Pingyu	37824	37150	25580	25826
正 阳 县 Zhengyang	30794	30740	27109	27109
确 山 县 Queshan	27960	27483	26359	26863
泌 阳 县 Biyang	37996	36417	29871	29871
汝 南 县 Runan	32286	31818	28051	28204
遂 平 县 Suiping	39049	39183	27798	27342
新 蔡 县 Xincai	27162	26404	27625	27634

29−5 各县(市)农业增加值、城乡居民收入和社会消费品零售总额(2012年)

Value Added of Agriculture, Per Capita Net Income of Rural and Urban Residents, Total Retail Sales of Consumer Goods (2012)

县 市	County and city	农林牧渔业增加值(万元) Value Added of Farming Forestry,Animal Husbandry and Fishery (10 000 yuan)	#农业 Farming	#牧业 Animal Husbandry	农民人均纯收入(元) Per Capita Net Income of Rural Residents (yuan)	城镇居民人均可支配收入(元) Per Capita Net Income of Urban Residents (yuan)	社会消费品零售总额(亿元) Total Retail Sales of Consumer Goods (100 million yuan)
郑州市	**Zhengzhou**						
中牟县	Zhongmu	483397	273514	160684	11632	18661	101.84
巩义市	Gongyi	101528	42030	50552	12953	20441	171.16
荥阳市	Xingyang	246066	115910	119414	12326	20436	137.31
新密市	Xinmi	155800	81500	55480	12325	20468	154.28
新郑市	Xinzheng	186894	102557	77466	12895	20461	144.81
登封市	Dengfeng	121207	54048	50364	11121	19778	119.77
开封市	**Kaifeng**						
杞县	Qixian	722972	457700	225227	7592	13946	58.78
通许县	Tongxu	432407	309935	107235	7974	14762	45.48
尉氏县	Weishi	473464	262398	179244	7752	15800	67.08
开封县	Kaifeng	470140	288557	164236	7307	14911	46.49
兰考县	Lankao	321370	193436	102086	5984	14724	55.85
洛阳市	**Luoyang**						
孟津县	Mengjin	221307	111686	85894	7407	17626	41.51
新安县	Xinan	197197	125853	48189	8668	20300	63.90
栾川县	Luanchuan	135719	79046	13415	6545	18898	40.86
嵩县	Songxian	284549	157399	56817	6475	17752	49.78
汝阳县	Ruyang	133251	65319	17344	5888	16545	40.56
宜阳县	Yiyang	288422	174694	86491	6100	17526	55.08
洛宁县	Luoning	287319	187938	66249	5932	17302	39.38
伊川县	Yichuan	284450	149270	117601	7797	18152	109.48
偃师市	Yanshi	191005	85711	91104	11147	20225	137.92
平顶山市	**Pingdingshan**						
宝丰县	Baofeng	163114	82165	74543	9010	16226	32.31
叶县	Yexian	365406	184120	170764	6759	15275	46.43
鲁山县	Lushan	200484	139898	42725	5026	14009	34.42
郏县	Jiaxian	204905	117792	81546	6844	14352	32.78
舞钢市	Wugang	101858	43255	51412	8238	17881	30.44
汝州市	Ruzhou	350564	143103	156080	8888	17386	81.19
安阳市	**Anyang**						
安阳县	Anyang	317437	185562	84021	9849	18596	53.53
汤阴县	Tangyin	218445	163036	45521	8310	16763	23.75
滑县	Huaxian	590508	442670	111528	6052	15808	57.05
内黄县	Neihuang	456393	394613	36544	6683	14991	41.29
林州市	Linzhou	210245	80697	119851	11222	19172	76.94
鹤壁市	**Hebi**						
浚县	Xunxian	291117	156806	121582	9449	15250	31.50
淇县	Qixian	179690	44218	127067	9718	17013	27.90

29-5 续表 1 continued

县 市 County and city	农林牧渔业增加值(万元) Value Added of Farming Forestry,Animal Husbandry and Fishery (10 000 yuan)	#农 业 Farming	#牧 业 Animal Husbandry	农民人均纯收入(元) Per Capita Net Income of Rural Residents (yuan)	城镇居民人均可支配收入(元) Per Capita Net Income of Urban Residents (yuan)	社会消费品零售总额(亿元) Total Retail Sales of Consumer Goods (100 million yuan)
新　乡　市 Xinxiang						
新　乡　县 Xinxiang	119311	68609	45826	10812	19039	25.03
获　嘉　县 Huojia	144679	84081	53224	8786	14155	25.75
原　阳　县 Yuanyang	243597	144926	83142	7035	14034	24.99
延　津　县 Yanjin	227606	156639	53416	9141	15537	26.54
封　丘　县 Fengqiu	340365	203801	118002	5873	14179	23.11
长　垣　县 Changyuan	284330	184033	82737	10072	16355	45.70
卫　辉　市 Weihui	206074	96627	96471	8620	15389	40.99
辉　县　市 Huixian	353011	180659	163341	9419	19062	75.11
焦　作　市 Jiaozuo						
修　武　县 Xiuwu	122773	55437	57821	9562	19258	29.30
博　爱　县 Boai	157223	93254	58767	9574	19356	39.79
武　陟　县 Wuzhi	292036	160514	116164	10155	19331	62.25
温　　县 Wenxian	191441	133641	54185	10126	19009	48.29
沁　阳　市 Qinyang	165988	103336	55934	10825	20080	61.59
孟　州　市 Mengzhou	175116	126202	44453	10540	19769	51.16
濮　阳　市 Puyang						
清　丰　县 Qingfeng	362146	255464	92869	7241	15548	46.33
南　乐　县 Manle	272103	146084	105263	8035	15405	35.26
范　　县 Fanxian	142327	62123	70490	7392	13459	39.56
台　前　县 Taiqian	85052	45188	38155	5339	13085	21.92
濮　阳　县 Puyang	358515	221812	119226	5023	17220	95.30
许　昌　市 Xuchang						
许　昌　县 Xuchang	374555	208869	151571	9825	18390	54.63
鄢　陵　县 Yanling	505840	302756	138057	9895	18296	48.15
襄　城　县 Xiangcheng	347166	189868	141188	9202	17310	46.81
禹　州　市 Yuzhou	298726	164116	121074	10207	19860	127.28
长　葛　市 Changge	234069	107230	100342	10002	18490	93.36
漯　河　市 Luohe						
舞　阳　县 Wuyang	220056	108596	104031	5352	14475	52.90
临　颍　县 Linying	321746	181600	130394	9183	16294	60.30
三门峡市 Sanmenxia						
渑　池　县 Mianchi	170754	101262	64037	8751	20232	33.38
陕　　县 Shanxian	168067	134020	28319	7060	18025	28.77
卢　氏　县 Lushi	143090	117387	15743	5133	17164	25.36
义　马　市 Yima	8158	4373	3041	9951	18744	24.49
灵　宝　市 Lingbao	384145	339351	35027	9150	19242	99.61
南　阳　市 Nanyang						
南　召　县 Nanzhao	149934	92782	29170	5999	17062	57.69
方　城　县 Fangcheng	321918	243825	54085	7056	17443	72.64
西　峡　县 Xixia	231854	167502	37618	9133	19150	50.96

29-5 续表 2 continued

县 市	County and city	农林牧渔业增加值（万元）Value Added of Farming Forestry,Animal Husbandry and Fishery (10 000 yuan)	#农 业 Farming	#牧 业 Animal Husbandry	农民人均纯收入（元）Per Capita Net Income of Rural Residents (yuan)	城镇居民人均可支配收入（元）Per Capita Net Income of Urban Residents (yuan)	社会消费品零售总额（亿元）Total Retail Sales of Consumer Goods (100 million yuan)
镇平县	Zhenping	254630	192429	47484	8057	17454	97.31
内乡县	Neixiang	293018	172494	110218	7461	17847	58.01
淅川县	Xichuan	292440	189465	83507	6383	18442	64.30
社旗县	Sheqi	291908	206028	75941	5978	16006	42.94
唐河县	Tanghe	594495	407272	172589	8083	17895	94.52
新野县	Xinye	369906	243102	114182	9387	18459	76.49
桐柏县	Tongbai	171930	108934	34710	5635	17137	53.78
邓州市	Dengzhou	847682	565161	245147	8131	18056	97.22
商丘市	**Shangqiu**						
民权县	Minquan	367012	241443	90685	5935	16044	40.00
睢县	Suixian	385220	304016	70847	5918	16360	40.35
宁陵县	Ningling	198395	148045	42528	5596	14554	27.30
柘城县	Zhecheng	400000	284205	90564	6096	15413	44.04
虞城县	Yucheng	427350	308896	96391	6285	16858	45.30
夏邑县	Xiayi	427130	304618	104608	6222	17182	48.70
永城市	Yongcheng	546903	372504	143689	7488	19442	100.68
信阳市	**Xinyang**						
罗山县	Luoshan	352874	246024	64762	6922	16815	42.53
光山县	Guangshan	378168	268157	74108	6974	16690	51.16
新县	Xinxian	190775	112107	24302	6961	16670	27.24
商城县	Shangcheng	334051	197474	76362	6743	16689	40.46
固始县	Gushi	734430	475149	187003	7206	16578	105.17
潢川县	Huangchuan	496098	320985	128681	7603	16846	57.68
淮滨县	Huaibin	297631	189937	74983	5866	15998	39.47
息县	Xixian	407689	299924	61625	6121	16560	55.64
周口市	**Zhoukou**						
扶沟县	Fugou	336159	245980	74913	6319	15393	41.19
西华县	Xihua	460425	303243	118428	5811	15796	63.82
商水县	Shangshui	546032	393078	128787	5817	15817	48.82
沈丘县	Shenqiu	381840	265999	104287	5777	15780	60.05
郸城县	Dancheng	461564	357515	86941	6227	16084	55.65
淮阳县	Huaiyang	583882	384143	139685	5681	15960	68.87
太康县	Taikang	491546	322616	135685	6122	15434	74.96
鹿邑县	Luyi	465819	307609	119137	6875	16222	75.22
项城市	Xiangcheng	370537	278243	82144	7009	16421	83.17
驻马店市	**Zhumadian**						
西平县	Xiping	420434	259142	146532	7226	16206	62.29
上蔡县	Shangcai	352131	200290	127037	6308	16189	52.96
平舆县	Pingyu	350165	199794	124250	6578	16495	50.15
正阳县	Zhengyang	448795	256231	166796	6539	15041	41.17
确山县	Queshan	276690	151563	108736	6489	16300	34.67
泌阳县	Biyang	459529	280921	160667	6467	16499	46.64
汝南县	Runan	411023	215602	155545	6710	15208	45.88
遂平县	Suiping	279706	139054	125012	7025	16533	41.99
新蔡县	Xincai	452442	241573	188045	6287	15344	38.58

29－6　各县(市)农业生产条件(2012年)

Agricultural Conditions by County and City (2012)

县　市	County and city	乡村从业人员数(万人) Rural Employed Persons (10 000 persons)	#农林牧渔业 Farming, Forestry, Animal Husbandry & Fishery	农用机械总动力(万千瓦) Total Agricultural Machinery Power (10 000kw)	化肥施用折纯量(吨) Consumption of Chemical Fertilizers (ton)	农村用电量(万千瓦时) Electricity Consumed in Rural Areas (10 000 kwh)	农药使用量(吨) Consumption of Agricultural Chemical (ton)	农用塑料薄膜使用量(吨) Consumption of Plastic Film (ton)
郑州市	**Zhengzhou**							
中牟县	Zhongmu	40.56	26.33	103.78	59675	27791	1644	4246
巩义市	Gongyi	33.07	8.65	57.61	36146	137497	427	130
荥阳市	Xingyang	31.48	11.48	77.27	30135	32532	583	884
新密市	Xinmi	33.38	8.49	95.11	26860	40955	259	597
新郑市	Xinzheng	29.45	14.58	95.07	37692	44522	684	675
登封市	Dengfeng	34.27	14.40	61.23	21139	44320	293	275
开封市	**Kaifeng**							
杞县	Qixian	59.52	39.13	173.19	63558	15641	1795	2238
通许县	Tongxu	33.17	23.53	96.70	36159	4632	1782	1921
尉氏县	Weishi	49.85	27.02	128.61	42559	19963	943	2657
开封县	Kaifeng	43.75	21.66	157.79	70032	14019	539	1708
兰考县	Lankao	44.89	20.10	94.47	72188	22645	800	1007
洛阳市	**Luoyang**							
孟津县	Mengjin	21.54	10.07	35.33	19573	18562	452	421
新安县	Xinan	29.11	15.92	45.40	22101	5095	408	586
栾川县	Luanchuan	18.55	8.91	28.20	9247	26401	71	112
嵩县	Songxian	31.80	19.08	55.11	25204	11269	448	316
汝阳县	Ruyang	25.87	14.05	39.67	21305	17483	332	417
宜阳县	Yiyang	37.07	21.20	56.45	41620	26522	987	994
洛宁县	Luoning	27.93	16.68	39.69	21515	8096	410	562
伊川县	Yichuan	42.88	22.96	72.93	26195	36173	341	411
偃师市	Yanshi	30.78	8.18	79.00	28837	31641	558	210
平顶山市	**Pingdingshan**							
宝丰县	Baofeng	28.03	15.09	44.71	52021	13364	459	331
叶县	Yexian	51.51	32.03	60.18	93971	15338	637	1215
鲁山县	Lushan	47.50	28.18	36.71	38674	24025	506	330
郏县	Jiaxian	35.61	23.99	50.12	43395	9084	741	1100
舞钢市	Wugang	16.48	9.44	27.32	18533	4731	900	414
汝州市	Ruzhou	51.88	26.41	138.55	101362	28845	686	910
安阳市	**Anyang**							
安阳县	Anyang	56.00	28.19	82.39	53131	91305	1225	375
汤阴县	Tangyin	25.12	13.82	58.70	42304	55886	579	518
滑县	Huaxian	68.07	39.29	248.78	205065	39259	1757	3063
内黄县	Neihuang	46.55	24.26	110.03	76210	30627	1529	15652
林州市	Linzhou	53.79	20.93	56.97	40278	47406	380	40
鹤壁市	**Hebi**							
浚县	Xunxian	35.94	17.97	156.09	48776	4939	901	718
淇县	Qixian	14.53	6.76	31.96	7182	4755	343	6

29-6 续表 1 continued

县 市 County and city	乡村从业人员数（万人）Rural Employed Persons (10 000 persons)	#农林牧渔业 Farming, Forestry, Animal Husbandry & Fishery	农用机械总动力（万千瓦）Total Agricultural Machinery Power (10 000kw)	化肥施用折纯量（吨）Consumption of Chemical Fertilizers (ton)	农村用电量（万千瓦小时）Electricity Consumed in Rural Areas (10 000 kwh)	农药使用量（吨）Consumption of Agricultural Chemical (ton)	农用塑料薄膜使用量（吨）Consumption of Plastic Film (ton)
新乡市 Xinxiang							
新乡县 Xinxiang	18.99	2.94	48.21	28519	149117	419	93
获嘉县 Huojia	23.35	10.47	70.53	31952	12258	487	191
原阳县 Yuanyang	34.40	16.47	127.21	48497	53710	781	664
延津县 Yanjin	24.15	13.02	86.46	95840	12283	1226	685
封丘县 Fengqiu	36.08	18.23	107.46	76586	12212	2172	334
长垣县 Changyuan	40.75	21.08	111.06	62315	47289	966	480
卫辉市 Weihui	21.98	16.56	58.26	50247	18470	910	589
辉县市 Huixian	35.97	18.14	80.12	84795	230850	953	424
焦作市 Jiaozuo							
修武县 Xiuwu	12.92	7.82	37.82	15819	7458	417	41
博爱县 Boai	20.09	10.07	30.43	36544	15684	476	422
武陟县 Wuzhi	35.42	23.75	115.80	50782	18136	1357	259
温县 Wenxian	23.77	13.40	52.12	23131	26827	575	230
沁阳市 Qinyang	24.79	10.66	57.62	31784	38443	708	234
孟州市 Mengzhou	19.94	6.43	46.50	28700	21126	989	723
濮阳市 Puyang							
清丰县 Qingfeng	39.04	22.12	80.56	63676	12047	872	543
南乐县 Manle	28.43	13.66	77.23	51671	23555	710	1572
范县 Fanxian	27.57	16.05	68.76	35093	13398	475	226
台前县 Taiqian	22.00	9.59	38.21	6362	11057	115	182
濮阳县 Puyang	59.32	39.74	136.10	90650	5998	1882	265
许昌市 Xuchang							
许昌县 Xuchang	35.69	16.61	79.66	51192	18469	1144	635
鄢陵县 Yanling	29.27	11.71	75.96	43586	7643	1745	902
襄城县 Xiangcheng	45.76	25.60	75.50	51043	12869	670	680
禹州市 Yuzhou	62.45	33.91	80.50	112993	20628	549	783
长葛市 Changge	34.86	13.81	53.96	44060	26962	716	551
漯河市 Luohe							
舞阳县 Wuyang	32.05	20.83	62.72	33587	7603	691	394
临颍县 Linying	40.61	21.25	98.91	52292	19295	916	2019
三门峡市 Sanmenxia							
渑池县 Mianchi	16.82	7.68	36.85	19569	5347	289	766
陕县 Shanxian	14.91	10.19	35.39	19486	6007	743	592
卢氏县 Lushi	18.01	14.11	22.78	13098	2777	210	850
义马市 Yima	2.40	0.58	3.10	1173	1775	40	106
灵宝市 Lingbao	36.24	25.34	69.88	37869	14761	1377	946
南阳市 Nanyang							
南召县 Nanzhao	32.21	21.69	30.72	17081	3884	452	862
方城县 Fangcheng	63.74	38.60	114.83	92761	10399	1838	3699
西峡县 Xixia	27.03	18.20	14.92	31643	24029	720	2307

29-6 续表 2 continued

县 市	County and city	乡村从业人员数（万人）Rural Employed Persons (10 000 persons)	#农林牧渔业 Farming, Forestry, Animal Husbandry & Fishery	农用机械总动力（万千瓦）Total Agricultural Machinery Power (10 000kw)	化肥施用折纯量（吨）Consumption of Chemical Fertilizers (ton)	农村用电量（万千瓦小时）Electricity Consumed in Rural Areas (10 000 kwh)	农药使用量（吨）Consumption of Agricultural Chemical (ton)	农用塑料薄膜使用量（吨）Consumption of Plastic Film (ton)
镇平县	Zhenping	47.65	24.60	87.38	50074	14034	941	980
内乡县	Neixiang	30.75	15.33	70.21	32570	16737	655	890
淅川县	Xichuan	31.44	19.56	56.52	46331	26320	714	1143
社旗县	Sheqi	40.38	25.97	70.25	62836	6293	1376	1219
唐河县	Tanghe	63.76	38.17	209.99	115125	17990	3731	2243
新野县	Xinye	43.64	22.78	140.96	112573	24408	3187	7645
桐柏县	Tongbai	21.29	12.34	82.38	42666	6946	438	771
邓州市	Dengzhou	87.36	50.42	186.97	162935	17957	3855	3793
商丘市	**Shangqiu**							
民权县	Minquan	44.76	23.53	119.05	56809	17027	2501	1911
睢县	Suixian	47.48	27.46	115.12	50449	7718	837	775
宁陵县	Ningling	33.19	19.31	96.11	48237	9715	1092	1143
柘城县	Zhecheng	44.01	27.09	115.05	54794	12204	887	1219
虞城县	Yucheng	62.74	34.93	174.60	117025	39158	4403	2079
夏邑县	Xiayi	59.09	21.00	171.20	125706	44438	1790	910
永城市	Yongcheng	79.93	30.29	176.53	109962	31263	2235	2265
信阳市	**Xinyang**							
罗山县	Luoshan	37.79	19.25	68.02	30760	11226	664	636
光山县	Guangshan	41.50	22.57	38.78	37146	13255	845	294
新县	Xinxian	18.11	7.55	19.83	8566	4956	360	142
商城县	Shangcheng	35.28	15.71	36.63	22150	10717	550	650
固始县	Gushi	86.61	40.55	100.12	97700	26813	2380	2650
潢川县	Huangchuan	38.16	19.79	41.88	96192	19055	513	1916
淮滨县	Huaibin	38.22	19.00	67.12	98367	11754	1250	1683
息县	Xixian	49.95	27.50	118.77	65223	17187	1892	1142
周口市	**Zhoukou**							
扶沟县	Fugou	37.30	23.54	105.66	57009	14119	2481	3501
西华县	Xihua	50.71	33.37	122.37	76910	11559	3026	1641
商水县	Shangshui	65.46	26.63	126.95	67051	14185	1090	1233
沈丘县	Shenqiu	68.88	39.21	85.18	96942	19064	1345	1416
郸城县	Dancheng	76.86	42.70	156.26	75025	12351	2156	1902
淮阳县	Huaiyang	68.05	43.37	116.49	114271	20008	2944	3393
太康县	Taikang	75.39	50.61	176.20	102570	12059	2623	3501
鹿邑县	Luyi	67.22	28.67	119.78	90823	13283	1120	702
项城市	Xiangcheng	60.43	20.90	84.70	47587	24094	1576	1171
驻马店市	**Zhumadian**							
西平县	Xiping	55.60	12.10	125.95	68470	29267	321	1201
上蔡县	Shangcai	79.91	53.32	154.48	83998	21500	714	979
平舆县	Pingyu	58.86	32.35	162.44	58359	8724	530	972
正阳县	Zhengyang	44.09	24.74	208.16	119100	6510	392	1080
确山县	Queshan	23.70	11.63	107.15	66048	11065	918	1257
泌阳县	Biyang	50.58	38.45	158.04	61493	7299	337	2084
汝南县	Runan	47.04	26.93	135.32	79013	8309	740	843
遂平县	Suiping	30.99	18.46	97.37	58669	6962	496	502
新蔡县	Xincai	65.14	32.57	153.08	77400	8755	1290	1820

29-7 各县(市)主要农作物播种面积和产量(2012年)

Sown Area and Output of Major Farm Products by County and City (2012)

县 市	County and city	总播种面积(千公顷) Total Sown Area (1 000 hectares)	#粮食 Grain	#棉花 Cotton	#油料 Oil-bearing Crops	粮食产量(吨) Output of Grain (ton)	#小麦 Wheat	棉花产量(吨) Output of Cotton (ton)	油料产量(吨) Output of Oil-bearing Crops (ton)	园林水果产量(吨) Output of Fruits (ton)
郑州市	**Zhengzhou**									
中牟县	Zhongmu	130.31	59.68	1.56	20.14	358311	150329	1338	99491	75355
巩义市	Gongyi	50.76	45.11	0.30	3.60	157272	80000	276	5188	26591
荥阳市	Xingyang	77.44	62.06	0.22	4.93	332819	167887	290	12985	41515
新密市	Xinmi	65.76	55.69	0.03	3.86	207059	104959	26	10988	19693
新郑市	Xinzheng	76.35	56.87	0.02	10.87	290485	142324	25	40992	92183
登封市	Dengfeng	57.31	50.18	0.32	3.48	178352	71975	273	4357	24502
开封市	**Kaifeng**									
杞县	Qixian	199.86	107.36	10.02	15.12	618154	391088	11915	79209	29945
通许县	Tongxu	125.39	60.54	3.83	8.05	362445	241747	3920	36238	73542
尉氏县	Weishi	150.69	93.40	11.27	22.33	533013	364170	10028	109035	106567
开封县	Kaifeng	160.60	100.27	4.41	35.45	553386	375516	4730	131879	128982
兰考县	Lankao	123.78	92.38	4.33	17.13	504939	319866	4368	69946	160369
洛阳市	**Luoyang**									
孟津县	Mengjin	64.18	53.87	0.15	1.08	232304	120023	90	4144	53433
新安县	Xinan	65.59	51.01	0.12	2.43	220807	93307	129	5679	65924
栾川县	Luanchuan	26.49	15.53	0.01	0.33	67808	23069	7	577	8597
嵩县	Songxian	74.79	52.53	0.22	4.77	217792	98999	210	9623	80343
汝阳县	Ruyang	54.96	43.07	0.12	3.52	178186	81167	100	8574	10067
宜阳县	Yiyang	129.14	86.32	0.40	18.15	374714	173166	474	82410	120651
洛宁县	Luoning	79.35	61.27	0.07	5.47	263564	133275	50	8295	287191
伊川县	Yichuan	96.18	80.00	0.79	4.96	370594	171638	813	11535	13493
偃师市	Yanshi	57.31	46.91	0.11	2.24	268984	124316	60	3785	85468
平顶山市	**Pingdingshan**									
宝丰县	Baofeng	65.75	46.65	0.16	8.41	223653	124028	184	23697	9773
叶县	Yexian	145.91	112.62	0.20	13.87	608351	292468	259	45157	9998
鲁山县	Lushan	73.18	58.26	0.01	8.33	208139	101645	5	20134	24810
郏县	Jiaxian	84.51	58.28	0.39	5.59	320843	161273	327	18178	9791
舞钢市	Wugang	38.41	30.48	0.34	3.07	148348	78625	304	7685	9885
汝州市	Ruzhou	118.91	95.58	0.69	12.33	457933	225344	623	38622	32423
安阳市	**Anyang**									
安阳县	Anyang	132.07	112.98	2.03	2.81	692189	309559	2163	6588	42195
汤阴县	Tangyin	83.58	66.26	1.81	2.86	414010	218004	1868	10782	32897
滑县	Huaxian	259.49	180.81	3.82	30.01	1377526	837686	3830	135330	184169
内黄县	Neihuang	139.26	77.99	0.66	15.68	462234	320553	755	85821	307824
林州市	Linzhou	89.15	80.66	0.63	3.24	362410	123551	579	4655	83095
鹤壁市	**Hebi**									
浚县	Xunxian	114.23	98.37	0.19	9.46	706785	382852	176	47822	34980
淇县	Qixian	44.63	42.49	0.05	0.74	294582	144258	41	1873	3652

29-7 续表 1　continued

县 市 County and city	总播种面积（千公顷） Total Sown Area (1 000 hectares)	#粮食 Grain	#棉花 Cotton	#油料 Oil-bearing Crops	粮食产量（吨） Output of Grain (ton)	#小麦 Wheat	棉花产量（吨） Output of Cotton (ton)	油料产量（吨） Output of Oil-bearing Crops (ton)	园林水果产量（吨） Output of Fruits (ton)
新　乡　市 Xinxiang									
新　乡　县 Xinxiang	42.94	35.43	1.01	2.51	262814	138432	1242	13840	7621
获　嘉　县 Huojia	55.44	47.52	0.52	0.28	318335	147140	585	1480	12460
原　阳　县 Yuanyang	132.60	114.41	0.79	10.04	710288	387571	510	48713	31252
延　津　县 Yanjin	105.44	66.89	3.64	26.89	422228	299707	2802	121198	28239
封　丘　县 Fengqiu	130.65	93.41	1.89	13.39	611034	384566	2437	52590	17273
长　垣　县 Changyuan	122.80	93.33	0.65	18.12	600717	369240	818	62102	33807
卫　辉　市 Weihui	66.64	55.07	0.84	3.98	357325	187548	519	16429	13047
辉　县　市 Huixian	109.79	89.05	0.07	7.65	558073	274052	50	20332	24874
焦　作　市 Jiaozuo									
修　武　县 Xiuwu	38.78	35.22	0.13	1.09	241050	123415	122	4169	9695
博　爱　县 Boai	42.45	29.83	0.09	0.67	234580	117790	105	1916	40474
武　陟　县 Wuzhi	91.29	69.23	0.13	8.83	546253	296160	134	49076	28789
温　　　县 Wenxian	54.15	37.93	0.74	3.43	303035	173100	654	16245	21255
沁　阳　市 Qinyang	56.68	44.72	0.11	1.17	338040	169520	107	4637	37514
孟　州　市 Mengzhou	54.26	40.83	0.82	3.62	306265	162840	892	15748	173157
濮　阳　市 Puyang									
清　丰　县 Qingfeng	113.78	76.10	0.30	15.07	549233	350895	275	67156	36113
南　乐　县 Nanle	82.10	61.25	0.91	6.40	450841	254605	621	31760	166283
范　　　县 Fanxian	60.17	55.94	0.09	1.70	351435	169675	112	8631	1480
台　前　县 Taiqian	36.49	32.90	0.02	0.79	185672	106666	32	3022	6978
濮　阳　县 Puyang	168.49	138.02	2.89	8.73	908051	522460	2475	34884	30527
许　昌　市 Xuchang									
许　昌　县 Xuchang	142.11	101.18	2.01	15.40	670252	376083	1954	57376	8176
鄢　陵　县 Yanling	119.15	74.65	0.42	0.54	537508	306523	422	2208	26815
襄　城　县 Xiangcheng	120.25	85.46	0.43	3.66	549075	304747	428	10535	25743
禹　州　市 Yuzhou	133.36	95.30	2.30	5.76	539670	266291	2330	14440	15281
长　葛　市 Changge	87.25	76.70	0.23	3.00	541709	276780	228	9836	3997
漯　河　市 Luohe									
舞　阳　县 Wuyang	96.93	82.68	0.90	4.14	517421	268821	904	9830	12340
临　颍　县 Linying	120.36	74.79	4.44	1.84	518640	310505	4011	4803	247
三门峡市 Sanmenxia									
渑　池　县 Mianchi	71.95	45.04	0.14	9.38	183537	90402	90	22463	210184
陕　　　县 Shanxian	40.23	27.63	0.15	2.18	106493	49162	100	3148	471880
卢　氏　县 Lushi	45.09	31.89	0.03	0.33	110782	55507	22	721	61008
义　马　市 Yima	3.05	2.08	0.01	0.26	7185	3448	8	559	638
灵　宝　市 Lingbao	81.48	54.70	1.24	4.26	219438	106223	895	8922	1208544
南　阳　市 Nanyang									
南　召　县 Nanzhao	61.53	37.39		11.63	190703	67075		56260	13951
方　城　县 Fangcheng	205.75	120.53	1.88	48.25	587661	328019	1803	218208	36182
西　峡　县 Xixia	38.29	24.32		2.35	103408	37560		6574	380999

29−7 续表 2 continued

县 市	County and city	总播种面积（千公顷）Total Sown Area (1 000 hectares)	#粮食 Grain	#棉花 Cotton	#油料 Oil-bearing Crops	粮食产量（吨）Output of Grain (ton)	#小麦 Wheat	棉花产量（吨）Output of Cotton (ton)	油料产量（吨）Output of Oil-bearing Crops (ton)	园林水果产量（吨）Output of Fruits (ton)
镇平县	Zhenping	136.22	97.92	2.96	21.50	506055	265905	2905	66476	7054
内乡县	Neixiang	102.68	61.59	1.24	18.71	306347	142610	1050	71603	51739
淅川县	Xichuan	131.94	62.36	0.56	41.78	254578	128074	490	122309	54916
社旗县	Sheqi	138.66	90.27	5.61	18.78	515793	306704	5412	75368	5181
唐河县	Tanghe	297.86	216.95	6.52	26.49	1161743	786242	6389	112142	85710
新野县	Xinye	134.50	76.60	5.95	24.43	512101	373600	5781	108314	21500
桐柏县	Tongbai	73.67	44.99	0.16	20.20	229108	86190	109	70440	16899
邓州市	Dengzhou	334.33	200.87	13.29	64.86	1088750	757275	11759	246792	28017
商丘市	**Shangqiu**									
民权县	Minquan	157.26	97.95	9.03	21.96	653684	475092	9721	102850	270184
睢县	Suixian	162.93	94.98	9.65	14.17	610934	400612	10084	66081	68416
宁陵县	Ningling	101.00	66.87	0.97	18.41	442647	295838	1075	95544	233957
柘城县	Zhecheng	138.52	96.95	3.26	3.32	658565	434008	3427	11871	61425
虞城县	Yucheng	209.92	136.80	9.11	11.16	897569	540414	9120	46875	496700
夏邑县	Xiayi	177.83	148.02	1.08	5.77	986891	544987	1004	19392	272696
永城市	Yongcheng	232.64	186.41	2.71	7.11	1173641	719835	2681	29114	234196
信阳市	**Xinyang**									
罗山县	Luoshan	140.63	95.64	0.13	30.01	721445	111054	121	69251	7429
光山县	Guangshan	131.20	74.73	0.18	33.92	594593	81149	170	81807	5785
新县	Xinxian	27.15	14.70	0.04	9.53	117704	4031	35	29028	2758
商城县	Shangcheng	77.88	48.42	0.08	20.48	361852	49014	80	51465	10890
固始县	Gushi	248.27	155.73	0.13	62.43	1213855	172283	126	155934	49860
潢川县	Huangchuan	131.42	97.33	0.03	24.08	676712	151372	32	59056	6498
淮滨县	Huaibin	131.33	99.39	0.36	18.82	565481	261675	352	57980	18183
息县	Xixian	188.75	160.52	0.69	13.37	943647	453971	775	35559	19896
周口市	**Zhoukou**									
扶沟县	Fugou	143.13	85.67	21.97	6.68	548087	427734	17272	28948	28261
西华县	Xihua	166.08	106.51	7.89	10.22	663659	472986	7940	42858	152660
商水县	Shangshui	206.80	151.07	3.33	14.07	1035183	541662	3446	45393	41486
沈丘县	Shenqiu	159.40	122.26	2.40	9.33	825276	483020	3101	24391	68653
郸城县	Dancheng	198.48	130.77	12.21	8.07	843223	557800	12542	20934	16260
淮阳县	Huaiyang	226.17	132.77	18.49	25.67	889987	572130	16078	126915	28365
太康县	Taikang	233.89	170.36	7.50	6.14	1125570	738455	8735	21225	67163
鹿邑县	Luyi	172.27	129.71	5.58	6.47	905563	518088	6006	17398	10004
项城市	Xiangcheng	165.37	121.04	3.20	14.52	790638	503983	4786	32195	47387
驻马店市	**Zhumadian**									
西平县	Xiping	167.89	134.17	0.05	16.28	888296	459959	40	66997	11913
上蔡县	Shangcai	199.57	161.93	0.93	18.34	989437	592417	745	40800	11777
平舆县	Pingyu	164.47	119.39	0.28	26.78	734328	467689	258	57455	8565
正阳县	Zhengyang	238.15	141.39	0.50	82.59	799833	589205	424	348626	10680
确山县	Queshan	121.19	91.83	0.05	16.34	526211	287578	48	57337	3423
泌阳县	Biyang	161.95	105.77	2.20	40.38	569966	323081	1626	115057	31207
汝南县	Runan	171.36	117.43	0.49	34.43	718556	471766	583	148507	10382
遂平县	Suiping	124.85	98.14	0.06	15.21	590086	323256	70	45443	20132
新蔡县	Xincai	193.53	133.80	4.35	27.64	784601	510205	5118	100874	29740

29-8 各县(市)牧渔业生产情况(2012年)

Statistics on Animal Husbandry and Fishery by County and City (2012)

县 市 County and city	肉类产量 (吨) Output of Meat (ton)	#猪肉 Pork	#牛肉 Beef	#羊肉 Mutton	大牲畜年底头数 (头) Large Animals (year-end) (unit)	猪年底头数 (万头) Hogs (year-end) (10 000 units)	禽蛋产量 (吨) Poultry Eggs (ton)	水产品产量 (吨) Output of Aquatic Products (ton)
郑州市 Zhengzhou								
中牟县 Zhongmu	67774	42217	9347	4163	119322	47.53	30687	71300
巩义市 Gongyi	24317	20200	924	300	7688	20.00	9950	3579
荥阳市 Xingyang	45598	31345	3605	657	24806	25.98	72300	17023
新密市 Xinmi	20515	12849	1086	267	18305	19.64	27213	825
新郑市 Xinzheng	50617	32301	977	658	27506	36.28	42267	735
登封市 Dengfeng	24439	16530	3634	689	32872	19.29	21066	2355
开封市 Kaifeng								
杞县 Qixian	99747	65131	17760	6684	115874	80.49	65316	3006
通许县 Tongxu	60186	50590	3009	1715	51638	62.34	24292	1690
尉氏县 Weishi	85218	61158	10822	5670	108899	74.98	82439	18740
开封县 Kaifeng	76798	55101	11576	4545	129724	65.18	41642	11800
兰考县 Lankao	47295	28800	9500	2980	108134	41.38	33163	5629
洛阳市 Luoyang								
孟津县 Mengjin	21782	16185	3043	426	56376	21.02	13527	16809
新安县 Xinan	20339	13451	2359	1112	29523	17.29	13159	7230
栾川县 Luanchuan	7734	5036	1448	263	15167	6.80	4926	70
嵩县 Songxian	31046	17061	9531	1253	111850	21.98	13131	4200
汝阳县 Ruyang	11821	8800	1255	299	19431	10.81	6682	210
宜阳县 Yiyang	52108	36474	9492	1452	117419	34.31	18287	1953
洛宁县 Luoning	26545	9116	12146	1209	106867	11.23	16934	539
伊川县 Yichuan	44274	31739	8050	453	109713	36.96	22910	545
偃师市 Yanshi	29639	24200	1180	140	39511	28.90	19287	282
平顶山市 Pingdingshan								
宝丰县 Baofeng	44708	32512	5230	698	89493	38.32	15811	810
叶县 Yexian	113119	69705	20946	5796	194327	75.24	31638	15600
鲁山县 Lushan	27651	19078	3522	1185	55702	23.79	15697	11128
郏县 Jiaxian	56320	28904	7994	1780	116275	33.74	14996	940
舞钢市 Wugang	44790	32971	1351	694	28302	35.43	2447	4130
汝州市 Ruzhou	90938	59316	14700	1472	260584	66.45	60800	2859
安阳市 Anyang								
安阳县 Anyang	32840	21271	2311	425	69420	28.19	63441	4400
汤阴县 Tangyin	31873	8198	687	322	15259	11.81	27074	3406
滑县 Huaxian	47853	25100	7200	3510	148063	27.56	78500	542
内黄县 Neihuang	37354	26191	251	2761	29362	29.90	43918	552
林州市 Linzhou	73199	67087	308	110	12478	92.02	67615	3200
鹤壁市 Hebi								
浚县 Xunxian	109424	54950	1494	3225	15062	43.90	43550	2805
淇县 Qixian	130069	38900	498	363	15992	28.35	49400	5201

29-8 续表 1 continued

县 市 County and city	肉类产量 (吨) Output of Meat (ton)	#猪肉 Pork	#牛肉 Beef	#羊肉 Mutton	大牲畜年底头数 (头) Large Animals (year-end) (unit)	猪年底头数 (万头) Hogs (year-end) (10 000 units)	禽蛋产量 (吨) Poultry Eggs (ton)	水产品产量 (吨) Output of Aquatic Products (ton)
新乡市 Xinxiang								
新乡县 Xinxiang	17646	9023	2440	359	21063	11.90	30765	3100
获嘉县 Huojia	29968	18756	2280	685	22363	19.93	25570	5100
原阳县 Yuanyang	34524	20800	4470	2203	87990	24.75	38160	5230
延津县 Yanjin	30361	17645	3854	1505	26200	19.55	30839	19052
封丘县 Fengqiu	77936	58063	8310	3314	56644	48.58	32787	11118
长垣县 Changyuan	39854	20481	6100	2195	51583	22.05	39100	4200
卫辉市 Weihui	54425	40790	4904	573	116665	48.23	73653	4080
辉县市 Huixian	87719	72930	4630	782	57362	77.16	77568	650
焦作市 Jiaozuo								
修武县 Xiuwu	34964	21009	2243	303	17634	21.85	55486	2850
博爱县 Boai	23865	10555	7791	480	50756	18.28	41184	225
武陟县 Wuzhi	62871	36976	6346	2225	64803	41.01	79645	9450
温县 Wenxian	25886	18830	3078	463	29007	22.90	42621	62
沁阳市 Qinyang	25760	14806	5203	475	40295	20.67	37482	610
孟州市 Mengzhou	21334	14512	2368	479	30192	20.52	28309	1330
濮阳市 Puyang								
清丰县 Qingfeng	56094	29116	2957	1182	34162	31.12	63440	2150
南乐县 Manle	66190	31776	10196	599	151295	40.12	61403	1960
范县 Fanxian	28151	13717	1738	3082	39582	16.01	31325	15050
台前县 Taiqian	16915	5742	449	1214	5302	6.06	39460	804
濮阳县 Puyang	66729	37632	1732	4853	20071	43.00	61640	4080
许昌市 Xuchang								
许昌县 Xuchang	79747	60098	8929	1645	117709	57.58	51808	1220
鄢陵县 Yanling	83259	58821	14175	1648	160000	56.49	44726	4029
襄城县 Xiangcheng	76467	55347	8823	2317	134670	54.63	43873	1541
禹州市 Yuzhou	77818	55362	4199	5487	54007	53.72	36453	1620
长葛市 Changge	65833	55274	1698	380	22468	44.26	47540	1469
漯河市 Luohe								
舞阳县 Wuyang	63510	54876	1898	1371	38039	50.52	13406	2775
临颍县 Linying	76587	60132	4544	751	39702	56.23	38650	1650
三门峡市 Sanmenxia								
渑池县 Mianchi	36524	23275	9569	910	108528	27.21	23240	4200
陕县 Shanxian	15977	10002	4013	469	117122	13.06	8614	3000
卢氏县 Lushi	7948	3565	3469	294	76296	4.21	3021	1810
义马市 Yima	3004	2574	41	22	279	4.20	970	80
灵宝市 Lingbao	24106	16994	4001	890	60639	21.48	10299	5745
南阳市 Nanyang								
南召县 Nanzhao	23982	16056	3806	1814	60900	18.77	12327	18500
方城县 Fangcheng	35307	22538	3814	2797	43013	26.88	17176	6050
西峡县 Xixia	29522	20018	4716	2503	52810	24.68	13766	4700

29-8 续表 2 continued

县 市	County and city	肉类产量 (吨) Output of Meat (ton)	#猪肉 Pork	#牛肉 Beef	#羊肉 Mutton	大牲畜年底头数 (头) Large Animals (year-end) (unit)	猪年底头数 (万头) Hogs (year-end) (10 000 units)	禽蛋产量 (吨) Poultry Eggs (ton)	水产品产量 (吨) Output of Aquatic Products (ton)
镇平县	Zhenping	33879	21657	3729	1734	61120	26.68	25349	10000
内乡县	Neixiang	90143	66898	10960	6284	81493	80.74	24185	5700
淅川县	Xichuan	59580	36464	13882	2900	147272	44.11	28132	26017
社旗县	Sheqi	66014	44877	11794	1928	109053	57.23	20183	5203
唐河县	Tanghe	117514	73505	25404	4112	362545	87.59	53161	12600
新野县	Xinye	48148	22491	12273	3325	133015	28.09	27879	5900
桐柏县	Tongbai	27195	16609	5381	1473	63595	20.48	12670	11500
邓州市	Dengzhou	141286	84000	35200	6413	288367	100.36	72600	11000
商丘市	**Shangqiu**								
民权县	Minquan	55238	30705	11343	5035	103552	32.75	39008	18745
睢县	Suixian	52599	32400	6895	4513	64252	37.05	30098	4525
宁陵县	Ningling	39099	30545	3559	2110	38088	29.57	12555	3815
柘城县	Zhecheng	56511	32291	14039	3486	98055	31.60	16055	5360
虞城县	Yucheng	75534	32862	23845	6535	189128	32.75	30235	13790
夏邑县	Xiayi	78927	63031	6685	3440	123780	75.60	35750	5784
永城市	Yongcheng	87711	37900	19300	9460	160778	40.80	50396	15494
信阳市	**Xinyang**								
罗山县	Luoshan	48261	34327	2888	416	53988	31.23	19521	24500
光山县	Guangshan	47217	18309	3190	252	68627	18.42	30068	26578
新县	Xinxian	21650	13508	3096	342	58531	13.03	10332	4000
商城县	Shangcheng	43674	18009	2535	1397	50686	17.28	25989	27098
固始县	Gushi	152797	77000	1610	3705	62507	64.12	79100	43990
潢川县	Huangchuan	145095	63370	2123	538	75679	53.81	26005	34400
淮滨县	Huaibin	53225	19278	6610	1349	62027	19.43	14998	10636
息县	Xixian	64514	44657	5570	1110	51278	45.02	19032	11772
周口市	**Zhoukou**								
扶沟县	Fugou	48555	31370	11400	825	103150	35.30	11940	4482
西华县	Xihua	84410	62870	6130	3110	75350	64.10	26150	3137
商水县	Shangshui	89260	62960	8230	4170	65000	66.05	29150	3373
沈丘县	Shenqiu	88485	55240	12200	6400	83450	52.50	33600	6417
郸城县	Dancheng	59328	36860	7100	3650	43700	48.00	23950	5097
淮阳县	Huaiyang	102500	62680	11300	6000	91385	58.56	26600	24189
太康县	Taikang	105477	64900	14350	6550	96720	71.50	45000	3052
鹿邑县	Luyi	71902	50300	8200	2540	92520	55.51	29500	5761
项城市	Xiangcheng	56705	37390	6150	1765	35430	48.80	23150	4905
驻马店市	**Zhumadian**								
西平县	Xiping	106417	82249	1047	2026	21122	91.94	57520	6018
上蔡县	Shangcai	77464	58613	6487	2051	48177	70.04	50171	7288
平舆县	Pingyu	76730	57560	7210	3178	101975	58.73	23876	8311
正阳县	Zhengyang	93277	87144	873	441	25692	108.93	18157	11702
确山县	Queshan	68600	44943	15233	2242	190833	59.09	13695	11225
泌阳县	Biyang	95397	54992	30656	3081	410686	42.89	23473	17357
汝南县	Runan	84089	61178	8377	4115	59762	72.52	22806	34187
遂平县	Suiping	76028	57275	6515	1292	68420	68.13	60769	6029
新蔡县	Xincai	105723	58440	23800	3250	316500	72.50	42500	11314

29-9 各县(市)财政、金融主要指标(2012年)

Main Indicators of Government Finance and Financial Intermediation by County and City (2012)

单位：万元 (10000yuan)

县 市 County and city	公共财政预算收入 Public Financial Revenueof theLocal Government	公共财政预算支出 Public Financial Expenditures oftheLocal Government	#教育 Education	#农林水事务 Farming Forestry Water Conservancy Operating	金融机构存款余额 Depositsof National Banking System	金融机构贷款余额 Loansof National Banking System	居民储蓄存款 Balanceof Savings Depositof Ruraland Urban Residents
郑州市 Zhengzhou							
中牟县 Zhongmu	271777	440419	90504	76052	1846180	958729	1135408
巩义市 Gongyi	260515	390589	81952	43317	2689462	1477284	1693508
荥阳市 Xingyang	165023	274842	59592	47045	1688986	1001471	1217439
新密市 Xinmi	244227	367013	70565	59702	2541144	1062859	2003311
新郑市 Xinzheng	269588	375621	73288	61192	2137544	1213473	1280660
登封市 Dengfeng	239554	353746	66165	46282	2159572	900163	1534520
开封市 Kaifeng							
杞县 Qixian	60076	250823	54649	37813	1006078	385429	851047
通许县 Tongxu	33511	150760	25409	23512	719094	233175	621564
尉氏县 Weishi	71712	235259	51035	44972	972331	490059	778373
开封县 Kaifeng	44866	180039	37470	30048	794907	258232	571356
兰考县 Lankao	67046	250809	63914	35293	954299	301824	732386
洛阳市 Luoyang							
孟津县 Mengjin	80905	167278	41240	30334	854228	442111	655014
新安县 Xinan	133379	229353	54416	25853	1079645	663390	686692
栾川县 Luanchuan	141689	195159	49406	29109	1075943	364714	664497
嵩县 Songxian	55598	198269	58756	35971	714993	171871	530901
汝阳县 Ruyang	46323	161376	52192	25944	588506	222315	437089
宜阳县 Yiyang	61818	210198	60868	42761	795872	341725	535276
洛宁县 Luoning	56317	182474	48216	39684	644302	159766	400266
伊川县 Yichuan	107958	242268	51242	33637	1711074	1052753	745161
偃师市 Yanshi	104004	207309	46327	31409	1674136	701345	1345933
平顶山市 Pingdingshan							
宝丰县 Baofeng	92410	194371	49600	28052	912202	434472	726816
叶县 Yexian	57526	208369	34538	39924	1044599	404938	773516
鲁山县 Lushan	57063	241466	68200	34426	1215604	561449	943862
郏县 Jiaxian	64567	190336	39098	38610	741827	377637	599820
舞钢市 Wugang	86448	154451	31773	19258	968129	644278	653636
汝州市 Ruzhou	136862	302994	72069	44516	1549814	908278	1080966
安阳市 Anyang							
安阳县 Anyang	113989	266801	61435	50309	1732181	728586	1421103
汤阴县 Tangyin	53345	153702	33639	26339	654282	301441	481716
滑县 Huaxian	48537	349519	82406	69275	1451060	579513	1161210
内黄县 Neihuang	33982	181214	48152	34655	716877	275580	543342
林州市 Linzhou	114217	279171	70264	36316	2586340	909567	2117890
鹤壁市 Hebi							
浚县 Xunxian	32653	191226	49210	32902	717868	631156	496150
淇县 Qixian	41700	136781	31121	21135	639303	804816	426628

29-9 续表 1 continued

单位：万元 (10 000 yuan)

县 市 County and city	公共财政预算收入 Public Financial Revenue of the Local Government	公共财政预算支出 Public Financial Expenditures of the Local Government	#教育 Education	#农林水事务 Farming Forestry Water Conservancy Operating	金融机构存款余额 Deposits of National Banking System	金融机构贷款余额 Loans of National Banking System	居民储蓄存款 Balance of Savings Deposit of Rural and Urban Residents
新乡市 Xinxiang							
新乡县 Xinxiang	62991	128730	25412	17970	1172597	1141386	819895
获嘉县 Huojia	28136	120880	31076	16719	659359	248736	484367
原阳县 Yuanyang	34678	177800	39227	29901	753054	329705	509797
延津县 Yanjin	40659	157871	39763	26153	557264	265000	389566
封丘县 Fengqiu	25002	195025	47734	37536	887768	191063	641030
长垣县 Changyuan	80049	261842	56968	46255	1987751	1206851	1479233
卫辉市 Weihui	55003	170328	37034	29397	801182	265129	539049
辉县市 Huixian	192056	296876	67376	49693	1638465	1012288	1170401
焦作市 Jiaozuo							
修武县 Xiuwu	66861	132155	26739	18186	619248	324735	420610
博爱县 Boai	56278	128167	27076	23663	709559	447089	572926
武陟县 Wuzhi	72066	177088	40555	33997	936961	528529	750050
温县 Wenxian	44202	132682	28479	19963	763953	399440	537760
沁阳市 Qinyang	112600	205851	43437	20240	969720	475951	785016
孟州市 Mengzhou	81588	161928	32266	21295	805552	458611	561901
濮阳市 Puyang							
清丰县 Qingfeng	28291	188008	40456	42008	683703	186961	563262
南乐县 Manle	19648	147034	32789	33003	519930	162377	412582
范县 Fanxian	24791	159803	38124	31499	727350	192078	539333
台前县 Taiqian	13832	136867	34013	28408	519799	186680	397397
濮阳县 Puyang	58744	293240	82480	55658	1172010	502642	966521
许昌市 Xuchang							
许昌县 Xuchang	65036	213900	56500	38252	1261376	838090	927914
鄢陵县 Yanling	56009	205086	45500	27208	966247	717405	733160
襄城县 Xiangcheng	86026	202426	61227	33862	1186975	660460	943138
禹州市 Yuzhou	243369	397088	85981	39672	1841337	972227	1460260
长葛市 Changge	130026	258510	73411	33693	1474539	1156804	1080915
漯河市 Luohe							
舞阳县 Wuyang	42078	163326	31580	32526	708883	267175	574652
临颍县 Linying	51336	203480	48029	32193	916137	325170	703666
三门峡市 Sanmenxia							
渑池县 Mianchi	143618	206159	47153	32733	850826	365500	588980
陕县 Shanxian	93196	164635	38352	29292	801471	507649	513114
卢氏县 Lushi	42519	156770	32973	27474	708186	233525	478943
义马市 Yima	91219	116904	26520	5529	1268757	711012	483379
灵宝市 Lingbao	130188	254600	69385	43231	1975359	1358620	1433429
南阳市 Nanyang							
南召县 Nanzhao	33978	191127	53210	32560	680247	220215	520284
方城县 Fangcheng	52101	291666	59663	58503	1030600	434103	733270
西峡县 Xixia	76639	196706	45950	32030	992009	737723	655716

29-9 续表 2 continued

单位：万元 (10 000 yuan)

县 市	County and city	公共财政预算收入 Public Financial Revenue of the Local Government	公共财政预算支出 Public Financial Expenditures of the Local Government	#教育 Education	#农林水事务 Farming Forestry Water Conservancy Operating	金融机构存款余额 Deposits of National Banking System	金融机构贷款余额 Loans of National Banking System	居民储蓄存款 Balance of Savings Deposit of Rural and Urban Residents
镇平县	Zhenping	51816	246266	68780	40340	1372679	547604	1104517
内乡县	Neixiang	40007	193165	51205	37276	904687	430404	658948
淅川县	Xichuan	135387	323750	79342	52402	1281668	594331	825140
社旗县	Sheqi	30021	200196	45222	27270	732409	323912	496523
唐河县	Tanghe	58199	321467	71016	53627	1466590	482855	1129996
新野县	Xinye	39766	191699	45839	35006	1051684	583799	798846
桐柏县	Tongbai	47068	178680	36358	34931	693749	344034	527771
邓州市	Dengzhou	74418	406550	87344	76374	1830879	781432	1375398
商丘市	**Shangqiu**							
民权县	Minquan	35866	277266	82956	43600	1015974	507815	724800
睢县	Suixian	28026	224616	64652	35612	948723	306018	782816
宁陵县	Ningling	21692	181922	60877	30865	686505	328091	496933
柘城县	Zhecheng	33166	281626	81877	50660	1001789	304144	831086
虞城县	Yucheng	42779	283988	82909	26657	1168466	481931	905998
夏邑县	Xiayi	33638	290599	75069	48396	1450454	471161	1140078
永城市	Yongcheng	236099	416544	121695	61313	2408577	1638178	1737528
信阳市	**Xinyang**							
罗山县	Luoshan	30675	221908	52000	33979	1312230	446372	1006827
光山县	Guangshan	34185	242120	79610	38811	1300206	520685	1021284
新县	Xinxian	19019	148600	37800	28659	703805	301776	508961
商城县	Shangcheng	28162	226000	83000	36500	1111182	407786	872380
固始县	Gushi	62420	431332	125006	67951	2115590	800971	1699303
潢川县	Huangchuan	36745	235137	70973	43822	1163079	1106756	902846
淮滨县	Huaibin	22951	223229	79802	37594	855161	356275	681095
息县	Xixian	26812	254032	77388	44578	1362834	413268	1028727
周口市	**Zhoukou**							
扶沟县	Fugou	34715	206518	54158	36188	1053573	455077	876792
西华县	Xihua	33989	240568	58188	37638	1014885	342871	847690
商水县	Shangshui	38488	319314	100885	37610	1219169	370020	987564
沈丘县	Shenqiu	55540	320188	103223	40424	1399711	824345	1163702
郸城县	Dancheng	50689	343193	102656	50962	1273328	578598	1063576
淮阳县	Huaiyang	40138	354710	91771	58609	1351349	328514	1118392
太康县	Taikang	50109	359360	100190	52549	1400230	360940	1204201
鹿邑县	Luyi	60136	327866	85462	40956	1266375	555576	1022342
项城市	Xiangcheng	52201	291355	72518	33834	1549226	356792	1277816
驻马店市	**Zhumadian**							
西平县	Xiping	41202	219040	43913	34868	1154760	379017	936337
上蔡县	Shangcai	33256	314096	78323	40906	1618895	561283	1332610
平舆县	Pingyu	43849	243196	60838	29750	1253913	288224	1008112
正阳县	Zhengyang	28239	247766	52939	56740	1106711	424360	861325
确山县	Queshan	35890	175948	39720	31909	931063	277112	718054
泌阳县	Biyang	41500	258000	60682	45864	1080807	375546	736453
汝南县	Runan	31721	213360	49817	36237	1044775	320229	833585
遂平县	Suiping	37899	165779	33773	25721	901980	382808	680653
新蔡县	Xincai	33026	294412	79433	47687	1245542	357980	926989

29-10 各县(市)教育主要指标(2012年)
Main Indicators of Education by County and City (2012)

县 市 County and city	在校学生数(人) Student Enrollment (person)		小学适龄人口入学率(%) Rate of School-age Children Enrollment (%)	小学在校生巩固率(%) Percentage of Primary Schools Enrollment Consolidated (%)	初中适龄人口入学率(%) Rate of Junior Enrollment (%)	初中在校生巩固率(%) Percentage of Junior Enrollment Consolidated (%)	高中阶段毛入学率(%) The high school stage gross enrollment rate(%)
	小学 Primary Schools	普通中学 Regular Secondary Schools					
郑州市 Zhengzhou							
中牟县 Zhongmu	76726	37717	100.0	81.6	100.0	99.4	66.3
巩义市 Gongyi	50576	39818	100.0	92.8	100.0	88.8	83.8
荥阳市 Xingyang	39347	30168	100.0	89.7	100.0	88.8	109.9
新密市 Xinmi	69371	45192	100.0	88.4	100.0	85.5	85.2
新郑市 Xinzheng	51861	40780	100.0	107.1	100.0	104.7	173.1
登封市 Dengfeng	62124	35153	100.0	99.7	100.0	92.0	114.0
开封市 Kaifeng							
杞县 Qixian	122953	59236	100.0	157.7	99.6	89.0	67.4
通许县 Tongxu	77102	38127	100.0	103.5	99.8	96.9	73.5
尉氏县 Weishi	90932	46480	100.0	111.0	99.6	100.1	63.1
开封县 Kaifeng	81306	44595	100.0	87.8	99.2	89.0	119.3
兰考县 Lankao	86810	47751	100.0	89.4	99.2	84.4	51.2
洛阳市 Luoyang							
孟津县 Mengjin	31437	26448	100.0	94.7	100.0	82.7	79.2
新安县 Xinan	48239	35139	100.0	104.8	100.0	92.2	114.1
栾川县 Luanchuan	25989	18824	100.0	88.5	99.6	91.8	65.5
嵩县 Songxian	59002	30751	100.0	91.4	100.0	71.6	69.6
汝阳县 Ruyang	55433	27780	100.0	98.2	100.0	89.3	50.0
宜阳县 Yiyang	62082	38602	100.0	65.7	100.0	72.5	42.4
洛宁县 Luoning	45946	24980	100.0	82.8	100.0	69.8	50.6
伊川县 Yichuan	86723	42545	100.0	89.0	100.0	65.5	74.5
偃师市 Yanshi	51026	39838	100.0	71.4	100.0	70.7	61.8
平顶山市 Pingdingshan							
宝丰县 Baofeng	47181	23768	100.0	88.5	100.0	88.4	79.4
叶县 Yexian	67318	36618	100.0	87.4	100.0	72.0	64.8
鲁山县 Lushan	85606	40397	100.0	97.2	100.0	88.3	102.0
郏县 Jiaxian	58555	27840	100.0	87.3	100.0	66.8	70.8
舞钢市 Wugang	27697	16253	100.0	88.0	100.0	111.4	114.5
汝州市 Ruzhou	104502	42386	100.0	86.5	100.0	75.3	58.9
安阳市 Anyang							
安阳县 Anyang	97647	48119	100.0	83.9	100.0	92.1	105.3
汤阴县 Tangyin	54441	24073	100.0	93.4	100.0	90.6	74.7
滑县 Huaxian	129339	60882	100.0	93.6	98.2	83.0	82.1
内黄县 Neihuang	67429	35216	100.0	84.6	100.0	107.6	73.8
林州市 Linzhou	92434	51648	100.0	105.1	100.0	98.3	114.0
鹤壁市 Hebi							
浚县 Xunxian	81977	48873	100.0	92.5	99.9	102.0	58.7
淇县 Qixian	41297	16899	100.0	109.5	99.8	80.7	61.9

29-10 续表 1 continued

县 市	County and city	在校学生数(人) Student Enrollment (person) 小学 Primary Schools	普通中学 Regular Secondary Schools	小学适龄人口入学率(%) Rate of School-age Children Enrollment (%)	小学在校生巩固率(%) Percentage of Primary Schools Enrollment Consolidated (%)	初中适龄人口入学率(%) Rate of Junior Enrollment (%)	初中在校生巩固率(%) Percentage of Junior Enrollment Consolidated (%)	高中阶段毛入学率(%) The high school stage gross enrollment rate(%)
新乡市	**Xinxiang**							
新乡县	Xinxiang	33699	19486	100.0	91.6	100.0	87.8	95.8
获嘉县	Huojia	45526	24018	100.0	112.8	100.0	93.4	89.5
原阳县	Yuanyang	75561	39912	100.0	94.1	100.0	84.7	68.0
延津县	Yanjin	58386	32008	100.0	92.5	100.0	113.5	108.3
封丘县	Fengqiu	91415	44021	100.0	114.1	100.0	93.2	83.0
长垣县	Changyuan	94697	60574	99.7	95.3	100.0	91.8	132.4
卫辉市	Weihui	93359	28794	100.0	107.5	100.0	100.8	112.9
辉县市	Huixian	81008	42868	100.0	119.6	100.0	118.9	101.4
焦作市	**Jiaozuo**							
修武县	Xiuwu	24299	19512	100.0	82.3	100.0	82.3	84.4
博爱县	Boai	37933	25989	100.0	92.0	100.0	95.5	71.2
武陟县	Wuzhi	64620	48215	100.0	94.7	100.0	85.1	66.5
温县	Wenxian	35428	27561	100.0	88.6	100.0	82.3	80.5
沁阳市	Qinyang	39652	31567	100.0	103.8	100.0	102.0	118.1
孟州市	Mengzhou	23222	18407	100.0	90.5	100.0	96.4	69.7
濮阳市	**Puyang**							
清丰县	Qingfeng	81839	36973	100.0	115.4	98.9	101.4	94.4
南乐县	Manle	65086	28966	100.0	106.0	100.0	90.2	90.7
范县	Fanxian	67009	38751	100.0	101.7	98.3	81.6	61.7
台前县	Taiqian	56117	33521	100.0	123.8	100.0	108.4	118.3
濮阳县	Puyang	140993	52695	100.0	106.9	100.0	76.5	71.0
许昌市	**Xuchang**							
许昌县	Xuchang	65257	38337	100.0	101.3	100.0	86.9	81.4
鄢陵县	Yanling	65988	39696	100.0	69.2	100.0	112.3	84.6
襄城县	Xiangcheng	76157	42065	100.0	89.3	100.0	81.0	118.0
禹州市	Yuzhou	115707	64212	100.0	85.1	100.0	83.1	114.0
长葛市	Changge	67728	35229	100.0	100.4	100.0	98.9	118.2
漯河市	**Luohe**							
舞阳县	Wuyang	35481	23350	100.0	81.9	100.0	100.8	82.5
临颍县	Linying	72430	42681	100.0	104.7	100.0	90.2	76.6
三门峡市	**Sanmenxia**							
渑池县	Mianchi	31542	19938	100.0	75.4	100.0	100.0	86.5
陕县	Shanxian	26050	19295	100.0	99.6	100.0	76.9	85.9
卢氏县	Lushi	19736	22508	100.0	75.0	100.0	93.7	78.6
义马市	Yima	10700	6696	100.0	89.9	100.0	81.2	85.8
灵宝市	Lingbao	53711	41855	100.0	106.7	100.0	87.1	129.7
南阳市	**Nanyang**							
南召县	Nanzhao	71598	31073	99.2	85.8	99.2	100.0	54.9
方城县	Fangcheng	126996	47604	99.9	120.9	99.8	90.7	66.0
西峡县	Xixia	52387	28749	99.1	110.9	99.6	116.3	107.2

29—10 续表 2 continued

县 市 County and city	在校学生数(人) Student Enrollment (person) 小学 Primary Schools	普通中学 Regular Secondary Schools	小学适龄人口入学率(%) Rate of School-age Children Enrollment (%)	小学在校生巩固率(%) Percentage of Primary Schools Enrollment Consolidated (%)	初中适龄人口入学率(%) Rate of Junior Enrollment (%)	初中在校生巩固率(%) Percentage of Junior Enrollment Consolidated (%)	高中阶段毛入学率(%) The high school stage gross enrollment rate(%)
镇平县 Zhenping	100727	40841	99.8	102.6	99.9	107.8	51.5
内乡县 Neixiang	66634	33984	99.1	94.1	99.3	100.2	100.5
淅川县 Xichuan	77304	40371	99.6	72.7	99.7	70.1	63.9
社旗县 Sheqi	77617	33441	99.8	106.0	98.4	90.7	74.4
唐河县 Tanghe	121139	55186	100.0	96.6	100.0	97.1	47.9
新野县 Xinye	87708	43182	100.0	127.6	100.0	103.7	70.2
桐柏县 Tongbai	56952	26331	100.0	102.0	100.0	105.5	82.8
邓州市 Dengzhou	211969	100172	99.9	108.0	100.0	92.0	66.1
商丘市 Shangqiu							
民权县 Minquan	78443	55678	100.0	60.8	97.4	57.2	102.8
睢县 Suixian	80175	58464	100.0	67.2	99.5	65.7	95.2
宁陵县 Ningling	66626	37857	100.0	55.2	92.6	52.9	51.4
柘城县 Zhecheng	100770	77265	100.0	77.5	98.0	78.4	85.8
虞城县 Yucheng	148112	82383	100.0	81.5	99.0	72.2	84.5
夏邑县 Xiayi	136728	92292	100.0	97.1	98.4	86.1	76.3
永城市 Yongcheng	178210	92503	100.0	97.0	97.9	92.4	68.8
信阳市 Xinyang							
罗山县 Luoshan	74369	52375	100.0	104.1	100.0	84.2	139.1
光山县 Guangshan	102599	64453	100.0	100.0	98.0	92.5	101.4
新县 Xinxian	36634	23796	100.0	104.8	100.0	113.2	106.7
商城县 Shangcheng	99998	73474	100.0	98.2	100.0	101.8	91.9
固始县 Gushi	153827	107960	100.0	81.6	100.0	102.0	111.2
潢川县 Huangchuan	96187	58680	100.0	99.9	100.0	89.5	77.9
淮滨县 Huaibin	94471	67707	100.0	102.4	100.0	82.4	93.3
息县 Xixian	113658	63790	100.0	130.1	99.7	97.5	63.9
周口市 Zhoukou							
扶沟县 Fugou	78701	51074	100.0	87.8	100.0	84.5	73.8
西华县 Xihua	100585	66230	99.9	93.2	99.8	74.1	46.6
商水县 Shangshui	168655	95929	100.0	101.3	100.0	81.1	53.2
沈丘县 Shenqiu	127849	95056	98.1	94.7	100.0	95.0	71.9
郸城县 Dancheng	177371	103645	100.0	85.6	99.9	75.0	67.4
淮阳县 Huaiyang	160272	101421	99.8	95.0	99.8	70.2	70.9
太康县 Taikang	167606	85651	99.4	90.9	100.0	81.3	51.8
鹿邑县 Luyi	154939	101936	100.0	94.5	100.0	90.8	61.7
项城市 Xiangcheng	137144	96442	99.5	96.9	99.6	97.7	79.2
驻马店市 Zhumadian							
西平县 Xiping	74908	62272	100.0	97.5	100.0	105.1	60.5
上蔡县 Shangcai	160861	87153	100.0	88.5	100.0	81.5	55.9
平舆县 Pingyu	117122	70236	100.0	87.5	100.0	87.6	73.8
正阳县 Zhengyang	89967	52949	100.0	105.4	100.0	87.5	80.2
确山县 Queshan	62216	32858	100.0	97.4	100.0	107.0	71.8
泌阳县 Biyang	100593	61414	100.0	95.0	100.0	82.2	99.9
汝南县 Runan	90264	52599	100.0	93.1	100.0	95.1	87.1
遂平县 Suiping	48540	34664	100.0	114.5	100.0	99.5	138.9
新蔡县 Xincai	127987	71802	100.0	99.2	100.0	89.5	67.4

29-11 各县(市)卫生主要指标(2012年)

Main Indicators of Sanitation by County and City (2012)

县 市	County and city	卫生机构床位数(张) Number of Beds in Health Institutions (unit)	卫生技术人员(人) Medical Technical Personnel (person)	执业医师(人) Medical practitioner (person)	执业助理医师(人) Assistant doctor of the operation (person)	注册护士(人) Registered Nurse (person)
郑州市	**Zhengzhou**					
中牟县	Zhongmu	2441	2332	695	302	764
巩义市	Gongyi	2508	3958	1007	466	1642
荥阳市	Xingyang	1914	2676	578	289	976
新密市	Xinmi	3441	3403	971	274	1333
新郑市	Xinzheng	2194	2553	749	304	1023
登封市	Dengfeng	2957	3221	841	356	1246
开封市	**Kaifeng**					
杞县	Qixian	2419	2694	617	784	551
通许县	Tongxu	1868	1801	378	262	631
尉氏县	Weishi	2004	2167	467	451	715
开封县	Kaifeng	1083	1404	296	306	346
兰考县	Lankao	4053	3539	683	584	1273
洛阳市	**Luoyang**					
孟津县	Mengjin	1635	1685	433	364	429
新安县	Xinan	1819	1463	439	175	466
栾川县	Luanchuan	1274	1124	268	191	437
嵩县	Songxian	1786	1537	350	253	499
汝阳县	Ruyang	1654	1340	345	167	529
宜阳县	Yiyang	1973	2341	558	443	792
洛宁县	Luoning	1580	1302	275	246	423
伊川县	Yichuan	2250	2635	661	644	748
偃师市	Yanshi	2046	2279	852	295	739
平顶山市	**Pingdingshan**					
宝丰县	Baofeng	1980	2460	679	613	730
叶县	Yexian	1812	2693	573	611	582
鲁山县	Lushan	2203	2389	611	417	699
郏县	Jiaxian	2010	2575	585	467	707
舞钢市	Wugang	1327	1414	400	162	548
汝州市	Ruzhou	4598	3360	694	357	1241
安阳市	**Anyang**					
安阳县	Anyang	2324	1972	469	719	390
汤阴县	Tangyin	1321	1656	308	322	333
滑县	Huaxian	3686	3602	866	986	1141
内黄县	Neihuang	1993	2233	415	432	627
林州市	Linzhou	3474	3399	1016	961	778
鹤壁市	**Hebi**					
浚县	Xunxian	1728	1650	386	439	396
淇县	Qixian	1365	1470	403	147	583

29-11 续表 1 continued

县 市 County and city	卫生机构床位数(张) Number of Beds in Health Institutions (unit)	卫生技术人员(人) Medical Technical Personnel (person)	执业医师(人) Medical practitioner (person)	执业助理医师(人) Assistant doctor of the operation (person)	注册护士(人) Registered Nurse (person)
新乡市 Xinxiang					
新乡县 Xinxiang	1112	1222	341	359	305
获嘉县 Huojia	1384	1262	279	141	410
原阳县 Yuanyang	2034	2285	559	293	844
延津县 Yanjin	1582	1581	372	220	495
封丘县 Fengqiu	2528	2053	445	323	620
长垣县 Changyuan	2870	4505	1057	771	1644
卫辉市 Weihui	3662	3230	863	192	1365
辉县市 Huixian	2475	2856	781	461	857
焦作市 Jiaozuo					
修武县 Xiuwu	865	1021	349	342	162
博爱县 Boai	1742	1309	426	289	299
武陟县 Wuzhi	2056	2023	486	430	587
温县 Wenxian	1855	1685	452	177	579
沁阳市 Qinyang	1195	1904	738	314	496
孟州市 Mengzhou	974	1422	416	179	481
濮阳市 Puyang					
清丰县 Qingfeng	1371	1453	338	272	373
南乐县 Manle	1628	1444	289	239	446
范县 Fanxian	1573	1603	330	172	511
台前县 Taiqian	796	1156	191	148	331
濮阳县 Puyang	2699	2907	682	679	666
许昌市 Xuchang					
许昌县 Xuchang	1457	1808	405	366	553
鄢陵县 Yanling	2009	2428	645	496	699
襄城县 Xiangcheng	2425	2312	514	318	710
禹州市 Yuzhou	3595	4837	1357	1050	1244
长葛市 Changge	1817	3239	947	601	905
漯河市 Luohe					
舞阳县 Wuyang	1877	1890	453	277	631
临颍县 Linying	2188	2246	366	233	901
三门峡市 Sanmenxia					
渑池县 Mianchi	1358	1167	233	132	345
陕县 Shanxian	1124	1350	347	144	385
卢氏县 Lushi	1187	1498	396	322	357
义马市 Yima	1428	1663	489	94	745
灵宝市 Lingbao	2261	2585	731	443	748
南阳市 Nanyang					
南召县 Nanzhao	1602	2252	441	431	685
方城县 Fangcheng	2843	2314	559	380	699
西峡县 Xixia	2118	1778	409	155	730

29-11 续表 2 continued

县 市	County and city	卫生机构床位数（张）Number of Beds in Health Institutions (unit)	卫生技术人员（人）Medical Technical Personnel (person)	执业医师（人）Medical practitioner (person)	执业助理医师（人）Assistant doctor of the operation (person)	注册护士（人）Registered Nurse (person)
镇平县	Zhenping	2239	2143	519	444	478
内乡县	Neixiang	1565	1382	322	226	400
淅川县	Xichuan	1545	1771	400	201	508
社旗县	Sheqi	1344	1696	356	321	503
唐河县	Tanghe	2239	2335	574	313	750
新野县	Xinye	1628	2118	470	301	684
桐柏县	Tongbai	1107	1475	303	198	388
邓州市	Dengzhou	3440	2804	557	330	845
商丘市	**Shangqiu**					
民权县	Minquan	2801	1847	461	328	654
睢县	Suixian	2042	2410	510	361	655
宁陵县	Ningling	1340	2852	431	421	620
柘城县	Zhecheng	3231	3370	775	702	939
虞城县	Yucheng	2176	3538	683	1221	589
夏邑县	Xiayi	2208	2782	565	334	822
永城市	Yongcheng	4147	4353	939	509	1403
信阳市	**Xinyang**					
罗山县	Luoshan	1649	1508	441	175	432
光山县	Guangshan	1604	1646	555	156	495
新县	Xinxian	519	740	169	112	215
商城县	Shangcheng	1348	1356	416	203	380
固始县	Gushi	2447	2768	630	343	862
潢川县	Huangchuan	1358	1704	374	383	425
淮滨县	Huaibin	1726	1346	273	276	394
息县	Xixian	1263	1720	343	317	467
周口市	**Zhoukou**					
扶沟县	Fugou	1505	1765	467	263	485
西华县	Xihua	2428	2577	615	226	636
商水县	Shangshui	2620	2566	704	784	504
沈丘县	Shenqiu	2590	3239	723	638	634
郸城县	Dancheng	2497	3761	748	520	1357
淮阳县	Huaiyang	2648	3662	612	656	1129
太康县	Taikang	3418	3296	931	587	984
鹿邑县	Luyi	3274	3127	676	844	757
项城市	Xiangcheng	2769	2652	642	358	907
驻马店市	**Zhumadian**					
西平县	Xiping	2237	2004	525	355	605
上蔡县	Shangcai	2638	2161	553	301	571
平舆县	Pingyu	2746	3760	730	1004	1497
正阳县	Zhengyang	1804	2199	626	368	593
确山县	Queshan	1764	1567	289	193	660
泌阳县	Biyang	2332	1882	480	397	466
汝南县	Runan	1846	2116	592	319	645
遂平县	Suiping	2008	2150	557	321	725
新蔡县	Xincai	1827	2524	464	1244	429

29-12 各县(市)社会保险和低保参保人数(2012年)

Number of People Participated in Basic Insurance and Lowest Cost-of-Living by County and City (2011)

单位：人 (person)

县 市	County and city	城镇基本养老保险参保人数 Number of Persons in Basic Pension Insurance	城镇基本医疗保险参保人数 Number of Persons in Basic Medical Insurance	城镇居民最低生活保障人数 Number of Persons Receiving Lowest Cost-of-Living in Urban Area	农村居民最低生活保障人数 Number of Persons Receiving Lowest Cost-of-Living in Rural Area	新型农村合作医疗参保人数 Number of Persons Participated in the new rural cooperative medical	新型农村社会养老保险参保人数 Number of Persons Participated in the Rural Basic Pension Insurance
郑州市	**Zhengzhou**						
中牟县	Zhongmu	546339	36565	3030	17124	656091	421845
巩义市	Gongyi	99500	72900	3337	17652	657821	384000
荥阳市	Xingyang	60514	52600	1640	17571	520120	312109
新密市	Xinmi	59296	70333	2153	18088	648116	417826
新郑市	Xinzheng	49294	56736	3924	17371	496649	314123
登封市	Dengfeng	56612	56554	4069	26217	556189	328668
开封市	**Kaifeng**						
杞县	Qixian	22432	82434	7763	46084	996807	526225
通许县	Tongxu	16563	57497	3201	27095	551887	318290
尉氏县	Weishi	27035	64415	3386	43360	765135	479744
开封县	Kaifeng	20431	60313	2113	32254	719870	379891
兰考县	Lankao	35230	68900	6910	35621	710626	391516
洛阳市	**Luoyang**						
孟津县	Mengjin	19405	45610	3300	15800	407021	262601
新安县	Xinan	38646	93529	7105	20016	454935	222650
栾川县	Luanchuan	25321	54286	2089	15228	276312	183843
嵩县	Songxian	17673	29880	6278	23045	512656	315445
汝阳县	Ruyang	23311	55157	7973	17166	427869	217140
宜阳县	Yiyang	51560	37616	8385	24954	538254	361651
洛宁县	Luoning	18411	26677	10704	25175	413961	160288
伊川县	Yichuan	28594	100030	8024	28689	689602	254811
偃师市	Yanshi	40464	101771	2491	34630	747372	606324
平顶山市	**Pingdingshan**						
宝丰县	Baofeng	24979	29670	8366	20496	425610	276778
叶县	Yexian	26916	28871	8645	36520	702443	453589
鲁山县	Lushan	22577	35171	7637	38624	779214	446970
郏县	Jiaxian	20219	29317	6918	24750	525233	357984
舞钢市	Wugang	45862	47385	7207	9631	212342	137500
汝州市	Ruzhou	40013	53451	7302	40587	856475	504500
安阳市	**Anyang**						
安阳县	Anyang	97388	121122	1872	33331	832783	558553
汤阴县	Tangyin	44324	73310	3106	16039	390543	249277
滑县	Huaxian	36411	55586	8002	53216	1175275	733326
内黄县	Neihuang	31739	54215	5380	30049	703615	454373
林州市	Linzhou	89905	156565	7277	54942	805462	551346
鹤壁市	**Hebi**						
浚县	Xunxian	32481	65475	13934	32364	610899	284927
淇县	Qixian	28064	59248	5013	8963	225239	107170

29-12 续表1 continued

单位：人 (person)

县 市	County and city	城镇基本养老保险参保人数 Number of Persons in Basic Pension Insurance	城镇基本医疗保险参保人数 Number of Persons in Basic Medical Insurance	城镇居民最低生活保障人数 Number of Persons Receiving Lowest Cost-of-Living in Urban Area	农村居民最低生活保障人数 Number of Persons Receiving Lowest Cost-of-Living in Rural Area	新型农村合作医疗参保人数 Number of Persons Participated in the new rural cooperative medical	新型农村社会养老保险参保人数 Number of Persons Participated in the Rural Basic Pension Insurance
新乡市	**Xinxiang**						
新乡县	Xinxiang	41885	68000	1271	12589	344420	161110
获嘉县	Huojia	27851	71000	6939	15176	351579	210252
原阳县	Yuanyang	28344	63000	8789	30387	646787	256210
延津县	Yanjin	27374	75000	12416	18508	405431	234707
封丘县	Fengqiu	24258	84200	6612	34732	686585	446822
长垣县	Changyuan	35596	87600	16435	27446	750075	445148
卫辉市	Weihui	42391	109000	10593	7314	367128	194835
辉县市	Huixian	64889	128100	2941	28024	657180	446667
焦作市	**Jiaozuo**						
修武县	Xiuwu	21566	49368	3109	9874	234052	124732
博爱县	Boai	37269	69921	4034	12597	387077	177018
武陟县	Wuzhi	47982	72130	3844	21954	619461	343306
温县	Wenxian	46807	62764	3516	14551	393011	239601
沁阳市	Qinyang	46445	89662	6756	18260	372016	225531
孟州市	Mengzhou	42905	56709	3127	11363	310454	221509
濮阳市	**Puyang**						
清丰县	Qingfeng	34126	75428	4174	28805	612452	332465
南乐县	Manle	29035	48701	3102	24886	471180	268319
范县	Fanxian	29037	62400	4711	27168	474259	270694
台前县	Taiqian	14473	55399	4869	19260	325377	147138
濮阳县	Puyang	57185	98054	10557	44489	1004803	602886
许昌市	**Xuchang**						
许昌县	Xuchang	29260	67202	7590	21712	772219	483593
鄢陵县	Yanling	21374	34513	16212	30493	549981	12371
襄城县	Xiangcheng	20030	95550	6502	32951	708040	480573
禹州市	Yuzhou	55630	65840	13688	46511	974041	3755
长葛市	Changge	46506	89834	1413	6154	588153	403846
漯河市	**Luohe**						
舞阳县	Wuyang	24800	70816	5037	24639	523618	308800
临颍县	Linying	21000	97598	6615	29981	652738	320000
三门峡市	**Sanmenxia**						
渑池县	Mianchi	53995	85444	4702	13047	258689	134912
陕县	Shanxian	39998	53813	2397	17795	272842	164226
卢氏县	Lushi	18491	36013	3543	20207	324310	200856
义马市	Yima	53339	124313	7853		46183	
灵宝市	Lingbao	52254	120024	3384	31588	611877	424801
南阳市	**Nanyang**						
南召县	Nanzhao	35462	65386	7215	25769	535252	309363
方城县	Fangcheng	58678	88377	9320	44796	951305	561943
西峡县	Xixia	50539	74073	5963	17379	395114	208002

29-12 续表2 continued

单位：人 (person)

县市 County and city	城镇基本养老保险参保人数 Number of Persons in Basic Pension Insurance	城镇基本医疗保险参保人数 Number of Persons in Basic Medical Insurance	城镇居民最低生活保障人数 Number of Persons Receiving Lowest Cost-of-Living in Urban Area	农村居民最低生活保障人数 Number of Persons Receiving Lowest Cost-of-Living in Rural Area	新型农村合作医疗参保人数 Number of Persons Participated in the new rural cooperative medical	新型农村社会养老保险参保人数 Number of Persons Participated in the Rural Basic Pension Insurance
镇平县 Zhenping	56242	97863	12956	40800	877147	543185
内乡县 Neixiang	45730	100118	5648	26200	600000	343549
淅川县 Xichuan	63052	97051	7464	37480	620092	290714
社旗县 Sheqi	49425	80865	8806	30869	612570	332048
唐河县 Tanghe	55726	97618	11852	57701	1193709	682030
新野县 Xinye	66212	101760	13017	29638	807312	409879
桐柏县 Tongbai	40887	80051	7108	16598	359882	172760
邓州市 Dengzhou	50109	162769	22942	66785	1491102	835494
商丘市 Shangqiu						
民权县 Minquan	31485	30059	8116	36750	766244	449000
睢县 Suixian	26321	76500	5908	37200	726872	444058
宁陵县 Ningling	23837	59203	9002	26663	532927	284771
柘城县 Zhecheng	25844	194684	9304	48000	850180	420000
虞城县 Yucheng	29475	75300	7563	48256	977384	432453
夏邑县 Xiayi	36505	91653	10365	47350	992356	734537
永城市 Yongcheng	62113	65000	5202	3477	1224000	822696
信阳市 Xinyang						
罗山县 Luoshan	36659	108605	14071	29816	614100	409160
光山县 Guangshan	38056	117000	10253	34202	650266	594000
新县 Xinxian	19384	65400	9093	16551	260706	192140
商城县 Shangcheng	29606	84991	6503	28978	636410	421407
固始县 Gushi	111672	143093	11709	66491	1300310	961813
潢川县 Huangchuan	47188	129911	7787	32824	637900	398184
淮滨县 Huaibin	29531	113075	6362	26990	583020	351260
息县 Xixian	30339	81908	6992	42589	817702	438094
周口市 Zhoukou						
扶沟县 Fugou	21133	84422	10628	31491	633403	425629
西华县 Xihua	18161	100975	7938	34607	800171	387022
商水县 Shangshui	18950	92316	12969	58157	1055736	573348
沈丘县 Shenqiu	22205	160715	9550	52556	1059911	636626
郸城县 Dancheng	28809	110356	11692	61250	1245624	559452
淮阳县 Huaiyang	31276	139283	14973	60060	1205964	765237
太康县 Taikang	34310	133976	14410	62248	1283172	641692
鹿邑县 Luyi	24739	69450	13948	54547	1084366	465986
项城市 Xiangcheng	40742	174736	8375	51863	1061948	635892
驻马店市 Zhumadian						
西平县 Xiping	28230	107492	12701	35798	720911	502584
上蔡县 Shangcai	24225	106417	9563	64701	1193556	845000
平舆县 Pingyu	19337	119704	16031	38294	794008	526477
正阳县 Zhengyang	21883	100554	12574	33257	670503	409252
确山县 Queshan	23338	69904	5836	18933	437649	259874
泌阳县 Biyang	34760	120034	6687	36470	736911	468810
汝南县 Runan	27800	99629	17945	42493	682967	498900
遂平县 Suiping	23216	74251	12180	24218	440228	306680
新蔡县 Xincai	485900	62000	28000	43000	970626	453589

29－13 各市区主要统计指标(2012年)

Main Statistics indicators by District (2012)

单位：亿元 (100 million yuan)

区	District	常住人口(万人) Residents popolation (10 000 persons)	生产总值 Gross Domestic Product	第一产业 Primary Industry	第二产业 Secondary Industry	第三产业 Tertiary Industry	人均生产总值(元) Per Capita GDP (yuan)
郑州市	**Zhengzhou**						
中原区	Zhongyuan	94.66	402.61	2.06	196.71	203.83	42966
二七区	Erqi	73.86	363.87	0.72	77.23	285.93	49567
管城区	Guancheng	70.51	439.98	1.42	229.92	208.64	63371
金水区	Jinshui	163.44	855.71	1.61	94.19	759.91	52498
上街区	Shangjie	13.45	98.67	0.70	74.66	23.31	73606
惠济区	Huiji	27.45	84.49	5.21	41.20	38.07	30807
开封市	**Kaifeng**						
龙亭区	Longting	12.82	37.28	1.66	9.87	25.75	29157
顺河区	Shunhe	23.30	64.70	3.21	29.72	31.77	27846
鼓楼区	Gulou	14.36	50.92	1.60	13.65	35.68	35561
禹王台区	Yuwangtai	13.10	47.05	3.34	18.88	24.83	36015
金明区	Jinming	26.31	73.22	5.75	38.85	28.62	27910
洛阳市	**Luoyang**						
老城区	Laocheng	18.65	63.13	1.70	18.77	42.65	33849
西工区	Xigong	35.30	249.50	0.31	112.26	136.92	70809
瀍河区	Chanhe	18.70	75.68	0.68	34.63	40.38	40592
涧西区	Jianxi	62.30	366.35	1.50	225.19	139.67	58909
吉利区	Jili	6.89	114.07	1.58	92.11	20.37	165493
洛龙区	Luolong	66.70	188.00	7.47	71.07	109.46	28264
平顶山市	**Pongdingshan**						
新华区	Xinhua	39.41	212.43	2.36	144.19	65.88	54043
卫东区	Weidong	30.60	102.06	1.62	55.20	45.24	33464
石龙区	Shilong	5.52	47.50	0.24	43.46	3.79	86193
湛河区	Zhanhe	28.98	91.89	3.01	56.29	32.59	31806
安阳市	**Anyang**						
文峰区	Wenfeng	45.36	113.16	3.72	43.44	66.01	24967
北关区	Beiguan	25.90	74.52	1.07	16.27	57.17	28782
殷都区	Yindu	25.42	110.06	1.24	68.59	40.23	43316
龙安区	Longan	22.09	99.65	2.19	81.21	16.26	45153
鹤壁市	**Hebi**						
鹤山区	Heshan	13.30	77.78	2.76	66.72	8.30	58363
山城区	Shancheng	23.49	92.53	2.19	74.86	15.48	39445
淇滨区	Qibin	27.95	108.07	6.10	62.41	39.56	38749

29−13　续表 1　　continued

单位：亿元　　(100 million yuan)

区	District	常住人口（万人）Residents popolation (10 000 persons)	生产总值 Gross Domestic Product	第一产业 Primary Industry	第二产业 Secondary Industry	第三产业 Tertiary Industry	人均生产总值（元）Per Capita GDP (yuan)
新乡市	**Xinxiang**						
红旗区	Hongqi	39.79	203.53	2.09	105.02	96.42	51488
卫滨区	Weibin	19.52	85.11	0.97	27.83	56.31	43848
凤泉区	Fengquan	14.72	78.47	2.46	40.06	35.95	53658
牧野区	Muye	32.15	140.41	2.32	75.60	62.49	43783
焦作市	**Jiaozuo**						
解放区	Jiefang	29.18	79.41	0.21	17.53	61.68	27206
中站区	Zhongzhan	10.41	41.27	0.65	29.30	11.31	39653
马村区	Macun	13.92	41.35	1.25	29.65	10.45	29727
山阳区	Shanyang	43.79	179.04	9.86	106.73	62.46	47001
濮阳市	**Puyang**						
华龙区	Hualong	67.02	335.65	15.74	238.83	81.08	50485
许昌市	**Xuchang**						
魏都区	Weidu	50.31	272.56	2.16	190.13	80.27	54289
漯河市	**Luohe**						
源汇区	Yuanhui	32.67	100.94	8.46	45.78	46.70	30975
郾城区	Yancheng	49.65	155.12	18.52	97.09	39.51	31292
召陵区	Zhaoling	47.94	215.96	21.02	167.65	27.30	45113
三门峡市	**Sanmenxia**						
湖滨区	Hubin	31.88	143.92	3.34	75.24	65.34	44570
南阳市	**Nanyang**						
宛城区	Wancheng	89.48	284.95	24.09	159.70	101.15	31993
卧龙区	Wolong	92.94	262.19	18.51	103.06	140.63	28293
商丘市	**Shangqiu**						
梁园区	Liangyuan	82.70	136.33	19.05	69.71	47.56	16656
睢阳区	Suiyang	84.70	150.31	31.51	68.78	50.02	18219
信阳市	**Xinyang**						
浉河区	Shihe	63.44	179.42	25.41	69.11	84.89	29189
平桥区	Pingqiao	67.92	181.29	31.23	100.74	49.32	27568
周口市	**Zhoukou**						
川汇区	Chuanhui	70.60	149.64	7.78	74.85	67.01	21263
驻马店市	**Zhumadian**						
驿城区	Yicheng	87.48	236.35	22.80	125.28	88.27	27350

29-13 续表 2 continued

单位：亿元 (100 million yuan)

区	District	全社会固定资产投资 Total Investment in Fixed Assets	规模以上工业增加值 Value Added of Industry above Designated Size	规模以上工业利税 Total Pre-tax Profits of Industry above Designated Size	社会消费品零售总额 Total Retail Sales of Consumer Goods	城镇居民人均可支配收入（元） Disposable Income of Urban Household (yuan)	公共财政预算收入 Public Financial Revenue of the Local Government	公共财政预算支出 Public Financial Expenditures of the Local Government
郑州市	**Zhengzhou**							
中原区	Zhongyuan	155.42	137.72	69.70	148.69	22413	21.68	21.10
二七区	Erqi	236.91	42.92	8.39	265.44	23246	21.77	21.21
管城区	Guancheng	187.20	185.02	119.15	237.35	22166	18.81	18.42
金水区	Jinshui	313.32	16.25	5.14	575.68	28823	41.04	35.72
上街区	Shangjie	81.73	63.82	10.57	33.37	28216	8.54	9.82
惠济区	Huiji	100.12	21.10	4.53	74.68	18844	10.07	11.64
开封市	**Kaifeng**							
龙亭区	Longting	26.75	4.58	0.65	27.88	18792	1.35	2.67
顺河区	Shunhe	23.66	20.49	8.01	38.23	17772	1.26	4.13
鼓楼区	Gulou	30.16	6.88	0.30	80.47	19009	1.44	2.89
禹王台区	Yuwangtai	30.20	13.98	1.22	32.35	17837	1.38	3.01
金明区	Jinming	32.57	31.66	6.94	57.24	20028	2.01	5.11
洛阳市	**Luoyang**							
老城区	Laocheng	39.19	11.87	1.12	50.50	22151	3.94	5.53
西工区	Xigong	93.33	79.99	14.40	191.85	24919	10.05	9.04
瀍河区	Chanhe	48.30	17.93	3.46	48.46	22674	3.45	5.04
涧西区	Jianxi	112.93	196.90	51.28	145.11	22882	14.04	12.40
吉利区	Jili	22.10	83.97	54.37	16.14	26850	3.32	4.61
洛龙区	Luolong	137.45	41.79	11.78	87.63	22971	10.90	16.24
平顶山市	**Pongdingshan**							
新华区	Xinhua	48.96	126.32	45.63	88.51	21541	7.14	7.83
卫东区	Weidong	43.50	42.39	4.00	100.79	21915	6.02	6.94
石龙区	Shilong	10.27	40.35	3.41	4.24	20728	3.48	5.08
湛河区	Zhanhe	56.78	42.38	8.98	34.98	22088	5.77	7.19
安阳市	**Anyang**							
文峰区	Wenfeng	85.72	30.83	5.50	95.95	22847	4.77	6.22
北关区	Beiguan	60.22	3.06	0.60	62.50	20622	4.25	4.98
殷都区	Yindu	23.84	59.37	-21.80	36.32	23404	3.41	4.04
龙安区	Longan	56.34	76.82	47.80	27.48	20002	4.50	6.73
鹤壁市	**Hebi**							
鹤山区	Heshan	35.92	62.14	4.64	12.18	18598	1.40	5.98
山城区	Shancheng	72.97	69.46	6.59	22.80	19253	3.06	7.80
淇滨区	Qibin	57.69	39.87	1.71	31.84	20717	5.76	9.32

29—13 续表 3 continued

单位：亿元 (100 million yuan)

区	District	全社会固定资产投资 Total Investment in Fixed Assets	规模以上工业增加值 Value Added of Industry above Designated Size	规模以上工业利税 Total Pre-tax Profits of Industry above Designated Size	社会消费品零售总额 Total Retail Sales of Consumer Goods	城镇居民人均可支配收入(元) Disposable Income of Urban Household (yuan)	公共财政预算收入 Public Financial Revenue of the Local Government	公共财政预算支出 Public Financial Expenditures of the Local Government
新乡市	**Xinxiang**							
红旗区	Hongqi	79.37	87.29	37.42	95.03	21802	5.13	6.37
卫滨区	Weibin	66.71	20.07	1.94	108.33	21701	3.04	4.04
凤泉区	Fengquan	25.73	34.61	2.43	10.28	19272	2.08	3.98
牧野区	Muye	102.03	58.88	13.44	52.61	22115	5.00	6.32
焦作市	**Jiaozuo**							
解放区	Jiefang	58.25	10.45	0.15	59.41	20786	4.60	5.88
中站区	Zhongzhan	33.69	24.56	6.75	5.45	16560	2.68	5.02
马村区	Macun	31.31	24.05	0.04	11.08	16936	2.04	3.69
山阳区	Shanyang	122.55	93.09	19.91	71.07	20739	3.85	5.02
濮阳市	**Puyang**							
华龙区	Hualong	98.65	198.75	54.09	79.88	21422	7.50	9.29
许昌市	**Xuchang**							
魏都区	Weidu	84.32	172.17	52.97	105.77	20658	5.53	7.74
漯河市	**Luohe**							
源汇区	Yuanhui	69.76	33.15	22.66	70.90	20635	3.42	8.93
郾城区	Yancheng	106.06	73.22	39.07	60.10	20225	3.01	13.19
召陵区	Zhaoling	76.03	148.17	69.29	39.60	19109	1.91	10.81
三门峡市	**Sanmenxia**							
湖滨区	Hubin	65.64	51.09	17.05	65.47	19412	6.32	7.59
南阳市	**Nanyang**							
宛城区	Wancheng	107.89	121.00	61.87	125.77	21193	5.02	17.83
卧龙区	Wolong	101.71	64.38	22.23	202.99	21243	4.88	20.00
商丘市	**Shangqiu**							
梁园区	Liangyuan	100.53	42.77	1.50	133.17	19477	5.74	22.82
睢阳区	Suiyang	112.01	51.65	12.35	75.10	18824	5.49	24.00
信阳市	**Xinyang**							
浉河区	Shihe	139.74	35.52	4.49	95.98	18053	6.39	17.28
平桥区	Pingqiao	184.93	78.82	11.88	79.57	17999	4.74	19.78
周口市	**Zhoukou**							
川汇区	Chuanhui	93.58	49.02	25.64	93.85	17572	2.67	9.77
驻马店市	**Zhumadian**							
驿城区	Yicheng	105.83	100.01	26.98	96.24	19233	7.01	18.81

全国及各省、市、区主要统计指标

Main Indicators of the whole Nation and 31 Provinces (Municipality, Autonomous, Regions)

30−1 全国及各省市区人口、工资及投资(2012年)

Population, Wage and Investment by Provinces and Regions (2012)

地 区	Region	常住人口(万人) Number of the resident population (10 000 persons)	在岗职工平均工资(元) Average Wage of Staff and Workers (yuan)	#国有经济 State-Owned Units	#城镇集体经济 Urban Collective Owned Units	固定资产投资(亿元) Investment in Fixed Assets (100 million yuan)	#房地产 Real Estate
全 国	**National**	**135404**	**47593**	**49750**	**34431**	**364835.07**	**71803.79**
北 京	Beijing	2069	85307	90456	38596	6064.15	3153.44
天 津	Tianjin	1413	62225	70661	41764	7913.26	1260.00
河 北	Hebei	7288	39542	40082	29420	19104.63	3086.52
山 西	Shanxi	3611	44943	41561	33355	8584.85	1010.45
内 蒙 古	Inner Mongolia	2490	47053	49680	46309	11732.22	1291.44
辽 宁	Liaoning	4389	42503	44062	28634	21535.37	5455.82
吉 林	Jilin	2750	39092	40412	29951	9462.09	1310.03
黑 龙 江	Heilongjiang	3834	38598	39549	29513	9376.10	1535.84
上 海	Shanghai	2380	80191	93260	54733	5114.64	2381.36
江 苏	Jiangsu	7920	51279	62913	43835	30427.25	6206.10
浙 江	Zhejiang	5477	50813	76150	47562	17000.96	5226.27
安 徽	Anhui	5988	46091	46727	35791	14902.31	3151.61
福 建	Fujian	3748	44979	55957	39774	12165.64	2824.12
江 西	Jiangxi	4504	39651	40712	30608	11388.92	969.62
山 东	Shandong	9685	42572	48670	34366	30319.76	4708.31
河 南	**Henan**	**9406**	**37958**	**39948**	**28103**	**20558.61**	**3035.29**
湖 北	Hubei	5779	40884	43438	33551	15162.21	2539.46
湖 南	Hunan	6639	40028	41628	30204	13966.26	2210.52
广 东	Guangdong	10594	50577	60116	31219	18248.04	5352.79
广 西	Guangxi	4682	37614	39317	29941	9345.18	1554.94
海 南	Hainan	887	40051	41148	32091	2045.38	886.64
重 庆	Chongqing	2945	45392	51675	30626	8606.46	2508.35
四 川	Sichuan	8076	43110	48777	33767	16526.89	3266.40
贵 州	Guizhou	3484	42733	45825	40420	5304.93	1467.60
云 南	Yunnan	4659	38908	45081	38554	7553.51	1782.14
西 藏	Tibet	308	58347	58982	26417	670.52	6.87
陕 西	Shaanxi	3753	44330	46810	33142	11705.83	1835.93
甘 肃	Gansu	2578	38440	39177	32524	5040.53	561.02
青 海	Qinghai	573	46827	51173	29720	1773.67	189.68
宁 夏	Ningxia	647	48961	48714	44929	2033.03	429.15
新 疆	Xinjiang	2233	45243	43115	47248	5857.58	606.09
河南为全国%	**Henan as % of the Country**	**6.9**	**78.9**	**79.6**	**81.6**	**5.6**	**4.2**
河南居全国位次	**Order of Precedence of Henan in the Country**	**3**	**30**	**28**	**30**	**4**	**10**

30–2 全国及各省市区生产总值(2012年)

Gross Domestic Product by Provinces and Regions (2012)

地 区	Region	生产总值(亿元) Gross Domestic Products (100 million yuan)	第一产业 Primary Industry	第二产业 Secondary Industry	第三产业 Tertiary Industry	生产总值增速(上年=100) Growth Rate of GDP (preceding year=100)	第一产业 Primary Industry	第二产业 Secondary Industry	第三产业 Tertiary Industry
全　　国	**National**	**519322**	**52377**	**235319**	**231627**	**7.8**	**4.5**	**8.1**	**8.1**
北　京	Beijing	17879	150	4059	13670	7.7	3.2	7.5	7.9
天　津	Tianjin	12894	172	6664	6058	13.8	3.0	15.2	12.6
河　北	Hebei	26575	3187	14004	9385	9.6	4.0	11.5	8.6
山　西	Shanxi	12113	698	6732	4683	10.1	6.3	10.8	9.7
内蒙古	Inner Mongolia	15881	1449	8802	5631	11.5	5.6	13.3	10.0
辽　宁	Liaoning	24846	2156	13230	9460	9.5	5.1	9.8	10.1
吉　林	Jilin	11939	1412	6377	4150	12.0	5.3	14.0	11.3
黑龙江	Heilongjiang	13692	2114	6038	5540	10.0	6.5	10.3	10.8
上　海	Shanghai	20182	128	7855	12199	7.5	0.5	3.1	10.6
江　苏	Jiangsu	54058	3418	27122	23518	10.1	4.6	11.1	9.7
浙　江	Zhejiang	34665	1668	17316	15681	8.0	2.0	7.3	9.4
安　徽	Anhui	17212	2179	9405	5628	12.1	5.5	14.4	11.0
福　建	Fujian	19702	1777	10188	7737	11.4	4.2	14.3	9.1
江　西	Jiangxi	12949	1520	6943	4486	11.0	4.6	13.1	9.5
山　东	Shandong	50013	4282	25736	19996	9.8	4.7	10.5	9.8
河　南	**Henan**	**29599**	**3770**	**16672**	**9158**	**10.1**	**4.5**	**11.4**	**10.2**
湖　北	Hubei	22250	2849	11193	8209	11.3	4.7	13.2	10.8
湖　南	Hunan	22154	3004	10506	8644	11.3	3.0	12.8	12.2
广　东	Guangdong	57068	2847	27701	26520	8.2	3.8	7.3	9.5
广　西	Guangxi	13035	2172	6247	4615	11.3	5.6	14.2	9.8
海　南	Hainan	2856	712	804	1340	9.1	6.3	11.0	9.5
重　庆	Chongqing	11410	940	5975	4494	13.6	5.3	15.6	12.0
四　川	Sichuan	23873	3297	12333	8242	12.6	4.5	15.2	11.6
贵　州	Guizhou	6852	892	2678	3283	13.6	8.6	16.8	12.1
云　南	Yunnan	10309	1655	4419	4236	13.0	6.7	16.7	10.9
西　藏	Tibet	701	80	243	378	11.8	3.4	14.4	12.0
陕　西	Shaanxi	14454	1370	8074	5010	12.9	6.0	14.8	11.6
甘　肃	Gansu	5650	781	2600	2270	12.6	6.8	14.2	12.5
青　海	Qinghai	1894	177	1092	624	12.3	5.2	14.1	11.1
宁　夏	Ningxia	2341	199	1159	983	11.5	5.8	13.8	9.7
新　疆	Xinjiang	7505	1321	3482	2703	12.0	7.0	13.7	12.3
河南为全国%	**Henan as % of the Country**	**5.7**	**7.2**	**7.1**	**4.0**				
河南居全国位次	**Order of Precedence of Henan in the Country**	**5**	**2**	**5**	**9**	**20**	**21**	**21**	**17**

注：生产总值按当年价格计算。生产总值指数按可比价格计算。
a)GDP in this table are calculated at current prices. The indices in this table are calculated at comparable prices.

30-3 全国及各省市区物价指数(2012年)
Price Indices by Provinces and Regions (2012)

(上年=100) (Preceding Year=100)

地 区	Region	居民消费价格总指数 General Consumer Price Index	固定资产投资价格指数 Price Indices of Investment In Fixed Assets	农业生产资料价格指数 General Price Index of Agricultural Means of Production	工业生产者出厂价格指数 Ex-Factory Price Indices of Industrial Products	工业生产者购进价格指数 Purchasing Price Indices of Raw, Fuels and Power
全国	**National**	**102.6**	**101.1**	**105.6**	**98.3**	**98.2**
北京	Beijing	103.3	101.3		98.4	98.7
天津	Tianjin	102.7	100.0		97.0	97.1
河北	Hebei	102.6	100.3	108.2	94.7	96.2
山西	Shanxi	102.5	101.2	105.4	94.5	98.1
内蒙古	Inner Mongolia	103.1	101.6	104.9	100.2	102.0
辽宁	Liaoning	102.8	101.0	106.9	99.9	99.0
吉林	Jilin	102.5	100.4	106.8	99.1	99.3
黑龙江	Heilongjiang	103.2	100.8	107.8	100.0	98.8
上海	Shanghai	102.8	99.4		98.4	94.7
江苏	Jiangsu	102.6	98.6	104.6	97.1	95.8
浙江	Zhejiang	102.2	99.2	104.2	97.3	96.7
安徽	Anhui	102.3	101.0	105.3	98.3	98.2
福建	Fujian	102.4	100.3	103.3	98.7	97.7
江西	Jiangxi	102.7	101.0	106.6	96.5	98.3
山东	Shandong	102.1	100.8	105.9	98.4	99.2
河南	**Henan**	**102.5**	**101.0**	**105.4**	**99.4**	**99.2**
湖北	Hubei	102.9	101.8	107.2	100.3	98.9
湖南	Hunan	102.0	101.7	104.7	99.1	100.1
广东	Guangdong	102.8	101.5	104.0	99.5	99.5
广西	Guangxi	103.2	100.6	103.9	97.8	99.2
海南	Hainan	103.2	102.0	104.3	100.8	99.6
重庆	Chongqing	102.6	101.8		99.9	99.5
四川	Sichuan	102.5	101.0	104.7	98.6	100.0
贵州	Guizhou	102.7	101.5	100.7	101.0	102.3
云南	Yunnan	102.7	101.4	104.6	97.9	99.3
西藏	Tibet	103.5		101.6	99.7	
陕西	Shaanxi	102.8	102.6	105.4	100.7	100.0
甘肃	Gansu	102.7	102.1	105.2	96.8	98.7
青海	Qinghai	103.1	102.2	108.7	96.9	98.6
宁夏	Ningxia	102.0	101.5	107.6	97.4	99.5
新疆	Xinjiang	103.8	100.6	106.2	96.9	97.9
河南居全国位次	**Order of Precedence of Henan in the Country**	**22**	**16**	**11**	**11**	**12**

30-4 全国及各省市区城乡居民收支(2012年)

Income and Expenditure of Urban and Rural Residents by Provinces and Regions (2012)

单位：元 (yuan)

地区	Region	城镇居民人均全部收入 Per Capita Annual Total Income in Urban Households	#可支配收入 Annual Disposable Income	城镇居民人均消费支出 Per Capita Living Expenditure of Urban Households	农民人均总收入 Per Capita Annual Total Income in Rural Households	#纯收入 Annual Net Income	农民人均生活消费支出 Per Capita Living Expenditure of Rural Households
全国	**National**	**26959**	**24565**	**16674**	**10991**	**7917**	**5908**
北京	Beijing	41103	36469	24046	19132	16476	11879
天津	Tianjin	32944	29626	20024	18019	14026	8337
河北	Hebei	21899	20543	12531	11189	8081	5364
山西	Shanxi	22100	20412	12212	8204	6357	5566
内蒙古	Inner Mongolia	24791	23150	17717	13647	7611	6382
辽宁	Liaoning	25916	23223	16594	15275	9384	5998
吉林	Jilin	21660	20208	14614	15019	8598	6186
黑龙江	Heilongjiang	19368	17760	12984	16558	8604	5718
上海	Shanghai	44755	40188	26253	19078	17804	11971
江苏	Jiangsu	32519	29677	18825	15347	12202	9138
浙江	Zhejiang	37995	34550	21545	18631	14552	10653
安徽	Anhui	23525	21024	15012	9630	7160	5556
福建	Fujian	30878	28055	18593	12137	9967	7402
江西	Jiangxi	21150	19860	12776	10040	7829	5129
山东	Shandong	28006	25755	15778	13645	9447	6776
河南	**Henan**	**21897**	**20443**	**13733**	**9829**	**7525**	**5032**
湖北	Hubei	22904	20840	14496	10526	7852	5727
湖南	Hunan	22805	21319	14609	10030	7440	5870
广东	Guangdong	34044	30227	22396	12521	10543	7459
广西	Guangxi	23209	21243	14244	8459	6008	4934
海南	Hainan	22810	20918	14457	9844	7408	4776
重庆	Chongqing	24811	22968	16573	9552	7383	5019
四川	Sichuan	22328	20307	15050	9498	7001	5367
贵州	Guizhou	20043	18701	12586	6444	4753	3902
云南	Yunnan	23000	21075	13884	8188	5417	4561
西藏	Tibet	20224	18028	11184	6986	5719	2968
陕西	Shaanxi	22606	20734	15333	7999	5763	5115
甘肃	Gansu	18498	17157	12847	6705	4507	4146
青海	Qinghai	19747	17566	12346	7040	5364	5339
宁夏	Ningxia	21902	19831	14067	9486	6180	5351
新疆	Xinjiang	20195	17921	13892	13676	6394	5301
河南为全国%	**Henan as % of the Country**	**81.2**	**83.2**	**82.4**	**89.4**	**95.1**	**85.2**
河南居全国位次	**Order of Precedence of Henan in the Country**	**23**	**20**	**23**	**19**	**16**	**24**

30-5 全国及各省市区主要农产品产量(2012年)

Output of Major Farm Products by Provinces and Regions (2012)

单位：万吨 (10 000 tons)

	粮 食 Grain	棉 花 Cotton	油 料 Oil-bearing Crops	园林水果 Fruits	肉类 Meat	奶类 Milk
全 国 National	**58957.97**	**683.60**	**3436.77**	**15104.44**	**8387.24**	**3868.65**
北 京 Beijing	113.77	0.03	1.34	79.58	43.19	65.05
天 津 Tianjin	161.76	5.76	0.56	30.62	45.80	68.17
河 北 Hebei	3246.60	56.44	142.83	1286.04	442.91	478.96
山 西 Shanxi	1274.10	4.70	19.57	606.85	77.40	80.99
内 蒙 古 Inner Mongolia	2528.50	0.16	145.08	55.44	245.75	930.65
辽 宁 Liaoning	2070.50	0.06	120.87	632.92	418.70	130.20
吉 林 Jilin	3343.00	0.80	80.72	59.75	259.96	49.10
黑 龙 江 Heilongjiang	5761.49		22.52	56.74	216.20	564.99
上 海 Shanghai	122.39	0.38	1.73	48.15	25.80	30.18
江 苏 Jiangsu	3372.48	22.05	146.95	281.22	396.52	61.30
浙 江 Zhejiang	769.80	2.99	38.30	412.68	180.79	19.27
安 徽 Anhui	3289.10	29.40	227.69	261.32	397.74	24.09
福 建 Fujian	659.30	0.01	28.07	625.82	200.85	15.39
江 西 Jiangxi	2084.80	15.22	117.08	370.28	311.10	12.60
山 东 Shandong	4511.40	69.85	350.95	1523.82	764.16	294.09
河 南 Henan	**5638.60**	**25.69**	**569.51**	**870.43**	**677.35**	**330.43**
湖 北 Hubei	2441.81	54.53	319.66	541.72	412.27	15.74
湖 南 Hunan	3006.50	25.06	207.82	553.74	515.27	8.50
广 东 Guangdong	1396.33		96.61	1279.09	443.21	13.93
广 西 Guangxi	1484.90	0.22	54.49	1030.95	411.03	9.36
海 南 Hainan	199.50		10.36	334.63	79.53	0.23
重 庆 Chongqing	1138.54	0.01	50.11	250.48	201.21	7.73
四 川 Sichuan	3315.00	1.33	287.76	694.33	670.23	72.23
贵 州 Guizhou	1079.50	0.12	87.38	90.06	190.27	5.10
云 南 Yunnan	1749.10	0.05	62.84	510.72	348.68	58.00
西 藏 Tibet	94.89		6.33	0.97	25.19	25.56
陕 西 Shaanxi	1245.10	6.72	60.33	1437.74	107.09	189.08
甘 肃 Gansu	1109.70	8.10	67.00	359.71	87.81	38.59
青 海 Qinghai	101.50		35.22	1.41	30.47	29.35
宁 夏 Ningxia	375.00		18.03	80.47	26.53	103.49
新 疆 Xinjiang	1273.00	353.95	59.04	736.74	134.23	136.32
河南为全国% Henan as % of the Country	**9.6**	**3.8**	**16.6**	**5.8**	**8.1**	**8.5**
河南居全国位次 Order of Precedence of Henan in the Country	**2**	**6**	**1**	**6**	**2**	**4**

30-6 全国及各省市区规模以上工业主要统计指标(2012年)

Main Indicators of Enterprises Above Designed Size by Provinces and Regions (2012)

地区 Region	原油 (万吨) Crude Oil (10 000 tons)	发电量 (亿千瓦小时) Electricity (100 million kwh)	成品钢材 (万吨) Steel (10 000 tons)	水泥 (万吨) cement (10 000 tons)	农用化肥 (万吨) Chemical Fertilizers (10 000 tons)	增加值指数 (上年=100) Indices of Value-Added of Industry (Preceding=100)	利润总额 (亿元) Total Profits (100 million yuan)	利税总额 (亿元) Total Pre-tax Profits (100 million yuan)
全国 National	**20748**	**48188**	**95186**	**218405**	**7432**	**110.0**	**61910**	**106152**
北京 Beijing		291	254	875		107.0	1268	1990
天津 Tianjin	3098	590	5709	784	12	116.1	2101	3318
河北 Hebei	584	2371	20995	12810	187	113.4	2559	4143
山西 Shanxi		2455	3798	4720	389	111.9	1011	2008
内蒙古 Inner Mongolia		3117	1662	5872	123	114.8	1932	2926
辽宁 Liaoning	1000	1415	5916	5710	82	109.9	2436	4612
吉林 Jilin	810	684	1230	4158	65	114.1	1215	2219
黑龙江 Heilongjiang	4002	843	610	3873	72	110.5	1339	2666
上海 Shanghai	5	886	2341	795	3	102.9	2149	3814
江苏 Jiangsu	195	3928	10989	16776	271	112.6	7250	11945
浙江 Zhejiang		2710	3361	11540	28	107.1	3113	5325
安徽 Anhui		1768	2765	10870	310	116.2	1870	3154
福建 Fujian		1623	2034	7198	48	115.2	2023	3276
江西 Jiangxi		665	2369	7421	94	114.7	1507	2414
山东 Shandong	2775	3195	7818	15386	1305	111.4	8016	12871
河南 Henan	**477**	**2627**	**3481**	**14805**	**436**	**114.6**	**4016**	**6108**
湖北 Hubei	79	2174	3558	10256	1164	114.6	2046	3529
湖南 Hunan		1260	1848	10445	211	114.6	1791	3701
广东 Guangdong	1209	3593	2993	11384	49	108.4	5465	9384
广西 Guangxi	2	1133	2142	9864	128	115.9	933	1758
海南 Hainan	19	192	21	1672	60	108.9	133	304
重庆 Chongqing		537	1150	5500	207	116.3	645	1224
四川 Sichuan	18	2002	2282	13342	425	116.1	2334	4140
贵州 Guizhou		1548	560	6101	504	116.2	627	1172
云南 Yunnan		1534	1600	7794	345	115.6	587	1759
西藏 Tibet		20		287		115.1	13	22
陕西 Shaanxi	3528	1331	1284	7553	98	116.6	2057	3475
甘肃 Gansu	70	1083	883	3615	79	114.6	285	764
青海 Qinghai	205	556	140	1371	357	114.8	169	300
宁夏 Ningxia	2	1006	109	1605	88	113.8	131	291
新疆 Xinjiang	2671	1052	1285	4026	296	112.7	889	1541
河南为全国% Henan as % of the Country	**2.3**	**5.5**	**3.7**	**6.8**	**5.9**		**6.5**	**5.8**
河南居全国位次 Order of Precedence of Henan in the Country	**10**	**6**	**8**	**3**	**4**	**14**	**4**	**4**

30-7 全国及各省市区贸易外经和财政主要指标(2012年)

Main Indicators of Internal and Foreign Trade、Government Finance by Provinces and Regions (2012)

地区 Region	社会消费品零售总额(亿元) Total Retail Sales of Consumer Goods (100 million yuan)	进出口贸易总额(亿美元) Total Value of Imports (USD 100 million)	#出口 Total Value of Exports	公共财政预算收入(亿元) Public Financial Revenueof theLocal Government (100 million yuan)	公共财政预算支出(亿元) Public Financial Expenditures oftheLocal Government (100 million yuan)
全国 National	**210307.0**	**38667.6**	**20489.35**	**61077.36**	**106947.47**
北京 Beijing	7702.8	4079.2	596.50	3314.93	3685.31
天津 Tianjin	3921.4	1156.2	483.14	1760.02	2148.05
河北 Hebei	9254.0	505.5	296.04	2084.25	4018.85
山西 Shanxi	4506.8	150.4	70.16	1516.39	2761.47
内蒙古 Inner Mongolia	4572.5	112.6	39.71	1552.75	3429.81
辽宁 Liaoning	9346.6	1039.9	579.50	3103.66	4538.15
吉林 Jilin	4772.9	245.7	59.83	1041.25	2471.20
黑龙江 Heilongjiang	5491.0	378.2	144.36	1163.18	3171.53
上海 Shanghai	7412.3	4365.4	2067.44	3743.71	4184.02
江苏 Jiangsu	18331.3	5480.9	3285.38	5860.69	6996.59
浙江 Zhejiang	13588.3	3122.3	2245.69	3441.23	4161.88
安徽 Anhui	5736.6	393.3	267.52	1792.71	3936.69
福建 Fujian	7256.5	1559.3	978.36	1776.21	2601.08
江西 Jiangxi	4027.2	334.1	251.11	1371.88	3014.50
山东 Shandong	19651.9	2455.4	1287.32	4059.43	5901.71
河南 Henan	**10915.6**	**517.5**	**296.78**	**2040.57**	**5006.00**
湖北 Hubei	9562.5	319.6	194.01	1822.63	3801.79
湖南 Hunan	7921.9	219.4	126.00	1782.15	4078.87
广东 Guangdong	22677.1	9838.2	5741.36	6228.20	7267.70
广西 Guangxi	4516.6	294.7	154.68	1165.98	2965.20
海南 Hainan	870.8	143.3	31.43	409.44	918.58
重庆 Chongqing	4033.7	532.0	385.70	1705.10	3055.74
四川 Sichuan	9268.6	591.3	384.64	2421.30	5431.11
贵州 Guizhou	2027.6	66.3	49.52	1014.05	2752.90
云南 Yunnan	3511.6	210.0	100.18	1337.99	3573.41
西藏 Tibet	254.6	34.2	33.55	86.58	905.34
陕西 Shanxi	4383.8	148.0	86.52	1600.69	3326.91
甘肃 Gansu	1906.5	89.0	35.74	520.88	2063.44
青海 Qinghai	476.0	11.6	7.30	186.40	1188.00
宁夏 Ningxia	548.8	22.2	16.41	264.04	871.93
新疆 Xinjiang	1858.6	251.7	193.47	909.07	2719.71
河南为全国% Henan as % of the Country	**5.2**	**1.3**	**1.5**	**3.3**	**4.7**
河南居全国位次 Order of Precedence of Henan in the Country	**5**	**12**	**12**	**10**	**5**

注：财政收支为月度执行情况汇总数，全国数据为公共财政预算收支合计。

a)Government revenue and expenditures is collected by monthly executive instance.Data of National is the Sum of 31 Provinces.

30−8 全国及各省市区教育、卫生情况(2012年)

Main Indicator on Education and Public Health by Provinces and Regions (2012)

地 区	Region	在校学生数(万人) Student Enrollment (10 000 persons) 普通高等学校 Institutions of Higher Education	普通中学 Regular Secondary Schools	小学 Primary Schools	卫生机构数(个) Health Care Institutions (unit)	卫生机构床位数(张) Number of Beds in Health Institutions (unit)	执业(助理)医师数(人) Doctors (person)
全 国	**National**	**2391**	**7230**	**9696**	**950297**	**5724775**	**2616064**
北 京	Beijing	59	50	72	9632	100167	74380
天 津	Tianjin	47	44	53	4551	53509	30690
河 北	Hebei	117	335	562	79119	284359	142989
山 西	Shanxi	64	236	262	40192	165309	87319
内 蒙 古	Inner Mongolia	39	125	137	23046	110788	59528
辽 宁	Liaoning	93	183	213	35792	230962	100972
吉 林	Jilin	58	117	142	19734	127756	61400
黑 龙 江	Heilongjiang	70	182	187	21158	178210	78589
上 海	Shanghai	51	59	76	4845	109784	55797
江 苏	Jiangsu	167	318	423	31050	333118	157902
浙 江	Zhejiang	93	237	347	30271	213286	129973
安 徽	Anhui	102	342	405	23275	222315	92061
福 建	Fujian	70	181	253	27276	139341	66740
江 西	Jiangxi	85	278	434	39509	163721	67077
山 东	Shandong	166	493	628	68840	473768	200465
河 南	**Henan**	**156**	**646**	**1079**	**69222**	**393868**	**167698**
湖 北	Hubei	139	265	327	35240	252991	109149
湖 南	Hunan	108	314	474	58612	287013	116440
广 东	Guangdong	162	668	808	46534	355274	198966
广 西	Guangxi	63	276	426	34152	168691	78043
海 南	Hainan	17	54	75	5154	30289	15525
重 庆	Sichuan	62	175	194	17961	130813	51990
四 川	Chongqing	122	456	561	76557	390147	162877
贵 州	Guizhou	38	287	380	27404	139211	49179
云 南	Yunnan	51	266	407	23395	194707	68466
西 藏	Tibet	3	18	29	6660	8352	4043
陕 西	Shaanxi	103	226	235	36271	169230	69471
甘 肃	Gansu	43	185	206	26401	112296	42956
青 海	Qinghai	5	31	50	5948	26018	11918
宁 夏	Ningxia	10	45	62	4140	27765	13011
新 疆	Xinjiang	27	138	190	18320	131592	50540
河南为全国%	**Henan as % of the Country**	**6.5**	**8.9**	**11.1**	**7.3**	**6.9**	**6.4**
河南居全国位次	**Order of Precedence of Henan in the Country**	**4**	**2**	**1**	**3**	**2**	**3**

中国统计出版社最新图书简目

(仅供参考,以最后出书为准)

统计资料

中国统计年鉴-2013
中国统计摘要-2013
国际统计年鉴-2013
2013中国发展报告
中国第三产业统计年鉴-2013
中国区域经济统计年鉴-2013
中国劳动统计年鉴-2013
中国社会统计年鉴-2013
中国城市统计年鉴-2013
中国建筑业统计年鉴-2013
中国人口和就业统计年鉴-2013
中国工业经济统计年鉴-2013
中国商品交易市场统计年鉴-2013
中国房地产统计年鉴-2013
中国能源统计年鉴-2013
中国民政统计年鉴-2013
中国贸易外经统计年鉴-2013
2013中国地区经济监测报告
中国科技统计年鉴-2013
中国农村统计年鉴-2013
中国农产品价格调查年鉴-2013
中国高技术产业统计年鉴-2013
中国教育经费统计年鉴-2013
中国农村贫困监测报告-2013
全国农产品成本收益资料汇编-2013
中国科学技术协会统计年鉴-2013
工业企业科技活动资料-2013
大中型批发零售和住宿餐饮企业统计年鉴-2013
中国价格统计年鉴-2013
第二次全国R&D资源清查资料汇编一工业企业卷
中国住户调查年鉴-2013
中国县域统计年鉴-2013
中国农村全面建设小康监测报告-2013
第二次全国R&D资源清查资料汇编一综合卷
中国人才资源统计报告-2011
中国民族统计年鉴-2013
中国零售和餐饮连锁企业统计年鉴-2013
2010年中国第六次人口普查公报

2013年省级综合统计年鉴系列

北京 天津 河北 山西 内蒙古
辽宁 吉林 黑龙江 上海 江苏
浙江 安徽 福建 江西 山东
河南 湖北 湖南 广东 广西
海南 重庆 四川 贵州 云南
西藏 陕西 甘肃 青海 宁夏
新疆 新疆生产建设兵团

2013年市(县)级综合统计年鉴系列

天津滨海新区
石家庄 唐山 邯郸 太原 大同
长治 阳泉 晋城 朔州 晋中
运城 忻州 临汾 呼和浩特
包头 沈阳 大连 长春 吉林市
四平 哈尔滨 黑龙江垦区
上海浦东新区 南京
苏州 无锡 常州 徐州 南通
盐城 镇江 江阴 丹阳
杭州 宁波 绍兴 台州 温州
金华 嘉兴 衢州
福州 福州经济技术开发区
厦门经济特区 南昌 上饶
济南 青岛 潍坊 郑州
洛阳 三门峡 南阳 武汉 宜昌
十堰 荆州 咸宁 长沙 广州
东莞 惠州 深圳 桂林 南宁
柳州 来宾 河池 海口 成都 绵阳
贵阳 昆明 庆阳 西安
兰州 银川 乌鲁木齐

2010年人口普查资料系列

中国2010年人口普查资料
北京 天津 河北 山西 内蒙古
辽宁 吉林 黑龙江 上海 江苏
浙江 安徽 福建 江西 山东
河南 湖北 湖南 广东 广西
海南 重庆 四川 贵州 云南
西藏 陕西 甘肃 青海 宁夏
新疆 新疆生产建设兵团
河南省各市2010年人口普查资料丛书
中国分县2010年人口普查资料
中国分乡镇、街道2010年人口普查资料
中国分民族2010年人口普查资料

“十一五”规划教材

统计学(“十二五”规划,黄良文)
抽样调查理论与实践(“十二五”规划,冯士雍)
统计学(“十二五”规划,单微)
试验设计(“十二五”规划,茆诗松)
贝叶斯统计(“十二五”规划,茆诗松)
统计学:从数据到结论(十二五规划,吴喜之)
医学统计学(陆守曾)
非参数统计(吴喜之)
概率论与数理统计(茆诗松)
现代金融投资统计分析(李腊生)
多元统计分析(任雪松)
应用时间序列分析(王振龙)
统计指数理论及应用(徐国祥)
经济计量学教程(贺铿)
质量管理统计方法 (茆诗松)
统计实验系列教材(许涤龙)
社会统计学(蒋萍)
市场调查与预测(蒋志华)
统计学原理(非统计专业用,朱胜)
国民经济核算教程(杨灿)
概率论与数理统计(经济、管理类专业使用,朱胜)

重点图书

挑大学选专业2013—高考志愿填报指南
挑大学选专业2013—考研择校指南

《河南统计年鉴2013》只读光盘（CD-ROM）介绍

《河南统计年鉴—2013》只读光盘（CD-ROM）是一张信息高度密集的资料工具软件。该光盘全面反映河南省经济和社会发展情况，收录了全省和各省辖市2012年经济和社会等各方面大量的统计数据，以及历史重要年份的全省主要统计数据。

《河南统计年鉴—2013》光盘（CD-ROM）设有中、英文双语版本，操作简便、功能实用。在浏览时可随时实现不同章节之间的切换。并设计了将表格转换为Excel文件的功能。

本光盘所有资料的浏览查阅和计算加工，未经许可不得用于营业性用途，否则必追究其法律责任。

Introduction to the CD-ROM

Henan Statistical Yearbook 2013 (CD-ROM)is an annual statistical publication, which covers very comprehensive data series in 2012 and some selected data series in historically important years and the most recent ten years at provincial level, and local levels of prefecture and county, and therefore, reflects various aspects of Henan's social and economic development.

Henan Statistical Yearbook 2013 (CD-ROM)is compiled in Chinese and English and is easy to use. When you browse the CD-ROM, For convenient use, all tables in the CD-ROM can be converted to Excel documents as well.

The consultation and calculation of data in this disk are not permitted for commercial purposes without written permission from the publisher.Legal responsibilities are reserved to prosecute.